황정빈
경제학

유형별
객관식

미시

서울고시각
www.gosigak.co.kr

머리말

황정빈 객관식 경제학

이 책은 방대한 경제학 이론을 유형별로 정리하여 수험생 스스로 부족한 부분을 파악하고, 이를 보완할 수 있도록 돕는 데 목적을 두고 만들어졌다. 실제 시험장에서는 해당 문제가 어느 파트에서 출제되었는지를 즉각적으로 파악하고 단시간 내에 정답을 찾는 기술, 즉 문제 푸는 능력이 성패를 좌우할 때가 많다. 그리고 이에 대한 필자의 치열한 고민이 결실을 맺은 것이 바로 이 유형별 문제집이다.

1. 보인다. 대표유형에서 최신기출이 보인다.

경제학 이론을 유형별로 정리하면서 가장 고민을 많이 한 부분 중 하나가 바로 대표유형 선별이다. 이에 필자는 최신기출 경향을 반영하면서도 수험생 입장에서 접근하기 쉬운 문제를 대표유형으로 싣기 위해 노력하였고, 대표유형만으로도 대강의 흐름을 잡을 수 있도록 상당한 분량의 요약정리를 추가하였다.

2. 어렵다? 겁먹지 말고 난이도를 살피자.

수험기간이 한정되어 있기 때문에 자신이 특정 과목에서 어느 정도 수준에 와 있는지를 인지하고, 이를 전략적으로 활용하는 것은 매우 중요하다. 이에 필자는 수험생 스스로 여분의 학습량을 파악할 수 있도록 문제별로 난이도를 표시하였고, 해설을 읽는 것만으로도 해당 부분에 대한 포괄적인 학습이 이루어지도록 대다수의 문제를 상세하게 해설하였다.

3. 이거다. 정답은 반복, 반복, **반복**이다.

'반복'이라는 단어 또한 세 번이나 반복하였다. 그만큼 수험생에게 반복 학습은 다시 한 번 강조한다 해도 결코 지나치지가 않다. 특히, 경제학을 처음 접하거나 계산 문제를 푸는 데 지속적인 어려움을 겪는 수험생이라면 그 중요성은 더욱 커진다. 이에 필자는 분량을 조금 차지하더라도 반드시 알아야 할 내용은 해설에서 거듭 언급하였고, 응용력을 요하거나 다소 어려운 계산 문제의 경우에는 일정한 틀을 만든 다음, 이를 일관되게 유지하려고 노력하였다. 그리고 수험생의 수고를 덜고 학습에 도움이 되도록 문제에 따라 **Tip**과 `ReCheck`를 추가하였다.

강의를 하면서 느끼고, 또 들었던 것들을 책에 쏟아내기 위해 노력하였다. 수험생이 좀 더 보기 편하고, 좀 더 알기 쉽도록 하자는 마음으로 요약정리에 `Point`와 그래프 등을 추가하였고, 문제 사이사이에는 새롭게 **Tip**과 `ReCheck`를 적어 넣었다. 내용이 충실해진 만큼 분량은 꽤 늘었지만, 이를 통해 문제마다 기본서를 찾아보는 수고를 덜 수 있다면 나름 충분한 보상이 되리라 생각한다. 이 책으로 각종 시험을 준비하는 수험생 여러분의 행운을 빌며, 동시에 여러분이 이 책의 가치를 극대화할 것이라 믿어 의심치 않는다.

마지막으로, 책이 나오기까지 각종 편집 작업과 몇 번이나 되는 교정 요구에도 아무런 불평 없이 수고를 아끼지 않아 주신 서울고시각 출판사 직원 분들께 다시금 감사의 말씀을 드린다.

황정빈 드림

Contents

PART 01 경제학의 기초

Chapter 01 경제학의 개요 및 방법론
- 대표유형 01 기회비용과 매몰비용 — 2
- 대표유형 02 생산가능곡선 — 6
- 대표유형 03 경제학의 방법론 — 15

PART 02 수요·공급이론

Chapter 02 수요·공급이론
- 대표유형 04 수요량(공급량)의 변화와 수요(공급)의 변화 — 18
- 대표유형 05 시장의 균형 — 24
- 대표유형 06 균형의 변화 Ⅰ : 수요 혹은 공급만 변화하는 경우 — 27
- 대표유형 07 균형의 변화 Ⅱ : 수요와 공급이 동시에 변화하는 경우 — 34
- 대표유형 08 시장수요곡선과 시장공급곡선 — 37

Chapter 03 수요와 공급의 탄력성
- 대표유형 09 수요의 가격탄력성 — 41
- 대표유형 10 수요의 가격탄력성과 기업의 총수입 — 50
- 대표유형 11 수요의 소득탄력성과 교차탄력성 — 57
- 대표유형 12 수요곡선이 우하향의 직선일 때의 탄력성 — 62
- 대표유형 13 수요곡선이 직각쌍곡선일 때의 탄력성 — 76
- 대표유형 14 탄력성의 응용 — 83
- 대표유형 15 공급의 가격탄력성 — 87

Chapter 04 수요·공급이론의 응용
- 대표유형 16 소비자잉여와 생산자잉여 — 94
- 대표유형 17 최고가격제와 최저가격제 — 98
- 대표유형 18 조세의 전가와 귀착 — 111
- 대표유형 19 조세의 전가와 귀착 : 계산 문제 — 120
- 대표유형 20 보조금의 전가와 귀착 — 139

PART 03 소비자이론

Chapter 05 한계효용이론
- 대표유형 21 한계효용균등의 법칙 … 146

Chapter 06 무차별곡선이론
- 대표유형 22 무차별곡선 … 152
- 대표유형 23 예산선 … 162
- 대표유형 24 콥-더글라스 효용함수 … 168
- 대표유형 25 수요함수의 수학적 도출 : $C-D$ 효용함수 … 182
- 대표유형 26 선형 효용함수 : 완전대체재 … 186
- 대표유형 27 레온티에프 효용함수 : 완전보완재 … 201
- 대표유형 28 준선형 효용함수 … 216
- 대표유형 29 소득소비곡선과 가격소비곡선 … 219
- 대표유형 30 가격효과 … 225

Chapter 07 현시선호이론
- 대표유형 31 현시선호이론 … 245

Chapter 08 소비자이론의 응용
- 대표유형 32 지수 … 253
- 대표유형 33 현금보조와 현물보조 및 가격보조 … 255
- 대표유형 34 2기간 소비선택모형 : 이자율과 저축 및 소비 … 262

Chapter 09 기대효용이론
- 대표유형 35 기대효용이론 … 276

Contents

PART 04 생산자이론

Chapter 10 생산이론
대표유형 36	단기생산함수	294
대표유형 37	장기생산함수 : 등량곡선	298
대표유형 38	장기생산함수 : 규모에 대한 수익	303
대표유형 39	콥-더글라스 생산함수	312
대표유형 40	선형 생산함수 : 완전대체관계	327
대표유형 41	레온티에프 생산함수 : 완전보완관계	333
대표유형 42	대체탄력성과 확장경로 및 기술진보	337

Chapter 11 비용이론
대표유형 43	회계적 비용과 경제적 비용	342
대표유형 44	단기비용함수	346
대표유형 45	장기비용함수	363
대표유형 46	규모의 경제와 범위의 경제	373
대표유형 47	비용이론 : 계산 문제	376

PART 05 시장이론

Chapter 12 완전경쟁시장
대표유형 48	기업의 이윤극대화 조건	384
대표유형 49	완전경쟁시장의 특징 및 기업의 이윤극대화	390
대표유형 50	손익분기점과 조업중단점	397
대표유형 51	완전경쟁기업의 단기공급곡선	405
대표유형 52	완전경쟁시장의 단기균형	409
대표유형 53	완전경쟁시장의 장기균형	416

Chapter 13 독점시장
대표유형 54	독점기업의 수요곡선과 한계수입곡선	429
대표유형 55	독점시장의 단·장기균형	435

대표유형 56 완전경쟁과 독점의 비교	445
대표유형 57 가격차별	452
대표유형 58 가격차별 : 계산 문제	457
대표유형 59 이부가격제도	467
대표유형 60 묶어팔기	474
대표유형 61 다공장독점	478
대표유형 62 독점의 규제	482
대표유형 63 자연독점	491

Chapter 14 독점적 경쟁시장
| 대표유형 64 독점적 경쟁시장 | 496 |
| 대표유형 65 완전경쟁과 독점 및 독점적 경쟁의 비교 | 503 |

Chapter 15 과점시장
| 대표유형 66 과점시장 | 507 |
| 대표유형 67 과점이론 | 513 |

Chapter 16 게임이론
| 대표유형 68 우월전략균형과 내쉬균형 | 536 |

PART 06 생산요소시장과 소득분배이론

Chapter 17 생산요소시장
대표유형 69 생산요소시장의 이윤극대화	568
대표유형 70 노동수요곡선	580
대표유형 71 노동공급곡선 : 여가-소득 선택모형	589
대표유형 72 불완전경쟁 요소시장 : 수요독점	603
대표유형 73 불완전경쟁 요소시장 : 쌍방독점	611

Chapter 18 소득분배이론
| 대표유형 74 경제적 지대와 준지대 | 613 |
| 대표유형 75 계층별 소득분배이론 | 619 |

Contents

PART 07 일반균형이론과 후생경제학

Chapter 19 일반균형이론
대표유형 76 일반균형이론과 파레토 효율성 632

Chapter 20 후생경제학
대표유형 77 후생경제학의 정리 654
대표유형 78 사회후생함수 660

PART 08 시장실패와 정보경제학

Chapter 21 시장실패
대표유형 79 시장실패와 정부실패 674
대표유형 80 외부성 677
대표유형 81 외부성의 해결 방안 : 코즈 정리 686
대표유형 82 외부성의 해결 방안 : 오염배출권제도 693
대표유형 83 외부성의 해결 방안 : 피구세, 피구보조금 및 통합 문제 699
대표유형 84 외부성 계산 문제 : 완전경쟁시장 704
대표유형 85 외부성의 해결 방안 : 독점기업 719
대표유형 86 공공재의 특성 723
대표유형 87 공공재의 적정 공급량 730
대표유형 88 공유지의 비극 741
대표유형 89 공공선택이론 747

Chapter 22 정보경제학
대표유형 90 역선택과 도덕적 해이 750

경제학의 기초

01 경제학의 개요 및 방법론

CHAPTER 01 경제학의 개요 및 방법론

01 기회비용과 매몰비용

 기회비용(opportunity cost)과 매몰비용(sunk cost)

구 분	내 용
기회비용	1. 개념 • 어떤 대안을 선택함으로써 포기해야 하는 다른 대안들의 가치 중 가장 큰 것 • 포기한 것의 가치로 나타낸 선택한 것의 가치 2. 특징 • 합리적인 선택을 위해서는 항상 기회비용을 고려해야 함 → 기회비용이 가장 작은 대안을 선택해야 함 • 기회비용에는 명시적 비용과 암묵적 비용이 모두 포함됨 • 기회비용은 주관적 개념이므로 두 사람이 동일한 선택을 하더라도 기회비용은 서로 다른 것이 일반적임
매몰비용	1. 개념 • 일단 지출한 뒤에는 다시 회수가 불가능한 비용 2. 특징 • 매몰비용은 회수가 불가능한 비용이므로 기회비용이 0임 • 합리적인 선택을 위해서는 매몰비용은 고려하지 않아야 함

01 | 2010 | 보험계리사

다음 중 기회비용(opportunity cost)에 대한 예로서 옳지 않은 것은?
① 서류를 보관하였다면 내지 않을 수 있었는데 서류를 보관하지 않아서 지불하게 된 세금
② 아이스크림과 커피 중에서 하나를 골라야 하는 상황에서 고민 끝에 커피를 선택한 경우에 포기한 아이스크림
③ 자신 소유의 건물에서 레스토랑 사업을 하지 않았더라면 받을 수 있었던 건물 임대료 수입
④ 사업을 하기 위해 포기한 직장에서 받을 수 있었던 월급

기회비용이란 어떤 대안을 선택함으로써 포기해야 하는 다른 대안들의 가치 중 가장 큰 것을 말한다.
① |×| 서류를 보관하지 않아서 지불하게 된 세금은 업무를 제대로 처리하지 않아 발생한 비용을 의미할 뿐이다. 따라서 기회비용의 예라고 볼 수 없다.
② |○| 커피를 선택하지 않았더라면 아이스크림을 선택할 수 있었다. 따라서 포기한 아이스크림이 커피의 기회비용이 된다.
③ |○| 본인 소유의 건물에서 레스토랑 사업을 하지 않았더라면 건물을 임대하여 임대료 수입을 얻을 수 있었다. 따라서 포기한 임대료 수입이 레스토랑 사업의 기회비용이 된다.
④ |○| 사업을 하지 않았더라면 직장에서 월급을 받을 수 있었다. 따라서 포기한 직장에서 받을 수 있었던 월급이 사업의 기회비용이 된다.

02 | 2010 | 감정평가사

갑은 영화를 관람하는 데 20,000원의 가치를 느낀다. 영화관람권을 5,000원에 구입하였지만 영화관에 들어가기 전에 분실하였다. 영화관람권을 5,000원에 다시 구입하고자 한다. 이 시점에서의 매몰비용과 영화관람권 재구입에 따른 기회비용은 각각 얼마인가? (단, 분실된 영화관람권의 재발급이나 환불은 불가능하다.)

	매몰비용	기회비용
①	5,000원	5,000원
②	5,000원	10,000원
③	10,000원	5,000원
④	10,000원	10,000원
⑤	20,000원	5,000원

i) 이미 분실한 영화관람권 구입비용 5,000원은 다시 회수가 불가능한 비용으로 매몰비용이다.
ii) 영화를 보기 위해 영화관람권을 재구입하고자 한다면 다시 5,000원을 지불해야만 하므로 영화관람의 기회비용은 5,000원이다.

01. ① 02. ①

03 ┌ 2008 | 보험계리사 ┐ 상 중 하

당신이 경영하는 회사에서 신제품을 개발 중이다. 신제품을 개발하는 데 지금까지 1천만원을 투자했다. 최근 영업부에서 보고하기를 신제품을 출시했을 경우 예상 판매액은 개발 초기에 예측했던 1,200만원이 아닌 500만원이라고 한다. 당신이 신제품 개발을 완료하기 위해 지금부터 지불할 수 있는 최대의 금액은 얼마인가?

① 0원
② 200만원
③ 500만원
④ 700만원

해설
ⅰ) 신제품을 개발하는 데 이미 투자한 1천만원은 다시 회수가 불가능한 비용으로 매몰비용이다. 합리적인 의사결정을 위해서는 매몰비용은 고려하지 않아야 한다.
ⅱ) 현 시점에서 예상 판매액이 500만원이므로 신제품 개발을 완료하기 위해 지금부터 지불 가능한 최대금액(비용)은 500만원이다.

04 ┌ 연습문제 ┐ 상 중 하

기계 취득원가가 1,000,000원이다. 기계를 수리해서 사용하면 500,000원의 판매수입을 얻을 수 있고 기계를 판매할 때 600,000원이라면 매몰비용은 얼마인가?

① 400,000원
② 500,000원
③ 600,000원
④ 1,000,000원

해설
ⅰ) 매몰비용은 일단 지출한 뒤에는 다시 회수가 불가능한 비용으로, 합리적인 의사결정을 위해서는 매몰비용은 고려하지 않아야 한다.
ⅱ) 기계를 수리해서 사용하면 500,000원의 판매수입을 얻을 수 있고, 기계를 판매하면 600,000원을 받을 수 있으므로 기계를 판매하는 것이 합리적이다.
ⅲ) 그런데 기계를 취득할 때 소요된 비용이 1,000,000원이므로 기계를 판매하더라도 회수가 불가능한 400,000원이 매몰비용이 된다.

05 2017 | 감정평가사 상 중 하

비용에 관한 설명으로 옳은 것을 모두 고른 것은?

― 보기 ―
ㄱ. 기회비용은 어떤 선택을 함에 따라 포기해야 하는 여러 대안들 중에 가치가 가장 큰 것이다.
ㄴ. 생산이 증가할수록 기회비용이 체감하는 경우에는 두 재화의 생산가능곡선이 원점에 대해 볼록한 형태이다.
ㄷ. 모든 고정비용은 매몰비용이다.
ㄹ. 동일한 수입이 기대되는 경우, 기회비용이 가장 작은 대안을 선택하는 것이 합리적이다.

① ㄱ, ㄴ   ② ㄱ, ㄹ
③ ㄴ, ㄷ   ④ ㄱ, ㄴ, ㄹ
⑤ ㄴ, ㄷ, ㄹ

ㄱ, ㄹ. |O| 기회비용이란 어떤 대안을 선택함으로써 포기해야 하는 다른 대안들의 가치 중 가장 큰 것을 말한다. 따라서 동일한 수입이 기대된다면 기회비용이 가장 작은 대안을 선택하는 것이 합리적이다.
ㄴ. |O| 생산가능곡선이 원점에 대해 볼록한 경우에는 한 재화의 생산이 증가할수록 그 재화 생산의 기회비용이 체감한다.
ㄷ. |X| 공장부지나 재판매가 가능한 생산시설 등을 구입하는 데 지출된 비용은 이후에도 전부 또는 일부의 회수가 가능하다. 따라서 모든 고정비용이 매몰비용인 것은 아니다.

정답 03. ③ 04. ① 05. ④

02 생산가능곡선

생산가능곡선(PPC)

구 분	내 용
개 념	주어진 자원과 기술수준하에서 그 경제가 모든 자원을 효율적으로 사용하여 최대로 생산 가능한 생산물의 조합을 나타내는 곡선 → 생산의 효율성($MRTS_{LK}^{X} = MRTS_{LK}^{Y}$)을 만족하는 점들의 궤적
형 태	일반적으로 생산가능곡선은 우하향하고 원점에 대하여 오목한 형태임
특 징	• 우하향 → 자원의 희소성 때문 • 원점에 대하여 오목 → 한계변환율이 체증하기 때문(=기회비용 체증) 📖 기회비용체증의 법칙 : 한 재화의 생산량이 증가함에 따라 그 재화 생산의 기회비용이 점점 증가하는 현상
한계변환율 (MRT_{XY})	$$MRT_{XY} = -\frac{\Delta Y}{\Delta X} = \frac{MC_X}{MC_Y}$$ • X재 1단위를 생산하기 위해 포기해야 하는 Y재의 양 • 생산가능곡선의 (접선의) 기울기 • (Y재의 양으로 표시한) X재 생산의 기회비용
내부와 외부	• 생산가능곡선 내부(B점) : 생산이 비효율적으로 이루어지는 점(실업, 독점) • 생산가능곡선 외부(D점) : 현재의 자원과 기술수준으로는 달성 불가능한 점 • 생산가능곡선상(A점, C점) : 생산이 효율적으로 이루어지는 점
바깥쪽 이동요인	• 기술진보 : 생산성의 향상, 교육수준의 향상 • 노동 증가 : 인구 증가, 경제활동참가율 상승, 새로운 인구의 유입 • 자본 증가 : 해외자본의 유입, 천연자원의 발견, 생산시설의 확충 cf 실업이 감소하면 생산점이 생산가능곡선 내부에서 생산가능곡선상으로 이동함

기술진보	• 기술진보가 이루어지면 주어진 자원하에서 생산 가능한 X재와 Y재의 양이 증가하므로 생산가능곡선이 바깥쪽으로 이동함
	• X재 생산에 대해서만 기술진보가 이루어지는 경우
	  → X재 1단위를 생산하기 위해 포기해야 하는 Y재의 양이 감소하므로 X재 생산의 기회비용이 감소함(Y재 생산의 기회비용은 증가함)
	  → 생산가능곡선이 X축 방향으로 확장 이동함
	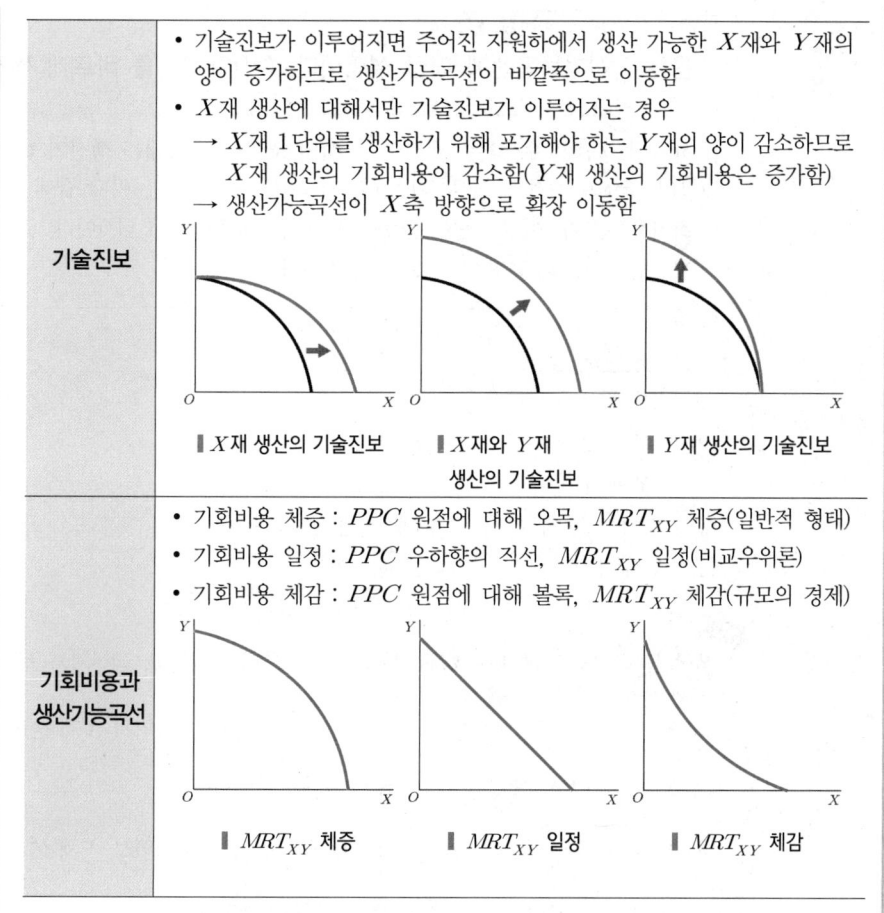
	┃X재 생산의 기술진보 ┃X재와 Y재 생산의 기술진보 ┃Y재 생산의 기술진보

기회비용과 생산가능곡선	• 기회비용 체증 : PPC 원점에 대해 오목, MRT_{XY} 체증(일반적 형태) • 기회비용 일정 : PPC 우하향의 직선, MRT_{XY} 일정(비교우위론) • 기회비용 체감 : PPC 원점에 대해 볼록, MRT_{XY} 체감(규모의 경제) ┃MRT_{XY} 체증 ┃MRT_{XY} 일정 ┃MRT_{XY} 체감

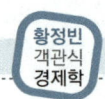

대표유형 01 | 2017 | 공인회계사 | 상 중 하

다음은 생산가능곡선에 대한 설명이다. (가)와 (나)를 바르게 짝지은 것은?

> 하루에 생산할 수 있는 X재와 Y재의 조합을 나타내는 생산가능곡선은 갑의 경우 $2Q_X + Q_Y = 16$, 을의 경우 $Q_X + 2Q_Y = 16$이다. 이때 갑에 있어서 Y재의 기회비용은 (가)이고, 을에 있어서 X재의 기회비용은 (나)이다. (단, Q_X는 X재의 생산량, Q_Y는 Y재의 생산량을 의미한다.)

	(가)	(나)
①	X재 2개	Y재 1/2개
②	X재 2개	Y재 2개
③	X재 1개	Y재 1개
④	X재 1/2개	Y재 1/2개
⑤	X재 1/2개	Y재 2개

생산가능곡선의 기울기는 X재 생산의 기회비용을 나타내고, 생산가능곡선의 기울기의 역수는 Y재 생산의 기회비용을 나타낸다.

ⅰ) 갑의 생산가능곡선이 $Q_Y = 16 - 2Q_X$이므로 갑에게 있어서 X재 생산의 기회비용은 Y재 2개이고, Y재 생산의 기회비용은 X재 $\frac{1}{2}$개이다.

ⅱ) 을의 생산가능곡선이 $Q_Y = 8 - \frac{1}{2}Q_X$이므로 을에게 있어서 X재 생산의 기회비용은 Y재 $\frac{1}{2}$개이고, Y재 생산의 기회비용은 X재 2개이다.

ReCheck 한계변환율(MRT_{XY})

$$MRT_{XY} = -\frac{\Delta Y}{\Delta X} = \frac{MC_X}{MC_Y}$$

- 생산가능곡선의 (접선의) 기울기
- (Y재의 양으로 표시한) X재 생산의 기회비용

02 ｢2015 | 서울시 7급｣ [상] [중] [하]

다음 표는 각각 A국과 B국의 생산가능곡선상 점들의 조합을 나타낸 것이다. 이에 대한 설명으로 옳은 것은? (단, 재화는 X재와 Y재만 존재한다.)

<A국 생산가능곡선의 조합>

X재	0개	1개	2개
Y재	14개	8개	0개

<B국 생산가능곡선의 조합>

X재	0개	1개	2개
Y재	26개	16개	0개

① X재를 1개 생산함에 따라 발생하는 기회비용은 A국이 B국보다 적다.
② A국이 X재를 생산하지 않는다면 A국은 Y재를 최대 10개까지 생산할 수 있다.
③ A와 B국이 동일한 자원을 보유하고 있는 경우라면 A국의 생산기술이 B국보다 우수하다.
④ B국이 X재를 1개씩 추가적으로 생산함에 따라 발생하는 기회비용은 점차 감소한다.

해설

① |○| X재를 0개에서 1개로 늘리면 A국은 Y재 생산량이 6개 감소하지만, B국은 Y재 생산량이 10개 감소한다. 따라서 X재를 1개 생산할 때의 기회비용은 A국이 B국보다 적다.
② |×| A국이 X재를 생산하지 않는다면 Y재를 최대 14개까지 생산할 수 있다.
③ |×| B국의 생산가능곡선이 A국의 생산가능곡선보다 원점에서 멀리 떨어져 있으므로 양국이 동일한 자원을 보유하고 있다면 생산기술은 B국이 A국보다 우수하다.

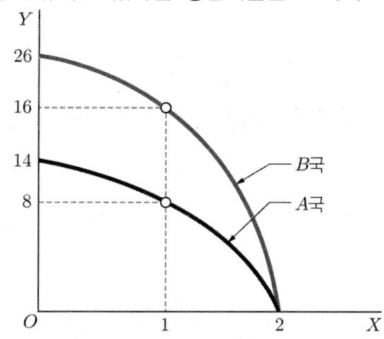

④ |×| B국이 X재를 0개에서 1개로 늘리면 Y재 생산량이 10개 감소하고, 다시 X재를 1개에서 2개로 늘리면 Y재 생산량이 16개 감소한다. 따라서 B국이 X재를 1개씩 추가적으로 생산할 때의 기회비용은 점차 증가한다.

정답 01. ④ 02. ①

03 X재와 Y재를 생산하는 K국가의 생산가능곡선상에는 두 개의 재화생산 조합점 $(x_1, y_1)=(200, 300)$과 $(x_2, y_2)=(240, 290)$이 있다. 다음 중 기회비용체증의 법칙이 성립하기 위한 이 생산가능곡선상의 재화생산 조합점(x_3, y_3)은? (단, x_1, x_2, x_3는 각각 X재의 생산량, y_1, y_2, y_3는 각각 Y재의 생산량)

① (160, 310) ② (160, 315)
③ (280, 270) ④ (280, 280)
⑤ (280, 285)

해설

ⅰ) 기회비용체증의 법칙이 성립하기 위해서는 X재 생산량이 증가할수록 포기해야 하는 Y재의 양$\left(\dfrac{\Delta Y}{\Delta X}\right)$이 증가해야 한다.

ⅱ) 생산점이 $(x_1, y_1)=(200, 300)$에서 $(x_2, y_2)=(240, 290)$으로 변화할 때 X 생산량이 40단위 증가하면 Y재 생산량이 10단위 감소하므로 X재 생산의 기회비용은 $\dfrac{\Delta Y}{\Delta X}=\dfrac{10}{40}=\dfrac{1}{4}$이다.

ⅲ) 따라서 기회비용이 체증하기 위해서는 생산점이 $(x_2, y_2)=(240, 290)$에서 $(x_3, y_3)=(280, y_3)$로 변화할 때 X재 생산량이 40단위 증가하면 Y재 생산량이 10단위보다 크게 감소해야 한다. 보기 ③의 경우, Y재 생산량이 290에서 270으로 20단위 감소하므로 이 조건에 부합한다$\left(\dfrac{\Delta Y}{\Delta X}=\dfrac{20}{40}=\dfrac{1}{2}\right)$.

04 다음은 한 국가의 생산가능곡선 그림이다. 다음 설명 중 옳지 않은 것은?

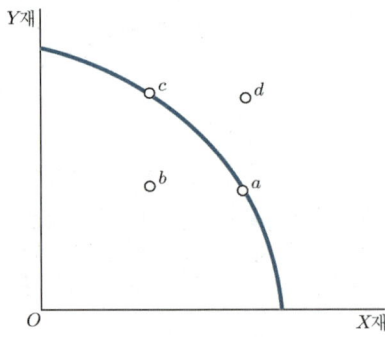

① 점 a에서 생산에서의 효율성이 달성되고 있다.
② 독점기업이 있는 경우 점 b에서 생산이 된다.
③ 기술개발을 통하여 점 d를 달성할 수 있다.
④ X재를 생산하는 기업이 해외로 이전하게 되면, 점 a에서 점 c로 이동하게 된다.
⑤ 점 a에서 생산하는 경우, 점 c보다 X재의 한계비용이 상대적으로 크다.

① |○| 생산가능곡선상의 모든 점에서는 생산의 효율성이 달성된다($MRTS_{LK}^{X} = MRTS_{LK}^{Y}$). 따라서 점 a와 점 c에서는 생산의 효율성이 달성되고 있다.
② |○| 독점, 실업 등이 존재하면 생산이 비효율적이 된다. 따라서 생산가능곡선 내부의 점 b에서 생산이 이루어진다.
③ |○| 기술개발, 인구 증가, 천연자원의 발견 등이 이루어지면 생산가능곡선이 바깥쪽으로 이동하여 점 d를 달성할 수 있다.
④ |×| X재를 생산하는 기업이 해외로 이전하면 경제전체의 생산능력이 감소하므로 생산가능곡선상의 점 a에서 점 c로 이동하는 것이 아니라 생산가능곡선이 안쪽으로 이동한다.
⑤ |○| 점 c에서 점 a로 갈수록 생산가능곡선의 기울기인 한계변환율(MRT_{XY})이 커지는데, 한계변환율은 다음과 같이 나타낼 수 있다.

- $MRT_{XY} = -\dfrac{\Delta Y}{\Delta X} = \dfrac{MC_X}{MC_Y}$

따라서 점 a가 점 c에 비해 X재의 한계비용(MC_X)이 상대적으로 크다.

05

|2011 | 보험계리사| 상 중 하

다음 그림과 같이 생산점이 생산가능곡선상을 따라 점 a에서 점 b로 이동하는 원인으로서 가장 알맞은 것은?

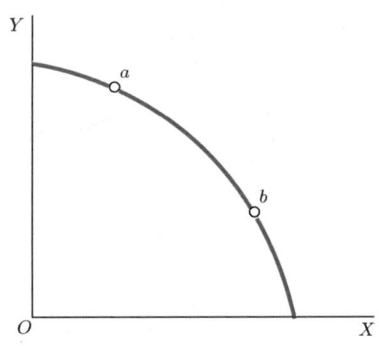

① 실업의 감소 ② 자본량의 증가
③ 기술의 진보 ④ 재화의 상대가격 변동

① |×| 실업이 감소하면 생산점이 생산가능곡선 내부에서 생산가능곡선상으로 이동한다.
②, ③ |×| 자본량이 증가하거나, 기술진보가 이루어지면 생산가능곡선이 바깥쪽으로 이동한다.
④ |○| 생산가능곡선은 생산의 효율성을 만족하는 점들의 궤적이지만, 구체적으로 생산가능곡선상의 어떤 점에서 생산이 이루어질 것인지는 사회 구성원들의 선호에 의해 결정된다. 사회 구성원들이 상대적으로 X재를 선호하게 되면 X재에 대한 수요가 증가하고, 그에 따라 X재의 가격이 상승한다. X재의 가격이 상승하면 사회전체의 가용자원이 X재 생산에 더 많이 투입되어 X재 생산은 증가하고 Y재 생산은 감소한다. 그 결과, 생산점이 생산가능곡선상의 점 a에서 점 b로 이동하게 된다.

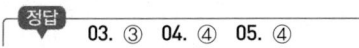

[2010 | 지방직 7급] 상 중 하

06 선박과 자동차만 생산하는 A국에서 선박 생산의 기술혁신으로 선박과 자동차로 표현한 생산가능곡선이 이동하였고 경제성장을 달성하였다. 이 경우 나타나는 현상으로 옳지 않은 것은?

① 자동차의 기회비용은 증가한다.
② 선박의 기회비용은 증가한다.
③ 생산가능곡선상의 교환비율은 곡선상의 위치에 따라 다를 수 있다.
④ 생산가능곡선상의 교환비율은 시간에 따라 변할 수 있다.

① |○|, ② |×| 선박(X) 생산의 기술혁신이 이루어지면 자동차(Y) 1대를 생산하기 위해 포기해야 하는 선박의 양이 증가한다. 즉, 동일한 양의 자동차를 생산할 때 더 많은 선박 생산이 가능하므로 자동차 생산의 기회비용은 증가한다. 반면, 선박 1대를 생산하기 위해 포기해야 하는 자동차의 양은 감소하므로 선박 생산의 기회비용은 감소한다.
③ |○| 기회비용이 체증하는 일반적인 경우 생산가능곡선의 기울기에 해당하는 선박과 자동차의 교환비율은 곡선상의 위치에 따라 달라진다.
④ |○| 시간이 흘러 자본이 축적되거나, 기술진보가 이루어지면 생산가능곡선이 바깥쪽으로 이동한다. 생산가능곡선이 바깥쪽으로 이동하면 생산가능곡선의 기울기에 해당하는 선박과 자동차의 교환비율이 변할 수 있다.

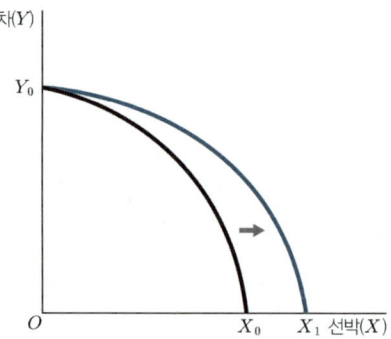

07 [2009 | 보험계리사] 상 중 하

다음 중 생산가능곡선을 이동시키는 요인을 모두 골라 묶은 것은?

┤ 보기 ├
- 가. 자본량 증가
- 나. 노동량 감소
- 다. 기술진보
- 라. 청년실업 감소

① 가, 나, 다, 라 ② 가, 나, 다
③ 가, 다 ④ 가, 나

Tip. 실업이 감소하면 생산점이 생산가능곡선 내부에서 생산가능곡선상으로 이동한다.

가, 다. |○| 자본량이 증가하거나, 기술진보가 이루어지면 생산가능곡선이 바깥쪽으로 이동한다.
나. |○| 노동량이 감소하면 생산가능곡선이 안쪽으로 이동한다.
라. |×| 청년실업이 감소하면 생산점이 생산가능곡선 내부에서 생산가능곡선상으로 이동한다.

08 생산가능곡선에 대한 설명으로 옳지 않은 것은?

보기

ㄱ. 최초에 생산가능곡선상에서 생산이 이루어지고 있었으나 독점과 같은 시장실패가 발생하면 생산점이 생산가능곡선 내부로 이동한다.
ㄴ. 일반적인 생산가능곡선의 경우 생산가능곡선상에서 우하방으로 이동할수록 X재 생산의 한계비용은 감소한다.
ㄷ. 규모의 경제가 발생하는 경우 생산가능곡선은 원점에 대해 오목하다.
ㄹ. 기술진보로 경제성장이 이루어지면 생산가능곡선이 바깥쪽으로 이동한다.
ㅁ. 생산가능곡선이 원점에 대해 볼록한 경우 한 재화의 생산이 증가하면 그 재화의 기회비용은 점점 감소한다.

① ㄱ, ㄹ
② ㄴ, ㄷ
③ ㄴ, ㄹ
④ ㄴ, ㄷ, ㅁ

해설

ㄱ. |○| 독점과 같은 시장실패가 발생하면 생산이 비효율적이 되므로 생산점이 생산가능곡선 내부로 이동한다.
ㄴ. |×| 생산가능곡선의 기울기인 한계변환율(MRT_{XY})은 X재 1단위를 생산하기 위해 포기해야 하는 Y재의 양으로 다음과 같이 나타낼 수 있다.

- $MRT_{XY} = -\dfrac{\Delta Y}{\Delta X} = \dfrac{MC_X}{MC_Y} = X$재 생산의 기회비용

일반적인 생산가능곡선의 경우 생산가능곡선상에서 우하방으로 이동할수록 X재 생산의 기회비용인 한계변환율이 체증하므로 X재의 한계비용(MC_X)은 증가한다.
ㄷ. |×| 규모의 경제가 발생하는 경우 생산가능곡선은 원점에 대해 볼록하다(기회비용 체감).
ㄹ. |○| 기술진보가 이루어지면 주어진 자원하에서 더 많은 생산이 가능해지므로 생산가능곡선이 바깥쪽으로 이동한다.
ㅁ. |○| 생산가능곡선이 원점에 대해 볼록한 경우 한계변환율이 체감하므로 한 재화의 생산이 증가할 때 그 재화 생산의 기회비용은 점점 감소한다.

정답 08. ②

03 경제학의 방법론

유량(flow)과 저량(stock)

구 분	내 용
유 량	1. 개념 • 일정 기간에 걸쳐 측정되는 변수 2. 사례 • 수요, 공급, 투자, 소비, 생산, 수출, 수입, 국민소득, 국제수지 등
저 량	1. 개념 • 일정 시점에서 측정되는 변수 2. 사례 • 통화량, 노동량, 자본량, 국부, 외채, 외환보유고, 물가, 환율 등

실증경제학(positive economics)과 규범경제학(normative economics)

구 분	내 용
실증경제학	1. 개념 • 가치판단의 개입 없이 경제현상을 있는 그대로 객관적으로 분석하고, 경제변수들 간의 인과관계를 밝혀 경제현상의 변화를 예측하는 경제이론 • 가치판단의 개입이 없음(~이다) 2. 사례 • 통화량이 증가하면 물가가 상승한다. • 이자율이 하락하면 저축이 감소한다.
규범경제학	1. 개념 • 가치판단을 기초로 현재의 경제상태가 어느 정도 바람직한지를 평가하고, 개선방안을 모색하는 경제이론 • 가치판단의 개입이 있음(~이어야 한다) 2. 사례 • 물가를 낮추기 위해 통화량을 감소시켜야 한다. • 저축을 증가시키기 위해 이자율을 인상해야 한다.

01 [2014 공인노무사]

유량(flow)변수가 아닌 것은?
① 반도체에 대한 수요량
② 쌀의 공급량
③ 국내총생산(GDP)
④ 핸드폰 수출량
⑤ 통화량

해설
유량변수는 일정 기간을 명시해야만 측정이 가능한 변수로, 수요량, 공급량, 국내총생산, 수출량은 유량변수에 해당한다.
⑤ |×| 통화량은 일정 시점에서 시중에 유통되고 있는 화폐의 양을 의미하므로 저량변수이다.

02 [2006 국가직 7급]

경제변수는 유량(flow)변수와 저량(stock)변수로 구분된다. 다음 중 유량변수를 바르게 묶어 놓은 것은?

ㄱ. 소득	ㄴ. 자산	ㄷ. 소비

① ㄱ, ㄴ
② ㄱ, ㄷ
③ ㄴ, ㄷ
④ ㄱ, ㄴ, ㄷ

해설
Tip. 유량변수는 일정 기간을 명시해야만 측정이 가능한 변수이다.
ㄱ. |○| 소득은 일정 기간 동안 벌어들인 수입을 의미하므로 유량변수이다.
ㄴ. |×| 자산은 일정 시점에서 한 개인이 보유한 유·무형의 가치를 의미하므로 저량변수이다.
ㄷ. |○| 소비는 일정 기간 동안 재화나 서비스를 구입하기 위해 지출한 금액을 의미하므로 유량변수이다.

03 [2003 보험계리사]

다음 중 규범경제학과 가장 거리가 먼 것은?
① 사회적 후생손실의 감소를 막기 위해 기업의 독점화를 막아야 한다.
② 정부는 정보통신산업의 발전을 위해 정보통신 관련 인적자본을 구축해야 한다.
③ 정부의 확대재정정책은 이자율을 상승시켜 민간부문 투자를 감소시킨다.
④ 정부는 고용 증대를 위해 총수요확대정책을 실시해야 한다.

해설
ⅰ) 실증경제학이란 가치판단의 개입 없이 경제현상을 있는 그대로 객관적으로 분석하고, 경제변수들 간의 인과관계를 밝혀 경제현상의 변화를 예측하는 경제이론을 말한다. 실증경제학은 주로 "~이다"의 형식으로 표현된다.
ⅱ) 규범경제학이란 가치판단을 기초로 현재의 경제상태가 어느 정도 바람직한지를 평가하고, 개선방안을 모색하는 경제이론을 말한다. 규범경제학은 주로 "~이어야 한다"의 형식으로 표현된다.

정답 01. ⑤ 02. ② 03. ③

수요·공급이론

02 수요·공급이론

03 수요와 공급의 탄력성

04 수요·공급이론의 응용

CHAPTER 02 수요·공급이론

04 수요량(공급량)의 변화와 수요(공급)의 변화

수요(demand)

개념	• 일정 기간 동안 주어진 가격으로 소비자가 재화나 서비스를 구매하고자 하는 욕구 📄 수요량 : 특정한 가격수준에서 소비자가 구매하고자 하는 재화나 서비스의 수량 • 유량(flow) 개념, 사전적(ex ante) 개념 • 구매력이 뒷받침된 개념(유효수요)
수요함수	• 어떤 재화의 수요와 그 재화의 수요에 영향을 미치는 요인 간의 관계를 함수 형태로 나타낸 것 $$Q_X^D = f(\overset{\oplus}{P_X},\ \overset{\ominus}{M},\ \overset{\oplus}{P_Y},\ \overset{\ominus}{인구},\ \cdots)$$ 정 열 대 보 └ 수요량의 변화요인(수요의 법칙) └ 수요의 변화요인 $\rightarrow Q_X^D = f(P_X)$ … 가격 이외의 요인을 일정하다고 가정
수요의 법칙	• 가격(P_X)과 수요량(Q_X^D) 사이의 역(−)의 관계 cf 기펜재, 베블렌효과
수요량의 변화와 수요의 변화	• 수요량의 변화 : 해당 재화의 가격이 변화하여 나타나는 수요곡선상의 이동 • 수요의 변화 : 가격 이외의 요인이 변화하여 나타나는 수요곡선 자체의 이동 ▌수요량의 변화 　　　　▌수요의 변화

수요의
변화요인
	• 소득의 변화(M)
	  ┌ 정상재(+) : 소득 증가 → 수요 증가
	  └ 열등재(−) : 소득 증가 → 수요 감소
	• 관련재의 가격(P_Y)
	  ┌ 대체재(+) : 대체재의 가격 상승 → 수요 증가
	  └ 보완재(−) : 보완재의 가격 상승 → 수요 감소
	• 소비자의 기호 및 선호 : 소비자의 기호 및 선호 증가 → 수요 증가
	• 미래의 가격변화에 대한 예상 : 가격상승 예상 → 수요 증가
	• 인구(소비자 수) : 인구(소비자 수) 증가 → 수요 증가
	• 광고 : 광고 증가 → 수요 증가

공급(supply)

개념	• 일정 기간 동안 주어진 가격으로 생산자가 재화나 서비스를 판매하고자 하는 욕구 • 공급량 : 특정한 가격수준에서 생산자가 판매하고자 하는 재화나 서비스의 수량 • 유량(flow) 개념, 사전적(ex ante) 개념 • 판매력이 뒷받침된 개념
공급함수	• 어떤 재화의 공급과 그 재화의 공급에 영향을 미치는 요인 간의 관계를 함수 형태로 나타낸 것 $$Q_X^S = f(P_X, P_Y, 기술수준, 생산요소가격, \cdots)$$ 공급의 변화요인 공급량의 변화요인(공급의 법칙) $\rightarrow Q_X^S = f(P_X)$ ⋯ 가격 이외의 요인을 일정하다고 가정
공급의 법칙	• 가격(P_X)과 공급량(Q_X^S) 사이의 정(+)의 관계 cf 후방굴절 노동공급곡선
공급량의 변화와 공급의 변화	• 공급량의 변화 : 해당 재화의 가격이 변화하여 나타나는 공급곡선상의 이동 • 공급의 변화 : 가격 이외의 요인이 변화하여 나타나는 공급곡선 자체의 이동 ┃공급량의 변화 ┃공급의 변화

공급의 변화요인	• 관련재의 가격(P_Y)
	  ┌ 대체재(−) : 생산 측면의 대체재의 가격 상승 → 공급 감소
	  └ 보완재(+) : 생산 측면의 보완재의 가격 상승 → 공급 증가
	• 기술수준 : 기술진보 → 공급 증가
	• 생산요소가격 : 생산요소가격 상승 → 공급 감소
	• 조세(T)와 보조금(S)
	  ┌ 조 세 : 조세부과 → 공급 감소
	  └ 보조금 : 보조금지급 → 공급 증가
	• 미래에 대한 예상
	  ┌ 가격변화에 대한 예상 : 가격상승 예상 → 공급 감소
	  └ 경제상황에 대한 예상 : 경기호전 전망 → 공급 증가
	• 생산자 수 : 생산자 수 증가 → 공급 증가
	• 기업의 목표 : 이윤극대화에서 매출액극대화로 변화 → 공급 증가

01

[2013 | 지방직 7급]

전력 과소비의 원인 중 하나로 낮은 전기료가 지적되고 있다. 다음 중 전력에 대한 수요곡선을 이동(shift)시키는 요인이 아닌 것은?

① 소득의 변화
② 전기료의 변화
③ 도시가스의 가격 변화
④ 전기 기기에 대한 수요 변화

Tip. 해당 재화의 가격변화로 인한 수요량의 변화는 수요곡선상의 이동으로 나타난다.

① |○|, ② |×| 전력이 정상재일 때 소득이 증가하면 전력에 대한 수요가 증가하여 전력 수요곡선이 우측으로 이동한다. 그러나 전력이라는 재화의 가격에 해당하는 전기료가 상승하면 전력에 대한 수요량이 감소하여 전력 수요곡선상에서 좌상방으로 이동한다.

③, ④ |○| 전력과 대체재 관계에 있는 도시가스의 가격이 상승하면 전력에 대한 수요가 증가하여 전력 수요곡선이 우측으로 이동한다. 반면, 전력과 보완재 관계에 있는 전기 기기의 수요가 증가하여 전기 기기의 가격이 상승하면 전력에 대한 수요가 감소하여 전력 수요곡선이 좌측으로 이동한다.

02

[2014 | 공인회계사]

수요량의 변화는 수요곡선상의 이동과 수요곡선 자체의 이동에 따른 변화로 구분된다. 다음 중 수요곡선 자체의 이동에 따른 수요량의 변화가 아닌 것은?

① 미니스커트 유행으로 미니스커트에 대한 수요 증가
② 소득수준 증가에 따른 고급자동차에 대한 수요 증가
③ 조류독감 확산에 따른 닭고기에 대한 수요 감소
④ 지하철요금 인상에 따른 택시서비스에 대한 수요 증가
⑤ 채소 가격 상승에 따른 채소에 대한 수요 감소

Tip. 해당 재화의 가격변화로 인한 수요량의 변화는 수요곡선상의 이동으로 나타나고, 가격 이외의 요인(외생변수)의 변화로 인한 수요의 변화는 수요곡선 자체의 이동으로 나타난다.

① |○| 미니스커트 유행이라는 외생변수의 변화로 인한 미니스커트에 대한 수요 증가는 수요의 변화이므로 수요곡선 자체가 우측으로 이동한다.

② |○| 소득수준 증가라는 외생변수의 변화로 인한 고급자동차에 대한 수요 증가는 수요의 변화이므로 수요곡선 자체가 우측으로 이동한다.

③ |○| 조류독감 확산이라는 외생변수의 변화로 인한 닭고기에 대한 수요 감소는 수요의 변화이므로 수요곡선 자체가 좌측으로 이동한다.

④ |○| 지하철(대체재)요금 인상이라는 외생변수의 변화로 인한 택시서비스에 대한 수요 증가는 수요의 변화이므로 수요곡선 자체가 우측으로 이동한다.

⑤ |×| 채소 가격 상승에 따른 채소에 대한 수요 감소는 해당 재화의 가격변화로 인한 수요량의 변화이므로 수요곡선상에서 좌상방으로 이동한다.

정답 01. ② 02. ⑤

03 [2014 | 공인노무사] 상 중 하

아이스크림 수요곡선의 이동을 발생시키는 원인이 아닌 것은?

① 아이스크림 소비자의 소득이 증가하였다.
② 대체재인 냉동요구르트의 가격이 상승하였다.
③ 아이스크림의 가격이 상승하였다.
④ 날씨가 갑자기 더워졌다.
⑤ 아이스크림의 가격이 조간만 하락할 것으로 기대된다.

① |O|. ③ |X| 아이스크림이 정상재일 때 아이스크림 소비자의 소득이 증가하면 아이스크림에 대한 수요가 증가하여 아이스크림 수요곡선이 우측으로 이동한다. 그러나 아이스크림의 가격이 상승하면 아이스크림에 대한 수요량이 감소하여 아이스크림 수요곡선상에서 좌상방으로 이동한다.
② |O| 아이스크림과 대체재 관계에 있는 냉동요구르트의 가격이 상승하면 아이스크림에 대한 수요가 증가하여 아이스크림 수요곡선이 우측으로 이동한다.
④ |O| 날씨가 갑자기 더워지면 아이스크림에 대한 수요가 증가하여 아이스크림 수요곡선이 우측으로 이동한다.
⑤ |O| 아이스크림의 가격이 조만간 하락할 것으로 예상되면 아이스크림에 대한 수요가 감소하여 아이스크림 수요곡선이 좌측으로 이동한다.

04 [2010 | 보험계리사] 상 중 하

수요 및 공급과 관련된 다음의 설명 중에서 옳지 않은 것은?

① 상품 가격의 하락과 시장 내 구매자 수의 증가는 수요곡선을 같은 방향으로 이동시킨다.
② 초과공급은 가격을 하락시키고 초과수요는 가격을 상승시킨다.
③ 생산기술의 향상은 열등재의 공급곡선도 오른쪽으로 이동시킨다.
④ 어떤 열등재의 보완재 가격이 상승하면 이 열등재의 수요곡선은 왼쪽으로 이동한다.

① |X| 재화의 가격이 하락하면 수요곡선상의 이동이 나타나지만, 시장 내 구매자의 수(외생변수)가 증가하면 수요곡선 자체가 우측으로 이동한다.
② |O| 공급량이 수요량을 초과하는 초과공급이 존재하면 가격이 하락하고, 수요량이 공급량을 초과하는 초과수요가 존재하면 가격이 상승한다.
③ |O| 정상재, 열등재에 관계없이 생산기술이 향상되면 공급곡선이 우측으로 이동한다.
④ |O| 정상재, 열등재에 관계없이 보완재 관계에 있는 재화의 가격이 상승하면 해당 재화의 수요곡선이 좌측으로 이동한다. 정상재와 열등재를 구분하는 기준은 수요의 소득탄력성(ε_M)이다.

05 [2016 국가직 7급]

다음은 사과와 배의 수요함수를 추정한 식이다. 이에 대한 설명으로 옳지 않은 것은?

- 사과의 수요함수 : $Q_A = 0.8 - 0.8P_A - 0.2P_B + 0.6I$
- 배의 수요함수 : $Q_B = 1.1 - 1.3P_B - 0.25P_A + 0.7I$

(단, Q_A는 사과 수요량, Q_B는 배 수요량, P_A는 사과 가격, P_B는 배 가격, I는 소득을 나타낸다.)

① 사과와 배는 보완재이다.
② 사과와 배는 모두 정상재이다.
③ 사과와 배 모두 수요법칙이 성립한다.
④ 사과와 배 모두 가격 및 소득과 무관한 수요량은 없다.

해설

① |○| 사과의 수요함수에서 배의 가격(P_B)이 상승하면 사과의 수요(Q_A)가 감소한다. 마찬가지로, 배의 수요함수에서 사과의 가격(P_A)이 상승하면 배의 수요(Q_B)가 감소하므로 사과와 배는 보완재 관계이다.
② |○| 사과와 배의 수요함수에서 소득(I)이 증가하면 각 재화의 수요가 증가하므로 사과와 배는 모두 정상재이다.
③ |○| 사과의 수요함수에서 사과의 가격(P_A)이 상승하면 사과의 수요량(Q_A)이 감소한다. 마찬가지로, 배의 수요함수에서 배의 가격(P_B)이 상승하면 배의 수요량(Q_B)이 감소하므로 사과와 배 모두 수요의 법칙이 성립한다.
④ |×| 사과와 배의 수요함수에서 사과의 가격(P_A), 배의 가격(P_B) 및 소득(I)이 0이라 하더라도 사과의 수요량이 0.8, 배의 수요량이 1.1이다. 이는 가격 및 소득과 무관한 수요량이 존재한다는 것을 의미한다.

05 시장의 균형

균형(equilibrium)의 결정

구 분	내 용
시장의 불균형	• 초과수요와 초과공급 　┌ 초과수요 : 수요량이 공급량보다 많아서 발생하는 재화의 부족분 　└ 초과공급 : 공급량이 수요량보다 많아서 발생하는 재화의 잉여분 • 불균형의 조정 　┌ 초과수요(시장가격이 P_2일 때) : 시장가격 상승 → 균형 도달 　└ 초과공급(시장가격이 P_1일 때) : 시장가격 하락 → 균형 도달 (그래프: P_1에서 초과공급, P_0에서 균형 E, P_2에서 초과수요, 균형거래량 Q_0)
시장의 균형 (일반적인 경우)	• 일반적으로 수요곡선(D)과 공급곡선(S)이 교차하는 한 점(E점)에서 시장의 균형이 달성됨 • 균형가격은 P_0, 균형거래량은 Q_0에서 결정됨 (그래프: 균형점 E에서 P_0, Q_0)
시장의 균형 (예외적인 경우)	• 예외적으로 균형이 존재하지 않거나, 다수의 균형이 존재하는 경우도 있음 a) 자유재 — 균형이 존재하지 않음, 가격=0 b) 우주여행 — 균형이 존재하지 않음, 거래량=0 c) 공급곡선이 비정상인 경우 — 다수(3개)의 균형이 존재

▶ 특별한 언급이 없는 한 시장가격과 균형가격은 동일한 의미를 가짐

01 [2018 | 감정평가사] 상 중 하

재화 X에 대한 시장수요함수, 시장공급함수가 각각 $Q_D = -4P + 1,600$, $Q_S = 8P - 800$일 때, 균형가격(P^*)과 균형거래량(Q^*)은? (단, Q_D는 수요량, Q_S는 공급량, P는 가격이다.)

① $P^* = 190$, $Q^* = 840$
② $P^* = 195$, $Q^* = 820$
③ $P^* = 200$, $Q^* = 800$
④ $P^* = 205$, $Q^* = 780$
⑤ $P^* = 210$, $Q^* = 760$

시장의 균형가격과 균형거래량은 시장수요곡선과 시장공급곡선이 교차하는 점에서 결정된다. 따라서 시장수요함수 $Q_D = -4P + 1,600$과 시장공급함수 $Q_S = 8P - 800$을 연립해서 풀면 X재의 균형가격과 균형거래량은 각각 $P^* = 200$, $Q^* = 800$으로 계산된다.

- $-4P + 1,600 = 8P - 800 \to 12P = 2,400$ ∴ $P^* = 200$, $Q^* = 800$

02 [2008 | 지방직 7급] 상 중 하

구두에 대한 수요곡선과 공급곡선이 다음과 같은 함수로 대표된다고 할 때, 구두의 균형가격은?

$$Q_d = -0.5P + 200$$
$$Q_s = P - 100$$

(단, Q_d는 구두 수요량, Q_s는 구두 공급량, P는 구두 가격)

① 50
② 100
③ 200
④ 300

Tip. 시장의 균형가격과 균형거래량은 시장수요곡선과 시장공급곡선이 교차하는 점에서 결정된다.

시장의 균형가격과 균형거래량은 수요곡선과 공급곡선이 교차하는 점에서 결정된다. 따라서 수요함수 $Q_d = -0.5P + 200$과 공급함수 $Q_s = P - 100$을 연립해서 풀면 구두의 균형가격과 균형거래량은 각각 $P = 200$, $Q = 100$으로 계산된다.

- $-0.5P + 200 = P - 100 \to 1.5P = 300$ ∴ $P = 200$, $Q = 100$

정답 01. ③ 02. ③

03 [2012 | 국가직 9급] 상 중 하

X재화의 시장수요곡선은 $Q = 300 - 2P + 4I$이고, 시장공급곡선은 $Q = 3P - 50$이다. I가 25에서 20으로 감소할 때, X재화의 시장균형가격의 변화는? (단, Q는 수량, P는 가격, 그리고 I는 시장에 참가하는 소비자들의 소득수준을 나타낸다.)

① 2만큼 하락
② 4만큼 하락
③ 6만큼 하락
④ 8만큼 하락

 i) $I = 25$일 때 시장수요함수는 $Q = 300 - 2P + 100 \rightarrow Q = 400 - 2P$이다. 시장수요함수 $Q = 400 - 2P$와 시장공급함수 $Q = 3P - 50$을 연립해서 풀면 균형가격은 $P_0 = 90$이다.
  • $400 - 2P = 3P - 50 \rightarrow 5P = 450 \therefore P_0 = 90$
 ii) $I = 20$일 때 시장수요함수는 $Q = 300 - 2P + 80 \rightarrow Q = 380 - 2P$이다. 시장수요함수 $Q = 380 - 2P$와 시장공급함수 $Q = 3P - 50$을 연립해서 풀면 균형가격은 $P_1 = 86$이다.
  • $380 - 2P = 3P - 50 \rightarrow 5P = 430 \therefore P_1 = 86$
 iii) 그러므로 I가 25에서 20으로 감소하면 X재의 균형가격은 4만큼 하락한다.

04 [2012 | 국가직 7급] 상 중 하

어떤 섬나라의 전통공예품에 대한 수요곡선은 $Q = 380 - 2P$, 공급곡선은 $Q = 3P - 5W - 20$이다. Q는 전통공예품의 수량, P는 가격, 그리고 W는 종업원의 시간당 임금을 나타내며 이 나라의 화폐단위는 "론도"이다. 5론도이던 시간당 임금이 7론도로 상승하는 경우 이 나라 전통공예품의 시장균형량의 변화는?

① 4단위 감소한다.
② 6단위 감소한다.
③ 8단위 감소한다.
④ 10단위 감소한다.

 i) $W = 5$일 때 공급함수는 $Q = 3P - 25 - 20 \rightarrow Q = 3P - 45$이다. 수요함수 $Q = 380 - 2P$와 공급함수 $Q = 3P - 45$를 연립해서 풀면 균형거래량은 $Q_0 = 210$이다.
  • $380 - 2P = 3P - 45 \rightarrow 5P = 425 \therefore P_0 = 85, Q_0 = 210$
 ii) $W = 7$일 때 공급함수는 $Q = 3P - 35 - 20 \rightarrow Q = 3P - 55$이다. 수요함수 $Q = 380 - 2P$와 공급함수 $Q = 3P - 55$를 연립해서 풀면 균형거래량은 $Q_1 = 206$이다.
  • $380 - 2P = 3P - 55 \rightarrow 5P = 435 \therefore P_1 = 87, Q_1 = 206$
 iii) 그러므로 시간당 임금(W)이 5론도에서 7론도로 상승하면 전통공예품의 균형거래량은 4단위 감소한다.

정답 03. ② 04. ①

06 균형의 변화 Ⅰ : 수요 혹은 공급만 변화하는 경우

균형의 변화 Ⅰ : 수요 혹은 공급만 변화하는 경우

구 분	내 용
수요의 변화	• 수요가 증가하면 균형가격이 상승하고 균형거래량도 증가함 • 수요가 감소하면 균형가격이 하락하고 균형거래량도 감소함 | 공급 일정	여건의 변화	균형가격	균형거래량 | |---|---|---|---| | | a) 수요 증가 | 상승 | 증가 | | | b) 수요 감소 | 하락 | 감소 | a) 수요 증가 / b) 수요 감소 그래프
공급의 변화	• 공급이 증가하면 균형가격이 하락하고 균형거래량은 증가함 • 공급이 감소하면 균형가격이 상승하고 균형거래량은 감소함 | 수요 일정	여건의 변화	균형가격	균형거래량 | |---|---|---|---| | | c) 공급 증가 | 하락 | 증가 | | | d) 공급 감소 | 상승 | 감소 | c) 공급 증가 / d) 공급 감소 그래프

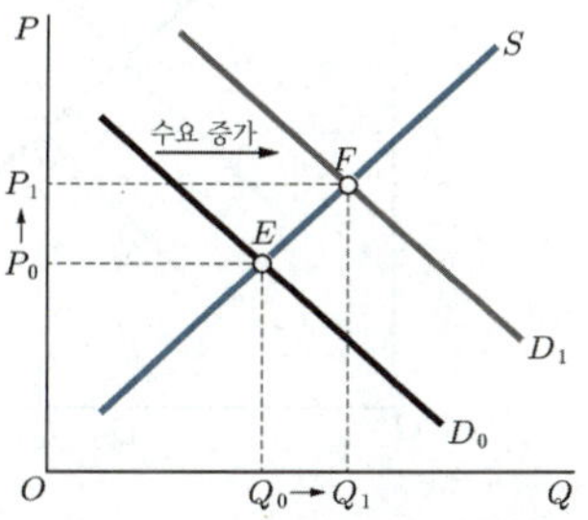

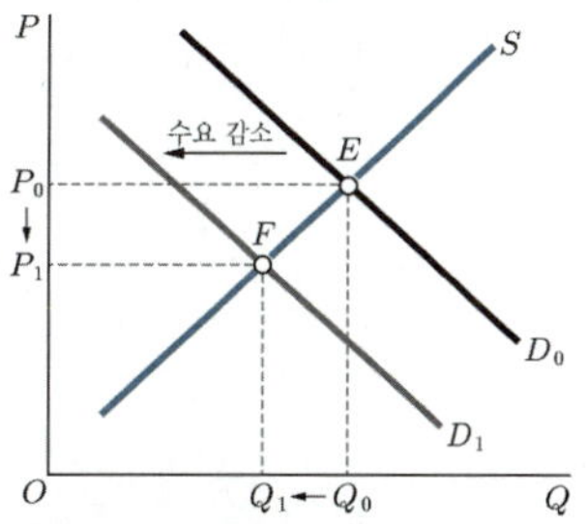

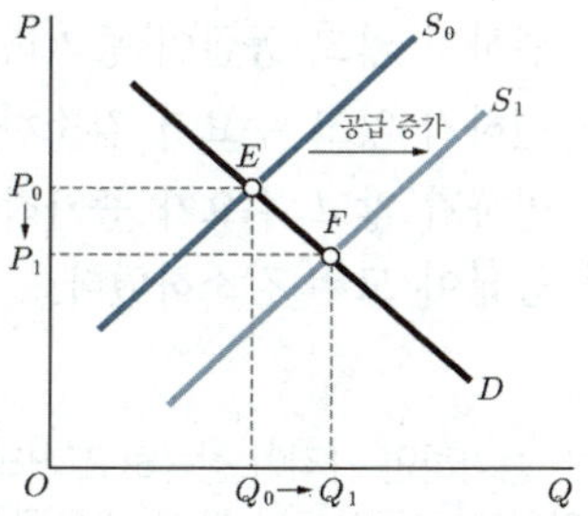

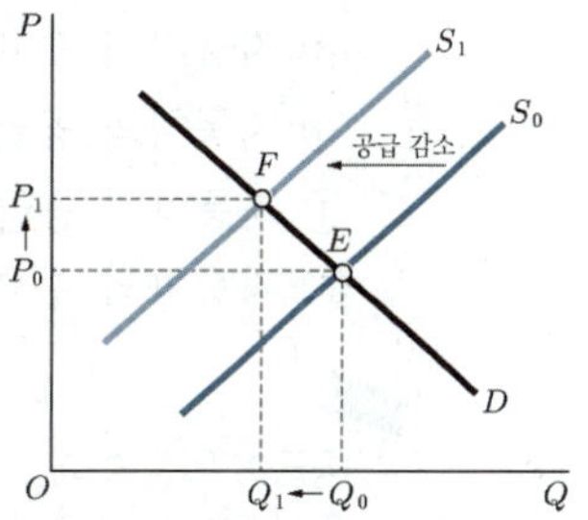

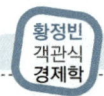

01 [2014 | 국가직 7급] 상 중 하

자동차 제조업체들이 생산비용을 획기적으로 절감할 수 있는 로봇기술을 개발하였다. 이 기술개발이 자동차 시장에 미치는 직접적인 파급효과로 옳은 것은?

① 수요곡선이 우측으로 이동하고, 자동차 가격이 상승한다.
② 수요곡선이 우측으로 이동하고, 자동차 가격이 하락한다.
③ 공급곡선이 우측으로 이동하고, 자동차 가격이 상승한다.
④ 공급곡선이 우측으로 이동하고, 자동차 가격이 하락한다.

해설 생산비용을 절감할 수 있는 로봇기술이 개발되면 자동차 공급곡선이 우측으로 이동한다. 따라서 자동차 가격이 하락하고 자동차 거래량은 증가한다.

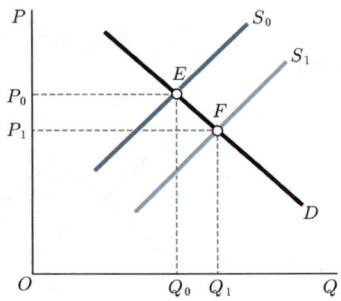

02 [2014 | 공인노무사] 상 중 하

과거 몇 년간 자동차의 가격은 지속적으로 상승하였고, 판매량도 지속적으로 증가하였다. 다음 중 가능한 원인은? (단, 수요곡선은 우하향하고, 공급곡선은 우상향한다.)

① 자동차의 수요는 변하지 않고 공급이 감소하였다.
② 자동차의 수요는 변하지 않고 공급이 증가하였다.
③ 자동차의 공급은 변하지 않고 수요가 감소하였다.
④ 자동차의 공급은 변하지 않고 수요가 증가하였다.
⑤ 자동차의 수요와 공급이 모두 감소하였다.

해설 공급이 일정할 때 수요가 증가하면 가격이 상승하고 거래량도 증가한다. 혹은, 수요와 공급이 모두 증가하거나, 수요가 증가하고 공급이 감소할 때 수요곡선이 공급곡선보다 이동폭이 크면 가격이 상승하고 거래량도 증가한다.
⑤ |×| 수요와 공급이 모두 감소하면 가격은 수요곡선과 공급곡선의 이동폭에 따라 달라지지만 거래량은 반드시 감소한다.

03 〔2012 | 감정평가사〕 상 중 하

수요의 법칙과 공급의 법칙이 성립하는 선풍기 시장에서 선풍기 균형가격의 상승을 유발하는 요인이 아닌 것은? (단, 선풍기는 열등재이다.)
① 대체재인 에어컨 생산기술의 발전으로 좀 더 저렴한 비용으로 에어컨을 생산할 수 있게 되었다.
② 대체재인 에어컨 가격이 상승했다.
③ 여름 날씨가 무척 더워진다는 예보가 있다.
④ 선풍기 물품세가 인상되었다.
⑤ 최근 불황으로 인해 소득이 하락하였다.

Tip. 수요가 증가하거나, 공급이 감소할 때 가격이 상승한다.
① |×| 에어컨의 생산비용이 하락하여 에어컨의 공급이 증가하면 에어컨의 가격이 하락한다. 대체재인 에어컨의 가격이 하락하면 선풍기의 수요가 감소하므로 선풍기의 가격이 하락한다.
②, ③ |○| 대체재인 에어컨의 가격이 상승하거나, 날씨가 더워질 것으로 예상되면 선풍기의 수요가 증가하므로 선풍기의 가격이 상승한다.
④ |○| 선풍기에 대한 물품세가 인상되면 선풍기의 공급이 감소하므로 선풍기의 가격이 상승한다.
⑤ |○| 소득이 하락하면 열등재인 선풍기의 수요가 증가하므로 선풍기의 가격이 상승한다.

04 〔2009 | 감정평가사〕 상 중 하

토마토케첩과 핫도그는 정상재이며, 서로 보완재이다. 핫도그 원료인 밀가루 가격 인상에 따른 핫도그 가격 상승의 효과로 옳은 것은?
① 토마토케첩의 균형가격 상승
② 핫도그의 균형공급량 증가
③ 토마토케첩의 균형공급량 증가
④ 핫도그의 균형수요량 증가
⑤ 토마토케첩의 수요 감소

ⅰ) 밀가루 가격의 인상으로 핫도그의 생산비용이 증가하면 핫도그의 공급이 감소한다. 핫도그의 공급이 감소하면 핫도그의 균형가격이 상승하고 균형거래량(공급량 혹은 수요량)은 감소한다.
ⅱ) 핫도그 가격이 상승하면 보완재인 토마토케첩의 수요가 감소하므로 토마토케첩의 균형가격이 하락하고 균형거래량도 감소한다.

정답 01. ④ 02. ④ 03. ① 04. ⑤

05 [2013 | 감정평가사]

발전회사들이 석탄이나 천연가스를 사용하여 전력을 생산하고 있다. 석탄보다 발전비용 측면에서 저렴한 셰일가스(shale gas : 퇴적암층에 있는 천연가스)를 채굴할 수 있는 기술이 개발되어 공급된다면 석탄의 시장가격과 생산량의 변화는? (단, 다른 조건은 일정하며, 석탄 시장의 수요곡선은 우하향, 공급곡선은 우상향한다.)

① 가격 : 하락, 생산량 : 증가 ② 가격 : 하락, 생산량 : 감소
③ 가격 : 상승, 생산량 : 증가 ④ 가격 : 상승, 생산량 : 감소
⑤ 가격 : 불변, 생산량 : 증가

해설
석탄과 셰일가스는 대체재 관계이므로, 석탄보다 발전비용이 저렴한 셰일가스가 공급되면 석탄의 수요가 감소한다. 석탄의 수요가 감소하면 석탄의 가격이 하락하고 공급량도 감소한다.

06 [2014 | 서울시 7급]

X재는 열등재이며 수요, 공급의 법칙을 따른다. 최근 경기불황으로 소비자들의 소득이 감소했다. 한편, 원료비 하락으로 X재의 대체재인 Y재 가격이 내렸다. X재의 가격은 최종적으로 상승했다. 다음 중 옳은 설명은? (단, X재의 공급곡선에는 변화가 없었다.)

① X재의 거래량은 감소하였다.
② 변화 전후의 두 균형점은 동일한 수요곡선상에 있다.
③ X재의 판매수입이 증가하였다.
④ Y재가 X재의 보완재였다면 X재의 가격은 하락했을 것이다.
⑤ X재 생산자의 생산자잉여는 감소했다.

해설
ⅰ) X재가 열등재이므로 소득이 감소하면 X재의 수요가 증가한다.
ⅱ) X재와 대체 관계에 있는 Y재의 가격이 하락하면 X재의 수요가 감소한다.
⇒ 최종적으로 X재의 가격이 상승하였다면 이는 소득이 감소하여 X재의 수요가 증가하는 효과가 대체재인 Y재의 가격이 하락하여 X재의 수요가 감소하는 효과보다 컸음을 의미한다.
① |×| X재의 수요가 증가하면 X재의 가격이 상승하고 거래량도 증가한다.
② |×| X재의 수요가 증가하면 X재의 수요곡선 자체가 우측으로 이동한다.
③ |○|. ⑤ |×| X재의 수요가 증가하여 X재의 가격이 상승하고 거래량도 증가하면 판매자의 총수입($TR = P \times Q$)과 생산자잉여는 모두 증가한다.
④ |×| Y재가 X재의 보완재라면 Y재의 가격 하락으로 인해 X재의 수요가 증가한다. 소득이 감소하여 X재의 수요가 증가하고, 보완재인 Y재의 가격이 하락하여 X재의 수요가 증가하면 결과적으로 X재의 수요가 대폭 증가한다. X재의 수요가 대폭 증가하면 X재의 가격은 명백히 상승한다.

07 세계경제의 불황으로 원유 수요가 감소하였다. 그 결과 원유 가격은 대폭 하락하였지만 거래량은 원유 가격 하락폭에 비해 소폭 감소하였다고 한다. 그 이유에 대한 설명으로 타당한 것을 모두 고르면?

> 가. 원유 수요곡선의 기울기가 완만하다.
> 나. 원유 수요곡선의 이동 정도가 크다.
> 다. 원유 공급곡선의 기울기가 가파르다.
> 라. 원유 공급곡선의 이동 정도가 크다.

① 가, 나   ② 가, 라
③ 나, 다   ④ 나, 라
⑤ 다, 라

해설
원유의 수요가 감소하면 수요곡선이 좌측으로 이동한다. 따라서 원유의 가격이 하락하고 거래량도 감소한다.
가. |×|, 다. |○| 원유의 수요가 감소할 때 원유의 가격이 대폭 하락하는 것은 원유의 수요와 공급이 비탄력적일 때이다. 즉, 원유의 수요가 감소할 때 수요곡선과 공급곡선의 기울기가 가파를수록 원유의 가격이 큰 폭으로 하락한다.
나. |○| 수요곡선의 이동폭이 클수록 원유의 가격 하락폭이 커진다.
라. |×| 원유의 공급에는 변화가 없으므로 공급곡선이 이동하지 않고, 공급곡선상의 이동만 나타난다.

08 밑줄 친 변화에 따라 2018년 Y재 시장에서 예상되는 현상으로 옳지 않은 것은? (단, 수요곡선은 우하향, 공급곡선은 우상향하며, 다른 조건은 일정하다.)

> 2017년 Y재 시장의 균형가격은 70만원이며, 균형거래량은 500만이다. 2018년에 Y재 생산에 필요한 부품 가격이 상승하였다.

① 공급곡선은 왼쪽으로 이동한다.
② 균형가격은 낮아진다.
③ 균형거래량은 줄어든다.
④ 소비자잉여는 감소한다.
⑤ 사회적 후생은 감소한다.

05. ② 06. ③ 07. ③ 08. ②

① ③ |○|, ② |×| Y재 생산에 필요한 부품(생산요소)의 가격이 상승하면 Y재의 공급이 감소하여 공급곡선이 좌측으로 이동하므로 Y재의 균형가격이 상승하고 균형거래량은 감소한다.
④, ⑤ |○| Y재의 균형가격이 상승하고 균형거래량은 감소하면 Y재 시장의 소비자잉여와 생산자잉여가 모두 감소하므로 사회적 총잉여는 감소한다.

09

커피와 크루아상은 서로 보완재이고, 커피와 밀크티는 서로 대체재이다. 커피 원두값이 급등하여 커피 가격이 인상될 경우, 각 시장의 변화로 옳은 것을 〈보기〉에서 모두 고르면? (단, 커피, 크루아상, 밀크티의 수요 및 공급곡선은 모두 정상적인 형태이다.)

―| 보기 |―
ㄱ. 커피의 공급곡선은 왼쪽으로 이동한다.
ㄴ. 크루아상 시장의 생산자잉여는 감소한다.
ㄷ. 크루아상의 거래량은 증가한다.
ㄹ. 밀크티 시장의 총잉여는 감소한다.
ㅁ. 밀크티의 판매수입은 증가한다.

① ㄱ, ㄴ, ㄷ   ② ㄱ, ㄴ, ㅁ
③ ㄴ, ㄷ, ㄹ   ④ ㄴ, ㄷ, ㅁ
⑤ ㄷ, ㄹ, ㅁ

ㄱ. |○| 커피 원두값의 급등으로 커피의 생산비용이 증가하면 커피의 공급이 감소한다. 커피의 공급이 감소하면 커피의 공급곡선이 좌측으로 이동하므로 커피의 가격이 상승하고 거래량은 감소한다.
ㄴ. |○|, ㄷ. |×| 커피의 가격이 상승하면 보완재인 크루아상의 수요가 감소하므로 크루아상의 수요곡선이 좌측으로 이동하여 크루아상의 가격이 하락하고 거래량도 감소한다. 크루아상의 가격이 하락하고 거래량도 감소하면 크루아상 시장의 소비자잉여와 생산자잉여는 모두 감소한다.
ㄹ. |×|, ㅁ. |○| 커피의 가격이 상승하면 대체재인 밀크티의 수요가 증가하므로 밀크티의 수요곡선이 우측으로 이동하여 밀크티의 가격이 상승하고 거래량도 증가한다. 밀크티의 가격이 상승하고 거래량도 증가하면 밀크티의 판매수입($TR = P \times Q$)은 증가하고, 밀크티 시장의 소비자잉여와 생산자잉여가 모두 증가하므로 총잉여도 증가한다.

10 〔2015 | 감정평가사〕 상 중 하

베이글과 크림치즈는 서로 보완재이고, 베이글과 베이컨은 서로 대체재이다. 베이글의 원료인 밀가루 가격의 급등에 따라 베이글의 생산비용이 상승하였을 때, 각 시장의 변화로 옳지 않은 것은? (단, 베이글, 크림치즈, 베이컨 모두 수요와 공급의 법칙을 따르며, 다른 조건은 일정하다.)

① 베이글의 가격은 상승한다.
② 크림치즈의 거래량은 감소한다.
③ 크림치즈 시장의 생산자잉여는 감소한다.
④ 베이컨의 판매수입은 증가한다.
⑤ 베이컨 시장의 총잉여는 변함이 없다.

해설

① |O| 밀가루 가격의 급등으로 베이글의 생산비용이 증가하면 베이글의 공급이 감소한다. 베이글의 공급이 감소하면 베이글의 공급곡선이 좌측으로 이동하므로 베이글의 가격이 상승하고 거래량은 감소한다.

②, ③ |O| 베이글의 가격이 상승하면 보완재인 크림치즈의 수요가 감소하므로 크림치즈의 수요곡선이 좌측으로 이동하여 크림치즈의 가격이 하락하고 거래량도 감소한다. 크림치즈의 가격이 하락하고 거래량도 감소하면 크림치즈 시장의 소비자잉여와 생산자잉여는 모두 감소한다.

④ |O|, ⑤ |×| 베이글의 가격이 상승하면 대체재인 베이컨의 수요가 증가하므로 베이컨의 수요곡선이 우측으로 이동하여 베이컨의 가격이 상승하고 거래량도 증가한다. 베이컨의 가격이 상승하고 거래량도 증가하면 베이컨의 판매수입($TR = P \times Q$)은 증가하고, 베이컨 시장의 소비자잉여와 생산자잉여가 모두 증가하므로 총잉여도 증가한다.

정답 09. ② 10. ⑤

07 균형의 변화 Ⅱ : 수요와 공급이 동시에 변화하는 경우

 균형의 변화 Ⅱ : 수요와 공급이 동시에 변화하는 경우

구 분	내 용
수요와 공급이 같은 방향으로 변화하는 경우	• 수요와 공급이 모두 증가하면(E점 → F점) 균형거래량은 반드시 증가하지만(Q_0 → Q_1) 균형가격의 변화는 수요곡선과 공급곡선의 이동폭에 따라 달라짐 • 수요와 공급이 모두 감소하면(F점 → E점) 균형거래량은 반드시 감소하지만(Q_1 → Q_0) 균형가격의 변화는 수요곡선과 공급곡선의 이동폭에 따라 달라짐
수요와 공급이 다른 방향으로 변화하는 경우	• 수요가 증가하고 공급이 감소하면(E점 → F점) 균형가격은 반드시 상승하지만(P_0 → P_1) 균형거래량의 변화는 수요곡선과 공급곡선의 이동폭에 따라 달라짐 • 수요가 감소하고 공급이 증가하면(F점 → E점) 균형가격은 반드시 하락하지만(P_1 → P_0) 균형거래량의 변화는 수요곡선과 공급곡선의 이동폭에 따라 달라짐
수요와 공급의 동시 변화	• 수요와 공급의 동시 변화 |	균형가격	균형거래량
---	---	---
수요 증가 & 공급 증가	불분명	증 가
수요 감소 & 공급 감소	불분명	감 소
수요 증가 & 공급 감소	상 승	불분명
수요 감소 & 공급 증가	하 락	불분명	 • 분석 방법 → 제시된 조건에 맞게 수요곡선과 공급곡선을 동일한 폭만큼 이동시킴 ┌ 변화가 있는 변수 : 이동폭에 관계없이 그 방향으로 변화함 └ 변화가 없는 변수 : 이동폭에 따라 변화가 불분명함

2009 | 공인회계사 상 중 하

칠레와의 자유무역협정 체결로 포도주의 국내 공급이 대폭 증가하였다. 이러한 변화가 국내시장에 미치는 영향에 대한 다음 서술 중에서 가장 옳지 않은 것은? (단, 소주와 포도주의 수요곡선은 모두 우하향하고 공급곡선은 우상향한다.)

① 협정 체결 후 포도주 국내 공급 증가와 함께 소비자들의 포도주 선호도가 높아지면 포도주 가격은 상승하고 소비량 역시 증가한다.
② 취향에 따라 포도주 소비자와 소주 소비자가 분리되어 있고 선호체계가 협정의 영향을 받지 않으면 소주 가격과 소비량에 아무런 변화가 없다.
③ 포도주와 소주가 대체재라면 소주 가격이 하락하고 소비량 역시 감소한다.
④ 포도주와 소주가 보완재라면 소주 가격은 상승하고 소비량 역시 증가한다.
⑤ 포도주와 소주가 보완재라면 소주 시장의 생산자잉여는 증가하고 대체재라면 소주 시장의 생산자잉여는 감소한다.

해설

① |×| 자유무역협정 체결로 포도주의 공급이 증가하면 공급곡선이 우측으로 이동하고, 소비자들의 포도주 선호도가 높아지면 수요곡선이 우측으로 이동한다. 포도주의 수요와 공급이 모두 증가하면 포도주의 소비량은 반드시 증가하지만 가격은 수요곡선과 공급곡선의 이동폭에 따라 달라지므로 불분명하다.

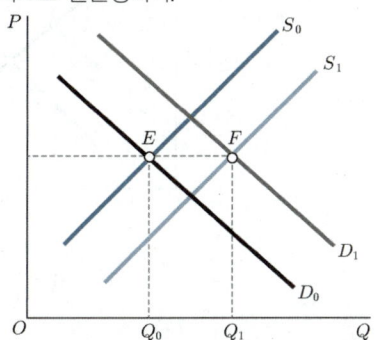

② |○| 포도주와 소주가 독립재 관계라면 포도주의 공급이 증가하더라도 소주의 가격과 소비량에는 아무런 변화가 없다.
③ |○| 포도주와 소주가 대체재 관계라면 포도주의 공급이 증가하여 포도주의 가격이 하락할 때 소주의 수요가 감소한다. 소주의 수요가 감소하면 소주의 가격이 하락하고 소비량도 감소한다.
④ |○| 포도주와 소주가 보완재 관계라면 포도주의 공급이 증가하여 포도주의 가격이 하락할 때 소주의 수요가 증가한다. 소주의 수요가 증가하면 소주의 가격이 상승하고 소비량도 증가한다.
⑤ |○| 포도주와 소주가 보완재 관계라면 소주의 가격이 상승하고 소비량도 증가하므로 소주 시장의 생산자잉여는 증가한다. 반대로, 포도주와 소주가 대체재 관계라면 소주의 가격이 하락하고 소비량도 감소하므로 소주 시장의 생산자잉여는 감소한다.

정답
01. ①

02 [2007 | 감정평가사] 상 중 하

이상기후 현상으로 인해 오징어 어획량이 감소하고, 오징어를 사용한 음식이 건강에 좋다는 인식이 확산되었다. 이 현상이 오징어 거래량과 오징어 가격에 미치는 영향은?

① 오징어 거래량이 증가하지만 오징어 가격의 변화는 불확정적이다.
② 오징어 거래량의 변화는 불확정적이지만 오징어 가격은 상승한다.
③ 오징어 거래량이 증가하고 오징어 가격은 상승한다.
④ 오징어 거래량이 감소하고 오징어 가격은 상승한다.
⑤ 오징어 거래량이 증가하고 오징어 가격은 하락한다.

해설 이상기후 현상으로 오징어 어획량이 감소하면 공급곡선이 좌측으로 이동하고, 오징어가 건강에 좋다는 인식이 확산되면 수요곡선이 우측으로 이동한다. 오징어의 수요가 증가하고 공급이 감소하면 오징어의 가격은 반드시 상승하지만 거래량은 수요곡선과 공급곡선의 이동폭에 따라 달라지므로 불분명하다.

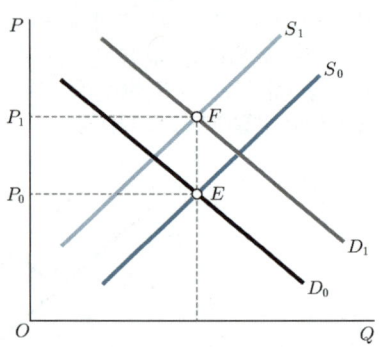

03 [2006 | 공인노무사] 상 중 하

다른 조건이 일정할 때, 철강재 국제가격 및 휘발유 가격 상승이 초래하는 자동차 시장에 대한 변화를 바르게 기술한 것은?

① 자동차의 수요가 증가한다.
② 자동차의 공급곡선이 오른쪽으로 이동한다.
③ 자동차의 수요곡선이 오른쪽으로 이동한다.
④ 자동차의 시장균형가격은 명백히 상승한다.
⑤ 자동차의 시장균형거래량은 명백히 감소한다.

해설 철강재의 국제가격 상승으로 자동차의 생산비용이 증가하면 공급곡선이 좌측으로 이동하고, 휘발유(보완재)의 가격이 상승하면 수요곡선이 좌측으로 이동한다. 자동차의 수요와 공급이 모두 감소하면 자동차의 균형거래량은 반드시 감소하지만 균형가격은 수요곡선과 공급곡선의 이동폭에 따라 달라지므로 불분명하다.

정답 02. ② 03. ⑤

시장수요곡선과 시장공급곡선

시장수요곡선과 시장공급곡선

구 분	내 용
시장수요곡선	• 시장수요곡선은 개별수요곡선의 수평합 … Q에 대해 정리 → 수평으로 합한다는 것은 각각의 가격수준에서 수요량을 더한다는 의미임 → 개별수요함수를 반드시 Q에 대해 정리한 후 더해야 함 • 시장수요곡선은 개별수요곡선보다 완만한 형태임 공공재의 시장수요곡선은 개별수요곡선의 수직합 … P에 대해 정리
시장공급곡선	• 시장공급곡선은 개별공급곡선의 수평합 … Q에 대해 정리 → 수평으로 합한다는 것은 각각의 가격수준에서 공급량을 더한다는 의미임 → 개별공급함수를 반드시 Q에 대해 정리한 후 더해야 함 • 시장공급곡선은 개별공급곡선보다 완만한 형태임
계산 문제에의 적용	• 시장수요(공급)함수의 도출 → 개별수요(공급)함수를 Q에 대해 정리한 후 더함($Q = Q_A + Q_B$) • 동일한 수요함수를 가진 소비자가 n명 존재할 때의 시장수요함수 → 개별수요함수와 가격(P)축 절편값은 동일하고 기울기만 $\frac{1}{n}$배가 됨 → (P에 대해 정리된) 개별수요함수의 기울기에 $\frac{1}{n}$을 곱함

2007 | 감정평가사 상 중 하

어떤 재화에 대한 시장수요함수를 추정해 본 결과 $P = 140 - 8Q$(P는 가격, Q는 수량)로 나타났다. 만약 이 경제의 소비자와 똑같은 수요함수를 가진 새로운 소비자가 복제되어 소비자 수가 두 배로 증가하였다면, 시장수요곡선은 어떻게 나타나는가?

① $P = 280 - 8Q$ ② $P = 280 - 16Q$
③ $P = 140 - 16Q$ ④ $P = 140 - 4Q$
⑤ $P = 70 - 4Q$

풀이 1)
시장수요곡선은 개별수요곡선의 수평합이므로 먼저, 최초의 시장수요함수 $P = 140 - 8Q$를 Q에 대해 정리하면 $Q = 17.5 - \frac{1}{8}P$이다. 이제, 소비자의 수가 2배로 증가하면 시장수요함수는 $Q = 35 - \frac{1}{4}P$가 되므로, 이를 다시 P에 대해 정리하면 시장수요함수는 $P = 140 - 4Q$가 된다.

01. ④

풀이 2)
동일한 수요함수를 가진 소비자의 수가 n명 존재할 때의 시장수요함수는 개별수요함수와 가격(P)축 절편값은 동일하고 기울기만 $\frac{1}{n}$배가 된다. 따라서 이 경우 새로운 시장수요함수는 최초의 시장수요함수 $P=140-8Q$와 가격(P)축 절편값은 동일하고 기울기만 $\frac{1}{2}$배인 $P=140-4Q$ 가 된다.

🔍 P에 대해 정리된 수요함수가 주어진다면 풀이 2)에 따라 시장수요함수를 구하는 것이 낫다.

02 | 2003 | 보험계리사 | 상 중 하

어떤 시장에서 동일한 수요함수 $Q=-P+10$을 갖는 2인의 수요자와 동일한 공급함수 $Q=2P-5$를 갖는 2인의 공급자가 있다고 하자. 시장의 균형가격과 균형거래량은?

① 5, 10 ② 10, 15
③ 5, 5   ④ 4, 6

해설

Tip. 시장수요곡선은 개별수요곡선의 수평합이다(Q에 대해 정리).

시장수요곡선은 개별수요곡선의 수평합이므로 시장수요함수(혹은 시장공급함수)를 구하기 위해서는 개별수요함수(혹은 개별공급함수)를 Q에 대해 정리한 후 더해야 한다. 따라서 시장수요함수는 $Q=-2P+20$, 시장공급함수는 $Q=4P-10$이 되고, 이를 연립해서 풀면 시장의 균형가격과 균형거래량은 각각 $P=5$, $Q=10$으로 계산된다.

- $-2P+20=4P-10 \rightarrow 6P=30$ ∴ $P=5$, $Q=10$

🔍 동일한 수요함수와 공급함수를 가진 2인의 수요자와 공급자가 있으므로 시장수요함수와 시장공급함수는 P에 대해 정리된 수요함수와 공급함수의 기울기에 $\frac{1}{2}$을 곱하여 구할 수도 있다.

03 | 2017 | 감정평가사 | 상 중 하

사적재화 X재의 개별수요함수가 $P=7-q$인 소비자가 10명이 있고, 개별공급함수가 $P=2+q$인 공급자가 15명 있다. X재 생산의 기술진보 이후 모든 공급자의 단위당 생산비가 1만큼 하락하는 경우, 새로운 시장균형가격 및 시장균형거래량은? (단, P는 가격, q는 수량이다.)

① 3.4, 36 ② 3.8, 38
③ 4.0, 40 ④ 4.5, 42
⑤ 5.0, 45

해설

풀이 1)

ⅰ) 시장수요곡선은 개별수요곡선의 수평합이므로 시장수요함수를 구하기 위해서는 개별수요함수를 q에 대해 정리한 후 더해야 한다. 개별수요함수가 $q = 7 - P$이고, 소비자가 10명이므로 시장수요함수는 $Q = 70 - 10P$가 된다.

ⅱ) 기술진보로 공급자의 단위당 생산비가 1만큼 하락하면 개별공급곡선이 1만큼 하방으로 이동하므로 새로운 개별공급함수는 $P = 1 + q$이다. 개별공급함수가 $q = -1 + P$이고, 공급자가 15명이므로 시장공급함수는 $Q = -15 + 15P$가 된다.

ⅲ) 이제, 시장수요함수와 시장공급함수를 연립해서 풀면 시장의 균형가격과 균형거래량은 각각 $P = 3.4$, $Q = 36$으로 계산된다.
- $70 - 10P = -15 + 15P \rightarrow 25P = 85$ ∴ $P = 3.4$, $Q = 36$

풀이 2)

ⅰ) 동일한 개별수요함수를 가진 소비자가 10명이므로 시장수요함수는 개별수요함수 $P = 7 - q$와 가격(P)축 절편값은 동일하고 기울기만 $\frac{1}{10}$ 배인 $P = 7 - \frac{1}{10}Q$가 된다.

ⅱ) 기술진보로 공급자의 단위당 생산비가 1만큼 하락하면 개별공급곡선이 1만큼 하방으로 이동하므로 새로운 개별공급함수는 $P = 1 + q$이다. 동일한 개별공급함수를 가진 공급자가 15명이므로 시장공급함수는 개별공급함수 $P = 1 + q$와 가격(P)축 절편값은 동일하고 기울기만 $\frac{1}{15}$ 배인 $P = 1 + \frac{1}{15}Q$가 된다.

ⅲ) 이제, 시장수요함수와 시장공급함수를 연립해서 풀면 시장의 균형가격과 균형거래량은 각각 $P = 3.4$, $Q = 36$으로 계산된다.
- $7 - \frac{1}{10}Q = 1 + \frac{1}{15}Q \rightarrow \frac{1}{6}Q = 6$ ∴ $Q = 36$, $P = 3.4$

04 A와 B 두 명으로 구성된 어떤 가구를 가정하자. 어떤 사적 재화(private goods)에 대한 A와 B의 수요함수는 각각 $P = 10 - \frac{1}{2}Q_A$와 $P = 20 - 2Q_B$라고 한다. 이 가구의 수요함수에 대한 다음 설명 중 옳은 것을 모두 고르면? (단, P는 가격, Q_A, Q_B는 각각 A, B의 수요량, Q는 가구 수요량)

> 가. 가격수준에 따라 이 가구의 수요함수는 $Q = 10 - \frac{1}{2}P$일 수 있다.
> 나. 가격수준에 따라 이 가구의 수요함수는 $Q = 20 - 2P$일 수 있다.
> 다. 가격수준에 따라 이 가구의 수요함수는 $Q = 30 - \frac{5}{2}P$일 수 있다.

① 가 ② 나 ③ 다
④ 가, 나 ⑤ 가, 다

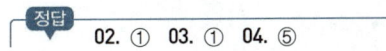

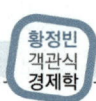

시장수요곡선은 개별수요곡선의 수평합이므로 시장수요함수를 구하기 위해서는 개별수요함수를 Q에 대해 정리한 후 더해야 한다. 그런데 이 문제처럼 각 소비자의 개별수요곡선의 가격(P)축 절편이 다른 경우에는 아래 그림과 같이 시장수요곡선이 굴절된 형태로 도출된다. 즉, A의 수요곡선의 절편이 10, B의 수요곡선의 절편이 20이므로 $P>10$일 때는 B의 수요만 시장에 존재하고, $P<10$일 때는 A와 B의 수요가 모두 시장에 존재한다. 그러므로 이를 나누어 살펴보면 다음과 같다.

ⅰ) $P>10$일 때 : $Q=Q_B=10-\frac{1}{2}P$

   B의 수요만 시장에 존재하므로 B의 수요함수 $Q_B=10-\frac{1}{2}P$가 시장수요함수가 된다.

ⅱ) $P<10$일 때 : $Q=Q_A+Q_B=30-\frac{5}{2}P$

   A와 B의 수요가 모두 시장에 존재하므로 A와 B의 수요함수를 Q에 대해 정리한 후 더하면 시장수요함수는 $Q=30-\frac{5}{2}P$가 된다.

- $Q=Q_A+Q_B=(20-2P)+\left(10-\frac{1}{2}P\right)=30-\frac{5}{2}P$

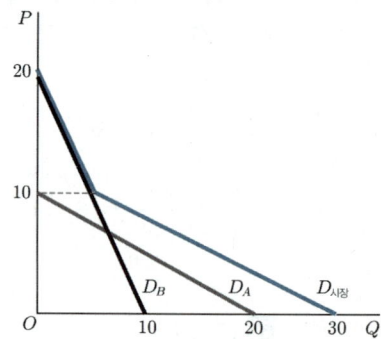

ReCheck 개별수요곡선과 시장수요곡선

- 개별수요곡선의 가격(P)축 절편이 같은 경우
  → 시장수요곡선은 개별수요곡선의 수평합
- 개별수요곡선의 가격(P)축 절편이 다른 경우
  → 시장수요곡선이 굴절된 형태로 도출됨(가격(P)축 절편이 작은 개별수요곡선 기준)

CHAPTER 03 수요와 공급의 탄력성

09 수요의 가격탄력성

수요의 가격탄력성(ε)

1. **수요의 가격탄력성의 개념**

$$\varepsilon = -\frac{\text{수요량의 변화율(\%)}}{\text{가격의 변화율(\%)}} = -\frac{\frac{\Delta Q}{Q}}{\frac{\Delta P}{P}} = -\frac{\Delta Q}{\Delta P} \cdot \frac{P}{Q}$$

2. **수요의 가격탄력성과 수요곡선의 형태**

가격탄력성의 크기	의 미	수요곡선의 형태	예
$\varepsilon = 0$	완전비탄력적	수직선	마약
$0 < \varepsilon < 1$	비탄력적	가파른 우하향	대부분의 필수재
$\varepsilon = 1$	단위탄력적	직각쌍곡선	지출액이 일정
$1 < \varepsilon < \infty$	탄력적	완만한 우하향	대부분의 사치재
$\varepsilon = \infty$	완전탄력적	수평선	완전경쟁의 수요곡선

3. **수요의 가격탄력성이 일정한 경우**

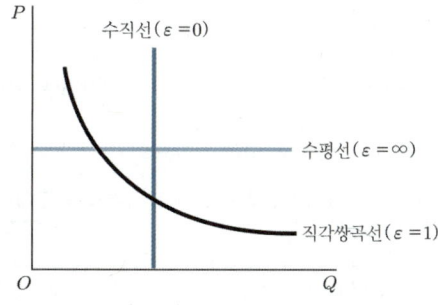

4. **수요의 가격탄력성 결정요인**
   - 대체재의 수가 많을수록 탄력적(+)
   - 소비지출에서 차지하는 비중이 클수록 탄력적(+)
   - 사치재가 필수재보다 탄력적(+)
   - 재화의 분류범위가 좁을수록 탄력적(+)
   - 측정기간이 길어질수록 탄력적(+)

📖 수요의 호탄력성(구간탄력성)
- 수요곡선상의 두 점 사이에서 측정한 탄력성
- 기준가격과 기준수요량 대신 평균가격과 평균수요량의 개념을 사용함(수정공식)

$$\varepsilon = -\frac{\frac{\Delta Q}{(Q_1+Q_2)/2}}{\frac{\Delta P}{(P_1+P_2)/2}} = -\frac{\frac{\Delta Q}{Q_1+Q_2}}{\frac{\Delta P}{P_1+P_2}} = -\frac{\Delta Q}{\Delta P} \cdot \frac{P_1+P_2}{Q_1+Q_2}$$

대표유형 01

[2011 | 국회직 8급] 상 중 하

아래 표의 x, y, z, w는 각각 재화 X, Y, Z, W의 수요곡선상의 점이다. 자료에 따르면 각 점에서 가격이 10원 상승할 때 각 재화의 수요량은 모두 10단위 감소했다고 한다. 각 점에서의 가격탄력성을 e_x, e_y, e_z, e_w라고 할 때 대소 관계를 바르게 나타낸 것은?

	x	y	z	w
가격(원)	1,000	1,000	500	500
수량(개)	500	1,000	500	1,000

① $e_x > e_y = e_z > e_w$
② $e_y > e_x = e_w > e_z$
③ $e_x > e_y > e_z > e_w$
④ $e_w > e_y > e_z > e_x$
⑤ $e_w > e_y = e_z > e_x$

 해설

가격이 10원 상승할 때 각 재화의 수요량이 모두 10단위 감소했으므로 $-\frac{\Delta Q}{\Delta P} = -\frac{-10}{10} = 1$로 모든 재화가 동일하다. 따라서 수요의 가격탄력성은 $\varepsilon = -\frac{\Delta Q}{\Delta P} \cdot \frac{P}{Q} = \frac{P}{Q}$가 된다. 이제, 이를 바탕으로 각 점에서의 수요의 가격탄력성을 구해보면 다음과 같다.

	x	y	z	w
가격(P)	1,000	1,000	500	500
수량(Q)	500	1,000	500	1,000
$\varepsilon = -\frac{\Delta Q}{\Delta P} \cdot \frac{P}{Q} = \frac{P}{Q}$	$\frac{1,000}{500}=2$	$\frac{1,000}{1,000}=1$	$\frac{500}{500}=1$	$\frac{500}{1,000}=\frac{1}{2}$

따라서 수요의 가격탄력성의 크기는 $e_x > e_y = e_z > e_w$가 된다.

02 [2009 | 서울시 7급] 상 중 하

볼펜의 가격은 200원에서 100원으로 하락하였는데 소비량은 3개에서 6개로 증가하였다고 하자. 한편, 휘발유는 리터당 가격이 1,500원에서 1,400원으로 하락하였는데 소비량이 30리터에서 34리터로 증가하였다고 하자. 두 재화의 수요의 가격탄력성으로 옳은 것은? (단, 탄력성 계산 시 단순한 변화율 개념을 사용함)

① 볼펜 : 1.0, 휘발유 : 1.0　　② 볼펜 : 1.0, 휘발유 : 2.0
③ 볼펜 : 2.0, 휘발유 : 1.0　　④ 볼펜 : 2.0, 휘발유 : 2.0
⑤ 볼펜 : 3.0, 휘발유 : 2.0

Tip. 수요의 가격탄력성은 $\varepsilon = -\dfrac{\Delta Q}{\Delta P} \cdot \dfrac{P}{Q}$ 이다.

ⅰ) 볼펜의 가격이 200원에서 100원으로 하락할 때 볼펜의 소비량은 3개에서 6개로 증가하였으므로 볼펜 수요의 가격탄력성은 2이다.
- 볼펜 수요의 가격탄력성 : $\varepsilon = -\dfrac{\Delta Q}{\Delta P} \cdot \dfrac{P}{Q} = -\left(\dfrac{3}{-100}\right) \times \dfrac{200}{3} = 2$

ⅱ) 휘발유의 리터당 가격이 1,500원에서 1,400원으로 하락할 때 휘발유의 소비량은 30리터에서 34리터로 증가하였으므로 휘발유 수요의 가격탄력성은 2이다.
- 휘발유 수요의 가격탄력성 : $\varepsilon = -\dfrac{\Delta Q}{\Delta P} \cdot \dfrac{P}{Q} = -\left(\dfrac{4}{-100}\right) \times \dfrac{1,500}{30} = 2$

03 [2014 | 보험계리사] 상 중 하

수요의 가격탄력성을 증가시키는 요인으로 옳지 않은 것은?
① 밀접한 대체재가 많이 존재할수록 수요의 가격탄력성이 증가한다.
② 소비자가 꼭 필요하다고 생각할수록 수요의 가격탄력성이 증가한다.
③ 재화를 좁게 정의할수록 수요의 가격탄력성이 증가한다.
④ 시간을 길게 잡을수록 수요의 가격탄력성이 증가한다.

소비자가 꼭 필요하다고 생각하는 재화(필수재)는 가격이 상승하더라도 소비를 줄이기가 어렵다. 따라서 이러한 재화는 수요의 가격탄력성이 작다.

> **ReCheck 수요의 가격탄력성 결정요인**
> - 대체재의 수가 많을수록 탄력적(+)
> - 소비지출에서 차지하는 비중이 클수록 탄력적(+)
> - 사치재가 필수재보다 탄력적(+)
> - 재화의 분류범위가 좁을수록 탄력적(+)
> - 측정기간이 길어질수록 탄력적(+)

정답　01. ①　02. ④　03. ②

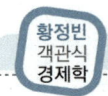

04 [2010 | 국가직 7급] 상 중 하

수요의 가격탄력성에 대한 설명으로 적절하지 않은 것은?

① 탄력성이 1보다 크면 가격이 하락함에 따라 공급자의 총수입은 증가한다.
② 수요의 가격탄력성은 어떤 재화의 가격이 변할 때 그 재화의 수요량이 얼마나 변하는지 나타내는 척도이다.
③ 수요에 대한 가격탄력성은 대체재가 많을수록 큰 값을 갖는다.
④ 탄력성이 1보다 작으면 가격이 상승함에 따라 소비자의 총지출은 감소한다.

① |○| 수요의 가격탄력성이 1보다 크면 가격이 하락하는 것보다 판매량(수요량)이 더 큰 폭으로 증가한다. 따라서 판매자의 총수입은 증가한다.

② |○| 수요의 가격탄력성(ε)이란 한 재화의 가격이 변할 때 그 재화의 수요량이 얼마나 변하는지를 나타내는 척도이다.

- $\varepsilon = -\dfrac{\text{수요량의 변화율(\%)}}{\text{가격의 변화율(\%)}}$

③ |○| 수요의 가격탄력성은 대체재의 수가 많을수록 커진다. 대체재의 수가 많으면 재화의 가격이 상승할 때 수요량이 더 큰 폭으로 감소하기 때문이다.

④ |×| 수요의 가격탄력성이 1보다 작으면 가격이 상승하는 것보다 수요량이 더 작은 폭으로 감소한다. 따라서 소비자의 총지출(판매자의 총수입)은 증가한다.

ReCheck 수요의 가격탄력성과 기업의 총수입(소비자의 총지출)

가격탄력성의 크기	기업의 총수입($TR = P \times Q$)	
	가격하락 시	가격상승 시
$\varepsilon > 1$	증 가	감 소
$\varepsilon = 1$	불 변	불 변
$0 < \varepsilon < 1$	감 소	증 가

05 [2016 공인노무사] 상 중 하

수요의 가격탄력성에 관한 설명으로 옳은 것은? (단, 수요곡선은 우하향한다.)
① 수요의 가격탄력성이 1보다 작은 경우, 가격이 하락하면 총수입은 증가한다.
② 수요의 가격탄력성이 작아질수록, 물품세 부과로 인한 경제적 순손실(deadweight loss)은 커진다.
③ 소비자 전체 지출에서 차지하는 비중이 큰 상품일수록, 수요의 가격탄력성은 작아진다.
④ 직선인 수요곡선상에서 수요량이 많아질수록, 수요의 가격탄력성은 작아진다.
⑤ 좋은 대체재가 많을수록, 수요의 가격탄력성은 작아진다.

Tip. 수요곡선이 우하향의 직선일 때 수요의 가격탄력성은 수량(Q)의 감소함수이다.
① |×| 수요의 가격탄력성이 1보다 작으면 가격이 하락하는 것보다 판매량이 더 작은 폭으로 증가한다. 따라서 판매자의 총수입은 감소한다.
② |×| 수요의 가격탄력성이 작을수록 물품세 부과 시 거래량이 적게 감소하므로 물품세 부과로 인한 경제적 순손실이 작아진다.
③, ⑤ |×| 소비자의 전체 지출에서 차지하는 비중이 클수록, 대체재의 수가 많을수록 수요의 가격탄력성이 커진다.
④ |○| 수요곡선이 우하향의 직선일 때 수요량이 많아질수록(수요곡선상에서 우하방으로 이동할수록) 수요의 가격탄력성이 작아진다.

06 [2014 국가직 7급] 상 중 하

다음은 소매시장의 오리고기 수요곡선과 공급곡선이다. $P_b = 7$, $P_c = 3$, $P_d = 5$, $Y = 2$라고 할 때, 시장균형점에서 오리고기에 대한 수요의 가격탄력성은?

> 수요곡선 : $Q_d = 105 - 30P - 20P_c + 5P_b - 5Y$
> 공급곡선 : $Q_s = 5 + 10P - 3P_d$
> (단, P는 소매시장 오리고기 가격, P_b는 쇠고기 가격, P_c는 닭고기 가격, P_d는 도매시장 오리고기 가격, Y는 소득이다)

① $\frac{1}{6}$ ② $\frac{1}{3}$
③ 3   ④ 6

정답 04. ④ 05. ④ 06. ④

해설

i) $P_b=7$, $P_c=3$, $P_d=5$, $Y=2$를 수요함수와 공급함수에 대입하면 다음과 같다.
- 수요함수 : $Q_d=105-30P-(20\times3)+(5\times7)-(5\times2)$ ∴ $Q_d=70-30P$
- 공급함수 : $Q_s=5+10P-(3\times5)$ ∴ $Q_s=-10+10P$

ii) 수요함수 $Q_d=70-30P$와 공급함수 $Q_s=-10+10P$를 연립해서 풀면 시장의 균형가격과 균형거래량은 각각 $P=2$, $Q=10$이 된다.
- $70-30P=-10+10P \rightarrow 40P=80$ ∴ $P=2$, $Q=10$

iii) 따라서 오리고기에 대한 수요의 가격탄력성은 6으로 계산된다.
- $\varepsilon=-\dfrac{\Delta Q}{\Delta P}\cdot\dfrac{P}{Q}=-(-30)\times\dfrac{2}{10}=6$

수요함수 $Q_d=105-30P-20P_c+5P_b-5Y$를 P에 대해 미분하면 $\dfrac{\Delta Q}{\Delta P}=-30$이 된다.

07

[2015 | 공인노무사]

수요함수가 $Q=90-P$일 때, 수요의 가격탄력성에 대한 계산으로 옳지 않은 것은? (단, Q는 수량, P는 가격이며, 수요의 가격탄력성은 절댓값으로 표시함)

① $P=10$일 때, 수요의 가격탄력성은 0.2이다.
② $P=30$일 때, 수요의 가격탄력성은 0.5이다.
③ $P=45$일 때, 수요의 가격탄력성은 1이다.
④ $P=60$일 때, 수요의 가격탄력성은 2이다.
⑤ $P=80$일 때, 수요의 가격탄력성은 8이다.

해설

수요함수가 $Q=90-P$이면 $-\dfrac{\Delta Q}{\Delta P}=-(-1)=1$이므로 수요의 가격탄력성 $\varepsilon=-\dfrac{\Delta Q}{\Delta P}\cdot\dfrac{P}{Q}=\dfrac{P}{Q}$가 된다. 이제, 이를 바탕으로 각 점에서의 수요의 가격탄력성을 구해보면 다음과 같다.

① |×| $P=10$, $Q=80$일 때 수요의 가격탄력성은 $\varepsilon=\dfrac{10}{80}=0.125$이다.

② |○| $P=30$, $Q=60$일 때 수요의 가격탄력성은 $\varepsilon=\dfrac{30}{60}=0.5$이다.

③ |○| $P=45$, $Q=45$일 때 수요의 가격탄력성은 $\varepsilon=\dfrac{45}{45}=1$이다.

④ |○| $P=60$, $Q=30$일 때 수요의 가격탄력성은 $\varepsilon=\dfrac{60}{30}=2$이다.

⑤ |○| $P=80$, $Q=10$일 때 수요의 가격탄력성은 $\varepsilon=\dfrac{80}{10}=8$이다.

08 [2011 | 국가직 7급] 상 중 하

담배 수요의 가격탄력성이 0.4이며 담배의 가격은 2,000원이다. 정부가 담배 소비량을 20% 감소시키고자 할 때, 담배 가격의 적정 인상분은?

① 1,000원
② 2,000원
③ 3,000원
④ 4,000원

해설

수요의 가격탄력성은 다음과 같다.

$$\varepsilon = -\frac{수요량의\ 변화율(\%)}{가격의\ 변화율(\%)} = -\frac{\frac{\Delta Q}{Q}}{\frac{\Delta P}{P}} = -\frac{\Delta Q}{\Delta P} \cdot \frac{P}{Q}$$

이를 바탕으로 담배 가격의 적정 인상분(ΔP)을 다음의 두 가지 풀이를 통해 구해보도록 하자.

풀이 1)

담배 수요의 가격탄력성 $\varepsilon = -\dfrac{수요량의\ 변화율(\%)}{가격의\ 변화율(\%)} = 0.4$에서 담배 수요량의 변화율이 -20%이므로 담배 가격의 변화율은 50%이다. 따라서 담배 가격의 적정 인상분은 2,000원의 50%에 해당하는 1,000원이 된다.

- $\varepsilon = -\dfrac{수요량의\ 변화율(\%)}{가격의\ 변화율(\%)} = -\dfrac{-20\%}{x} = 0.4$ ∴ $x = 50\%$

풀이 2)

담배 수요의 가격탄력성 $\varepsilon = -\dfrac{\frac{\Delta Q}{Q}}{\frac{\Delta P}{P}}$에서 담배 가격이 $P = 2,000$, 담배 수요량의 변화율이 $\dfrac{\Delta Q}{Q} = -0.2$이므로 담배 가격의 적정 인상분은 $\Delta P = 1,000$이 된다.

- $\varepsilon = -\dfrac{\frac{\Delta Q}{Q}}{\frac{\Delta P}{P}} = -\dfrac{-0.2}{\frac{\Delta P}{2,000}} = 0.4 \rightarrow \dfrac{400}{\Delta P} = 0.4$ ∴ $\Delta P = 1,000$

정답 07. ① 08. ①

09 [2018 | 보험계리사]

K시네마가 극장 입장료를 5에서 9로 인상하였더니 매출액이 1,500에서 1,800으로 증가하였다. 중간점공식(호탄력도)을 이용하여 수요의 가격탄력성을 구하면? (단, 소수점 셋째자리에서 반올림)

① 0.32　　　　　　　② 0.42
③ 0.70　　　　　　　④ 1.13

해설

ⅰ) $P_1 = 5$일 때 매출액이 $TR_1 = P_1 \times Q_1 = 1,500$이므로 $Q_1 = 300$이다. $P_2 = 9$일 때 매출액이 $TR_2 = P_2 \times Q_2 = 1,800$이므로 $Q_2 = 200$이다.

ⅱ) $P_1 = 5$, $P_2 = 9$이므로 $\Delta P = P_2 - P_1 = 4$이다. $Q_1 = 300$, $Q_2 = 200$이므로 $\Delta Q = Q_2 - Q_1 = -100$이다.

ⅲ) 수요의 호탄력성은 수요곡선상의 두 점 사이에서 측정한 탄력성으로 기준가격과 기준수요량 대신 평균가격과 평균수요량의 개념을 사용한다(수정공식). 이제, 수정공식(중간점공식)을 이용하여 수요의 가격탄력성을 구해보면 호탄력성은 0.7로 계산된다.

- $\varepsilon = -\dfrac{\Delta Q}{\Delta P} \cdot \dfrac{P_1 + P_2}{Q_1 + Q_2} = -\left(\dfrac{-100}{4}\right) \times \left(\dfrac{5+9}{300+200}\right) = \dfrac{14}{20} = 0.7$

ReCheck 수요의 호탄력성(구간탄력성)

- 수요곡선상의 두 점 사이에서 측정한 탄력성
- 기준가격과 기준수요량 대신 평균가격과 평균수요량의 개념을 사용함(수정공식)

$$\varepsilon = -\dfrac{\dfrac{\Delta Q}{(Q_1+Q_2)/2}}{\dfrac{\Delta P}{(P_1+P_2)/2}} = -\dfrac{\dfrac{\Delta Q}{Q_1+Q_2}}{\dfrac{\Delta P}{P_1+P_2}} = -\dfrac{\Delta Q}{\Delta P} \cdot \dfrac{P_1+P_2}{Q_1+Q_2}$$

10 [2015 | 보험계리사]

수요의 가격탄력성에 관한 설명으로 옳은 것은?

① 재화 가격이 1% 상승할 때 그 재화 수요량의 변화의 크기를 나타낸다.
② 대체효과가 소득효과보다 크면 가격탄력성이 1보다 크다.
③ 수요곡선이 직선이면 수요의 가격탄력성은 일정하다.
④ 가격탄력성이 1보다 큰 재화의 경우 재화 가격이 상승하면 이 재화에 대한 지출액은 감소한다.

해설
① |×| 수요의 가격탄력성(ε)이란 한 재화의 가격이 1% 변할 때 그 재화의 수요량이 몇 % 변하는지(수요량의 변화율)를 나타내는 척도이다.

- $\varepsilon = -\dfrac{\text{수요량의 변화율(\%)}}{\text{가격의 변화율(\%)}}$

② |×| 가격이 1% 상승(하락)할 때 수요량이 1%보다 크게 감소(증가)하면 수요의 가격탄력성이 1보다 크다.
③ |×| 수요곡선이 우하향의 직선일 때 수요곡선상에서 우하방으로 이동할수록 수요의 가격탄력성이 작아진다.
④ |○| 수요의 가격탄력성이 1보다 크면 가격이 상승하는 것보다 수요량이 더 큰 폭으로 감소한다. 따라서 소비자의 총지출(판매자의 총수입)은 감소한다.

11

[2016 | 국회직 8급] 상 중 하

탄력성에 대한 설명으로 옳지 않은 것을 〈보기〉에서 모두 고르면?

| 보기 |

ㄱ. 수요의 가격탄력성이 비탄력적일 경우 가격을 올리면 기업의 매출액은 감소한다.
ㄴ. 수요의 가격탄력성이 탄력적인 재화의 판매자에게 세금이 부과되면 재화의 균형거래량은 줄어든다.
ㄷ. 어떤 재화의 구매자에게 종량세가 부과되더라도 결과적으로는 구매자와 판매자가 공동으로 절반씩 부담한다.
ㄹ. 대체재가 적은 재화일수록 수요의 가격탄력성이 낮다.
ㅁ. 매달 10kg의 사과를 구매하는 소비자의 수요의 가격탄력성은 완전비탄력적이다.

① ㄱ, ㄴ
② ㄱ, ㄷ
③ ㄱ, ㄹ
④ ㄱ, ㄹ, ㅁ
⑤ ㄴ, ㄷ, ㅁ

해설
ㄱ. |×| 수요가 비탄력적이면 가격이 상승하는 것보다 판매량(수요량)이 더 작은 폭으로 감소한다. 따라서 기업의 매출액은 증가한다.
ㄴ. |○| 수요곡선이 우하향하고 공급곡선이 우상향하는 일반적인 경우 생산자에게 조세가 부과되면 공급곡선이 상방으로 이동하므로 재화의 균형거래량은 감소한다.
ㄷ. |×| 종량세가 부과될 때 상대적 조세부담의 크기는 수요와 공급의 가격탄력성에 따라 달라진다.
ㄹ. |○| 대체재의 수가 적을수록 수요의 가격탄력성이 작아진다.
ㅁ. |○| 사과 가격의 변화에 관계없이 사과를 매달 일정량(10kg) 소비하므로 수요의 가격탄력성이 0이고(완전비탄력적), 수요곡선은 수직선이다.

정답 09. ③ 10. ④ 11. ②

10 수요의 가격탄력성과 기업의 총수입

수요의 가격탄력성과 기업의 총수입($TR = P \times Q$)

1. 수요의 가격탄력성과 기업의 총수입(가계의 총지출)

가격탄력성의 크기	기업의 총수입($TR = P \times Q$)	
	가격하락 시	가격상승 시
$\varepsilon > 1$	증가	감소
$\varepsilon = 1$	불변	불변
$0 < \varepsilon < 1$	감소	증가

2. 그림을 통한 이해

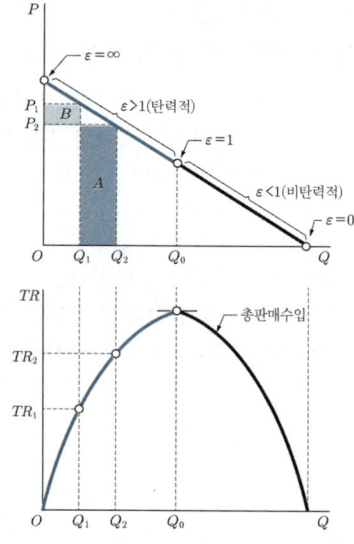

- $\varepsilon > 1$: 가격이 하락할 때 기업의 총수입(TR)이 증가함
- $\varepsilon < 1$: 가격이 하락할 때 기업의 총수입(TR)이 감소함
- $\varepsilon = 1$: 기업의 총수입(TR)이 극대가 됨

3. 총수입의 변화율

- 총수입의 변화율$\left(\dfrac{\Delta TR}{TR}\right)$은 가격의 변화율$\left(\dfrac{\Delta P}{P}\right)$과 판매량의 변화율$\left(\dfrac{\Delta Q}{Q}\right)$의 합으로 측정됨

$$\left(\dfrac{\Delta TR}{TR}\right) = \left(\dfrac{\Delta P}{P}\right) + \left(\dfrac{\Delta Q}{Q}\right)$$

$$\binom{\text{총수입}}{\text{변화율}} = \binom{\text{가격}}{\text{변화율}} + \binom{\text{판매량}}{\text{변화율}}$$

01 〔2011 | 감정평가사〕 상 중 하

X재만 판매하는 A기업이 가격을 20% 인상하였더니 매출액이 10% 감소하였다. 다음 설명 중 옳은 것은?

① 판매량이 10% 감소하였다.
② 판매량이 50% 감소하였다.
③ 수요의 가격탄력성은 0.1이다.
④ 수요의 가격탄력성은 0.5이다.
⑤ 수요의 가격탄력성은 1보다 크다.

해설

i) 기업의 총수입(매출액)은 $TR = P \times Q$이므로, 이를 변화율로 나타내면 $\frac{\Delta TR}{TR} = \frac{\Delta P}{P} + \frac{\Delta Q}{Q}$이다. 가격의 변화율$\left(\frac{\Delta P}{P}\right)$이 20%, 매출액의 변화율$\left(\frac{\Delta TR}{TR}\right)$이 -10%이므로 판매량의 변화율$\left(\frac{\Delta Q}{Q}\right)$은 -30%가 된다.

$$\left(\frac{\Delta TR}{TR}\right) = \left(\frac{\Delta P}{P}\right) + \left(\frac{\Delta Q}{Q}\right)$$
$$(-10\%) = (20\%) + (-30\%)$$

ii) 가격이 20% 상승할 때 수요량(판매량)이 30% 감소하였으므로 수요의 가격탄력성은 1.5이다.

• $\varepsilon = -\dfrac{\text{수요량의 변화율}(\%)}{\text{가격의 변화율}(\%)} = -\dfrac{-30\%}{20\%} = 1.5$

02 〔2014 | 보험계리사〕 상 중 하

공급곡선이 원점을 지나는 직선이고, 수요의 증가로 가격이 1% 상승할 때, 판매액(매출액)의 증가율은?

① 0%   ② 1%
③ 2%   ④ 10%

해설

i) 공급곡선이 원점을 지나는 직선이면 공급곡선상의 모든 점에서 공급의 가격탄력성이 1로 일정하다. 따라서 수요 증가로 가격이 1% 상승하면 공급량(판매량)도 1% 증가한다.

ii) 기업의 총수입(판매액, 매출액)은 $TR = P \times Q$이므로, 이를 변화율로 나타내면 다음과 같다.

$$\left(\frac{\Delta TR}{TR}\right) = \left(\frac{\Delta P}{P}\right) + \left(\frac{\Delta Q}{Q}\right)$$
$$\begin{pmatrix}\text{총수입}\\\text{변화율}\end{pmatrix} = \begin{pmatrix}\text{가격}\\\text{변화율}\end{pmatrix} + \begin{pmatrix}\text{판매량}\\\text{변화율}\end{pmatrix}$$

iii) 따라서 판매액의 변화율은 2%로 계산된다.

• $\dfrac{\Delta TR}{TR} = \dfrac{\Delta P}{P} + \dfrac{\Delta Q}{Q} = 1\% + 1\% = 2\%$

정답   01. ⑤   02. ③

03 [2016 | 보험계리사]

공급의 가격탄력성은 0.5, 수요의 가격탄력성이 −0.5이다. 수요의 증가로 가격이 1% 상승할 때 매출액의 증가율은?

① 0%   ② 0% 초과, 1% 미만
③ 1%   ④ 1% 초과

해설

ⅰ) 공급의 가격탄력성이 0.5이므로 수요 증가로 가격이 1% 상승하면 공급량(판매량)이 0.5% 증가한다.

ⅱ) 기업의 총수입(매출액)은 $TR = P \times Q$이므로, 이를 변화율로 나타내면 다음과 같다.

$$\left(\frac{\Delta TR}{TR}\right) = \left(\frac{\Delta P}{P}\right) + \left(\frac{\Delta Q}{Q}\right)$$

$$\left(\begin{array}{c}\text{총수입}\\\text{변화율}\end{array}\right) = \left(\begin{array}{c}\text{가격}\\\text{변화율}\end{array}\right) + \left(\begin{array}{c}\text{판매량}\\\text{변화율}\end{array}\right)$$

ⅲ) 따라서 매출액의 변화율은 1.5%로 계산된다.

• $\frac{\Delta TR}{TR} = \frac{\Delta P}{P} + \frac{\Delta Q}{Q} = 1\% + 0.5\% = 1.5\%$

---

04 [2012 | 국가직 9급]

다른 조건이 일정할 경우, 맥주 시장에서 맥주의 가격이 20% 증가했을 때 맥주의 시장 수요량이 4% 감소하였다. 이에 대한 설명으로 옳은 것은?

① 시장 수요가 탄력적이기 때문에 맥주 총판매수입이 증가함
② 시장 수요가 탄력적이기 때문에 맥주 총판매수입이 감소함
③ 맥주 총판매수입은 변화가 없음
④ 시장 수요가 비탄력적이기 때문에 맥주 총판매수입은 증가함

해설

Tip. 수요가 비탄력적일 때($\varepsilon < 1$) 가격이 상승하면 기업의 총수입이 증가한다.

ⅰ) 맥주의 가격이 20% 상승할 때 맥주의 수요량이 4% 감소하였으므로 맥주 수요의 가격탄력성은 0.2이다.

• $\varepsilon = -\frac{\text{수요량의 변화율(\%)}}{\text{가격의 변화율(\%)}} = -\frac{-4\%}{20\%} = 0.2$

ⅱ) 판매자의 총수입은 $TR = P \times Q$이므로, 이를 변화율로 나타내면 $\frac{\Delta TR}{TR} = \frac{\Delta P}{P} + \frac{\Delta Q}{Q}$이다. 가격의 변화율$\left(\frac{\Delta P}{P}\right)$이 20%, 판매량(수요량)의 변화율$\left(\frac{\Delta Q}{Q}\right)$이 −4%이므로 총수입의 변화율$\left(\frac{\Delta TR}{TR}\right)$은 16%가 된다.

$$\left(\frac{\Delta TR}{TR}\right) = \left(\frac{\Delta P}{P}\right) + \left(\frac{\Delta Q}{Q}\right)$$
$$(16\%) = (20\%) + (-4\%)$$

ⅲ) 즉, 맥주 수요의 가격탄력성이 1보다 작을 때(비탄력적) 맥주의 가격이 상승하면 맥주 판매자의 총수입이 증가한다.

05 ｜2013 ｜ 공인노무사 ｜ 상 중 하

X재 가격이 5% 상승할 때 X재의 소비지출액은 전혀 변화하지 않은 반면, Y재의 가격이 10% 상승할 때 Y재의 소비지출액은 10% 증가하였다. 이때 두 재화에 대한 수요의 가격탄력성은?

① X재 : 완전탄력적, Y재 : 단위탄력적
② X재 : 단위탄력적, Y재 : 완전탄력적
③ X재 : 단위탄력적, Y재 : 완전비탄력적
④ X재 : 완전비탄력적, Y재 : 비탄력적
⑤ X재 : 완전비탄력적, Y재 : 단위탄력적

소비자의 지출액=가격×소비량이므로, 이를 변화율로 나타내면 다음과 같다.

지출액 변화율=가격 변화율+소비량 변화율

ⅰ) X재의 가격이 5% 상승할 때 X재에 대한 지출액이 전혀 변화하지 않았다면 소비량의 변화율이 −5%이다. 따라서 X재에 대한 수요의 가격탄력성은 1이다(단위탄력적).

- $\varepsilon = -\dfrac{\text{수요량의 변화율(\%)}}{\text{가격의 변화율(\%)}} = -\dfrac{-5\%}{5\%} = 1$

ⅱ) Y재의 가격이 10% 상승할 때 Y재에 대한 지출액이 10% 증가하였다면 소비량의 변화율이 0%이다. 즉, Y재의 가격이 상승하더라도 소비량이 전혀 변화하지 않았으므로 Y재에 대한 수요의 가격탄력성은 0이다(완전비탄력적).

- $\varepsilon = -\dfrac{\text{수요량의 변화율(\%)}}{\text{가격의 변화율(\%)}} = -\dfrac{0\%}{10\%} = 0$

06 ｜2013 ｜ 감정평가사 ｜ 상 중 하

정상재 A에 대한 수요의 가격탄력성이 1보다 클 때, 이 재화에 대한 소비자의 지출액이 감소하는 원인으로 적절한 것은?

① 보완재의 가격 하락
② 소비자의 소득 증가
③ 대체재의 가격 상승
④ A재화의 가격 상승
⑤ A재화에 대한 선호 증가

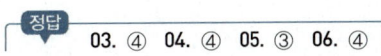

Tip. 수요가 탄력적일 때($\varepsilon > 1$) 가격이 상승하면 기업의 총수입이 감소한다.

ⅰ) A재 수요의 가격탄력성이 1보다 클 때(탄력적) A재의 가격이 상승하면 A재에 대한 소비자의 총지출(판매자의 총수입)이 감소한다.

ⅱ) 보완재의 가격이 하락하거나, 대체재의 가격이 상승하면 A재 수요곡선이 우측으로 이동한다. 소비자의 소득이 증가하거나, A재에 대한 선호가 증가하는 경우에도 마찬가지로 A재 수요곡선이 우측으로 이동한다. 수요곡선이 우측으로 이동하면 가격이 상승하고 수요량도 증가하므로 A재에 대한 소비자의 총지출은 반드시 증가한다.

07

휘발유 가격이 리터당 1,800원에서 2,000원으로 오르면 휘발유 판매액이 단기적으로는 늘어나지만 장기적으로는 변화가 없다고 한다. 휘발유 수요의 단기 및 장기 가격탄력성은?

① 단기 탄력성 < 1, 장기 탄력성 $= 0$
② 단기 탄력성 < 1, 장기 탄력성 $= 1$
③ 단기 탄력성 $= 1$, 장기 탄력성 $= 0$
④ 단기 탄력성 > 1, 장기 탄력성 $= 1$
⑤ 단기 탄력성 > 1, 장기 탄력성 $= 0$

Tip. 가격변화에 따른 기업의 총수입(판매액)의 변화는 수요의 가격탄력성에 따라 달라진다.

ⅰ) 단기 가격탄력성
가격이 상승할 때 단기적으로 판매액이 증가하였다는 것은 가격이 상승하는 것보다 판매량(수요량)이 더 적은 폭으로 감소하였음을 의미한다. 따라서 휘발유 수요의 단기 가격탄력성은 1보다 작다(비탄력적).

ⅱ) 장기 가격탄력성
가격이 상승할 때 장기적으로 판매액에 변화가 없다는 것은 가격이 상승하는 것만큼 판매량(수요량)이 감소하였음을 의미한다. 따라서 휘발유 수요의 장기 가격탄력성은 1이다(단위탄력적).

ReCheck 수요의 가격탄력성과 기업의 총수입(소비자의 총지출)

가격탄력성의 크기	기업의 총수입($TR = P \times Q$)	
	가격하락 시	가격상승 시
$\varepsilon > 1$	증 가	감 소
$\varepsilon = 1$	불 변	불 변
$0 < \varepsilon < 1$	감 소	증 가

08 [2016 | 지방직 7급] 상 중 하

A시의 시내버스시스템이 적자 상태에 있어 수입을 증대시킬 방안을 찾고 있다. A시의 대중교통과 직원은 버스요금 인상을 주장하는 데 반해, 시민단체는 버스요금 인하를 주장한다. 양측의 주장에 대한 설명으로 옳은 것은?

① 직원은 버스에 대한 수요가 가격탄력적이라고 생각하지만, 시민단체는 수요가 가격비탄력적이라 생각한다.
② 직원은 버스에 대한 수요가 가격비탄력적이라고 생각하지만, 시민단체는 수요가 가격탄력적이라 생각한다.
③ 직원과 시민단체 모두 버스에 대한 수요가 가격비탄력적이라 생각하지만, 시민단체의 경우가 더 비탄력적이라고 생각한다.
④ 직원과 시민단체 모두 버스에 대한 수요가 가격탄력적이라 생각하지만, 직원의 경우가 더 탄력적이라고 생각한다.

ⅰ) 수요가 탄력적이라면 총수입을 증대시키기 위해서는 가격을 인하해야 하고, 수요가 비탄력적이라면 총수입을 증대시키기 위해서는 가격을 인상해야 한다.
ⅱ) 그러므로 대중교통과 직원은 버스에 대한 수요가 비탄력적이라고 생각하기 때문에 총수입 증대를 위한 버스요금 인상을 주장하지만, 시민단체는 버스에 대한 수요가 탄력적이라고 생각하기 때문에 총수입 증대를 위한 버스요금 인하를 주장하는 것이다.

09 [2017 | 공인회계사] 상 중 하

X재를 생산하며 이윤극대화를 추구하는 어느 기업은, X재의 단위당 생산비용이 10% 증가하여 가격 인상을 고려하고 있다. 다음 설명 중 옳지 않은 것은?

① X재의 수요의 가격탄력성이 비탄력적인 경우, 가격을 인상하면 X재의 판매수입이 증가한다.
② X재의 수요의 가격탄력성이 탄력적인 경우, 가격을 인상하면 X재의 판매수입이 감소한다.
③ X재의 수요의 가격탄력성이 단위탄력적인 경우, 가격을 인상하면 X재로부터 얻는 이윤은 변화하지 않으나 판매수입은 증가한다.
④ X재의 수요의 가격탄력성이 무한대인 경우, 가격을 인상하면 X재에 대한 수요가 0이 된다.
⑤ X재의 수요의 가격탄력성이 0인 경우, 가격을 인상하면 X재의 판매수입이 증가한다.

정답 07. ② 08. ② 09. ③

①, ② |○| X재의 수요가 비탄력적이면 가격이 상승하는 것보다 판매량이 더 적은 폭으로 감소하므로 판매자의 총수입은 증가한다. 반면, X재의 수요가 탄력적이면 가격이 상승하는 것보다 판매량이 더 큰 폭으로 감소하므로 판매자의 총수입은 감소한다.

③ |×| X재의 수요가 단위탄력적이면 가격이 상승하는 것만큼 판매량이 감소하므로 판매자의 총수입은 불변이다.

④, ⑤ |○| X재의 수요가 완전탄력적이면 가격이 약간만 상승하더라도 판매량이 0이 되므로 판매자의 총수입도 0이 된다. 반면, X재의 수요가 완전비탄력적이면 가격이 상승하더라도 판매량이 전혀 감소하지 않으므로 판매자의 총수입은 비례적으로 증가한다.

10 [2018 | 국가직 7급] 상 중 하

어느 재화의 가격이 1천원에서 1% 상승하면 판매수입은 0.2% 증가하지만, 5천원에서 가격이 1% 상승하면 판매수입은 0.1% 감소한다. 이 재화에 대한 설명으로 옳은 것은? (단, 수요곡선은 수요의 법칙이 적용된다.)

① 가격이 1천원에서 1% 상승 시, 가격에 대한 수요의 탄력성은 탄력적이다.
② 가격이 5천원에서 1% 상승 시, 가격에 대한 수요의 탄력성은 비탄력적이다.
③ 가격이 1천원에서 1% 상승 시, 수요량은 0.2% 감소한다.
④ 가격이 5천원에서 1% 상승 시, 수요량은 1.1% 감소한다.

판매자의 총수입은 $TR = P \times Q$이므로, 이를 변화율로 나타내면 다음과 같다.

$$\left(\frac{\Delta TR}{TR}\right) = \left(\frac{\Delta P}{P}\right) + \left(\frac{\Delta Q}{Q}\right)$$

$$\left(\begin{array}{c}\text{총수입}\\\text{변화율}\end{array}\right) = \left(\begin{array}{c}\text{가격}\\\text{변화율}\end{array}\right) + \left(\begin{array}{c}\text{판매량}\\\text{변화율}\end{array}\right)$$

①, ③ |×| 가격이 1천원에서 1% 상승하면 총수입이 0.2% 증가하므로 판매량(수요량)은 0.8% 감소하였음을 알 수 있다. 따라서 수요의 가격탄력성은 0.8로 계산된다(비탄력적).

- $\dfrac{\Delta TR}{TR} = \dfrac{\Delta P}{P} + \dfrac{\Delta Q}{Q} \rightarrow \dfrac{\Delta Q}{Q} = \dfrac{\Delta TR}{TR} - \dfrac{\Delta P}{P} = 0.2\% - 1\% = -0.8\%$

- $\varepsilon = -\dfrac{\text{수요량의 변화율(\%)}}{\text{가격의 변화율(\%)}} = -\dfrac{-0.8\%}{1\%} = 0.8$

② |×|, ④ |○| 가격이 5천원에서 1% 상승하면 총수입이 0.1% 감소하므로 판매량(수요량)은 1.1% 감소하였음을 알 수 있다. 따라서 수요의 가격탄력성은 1.1로 계산된다(탄력적).

- $\dfrac{\Delta TR}{TR} = \dfrac{\Delta P}{P} + \dfrac{\Delta Q}{Q} \rightarrow \dfrac{\Delta Q}{Q} = \dfrac{\Delta TR}{TR} - \dfrac{\Delta P}{P} = -0.1\% - 1\% = -1.1\%$

- $\varepsilon = -\dfrac{\text{수요량의 변화율(\%)}}{\text{가격의 변화율(\%)}} = -\dfrac{-1.1\%}{1\%} = 1.1$

10. ④

11 수요의 소득탄력성과 교차탄력성

수요의 소득탄력성(ε_M)과 교차탄력성(ε_{XY})

1. 수요의 소득탄력성(ε_M)

구 분	내 용
개 념	$\varepsilon_M = \dfrac{\text{수요(량)의 변화율(\%)}}{\text{소득의 변화율(\%)}} = \dfrac{\frac{\Delta Q}{Q}}{\frac{\Delta M}{M}} = \dfrac{\Delta Q}{\Delta M} \cdot \dfrac{M}{Q}$
재화의 종류	$\varepsilon_M > 0$: 정상재 ($\varepsilon_M > 1$: 사치재, $0 < \varepsilon_M < 1$: 필수재) $\varepsilon_M < 0$: 열등재

▶ 사치재와 필수재를 구분하는 기준은 수요의 가격탄력성(ε)이 아니라 수요의 소득탄력성(ε_M)임

2. 수요의 교차탄력성(ε_{XY})

구 분	내 용
개 념	$\varepsilon_{XY} = \dfrac{X\text{재 수요(량)의 변화율(\%)}}{Y\text{재 가격의 변화율(\%)}} = \dfrac{\frac{\Delta Q_X}{Q_X}}{\frac{\Delta P_Y}{P_Y}} = \dfrac{\Delta Q_X}{\Delta P_Y} \cdot \dfrac{P_Y}{Q_X}$
재화의 관계	$\varepsilon_{XY} > 0$: 대체재 관계 $\varepsilon_{XY} = 0$: 독립재 관계 $\varepsilon_{XY} < 0$: 보완재 관계

대표유형 01 [2017 | 감정평가사] 상 중 **하**

사과 수요의 가격탄력성은 1.4, 사과 수요의 감귤 가격에 대한 교차탄력성은 0.9, 사과 수요의 배 가격에 대한 교차탄력성은 −1.5, 사과 수요의 소득탄력성은 1.2 이다. 다음 설명 중 옳은 것을 모두 고른 것은? (단, 수요의 가격탄력성은 절댓값으로 표시한다.)

> ㄱ. 사과는 정상재이다.
> ㄴ. 사과는 배와 대체재이다.
> ㄷ. 사과는 감귤과 보완재이다.
> ㄹ. 다른 조건이 불변일 때 사과 가격이 상승하면 사과 판매자의 총수입은 감소한다.

① ㄱ, ㄴ ② ㄱ, ㄷ
③ ㄱ, ㄹ ④ ㄴ, ㄹ
⑤ ㄷ, ㄹ

ㄱ. |○| 사과 수요의 소득탄력성은 1.2로 0보다 크다. 따라서 사과는 정상재이다.
ㄴ. |×| 사과 수요의 배 가격에 대한 교차탄력성은 −1.5로 0보다 작다. 따라서 사과와 배는 보완재 관계이다.
ㄷ. |×| 사과 수요의 감귤 가격에 대한 교차탄력성은 0.9로 0보다 크다. 따라서 사과와 감귤은 대체재 관계이다.
ㄹ. |○| 사과 수요의 가격탄력성은 1.4로 1보다 크다. 사과 수요가 탄력적이므로 사과 가격이 상승하면 사과 판매자의 총수입은 감소한다.

02 [2011 | 국가직 7급] 상 중 **하**

두 재화 간의 가격의 교차탄력성이 0보다 작다면, 두 재화 간의 관계는?
① 보완재의 관계 ② 대체재의 관계
③ 정상재와 열등재의 관계 ④ 사치재와 필수재의 관계

Tip. 수요의 교차탄력성이 0보다 크면 대체재 관계, 0보다 작으면 보완재 관계이다.

수요의 교차탄력성(ε_{XY})이 0보다 작다면 두 재화는 보완재 관계이다. 정상재와 열등재, 사치재와 필수재를 구분하는 것은 수요의 소득탄력성(ε_M)이다.

03 [2015 | 국가직 9급]

돼지고기 수요의 닭고기 가격에 대한 교차탄력성이 2일 때, 돼지고기 수요량이 10% 감소하였다. 이 경우 닭고기 가격은 얼마나 감소하였는가?

① 1% ② 2%
③ 5% ④ 10%

돼지고기(X재) 수요의 닭고기(Y재) 가격에 대한 교차탄력성이 2일 때 돼지고기 수요량이 10% 감소하였다면 닭고기 가격(x)은 5% 감소하였다.

- $\varepsilon_{XY} = \dfrac{X재\ 수요(량)의\ 변화율(\%)}{Y재\ 가격의\ 변화율(\%)} = \dfrac{-10\%}{x} = 2 \therefore x = -5\%$

04 [2007 | 공인회계사]

곶감에 대한 수요함수와 공급함수는 각각 $Q^D = 305 - 3P + 2M + 4P_R$, $Q^S = 120 + 2P - 3S$로 주어져 있다. (단, Q^D는 수요량, Q^S는 공급량, P는 곶감의 가격, M은 소득, S는 저장비용, P_R은 관련된 재화의 가격) $M = 20$, $P_R = 5$, $S = 10$인 경우의 균형점에서 수요의 소득탄력성은?

① 0.1 ② 0.2
③ 0.3 ④ 0.55
⑤ 0.825

ⅰ) $M = 20$, $P_R = 5$, $S = 10$을 수요함수와 공급함수에 대입하면 다음과 같다.
- 수요함수 : $Q^D = 305 - 3P + (2 \times 20) + (4 \times 5)$ ∴ $Q^D = 365 - 3P$
- 공급함수 : $Q^S = 120 + 2P - (3 \times 10)$ ∴ $Q^S = 90 + 2P$

ⅱ) 수요함수 $Q^D = 365 - 3P$와 공급함수 $Q^S = 90 + 2P$를 연립해서 풀면 시장의 균형가격과 균형거래량은 각각 $P = 55$, $Q = 200$이 된다.
- $365 - 3P = 90 + 2P \to 5P = 275$ ∴ $P = 55$, $Q = 200$

ⅲ) 따라서 곶감에 대한 수요의 소득탄력성은 0.2로 계산된다.
- $\varepsilon_M = \dfrac{\Delta Q}{\Delta M} \cdot \dfrac{M}{Q} = 2 \times \dfrac{20}{200} = 0.2$

🔍 수요함수 $Q^D = 305 - 3P + 2M + 4P_R$을 M에 대해 미분하면 $\dfrac{\Delta Q}{\Delta M} = 2$가 된다.

05 [2018 | 공인노무사] [상] [중] [하]

수요의 탄력성에 관한 설명으로 옳은 것은?
① 재화가 기펜재라면 수요의 소득탄력성은 양(+)의 값을 갖는다.
② 두 재화가 서로 대체재의 관계에 있다면 수요의 교차탄력성은 음(−)의 값을 갖는다.
③ 우하향하는 직선의 수요곡선상에 위치한 두 점에서 수요의 가격탄력성은 동일하다.
④ 수요의 가격탄력성이 '1'이면 가격변화에 따른 판매총액은 증가한다.
⑤ 수요곡선이 수직선일 때 모든 점에서 수요의 가격탄력성은 '0'이다.

① |×| 기펜재는 소득효과가 대체효과보다 큰 열등재로, 수요의 소득탄력성이 0보다 작다.
② |×| 두 재화가 대체재 관계에 있다면 수요의 교차탄력성이 0보다 크다.
③ |×| 수요곡선이 우하향의 직선일 때 수요곡선상에서 우하방으로 이동할수록 수요의 가격탄력성이 작아진다. 그러므로 우하향하는 직선의 수요곡선상의 모든 점에서는 수요의 가격탄력성이 상이하다.
④ |×| 수요의 가격탄력성이 1이면(단위탄력적) 가격이 상승하는 것만큼 판매량이 감소하므로 판매자의 총수입은 불변이다.
⑤ |○| 수요곡선이 수직선이면(완전비탄력적) 가격이 상승하더라도 판매량이 전혀 감소하지 않는다. 즉, 수직인 수요곡선상의 모든 점에서는 수요의 가격탄력성이 0이다.

06 [2014 | 서울시 7급] [상] [중] [하]

수요의 탄력성들에 대한 다음의 지문 중 옳게 기술한 것은?
① 수요곡선의 기울기가 −2인 직선일 경우 수요곡선의 위 어느 점에서나 가격탄력성이 동일하다.
② 수요의 가격탄력성이 탄력적이라면 가격 인하는 총수입을 증가시키는 좋은 전략이 아니다.
③ X재의 가격이 5% 인상되자 Y재 수요가 10% 상승했다면 수요의 교차탄력성은 2이고 두 재화는 대체재이다.
④ 가격이 올랐을 때 시간이 경과될수록 적응이 되기 때문에 수요의 가격탄력성이 작아진다.
⑤ 수요의 소득탄력성이 비탄력적인 재화는 열등재이다.

① |×| 수요곡선이 우하향의 직선일 때 수요곡선상에서 우하방으로 이동할수록 수요의 가격탄력성이 작아진다.
② |×| 수요의 가격탄력성이 1보다 크면 총수입을 증가시키기 위해서는 가격을 인하해야 하고, 수요의 가격탄력성이 1보다 작으면 총수입을 증가시키기 위해서는 가격을 인상해야 한다.
③ |○| X재의 가격이 5% 인상될 때 Y재의 수요가 10% 상승했다면 수요의 교차탄력성이 2이다. 수요의 교차탄력성이 0보다 크면 두 재화는 대체재 관계이다.

- $\varepsilon_{YX} = \dfrac{Y재\ 수요(량)의\ 변화율(\%)}{X재\ 가격의\ 변화율(\%)} = \dfrac{10\%}{5\%} = 2$

④ |×| 기간이 길어지면 다른 대체재들이 많아지기 때문에 수요의 가격탄력성이 커진다.
⑤ |×| 열등재는 수요의 소득탄력성이 0보다 작은 재화이다. 수요의 소득탄력성이 0보다 크고 1보다 작은(비탄력적인) 재화는 정상재 중에서 필수재에 해당한다.

07

[2013 | 서울시 7급] [상] [중] [하]

수요의 여러 가지 탄력성 개념과 관련된 다음의 설명 중에서 옳은 것은?

① 어느 재화의 가격이 상승하였을 때 그 재화에 대한 지출액이 변하지 않았다면 그 재화에 대한 수요의 가격탄력성은 0이다.
② 어느 재화의 가격이 상승하였을 때 그 재화에 대한 수요량이 증가하였다면 그 재화는 열등재이다.
③ 소득이 5% 증가하였을 때 한 재화에 대한 수요가 10% 증가하였다면 그 재화는 필수재이다.
④ 재화 X의 가격이 증가하였을 때 재화 Y에 대한 수요의 교차탄력성이 음수라면 재화 Y는 재화 X의 대체재이다.
⑤ 기펜재는 열등재 중에서 가격변화로 인한 소득효과의 절댓값이 대체효과의 절댓값보다 작을 때 나타난다.

해설

① |×| 재화의 가격이 상승하였을 때 그 재화에 대한 지출액이 변화하지 않았다면 그 재화에 대한 수요의 가격탄력성은 1이다.
② |○| 재화의 가격이 상승하였을 때 그 재화에 대한 수요량이 증가하였다면 그 재화는 기펜재이다. 기펜재는 소득효과가 대체효과보다 큰 열등재이다.
③ |×| 수요의 소득탄력성이 0보다 크면 정상재이고, 정상재 중에서 수요의 소득탄력성이 0보다 크고 1보다 작으면 필수재, 1보다 크면 사치재이다. 소득이 5% 증가하였을 때 그 재화에 대한 수요가 10% 증가하였다면 수요의 소득탄력성이 2이다. 따라서 그 재화는 사치재이다.

- $\varepsilon_M = \dfrac{\text{수요(량)의 변화율(\%)}}{\text{소득의 변화율(\%)}} = \dfrac{10\%}{5\%} = 2$

④ |×| 수요의 교차탄력성이 0보다 크면 두 재화는 대체재 관계이고, 0보다 작으면 두 재화는 보완재 관계이다. 따라서 수요의 교차탄력성이 음수라면 두 재화는 보완재 관계이다.
⑤ |×| 기펜재는 열등재 중에서 가격변화로 인한 소득효과의 절댓값이 대체효과의 절댓값보다 클 때 나타난다.

ReCheck 특정 재화에 항상 일정 금액(E)을 지출하는 경우

- $P_X X = E \rightarrow$ 수요함수 : $X = \dfrac{E}{P_X}$ (수요곡선이 직각쌍곡선)
  - 가격탄력성=1 … 가격소비곡선(PCC)이 수평선
  - 소득탄력성=0 … 소득소비곡선(ICC)이 수직선
  - 교차탄력성=0 … Y재 가격이 변해도 X재 소비량 불변

정답 05. ⑤ 06. ③ 07. ②

12 수요곡선이 우하향의 직선일 때의 탄력성

수요곡선이 우하향의 직선일 때의 가격탄력성

1. **수요의 가격탄력성의 측정** ⋯ E점에서의 점탄력성
   - 수요곡선이 우하향의 직선일 때 수요곡선상의 한 점(E점)에서의 가격탄력성은 가격축(혹은 수량축)을 이용하여 구할 수 있음

   $$\varepsilon = -\frac{\Delta Q}{\Delta P} \cdot \frac{P}{Q} = \frac{CD}{EC} \cdot \frac{EC}{OC} = \frac{CD}{OC} = \frac{BO}{AB} = \frac{ED}{AE}$$

   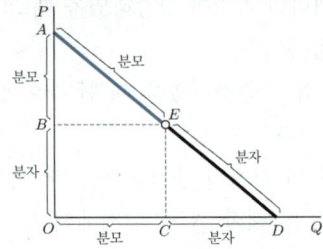

2. **수요곡선상의 각 점에서의 수요의 가격탄력성**
   - 수요곡선의 중점(E점)에서는 $\varepsilon = 1$이고, 중점보다 상방에 위치하면 $\varepsilon > 1$, 중점보다 하방에 위치하면 $0 < \varepsilon < 1$임
     → 수요곡선상에서 우하방으로 이동할수록 수요의 가격탄력성이 점점 작아짐
     → 수요의 가격탄력성은 가격(P)의 증가함수임
     → 수요의 가격탄력성은 수량(Q)의 감소함수임
   - 가격축 절편(A점)에서는 $\varepsilon = \infty$이고, 수량축 절편(B점)에서는 $\varepsilon = 0$임

   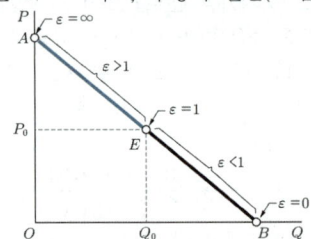

3. **서로 다른 수요곡선상의 한 점에서의 수요의 가격탄력성**

   a) 절편이 동일할 때   b) 두 수요곡선이 평행할 때   c) 두 수요곡선이 교차할 때

   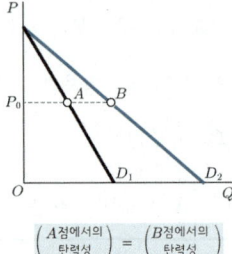 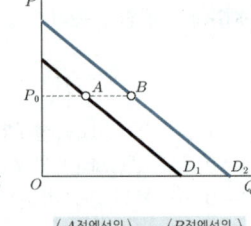 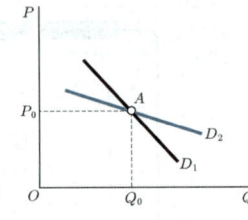

2014 | 감정평가사　상 중 하

다음 그림은 X재에 대한 수요곡선이다. 다음 설명 중 옳은 것을 모두 고른 것은? (단, X재는 정상재이다.)

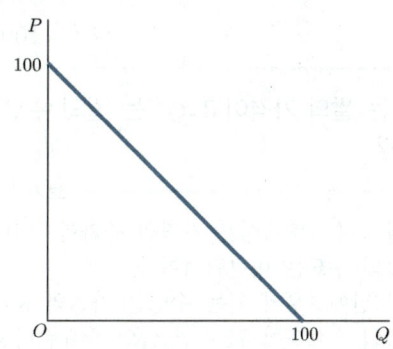

ㄱ. 가격이 30원이면 X재의 수요량은 70이다.
ㄴ. 가격에 상관없이 가격탄력성의 크기는 일정하다.
ㄷ. X재의 시장이 독점시장이라면 독점기업이 이윤극대화를 할 때 설정하는 가격은 50원 이상이다.
ㄹ. 소득이 증가하는 경우 수요곡선은 좌측으로 이동한다.

① ㄱ, ㄴ　　② ㄱ, ㄷ
③ ㄴ, ㄷ　　④ ㄴ, ㄹ
⑤ ㄷ, ㄹ

ㄱ. |○| 수요곡선이 우하향의 직선이면서 가격축과 수량축 절편이 각각 100이므로 수요함수는 $P=100-Q$이다. 따라서 가격이 30원이면 수요량은 70단위이다.
ㄴ. |×| 수요곡선이 우하향의 직선일 때 수요곡선상에서 우하방으로 이동할수록 수요의 가격탄력성이 작아진다. 따라서 우하향하는 직선의 수요곡선상의 모든 점에서는 수요의 가격탄력성이 상이하다.
ㄷ. |○| 수요곡선이 우하향의 직선이면 중점에서 수요의 가격탄력성이 1이므로 수요의 가격탄력성이 1일 때의 가격은 50원이다. 독점기업은 항상 수요의 가격탄력성이 1보다 큰 탄력적인 구간에서 생산 활동을 하므로 독점기업이 이윤극대화를 할 때 설정하는 가격은 50원 이상이다.
ㄹ. |×| X재가 정상재이므로 소득이 증가하면 수요가 증가하여 수요곡선이 우측으로 이동한다.

정답
01. ②

02

[2012 | 국회직 8급] **상** 중 하

쌀에 대한 시장수요함수는 다음과 같다.

$$Q^D = 100 - P$$

이때 P는 쌀의 가격이고 Q^D는 쌀의 수요량이다. 〈보기〉에서 옳은 것을 모두 고른 것은?

─ 보기 ─
ㄱ. 쌀의 수요탄력성은 가격의 증가함수이다.
ㄴ. 쌀의 수요는 비탄력적이다.
ㄷ. 쌀 판매로부터 얻는 수입은 가격의 증가함수이다.
ㄹ. 쌀의 수요량이 75이면 쌀의 수요탄력성은 1이다.

① ㄱ
② ㄷ
③ ㄱ, ㄷ
④ ㄴ, ㄷ
⑤ ㄴ, ㄹ

해설

ㄱ. |○| 쌀의 수요함수가 $P = 100 - Q$이므로 쌀의 수요곡선은 우하향의 직선 형태이다. 수요곡선이 우하향의 직선일 때 수요곡선상에서 좌상방으로 이동할수록, 즉 가격이 상승할수록 수요의 가격탄력성이 커지므로 쌀 수요의 가격탄력성은 가격의 증가함수이다.

ㄴ. |×| 수요곡선이 우하향의 직선이면 중점에서 수요의 가격탄력성이 1이므로 수요의 가격탄력성이 1일 때의 쌀 수요량은 50단위이다. 쌀 수요량이 50단위보다 적으면 수요의 가격탄력성이 1보다 크고, 50단위이면 수요의 가격탄력성이 1, 50단위보다 많으면 수요의 가격탄력성이 1보다 작다.

ㄷ. |×| 쌀 수요량이 50단위보다 적은 탄력적인 구간($\varepsilon > 1$)에서는 가격이 상승할수록 총수입이 감소하므로 총수입은 가격의 감소함수이고, 쌀 수요량이 50단위보다 많은 비탄력적인 구간($\varepsilon < 1$)에서는 가격이 상승할수록 총수입이 증가하므로 총수입은 가격의 증가함수이다. 그리고 쌀 수요량이 50단위인 수요곡선의 중점에서는($\varepsilon = 1$) 총수입이 극대가 된다.

ㄹ. |×| 쌀의 수요함수가 $Q = 100 - P$이므로 쌀 수요량이 75단위이면 가격은 25이다. 따라서 쌀 수요의 가격탄력성은 $\frac{1}{3}$로 계산된다.

- $\varepsilon = -\frac{\Delta Q}{\Delta P} \cdot \frac{P}{Q} = -(-1) \times \frac{25}{75} = \frac{1}{3}$

 쌀 수요량이 50단위보다 많으면 비탄력적인 구간에 해당하므로 수요의 가격탄력성이 1보다 작다.

> **ReCheck** 수요곡선이 우하향의 직선일 때 … 각 점에서의 수요의 가격탄력성
>
>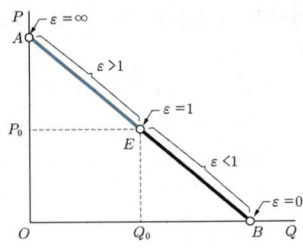
>
> - 수요곡선의 중점(E점)에서는 $\varepsilon = 1$이고, 중점보다 상방에 위치하면 $\varepsilon > 1$, 중점보다 하방에 위치하면 $0 < \varepsilon < 1$임
>   → 수요곡선상에서 우하방으로 이동할수록 수요의 가격탄력성이 점점 작아짐
>   → 수요의 가격탄력성은 가격(P)의 증가함수임
>   → 수요의 가격탄력성은 수량(Q)의 감소함수임
> - 가격축 절편(A점)에서는 $\varepsilon = \infty$이고, 수량축 절편(B점)에서는 $\varepsilon = 0$임

03 [2013 | 공인회계사] 상 중 하

우하향하는 직선으로 나타낼 수 있는 어떤 시장의 수요 $Q = Q(P)$를 고려하자. 수요의 가격탄력성을 $\varepsilon = -\dfrac{P}{Q}\dfrac{dQ}{dP}$로 정의하자. 가격이 100에서 98로 하락할 때 탄력성을 ε_1이라 하고 가격이 80에서 78로 하락할 때의 탄력성을 ε_2라 하자 (단, $Q(100) > 0$). 다음 중 옳은 것을 모두 고르면?

> 가. $\varepsilon_1 = \varepsilon_2$
> 나. $\varepsilon_1 > \varepsilon_2$
> 다. $\varepsilon_1 < \varepsilon_2$
> 라. 주어진 정보로는 수요의 가격탄력성을 구체적인 수치로 구할 수 없다.

① 가 ② 라 ③ 가, 라
④ 나, 라 ⑤ 다, 라

해설

Tip. 수요곡선이 우하향의 직선일 때 수요곡선상에서 우하방으로 이동할수록 수요의 가격탄력성이 작아진다.

수요곡선이 우하향의 직선일 때 수요곡선상에서 우하방으로 이동할수록 수요의 가격탄력성이 작아지는데, 이를 구체적으로 살펴보면 다음과 같다.

ⅰ) 수요의 가격탄력성 $\varepsilon = -\dfrac{\Delta Q}{\Delta P} \cdot \dfrac{P}{Q}$에서 $-\dfrac{\Delta Q}{\Delta P}$는 수요곡선의 기울기의 역수이므로 수요곡선이 우하향의 직선일 때 $-\dfrac{\Delta Q}{\Delta P}$는 항상 일정한 값을 갖는다. 따라서 수요곡선상의 각

정답 02. ① 03. ④

점에서의 수요의 가격탄력성은 $\dfrac{P}{Q}$의 값에 따라 달라진다. 즉, 가격(P)이 높고 수요량(Q)이 적을수록 수요의 가격탄력성이 커지고, 가격(P)이 낮고 수요량(Q)이 많을수록 수요의 가격탄력성이 작아진다.

ii) 따라서 $\varepsilon_1 > \varepsilon_2$가 된다. 그러나 수요의 가격탄력성을 정확히 계산하기 위해서는 가격의 변화 뿐만 아니라 수요량의 변화도 알아야 하므로 주어진 정보만으로는 수요의 가격탄력성을 구체적인 수치로 구할 수 없다.

04 | 2005 공인회계사 | 상 중 하

어떤 재화의 시장 수요를 $P = 12 - bQ$로 나타낼 수 있다고 하자. 여기서, Q와 P는 각각 수요량과 가격이고 b는 양(+)의 상수이다. 다음 중 수요의 가격탄력도에 대한 옳은 설명을 모두 고른 것은?

> 가. 가격이 9원에서 8원으로 하락할 때와 3원에서 2원으로 하락할 때의 수요량 변화분은 같다. 따라서 가격 9원에서의 탄력도와 3원에서의 탄력도는 같다.
> 나. 9원에서의 탄력도는 3이다.
> 다. 3원에서의 탄력도는 3이다.
> 라. b의 값을 알아야만 탄력도를 숫자로 구할 수 있다.

① 가
② 나
③ 다
④ 가, 나, 다
⑤ 라

Tip. 수요곡선이 우하향의 직선일 때 수요곡선상의 한 점에서의 가격탄력성은 가격축(혹은 수량축)을 이용하여 구할 수 있다.

가. |×| 수요함수가 $P = 12 - bQ$이므로 수요곡선은 우하향의 직선 형태이다. 수요곡선이 우하향의 직선일 때 수요곡선상에서 우하방으로 이동할수록 수요의 가격탄력성이 작아진다. 따라서 우하향하는 직선의 수요곡선상의 모든 점에서는 수요의 가격탄력성이 상이하다.

나. |○| 가격축 절편값이 12이므로 가격이 9원일 때의 수요의 가격탄력성은 $\dfrac{9}{3} = 3$이다.

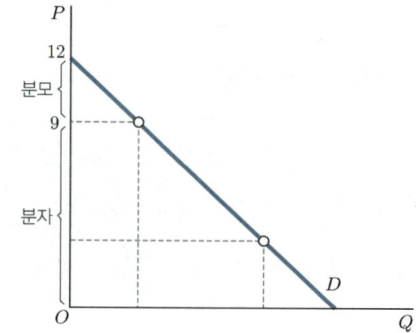

다. |×| 위와 같은 방식으로 계산하면, 가격이 3원일 때의 수요의 가격탄력성은 $\frac{3}{9}=\frac{1}{3}$이다.

라. |×| 위 그림에서 보듯, 수요곡선이 우하향의 직선일 때 가격이 주어지면 가격축을 이용하여 수요의 가격탄력성을 구할 수 있다. 따라서 수요곡선의 기울기인 b의 값을 반드시 알아야 하는 것은 아니다.

> **ReCheck 수요곡선이 우하향의 직선일 때 … 수요의 가격탄력성의 측정**
>
>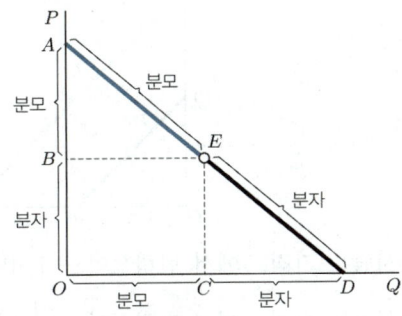
>
> • 수요곡선이 우하향의 직선일 때 수요곡선상의 한 점(E점)에서의 가격탄력성은 가격축(혹은 수량축)을 이용하여 구할 수 있음
>
> $$\varepsilon = -\frac{\Delta Q}{\Delta P} \cdot \frac{P}{Q} = \frac{CD}{EC} \cdot \frac{EC}{OC} = \frac{CD}{OC} = \frac{BO}{AB} = \frac{ED}{AE}$$

05 [2014 | 보험계리사] 상 중 하

우하향하고 직선인 수요곡선상에서 오른쪽으로 이동할 때 발생하는 현상으로 옳은 것은?

① 기울기와 가격탄력성이 모두 일정
② 기울기는 감소하지만 가격탄력성은 일정
③ 기울기와 가격탄력성 모두 감소
④ 기울기는 일정하지만 가격탄력성은 감소

해설
수요곡선이 우하향의 직선이면 기울기는 일정하지만, 수요곡선상에서 우하방으로 이동할수록 수요의 가격탄력성은 작아진다.

정답 04. ② 05. ④

06 | 2017 | 국가직 7급 | 상 중 하

다음 그림은 보통사람과 중증환자에 대한 의료서비스 수요곡선을 나타낸다. 보통사람의 수요곡선은 D_1, 중증환자의 수요곡선은 D_2일 때, 옳지 않은 것은?

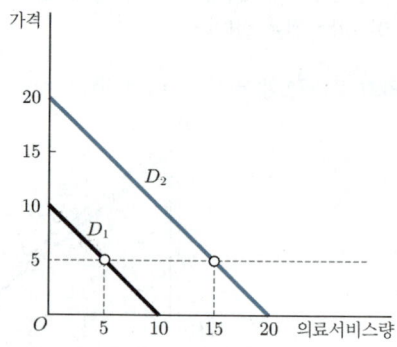

① 보통사람은 가격 5에서 탄력성이 -1이다.

② 중증환자는 가격 5에서 탄력성이 $-\dfrac{1}{3}$이다.

③ 이윤을 극대화하는 독점병원은 보통사람보다 중증환자에게 더 높은 가격을 부과한다.

④ 가격 5에서 가격 변화율이 동일할 경우 보통사람이나 중증환자 모두 수요량의 변화율은 동일하다.

①, ② |O| 보통사람의 수요곡선 D_1에서 가격이 5일 때 수요의 가격탄력성(절댓값)은 $\dfrac{5}{5}=1$이고, 중증환자의 수요곡선 D_2에서 가격이 5일 때 수요의 가격탄력성(절댓값)은 $\dfrac{5}{15}=\dfrac{1}{3}$이다.

③ |O| 독점병원이 가격차별을 할 경우 상대적으로 수요의 가격탄력성이 높은 보통사람에게는 낮은 가격을, 상대적으로 수요의 가격탄력성이 낮은 중증환자에게는 높은 가격을 부과한다.

④ |X| 수요의 가격탄력성은 $\varepsilon = -\dfrac{\text{수요량의 변화율}(\%)}{\text{가격의 변화율}(\%)}$이다. 가격이 5일 때 수요의 가격탄력성은 보통사람이 중증환자보다 더 크므로 가격의 변화율이 동일하다면 수요량의 변화율은 보통사람이 중증환자보다 더 크다.

07 | 2011 | 보험계리사 | 상 중 하

아래의 그림과 같이 수요곡선과 공급곡선이 직선인 경우 점 a에서 수요의 가격탄력성과 점 b에서 공급의 가격탄력성 값은 각각 얼마인가? (단, 탄력성 값은 절댓값으로 나타냄)

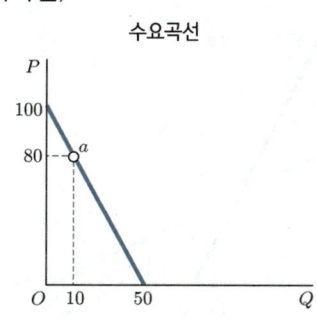

	수요탄력성	공급탄력성		수요탄력성	공급탄력성
①	4	$\frac{2}{3}$	②	4	$\frac{3}{2}$
③	$\frac{1}{4}$	$\frac{2}{3}$	④	$\frac{1}{4}$	$\frac{3}{2}$

해설

i) 수요의 가격탄력성
- $\varepsilon = -\frac{\Delta Q}{\Delta P} \cdot \frac{P}{Q} = $ (수요곡선의 기울기의 역수) $\times \frac{P}{Q} = \frac{50}{100} \times \frac{80}{10} = 4$

ii) 공급의 가격탄력성
- $\eta = \frac{\Delta Q}{\Delta P} \cdot \frac{P}{Q} = $ (공급곡선의 기울기의 역수) $\times \frac{P}{Q} = \frac{40}{40} \times \frac{60}{40} = \frac{3}{2}$

이 문제는 그림을 이용하여 풀 수도 있다. 점 a가 수요곡선의 중점보다 상방에 위치하므로 수요의 가격탄력성이 1보다 크고, 점 b가 가격축을 지나는 공급곡선상에 위치하므로 공급이 가격탄력성이 1보다 크다. 따라서 답은 보기 ②가 된다.

정답 06. ④ 07. ②

| 2010 | 공인노무사 | 상 중 하 |

08 다음 그림은 X재와 Y재의 수요곡선이다. 수요의 가격탄력성에 대한 설명 중 옳은 것은?

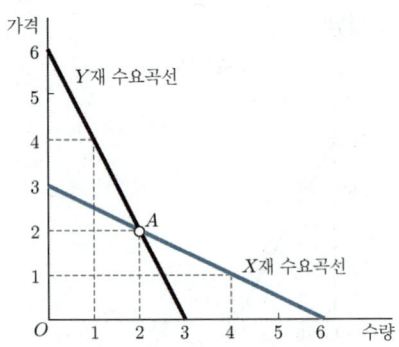

① 점 A에서 X재와 Y재의 가격탄력성은 동일하다.

② 가격이 2인 경우 X재의 가격탄력성은 $\frac{1}{2}$이다.

③ 가격이 2에서 1로 하락할 때, X재의 판매수입 증가분이 Y재의 판매수입 증가분보다 크다.

④ X재의 경우, 가격이 2일 때보다 1일 때의 가격탄력성이 크다.

⑤ Y재의 경우, 가격이 4일 때보다 2일 때의 가격탄력성이 크다.

①, ② |×| 가격이 2인 점 A에서 X재 수요의 가격탄력성은 $\frac{2}{1}=2$이고, Y재 수요의 가격탄력성은 $\frac{2}{4}=\frac{1}{2}$이다.

③ |○| 가격이 2일 때는 X재와 Y재 모두 수요량(판매량)이 2단위이므로 판매수입이 4로 동일하다. 이제, 가격이 2에서 1로 하락하면 X재는 수요량이 4단위가 되므로 판매수입이 여전히 4이다. 반면, Y재는 수요량이 2.5단위가 되므로 판매수입이 1.5만큼 감소한다. 따라서 가격이 2에서 1로 하락할 때 X재의 판매수입 증가분은 0, Y재의 판매수입 증가분은 −1.5로 X재의 판매수입 증가분이 Y재의 판매수입 증가분보다 크다.

④, ⑤ |×| X재와 Y재 모두 수요곡선이 우하향의 직선이므로 수요곡선상에서 우하방으로 이동할수록, 즉 가격이 하락할수록 수요의 가격탄력성이 작아진다.

09 [2011 | 국가직 7급]

해외 관광상품 시장의 수요 및 공급함수가 다음과 같이 주어질 때, 시장균형에서의 수요와 공급의 가격탄력성이 바르게 연결된 것은? (단, 단위는 Q만명, P만원이다.)

> 수요함수 : $Q_d = 210 - P$
> 공급함수 : $Q_s = 2P$

① (0.5, 1.0) ② (0.5, 2.0)
③ (1.0, 1.0) ④ (1.0, 2.0)

ⅰ) 수요함수 $Q_d = 210 - P$와 공급함수 $Q_s = 2P$를 연립해서 풀면 시장의 균형가격과 균형거래량은 각각 $P = 70$, $Q = 140$이 된다.
  • $210 - P = 2P \to 3P = 210$ ∴ $P = 70$, $Q = 140$

ⅱ) 수요곡선이 우하향의 직선일 때 수요곡선상의 한 점에서의 가격탄력성은 가격축을 이용하여 구할 수 있다. 수요함수의 가격축 절편값이 210이므로 $P = 70$일 때의 수요의 가격탄력성은 $\frac{70}{140} = 0.5$이다.

ⅲ) 공급곡선이 원점을 지나는 직선이면 공급곡선상의 모든 점에서 공급의 가격탄력성은 1로 일정하다.

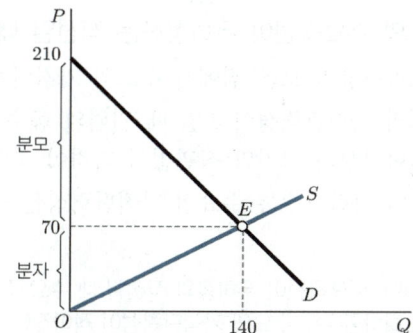

10 [2015 | 감정평가사]

X재의 수요함수와 공급함수가 각각 $Q_D = 200 - 2P$, $Q_S = 100 + 3P$이다. 시장균형에서 X재에 대한 수요의 가격탄력성은? (단, Q_D는 수요량, Q_S는 공급량, P는 가격이다. 수요의 가격탄력성은 절댓값으로 표시한다.)

① 0.25 ② 0.38
③ 0.5 ④ 1.0
⑤ 16.0

정답 08. ③ 09. ① 10. ①

i) 수요함수 $Q_D = 200 - 2P$와 공급함수 $Q_S = 100 + 3P$를 연립해서 풀면 시장의 균형가격과 균형거래량은 각각 $P = 20$, $Q = 160$이 된다.
- $200 - 2P = 100 + 3P \rightarrow 5P = 100$ ∴ $P = 20$, $Q = 160$

ii) 수요곡선이 우하향의 직선일 때 수요곡선상의 한 점에서의 가격탄력성은 가격축을 이용하여 구할 수 있다. 수요함수 $P = 100 - \frac{1}{2}Q$의 가격축 절편값이 100이므로 $P = 20$일 때의 수요의 가격탄력성은 $\frac{20}{80} = 0.25$이다.

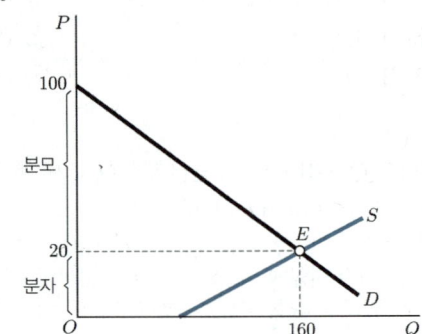

[2013 | 국가직 9급] 상 중 하

11 상품 A의 수요곡선이 우하향하는 직선일 때 옳게 설명한 것은?
① 수요곡선상의 모든 점에서 수요의 가격탄력성은 일정하다.
② 수요의 가격탄력성이 1일 때 기업의 총수입은 극대화된다.
③ 가격탄력성의 크기와 상관없이 가격이 하락할수록 기업의 총수입은 증가된다.
④ 가격이 하락할수록 수요의 가격탄력성은 증가한다.

①, ④ |×| 수요곡선이 우하향의 직선일 때 수요곡선상에서 우하방으로 이동할수록, 즉 가격이 하락할수록 수요의 가격탄력성이 작아진다. 따라서 우하향하는 직선의 수요곡선상의 모든 점에서는 수요의 가격탄력성이 상이하다.
② |○| 수요곡선이 우하향의 직선이면 중점에서 수요의 가격탄력성이 1이고, 수요의 가격탄력성이 1일 때 기업의 총수입이 극대화된다.
③ |×| 수요곡선의 중점보다 상방에 위치하는 탄력적인 구간($\varepsilon > 1$)에서는 가격이 하락할수록 기업의 총수입이 증가하나, 수요곡선의 중점보다 하방에 위치하는 비탄력적인 구간($\varepsilon < 1$)에서는 가격이 하락할수록 기업의 총수입이 감소한다.

> **ReCheck** 수요의 가격탄력성과 기업의 총수입 ··· 그림을 통한 이해
>
>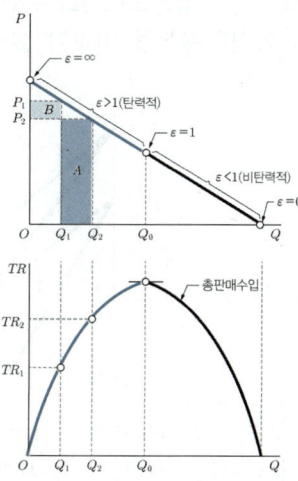
>
> - $\varepsilon > 1$: 가격이 하락할 때 기업의 총수입(TR)이 증가함
> - $\varepsilon < 1$: 가격이 하락할 때 기업의 총수입(TR)이 감소함
> - $\varepsilon = 1$: 기업의 총수입(TR)이 극대가 됨

2017 | 지방직 7급 상 중 하

12 수요함수가 우하향하는 직선의 형태일 때, 수요의 가격탄력성에 대한 설명으로 옳은 것은?

① 필수재에 비해 사치재의 수요는 가격변화에 대해 보다 비탄력적이다.
② 수요의 가격탄력성이 1일 때 총지출은 최대가 된다.
③ 수요의 가격탄력성은 수요곡선의 어느 점에서 측정하더라도 같은 값을 가진다.
④ 수요곡선의 임의의 점에서 수요의 가격탄력성은 수요곡선 기울기의 역수로 계산된다.

① |×| 필수재는 가격이 상승하더라도 소비를 줄이기가 어렵기 때문에 사치재에 비해 가격변화에 대해 비탄력적이다.
② |○| 수요곡선이 우하향의 직선이면 중점에서 수요의 가격탄력성이 1이고, 수요의 가격탄력성이 1일 때 총수입(총지출)이 극대가 된다.
③ |×| 수요곡선이 우하향의 직선일 때 수요곡선상에서 우하방으로 이동할수록 수요의 가격탄력성이 작아진다. 따라서 우하향하는 직선의 수요곡선상의 모든 점에서는 수요의 가격탄력성이 상이하다.
④ |×| 수요곡선상의 한 점에서의 수요의 가격탄력성은 (수요곡선의 기울기의 역수)$\times \dfrac{P}{Q}$로 나타낼 수 있다.

- $\varepsilon = -\dfrac{\Delta Q}{\Delta P} \cdot \dfrac{P}{Q} =$(수요곡선의 기울기의 역수)$\times \dfrac{P}{Q}$

정답 11. ② 12. ②

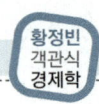

13 [2007 | 공인회계사] 상 중 하

아래 그림과 같이 직선으로 표시되는 수요곡선 D_1, D_2, D_3, D_4상의 점 A, B, C에 대한 가격탄력성을 비교한 설명 중 옳은 것은?

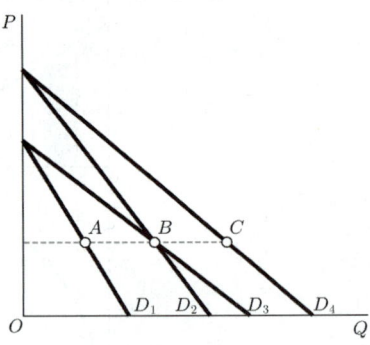

① D_1상의 점 A는 D_4상의 점 C에 비하여 가격탄력성이 크다.
② D_2상의 점 B는 D_3상의 점 B에 비하여 가격탄력성이 크다.
③ D_2상의 점 B는 D_4상의 점 C에 비하여 가격탄력성이 크다.
④ D_3상의 점 B는 D_1상의 점 A에 비하여 가격탄력성이 크다.
⑤ D_4상의 점 C는 D_3상의 점 B에 비하여 가격탄력성이 크다.

해설

서로 다른 수요곡선상의 한 점에서의 수요의 가격탄력성은 다음과 같이 비교할 수 있다.
ⅰ) D_1상의 점 A와 D_3상의 점 B는 수요곡선의 가격축 절편이 동일하므로 수요의 가격탄력성이 같다. D_2상의 점 B와 D_4상의 점 C도 수요곡선의 가격축 절편이 동일하므로 수요의 가격탄력성이 같다.
• D_1상의 점 A = D_3상의 점 B, D_2상의 점 B = D_4상의 점 C
ⅱ) D_3가 D_2보다 기울기가 완만하므로 D_3상의 점 B가 D_2상의 점 B보다 수요의 가격탄력성이 크다.
• D_3상의 점 B > D_2상의 점 B
ⅲ) 이를 모두 종합하면 다음과 같다.
• D_1상의 점 A = D_3상의 점 B > D_2상의 점 B = D_4상의 점 C

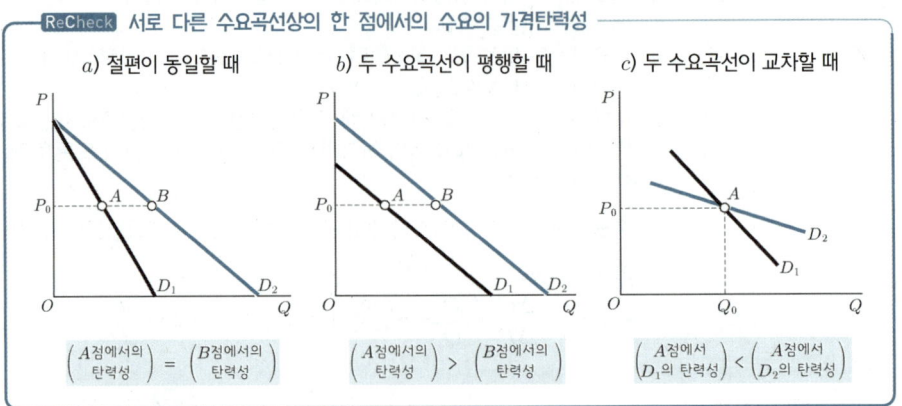

14 | 2016 | 감정평가사 | 상 중 하

X재 시장에 소비자는 甲과 乙만이 존재하고, X재에 대한 甲과 乙의 개별수요함수가 각각 $Q_D = 10 - 2P$, $Q_D = 15 - 3P$이다. X재의 가격이 2.5일 때, 시장수요의 가격탄력성은? (단, Q_D는 수요량, P는 가격이고, 수요의 가격탄력성은 절댓값으로 표시한다.)

① 0.5
② 0.75
③ 1
④ 1.25
⑤ 1.5

Tip. 시장수요곡선은 개별수요곡선의 수평합이다(Q에 대해 정리).

ⅰ) 甲과 乙의 개별수요함수가 각각 $Q_{갑} = 10 - 2P$, $Q_{을} = 15 - 3P$이므로 시장수요함수는 $Q = 25 - 5P \rightarrow P = 5 - \dfrac{1}{5}Q$이다.

• $Q = Q_{갑} + Q_{을} = (10 - 2P) + (15 - 3P) = 25 - 5P \rightarrow Q = 25 - 5P$

ⅱ) 수요곡선이 우하향의 직선일 때 수요곡선상의 한 점에서의 가격탄력성은 가격축을 이용하여 구할 수 있다. 수요함수 $P = 5 - \dfrac{1}{5}Q$의 가격축 절편값이 5이므로 $P = 2.5$일 때의 수요의 가격탄력성은 $\dfrac{2.5}{2.5} = 1$이다.

E점이 수요곡선의 중점이므로 수요의 가격탄력성은 1이다.

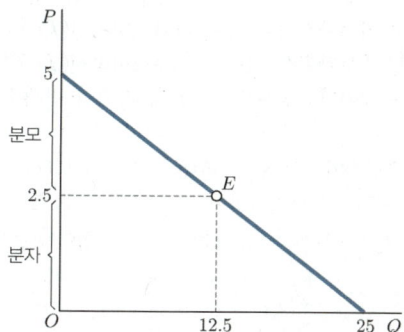

13 수요곡선이 직각쌍곡선일 때의 탄력성

📌 수요곡선이 직각쌍곡선일 때의 탄력성

📄 수요곡선이 직각쌍곡선일 때의 탄력성

상 황	ε	ε_M	ε_{XY}
1. 특정 재화에 항상 소득의 일정 비율(α)을 지출하는 경우	1	1	0
2. 특정 재화에 항상 일정 금액(E)을 지출하는 경우	1	0	0

1. 특정 재화에 항상 소득의 일정 비율(α)을 지출하는 경우
   - $P_X X = \alpha M$ → 수요함수 : $X = \dfrac{\alpha M}{P_X}$ (수요곡선이 직각쌍곡선)
     - 가격탄력성=1 ⋯ 가격소비곡선(PCC)이 수평선
     - 소득탄력성=1 ⋯ 소득소비곡선(ICC)이 원점을 지나는 직선
     - 교차탄력성=0 ⋯ Y재 가격이 변해도 X재 소비량 불변
   - 콥–더글라스 효용함수($U = X^\alpha Y^\beta$)

2. 특정 재화에 항상 일정 금액(E)을 지출하는 경우
   - $P_X X = E$ → 수요함수 : $X = \dfrac{E}{P_X}$ (수요곡선이 직각쌍곡선)
     - 가격탄력성=1 ⋯ 가격소비곡선(PCC)이 수평선
     - 소득탄력성=0 ⋯ 소득소비곡선(ICC)이 수직선
     - 교차탄력성=0 ⋯ Y재 가격이 변해도 X재 소비량 불변

📄 수요함수가 지수함수 형태로 주어질 때($Q = AP^{-\alpha}$, 단 A는 상수)
  - 수요의 가격탄력성이 지수값(α)으로 항상 일정함
  - 예) $Q = 10P^{-2}$: 수요의 가격탄력성이 $\varepsilon = 2$로 항상 일정함

2012 | 공인회계사 　상 중 하

어떤 소비자가 의류와 식료품 두 재화를 소비하고 있고, 의류에 대한 지출이 소득에서 차지하는 비중은 항상 20%를 유지한다. 이 소비자에 대한 설명 중 옳은 것은?

① 의류 수요의 소득탄력성은 0보다 작다.
② 식료품 가격의 변화에 대한 의류 수요의 교차탄력성은 0보다 작다.
③ 의류에 대한 수요함수는 수직선이다.
④ 의류 수요의 가격탄력성은 1이다.
⑤ 효용함수는 $U = 0.2 \times$ (의류 소비량) $+ 0.8 \times$ (식료품 소비량)일 수 있다.

해설

Tip. 특정 재화에 항상 소득의 일정 비율(α)을 지출하는 경우 $P_X X = \alpha M$이다.

ⅰ) 의류(X재)에 대한 지출이 소득에서 차지하는 비중(α)이 20%이므로 $P_X X = 0.2M$이다. 따라서 의류에 대한 수요함수는 $X = \dfrac{0.2M}{P_X}$ 이고, 수요곡선은 직각쌍곡선이다.

ⅱ) 재화가 의류와 식료품 두 가지뿐이므로 식료품(Y재)에 대한 지출이 소득에서 차지하는 비중 $(1-\alpha)$은 80%이다. $P_Y Y = 0.8M$이므로 식료품에 대한 수요함수는 $Y = \dfrac{0.8M}{P_Y}$ 이고, 수요곡선은 의류의 경우와 마찬가지로 직각쌍곡선이다.

① |×| 의류 수요의 소득탄력성은 1이다.
② |×| 식료품 가격의 변화에 대한 의류 수요의 교차탄력성은 0이다.
③ |×|, ④ |○| 의류의 수요곡선이 직각쌍곡선이므로 의류 수요의 가격탄력성은 1이다.
⑤ |×| 효용함수가 콥─더글라스 효용함수일 때 특정 재화에 대한 지출이 소득에서 차지하는 비중이 항상 일정하다. 즉, 효용함수가 $U = X^{\alpha} Y^{1-\alpha}$일 때 수요함수가 각각 $X = \dfrac{\alpha M}{P_X}$, $Y = \dfrac{(1-\alpha)M}{P_Y}$ 의 형태로 도출된다. 따라서 의류에 대한 지출이 소득에서 차지하는 비중이 20%, 식료품에 대한 지출이 소득에서 차지하는 비중이 80%가 되는 것은 효용함수가 $U = X^{0.2} Y^{0.8}$으로 주어질 때이다.

ReCheck 특정 재화에 항상 소득의 일정 비율(α)을 지출하는 경우

- $P_X X = \alpha M \rightarrow$ 수요함수 : $X = \dfrac{\alpha M}{P_X}$ (수요곡선이 직각쌍곡선)
  - 가격탄력성 = 1 … 가격소비곡선(PCC)이 수평선
  - 소득탄력성 = 1 … 소득소비곡선(ICC)이 원점을 지나는 직선
  - 교차탄력성 = 0 … Y재 가격이 변해도 X재 소비량 불변
- 콥─더글라스 효용함수($U = X^{\alpha} Y^{\beta}$)

정답 01. ④

02 영희는 소득이나 화장품 가격의 변화에 관계없이 소득의 5분의 1을 화장품 값으로 지출한다. 영희의 화장품 수요에 대한 설명 중 옳은 것은?

① 영희에게 화장품은 사치재에 속한다.
② 영희에게 화장품은 열등재에 속한다.
③ 화장품 가격이 10% 상승하면 영희의 화장품 수요량은 10% 감소한다.
④ 영희의 화장품에 대한 수요곡선은 우하향하는 직선 형태를 지닌다.
⑤ 영희의 소득이 10% 증가하면 화장품 값 지출이 2% 증가한다.

해설

영희는 소득이나 화장품 가격의 변화에 관계없이 화장품(X재)에 항상 소득의 $\frac{1}{5}$을 지출하므로 $P_X X = 0.2M$이다. 따라서 화장품에 대한 수요함수는 $X = \frac{0.2M}{P_X}$이고, 수요곡선은 직각쌍곡선이다.

①, ② |×| 화장품 수요의 소득탄력성이 1이므로 화장품은 정상재에 속한다. 사치재는 수요의 소득탄력성이 1보다 큰 재화이다.
③ |○| 화장품 수요의 가격탄력성이 1이므로 화장품 가격이 10% 상승하면 영희의 화장품 수요량이 10% 감소한다.
④ |×| 화장품의 수요곡선은 직각쌍곡선이다.
⑤ |×| 화장품 수요의 소득탄력성이 1이므로 소득이 10% 증가하면 영희의 화장품 수요가 10% 증가한다. 따라서 화장품 가격에 변화가 없다면 영희의 화장품 지출액은 10% 증가한다.

03 주유소에서 매주 휘발유를 甲은 10리터 넣고, 乙은 10,000원만큼 넣는다. 다음 설명 중 옳은 것을 모두 고른 것은?

ㄱ. 甲의 휘발유 수요는 가격에 대하여 비탄력적이다.
ㄴ. 乙의 경우 휘발유 가격이 10% 오르면 주유량을 5% 줄인다.
ㄷ. 휘발유 가격이 리터당 1,000원일 때 세금을 부과하면 甲의 조세부담이 乙보다 크다.

① ㄱ　　　　② ㄷ　　　　③ ㄱ, ㄴ
④ ㄱ, ㄷ　　　⑤ ㄴ, ㄷ

해설

Tip. 특정 재화를 항상 일정량(C) 소비하는 경우에는 수요의 가격탄력성이 0이고, 특정 재화에 항상 일정 금액(E)을 지출하는 경우에는 수요의 가격탄력성이 1이다.

ㄱ. |○| 甲은 가격에 관계없이 매주 휘발유(X재)를 10리터씩 넣으므로 수요함수가 $X=10$이다. 따라서 수요의 가격탄력성이 0이고(완전비탄력적), 수요곡선은 수직선이다.

ㄴ. |×| 乙은 매주 휘발유(X재)를 10,000원만큼 넣으므로 $P_X X = 10,000$이다. 따라서 수요함수가 $X = \dfrac{10,000}{P_X}$이고, 수요곡선은 직각쌍곡선이다. 수요곡선이 직각쌍곡선이면 수요의 가격탄력성이 1이므로(단위탄력적) 휘발유 가격이 10% 오르면 乙은 주유량을 10% 줄인다.

ㄷ. |○| 조세가 부과될 때 상대적 조세부담은 비탄력적인 주체가 탄력적인 주체보다 크기 때문에 甲의 조세부담이 乙의 조세부담보다 크다.

ReCheck 특정 재화에 항상 일정 금액(E)을 지출하는 경우 ··· 수요가 단위탄력적

- $P_X X = E$ → 수요함수 : $X = \dfrac{E}{P_X}$ (수요곡선이 직각쌍곡선)
  - 가격탄력성=1 ··· 가격소비곡선(PCC)이 수평선
  - 소득탄력성=0 ··· 소득소비곡선(ICC)이 수직선
  - 교차탄력성=0 ··· Y재 가격이 변해도 X재 소비량 불변

ReCheck 특정 재화를 항상 일정량(C) 소비하는 경우 ··· 수요가 완전비탄력적

- $X = C$ → 수요함수 : $X = C$ (수요곡선이 수직선)
  - 가격탄력성=0 ··· 가격소비곡선(PCC)이 수직선
  - 소득탄력성=0 ··· 소득소비곡선(ICC)이 수직선
  - 교차탄력성=0 ··· Y재 가격이 변해도 X재 소비량 불변

---

04 [2018 | 서울시 7급] 상 중 하

갑(甲)은 주유소에 갈 때마다 휘발유 가격에 상관없이 매번 일정 금액만큼 주유한다. 갑(甲)의 휘발유에 대한 수요의 가격탄력성과 수요곡선의 형태에 대한 설명으로 가장 옳은 것은? (단, 수요곡선의 가로축은 수량, 세로축은 가격이다.)

	수요의 가격탄력성	수요곡선
①	단위탄력적	직각쌍곡선
②	완전비탄력적	수직선
③	단위탄력적	수직선
④	완전비탄력적	직각쌍곡선

해설

Tip. 특정 재화에 항상 일정 금액(E)을 지출하는 경우 $P_X X = E$이다.

갑은 휘발유 가격에 상관없이 휘발유(X재)를 매번 일정 금액(E)만큼 넣으므로 $P_X X = E$이다. 따라서 수요함수가 $X = \dfrac{E}{P_X}$이고, 수요곡선은 직각쌍곡선이다. 수요곡선이 직각쌍곡선이면 수요의 가격탄력성이 1이다(단위탄력적).

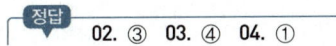
정답 02. ③ 03. ④ 04. ①

05 | 2016 감정평가사 |

소비자 甲은 담배 가격의 변화에 관계없이 담배 구매에 일정한 금액을 지출한다. 甲의 담배에 대한 수요의 가격탄력성 e는? (단, 담배에 대한 수요의 법칙이 성립하고, 수요의 가격탄력성 e는 절댓값으로 표시한다.)

① $e=0$
② $0<e<1$
③ $e=1$
④ $1<e<\infty$
⑤ $e=\infty$

해설
甲은 담배 가격의 변화에 관계없이 담배(X재)에 항상 일정 금액(E)을 지출하므로 $P_X X = E$이다. 따라서 수요함수가 $X = \dfrac{E}{P_X}$ 이고, 수요곡선은 직각쌍곡선이다. 수요곡선이 직각쌍곡선이면 수요의 가격탄력성(e)이 1이다(단위탄력적).

06 | 2018 감정평가사 |

주유소에서 휘발유를 구입하는 모든 소비자들은 항상 "5만원어치 넣어주세요"라고 하는 반면, 경유를 구입하는 모든 소비자들은 항상 "40리터 넣어주세요"라고 한다. 현재의 균형 상태에서 휘발유의 공급은 감소하고, 경유의 공급이 증가한다면, 휘발유 시장과 경유 시장에 나타나는 균형가격의 변화는? (단, 휘발유 시장과 경유 시장은 완전경쟁시장이며, 각 시장의 공급곡선은 우상향하고, 다른 조건은 일정하다.)

① 휘발유 시장 : 상승, 경유 시장 : 상승
② 휘발유 시장 : 상승, 경유 시장 : 하락
③ 휘발유 시장 : 하락, 경유 시장 : 불변
④ 휘발유 시장 : 하락, 경유 시장 : 하락
⑤ 휘발유 시장 : 불변, 경유 시장 : 불변

해설
ⅰ) 휘발유 시장
  휘발유 소비자들은 휘발유에 항상 일정 금액(50,000원)을 지출하므로 수요의 가격탄력성이 1이고, 수요곡선은 직각쌍곡선이다. 수요곡선이 직각쌍곡선이면 우하향의 형태이므로 휘발유의 공급이 감소하여 공급곡선이 좌측으로 이동하면 휘발유의 균형가격은 상승하고 균형거래량은 감소한다.
ⅱ) 경유 시장
  경유 소비자들은 경유 가격에 관계없이 경유를 항상 일정량(40리터) 소비하므로 수요의 가격탄력성이 0이고, 수요곡선은 수직선이다. 수요곡선이 수직선이므로 경유의 공급이 증가하여 공급곡선이 우측으로 이동하면 경유의 균형가격은 하락하나 균형거래량은 불변이다.

07

[2017 | 국회직 8급] 상 중 하

다음 〈보기〉에서 옳은 것을 모두 고르면?

보기

ㄱ. 원유의 가격은 크게 하락하였으나 거래량은 가격 하락폭에 비해 상대적으로 하락폭이 적었다. 이는 원유의 수요와 공급이 비탄력적인 경우에 나타나는 현상이라 할 수 있다.

ㄴ. A는 항상 매달 소득의 $\frac{1}{5}$을 일정하게 뮤지컬 혹은 영화티켓 구입에 사용한다. 이 경우, 뮤지컬 혹은 영화티켓의 가격이 10% 상승하면 A의 뮤지컬 혹은 영화티켓 수요량은 10% 감소한다.

ㄷ. B 기업이 판매하고 있는 C 상품의 수요의 가격탄력성은 1.2이다. B 기업은 최근 C 상품의 가격을 인상하기로 결정했고 이로 인해 총수입이 증가할 것으로 예상하고 있다.

ㄹ. 다른 모든 요인이 일정불변일 때, 담배세 인상 이후 정부의 담배 세수입이 증가했다. 이는 담배 수요가 가격에 대해 탄력적임을 의미한다.

---

① ㄱ, ㄴ
② ㄱ, ㄷ
③ ㄴ, ㄷ
④ ㄱ, ㄴ, ㄹ
⑤ ㄴ, ㄷ, ㄹ

해설

ㄱ. |O| 수요와 공급이 비탄력적일 때 수요가 감소하면 가격은 큰 폭으로 하락하나, 거래량은 상대적으로 하락폭이 작다.

ㄴ. |O| A는 항상 뮤지컬 혹은 영화티켓 구입에 소득의 일정 비율(0.2M)을 지출하므로 수요곡선이 직각쌍곡선이고, 수요의 가격탄력성과 수요의 소득탄력성이 모두 1이다. 따라서 뮤지컬 혹은 영화티켓의 가격이 10% 상승하면 A의 뮤지컬 혹은 영화티켓 수요량은 10% 감소한다.

ㄷ. |×| 수요가 탄력적이면 가격이 상승하는 것보다 판매량(수요량)이 더 큰 폭으로 감소한다. 따라서 수요의 가격탄력성이 1보다 큰 C 재화의 가격을 인상하면 B 기업의 총수입은 감소한다.

ㄹ. |×| 담배세 인상으로 담배 가격이 상승할 때 정부의 담배 세수입이 증가하려면 담배 소비량이 별로 감소하지 않아야 한다. 즉, 담배에 대한 지출액이 증가해야 한다. 따라서 담배세 인상 이후 정부의 담배 세수입이 증가하였다면 담배 수요는 비탄력적이다.

정답 05. ③ 06. ② 07. ①

08 [2015 | 서울시 7급] 상 중 하

수요곡선의 식이 $Q_d = \dfrac{21}{P}$ 일 때, 이 재화의 수요의 가격탄력성은?

① 0 ② 0.42
③ 1 ④ 1.5

Tip. 수요함수가 $Q = AP^{-\alpha}$ 또는 $Q = \dfrac{A}{P^\alpha}$ 의 형태로 주어지면 수요의 가격탄력성은 $\varepsilon = \alpha$로 항상 일정하다.

수요함수가 $Q_d = \dfrac{21}{P}$ 이므로 수요의 가격탄력성을 구해보면 다음과 같다.

- $\varepsilon = -\dfrac{\Delta Q}{\Delta P} \cdot \dfrac{P}{Q} = -(-21P^{-2}) \times \dfrac{P}{\dfrac{21}{P}} = 21P^{-2} \times \dfrac{P^2}{21} = 1$

수요함수가 $Q = \dfrac{21}{P}$ 이므로 수요의 가격탄력성은 $\varepsilon = 1$로 항상 일정하다.

ReCheck 수요함수가 지수함수 형태로 주어질 때

$$Q = AP^{-\alpha} \text{ 또는 } Q = \dfrac{A}{P^\alpha} \text{ (단 } A\text{는 상수)}$$

- 수요의 가격탄력성이 지수값(α)으로 항상 일정함
- 예) $Q = 10P^{-2}$: 수요의 가격탄력성이 $\varepsilon = 2$로 항상 일정함

정답 08. ③

14 탄력성의 응용

 2014 | 감정평가사 　상 중 하

01 사과 수요의 가격탄력성은 0.4이고, 배 가격에 대한 교차탄력성은 0.2이다. 사과와 배 가격이 각각 5% 하락한다면 사과의 수요는 얼마만큼 변화하는가? (단, 사과는 정상재이고, 가격탄력성은 절댓값으로 표시한다.)

① 불변　　　　　　　　　　② 0.5% 증가
③ 1% 증가　　　　　　　　④ 1.5% 증가
⑤ 2% 증가

해설
ⅰ) 사과 수요의 가격탄력성이 0.4이므로 사과 가격이 5% 하락하면 사과 수요량이 2% 증가한다.
ⅱ) 사과 수요의 배 가격에 대한 교차탄력성이 0.2이므로 사과와 배는 대체재 관계이다. 따라서 배 가격이 5% 하락하면 사과 수요가 1% 감소한다.
ⅲ) 결국, 이 두 가지 요인에 의해 사과 수요는 1% 증가한다.

 2017 | 국회직 8급 　상 중 하

02 최근 정부는 경유차의 구매 수요를 현재보다 20% 줄이고 대기 정화를 위한 재원을 확보하기 위해 유류 가격을 인상하려고 한다. 경유 자동차 구매 수요의 경유 가격탄력성은 3, 경유 자동차 구매 수요의 휘발유 가격탄력성은 2이다. 경유 가격을 10% 인상하였다면 위 목표를 달성하기 위해서는 휘발유 가격을 얼마나 인상하여야 하는가?

① 5%　　　　　　　　　　② 7.5%
③ 10%　　　　　　　　　 ④ 12.5%
⑤ 15%

해설
ⅰ) 경유 자동차 수요의 경유 가격탄력성이 3이므로 경유 가격을 10% 인상하면 경유 자동차 수요량이 30% 감소한다.
ⅱ) 경유 자동차 수요를 20% 감소시키는 것이 정부의 목표이므로, 정부는 휘발유 가격의 인상을 통해 경유 자동차 수요를 다시 10% 증가시켜야 한다.
ⅲ) 경유 자동차 수요의 휘발유 가격탄력성이 2이므로 경유 자동차 수요를 10% 증가시키려면 휘발유 가격을 5% 인상해야 한다.

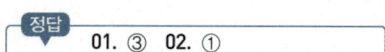

정답　01. ③　02. ①

03 [2013 | 국회직 8급] 상 중 하

주요 공공교통수단인 시내버스와 지하철의 요금은 지방정부의 통제를 받는다. 지하철 회사가 지하철 수요의 탄력성을 조사해 본 결과, 지하철 수요의 가격탄력성은 1.2, 지하철 수요의 소득탄력성은 0.2, 지하철 수요의 시내버스 요금에 대한 교차탄력성은 0.4인 것으로 나타났다. 앞으로 지하철 이용자의 소득이 10% 상승할 것으로 예상하여, 지하철 회사는 지방정부에 지하철 요금을 5% 인상해 줄 것을 건의하였다. 그런데, 이 건의에는 시내버스의 요금 인상도 포함되어 있었다. 즉, 지하철 수요가 요금 인상 전과 동일한 수준으로 유지되도록 시내버스 요금의 인상을 함께 건의한 것이다. 이때 지하철 요금 인상과 함께 건의한 시내버스 요금의 인상폭은 얼마인가?

① 3%   ② 5%
③ 8%   ④ 10%
⑤ 15%

해설)
ⅰ) 지하철 수요의 소득탄력성이 0.2이므로 지하철서비스는 정상재이다. 따라서 지하철 이용자의 소득이 10% 증가하면 지하철 수요가 2% 증가한다.
ⅱ) 지하철 수요의 가격탄력성이 1.2이므로 지하철 요금을 5% 인상하면 지하철 수요량이 6% 감소한다.
ⅲ) 결국, 이 두 가지 요인에 의해 지하철 수요는 4% 감소한다.
ⅳ) 지하철 수요가 요금을 인상하기 전과 동일한 수준이 되도록 하려면 지하철 수요가 다시 4% 증가해야 한다. 지하철 수요의 시내버스 요금에 대한 교차탄력성이 0.4이므로 지하철서비스와 시내버스서비스는 대체재 관계이다. 따라서 지하철 수요를 4% 증가시키려면 시내버스 요금을 10% 인상해야 한다.

04 [2011 | 국가직 9급] 상 중 하

휘발유 수요의 가격탄력성은 1이고, 휘발유 수요의 연탄 가격에 대한 교차탄력성은 2라고 할 때, 휘발유 수요량을 10% 줄이려면 정책당국은 연탄 가격을 얼마나 인하하여야 하는가?

① 1%   ② 2%
③ 5%   ④ 10%

해설 휘발유(X재) 수요의 연탄(Y재) 가격에 대한 교차탄력성이 2이므로 휘발유와 연탄은 대체재 관계이다. 따라서 휘발유 수요를 10% 감소시키려면 연탄 가격(x)을 5% 인하해야 한다.

• $\varepsilon_{XY} = \dfrac{X재\ 수요(량)의\ 변화율(\%)}{Y재\ 가격의\ 변화율(\%)} = \dfrac{-10\%}{x} = 2 \therefore x = -5\%$

05  석원이의 소주 수요함수는 $Q^D = 750 - 5P + 0.1M$이라고 한다. 여기서 Q^D는 소주의 수요량, P는 소주의 가격, 그리고 M은 소득이다. $P = 50$이고, $M = 5,000$이었는데, 소주의 가격이 10% 하락하였다. 그럼에도 소주의 수요량이 변하지 않았다면, 그의 소득은 어떻게 변한 것일까?

① 소득은 5% 감소했다. ② 소득은 25% 감소했다.
③ 소득은 변하지 않았다. ④ 소득은 5% 증가했다.
⑤ 소득은 25% 증가했다.

ⅰ) $P = 50$, $M = 5,000$을 소주의 수요함수에 대입하면 $Q^D = 1,000$이다.
- $Q^D = 750 - 5P + 0.1M = 750 - (5 \times 50) + (0.1 \times 5,000) = 1,000$

ⅱ) 따라서 소주 수요의 가격탄력성과 소득탄력성은 다음과 같이 계산된다.
- 소주 수요의 가격탄력성 : $\varepsilon = -\dfrac{\Delta Q}{\Delta P} \cdot \dfrac{P}{Q} = -(-5) \times \dfrac{50}{1,000} = 0.25$
- 소주 수요의 소득탄력성 : $\varepsilon_M = \dfrac{\Delta Q}{\Delta M} \cdot \dfrac{M}{Q} = 0.1 \times \dfrac{5,000}{1,000} = 0.5$

  🔍 수요함수 $Q^D = 750 - 5P + 0.1M$을 P와 M에 대해 각각 미분하면 $\dfrac{\Delta Q}{\Delta P} = -5$, $\dfrac{\Delta Q}{\Delta M} = 0.1$이 된다.

ⅲ) 소주 수요의 가격탄력성이 0.25이므로 소주 가격이 10% 하락하면 소주 수요량이 2.5% 증가한다.

ⅳ) 그럼에도 불구하고 소주 수요에 변화가 없다면 소득의 변화를 통해 소주 수요가 2.5% 감소해야 한다. 소주 수요의 소득탄력성이 0.5이므로 소주 수요가 2.5% 감소하려면 소득이 5% 감소해야 한다.

06

연습문제 상 중 하

어떤 기업이 독점적으로 공급하는 소프트웨어에 대한 소비자층은 중고생이 2만명, 대학생이 5만명, 일반소비자가 3만명이라고 한다. 또한 이 소프트웨어에 대한 수요의 가격탄력성은 중고생이 1.5, 대학생이 1.0, 일반소비자가 0.5이다. 현재 이 소프트웨어의 총판매수입의 30%는 중고생, 50%는 대학생, 20%는 일반소비자가 차지하고 있다. 이 시장에서 10만명 수요자 전체에 대해서 구해진 수요의 가격탄력성은?

① 1.05
② 1.5
③ 2
④ 2.5

Tip. 소비자들이 몇 개의 그룹으로 나누어질 때 수요의 가격탄력성은 각 그룹에 대한 판매 비중을 가중평균하여 구한다.

소프트웨어의 총판매수입의 30%는 수요의 가격탄력성이 1.5인 중고생, 50%는 수요의 가격탄력성이 1인 대학생, 20%는 수요의 가격탄력성이 0.5인 일반소비자가 차지하고 있으므로 소프트웨어 시장전체의 수요의 가격탄력성은 1.05로 계산된다.

- $\varepsilon = (1.5 \times 0.3) + (1 \times 0.5) + (0.5 \times 0.2) = 1.05$

시장전체의 수요의 가격탄력성은 각 시장에 속한 소비자의 수와는 무관하다.

ReCheck 소비자가 몇 개의 그룹으로 나누어질 때

- 소비자가 몇 개의 그룹으로 나누어질 때 수요의 가격탄력성은 각 그룹에 대한 판매 비중을 가중평균하여 구함
  → 그룹 전체의 수요의 가격탄력성은 각 그룹에 속한 소비자의 수와는 무관함
- 어떤 기업이 판매하는 재화의 25%는 수요의 가격탄력성이 2인 소비자들이 구매하고, 나머지 75%는 수요의 가격탄력성이 6인 소비자들이 구매하는 경우
  → 시장전체의 수요의 가격탄력성 : $\varepsilon = (2 \times 0.25) + (6 \times 0.75) = 5$

정답 06. ①

15 공급의 가격탄력성

공급의 가격탄력성(η)

1. 공급의 가격탄력성의 개념

$$\eta = \frac{공급량의\ 변화율(\%)}{가격의\ 변화율(\%)} = \frac{\frac{\Delta Q}{Q}}{\frac{\Delta P}{P}} = \frac{\Delta Q}{\Delta P} \cdot \frac{P}{Q}$$

2. 공급의 가격탄력성과 공급곡선의 형태

가격탄력성의 크기	의 미	공급곡선의 형태	예
$\eta = 0$	완전비탄력적	수직선	토지
$0 < \eta < 1$	비탄력적	수량축을 지나면서 우상향	농산물
$\eta = 1$	단위탄력적	원점을 지나면서 우상향	–
$1 < \eta < \infty$	탄력적	가격축을 지나면서 우상향	공산품
$\eta = \infty$	완전탄력적	수평선	배급품

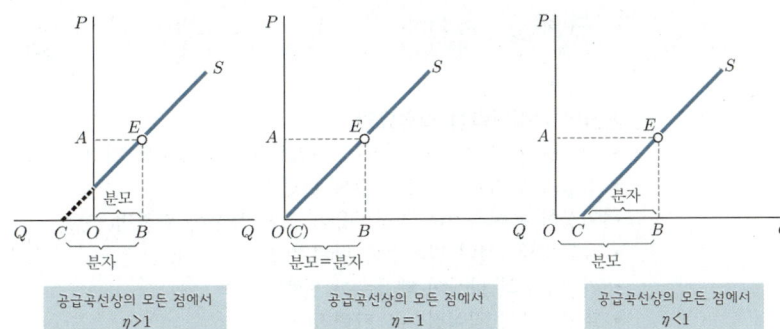

3. 공급곡선상의 각 점에서의 공급의 가격탄력성

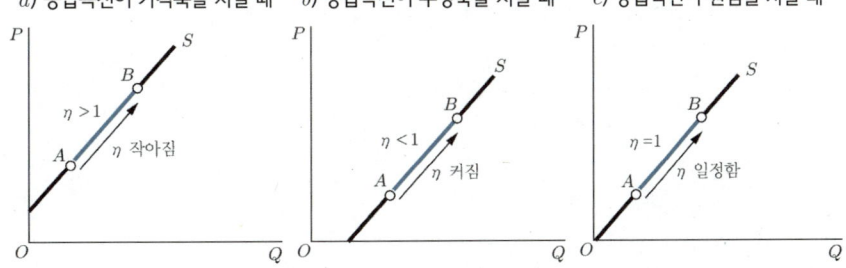

4. 공급의 가격탄력성이 일정한 경우

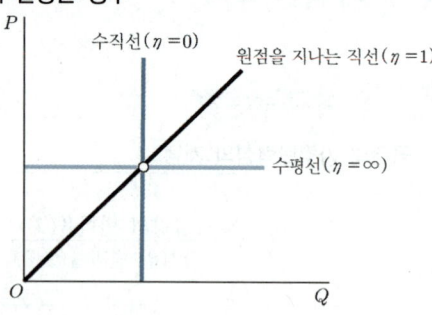

5. 서로 다른 공급곡선상의 한 점에서의 가격탄력성

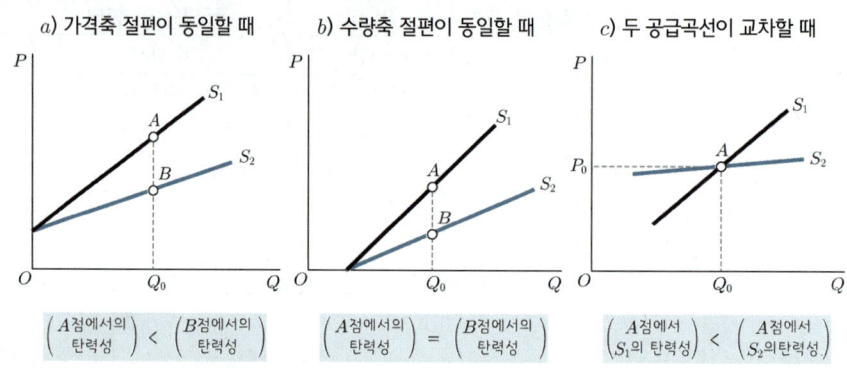

$a)$ 가격축 절편이 동일할 때 $b)$ 수량축 절편이 동일할 때 $c)$ 두 공급곡선이 교차할 때

$\begin{pmatrix} A점에서의 \\ 탄력성 \end{pmatrix} < \begin{pmatrix} B점에서의 \\ 탄력성 \end{pmatrix}$ $\begin{pmatrix} A점에서의 \\ 탄력성 \end{pmatrix} = \begin{pmatrix} B점에서의 \\ 탄력성 \end{pmatrix}$ $\begin{pmatrix} A점에서 \\ S_1의\ 탄력성 \end{pmatrix} < \begin{pmatrix} A점에서 \\ S_2의\ 탄력성 \end{pmatrix}$

6. 공급의 가격탄력성 결정요인
- 생산량 증가 시 생산비용이 완만하게 상승할수록 탄력적(+)
- 진입과 퇴거가 자유로울수록 탄력적(+)
- 저장이 용이하거나 저장비용이 적게 들수록 탄력적(+)
- 유휴생산시설이 많을수록 탄력적(+)
- 기술수준의 향상이 빠를수록 탄력적(+)
- 측정기간이 길어질수록 탄력적(+)

[2010 | 공인회계사] 상 중 하

직선으로 표시되는 공급곡선 S_1, S_2, S_3, S_4, S_5 상의 점 A, B, C, D, E, F, G, H에 대한 가격탄력성의 크기를 순서대로 바르게 나타낸 것은? (단, ε_i는 i 점에서의 가격탄력성, $i = A, B, C, D, E, F, G, H$)

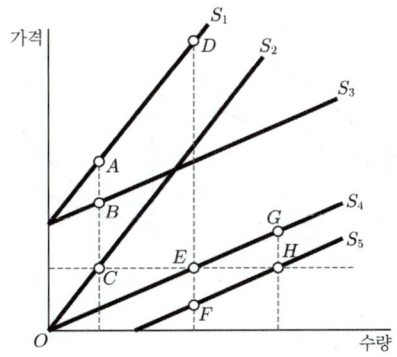

① $\varepsilon_H < \varepsilon_F < \varepsilon_E = \varepsilon_G < \varepsilon_C < \varepsilon_B < \varepsilon_A < \varepsilon_D$
② $\varepsilon_F < \varepsilon_H < \varepsilon_G = \varepsilon_E = \varepsilon_C < \varepsilon_B < \varepsilon_A < \varepsilon_D$
③ $\varepsilon_D < \varepsilon_A < \varepsilon_B < \varepsilon_C < \varepsilon_E = \varepsilon_G < \varepsilon_H < \varepsilon_F$
④ $\varepsilon_F < \varepsilon_H < \varepsilon_C = \varepsilon_E = \varepsilon_G < \varepsilon_D < \varepsilon_A < \varepsilon_B$
⑤ $\varepsilon_H < \varepsilon_G < \varepsilon_F < \varepsilon_E = \varepsilon_C < \varepsilon_A < \varepsilon_D < \varepsilon_B$

서로 다른 공급곡선상의 한 점에서의 공급의 가격탄력성은 다음과 같이 비교할 수 있다.

ⅰ) S_1이 가격축 절편을 지나므로 공급곡선상의 모든 점에서 공급의 가격탄력성이 1보다 크고, 원점에서 멀어질수록 공급의 가격탄력성이 작아진다. 따라서 S_1상의 A점과 D점은 공급의 가격탄력성이 1보다 크지만, 원점에서 가까운 A점이 D점보다 공급의 가격탄력성이 크다.
 • $1 < \varepsilon_D < \varepsilon_A$

ⅱ) S_3가 가격축 절편을 지나므로 S_3상의 B점도 공급의 가격탄력성이 1보다 크다. S_1상의 A점과 S_3상의 B점은 공급량(분모)이 동일하나, S_3가 S_1보다 기울기가 완만하므로 S_3상의 B점이 S_1상의 A점보다 분자가 크다. 즉, S_3상의 B점이 S_1상의 A점보다 공급의 가격탄력성이 크다.
 • $\varepsilon_A < \varepsilon_B$

ⅲ) S_2와 S_4는 원점을 지나므로 공급곡선상의 모든 점에서 공급의 가격탄력성이 1이다. 따라서 S_2상의 C점, S_4상의 E점과 G점은 공급의 가격탄력성이 1이다.
 • $\varepsilon_C = \varepsilon_E = \varepsilon_G = 1$

ⅳ) S_5가 수량축 절편을 지나므로 공급곡선상의 모든 점에서 공급의 가격탄력성이 1보다 작고, 원점에서 멀어질수록 공급의 가격탄력성이 커진다. 따라서 S_5상의 F점과 H점은 공급의 가격탄력성이 1보다 작지만, 원점에서 먼 H점이 F점보다 공급의 가격탄력성이 크다.
 • $\varepsilon_F < \varepsilon_H < 1$

01. ④

v) 이를 모두 종합하면 다음과 같다.
- $\varepsilon_F < \varepsilon_H < \varepsilon_C = \varepsilon_E = \varepsilon_G < \varepsilon_D < \varepsilon_A < \varepsilon_B$

ReCheck 서로 다른 공급곡선상의 한 점에서의 공급의 가격탄력성

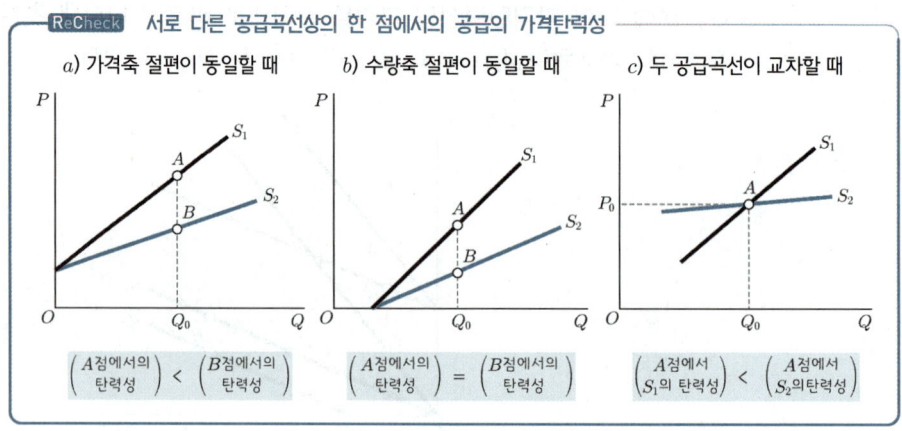

02 | 2015 | 지방직 7급 | 상 중 하

다음 그림은 가로축에 공급량(Q), 세로축에 가격(P)을 나타내는 공급곡선들을 표시한 것이다. 이에 대한 설명으로 옳은 것은?

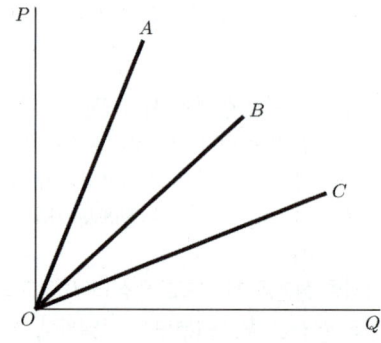

① 공급곡선 A의 가격에 대한 탄력성이 C의 가격에 대한 탄력성보다 높다.
② 공급곡선 C의 가격에 대한 탄력성이 A의 가격에 대한 탄력성보다 높다.
③ 공급곡선 B의 가격에 대한 탄력성이 C의 가격에 대한 탄력성보다 높다.
④ 공급곡선 A의 가격에 대한 탄력성은 B의 가격에 대한 탄력성과 같다.

해설
공급곡선이 원점을 지나는 우상향의 직선이면 공급곡선의 기울기에 관계없이 공급곡선상의 모든 점에서 공급의 가격탄력성이 1이다.

03 甲기업의 공급함수는 $Q=100+2P$이다. $P>0$일 때 甲의 공급에 대한 가격탄력성 e는? (단, P는 가격, Q는 수량이다.)

① $e=0$
② $0<e<1$
③ $e=1$
④ $1<e<2$
⑤ $e=2$

> **해설**
> ⅰ) 공급함수를 P에 대해 정리하면 $P=-50+\frac{1}{2}Q$가 되므로, 공급곡선이 수량축을 지나는 우상향의 직선임을 알 수 있다.
> ⅱ) 공급곡선이 수량축을 지나는 우상향의 직선이면 공급곡선상의 모든 점에서 공급의 가격탄력성(e)은 $0<e<1$이다.

04 공급곡선이 다음과 같이 주어져 있다고 하자. 다음 중 옳은 것은? (단, Q_S는 공급량, P는 가격, $a>0$, $b<0$)

$$Q_S = aP + b$$

① 공급의 가격탄력성은 항상 1보다 크며 원점에서 멀어질수록 커진다.
② 공급의 가격탄력성은 항상 1보다 작으며 원점에서 멀어질수록 커진다.
③ 공급의 가격탄력성은 항상 1보다 크며 원점에서 멀어질수록 작아진다.
④ 공급의 가격탄력성은 항상 1이다.

> **해설**
> ⅰ) 공급함수를 P에 대해 정리하면 $P=-\frac{b}{a}+\frac{1}{a}Q$가 되는데, $a>0$, $b<0$이므로 공급곡선이 가격축을 지나는 우상향의 직선임을 알 수 있다 $\left(-\frac{b}{a}>0\right)$.
> ⅱ) 공급곡선이 가격축을 지나는 우상향의 직선이면 공급곡선상의 모든 점에서 공급의 가격탄력성이 1보다 크고, 원점에서 멀어질수록 공급의 가격탄력성이 작아진다.

정답 02. ④ 03. ② 04. ③

05 　2018 | 국회직 8급

수요와 공급의 가격탄력성에 대한 설명으로 옳은 것을 〈보기〉에서 모두 고르면?

―― 보기 ――
ㄱ. 어떤 재화에 대한 소비자의 수요가 비탄력적이라면, 가격이 상승할 경우 그 재화에 대한 지출액은 증가한다.
ㄴ. 수요와 공급의 가격탄력성이 클수록 단위당 일정한 생산보조금 지급에 따른 자중손실(deadweight loss)은 커진다.
ㄷ. 독점력이 강한 기업일수록 공급의 가격탄력성이 작아진다.
ㄹ. 최저임금이 인상되었을 때, 최저임금이 적용되는 노동자들의 총임금은 노동의 수요보다는 공급의 가격탄력성에 따라 결정된다.

① ㄱ, ㄴ
② ㄱ, ㄷ
③ ㄴ, ㄹ
④ ㄱ, ㄴ, ㄷ
⑤ ㄱ, ㄴ, ㄷ, ㄹ

ㄱ. |O| 수요가 비탄력적이면 가격이 상승하는 것보다 수요량이 더 작은 폭으로 감소한다. 따라서 소비자의 총지출(판매자의 총수입)은 증가한다.
ㄴ. |O| 자중손실(초과부담)은 탄력성에 비례하므로 수요와 공급의 가격탄력성이 클수록 보조금 지급에 따른 자중손실이 커진다.
ㄷ. |X| 힉스의 독점도 $\frac{1}{e}$ 에서 보듯, 기업의 독점력이 강할수록 수요의 가격탄력성이 작아진다.
ㄹ. |X| 최저임금 인상 시 노동자들의 총임금은 노동수요의 임금탄력성에 의해 결정된다.

06 [2008 | 공인회계사] 상 중 하

어떤 상품시장의 수요곡선은 기울기가 −1인 직선이며 공급곡선도 일정한 기울기를 갖는 직선이다. 이 시장의 초기 균형점에서 수요와 공급의 가격탄력도는 각각 1의 값을 갖는다. 공급곡선이 우측으로 평행 이동하는 경우 새로운 균형점에서의 탄력도를 설명한 것 중 옳은 것을 모두 고른 것은?

> 가. 공급의 가격탄력도는 1보다 크다.
> 나. 공급의 가격탄력도는 1이다.
> 다. 공급의 가격탄력도는 1보다 작다.
> 라. 수요의 가격탄력도는 1보다 크다.
> 마. 수요의 가격탄력도는 1이다.
> 바. 수요의 가격탄력도는 1보다 작다.

① 가, 라   ② 가, 바
③ 다, 라   ④ 다, 바
⑤ 나, 마

해설

Tip. 수요곡선이 우하향의 직선일 때 수요곡선의 중점에서 수요의 가격탄력성이 1이다.

ⅰ) 수요곡선이 우하향의 직선이면 수요곡선의 중점에서 수요의 가격탄력성이 1이다. 최초의 시장균형(E점)에서 수요의 가격탄력성이 1이므로 공급곡선이 수요곡선의 중점을 지나고 있음을 알 수 있다.
ⅱ) 공급곡선이 일정한 기울기를 가지면서 공급의 가격탄력성이 1이라면 공급곡선은 원점을 지나는 우상향의 직선이다.
ⅲ) 따라서 최초의 시장균형은 아래 그림과 같다. 이제, 공급곡선이 우측으로 평행 이동하면 새로운 시장균형(F점)은 수요곡선의 중점보다 하방에서 이루어진다.
ⅳ) F점이 수요곡선의 중점보다 하방에 위치하므로 수요의 가격탄력성이 1보다 작아지고, 공급곡선이 수량축을 지나는 형태가 되므로 공급의 가격탄력성도 1보다 작아진다.

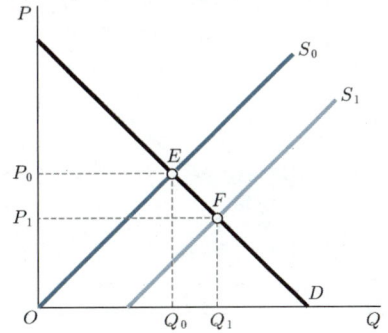

정답 05. ① 06. ④

CHAPTER 04 수요·공급이론의 응용

16 소비자잉여와 생산자잉여

소비자잉여(CS)와 생산자잉여(PS)

구분	내용
소비자잉여	• 소비자가 어떤 재화를 소비할 때 최대한 지불할 용의가 있는 금액(수요가격)과 실제로 지불한 금액(시장가격)과의 차이 → 소비자의 최대지불용의금액 : 수요가격 … 수요곡선의 높이 • 가격이 하락할수록 소비자잉여가 증가함 • 수요가 탄력적일수록 소비자잉여가 감소함 • 수요곡선이 수평선(완전탄력적)이면 소비자잉여가 0이 됨 • 소비자의 최대지불용의금액 : $A+B$ • 소비자가 실제로 지불한 금액 : B • 소비자잉여 : A
생산자잉여	• 생산자가 어떤 재화를 판매할 때 최소한 받고자 하는 금액(공급가격)과 실제로 수취한 금액(시장가격)과의 차이 → 생산자의 최소요구금액 : 공급가격(유보가격) … 공급곡선의 높이 • 가격이 상승할수록 생산자잉여가 증가함 • 공급이 탄력적일수록 생산자잉여가 감소함 • 공급곡선이 수평선(완전탄력적)이면 생산자잉여가 0이 됨 • 생산자의 최소요구금액 : B • 생산자가 실제로 수취한 금액 : $A+B$ • 생산자잉여 : A

총잉여	• 소비자잉여와 생산자잉여를 합한 사회전체의 잉여(사회적잉여) → 총잉여($A+B$)=소비자잉여(A)+생산자잉여(B) • 시장구조가 완전경쟁시장일 때 총잉여가 극대화됨($P=MC$) 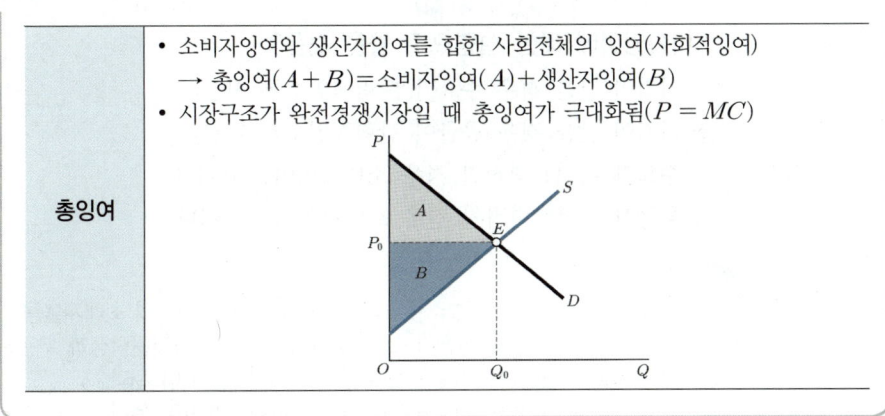

[2013 | 서울시 7급] 상 중 하

01 소비자잉여에 대한 다음의 서술 중 옳은 것은?
① 공급이 감소하여 가격이 상승한 경우 소비자잉여는 감소한다.
② 수요가 증가하여 가격이 상승한 경우 소비자잉여는 감소한다.
③ 수요의 탄력성이 클수록 소비자잉여도 크다.
④ 공급의 탄력성이 클수록 소비자잉여도 크다.
⑤ 소비자잉여를 늘리는 정책은 자원배분의 효율성도 제고한다.

Tip. 수요(공급)가 탄력적일수록 소비자잉여(생산자잉여)가 감소한다.
① |○| 공급이 감소하면 가격이 상승하고 거래량은 감소하므로 소비자잉여는 감소한다.
② |×| 수요가 증가하면 가격이 상승하고 거래량도 증가하므로 소비자잉여는 증가할 가능성이 크다.
③ |×| 수요가 탄력적일수록 소비자의 최대지불용의금액이 낮아지므로 소비자잉여는 작아진다. 수요가 완전탄력적(수평선)이면 소비자잉여는 0이 된다.
④ |×| 소비자잉여는 공급의 가격탄력성과 무관하다.
⑤ |×| 보조금을 지급하거나 최고가격제를 실시하면 소비자잉여는 증가할 수도 있지만 사회적 후생손실이 발생하여 자원배분의 효율성은 감소하게 된다.

01. ①

02 [2009 | 지방직 7급] 상 중 하

소비자잉여에 대한 설명으로 옳은 것은?

① 가격이 같을 경우 수요가 탄력적일수록 커진다.
② 가격이 같을 경우 공급이 탄력적일수록 커진다.
③ 수요가 완전탄력적일 경우 소비자잉여는 0이다.
④ 공급이 완전탄력적일 경우 소비자잉여는 0이다.

해설
①, ② |×| 가격이 같을 경우 수요가 탄력적일수록 소비자의 최대지불용의금액이 낮아지므로 소비자잉여는 작아진다. 소비자잉여는 공급의 가격탄력성과 무관하다.
③ |○| 수요가 완전탄력적(수평선)이면 소비자잉여는 0이 된다.
④ |×| 공급이 완전탄력적(수평선)이면 생산자잉여가 0이 된다.

03 [2014 | 지방직 7급] 상 중 하

어떤 재화의 시장수요곡선은 $P=300-2Q$이고, 시장공급곡선은 $P=150+Q$일 때의 시장균형에 대한 설명으로 옳은 것은? (단, Q는 수량, P는 가격을 나타낸다.)

① 사회적잉여는 3,750이다.
② 균형가격은 50이다.
③ 균형거래량은 30이다.
④ 생산자잉여는 2,500이다.

해설
ⅰ) 시장수요함수 $P=300-2Q$와 시장공급함수 $P=150+Q$를 연립해서 풀면 시장의 균형가격과 균형거래량은 각각 $P=200$, $Q=50$으로 계산된다.
 • $300-2Q=150+Q \to 3Q=150 \therefore Q=50$, $P=200$
ⅱ) 따라서 이를 그림으로 나타내면 다음과 같다.

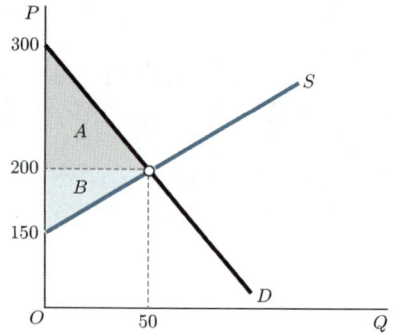

 • 소비자잉여 : ΔA의 면적 $= \dfrac{1}{2} \times 100 \times 50 = 2,500$
 • 생산자잉여 : ΔB의 면적 $= \dfrac{1}{2} \times 50 \times 50 = 1,250$
 • 사회적잉여 : $\Delta(A+B)$의 면적 $= 1,250+2,500=3,750$

04 한 시장에서 각 소비자의 수요곡선은 $D = \begin{cases} 30-P & (P < 30) \\ 0 & (P \geq 30) \end{cases}$ 이고, 소비자는 5명이다. 그리고 공급곡선은 $S = 20P$ 이다. 다음 설명 중 옳지 않은 것은? (단, D는 각 소비자의 수요량, S는 공급량, P는 가격이다.)

① $P = 4$일 때, 초과수요가 발생한다.
② $P = 5$일 때, 소비자잉여와 생산자잉여의 합은 최대가 된다.
③ $P = 20$일 때, 초과공급이 발생한다.
④ $P = 60$일 때, 소비는 발생하지 않는다.
⑤ 공급곡선이 $S = P$로 바뀌면 시장의 균형거래량은 변화한다.

i) 시장수요곡선은 개별수요곡선의 수평합이므로 시장수요함수를 구하기 위해서는 개별수요함수를 Q에 대해 정리한 후 더해야 한다. 개별수요함수가 $Q = 30 - P$이고, 소비자가 5명이므로 시장수요함수는 $Q = 150 - 5P$가 된다.

　동일한 개별수요함수를 가진 소비자가 5명이므로 시장수요함수는 개별수요함수 $P = 30 - Q$와 가격(P)축 절편값은 동일하고 기울기만 $\frac{1}{5}$배인 $P = 30 - \frac{1}{5}Q$가 된다.

ii) 이제, 시장수요함수 $Q = 150 - 5P$와 시장공급함수 $Q = 20P$를 연립해서 풀면 시장의 균형가격과 균형거래량은 각각 $P = 6$, $Q = 120$으로 계산된다.
• $150 - 5P = 20P \rightarrow 25P = 150$ ∴ $P = 6$, $Q = 120$

①, ③ |○| $P = 4$일 때는 가격이 균형가격($P = 6$)보다 낮으므로 초과수요가 발생하지만, $P = 20$일 때는 가격이 균형가격($P = 6$)보다 높으므로 초과공급이 발생한다.

② |×| $P = 6$일 때 소비자잉여와 생산자잉여의 합인 총잉여가 최대가 된다.

④ |○| 시장수요함수 $P = 30 - \frac{1}{5}Q$에서 $P \geq 30$일 때는 수요량이 0이다. 따라서 $P = 60$일 때는 소비가 발생하지 않는다.

⑤ |○| 시장공급함수가 $Q = 20P$에서 $Q = P$로 바뀌면 균형거래량은 $Q = 120$에서 $Q = 25$로 95단위 감소한다.
• $150 - 5P = P \rightarrow 6P = 150$ ∴ $P = 25$, $Q = 25$

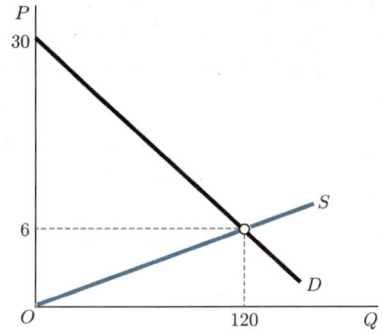

02. ③　03. ①　04. ②

17 최고가격제와 최저가격제

최고가격제와 최저가격제

구 분	최고가격제(가격상한제)	최저가격제(가격하한제)
목 적	• 물가안정과 소비자 보호	• 생산자와 노동자 보호
설 정	• 시장의 균형가격보다 낮은 수준에서 최고가격(상한가격) 설정($P_1 < P_0$)	• 시장의 균형임금보다 높은 수준에서 최저임금(하한가격) 설정($w_1 > w_0$)

효 과	
	• 초과수요 발생($Q_2 - Q_1$)
	• 암시장(black market) 출현
	  → 암시장 가격 : P_B
	• 사회적 후생손실 초래($A + B$)
	• 재화의 품질 저하
		• 초과공급(실업) 발생($L_2 - L_1$)
		• 암시장(black market) 출현
		  → 암시장 임금 : w_B
		• 사회적 후생손실 초래($A + B$)
		• 고용량 감소
		  cf 노동수요가 완전비탄력적, 노동수요독점

사 례	• 금리 규제, 임대료 규제, 아파트 분양가 규제	• 최저임금제, 농산물가격지지제도
기 타	• 최고가격제하에서의 재화의 배분방식 ┌ 선착순방식 └ 배급제도	• 최저임금제와 총노동소득 ┌ 노동수요가 탄력적 : 총노동소득 감소 └ 노동수요가 비탄력적 : 총노동소득 증가

▶ 최고가격(최저가격)은 반드시 시장의 균형가격보다 낮은(높은) 수준에서 설정해야 의미가 있음
▶ 최저임금제는 노동수요의 임금탄력성이 작을수록, 즉 노동수요곡선이 가파를수록 효과적임
▶ 초과수요(혹은 초과공급)의 문제는 단기보다 장기에 더욱 심각해짐

| 2017 | 서울시 7급 | 상 중 하

정부가 소비자 보호를 위해 쌀 시장에 가격상한제(price ceiling)를 적용하고 있다고 하자. 이런 상황에서 쌀 농사에 유리한 기후 조건으로 쌀 공급이 소폭 증가했을 때 예상되는 현상으로 옳은 것은? (단, 시장 균형가격은 과거나 지금이나 가격상한선보다 높다.)

① 규제로 인한 자중후생손실(deadweight loss)이 감소한다.
② 시장에서의 거래가격이 하락한다.
③ 공급자잉여가 감소한다.
④ 소비자잉여가 감소한다.

해설

아래 그림은 실효성 있는 가격상한제가 실시된 쌀 시장에서 쌀 공급이 소폭 증가한 상황을 나타내고 있다.

① |○| 공급이 증가하면 균형가격이 하락한다. 그런데 균형가격이 여전히 상한가격보다 높은 수준을 유지하므로, 이는 균형가격이 상한가격에 근접하였으나 가격상한제 자체가 실효성을 잃지는 않음을 의미한다. 따라서 후생손실이 사라지지는 않지만 공급이 증가하기 이전에 비해 감소한다. 즉, 후생손실의 크기가 $\Delta(C+E)$의 면적에서 ΔJ의 면적으로 감소한다.

② |×| 균형가격이 여전히 상한가격보다 높은 수준을 유지하므로 시장에서의 거래가격은 상한가격인 P_1에서 변화가 없다.

③. ④ |×| 생산자잉여는 ΔF의 면적에서 $\Delta(F+G+H)$의 면적으로 증가하고, 소비자잉여 역시 □$(A+B+D)$의 면적에서 □$(A+B+C+D+E+I)$의 면적으로 증가한다.

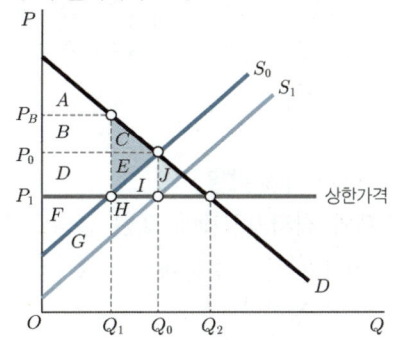

	가격상한제 이후	공급 증가 이후	변화분
소비자잉여	$A+B+D$	$A+B+C+D+E+I$	$C+E+I$
생산자잉여	F	$F+G+H$	$G+H$
총 잉 여	$A+B+D+F$	$A+B+C+D+E+F+G+H+I$	$C+E+G+H+I$
후생손실	$C+E$	J	$-(C+E)+J$

정답
01. ①

02 　2018 | 공인노무사　상 중 하

정부의 가격통제에 관한 설명으로 옳지 않은 것은? (단, 시장은 완전경쟁이며 암시장은 존재하지 않는다.)

① 가격상한제란 정부가 설정한 최고가격보다 낮은 가격으로 거래하지 못하도록 하는 제도이다.
② 가격하한제는 시장의 균형가격보다 높은 수준에서 설정되어야 효력을 가진다.
③ 최저임금제는 저임금근로자의 소득을 유지하기 위해 도입하지만 실업을 유발할 수 있는 단점이 있다.
④ 전쟁 시에 식료품 가격 안정을 위해서 시장균형보다 낮은 수준에서 최고가격을 설정하여야 효력을 가진다.
⑤ 시장 균형가격보다 낮은 아파트 분양가 상한제를 실시하면 아파트 수요량은 증가하고, 공급량은 감소한다.

해설

① |×| 가격상한제(최고가격제)란 정부가 균형가격보다 낮은 수준의 최고가격을 설정하여 설정된 최고가격보다 높은 가격으로 거래하지 못하도록 하는 제도이다.
② |○| 가격하한제(최저가격제)는 균형가격보다 높은 수준에서 실시되어야 실효성이 있다.
③ |○| 최저임금이 균형임금보다 높은 최저임금제는 비자발적 실업(초과공급)을 발생시킨다.
④ |○| 전시에는 식료품 수요에 비해 공급이 부족하여 식료품 가격이 상승한다. 따라서 식료품 가격 안정을 위해 균형가격보다 낮은 수준에서 가격상한제를 실시하는 것은 실효성이 있다.
⑤ |○| 균형가격보다 낮은 수준에서 아파트 분양가 상한제를 실시하면 아파트 수요량은 증가하고, 공급량은 감소하여 초과수요가 발생한다.

03 　2011 | 보험계리사　상 중 하

최고가격제와 최저가격제에 대한 설명으로 옳지 않은 것은?

① 균형가격보다 낮은 수준에서 최고가격제를 실시하는 경우 초과수요가 발생하고, 암시장이 등장한다.
② 최고가격제의 사례로는 아파트 분양가 규제, 임대료 규제 등을 들 수 있다.
③ 균형가격보다 높은 수준에서 최저임금제를 실시하는 경우 비자발적 실업을 유발한다.
④ 최저가격제의 일종인 최저임금제는 노동수요가 탄력적일 때 노동자들의 총노동소득을 증가시킨다.

해설

①, ② |○| 균형가격보다 낮은 수준에서 최고가격제를 실시하면 초과수요가 발생하므로 암시장이 나타날 수 있다. 이러한 최고가격제의 사례로는 금리 규제, 임대료 규제, 아파트 분양가 규제 등을 들 수 있다.

③ |○| 균형임금보다 높은 수준에서 최저임금제를 실시하면 비자발적 실업(초과공급)이 발생한다.
④ |×| 최저임금제를 실시하면 임금이 균형임금보다 높아지는데, 노동수요가 탄력적이면 임금이 상승하는 것보다 고용량이 더 큰 폭으로 감소한다. 따라서 노동자들의 총노동소득은 감소한다.

> **ReCheck 최저임금제와 총노동소득**
> - 최저임금제를 실시하면 임금이 균형임금보다 높아짐
> - 최저임금제와 총노동소득
>   - 노동수요가 탄력적 : 총노동소득 감소
>   - 노동수요가 비탄력적 : 총노동소득 증가
> ⇒ 최저임금제는 노동수요의 임금탄력성이 작을수록, 즉 노동수요곡선이 가파를수록 효과적임

04 | 2017 | 공인회계사 | 상 중 하

다음 그림과 같은 노동시장에서 노동공급곡선이 우측으로 평행하게 이동할 경우 취업자 수와 실업률의 변화로 옳은 것은?

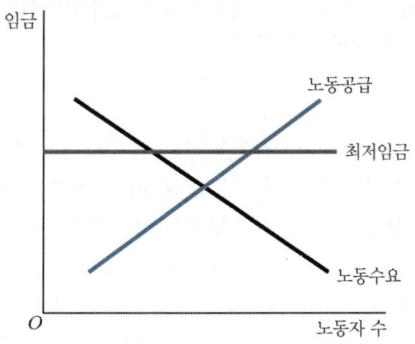

	취업자 수	실업률
①	증가	감소
②	감소	증가
③	불변	감소
④	불변	증가
⑤	불변	불변

ⅰ) 실효성 있는 최저임금제가 실시된 노동시장에서 고용량(취업자 수)은 노동수요량에 의해 결정된다. 그러므로 노동공급곡선이 우측으로 이동하더라도 취업자 수는 변화가 없다.
ⅱ) 노동공급곡선이 우측으로 이동하면 주어진 최저임금 수준에서 노동공급량이 증가하므로 초과공급(비자발적 실업)의 크기가 커진다. 그러므로 실업률은 상승한다.

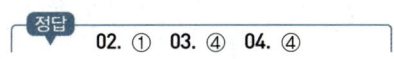

05 밑줄 친 변화에 따라 각국의 노동시장에서 예상되는 현상으로 옳은 것은? (단, 노동수요곡선은 우하향, 노동공급곡선은 우상향하고, 다른 조건은 일정하다.)

- 甲국에서는 (A) 인구 감소로 노동시장에 참여하고자 하는 사람들이 감소하였다.
- 乙국의 정부는 (B) 규제가 없는 노동시장에 균형임금보다 높은 수준에서 최저임금제를 도입하려고 한다.

① (A): 노동수요 감소, (B): 초과수요 발생
② (A): 노동수요 증가, (B): 초과공급 발생
③ (A): 노동공급 감소, (B): 초과수요 발생
④ (A): 노동공급 증가, (B): 초과공급 발생
⑤ (A): 노동공급 감소, (B): 초과공급 발생

(A) 인구 감소로 노동시장에 참여하고자 하는 사람들이 감소하면 노동공급이 감소하므로 노동공급곡선이 좌측으로 이동한다.
(B) 균형임금보다 높은 수준에서 최저임금제가 실시되면 임금 상승으로 노동시장에 초과공급(비자발적 실업)이 발생한다.

06 현재의 가격수준(또는 임금수준)에서 초과공급이 발생하였다. 이러한 상황을 만들어 낼 수 있는 요인들을 〈보기〉에서 모두 고르면?

── 보기 ──
가. 정부가 시장 균형가격보다 높은 가격수준에서 가격하한제를 실시하였다.
나. 정부가 정한 최저임금이 시장 균형임금보다 낮게 설정되었다.
다. 노동자들이 단결하여 일정 수준 이하의 임금에서는 노동력을 제공하지 않기로 하였다. 이때 결정된 임금수준이 시장 균형임금수준보다 높았다.
라. 한 단위 더 만들어 팔 때마다 판매자들의 유보가격(reservation price)이 증가하였다.

① 가, 나   ② 가, 다   ③ 나, 다
④ 다, 라   ⑤ 가, 다, 라

가. |O| 정부가 균형가격보다 높은 수준에서 가격하한제를 실시하면 초과공급이 발생한다.
나. |X| 정부가 최저임금을 균형임금보다 낮게 설정하면 이러한 최저임금제는 실효성이 없으므로 초과공급이 발생하지 않는다.
다. |O| 노동자들이 균형임금보다 높은 임금수준에서 노동력을 제공할 때와 같이 임금이 균형임금보다 높아지는 경우에도 초과공급이 발생한다.
라. |X| 유보가격이란 판매자가 어떤 재화를 판매할 때 최소한 받고자 하는 금액(공급가격)으로 공급곡선의 높이를 의미한다. 따라서 판매량이 증가할수록 유보가격이 상승한다면 공급곡선이 우상향하는 형태가 된다.

07 ｜ 2017 ｜ 국회직 8급 ｜ 상 중 하

어떤 생산물시장의 수요곡선이 $Q_d = -\frac{1}{2}P + \frac{65}{2}$로, 공급곡선이 $Q_s = \frac{1}{3}P - 5$로 주어졌다. 정부가 가격을 통제하기 위해서 가격상한 또는 가격하한을 55로 설정할 때 총잉여(사회적잉여)는 각각 얼마인가?

	가격상한 시 총잉여	가격하한 시 총잉여
①	125	125
②	125	187.5
③	187.5	250
④	250	187.5
⑤	250	250

Tip. 최고가격(상한가격)은 반드시 시장의 균형가격보다 낮은 수준에서 설정해야 의미가 있고, 최저가격(하한가격)은 반드시 시장의 균형가격보다 높은 수준에서 설정해야 의미가 있다.

ⅰ) 수요함수 $Q_d = -\frac{1}{2}P + \frac{65}{2}$와 공급함수 $Q_s = \frac{1}{3}P - 5$를 연립해서 풀면 가격규제를 실시하기 이전의 시장의 균형가격과 균형거래량은 각각 $P = 45$, $Q = 10$으로 계산된다.

- $-\frac{1}{2}P + \frac{65}{2} = \frac{1}{3}P - 5 \rightarrow \frac{5}{6}P = \frac{75}{2}$ ∴ $P = 45$, $Q = 10$

ⅱ) 가격상한제가 실효성을 갖기 위해서는 가격상한을 균형가격보다 낮게 설정해야 한다. 즉, 정부가 가격상한을 균형가격보다 높은 55로 설정하면 시장에서의 거래는 여전히 균형가격인 45에서 이루어질 것이므로 가격상한 설정이 아무런 의미가 없다. 따라서 가격상한 시의 총잉여는 가격규제 이전의 총잉여와 동일한 $\triangle(A+B+C+D+E+F)$의 면적으로 250이 된다.

- 가격상한 시의 총잉여 : $\triangle(A+B+C+D+E+F)$의 면적 $= \frac{1}{2} \times 50 \times 10 = 250$

ⅲ) 정부가 가격하한을 균형가격보다 높은 55로 설정하면 초과공급이 발생하고, 거래량은 수요량에 의해서 5단위로 결정된다. 거래량이 5단위로 감소하면 $\triangle(C+E)$의 면적만큼 사회적 후생손실이 발생하므로 가격하한 시의 총잉여는 가격규제 이전의 총잉여에서 사회적 후생손실을 차감한 $\square(A+B+D+F)$의 면적으로 187.5가 된다.

- 가격하한 시의 총잉여 : $\square(A+B+D+F)$의 면적 $= 250 - \left(\frac{1}{2} \times 25 \times 5\right) = 187.5$

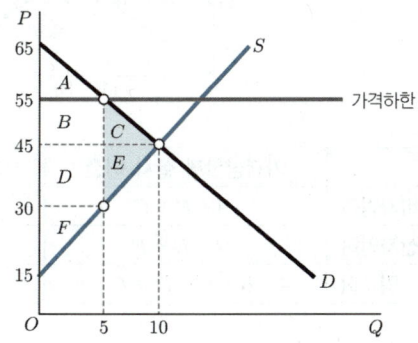

08 완전경쟁시장에서 수요와 공급이 〈보기〉와 같다고 하자.

보기
수요 : $Q^D = 300 - 5P$ 공급 : $Q^S = 10P$ (Q^D : 수요량, Q^S : 공급량, P : 가격)

만약 정부가 가격상한을 15원으로 정한다면 초과수요와 가격상한으로 인한 후생손실(deadweight loss)은 각각 얼마인가?

① 50, 2,250 ② 50, 375
③ 75, 375 ④ 75, 2,250
⑤ 100, 750

해설

i) 수요함수 $Q^D = 300 - 5P$와 공급함수 $Q^S = 10P$를 연립해서 풀면 가격상한제를 실시하기 이전의 시장의 균형가격과 균형거래량은 각각 $P = 20$, $Q = 200$으로 계산된다.
  • $300 - 5P = 10P \rightarrow 15P = 300$ ∴ $P = 20$, $Q = 200$

ii) 정부가 가격상한을 균형가격보다 낮은 15원으로 설정하면 초과수요가 발생한다. $P = 15$를 수요함수와 공급함수에 각각 대입하면 수요량은 $Q^D = 225$, 공급량은 $Q^S = 150$으로 75단위의 초과수요가 발생함을 알 수 있다.

iii) 가격상한제 실시에 따른 후생손실의 크기는 아래 그림에서 $\Delta(C+E)$의 면적으로 375가 된다.
  • 후생손실 : $\Delta(C+E)$의 면적 $= \frac{1}{2} \times 15 \times 50 = 375$

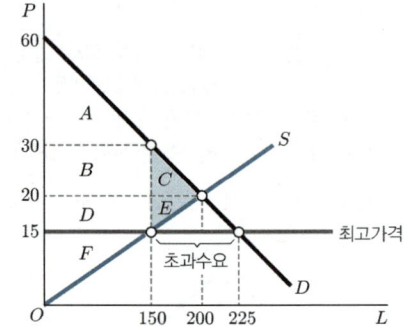

	가격상한제 실시 이전	가격상한제 실시 이후	변화분
소비자잉여	$A+B+C$	$A+B+D$	$-C+D$
생산자잉여	$D+E+F$	F	$-D-E$
총 잉 여	$A+B+C+D+E+F$	$A+B+D+F$	$-(C+E)$

09 다음은 어느 노동시장의 수요와 공급곡선을 나타낸다. 최저임금제를 실시할 경우 최저임금제를 실시하지 않을 경우에 비하여 노동자가 받는 총임금(total wage)은 얼마나 변화하는가?

- 노동공급곡선 : $L^s = 100 + w$
- 노동수요곡선 : $L^d = 500 - w$
- 최저임금 : 300

(단, L^s, L^d, w는 각각 노동공급량, 노동수요량, 임금(wage)을 나타낸다.)

① 10,000 증가 ② 10,000 감소
③ 변화 없음 ④ 20,000 증가
⑤ 20,000 감소

ⅰ) 노동수요함수 $L^d = 500 - w$와 노동공급함수 $L^s = 100 + w$를 연립해서 풀면 최저임금제를 실시하기 이전의 시장의 균형임금과 균형고용량은 각각 $w = 200$, $L = 300$으로 계산된다.
- $500 - w = 100 + w \to 2w = 400$ ∴ $w = 200$, $L = 300$
⇒ 따라서 최저임금제를 실시하기 이전의 총임금은 $wL = 60,000(= 200 \times 300)$이다.

ⅱ) 이제, 정부가 최저임금을 균형임금보다 높은 300으로 설정하면 초과공급(비자발적 실업)이 발생한다. $w = 300$을 노동수요함수와 노동공급함수에 각각 대입하면 노동수요량은 $L^d = 200$, 노동공급량은 $L^s = 400$으로 200단위의 초과공급이 발생함을 알 수 있고, 고용량은 노동수요량에 의해서 200단위로 결정된다.
⇒ 따라서 최저임금제를 실시한 이후의 총임금은 $wL = 60,000(= 300 \times 200)$이다.

ⅲ) 최저임금제를 실시하기 이전과 최저임금제를 실시한 이후의 총임금이 모두 60,000으로, 이 경우에는 최저임금제를 실시하더라도 노동자가 받는 총임금은 변화가 없다.

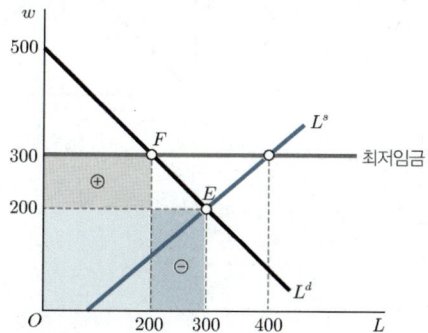

08. ③ 09. ③

10 [2013 | 국가직 9급]

최저임금이 완전히 적용되는 시간제 근로시장에서 노동수요곡선은 $W=10,000-100L$, 노동공급곡선은 $W=100L$, 최저임금은 5,500원이다. 시간제 근로자와 사용자가 입게 되는 자중손실(deadweight loss)의 합은? (단, W는 시간당 임금, L은 노동시간)

① 500원
② 1,000원
③ 2,000원
④ 2,500원

해설

ⅰ) 노동수요함수 $W=10,000-100L$ 과 노동공급함수 $W=100L$ 을 연립해서 풀면 최저임금제를 실시하기 이전의 시장의 균형임금과 균형고용량은 각각 $W=5,000$, $L=50$으로 계산된다.
  - $10,000-100L=100L \rightarrow 200L=10,000$ ∴ $L=50$, $W=5,000$

ⅱ) 정부가 최저임금을 균형임금보다 높은 5,500원으로 설정하면 초과공급(비자발적 실업)이 발생한다. $W=5,500$을 노동수요함수와 노동공급함수에 각각 대입하면 노동수요량은 $L^D=45$, 노동공급량은 $L^S=55$로 10단위의 초과공급이 발생함을 알 수 있고, 고용량은 노동수요량에 의해서 45단위로 결정된다.

ⅲ) 최저임금제 실시에 따른 후생손실의 크기는 아래 그림에서 색칠된 Δ의 면적으로 2,500원이 된다.
  - 후생손실 : 색칠된 Δ의 면적 $=\dfrac{1}{2}\times 1,000 \times 5=2,500$

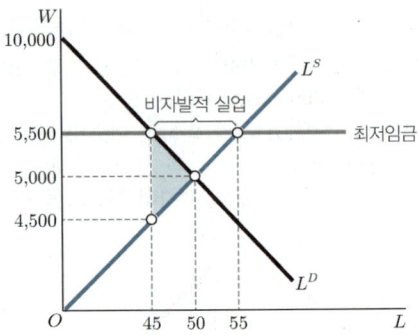

11  완전경쟁 노동시장에서 시장공급곡선은 $L_S = 4w$이며, 시장수요곡선은 $L_D = 120 - 2w$이다. 다음 설명 중 옳지 않은 것은? (단, w는 단위당 임금, L_S는 노동공급량, L_D는 노동수요량)

① 정부의 개입이 없다면 균형에서의 임금은 20이며, 고용량은 80이다.
② 정부가 단위당 최저임금을 22로 정하면, 12만큼의 초과공급(실업)이 발생한다.
③ 정부가 단위당 최저임금을 22로 정하면, 8만큼의 사회적 순손실이 발생한다.
④ 정부가 최저임금제 대신에 단위당 3의 보조금을 지급하면, 고용량은 84로 증가한다.
⑤ 정부가 최저임금제 대신에 단위당 3의 보조금을 지급하면, 노동자가 받는 단위당 임금(보조금 포함)은 21이 된다.

① |○| 노동시장이 완전경쟁시장이므로 정부의 개입이 없다면 $L_D = L_S$를 만족하는 점에서 시장균형이 달성된다. 따라서 시장의 균형임금과 균형고용량은 각각 $w = 20$, $L = 80$으로 계산된다.
  • $120 - 2w = 4w \to 6w = 120$ ∴ $w = 20$, $L = 80$

② |○|, ③ |×| 정부가 최저임금을 균형임금보다 높은 22로 설정하면 초과공급(비자발적 실업)이 발생한다. $w = 22$를 노동수요함수와 노동공급함수에 각각 대입하면 노동수요량은 $L_D = 76$, 노동공급량은 $L_S = 88$로 12단위의 초과공급이 발생함을 알 수 있고, 고용량은 노동수요량에 의해서 76단위로 결정된다. 최저임금제 실시에 따른 후생손실의 크기는 아래 그림 a)에서 색칠된 Δ의 면적으로 6이 된다.
  • 후생손실 : 색칠된 Δ의 면적 $= \frac{1}{2} \times 3 \times 4 = 6$

④, ⑤ |○| 정부가 최저임금제 대신 단위당 3의 보조금을 노동자에게 지급하면 노동공급곡선이 단위당 보조금만큼 하방으로 평행 이동한다. 따라서 보조금지급 이후의 노동공급곡선은 $w = \frac{1}{4}L_S - 3 \to L_S = 12 + 4w$가 되고, 이를 노동수요함수와 연립해서 풀면 보조금 지급 이후의 균형임금과 균형고용량은 각각 $w = 18$, $L = 84$로 계산된다.
  • $120 - 2w = 12 + 4w \to 6w = 108$ ∴ $w = 18$, $L = 84$
노동수요자(기업)가 18의 임금(w_D)을 지급하고, 정부가 추가적으로 3의 보조금을 지급하므로 노동공급자(노동자)가 받는 단위당 임금(w_S)은 21이 된다.

a) 최저임금제를 실시할 때 b) 단위당 보조금을 지급할 때

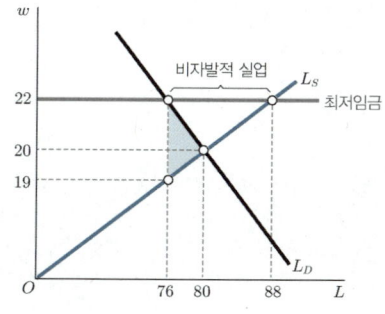
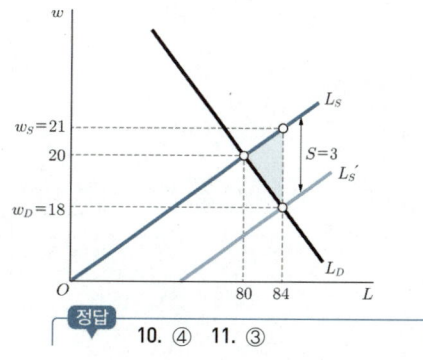

정답 10. ④ 11. ③

12 〔2012 | 공인노무사〕 상 중 하

노동수요곡선은 $L = 300 - 2w$, 노동공급곡선은 $L = -100 + 8w$이다. 최저임금이 50일 경우, 시장고용량(ㄱ)과 노동수요의 임금탄력성(ㄴ)은? (단, L은 노동량, w는 임금, 임금탄력성은 절댓값으로 표시함)

① ㄱ : 200, ㄴ : 0.4
② ㄱ : 200, ㄴ : 0.5
③ ㄱ : 220, ㄴ : 2
④ ㄱ : 300, ㄴ : 0.5
⑤ ㄱ : 400, ㄴ : 8

해설

i) 노동수요함수 $L = 300 - 2w$와 노동공급함수 $L = -100 + 8w$를 연립해서 풀면 최저임금제를 실시하기 이전의 시장의 균형임금과 균형고용량은 각각 $w = 40$, $L = 220$으로 계산된다.
- $300 - 2w = -100 + 8w \rightarrow 10w = 400$ ∴ $w = 40$, $L = 220$

ii) 정부가 최저임금을 균형임금보다 높은 50으로 설정하면 초과공급(비자발적 실업)이 발생한다. $w = 50$을 노동수요함수와 노동공급함수에 각각 대입하면 노동수요량은 $L^D = 200$, 노동공급량은 $L^S = 300$으로 노동시장에는 100단위의 초과공급이 발생함을 알 수 있고, 고용량은 노동수요량에 의해서 200단위로 결정된다.

iii) 노동수요함수를 w에 대해 미분하면 $\dfrac{\Delta L}{\Delta w} = -2$이고, $w = 50$일 때 노동수요량이 $L^D = 200$이므로 F점에서의 노동수요의 임금탄력성은 0.5로 계산된다.
- $\varepsilon = -\dfrac{\Delta L}{\Delta w} \cdot \dfrac{w}{L} = -(-2) \times \dfrac{50}{200} = 0.5$

🔍 노동수요곡선이 우하향의 직선일 때 임금(w)축 절편이 150이므로 F점에서의 노동수요의 임금탄력성은 $\varepsilon = \dfrac{50}{100} = 0.5$로 계산된다.

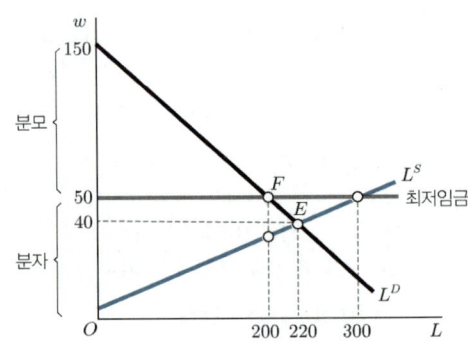

13 2014 | 감정평가사

X재의 시장수요함수가 $P=200-Q$이고 시장공급함수가 $P=-40+2Q$이다. 정부가 가격상한을 100으로 책정하는 경우 수요를 충족시키기 위하여 생산자에게 지급해야 하는 X재 1단위당 보조금액은?

① 40
② 60
③ 80
④ 100
⑤ 120

해설

ⅰ) 수요함수 $P=200-Q$와 공급함수 $P=-40+2Q$를 연립해서 풀면 가격상한제를 실시하기 이전의 시장의 균형가격과 균형거래량은 각각 $P=120$, $Q=80$으로 계산된다.
- $200-Q=-40+2Q \rightarrow 3Q=240 \therefore Q=80$, $P=120$

ⅱ) 정부가 가격상한을 균형가격보다 낮은 100으로 설정하면 초과수요가 발생한다. $P=100$을 수요함수와 공급함수에 각각 대입하면 수요량은 $Q^D=100$, 공급량은 $Q^S=70$으로 30단위의 초과수요가 발생함을 알 수 있다.

ⅲ) 초과수요를 해소하기 위해서는 생산자에게 단위당 S의 보조금을 지급하여 공급곡선을 하방으로 평행 이동시켜야 한다. 보조금지급 이전의 공급함수가 $P=-40+2Q$이므로 보조금지급 이후의 공급함수는 $P=-40+2Q-S$가 된다.

ⅳ) 가격이 가격상한인 $P=100$일 때 공급량이 수요량인 $Q^D=100$과 일치해야 하므로, $P=100$, $Q=100$을 보조금지급 이후의 공급함수에 대입하면 초과수요를 해소하기 위해 생산자에게 지급해야 할 단위당 보조금은 60으로 계산된다.
- $P=-40+2Q-S \rightarrow S=-40+(2\times 100)-100 \therefore S=60$

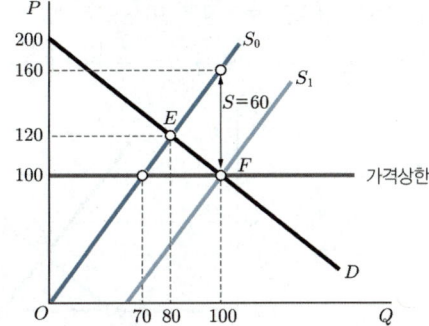

정답 13. ②

14

[2018 | 국가직 7급]

A국에서 어느 재화의 수요곡선은 $Q_d = 280 - 3P$이고, 공급곡선은 $Q_s = 10 + 7P$이다. A국 정부는 이 재화의 가격상한을 20원으로 설정하였고, 이 재화의 생산자에게 보조금을 지급하여 공급량을 수요량에 맞추고자 한다. 이 조치에 따른 단위당 보조금은? (단, P는 이 재화의 단위당 가격이다.)

① 10원 ② 12원
③ 14원 ④ 16원

해설

i) 수요함수 $Q_d = 280 - 3P$와 공급함수 $Q_s = 10 + 7P$를 연립해서 풀면 가격상한제를 실시하기 이전의 시장의 균형가격과 균형거래량은 각각 $P = 27$, $Q = 199$로 계산된다.
 • $280 - 3P = 10 + 7P \rightarrow 10P = 270$ ∴ $P = 27$, $Q = 199$

ii) 정부가 가격상한을 균형가격보다 낮은 20원으로 설정하면 초과수요가 발생한다. $P = 20$을 수요함수와 공급함수에 각각 대입하면 수요량은 $Q^D = 220$, 공급량은 $Q^S = 150$으로 70단위의 초과수요가 발생함을 알 수 있다.

iii) 초과수요를 해소하기 위해서는 생산자에게 단위당 S원의 보조금을 지급하여 공급곡선을 하방으로 평행 이동시켜야 한다. 보조금지급 이전의 공급함수가 $P = -\frac{10}{7} + \frac{1}{7}Q$이므로 보조금지급 이후의 공급함수는 $P = -\frac{10}{7} + \frac{1}{7}Q - S$가 된다.

iv) 가격이 가격상한인 $P = 20$일 때 공급량이 수요량인 $Q^D = 220$과 일치해야 하므로, $P = 20$, $Q = 220$을 보조금지급 이후의 공급함수에 대입하면 초과수요를 해소하기 위해 생산자에게 지급해야 할 단위당 보조금은 10원으로 계산된다.
 • $P = -\frac{10}{7} + \frac{1}{7}Q - S \rightarrow S = -\frac{10}{7} + \left(\frac{1}{7} \times 220\right) - 20$ ∴ $S = 10$

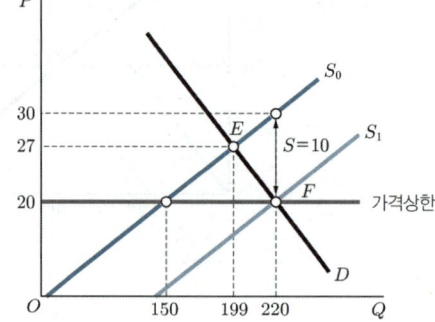

정답 14. ①

18 조세의 전가와 귀착

조세의 전가와 귀착

1. 조세부과방식

구 분	종량세	종가세
설 명	• 단위당 T원의 조세부과 • 가격↑ → 단위당 조세액 일정	• 가격의 $t\%$만큼 조세부과 • 가격↑ → 단위당 조세액 증가
생산자에게 부과 시	• T원만큼 공급곡선 상방 평행 이동 P, $S+T$, S	• 공급곡선 상방 회전 이동 P, $S\left(\dfrac{1}{1-t}\right)$, S
소비자에게 부과 시	• T원만큼 수요곡선 하방 평행 이동 P, $D-T$, D	• 수요곡선 하방 회전 이동 P, $D(1-t)$, D

▶ 보조금(종량보조, 종가보조)이 지급되면 수요곡선 또는 공급곡선이 조세부과 시와 반대 방향으로 이동함

2. 조세부과의 효과

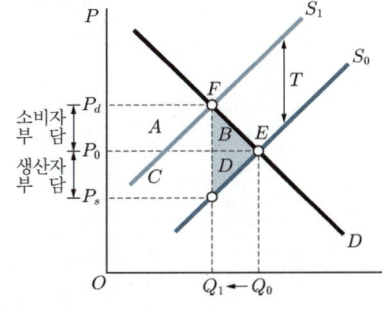

- 소비자 지불가격 상승 : $P_0 \rightarrow P_d$
- 생산자 수취가격 하락 : $P_0 \rightarrow P_s$
- 소비자잉여 : $-(A+B)$
- 생산자잉여 : $-(C+D)$
- 조 세 수 입 : $+(A+C)$
- 총 잉 여 : $-(B+D)$

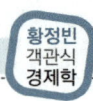

탄력성과 조세부담

1. **일반적인 경우 : 탄력성과 조세부담은 반비례 관계**

   $$\frac{수요의\ 가격탄력성(\varepsilon)}{공급의\ 가격탄력성(\eta)} = \frac{생산자부담}{소비자부담} = \frac{공급곡선의\ 기울기}{수요곡선의\ 기울기}$$

   - 수요가 탄력적이면 소비자부담이 작아지고, 공급이 탄력적이면 생산자부담이 작아짐
   - 탄력성과 기울기는 역(−)의 관계에 있으므로 조세부담은 기울기에 비례함
     → 계산 문제의 경우, 상대적 조세부담은 수요곡선과 공급곡선의 기울기로 판단함

2. **극단적인 경우**
   - 수요가 완전탄력적이거나 공급이 완전비탄력적 : 생산자가 조세를 전부 부담함
   - 공급이 완전탄력적이거나 수요가 완전비탄력적 : 소비자가 조세를 전부 부담함
   ⇒ 극단적인 경우에는 한 경제주체만 조세부담을 지게 됨

3. **탄력성과 후생손실(초과부담)은 비례 관계**
   - 수요 또는 공급이 탄력적일수록 조세부과에 따른 사회적 후생손실이 증가함
   - 조세부과에 따른 후생손실 : $DWL = \dfrac{1}{2}t^2\varepsilon(PQ)$

4. **탄력성과 조세수입은 반비례 관계**
   - 수요 또는 공급이 탄력적일수록 거래량이 크게 감소하므로 정부의 조세수입($T \times Q_T$)이 감소함

5. **납세의무자에 따른 조세부담**
   - 상대적 조세부담은 수요와 공급의 탄력성에 따라 달라질 뿐, 납세의무자가 누구로 지정되었는지와는 무관함

[2012 | 감정평가사] 상 중 하

01 단위당 동일한 종량세율로 생산자 또는 소비자에게 부과하는 조세에 관한 설명으로 옳지 않은 것은?

① 생산자에게 부과할 때와 소비자에게 부과할 때의 경제적 순손실(deadweight loss)은 같다.
② 조세부담의 귀착(tax incidence)은 조세당국과 생산자 및 소비자 간의 협상능력에 의존한다.
③ 수요의 가격탄력성이 클수록 생산자의 조세부담이 커진다.
④ 수요의 가격탄력성이 공급의 가격탄력성보다 클수록 생산자의 조세부담분이 커진다.
⑤ 수요의 가격탄력성이 0인 재화에 조세를 부과해도 사회후생은 감소하지 않는다.

Tip. 조세부담은 탄력성에 반비례한다.

① |○| 조세를 생산자에게 부과하든, 소비자에게 부과하든 발생하는 후생손실의 크기는 같다.
② |×| 조세부과 시 소비자와 생산자의 상대적 조세부담은 수요와 공급의 가격탄력성에 의해 결정된다.
③, ④ |○| 조세부담은 탄력성에 반비례한다. 따라서 수요의 가격탄력성이 공급의 가격탄력성보다 크다면 소비자의 조세부담이 작아지고 생산자의 조세부담이 커진다.
⑤ |○| 수요의 가격탄력성이 0인 재화에 대해 조세를 부과하면 거래량이 불변이므로 후생손실이 발생하지 않는다.

[2007 | 국회직 8급] 상 중 하

02 다음 설명 중 옳지 않은 것은?

① 수요곡선이 공급곡선보다 더 탄력적인 경우에 세금이 부과되면, 소비자가 생산자보다 세금을 적게 부담하게 된다.
② 수요곡선과 공급곡선의 탄력성이 낮을수록 세금부과 시 사회적 후생손실(deadweight loss)의 발생이 작아진다.
③ 이론적으로는 세율이 너무 높아지면 오히려 정부의 세수입이 줄어들 수 있다.
④ 석유에 대해 세금을 새로 부과하는 경우 단기보다 장기에 사회적 후생손실(deadweight loss)이 더 크다.
⑤ 최저임금제의 효과는 노동의 수요곡선보다는 노동의 공급곡선의 탄력성의 크기에 달려있다.

01. ② 02. ⑤

- ① |○| 조세부담은 탄력성에 반비례하므로 수요곡선이 공급곡선보다 탄력적일 때 조세가 부과되면 소비자가 생산자보다 조세를 적게 부담한다.
- ② |○| 후생손실은 탄력성에 비례하므로 수요와 공급의 탄력성이 작을수록 조세부과에 따른 후생손실이 작아진다.
- ③ |○| 세율이 너무 높아져서 거래량이 대폭 감소하면 오히려 정부의 세수입($T \times Q_T$)이 줄어들 수 있다.
- ④ |○| 단기보다 장기에 수요와 공급이 더 탄력적이 되고, 후생손실은 탄력성에 비례하므로 장기에 조세부과에 따른 후생손실이 더 커진다.
- ⑤ |×| 최저임금제가 실시되어 임금이 균형임금보다 높아지면 노동수요량이 감소한다. 이때 노동수요가 탄력적이면 임금이 상승하는 것보다 고용량이 더 큰 폭으로 감소하여 노동자들의 총노동소득이 감소하고, 반대로 노동수요가 비탄력적이면 임금이 상승하는 것보다 고용량이 작은 폭으로 감소하여 노동자들의 총노동소득이 증가한다. 따라서 최저임금제가 고용량과 노동자들의 총노동소득에 미치는 효과는 노동수요의 임금탄력성에 달려있다.

ReCheck 조세의 전가와 귀착

- 조세부담은 탄력성에 반비례(−)
- 조세수입은 탄력성에 반비례(−)
- 후생손실은 탄력성에 비 례(+)

03 [2018 | 서울시 7급] 상 중 하

시장에서 거래되는 재화에 물품세를 부과하였을 경우 조세전가가 발생하게 된다. 조세전가로 인한 소비자부담과 생산자부담에 대한 설명 중 가장 옳지 않은 것은?

① 우상향하는 공급곡선의 경우 수요의 가격탄력도가 클수록 생산자부담이 커지게 된다.
② 우하향하는 수요곡선의 경우 공급의 가격탄력도가 작을수록 소비자부담은 작아지게 된다.
③ 소비자 또는 생산자 중 누구에게 부과하느냐에 따라 소비자부담과 생산자부담의 크기는 달라진다.
④ 수요가 가격변화에 대해 완전탄력적이면 조세는 생산자가 전적으로 부담하게 된다.

- ① |○| 조세부담은 탄력성에 반비례하므로 수요의 가격탄력성이 클수록 소비자부담이 작아지고 생산자부담이 커진다.
- ② |○| 조세부담은 탄력성에 반비례하므로 공급의 가격탄력성이 작을수록 생산자부담이 커지고 소비자부담이 작아진다.
- ③ |×| 소비자와 생산자의 상대적 조세부담은 조세가 누구에게 부과되는지에 상관없이 수요와 공급의 가격탄력성에 의해 결정된다.
- ④ |○| 수요가 완전탄력적이면 생산자가 조세를 전부 부담한다.

04 어떤 재화의 수요곡선은 우하향하고 공급곡선은 우상향한다고 가정한다. 이 재화의 공급자에 대해 재화 단위당 일정액의 세금을 부과했을 때의 효과에 대한 분석으로 옳은 것은?

① 단위당 부과하는 세금액이 커지면 자중적 손실(deadweight loss)은 세금액 증가보다 더 가파르게 커진다.
② 다른 조건이 일정할 때 수요가 가격에 탄력적일수록 소비자가 부담하는 세금의 비중은 더 커진다.
③ 다른 조건이 일정할 때 수요가 가격에 탄력적일수록 세금부과에 따른 자중적 손실(deadweight loss)은 적다.
④ 세금부과 후의 시장가격은 세금부과액과 동일한 금액만큼 상승한다.

①|O| 단위당 조세액이 증가하면 후생손실(자중손실)은 조세액이 증가하는 것보다 더 큰 폭으로 증가한다. 아래 그림에서 단위당 T의 조세가 부과될 때 후생손실의 크기는 ΔA의 면적이다. 이제, 단위당 조세액이 $2T$로 2배가 되면 후생손실의 크기는 $\Delta(A+B+C+D)$의 면적으로 4배가 된다. 즉, 조세부과에 따른 후생손실의 크기는 세율(t)의 제곱에 비례한다.

• 조세부과에 따른 후생손실 : $DWL = \frac{1}{2}t^2\varepsilon(PQ)$

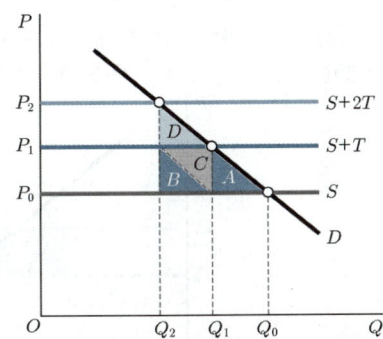

②, ③ |×| 조세부담은 탄력성에 반비례하고, 후생손실은 탄력성에 비례한다. 따라서 다른 조건이 일정할 때 수요가 탄력적일수록 소비자부담이 작아지고, 후생손실이 커진다.
④ |×| 수요곡선이 우하향하고, 공급곡선이 우상향하는 일반적인 경우 조세가 부과되면 소비자와 생산자가 이를 나누어서 부담한다. 따라서 조세부과 후의 시장가격은 단위당 조세액보다 작게 상승한다.

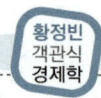

05 | 2017 | 감정평가사 | 상 중 하 |

X재에 부과되던 물품세가 단위당 t에서 $2t$로 증가하였다. X재에 대한 수요곡선은 우하향하는 직선이며, 공급곡선은 수평일 때 설명으로 옳은 것은?

① 조세수입이 2배 증가한다.
② 조세수입이 2배보다 더 증가한다.
③ 자중손실(deadweight loss)의 크기가 2배 증가한다.
④ 자중손실의 크기가 2배보다 더 증가한다.
⑤ 새로운 균형에서 수요의 가격탄력성은 작아진다.

해설

①, ② |×| 단위당 일정액의 조세가 부과될 때 정부의 조세수입은 '단위당 조세액(T)×조세부과 후 거래량(Q_T)'으로 나타낼 수 있는데, 아래 그림에서 보듯 단위당 조세액이 $2T$로 2배 증가하면 거래량이 이전보다 감소하므로 정부의 조세수입($2TQ_2$)은 이전 조세수입의 2배($2TQ_1$)에 못 미친다. 즉, 조세수입이 2배보다 적게 증가한다.

③ |×|, ④ |○| 단위당 조세액이 증가하면 후생손실(자중손실)은 조세액이 증가하는 것보다 더 큰 폭으로 증가한다. 아래 그림에서 단위당 T의 조세가 부과될 때 후생손실의 크기는 ΔA의 면적이다. 이제, 단위당 조세액이 $2T$로 2배 증가하면 후생손실의 크기는 $\Delta(A+B+C+D)$의 면적으로 4배 증가한다. 즉, 조세부과에 따른 후생손실의 크기는 세율(t)의 제곱에 비례한다.

- 조세부과에 따른 후생손실 : $DWL = \dfrac{1}{2}t^2\varepsilon(PQ)$

⑤ |×| 수요곡선이 우하향의 직선일 때 수요곡선상에서 좌상방으로 이동할수록 수요의 가격탄력성이 커진다. 그러므로 새로운 균형에서 수요의 가격탄력성은 커진다.

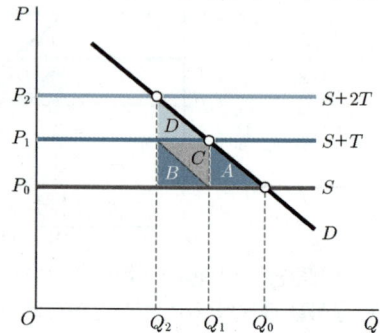

06 | 2015 | 서울시 7급 | 상 중 하

X재 수요곡선은 가격탄력성이 0인 직선이고, 공급곡선은 원점을 통과하는 우상향하는 직선이다. 공급자에게 물품세가 부과될 경우 물품세가 부과되지 않은 경우와 비교하여 다음 설명 중 옳은 것은?

① 시장거래량은 감소한다.
② 생산자잉여는 변화 없다.
③ 소비자가 지불하는 가격은 변화 없다.
④ 공급자가 물품세를 납부하고 실제 받는 가격은 하락한다.

해설
수요곡선이 완전비탄력적(수직선)인 경우 물품세가 부과되면 소비자가격이 단위당 물품세액만큼 상승하므로 조세부담은 전부 소비자에게 귀착된다.
① |×| 수요곡선이 수직선이면 물품세가 부과되더라도 거래량이 불변이다. 거래량이 불변이므로 물품세 부과에 따른 후생손실이 발생하지 않는다.
② |○|, ③, ④ |×| 물품세가 부과되면 소비자가 지불하는 소비자가격이 단위당 물품세액만큼 상승하므로 생산자가 수취하는 생산자가격은 과세 전후가 동일하다. 따라서 생산자잉여는 변화가 없다.

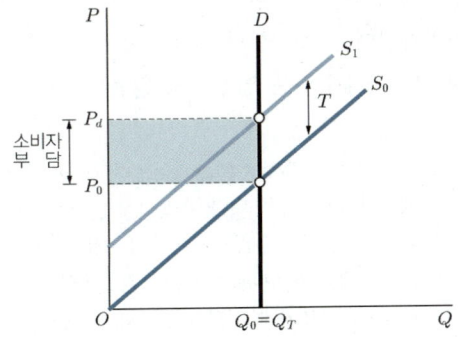

07 | 2015 | 감정평가사 | 상 중 하

다음과 같이 시장수요곡선(D)과 시장공급곡선(S)이 주어졌을 때, 정부가 생산자에게 세금을 부과하여 공급곡선이 S에서 S'으로 이동하였다. 다음 중 옳은 것은? (단, 시장수요곡선은 완전탄력적이며, 시장공급곡선은 우상향한다.)

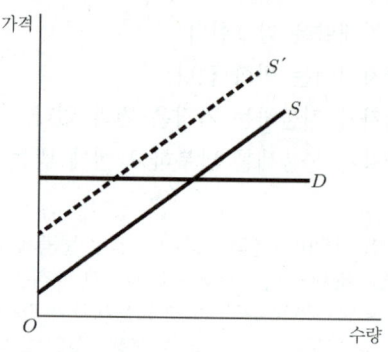

① 모든 세금은 소비자가 부담한다.
② 균형거래량은 변화가 없다.
③ 생산자잉여는 감소한다.
④ 소비자잉여는 증가한다.
⑤ 정부의 조세수입은 발생하지 않는다.

해설

① ⑤ |×| 수요곡선이 완전탄력적(수평선)인 경우 조세가 부과되면 소비자가격이 변하지 않고, 생산자가격만 단위당 조세액만큼 하락하므로 조세부담은 전부 생산자에게 귀착된다. 이 때 정부의 조세수입은 ($T \times Q_T$)가 된다.
② |×| 균형거래량은 Q_0에서 Q_T로 감소한다.
③ |○|, ④ |×| 조세가 부과되면 소비자가 지불하는 소비자가격이 변하지 않고, 생산자가 수취하는 생산자가격만 단위당 조세액만큼 하락한다. 따라서 소비자잉여는 0으로 불변이지만, 생산자잉여는 감소한다.

🔍 수요곡선이 완전탄력적(수평선)이면 소비자잉여가 0이다.

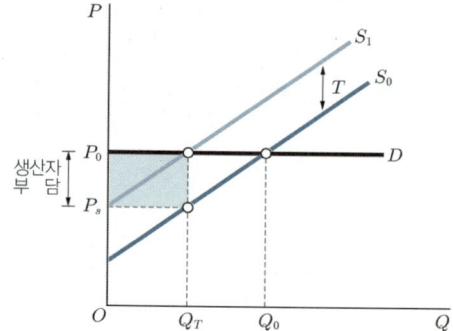

08

2018 | 국회직 8급

완전경쟁시장에서 물품세가 부과될 때 시장에서 나타나는 현상들에 대한 설명으로 옳은 것을 〈보기〉에서 모두 고르면?

― 보기 ―

ㄱ. 소비자에게 종가세가 부과되면 시장수요곡선은 아래로 평행 이동한다.
ㄴ. 수요곡선이 수평선으로 주어져 있는 경우 물품세의 조세부담은 모두 공급자에게 귀착된다.
ㄷ. 소비자에게 귀착되는 물품세 부담의 크기는 공급의 가격탄력성이 클수록 증가한다.
ㄹ. 소비자와 공급자에게 귀착되는 물품세의 부담은 물품세가 소비자와 공급자 중 누구에게 부과되는가와 상관없이 결정된다.
ㅁ. 물품세 부과에 따라 감소하는 사회후생의 크기는 세율에 비례하여 증가한다.

① ㄴ, ㄷ
② ㄱ, ㄴ, ㄹ
③ ㄱ, ㄷ, ㅁ
④ ㄴ, ㄷ, ㄹ
⑤ ㄷ, ㄹ, ㅁ

해설

ㄱ. |×| 소비자에게 종가세가 부과되면 시장수요곡선이 하방으로 회전 이동한다.

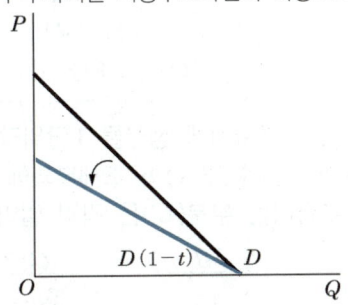

ㄴ. ㄷ. |○| 조세부담은 탄력성에 반비례하므로 공급의 가격탄력성이 클수록 생산자의 조세부담이 감소하고 소비자의 조세부담이 증가한다. 수요곡선이 수평선이면 수요의 가격탄력성이 무한대(∞)이므로 조세부담은 전부 생산자에게 귀착된다.
ㄹ. |○| 소비자와 생산자의 상대적 조세부담은 조세가 누구에게 부과되는지에 상관없이 수요와 공급의 가격탄력성에 의해 결정된다.
ㅁ. |×| 조세부과에 따른 후생손실은 세율(t)의 제곱에 비례하고, 수요의 가격탄력성(ε)과 거래액의 크기(PQ)에 비례한다.

- 조세부과에 따른 후생손실 : $DWL = \frac{1}{2}t^2\varepsilon(PQ)$

19 조세의 전가와 귀착 : 계산 문제

조세의 전가와 귀착 : 계산 문제

$$\frac{수요의\ 가격탄력성(\varepsilon)}{공급의\ 가격탄력성(\eta)} = \frac{생산자부담}{소비자부담} = \frac{공급곡선의\ 기울기}{수요곡선의\ 기울기}$$

- 조세부담은 탄력성에 반비례
- 조세부담은 기울기에 비 례 (탄력성과 기울기는 역(−)의 관계임)
⇒ 계산 문제의 경우, 상대적 조세부담은 수요곡선과 공급곡선의 기울기로 판단함

대표유형 01 | 2012 | 국회직 8급 | 상 중 하

어떤 완전경쟁시장에서 수요와 공급은 각각 다음과 같다.

| 보기 |

수요 : $Q^D = 300 - 5P$
공급 : $Q^S = 10P$
(Q^D : 수요량, Q^S : 공급량, P : 가격)

만약 정부가 공급자에게 생산물 1단위당 3만큼의 물품세를 부과한다면 이 시장에서 정부의 조세수입(A)과 조세부과에 따른 후생손실(B) 그리고 조세수입 중 소비자가 부담하는 부분(C)은 각각 얼마인가?

	A	B	C
①	570	15	380
②	570	15	390
③	570	30	285
④	630	15	380
⑤	630	30	190

풀이 1)
조세부담은 탄력성에 반비례하고, 기울기에 비례한다. 따라서 상대적 조세부담은 수요곡선과 공급곡선의 기울기(절댓값)로 판단하면 된다.

$$
\begin{array}{c}
\text{수요곡선의 기울기} : \text{공급곡선의 기울기} \\
\dfrac{1}{5} : \dfrac{1}{10} \\
\text{소비자부담} : \text{생산자부담} \\
2 : 1
\end{array}
$$

ⅰ) 먼저, 제시된 수요함수와 공급함수를 연립해서 풀면 조세부과 전의 균형가격과 균형거래량은 각각 $P=20$, $Q=200$으로 계산된다.
- 조세부과 전 시장균형 : $300-5P=10P \to 15P=300$ ∴ $P=20$, $Q=200$

ⅱ) 조세부과 전의 균형가격이 20이므로 단위당 3의 물품세가 부과되면 소비자가격은 22로 상승하고, 생산자가격은 19로 하락한다.

ⅲ) 조세부과 후의 소비자가격을 수요함수에 대입하면 조세부과 후의 거래량은 190단위로 계산되는데, 단위당 물품세액이 3이므로 정부의 조세수입은 570이다.
- 조세부과 후 거래량 : $Q=300-5P \to Q=300-(5 \times 22)$ ∴ $Q_T=190$
- 정부의 조세수입 : $T \times Q_T = 3 \times 190 = 570$

ⅳ) 조세부과에 따른 후생손실은 15이다.
- 조세부과에 따른 후생손실 : $\dfrac{1}{2} \times T \times (-\Delta Q) = \dfrac{1}{2} \times 3 \times 10 = 15$

ⅴ) 따라서 정부의 조세수입과 조세부과에 따른 후생손실, 그리고 정부의 조세수입 중 소비자부담분은 각각 $A=570$, $B=15$, $C=380$이 된다.

풀이 2)
ⅰ) 먼저, 제시된 수요함수와 공급함수를 연립해서 풀면 조세부과 전의 균형가격과 균형거래량은 각각 $P=20$, $Q=200$으로 계산된다.

ⅱ) 단위당 3의 물품세가 부과되면 공급곡선이 3만큼 상방으로 평행 이동하므로 조세부과 후의 공급함수는 $P=\dfrac{1}{10}Q+3 \to Q=-30+10P$가 된다. 이제 수요함수를 조세부과 후의 공급함수와 연립해서 풀면 조세부과 후의 균형가격과 균형거래량은 각각 $P_T=22$, $Q_T=190$으로 계산된다. 소비자가격은 22로 상승하나, 생산자는 단위당 3의 물품세를 납부해야 하므로 생산자가격은 19로 하락한다.
- 조세부과 후 시장균형 : $300-5P=-30+10P \to 15P=330$ ∴ $P_T=22$, $Q_T=190$

ⅲ) 단위당 물품세액이 3이고, 조세부과 후의 거래량이 190단위이므로 정부의 조세수입은 570이다. 단위당 3의 물품세가 부과되었을 때 소비자가격이 2만큼 상승하고, 조세부과 후의 거래량이 190단위이므로 정부의 조세수입 중 소비자부담분은 380이다.
- 조세수입 중 소비자부담분 : $\Delta P_d \times Q_T = 2 \times 190 = 380$

ⅳ) 조세부과에 따른 후생손실은 15이다.

ⅴ) 따라서 정부의 조세수입과 조세부과에 따른 후생손실, 그리고 정부의 조세수입 중 소비자부담분은 각각 $A=570$, $B=15$, $C=380$이 된다.

01. ①

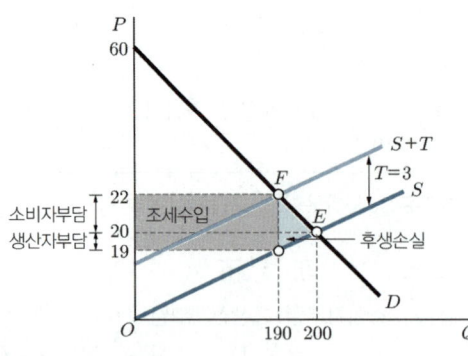

- 조세수입 : $3 \times 190 = 570$
- 후생손실 : $\frac{1}{2} \times 3 \times 10 = 15$
- 소비자부담분 : $2 \times 190 = 380$
- 생산자부담분 : $1 \times 190 = 190$

> **ReCheck 조세의 전가와 귀착 : 계산 문제**
>
> step 1. 상대적 조세부담 구하기 : 곡선의 기울기(절댓값)로 판단
> step 2. 조세부과 전 균형가격과 균형거래량 구하기
> step 3. 조세부과 후 균형거래량(Q_T) 구하기 : 조세부과 후 소비자가격을 수요함수에 대입
> step 4. 정부의 조세수입=단위당 조세액(T)×조세부과 후 거래량(Q_T)
> ┌ 소비자부담분=소비자가격 상승분(ΔP_d)×조세부과 후 거래량(Q_T)
> └ 생산자부담분=생산자가격 하락분($-\Delta P_s$)×조세부과 후 거래량(Q_T)
> step 5. 후생손실(초과부담)=$\frac{1}{2}$×단위당 조세액(T)×거래량 감소분($-\Delta Q$)

02 | 2009 | 공인회계사 | 상 중 하

경유에 대한 시장수요는 $Q^D = 120 - P$이며, 시장공급은 $Q^S = 2P - 30$이다. 따라서 경유에 대한 세금이 없을 때 시장 균형가격은 50이고 거래량은 70이다. 정부가 경유 소비를 줄이기 위해 경유의 소비자가격(세금 포함)을 70으로 올리려면, 정부는 경유에 단위당 얼마의 세금(종량세)을 부과하여야 하는가? (단, Q^D는 경유 수요량, Q^S는 경유 공급량, P는 단위당 경유 가격)

① 10
② 20
③ 30
④ 40
⑤ 60

해설

조세부담은 탄력성에 반비례하고, 기울기에 비례한다. 따라서 상대적 조세부담은 수요곡선과 공급곡선의 기울기(절댓값)로 판단하면 된다.

수요곡선의 기울기 : 공급곡선의 기울기
$1 : \dfrac{1}{2}$
소비자부담 : 생산자부담
2 : 1

ⅰ) 조세부과 전의 균형가격 50에서 단위당 T의 종량세가 부과되면 소비자가격이 70으로 상승하므로 소비자부담은 20이다.
ⅱ) 소비자부담 : 생산자부담 = 2 : 1이므로 생산자부담은 10이 된다. 따라서 단위당 종량세는 $T = 30$으로 계산된다.

03

[2007 | 공인회계사] 상 중 하

휘발유에 대한 수요함수는 $Q^D = 100 - 2P$이고 공급함수는 $Q^S = 20 + 2P$라고 하자. 정부가 휘발유의 소비를 억제하기 위하여 생산자가 공급하는 가격에 4원의 종량세를 부과하는 경우 다음 중 옳은 것은?

① 징수된 세금은 모두 소비자가 부담한다.
② 징수된 세금은 모두 생산자가 부담한다.
③ 소비자와 생산자가 세금을 반반씩 부담한다.
④ 종량세를 부과하기 이전 거래액의 20%가 조세수입이 된다.
⑤ 소비자잉여의 감소분과 생산자잉여의 감소분을 더하면 징수된 세금의 크기와 같다.

해설

조세부담은 탄력성에 반비례하고, 기울기에 비례한다. 수요곡선의 기울기(절댓값)가 $\dfrac{1}{2}$이고, 공급곡선의 기울기도 $\dfrac{1}{2}$이므로 단위당 4원의 종량세가 부과되면 소비자와 생산자는 각각 단위당 종량세액의 절반인 2원씩 부담하게 된다.

> **ReCheck 탄력성과 조세부담**
>
> $$\dfrac{\text{수요의 가격탄력성}(\varepsilon)}{\text{공급의 가격탄력성}(\eta)} = \dfrac{\text{생산자부담}}{\text{소비자부담}} = \dfrac{\text{공급곡선의 기울기}}{\text{수요곡선의 기울기}}$$
>
> • 조세부담은 탄력성에 반비례
> • 조세부담은 기울기에 비 례 (탄력성과 기울기는 역(−)의 관계임)

정답 02. ③ 03. ③

04 [2017 | 공인회계사]

완전경쟁시장인 X재 시장에서 시장수요와 시장공급이 다음과 같다.

- 시장수요 : $Q_d = 200 - P$
- 시장공급 : $Q_s = -40 + 0.5P$

(단, Q_d, Q_s, P는 각각 X재의 수요량, 공급량, 가격을 나타낸다.)

위 상황에서 X재 한 단위당 30씩 세금을 부과할 때, 세금을 제외하고 공급자가 받는 가격은 얼마인가?

① 120 ② 140 ③ 160
④ 180 ⑤ 200

조세부담은 탄력성에 반비례하고, 기울기에 비례한다. 따라서 상대적 조세부담은 수요곡선과 공급곡선의 기울기(절댓값)로 판단하면 된다.

수요곡선의 기울기 : 공급곡선의 기울기
1 : 2
소비자부담 : 생산자부담
10 : 20

ⅰ) 먼저, 제시된 수요함수와 공급함수를 연립해서 풀면 조세부과 전의 균형가격과 균형거래량은 각각 $P=160$, $Q=40$으로 계산된다.
- 조세부과 전 시장균형 : $200-P=-40+0.5P \to 1.5P=240$ ∴ $P=160$, $Q=40$

ⅱ) 조세부과 전의 균형가격이 160이므로 단위당 30의 조세가 부과되면 소비자가격은 170으로 상승하고, 생산자가격은 140으로 하락한다.

05 [2011 | 국가직 7급]

타이어에 대한 수요(Q^D)와 공급(Q^S)함수가 각각 $Q^D = 700 - P$와 $Q^S = 200 + 4P$로 주어져 있다. 정부가 소비자에게 타이어 1개당 10원의 세금을 부과한다면, 공급자가 받는 가격(P_S)과 소비자가 지불하는 가격(P_D)은? (단, P는 가격을 나타낸다.)

	P_S	P_D
①	98원	108원
②	100원	110원
③	108원	98원
④	110원	100원

Tip. 조세를 생산자에게 부과하든, 소비자에게 부과하든 경제적 효과는 동일하다.

풀이 1)
소비자에게 종량세가 부과된 경우에도 생산자에게 종량세가 부과된 경우와 동일하게 분석하면 된다. 조세부담은 탄력성에 반비례하고, 기울기에 비례한다. 따라서 상대적 조세부담은 수요곡선과 공급곡선의 기울기(절댓값)로 판단하면 된다.

수요곡선의 기울기 : 공급곡선의 기울기
$1 : \dfrac{1}{4}$
소비자부담 : 생산자부담
8 : 2

ⅰ) 먼저, 제시된 수요함수와 공급함수를 연립해서 풀면 조세부과 전의 균형가격과 균형거래량은 각각 $P=100$, $Q=600$으로 계산된다.
 - 조세부과 전 시장균형 : $700-P=200+4P \rightarrow 5P=500$ ∴ $P=100$, $Q=600$

ⅱ) 조세부과 전의 균형가격이 100원이므로 단위당 10원의 종량세가 부과되면 소비자가격은 108원으로 상승하고, 생산자가격은 98원으로 하락한다.

풀이 2)
ⅰ) 먼저, 제시된 수요함수와 공급함수를 연립해서 풀면 조세부과 전의 균형가격과 균형거래량은 각각 $P=100$, $Q=600$으로 계산된다.

ⅱ) 소비자에게 단위당 10원의 종량세가 부과되면 수요곡선이 10만큼 하방으로 평행 이동하므로 조세부과 후의 수요함수는 $P=690-Q \rightarrow Q=690-P$가 된다.

ⅲ) 이제, 조세부과 후의 수요함수를 공급함수와 연립해서 풀면 조세부과 후의 균형가격과 균형거래량은 각각 $P_T=98$, $Q_T=592$로 계산된다. 생산자가격은 98원으로 하락하나, 소비자는 단위당 10원의 종량세를 납부해야 하므로 소비자가격은 108원으로 상승한다.
 - 조세부과 후 시장균형 : $690-P=200+4P \rightarrow 5P=490$ ∴ $P_T=98$, $Q_T=592$

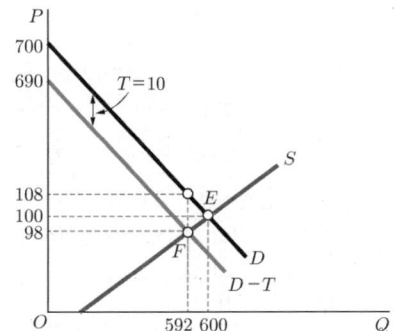

04. ② 05. ①

06

[2009 | 국가직 7급]

과세 전의 밀가루의 수요와 공급은 다음 표와 같다. 정부가 밀가루 1kg당 15원씩의 소비세를 소비자에게 부과할 때, 과세 후에 ㉠ 구매자의 지불가격, ㉡ 정부의 조세수입, ㉢ 밀가루 1kg당 소비세 15원에 대한 조세귀착에서 공급자의 부담, ㉣ 후생순손실(deadweight loss)은 각각 얼마인가?

가격(원)	수요량(kg)	공급량(kg)
45	0	27
40	6	24
35	12	21
30	18	18
25	24	15
20	30	12
15	36	9
10	42	6
5	48	3
0	54	0

	㉠	㉡	㉢	㉣
①	35	180	10	45
②	30	160	5	30
③	35	180	10	30
④	30	160	5	45

해설

ⅰ) 먼저, 수요함수를 구해보자. 수요량이 0일 때 가격이 45원이므로 수요함수의 가격축 절편값은 45이고, 가격이 5원씩 하락할 때마다 수요량이 6단위씩 증가하므로 수요함수의 기울기는 $\frac{\Delta P}{\Delta Q} = -\frac{5}{6}$이다. 따라서 수요함수는 $P = 45 - \frac{5}{6}Q$가 된다.

ⅱ) 같은 방법으로 공급함수를 구해보자. 공급량이 0일 때 가격이 0원이므로 공급함수는 원점을 지나는 직선이고, 가격이 5원씩 상승할 때마다 공급량이 3단위씩 증가하므로 공급함수의 기울기는 $\frac{\Delta P}{\Delta Q} = \frac{5}{3} = \frac{10}{6}$이다. 따라서 공급함수는 $P = \frac{10}{6}Q$가 된다.

ⅲ) 이제, 수요함수와 공급함수를 연립해서 풀면 조세부과 전의 균형가격과 균형거래량은 각각 $P = 30$, $Q = 18$로 계산된다.

- 조세부과 전 시장균형 : $45 - \frac{5}{6}Q = \frac{10}{6}Q \rightarrow \frac{15}{6}Q = 45 \therefore Q = 18$, $P = 30$

 시장균형에서는 수요량과 공급량이 일치하므로 주어진 표를 통해서도 조세부과 전의 균형가격과 균형거래량이 $P = 30$, $Q = 18$임을 알 수 있다.

iv) 조세부담은 탄력성에 반비례하고, 기울기에 비례한다. 수요곡선의 기울기(절댓값)가 $\frac{5}{6}$이고, 공급곡선의 기울기가 $\frac{10}{6}$이므로 단위당 15원의 소비세가 부과되면 소비자부담은 5원, 생산자부담은 10원이다. 조세부과 전의 균형가격이 30원이므로 단위당 15원의 소비세가 부과되면 소비자가격은 35원으로 상승하고, 생산자가격은 20원으로 하락한다.

v) 조세부과 후의 소비자가격을 수요함수에 대입하면 조세부과 후의 거래량은 12단위로 계산되는데, 단위당 소비세액이 15원이므로 정부의 조세수입은 180원이다.

- 조세부과 후 거래량 : $P = 45 - \frac{5}{6}Q \rightarrow \frac{5}{6}Q = 10 \therefore Q_T = 12$
- 정부의 조세수입 : $T \times Q_T = 15 \times 12 = 180$

vi) 조세부과에 따른 후생손실은 45원이다.

- 조세부과에 따른 후생손실 : $\frac{1}{2} \times T \times (-\Delta Q) = \frac{1}{2} \times 15 \times 6 = 45$

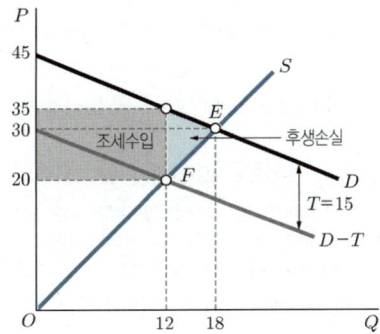

06. ①

07 〔2014 | 감정평가사〕 상 중 하

수요함수는 $Q_d = 200 - P$이고 공급함수는 $P = 100$이다. 정부가 소비자에게 제품 1단위당 20원의 물품세를 부과할 때 소비자잉여는 얼마만큼 감소하는가?

① 1,200
② 1,400
③ 1,600
④ 1,800
⑤ 2,000

ⅰ) 먼저, 제시된 수요함수와 공급함수를 연립해서 풀면 조세부과 전의 균형가격과 균형거래량은 각각 $P = 100$, $Q = 100$으로 계산된다.
- 조세부과 전 시장균형 : $200 - Q = 100$ ∴ $Q = 100$, $P = 100$

ⅱ) 소비자에게 단위당 20원의 물품세가 부과되면 수요곡선이 20만큼 하방으로 평행 이동하므로 조세부과 후의 수요함수는 $P = 200 - Q - 20 \to P = 180 - Q$가 된다.

ⅲ) 이제, 조세부과 후의 수요함수를 공급함수와 연립해서 풀면 조세부과 후의 균형가격과 균형거래량은 각각 $P_T = 100$, $Q_T = 80$으로 계산된다. 생산자가격은 100원으로 조세부과 전과 동일하나, 소비자는 단위당 20원의 물품세를 납부해야 하므로 소비자가격은 120원으로 상승한다.
- 조세부과 후 시장균형 : $180 - Q = 100$ ∴ $Q_T = 80$, $P_T = 100$

　🔍 공급곡선이 완전탄력적(수평선)이므로 소비자가 조세를 전부 부담한다. 조세부과 전의 균형가격이 $P = 100$이고, 단위당 물품세액이 20원이므로 소비자가격은 120원이 된다. $P = 120$을 조세부과 전의 수요함수에 대입하면 조세부과 후의 거래량은 $Q_T = 80$으로 계산된다.

ⅳ) 그 결과, 소비자잉여는 아래 그림에서 $\square (A+B)$의 면적에 해당하는 1,800만큼 감소하게 된다.
- 소비자잉여 감소분 : $(20 \times 80) + \left(\dfrac{1}{2} \times 20 \times 20 \right) = 1,800$

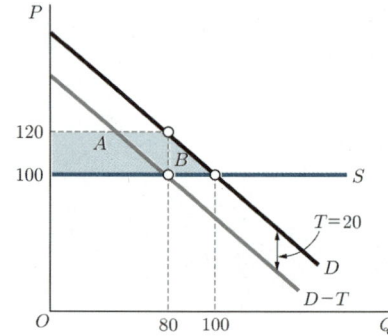

08

[2009 | 국회직 8급] 상 중 하

정부가 생산자에게 담배 한 갑당 1,000원의 개별소비세를 부과한 후, 소비자잉여가 400만원 감소하였고, 생산자잉여는 300만원 감소하였으며, 정부는 650만원의 세수를 얻었다고 한다. 이 경우 소비자의 균형 담배소비는 (   )갑에서 (   )갑으로 감소하였겠는가? (단, 담배에 대한 수요곡선과 공급곡선은 모두 직선이다.)

① 7,500, 6,500
② 8,000, 7,500
③ 6,000, 5,000
④ 7,000, 6,500
⑤ 8,000, 6,500

해설

ⅰ) 단위당 일정액의 조세가 부과되었을 때 정부의 조세수입은 '단위당 조세액(T)×조세부과 후 거래량(Q_T)'이다. 따라서 한 갑당 1,000원의 조세가 부과되었을 때 정부의 조세수입이 650만원이라면 조세부과 후의 담배 거래량은 6,500갑이다.
- 정부의 조세수입 : $1,000 \times Q_T = 6,500,000 \quad \therefore Q_T = 6,500$

ⅱ) 조세부과로 인해 소비자잉여가 400만원 감소하고 생산자잉여가 300만원 감소하지만, 정부의 조세수입이 650만원 증가하므로 조세부과에 따른 후생손실의 크기는 50만원이다.
- 조세부과에 따른 후생손실=소비자잉여 감소분+생산자잉여 감소분−정부의 조세수입
  $= 4,000,000 + 3,000,000 - 6,500,000 = 500,000$

ⅲ) 조세부과에 따른 후생손실의 크기는 '$\frac{1}{2} \times$단위당 조세액(T)×거래량 감소분($-\Delta Q$)'이다. 후생손실의 크기가 50만원, 단위당 조세액이 1,000원이므로 거래량 감소분은 1,000갑이 된다. 따라서 조세부과 전의 담배 거래량은 7,500(= 6,500 + 1,000)갑으로 계산된다.
- 조세부과에 따른 후생손실: $\frac{1}{2} \times 1,000 \times (-\Delta Q) = 500,000 \quad \therefore -\Delta Q = 1,000$

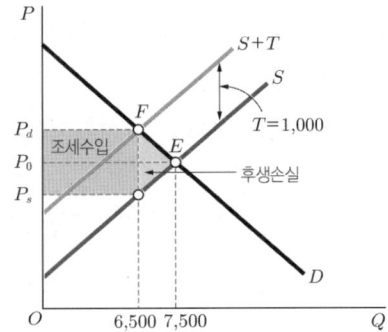

정답 07. ④ 08. ①

09 2018 | 국가직 9급 상 중 하

X재 시장의 공급곡선은 우상향하는 직선이고 수요곡선은 우하향하는 직선이다. 현재 X재의 균형가격과 균형수량은 각각 100원 및 1,000개이다. 정부가 개당 10원의 세금을 부과하여 소비자가 지불하는 가격이 106원으로 상승하고 균형수량이 900개로 감소하였다면, 세금부과로 인한 경제적 순손실(deadweight loss)은?

① 200 ② 300
③ 500 ④ 1,000

해설

단위당 조세액이 10원이고, 조세부과에 따른 거래량 감소분이 100단위이므로 조세부과에 따른 경제적 순손실(후생손실)은 500으로 계산된다.

- 경제적 순손실 $= \frac{1}{2} \times T \times (-\Delta Q) = \frac{1}{2} \times 10 \times 100 = 500$

참고로, 단위당 10원이 조세가 부과되어 소비자가격이 106원으로 상승하였으므로 생산자가격은 96원임을 알 수 있다. 따라서 소비자부담은 6원, 생산자부담은 4원이 된다.

10 2018 | 보험계리사 상 중 하

재화 1단위당 세금을 4만큼 부과했더니, 균형수량이 2,000에서 1,700으로 감소하였다. 이 경우 조세부과로 인한 경제적 순손실은? (단, 수요곡선은 우하향하는 직선이고, 공급곡선은 우상향하는 직선)

① 200 ② 400
③ 600 ④ 1,200

해설

단위당 조세액이 4이고, 조세부과에 따른 거래량 감소분이 300단위이므로 조세부과에 따른 경제적 순손실(후생손실)은 600으로 계산된다.

- 경제적 순손실 $= \frac{1}{2} \times T \times (-\Delta Q) = \frac{1}{2} \times 4 \times 300 = 600$

11 수요와 공급곡선이 다음과 같이 주어져 있다.

$$Q_d = 400 - 2P$$
$$Q_s = 100 + 3P$$

단위당 T만큼의 조세를 소비자에게 부과하는 경우, 사회적 후생손실이 135라면 단위당 조세의 크기는 얼마인가?

① 6
② 9
③ 10
④ 15
⑤ 30

해설

i) 먼저, 제시된 수요함수와 공급함수를 연립해서 풀면 조세부과 전의 균형가격과 균형거래량은 각각 $P = 60$, $Q = 280$으로 계산된다.
  • 조세부과 전 시장균형 : $400 - 2P = 100 + 3P \rightarrow 5P = 300$ ∴ $P = 60$, $Q = 280$

ii) 소비자에게 단위당 T의 조세가 부과되면 수요곡선이 T만큼 하방으로 평행 이동하므로 조세부과 후의 수요함수는 $P = 200 - \frac{1}{2}Q - T \rightarrow Q = 400 - 2P - 2T$가 된다.

iii) 이제, 조세부과 후의 수요함수를 공급함수와 연립해서 풀면 조세부과 후의 균형가격과 균형거래량은 각각 $P_T = 60 - \frac{2}{5}T$, $Q_T = 280 - \frac{6}{5}T$로 계산된다.
  • 조세부과 후 시장균형 : $400 - 2P - 2T = 100 + 3P$ ∴ $P_T = 60 - \frac{2}{5}T$, $Q_T = 280 - \frac{6}{5}T$

iv) 단위당 T의 조세가 부과되었을 때 거래량이 $\frac{6}{5}T$단위 감소하므로 조세부과에 따른 후생손실의 크기는 다음과 같이 나타낼 수 있다.
  • 조세부과에 따른 후생손실 : $\frac{1}{2} \times T \times (-\Delta Q) = \frac{1}{2} \times T \times \frac{6}{5}T = \frac{3}{5}T^2$
  후생손실의 크기가 135이므로 단위당 조세액은 $T = 15$로 계산된다.
  • 단위당 조세액 : $\frac{3}{5}T^2 = 135 \rightarrow T^2 = 225$ ∴ $T = 15$

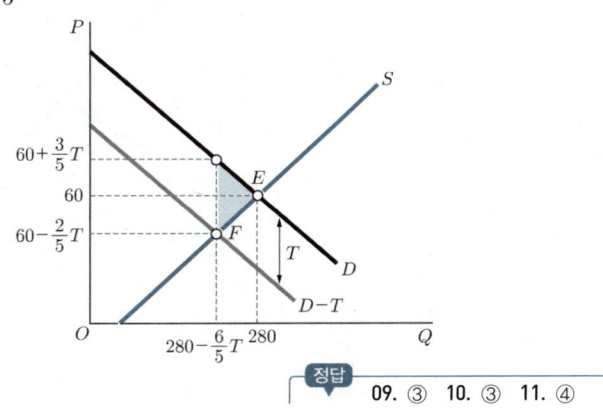

| 2010 | 국회직 8급 | 상 중 하

12 담배에 대한 수요곡선과 공급곡선이 모두 직선이고, 담배소비세가 없었을 때의 균형거래량은 월 1,000갑이라고 하자. 담배 1갑당 500원의 담배소비세가 부과됨에 따라 소비자가 실제로 부담해야 하는 담배 가격은 2,500원에서 2,900원으로 올랐고, 생산자가 받는 실제 담배 가격은 2,500원에서 2,400원으로 하락하였다. 정부가 담배소비세 부과를 통해 얻는 세수가 40만원이라고 할 때 다음 설명 중 옳은 것은?

① 담배소비세 부과 후 균형거래량은 월 900갑이다.
② 담배소비세로 인한 소비자잉여의 감소는 32만원이다.
③ 담배 수요의 가격탄력성은 공급의 가격탄력성보다 크다.
④ 담배소비세로 인한 후생손실(deadweight loss)은 5만원이다.
⑤ 위의 설명은 모두 틀리다.

해설

① |×| 단위당 일정액의 조세가 부과되었을 때 정부의 조세수입은 '단위당 조세액(T)×조세부과 후 거래량(Q_T)'이다. 따라서 1갑당 500원의 조세가 부과되었을 때 정부의 조세수입이 40만원이라면 조세부과 후의 담배 거래량은 800갑이다.
  • 정부의 조세수입 : $500 \times Q_T = 400,000$ ∴ $Q_T = 800$

② |×| 조세부과로 인한 소비자잉여의 감소분은 아래 그림에서 □$(A+B)$의 면적으로 36만원이다.
  • 소비자잉여 감소분 : $(400 \times 800) + \left(\frac{1}{2} \times 400 \times 200\right) = 360,000$
  참고로 생산자잉여의 감소분은 아래 그림에서 □$(C+D)$의 면적으로 9만원이 된다.

③ |×| 조세부담은 탄력성에 반비례한다. 단위당 500원의 조세가 부과되었을 때 소비자부담은 400원, 생산자부담은 100원이므로 담배 공급의 가격탄력성이 담배 수요의 가격탄력성보다 크다는 것을 알 수 있다.

④ |○| 조세부과에 따른 후생손실은 △$(B+D)$의 면적으로 5만원이다.
  • 조세부과에 따른 후생손실 : $\frac{1}{2} \times 500 \times 200 = 50,000$

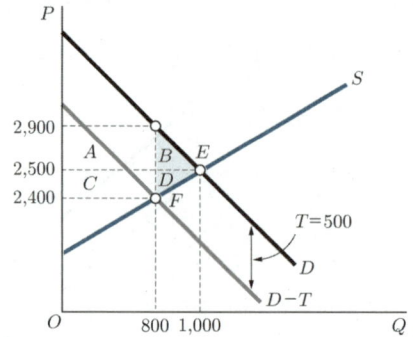

13 [2018 | 보험계리사] 상 중 하

노동수요는 $L_D = 19,000 - w$, 노동공급은 $L_S = -4,000 + w$이고 정부가 근로시간당 1,000의 세금을 부과할 때 근로자가 받을 세후 임금과 정부의 조세수입을 각각 순서대로 올바로 나열한 것은? (단, w는 시간당 임금)

① 11,000 ; 7,000,000
② 11,000 ; 7,500,000
③ 11,500 ; 7,000,000
④ 12,000 ; 7,500,000

조세부담은 탄력성에 반비례하고, 기울기에 비례한다. 따라서 상대적 조세부담은 수요곡선과 공급곡선의 기울기(절댓값)로 판단하면 된다.

수요곡선의 기울기 : 공급곡선의 기울기
1 : 1
소비자부담 : 생산자부담
1 : 1

ⅰ) 먼저, 제시된 노동수요함수와 노동공급함수를 연립해서 풀면 조세부과 전의 균형임금과 균형고용량은 각각 $w = 11,500$, $L = 7,500$으로 계산된다.
- 조세부과 전 시장균형 : $19,000 - w = -4,000 + w$ ∴ $w = 11,500$, $L = 7,500$

ⅱ) 조세부과 전의 균형임금이 11,500이므로 노동시간당 1,000의 조세가 부과되면 노동수요자(기업)가 지급하는 세전 임금이 12,000으로 상승하고, 노동공급자(근로자)가 지급받는 세후 임금이 11,000으로 하락한다.

ⅲ) 조세부과 후 노동수요자(기업)가 지급하는 세전 임금을 노동수요함수에 대입하면 조세부과 후의 고용량은 7,000단위로 계산되는데, 단위당 조세액이 1,000이므로 정부의 조세수입은 7,000,000이 된다.
- 정부의 조세수입 : $T \times L_T = 1,000 \times 7,000 = 7,000,000$

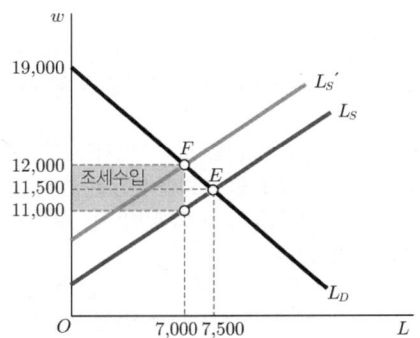

정답 12. ④ 13. ①

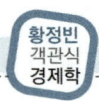

14 | 2016 | 국회직 8급 | 상 중 하

노동시장에서 노동공급곡선과 노동수요곡선의 기울기의 절댓값이 〈보기〉의 그래프와 같이 서로 동일하다. 근로자와 고용주에게 4대 보험료를 반반씩 나누어 부담시킬 때, 노동시장에서의 균형 급여수준과 근로자들이 수령하는 실질임금수령액을 모두 적절히 표시한 것은?

| 보기 |

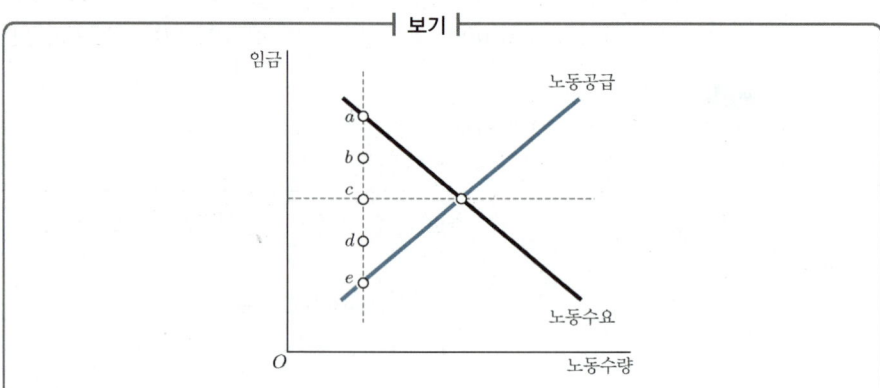

- 4대 보험료의 크기는 점 a와 점 e의 간격에 해당하고 점 a와 점 b, 점 b와 점 c, 점 c와 점 d, 점 d와 점 e의 간격은 모두 같다.

① 균형 급여수준 : a, 실질임금수령액 : c
② 균형 급여수준 : c, 실질임금수령액 : c
③ 균형 급여수준 : c, 실질임금수령액 : e
④ 균형 급여수준 : d, 실질임금수령액 : e
⑤ 균형 급여수준 : e, 실질임금수령액 : e

해설

ⅰ) 4대 보험료의 크기가 ae일 때, 이 중 절반을 노동공급자인 근로자에게 부담시키면 근로자가 지급받고자 하는 임금이 ae의 절반만큼 상승한다. 따라서 노동공급곡선이 ce만큼 상방으로 이동한다.

ⅱ) 4대 보험료의 남은 절반을 노동수요자인 기업(고용주)에게 부담시키면 기업이 근로자에게 지급하고자 하는 보험료를 포함한 임금은 변하지 않는다. 이는 기업이 근로자에게 실질적으로 지급하고자 하는 임금이 ae의 절반만큼 하락함을 의미한다. 따라서 노동수요곡선이 ac만큼 하방으로 이동한다.

ⅲ) 그 결과, 4대 보험료가 부과된 후 노동시장의 균형은 c점에서 이루어지고, 균형 임금수준은 c점의 높이가 된다. 근로자는 c점의 높이에 해당하는 임금을 지급받지만 ce만큼의 보험료를 납부해야 하므로 실질 임금수준은 e점의 높이가 된다.

15 `2018 | 국가직 7급` 상 중 하

어느 재화를 생산하는 기업이 직면하는 수요곡선은 $Q_d = 200 - P$이고, 공급곡선 Q_s는 $P = 100$에서 수평선으로 주어져 있다. 정부가 이 재화의 소비자에게 단위당 20원의 물품세를 부과할 때, 초과부담을 조세수입으로 나눈 비효율성계수(coefficient of inefficiency)는? (단, P는 가격이다.)

① $\dfrac{1}{8}$ ② $\dfrac{1}{4}$

③ $\dfrac{1}{2}$ ④ 1

해설

조세를 생산자에게 부과하든, 소비자에게 부과하든 경제적 효과는 동일하다. 분석의 편의를 위해 생산자에게 조세가 부과된 것으로 가정하자.

ⅰ) 먼저, 제시된 수요함수와 공급함수를 연립해서 풀면 조세부과 전의 균형가격과 균형거래량은 각각 $P = 100$, $Q = 100$으로 계산된다.
  • 조세부과 전 시장균형 : $200 - Q = 100$ ∴ $Q = 100$, $P = 100$

ⅱ) 단위당 20원의 물품세가 부과되면 공급곡선이 20만큼 상방으로 평행 이동하므로 조세부과 후의 공급함수는 $P = 120$이 된다. 이제, 수요함수를 조세부과 후의 공급함수와 연립해서 풀면 조세부과 후의 균형가격과 균형거래량은 각각 $P_T = 120$, $Q_T = 80$으로 계산된다.
  • 조세부과 후 시장균형 : $200 - Q = 120$ ∴ $Q_T = 80$, $P_T = 120$

ⅲ) 단위당 물품세액이 20원이고, 조세부과 후의 거래량이 80단위이므로 정부의 조세수입은 1,600이고, 단위당 20원의 물품세가 부과되었을 때 거래량이 20단위 감소하므로 조세부과에 따른 초과부담(후생손실)의 크기는 200이다.
  • 조세수입(□A의 면적) : $T \times Q_T = 20 \times 80 = 1,600$
  • 초과부담(ΔB의 면적) : $\dfrac{1}{2} \times T \times (-\Delta Q) = \dfrac{1}{2} \times 20 \times 20 = 200$

ⅳ) 비효율성계수는 조세부과에 따른 효율성 상실의 정도를 측정하는 지표로, 초과부담을 조세수입으로 나눈 값으로 정의된다. 따라서 비효율성계수는 $\dfrac{1}{8}$로 계산된다.

  • 비효율성계수 $= \dfrac{초과부담}{조세수입} = \dfrac{200}{1,600} = \dfrac{1}{8}$

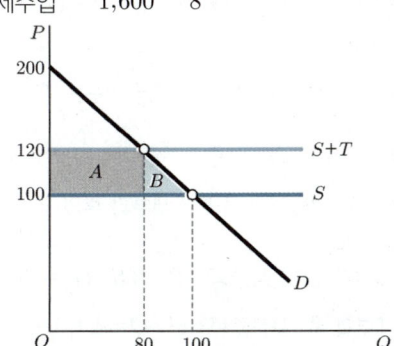

16 다음 그림은 세금이 부과되기 전의 X재와 Y재 시장을 나타낸 것이다. 두 시장에 각각 단위당 2원이 생산자에게 부과되었을 때, 다음 설명 중 옳은 것은?

<X재 시장> <Y재 시장>

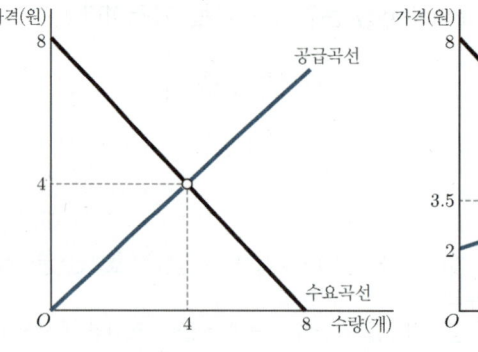
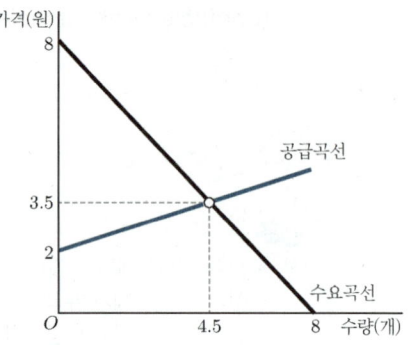

① 조세수입은 X재 시장이 Y재 시장보다 많다.
② 소비자잉여는 X재 시장이 Y재 시장보다 작다.
③ 생산자잉여는 X재 시장이 Y재 시장보다 작다.
④ 경제적 순손실(deadweight loss)은 X재 시장이 Y재 시장보다 작다.
⑤ X재 시장과 Y재 시장 모두 소비자와 생산자에게 귀착되는 조세부담의 크기는 동일하다.

해설

제시된 그림을 바탕으로 각 시장에서 단위당 2원의 조세가 부과되기 전후의 시장균형을 구해보면 다음과 같다.

i) X재 시장

수요함수는 $P=8-Q$이고, 공급함수는 $P=Q$이다. 생산자에게 단위당 2원의 조세가 부과되면 조세부과 후의 공급함수는 $P=2+Q$가 되므로, 수요함수를 조세부과 후의 공급함수와 연립해서 풀면 조세부과 후의 균형가격과 균형거래량은 각각 $P_T=5$, $Q_T=3$으로 계산된다.

- 조세부과 전 시장균형: $P=4$, $Q=4$
- 조세부과 후 시장균형: $8-Q=2+Q \rightarrow 2Q=6 \therefore Q_T=3$, $P_T=5$

ii) Y재 시장

수요함수는 $P=8-Q$이고, 공급함수는 $P=2+\frac{1}{3}Q$이다. 생산자에게 단위당 2원의 조세가 부과되면 조세부과 후의 공급함수는 $P=4+\frac{1}{3}Q$가 되므로, 수요함수를 조세부과 후의 공급함수와 연립해서 풀면 조세부과 후의 균형가격과 균형거래량은 각각 $P_T=5$, $Q_T=3$으로 계산된다.

- 조세부과 전 시장균형: $P=3.5$, $Q=4.5$
- 조세부과 후 시장균형: $8-Q=4+\frac{1}{3}Q \rightarrow \frac{4}{3}Q=4 \therefore Q_T=3$, $P_T=5$

이제, 이를 토대로 각 지문에 제시된 내용을 표로 정리하면 다음과 같다.

	X재 시장	Y재 시장
그림		
① 조세수입	$2 \times 3 = 6$	$2 \times 3 = 6$
② 소비자잉여	$\frac{1}{2} \times 3 \times 3 = 4.5$	$\frac{1}{2} \times 3 \times 3 = 4.5$
③ 생산자잉여	$\frac{1}{2} \times 3 \times 3 = 4.5$	$\frac{1}{2} \times 1 \times 3 = 1.5$
④ 경제적 순손실	$\frac{1}{2} \times 2 \times 1 = 1$	$\frac{1}{2} \times 2 \times 1.5 = 1.5$
⑤ 상대적 조세부담	수요곡선과 공급곡선의 기울기(절댓값)가 1로 같기 때문에 소비자부담과 생산자부담이 동일함	수요곡선이 공급곡선보다 기울기(절댓값)가 더 크기 때문에 소비자부담이 생산자부담보다 더 큼

17 [2015 | 공인회계사] 상 중 하

어느 재화에 대한 시장수요함수는 $Q_D = 1,400 - 120P$ 이며, 시장공급함수는 $Q_S = -400 + 200P$ (Q_D는 수요량, Q_S는 공급량, P는 가격)이다. 이 재화에 대해 정부가 공급자들에게 10%의 판매세를 부과함에 따라 공급자들은 시장에서 받은 판매수입의 10%를 정부에 납부해야 한다고 하자. 다음 설명 중 옳지 않은 것은?

① 세금부과 전 균형에서 시장가격은 $5\frac{5}{8}$, 거래량은 725이다.
② 세금부과로 이 시장의 공급곡선은 상향 이동하나, 기존의 공급곡선과 평행하지는 않다.
③ 공급자가 정부에 세금을 납부한 후 받는 가격은 하락한다.
④ 세금이 부과될 때 균형거래량은 680이다.
⑤ 소비자가 실질적으로 부담하는 단위당 세금은 공급자가 실질적으로 부담하는 단위당 세금보다 적다.

Tip. 생산자에게 세율 t의 종가세가 부과된 후의 공급함수를 구하려면 조세부과 전의 공급함수에서 P를 $(1-t)P$로 바꿔주어야 한다.

i) 먼저, 제시된 수요함수와 공급함수를 연립해서 풀면 조세부과 전의 균형가격과 균형거래량은 각각 $P=5\frac{5}{8}$, $Q=725$로 계산된다.

- 과세 전 시장균형 : $1{,}400-120P = -400+200P \rightarrow P=\frac{1{,}800}{320}$ ∴ $P=5\frac{5}{8}$, $Q=725$

ii) 생산자에게 가격(혹은 판매수입)의 10%의 해당하는 종가세가 부과되더라도 조세납부 후에 생산자가 받고자 하는 가격에는 변화가 없으므로 조세부과 전의 공급함수에서 P를 $(1-t)P$로 바꿔주면 조세부과 후의 공급함수를 구할 수 있다. 조세부과 전의 공급함수가 $Q=-400+200P$이고, 세율이 10%이므로 조세부과 후의 공급함수는 $Q=-400+180P$이다.

- 조세부과 후 공급함수($t=0.1$) : $Q=-400+200(1-0.1)P \rightarrow Q=-400+180P$

🔍 한편, 소비자에게 종가세가 부과되는 경우에는 조세부과 전의 수요함수에서 P를 $\left(\frac{1}{1-t}\right)P$로 바꿔주면 조세부과 후의 수요함수를 구할 수 있다.

: $Q=1{,}400-120P \rightarrow Q=1{,}400-120\left(\frac{1}{1-0.1}\right)P \rightarrow Q=1{,}400-\frac{400}{3}P$

iii) 이제, 수요함수를 조세부과 후의 공급함수와 연립해서 풀면 조세부과 후의 균형가격과 균형거래량은 각각 $P_T=6$, $Q_T=680$으로 계산된다.

- 과세 후 시장균형 : $1{,}400-120P = -400+180P \rightarrow P=\frac{1{,}800}{300}$ ∴ $P_T=6$, $Q_T=680$

①, ④ |○| 조세부과 전 시장균형(E점)에서 균형가격과 균형거래량은 각각 $P=5\frac{5}{8}$, $Q=725$이고, 조세부과 후 시장균형(F점)에서 균형가격과 균형거래량은 각각 $P_T=6$, $Q_T=680$이다.

② |○| 생산자에게 종가세가 부과되면 공급곡선이 상방으로 회전 이동한다.

③ |○|, ⑤ |×| 조세부과 전의 균형가격이 $5\frac{5}{8}$이고, 조세부과 후의 소비자가격이 6이므로 단위당 종가세액 중 소비자부담은 $\frac{3}{8}$이다. 한편, 생산자는 6의 가격을 받지만 가격의 10%에 해당하는 $\frac{6}{10}$을 조세로 납부해야 하므로 생산자가 실제로 받는 가격은 조세부과 전보다 낮은 $5\frac{2}{5}$이다. 조세부과 전의 균형가격이 $5\frac{5}{8}$이고, 조세부과 후의 생산자가격이 $5\frac{2}{5}$이므로 단위당 종가세액 중 생산자부담은 $\frac{9}{40}$이다. 소비자부담이 $\frac{3}{8}\left(=\frac{15}{40}\right)$이고, 생산자부담이 $\frac{9}{40}$이므로 생산자부담이 소비자부담보다 적다.

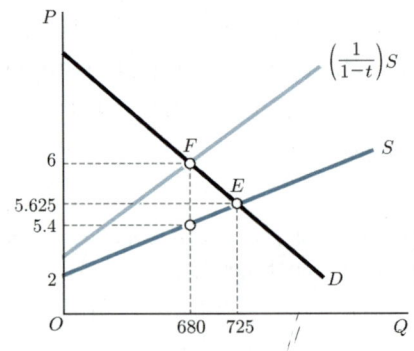

20 보조금의 전가와 귀착

보조금의 전가와 귀착

1. **보조금지급의 효과**

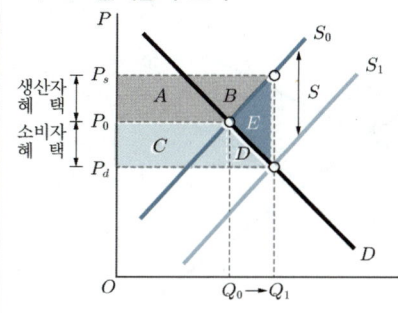

- 소비자 지불가격 하락 : $P_0 \rightarrow P_d$
- 생산자 수취가격 상승 : $P_0 \rightarrow P_s$
- 소비자잉여 : $+(C+D)$
- 생산자잉여 : $+(A+B)$
- 보 조 금 : $-(A+B+C+D+E)$
- 총 잉 여 : $-E$

2. **탄력성과 보조금혜택은 반비례 관계**
   조세와 반대로, 수요가 탄력적이면 소비자혜택이 작아지고, 공급이 탄력적이면 생산자 혜택이 작아짐

3. **탄력성과 후생손실(초과부담)은 비례 관계**
   수요 또는 공급이 탄력적일수록 보조금지급에 따른 사회적 후생손실이 증가함

4. **탄력성과 보조금지급액은 비례 관계**
   수요 또는 공급이 탄력적일수록 거래량이 크게 증가하므로 정부의 보조금지급액($S \times Q_S$)이 증가함

5. **보조대상자에 따른 보조금혜택**
   상대적 보조금혜택은 수요와 공급의 탄력성에 따라 달라질 뿐, 보조대상자가 누구로 지정되었는지와는 무관함

▶ 조　세 : 비탄력적인 경제주체의 조세부담(귀착)이 큼
　보조금 : 비탄력적인 경제주체의 보조금혜택(귀착)이 큼

| 2010 | 국회직 8급 |

다음 그래프는 생산자 보조금 지급과 사회후생의 변화에 관한 것이다. 아래의 설명 중 옳지 않은 것은? (S_1 : 원래의 공급곡선, S_2 : 보조금 지급 이후의 공급곡선, D : 수요곡선, E_1 : 원래의 균형점, E_2 : 보조금 지급 이후의 균형점, P : 가격, Q : 수량)

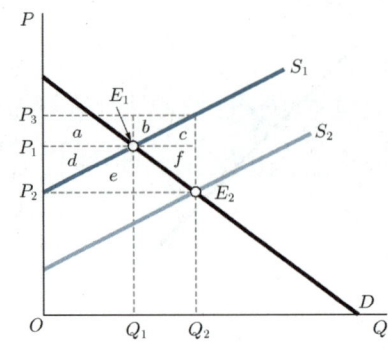

① 보조금 지급 후 생산자가 최종적으로 수취하는 가격은 P_3이다.
② 보조금 지급으로 인한 생산자잉여 증가분은 $a+b$이다.
③ 낭비된 보조금의 크기는 $c+f$이다.
④ 보조금의 크기는 $a+b+c+d+e+f$이다
⑤ 보조금 지급으로 인한 소비자잉여의 증가분은 $d+e+f$이다.

해설

i) 생산자에게 보조금이 지급되면 공급곡선이 단위당 보조금만큼 하방으로 평행 이동하므로 소비자가 지불하는 소비자가격이 P_1에서 P_2로 하락한다. 따라서 소비자잉여는 $(d+e)$의 면적만큼 증가한다.

ii) 보조금이 지급되면 생산자는 P_2의 가격을 받지만 공급곡선 S_1과 S_2 사이의 간격에 해당하는 단위당 보조금을 지급받으므로 생산자가 실제로 받는 생산자가격이 P_1에서 P_3로 상승한다. 따라서 생산자잉여는 $(a+b)$의 면적만큼 증가한다.

iii) 단위당 일정액의 보조금이 지급되었을 때 정부의 보조금지급액은 '단위당 보조금(S)×보조금지급 후 거래량(Q_S)'이다. 단위당 보조금의 크기가 S_1과 S_2 사이의 간격이고, 보조금지급 후의 거래량이 Q_2이므로 정부가 지급한 보조금의 크기는 $(a+b+c+d+e+f)$의 면적이 된다.

iv) 따라서 낭비된 보조금의 크기, 즉 보조금지급에 따른 후생손실의 크기는 정부의 보조금지급액인 $(a+b+c+d+e+f)$의 면적에서 소비자잉여의 증가분인 $(d+e)$의 면적과 생산자잉여의 증가분인 $(a+b)$의 면적을 제외한 $(c+f)$의 면적이 된다.

- 소비자잉여 : $+(d+e)$
- 생산자잉여 : $+(a+b)$
- 보 조 금 : $-(a+b+c+d+e+f)$
- 총 잉 여 : $-(c+f)$

02 | 2013 | 공인회계사 | 상 중 하

시장수요곡선이 우하향하고 시장공급곡선이 우상향하는 시장에서 정부가 생산자에게 단위당 10원의 생산보조금을 지급하기로 했다. 이 정책의 경제적 효과로 옳은 것을 모두 고르면?

> 가. 생산자잉여와 소비자잉여 모두 증가한다.
> 나. 경제적 편익이 증가한다.
> 다. 균형 소비자가격은 정책 시행 전에 비해 10원만큼 하락한다.
> 라. 정부가 생산보조금 대신 소비자에게 단위당 10원의 소비보조금을 지급하더라도, 균형생산량은 위의 생산보조금 지급 시와 동일하다.

① 가, 나 ② 가, 라
③ 나, 라 ④ 가, 나, 라
⑤ 가, 다, 라

해설

가. |○|. 나. |×| 보조금이 지급되면 소비자가격이 하락하고 생산자가격이 상승하므로 소비자잉여와 생산자잉여가 모두 증가한다. 그러나 소비자잉여와 생산자잉여의 합(총잉여)이 정부의 보조금지급액보다는 작기 때문에 후생손실이 발생한다. 즉, 보조금을 지급하기 전보다 경제적 편익이 감소한다.

다. |×| 수요곡선이 우하향하고 공급곡선이 우상향하는 일반적인 경우, 정부가 생산자에게 단위당 10원의 보조금을 지급하면 소비자가격은 10원보다 작게 하락한다.

라. |○| 정부가 단위당 10원의 생산보조금 대신 소비자에게 단위당 10원의 소비보조금을 지급하더라도 경제적 효과는 동일하다. 보조금을 소비자와 생산자 중 누구에게 지급하는지와는 무관하다.

정답 01. ⑤ 02. ②

03 시장수요함수가 $Q^D = 50 - 0.5P$이고, 시장공급함수는 $Q^S = 2P$인 재화시장이 있다. 정부가 소비 촉진을 위해 소비자에게 단위당 10의 구매보조금을 지급하기로 했다. 이 보조금 정책으로 인해 예상되는 시장의 자중손실(deadweight loss)은 얼마인가?

① 0
② 4
③ 20
④ 220
⑤ 440

해설

i) 먼저, 제시된 수요함수와 공급함수를 연립해서 풀면 보조금지급 전의 균형가격과 균형거래량은 각각 $P = 20$, $Q = 40$으로 계산된다.
- 보조금지급 전 시장균형 : $50 - 0.5P = 2P \rightarrow 2.5P = 50$ ∴ $P = 20$, $Q = 40$

ii) 소비자에게 단위당 10의 보조금이 지급되면 수요곡선이 10만큼 상방으로 평행 이동하므로 보조금지급 후의 수요함수는 $P = 110 - 2Q \rightarrow Q = 55 - 0.5P$가 된다.

iii) 이제, 보조금지급 후의 수요함수를 공급함수와 연립해서 풀면 보조금지급 후의 균형가격과 균형거래량은 각각 $P_S = 22$, $Q_S = 44$로 계산된다. 생산자가격은 22로 상승하나, 소비자는 단위당 10의 보조금을 지급받으므로 소비자가격은 12로 하락한다.
- 보조금지급 후 시장균형 : $55 - 0.5P = 2P \rightarrow 2.5P = 55$ ∴ $P_S = 22$, $Q_S = 44$

iv) 단위당 보조금이 10이고, 보조금지급에 따른 거래량 증가분이 4단위이므로 보조금지급에 따른 자중손실(후생손실)의 크기는 20으로 계산된다.
- 보조금지급에 따른 후생손실 : $\frac{1}{2} \times S \times \Delta Q = \frac{1}{2} \times 10 \times 4 = 20$

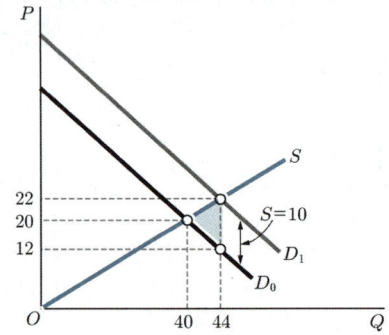

04 [2018 | 공인노무사] 상 중 하

우유의 수요곡선은 $Q^D = 100 - P$, 공급곡선은 $Q^S = P$이다. 정부가 우유 소비를 늘리기 위해 소비자에게 개당 2의 보조금을 지급할 때, 다음 설명으로 옳은 것은? (단, P는 가격, Q^D는 수요량, Q^S는 공급량이다.)

① 정부의 보조금지급액은 101이다.
② 보조금 지급 후 판매량은 52이다.
③ 보조금의 수혜 규모는 소비자가 생산자보다 크다.
④ 보조금으로 인한 경제적 순손실(deadweight loss)은 1이다.
⑤ 보조금 지급 후 소비자가 실질적으로 부담하는 우유 가격은 50이다.

해설)
ⅰ) 먼저, 제시된 수요함수와 공급함수를 연립해서 풀면 보조금지급 전의 균형가격과 균형거래량은 각각 $P = 50$, $Q = 50$으로 계산된다.
  • 보조금지급 전 시장균형 : $100 - P = P \rightarrow 2P = 100$ ∴ $P = 50$, $Q = 50$
ⅱ) 소비자에게 단위당 2의 보조금이 지급되면 수요곡선이 2만큼 상방으로 평행 이동하므로 보조금지급 후의 수요함수는 $P = 102 - Q \rightarrow Q = 102 - P$가 된다.
ⅲ) 이제, 보조금지급 후의 수요함수를 공급함수와 연립해서 풀면 보조금지급 후의 균형가격과 균형거래량은 각각 $P_S = 51$, $Q_S = 51$로 계산된다. 생산자가격은 51로 상승하나, 소비자는 단위당 2의 보조금을 지급받으므로 소비자가격은 49로 하락한다.
  • 보조금지급 후 시장균형 : $102 - P = P \rightarrow 2P = 102$ ∴ $P_S = 51$, $Q_S = 51$

① |✕| 단위당 보조금의 크기가 2이고, 보조금지급 후의 거래량이 51단위이므로 정부의 보조금지급액은 102이다.
  • 보조금지급액 : □$(A+B+C)$의 면적$= S \times Q_S = 2 \times 51 = 102$
② |✕| 보조금지급 후의 거래량은 51단위이다.
③ |✕| 단위당 2의 보조금이 지급되면 소비자가격이 1만큼 하락하고, 생산자가격이 1만큼 상승하므로 소비자와 생산자가 동일하게 단위당 1만큼의 혜택을 얻는다. 아래 그림에서 소비자잉여의 증가분(□B의 면적)과 생산자잉여의 증가분(□A의 면적)은 모두 50.5로 동일하다.
④ |○| 단위당 2의 보조금이 지급되었을 때 거래량이 1단위 증가하므로 보조금지급에 따른 경제적 순손실(후생손실)의 크기는 1이다.
  • 경제적 순손실 : ΔC의 면적$= \frac{1}{2} \times S \times \Delta Q = \frac{1}{2} \times 2 \times 1 = 1$
⑤ |✕| 보조금지급 후 소비자가 실질적으로 부담하는 가격(소비자가격)은 49이다.

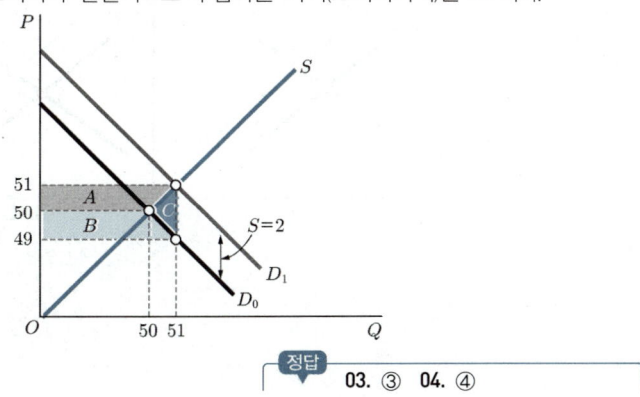

정답) 03. ③ 04. ④

05 ⌜2014 | 국가직 9급⌝ [상][중][하]

다음 조건을 만족하는 두 시장에서 A시장의 보조금을 없애고, B시장의 보조금을 제품 단위당 $2T$ 수준으로 올릴 경우 새로운 균형에서 옳은 것은?

- A시장과 B시장에서는 동일한 제품이 거래되고 있다.
- A시장과 B시장의 수요곡선은 서로 동일하며 공급곡선도 서로 동일하다.
- A시장과 B시장의 수요곡선은 우하향하고 공급곡선은 우상향한다.
- 두 시장에서 거래되는 제품에 대해 단위당 T의 보조금을 소비자에게 지급하고 있다.

① 두 시장에 지급되는 보조금의 합은 이전과 동일하다.
② 두 시장에 지급되는 보조금의 합은 이전보다 작아진다.
③ 두 시장의 자중손실(deadweight loss)의 합은 이전보다 커진다.
④ 두 시장의 자중손실(deadweight loss)의 합은 이전과 동일하다.

해설

아래 그림 a)와 b)는 최초 A, B 두 시장에서 단위당 T의 보조금이 소비자에게 지급되는 경우를 나타내고 있다. 소비자에게 단위당 T의 보조금이 지급되면 수요곡선이 T만큼 상방으로 평행이동하므로 두 시장에서 모두 색칠된 Δ만큼의 후생손실(자중손실)이 발생하고, 이때 지급되는 보조금의 크기는 '단위당 보조금(T)×보조금지급 후 거래량(Q_1)'으로 계산된다.

ⅰ) A시장에서 지급되던 보조금을 없애면 A시장에서는 후생손실이 사라진다.
ⅱ) 조세가 2배로 증가하면 조세부과에 따른 후생손실이 4배로 증가하듯이, 보조금도 B시장에서 지급되던 보조금이 $2T$ 수준으로 2배 증가하면 보조금지급에 따른 후생손실이 4배로 증가한다.
  🔍 아래 그림 c)에서 단위당 보조금이 T에서 $2T$로 2배 증가하면 색칠된 Δ의 밑변(단위당 보조금)과 높이(거래량 증가분)가 모두 2배가 되어 후생손실의 크기는 4배로 증가한다.
ⅲ) 결국, A시장의 보조금을 없애고, B시장의 보조금을 단위당 $2T$ 수준으로 올릴 경우 새로운 균형에서 두 시장의 후생손실의 합은 이전보다 커지고, 두 시장에 지급되는 보조금의 합 역시 $2TQ_2$로 이전($2TQ_1$)보다 커진다.

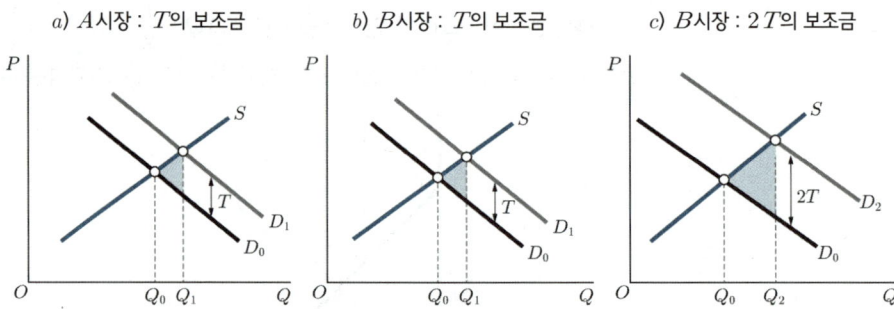

a) A시장 : T의 보조금   b) B시장 : T의 보조금   c) B시장 : $2T$의 보조금

정답 05. ③

3

소비자이론

- 05 한계효용이론
- 06 무차별곡선이론
- 07 현시선호이론
- 08 소비자이론의 응용
- 09 기대효용이론

CHAPTER 05 한계효용이론

21 한계효용균등의 법칙

총효용(TU)과 한계효용(MU)

1. 총효용과 한계효용

구 분	내 용
총효용 (TU)	• 일정 기간 동안 재화를 소비함으로써 얻게 되는 주관적인 만족의 총량 • 한계효용을 적분한 값 → 한계효용곡선 하방의 면적
한계효용 (MU)	• 재화 소비량이 1단위 증가할 때의 총효용의 변화분 • 총효용을 미분한 값 $\left(MU = \dfrac{\Delta TU}{\Delta Q}\right)$ → 총효용곡선 접선의 기울기

2. 총효용과 한계효용의 관계

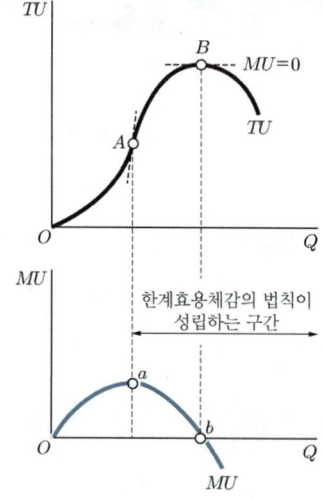

- $MU > 0 \leftrightarrow TU$ 증가
- $MU = 0 \leftrightarrow TU$ 극대
- $MU < 0 \leftrightarrow TU$ 감소

3. 한계효용체감의 법칙
- 한 재화의 소비량이 증가함에 따라 그 재화의 한계효용이 감소하는 것
- 수요곡선이 우하향하는 것은 한계효용체감을 반영한 것임

한계효용균등의 법칙(소비자균형 조건)

구 분	내 용
개 념	• 각 재화 1원어치의 한계효용이 균등해지도록 재화를 소비해야 소비자의 총효용이 극대화된다는 것 → 소비자의 효용극대화 조건 $$\frac{MU_X}{P_X} = \frac{MU_Y}{P_Y}$$
불균형의 조정	• $\frac{MU_X}{P_X} > \frac{MU_Y}{P_Y}$: X재 소비 증가, Y재 소비 감소 → 효용 증가 • $\frac{MU_X}{P_X} < \frac{MU_Y}{P_Y}$: X재 소비 감소, Y재 소비 증가 → 효용 증가

[2013 | 서울시 7급]

주어진 예산을 여러 재화의 소비에 나누어 지출하는 어떤 소비자가 합리적 선택을 한 경우에 대한 다음의 설명 중 옳은 것은?

① 각 재화에 지출되는 금액 단위당 한계효용은 같아진다.
② 각 재화의 한계효용이 극대화된다.
③ 각 재화에 대한 수요의 가격탄력성이 1이 된다.
④ 가격이 낮은 재화일수록 소비량은 더 크다.
⑤ 각 재화에 대한 지출금액은 동일하다.

Tip. 소비자의 효용극대화 조건(한계효용균등의 법칙)은 $\frac{MU_X}{P_X} = \frac{MU_Y}{P_Y}$ 이다.

① |○| 한계효용균등의 법칙에 의하면, 각 재화 1원어치의 한계효용이 균등해지도록 재화를 소비할 때 소비자의 총효용이 극대화된다. 즉, 소비자가 합리적 선택을 하면 각 재화에 지출되는 금액 단위당 한계효용이 같아진다.
② |×| 소비자가 합리적 선택을 하면 한계효용이 아니라 총효용이 극대화된다.
③, ④ |×| 소비자가 합리적 선택을 할 경우 각 재화에 대한 수요의 가격탄력성이 1이 된다거나, 가격이 낮은 재화일수록 소비량이 더 많다는 보장은 없다.
⑤ |×| 소비자균형에서 각 재화에 대한 지출금액은 같을 수도 있고, 다를 수도 있다.

01. ①

02 [2011 | 보험계리사]

효용에 관한 설명 중 옳지 않은 것은?

① 한계효용이 0이라는 것은 총효용의 증가분이 0이라는 것이고 이는 총효용이 최대에 이르렀음을 의미한다.
② 음의 한계효용도 존재한다.
③ X재 1원어치에 대한 한계효용이 Y재 1원어치에 대한 한계효용보다 클 때, X재를 더 구매하면 효용이 증가할 것이다.
④ 총효용이 증가했다는 것은 한계효용이 증가했다는 것을 의미한다.

해설
총효용이 증가하는 구간에서 한계효용은 증가하다가 감소한다. 즉, 한계효용이 감소하더라도 0보다 크기만 하면 총효용은 증가하고, 한계효용이 0일 때 총효용은 극대가 된다.

03 [2012 | 국가직 7급]

甲은 주어진 돈을 모두 X재와 Y재 소비에 지출하여 효용을 최대화하고 있으며, X재의 가격은 100원이고 Y재의 가격은 50원이다. 이때 X재의 마지막 1단위의 한계효용이 200이라면 Y재의 마지막 1단위의 한계효용은?

① 50 ② 100
③ 200 ④ 400

해설
소비자의 효용극대화 조건은 $\dfrac{MU_X}{P_X} = \dfrac{MU_Y}{P_Y}$ 이다. 그러므로 $\dfrac{MU_X}{P_X} = \dfrac{MU_Y}{P_Y}$ 에 X재 가격 $P_X=100$, Y재 가격 $P_Y=50$, X재의 한계효용 $MU_X=200$을 대입하면 Y재의 한계효용은 $MU_Y=100$이 된다.

- $\dfrac{MU_X}{P_X} = \dfrac{MU_Y}{P_Y} \rightarrow \dfrac{200}{100} = \dfrac{MU_Y}{50} \quad \therefore MU_Y=100$

04 [2010 | 감정평가사]

X재와 Y재를 소비하는 甲의 소비량에 따른 한계효용이 다음 표와 같다. X재의 가격이 10, Y재의 가격이 20일 때 효용극대화 조건이 충족되는 甲의 소비묶음은?

소비량	1	2	3	4	5	6
X재의 한계효용	10	9	8	7	6	5
Y재의 한계효용	10	8	6	5	3	2

① $X=1$, $Y=4$ ② $X=2$, $Y=3$
③ $X=3$, $Y=2$ ④ $X=5$, $Y=3$
⑤ $X=6$, $Y=1$

> **해설**
>
> 소비자의 효용극대화 조건은 $\dfrac{MU_X}{P_X} = \dfrac{MU_Y}{P_Y}$이다. X재 가격이 $P_X = 10$, Y재 가격이 $P_Y = 20$이므로 이를 이용하여 각 재화 1원어치의 한계효용을 구해보면 다음과 같다.
>
> | 소비량 | 1 | 2 | 3 | 4 | 5 | 6 |
> |---|---|---|---|---|---|---|
> | $\dfrac{MU_X}{P_X}$ | $\dfrac{10}{10}$ | $\dfrac{9}{10}$ | $\dfrac{8}{10}$ | $\dfrac{7}{10}$ | $\dfrac{6}{10}$ | $\dfrac{5}{10}$ |
> | $\dfrac{MU_Y}{P_Y}$ | $\dfrac{5}{10}$ | $\dfrac{4}{10}$ | $\dfrac{3}{10}$ | $\dfrac{2.5}{10}$ | $\dfrac{1.5}{10}$ | $\dfrac{1}{10}$ |
>
> ($X=6$, $Y=1$)일 때 각 재화 1원어치의 한계효용이 같아지므로 X재 6단위와 Y재 1단위를 소비할 때 소비자의 효용이 극대화된다.

05 주어진 예산으로 효용극대화를 추구하는 어떤 사람이 일정 기간에 두 재화 X와 Y만 소비한다고 하자. X의 가격은 200원이고, 그가 얻는 한계효용이 600이 되는 수량까지 X를 소비한다. 아래 표는 Y의 가격이 300원일 때 그가 소비하는 Y의 수량과 한계효용 사이의 관계를 보여준다. 효용이 극대화되는 Y의 소비량은?

Y의 수량	1개	2개	3개	4개	5개
한계효용	2,600	1,900	1,300	900	800

① 1개 ② 2개
③ 3개 ④ 4개
⑤ 5개

> **해설**
>
> 소비자의 효용극대화 조건은 $\dfrac{MU_X}{P_X} = \dfrac{MU_Y}{P_Y}$이다. 그러므로 $\dfrac{MU_X}{P_X} = \dfrac{MU_Y}{P_Y}$에 X재 가격 $P_X = 200$, X재의 한계효용 $MU_X = 600$, Y재 가격 $P_Y = 300$을 대입하면 Y재의 한계효용은 $MU_Y = 900$이 된다. 따라서 소비자의 효용이 극대화되는 Y재 소비량은 4단위이다.
>
> • $\dfrac{MU_X}{P_X} = \dfrac{MU_Y}{P_Y} \rightarrow \dfrac{600}{200} = \dfrac{MU_Y}{300}$ ∴ $MU_Y = 900$

정답 02. ④ 03. ② 04. ⑤ 05. ④

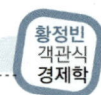

06 | 2014 | 국가직 9급 | 상 중 하

월 소득이 33,000원인 A가 1편의 가격이 6,000원인 영화와 1곡의 가격이 3,000원인 음악을 소비하려 한다. 영화와 음악으로부터 A가 누리는 한계효용이 표와 같을 때, A의 효용을 극대화하는 영화와 음악의 월 소비량은?

수 량	1	2	3	4	5	6	7
영 화	1,080	1,020	960	900	840	780	720
음 악	600	570	540	510	480	450	420

① 영화 2편, 음악 7곡
② 영화 3편, 음악 5곡
③ 영화 4편, 음악 3곡
④ 영화 5편, 음악 1곡

해설

Tip. 예산제약식은 $P_X X + P_Y Y = M$이다.

소비자의 효용을 극대화하기 위해서는 한계효용균등의 법칙이 성립해야 한다. 즉, 영화를 X재, 음악을 Y재라 할 때 $\dfrac{MU_X}{P_X} = \dfrac{MU_Y}{P_Y}$를 만족해야 한다. X재 가격이 $P_X = 6,000$, Y재 가격이 $P_Y = 3,000$이므로 이를 이용하여 각 재화 1원어치의 한계효용을 구해보면 다음과 같다.

수 량	1	2	3	4	5	6	7
$\dfrac{MU_X}{P_X}$	$\dfrac{540}{3,000}$	$\dfrac{510}{3,000}$	$\dfrac{480}{3,000}$	$\dfrac{450}{3,000}$	$\dfrac{420}{3,000}$	$\dfrac{390}{3,000}$	$\dfrac{360}{3,000}$
$\dfrac{MU_Y}{P_Y}$	$\dfrac{600}{3,000}$	$\dfrac{570}{3,000}$	$\dfrac{540}{3,000}$	$\dfrac{510}{3,000}$	$\dfrac{480}{3,000}$	$\dfrac{450}{3,000}$	$\dfrac{420}{3,000}$

$\dfrac{MU_X}{P_X} = \dfrac{MU_Y}{P_Y}$를 만족하는 소비조합은 $(X=1,\ Y=3)$, $(X=2,\ Y=4)$, $(X=3,\ Y=5)$, $(X=4,\ Y=6)$, $(X=5,\ Y=7)$인데, 이 중 예산제약식 $6,000X + 3,000Y = 33,000$을 만족하는 소비조합은 $(X=3,\ Y=5)$뿐이다. 따라서 영화 3편과 음악 5곡을 소비할 때 주어진 예산제약 하에서 소비자의 효용이 극대화된다.

07

[2010 | 공인노무사] 상 중 하

다음 글에 대한 설명으로 옳은 것은?

> 甲과 乙은 X재와 Y재만을 소비한다. X재의 가격은 10, Y재의 가격은 20이다. 현재 소비점에서 X재, Y재 소비의 한계효용은 각각 다음과 같다. (단, 한계효용은 체감함)
>
> | | X재 소비의 한계효용 | Y재 소비의 한계효용 |
> | --- | --- | --- |
> | 甲 | 10 | 5 |
> | 乙 | 3 | 6 |

① 甲은 현재 소비점에서 효용극대화를 달성하고 있다.
② 甲은 X재 소비를 줄이고 Y재 소비를 늘려 효용을 증가시킬 수 있다.
③ 甲은 X재 소비를 늘리고 Y재 소비를 줄여 효용을 증가시킬 수 있다.
④ 乙은 X재 소비를 줄이고 Y재 소비를 늘려 효용을 증가시킬 수 있다.
⑤ 乙은 X재 소비를 늘리고 Y재 소비를 줄여 효용을 증가시킬 수 있다.

i) 甲의 경우, $\left(\dfrac{MU_X}{P_X}\right) = \dfrac{10}{10} > \dfrac{5}{20} = \left(\dfrac{MU_Y}{P_Y}\right)$ 이므로 X재 소비를 늘리고 Y재 소비를 줄이면 효용이 증가한다.

ii) 乙의 경우, $\left(\dfrac{MU_X}{P_X}\right) = \dfrac{3}{10} = \dfrac{6}{20} = \left(\dfrac{MU_Y}{P_Y}\right)$ 이므로 현재 효용을 극대화하고 있는 상태이다. 따라서 소비조합을 조정할 필요가 없다.

ReCheck 불균형의 조정 … 한계효용균등의 법칙

상 태	불균형의 조정
$\dfrac{MU_X}{P_X} > \dfrac{MU_Y}{P_Y}$	X재 소비 증가, Y재 소비 감소 → 효용 증가
$\dfrac{MU_X}{P_X} = \dfrac{MU_Y}{P_Y}$	소비자의 효용이 극대화된 상태
$\dfrac{MU_X}{P_X} < \dfrac{MU_Y}{P_Y}$	X재 소비 감소, Y재 소비 증가 → 효용 증가

정답 06. ② 07. ③

CHAPTER 06 무차별곡선이론

22 무차별곡선

소비자 선호체계의 공리

구 분	내 용
완비성	임의의 두 재화묶음 간의 선호 순서를 판단할 수 있어야 한다. 즉, A가 B보다 선호되는지, B가 A보다 선호되는지, 또는 무차별한지를 판단할 수 있어야 한다.
이행성	A가 B보다 선호되고, B가 C보다 선호되면 A가 C보다 선호되어야 한다. 즉, 소비자의 선호에 일관성이 있어야 한다.
연속성	재화묶음에 포함되어 있는 재화의 양이 아주 작은 폭으로 변화할 때 소비자의 선호도 급격하게 변화하지 않고 점진적으로 변화해야 한다.
단조성	재화 소비량이 증가하면 효용도 지속적으로 증가한다. "더 많을수록 더 좋다(the more, the better)"
볼록성	소비자는 극단적인 재화묶음보다 여러 재화가 골고루 섞여 있는 재화묶음을 더 선호한다.

무차별곡선 : 주관적 조건

구 분	내 용
개 념	소비자에게 동일한 수준의 효용을 주는 X재와 Y재의 조합점을 연결한 곡선
성 질	• 우하향한다. • 원점에서 멀수록 더욱 높은 효용수준을 나타낸다(단조성). • 교차하지 않는다(이행성). • 원점에 대해 볼록한 형태를 갖는다(볼록성). 　→ 한계대체율체감의 법칙이 성립함을 의미함

한계대체율(MRS_{XY})

구분	내용
개념	• 동일한 효용수준을 유지하면서 X재 1단위를 추가로 소비하기 위해 포기해야 하는 Y재의 수량 • X재와 Y재에 대한 소비자의 주관적 교환비율
측정	(그림: 무차별곡선 I 위의 점 $A(X_0, Y_0)$와 점 $B(X_1, Y_1)$, ΔY, ΔX, 접선의 기울기 MRS_{XY}) • 한계대체율은 무차별곡선의 (접선의) 기울기로 측정됨 • 한계대체율은 X재와 Y재의 한계효용 비율로 나타낼 수도 있음 $$MRS_{XY} = -\frac{\Delta Y}{\Delta X} = \frac{MU_X}{MU_Y}$$
특징	• 소비자의 재화 간 주관적 교환비율 • 한계대체율(MRS_{XY})이 클수록 상대적으로 X재를 더 선호함을 의미함 → X재 1단위를 추가로 소비하기 위해 포기할 용의가 있는 Y재의 수량이 많아지기 때문
한계대체율 체감의 법칙	• 동일한 효용수준을 유지하면서 Y재를 X재로 대체해 감에 따라 한계대체율(MRS_{XY})이 점점 감소하는 것 → MRS_{XY} 체감은 Y재를 X재로 대체하기가 점점 어려워짐을 의미함 → MRS_{XY} 체감은 무차별곡선이 원점에 대해 볼록하기 때문임(볼록성) • 한계효용체감의 법칙과 한계대체율체감의 법칙은 아무런 관계가 없음

01 | 2010 국가직 7급

정상재에 대한 무차별곡선의 설명으로 옳은 것을 모두 고른 것은?

> ㄱ. 소비자에게 같은 수준의 효용을 주는 상품묶음의 집합을 그림으로 나타낸 것이다.
> ㄴ. 원점에서 멀어질수록 더 높은 효용수준을 나타낸다.
> ㄷ. 기수적 효용 개념에 입각하여 소비자의 선택행위를 분석하는 것이다.
> ㄹ. 무차별곡선들을 모아 놓은 것을 무차별지도라고 부른다.

① ㄱ, ㄷ ② ㄷ, ㄹ
③ ㄱ, ㄴ, ㄹ ④ ㄱ, ㄴ, ㄷ

해설
ㄱ. |○| 무차별곡선은 소비자에게 동일한 수준의 효용을 주는 재화묶음(X재와 Y재의 소비조합)의 집합을 그림으로 나타낸 것으로, 등효용곡선이라고도 한다.
ㄴ. |○| 무차별곡선은 원점에서 멀수록 더욱 높은 효용수준을 나타낸다(단조성).
ㄷ. |×| 무차별곡선이론은 서수적 효용 개념에 입각하여 소비자의 선택행위를 분석하는 이론이다.
ㄹ. |○| 무차별곡선들을 모아 놓은 것을 무차별지도(indifference map)라고 한다.

02 | 2016 공인회계사

무차별곡선에 대한 다음 설명 중 옳은 것은?

> 가. 한계대체율 체감의 법칙이 성립하면 무차별곡선은 원점에 대해서 볼록하다.
> 나. 서수적 효용의 개념에 기초한 효용함수는 무차별곡선으로 표현할 수 없다.
> 다. 가로축을 왼쪽 장갑으로, 세로축을 오른쪽 장갑으로 한 경우에 그려지는 무차별곡선은 이 두 재화가 완전보완재이므로 L자 형태이다.
> 라. 가로축을 5만원권으로, 세로축을 1천원권으로 한 경우에 그려지는 무차별곡선은 이 두 재화가 완전대체재이므로 원점에 대해서 강볼록(strictly convex)하면서 우하향한다.

① 가, 나 ② 가, 다
③ 나, 다 ④ 나, 라
⑤ 다, 라

해설
가. |○| 한계대체율은 무차별곡선의 접선의 기울기로, 한계대체율이 체감하면 무차별곡선은 원점에 대해서 볼록하다.
나. |×| 무차별곡선이론은 서수적 효용 개념에 입각하여 소비자의 선택행위를 분석하는 이론이다.
다. |○|, 라. |×| 왼쪽 장갑과 오른쪽 장갑처럼 두 재화가 완전보완재 관계이면 무차별곡선은 L자 형태이다. 반면, 5만원권과 1천원권처럼 두 재화가 완전대체재 관계이면 무차별곡선은 우하향의 직선 형태로 원점에 대해서 약볼록(weakly convex)하다.
  완전대체재의 무차별곡선은 우하향의 직선 형태로 강볼록성은 만족하지 않지만 볼록성은 만족한다.

03

[2013 | 공인노무사] 상 중 하

두 상품의 선택모형에서 소비자 A의 무차별곡선에 관한 설명으로 옳지 않은 것은?

① 두 상품이 각각 재화(goods)와 비재화(bads)인 경우 무차별곡선은 우상향한다.
② 두 상품이 모두 재화(goods)인 경우 한계대체율체감의 법칙이 성립하면, 무차별곡선은 원점에 대하여 볼록하다.
③ 서로 다른 두 무차별곡선은 교차하지 않는다.
④ 두 상품이 완전대체재인 경우 무차별곡선의 형태는 L자형이다.
⑤ 두 상품이 모두 재화(goods)인 경우 무차별곡선이 원점으로부터 멀어질수록 무차별곡선이 나타내는 효용수준이 높아진다.

해설

① |○| 두 재화 중에서 한 재화가 비재화이면 무차별곡선은 우상향한다.
② |○| 한계대체율은 무차별곡선의 접선의 기울기로, 한계대체율이 체감하면 무차별곡선은 원점에 대해서 볼록하다.
③ |○| 서로 다른 무차별곡선은 교차하지 않는다(이행성).
④ |×| 두 재화가 완전대체재 관계이면 무차별곡선은 우하향의 직선 형태이다. 두 재화가 완전보완재 관계일 때 무차별곡선이 L자 형태이다.
⑤ |○| 무차별곡선은 원점에서 멀수록 더욱 높은 효용수준을 나타낸다(단조성).

ReCheck 예외적인 무차별곡선 Ⅰ

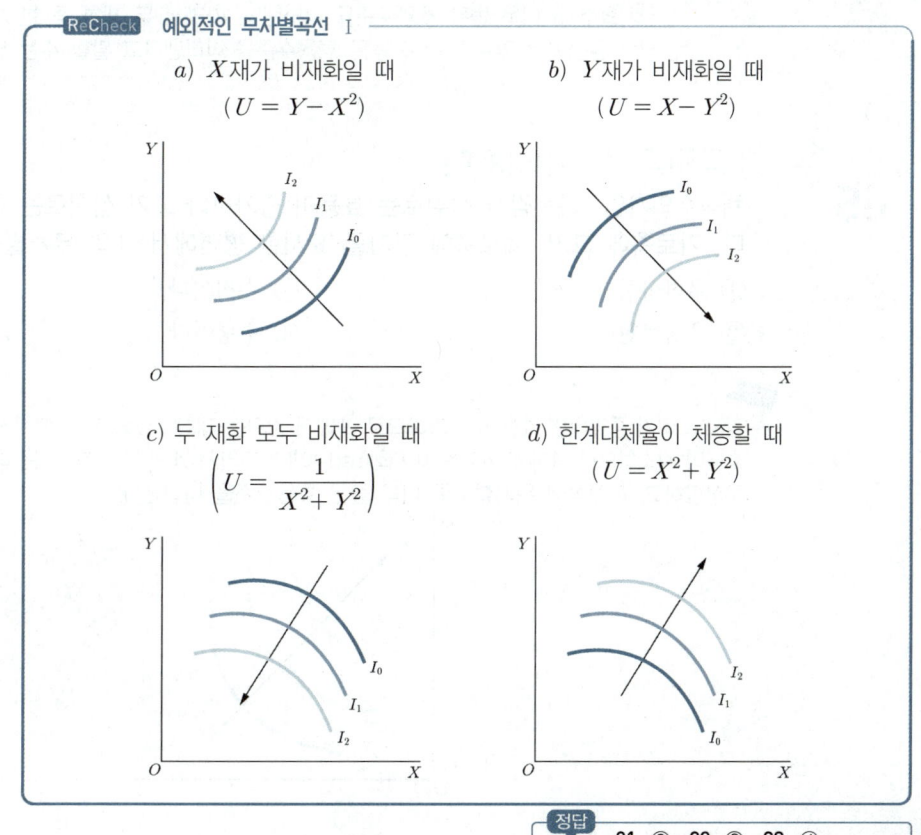

a) X재가 비재화일 때 ($U = Y - X^2$)
b) Y재가 비재화일 때 ($U = X - Y^2$)
c) 두 재화 모두 비재화일 때 $\left(U = \dfrac{1}{X^2 + Y^2}\right)$
d) 한계대체율이 체증할 때 ($U = X^2 + Y^2$)

정답 01. ③ 02. ② 03. ④

04 〔2017 | 서울시 7급〕 상 중 하

무차별곡선(indifference curve)에 대한 설명으로 가장 옳은 것은?
① 선호체계에 있어서 이행성(transitivity)이 성립한다면, 무차별곡선은 서로 교차할 수 있다.
② 두 재화가 완전대체재일 경우의 무차별곡선은 원점에 대해서 오목하게 그려진다.
③ 무차별곡선이 원점에 대해서 볼록하게 생겼다는 것은 한계대체율체감의 법칙이 성립하고 있다는 것을 의미한다.
④ 두 재화 중 한 재화가 비재화(bads)일 경우에도 상품조합이 원점에서 멀리 떨어질수록 더 높은 효용수준을 나타낸다.

① |×| 무차별곡선이 교차하면 이행성의 공리를 위배하게 된다.
② |×| 두 재화가 완전대체재 관계이면 무차별곡선은 우하향의 직선 형태이다.
③ |○| 무차별곡선이 원점에 대해 볼록하다는 것은 무차별곡선의 접선의 기울기인 한계대체율이 체감함을 의미한다.
④ |×| X재가 비재화이면 무차별곡선은 X재축에 대해 볼록하면서 우상향하므로 X재축에서 멀수록(좌상방에 위치할수록) 더욱 높은 효용수준을 나타낸다. 반대로, Y재가 비재화이면 무차별곡선은 Y재축에 대해 볼록하면서 우상향하므로 Y재축에서 멀수록(우하방에 위치할수록) 더욱 높은 효용수준을 나타낸다. 따라서 두 재화 중 한 재화가 비재화일 경우 원점에서 멀수록 더욱 높은 효용수준을 나타낸다고 말할 수는 없다.

05 〔2018 | 보험계리사〕 상 중 하

채식주의자인 A는 감자 섭취로는 효용이 증가하나 고기 섭취로는 효용이 감소한다. 가로축에 고기, 세로축에 감자를 표시한 평면에서 A의 무차별곡선은?
① 우하향한다.   ② 수직이다.
③ 우상향한다.   ④ 수평이다.

감자 소비가 증가하면 효용이 증가하므로 A에게 감자는 재화(goods)이고, 고기 소비가 증가하면 효용이 감소하므로 A에게 고기는 비재화(bads)이다. 따라서 A의 무차별곡선은 아래 그림과 같이 우상향하고, 좌상방에 위치할수록 더욱 높은 효용수준을 나타낸다.

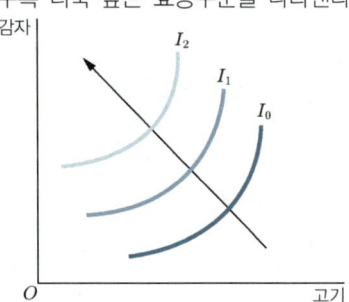

06

[2012 | 보험계리사] 상 중 하

X재가 중립재이고 Y재가 정상재인 경우의 무차별곡선은?

① $X + Y = 100$
② $\text{Min}(X, Y) = 100$
③ $X = 100$
④ $Y = 200$

해설

X재가 한계효용이 0인 중립재이면 X재 소비가 증가하더라도 효용이 전혀 증가하지 않으므로 무차별곡선이 수평선이고, 효용은 Y재 소비량에 의해서만 결정된다.

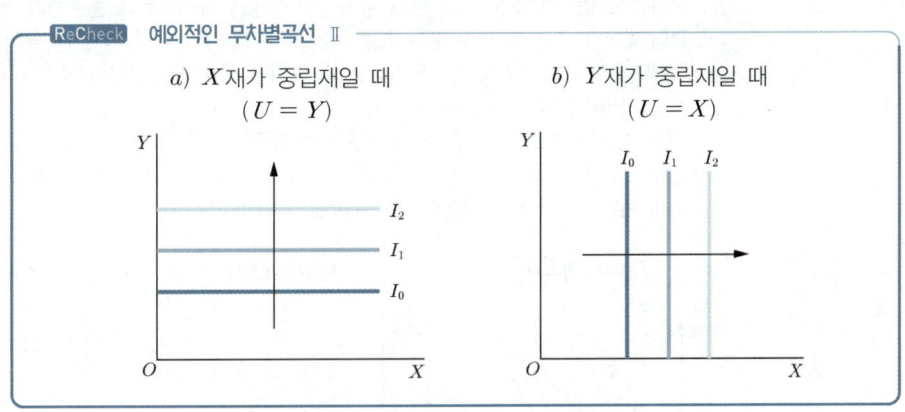

ReCheck 예외적인 무차별곡선 Ⅱ

a) X재가 중립재일 때 ($U = Y$)

b) Y재가 중립재일 때 ($U = X$)

07

[2018 | 감정평가사] 상 중 하

( )에 들어갈 내용으로 옳은 것은?

> 위험자산에 대한 투자자의 무차별곡선을 그리고자 한다. 위험자산의 수익률 평균은 수직축, 수익률 표준편차는 수평축에 나타낼 때, 투자자의 무차별곡선 형태는 위험 기피적인 경우 (ㄱ)하고, 위험 애호적인 경우 (ㄴ)하며, 위험 중립적인 경우에는 (ㄷ)이다.

① ㄱ : 우상향, ㄴ : 우상향, ㄷ : 수평
② ㄱ : 우상향, ㄴ : 우하향, ㄷ : 수평
③ ㄱ : 우상향, ㄴ : 우하향, ㄷ : 수직
④ ㄱ : 우하향, ㄴ : 우상향, ㄷ : 수평
⑤ ㄱ : 우하향, ㄴ : 우상향, ㄷ : 수직

정답 04. ③ 05. ③ 06. ④ 07. ②

해설

수직축에 표시되는 위험자산의 수익률 평균은 기대수익률을 의미하고, 수평축에 표시되는 위험자산의 수익률 표준편차는 위험을 의미한다. 따라서 이러한 평면 위에 나타나는 무차별곡선상의 한 점은 특정한 수익이 발생할 확률이 얼마나 되는지를 보여준다.

ⅰ) 위험기피자는 불확실한 상황에서 예상되는 수익보다 확실한 소득을 선호하므로 표준편차가 커져 감수해야 하는 위험(비재화)이 증가할 때 동일한 효용수준을 유지하려면 기대수익률이 높아져야 한다. 따라서 위험기피자의 무차별곡선은 우상향하며, 위험을 기피하는 성향이 클수록 무차별곡선의 기울기는 가팔라진다.

ⅱ) 위험애호자는 위험기피자와 달리 불확실한 상황을 즐기므로 표준편차가 커져 감수해야 하는 위험(재화)이 증가할 때 동일한 효용수준을 유지하려면 기대수익률이 낮아져야 한다. 따라서 위험애호자의 무차별곡선은 우하향하며, 위험을 선호하는 성향이 클수록 무차별곡선의 기울기는 가팔라진다.

ⅲ) 위험중립자는 최초의 기대수익률 수준에서 표준편차가 커지거나 작아져 감수해야 하는 위험(중립재)이 변동하더라도 동일한 효용수준을 유지하기 위한 기대수익률에는 변화가 없다. 따라서 위험중립자의 무차별곡선은 수평선의 형태이다.

a) 위험기피자   *b*) 위험애호자   *c*) 위험중립자

| 2012 | 공인회계사 | 상 중 하 |

08 길동이는 옥수수 한 개에서 얻는 한계효용이 감자 두 개에서 얻는 한계효용과 같다고 한다. 감자로 표시한 옥수수의 한계대체율은 얼마인가?

① $\frac{1}{4}$
② $\frac{1}{2}$
③ 1
④ 2
⑤ 4

해설

ⅰ) 한계대체율 $MRS_{XY} = -\frac{\Delta Y}{\Delta X} = \frac{MU_X}{MU_Y}$ 는 정확하게는 '*Y*재로 표시한 *X*재의 한계대체율' 이다. 따라서 감자(*Y*재)로 표시한 옥수수(*X*재)의 한계대체율은 다음과 같이 나타낼 수 있다.

• $MRS_{옥수수감자} = -\frac{\Delta 감자}{\Delta 옥수수} = \frac{MU_{옥수수}}{MU_{감자}}$

ⅱ) 옥수수 한 개에서 얻는 한계효용이 감자 두 개에서 얻는 한계효용과 동일하므로 옥수수의 한계효용 $MU_{옥수수}$는 감자의 한계효용 $MU_{감자}$의 2배이다. 따라서 감자로 표시한 옥수수의 한계대체율은 $MRS_{옥수수감자} = 2$가 된다.

> **ReCheck** 한계대체율(MRS_{XY}) I
> - X재 1단위를 추가로 소비하기 위해 포기해야 하는 Y재의 수량
> - 무차별곡선의 (접선의) 기울기
> - $MRS_{XY} = -\dfrac{\Delta Y}{\Delta X} = \dfrac{MU_X}{MU_Y}$ … Y재로 표시한 X재의 한계대체율

09 [2015 | 공인노무사] 상 중 하

A의 소득이 10,000원이고, X재와 Y재에 대한 총지출액도 10,000원이다. X재 가격이 1,000원이고 A의 효용이 극대화되는 소비량이 $X=6$이고 $Y=10$이라고 할 때, X재에 대한 Y재의 한계대체율(MRS_{XY})은 얼마인가? (단, 한계대체율은 체감함)

① 0.5
② 1
③ 1.5
④ 2
⑤ 2.5

해설

ⅰ) 주어진 소득을 전부 X재와 Y재에 대해 지출하고 있으므로 예산제약식 $P_X X + P_Y Y = M$에 의해 Y재 가격은 $P_Y = 400$으로 계산된다.
- $P_X X + P_Y Y = M \rightarrow (1{,}000 \times 6) + (P_Y \times 10) = 10{,}000 \quad \therefore P_Y = 400$

ⅱ) 소비자의 효용극대화 조건은 $MRS_{XY} = \dfrac{P_X}{P_Y}$이다. X재 가격이 $P_X = 1{,}000$, Y재 가격이 $P_Y = 400$이므로 한계대체율은 2.5가 된다.
- $MRS_{XY} = \dfrac{P_X}{P_Y} = \dfrac{1{,}000}{400} = 2.5$

10 [2013 | 보험계리사] 상 중 하

X재와 Y재에 대한 선호체계를 $X-Y$평면에서 무차별곡선으로 나타낼 때, 철이의 무차별곡선의 기울기가 영희의 무차별곡선의 기울기보다 더 가파르다(단 X재의 소비량은 가로축이며, Y재의 소비량은 세로축이다). 다음 중 철이와 영희의 선호체계를 가장 옳게 비교한 것은?

① 철이는 영희보다 X를 상대적으로 더 선호한다.
② 철이는 영희보다 Y를 상대적으로 더 선호한다.
③ 철이는 영희보다 소득효과가 더 크다.
④ 철이는 영희보다 소득효과가 더 작다.

정답 08. ④ 09. ⑤ 10. ①

해설 무차별곡선이 가파르다는 것은 무차별곡선의 기울기인 한계대체율(MRS_{XY})이 크다는 것을 의미하고, 한계대체율이 클수록 상대적으로 X재를 더 선호함을 의미한다. 따라서 철이의 무차별곡선이 영희의 무차별곡선보다 가파르다면 철이가 영희보다 상대적으로 X재를 더 선호한다.

> **ReCheck** 한계대체율(MRS_{XY}) Ⅱ
> - X재와 Y재에 대한 소비자의 주관적 교환비율
> - 한계대체율(MRS_{XY})이 클수록 상대적으로 X재를 더 선호함을 의미함
>   → X재 1단위를 추가로 소비하기 위해 포기할 용의가 있는 Y재의 수량이 많아지기 때문

11 [2011 | 보험계리사] 상 중 하

두 재화(X, Y)를 소비하는 甲의 효용함수가 $U(X, Y) = (X+1)(Y+2)$이고 Y재로 표시한 X재의 한계대체율(MRS_{XY})이 2일 때 甲의 X재 소비량이 10이었다면 Y재 소비량은 얼마인가? (단 $X>0$, $Y>0$)

① 5 ② 10
③ 15 ④ 20

해설 ⅰ) 효용함수가 $U=(X+1)(Y+2)=XY+2X+Y+2$이고, 한계대체율은 $MRS_{XY}=2$이므로 다음의 관계가 성립한다.
- $MRS_{XY} = \dfrac{MU_X}{MU_Y} = \dfrac{Y+2}{X+1} = 2 \rightarrow 2X+2 = Y+2 \therefore Y=2X$

ⅱ) 따라서 X재 소비량이 10단위라면 Y재 소비량은 20단위가 된다.
- $Y=2X \rightarrow Y=2\times 10 = 20$

12 [2016 | 공인회계사] 상 중 하

한 소비자가 사전편찬식 선호관계(lexicographic preference relation)를 가질 때, 이 소비자의 선호관계에 대한 설명으로 옳은 것은?

> 가. 완비성(completeness)을 위배한다.
> 나. 이전성(transitivity)을 위배한다.
> 다. 연속성(continuity)을 위배한다.
> 라. 선호관계를 효용함수로 나타낼 수 없다.

① 가, 나 ② 가, 다
③ 나, 다 ④ 나, 라
⑤ 다, 라

소비자의 선호체계를 연속적인 효용함수로 나타내려면 다음의 세 가지 공리를 충족해야 한다. 이때 어떤 함수가 연속적이라 함은 그 함수를 대표하는 곡선에 단절이 없음을 의미한다.

완비성	임의의 두 재화묶음 간의 선호 순서를 판단할 수 있어야 한다. 즉, A가 B보다 선호되는지, B가 A보다 선호되는지, 또는 무차별한지를 판단할 수 있어야 한다.
이행성	A가 B보다 선호되고, B가 C보다 선호되면 A가 C보다 선호되어야 한다. 즉, 소비자의 선호에 일관성이 있어야 한다.
연속성	재화묶음에 포함되어 있는 재화의 양이 아주 작은 폭으로 변화할 때 소비자의 선호도 급격하게 변화하지 않고 점진적으로 변화해야 한다.

가. |×| 사전편찬식 선호에서는 우선시되는 재화(금메달)의 양에 따라 선호 순서가 결정되고, 앞선 재화의 양이 동일하면 다음 재화(은메달)의 양에 따라 선호 순서가 결정된다. 이와 같은 방식으로 어떤 두 재화묶음이 주어지더라도 어느 것이 더 선호되는지가 결정된다. 따라서 완비성을 충족한다.

나. |×| 재화묶음 A(금메달 2, 은메달 3), B(금메달 1, 은메달 2), C(금메달 1, 은메달 1)가 있을 때 사전편찬식 선호에서도 A가 B보다 선호되고, B가 C보다 선호되면 A가 C보다 선호된다. 따라서 이행성(이전성)을 충족한다.

다. 라. |○| 사전편찬식 선호는 재화묶음에 포함되어 있는 재화의 양이 약간만 변하더라도 선호가 급격하게 변하는 특성을 갖기 때문에 연속성을 위배한다. 따라서 소비자의 선호체계를 효용함수로 나타낼 수 없다. 이를, 아래 그림을 통해 살펴보도록 하자.

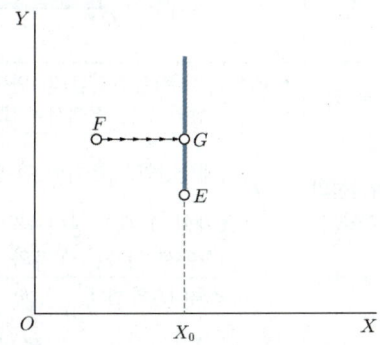

위 그림에서 E점의 재화묶음을 기준으로 E점 상방의 실선을 포함한 우측면은 E점보다 더 선호되는 재화묶음을, E점 하방의 점선을 포함한 좌측면은 E점보다 덜 선호되는 재화묶음을 나타낸다. 이제, E점보다 덜 선호되는 F점을 출발하여 X재 소비량을 점차 늘려나가면 G점에 근접하게 되는데, G점에 거의 근접하더라도 E점보다 덜 선호되는 상태에는 변화가 없다. 그러다 G점에 도달하는 순간 E점과 무차별한 상태를 건너뛰고 갑자기 더 선호되는 상태로 바뀌게 된다. 선호가 점진적으로 변화한다는 것은 덜 선호되는 상태에서 무차별한 상태로 바뀌고, 그 다음에 더 선호되는 상태로 바뀐다는 것을 뜻한다(연속성). 그런데 사전편찬식 선호는 무차별한 상태를 건너뛰는 선호의 급격한 변화를 수반하기 때문에 연속성을 충족하지 못하는 것이다.

23 예산선

예산선 : 객관적 조건

구분	내용
개념	• 주어진 소득으로 구입 가능한 X재와 Y재의 조합점을 연결한 선 • 예산제약식 $$P_X X + P_Y Y = M \rightarrow Y = -\frac{P_X}{P_Y}X + \frac{M}{P_Y}$$
특징	• 예산선 내부(예산집합)의 면적은 소비자의 소비가능영역을 의미함 • 예산선상의 모든 점에서는 소비자의 지출액이 동일함
예산선의 기울기	• $\frac{P_X}{P_Y}$ (예산선의 기울기의 절댓값)의 의미 → X재와 Y재의 상대가격비 → 시장에서 평가된 X재와 Y재의 객관적 교환비율
예산선의 이동	a) 소득(M)의 변화 b) X재 가격(P_X)의 변화 c) Y재 가격(P_Y)의 변화

01 | 2015 | 공인회계사 | 상 중 하

진영이는 고정된 소득으로 X재와 Y재만을 소비한다. 두 재화의 가격이 동일하게 10% 하락할 때, 진영이의 X재 소비량은 변하지 않는 반면, Y재 소비량은 증가한다. 다음 설명 중 옳은 것은?

① 진영이에게 X재는 정상재이다.
② 진영이에게 X재는 열등재이다.
③ 진영이에게 Y재는 정상재이다.
④ 진영이에게 X재와 Y재는 완전대체재이다.
⑤ 진영이에게 X재와 Y재는 완전보완재이다.

두 재화의 가격이 동일한 비율로 하락하면 두 재화의 상대가격이 변하지 않고 실질소득만 증가한다. 따라서 두 재화의 가격이 모두 10% 하락하면, 이는 실질소득이 10% 증가한 것과 같다.
①, ② |×| 실질소득이 증가할 때 X재 소비량이 변하지 않았으므로 X재 수요의 소득탄력성은 0이다. 따라서 X재는 정상재도 아니고, 열등재도 아니다.
③ |○| 실질소득이 증가할 때 Y재 소비량이 증가하였으므로 Y재 수요의 소득탄력성은 0보다 크다. 따라서 Y재는 정상재이다.
④, ⑤ |×| 주어진 조건만으로 두 재화가 완전대체재 관계인지, 완전보완재 관계인지는 알 수 없다.

02 | 2008 | 공인회계사 | 상 중 하

지은이는 소득 M으로 X재와 Y재만을 소비한다. 다음은 지은이의 예산선에 영향을 미칠 수 있는 상황을 서술한 것이다. 예산선의 기울기가 변화하는 것을 모두 고른 것은? (단, 각 재화의 수요곡선은 우하향하고 공급곡선은 우상향한다고 가정하자.)

> 가. X재의 가격이 인상되었다.
> 나. 소득이 증가하였다.
> 다. 정부에서 X재 소비에 세금을 부과하였다.
> 라. 정부로부터 현금보조금을 받았다.

① 가　　　　　　　② 가, 나
③ 가, 다　　　　　　④ 나, 라
⑤ 나, 다, 라

정답 01. ③ 02. ③

예산선은 주어진 소득으로 구입 가능한 X재와 Y재의 조합점을 연결한 선으로 한 재화의 가격이 변화하면 예산선이 회전 이동하여 예산선의 기울기가 변한다. 반면 소득이 변화하면 예산선이 평행이동하므로 예산선의 기울기가 변하지 않는다.

가. |O| X재 가격이 인상되면 예산선이 X재축 안쪽으로 회전 이동하므로 예산선의 기울기가 가팔라진다.
나. |X| 소득의 변화는 예산선의 기울기와 무관하다.
다. |O| X재 소비에 조세를 부과하여 X재 가격이 상승하면 예산선이 X재축 안쪽으로 회전 이동하므로 예산선의 기울기가 가팔라진다.
라. |X| 현금보조는 소득의 증가와 동일하므로 예산선의 기울기와 무관하다.

03 | 2013 | 공인회계사 | 상 중 하

두 재화를 소비하는 소비자를 고려하자. 두 재화의 가격을 각각 p_1과 p_2, 소득을 m으로 나타내자. 이 소비자의 선호관계는 완비성, 이행성, 연속성, 단조성, 볼록성을 만족한다. 다음 중 이 소비자의 x_1재에 대한 효용극대 수요함수로 가능한 것을 모두 고르면?

가. $x_1 = m - 2p_1 + p_2$	나. $x_1 = m + p_1 - 2p_2$
다. $x_1 = \dfrac{2m^2}{2p_1 + p_2}$	라. $x_1 = \dfrac{m}{2p_2 - p_1^2}$
마. $x_1 = \dfrac{(\sqrt{m}+1)^2}{2p_1 + p_2}$	

① 가, 나
② 가, 다
③ 다, 마
④ 가, 다, 라
⑤ 가, 나, 다, 라, 마 어느 것도 가능하지 않다.

소비자의 선호체계가 완비성, 이행성, 연속성, 단조성, 볼록성을 모두 만족한다는 것은 무차별곡선이 우하향하면서 원점에 대해 볼록하고, 교차하지 않으며, 원점에서 멀수록 더욱 높은 효용수준을 나타내는 일반적인 형태라는 것을 의미한다. 이러한 일반적인 선호체계를 갖는 소비자의 수요함수는 반드시 '수요함수의 0차 동차성'을 만족해야 한다.

📄 수요함수의 0차 동차성(homogeneous of degree 0)
- 모든 재화의 가격과 소득이 동일한 비율로 변화하면 예산선이 변하지 않으므로 예산제약하에서 효용을 극대화하는 소비자의 수요량도 변화하지 않는다.
- $(1+\lambda)P_X X + (1+\lambda)P_Y Y = (1+\lambda)M \rightarrow P_X X + P_Y Y = M$

이제, 이를 바탕으로 각 수요함수를 살펴보면 제시된 수요함수 중 어떤 것도 수요함수의 0차 동차성을 만족하지 못한다는 것을 알 수 있다. 따라서 일반적인 선호체계를 갖는 소비자의 수요함수로 가능하지 않다(단, $k = 1 + \lambda$).

가. |×| $km - 2kp_1 + kp_2 = k(m - 2p_1 + p_2) = kx_1 \neq x_1$

나. |×| $km + kp_1 - 2kp_2 = k(m + p_1 - 2p_2) = kx_1 \neq x_1$

다. |×| $\dfrac{2(km)^2}{2kp_1 + kp_2} = \dfrac{2k^2m^2}{k(2p_1 + p_2)} = k \cdot \dfrac{2m^2}{2p_1 + p_2} = kx_1 \neq x_1$

라. |×| $\dfrac{km}{2kp_2 - (kp_1)^2} = \dfrac{km}{k(2p_2 - kp_1^2)} = \dfrac{m}{2p_2 - kp_1^2} \neq x_1$

마. |×| $\dfrac{(\sqrt{km} + 1)^2}{2kp_1 + kp_2} = \dfrac{km + 2\sqrt{km} + 1}{k(2p_1 + p_2)} \neq x_1$

04 [2008 | 지방직 7급]

동환이는 인터넷 게임과 햄버거에 자신의 용돈 10만원을 소비함으로써 효용을 극대화하고 있다. 인터넷 게임과 햄버거 가격은 각각 1만원과 5천원이다. 만약 동환이의 용돈이 10% 인상되고 인터넷 게임과 햄버거 가격도 10% 인상된다고 할 경우 동환이의 두 상품 소비량 변화는?

① 인터넷 게임의 소비량만 증가한다.
② 햄버거의 소비량만 증가한다.
③ 인터넷 게임과 햄버거 소비량이 모두 증가한다.
④ 인터넷 게임과 햄버거 소비량에 변화가 없다.

해설
두 재화의 가격과 소득이 동일한 비율로 변화하면 예산선이 변하지 않으므로 소비자의 수요량도 변화하지 않는다(수요함수의 0차 동차성). 따라서 인터넷 게임과 햄버거 소비량에는 아무런 변화가 없다.

- $(1+0.1)P_X X + (1+0.1)P_Y Y = (1+0.1)M \rightarrow P_X X + P_Y Y = M$

05 [2015 | 서울시 7급]

두 재화를 소비하는 소비자가 효용을 극대화하는 최적 소비묶음을 찾는 과정에 대한 다음의 설명 중 옳은 것은?

① 두 재화 간의 한계대체율과 두 재화의 상대가격비율이 일치하는 수준에서 효용을 극대화하는 최적 소비묶음이 결정된다.
② 한 재화의 소비로부터 얻는 소비자의 한계효용과 그 재화의 가격이 일치하는 수준에서 효용을 극대화하는 최적 소비묶음이 결정된다.
③ 원점에 대해 볼록한 형태의 무차별곡선의 경우 한계대체율체증의 법칙이 성립하므로 예산제약선과 무차별곡선의 접점에서 최적 소비묶음이 결정된다.
④ 두 재화의 가격과 소비자의 소득이 모두 종전의 1.5배 수준으로 올랐다고 할 때, 예산제약선은 원점에서 더 멀어진 위치로 평행 이동한다.

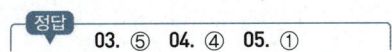

Tip. 소비자의 효용극대화 조건은 $MRS_{XY} = \dfrac{P_X}{P_Y}$ 혹은 $\dfrac{MU_X}{P_X} = \dfrac{MU_Y}{P_Y}$ 이다.

① |○| 소비자의 효용극대화 조건은 $MRS_{XY} = \dfrac{P_X}{P_Y}$ 이다. 따라서 두 재화 간의 한계대체율과 두 재화의 상대가격비가 일치하는 수준에서 소비자의 최적 소비묶음이 결정된다.
② |×| 소비자의 최적 소비묶음은 한계효용과 그 재화의 가격이 일치하는 수준에서 결정되는 것이 아니라 각 재화 1원어치의 한계효용이 일치하는 수준에서 결정된다.
③ |×| 무차별곡선이 원점에 대해 볼록하면 한계대체율체감의 법칙이 성립한다.
④ |×| 두 재화의 가격과 소득이 모두 1.5배가 되면 예산선은 변하지 않는다(수요함수의 0차 동차성).

06 | 2016 | 공인회계사 | 상 중 하

휴대전화 서비스와 빵만을 소비하는 한 소비자가 있다. 빵의 가격은 개당 1이고 휴대전화 서비스의 가격은 다음과 같이 결정된다. 사용량이 100분 이하이면 기본료 없이 분당 2이고, 사용량이 100분을 초과하면 기본료가 20이고 100분까지는 분당 2, 100분을 초과한 부분에 대해서는 분당 1이다. 이 소비자의 소득이 300이라면 예산집합의 면적은?

① 21,450(분·개)
② 22,200(분·개)
③ 23,200(분·개)
④ 24,350(분·개)
⑤ 27,000(분·개)

빵을 X재, 휴대전화 서비스를 Y재라 할 때 예산선은 휴대전화 사용량 100분($Y=100$)을 기준으로 아래 그림과 같이 그려진다. 이를 나누어 살펴보도록 하자.

ⅰ) 휴대전화 사용량이 100분 이하일 때($Y \leq 100$)
    소비자의 소득(M)이 300이고, 빵(X재) 가격이 $P_X = 1$이므로 소득을 전부 빵 소비에 지출하면 300개의 빵을 소비할 수 있다. 휴대전화(Y재) 사용량이 100분 이하이면 기본료는 없고 분당 사용요금이 $P_Y = 2$이므로 휴대전화를 100분까지 사용하면 빵 소비량이 100개로 감소한다.
- $(1 \times X) + (2 \times 100) = 300 \quad \therefore X = 100$
  따라서 휴대전화 사용량이 100분 이하일 때의 예산선식은 다음과 같다.
- $Y = -\dfrac{P_X}{P_Y}X + \dfrac{M}{P_Y} \to Y = -\dfrac{1}{2}X + 150 \quad (Y \leq 100)$

ⅱ) 휴대전화 사용량이 100분을 초과할 때($Y > 100$)
    휴대전화(Y재) 사용량이 100분을 초과하는 순간 20의 기본요금이 발생하므로 빵(X재) 소비량이 100개에서 80개로 감소한다. 휴대전화 사용량이 100분을 초과하면 분당 사용요금이 $P_Y = 1$이므로 소비자가 소득 $M = 300$을 전부 휴대전화 사용에 지출하면 180분 동안 휴대전화를 사용할 수 있다.

- $(100 \times 2) + [(Y-100) \times 1] + 20 = 300$ ∴ $Y = 180$

따라서 휴대전화 사용량이 100분을 초과할 때의 예산선식은 다음과 같다.

- $Y = -\dfrac{P_X}{P_Y}X + \dfrac{M}{P_Y} \rightarrow Y = -X + 180$ ($Y > 100$)

ⅲ) 결국, 소비자의 예산선은 휴대전화 사용량 100분($Y=100$)을 기준으로 다음과 같이 그려지고, 예산집합의 면적은 23,200으로 계산된다.

- 예산집합 : ($\Delta A + \Box B$)의 면적 $= \left(\dfrac{1}{2} \times 80 \times 80\right) + \left[\dfrac{1}{2} \times (100 + 300) \times 100\right] = 23,200$

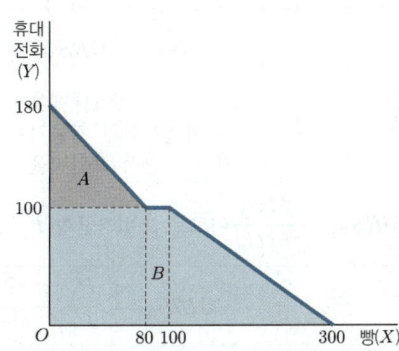

06. ③

24 콥-더글라스 효용함수

소비자균형(효용극대화)

1. **소비자균형 조건(효용극대화 조건)** : 콥-더글라스 효용함수
   - 소비자균형은 무차별곡선과 예산선이 접하는 점에서 달성되므로 소비자균형에서는 무차별곡선의 기울기와 예산선의 기울기가 동일함

   $$MRS_{XY} = \frac{P_X}{P_Y}$$

   한계대체율=상대가격비
   무차별곡선의 기울기=예산선의 기울기
   소비자의 주관적 교환비율=시장에서의 객관적 교환비율

   - $MRS_{XY} = \dfrac{MU_X}{MU_Y}$ 이므로 소비자균형(E점)에서는 한계효용균등의 법칙이 성립함

   $$MRS_{XY} = \frac{P_X}{P_Y} \rightarrow \frac{MU_X}{P_X} = \frac{MU_Y}{P_Y}$$

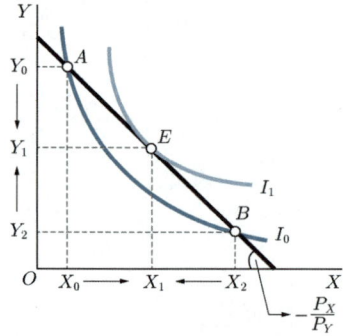

2. **불균형의 조정**

소비점	상 태	불균형의 조정
A점	$MRS_{XY} > \dfrac{P_X}{P_Y} \rightarrow \dfrac{MU_X}{P_X} > \dfrac{MU_Y}{P_Y}$	X재 소비 증가, Y재 소비 감소 → E점으로 이동($I_0 \rightarrow I_1$)
E점	$MRS_{XY} = \dfrac{P_X}{P_Y} \rightarrow \dfrac{MU_X}{P_X} = \dfrac{MU_Y}{P_Y}$	소비자의 효용이 극대화된 상태
B점	$MRS_{XY} < \dfrac{P_X}{P_Y} \rightarrow \dfrac{MU_X}{P_X} < \dfrac{MU_Y}{P_Y}$	X재 소비 감소, Y재 소비 증가 → E점으로 이동($I_0 \rightarrow I_1$)

콥-더글라스 효용함수

구 분	내 용
형 태	$U = X^\alpha Y^\beta$ (단, $\alpha > 0$, $\beta > 0$)
특 징	1. **한계효용** : α와 β의 크기에 따라 달라짐 • $MU_X = \dfrac{\Delta U}{\Delta X} = \alpha X^{\alpha-1} Y^\beta$, $MU_Y = \dfrac{\Delta U}{\Delta Y} = \beta X^\alpha Y^{\beta-1}$ ┌ $\alpha > 1 \to MU_X$ 체증, $\beta > 1 \to MU_Y$ 체증 ├ $\alpha = 1 \to MU_X$ 일정, $\beta = 1 \to MU_Y$ 일정 └ $\alpha < 1 \to MU_X$ 체감, $\beta < 1 \to MU_Y$ 체감 2. **한계대체율** : $MRS_{XY} = \dfrac{\alpha}{\beta}\left(\dfrac{Y}{X}\right)$ … α와 β의 크기에 관계없이 항상 체감함 • $MRS_{XY} = \dfrac{MU_X}{MU_Y} = \dfrac{\alpha X^{\alpha-1} Y^\beta}{\beta X^\alpha Y^{\beta-1}} = \dfrac{\alpha}{\beta}\left(\dfrac{Y}{X}\right)$ 3. **무차별곡선** : 한계대체율이 체감하므로 원점에 대해 볼록한 형태로 도출됨 4. **소비자균형(효용극대화)** : $MRS_{XY} = \dfrac{P_X}{P_Y} \to \dfrac{MU_X}{P_X} = \dfrac{MU_Y}{P_Y}$ ┌ $MRS_{XY} > \dfrac{P_X}{P_Y} \to \dfrac{MU_X}{P_X} > \dfrac{MU_Y}{P_Y}$: X재 소비 증가, Y재 소비 감소 └ $MRS_{XY} < \dfrac{P_X}{P_Y} \to \dfrac{MU_X}{P_X} < \dfrac{MU_Y}{P_Y}$: X재 소비 감소, Y재 소비 증가 5. **수요함수** • $X = \dfrac{\alpha}{\alpha+\beta} \cdot \dfrac{M}{P_X}$, $Y = \dfrac{\beta}{\alpha+\beta} \cdot \dfrac{M}{P_Y}$ • 특정 재화에 항상 소득의 일정 비율을 지출함 … 수요곡선이 직각쌍곡선 ┌ 가격탄력성＝1 … 가격소비곡선(PCC)이 수평선 ├ 소득탄력성＝1 … 소득소비곡선(ICC)이 원점을 지나는 직선 └ 교차탄력성＝0 … X재와 Y재는 독립재 관계 소득소비곡선 가격소비곡선 수요곡선 6. **동조 효용함수** : 한계대체율이 $\left(\dfrac{Y}{X}\right)$에 의존하는 효용함수

2013 | 감정평가사 상 중 하

현재 소비자 甲은 주어진 소득을 모두 사용하여 가격이 1,000원인 A재 10단위와 500원인 B재 15단위의 조합을 소비하려고 한다. 이때의 한계대체율$\left(MRS_{AB} = \dfrac{MU_A}{MU_B}\right)$이 1.5라면 효용극대화를 위한 甲의 선택으로 옳은 것은? (단, 소비자 甲의 무차별곡선은 우하향하고, 원점에 대하여 볼록하며, MU_i는 i재의 한계효용이다.)

① A재 10단위와 B재 15단위를 소비한다.
② A재와 B재 소비를 모두 증가시켜야 한다.
③ A재와 B재 소비를 모두 감소시켜야 한다.
④ A재 소비를 증가시키고, B재 소비를 감소시켜야 한다.
⑤ A재 소비를 감소시키고, B재 소비를 증가시켜야 한다.

현재 상태에서 $MRS_{AB} = \dfrac{MU_A}{MU_B} = 1.5 < \dfrac{P_A}{P_B} = \dfrac{1,000}{500} = 2$이므로 아래 그림의 F점에 해당한다. 따라서 A재 소비를 감소시키고 B재 소비를 증가시켜 E점으로 이동하면 예산제약하에서 효용이 극대화된다($I_0 \to I_1$).

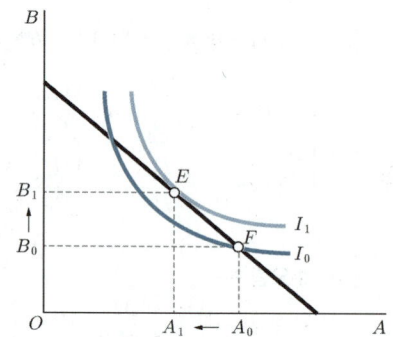

2016 | 감정평가사 상 중 하

02 현재 소비자 甲은 주어진 소득 3,000원을 모두 사용하여 가격이 60원인 X재 20단위와 가격이 100원인 Y재 18단위를 소비하려고 한다. 이때 X재와 Y재의 한계효용이 각각 20으로 동일하다면 효용극대화를 위한 甲의 선택으로 옳은 것은? (단, 소비자 甲의 X재와 Y재에 대한 무차별곡선은 우하향하고 원점에 대하여 볼록하다.)

① 현재 계획하고 있는 소비조합을 선택한다.
② X재 18단위와 Y재 18단위를 소비한다.
③ X재 20단위와 Y재 20단위를 소비한다.
④ X재의 소비량은 감소시키고 Y재의 소비량은 증가시켜야 한다.
⑤ X재의 소비량은 증가시키고 Y재의 소비량은 감소시켜야 한다.

[해설]

현재 상태에서 $MRS_{XY} = \dfrac{MU_X}{MU_Y} = \dfrac{20}{20} = 1 > \dfrac{P_X}{P_Y} = \dfrac{60}{100} = \dfrac{3}{5}$ 이므로 아래 그림의 F점에 해당한다. 따라서 X재 소비를 증가시키고 Y재 소비를 감소시켜 E점으로 이동하면 예산제약하에서 효용이 극대화된다($I_0 \rightarrow I_1$).

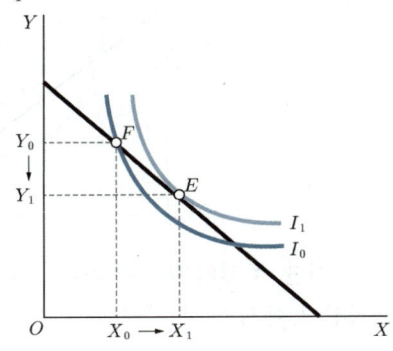

ReCheck 불균형의 조정 ⋯ $C-D$ 효용함수

상 태	불균형의 조정
$MRS_{XY} > \dfrac{P_X}{P_Y} \rightarrow \dfrac{MU_X}{P_X} > \dfrac{MU_Y}{P_Y}$	X재 소비 증가, Y재 소비 감소 → 효용 증가
$MRS_{XY} = \dfrac{P_X}{P_Y} \rightarrow \dfrac{MU_X}{P_X} = \dfrac{MU_Y}{P_Y}$	소비자의 효용이 극대화된 상태
$MRS_{XY} < \dfrac{P_X}{P_Y} \rightarrow \dfrac{MU_X}{P_X} < \dfrac{MU_Y}{P_Y}$	X재 소비 감소, Y재 소비 증가 → 효용 증가

[정답] 01. ⑤ 02. ⑤

03 | 2009 | 감정평가사 | 상 중 하

다음 그림에 관한 설명으로 옳지 않은 것은? (단 I_1과 I_2는 일반적인 특성을 갖는 무차별곡선이고, 우하향하는 선분은 예산선을 나타낸다.)

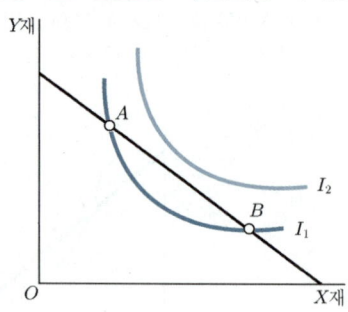

① Y재로 표시한 X재의 한계대체율이 B점보다 A점에서 크다.
② 무차별곡선 I_1에서의 상품묶음이 I_2에서의 어떤 상품묶음보다도 효용이 작다.
③ 소비자가 A점에서 얻는 총효용의 크기가 B점에서 얻는 총효용의 크기와 같다.
④ A점에서 X재 1원당 한계효용은 Y재의 1원당 한계효용보다 작다.
⑤ B점에서 소비하는 경우, 효용을 극대화하기 위해서는 X재의 소비를 감소시키고 Y재의 소비를 증가시켜야 한다.

해설

① |○| 무차별곡선의 기울기인 한계대체율(MRS_{XY})은 A점이 B점보다 더 크다.
② |○| 무차별곡선이 원점에서 멀수록 더욱 높은 효용수준을 나타낸다(단조성). 따라서 무차별곡선 I_2에서의 효용이 I_1에서의 효용보다 더 크다.
③ |○| A점과 B점은 동일한 무차별곡선 I_1상에 위치하고 있으므로 효용의 크기가 같다.
④ |×| A점에서 $MRS_{XY} > \dfrac{P_X}{P_Y} \to \dfrac{MU_X}{P_X} > \dfrac{MU_Y}{P_Y}$이므로 X재 1원어치의 한계효용이 Y재 1원어치의 한계효용보다 더 크다. 따라서 효용을 극대화하려면 X재 소비를 증가시키고 Y재 소비를 감소시켜야 한다.
⑤ |○| B점에서 $MRS_{XY} < \dfrac{P_X}{P_Y} \to \dfrac{MU_X}{P_X} < \dfrac{MU_Y}{P_Y}$이므로 Y재 1원어치의 한계효용이 X재 1원어치의 한계효용보다 더 크다. 따라서 효용을 극대화하려면 X재 소비를 감소시키고 Y재 소비를 증가시켜야 한다.

04 다음을 참조하여 〈보기〉에서 옳은 것을 모두 고르면?

> 효용극대화를 추구하는 어느 소비자의 X재와 Y재에 대한 효용함수가 $U(X, Y)$로 주어져 있고, 예산제약식이 $P_X X + P_Y Y = I$이다. 이때 $P_X = 5$, $P_Y = 50$, $I = 10,000$이며, 이 예산제약선상의 어느 한 점에서 X재의 한계효용 MU_X가 120, Y재의 한계효용 MU_Y가 60이다.
> (단, P_X는 X재의 가격, P_Y는 Y재의 가격, I는 소득이며, X재와 Y재의 한계효용은 체감한다.)

보기

ㄱ. 예산제약선을 따라 X재의 소비를 늘리고, Y재의 소비를 줄이면 총효용이 증가한다.
ㄴ. 소득 I가 12,000으로 증가하면 MU_X는 반드시 감소하고, MU_Y는 반드시 증가한다.
ㄷ. 소득 I가 12,000으로 증가하면 MU_X는 반드시 증가하고, MU_Y는 반드시 감소한다.

① ㄱ
② ㄴ
③ ㄷ
④ ㄱ, ㄴ
⑤ ㄱ, ㄷ

해설

ㄱ. |○| X재와 Y재의 한계효용이 모두 체감하면 한계대체율(MRS_{XY})도 체감하므로 무차별곡선이 원점에 대해 볼록한 형태이다. 현재 상태에서 $MRS_{XY} = \dfrac{MU_X}{MU_Y} = \dfrac{120}{60} = 2 > \dfrac{P_X}{P_Y}$ $= \dfrac{5}{50} = \dfrac{1}{10}$이므로 X재 소비를 늘리고 Y재 소비를 줄이면 효용이 증가한다.

ㄴ. ㄷ. |×| 소득이 증가할 때 해당 재화가 정상재라면 소비가 증가하여 한계효용이 감소할 것이나, 해당 재화가 열등재라면 소비가 감소하여 한계효용이 증가할 것이다. 따라서 소득이 증가할 때 두 재화의 한계효용의 증감 여부는 불분명하다.

정답 03. ④ 04. ①

05 `2012 | 국회직 8급` 상 중 하

두 재화(X재, Y재)를 소비하는 A의 효용함수는 $U_A = XY$이고, B의 효용함수는 $U_B = XY + X^2Y^2$이다. A, B의 소비활동에 대한 다음 설명 중 옳은 것은?

① A는 B보다 항상 효용이 더 높다.
② A는 B보다 항상 효용이 더 낮다.
③ P_X(X재 가격) $> P_Y$(Y재 가격)이면 A가 B보다 X재를 더 많이 소비한다.
④ P_X(X재 가격) $< P_Y$(Y재 가격)이면 B가 A보다 Y재를 더 많이 소비한다.
⑤ A와 B가 똑같은 예산으로 X, Y재를 소비하면 두 사람의 X, Y재 소비량은 같다.

해설

ⅰ) 먼저, 두 소비자의 한계대체율을 각각 구해보면 다음과 같다.
- $MRS^A_{XY} = \dfrac{MU_X}{MU_Y} = \dfrac{Y}{X}$
- $MRS^B_{XY} = \dfrac{MU_X}{MU_Y} = \dfrac{Y + 2XY^2}{X + 2X^2Y} = \dfrac{Y(1+2XY)}{X(1+2XY)} = \dfrac{Y}{X}$

ⅱ) 두 소비자의 한계대체율이 동일하므로 두 소비자의 선호체계가 동일하고, 무차별곡선의 형태도 같다.

①, ② |×| 두 소비자의 X재와 Y재 소비량이 0보다 크면 동일한 양의 X재와 Y재를 소비하더라도 B가 A보다 항상 효용이 더 높다. 예컨대, $X=1$, $Y=1$을 각 효용함수에 대입하면 $U_A = 1$이고, $U_B = 2$이다. 그러나 X재와 Y재 중 한 재화의 소비량이 0이라면 ($X=0$ 또는 $Y=0$) A와 B의 효용이 0으로 동일하다.

③, ④ |×| 소비자의 효용극대화 조건 $MRS_{XY} = \dfrac{P_X}{P_Y}$에서 $P_X > P_Y$이면 $\dfrac{Y}{X} = \dfrac{P_X}{P_Y} > 1 \to Y > X$이므로 A와 B 모두 Y재를 X재보다 더 많이 소비한다. 반대로, $P_X < P_Y$이면 $\dfrac{Y}{X} = \dfrac{P_X}{P_Y} < 1 \to X > Y$이므로 A와 B 모두 X재를 Y재보다 더 많이 소비한다.

⑤ |○| 선호체계가 동일한 두 소비자가 똑같은 예산으로 X재와 Y재를 소비하면 두 소비자의 X재와 Y재 소비량은 같다.

소비자의 효용극대화 조건은 $MRS_{XY} = \dfrac{P_X}{P_Y}$이다. 두 소비자의 한계대체율이 $\dfrac{Y}{X}$로 동일하므로 예산이 똑같다면 재화가격에 관계없이 두 소비자의 X재와 Y재 소비량은 같다.

06 두 재화 X재와 Y재에 대한 소비자 A의 선호체계는 효용함수 $U_A = 10XY$로 표현될 수 있으며, 소비자 B의 선호체계는 효용함수 $U_B = 10X^2Y^2$으로 표현될 수 있다고 하자. 다음 설명 중 옳지 않은 것은?

① 소비자 A의 무차별곡선은 원점에 대하여 볼록하다.
② 소비자 A와 소비자 B는 동일한 선호체계를 갖고 있다고 말할 수 있다.
③ X재 소비가 증가할수록 소비자 A의 Y재에 대한 한계효용이 커진다.
④ X재 1단위, Y재 2단위를 소비하는 것과 X재 2단위, Y재 1단위를 소비하는 것은 소비자 B에게 무차별하다.
⑤ 동일한 예산제약하에서 두 소비자의 최적 소비조합은 서로 다를 수 있다.

ⅰ) 먼저, 두 소비자의 한계대체율을 각각 구해보면 다음과 같다.
- $MRS^A_{XY} = \dfrac{MU_X}{MU_Y} = \dfrac{10Y}{10X} = \dfrac{Y}{X}$
- $MRS^B_{XY} = \dfrac{MU_X}{MU_Y} = \dfrac{20XY^2}{20X^2Y} = \dfrac{Y}{X}$

ⅱ) 두 소비자의 한계대체율이 동일하므로 두 소비자의 선호체계가 동일하고, 무차별곡선의 형태도 같다.

① |○| A의 한계대체율은 $MRS^A_{XY} = \dfrac{Y}{X}$이므로 X재 소비를 늘리고 Y재 소비를 줄이면 한계대체율이 체감한다. 따라서 A의 무차별곡선은 원점에 대해 볼록하다.

② |○| A와 B의 한계대체율이 $\dfrac{Y}{X}$로 동일하므로 A와 B는 선호체계가 동일하고, 무차별곡선의 형태도 같다.

③ |○| A의 Y재에 대한 한계효용은 $MU^A_Y = \dfrac{\Delta U}{\Delta Y} = 10X$이므로 X재 소비가 증가하면 A의 Y재에 대한 한계효용이 커진다.

④ |○| X재 1단위, Y재 2단위를 소비할 때의 B의 효용이 $U_B = 10 \times 1^2 \times 2^2 = 40$이고, X재 2단위, Y재 1단위를 소비할 때의 B의 효용도 $U_B = 10 \times 2^2 \times 1^2 = 40$이다. 즉, 두 소비점이 동일한 무차별곡선상에 위치하여 B에게 무차별하다.

⑤ |×| 선호체계가 동일한 두 소비자가 동일한 예산제약하에서 X재와 Y재를 소비하면 두 소비자의 최적 소비조합은 같다.

　🔍 소비자의 효용극대화 조건은 $MRS_{XY} = \dfrac{P_X}{P_Y}$이다. 두 소비자의 한계대체율이 $\dfrac{Y}{X}$로 동일하므로 동일한 예산제약하에서는 재화가격에 관계없이 두 소비자의 최적 소비조합은 같다.

05. ⑤　06. ⑤

07 두 재화 X, Y를 소비하는 소비자의 효용함수는 $u(x, y) = x^{\frac{1}{2}} y^{\frac{1}{2}}$이다. 이 소비자가 효용을 극대화한다고 할 때 다음 중 옳은 것은?

① 소득이 2배가 되면 각 재화의 소비량이 2배보다 작게 증가한다.
② 소득이 2배가 되면 효용이 2배보다 작게 증가한다.
③ 소득소비곡선은 수평선이다.
④ 가격소비곡선은 원점을 지나는 45°선이다.
⑤ X재와 Y재의 가격이 같다면 X재와 Y재의 소비량은 동일하다.

i) 효용함수 $U = X^{\frac{1}{2}} Y^{\frac{1}{2}}$은 콥-더글라스 효용함수로, 각 재화의 수요함수와 한계대체율을 구해보면 다음과 같다.

- $X = \dfrac{\alpha}{\alpha + \beta} \cdot \dfrac{M}{P_X} = \dfrac{M}{2P_X}$, $Y = \dfrac{\beta}{\alpha + \beta} \cdot \dfrac{M}{P_Y} = \dfrac{M}{2P_Y}$
- $MRS_{XY} = \dfrac{\alpha}{\beta} \left(\dfrac{Y}{X} \right) = \dfrac{Y}{X}$

ii) 수요의 가격탄력성이 1이므로 가격소비곡선(PCC)은 수평선이고, 수요곡선은 직각쌍곡선이다. 수요의 소득탄력성이 1이므로 소득소비곡선(ICC)은 원점을 지나는 직선이며, 수요의 교차탄력성이 0이므로 두 재화는 독립재 관계이다.

① |×| 수요의 소득탄력성이 1이므로, 소득이 2배가 되면 각 재화의 소비량도 2배가 된다.
② |×| 소득이 2배가 될 때의 효용의 크기를 구하기 위해 각 재화의 수요함수를 효용함수에 대입하면 다음과 같다.

- $U = \left(\dfrac{M}{2P_X} \right)^{\frac{1}{2}} \left(\dfrac{M}{2P_Y} \right)^{\frac{1}{2}} = \dfrac{M}{2} \left(\dfrac{1}{P_X P_Y} \right)^{\frac{1}{2}}$

따라서 소득이 2배가 되면 효용도 2배가 된다.
③ |×| 수요의 소득탄력성이 1이므로 소득소비곡선(ICC)은 원점을 지나는 직선이다.
④ |×| 수요의 가격탄력성이 1이므로 가격소비곡선(PCC)은 수평선이다.
⑤ |○| 소비자의 효용극대화 조건 $MRS_{XY} = \dfrac{P_X}{P_Y}$에서 $P_X = P_Y$이면 $\dfrac{Y}{X} = \dfrac{P_X}{P_Y} = 1 \rightarrow X = Y$

이므로 X재와 Y재의 소비량은 동일하다.

ReCheck $C-D$ **효용함수의 특징** ··· $U = X^{\alpha} Y^{\beta}$

- 한계대체율 : $MRS_{XY} = \dfrac{\alpha}{\beta} \left(\dfrac{Y}{X} \right)$ ··· α와 β의 크기에 관계없이 항상 체감함
- 수요함수
  → $X = \dfrac{\alpha}{\alpha + \beta} \cdot \dfrac{M}{P_X}$, $Y = \dfrac{\beta}{\alpha + \beta} \cdot \dfrac{M}{P_Y}$
  → 특정 재화에 항상 소득의 일정 비율을 지출함 ··· 수요곡선이 직각쌍곡선
    ├ 가격탄력성=1 ··· 가격소비곡선(PCC)이 수평선
    ├ 소득탄력성=1 ··· 소득소비곡선(ICC)이 원점을 지나는 직선
    └ 교차탄력성=0 ··· X재와 Y재는 독립재 관계

08 2017 | 감정평가사 [상][중][하]

주어진 소득으로 X재, Y재 두 재화만을 소비하는 甲의 효용함수가 $U = x^{1/3}y^{2/3}$일 때, 설명으로 옳지 않은 것은? (단, x는 X재 소비량, y는 Y재 소비량이며, 소득과 두 재화의 가격은 0보다 크다.)

① X재는 정상재이다.
② Y재는 정상재이다.
③ 甲의 무차별곡선은 원점에 대해 볼록하다.
④ 두 재화의 가격비율에 따라 어느 한 재화만 소비하는 결정이 甲에게 최적이다.
⑤ 두 재화의 가격이 동일하다면 Y재를 X재보다 많이 소비하는 것이 항상 甲에게 최적이다.

해설

i) 효용함수 $U = X^{1/3}Y^{2/3}$은 콥-더글라스 효용함수로, 각 재화의 수요함수와 한계대체율을 구해보면 다음과 같다.

- $X = \dfrac{\alpha}{\alpha+\beta} \cdot \dfrac{M}{P_X} = \dfrac{M}{3P_X}$, $Y = \dfrac{\beta}{\alpha+\beta} \cdot \dfrac{M}{P_Y} = \dfrac{2M}{3P_Y}$
- $MRS_{XY} = \dfrac{\alpha}{\beta}\left(\dfrac{Y}{X}\right) = \dfrac{Y}{2X}$

ii) 수요의 가격탄력성이 1이므로 가격소비곡선(PCC)은 수평선이고, 수요곡선은 직각쌍곡선이다. 수요의 소득탄력성이 1이므로 소득소비곡선(ICC)은 원점을 지나는 직선이며, 수요의 교차탄력성이 0이므로 두 재화는 독립재 관계이다.

①, ② |○| 두 재화 모두 수요의 소득탄력성이 1이므로 두 재화는 모두 정상재이다.

③ |○| 한계대체율은 $MRS_{XY} = \dfrac{Y}{2X}$이므로 X재 소비를 늘리고 Y재 소비를 줄이면 한계대체율이 체감한다. 따라서 甲의 무차별곡선은 원점에 대해 볼록하다.

④ |×| 무차별곡선이 원점에 대해 강볼록하면 구석해는 나타나지 않는다. 따라서 어느 한 재화만 소비하는 결정은 甲에게 최적이 될 수 없다.

⑤ |○| 소비자의 효용극대화 조건 $MRS_{XY} = \dfrac{P_X}{P_Y}$에서 $P_X = P_Y$이면 $\dfrac{Y}{2X} = \dfrac{P_X}{P_Y} = 1 \rightarrow Y = 2X$이므로 Y재를 X재의 2배만큼 소비하는 것이 항상 甲에게 최적이다.

09 [2017 | 국회직 8급]

효용함수가 $U(X, Y) = \sqrt{XY}$인 소비자의 소비선택에 대한 설명으로 옳은 것을 〈보기〉에서 모두 고르면?

---보기---
ㄱ. 전체 소득에서 X재에 대한 지출이 차지하는 비율은 항상 일정하다.
ㄴ. X재 가격변화는 Y재 소비에 영향을 주지 않는다.
ㄷ. X재는 정상재이다.
ㄹ. Y재는 수요의 법칙을 따른다.

① ㄱ, ㄴ
② ㄴ, ㄷ
③ ㄱ, ㄷ, ㄹ
④ ㄴ, ㄷ, ㄹ
⑤ ㄱ, ㄴ, ㄷ, ㄹ

i) 효용함수 $U=\sqrt{XY}$는 콥-더글라스 효용함수로, 각 재화의 수요함수를 구해보면 다음과 같다.
- $X = \dfrac{\alpha}{\alpha+\beta} \cdot \dfrac{M}{P_X} = \dfrac{M}{2P_X}$, $Y = \dfrac{\beta}{\alpha+\beta} \cdot \dfrac{M}{P_Y} = \dfrac{M}{2P_Y}$

ii) 수요의 가격탄력성이 1이므로 가격소비곡선(PCC)은 수평선이고, 수요곡선은 직각쌍곡선이다. 수요의 소득탄력성이 1이므로 소득소비곡선(ICC)은 원점을 지나는 직선이며, 수요의 교차탄력성이 0이므로 두 재화는 독립재 관계이다.

ㄱ. |○| 효용함수가 콥-더글라스 효용함수의 형태로 주어지면 전체 소득에서 특정 재화에 대한 지출액이 차지하는 비율이 항상 일정하다. X재 수요함수 $X=\dfrac{M}{2P_X}$, Y재 수요함수 $Y=\dfrac{M}{2P_Y}$을 정리하면 $P_X X = \dfrac{1}{2}M$, $P_Y Y = \dfrac{1}{2}M$이 되는데, 이를 통해 소비자의 전체 소득에서 X재와 Y재에 대한 지출액이 차지하는 비율이 항상 50%로 일정함을 알 수 있다.

ㄴ. |○| 수요의 교차탄력성이 0이므로 두 재화는 독립재 관계이다. 따라서 X재의 가격변화는 Y재 소비에 영향을 주지 않는다.

ㄷ. |○| X재 수요의 소득탄력성이 1이므로 X재는 정상재이다.

ㄹ. |○| Y재 수요함수 $Y=\dfrac{M}{2P_Y}$에서 Y재 가격이 상승하면 Y재 수요량이 감소하므로 Y재는 수요의 법칙을 따른다.

10 | 2013 | 공인회계사 | 상 중 하

소득 300만원으로 두 재화 X, Y재를 소비하는 어떤 소비자의 효용함수가 $u(X, Y) = X^a Y^b$라 하자($a, b > 0$). 이 소비자가 효용극대 상황에서 소득 중 200만원을 X재에 지출한다고 할 때, 다음 중 a와 b의 관계로 가능한 것을 모두 고르면?

| 가. $\dfrac{b}{a} = 0.5$ | 나. $\dfrac{b}{a} = 2$ |
| 다. $a + b = 3$ | 라. $a + b = 4$ |

① 가　　　　　　　　② 가, 다
③ 나, 라　　　　　　　④ 가, 다, 라
⑤ 나, 다, 라

해설

Tip. 효용함수가 콥–더글라스 효용함수의 형태로 주어지면 전체 소득에서 특정 재화에 대한 지출액이 차지하는 비율이 항상 일정하다.

ⅰ) 효용함수 $U = X^a Y^b$는 콥–더글라스 효용함수로, 각 재화의 수요함수를 구해보면 다음과 같다.

- $X = \dfrac{a}{a+b} \cdot \dfrac{M}{P_X}$, $Y = \dfrac{b}{a+b} \cdot \dfrac{M}{P_Y}$

⇒ 위 식에서 $\dfrac{a}{a+b}$는 전체 소득에서 X재에 대한 지출액이 차지하는 비율을, $\dfrac{b}{a+b}$는 전체 소득에서 Y재에 대한 지출액이 차지하는 비율을 의미한다.

ⅱ) 전체 소득이 300만원이고, 효용극대화 상황에서 X재에 대한 지출액이 200만원, Y재에 대한 지출액이 100만원이므로 $\dfrac{a}{a+b} = \dfrac{2}{3}$, $\dfrac{b}{a+b} = \dfrac{1}{3}$이 된다. 이 식을 정리하면 $a = 2b$의 관계가 성립한다. 이를 토대로 각 보기를 살펴보면 다음과 같다.

- $\dfrac{a}{a+b} = \dfrac{2}{3} \to 3a = 2(a+b)$ ∴ $a = 2b$ 또는 $\dfrac{b}{a+b} = \dfrac{1}{3} \to a+b = 3b$ ∴ $a = 2b$

가. |○|, 나. |×| $\dfrac{b}{a} = \dfrac{b}{2b} = \dfrac{1}{2} = 0.5 \neq 2$

다. |○| $a + b = 3 \to 3b = 3$ ∴ $b = 1$, $a = 2$

라. |○| $a + b = 4 \to 3b = 4$ ∴ $b = \dfrac{4}{3}$, $a = \dfrac{8}{3}$

정답 09. ⑤　10. ④

| 2015 | 공인회계사 | 상 중 하

11 두 재화 X, Y만을 소비하는 소비자가 효용을 극대화하기 위해 소비조합 $(x, y) = (5, 5)$를 선택하였다(x는 X재 소비량, y는 Y재 소비량). 이제 X재의 가격이 오르고 Y재의 가격은 하락하면서 새로운 예산선이 소비조합 $(x, y) = (5, 5)$를 지난다고 하자. 이 소비자의 무차별곡선이 원점에 대해 강볼록(strictly convex)하다고 할 때, 다음 설명 중 옳은 것은?

① 가격변화 이후에도 이 소비자의 효용은 동일하다.
② 가격변화 이후 이 소비자의 효용은 감소한다.
③ X재의 소비량이 감소한다.
④ Y재의 소비량이 감소할 수도 있다.
⑤ 새로운 최적 소비조합에서 이 소비자의 한계대체율은 $(x, y) = (5, 5)$에서의 한계대체율과 동일하다.

해설

ⅰ) 아래 그림에서 E점은 최초의 소비자균형을 나타내고 있다. 이제, X재 가격이 상승하고 Y재 가격이 하락하면 예산선의 기울기 $\left(\dfrac{P_X}{P_Y}\right)$가 커지는데, 바뀐 예산선이 최초의 소비자균형인 E점을 지나므로 아래 그림과 같이 바뀐 예산선은 E점을 기준으로 회전 이동한 형태가 된다.

ⅱ) 무차별곡선이 원점에 대해 강볼록하므로 가격변화 이후 무차별곡선과 바뀐 예산선이 접하는 새로운 균형은 E점보다 좌상방의 한 점, 예컨대 F점에서 이루어진다.
　　현시선호이론의 약공리를 적용해도 약공리 충족구간은 바뀐 예산선상에서 E점보다 좌상방의 구간이다.

①, ② |×| 새로운 균형인 F점에서 소비자의 효용수준은 가격변화 이전보다 증가한다.
③ |○|, ④ |×| 새로운 균형인 F점에서 소비자의 X재 소비량은 가격변화 이전보다 감소하고, Y재 소비량은 가격변화 이전보다 증가한다.
⑤ |×| 새로운 균형인 F점에서의 한계대체율은 바뀐 예산선의 기울기와 동일하므로 최초의 균형인 E점에서의 한계대체율보다 크다.

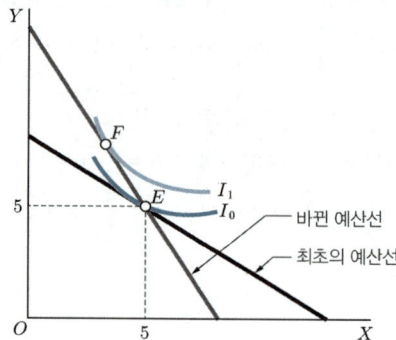

12 | 2013 | 공인회계사 | 상 중 하

철수는 작년 30,000원의 소득으로 쌀과 고기를 각각 100단위씩 소비하였다. 작년 쌀의 단위당 가격은 100원이었다. 그런데 올해 쌀 가격은 단위당 50원 상승하였지만, 고기 가격은 단위당 50원 하락하였다고 하자. 다음 설명 중 옳은 것을 모두 고르면? (단, 철수는 쌀과 고기만을 소비하며 철수의 소득변화는 없다. 철수의 선호는 단조성과 강볼록성을 만족한다.)

> 가. 철수는 작년에 비하여 올해 효용이 증가한다.
> 나. 철수는 작년에 비하여 올해 효용이 감소한다.
> 다. 철수의 효용 증감 여부는 일반화하여 말할 수 없다.
> 라. 올해 철수의 쌀 소비는 작년에 비하여 감소한다.

① 가　　　　　② 나　　　　　③ 다
④ 가, 라　　　⑤ 다, 라

해설

i) 쌀을 X재, 고기를 Y재라 가정하자. 작년 소득이 $M=30,000$일 때 X재와 Y재 소비량이 각각 $X=100$, $Y=100$이고, X재 가격이 $P_X=100$이므로 Y재 가격은 $P_Y=200$이다.
 • $P_X X + P_Y Y = M \rightarrow (100 \times 100) + (P_Y \times 100) = 30,000$ ∴ $P_Y = 200$

ii) 올해 소득은 $M=30,000$으로 작년과 동일하고, X재 가격이 50원 상승하고 Y재 가격이 50원 하락하였으므로 $P_X=150$이고, $P_Y=150$이다. 따라서 올해에도 X재와 Y재를 각각 100단위씩 소비하는 데는 30,000원이 든다. 그에 따라 올해의 예산선은 아래 그림과 같이 작년의 소비점인 E점을 지나면서 기울기 가 작년의 예산선보다 가파른 형태가 된다.
 • $P_X X + P_Y Y = M \rightarrow M = (150 \times 100) + (150 \times 100) = 30,000$

iii) 무차별곡선이 원점에 대해 강볼록하므로 가격변화 이후 무차별곡선과 올해의 예산선이 접하는 새로운 균형은 E점보다 좌상방의 한 점, 예컨대 F점에서 이루어진다.
　🔍 현시선호이론의 약공리를 적용해도 약공리 충족구간은 올해의 예산선상에서 E점보다 좌상방의 구간이다.
가. |○|, 나. 다. |×| 새로운 균형인 F점에서 철수의 효용수준은 작년보다 증가한다.
라. |○| 새로운 균형인 F점에서 철수의 쌀(X재) 소비량은 작년보다 감소하고, 고기(Y재) 소비량은 작년보다 증가한다.

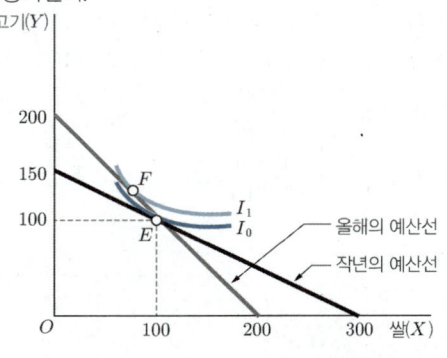

25 수요함수의 수학적 도출 : $C-D$ 효용함수

수요함수의 수학적 도출 : $C-D$ 효용함수

효용함수(단, k는 상수)	수요함수
$U = kX^\alpha Y^\beta$	$X = \dfrac{\alpha}{\alpha+\beta} \cdot \dfrac{M}{P_X}$ / $Y = \dfrac{\beta}{\alpha+\beta} \cdot \dfrac{M}{P_Y}$
$U = kX^\alpha Y^{1-\alpha}$	$X = \dfrac{\alpha M}{P_X}$ / $Y = \dfrac{(1-\alpha)M}{P_Y}$
$U = kXY$	$X = \dfrac{M}{2P_X}$ / $Y = \dfrac{M}{2P_Y}$

대표유형 01

| 2018 | 감정평가사 | 상 중 **하**

소비자 甲이 두 재화 X, Y를 소비하고 효용함수는 $U(x, y) = xy$이다. X, Y의 가격이 각각 5원, 10원이다. 소비자 甲의 소득이 1,000원일 때, 효용극대화 소비량은? (단, x는 X의 소비량, y는 Y의 소비량이다.)

① $x = 90$, $y = 55$
② $x = 100$, $y = 50$
③ $x = 110$, $y = 45$
④ $x = 120$, $y = 40$
⑤ $x = 130$, $y = 35$

Tip. 효용함수가 $U = kXY$일 때 각 재화의 수요함수는 $X = \dfrac{M}{2P_X}$, $Y = \dfrac{M}{2P_Y}$이다.

ⅰ) 효용함수 $U = XY$는 콥-더글라스 효용함수로, 각 재화의 수요함수를 구해보면 다음과 같다.
- $X = \dfrac{\alpha}{\alpha+\beta} \cdot \dfrac{M}{P_X} = \dfrac{M}{2P_X}$, $Y = \dfrac{\beta}{\alpha+\beta} \cdot \dfrac{M}{P_Y} = \dfrac{M}{2P_Y}$

ⅱ) X재 가격 $P_X = 5$, Y재 가격 $P_Y = 10$, 소득 $M = 1,000$을 각 재화의 수요함수에 대입하면 소비자 甲의 효용극대화 소비량은 $X = 100$, $Y = 50$으로 계산된다.
- $X = \dfrac{M}{2P_X} = \dfrac{1,000}{2 \times 5} = 100$
- $Y = \dfrac{M}{2P_Y} = \dfrac{1,000}{2 \times 10} = 50$

02

[2016 | 공인회계사] 상 중 하

한 소비자의 효용함수는 $U=4XY$이다. 이 소비자의 소득은 400이고, X재 가격은 10, Y재 가격은 40이다. 이 소비자가 효용극대화할 때의 X재 소비량은? (단, U는 효용수준, X는 X재 소비량, Y는 Y재 소비량이다.)

① 5 ② 10
③ 15 ④ 20
⑤ 25

해설

i) 효용함수 $U=4XY$는 콥-더글라스 효용함수로, 각 재화의 수요함수를 구해보면 다음과 같다.

- $X = \dfrac{\alpha}{\alpha+\beta} \cdot \dfrac{M}{P_X} = \dfrac{M}{2P_X}$, $Y = \dfrac{\beta}{\alpha+\beta} \cdot \dfrac{M}{P_Y} = \dfrac{M}{2P_Y}$

ii) X재 가격 $P_X=10$, Y재 가격 $P_Y=40$, 소득 $M=400$을 각 재화의 수요함수에 대입하면 소비자의 효용극대화 소비량은 $X=20$, $Y=5$로 계산된다.

- $X = \dfrac{M}{2P_X} = \dfrac{400}{2\times 10} = 20$
- $Y = \dfrac{M}{2P_Y} = \dfrac{400}{2\times 40} = 5$

03

[2014 | 감정평가사] 상 중 하

효용함수가 $U=X^6Y^4$이고 예산제약식이 $3X+4Y=100$일 때 효용이 극대화되는 X재와 Y재의 구매량은 얼마인가?

① $X=20$, $Y=10$ ② $X=10$, $Y=17.5$
③ $X=5$, $Y=21.25$ ④ $X=1$, $Y=24.25$
⑤ $X=0$, $Y=25$

해설

i) 효용함수 $U=X^6Y^4$은 콥-더글라스 효용함수로, 각 재화의 수요함수를 구해보면 다음과 같다.

- $X = \dfrac{\alpha}{\alpha+\beta} \cdot \dfrac{M}{P_X} = \dfrac{6M}{10P_X} = \dfrac{3M}{5P_X}$, $Y = \dfrac{\beta}{\alpha+\beta} \cdot \dfrac{M}{P_Y} = \dfrac{4M}{10P_Y} = \dfrac{2M}{5P_Y}$

ii) 예산제약식이 $3X+4Y=100$이므로 X재 가격 $P_X=3$, Y재 가격 $P_Y=4$, 소득 $M=100$이다. 따라서 $P_X=3$, $P_Y=4$, $M=100$을 각 재화의 수요함수에 대입하면 소비자의 효용극대화 소비량은 $X=20$, $Y=10$으로 계산된다.

- $X = \dfrac{3M}{5P_X} = \dfrac{3\times 100}{5\times 3} = 20$
- $Y = \dfrac{2M}{5P_Y} = \dfrac{2\times 100}{5\times 4} = 10$

정답 01. ② 02. ④ 03. ①

04 ｜2018 ｜ 국회직 8급 ｜ 상 중 하

어떤 소비자의 효용함수는 $U(x, y) = 20x - 2x^2 + 4y$이고, 그의 소득은 24이다. 가격이 $P_X = P_Y = 2$에서 $P_X = 6$, $P_Y = 2$로 변화했다면 가격변화 이전과 이후의 X재와 Y재의 최적 소비량은? (단, x, y는 각각 X재와 Y재의 소비량이다.)

	가격변화 이전	가격변화 이후
①	$(x=2,\ y=6)$	$(x=2,\ y=8)$
②	$(x=2,\ y=6)$	$(x=4,\ y=8)$
③	$(x=4,\ y=8)$	$(x=2,\ y=6)$
④	$(x=4,\ y=8)$	$(x=4,\ y=6)$
⑤	$(x=4,\ y=8)$	$(x=6,\ y=2)$

ⅰ) 효용함수가 $U = 20X - 2X^2 + 4Y$이므로, 먼저 한계대체율을 구해보면 다음과 같다.

- $MRS_{XY} = \dfrac{MU_X}{MU_Y} = \dfrac{20-4X}{4} = 5-X$

X재 소비가 증가할수록 한계대체율이 체감하므로 무차별곡선이 원점에 대해 볼록한 형태이다. 따라서 $MRS_{XY} = \dfrac{P_X}{P_Y}$가 되도록 소비가 이루어질 때 소비자의 효용이 극대화된다.

ⅱ) 가격변화 이전

X재 가격 $P_X = 2$, Y재 가격 $P_Y = 2$이므로 소비자의 효용극대화 조건 $MRS_{XY} = \dfrac{P_X}{P_Y}$에 의해 X재 소비량은 4단위로 계산된다.

- $MRS_{XY} = \dfrac{P_X}{P_Y} \to 5-X = \dfrac{2}{2} = 1 \therefore X = 4$

이제 $P_X = 2$, $P_Y = 2$, $X = 4$, $M = 24$를 예산제약식 $P_X X + P_Y Y = M$에 대입하면 $Y = 8$이 된다. 따라서 가격변화 이전 소비자의 효용극대화 소비량은 $X = 4$, $Y = 8$이다.

- $P_X X + P_Y Y = M \to (2 \times 4) + (2 \times Y) = 24 \to 2Y = 16 \therefore Y = 8$

ⅲ) 가격변화 이후

X재 가격 $P_X = 6$, Y재 가격 $P_Y = 2$이므로 소비자의 효용극대화 조건 $MRS_{XY} = \dfrac{P_X}{P_Y}$에 의해 X재 소비량은 2단위로 계산된다.

- $MRS_{XY} = \dfrac{P_X}{P_Y} \to 5-X = \dfrac{6}{2} = 3 \therefore X = 2$

이제 $P_X = 6$, $P_Y = 2$, $X = 2$, $M = 24$를 예산제약식 $P_X X + P_Y Y = M$에 대입하면 $Y = 6$이 된다. 따라서 가격변화 이후 소비자의 효용극대화 소비량은 $X = 2$, $Y = 6$이다.

- $P_X X + P_Y Y = M \to (6 \times 2) + (2 \times Y) = 24 \to 2Y = 12 \therefore Y = 6$

05 | 2017 | 보험계리사 | 상 중 하 |

기업 H에 근무하는 사원 Y는 근무 지역 A와 B를 비교하고자 한다. 두 재화 x_1, x_2를 소비하는 이 사원의 효용함수가 $u = x_1 x_2$이고, 지역 A에서 두 재화의 가격 $(p_{A1},\ p_{A2}) = (1,\ 1)$, 지역 B에서 두 재화의 가격 $(p_{B1},\ p_{B2}) = (1,\ 4)$이다. 이 사원이 지역 A에서 근무할 경우의 임금이 100일 때, 두 지역에서의 효용수준이 동일하도록 지역 B에서 받아야 할 임금은?

① 120
② 160
③ 200
④ 240

 해설

i) 효용함수 $U = X_1 X_2$는 콥-더글라스 효용함수로, 각 재화의 수요함수를 구해보면 다음과 같다.

- $X_1 = \dfrac{\alpha}{\alpha + \beta} \cdot \dfrac{M}{P_1} = \dfrac{M}{2P_1}$, $X_2 = \dfrac{\beta}{\alpha + \beta} \cdot \dfrac{M}{P_2} = \dfrac{M}{2P_2}$

그러므로 지역 A에서 근무할 때와 지역 B에서 근무할 때의 효용함수는 다음과 같이 나타낼 수 있다.

- $U_A = X_1 X_2 = \dfrac{M}{2P_{A1}} \times \dfrac{M}{2P_{A2}} = \dfrac{M^2}{4P_{A1}P_{A2}}$, $U_B = X_1 X_2 = \dfrac{M}{2P_{B1}} \times \dfrac{M}{2P_{B2}} = \dfrac{M^2}{4P_{B1}P_{B2}}$

ii) 지역 A에서 X_1재 가격 $P_{A1} = 1$, X_2재 가격 $P_{A2} = 1$, 임금 $M = 100$이므로, 이를 지역 A에서 근무할 때의 효용함수에 대입하면 지역 A에서 근무할 때의 효용 $U_A = 2,500$이다.

- $U_A = \dfrac{M^2}{4P_{A1}P_{A2}} = \dfrac{100^2}{4 \times 1 \times 1} = 2,500$

iii) 지역 B에서 근무할 때도 효용수준이 동일해야 하므로 지역 B에서의 X_1재 가격 $P_{B1} = 1$, X_2재 가격 $P_{B2} = 4$, 효용 $U_A = U_B = 2,500$을 지역 B에서 근무할 때의 효용함수에 대입하면 지역 B에서 받아야 할 임금 $M = 200$으로 계산된다.

- $U_B = \dfrac{M^2}{4P_{B1}P_{B2}} \to 2,500 = \dfrac{M^2}{4 \times 1 \times 4} \to M = \sqrt{2,500} \times \sqrt{16}\ \therefore M = 200$

정답 04. ③ 05. ③

26. 선형 효용함수 : 완전대체재

선형 효용함수 : 완전대체재

구 분	내 용
형 태	$U = aX + bY$ (단, $a > 0$, $b > 0$)
특 징	1. **한계대체율** : $MRS_{XY}\left(=\dfrac{MU_X}{MU_Y}\right) = \dfrac{a}{b}$ 로 일정함 2. **무차별곡선** : 기울기가 $-\dfrac{a}{b}$ 인 우하향의 직선 형태로 도출됨 3. **소비자균형(효용극대화)** : 구석해(corner solution)의 가능성 $\quad\begin{array}{l}- MRS_{XY}\left(=\dfrac{a}{b}\right) > \dfrac{P_X}{P_Y} : X\text{재만 소비} \\ - MRS_{XY}\left(=\dfrac{a}{b}\right) < \dfrac{P_X}{P_Y} : Y\text{재만 소비} \\ - MRS_{XY}\left(=\dfrac{a}{b}\right) = \dfrac{P_X}{P_Y} : X, Y\text{재 동시 소비(무수히 많은 소비자균형)}\end{array}$ 4. **수요곡선** : 구간에 따라 수직선, 수평선 및 직각쌍곡선의 형태를 가짐 • $MRS_{XY}\left(=\dfrac{a}{b}\right) < \dfrac{P_X}{P_Y}$ 일 때 : Y재만 소비(구간 a) $\quad\to$ 수요함수 : $X = 0$, $Y = \dfrac{M}{P_Y}$ ⋯ X재 수요곡선이 수직선(가격축) $\quad\to \varepsilon_M^X = 0$, $\varepsilon_M^Y = 1$ ⋯ 소득소비곡선(ICC)이 Y재축과 일치 • $MRS_{XY}\left(=\dfrac{a}{b}\right) = \dfrac{P_X}{P_Y}$ 일 때 : X, Y재 동시 소비(구간 b) $\quad\to$ 예산선상의 모든 점이 소비자균형 $\quad\to X$재 소비량이 0과 $\dfrac{M}{P_X}$ 사이의 임의의 값 ⋯ X재 수요곡선이 수평선 • $MRS_{XY}\left(=\dfrac{a}{b}\right) > \dfrac{P_X}{P_Y}$ 일 때 : X재만 소비(구간 c) $\quad\to$ 수요함수 : $X = \dfrac{M}{P_X}$, $Y = 0$ ⋯ X재 수요곡선이 직각쌍곡선 $\quad\to \varepsilon_M^X = 1$, $\varepsilon_M^Y = 0$ ⋯ 소득소비곡선(ICC)이 X재축과 일치 5. **동조 효용함수**

대표유형 01 〔2010 | 공인노무사〕 상 중 하

두 재화 X와 Y를 소비하는 甲의 효용함수(U)는 $U = X + Y$이다. 甲의 소비행위에 관한 설명으로 옳지 않은 것은?

① X재와 Y재의 가격이 다를 때 한 재화만 소비하게 된다.
② 무차별곡선은 직선이다.
③ X재와 Y재에 대한 한계대체율은 체감한다.
④ X재와 Y재의 가격이 같다면 최적 소비점이 다수 존재한다.
⑤ X재와 Y재는 완전대체재이다.

해설

Tip. 효용함수가 선형 효용함수의 형태로 주어질 때 한계대체율과 상대가격비가 다르다면 구석해를 갖는다. 반면, 한계대체율과 상대가격비가 같다면 예산선상의 모든 점이 소비자균형이 된다.

ⅰ) 효용함수 $U = X + Y$는 선형 효용함수로, X재와 Y재가 완전대체재 관계이다. 효용함수를 정리하면 $Y = -X + U$이므로 무차별곡선은 기울기가 -1인 우하향의 직선 형태이고, 무차별곡선의 기울기인 한계대체율은 $MRS_{XY} = 1$로 일정하다.

ⅱ) 효용함수가 선형 효용함수의 형태로 주어질 때 한계대체율과 상대가격비가 다르다면 구석해를 갖는다. 즉, 한계대체율이 1일 때 X재와 Y재의 가격이 다르다면 가격이 낮은 한 재화만을 소비하는 것이 최적이다. 반면, 한계대체율과 상대가격비가 같다면 무차별곡선과 예산선이 겹치므로 예산선상의 모든 점이 소비자균형이 된다. 따라서 한계대체율이 1일 때 X재와 Y재의 가격이 같다면 최적 소비점이 다수 존재한다.

02 〔2017 | 감정평가사〕 상 중 하

소득이 600인 소비자 甲은 X재와 Y재만을 소비하며 효용함수는 $U = x + y$이다. $P_X = 20$, $P_Y = 15$이던 두 재화의 가격이 $P_X = 20$, $P_Y = 25$로 변할 때 최적 소비에 관한 설명으로 옳은 것은? (단, x는 X재 소비량, y는 Y재 소비량이다.)

① X재 소비를 30단위 증가시킨다.
② X재 소비를 40단위 증가시킨다.
③ Y재 소비를 30단위 증가시킨다.
④ Y재 소비를 40단위 증가시킨다.
⑤ Y재 소비를 30단위 감소시킨다.

정답 01. ③ 02. ①

i) 효용함수 $U = X + Y$는 선형 효용함수로, X재와 Y재가 완전대체재 관계이다. 무차별곡선의 기울기인 한계대체율이 $MRS_{XY} = 1$이고, 예산선의 기울기(절댓값)가 $\dfrac{P_X}{P_Y} = \dfrac{20}{15} = \dfrac{4}{3}$이므로 무차별곡선이 우하향의 직선이면서 예산선보다 기울기가 완만하다. 이 경우 소비자는 소득 600을 전부 가격 $P_Y = 15$인 Y재 소비에 지출할 것이므로 X재 소비량은 0, Y재 소비량은 40단위가 된다(그림 a).

- $MRS_{XY} = \left(\dfrac{a}{b}\right) = 1 < \dfrac{P_X}{P_Y} = \dfrac{4}{3}$: Y재만 소비

ii) Y재 가격이 변화하여 두 재화의 가격이 $P_X = 20$, $P_Y = 25$가 되면 예산선의 기울기(절댓값)가 $\dfrac{P_X}{P_Y} = \dfrac{20}{25} = \dfrac{4}{5}$로 바뀌어 예산선이 무차별곡선보다 기울기가 완만해진다. 따라서 가격변화 이후 소비자는 소득 600을 전부 가격 $P_X = 20$인 X재 소비에 지출할 것이므로 X재 소비량은 30단위, Y재 소비량은 0이 된다(그림 b).

- $MRS_{XY} = \left(\dfrac{a}{b}\right) = 1 > \dfrac{P_X}{P_Y} = \dfrac{4}{5}$: X재만 소비

iii) 결국, 가격변화로 인해 소비자는 X재 소비량을 30단위 증가시키고, Y재 소비량을 40단위 감소시킨다.

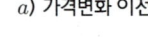
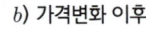
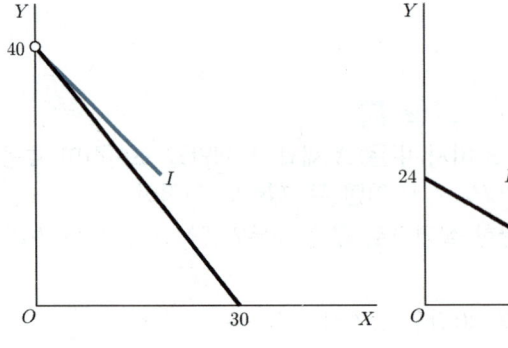

> **ReCheck 선형 효용함수의 특징** ··· $U = aX + bY$
>
> - 한계대체율 : $MRS_{XY} = \dfrac{a}{b}$ 로 일정함
> - 무차별곡선 : 기울기가 $-\dfrac{a}{b}$ 인 우하향의 직선 형태로 도출됨
> - 소비자균형(효용극대화) : 구석해(corner solution)의 가능성
>
> $$\begin{cases} MRS_{XY}\left(=\dfrac{a}{b}\right) > \dfrac{P_X}{P_Y} : X재만 \ 소비 \\ MRS_{XY}\left(=\dfrac{a}{b}\right) < \dfrac{P_X}{P_Y} : Y재만 \ 소비 \\ MRS_{XY}\left(=\dfrac{a}{b}\right) = \dfrac{P_X}{P_Y} : X, \ Y재 \ 동시 \ 소비(무수히 \ 많은 \ 소비자균형) \end{cases}$$

03 | 2009 | 감정평가사 |

A는 사과주스 한 잔과 당근주스 한 잔을 서로 바꾸어 마셔도 동일한 만족을 얻는 반면, B는 사과주스와 당근주스는 반드시 1 : 1로 섞어 마셔야 만족한다. 다음 설명 중 옳은 것은?

① A에게 당근주스와 사과주스는 완전보완재이다.
② A에게 당근주스와 사과주스의 한계대체율은 1이다.
③ A의 무차별곡선은 수평선이다.
④ B의 무차별곡선은 수평선이다.
⑤ B에게 당근주스와 사과주스의 한계대체율은 −1이다.

ⅰ) A는 사과주스 한 잔과 당근주스 한 잔을 바꿔 마셔도 동일한 만족을 얻으므로 A에게 사과주스와 당근주스는 완전대체재 관계이다. 따라서 무차별곡선은 기울기가 −1인 우하향의 직선 형태이고, 한계대체율은 1이다.

ⅱ) B는 사과주스와 당근주스를 반드시 1 : 1로 섞어 마셔야 만족하므로 B에게 사과주스와 당근주스는 완전보완재 관계이다. 따라서 무차별곡선은 L자 형태이고, 한계대체율은 0 또는 무한대(∞)이다.

정답
03. ②

04 [2007 | 감정평가사] 상 중 하

갑(甲)에게는 초콜릿과 사탕이 완전대체재이고, 그의 무차별곡선의 기울기는 -1 이다. 갑이 초콜릿 4개와 사탕 20개를 구매했다면 다음 중 옳은 것은? (단, 초콜릿과 사탕의 크기는 같다.)

① 사탕이 초콜릿보다 더 비싸다.
② 초콜릿이 사탕보다 더 비싸다.
③ 갑은 사탕보다 초콜릿을 더 좋아한다.
④ 갑은 초콜릿보다 사탕을 더 좋아한다.
⑤ 초콜릿과 사탕의 가격은 동일하다.

해설

ⅰ) 두 재화가 완전대체재 관계일 때 소비자가 한 재화(구석해)가 아닌 두 재화를 동시에 일정량 소비한다는 것은 무차별곡선과 예산선이 겹치는 상황을 의미한다. 이 경우 예산선상의 모든 점이 소비자균형이 된다 $\left(MRS_{XY} = \dfrac{P_X}{P_Y}\right)$.

ⅱ) 무차별곡선의 기울기가 -1이므로 예산선의 기울기도 -1이다. 따라서 초콜릿(X재)과 사탕(Y재)의 가격은 동일하다.

- $MRS_{XY} = 1 = \dfrac{P_X}{P_Y} \rightarrow P_X = P_Y$

---

05 [2014 | 공인회계사] 상 중 하

어느 소비자에게 라떼와 카푸치노는 완전대체이다. 이 소비자는 효용을 극대화하기 위해 라떼 2잔과 카푸치노 4잔을 마셨다고 하자. 라떼 한 잔 가격은 P_L, 카푸치노 한 잔 가격은 P_C로 표현한다. 이 소비자의 선호에 대한 다음 설명 중 옳은 것은?

① $(P_L, P_C) = $ (4천원, 6천원)이었다면, 라떼 한 잔을 카푸치노 한 잔보다 더 선호했다.
② $(P_L, P_C) = $ (4천원, 6천원)이었다면, 라떼 한 잔과 카푸치노 한 잔 중 어느 것을 선호했는지 알 수 없다.
③ $(P_L, P_C) = $ (4천원, 6천원)이었다면, 라떼 5잔과 카푸치노 2잔을 마셨더라도 이 소비자의 효용은 극대화되었다.
④ $(P_L, P_C) = $ (4천원, 4천원)이었다면, 카푸치노 한 잔을 라떼 한 잔보다 더 선호했다.
⑤ $(P_L, P_C) = $ (4천원, 4천원)이었다면, 라떼 한 잔을 카푸치노 한 잔보다 더 선호했다.

해설

라떼를 L재, 카푸치노를 C재라 가정하자. L재와 C재가 완전대체재 관계일 때 소비자가 한 재화(구석해)가 아닌 두 재화를 동시에 일정량 소비한다는 것은 무차별곡선과 예산선이 겹치는 상황을 의미한다. 이 경우 예산선상의 모든 점이 소비자균형이 된다$\left(MRS_{LC} = \dfrac{P_L}{P_C}\right)$.

①, ② |×| $(P_L,\ P_C)$=(4,000, 6,000)이라면 예산선의 기울기(절댓값)가 $\dfrac{P_L}{P_C} = \dfrac{4,000}{6,000} = \dfrac{2}{3}$이 므로 무차별곡선의 기울기인 한계대체율도 $MRS_{LC} = \dfrac{2}{3}$이다. 따라서 소비자는 라떼 한 잔보다 카푸치노 한잔을 1.5배 더 선호한다.

🔍 한계대체율이 $MRS_{LC} = \dfrac{2}{3}$라는 것은 라떼(L재) 한 잔을 소비하기 위해 포기할 용의가 있는 카푸치노(C재)의 양이 $\dfrac{2}{3}$잔이라는 의미이다.

③ |○| $(P_L,\ P_C)$=(4,000, 6,000)일 때 소비자가 라떼 2잔과 카푸치노 4잔을 마셨으므로 지출액이 32,000원이고, 라떼 5잔과 카푸치노 2잔을 마셨더라도 지출액은 여전히 32,000원이다. 이는 두 소비점이 동일한 예산선상에 위치하고 있음을 의미한다. 무차별곡선과 예산선이 겹칠 때는 예산선상의 모든 점이 소비자균형이 되므로 소비자의 효용은 극대화되었다고 할 수 있다.
- $(4,000 \times 2) + (6,000 \times 4) = 32,000$
- $(4,000 \times 5) + (6,000 \times 2) = 32,000$

④, ⑤ |×| $(P_L,\ P_C)$=(4,000, 4,000)이라면 예산선의 기울기(절댓값)가 $\dfrac{P_L}{P_C} = \dfrac{4,000}{4,000} = 1$이므로 무차별곡선의 기울기인 한계대체율도 $MRS_{LC} = 1$이다. 따라서 소비자는 라떼 한 잔과 카푸치노 한잔을 동일하게 선호한다.

---

06 [2013 | 국가직 9급] 상 중 하

효용극대화를 추구하는 소비자 甲은 X재와 Y재만 소비한다. 甲이 X재와 Y재의 소비로부터 얻는 한계효용은 소비량에 관계없이 각각 50과 30으로 일정하다. X재의 가격은 4, Y재의 가격은 2, 소득은 10일 때, 甲의 최적 소비조합 $(X,\ Y)$는?

① (0, 5) ② (1, 3)
③ (2, 1) ④ (2.5, 0)

해설

ⅰ) X재와 Y재의 한계효용이 소비량에 관계없이 각각 50과 30으로 일정하므로 무차별곡선의 기울기인 한계대체율이 $MRS_{XY} = \dfrac{MU_X}{MU_Y} = \dfrac{50}{30} = \dfrac{5}{3}$로 일정하다. 따라서 甲에게 X재와 Y재는 완전대체재 관계이다.

ii) X재 가격 $P_X=4$, Y재 가격 $P_Y=2$이면 예산선의 기울기(절댓값)가 $\frac{P_X}{P_Y}=\frac{4}{2}=2$이므로 무차별곡선이 예산선보다 기울기가 완만하다. 이 경우 甲은 소득 10을 전부 가격 $P_Y=2$인 Y재 소비에 지출할 것이므로 X재 소비량은 0, Y재 소비량은 5단위가 된다.

- $MRS_{XY}=\frac{5}{3}<\frac{P_X}{P_Y}=2$: Y재만 소비

07 | 2012 | 국회직 8급 | 상 중 하

X재와 Y재를 소비하는 어느 소비자의 효용함수가 $U(X, Y)=3X+4Y$이고 X재 가격은 3원, Y재 가격은 1원이다. 〈보기〉에서 옳은 것을 모두 고른 것은?

┤ 보기 ├

ㄱ. 이 소비자는 주어진 소득으로 전부 Y재만을 소비하는 것이 최적이다.
ㄴ. 다른 조건은 불변인 채 X재 가격이 1로 하락하면 이 소비자는 X재만 소비한다.
ㄷ. Y재의 엥겔곡선(engel curve)은 기울기가 $\frac{1}{P_Y}$인 직선이다.
ㄹ. 소득소비곡선은 원점을 통과하는 직선이다.
ㅁ. X재 수요의 소득탄력성은 1보다 작고, Y재 수요의 소득탄력성은 1보다 크다.

① ㄱ, ㄷ
② ㄱ, ㅁ
③ ㄱ, ㄴ, ㄹ
④ ㄱ, ㄷ, ㄹ
⑤ ㄷ, ㄹ, ㅁ

해설

ㄱ. |O| 효용함수 $U=3X+4Y$는 선형 효용함수로, X재와 Y재가 완전대체재 관계이다. 무차별곡선의 기울기인 한계대체율이 $MRS_{XY}=\frac{3}{4}$이고, 예산선의 기울기(절댓값)가 $\frac{P_X}{P_Y}=\frac{3}{1}=3$이므로 $MRS_{XY}=\frac{3}{4}<\frac{P_X}{P_Y}=3$이다. 따라서 소비자는 소득을 전부 Y재 소비에 지출한다.

ㄴ. |×| 다른 조건이 일정할 때 X재 가격이 1원으로 하락하면 예산선의 기울기(절댓값)가 $\frac{P_X}{P_Y}=\frac{1}{1}=1$이 된다. 그러나 여전히 $MRS_{XY}=\frac{3}{4}<\frac{P_X}{P_Y}=1$이므로 소비자는 소득을 전부 Y재 소비에 지출한다.

ㄷ. |O| 소비자는 소득을 전부 Y재 소비에 지출하므로 X재 소비량은 0이다. 따라서 $X=0$을 예산제약식 $P_X X+P_Y Y=M$에 대입하면 $M=P_Y Y$ 혹은 $Y=\frac{1}{P_Y}M$이 되어 가로축에 소득, 세로축에 Y재 소비량을 표시한 평면에서 엥겔곡선은 기울기가 $\frac{1}{P_Y}$인 우상향의 직선이다.

엥겔곡선을 그릴 때는 가로축에 재화 소비량, 세로축에 소득을 표시하는 것이 일반적이지만, 학자에 따라 이를 바꿔서 표시하기도 하므로 제시된 지문은 후자에 따른 것으로 본다. 그러나 지문이 보다 명확해지려면 가로축과 세로축에 어떤 것을 표시하는지를 명시해줘야 한다.

ㄹ. |○| 소비자는 소득을 전부 Y재 소비에 지출하므로 소득이 증가하더라도 X재 소비량은 0이고, Y재 소비량만 증가한다. 따라서 소득소비곡선(ICC)은 Y재축과 일치하는 수직선(원점을 통과하는 직선)이다.

ㅁ. |×| 소득이 증가하더라도 X재 소비량은 0으로 변화가 없으므로 X재 수요의 소득탄력성은 0이고, 소득이 증가하면 Y재 소비량은 비례적으로 증가하므로 Y재 수요의 소득탄력성은 1이다.

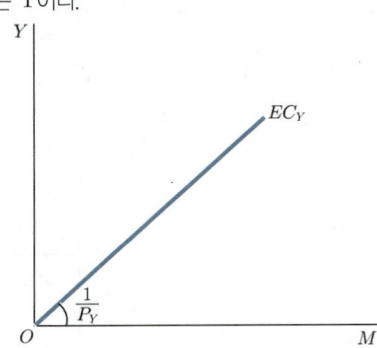
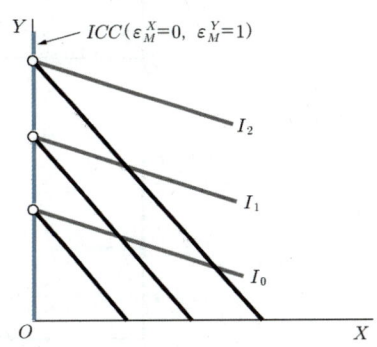

08

2017 | 국가직 7급 [상][중][하]

효용함수가 $u(x, y) = x + y$인 소비자가 있다. $p_x = 2$, $p_y = 3$일 때, 이 소비자의 소득소비곡선(income-consumption curve)을 바르게 나타낸 식은?

① $x = 0$
② $y = 0$
③ $y = \dfrac{2}{3}x$
④ $y = \dfrac{3}{2}x$

해설

ⅰ) 효용함수 $U = X + Y$는 선형 효용함수로, X재와 Y재가 완전대체재 관계이다. 무차별곡선의 기울기인 한계대체율이 $MRS_{XY} = 1$이고, 예산선의 기울기(절댓값)가 $\dfrac{P_X}{P_Y} = \dfrac{2}{3}$이므로 $MRS_{XY} = 1 > \dfrac{P_X}{P_Y} = \dfrac{2}{3}$이다. 따라서 소비자는 소득을 전부 X재 소비에 지출한다.

ⅱ) 소비자는 소득을 전부 X재 소비에 지출하므로 소득이 증가하더라도 Y재 소비량은 0으로 변화가 없고, X재 소비량만 비례적으로 증가한다. 따라서 Y재 수요의 소득탄력성은 0이고, X재 수요의 소득탄력성은 1이며, 소득소비곡선(ICC)은 X재축과 일치하는 수평선($Y = 0$)이 된다.

정답 07. ④ 08. ②

09 〔 2009 | 국회직 8급 〕 상 중 하

소득이 고정된 슬비의 효용함수가 $U(X_1, X_2) = 2X_1 + 3X_2$일 때, 슬비의 재화 X_1에 대한 수요곡선의 모양으로 가장 알맞은 것은?

①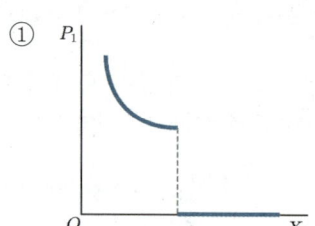

②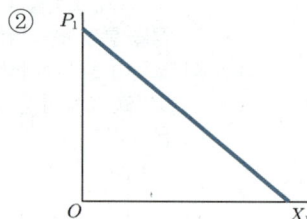

③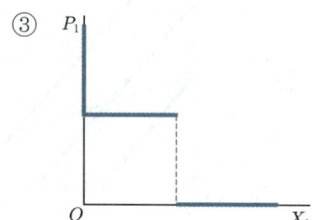

④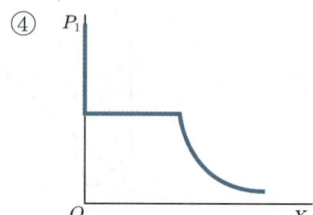

⑤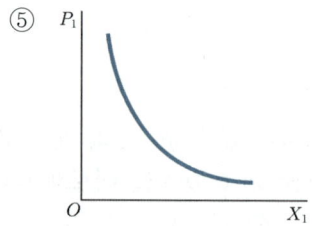

해설

효용함수 $U = 2X_1 + 3X_2$는 선형 효용함수로, X_1재와 X_2재가 완전대체재 관계이다. 선형 효용함수의 경우, 수요곡선이 구간에 따라 수직선, 수평선 및 직각쌍곡선의 형태를 갖는다. 주어진 효용함수를 편의상 $U = 2X + 3Y$라 가정하자.

i) $MRS_{XY}\left(=\dfrac{2}{3}\right) < \dfrac{P_X}{P_Y}$일 때 : Y재만 소비 ⋯ X재 수요곡선이 수직선(가격축)

무차별곡선이 예산선보다 기울기가 완만한 구간에서 소비자는 Y재만 소비하므로 X재 소비량이 0이 되어 X재 수요곡선은 수직선(가격축)이 된다.

ii) $MRS_{XY}\left(=\dfrac{2}{3}\right) = \dfrac{P_X}{P_Y}$일 때 : X, Y재 동시 소비 ⋯ X재 수요곡선이 수평선

무차별곡선과 예산선이 겹치는 구간에서는 예산선상의 모든 점이 소비자균형이 된다. 그 결과, X재 소비량은 0과 $\dfrac{M}{P_X}$ 사이의 임의의 값이 될 수 있으므로 X재 수요곡선은 수평선이 된다.

ⅲ) $MRS_{XY}\left(=\dfrac{2}{3}\right) > \dfrac{P_X}{P_Y}$ 일 때 : X재만 소비 ⋯ X재 수요곡선이 직각쌍곡선

예산선이 무차별곡선보다 기울기가 완만한 구간에서 소비자는 X재만 소비하므로 수요함수가 $X=\dfrac{M}{P_X}$ 이 되어 X재 수요곡선은 직각쌍곡선이 된다.

⇒ 따라서 X재 수요곡선은 보기 ④와 같이 그려진다.

10 [2011 | 공인회계사] 상 중 하

양(+)의 유한한 소득을 가지고 두 재화를 소비하는 한 소비자의 효용함수가 $u(x_1, x_2) = x_1 + x_2$로 주어져 있다. 재화 2의 가격이 고정되어 있는 경우, 재화 1에 대한 이 소비자의 수요곡선에 대해 옳게 설명한 것은?

① 우하향하는 직선이다.
② 원점에 대해 강볼록하며(strictly convex) 우하향한다.
③ 원점에 대해 강오목하며(strictly concave) 우하향한다.
④ 가격탄력성이 무한대(∞)인 점이 있다.
⑤ 불연속인 점이 존재한다.

해설 효용함수 $U = X_1 + X_2$는 선형 효용함수로, X_1재와 X_2재가 완전대체재 관계이다. 선형 효용함수의 경우, 수요곡선이 구간에 따라 수직선, 수평선 및 직각쌍곡선의 형태를 갖는데, 무차별곡선과 예산선이 겹치는 구간($P_{X_1} = P_{X_2}$)에서 X_1재의 수요곡선은 수평선이 되고, 수요의 가격탄력성은 무한대(∞)이다.

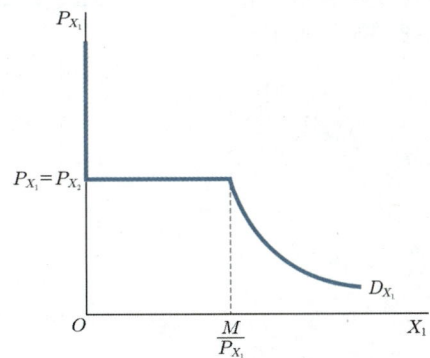

정답 09. ④ 10. ④

| 2017 | 감정평가사 | 상 중 하 |

11 X재와 Y재 소비에 대한 乙의 효용함수는 $U=12x+10y$이고, 소득은 1,500이다. X재의 가격이 15일 때 乙은 효용극대화를 위해 X재만 소비한다. 만약 乙이 Y재를 공동구매하는 클럽에 가입하면 Y재를 단위당 10에 구매할 수 있다. 乙이 클럽에 가입하기 위해 지불할 용의가 있는 최대금액은? (단, x는 X재 소비량, y는 Y재 소비량이다.)

① 120
② 200
③ 300
④ 400
⑤ 600

i) 소득이 1,500이므로 X재 가격이 단위당 15일 때 X재만 소비한다면 X재 소비량은 100단위이다. 효용함수가 $U=12X+10Y$이므로 이때의 효용은 1,200이다.
  • $U=12X+10Y=(12\times100)+(10\times0)=1,200$

  현재 乙이 효용극대화를 위해 X재만 소비하므로 $MRS_{XY}=\dfrac{12}{10}=\dfrac{6}{5}>\dfrac{P_X}{P_Y}$인 상태이다.

ii) 효용을 극대화하는 乙은 Y재를 공동구매하는 클럽에 가입했을 때의 효용이 1,200 이상이라면 클럽에 가입할 것이다. 클럽에 가입하면 Y재를 단위당 10에 구매할 수 있으므로 Y재만 소비하여 1,200의 효용을 얻기 위해서는 Y재 소비량이 120단위가 되어야 한다.
  • $U=12X+10Y=(12\times0)+(10\times Y)=1,200 \quad \therefore\ Y=120$

  Y재를 단위당 10에 구매할 수 있다면 $MRS_{XY}=\dfrac{6}{5}<\dfrac{P_X}{P_Y}=\dfrac{15}{10}=\dfrac{3}{2}$이 되므로 乙은 효용극대화를 위해 Y재만 소비한다.

iii) Y재 가격이 단위당 10이므로 Y재를 120단위 소비하는 데 필요한 지출액은 1,200이다. 따라서 乙이 클럽에 가입하기 위해 지불할 용의가 있는 최대금액은 소득 1,500에서 1,200을 차감한 300이 된다.

12

[2014 | 공인회계사] 상 중 하

어느 소비자의 효용함수가 $u(x, y) = x + 2y$ (x는 X재 소비량, y는 Y재 소비량)이다. Y재의 가격은 5천원이다. 효용을 극대화하는 이 소비자는 30만원을 가지고 Y재만을 소비하고 있다. 그런데 이 소비자가 어떤 회원제 마트에 회원으로 가입하면 X재를 2천원에 구입할 수 있다. 이때 이 소비자가 회원으로 가입하기 위해 최대한 얼마를 회비로 낼 용의가 있는가?

① 0원 ② 3만원
③ 5만원 ④ 6만원
⑤ 10만원

 해설

i) 소득이 30만원이므로 Y재 가격이 5천원일 때 Y재만 소비한다면 Y재 소비량은 60단위이다. 효용함수가 $U = X + 2Y$이므로 이때의 효용은 120이다.
- $U = X + 2Y = 0 + (2 \times 60) = 120$

현재 소비자가 효용극대화를 위해 Y재만 소비하므로 $MRS_{XY} = \frac{1}{2} < \frac{P_X}{P_Y}$인 상태이다.

ii) 효용을 극대화하는 소비자는 회원제 마트에 가입했을 때의 효용이 120 이상이라면 회원으로 가입할 것이다. 회원으로 가입하면 X재를 2천원에 구매할 수 있으므로 X재만 소비하여 120의 효용을 얻기 위해서는 X재 소비량이 120단위가 되어야 한다.
- $U = X + 2Y = X + (0 \times Y) = 120 \therefore X = 120$

X재를 2천원에 구매할 수 있다면 $MRS_{XY} = \frac{1}{2} > \frac{P_X}{P_Y} = \frac{2,000}{5,000} = \frac{2}{5}$가 되므로 소비자는 효용극대화를 위해 X재만 소비한다.

iii) X재 가격이 2천원이므로 X재를 120단위 소비하는 데 필요한 지출액은 24만원이다. 따라서 소비자가 회원으로 가입하기 위해 지불할 용의가 있는 최대금액은 소득 30만원에서 24만원을 차감한 6만원이 된다.

13 | 2011 | 감정평가사 | 상 중 하

X재와 Y재만을 소비하는 甲의 효용함수는 $U = -\sqrt{X} + Y$이며, 예산제약식은 $3X + 2Y = 10$이다. 효용을 극대화하는 甲의 Y재에 대한 수요량은? (단, U는 효용, $X \geq 0$, $Y \geq 0$)

① 0
② $\dfrac{2}{3}$
③ 1.5
④ 5
⑤ 10

풀이 1)

i) 효용함수 $U = -\sqrt{X} + Y$에서 X재 소비가 증가할수록 효용이 감소하므로 X재는 비재화(bads)이고 Y재는 재화(goods)이다. 효용함수를 정리하면 $Y = \sqrt{X} + U$이므로 무차별곡선은 X재축에 대해 오목하면서 우상향하는 형태이고, 좌상방에 위치할수록 더욱 높은 효용수준을 나타낸다.

ii) 이 경우, 소비자균형(E점)은 아래 그림과 같이 X재 소비량이 0일 때 달성되므로 $X = 0$을 예산제약식 $3X + 2Y = 10$에 대입하면 Y재 소비량은 5단위가 된다.

풀이 2)

i) 한계대체율은 $MRS_{XY} = -\dfrac{1}{2\sqrt{X}}$이고, $\dfrac{P_X}{P_Y} = \dfrac{3}{2}$이므로, 이를 소비자의 효용극대화 조건 $MRS_{XY} = \dfrac{P_X}{P_Y}$에 대입하면 $\sqrt{X} = -\dfrac{1}{3}$로 계산된다.

- $MRS_{XY} = \dfrac{MU_X}{MU_Y} = \dfrac{-\dfrac{1}{2}X^{-\frac{1}{2}}}{1} = -\dfrac{1}{2\sqrt{X}}$

- $MRS_{XY} = \dfrac{P_X}{P_Y} \rightarrow -\dfrac{1}{2\sqrt{X}} = \dfrac{3}{2}$ ∴ $\sqrt{X} = -\dfrac{1}{3}$

ii) 그런데 문제에서 $X \geq 0$으로 주어져 있으므로 $\sqrt{X} = -\dfrac{1}{3}$은 성립할 수가 없다. 따라서 X재 소비량은 0이다. $X = 0$을 예산제약식 $3X + 2Y = 10$에 대입하면 Y재 소비량은 5단위가 된다.

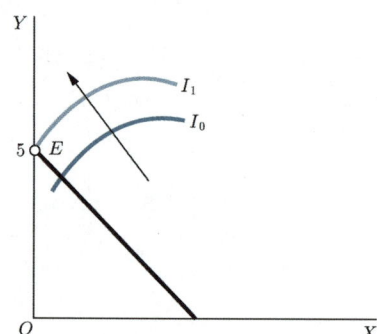

14

[2015 | 공인회계사] 상 중 하

어느 마을에 폐기물 처리장이 들어설 예정이다. 주민들의 효용(u)은 일반재화 소비량(y)과 폐기물 처리장 규모(x)의 함수로서 모두 $u = y - 2x$로 동일하다. 폐기물 처리장의 최대 가능 규모는 40이다. 개별주민의 소득이 100이며 일반재화의 가격은 1이고 폐기물 처리장 규모 한 단위당 정부가 주민 각자에게 1씩을 보조해 준다고 하자. 주민들의 효용을 극대화하는 (x, y) 조합은?

① (0, 100)
② (10, 110)
③ (10, 130)
④ (20, 150)
⑤ (40, 140)

해설

i) 효용함수 $U = Y - 2X$에서 X재 소비가 증가할수록 효용이 감소하므로 X재는 비재화(bads)이고 Y재는 재화(goods)이다. 효용함수를 정리하면 $Y = 2X + U$이므로 무차별곡선은 기울기가 2인 우상향하는 직선이고, 좌상방에 위치할수록 더욱 높은 효용수준을 나타낸다.

ii) Y재 가격은 1이나, X재는 소비할 때마다 정부가 오히려 단위당 1의 보조금을 지급하므로 X재 가격은 -1이다. 따라서 $P_X = -1$, $P_Y = 1$, $M = 100$을 예산제약식 $P_X X + P_Y Y = M$에 대입하면 $Y = X + 100$이므로 예산선은 Y재축 절편이 100이고, 기울기가 1인 우상향하는 직선이다.
- $P_X X + P_Y Y = M \rightarrow -X + Y = 100 \rightarrow Y = X + 100$ (단, $0 \le X \le 40$)

iii) 무차별곡선이 좌상방에 위치할수록 효용수준이 높아지므로 소비자균형(E점)은 아래 그림과 같이 X재 소비량이 0일 때 달성된다. 따라서 효용을 극대화하는 (X, Y)의 조합은 (0, 100)이 된다.

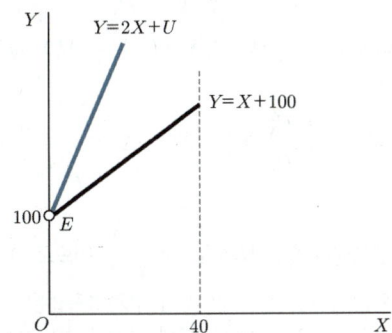

15 다음의 효용함수에 대한 설명으로 옳은 것은?

$$U = x^{0.5} + y^{0.5}$$

가. 무차별곡선은 원점에 대하여 볼록하다.
나. 두 재화의 수요는 대체관계에 있다.
다. 각 재화는 정상재이며 소득탄력성이 1보다 큰 사치재이다.
라. x의 가격변화에 대한 가격소비곡선(PCC)은 우하향하는 직선이다.
마. 소득소비곡선(ICC)은 원점을 지나는 직선이다.

① 가, 나, 다
② 나, 라, 마
③ 가, 나, 마
④ 가, 라, 마
⑤ 나, 다, 라, 마

해설

i) 먼저, 한계대체율을 구해보면 다음과 같다.

- $MRS_{XY} = \dfrac{MU_X}{MU_Y} = \dfrac{0.5X^{-0.5}}{0.5Y^{-0.5}} = \sqrt{\dfrac{Y}{X}}$

ii) 이를 소비자의 효용극대화 조건 $MRS_{XY} = \dfrac{P_X}{P_Y}$ 에 대입하면 $Y = \left(\dfrac{P_X^2}{P_Y^2}\right)X$가 된다.

- $MRS_{XY} = \dfrac{P_X}{P_Y} \rightarrow \sqrt{\dfrac{Y}{X}} = \dfrac{P_X}{P_Y} \quad \therefore Y = \left(\dfrac{P_X^2}{P_Y^2}\right)X$

iii) 이를 다시 예산제약식 $P_X X + P_Y Y = M$에 대입하면 각 재화의 수요함수는 다음과 같이 도출된다.

- $P_X X + P_Y \left(\dfrac{P_X^2}{P_Y^2}\right)X = M \quad \therefore X = \dfrac{M}{P_X\left(1 + \dfrac{P_X}{P_Y}\right)}, \quad Y = \dfrac{M}{P_Y\left(1 + \dfrac{P_Y}{P_X}\right)}$

가. |○| 한계대체율은 $MRS_{XY} = \sqrt{\dfrac{Y}{X}}$ 이므로 X재 소비를 늘리고 Y재 소비를 줄이면 한계대체율이 체감한다. 따라서 무차별곡선은 원점에 대해 볼록하다.

나. |○| X재 수요함수에서 Y재 가격(P_Y)이 하락하면 X재 수요량이 감소하므로 두 재화는 대체재 관계이다.

다. |×|. 마. |○| 소득(M)과 각 재화의 수요량이 정비례하므로 수요의 소득탄력성은 모두 1이다. 따라서 두 재화 모두 정상재이고, 소득소비곡선(ICC)은 원점을 지나는 직선이다.

라. |×| 두 재화가 대체재 관계일 때 X재 가격(P_X)이 하락하면 Y재 수요량이 감소하므로 가격소비곡선(PCC)은 우하향하지만, 직선은 아니다.

정답 15. ③

27 레온티에프 효용함수 : 완전보완재

레온티에프 효용함수 : 완전보완재

구 분	내 용
형 태	$U = \min[aX, bY]$ (단, $a > 0$, $b > 0$)
특 징	1. **한계대체율** : $MRS_{XY} = \infty$ 또는 0 $\begin{cases} Y = \dfrac{a}{b}X \text{선 상방의 수직구간} : MRS_{XY} = \infty \\ Y = \dfrac{a}{b}X \text{선 하방의 수평구간} : MRS_{XY} = 0 \end{cases}$ 2. **무차별곡선** : $Y = \dfrac{a}{b}X$ 상에서 꺾어진 L자 형태로 도출됨 3. **소비자균형(효용극대화)** : $U = aX = bY$ • 두 재화의 최적 소비비율이 $\dfrac{Y}{X} = \dfrac{a}{b}$ 로 일정함 4. **수요함수** ⋯ 수요곡선이 우하향하는 곡선 • $X = \dfrac{M}{P_X + \dfrac{a}{b}P_Y}$, $Y = \dfrac{M}{\dfrac{b}{a}P_X + P_Y}$ 5. **가격소비곡선과 소득소비곡선** : 원점을 지나는 우상향의 직선으로 일치함 • 대체효과 = 0 (완전보완재 관계) • 가격효과 = 소득효과 ($PCC = ICC$) ┌ 가격탄력성 < 1 ⋯ 가격소비곡선(PCC)이 우상향 ├ 소득탄력성 = 1 ⋯ 소득소비곡선(ICC)이 원점을 지나는 직선 └ 교차탄력성 < 0 ⋯ X재와 Y재는 (완전)보완재 관계 ■ 소득소비곡선 $ICC(\varepsilon_M = 1)$ ■ 가격소비곡선 $PCC(\varepsilon < 1)$ ■ 수요곡선 D(우하향) 6. **동조 효용함수**

01 [2013 | 감정평가사] 상 중 하

효용극대화를 추구하는 소비자 甲의 효용함수는 $U(x, y) = \min\{2x, y\}$이다. 甲의 수요에 관한 설명으로 옳지 않은 것은? (단, 甲은 X재와 Y재만 소비하고, x는 X재 소비량, y는 Y재 소비량이다.)

① 상대가격 변화에 따른 대체효과는 0이다.
② X재 수요의 소득탄력성은 1이다.
③ 가격소비곡선은 수직선의 형태를 갖는다.
④ 소득소비곡선은 원점에서 출발하는 직선의 형태를 갖는다.
⑤ 甲의 효용함수는 1차 동차함수이다.

해설

ⅰ) 효용함수 $U = \min\{2X, Y\}$는 1차 동차의 레온티에프 효용함수로, X재와 Y재가 완전보완재 관계이고, 무차별곡선은 L자 형태이다.
ⅱ) 두 재화가 완전보완재 관계이면 대체효과가 0이므로 가격효과와 소득효과가 일치한다. 따라서 가격소비곡선과 소득소비곡선은 원점을 지나는 우상향의 직선 형태로 도출된다($PCC = ICC$).
ⅲ) 가격소비곡선이 우상향하므로 수요의 가격탄력성은 1보다 작고, 소득소비곡선이 원점을 지나는 직선이므로 수요의 소득탄력성은 1이다.

02 [2012 | 감정평가사] 상 중 하

효용극대화를 추구하는 소비자 갑의 효용함수는 $U(x, y) = \min\{x, y\}$이다. 갑의 수요에 관한 설명으로 옳은 것은? (단, 갑은 X재와 Y재만 소비하고 x는 X재 소비량, y는 Y재 소비량을 나타낸다.)

① 수요의 가격탄력성이 0이다.
② 수요의 가격탄력성이 1이다.
③ 수요의 교차탄력성이 0이다.
④ 수요의 교차탄력성이 -1이다.
⑤ 수요의 소득탄력성이 1이다.

해설

ⅰ) 효용함수 $U = \min\{X, Y\}$는 레온티에프 효용함수로, X재와 Y재가 완전보완재 관계이고, 무차별곡선은 L자 형태이다.
ⅱ) 두 재화가 완전보완재 관계이면 대체효과가 0이므로 가격효과와 소득효과가 일치한다. 따라서 가격소비곡선과 소득소비곡선은 원점을 지나는 우상향의 직선 형태로 도출된다($PCC = ICC$).
ⅲ) 가격소비곡선이 우상향하므로 수요의 가격탄력성은 1보다 작고($\varepsilon < 1$), 소득소비곡선이 원점을 지나는 직선이므로 수요의 소득탄력성은 1이다($\varepsilon_M = 1$). 수요의 교차탄력성은 두 재화가 완전보완재 관계이므로 0보다 작다($\varepsilon_{XY} < 0$).

> **ReCheck** 레온티에프 효용함수의 특징 … $U = \min[aX, bY]$
>
> - 한계대체율 : $MRS_{XY} = \infty$ 또는 0
> - 무차별곡선 : $Y = \dfrac{a}{b}X$상에서 꺾어진 L자 형태로 도출됨
> - 소비자균형(효용극대화) : $U = aX = bY$
>   → 두 재화의 최적 소비비율이 $\dfrac{Y}{X} = \dfrac{a}{b}$로 일정함
> - 가격소비곡선과 소득소비곡선 : 원점을 지나는 우상향의 직선으로 일치함
>   → 대체효과=0(완전보완재 관계)
>   → 가격효과=소득효과($PCC = ICC$)
>   ┌ 가격탄력성<1 … 가격소비곡선(PCC)이 우상향
>   ├ 소득탄력성=1 … 소득소비곡선(ICC)이 원점을 지나는 직선
>   └ 교차탄력성<0 … X재와 Y재는 (완전)보완재 관계

03 | 2011 | 공인회계사 |

세 재화를 소비하는 한 소비자의 효용함수가 다음과 같이 주어져 있다.

$$u(x_1, x_2, x_3) = \min\{2x_1, x_2, 3x_3\}$$

이 소비자의 소득이 70, 각 재화의 가격이 $(p_1, p_2, p_3) = (1, 2, 3)$으로 주어진 경우 효용극대화 소비량은?

① $\left(10,\ 20,\ \dfrac{20}{3}\right)$ ② $\left(\dfrac{35}{3},\ \dfrac{35}{3},\ \dfrac{35}{3}\right)$

③ $(21,\ 14,\ 7)$ ④ $\left(\dfrac{35}{3},\ \dfrac{70}{3},\ 35\right)$

⑤ $\left(\dfrac{140}{13},\ \dfrac{70}{13},\ \dfrac{210}{13}\right)$

i) 효용함수 $U = \min\{2x_1, x_2, 3x_3\}$가 레온티에프 효용함수이므로 소비자균형에서는 $2x_1 = x_2 = 3x_3$가 성립하고, 예산제약식은 $x_1 + 2x_2 + 3x_3 = 70$이다.

ii) $x_2 = 2x_1$, $x_3 = \dfrac{2}{3}x_1$을 예산제약식에 대입하면 $x_1 = 10$, $x_2 = 20$, $x_3 = \dfrac{20}{3}$으로 계산된다.

- $x_1 + (2 \times 2x_1) + (3 \times \dfrac{2}{3}x_1) = 70 \to 7x_1 = 70$ ∴ $x_1 = 10$, $x_2 = 20$, $x_3 = \dfrac{20}{3}$

정답   01. ③   02. ⑤   03. ①

04 두 재화 X재와 Y재만을 소비하는 어느 소비자의 X재에 대한 수요함수가 $X = \dfrac{M}{P_X + P_Y}$이라 하자. 여기서 P_X와 P_Y는 각각 X재와 Y재의 가격이고, M은 소득이다. 다음 진술 중 옳은 것을 모두 고르면?

> 가. 이 소비자에게 X재는 기펜재이다.
> 나. 이 소비자에게 X재는 Y재의 보완재이다.
> 다. 이 소비자에게 X재는 사치재이다.

① 가 ② 나
③ 다 ④ 나, 다
⑤ 가, 나, 다

해설

가, 다. |×| 소득(M)과 X재 수요량이 정비례하므로 X재 수요의 소득탄력성은 1이다. 따라서 X재는 정상재이지만, 사치재는 아니다. X재가 정상재이므로 X재는 기펜재가 아니다. 기펜재는 소득효과가 대체효과보다 큰 열등재로, 수요의 소득탄력성이 0보다 작다.

나. |○| 주어진 수요함수에서 Y재 가격(P_Y)이 상승하면 X재 수요량이 감소하므로 두 재화는 보완재 관계이다.

05 재화 X와 Y에 대한 효용함수는 $U = \min\left[X, \dfrac{1}{3}Y\right]$이다. X재의 가격이 4이고 Y재의 가격이 2이며 소비자의 소득이 100일 때, 효용을 최대화하기 위한 X재와 Y재의 최적 소비량은?

① $X = 5$, $Y = 40$ ② $X = 10$, $Y = 30$
③ $X = 15$, $Y = 20$ ④ $X = 20$, $Y = 10$

풀이 1)

ⅰ) 효용함수 $U = \min\left[X, \dfrac{1}{3}Y\right]$가 레온티에프 효용함수이므로 소비자균형에서는 $X = \dfrac{1}{3}Y$가 성립한다.

ⅱ) $P_X = 4$, $P_Y = 2$, $M = 100$을 예산제약식 $P_X X + P_Y Y = M$에 대입하면 $4X + 2Y = 100$이다.

ⅲ) $Y = 3X$를 예산제약식 $4X + 2Y = 100$에 대입하면 $X = 10$, $Y = 30$으로 계산된다.
 • $4X + 2Y = 100 \rightarrow 10X = 100$ ∴ $X = 10$, $Y = 30$

풀이 2)
주어진 수치를 각 재화의 수요함수에 대입하면 $X=10$, $Y=30$으로 계산된다.

- $X = \dfrac{M}{P_X + \dfrac{a}{b}P_Y} = \dfrac{100}{4+(3\times 2)} = 10$

- $Y = \dfrac{M}{\dfrac{b}{a}P_X + P_Y} = \dfrac{100}{\left(\dfrac{1}{3}\times 4\right)+2} = 30$

> **ReCheck 완전보완재의 수요함수** ⋯ $U = \min[aX,\ bY]$
>
> - $X = \dfrac{M}{P_X + \dfrac{a}{b}P_Y}$, $Y = \dfrac{M}{\dfrac{b}{a}P_X + P_Y}$ ⋯ 수요곡선이 우하향하는 곡선

06 | 2018 | 보험계리사 | 상 중 하

소비자 갑의 효용함수는 $U = \min(X,\ 2Y)$, X재 가격은 1, Y재 가격은 2, 갑의 소득은 10이다. 효용을 극대화하는 X재의 수요량은?

① 2　　　　　　　　② 2.5
③ 4　　　　　　　　④ 5

풀이 1)
ⅰ) 효용함수 $U = \min(X,\ 2Y)$가 레온티에프 효용함수이므로 소비자균형에서는 $X = 2Y$가 성립한다.
ⅱ) $P_X = 1$, $P_Y = 2$, $M = 10$을 예산제약식 $P_X X + P_Y Y = M$에 대입하면 $X + 2Y = 10$이다.
ⅲ) $X = 2Y$를 예산제약식 $X + 2Y = 10$에 대입하면 $X = 5$로 계산된다.
 - $X + 2Y = 10 \rightarrow 2X = 10 \therefore X = 5$

풀이 2)
주어진 수치를 X재 수요함수에 대입하면 $X = 5$로 계산된다.

- $X = \dfrac{M}{P_X + \dfrac{a}{b}P_Y} = \dfrac{10}{1+\left(\dfrac{1}{2}\times 2\right)} = 5$

정답　04. ②　05. ②　06. ④

07 2016 | 감정평가사 [상] [중] [하]

甲은 X재와 Y재 두 재화를 $1:1$ 비율로 묶어서 소비한다. X재의 가격과 수요량을 각각 P_X와 Q_X라 한다. 소득이 1,000이고 Y재의 가격이 10일 때 甲의 X재 수요함수로 옳은 것은? (단, 소비자는 효용을 극대화하고 소득을 X재와 Y재 소비에 모두 지출한다.)

① $Q_X = \dfrac{1,000}{(10+P_X)}$ ② $Q_X = 990 - P_X$

③ $Q_X = 500 - P_X$ ④ $Q_X = 1,000 - P_X$

⑤ $Q_X = \dfrac{500}{P_X}$

풀이 1)
ⅰ) X재와 Y재를 $1:1$의 비율로 소비하므로 효용함수는 $U = \min[Q_X, Q_Y]$이다. 효용함수가 레온티에프 효용함수이므로 소비자균형에서는 $Q_X = Q_Y$가 성립한다.

ⅱ) $P_Y = 10$, $M = 1,000$을 예산제약식 $P_X X + P_Y Y = M$에 대입하면 $P_X Q_X + 10 Q_Y = 1,000$이다.

ⅲ) $Q_X = Q_Y$를 예산제약식 $P_X Q_X + 10 Q_Y = 1,000$에 대입하면 X재 수요함수는 다음과 같이 도출된다.

- $P_X Q_X + 10 Q_X = 1,000 \rightarrow (10+P_X) Q_X = 1,000 \therefore Q_X = \dfrac{1,000}{10+P_X}$

풀이 2)
주어진 수치를 X재 수요함수에 대입하면 다음과 같다.

- $X = \dfrac{M}{P_X + \dfrac{a}{b} P_Y} \rightarrow Q_X = \dfrac{1,000}{10+P_X}$

08 2016 | 감정평가사 [상] [중] [하]

소비자이론에 관한 설명으로 옳은 것은? (단 소비자는 X재와 Y재만 소비한다.)
① 소비자의 효용함수가 $U = 2XY$일 때, 한계대체율은 체감한다.
② 소비자의 효용함수가 $U = \sqrt{XY}$일 때, X재의 한계효용은 체증한다.
③ 소비자의 효용함수가 $U = \min[X, Y]$일 때, 수요의 교차탄력성은 0이다.
④ 소비자의 효용함수가 $U = \min[X, Y]$일 때, 소득소비곡선의 기울기는 음$(-)$이다.
⑤ 소비자의 효용함수가 $U = X + Y$일 때, X재의 가격이 Y재의 가격보다 크더라도 X재와 Y재를 동일 비율로 소비한다.

① |○| 효용함수가 $U=2XY$일 때 한계대체율은 $MRS_{XY}=\dfrac{MU_X}{MU_Y}=\dfrac{2Y}{2X}=\dfrac{Y}{X}$이므로 X재 소비가 증가할수록 한계대체율이 체감한다.

② |×| 효용함수가 $U=\sqrt{XY}$일 때 X재의 한계효용은 $MU_X=\dfrac{1}{2}X^{-\frac{1}{2}}Y^{\frac{1}{2}}=\dfrac{1}{2}\sqrt{\dfrac{Y}{X}}$이므로 X재 소비가 증가할수록 X재의 한계효용이 체감한다.

③, ④ |×| 효용함수 $U=\min[X,\ Y]$는 레온티에프 효용함수로, X재와 Y재가 완전보완재 관계이다. 따라서 수요의 교차탄력성이 0보다 작다. 두 재화가 완전보완재 관계이면 대체효과가 0이므로 가격효과와 소득효과가 일치한다. 따라서 가격소비곡선과 소득소비곡선은 원점을 지나는 우상향의 직선 형태로 도출된다($PCC=ICC$). 이 경우, 가격소비곡선과 소득소비곡선이 $Y=X$이므로 기울기가 1인 우상향의 직선이다.

⑤ |×| 효용함수 $U=X+Y$는 선형 효용함수로, X재와 Y재가 완전대체재 관계이다. 무차별곡선의 기울기인 한계대체율이 $MRS_{XY}=1$이므로 X재 가격이 Y재 가격보다 높다면 $MRS_{XY}=1<\dfrac{P_X}{P_Y}$이다. 따라서 소비자는 Y재만을 소비한다.

09 | 2011 | 감정평가사 | 상 중 하

소비자 선호체계와 소비자 선택에 관한 설명으로 옳지 않은 것은?

① 효용함수가 $U=X+Y$이고, X재의 가격이 Y재의 가격보다 높을 때 X재만을 소비한다.
② 효용함수가 $U=\min\{X,\ Y\}$라면 항상 동일한 양의 X재와 Y재를 소비한다.
③ 한계대체율은 무차별곡선 기울기의 절댓값을 나타낸다.
④ 두 무차별곡선이 교차할 수 없다는 성질은 선호체계의 이행성으로부터 도출된다.
⑤ 효용함수가 $U=(X+Y)^2$이면, 무차별곡선은 직선이다.

① |×| 효용함수 $U=X+Y$는 선형 효용함수로, X재와 Y재가 완전대체재 관계이다. 무차별곡선의 기울기인 한계대체율이 $MRS_{XY}=1$이므로 X재 가격이 Y재 가격보다 높다면 $MRS_{XY}=1<\dfrac{P_X}{P_Y}$이다. 따라서 소비자는 Y재만을 소비한다.

② |○| 효용함수 $U=\min\{X,\ Y\}$는 레온티에프 효용함수로, X재와 Y재가 완전보완재 관계이다. 효용함수가 레온티에프 효용함수이므로 소비자균형에서는 $X=Y$가 성립한다. 즉, 두 재화의 최적 소비비율이 $X:Y=1:1$로 일정하므로 소비자는 항상 동일한 양의 X재와 Y재를 소비한다.

⑤ |○| 효용함수가 $U=(X+Y)^2$이면 무차별곡선은 보기 ①과 마찬가지로 기울기가 -1인 우하향의 직선이며, 한계대체율도 $MRS_{XY}=1$로 일정하다.

• $U=(X+Y)^2 \rightarrow \sqrt{U}=X+Y \therefore Y=-X+\sqrt{U}$

07. ① 08. ① 09. ①

> **ReCheck** 선형 효용함수와 한계대체율
> - $U = aX + bY \;\rightarrow\; Y = -\dfrac{a}{b}X + \dfrac{U}{b}\quad:MRS_{XY} = \dfrac{a}{b}$ 로 일정
> - $U = \sqrt{X+Y} \;\rightarrow\; Y = -X + U^2 \quad:MRS_{XY} = 1$ 로 일정
> - $U = (X+Y)^2 \;\rightarrow\; Y = -X + \sqrt{U} \quad:MRS_{XY} = 1$ 로 일정

10 | 2016 | 공인회계사 | 상 중 하

소득 m으로 두 재화를 소비하는 한 소비자의 효용함수는 $u(x,\,y) = \min\{x,\,y\}$이다. (단, $0 < m < \infty$) y재의 가격은 1로 고정되어 있을 때, x재의 수요곡선에 대한 설명 중 옳은 것은?

> 가. 45°선을 기준으로 대칭이다.
> 나. 모든 점에서 연속이다.
> 다. 가격탄력성이 무한인 점이 존재한다.
> 라. 우하향한다.

① 가, 나 ② 가, 다
③ 나, 다 ④ 나, 라
⑤ 다, 라

해설

효용함수 $U = \min\{X,\,Y\}$가 레온티에프 효용함수이므로 X재 수요함수는 다음과 같다.
- $X = \dfrac{M}{P_X + \dfrac{a}{b}P_Y} \;\rightarrow\; X = \dfrac{M}{P_X + 1}$

가. |×|, 나. 라. |○| X재 수요함수가 $X = \dfrac{M}{P_X + 1}$ 이므로 X재 수요곡선은 모든 점에서 연속인 우하향하는 곡선 형태이다. 따라서 X재 수요곡선은 45°선을 기준으로 대칭이 아니다.
　🔍 효용함수가 $U = \min\{X,\,Y\}$일 때 무차별곡선이 45°선을 기준으로 대칭인 L자 형태이다.
다. |×| X재 수요곡선이 우하향하는 곡선이므로 수요의 가격탄력성이 무한대(∞)인 점은 존재하지 않는다.

11

[2014 | 공인회계사] 상 중 하

어느 대학생이 왕대박 교수와 왕소금 교수의 경제원론 강의 중 하나를 수강 신청했다. 수업 첫 시간에 왕대박 교수는 중간시험과 기말시험 중 높은 점수를 최종 점수로 부여하고, 왕소금 교수는 두 시험 중 낮은 점수를 최종 점수로 부여한다고 발표하였다. 이 학생은 최종 점수에만 관심이 있으며, 높은 최종 점수를 선호한다. 중간시험 점수(x)를 가로축, 기말시험 점수(y)를 세로축에 표시할 때, (x, y)=(85, 60)에서 이 학생의 무차별곡선의 기울기가 0이었다. 다음 설명 중 옳은 것은? (단, 수강 변경은 없다고 가정)

① 이 학생은 왕소금 교수의 강의를 듣고 있다.
② 이 학생은 왕대박 교수의 강의를 듣고 있다.
③ 위의 정보로부터 이 학생이 어느 교수의 강의를 듣고 있는지 알 수 없다.
④ 이 학생의 무차별곡선은 모든 점에서 수평이다.
⑤ 어느 교수의 강의를 듣고 있더라도 (85, 60)에서 무차별곡선의 기울기는 0이다.

해설

i) 왕대박 교수로부터 수업을 듣는다면 중간시험(X재)과 기말시험(Y재) 점수 중 높은 점수가 최종점수가 되므로 효용함수는 $U = \max[X, Y]$가 된다. 반면 왕소금 교수로부터 수업을 듣는다면 중간시험과 기말시험 점수 중 낮은 점수가 최종점수가 되므로 효용함수는 $U = \min[X, Y]$가 된다.

ii) 따라서 학생의 무차별곡선을 그려보면 아래 그림과 같다. 왕대박 교수로부터 수업을 들을 때는 무차별곡선이 ㄱ자 형태인 반면(그림 a), 왕소금 교수로부터 수업을 들을 때는 무차별곡선이 L자 형태이다(그림 b).

iii) 만약 왕대박 교수로부터 수업을 듣고 있다면 (X, Y)=(85, 60)인 점(E점)에서 무차별곡선이 수직선이므로 기울기는 무한대(∞)가 된다. 반면, 왕소금 교수로부터 수업을 듣고 있다면 (X, Y)=(85, 60)인 점(F점)에서 무차별곡선이 수평선이므로 기울기가 0이 된다.

iv) 학생의 무차별곡선의 기울기가 0이므로, 이 학생은 현재 왕소금 교수의 강의를 듣고 있다.

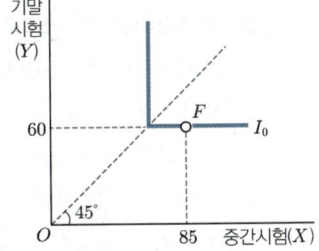

a) 왕대박 교수로부터 수업을 들을 때   b) 왕소금 교수로부터 수업을 들을 때

정답 10. ④ 11. ①

12

[2011 | 공인노무사]

甲은 항상 1 : 2의 비율로 X재와 Y재만을 소비한다. X재의 가격이 P_X, Y재의 가격이 P_Y일 때 甲의 X재에 대한 엥겔곡선(Engel Curve) 기울기는?

$$\left(\text{단, 기울기} = \frac{\text{소득 변화}}{\text{수요량 변화}}\right)$$

① $2P_X$ ② $3P_Y$
③ $2P_X + P_Y$ ④ $P_X + 2P_Y$
⑤ $\dfrac{P_X}{2P_Y}$

해설

i) X재와 Y재를 항상 1 : 2의 비율로 소비하므로 효용함수는 $U = \min[2X,\ Y]$이다. 효용함수가 레온티에프 효용함수이므로 소비자균형에서는 $2X = Y$가 성립한다.

ii) $2X = Y$를 예산제약식 $P_X X + P_Y Y = M$에 대입하여 정리하면 $M = (P_X + 2P_Y)X$이므로 엥겔곡선은 기울기가 $P_X + 2P_Y$인 우상향의 직선이 된다.

- $P_X X + 2P_Y X = M$ $\therefore M = (P_X + 2P_Y)X$

기울기 $= \dfrac{\text{소득 변화}}{\text{수요량 변화}}$로 주어져 있으므로 가로축에 재화 소비량, 세로축에 소득을 표시한 평면에서 그린 엥겔곡선임에 주의해야 한다.

13

[2017 | 공인회계사]

어느 소비자의 효용함수는 $U(X,\ Y) = \min[2X,\ Y]$이고, 소득은 M이다. 효용을 극대화하는 이 소비자에 대한 다음의 설명 중 옳은 것은? (단, $0 < M < \infty$)

① X재를 2단위 소비하는 경우, Y재를 1단위 소비한다.
② S원의 현금을 보조하는 경우와 S원어치의 X재를 현물로 보조하는 경우의 최적 소비점은 항상 동일하다.
③ X재의 가격소비곡선 기울기와 소득소비곡선 기울기는 동일하다.
④ X재의 수요곡선은 우하향하는 직선이다.
⑤ 소득이 2배가 되면, X재 소비량은 2배, Y재 소비량은 4배가 된다.

① |×| 효용함수 $U = \min[2X, Y]$는 레온티에프 효용함수로, X재와 Y재가 완전보완재 관계이고, 무차별곡선은 L자 형태이다. 효용함수가 레온티에프 효용함수이므로 소비자균형에서는 $2X = Y$가 성립한다. 즉, 두 재화의 최적 소비비율이 $X : Y = 1 : 2$로 일정하므로 X재를 2단위 소비한다면 Y재를 4단위 소비한다.

② |×| 무차별곡선이 L자 형태일 때 동액의 현금보조와 현물보조의 효과는 아래 그림에서 보듯 같을 수도 있고, 다를 수도 있다. 그림 a)에서는 최적 소비점(F점)이 동일하므로 두 보조의 효과가 같지만, 그림 b)와 같이 현금보조 시에 추가로 소비가 가능해지는 영역에서 최적 소비점(F점)이 나타나면 현물보조 시의 최적 소비점(G점과 H점 사이의 한 점)과 달라지므로 두 보조의 효과가 다르다.

a) 현금보조 = 현물보조

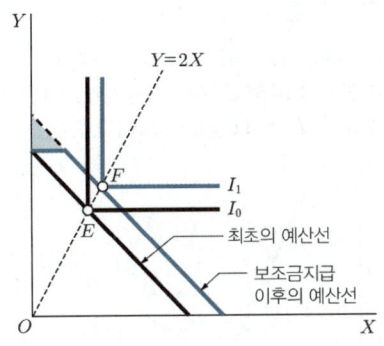

b) 현금보조 ≠ 현물보조

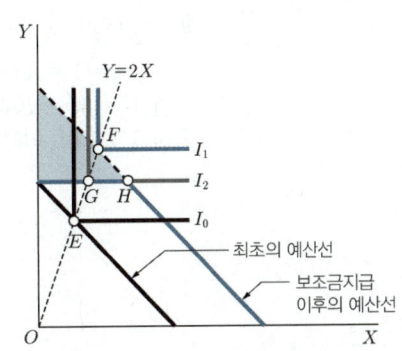

③ |○| 두 재화가 완전보완재 관계이면 대체효과가 0이므로 가격효과와 소득효과가 일치한다. 따라서 가격소비곡선과 소득소비곡선은 원점을 지나는 우상향의 직선 형태로 도출된다 ($PCC = ICC$). 이 경우, 가격소비곡선과 소득소비곡선이 $Y = 2X$이므로 기울기가 2로 동일하다.

④ |×| X재 수요함수는 $X = \dfrac{M}{P_X + 2P_Y}$이므로 X재 수요곡선은 우하향하는 곡선이다.

⑤ |×| 소득소비곡선이 원점을 지나는 직선이므로 수요의 소득탄력성은 1이다($\varepsilon_M^X = 1$, $\varepsilon_M^Y = 1$). 따라서 소득이 2배가 되면 X재와 Y재 소비량도 2배가 된다.

14 [2013 | 감정평가사]

두 재화 X와 Y를 소비하고 있는 甲의 효용함수는 $U(x, y) = \min\{4x + y, x + 7y\}$이다. 수평축을 X의 소비량(x), 수직축을 Y의 소비량(y)이라고 할 때, 甲이 X재화 4단위, Y재화 7단위를 소비하는 점에서 무차별곡선의 기울기는?

① -4 ② $-\dfrac{4}{7}$ ③ $-\dfrac{1}{4}$

④ $-\dfrac{1}{7}$ ⑤ $-\dfrac{7}{4}$

정답 12. ④ 13. ③ 14. ①

해설

효용함수 $U = \min\{4x+y,\ x+7y\}$는 레온티에프 효용함수의 변형으로 무차별곡선이 꺾어진 형태로 도출된다. 효용함수 $U = \min\{4x+y,\ x+7y\}$를 2가지 경우로 나누어 살펴보도록 하자.

i) $4x+y > x+7y : x > 2y$일 경우

$x > 2y$이면 효용함수가 $U = x+7y$이므로 무차별곡선은 기울기가 $-\dfrac{1}{7}$인 우하향의 직선이 된다.

ii) $4x+y < x+7y : x < 2y$일 경우

$x < 2y$이면 효용함수가 $U = 4x+y$이므로 무차별곡선은 기울기가 -4인 우하향의 직선이 된다.

iii) 따라서 효용함수 $U = \min\{4x+y,\ x+7y\}$의 무차별곡선은 아래 그림과 같이 $x = 2y$, 즉 $y = \dfrac{1}{2}x$상에서 꺾어진 형태가 된다.

iv) $x = 4$, $y = 7$을 소비하는 점에서 $4x+y(=23) < x+7y(=53)$, 즉 $x < 2y$이므로 효용함수가 $U = 4x+y$이다. 따라서 소비점(E점)은 기울기가 -4인 우하향의 무차별곡선상에 위치하고 있으며, 이때의 효용은 $U = 4x+y = 23$이다.

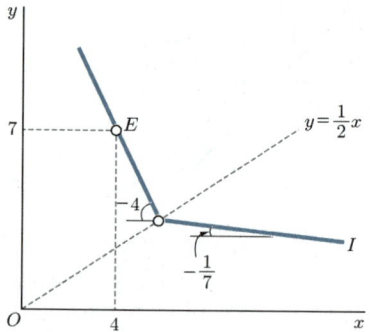

15 [2015 | 공인회계사] 상 중 하

두 재화 X, Y만을 소비하는 어느 소비자의 효용함수가 $u(x,\ y) = \min\{x+2y,\ 5y\}$ (x는 X재 소비량, y는 Y재 소비량)이다. 이 소비자의 선택과 관련한 다음 설명 중 옳지 않은 것은?

① 소득소비곡선은 원점에서 우상향하는 직선이다.
② 소득소비곡선과 가격소비곡선은 동일하다.
③ X재에 대한 수요의 가격탄력성은 1보다 크다.
④ Y재의 가격이 하락하는 경우 X재의 소비는 증가한다.
⑤ X재와 Y재의 가격이 동일한 비율로 상승할 경우 X재와 Y재의 소비는 동일한 비율로 감소한다.

해설

효용함수 $U = \min\{x+2y,\ 5y\}$는 레온티에프 효용함수의 변형으로 무차별곡선이 꺾어진 형태로 도출된다. 효용함수 $U = \min\{x+2y,\ 5y\}$를 2가지 경우로 나누어 살펴보도록 하자.

ⅰ) $x+2y > 5y$: $x > 3y$일 경우

$x > 3y$이면 효용함수가 $U = 5y$이므로 효용이 Y재 소비량에 의해서만 결정된다. 따라서 무차별곡선은 수평선이 된다.

ⅱ) $x+2y < 5y$: $x < 3y$일 경우

$x < 3y$이면 효용함수가 $U = x+2y$이므로 무차별곡선은 기울기가 $-\frac{1}{2}$인 우하향의 직선이 된다.

ⅲ) 따라서 효용함수 $U = \min\{x+2y, 5y\}$의 무차별곡선은 아래 그림과 같이 $x = 3y$, 즉 $y = \frac{1}{3}x$상에서 꺾어진 형태가 되고, 소비자균형은 항상 무차별곡선이 꺾어지는 점에서 달성된다.

①. ② |○|. ③ |×| 소비자균형이 항상 무차별곡선이 꺾어지는 점에서 달성되므로 소득소비곡선과 가격소비곡선은 모두 기울기가 $\frac{1}{3}$인 원점을 지나는 우상향의 직선 형태$\left(y = \frac{1}{3}x\right)$로 도출된다. 소득소비곡선이 원점을 지나는 직선이므로 두 재화 모두 수요의 소득탄력성은 1이고, 가격소비곡선이 우상향하므로 X재 수요의 가격탄력성은 1보다 작다.

🔍 두 재화가 완전보완재 관계이면 대체효과가 0이므로 가격효과와 소득효과가 일치한다. 따라서 가격소비곡선과 소득소비곡선은 원점을 지나는 우상향의 직선 형태로 도출된다($PCC = ICC$).

④ |○| 두 재화가 완전보완재 관계이므로 Y재 가격이 하락하면 X재와 Y재 소비량이 모두 증가한다.

⑤ |○| 두 재화의 가격이 동일한 비율로 상승하면 두 재화의 상대가격이 변하지 않고 실질소득만 감소하므로 예산선이 안쪽으로 평행 이동한다. 그에 따라 소비자균형이 $y = \frac{1}{3}x$상에서 원점에 가깝게 이동하므로 X재와 Y재 소비량이 동일한 비율로 감소한다.

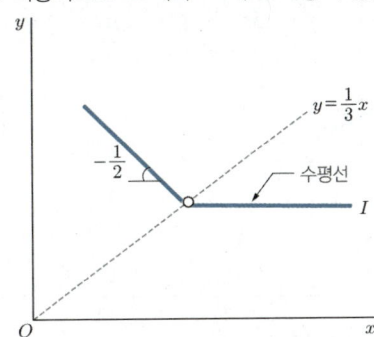

15. ③

16 소비자 甲이 두 재화 X, Y를 소비하고 효용함수는 $U(x, y) = \min\{x+2y, 2x+y\}$이다. 소비점 $(3, 3)$을 지나는 무차별곡선의 형태는? (단, x는 X의 소비량, y는 Y의 소비량이다.)

①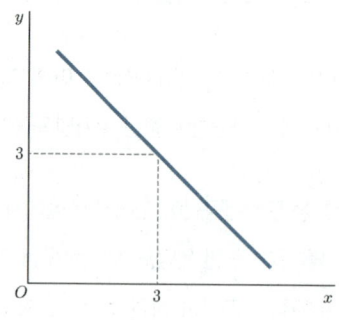

②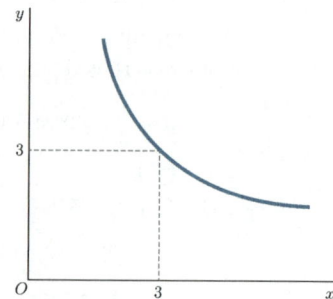

③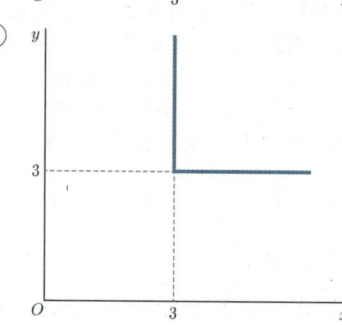

④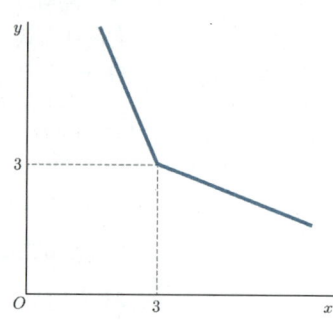

⑤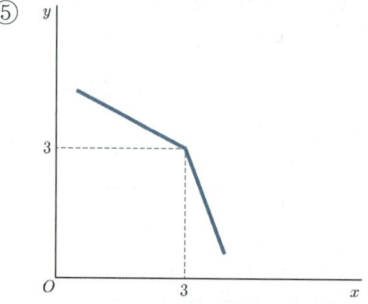

해설

효용함수 $U = \min\{x+2y, 2x+y\}$는 레온티에프 효용함수의 변형으로 무차별곡선이 꺾어진 형태로 도출된다. 효용함수 $U = \min\{x+2y, 2x+y\}$를 2가지 경우로 나누어 살펴보도록 하자.

i) $x+2y > 2x+y : x < y$일 경우

$x < y$이면 효용함수가 $U = 2x+y$이므로 무차별곡선은 기울기가 -2인 우하향의 직선이 된다.

ii) $x+2y < 2x+y : x > y$일 경우

$x > y$이면 효용함수가 $U = x+2y$이므로 무차별곡선은 기울기가 $-\dfrac{1}{2}$인 우하향의 직선이 된다.

iii) 따라서 효용함수 $U = \min\{x+2y,\ 2x+y\}$의 무차별곡선은 $x = y$, 즉 원점을 지나는 45°선상에서 꺾어진 형태임을 알 수 있다.

iv) 무차별곡선이 45° 선 상방($x < y$)에서는 기울기가 -2인 직선이고, 45° 선 하방($x > y$)에서는 기울기가 $-\frac{1}{2}$인 직선이므로 효용함수 $U = \min\{x+2y,\ 2x+y\}$의 무차별곡선은 보기 ④와 같이 $(x,\ y) = (3,\ 3)$인 점에서 꺾어진 형태가 된다.

17 2014 | 감정평가사 상 중 하

효용을 극대화하는 소비자 甲이 소득 100으로 완전보완재인 X재와 Y재만을 소비하고 있다. Y재의 가격은 10으로 일정하고 X재의 가격이 40에서 10으로 하락할 때 소비자의 효용이 증가한다. 이때 X재의 가격이 하락하는 대신 소득이 얼마나 증가해야 동일한 효용의 증가를 가져오는가를 나타내는 동등변이(equivalent variation)는 얼마인가?

① 50   ② 100
③ 150   ④ 200
⑤ 250

 해설

i) 두 재화가 완전보완재 관계이고 두 재화의 최적 소비비율이 $X : Y = 1 : 1$로 일정하다면 효용함수는 $U = \min[X,\ Y]$이고, 소비자균형에서는 $X = Y$가 성립한다.

ii) 가격변화 이전
$P_X = 40$, $P_Y = 10$, $M = 100$이므로 예산제약식은 $40X + 10Y = 100$이다. 따라서 가격변화 이전 소비자의 효용극대화 소비량은 $X = 2$, $Y = 2$이고, 이때의 효용수준은 $U = 2$이다.
• $40X + 10Y = 100 \rightarrow 50X = 100$ ∴ $X = 2$, $Y = 2$
• $U = X = Y = 2$

iii) 가격변화 이후
$P_X = 10$, $P_Y = 10$, $M = 100$이므로 예산제약식은 $10X + 10Y = 100$이다. 따라서 가격변화 이후 소비자의 효용극대화 소비량은 $X = 5$, $Y = 5$이고, 이때의 효용수준은 $U = 5$이다.
• $10X + 10Y = 100 \rightarrow 20X = 100$ ∴ $X = 5$, $Y = 5$
• $U = X = Y = 5$

iv) 동등변화(동등변이)란 가격변화 이전의 소비자의 효용수준을 가격변화 이후의 새로운 수준으로 옮겨놓기 위해 필요한 소득의 크기를 말한다. 즉, 변화 전 가격을 기준으로 변화 후 효용을 달성하기 위해 필요한 소득의 크기가 동등변화이다.

v) 변화 전 가격이 $P_X = 40$, $P_Y = 10$일 때 변화 후 효용인 $U = 5$를 달성하기 위해서는 X재와 Y재를 5단위씩 소비해야 하고, $X = 5$, $Y = 5$를 소비하려면 250의 소득이 필요하다. 최초의 소득이 100이므로 동등변화는 150이 된다.
• $40X + 10Y = M \rightarrow M = (40 \times 5) + (10 \times 5) = 250$

문제에서는 두 재화가 완전보완재 관계라고만 주어져 있을 뿐, X재와 Y재의 최적 소비비율이 몇 대 몇의 비율인지가 주어져 있지 않다. 따라서 효용함수가 $U = \min[X,\ Y]$가 아니라면 정답은 달라질 수 있다. 결국, 이러한 지적을 받아들여 모두정답 처리되었다.

 16. ④   17. 모두정답

28 준선형 효용함수

준선형 효용함수

구 분	내 용

X재: 선 형
Y재: 비선형
	1. X재에 대한 준선형 효용함수: $U = aX + V(Y)$ (단, $a > 0$)
	2. 한계대체율: MRS_{XY}가 Y재 소비량에 의해서만 결정됨
	  • $MRS_{XY} = \dfrac{MU_X}{MU_Y} = \dfrac{a}{V'(Y)}$
	3. 무차별곡선: Y재의 한계효용 $MU_Y = V'(Y)$가 체감하면 한계대체율이 체감하므로 무차별곡선은 원점에 대해 볼록한 형태로 도출됨
	4. 소득소비곡선
	  ┌ 소득이 일정 수준 이하: Y재만 소비(X재 소비량$=0$)
	  └ 소득이 일정 수준 초과: X재만 소비(Y재 소비량$=0$)
	  → 소득이 일정 수준을 넘어서면 한계효용이 일정한 X재만 소비함

X재: 비선형
Y재: 선 형
	1. Y재에 대한 준선형 효용함수: $U = W(X) + bY$ (단, $b > 0$)
	2. 한계대체율: MRS_{XY}가 X재 소비량에 의해서만 결정됨
	  • $MRS_{XY} = \dfrac{MU_X}{MU_Y} = \dfrac{W'(X)}{b}$
	3. 무차별곡선: X재의 한계효용 $MU_X = W'(X)$가 체감하면 한계대체율이 체감하므로 무차별곡선은 원점에 대해 볼록한 형태로 도출됨
	4. 소득소비곡선
	  ┌ 소득이 일정 수준 이하: X재만 소비(Y재 소비량$=0$)
	  └ 소득이 일정 수준 초과: Y재만 소비(X재 소비량$=0$)
	  → 소득이 일정 수준을 넘어서면 한계효용이 일정한 Y재만 소비함

▶ 준선형 효용함수는 한계대체율이 X재 소비량 또는 Y재 소비량에 의해서만 결정되므로 동조 효용함수는 아님

| 2010 | 감정평가사 | 상 중 하 |

X재와 Y재만을 소비하는 甲의 효용함수는 $U = \sqrt{X} + Y$이며, 예산제약식은 $\frac{1}{8}X + Y = 1$이다. 효용을 극대화하는 甲의 X재에 대한 수요량은? (단, $X \geq 0$, $Y \geq 0$이다.)

① 2
② 4
③ 8
④ 16
⑤ 32

i) 효용함수가 $U = \sqrt{X} + Y$이므로 한계대체율은 $MRS_{XY} = \frac{1}{2\sqrt{X}}$이다.

- $MRS_{XY} = \frac{MU_X}{MU_Y} = \frac{\frac{1}{2}X^{-\frac{1}{2}}}{1} = \frac{1}{2\sqrt{X}}$

ii) 예산제약식($P_X X + P_Y Y = M$)이 $\frac{1}{8}X + Y = 1$이므로 $\frac{P_X}{P_Y} = \frac{1}{8}$이다.

iii) $MRS_{XY} = \frac{1}{2\sqrt{X}}$, $\frac{P_X}{P_Y} = \frac{1}{8}$이므로 이를 소비자의 효용극대화 조건 $MRS_{XY} = \frac{P_X}{P_Y}$에 대입하면 $X = 16$이 되고, $X = 16$을 예산제약식에 대입하면 $Y = -1$로 계산된다.

- $MRS_{XY} = \frac{P_X}{P_Y} \rightarrow \frac{1}{2\sqrt{X}} = \frac{1}{8} \rightarrow 2\sqrt{X} = 8$ ∴ $X = 16$

iv) 그런데 문제에서 $Y \geq 0$으로 주어져 있으므로 Y재 소비량이 음(−)이 될 수는 없다. 따라서 $Y = 0$이고, $Y = 0$을 예산제약식에 대입하면 $X = 8$이 된다.

정답
01. ③

02 연습문제 상 중 하

어떤 개인의 효용함수가 $U(X, Y) = X + 2\sqrt{Y}$로 주어진 경우, 다음 설명 중 옳지 않은 것은?

① X재의 한계효용이 일정하다.
② Y재의 한계효용이 체감한다.
③ X재 소비량이 증가해도 한계대체율이 일정하다.
④ Y재 소비량이 증가하면 한계대체율이 증가한다.
⑤ 한계대체율체감의 법칙이 성립하지 않는다.

해설

Tip. X재에 대한 준선형 효용함수의 경우 한계대체율이 Y재 소비량에 의해서만 결정된다.

①, ② |○| 효용함수 $U = X + 2\sqrt{Y}$를 X에 대해 미분하면 $MU_X = 1$이므로 X재의 한계효용은 1로 일정하다. 반면, 효용함수를 Y에 대해 미분하면 $MU_Y = \dfrac{1}{\sqrt{Y}}$이므로 Y재 소비량이 증가할수록 Y재의 한계효용은 체감한다.

③, ④ |○| $MU_X = 1$, $MU_Y = \dfrac{1}{\sqrt{Y}}$이므로 한계대체율은 $MRS_{XY} = \dfrac{MU_X}{MU_Y} = \sqrt{Y}$이다. 따라서 한계대체율은 X재 소비량과 관계가 없고, Y재 소비량에 의해서만 결정된다. 즉, X재 소비량이 증가해도 한계대체율은 불변이고, Y재 소비량이 증가하면 한계대체율은 증가한다.

⑤ |×| 한계대체율이 $MRS_{XY} = \sqrt{Y}$이므로 X재 소비량을 늘리고 Y재 소비량을 줄이면 한계대체율이 감소한다. 따라서 한계대체율체감의 법칙이 성립한다.

정답 02. ⑤

29 소득소비곡선과 가격소비곡선

> **소득소비곡선(ICC)과 가격소비곡선(PCC)**
>
> **Point**
> - 소득의 변화 → 소비자균형의 이동 → 소득소비곡선과 엥겔곡선의 도출
> - 한 재화의 가격변화 → 소비자균형의 이동 → 가격소비곡선과 수요곡선의 도출

1. 소득소비곡선(ICC)과 엥겔곡선(EC)

구 분	내 용
소득소비곡선	• 소득의 변화에 따른 소비자균형의 궤적을 연결한 곡선 • 소득의 변화에 따라 소비량이 변화하는 효과를 소득효과(income effect)라고 함
엥겔곡선	• 소득의 변화와 특정 재화의 소비량 사이의 관계를 나타내는 곡선 • 소득소비곡선(ICC)으로부터 도출됨

2. 수요의 소득탄력성과 소득소비곡선(ICC) 및 엥겔곡선(EC)

재화의 종류		수요의 소득탄력성	소득소비곡선	엥겔곡선
정상재	사치재	$\varepsilon_M^X > 1$	우상향(X축에 오목)	우상향(X축에 오목)
	필수재	$0 < \varepsilon_M^X < 1$	우상향(X축에 볼록)	우상향(X축에 볼록)
	―	$\varepsilon_M^X = 1$	원점을 지나는 직선	원점을 지나는 직선
중립재		$\varepsilon_M^X = 0$	수직선	수직선
열등재		$\varepsilon_M^X < 0$	좌상향	좌상향

▶ Y재가 중립재($\varepsilon_M^Y = 0$)일 경우 소득소비곡선은 수평선임
▶ Y재가 열등재($\varepsilon_M^Y < 0$)일 경우 소득소비곡선은 우하향함
▶ 두 재화만을 분석대상으로 할 때 두 재화가 모두 사치재이거나, 모두 열등재일 수는 없음

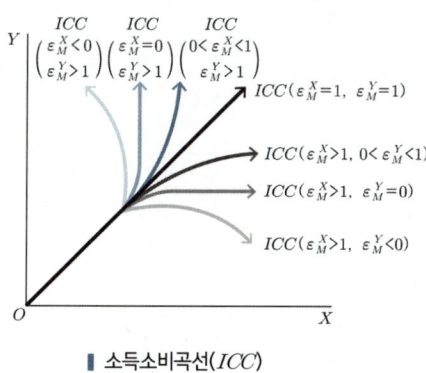

∎ 소득소비곡선(ICC)

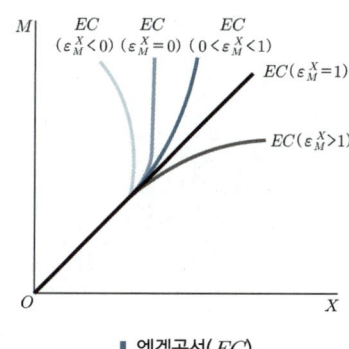

∎ 엥겔곡선(EC)

3. 가격소비곡선(PCC)과 수요곡선(D)

구 분	내 용
가격소비곡선	• 한 재화의 가격변화에 따른 소비자균형의 궤적을 연결한 곡선 • 가격의 변화에 따라 소비량이 변화하는 효과를 가격효과(price effect)라고 함
수요곡선	• 특정 재화의 가격과 그 재화의 수요량 사이의 관계를 나타내는 곡선 • 가격소비곡선(PCC)으로부터 도출됨

4. 수요의 가격탄력성과 가격소비곡선(PCC) 및 수요곡선(D)

수요의 가격탄력성	가격소비곡선	수요곡선	두 재화 간 관계
$\varepsilon^X = 1$	수평선	직각쌍곡선	독립재
$\varepsilon^X > 1$	우하향	우하향(완만함)	대체재
$0 < \varepsilon^X < 1$	우상향	우하향(가파름)	보완재

▶ X재 수요의 가격탄력성이 0($\varepsilon^X = 0$)일 경우 가격소비곡선은 수직선임

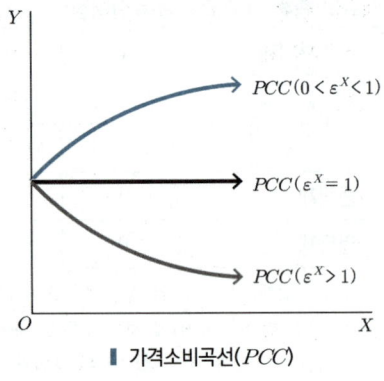

┃ 가격소비곡선(PCC)

대표유형 01

[2012 | 보험계리사] 상 중 하

다음 ( ) 안에 알맞은 말을 옳게 짝지은 것은?

> X재와 Y재만을 소비할 경우, 두 재화의 가격이 일정할 때, 각 소득수준에 대하여 소비자가 구입하려는 X재의 수요량을 표시한 곡선은 (㉠)이다. 다른 조건들은 모두 불변인 채, X재의 가격만 변화시킬 경우에 선택되는 X재와 Y재의 최적 소비계획의 궤적을 표시한 곡선은 (㉡)이다. 이때 도출되는 X재의 수요곡선은 (㉢)이라고 한다.

① ㉠ 엥겔곡선,   ㉡ 가격소비곡선,   ㉢ 마샬의 수요곡선
② ㉠ 엥겔곡선,   ㉡ 가격소비곡선,   ㉢ 힉스의 수요곡선
③ ㉠ 소득소비곡선, ㉡ 마샬의 수요곡선, ㉢ 보상수요곡선
④ ㉠ 소득소비곡선, ㉡ 힉스의 수요곡선, ㉢ 비보상수요곡선

해설
소득의 변화와 특정 재화(X재)의 소비량 사이의 관계를 나타낸 곡선을 엥겔곡선이라 하고, 한 재화(X재)의 가격변화에 따른 소비자균형의 궤적을 연결한 곡선을 가격소비곡선(PCC)이라고 한다. 그리고 가격소비곡선으로부터 도출된 수요곡선을 마샬수요곡선이라고 한다.

02

[2017 | 보험계리사] 상 중 하

다음 그림은 재화 x_1의 가격이 하락할 때, 두 재화 x_1, x_2에 대한 가격-소비곡선을 나타낸 것이다. x_1과 x_2가 보완재인 경우는? (단, 한계대체율이 체감한다.)

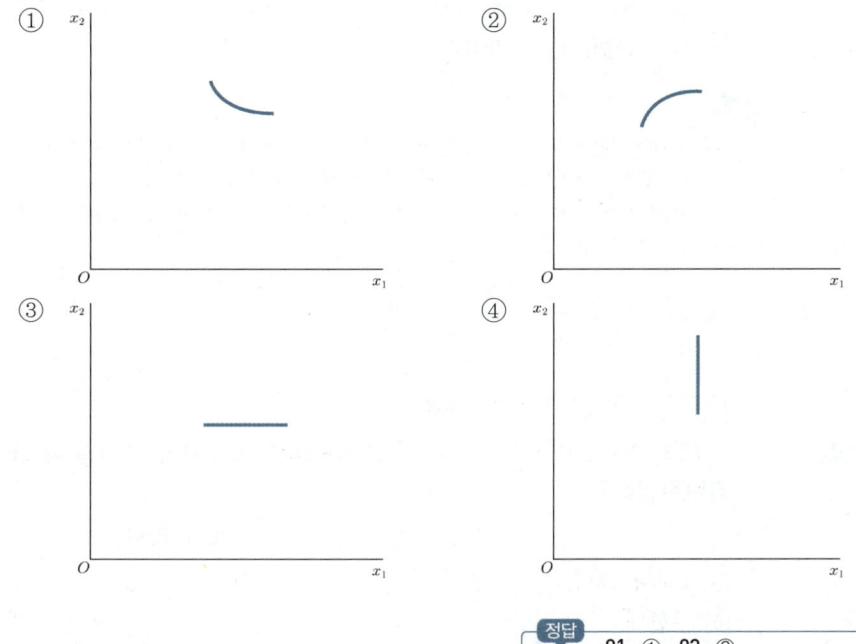

정답
01. ① 02. ②

두 재화가 보완재 관계일 때 가격소비곡선(PCC)은 우상향의 형태로 그려진다.

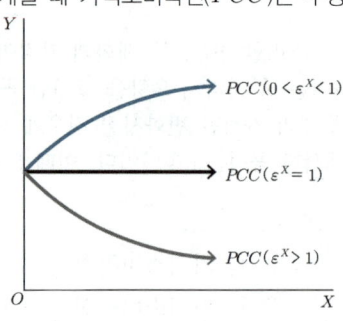

03 [2012 | 공인노무사] 상 중 하

효용을 극대화하는 소비자 A는 X재와 Y재, 두 재화의 소비에 자신의 소득을 모두 지출한다. 이때 ( ) 안에 들어갈 용어로 옳게 묶인 것은?

> A의 X재에 대한 수요는 가격 비탄력적이다. 다른 조건이 일정할 때 X재의 가격이 상승하는 경우, A의 Y재 소비량은 (ㄱ)하고, X재 가격에 대한 Y재 수요의 교차탄력성은 (ㄴ)이다.

① ㄱ : 감소, ㄴ : 음(-) ② ㄱ : 감소, ㄴ : 양(+)
③ ㄱ : 증가, ㄴ : 음(-) ④ ㄱ : 증가, ㄴ : 양(+)
⑤ ㄱ : 불변, ㄴ : 영(0)

i) X재에 대한 수요가 비탄력적이라면($0 < \varepsilon^X < 1$) 가격소비곡선(PCC)이 우상향한다. 따라서 X재 가격이 상승하면 X재와 Y재 소비량이 모두 감소한다.
ii) X재 가격이 상승할 때 Y재 소비량이 감소한다면 두 재화는 보완재 관계이므로 수요의 교차탄력성이 음(-)이다.

04 [2004 | 감정평가사] 상 중 하

X재의 가격소비곡선(price consumption curve)이 수직일 때 X재의 수요의 가격탄력성은?

① 1   ② 1보다 작다.
③ 1보다 크다.   ④ 0
⑤ 무한대

Tip. X재 수요의 가격탄력성이 $0(\varepsilon^X = 0)$이면 가격소비곡선(PCC)은 수직선이다.

가격소비곡선(PCC)이 수직선이면 X재 가격이 변화하더라도 X재 소비량이 불변이다. 따라서 X재 수요의 가격탄력성은 0이다.

05 [2001 행정고시] 상 중 하

소득소비곡선이 아래와 같을 때 X재 수요의 소득탄력성(e)은?

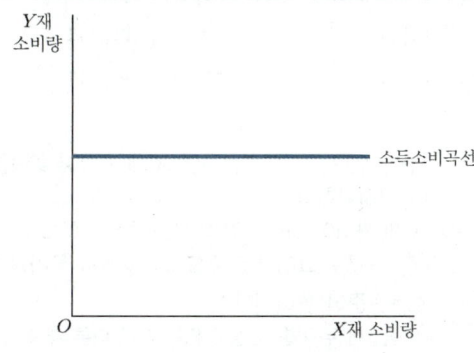

① $0 < e < 1$　　　② $e = 1$
③ $e > 1$　　　　　④ $e < 1$
⑤ 이 정보만으로는 알 수 없다.

Tip. Y재가 중립재($\varepsilon_M^Y = 0$)이면 소득소비곡선(ICC)은 수평선이다.

소득소비곡선(ICC)이 수평선이면 소득이 증가하더라도 Y재 소비량은 불변이고, X재 소비량만 증가한다. 따라서 X재 수요의 소득탄력성은 1보다 크다($\varepsilon_M^X > 1$).

만약 가격소비곡선(PCC)이 수평선이라면 X재 수요의 가격탄력성은 1이다($\varepsilon^X = 0$).

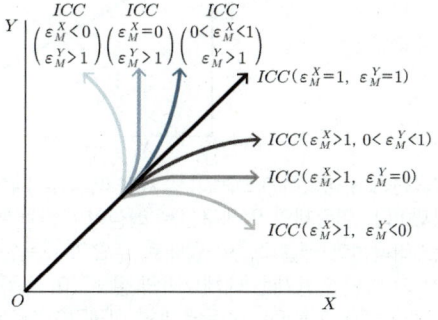

정답 03. ① 04. ④ 05. ③

06 [2016 | 국회직 8급] 다음 중 옳은 것을 〈보기〉에서 모두 고르면?

| 보기 |

ㄱ. 가격소비곡선이 우하향하는 경우 수요곡선은 우하향할 수 있다.
ㄴ. 동일한 수요곡선상에 있는 서로 다른 재화묶음을 소비하더라도 소비자가 느끼는 만족감은 동일하다.
ㄷ. 우상향하는 엥겔곡선은 해당 재화가 열등재임을 의미한다.
ㄹ. 소득소비곡선과 엥겔곡선의 기울기는 수요의 소득탄력성의 부호에 의해 결정된다.
ㅁ. 수요곡선은 대체효과의 절댓값이 소득효과의 절댓값보다 클 경우에 우하향한다.

① ㄱ, ㄴ, ㄷ ② ㄱ, ㄷ, ㄹ ③ ㄱ, ㄹ, ㅁ
④ ㄴ, ㄹ, ㅁ ⑤ ㄷ, ㄹ, ㅁ

해설

ㄱ. |○| 가격소비곡선이 우하향하면 X재 가격이 하락할 때 X재 소비량이 증가하므로 수요곡선이 우하향한다.

ㄴ. |×| X재 가격이 하락하여 예산선이 바깥쪽으로 회전 이동하면 소비자의 효용이 증가한다 ($I_0 \to I_1$). 그러므로 수요곡선상에서 우하방으로 이동할수록(E점 → F점) 소비자의 효용수준이 높아진다.
  동일한 무차별곡선상에 있는 서로 다른 재화묶음을 소비하더라도 소비자의 효용수준은 같다.

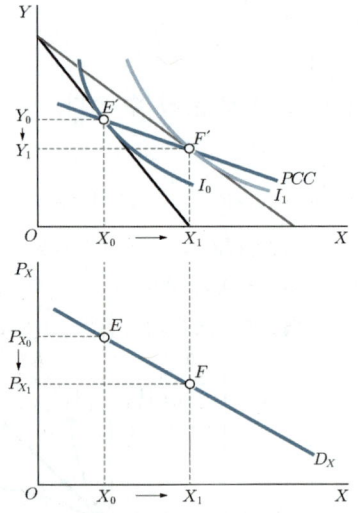

ㄷ. |×| 엥겔곡선이 우상향하면 소득이 증가할 때 해당 재화의 소비량이 증가하므로 그 재화는 정상재이다. 열등재의 엥겔곡선은 좌상향(우하향)한다.

ㄹ. |○| 소득소비곡선과 엥겔곡선의 형태는 수요의 소득탄력성에 의해 결정된다.

ㅁ. |○| 기펜재가 아닌 열등재는 대체효과의 절댓값이 소득효과의 절댓값보다 크므로 수요곡선이 우하향하나, 기펜재는 소득효과의 절댓값이 대체효과의 절댓값보다 크므로 수요곡선이 우상향한다.

정답 06. ③

30 가격효과

가격효과와 수요곡선

1. **가격효과**
   - 명목소득이 일정할 때 재화가격의 변화에 따라 수요량이 변화하는 효과
   - 가격효과=대체효과+소득효과
     - 대체효과 : 재화가격의 변화에 따른 상대가격의 변화로 수요량이 변화하는 효과
     - 소득효과 : 재화가격의 변화에 따른 실질소득의 변화로 수요량이 변화하는 효과

   - 대체효과 : $P_X \downarrow \rightarrow \left(\dfrac{P_X}{P_Y}\right) \downarrow \rightarrow X$재 소비 $\uparrow$
   - 소득효과 : $P_X \downarrow \rightarrow$ 실질소득 $\uparrow$
     - 정상재 : X재 소비 $\uparrow$
     - 열등재 : X재 소비 $\downarrow$
     - 기펜재 : X재 소비 $\downarrow$

2. **가격효과 정리**
   - 정상재는 대체효과와 소득효과가 같은 방향으로 작용함
   - 열등재는 대체효과와 소득효과가 반대 방향으로 작용함
   - 기펜재는 열등재 중에서 소득효과가 대체효과보다 더 큰 재화임
   - 대체효과는 재화의 종류에 관계없이 항상 음(−)임

재 화	대체효과	소득효과	가격효과	비 고
정상재	−	−	−	
열등재	−	+	−	대체효과>소득효과
기펜재	−	+	+	대체효과<소득효과

3. **통상적인 수요곡선(D)과 보상수요곡선(D^h)**

구 분	내 용
통상적인 수요곡선	• 재화의 가격변화에 따른 수요량의 변화(가격효과)를 나타내는 일반적인 수요곡선(보통수요곡선, 마샬수요곡선) • 정상재와 열등재의 경우 우하향하나, 기펜재의 경우에는 우상향함
보상수요곡선	• 실질소득의 변화에 따른 소득효과를 제거하고 대체효과만을 반영하여 도출한 수요곡선(힉스수요곡선) • 재화의 종류와 관계없이 항상 우하향함

   ▶ 정상재 : 통상적인 수요곡선이 보상수요곡선보다 완만함
   ▶ 열등재 : 보상수요곡선이 통상적인 수요곡선보다 완만함

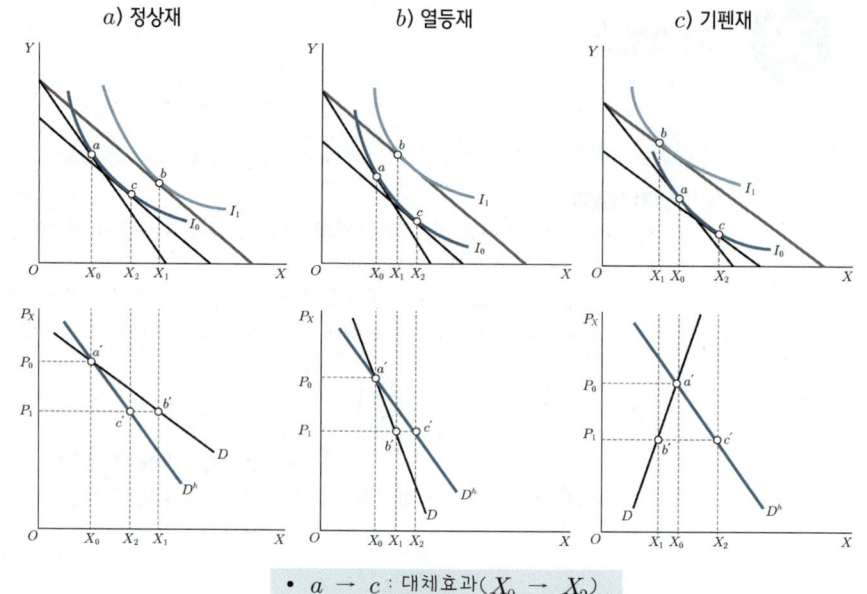

- $a \to c$: 대체효과($X_0 \to X_2$)
- $c \to b$: 소득효과($X_2 \to X_1$)
- $a \to b$: 가격효과($X_0 \to X_1$)

4. 특수한 경우의 가격효과

구 분	내 용
가격효과가 0일 때	• 가격효과(대체효과+소득효과)=0 • 대체효과와 소득효과가 반대 방향으로 작용하면서 절대적 크기가 동일함 … 열등재(다른 재화는 사치재) • 통상적인 수요곡선(D)이 수직선 • 수요의 가격탄력성=0 • 가격소비곡선(PCC)이 수직선
소득효과가 0일 때	• 소득효과=0 • 가격효과=대체효과 • 통상적인 수요곡선(D)과 보상수요곡선(D^h)이 일치 • 수요의 소득탄력성=0 • 소득소비곡선(ICC)이 수직선
대체효과가 0일 때	• 대체효과=0 … 완전보완재 관계($\varepsilon_{XY}<0$) • 가격효과=소득효과 • 보상수요곡선(D^h)이 수직선 • 가격소비곡선(PCC)과 소득소비곡선(ICC)이 모두 원점을 지나는 직선($\varepsilon<1$, $\varepsilon_M=1$)

보상변화(CV)와 동등변화(EV)

1. 보상변화(CV)와 동등변화(EV)

보상변화	동등변화
• 가격변화 이후의 소비자의 효용수준을 가격변화 이전의 수준으로 되돌려놓기 위해 필요한 소득의 크기 • 변화 후 가격을 기준으로 소비자의 후생(효용)상의 변화를 평가함	• 가격변화 이전의 소비자의 효용수준을 가격변화 이후의 새로운 수준으로 옮겨놓기 위해 필요한 소득의 크기 • 변화 전 가격을 기준으로 소비자의 후생(효용)상의 변화를 평가함
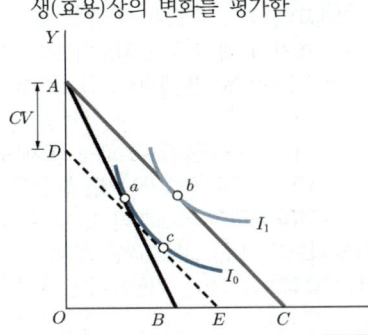	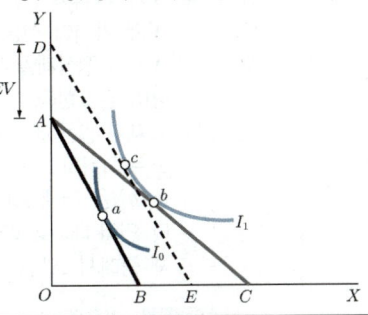

2. 보상변화(CV)와 동등변화(EV) 정리

구 분	가 격	효 용	가격하락 시	가격상승 시
보상변화	변화 후	변화 전	−	+
동등변화	변화 전	변화 후	+	−

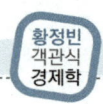

대표유형 01

2016 | 서울시 7급 상 중 하

재화 X의 가격이 상승할 때 나타나는 효과에 대한 서술로 가장 옳은 것은?
① 재화 X와 대체관계에 있는 재화 Y의 가격은 하락한다.
② 재화 X와 보완관계에 있는 재화 Y의 수요량은 증가한다.
③ 재화 X가 정상재라면 수요량은 감소한다.
④ 재화 X가 열등재라면 수요량은 증가한다.

해설
① |×| X재 가격이 상승하면 대체재인 Y재 수요가 증가하므로 Y재 가격이 상승한다.
② |×| X재 가격이 상승하면 보완재인 Y재 수요가 감소하므로 Y재 가격이 하락한다.
③ |○| X재가 정상재일 때 X재 가격이 상승하면 대체효과와 소득효과 모두에 의해 X재 수요량이 감소한다.
④ |×| X재가 열등재일 때 X재 가격이 상승하면 대체효과는 X재 수요량을 감소시키는 방향으로 작용하고, 소득효과는 X재 수요량을 증가시키는 방향으로 작용한다. 따라서 X재 수요량은 대체효과와 소득효과의 상대적 크기에 따라 증가할 수도 있고, 감소할 수도 있다. 만약 대체효과가 소득효과보다 더 큰 열등재라면 X재 수요량은 감소할 것이나, 열등재 중에서 소득효과가 대체효과보다 더 큰 기펜재라면 X재 수요량은 증가하게 된다.

ReCheck 가격효과

- 정상재는 대체효과와 소득효과가 같은 방향으로 작용함
- 열등재는 대체효과와 소득효과가 반대 방향으로 작용함
- 기펜재는 열등재 중에서 소득효과가 대체효과보다 더 큰 재화임
- 대체효과는 재화의 종류에 관계없이 항상 음(−)임

재 화	대체효과	소득효과	가격효과	비 고
정상재	−	−	−	
열등재	−	+	−	대체효과 > 소득효과
기펜재	−	+	+	대체효과 < 소득효과

02 | 2009 공인회계사 | 상 중 하

소득이 증가함에 따라 원두커피의 소비는 늘어나는 반면 인스턴트커피의 소비는 줄어든다고 하자. 두 시장의 공급곡선이 모두 우상향할 때, 다음 중 가장 옳지 않은 것은?

① 인스턴트커피 가격상승의 소득효과는 인스턴트커피 소비량을 증가시키는 방향으로 작용한다.
② 소득이 증가할 때 인스턴트커피 가격은 하락하고, 인스턴트커피 소비량은 증가한다.
③ 인스턴트커피 가격변화의 소득효과와 대체효과는 언제나 반대 방향으로 나타난다.
④ 인스턴트커피 가격이 상승할 때 인스턴트커피 소비량은 증가할 수도 있다.
⑤ 소득이 증가할 때 원두커피 가격은 상승한다.

해설

소득이 증가함에 따라 소비가 증가하는 원두커피는 정상재이고, 반대로 소비가 감소하는 인스턴트커피는 열등재이다.

① |○| 인스턴트커피의 가격상승은 소비자의 실질소득을 감소시키므로 소득효과에 의해 열등재인 인스턴트커피의 소비량은 증가한다.
② |×| 소득이 증가하면 열등재인 인스턴트커피의 수요가 감소하므로 수요곡선이 좌측으로 이동한다. 따라서 인스턴트커피의 가격이 하락하고 소비량도 감소한다.
③ |○| 인스턴트커피는 열등재이므로 대체효과와 소득효과가 항상 반대 방향으로 작용한다.
④ |○| 열등재인 인스턴트커피의 가격이 상승하면 대체효과는 인스턴트커피의 소비량을 감소시키는 방향으로 작용하고, 소득효과는 인스턴트커피의 소비량을 증가시키는 방향으로 작용한다. 따라서 인스턴트커피의 소비량은 대체효과와 소득효과의 상대적 크기에 따라 증가할 수도 있고, 감소할 수도 있다. 만약 인스턴트커피가 열등재 중에서 소득효과가 대체효과보다 더 큰 기펜재라면 인스턴트커피의 소비량은 증가하게 된다.
⑤ |○| 소득이 증가하면 정상재인 원두커피의 수요가 증가하므로 수요곡선이 우측으로 이동한다. 따라서 원두커피 가격이 상승하고 소비량도 증가한다.

정답 01. ③ 02. ②

03 [2010 | 국회직 8급] 상 중 하

다음 설명 중 옳지 않은 것은?

① 열등재의 가격이 상승하는 경우, 소득효과로 인하여 소비자들은 그 재화를 덜 소비하게 될 것이다.
② 모든 기펜재(Giffen goods)는 열등재이다.
③ 재화의 가격이 하락하는 경우, 대체효과는 가격변화 전보다는 그 재화를 더 많이 소비하게 한다.
④ 정상재의 가격이 하락하는 경우, 소득효과로 인하여 소비자들은 그 재화를 더 많이 소비하게 될 것이다.
⑤ 재화가 정상재인 경우 엥겔곡선(Engel Curve)은 우상향한다.

해설
① |×| 열등재의 가격이 상승하면 소비자의 실질소득이 감소하므로 소득효과에 의해 해당 재화의 소비가 증가한다.
② |○| 기펜재는 열등재 중에서 소득효과가 대체효과보다 더 큰 재화이다. 따라서 모든 기펜재는 열등재이지만, 모든 열등재가 기펜재는 아니다.
③ |○| 재화의 가격이 하락하면 재화의 종류에 관계없이 대체효과에 의해 해당 재화의 소비가 증가한다. 즉, 대체효과는 재화의 종류에 관계없이 항상 음(−)이다.
④ |○| 정상재의 가격이 하락하면 소비자의 실질소득이 증가하므로 소득효과에 의해 해당 재화의 소비가 증가한다.
⑤ |○| 정상재는 소득이 증가하면 해당 재화의 소비가 증가한다. 따라서 가로축에 재화 소비량, 세로축에 소득을 표시한 평면에서 정상재의 엥겔곡선은 우상향한다.

04 [2015 | 국회직 8급] 상 중 하

소비자이론에 관한 다음 설명 중 옳지 않은 것은?

① 무차별곡선이 L자형이면 가격효과와 소득효과는 동일하다.
② 기펜재는 열등재이지만 모든 열등재가 기펜재는 아니다.
③ 재화의 가격이 변하더라도 무차별곡선지도는 변하지 않는다.
④ 열등재의 가격이 하락할 때 수요량이 늘어난다면 이는 대체효과가 소득효과보다 작기 때문이다.
⑤ 소득소비곡선(ICC)이 우상향하는 직선이면 두 재화 모두 정상재이다.

해설
① |○| 무차별곡선이 L자 형태이면 효용함수가 레온티에프 효용함수이므로 X재와 Y재가 완전보완재 관계이다. 두 재화가 완전보완재 관계이면 대체효과가 0이므로 가격효과와 소득효과가 일치한다.
② |○| 기펜재는 열등재 중에서 소득효과가 대체효과보다 더 큰 재화이다. 따라서 모든 기펜재는 열등재이지만, 모든 열등재가 기펜재는 아니다.
③ |○| 재화가격의 변화는 예산선을 이동시킬 뿐, 무차별곡선과는 무관하다. 따라서 무차별곡선들을 모아 놓은 무차별지도도 변하지 않는다.

④ |×| 열등재의 가격이 하락할 때 대체효과가 소득효과보다 크다면 해당 재화의 수요량이 증가하고, 소득효과가 대체효과보다 크다면(기펜재) 해당 재화의 수요량이 감소한다. 따라서 열등재의 가격이 하락할 때 해당 재화의 수요량이 증가한다면, 이는 대체효과가 소득효과보다 크기 때문이다.

⑤ |○| 소득소비곡선(ICC)이 우상향하는 직선이면 수요의 소득탄력성이 1이므로, 두 재화 모두 정상재이다($\varepsilon_M^X = 1$, $\varepsilon_M^Y = 1$).

05 [2013 | 보험계리사] 상 중 하

다음 중 기펜재(Giffen goods)에 대해 옳은 설명만 모두 고른 것은? (단, 다른 조건은 일정하다.)

> ㄱ. 가격이 증가하면 수요가 증가한다.
> ㄴ. 가격이 증가하면 수요가 감소한다.
> ㄷ. 소득이 증가하면 수요가 증가한다.
> ㄹ. 소득이 증가하면 수요가 감소한다.

① ㄱ, ㄷ   ② ㄱ, ㄹ
③ ㄴ, ㄷ   ④ ㄴ, ㄹ

ㄱ. |○|, ㄴ. |×| 기펜재는 수요곡선이 우상향하므로 가격이 상승하면 해당 재화의 수요량이 증가한다.
ㄷ. |×|, ㄹ. |○| 기펜재는 소득효과가 대체효과보다 더 큰 열등재이므로 소득이 증가하면 수요가 감소한다.

ReCheck 기펜재(Giffen goods)

1. 개념 : 열등재 중에서 소득효과가 대체효과보다 더 큰 재화(소득효과 > 대체효과)
2. 특징
   • (통상적인) 수요곡선이 우상향함 … 수요의 법칙의 예외
      cf. 기펜재의 보상수요곡선은 다른 재화와 마찬가지로 우하향함
   • 모든 기펜재는 열등재이지만, 모든 열등재가 기펜재는 아님
      → 정상재는 기펜재가 될 수 없음

정답   03. ①   04. ④   05. ②

06 다음은 기픈재(Giffen goods)에 대한 설명이다. (가)와 (나)를 바르게 짝지은 것은?

- 기픈재의 가격이 오르면 기픈재의 소비량은 늘고 소비자의 효용은 (가)한다.
- 두 재화를 소비하는 소비자에게 한 재화가 기픈재일 때 그 재화의 가격이 오르면 다른 재화의 수요량은 (나)한다.

	(가)	(나)
①	증가	증가
②	증가	감소
③	감소	증가
④	감소	감소
⑤	증가	불변

(가) 기펜재는 수요곡선이 우상향하므로 가격이 상승하면 해당 재화의 소비량이 증가한다. 두 재화를 소비하는 소비자에게 한 재화가 기펜재(열등재)라면 다른 재화는 정상재이다. 기펜재를 X재, 정상재를 Y재라 하자. 아래 그림과 같이 X재 가격이 상승하여 예산선이 X재축 안쪽으로 회전 이동할 때 X재 소비량이 증가하려면 소비자의 효용은 감소할 수밖에 없다.

(나) 기펜재인 X재 가격이 상승하면 소비자의 실질소득이 감소하므로 정상재인 Y재 소비량은 감소한다. 이는 아래 그림을 통해서도 확인할 수 있다.

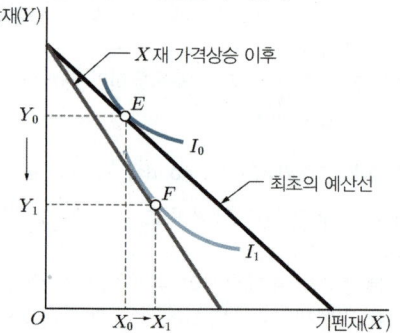

07 甲은 열등재인 X재와 정상재인 Y재만을 소비한다. 소득과 Y재의 가격이 일정할 때, X재의 가격이 하락하자 X재의 소비량이 감소하였다. 이 경우 옳은 설명을 모두 고른 것은?

ㄱ. X재는 기펜재이다.
ㄴ. 가격소비곡선은 우상향한다.
ㄷ. X재에 대한 대체효과의 절댓값이 소득효과의 절댓값보다 작다.
ㄹ. X재에 대한 대체효과와 소득효과는 같은 방향이다.

① ㄱ, ㄴ
② ㄱ, ㄷ
③ ㄴ, ㄹ
④ ㄱ, ㄴ, ㄷ
⑤ ㄴ, ㄷ, ㄹ

ㄱ. |○| X재 가격이 하락할 때 X재 소비량이 감소하였으므로 수요곡선이 우상향한다. 따라서 X재는 기펜재이다.
ㄴ. |×| X재가 기펜재(열등재)이고, Y재가 정상재일 때 가격소비곡선(PCC)은 좌상향(우하향)한다.
ㄷ. |○|, ㄹ. |×| 기펜재는 열등재이므로 대체효과와 소득효과가 반대 방향으로 작용하며, 소득효과의 절댓값이 대체효과의 절댓값보다 크다.

08 기펜재(Giffen goods)의 수요에 관한 설명으로 옳은 것을 모두 고른 것은?

ㄱ. 가격이 하락할 때 수요량은 증가한다.
ㄴ. 보상수요곡선은 우하향한다.
ㄷ. 수요의 소득탄력성은 0보다 작다.

① ㄱ
② ㄴ
③ ㄱ, ㄷ
④ ㄴ, ㄷ
⑤ ㄱ, ㄴ, ㄷ

Tip. 기펜재의 (통상적인) 수요곡선은 우상향하고, 보상수요곡선은 우하향한다.

ㄱ. |×| 기펜재는 수요곡선이 우상향하므로 가격이 하락하면 해당 재화의 수요량이 감소한다.
ㄴ. |○| 보상수요곡선은 실질소득의 변화에 따른 소득효과를 제거하고 대체효과만을 반영하여 도출한 수요곡선으로, 재화의 종류에 관계없이 항상 우하향한다. 따라서 기펜재의 보상수요곡선도 우하향한다.
ㄷ. |○| 기펜재는 열등재이므로 수요의 소득탄력성이 0보다 작다.

06. ④ 07. ② 08. ④

09 | 2017 | 보험계리사 | 상 중 하

두 재화만을 소비하는 소비자 T의 각 재화에 대한 한계효용은 항상 0보다 크다. 효용을 극대화하는 소비자 T의 최적 소비에 관한 옳은 설명만을 〈보기〉에서 고른 것은?

―― 보기 ――

가. 모든 소비점에서 한계대체율의 절댓값이 1로 동일할 때 가격이 싼 재화만을 소비한다.
나. 한 재화가 열등재라면 다른 재화의 소득탄력성은 1보다 크다.
다. 한 재화의 가격이 상승하고, 다른 재화의 가격이 하락한 후, 변화 이전의 최적 소비묶음을 구입할 수 없다면, 이 소비자의 효용은 반드시 감소한다.

① 가
② 가, 나
③ 나, 다
④ 가, 나, 다

가. |○| 모든 소비점에서 한계대체율(절댓값)이 1로 일정하면 무차별곡선은 기울기가 −1인 우하향의 직선 형태이고, 두 재화가 완전대체재 관계이다. 두 재화가 완전대체재 관계이므로 한계대체율이 1일 때 두 재화의 가격이 다르다면 가격이 낮은 한 재화만을 소비하는 것이 최적이다. 즉, Y재 가격이 X재 가격보다 높다면 $\left(MRS_{XY}=1>\dfrac{P_X}{P_Y}\right)$ X재만을 소비하고, X재 가격이 Y재 가격보다 높다면 $\left(MRS_{XY}=1<\dfrac{P_X}{P_Y}\right)$ Y재만을 소비하는 것이 최적이다.

나. |○| 소득이 1% 증가하였을 때 X재 소비량이 감소한다면 Y재 소비량은 반드시 1%보다 큰 폭으로 증가해야 한다. 즉, X재가 수요의 소득탄력성이 0보다 작은 열등재라면 Y재는 수요의 소득탄력성이 1보다 큰 사치재가 된다.

다. |×| X재 가격이 상승하고 Y재 가격이 하락하여 변화 이전의 최적 소비묶음을 구입할 수 없다면 새로운 예산선상에 있는 모든 소비점이 현시선호의 약공리를 충족하므로 어떤 소비점을 선택하느냐에 따라서 소비자의 효용은 증가할 수도 있고, 감소할 수도 있다.

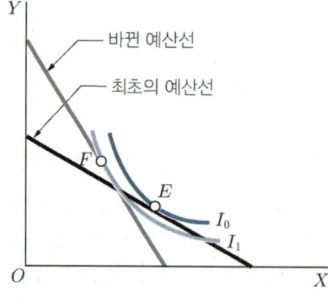

a) 효용이 감소하는 경우

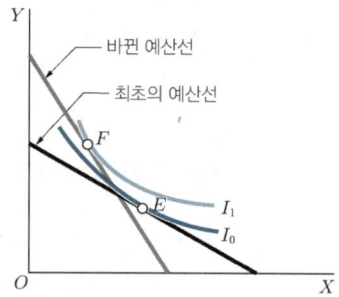

b) 효용이 증가하는 경우

10

[2012 | 공인노무사] [상] [중] [하]

효용을 극대화하는 소비자 A는 X재와 Y재, 두 재화만 소비한다. 다른 조건이 일정하고 X재의 가격만 하락하였을 경우, A의 X재에 대한 수요량이 변하지 않았다. 이에 관한 설명으로 옳은 것을 모두 고른 것은?

> ㄱ. 두 재화는 완전보완재이다.
> ㄴ. X재는 열등재이다.
> ㄷ. Y재는 정상재이다.
> ㄹ. X재의 소득효과와 대체효과가 서로 상쇄된다.

① ㄱ, ㄴ   ② ㄱ, ㄴ, ㄷ, ㄹ
③ ㄱ, ㄷ, ㄹ   ④ ㄴ, ㄷ, ㄹ
⑤ ㄷ, ㄹ

해설

ㄱ. |×| 두 재화가 완전보완재 관계라면 가격소비곡선(PCC)이 원점을 지나는 우상향의 직선이므로 X재 가격이 하락할 때 X재와 Y재 소비량이 모두 증가해야 한다. 따라서 두 재화는 완전보완재 관계가 아니다.

ㄴ. ㄹ. |○| X재 가격이 하락할 때 X재 수요량이 전혀 변하지 않았으므로 가격효과가 0이다. 가격효과가 0이 되는 경우는 대체효과와 소득효과가 반대 방향으로 작용하면서 절대적 크기가 동일할 때이다. 대체효과와 소득효과가 반대 방향으로 작용한다면 X재는 열등재이다.

ㄷ. |○| X재가 열등재이라면 Y재는 사치재가 된다. 사치재는 수요의 소득탄력성이 1보다 큰 재화로 정상재이다.

ReCheck 가격효과가 0일 때

- 가격효과(대체효과+소득효과)= 0
- 대체효과와 소득효과가 반대 방향으로 작용하면서 절대적 크기가 동일함 … 열등재
- 통상적인 수요곡선(D)이 수직선
- 수요의 가격탄력성= 0
- 가격소비곡선(PCC)이 수직선

정답 09. ② 10. ④

11 | 2012 | 보험계리사 | 상 중 하

다음 그림은 가격하락에 따른 효용극대화 소비자의 선택과정을 설명한 것이다. 이에 근거할 때, 옳지 않은 것은? (단, 직선 AB, AC, $A'C'$은 예산선이고, U_1, U_2는 무차별곡선임. 또한, E_0는 소비자의 최초 균형점, E_1, E_2는 각각 소비자균형점임.)

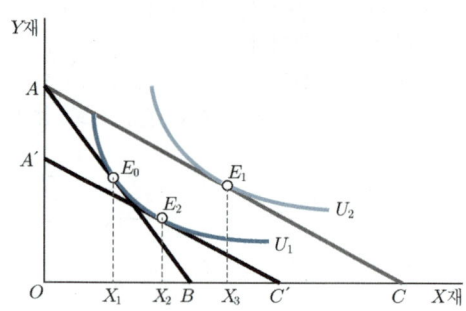

① X재는 정상재이다.
② 대체효과로 인해 효용이 증가하였다.
③ X재에 대한 가격효과는 X_3와 X_1의 차이로 계산된다.
④ 예산선 AB가 예산선 AC로 변화한 것은 X재의 가격이 하락하였기 때문이다.

해설

균형점이 E_0에서 E_2로 이동한 것이 대체효과, E_2에서 E_1으로 이동한 것이 소득효과이다. 그리고 E_0에서 E_1으로 이동한 것이 가격효과이다.

① |○| 대체효과와 소득효과가 같은 방향으로 작용하므로 X재는 정상재이다.
② |×| 균형점 E_0와 E_2는 동일한 무차별곡선상의 점이므로 효용이 동일하다. 따라서 대체효과에 의해 균형점이 E_0에서 E_2로 이동하더라도 소비자의 효용수준은 변화하지 않는다.
③ |○| 균형점이 E_0에서 E_1으로 이동한 것이 가격효과이고, 그 크기는 X_3와 X_1의 차이로 계산된다.
  ◎ 균형점 E_0와 E_1을 연결한 곡선이 가격소비곡선(PCC), E_2와 E_1을 연결한 곡선이 소득소비곡선(ICC)이다.
④ |○| X재 가격이 하락하면 예산선이 X재축 바깥쪽으로 회전 이동한다($\overline{AB} \rightarrow \overline{AC}$).

12 [2012 | 공인회계사] [상][중][하]

지원이는 고정된 소득으로 X재와 Y재만을 소비한다고 가정하자. Y재의 가격은 일정한데 X재의 가격이 하락함에 따라 소비균형점이 E_0에서 E_1으로 이동하였다. 이로부터 알 수 있는 것은?

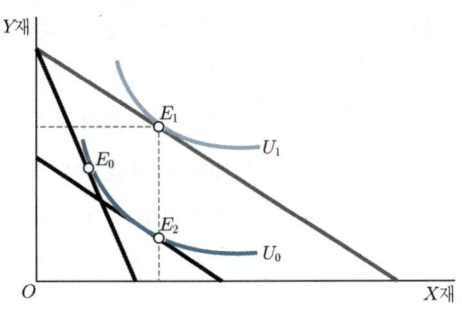

① X재는 열등재인 동시에 기펜(Giffen)재이다.
② X재의 보상수요곡선은 보통수요곡선보다 가파르다.
③ X재에 대한 대체효과와 소득효과는 반대 방향으로 작용한다.
④ X재의 수요는 가격에 대해 비탄력적이다.
⑤ X재의 엥겔곡선은 우상향한다.

해설

균형점이 E_0에서 E_2로 이동한 것이 대체효과, E_2에서 E_1으로 이동한 것이 소득효과이다. 그리고 E_0에서 E_1으로 이동한 것이 가격효과이다. X재 가격이 하락할 때 대체효과에 의해서는 X재 소비량이 증가하나, 소득효과에 의해서는 X재 소비량이 전혀 변화하지 않으므로 소득효과가 0이다.

① |×| X재 가격이 하락하여 실질소득이 증가할 때 X재 소비량이 전혀 변화하지 않으므로 X재 수요의 소득탄력성이 0이다. 따라서 X재는 열등재도 아니고, 기펜재도 아니다.
②, ③ |×| 소득효과가 0이므로 가격효과와 대체효과가 일치한다. 따라서 X재의 보통수요곡선과 보상수요곡선이 일치한다.
④ |○| 최초의 균형점 E_0와 X재 가격하락 이후의 새로운 균형점 E_1을 연결한 가격소비곡선(PCC)이 우상향하므로 X재 수요의 가격탄력성이 1보다 작다(비탄력적).
⑤ |×| X재 수요의 소득탄력성이 0이므로 소득소비곡선(ICC)이 수직선이고, X재의 엥겔곡선도 수직선이다.

ReCheck 소득효과가 0일 때

- 소득효과 = 0
- 가격효과 = 대체효과
- 통상적인 수요곡선(D)과 보상수요곡선(D^h)이 일치
- 수요의 소득탄력성 = 0
- 소득소비곡선(ICC)이 수직선

정답 11. ② 12. ④

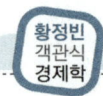

13 [2017 | 공인회계사] 상 중 하

어느 소비자는 X재와 Y재만을 소비하고, 우하향하고 원점에 대해 볼록한 무차별 곡선을 가진다. 주어진 가격에서 이 소비자의 효용극대화 소비점은 $a = (X_a,\ Y_a)$ 이다. X재의 가격이 하락하고 Y재의 가격은 변화하지 않은 경우, 효용극대화 소비점은 $b = (X_b,\ Y_b)$가 된다. 다음 설명 중 옳지 않은 것은?

① $X_a = X_b$인 경우, X재의 보통의 수요곡선은 수직선이다.
② $X_a = X_b$인 경우, X재는 열등재이다.
③ $X_a = X_b$인 경우, X재의 대체효과와 소득효과의 절댓값 크기가 동일하다.
④ 대체효과에 따른 X재의 소비량이 X_b인 경우, X재의 보상수요곡선 기울기가 보통의 수요곡선 기울기보다 가파르다.
⑤ 대체효과에 따른 X재의 소비량이 X_b인 경우, 소득소비곡선이 수직선이다.

해설

①, ②, ③ | ○ | X재 가격이 하락했음에도 X재 소비량이 전혀 변화하지 않았다면($X_a = X_b$), 이는 가격효과가 0임을 의미한다. 가격효과가 0이 되는 경우는 대체효과와 소득효과가 반대 방향으로 작용하면서 절댓값의 크기가 동일할 때이다. 대체효과와 소득효과가 반대 방향으로 작용한다면 X재는 열등재이고, X재 가격이 하락하더라도 X재 소비량이 불변이므로 보통수요곡선은 수직선의 형태로 도출된다.

④ | × |, ⑤ | ○ | X재 가격이 하락하여 X재 소비량이 X_a에서 X_b로 변화할 때 대체효과에 따른 X재 소비량이 X_b라면, 이는 소득효과가 0임을 의미한다. 소득효과가 0이면 X재의 보통수요곡선과 보상수요곡선이 일치하고, 소득이 증가하더라도 X재 소비량이 불변이므로 소득소비곡선(ICC)은 수직선의 형태로 도출된다.

14 상품시장에서 보통수요와 보상수요의 관계에 대한 다음 설명 중 옳은 것을 모두 고르면?

> 가. 대체효과와 소득효과가 같은 방향으로 작용하는 재화의 경우, 대체효과의 크기가 소득효과의 크기보다 크다면, 보통수요곡선의 기울기가 보상수요곡선의 기울기보다 완만하다.
> 나. 대체효과와 소득효과가 같은 방향으로 작용하는 재화의 경우, 대체효과의 크기가 소득효과의 크기보다 작다면, 보통수요곡선의 기울기가 보상수요곡선의 기울기보다 가파르다.
> 다. 대체효과와 소득효과가 반대 방향으로 작용하는 재화의 경우, 대체효과의 크기가 소득효과의 크기보다 크다면, 보통수요곡선의 기울기가 보상수요곡선의 기울기보다 가파르다.
> 라. 대체효과와 소득효과가 반대 방향으로 작용하는 재화의 경우, 대체효과의 크기가 소득효과의 크기보다 작다면, 보통수요곡선과 보상수요곡선은 일치한다.

① 가, 나   ② 가, 다   ③ 나, 다
④ 나, 라   ⑤ 다, 라

해설

보통수요곡선(D)은 가격효과를 반영하여 도출한 일반적인 수요곡선으로 통상적인 수요곡선 혹은 마샬수요곡선이라고도 한다. 보상수요곡선(D^h)은 소득효과를 제거하고 대체효과만을 반영하여 도출한 수요곡선으로 힉스수요곡선이라고도 한다.

가. |○|, 나. |×| 대체효과와 소득효과가 같은 방향으로 작용하는 재화는 정상재이다. 정상재의 경우, 대체효과나 소득효과의 크기와 관계없이 보통수요곡선의 기울기가 보상수요곡선의 기울기보다 항상 완만하다.

다. |○| 대체효과와 소득효과가 반대 방향으로 작용하면서 대체효과의 크기가 소득효과의 크기보다 큰 재화는 기펜재가 아닌 열등재이다. 열등재의 경우, 보통수요곡선의 기울기가 보상수요곡선의 기울기보다 가파르다.

라. |×| 대체효과와 소득효과가 반대 방향으로 작용하면서 대체효과의 크기가 소득효과의 크기보다 작은 재화는 기펜재이다. 기펜재의 경우, 보통수요곡선은 우상향하는데 반해 보상수요곡선은 여전히 우하향한다.

ReCheck 통상적인 수요곡선(D)과 보상수요곡선(D^h)

통상적인 수요곡선	• 재화의 가격변화에 따른 수요량의 변화(가격효과)를 나타내는 일반적인 수요곡선(보통수요곡선, 마샬수요곡선) • 정상재와 열등재의 경우 우하향하나, 기펜재의 경우에는 우상향함
보상수요곡선	• 실질소득의 변화에 따른 소득효과를 제거하고 대체효과만을 반영하여 도출한 수요곡선(힉스수요곡선) • 재화의 종류와 관계없이 항상 우하향함

• 정상재 : 통상적인 수요곡선이 보상수요곡선보다 완만함
• 열등재 : 보상수요곡선이 통상적인 수요곡선보다 완만함

13. ④ 14. ②

15

2013 | 공인회계사

가격효과에 대한 다음 설명 중 옳은 것을 모두 고르면?

> 가. 열등재의 경우 가격이 상승하면 보통수요가 보상수요보다 더 많이 감소한다.
> 나. 소비자의 선호가 단조성과 강볼록성을 만족하면 보상수요곡선은 항상 우하향한다.
> 다. 두 재화를 소비하는 소비자의 효용함수가 $u(x_1, x_2) = \min\{x_1, x_2\}$로 주어지는 경우, 한 재화의 가격변화 시 두 재화 모두 소득효과는 0이고 대체효과만 발생한다.
> 라. 미래소득이 0인 소비자가 현재소득을 현재소비와 미래소비에 배분하여 효용을 얻는 저축결정모형에서 현재소비가 열등재라면 이자율이 상승할 경우 저축은 반드시 증가한다.

① 가, 나　　　　　　　② 나, 다
③ 나, 라　　　　　　　④ 가, 다
⑤ 다, 라

해설

가. |×| 열등재의 경우, 보상수요곡선이 보통수요곡선보다 완만하므로 가격이 상승하면 보상수요가 보통수요보다 더 많이 감소한다.

나. |○| 소비자의 선호가 단조성과 강볼록성을 만족하면 무차별곡선이 우하향하면서 원점에 대해 볼록하고, 원점에서 멀수록 더욱 높은 효용수준을 나타낸다. 이 경우, 소득효과를 제거하고 대체효과만을 반영하여 도출한 보상수요곡선은 재화의 종류와 관계없이 항상 우하향한다.

다. |×| 효용함수 $U = \min\{x_1, x_2\}$는 레온티에프 효용함수로, x_1재와 x_2재가 완전보완재 관계이다. 두 재화가 완전보완재 관계이면 대체효과가 0이고, 소득효과만 발생한다.

라. |○| 미래소득이 0인 소비자는 현재소득을 현재소비와 미래소비에 배분하므로 저축자이다. 이자율이 상승하면 현재소비의 상대가격이 상승하므로 대체효과에 의해서는 현재소비가 감소하고 저축이 증가한다. 저축자의 경우, 이자율이 상승하면 실질소득이 증가하는데 현재소비가 열등재라면 현재소비가 감소하므로 소득효과에 의해서도 저축이 증가한다. 따라서 현재소비가 열등재일 때 이자율이 상승하면 저축은 반드시 증가한다.

- 대체효과 : $r \uparrow$　$\begin{bmatrix} P_{C_1} \uparrow \\ P_{C_2} \downarrow \end{bmatrix}$　$\begin{matrix} \rightarrow C_1 \downarrow, \ S \uparrow \\ \rightarrow C_2 \uparrow \end{matrix}$

- 소득효과 : $r \uparrow \rightarrow$ 저축자 : 실질소득 $\uparrow$ $\begin{bmatrix} C_1(\text{열등재}) \downarrow, \ S \uparrow \\ C_2(\text{사치재}) \uparrow \end{bmatrix}$

16 | 2010 | 공인회계사 | 상 중 하

철수는 지난해 1,000의 소득으로 X재 50단위와 Y재 100단위를 구입하였다. 그런데 X재의 가격이 지난해 10에서 올해 15로 상승함에 따라 철수는 X재의 소비를 40단위로 줄였다. 다음 설명 중 옳은 것을 모두 고르면? (단, 철수가 선택할 수 있는 재화는 X재와 Y재뿐이며, 모든 소득을 두 재화의 소비에 사용한다. 소득과 Y재의 가격은 지난해와 동일하다. 철수의 선호체계는 강볼록성을 만족시키며 변화가 없었다.)

> 가. Y재의 가격은 5이다.
> 나. 철수의 X재에 대한 수요의 가격탄력성은 1(절댓값 기준)보다 크다.
> 다. 두 기간에 걸친 철수의 가격소비곡선은 우상향한다.
> 라. 철수에게 Y재는 정상재이다.
> 마. 철수가 지난해 선택한 소비조합에서의 한계대체율과 올해 선택한 소비조합에서의 한계대체율은 동일하다.

① 가, 나 ② 가, 나, 다
③ 가, 다, 라 ④ 가, 라, 마
⑤ 나, 다, 마

해설

가. |○| 지난해 X재 가격이 10이고, X재 소비량이 50단위이므로 X재에 대한 지출액은 500이고, 소득이 1,000이므로 Y재에 대한 지출액도 500이다. 지난해 Y재 소비량이 100단위이므로 Y재 가격은 5이다.
- $P_X X + P_Y Y = M \to (10 \times 50) + (P_Y \times 100) = 1,000$ ∴ $P_Y = 5$

나. |×|. 다. |○| 올해 X재 가격이 15이고, X재 소비량이 40단위이므로 X재에 대한 지출액은 600이다. 소득과 Y재 가격이 지난해와 동일하므로 올해 Y재에 대한 지출액은 400이고, Y재 소비량은 80단위이다.
- $P_X X + P_Y Y = M \to (15 \times 40) + (5 \times Y) = 1,000$ ∴ $Y = 80$

따라서 X재 가격상승에 따른 소비자균형의 이동은 아래 그림과 같다. X재 가격이 상승할 때 균형이 E점에서 F점으로 이동하였으므로 가격소비곡선(PCC)은 우상향하고, 가격소비곡선이 우상향하면 X재 수요의 가격탄력성은 1보다 작다. 구체적으로는, X재 가격이 지난해 10에서 올해 15로 50% 상승할 때 X재 소비량이 지난해 50단위에서 올해 40단위로 20% 감소하였으므로 X재 수요의 가격탄력성은 0.4이다.

라. |○| X재 가격이 상승하여 실질소득이 감소할 때 Y재 소비량이 감소하였으므로 Y재는 정상재이다.

마. |×| 지난해 소비자균형인 E점에서의 한계대체율 $\left(MRS_{XY} = \dfrac{P_X}{P_Y} = \dfrac{10}{5} = 2\right)$보다 올해 소비자균형인 F점에서의 한계대체율 $\left(MRS_{XY} = \dfrac{P_X}{P_Y} = \dfrac{15}{5} = 3\right)$이 더 크다.

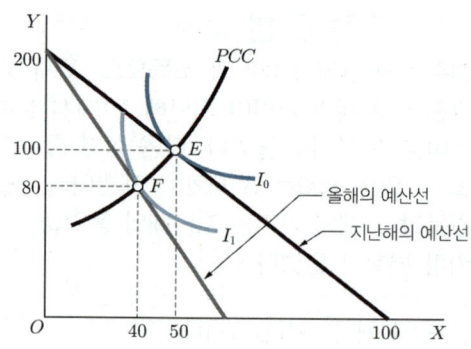

17 | 2018 | 공인회계사 | 상 중 하

소득 m으로 두 재화를 소비하는 한 소비자의 효용함수가

$$u(x, y) = 3x + y$$

이다. y재의 시장가격이 1일 때, 다음 설명 중 옳은 것은? (단, $0 < m < \infty$)

가. x재에 대한 수요곡선은 45°선을 기준으로 대칭이다.
나. x재에 대한 수요곡선은 가격탄력성이 무한(∞)인 점을 갖는다.
다. x재의 가격이 2에서 4로 상승하면 소득효과는 $\dfrac{m}{3}$이다.
라. x재의 가격이 4에서 2로 하락하면 대체효과는 $\dfrac{m}{3}$이다.

① 가, 나
② 가, 다
③ 나, 다
④ 나, 라
⑤ 다, 라

가. |×| 효용함수 $U = 3X + Y$는 선형 효용함수로, X재와 Y재가 완전대체재 관계이다. 선형 효용함수의 경우, 수요곡선이 구간에 따라 수직선, 수평선 및 직각쌍곡선의 형태를 갖는다. 한계대체율이 $MRS_{XY} = 3$이고, Y재 가격이 $P_Y = 1$이므로 $\dfrac{P_X}{P_Y} = P_X$이다.

ⅰ) $MRS_{XY} < \dfrac{P_X}{P_Y} \rightarrow P_X > 3$일 때 : Y재만 소비 … X재 수요곡선이 수직선(가격축)

무차별곡선이 예산선보다 기울기가 완만한 구간에서 소비자는 Y재만 소비하므로 X재 소비량이 0이 되어 X재 수요곡선은 수직선(가격축)이 된다.

ii) $MRS_{XY} = \dfrac{P_X}{P_Y} \to P_X = 3$일 때 : X, Y재 동시 소비 ⋯ X재 수요곡선이 수평선

무차별곡선과 예산선이 겹치는 구간에서는 예산선상의 모든 점이 소비자균형이 된다. 그 결과, X재 소비량은 0과 $\dfrac{m}{P_X}$ 사이의 임의의 값이 될 수 있으므로 X재 수요곡선은 수평선이 된다.

iii) $MRS_{XY} > \dfrac{P_X}{P_Y} \to P_X < 3$일 때 : X재만 소비 ⋯ X재 수요곡선이 직각쌍곡선

예산선이 무차별곡선보다 기울기가 완만한 구간에서 소비자는 X재만 소비하므로 수요함수가 $X = \dfrac{M}{P_X}$이 되어 X재 수요곡선은 직각쌍곡선이 된다.

⇒ 따라서 X재 수요곡선은 45°선을 기준으로 대칭이 아니다.

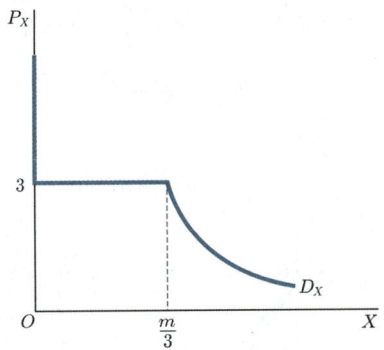

나. |○| $P_X = 3$일 때 X재 수요곡선이 수평선이므로 수요의 가격탄력성이 무한대(∞)이다.

다. |×| 그림 a)에서 X재 가격이 $P_X = 2$이면 $MRS_{XY} = 3 > \dfrac{P_X}{P_Y} = 2$이므로 소비자는 E점에서 X재만 $\dfrac{m}{2}$ 단위 소비하고, 이때의 효용은 $U = \left(3 \times \dfrac{m}{2}\right) + 0 = \dfrac{3m}{2}$이다. 이제, X재 가격이 $P_X = 4$로 상승하면 $MRS_{XY} = 3 < \dfrac{P_X}{P_Y} = 4$이므로 소비자는 F점에서 Y재만 m단위 소비하고, 이때의 효용은 $U = (3 \times 0) + m = m$이다. X재 가격상승에 따른 가격효과($E \to F$)에 의해 X재 소비량이 $\dfrac{m}{2}$ 단위 감소하였으므로, 이를 대체효과와 소득효과로 나누어 보자. 가격변화 이후에도 가격변화 이전과 동일한 효용을 얻을 수 있는 X재 소비량을 구하기 위해 바뀐 예산선과 평행하면서 최초의 무차별곡선과 접하도록 점선의 보조 예산선을 그려보면 G점에서 균형이 달성되므로 대체효과($E \to G$)에 의해 X재 소비량이 $\dfrac{m}{2}$ 단위 감소하였음을 알 수 있다. 한편, 소득효과($G \to F$)에 의한 X재 소비량 변화분은 0이므로 대체효과는 $-\dfrac{m}{2}$이고, 소득효과는 0이다.

17. ④

라. |○| 그림 b)에서 X재 가격이 $P_X = 4$이면 $MRS_{XY} = 3 < \dfrac{P_X}{P_Y} = 4$이므로 소비자는 F점에서 Y재만 m단위 소비하고, 이때의 효용은 $U = (3 \times 0) + m = m$이다. 이제, X재 가격이 $P_X = 2$로 하락하면 $MRS_{XY} = 3 > \dfrac{P_X}{P_Y} = 2$이므로 소비자는 E점에서 X재만 $\dfrac{m}{2}$단위 소비하고, 이때의 효용은 $U = \left(3 \times \dfrac{m}{2}\right) + 0 = \dfrac{3m}{2}$이다. X재 가격하락에 따른 가격효과($F \to E$)에 의해 X재 소비량이 $\dfrac{m}{2}$단위 증가하였으므로, 이를 대체효과와 소득효과로 나누어 보자. 가격변화 이후에도 가격변화 이전과 동일한 효용을 얻을 수 있는 X재 소비량을 구하기 위해 바뀐 예산선과 평행하면서 최초의 무차별곡선과 접하도록 점선의 보조 예산선을 그려보면 H점에서 균형이 달성되므로 대체효과($F \to H$)에 의해 X재 소비량이 $\dfrac{m}{3}$단위 증가하였음을 알 수 있다. 한편, 소득효과($H \to E$)에 의한 X재 소비량 변화분은 $\dfrac{m}{6}\left(= \dfrac{m}{2} - \dfrac{m}{3}\right)$이므로 대체효과는 $\dfrac{m}{3}$이고, 소득효과는 $\dfrac{m}{6}$이다.

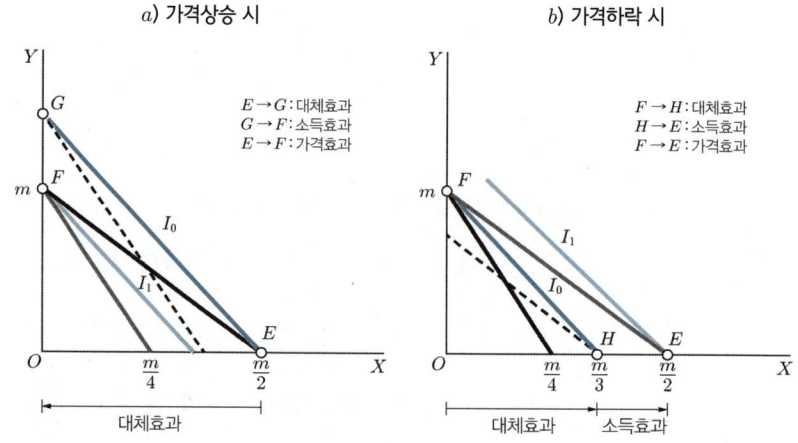

CHAPTER 07 현시선호이론

31 현시선호이론

현시선호이론

1. 직접현시선호와 약공리

구 분	내 용
직접현시선호	• 임의의 가격체계 P_0하에서 소비자가 두 재화묶음 Q_0와 Q_1을 모두 선택할 수 있을 때 Q_0를 선택하였다면 'Q_0가 Q_1보다 직접적으로 현시선호되었다'라고 한다. • 예산집합이 동일할 때 사용되는 개념
약공리 (weak axiom)	재화묶음 Q_0가 Q_1보다 직접현시선호되면 어떠한 경우라도 Q_1이 Q_0보다 직접현시선호될 수 없다. • 예산집합이 변화하더라도 Q_0와 Q_1이 둘 다 선택 가능하다면 Q_0가 Q_1보다 직접현시선호되어야 함 • 예산집합이 변화하여 Q_0의 선택이 불가능하다면 Q_1을 선택하더라도 약공리에 위배되지 않음 … 약공리 충족 • 소비행위에 일관성이 있어야 함을 의미함 … 일관성의 공리 • 약공리만으로 수요곡선과 무차별곡선 등의 도출이 가능함

2. 간접현시선호와 강공리

구 분	내 용
간접현시선호	• 가격체계 P_0하에서 재화묶음 Q_0가 Q_1보다 직접현시선호되고, 가격체계 P_1하에서 재화묶음 Q_1이 Q_2보다 직접현시선호되었다면 'Q_0가 Q_2보다 간접적으로 현시선호되었다'라고 한다. • 예산집합이 다를 때 사용되는 개념
강공리 (strong axiom)	재화묶음 Q_0가 Q_2보다 간접현시선호되면 어떠한 경우라도 Q_2가 Q_0보다 간접현시선호될 수 없다. • 이행성의 공리 • 강공리를 충족하면 약공리는 자동적으로 충족됨(역은 성립 ×)

약공리 강공리   약공리 ⟷ 강공리

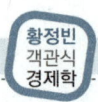

대표유형 01 [2015 | 보험계리사] 상 중 하

다음의 설명에서 ( ) 안에 들어갈 알맞은 말을 옳게 짝지은 것은?

> 현시선호이론은 현실적으로 측정 불가능한 (㉠)의 개념에 의존하지 않고 시장에서 실제로 관측되는 소비자들의 구매 행태로부터 (㉡)을 도출한다.

① ㉠ 무차별곡선, ㉡ 수요곡선　　② ㉠ 예산제약식, ㉡ 무차별곡선
③ ㉠ 수요곡선, ㉡ 소비계획　　　④ ㉠ 소비계획, ㉡ 예산제약식

 현시선호이론은 현실에서 측정이 불가능한 주관적인 효용이나 무차별곡선의 개념에 의존하지 않고, 시장에서 실제로 관찰할 수 있는 소비자의 구체적인 구매 행태로부터 수요곡선을 도출한다.

02 [2018 | 국회직 8급] 상 중 하

현시선호이론에 대한 설명으로 옳은 것을 〈보기〉에서 모두 고르면?

> ─── 보기 ───
> ㄱ. 소비자의 선호체계에 이행성이 있다는 것을 전제로 한다.
> ㄴ. 어떤 소비자의 선택행위가 현시선호이론의 공리를 만족시킨다면, 이 소비자의 무차별곡선은 우하향하게 된다.
> ㄷ. $P_0Q_0 \geq P_0Q_1$일 때, 상품묶음 Q_0가 선택되었다면, Q_0가 Q_1보다 현시선호되었다고 말한다. (단, P_0는 가격벡터를 나타낸다.)
> ㄹ. 강공리가 만족된다면 언제나 약공리는 만족된다.

① ㄱ, ㄴ　　② ㄴ, ㄷ　　③ ㄴ, ㄹ
④ ㄱ, ㄴ, ㄷ　　⑤ ㄴ, ㄷ, ㄹ

ㄱ. |×| 전통적인 소비자이론은 완비성, 이행성, 연속성 등 추상적인 선호체계에 대한 가정으로부터 논의를 시작하고 있다. 따라서 가정의 타당성에 문제가 있다면 그로부터 도출된 이론체계 전체가 흔들릴 수 있다. 반면, 현시선호이론은 시장에서 실제로 관찰할 수 있는 소비자의 구체적인 선택행위를 기초로 소비자의 행동원리를 분석한다. 그러므로 현시선호이론은 완비성, 이행성, 연속성 등 선호체계에 대한 가정을 전제로 하지 않으며, 오직 약공리와 강공리만으로 결론에 도달한다.

ㄴ. |○| 소비자의 선택행위가 현시선호이론의 공리를 만족시킨다면 전통적인 소비자이론과 같이 우하향하는 무차별곡선을 도출할 수 있다.

ㄷ. |○| $P_0Q_0 \geq P_0Q_1$일 때 재화묶음 Q_0가 선택되었다는 것은 임의의 가격체계 P_0하에서 소비자가 두 재화묶음 Q_0와 Q_1을 모두 선택할 수 있을 때 Q_0를 선택하였다는 의미이다. 이 경우, Q_0가 Q_1보다 직접적으로 현시선호되었다고 한다.

ㄹ. |○| 강공리를 충족하면 약공리는 자동적으로 충족된다. 그러나 약공리를 충족한다고 해서 강공리가 충족되는 것은 아니다.

03

2010 | 공인회계사

두 재화 X재와 Y재를 소비하는 영희는 X재와 Y재의 가격이 각각 5와 10일 때 소비조합 ($X=10$, $Y=5$)를 선택하였으며, X재와 Y재의 가격이 각각 10과 10일 때 소비조합 ($X=7$, $Y=6$)을 선택하였다. 다음 설명 중 옳은 것은?

① 어느 소비조합도 다른 소비조합보다 현시선호되었다고 할 수 없다.
② 소비조합 ($X=10$, $Y=5$)가 소비조합 ($X=7$, $Y=6$)보다 현시선호되었다.
③ 영희의 선호체계는 현시선호이론의 약공리를 위반하였다.
④ 소비조합 ($X=7$, $Y=6$)이 소비조합 ($X=10$, $Y=5$)보다 현시선호되었으며, 현시선호이론의 약공리가 위반되었다.
⑤ 소비조합 ($X=7$, $Y=6$)이 소비조합 ($X=10$, $Y=5$)보다 현시선호되었으며, 현시선호이론의 약공리가 위반되지 않았다.

i) 최초에 가격체계가 $P_0(5, 10)$일 때 E점에서 $Q_0(10, 5)$를 선택하였으므로 최초의 소득은 100이고, 가격체계가 $P_1(10, 10)$으로 바뀐 이후에는 F점에서 $Q_1(7, 6)$을 선택하였으므로 새로운 소득은 130이다.
- $P_0Q_0 = (5 \times 10) + (10 \times 5) = 100$
- $P_1Q_1 = (10 \times 7) + (10 \times 6) = 130$

ii) 새로운 가격체계 $P_1(10, 10)$하에서 최초의 소비점인 E점에서의 재화묶음 $Q_0(10, 5)$를 선택하기 위해서는 150의 소득이 필요하므로 가격체계의 변화로 예산선이 바뀐 이후에는 $Q_0(10, 5)$가 선택 불가능하다. 따라서 최초의 소비점인 E점이 새로운 소비점인 F점보다 더 선호되는 점이다.
- $P_1Q_0 = (10 \times 10) + (10 \times 5) = 150$

아래 그림에서, 최초의 소비점인 E점이 새로운 소비점인 F점을 지나는 예산선보다 바깥쪽에 위치한다.

iii) 최초의 가격체계 $P_0(5, 10)$하에서 $Q_0(10, 5)$를 선택하기 위해서는 100의 소득이 필요하고, $Q_1(7, 6)$을 선택하기 위해서는 95의 소득이 필요하다. 즉, 최초의 가격체계 $P_0(5, 10)$하에서 소비자가 두 재화묶음 $Q_0(10, 5)$와 $Q_1(7, 6)$을 모두 선택할 수 있을 때 $Q_0(10, 5)$를 선택하였으므로 $Q_0(10, 5)$가 $Q_1(7, 6)$보다 직접적으로 현시선호되었다. 그런데 가격체계의 변화로 예산선이 바뀐 이후에는 $Q_0(10, 5)$가 선택 불가능하므로 바뀐 예산선상의 어떤 점, 예컨대 $Q_1(7, 6)$을 선택하더라도 약공리를 위배하지 않는다.
- $P_0Q_1 = (5 \times 7) + (10 \times 6) = 95$

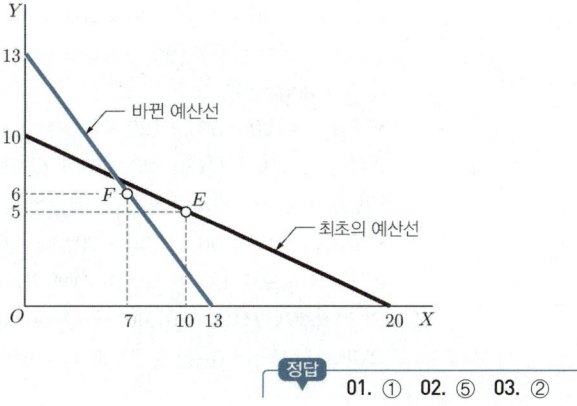

정답 01. ① 02. ⑤ 03. ②

04

| 2011 | 감정평가사 | 상 중 하

두 재화 X와 Y의 가격이 제1기에 $P_X = 10$, $P_Y = 40$이었으며, 甲은 재화 소비조합점 $(x, y) = (60, 20)$을 선택하였다. 현시선호이론에 관한 다음 설명 중 옳은 것만을 모두 고른 것은? (단, x, y는 각각 X재와 Y재의 소비량, P_X와 P_Y는 각각 X재와 Y재의 가격)

> ㄱ. 제2기에 가격이 $P_X = 20$, $P_Y = 30$으로 변화했을 때, 甲이 재화 소비조합점 $(65, 15)$를 선택했다면 甲의 선택은 약공리를 위배하지 않는다.
> ㄴ. 제2기에 가격이 $P_X = 20$, $P_Y = 20$으로 변화했을 때, 甲이 재화 소비조합점 $(50, 30)$을 선택했다면 甲의 선택은 약공리를 위배한다.
> ㄷ. 강공리가 성립하면 약공리는 항상 성립한다.

① ㄱ
② ㄱ, ㄴ
③ ㄴ, ㄷ
④ ㄱ, ㄷ
⑤ ㄱ, ㄴ, ㄷ

해설

ㄱ. |○| 1기의 가격체계가 $P_1(10, 40)$일 때 $Q_1(60, 20)$을 선택하였으므로 1기의 소득(지출액)은 1,400이고, 2기에 가격체계가 $P_2(20, 30)$으로 바뀐 이후에는 $Q_2(65, 15)$를 선택하였으므로 2기의 소득은 1,750이다.

- $P_1 Q_1 = (10 \times 60) + (40 \times 20) = 1,400$
- $P_2 Q_2 = (20 \times 65) + (30 \times 15) = 1,750$

1기의 가격체계 $P_1(10, 40)$하에서 $Q_2(65, 15)$를 선택하기 위해서는 1,250의 소득이 필요하다. 즉, 1기의 가격체계 $P_1(10, 40)$하에서 두 재화묶음 $Q_1(60, 20)$과 $Q_2(65, 15)$를 모두 선택할 수 있을 때 $Q_1(60, 20)$을 선택하였으므로 $Q_1(60, 20)$이 $Q_2(65, 15)$보다 직접적으로 현시선호되었다. 그런데 2기의 가격체계 $P_2(20, 30)$하에서 $Q_1(60, 20)$을 선택하기 위해서는 1,800의 소득이 필요하므로 가격체계의 변화로 예산선이 바뀐 이후에는 $Q_1(60, 20)$이 선택 불가능하다. 따라서 바뀐 예산선상의 어떤 점, 예컨대 $Q_2(65, 15)$를 선택하더라도 약공리를 위배하지 않는다(그림 a).

- $P_1 Q_2 = (10 \times 65) + (40 \times 15) = 1,250$
- $P_2 Q_1 = (20 \times 60) + (30 \times 20) = 1,800$

ㄴ. |×| 2기에 가격체계가 $P_2(20, 20)$으로 바뀐 이후 $Q_2(50, 30)$을 선택하였으므로 2기의 소득은 1,600이다.

- $P_2 Q_2 = (20 \times 50) + (20 \times 30) = 1,600$

2기의 가격체계 $P_2(20, 20)$하에서 $Q_1(60, 20)$을 선택하기 위해서는 1,600의 소득이 필요하므로 가격체계의 변화로 예산선이 바뀐 이후에도 $Q_1(60, 20)$이 선택 가능하다.

- $P_2 Q_1 = (20 \times 60) + (20 \times 20) = 1,600$

2기의 소득으로 $Q_1(60, 20)$이 선택 가능함에도 $Q_2(50, 30)$을 선택하였다는 것은 2기의 가격체계 $P_2(20, 20)$하에서 $Q_2(50, 30)$이 $Q_1(60, 20)$보다 직접현시선호되었다는 의미이다. 따라서 이 경우, 약공리를 위배하지 않으려면 1기의 가격체계 $P_1(10, 40)$하에서 $Q_2(50, 30)$이 선택 불가능해야 한다. 만약 1기의 가격체계 $P_1(10, 40)$하에서 $Q_2(50, 30)$이 선택 가능했다면 $Q_2(50, 30)$을 선택했을 것이고, 이는 1기의 가격체계 $P_1(10, 40)$하에서 $Q_1(60, 20)$을 선택한 것과 모순되기 때문이다. 1기의 소득이 1,400이고, $Q_2(50, 30)$을 선택하기 위해서는 1,700의 소득이 필요하므로 1기의 가격체계 $P_1(10, 40)$하에서는 $Q_2(50, 30)$이 선택 불가능하다. 따라서 $Q_2(50, 30)$을 선택하더라도 약공리를 위배하지 않는다(그림 b).

- $P_1Q_2 = (10 \times 50) + (40 \times 30) = 1,700$

ㄷ. |ㅇ| 강공리를 충족하면 약공리는 자동적으로 충족된다. 그러나 약공리를 충족한다고 해서 강공리가 충족되는 것은 아니다.

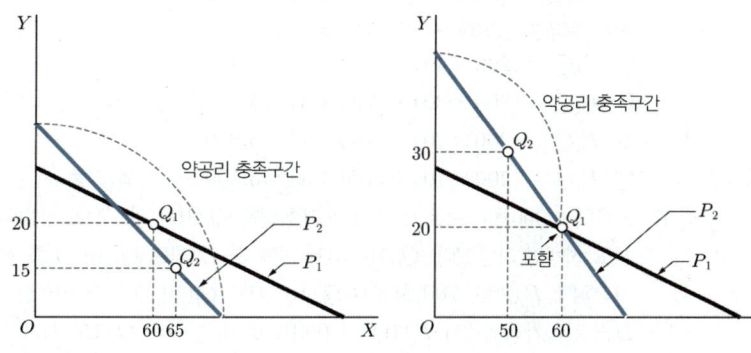

a) 최초 소비점이 선택 불가능할 때   b) 최초 소비점이 선택 가능할 때

ReCheck 약공리(weak axiom)

재화묶음 Q_0가 Q_1보다 직접현시선호되면 어떠한 경우라도 Q_1이 Q_0보다 직접현시선호될 수 없다.

- 예산집합이 변화하더라도 Q_0와 Q_1이 둘 다 선택 가능하다면 Q_0가 Q_1보다 직접현시선호되어야 함
- 예산집합이 변화하여 Q_0의 선택이 불가능하다면 Q_1을 선택하더라도 약공리에 위배되지 않음 … 약공리 충족

05 | 2007 | 국가직 7급 | 상 중 하

자신의 소득을 두 재화 X와 Y에 모두 지출하는 소비자가 있는데, 이 소비자의 소득은 6,000원이고, X재와 Y재의 가격이 각각 200원과 700원일 때 X재 16개와 Y재 4개를 구입했다. 소득은 그대로 6,000원인데 X재와 Y재 가격이 각각 100원과 1,000원으로 바뀌었을 때의 선택 중 현시선호이론의 강공리(strong axiom)를 위반하는 경우는?

① X재 40개와 Y재 2개를 구입   ② X재 30개와 Y재 3개를 구입
③ X재 20개와 Y재 4개를 구입   ④ X재 10개와 Y재 5개를 구입

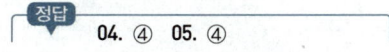

04. ④   05. ④

해설

강공리를 충족하면 약공리는 자동적으로 충족되고, 약공리를 위배하면 강공리를 위배한다. 따라서 이 문제는 사실상 약공리를 위배하는 경우를 묻고 있다.

ⅰ) 최초에 가격체계가 $P_0(200, 700)$일 때 $Q_0(16, 4)$를 선택하였으며, 소득은 6,000원이다. 가격체계가 $P_1(100, 1,000)$으로 바뀐 이후 소득은 그대로 6,000원이고, $Q_0(16, 4)$를 선택하기 위해서는 5,600원이 필요하므로 가격체계의 변화로 예산선이 바뀐 이후에도 $Q_0(16, 4)$가 선택 가능하다.
- $P_1 Q_0 = (100 \times 16) + (1,000 \times 4) = 5,600$

ⅱ) 따라서 보기에 제시된 재화묶음이 약공리를 위배하지 않으려면 최초의 가격체계 $P_0(200, 700)$하에서는 선택 불가능했으나 가격체계가 $P_1(100, 1,000)$으로 바뀐 이후에는 선택 가능해져야 한다. 보기에 제시된 재화묶음(Q_1)이 최초의 가격체계 $P_0(200, 700)$하에서 선택 가능한지 여부를 살펴보면 다음과 같다.
① $P_0 Q_1 = (200 \times 40) + (700 \times 2) = 9,400$
② $P_0 Q_1 = (200 \times 30) + (700 \times 3) = 8,100$
③ $P_0 Q_1 = (200 \times 20) + (700 \times 4) = 6,800$
④ $P_0 Q_1 = (200 \times 10) + (700 \times 5) = 5,500$ … 선택 가능

ⅲ) 소득이 6,000원이므로 보기 ④의 재화묶음 $Q_1(10, 5)$는 최초의 가격체계 $P_0(200, 700)$하에서도 선택이 가능했다. $Q_1(10, 5)$가 선택 가능함에도 $Q_0(16, 4)$를 선택하였다는 것은 최초의 가격체계 $P_0(200, 700)$하에서 $Q_0(16, 4)$가 $Q_1(10, 5)$보다 직접현시선호되었다는 의미이다. 그러므로 가격체계가 $P_1(100, 1,000)$으로 바뀐 이후 $Q_0(16, 4)$가 선택 가능한 상태에서 $Q_1(10, 5)$를 선택하는 것은 약공리를 위배한다.

06 | 2013 | 국회직 8급 | 상 중 하

X재와 Y재의 가격이 각각 $P_X = 4$, $P_Y = 3$에서 $P_X = 3$, $P_Y = 4$로 바뀌었다고 가정하자. 현시선호이론과 관련된 다음 설명 중 옳은 것은? (단, X재와 Y재에 대한 소비조합을 (X, Y)로 표현한다.)

① 가격변화 후에 소득이 증가하고 X재에 대한 소비가 감소하면 약공리에 위배된다.
② 소비자의 소득이 두 기간에 동일하며, 가격변화 후에 X재에 대한 소비가 감소하였더라도 약공리에 위배되지 않을 수 있다.
③ 소비조합이 가격변화 전 (3, 3)에서 가격변화 후 (4, 2)로 바뀐 경우 약공리에 위배되지 않는다.
④ 약공리는 소비자의 선호체계가 이행성을 만족시킨다는 것을 달리 표현한 것으로 볼 수 있다.
⑤ 현시선호이론은 한계효용체감의 법칙을 전제로 한다.

① |×|, ② |○| 아래 그림에서 E점은 최초의 소비점을 나타낸다. X재의 가격이 하락하고 Y재의 가격이 상승하면 가격변화 이후의 예산선은 기울기 $\left(\dfrac{P_X}{P_Y}\right)$가 최초의 예산선보다 완만한 형태가 되는데, 가격변화 이후의 소비점이 F점이라면 X재 소비량이 가격변화 이전보다 감소하나 약공리를 위배하지는 않는다. 이제, 가격변화 이후에 추가적으로 소득이 증가하면 바뀐 예산선은 가격변화 이후의 예산선을 바깥쪽으로 평행 이동시킨 형태가 되는데 새로운 소비점이 G점이라면 마찬가지로 최초의 소비점인 E점보다 X재 소비량이 감소하나 약공리를 위배하지는 않는다.

③ |○| 최초에 가격체계가 $P_0(4, 3)$일 때 $Q_0(3, 3)$을 선택하였으므로 최초의 소득은 21이고, 가격체계가 $P_1(3, 4)$로 바뀐 이후에는 $Q_1(4, 2)$를 선택하였으므로 새로운 소득은 20이다.
- $P_0 Q_0 = (4 \times 3) + (3 \times 3) = 21$
- $P_1 Q_1 = (3 \times 4) + (4 \times 2) = 20$

최초의 가격체계 $P_0(4, 3)$하에서 $Q_1(4, 2)$를 선택하기 위해서는 22의 소득이 필요하므로 최초의 가격체계 $P_0(4, 3)$하에서 $Q_1(4, 2)$는 선택 불가능했다. 새로운 가격체계 $P_1(3, 4)$하에서 $Q_0(3, 3)$을 선택하기 위해서는 21의 소득이 필요하므로 가격체계의 변화로 예산선이 바뀐 이후에는 $Q_0(3, 3)$이 선택 불가능하다. 따라서 가격변화 이전에 선택이 불가능했던 $Q_1(4, 2)$를 선택하더라도 약공리를 위배하지 않는다.
- $P_0 Q_1 = (4 \times 4) + (3 \times 2) = 22$
- $P_1 Q_0 = (3 \times 3) + (4 \times 3) = 21$

④ |×| 선호체계의 이행성과 관련된 개념은 강공리이다. 약공리는 선호체계의 일관성과 관련이 있다.

⑤ |×| 현시선호이론은 현실에서 측정이 불가능한 주관적인 효용이나 무차별곡선의 개념에 의존하지 않는다. 따라서 한계효용체감의 법칙도 전제하지 않는다.

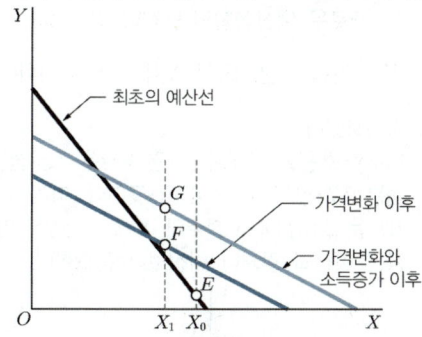

06. ②, ③

07

| 2011 | 국회직 8급 | 상 중 하

철수는 용돈으로 X, Y만 소비한다. 용돈이 100원이고 X, Y의 가격이 각각 1원일 때 철수는 $(x, y) = (50, 50)$을 소비했다. 그런데 X의 가격은 그대로인데 Y의 가격이 두 배로 오르자 어머니가 원래 소비하던 상품묶음을 구매할 수 있는 수준으로 용돈을 인상해 주었다. 다음 중 옳지 않은 것은?

① 철수의 용돈은 50원만큼 인상되었다.
② 새로운 예산집합의 면적은 이전보다 크다.
③ X의 기회비용이 전보다 감소하였다.
④ 철수의 효용은 변화 전의 효용 이상이다.
⑤ 철수는 Y를 50개보다 많이 구매할 것이다.

해설

① |O| Y재 가격이 1원의 두 배인 2원으로 상승하였을 때 최초의 재화묶음 (50, 50)을 소비하기 위해서는 150원이 필요하다. 따라서 철수의 용돈은 50원 인상되었다.
  • $P_X X + P_Y Y = M \rightarrow M = (1 \times 50) + (2 \times 50) = 150$

② |O| Y재 가격이 상승하였음에도 철수의 소득(용돈)이 증가하여 최초의 재화묶음을 소비할 수 있다면 바뀐 예산선(선분 CD)은 아래 그림과 같이 최초의 소비점인 E점을 지나면서 기울기 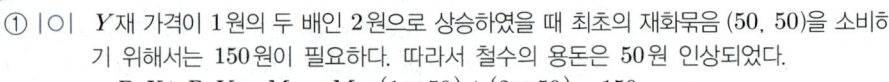 가 최초의 예산선보다 완만한 형태가 된다. 따라서 각각의 예산집합의 면적을 구해보면 다음과 같다.

  • 최초의 예산집합의 면적 : $\frac{1}{2} \times 100 \times 100 = 5,000$
  • 새로운 예산집합의 면적 : $\frac{1}{2} \times 150 \times 75 = 5,625$

  ⇒ 새로운 예산집합의 면적이 이전보다 크다.

③ |O| Y재 가격이 상승하여 X재 소비의 기회비용 $\left(\frac{\Delta Y}{\Delta X} = \frac{P_X}{P_Y}\right)$은 1에서 $\frac{1}{2}$로 이전보다 감소하였다.

④ |O| 철수가 효용을 극대화한다면 새로운 소비점은 약공리를 충족하는 구간인 E점을 포함한 선분 ED상의 한 점이 될 것이다. 따라서 철수의 효용은 변화 전의 효용 이상이다.

⑤ |X| 새로운 소비점에서 철수의 X재 소비량은 이전과 같거나 이전보다 증가하고, Y재 소비량은 이전과 같거나 이전보다 감소한다.

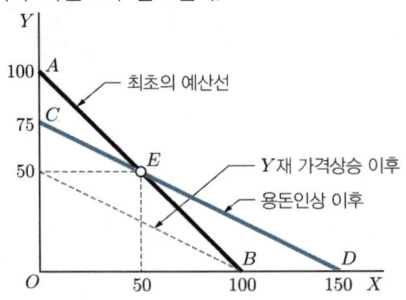

정답 07. ⑤

CHAPTER 08 소비자이론의 응용

32 지수

지수(index)

1. **지수의 종류**

구 분	라스파이레스방식	파셰방식
수량지수	$L_Q = \dfrac{P_0 Q_1}{P_0 Q_0}$	$P_Q = \dfrac{P_1 Q_1}{P_1 Q_0}$
가격지수	$L_P = \dfrac{P_1 Q_0}{P_0 Q_0}$	$P_P = \dfrac{P_1 Q_1}{P_0 Q_1}$
소득지수 (명목소득 변화율)	\multicolumn{2}{c}{$N = \dfrac{P_1 Q_1}{P_0 Q_0}$}

- ▶ 라스파이레스방식 : 기준연도의 가격(P_0) 혹은 수량(Q_0)을 가중치로 사용함
- ▶ 파셰방식 : 비교연도의 가격(P_1) 혹은 수량(Q_1)을 가중치로 사용함

2. **지수와 생활수준의 측정**
   - 수량지수와 생활수준의 측정
     - 생활수준의 개선 : $P_Q \geq 1$
     - 생활수준의 악화 : $L_Q \leq 1$
     - 개선·악화 여부 불분명 : $L_Q > 1$, $P_Q < 1$
   - 가격지수 및 소득지수와 생활수준의 측정
     - 생활수준의 개선 : $N \geq L_P$
     - 생활수준의 악화 : $N \leq P_P$

3. **물가지수와 물가수준의 평가**
   - 라스파이레스 물가지수는 물가변화를 과대평가하는 경향이 있고, 파셰 물가지수는 물가변화를 과소평가하는 경향이 있음
   - 라스파이레스 물가지수로는 소비자물가지수(CPI)와 생산자물가지수(PPI)를, 파셰 물가지수로는 GDP디플레이터를 들 수 있음

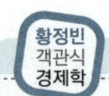

| 2010 | 공인회계사 | 상 중 하 |

다음 표는 2009년과 2010년의 소비지출을 나타낸 표이다. 경제 내에 A와 B 두 종류의 상품이 있고, 각 상품의 연도별 상품가격과 구입량은 다음과 같다. 다음 설명 중 옳은 것은?

연도	A		B	
	가격	구입량	가격	구입량
2009년	100	50	50	100
2010년	110	45	60	105

① 2010년은 2009년에 비하여 후생수준이 낮아지지 않았고, 파셰(Paasche) 수량지수는 1보다 크다.
② 2010년은 2009년에 비하여 후생수준이 낮아지지 않았고, 파셰(Paasche) 수량지수는 1보다 작다.
③ 2010년은 2009년에 비하여 후생수준이 높아지지 않았고, 파셰(Paasche) 수량지수는 1보다 크다.
④ 2010년은 2009년에 비하여 후생수준이 높아지지 않았고, 파셰(Paasche) 수량지수는 1보다 작다.
⑤ 각 상품의 소비량의 증감이 서로 상쇄되기 때문에, 후생수준을 비교하려면 구체적 효용함수에 대한 정보가 있어야 한다.

ⅰ) 주어진 표를 바탕으로 라스파이레스 수량지수(L_Q)와 파셰 수량지수(P_Q)를 구해보면 다음과 같다.

- $L_Q = \dfrac{P_0 Q_1}{P_0 Q_0} = \dfrac{(100 \times 45)+(50 \times 105)}{(100 \times 50)+(50 \times 100)} = \dfrac{9,750}{10,000} < 1$ … 후생수준 악화

- $P_Q = \dfrac{P_1 Q_1}{P_1 Q_0} = \dfrac{(110 \times 45)+(60 \times 105)}{(110 \times 50)+(60 \times 100)} = \dfrac{11,250}{11,500} < 1$ … 후생수준 불분명

ⅱ) 라스파이레스 수량지수(L_Q)가 1보다 작으므로 2010년의 후생수준은 2009년에 비해 악화되었다.

정답
01. ④

33 현금보조와 현물보조 및 가격보조

현금보조와 현물보조 및 가격보조

구 분	내 용
현금보조	• 예산선이 바깥쪽으로 평행 이동 • 소득효과만 발생
현물보조	• 예산선이 바깥쪽으로 평행 이동하나, 현금보조 시보다 소비가능영역이 작아짐 → 현금보조 시와 효용수준이 같거나, 그보다 낮음 → 현금보조 시와 보조대상 재화의 소비량이 같거나, 그보다 많음 • 소득효과만 발생
가격보조	• 예산선이 바깥쪽으로 회전 이동 • 대체효과와 소득효과 모두 발생
그 림	▮ 현금보조 ▮ 현물보조 ▮ 가격보조
보조방식 간 비교	• 가격효과 <table><tr><th>구 분</th><th>현금보조</th><th>현물보조</th><th>가격보조</th></tr><tr><td>대체효과</td><td>×</td><td>×</td><td>○</td></tr><tr><td>소득효과</td><td>○</td><td>○</td><td>○</td></tr></table>• 동액 보조 시의 효과 ⋯ 무차별곡선이 원점에 대해 볼록할 때 ┌ 보조금 수혜자의 효용수준 : 현금보조 ≥ 현물보조 > 가격보조 └ 보조대상 재화의 소비량 증가 : 현금보조 ≤ 현물보조 < 가격보조 ※ 가격보조는 상대가격체계를 변화시켜 민간부문의 의사결정에 왜곡을 발생시키므로 사회적 후생손실을 초래함
완전보완재 관계	• 두 재화가 완전보완재 관계이면 대체효과가 발생하지 않음(대체효과= 0) • 동액 보조 시 현금보조와 가격보조의 효과가 완전히 동일해짐 ┌ 보조금 수혜자의 효용수준 : 현금보조 = 가격보조 └ 보조대상 재화의 소비량 증가 : 현금보조 = 가격보조

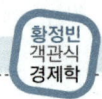

 ［2010 | 공인회계사］ 상 중 하

경기침체로 인해 저소득층의 소득이 감소하고 생필품의 소비도 감소함에 따라 정부는 현금지급(cash transfer), 생필품 현물지급(in-kind transfer), 또는 생필품 값을 할인해주는 가격보조(price subsidy) 방식 중 한 가지 수단을 통하여 결과적으로 보조방식에 관계없이 저소득층 가구당 동일하게 200만원에 상당하는 지원을 하기로 결정하였다. 생필품(X)과 현금(M)에 대한 저소득층의 효용함수는 $U(X, M) = \sqrt{XM}$ 이라고 할 때, 정부지원 방식의 효과에 대한 다음 설명 중 옳은 것은? (단, 지급된 현물을 현금으로 교환하거나 생필품을 할인된 가격으로 사서 정상가에 되팔아 현금화하는 것은 금지되어 있다.)

① 생필품이 열등재인 저소득층에게는 현금지급보다 현물지급 방식이 더 큰 만족을 준다.
② 현물지급 방식에 비해 가격보조 방식이 저소득층의 생필품 소비를 촉진시킨다.
③ 현금지급 방식이 생필품 소비의 극대화를 위해서는 가장 효과적인 수단이다.
④ 생필품이 정상재일 경우에만 현물지급이 현금지급 방식과 동일한 효과를 가진다.
⑤ 저소득층의 만족을 극대화하려면 가격보조 방식이 가장 효과적인 수단이다.

ⅰ) 저소득층의 효용함수 $U = \sqrt{XM}$ 은 콥-더글라스 효용함수로, 무차별곡선이 원점이 대해 볼록한 일반적인 형태이다. 무차별곡선이 원점에 대해 볼록할 때 동액 보조 시의 효과는 다음과 같다.
　┌ 보조금 수혜자의 효용수준　　 : 현금보조 ≥ 현물보조 > 가격보조
　└ 보조대상 재화의 소비량 증가 : 현금보조 ≤ 현물보조 < 가격보조
ⅱ) 재화가 정상재인지 열등재인지에 관계없이 보조금 수혜자의 효용수준 측면에서는 현금보조가 가장 우월하고, 보조대상 재화의 소비량 증가 측면에서는 가격보조가 가장 우월하다. 따라서 저소득층의 효용을 증가시키려면 현금보조를 실시하는 것이 바람직하고, 저소득층의 생필품 소비를 증가시키려면 가격보조를 실시하는 것이 바람직하다.

02 | 2015 | 공인회계사 | 상 중 하

소비자 A와 B는 자신의 모든 소득을 옷과 식료품에만 사용한다. 동일한 소비조합을 선택하고 있던 두 소비자에게 정부가 10만원의 보조금을 지급한다고 하자. 이때 A는 이 보조금을 식료품 구입에만 사용해야 하는 반면, B는 자신이 원하는 대로 사용할 수 있다. 다음 설명 중 옳은 것은?

① 보조금지급 이후 A의 새로운 예산선의 기울기는 예산선상의 모든 점에서 동일하다.
② 보조금지급 이후 B의 새로운 예산선의 기울기는 예산선상의 모든 점에서 동일하다.
③ 보조금지급으로 B의 새로운 예산선은 기존 예산선보다 완만해진다.
④ 보조금지급으로 B의 새로운 예산선은 기존 예산선보다 가팔라진다.
⑤ 보조금지급 이후 A의 소비조합은 B의 소비조합과 같을 수 없다.

해설

A는 보조금을 식료품 소비에만 사용해야 하므로 현물보조에 해당하고, B는 보조금을 자신이 원하는 대로 사용할 수 있으므로 현금보조에 해당한다.

① |×| 아래 그림에서 보조금지급 이후의 A의 예산선은 점선으로 표시된 선분 DC와 선분 CB이다. 식료품 소비에 대한 현물보조의 경우, 식료품 외에 다른 재화(옷)의 소비를 더 이상 늘리는 것이 불가능하므로 보조금지급 이후의 예산선의 기울기가 최초의 옷 소비량 수준에서 수평선이 된다. 따라서 보조금지급 이후의 A의 예산선은 예산선상의 모든 점에서 기울기가 동일하지는 않다.

② |○|, ③, ④ |×| 아래 그림에서 보조금지급 이후의 B의 예산선은 선분 AB이다. 현금보조의 경우 소득이 증가하는 것과 그 효과가 동일하므로 보조금지급 이후의 B의 예산선은 최초의 예산선과 기울기가 같고, 예산선상의 모든 점에서 기울기가 동일하다.

⑤ |×| 최초의 소비자균형이 E점이고, 보조금지급 이후의 A와 B의 소비자균형이 F점으로 같다면 보조금지급 이후에도 A와 B의 소비조합은 동일하다.

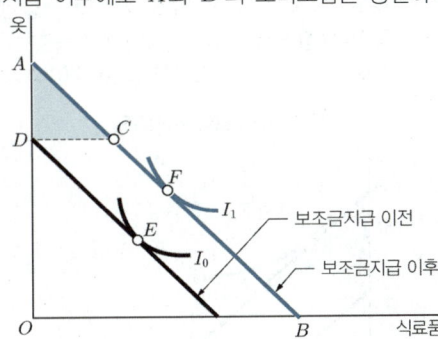

정답 01. ② 02. ②

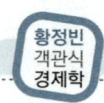

| 2016 | 지방직 7급 | 상 중 하 |

03
매년 40만원을 정부로부터 지원받는 한 저소득층 가구에서 매년 100kg의 쌀을 소비하고 있었다. 그런데 정부가 현금 대신 매년 200kg의 쌀을 지원하기로 했다. 쌀의 시장가격은 kg당 2,000원이어서 지원되는 쌀의 가치는 40만원이다. 쌀의 재판매가 금지되어 있다고 할 때, 다음 설명 중 옳지 않은 것은? (단, 이 가구의 무차별곡선은 원점에 대해 볼록하다.)

① 이 가구는 새로 도입된 현물급여보다 기존의 현금급여를 선호할 것이다.
② 현물급여를 받은 후 이 가구의 예산집합 면적은 현금급여의 경우와 차이가 없다.
③ 이 가구는 새로운 제도하에서 쌀 소비량을 늘릴 가능성이 크다.
④ 만약 쌀을 kg당 1,500원에 팔 수 있는 재판매 시장이 존재하면, 이 가구는 그 시장을 활용할 수도 있다.

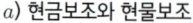

① |O|, ② |×| 아래 그림 a)에서 E점은 최초 40만원의 현금보조를 받을 때의 소비자균형을 나타낸다. 이제, 정부가 현금보조 대신 40만원어치의 쌀 200kg을 지원하는 현물보조로 보조방식을 바꾸면 색칠된 Δ의 면적만큼 저소득층의 예산집합이 작아지므로 새로운 균형은 F점에서 이루어진다. 소비자균형이 E점에서 F점으로 이동하면 저소득층의 효용수준이 낮아지므로($I_0 \to I_1$) 저소득층은 새로 도입된 현물보조보다 기존의 현금보조를 더 선호한다.
③ |O| 현금보조를 받을 때(E점)보다 현물보조를 받을 때(F점) 쌀 소비량이 더 많다.
④ |O| 아래 그림 b)에서 저소득층이 지원받은 쌀을 kg당 1,500원에 재판매할 수 있다면 쌀 200kg을 시장에 재판매하여 30만원을 받을 수 있다. 따라서 현물보조 시에 더 이상 소비를 늘릴 수 없었던 다른 재화를 30만원어치만큼 추가로 소비할 수 있게 되므로 저소득층의 예산집합이 현물보조 시보다 색칠된 Δ의 면적만큼 커진다. 그에 따라 새로운 균형이 G점에서 이루어진다면 저소득층은 지원받은 쌀 200kg 중 일부를 시장에 재판매하여 다른 재화의 소비를 늘릴 것이다($I_1 \to I_2$).

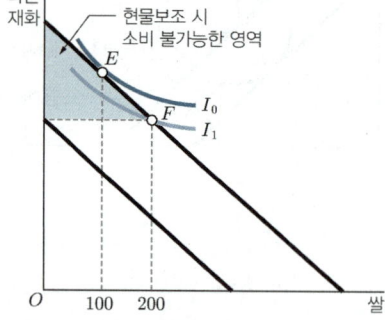

a) 현금보조와 현물보조

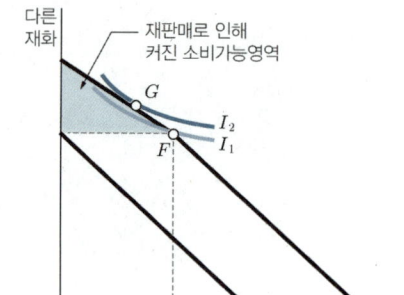

b) 재판매가 가능할 때

04 다음을 참조할 때 A가 선호하는 지원방식을 순서대로 나열한 것은?

> A는 월 60만원의 소득을 음식(F)과 의복(C)을 소비하는 데 모두 지출하며 그의 효용함수는 $U = 2FC$이고, 음식의 가격은 2만원, 의복의 가격은 1만원이다. 정부에서 A의 음식 소비를 지원하기 위해 다음 3가지 방안을 고려하고 있다.
> (단, U는 효용을 나타내고, $a > b$는 a를 b보다 선호하고 $a \sim b$는 a와 b에 대한 선호가 무차별함을 의미함)

― 보기 ―
ㄱ. 음식 1단위당 5천원의 보조
ㄴ. 10만원의 정액보조
ㄷ. 음식 5단위를 구입할 수 있는 음식바우처(음식만 구입 가능)

① ㄱ > ㄴ > ㄷ
② ㄱ ~ ㄴ ~ ㄷ
③ ㄴ > ㄱ > ㄷ
④ ㄴ ~ ㄷ > ㄱ
⑤ ㄴ > ㄷ > ㄱ

해설

ⅰ) 효용함수 $U = 2FC$는 콥-더글라스 효용함수로, 음식(F)과 의복(C)의 수요함수는 각각 $F = \dfrac{M}{2P_F}$, $C = \dfrac{M}{2P_C}$이다. 따라서 보조금지급 이전의 각 재화의 소비량은 다음과 같다.

- 보조금지급 이전 : $F = \dfrac{M}{2P_F} = \dfrac{60}{2 \times 2} = 15$, $C = \dfrac{M}{2P_C} = \dfrac{60}{2 \times 1} = 30$

ⅱ) 따라서 보조금지급 이전에는 음식 15단위와 의복 30단위를 소비할 때 소비자의 효용이 극대화되고, 이때의 효용은 $U = 2 \times 15 \times 30 = 900$이다.

ㄱ. 음식 1단위당 5천원의 가격보조가 이루어지면 음식 가격(P_F)이 1만5천원으로 하락하는 효과가 발생하므로 가격보조 이후 소비자의 효용극대화 소비량은 음식 20단위, 의복 30단위이다. 따라서 이때의 효용은 $U = 2 \times 20 \times 30 = 1,200$이다.

- 가격보조 이후 : $F = \dfrac{M}{2P_F} = \dfrac{60}{2 \times 1.5} = 20$, $C = \dfrac{M}{2P_C} = \dfrac{60}{2 \times 1} = 30$

ㄴ. 10만원의 현금보조가 이루어지면 소득이 10만원 증가하므로 현금보조 이후 소비자의 효용극대화 소비량은 음식 17.5단위, 의복 35단위이다. 따라서 이때의 효용은 $U = 2 \times 17.5 \times 35 = 1,225$이다.

- 현금보조 이후 : $F = \dfrac{M}{2P_F} = \dfrac{70}{2 \times 2} = 17.5$, $C = \dfrac{M}{2P_C} = \dfrac{70}{2 \times 1} = 35$

ㄷ. 가격이 2만원인 음식 5단위를 구입할 수 있는 음식바우처, 즉 현물보조가 이루어지면 소득이 10만원(2만원×5단위) 증가하는 효과가 발생한다. 따라서 10만원의 현금보조가 이루어질 때와 그 효과가 동일해지므로 현물보조 이후에도 소비자의 효용극대화 소비량은 음식 17.5단위, 의복 35단위이고, 효용은 $U = 2 \times 17.5 \times 35 = 1,225$이다.

최초에 소비자가 음식 15단위를 소비하고 있었으므로 이보다 적은 음식 5단위의 현물보조는 현금보조와 그 효과가 동일해진다.

정답 03. ② 04. ④

⇒ 결국, 각 보조방식에 대한 소비자의 선호관계는 ㄴ(현금보조)~ㄷ(현물보조)>ㄱ(가격보조)순이 된다.

> **ReCheck 동액 보조 시의 효과 … 무차별곡선이 원점에 대해 볼록할 때**
> ┌ 보조금 수혜자의 효용수준 : 현금보조 ≥ 현물보조 > 가격보조
> └ 보조대상 재화의 소비량 증가 : 현금보조 ≤ 현물보조 < 가격보조

05 [2014 | 국회직 8급] 상 중 하

A시의 70세 이상 노인들에 대한 다음 설명 중 옳은 것은?

> A시의 시민은 대중교통(X재)과 그 밖의 재화(Y재)를 소비하여 효용을 얻는다. 현재 A시의 70세 이상 노인은 X재를 반값에 이용하고 있다. 이제 A시에서 70세 이상 노인에게 X재 요금을 할인해주지 않는 대신, 이전에 할인받던 만큼을 현금으로 지원해주기로 했다(이하 현금지원정책).

① 현금지원정책 시 예산선의 기울기가 대중교통요금 할인 시 예산선의 기울기와 같다.
② X재 소비가 현금지원정책 실시 전에 비해 증가한다.
③ Y재 소비가 현금지원정책 실시 전에 비해 감소한다.
④ 소득으로 구매할 수 있는 X재의 최대량이 현금지원정책 실시 이전보다 증가한다.
⑤ 효용이 현금지원정책 실시 전에 비해 감소하지 않는다.

해설

ⅰ) 아래 그림에서 E점은 보조금지급 이전의 소비자균형을 나타내고, F점은 X재에 대한 가격보조 이후의 소비자균형을 나타낸다. 이때 보조금의 크기를 Y재의 수량으로 나타내면 점선으로 표시된 선분 FH가 된다.
ⅱ) 이제, X재에 대한 가격보조가 동액의 현금보조로 바뀌면 예산선은 최초의 예산선이 선분 FH의 길이만큼 바깥쪽으로 평행 이동한 형태가 된다. 바꿔 말하면, 가격보조 이후의 예산선이 F점을 기준으로 X재축 안쪽으로 회전 이동한 형태가 된다. 따라서 새로운 균형은 G점에서 이루어진다.
①, ④ |×| X재(대중교통)에 대한 가격보조가 동액의 현금보조로 바뀌면 예산선의 기울기가 가팔라지고, 소비할 수 있는 X재의 최대수량이 감소한다.
②, ③ |×|, ⑤ |○| X재에 대한 가격보조가 동액의 현금보조로 바뀌면 소비자균형이 F점에서 G점으로 이동한다. 따라서 X재 소비는 감소하고 Y재 소비는 증가한다. 그리고 소비자의 효용수준은 높아진다($I_1 \rightarrow I_2$).

🔍 단, 두 재화가 완전보완재 관계라서 무차별곡선이 L자 형태라면 동액 보조 시 가격보조와 현금보조의 효과가 완전히 동일해진다. 즉, 가격보조를 할 때의 균형과 현금보조를 할 때의 균형이 F점으로 같아진다. 따라서 X재와 Y재 소비량이 변하지 않고, 소비자의 효용수준에도 변화가 없다.

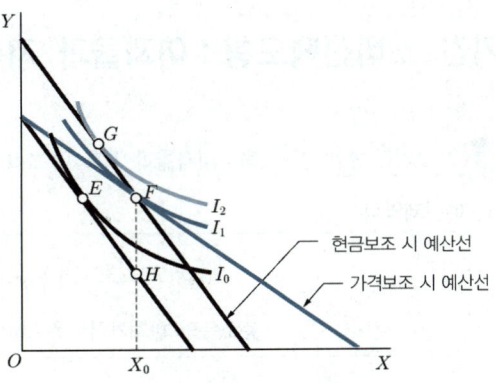

05. ⑤

34. 2기간 소비선택모형 : 이자율과 저축 및 소비

2기간 소비선택모형 : 이자율과 저축 및 소비

1. **예산제약식**

$$Y_1 + \frac{Y_2}{1+r} = C_1 + \frac{C_2}{1+r}$$

총소득의 현재가치 = 총소비의 현재가치

2. **소비자균형(효용극대화)**

$$MRS_{C_1 C_2} = 1 + r$$

3. **이자율 상승의 가격효과** … 현재소비(C_1)와 미래소비(C_2)를 정상재라 가정

- 대체효과 : $r \uparrow$ $\begin{bmatrix} P_{C_1} \uparrow & \rightarrow C_1 \downarrow,\ S \uparrow \\ P_{C_2} \downarrow & \rightarrow C_2 \uparrow \end{bmatrix}$

- 소득효과 : $r \uparrow$ $\begin{bmatrix} 저축자 : 실질소득 \uparrow & \begin{bmatrix} C_1 \uparrow,\ S \downarrow \\ C_2 \uparrow \end{bmatrix} \\ 차입자 : 실질소득 \downarrow & \begin{bmatrix} C_1 \downarrow,\ S \uparrow (차입 \downarrow) \\ C_2 \downarrow \end{bmatrix} \end{bmatrix}$

- 이자율 상승 시 저축의 증감 여부는 대체효과와 소득효과의 상대적 크기에 의해 결정됨

구 분	내 용
저축자	• 저축자의 경우 이자율 상승(하락) 시 저축의 증감 여부가 불분명함 • 이자율이 상승하면 소비가능영역이 커지므로 저축자의 효용은 반드시 증가함
차입자	• 차입자의 경우 이자율 상승(하락) 시 저축이 반드시 증가(감소)함 • 이자율이 상승하면 소비가능영역이 작아지므로 차입자의 위치를 고수할 경우 효용이 반드시 감소하나, 차입자가 저축자로 전환될 경우 효용의 증감 여부가 불분명함

▶ 2기간 소비선택모형에서 이자율은 실질이자율을 의미함

01 2018 | 감정평가사 상 중 하

효용을 극대화하는 甲은 1기의 소비(c_1)와 2기의 소비(c_2)로 구성된 효용함수 $U(c_1, c_2) = c_1 c_2^2$을 가지고 있다. 甲은 시점 간 선택(intertemporal choice) 모형에서 1기에 3,000만원, 2기에 3,300만원의 소득을 얻고, 이자율 10%로 저축하거나 빌릴 수 있다. 1기의 최적 선택에 관한 설명으로 옳은 것은? (단, 인플레이션은 고려하지 않는다.)

① 1,000만원을 저축할 것이다.
② 1,000만원을 빌릴 것이다.
③ 저축하지도 빌리지도 않을 것이다.
④ 1,400만원을 저축할 것이다.
⑤ 1,400만원을 빌릴 것이다.

i) 효용함수가 $U = C_1 C_2^2$이므로 1기 소비와 2기 소비 간의 한계대체율은 $MRS_{C_1 C_2} = \dfrac{MU_{C_1}}{MU_{C_2}} = \dfrac{C_2}{2C_1}$이다. 이자율이 $r = 0.1$이고, 소비자의 효용극대화 조건은 $MRS_{C_1 C_2} = 1 + r$이므로 $C_2 = 2.2 C_1$이 된다.

- $MRS_{C_1 C_2} = 1 + r \rightarrow \dfrac{C_2}{2C_1} = 1.1 \rightarrow \therefore C_2 = 2.2 C_1 \cdots$ ①

ii) 1기 소득 $Y_1 = 3,000$, 2기 소득 $Y_2 = 3,300$, 이자율 $r = 0.1$을 예산제약식 $Y_1 + \dfrac{Y_2}{1+r} = C_1 + \dfrac{C_2}{1+r}$에 대입하면 다음과 같다.

- $Y_1 + \dfrac{Y_2}{1+r} = C_1 + \dfrac{C_2}{1+r} \rightarrow 3,000 + \dfrac{3,300}{1.1} = C_1 + \dfrac{C_2}{1.1} \therefore C_1 + \dfrac{C_2}{1.1} = 6,000 \cdots$ ②

iii) 식 ①과 식 ②를 연립해서 풀면 $C_1 = 2,000$, $C_2 = 4,400$으로 계산된다.

- $C_1 + \dfrac{2.2 C_1}{1.1} = 6,000 \rightarrow 3 C_1 = 6,000 \therefore C_1 = 2,000, C_2 = 4,400$

iv) 1기 소득이 3,000만원이고, 1기 소비가 2,000만원이므로 甲은 1기에 1,000만원을 저축한다.

정답 01. ①

02 | 2014 | 공인회계사 | 상 중 하

어떤 소비자가 1기에 얻은 소득(Y)을 1기와 2기의 소비로 배분하여 효용을 극대화하고자 한다. 이 소비자의 예산제약식은 $C_1 + \frac{C_2}{1+r} = Y$ (C_1, C_2는 각각 1기와 2기의 소비량, r은 실질이자율)이고, 효용함수는 $U(C_1, C_2) = C_1 C_2$라고 하자. 1기의 한계소비성향은?

① $\frac{1}{2(1+r)}$ ② $\frac{1}{2}$ ③ $\frac{1+r}{2}$

④ 1 ⑤ $\frac{1}{1+r}$

해설

i) 효용함수가 $U = C_1 C_2$이므로 1기 소비와 2기 소비 간의 한계대체율은 $MRS_{C_1 C_2} = \frac{MU_{C_1}}{MU_{C_2}} = \frac{C_2}{C_1}$이다. 소비자의 효용극대화 조건은 $MRS_{C_1 C_2} = 1+r$이므로 $C_2 = (1+r)C_1$이 된다.

- $MRS_{C_1 C_2} = 1+r \rightarrow \frac{C_2}{C_1} = 1+r \therefore C_2 = (1+r)C_1$

ii) $C_2 = (1+r)C_1$을 예산제약식 $C_1 + \frac{C_2}{1+r} = Y$에 대입하면 $C_1 = \frac{1}{2}Y$로 계산된다.

- $C_1 + \frac{C_2}{1+r} = Y \rightarrow C_1 + \frac{(1+r)C_1}{1+r} = Y \rightarrow 2C_1 = Y \therefore C_1 = \frac{1}{2}Y$

iii) $C_1 = \frac{1}{2}Y$이므로 이 소비자는 소득의 절반을 1기 소비에 지출한다. 따라서 1기의 한계소비성향은 $\frac{1}{2}$이다.

03 | 2014 | 보험계리사 | 상 중 하

두 기간을 사는 소비자의 효용극대화 문제를 생각해보자. 소비자의 효용함수는 $U = \sqrt{C_1 C_2}$로 주어져 있으며, 이 소비자는 첫 번째 기에서만 소득 Y를 얻고 두 번째 기에는 소득이 없다. 저축에 대한 이자율은 $r > 0$으로 주어져 있다. 소비자의 각 기의 소비(C_1과 C_2)에 대한 설명 중 옳지 않은 것은?

① 이 소비자의 예산제약은 $C_1 + \frac{C_2}{1+r} = Y$이다.
② 최적 소비조합은 $C_1 = C_2$이다.
③ 첫 번째 기의 최적 소비는 $C_1 = Y/2$이다.
④ 이자율이 상승하면 두 번째 기의 소비는 증가한다.

① |○| 2기간 소비선택모형의 예산제약식은 $Y_1 + \frac{Y_2}{1+r} = C_1 + \frac{C_2}{1+r}$이다. 그런데 1기에 소득 Y를 얻고, 2기에는 소득이 없으므로 예산제약식은 $C_1 + \frac{C_2}{1+r} = Y$가 된다.

② |×| 효용함수가 $U = C_1^{\frac{1}{2}} C_2^{\frac{1}{2}}$이므로 1기 소비와 2기 소비 간의 한계대체율은 $MRS_{C_1 C_2} = \frac{MU_{C_1}}{MU_{C_2}} = \frac{\frac{1}{2} C_1^{-\frac{1}{2}} C_2^{\frac{1}{2}}}{\frac{1}{2} C_1^{\frac{1}{2}} C_2^{-\frac{1}{2}}} = \frac{C_2}{C_1}$이다. 소비자의 효용극대화 조건은 $MRS_{C_1 C_2} = 1+r$이므로 최적 소비조합은 $C_2 = (1+r)C_1$이 된다.

- $MRS_{C_1 C_2} = 1+r \rightarrow \frac{C_2}{C_1} = 1+r \therefore C_2 = (1+r)C_1$

③, ④ |○| $C_2 = (1+r)C_1$을 예산제약식 $C_1 + \frac{C_2}{1+r} = Y$에 대입하면 $C_1 = \frac{1}{2}Y$, $C_2 = (1+r)\frac{1}{2}Y$로 계산된다.

- $C_1 + \frac{C_2}{1+r} = Y \rightarrow C_1 + \frac{(1+r)C_1}{1+r} = Y \therefore C_1 = \frac{1}{2}Y$, $C_2 = (1+r)\frac{1}{2}Y$

1기 소비가 $C_1 = \frac{1}{2}Y$이므로 이 소비자는 소득의 절반은 1기 소비에 지출하고, 나머지 절반은 저축한다. 그리고 2기 소비가 $C_2 = (1+r)\frac{1}{2}Y$이므로 이자율이 상승하면 2기 소비는 증가한다.

04 [2017 | 지방직 7급] 상 중 하

2기간 소비선택모형에서 소비자의 효용함수는 $U(C_1, C_2) = C_1 C_2$이고, 예산제약식은 $C_1 + \frac{C_2}{1+r} = Y_1 + \frac{Y_2}{1+r}$이다. 이 소비자의 최적 소비행태에 대한 설명으로 옳지 않은 것은? (단, C_1은 1기의 소비, C_2는 2기의 소비, Y_1은 1기의 소득으로 100, Y_2는 2기의 소득으로 121, r은 이자율로 10%이다.)

① 한계대체율과 $(1+r)$이 일치할 때 최적 소비가 발생한다.
② 1기보다 2기에 소비를 더 많이 한다.
③ 1기에 이 소비자는 저축을 한다.
④ 유동성제약이 발생하면 1기의 소비는 감소한다.

i) 효용함수가 $U = C_1 C_2$이므로 1기 소비와 2기 소비 간의 한계대체율은 $MRS_{C_1 C_2} = \dfrac{MU_{C_1}}{MU_{C_2}}$
$= \dfrac{C_2}{C_1}$이다. 이자율이 $r = 0.1$이고, 소비자의 효용극대화 조건은 $MRS_{C_1 C_2} = 1 + r$이므로 $C_2 = 1.1 C_1$이 된다.

- $MRS_{C_1 C_2} = 1 + r \rightarrow \dfrac{C_2}{C_1} = 1.1 \therefore C_2 = 1.1 C_1 \cdots$ ①

ii) 1기 소득 $Y_1 = 100$, 2기 소득 $Y_2 = 121$, 이자율 $r = 0.1$을 예산제약식 $C_1 + \dfrac{C_2}{1 + r} = Y_1 + \dfrac{Y_2}{1 + r}$에 대입하면 다음과 같다.

- $C_1 + \dfrac{C_2}{1 + r} = Y_1 + \dfrac{Y_2}{1 + r} \rightarrow C_1 + \dfrac{C_2}{1.1} = 100 + \dfrac{121}{1.1} \therefore C_1 + \dfrac{C_2}{1.1} = 210 \cdots$ ②

iii) 식 ①과 식 ②를 연립해서 풀면 $C_1 = 105$, $C_2 = 115.5$로 계산된다.

- $C_1 + \dfrac{1.1 C_1}{1.1} = 210 \rightarrow 2 C_1 = 210 \therefore C_1 = 105, C_2 = 115.5$

① |○| 2기간 소비선택모형의 효용극대화 조건은 $MRS_{C_1 C_2} = 1 + r$이다.
② |○| 1기 소비($C_1 = 105$)가 2기 소비($C_2 = 115.5$)보다 작으므로 이 소비자는 1기보다 2기에 소비를 더 많이 한다.
③ |×| 1기 소비($C_1 = 105$)가 1기 소득($Y_1 = 100$)보다 크므로 이 소비자는 차입자이다.
④ |○| 차입자인 이 소비자에게 유동성제약이 발생하면 1기 소비가 1기 소득 수준으로 감소한다.

05 | 2013 | 공인회계사 | 상 중 하

2기간 생존하는 소비자의 효용함수가 $u(c_1, c_2) = \sqrt{c_1 c_2}$라고 하자. 여기서 c_1과 c_2는 각각 1기와 2기 소비를 나타낸다. 이 소비자의 1기와 2기 소득은 각각 100과 330이고 시장이자율이 10%일 때 다음 중 옳은 것을 모두 고르면?

> 가. 1기와 2기의 최적 소비는 각각 200과 220이다.
> 나. 2기 소득의 증가는 1기와 2기의 최적 소비를 모두 증가시킨다.
> 다. 1기 소득 1단위 증가가 1기 소비에 미치는 영향은, 1기 소득과 2기 소득 각각 1단위 증가가 1기 소비에 미치는 영향보다 더 작다.
> 라. 주어진 시장이자율로 자유롭게 저축을 할 수 있으나 차입은 100까지만 가능할 때, 시장이자율이 9%이면 이러한 차입제약은 유효하지 않다.

① 가, 나
② 다, 라
③ 가, 나, 다
④ 나, 다, 라
⑤ 가, 나, 다, 라

가. |○| 효용함수가 $U = C_1^{\frac{1}{2}} C_2^{\frac{1}{2}}$ 이므로 1기 소비와 2기 소비 간의 한계대체율은 $MRS_{C_1 C_2} =$ $\dfrac{MU_{C_1}}{MU_{C_2}} = \dfrac{\frac{1}{2} C_1^{-\frac{1}{2}} C_2^{\frac{1}{2}}}{\frac{1}{2} C_1^{\frac{1}{2}} C_2^{-\frac{1}{2}}} = \dfrac{C_2}{C_1}$ 이다. 이자율이 $r = 0.1$이고, 소비자의 효용극대화 조건은 $MRS_{C_1 C_2} = 1 + r$이므로 $C_2 = 1.1 C_1$이 된다.

- $MRS_{C_1 C_2} = 1 + r \rightarrow \dfrac{C_2}{C_1} = 1.1 \ \therefore \ C_2 = 1.1 C_1$

$Y_1 = 100$, $Y_2 = 330$, $C_2 = 1.1 C_1$을 예산제약식 $Y_1 + \dfrac{Y_2}{1+r} = C_1 + \dfrac{C_2}{1+r}$에 대입하면 $C_1 = 200$, $C_2 = 220$으로 계산된다.

- $100 + \dfrac{330}{1.1} = C_1 + \dfrac{1.1 C_1}{1.1} \rightarrow 2C_1 = 400 \ \therefore \ C_1 = 200$, $C_2 = 220$

1기 소비가 $C_1 = 200$이고, 1기 소득이 $Y_1 = 100$이므로 이 소비자의 저축은 -100이다.

나. |○| 1기 소비와 2기 소비가 모두 정상재이므로 2기 소득(혹은 1기 소득)이 증가하면 예산선이 바깥쪽으로 평행 이동하여 1기와 2기 소비가 모두 증가한다.

다. |○| 1기 소득 1단위가 증가할 때보다 1기와 2기 소득이 모두 1단위 증가하는 경우에 예산선이 더 크게 바깥쪽으로 이동한다. 따라서 1기와 2기 소비도 더 큰 폭으로 증가한다.

라. |×| 이 소비자는 저축이 -100이므로 이자율이 10%인 현재 100만큼을 차입하고 있는 차입자이다. 차입제약이 없을 경우, 이자율이 10%에서 9%로 하락하면 1기 소비의 상대가격이 하락하므로 대체효과에 의해 1기 소비가 증가하고 저축이 감소(차입이 증가)한다. 차입자의 경우 이자율이 하락하면 실질소득이 증가하므로 소득효과에 의해서도 1기 소비가 증가하고 저축이 감소(차입이 증가)한다. 따라서 차입제약이 없다면 차입의 크기는 100보다 커질 것이다. 그런데 이자율이 9%일 때 차입제약이 존재한다면 더 이상의 차입이 불가능하므로 이 소비자는 소비를 더 늘릴 수가 없게 된다. 즉, 차입제약이 실질적으로 개인의 소비선택을 제약하게 된다.

05. ③

06 ｜ 2017 ｜ 국가직 7급 ｜ 상 중 하

다음은 2기간 소비선택모형이다. 이에 대한 설명으로 옳지 않은 것은?

> 소비자의 효용함수는 $U(C_1, C_2) = \ln(C_1) + \beta \ln(C_2)$이다. 여기서 C_1은 1기 소비, C_2는 2기 소비, $\beta \in (0, 1)$, $\ln$은 자연로그이다. 소비자의 1기 소득은 100이며, 2기 소득은 0이다. 1기의 소비 중에서 남은 부분은 저축할 수 있으며, 저축에 대한 이자율은 r로 일정하다.

① 소비자의 예산제약식은 $C_1 + \dfrac{C_2}{1+r} = 100$이다.

② $\beta(1+r) = 1$이면, 1기의 소비와 2기의 소비는 같다.

③ $\beta > \dfrac{1}{1+r}$이면, 1기의 소비가 2기의 소비보다 크다.

④ 효용함수가 $U(C_1, C_2) = C_1 C_2^\beta$인 경우에도, 1기 소비와 2기 소비의 균형은 변하지 않는다.

Tip. 자연로그함수 $y = \ln x$를 x에 대해 미분하면 $\dfrac{dy}{dx} = \dfrac{1}{x}$이 된다.

ⅰ) 효용함수가 $U = \ln(C_1) + \beta \ln(C_2)$이므로 1기 소비와 2기 소비 간의 한계대체율은 $MRS_{C_1 C_2}$

$= \dfrac{MU_{C_1}}{MU_{C_2}} = \dfrac{\dfrac{1}{C_1}}{\dfrac{\beta}{C_2}} = \dfrac{C_2}{\beta C_1}$이다. 소비자의 효용극대화 조건은 $MRS_{C_1 C_2} = 1+r$이므로 $C_2 =$

$\beta(1+r)C_1$이 된다.

• $MRS_{C_1 C_2} = 1+r \rightarrow \dfrac{C_2}{\beta C_1} = 1+r \therefore C_2 = \beta(1+r)C_1$

ⅱ) 1기 소득 $Y_1 = 100$, 2기 소득 $Y_2 = 0$을 예산제약식 $Y_1 + \dfrac{Y_2}{1+r} = C_1 + \dfrac{C_2}{1+r}$에 대입하면 다음과 같다.

• $Y_1 + \dfrac{Y_2}{1+r} = C_1 + \dfrac{C_2}{1+r} \rightarrow C_1 + \dfrac{C_2}{1+r} = 100$

① |O| 소비자의 예산제약식은 $C_1 + \dfrac{C_2}{1+r} = 100$이다.

② |O|, ③ |X| 소비자의 효용극대화 조건 $C_2 = \beta(1+r)C_1$에서 $\beta(1+r) = 1$이면 $C_1 = C_2$가 되어 1기 소비와 2기 소비가 같고, $\beta > \dfrac{1}{1+r}$ 혹은 $\beta(1+r) > 1$이면 $C_1 < C_2$가 되어 1기 소비가 2기 소비보다 작다.

④ |o| 효용함수가 $U = C_1 C_2^\beta$이면 1기 소비와 2기 소비 간의 한계대체율은 $MRS_{C_1 C_2} = \frac{MU_{C_1}}{MU_{C_2}} = \frac{C_2^\beta}{\beta C_1 C_2^{\beta-1}} = \frac{C_2}{\beta C_1}$이다. 한계대체율이 문제에 주어진 효용함수와 동일하므로 소비자의 효용극대화 조건도 $C_2 = \beta(1+r)C_1$으로 동일하다. 따라서 1기 소비와 2기 소비의 균형은 변하지 않는다.

07 [2016 공인회계사] 상 중 하

주어진 소득과 이자율하에서 2기에 걸쳐 소비를 선택하는 소비자의 효용함수와 예산제약은 다음과 같다. 소비선택의 최적 조건에서 1기의 소비와 2기의 소비는 그 크기가 같다고 할 때, 이자율과 할인인자의 관계를 올바르게 나타낸 것은?

> • 효용함수 : $U(C_1, C_2) = \sqrt{C_1} + \beta\sqrt{C_2}$
> • 예산제약 : $C_1 + \frac{1}{1+r}C_2 = Y_1 + \frac{1}{1+r}Y_2$
> (단, $Y_1, Y_2, C_1, C_2, \beta, r$은 각각 1기의 소득, 2기의 소득, 1기의 소비, 2기의 소비, 할인인자, 이자율을 나타낸다.)

① $\beta(1+r) = 1$
② $\beta(2+r) = 1$
③ $2\beta r = 1$
④ $r(1+\beta) = 1$
⑤ $r(2+\beta) = 1$

해설

i) 효용함수가 $U = C_1^{\frac{1}{2}} + \beta C_2^{\frac{1}{2}}$이므로 1기 소비와 2기 소비 간의 한계대체율은 $MRS_{C_1 C_2} = \frac{MU_{C_1}}{MU_{C_2}} = \frac{\frac{1}{2}C_1^{-\frac{1}{2}}}{\frac{1}{2}\beta C_2^{-\frac{1}{2}}} = \frac{\sqrt{C_2}}{\beta\sqrt{C_1}} = \frac{1}{\beta}\sqrt{\frac{C_2}{C_1}}$ 이다. 소비자의 효용극대화 조건은 $MRS_{C_1 C_2} = 1+r$ 이므로 $\frac{1}{\beta}\sqrt{\frac{C_2}{C_1}} = 1+r$이 된다.

ii) 소비선택의 최적 조건에서 1기 소비와 2기 소비의 크기가 동일하므로 $C_1 = C_2$를 소비자의 효용극대화 조건에 대입하면 이자율(r)과 할인인자(β) 간의 관계는 다음과 같다.

• $\frac{1}{\beta}\sqrt{\frac{C_2}{C_1}} = 1+r \rightarrow \frac{1}{\beta} = 1+r \therefore \beta(1+r) = 1$

정답 06. ③ 07. ①

08 [2009 | 감정평가사]

소비자 A는 1기와 2기에 걸쳐 소비를 한다. C_1을 1기의 소비, C_2를 2기의 소비라고 할 때, 소비자 A의 효용함수는 $U(C_1, C_2) = \min[C_1, C_2]$이다. 1기의 소득은 210만원이고, 2기의 소득은 0원이며, 각 기의 소비재 가격은 1원으로 동일하다. A는 1기에 10%의 이자율로 저축을 하거나 대출을 받을 수 있다. 소비자 A의 행동 중 합리적인 것은?

① 100만원을 저축한다.
② 110만원을 저축한다.
③ 100만원을 대출받는다.
④ 110만원을 대출받는다.
⑤ 저축하지도 대출받지도 않는다.

i) 효용함수 $U = \min[C_1, C_2]$가 레온티에프 효용함수이므로 C_1과 C_2는 완전보완재 관계이고, 소비자균형에서는 $C_1 = C_2$가 성립한다.

ii) $Y_1 = 210$, $Y_2 = 0$, $r = 0.1$, $C_1 = C_2$를 예산제약식 $Y_1 + \dfrac{Y_2}{1+r} = C_1 + \dfrac{C_2}{1+r}$에 대입하면 $C_1 = 110$, $C_2 = 110$으로 계산된다.

- $210 = C_1 + \dfrac{C_1}{1.1} \rightarrow 210 \times 1.1 = 2.1 C_1 \therefore C_1 = 110$, $C_2 = 110$

iii) 1기 소득이 210만원이고, 1기 소비가 110만원이므로 이 소비자는 1기에 100만원을 저축한다. 그리고 2기에는 저축한 100만원에 이자소득 10만원을 합한 110만원으로 1기와 동일한 소비를 한다.

09 [2008 | 감정평가사]

2기간 최적 소비선택모형에서 1기 소비가 차입제약(borrowing constraint)에 의해 제한을 받고 있다. 정부가 2기에 소득세를 감면하기로 하였다면 소득세 감면이 없는 경우에 비해 1기 소비와 2기 소비는 어떻게 변화하겠는가?

① 1기 소비 증가, 2기 소비 증가
② 1기 소비 증가, 2기 소비 불변
③ 1기 소비 불변, 2기 소비 증가
④ 1기 소비 불변, 2기 소비 불변
⑤ 1기 소비 감소, 2기 소비 증가

해설
ⅰ) 아래 그림과 같이 1기 소비가 차입제약에 의해 제한받고 있다면 최초의 부존점인 E점에서 소비가 이루어지므로 1기 소득과 1기 소비가 일치한다($Y_1 = C_1$).
ⅱ) 이제, 정부가 2기 소득에 대해 소득세를 감면하면 2기 소득이 증가하여 예산선이 상방 이동하므로 새로운 소비점은 F점이 된다. 새로운 소비점인 F점에서 1기 소비는 차입제약으로 인해 불변이고, 2기 소비만 증가한다.

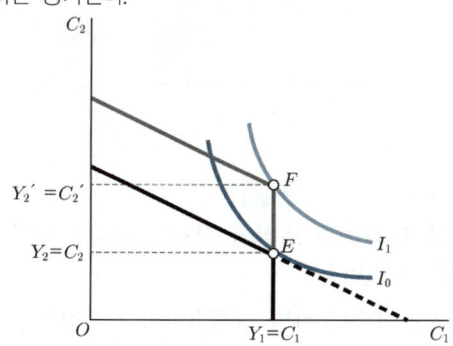

10

2011 | 감정평가사

어빙 피셔(Irving Fisher)의 2기간 최적 소비선택모형에서 도출되는 결론으로 옳은 것만을 모두 고른 것은? (단, 기간별로 소비되는 재화는 모두 정상재, 차입제약은 없고, 각 기간의 소비는 모두 0보다 큼)

> ㄱ. 제1기의 소득증가는 제1기의 소비를 증가시킨다.
> ㄴ. 제2기의 소득증가는 제2기의 소비를 감소시킨다.
> ㄷ. 실질이자율이 상승하면 제2기의 소비는 증가한다.
> ㄹ. 제2기의 소득증가는 제1기의 소비를 감소시킨다.

① ㄱ   ② ㄴ   ③ ㄱ, ㄷ
④ ㄴ, ㄹ   ⑤ ㄷ, ㄹ

해설
ㄱ. |○|, ㄴ, ㄹ. |×| 1기 소비와 2기 소비가 모두 정상재이므로 1기나 2기의 소득이 증가하면 예산선이 바깥쪽으로 평행 이동하여 1기 소비와 2기 소비가 모두 증가한다.
ㄷ. |×| 실질이자율이 상승하면 1기 소비의 상대가격이 상승하므로 저축자와 차입자 모두 대체효과에 의해 1기 소비가 감소하고 2기 소비가 증가한다. 소득효과는 저축자와 차입자를 나누어 살펴봐야 하는데, 먼저 저축자의 경우 실질이자율이 상승하면 실질소득이 증가하므로 소득효과에 의해 1기 소비와 2기 소비가 모두 증가한다. 다음으로, 차입자의 경우 실질이자율이 상승하면 실질소득이 감소하므로 소득효과에 의해 1기 소비와 2기 소비가 모두 감소한다. 결국, 실질이자율이 상승하면 저축자의 2기 소비는 반드시 증가하나, 차입자의 2기 소비는 증감 여부가 불분명하다.

정답
08. ① 09. ③ 10. ①

- 대체효과 : $r\uparrow$ $\begin{bmatrix} P_{C_1}\uparrow \\ P_{C_2}\downarrow \end{bmatrix}$ $\begin{matrix} \rightarrow C_1\downarrow, S\uparrow \\ \rightarrow C_2\uparrow \end{matrix}$

- 소득효과 : $r\uparrow$ $\begin{bmatrix} 저축자 : 실질소득\uparrow \begin{bmatrix} C_1\uparrow, S\downarrow \\ C_2\uparrow \end{bmatrix} \\ 차입자 : 실질소득\downarrow \begin{bmatrix} C_1\downarrow, S\uparrow(차입\downarrow) \\ C_2\downarrow \end{bmatrix} \end{bmatrix}$

11 [2017 | 국회직 8급] 상 중 하

다음 중 이자율이 소비에 미치는 영향에 대한 설명으로 옳지 않은 것은? (단, 저축자를 가정한다.)

① 이자율이 상승하면 현재소비의 기회비용은 증가한다.
② 이자율이 상승하면 정상재의 경우 소득효과에 의해 현재소비가 증가한다.
③ 이자율이 상승하면 대체효과에 의해 현재소비가 감소한다.
④ 이자율이 상승하면 대체효과에 의해 미래소비가 증가한다.
⑤ 이자율이 상승하면 현재소비는 증가하지만 미래소비는 증가하거나 감소할 수 있다.

① |O| 현재소비의 기회비용은 현재소비를 1단위 증가시키기 위해 포기해야 하는 미래소비의 수량을 의미한다. 현재소비를 1단위 증가시키려면 미래소비 $(1+r)$단위를 포기해야 한다. 따라서 이자율이 상승하면 현재소비의 기회비용이 증가한다.
② |O| 저축자의 경우 이자율이 상승하면 실질소득이 증가하므로 소득효과에 의해 정상재인 현재소비와 미래소비가 모두 증가한다.
  @ 실제 문제에서는 주어지지 않았으나, 저축자라는 가정을 새로 추가하였다.
③, ④ |O| 이자율이 상승하면 현재소비의 상대가격이 상승하므로 대체효과에 의해 현재소비가 감소하고 미래소비가 증가한다.
⑤ |X| 이를 종합하면, 이자율이 상승할 때 저축자의 현재소비는 증감 여부가 불분명하나, 미래소비는 반드시 증가한다.

- 대체효과 : $r\uparrow$ $\begin{bmatrix} P_{C_1}\uparrow \\ P_{C_2}\downarrow \end{bmatrix}$ $\begin{matrix} \rightarrow C_1\downarrow, S\uparrow \\ \rightarrow C_2\uparrow \end{matrix}$

- 소득효과 : $r\uparrow$ → 저축자 : 실질소득↑ $\begin{bmatrix} C_1\uparrow, S\downarrow \\ C_2\uparrow \end{bmatrix}$

12 | 2010 | 공인회계사 | 상 중 하

현재(t기)와 미래($t+1$기)만 있는 2기간 생애주기모형을 가정하자. 소비자 A의 현재소비(C_t)와 미래소비(C_{t+1})에 대한 무차별곡선은 원점에 대해 강볼록하다. A는 현재의 주어진 근로소득(Y_t)만 가지고 있으며 2기간에 걸쳐 소비한다. 이때 기간별 이자율은 r이다. 대표소비자의 예산제약식이 다음과 같을 때 옳은 것을 모두 고르면? (단, $r>0$이고, 현재소비와 미래소비는 모두 정상재이다.)

$$C_t + \frac{C_{t+1}}{(1+r)} = Y_t$$

> 가. 이자율 상승은 현재소비의 기회비용을 증가시킨다.
> 나. 근로소득세가 부과되면 현재소비는 감소하지만, 미래소비는 증가한다.
> 다. 근로소득세가 부과된 후 저축이 증가하였다면 대체효과가 소득효과보다 컸음을 의미한다.
> 라. 이자소득세가 부과된 후 저축이 감소하였다면 대체효과가 소득효과보다 컸음을 의미한다.

① 가
② 가, 라
③ 나, 다
④ 나, 다, 라
⑤ 가, 나, 다, 라

해설

가. |○| 현재소비의 기회비용은 현재소비를 1단위 증가시키기 위해 포기해야 하는 미래소비의 수량을 의미한다. 현재소비를 1단위 증가시키려면 미래소비 $(1+r)$단위를 포기해야 한다. 따라서 이자율이 상승하면 현재소비의 기회비용이 증가한다.

나. 다. |×| 근로소득세가 부과되면 세후 실질소득이 감소하여 예산선이 안쪽으로 평행 이동하므로 대체효과는 발생하지 않고 소득효과만 발생한다. 현재소비와 미래소비가 모두 정상재이므로, 근로소득세 부과로 실질소득이 감소하면 소득효과에 의해 현재소비와 미래소비가 모두 감소한다.
　🔍 이자소득세와 달리 근로소득세는 실질이자율에 영향을 미치지 않는다. 따라서 대체효과는 발생하지 않고 소득효과만 발생한다.

라. |○| 이자소득세가 부과되면 세후 실질이자율이 하락하므로 대체효과와 소득효과가 모두 발생한다. 이자소득세 부과로 실질이자율이 하락하면 현재소비의 상대가격이 하락하므로 대체효과에 의해 현재소비가 증가하고 저축이 감소한다. 저축자의 경우 이자소득세 부과로 실질소득이 감소하면 소득효과에 의해 현재소비가 감소하고 저축이 증가한다. 따라서 이자소득세가 부과된 후 저축이 감소하였다면, 이는 대체효과가 소득효과보다 컸음을 의미한다.

> • 대체효과 : 이자소득세 부과 → 세후 $r↓$ $\begin{bmatrix} P_{C_1}↓ & → C_1↑, S↓ \\ P_{C_2}↑ & → C_2↓ \end{bmatrix}$
>
> • 소득효과 : 이자소득세 부과 → 세후 $r↓$ → 실질소득↓ $\begin{bmatrix} C_1↓, S↑ \\ C_2↓ \end{bmatrix}$

정답 11. ⑤　12. ②

13

[2012 | 국회직 8급] 상 중 하

두 기간이 존재한다고 할 때 소득의 흐름이 (Y_1, Y_2)로 주어져 있다. 이자율이 상승하였다고 할 때 다음 설명 중 옳지 않은 것은? (단, 소비는 정상재이다.)

① 이자율이 상승하기 이전 1기 대여자의 효용은 항상 증가한다.
② 이자율이 상승하기 이전 1기 차입자의 효용은 항상 감소한다.
③ 이자율이 상승하기 이전 1기 차입자의 차입은 항상 감소한다.
④ 이자율이 상승하기 이전 1기 대여자의 저축은 증가할 수도 있고 감소할 수도 있다.
⑤ 이자율이 상승하기 이전 1기 차입자는 대여자로 바뀔 수도 있다.

 해설

i) 저축자(대여자)의 경우, 이자율이 상승하면 소비가능영역이 커지므로 효용은 반드시 증가한다. 그러나 저축은 대체효과와 소득효과의 상대적 크기에 따라 증가할 수도 있고 감소할 수도 있다.

- 대체효과 : $r\uparrow$ $\begin{bmatrix} P_{C_1}\uparrow & \to C_1\downarrow,\ S\uparrow \\ P_{C_2}\downarrow & \to C_2\uparrow \end{bmatrix}$

- 소득효과 : $r\uparrow$ $\begin{bmatrix} 저축자 : 실질소득\uparrow \begin{bmatrix} C_1\uparrow,\ S\downarrow \\ C_2\uparrow \end{bmatrix} \\ 차입자 : 실질소득\downarrow \begin{bmatrix} C_1\downarrow,\ S\uparrow(차입\downarrow) \\ C_2\downarrow \end{bmatrix} \end{bmatrix}$

ii) 차입자의 경우, 이자율이 상승하면 소비가능영역이 작아진다. 따라서 차입자의 위치를 고수한 다면 효용은 반드시 감소하나, 차입자가 저축자로 전환된다면 효용은 증가할 수도 있고 감소할 수도 있다. 한편, 저축은 대체효과와 소득효과 모두에 의해 증가하므로 차입은 반드시 감소한다.

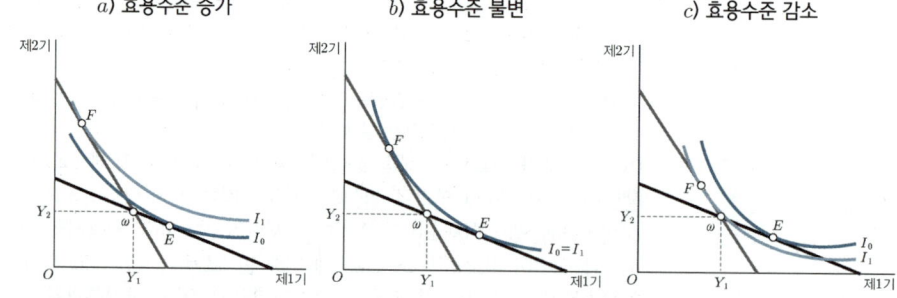

a) 효용수준 증가   b) 효용수준 불변   c) 효용수준 감소

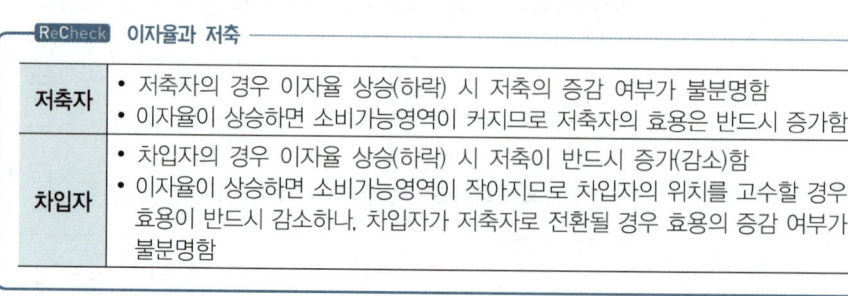

ReCheck 이자율과 저축

저축자	• 저축자의 경우 이자율 상승(하락) 시 저축의 증감 여부가 불분명함 • 이자율이 상승하면 소비가능영역이 커지므로 저축자의 효용은 반드시 증가함
차입자	• 차입자의 경우 이자율 상승(하락) 시 저축이 반드시 증가(감소)함 • 이자율이 상승하면 소비가능영역이 작아지므로 차입자의 위치를 고수할 경우 효용이 반드시 감소하나, 차입자가 저축자로 전환될 경우 효용의 증감 여부가 불분명함

14

[2017 | 보험계리사]

두 소비자 S와 B의 2기간 최적 소비선택모형에서 1기와 2기의 소비는 각각 c_{i1}, c_{i2}, 명목소득은 각각 m_{i1}, m_{i2}이며($i = S,\ B$), 시장이자율 r에서 $(1+r)c_{i1} + c_{i2} = (1+r)m_{i1} + m_{i2}$를 만족한다. 현재 1기에 소비자 S는 저축, 소비자 B는 차입을 선택하고 있으며, 시장이자율이 상승해도 1기에 소비자 S는 저축, 소비자 B는 차입의 선택을 유지한다. 시장이자율의 상승에 따른 소비자 S와 B의 효용수준 변화로 옳은 것은? (단, 소비자 S와 B의 c_{i1}, c_{i2}에 대한 한계대체율은 체감한다.)

	소비자 S	소비자 B
①	증가	증가
②	증가	감소
③	감소	증가
④	감소	감소

해설

ⅰ) 저축자인 소비자 S의 경우, 이자율이 상승하면 소비가능영역이 커지므로 효용은 반드시 증가한다(그림 a).

ⅱ) 차입자인 소비자 B의 경우, 이자율이 상승하면 소비가능영역이 작아진다. 따라서 차입자의 위치를 고수한다면 효용은 반드시 감소한다(그림 b).

 만약 차입자인 소비자 B가 저축자로 전환된다면 효용은 증가할 수도 있고 감소할 수도 있다.

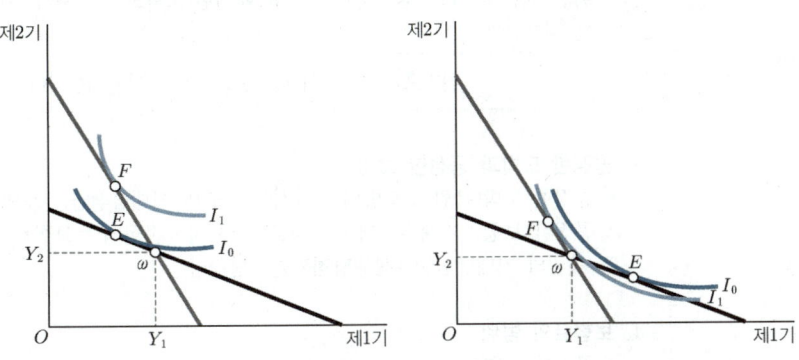

정답 13. ② 14. ②

CHAPTER 09 기대효용이론

35 기대효용이론

기대효용이론

1. 기대소득과 기대효용
- 기대소득($E(w)$) : 불확실한 상황에서 예상되는 소득의 기대치

$$E(w) = \Sigma(\text{각 상황이 발생할 확률}) \times (\text{각 상황에서의 금액})$$
$$= p \cdot w_1 + (1-p) \cdot w_2$$

- 기대효용($E[U(w)]$) : 불확실한 상황에서 예상되는 효용의 기대치

$$E[U(w)] = \Sigma(\text{각 상황이 발생할 확률}) \times (\text{각 상황에서의 효용})$$
$$= p \cdot U(w_1) + (1-p) \cdot U(w_2)$$

2. 확실성등가와 위험프리미엄
- 확실성등가(CE) : 불확실한 상황에서 예상되는 효용의 기대치인 기대효용과 동일한 효용을 가져다주는 확실한 소득(현금)의 크기
- 위험프리미엄(π) : 불확실한 소득을 확실한 소득으로 바꾸기 위해 지불할 용의가 있는 최대금액

$$\text{위험프리미엄} = \text{기대소득}(E(w)) - \text{확실성등가}(CE)$$

3. 공정한 도박과 공정한 보험
- 공정한 도박(복권) : 도박의 기대상금(복권의 기대당첨금) = 도박참가비(복권가격)
- 공정한 보험 : 기대손실액(pl, 사고발생확률×손실액) = 보험료
  📄 복권의 기대당첨금 = 복권당첨확률×당첨금

4. 보험료의 범위
- 공정한 보험료
  → 기대손실액과 동일한 크기의 보험료
  → 최초 재산의 크기(w_2) − 기대소득($E(w)$)
- 최소한의 보험료 : 공정한 보험료
- 최대한의 보험료 : 공정한 보험료 + 위험프리미엄
  → 최초 재산의 크기(w_2) − 확실성등가(CE)

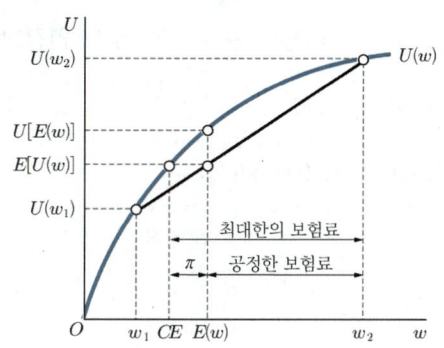

5. 위험에 대한 태도

구 분	위험기피자	위험중립자	위험선호자
기대소득의 효용과 기대효용	$U[E(w)] > E[U(w)]$	$U[E(w)] = E[U(w)]$	$U[E(w)] < E[U(w)]$
기대소득과 확실성등가	$E(w) > CE$	$E(w) = CE$	$E(w) < CE$
위험프리미엄	$\pi > 0$	$\pi = 0$	$\pi < 0$
효용함수 (아래쪽에서 볼 때)	오목	직선	볼록
무차별곡선 (원점에서 볼 때)	볼록	직선	오목

6. 위험에 대한 태도와 의사결정(○ : 참여(가입), × : 불참(비가입), △ : 무차별)

구 분		위험기피자	위험중립자	위험선호자
도 박 (복 권)	유리한 도박(복권)	△	○	○
	공정한 도박(복권)	×	△	○
	불리한 도박(복권)	×	×	△
보 험	유리한 보험	○	○	△
	공정한 보험	○	△	×
	불리한 보험	△	×	×

대표유형 01

2013 | 감정평가사

( )에 들어갈 내용을 순서대로 옳게 연결한 것은?

> 위험애호적(risk-loving)인 사람의 폰 노이만-모겐스턴 효용함수(von Neumann Morgenstern utility function)는 (㉠)함수이며, (㉡)이(가) 기대소득보다 크므로 위험프리미엄이 0보다 (㉢).

① ㉠ : 오목, ㉡ : 기대효용, ㉢ : 크다
② ㉠ : 볼록, ㉡ : 기대효용, ㉢ : 작다
③ ㉠ : 오목, ㉡ : 기대효용, ㉢ : 작다
④ ㉠ : 오목, ㉡ : 확실성등가, ㉢ : 크다
⑤ ㉠ : 볼록, ㉡ : 확실성등가, ㉢ : 작다

해설

ⅰ) 위험선호자는 불확실한 소득의 기대효용($E[U(w)]$)이 기대소득의 효용($U[E(w)]$)보다 크므로 효용함수가 아래쪽에서 볼 때 볼록한 형태이다.
ⅱ) 따라서 확실성등가(CE)가 기대소득($E(w)$)보다 크고, 기대소득에서 확실성등가를 뺀 위험프리미엄(π)이 0보다 작다.

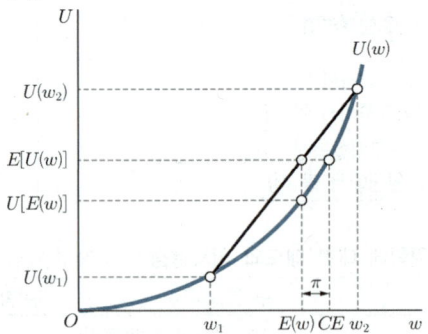

02

2011 | 감정평가사

기대효용이론에 관한 설명으로 옳은 것은? (단, U는 효용수준, M은 자산액)

① 폰 노이만-모겐스턴(Von Neumann-Morgenstern) 효용함수에서 효용은 서수적 의미만 갖는다.
② 甲이 가지고 있는 복권 상금의 기대가치는 500이고 이 복권을 최소 450에 팔 용의가 있다면, 50을 甲의 위험프리미엄(risk premium)으로 볼 수 있다.
③ 위험기피자는 기대가치가 0인 복권을 구입할 것이다.
④ 위험선호자는 기대가치가 0인 보험에 가입할 것이다.
⑤ 乙의 폰 노이만-모겐스턴 효용함수가 $U = M^{1.5}$으로 주어졌다면, 乙은 위험기피자이다.

① |×| 폰 노이만-모겐스턴 효용함수는 효용수준을 구체적인 수치로 나타내므로 효용이 서수적인 성격뿐 아니라, 기수적인 성격도 갖는다. 확실성등가, 위험프리미엄 등을 계산하기 위해서는 기수적 효용이 전제되어야 한다.
② |○| 복권 상금의 기대가치가 500이고, 이 복권을 최소 450에 팔 용의가 있다면 기대소득($E(w)$)에서 확실성등가(CE)를 뺀 위험프리미엄(π)은 50이 된다.
  🔍 복권 상금의 기대가치는 복권의 기대당첨금(기대소득)에서 복권가격을 뺀 값이다. 복권가격이 따로 주어져 있지 않으므로 여기서는 양자가 동일하다.
③, ④ |×| 위험기피자는 기대가치가 0인 (공정한) 복권을 구입하지 않지만, 위험선호자는 구입한다. 위험선호자는 기대가치가 0인 (공정한) 보험에 가입하지 않지만, 위험기피자는 가입한다.
⑤ |×| 효용함수가 $U = M^{1.5}$으로 주어졌다면 효용함수가 아래쪽에서 볼 때 볼록한 형태이므로 乙은 소득의 한계효용이 체증하는 위험선호자이다.

03 | 2012 | 감정평가사 | 상 중 하

동전을 던져 앞면이 나오면 9,000원을 따고 뒷면이 나오면 10,000원을 잃는 도박이 있다. 甲은 위험기피자, 乙은 위험애호자, 丙은 위험중립자인 경우 다음 설명으로 옳은 것은?

① 甲의 도박에의 참여 여부는 위험기피도에 따라 결정될 것이다.
② 도박에 참여하는 대가로 500원을 준다 해도, 甲은 도박에 참여하지 않을 것이다.
③ 丙은 이 도박에 반드시 참여할 것이다.
④ 乙은 이 도박에 반드시 참여할 것이다.
⑤ 앞면이 나올 때 따는 금액을 1,000원 올려 10,000원으로 하고, 뒷면이 나올 때 잃는 금액을 1,000원 내려 9,000원으로 하면 甲, 乙, 丙 모두 이 도박에 반드시 참여할 것이다.

앞면이 나와 9,000원을 딸 확률이 $\frac{1}{2}$, 뒷면이 나와 10,000원을 잃을 확률이 $\frac{1}{2}$이므로 이 도박의 기대가치는 -500원이다. 기대가치가 0보다 작으므로 이 도박은 불리한 도박이다.

- 기대가치(=기대소득): $E(w) = \left(\frac{1}{2} \times 9{,}000\right) + \left\{\frac{1}{2} \times (-10{,}000)\right\} = -500$

①, ③, ④ |×| 위험기피자인 甲과 위험중립자인 丙은 불리한 도박에 참여하지 않지만, 위험선호자인 乙은 참여할 수도 있고 참여하지 않을 수도 있다.
② |○| 기대가치가 -500원인 도박에 참여하는 대가로 500원을 주면 이 도박은 기대가치가 0인 공정한 도박이 된다. 그러나 甲은 위험기피자이므로 공정한 도박에 참여하지 않는다.
⑤ |×| 앞면이 나올 때 따는 금액이 10,000원, 뒷면이 나올 때 잃는 금액이 9,000원으로 바뀌면 이 도박의 기대가치는 500원이 된다. 기대가치가 0보다 크므로 이 도박은 유리한 도박이다. 위험선호자인 乙과 위험중립자인 丙은 유리한 도박에 참여하지만, 위험기피자인 甲은 참여할 수도 있고 참여하지 않을 수도 있다.

정답 01. ⑤ 02. ② 03. ②

• 기대가치(=기대소득) : $E(w) = \left(\dfrac{1}{2} \times 10{,}000\right) + \left\{\dfrac{1}{2} \times (-9{,}000)\right\} = 500$

ReCheck 위험에 대한 태도와 의사결정

(○ : 참여(가입), × : 불참(비가입), △ : 무차별)

구 분		위험기피자	위험중립자	위험선호자
도 박 (복 권)	유리한 도박(복권)	△	○	○
	공정한 도박(복권)	×	△	○
	불리한 도박(복권)	×	×	△
보 험	유리한 보험	○	○	△
	공정한 보험	○	△	×
	불리한 보험	△	×	×

04 [2009 | 공인회계사]

기대효용을 극대화하는 소비자가 5%의 확률로 발생하는 자연재해로 인하여 3,000만원의 손실을 입는 위험에 처하여 있다. 다음 설명 중 가장 옳지 않은 것은?

① 이 소비자가 위험기피적이라면 재해 손실의 위험에서 벗어나기 위하여 150만원을 기꺼이 지불할 용의가 있다.
② 재해 발생 시 1만원을 보상하는 보험의 공정보험료는 500원이다.
③ 공정보험이 제공될 때 위험기피적 소비자는 완전보험에 가입한다.
④ 공정보험이 제공되더라도 위험애호적인 소비자는 보험에 가입하지 않는다.
⑤ 보험회사가 양의 이윤을 얻도록 보험료율이 책정된다면 위험중립적인 소비자는 완전보험을 들지 않고 부분적으로만 보험에 든다.

해설

5%의 확률로 발생하는 자연재해로 인해 3,000만원의 손실을 입는다면 기대손실액은 150만원이다. 따라서 공정한 보험료는 기대손실액의 크기와 동일한 150만원이 된다.

• 기대손실액 : $pl = 0.05 \times 3{,}000$ 만원 $= 150$ 만원

① |○| 위험기피자는 공정한 보험료인 150만원을 기꺼이 지불할 용의가 있다.
② |○| 공정한 보험은 공정한 복권의 경우와 유사하게 다음과 같이 나타낼 수도 있다.
  • 공정한 보험 : 기대보험금(사고발생확률×보험금)=보험료
  따라서 5%의 확률로 발생하는 자연재해가 발생했을 때 지급받는 보험금이 1만원이라면 공정한 보험료는 0.05×1 만원$= 500$ 원이 된다.
③, ④ |○| 공정한 보험은 기대손실액만큼의 보험료를 지불하고 사고 발생 시 손실액을 전액 지급받는 보험(완전보험)이다. 위험기피자는 공정한 보험에 반드시 가입하지만, 위험선호자는 가입하지 않는다.
⑤ |×| 보험회사가 양(+)의 이윤을 얻도록 보험료가 책정된다면, 이는 보험가입자에게 불리한 보험이다. 위험중립자는 불리한 보험에 절대 가입하지 않는다.

> **ReCheck** 공정한 도박과 공정한 보험
> - 공정한 도박(복권) : 도박의 기대상금(복권의 기대당첨금)=도박참가비(복권가격)
> - 공정한 보험 : 기대손실액(pl, 사고발생확률×손실액)=보험료
> 📄 복권의 기대당첨금=복권당첨확률×당첨금

05 | 2015 | 국가직 7급 | 상 중 하

w원에 대한 A의 효용함수는 $U(w) = \sqrt{w}$ 이다. A는 50%의 확률로 10,000원을 주고, 50%의 확률로 0원을 주는 복권 L을 가지고 있다. 다음 중 옳은 것은?

① 복권 L에 대한 A의 기대효용은 5,000이다.
② 누군가 현금 2,400원과 복권 L을 교환하자고 제의한다면, A는 제의에 응하지 않을 것이다.
③ A는 위험중립적인 선호를 가지고 있다.
④ A에게 40%의 확률로 100원을 주고, 60%의 확률로 3,600원을 주는 복권 M과 복권 L을 교환할 수 있는 기회가 주어진다면, A는 새로운 복권 M을 선택할 것이다.

해설 효용함수가 $U = \sqrt{w}$이고, 10,000원을 받을 확률이 50%, 0원을 받을 확률이 50%이다. 이제, 이를 토대로 각 값을 구해 보면 다음과 같다.
- 기 대 소 득 : $E(w) = (0.5 \times 10,000) + (0.5 \times 0) = 5,000$원
- 기 대 효 용 : $E[U(w)] = (0.5 \times \sqrt{10,000}) + (0.5 \times \sqrt{0}) = 50$
- 확 실 성 등 가 : $\sqrt{CE} = 50$ ∴ $CE = 2,500$원

① |×| 복권 L에 대한 기대효용은 50이다.
② |○| 복권 L에 대한 확실성등가는 2,500원이다. 이는, 불확실한 상황에서 예상되는 효용의 기대치인 기대효용과 동일한 효용을 가져다주는 확실한 현금의 크기가 2,500원이라는 의미이다. 따라서 A는 현금 2,400원과 복권 L을 교환하지 않을 것이다.
③ |×| 효용함수가 $U = \sqrt{w}$이므로 A는 소득의 한계효용이 체감하는 위험기피자이다.
④ |×| 100원을 받을 확률이 40%, 3,600원을 받을 확률이 60%인 복권 M의 기대효용은 40으로 복권 L에 비해 낮다. 따라서 A는 여전히 복권 L을 선택할 것이다.
- 복권 M의 기대효용 : $E[U(w)] = (0.4 \times \sqrt{100}) + (0.6 \times \sqrt{3,600}) = 40$

정답 04. ⑤ 05. ②

06 〔2016 | 공인회계사〕 상 중 하

한 소비자의 돈 m원에 대한 기대효용함수는 $U(m) = 2\sqrt{m}$이다. 한 증권이 $\frac{1}{3}$의 확률로 81원이 되고, $\frac{2}{3}$의 확률로 36원이 될 때 이 소비자의 증권에 대한 확실성등가(certainty equivalent)와 위험프리미엄(risk premium)을 바르게 짝지은 것은?

	확실성등가(원)	위험프리미엄(원)
①	14	37
②	14	2
③	49	14
④	49	2
⑤	51	14

효용함수가 $U = 2\sqrt{m}$이고, 증권이 81원이 될 확률이 $\frac{1}{3}$, 36원이 될 확률이 $\frac{2}{3}$이다. 이제, 이를 토대로 각 값을 구해보면 다음과 같다.

- 기 대 소 득 : $E(m) = \left(\frac{1}{3} \times 81\right) + \left(\frac{2}{3} \times 36\right) = 27 + 24 = 51$원
- 기 대 효 용 : $E[U(m)] = \left(\frac{1}{3} \times 2\sqrt{81}\right) + \left(\frac{2}{3} \times 2\sqrt{36}\right) = 6 + 8 = 14$
- 확 실 성 등 가 : $2\sqrt{CE} = 14$ ∴ $CE = 49$원
- 위험프리미엄 : π = 기대소득 − 확실성등가 = 51 − 49 = 2원

따라서 확실성등가는 49원이고, 기대소득에서 확실성등가를 뺀 위험프리미엄은 2원이 된다.

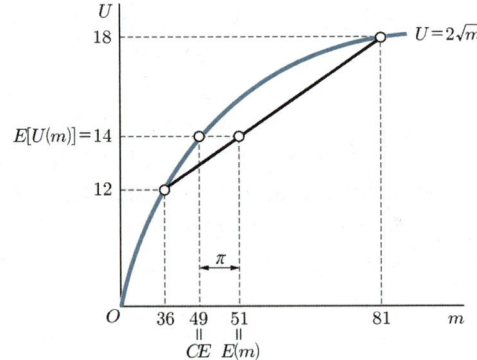

07 | 2016 | 서울시 7급 |

어떤 소비자의 효용함수 $U = X^{0.5}$ (X는 자산금액)이다. 이 소비자는 현재 6,400만원에 거래되는 귀금속 한 점을 보유하고 있다. 이 귀금속을 도난당할 확률은 0.5인데, 보험에 가입할 경우에는 도난당한 귀금속을 현재 가격으로 전액 보상해 준다고 한다. 보험에 가입하지 않은 상황에서 이 소비자의 기대효용과 이 소비자가 보험에 가입할 경우 낼 용의가 있는 최대 보험료는 각각 얼마인가?

	기대효용	최대보험료
①	4,000	2,800만원
②	4,000	4,800만원
③	6,000	2,800만원
④	6,000	4,800만원

해설

i) 효용함수가 $U = \sqrt{X}$ 이고, 6,400만원 상당의 귀금속을 도난당할 확률이 0.5, 도난당하지 않을 확률이 0.5이다. 이제, 이를 토대로 각 값을 구해 보면 다음과 같다.
- 기 대 소 득 : $E(X) = (0.5 \times 64,000,000) + (0.5 \times 0) = 32,000,000$원
- 기 대 효 용 : $E[U(X)] = (0.5 \times \sqrt{64,000,000}) + (0.5 \times \sqrt{0}) = 4,000$
- 확 실 성 등 가 : $\sqrt{CE} = 4,000$ ∴ $CE = 16,000,000$원

  실제 문제에서는 기대효용이 '만원'이라는 단위를 고려하지 않고 40으로 주어졌으나, 이를 단위에 맞게 4,000으로 수정하였다.

ii) 최대한의 보험료는 공정한 보험료(=기대손실액)에 위험프리미엄을 더한 값이므로 4,800만원이 된다.
- 기 대 손 실 액 : $pl = 0.5 \times 64,000,000 = 32,000,000$원 … 공정한 보험료
- 위험프리미엄 : $\pi =$ 기대소득 $-$ 확실성등가 $= 32,000,000 - 16,000,000 = 16,000,000$원
- 최대한의 보험료 : 공정한 보험료 $+$ 위험프리미엄 $= 32,000,000 + 16,000,000 = 48,000,000$원

  최대한의 보험료는 최초 재산의 크기(X_2)에서 확실성등가(CE)를 뺀 값이므로 기대효용과 확실성등가만 구하면 최대한의 보험료는 6,400만원 $-$ 1,600만원 $=$ 4,800만원으로 계산된다.

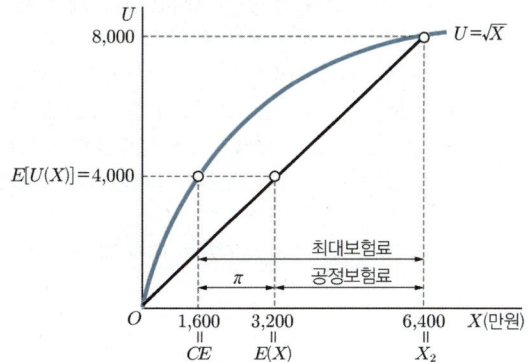

정답 06. ④ 07. ②

> **ReCheck 보험료의 범위**
> - 공정한 보험료
>   → 기대손실액과 동일한 크기의 보험료
>   → 최초 재산의 크기(w_2)−기대소득($E(w)$)
> - 최소한의 보험료 : 공정한 보험료
> - 최대한의 보험료 : 공정한 보험료+위험프리미엄
>   → 최초 재산의 크기(w_2)−확실성등가(CE)

08 | 2018 | 공인회계사 [상] [중] [하]

16억원 가치의 상가를 보유하고 있는 A는 화재에 대비하기 위해 손해액 전부를 보상해주는 화재보험을 가입하려고 한다. 상가에 화재가 발생하여 7억원의 손해를 볼 확률이 20%이고, 12억원의 손해를 볼 확률이 10%이다. A의 재산에 대한 폰 노이만−모겐스턴(von Neumann−Morgenstern) 효용함수가 $u(x)=\sqrt{x}$라고 한다면, 기대효용을 극대화하는 조건에서 지불할 용의가 있는 최대금액의 보험료는?

① 2.96억원
② 3.04억원
③ 3.56억원
④ 4.28억원
⑤ 5.24억원

i) 상가의 가치가 16억원이고, 7억원의 손해를 볼 확률이 20%, 12억원의 손해를 볼 확률이 10%이다. 바꿔 말하면, 7억원의 손해를 입어 상가의 가치가 9억원이 될 확률이 20%, 12억원의 손해를 입어 상가의 가치가 4억원이 될 확률이 10%, 손해를 입지 않아 상가의 가치가 그대로 16억원이 될 확률이 70%이다. 이제, 이를 토대로 각 값을 구해 보면 다음과 같다.
- 기 대 소 득 : $E(x)=(0.2\times 9)+(0.1\times 4)+(0.7\times 16)=13.4$억원
- 기 대 효 용 : $E[U(x)]=(0.2\times\sqrt{9})+(0.1\times\sqrt{4})+(0.7\times\sqrt{16})=3.6$
- 확 실 성 등 가 : $\sqrt{CE}=3.6$ ∴ $CE=12.96$억원

  단위가 '억원'이므로 기대효용은 엄밀히 말하면 36,000이다.

ii) 최대한의 보험료는 최초 재산의 크기(x_2)에서 확실성등가(CE)를 뺀 값이므로 3.04억원이 된다.
- 최대한의 보험료 : $x_2-CE=16-12.96=3.04$억원

09

2016 | 국회직 8급

〈보기〉와 같은 경제상황에서 어떤 보험회사가 개인 A에게 100% 확률로 일정한 소비수준을 보장해준다고 한다면 개인 A가 동의할 수 있는 소비수준의 최젓값이 존재한다. 이때 경제 내에 개인 A와 같은 개인들이 무수히 많다면 보험회사가 받을 수 있는 개인당 보험료 수입의 최곳값은?

---- 보기 ----
- 개인 A의 소비는 50%의 확률로 1, 나머지 50%의 확률로 4의 값을 가진다.
- 개인 A의 효용함수는 $U(C) = \sqrt{C}$이다(단, U는 효용, C는 소비).
- 모든 개인은 기대효용을 극대화하며, 각 개인들의 소비는 서로 독립적으로 실현된다.

① $\dfrac{1}{4}$ ② $\dfrac{1}{2}$

③ $\dfrac{\sqrt{2}}{2}$ ④ $\dfrac{3}{2}$

⑤ $\dfrac{7}{4}$

해설

ⅰ) 효용함수가 $U = \sqrt{C}$이고, 소비가 1이 될 확률이 50%, 4가 될 확률이 50%이다. 이제, 이를 토대로 각 값을 구해 보면 다음과 같다.
- 기 대 소 득 : $E(C) = (0.5 \times 1) + (0.5 \times 4) = 2.5$
- 기 대 효 용 : $E[U(C)] = (0.5 \times \sqrt{1}) + (0.5 \times \sqrt{4}) = 1.5$
- 확 실 성 등 가 : $\sqrt{CE} = 1.5$ ∴ $CE = 2.25$

ⅱ) 보험회사가 받을 수 있는 개인당 보험료 수입의 최곳값은 최대한의 보험료를 의미한다. 이 경우, 최대한의 보험료는 최고 소비수준(C_2)에서 확실성등가(CE)를 뺀 값이므로 1.75가 된다.
- 최대한의 보험료 : $C_2 - CE = 4 - 2.25 = 1.75 = \dfrac{7}{4}$

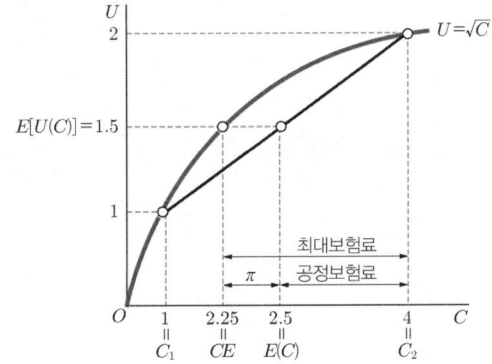

정답 08. ② 09. ⑤

10

$U = \sqrt{Y}$의 효용함수를 갖는 소비자가 100만원의 가치가 있는 자전거를 소유하고 있다. 자전거의 도난 확률이 0.5일 때 다음 중 옳지 않은 것은? (단, Y는 재화 가치이다.)

① 위험한 기회를 다른 사람에게 전가할 때 지급할 최대 추가보상액은 50만원이다.
② 현재 이 소비자의 기대효용수준은 500이다.
③ 손실액 전액을 보상해주는 보험의 경우 공정한 보험료는 50만원이다.
④ 손실액 전액을 보상해주는 보험에 대해 이 소비자는 최대 75만원까지 지불할 용의가 있다.
⑤ 이 소비자는 위험기피자이다.

효용함수가 $U = \sqrt{Y}$이고, 100만원 상당의 자전거를 도난당할 확률이 0.5, 도난당하지 않을 확률이 0.5이다. 이제, 이를 토대로 각 값을 구해 보면 다음과 같다.

- 기 대 소 득 : $E(Y) = (0.5 \times 100) + (0.5 \times 0) = 50$만원
- 기 대 효 용 : $E[U(Y)] = (0.5 \times \sqrt{1,000,000}) + (0.5 \times \sqrt{0}) = 500$
- 확 실 성 등 가 : $\sqrt{CE} = 500$ ∴ $CE = 25$만원
- 기 대손실액 : $pl = 0.5 \times 100 = 50$만원 ⋯ 공정한 보험료
- 위험프리미엄 : π = 기대소득 − 확실성등가 = 50 − 25 = 25만원
- 최대한의 보험료 : 공정한 보험료 + 위험프리미엄 = 50 + 25 = 75만원

① |×| 위험한 기회를 다른 사람에게 전가할 때 지급할 용의가 있는 최대한의 추가보상액인 위험프리미엄은 25만원이다.
②, ⑤ |○| 효용함수가 $U = \sqrt{Y}$이므로 이 소비자는 소득의 한계효용이 체감하는 위험기피자이며, 현재 이 소비자의 기대효용은 500이다.
③ |○| 기대손실액과 동일한 크기의 공정한 보험료는 50만원이다.
④ |○| 공정한 보험료에 위험프리미엄을 더한 최대한의 보험료는 75만원이다.

11 |2014 | 보험계리사| 상 중 하

어느 취업준비생은 다음의 두 가지 직업 중 하나를 선택할 수 있다. 첫째는 기업에 월급노동자로 취업하는 것이고, 둘째는 스스로 창업하여 사업소득자가 되는 것이다. 각각의 선택에서 성공과 실패할 확률, 그때의 소득은 다음과 같다. 이에 대한 설명 중 옳지 않은 것은? (단, 위험은 분산으로 측정한다고 가정한다.)

구 분	성 공		실 패	
직 업	확 률	소 득	확 률	소 득
월급노동자	90%	130만원	10%	80만원
사업소득자	30%	300만원	70%	50만원

① 월급노동자를 선택할 경우 이 사람의 기대소득은 125만원이다.
② 사업소득자를 선택할 경우 이 사람의 기대소득은 125만원이다.
③ 이 사람의 효용함수가 소득에 대해 오목(concave)하다면 이 사람은 월급노동자를 선택할 것이다.
④ 이 사람이 위험기피자라면 사업소득자를 선택할 것이다.

해설
주어진 표를 이용하여 월급노동자와 사업소득자의 기대소득을 구해보면 다음과 같다.
- 월급노동자의 기대소득 : $E(w) = (0.9 \times 130) + (0.1 \times 80) = 117 + 8 = 125$만원
- 사업소득자의 기대소득 : $E(w) = (0.3 \times 300) + (0.7 \times 50) = 90 + 35 = 125$만원

①, ② |O| 월급노동자를 선택할 때와 사업소득자를 선택할 때의 기대소득이 모두 125만원으로 동일하다.
③ |O|, ④ |×| 두 경우 모두 기대소득은 125만원으로 동일하나, 사업소득자가 월급노동자에 비해 실패확률이 더 높고 소득의 변동폭도 더 크다. 이는 월급노동자를 선택할 때보다 사업소득자를 선택할 때의 위험이 더 크다는 것을 의미한다. 따라서 효용함수가 소득(w)에 대해 오목한 위험기피자는 월급노동자를 선택할 것이다.

정답 10. ① 11. ④

12 `2018 | 국가직 7급` 상 중 하

甲의 효용함수는 $u(x)=\sqrt{x}$ 로 표현된다. 甲은 현재 소득이 0원이며, $\frac{1}{3}$의 당첨확률로 상금 100원을 받는 복권을 갖고 있다. 상금의 일부를 포기하는 대신에 당첨될 확률을 $\frac{2}{3}$로 높일 수 있을 때, 甲이 포기할 용의가 있는 최대금액은? (단, x는 원으로 표시된 소득이다.)

① $\frac{100}{3}$ 원

② 50원

③ $\frac{200}{3}$ 원

④ 75원

Tip. 불확실성하에서 개인은 기대효용을 기준으로 의사결정을 한다.

ⅰ) 효용함수가 $U=\sqrt{x}$ 이고, 상금 100원을 받을 확률이 $\frac{1}{3}$, 0원을 받을 확률이 $\frac{2}{3}$이다. 이제 이를 토대로 기대소득과 기대효용을 구해보면 다음과 같다.

- 기대소득 : $E(x) = \left(\frac{1}{3} \times 100\right) + \left(\frac{2}{3} \times 0\right) = \frac{100}{3}$ 원
- 기대효용 : $E[U(x)] = \left(\frac{1}{3} \times \sqrt{100}\right) + \left(\frac{2}{3} \times \sqrt{0}\right) = \frac{10}{3}$

ⅱ) 불확실성하에서 위험기피자인 甲은 기대효용을 기준으로 의사결정을 한다. 따라서 상금의 일부를 포기하는 대신 당첨확률을 $\frac{2}{3}$로 높일 수 있을 때의 기대효용은 당첨확률이 $\frac{1}{3}$일 때의 기대효용인 $\frac{10}{3}$ 이상이어야 한다. 당첨확률이 $\frac{2}{3}$일 때의 기대효용이 $\frac{2}{3}\sqrt{x}$이므로 $\frac{2}{3}\sqrt{x} = \frac{10}{3}$으로 두면 $x=25$가 된다.

- 기대효용 : $E[U(x)] = \left(\frac{2}{3} \times \sqrt{x}\right) + \left(\frac{1}{3} \times \sqrt{0}\right) = \frac{2}{3}\sqrt{x} = \frac{10}{3}$ ∴ $x=25$

ⅲ) 당첨확률이 $\frac{2}{3}$로 높아질 때 이전과 동일한 기대효용을 얻을 수 있는 상금이 25원이므로 甲이 포기할 용의가 있는 최대금액은 $75(=100-25)$원이다. 이때 기대효용은 이전과 동일하지만, 기대소득은 이전에 비해 하락함을 알 수 있다.

- 기대소득 : $E(x) = \left(\frac{2}{3} \times 25\right) + \left(\frac{1}{3} \times 0\right) = \frac{50}{3}$ 원

13

[2011 | 공인회계사] 상 중 하

영화배우 A씨는 영화제작사와 새 영화에 출연하는 대가로 1,600만원의 기본급과 영화가 성공할 경우 추가로 2,000만원, 실패할 경우 0원을 받는 출연계약을 맺었다. 영화가 성공할 확률은 0.5라고 한다. A씨의 돈(m)에 대한 기대효용함수는 $U(m) = \sqrt{m}$ 이라고 한다. 만약 A씨가 동료 영화배우 B씨에게 이 출연계약을 이전할 수 있다면 최소한 얼마를 요구하겠는가?

① 2,000만원 ② 2,500만원
③ 2,600만원 ④ $(1,600 + 0.5\sqrt{2,000})$만원
⑤ 3,600만원

i) 효용함수가 $U = \sqrt{m}$ 이고, 영화가 성공하여 $3,600(=1,600+2,000)$만원을 받을 확률이 0.5, 영화가 실패하여 기본급인 1,600만원만 받을 확률이 0.5이다. 이제, 이를 토대로 A의 기대효용을 구해보면 다음과 같다.
 • 기대효용 : $E[U(x)] = (0.5 \times \sqrt{36,000,000}) + (0.5 \times \sqrt{16,000,000}) = 5,000$

ii) 불확실성하에서 위험기피자인 A는 기대효용을 기준으로 의사결정을 한다. 따라서 B에게 출연계약을 이전할 때의 기대효용은 A가 직접 영화에 출연할 때의 기대효용인 5,000 이상이어야 한다.

iii) 효용함수 $U = \sqrt{m}$ 으로부터 5,000의 기대효용을 얻을 수 있는 확실한 금액인 확실성등가는 2,500만원으로 계산된다. 따라서 A는 출연계약을 이전하는 조건으로 B에게 최소 2,500만원을 요구할 것이다.
 • 확실성등가 : $\sqrt{CE} = 5,000 \therefore CE = 2,500$만원

14

[2018 | 감정평가사] 상 중 하

투자자 甲은 100으로 기업 A, B의 주식에만(기업 A에 x, 기업 B에 $100-x$) 투자한다. 표는 기업 A의 신약 임상실험 성공 여부에 따른 기업 A, B의 주식투자 수익률이다. 임상실험의 결과와 관계없이 동일한 수익을 얻을 수 있도록 하는 x는?

주식투자 수익률	기업 A의 임상실험 성공 여부	성공	실패
	기업 A	30%	0%
	기업 B	-10%	10%

① 20 ② 25
③ 30 ④ 40
⑤ 50

정답 12. ④ 13. ② 14. ④

ⅰ) 기업 A의 주식에 x, 기업 B의 주식에 $(100-x)$를 투자할 때 기업 A의 임상실험 성공 여부에 따른 기대수익은 각각 다음과 같다.
- 성공할 때의 기대수익 : $(0.3 \times x) + \{-0.1 \times (100-x)\} = -10 + 0.4x$ ⋯ ①
- 실패할 때의 기대수익 : $(0 \times x) + \{0.1 \times (100-x)\} = 10 - 0.1x$ ⋯ ②

ⅱ) 식 ①과 ②를 연립해서 풀면 기업 A의 임상실험 결과와 관계없이 동일한 수익을 얻을 수 있도록 하는 $x = 40$으로 계산되고, $x = 40$일 때 기업 A의 임상실험 결과와 관계없이 6의 수익을 얻는다.
- $-10 + 0.4x = 10 - 0.1x \rightarrow 0.5x = 20 \therefore x = 40$

15

[2013 | 감정평가사] 상 중 하

甲은 乙에게 100만원을 위탁하고, 乙은 자금을 운용하여 이익이 발생할 때에는 이익의 10%를 운용수수료로 받고 손실이 발생할 때에는 운용수수료를 받지 않는 계약을 맺었다. 甲은 자금운용을 전적으로 乙에게 위임하며 乙은 자신의 이익만을 추구한다. 상황에 따른 각 투자안별 수익(원금 포함)이 다음과 같을 때 乙의 투자선택과 기대운용수수료는? (단, 甲과 乙은 위험중립적이다.)

	상황 1	상황 2
확 률	0.1	0.9
X 투자안	100만원	110만원
Y 투자안	400만원	70만원

① X 투자안을 선택하며, 기대운용수수료는 3만원이다.
② X 투자안을 선택하며, 기대운용수수료는 6만원이다.
③ X 투자안을 선택하며, 기대운용수수료는 9만원이다.
④ Y 투자안을 선택하며, 기대운용수수료는 3만원이다.
⑤ Y 투자안을 선택하며, 기대운용수수료는 6만원이다.

ⅰ) 먼저, 각 투자안에 대한 甲의 기대수익을 구해보면 다음과 같다.
- X 투자안의 기대수익 : $(0.1 \times 0) + (0.9 \times 10) = 9$만원
- Y 투자안의 기대수익 : $(0.1 \times 300) + \{0.9 \times (-30)\} = 3$만원
⇒ X 투자안의 기대수익이 Y 투자안의 기대수익보다 높으므로 甲의 입장에서는 X 투자안을 선택하는 것이 유리하다.

ⅱ) 다음으로, 각 투자안에 대한 乙의 기대운용수수료를 구해보면 다음과 같다. 乙은 수익이 발생할 때만 수익의 10%를 운용수수료로 받기 때문에 상황 1하에서의 X 투자안처럼 수익이 0이거나, 상황 2하에서의 Y 투자안처럼 손실이 발생하면 운용수수료를 받을 수 없다.
- X 투자안의 기대운용수수료 : $0 + \{0.1 \times (0.9 \times 10)\} = 0.9$만원
- Y 투자안의 기대운용수수료 : $\{0.1 \times (0.1 \times 300)\} + 0 = 3$만원
⇒ Y 투자안의 기대운용수수료가 X 투자안의 기대운용수수료보다 높으므로 乙의 입장에서는 Y 투자안을 선택하는 것이 유리하다.

ⅲ) 따라서 乙은 Y 투자안을 선택할 것이고, 이때의 기대운용수수료는 3만원이다.

16 | 2014 | 국회직 8급 | 상 중 하

다음을 참조할 때 〈보기〉에서 옳은 것을 모두 고르면?

> 어느 기획사에 소속된 가수 A는 음반판매실적과는 관계없이 고정급으로 월 1,000만원을 받고 있다. 이때 기획사에서 A에게 음반판매실적이 10만장 이상인 경우에는 월 4,000만원을 지급하고, 10만장 미만인 경우에는 월 160만원을 지급하는 새 계약을 제시했다고 하자. A의 효용함수는 $U = \sqrt{10I}$이다. (U: 효용, I: 급여)

―| 보기 |―

ㄱ. 음반판매실적이 10만장 이상일 확률이 50%이면 새로운 계약을 회피하기 위해 지불할 최대금액인 위험프리미엄은 650만원보다 크다.
ㄴ. 음반판매실적이 10만장 이상일 확률이 25%이면 A는 고정급 계약을 고수한다.
ㄷ. 음반판매실적이 10만장 이상일 확률이 35%이면 A는 고정급 계약 대신 새 계약을 체결한다.

① ㄱ
② ㄴ
③ ㄷ
④ ㄴ, ㄷ
⑤ ㄱ, ㄴ, ㄷ

해설

i) 최초, 음반판매실적과 관계없이 고정급으로 월 1,000만원을 받을 때의 효용은 10,000이다.
- $U = \sqrt{10I} = \sqrt{10 \times 10,000,000} = 10,000$

ii) 음반판매실적이 10만장 이상일 확률(p)이 50%, 25%, 35%로 주어져 있을 경우 음반판매실적이 10만장 이상이면 월 4,000만원을 받고, 10만장 미만이면 월 160만원을 받을 때의 기대효용을 각각 구해보면 다음과 같다.
- $p = 50\%$일 때: $E[U(I)] = (0.5 \times \sqrt{10 \times 40,000,000}) + (0.5 \times \sqrt{10 \times 1,600,000})$
  $= (0.5 \times 20,000) + (0.5 \times 4,000) = 12,000$
- $p = 25\%$일 때: $E[U(I)] = (0.25 \times 20,000) + (0.75 \times 4,000) = 8,000$
- $p = 35\%$일 때: $E[U(I)] = (0.35 \times 20,000) + (0.65 \times 4,000) = 9,600$

ㄱ. 음반판매실적이 10만장 이상일 확률이 50%이면 새로운 계약의 기대효용은 12,000으로 고정급을 받을 때의 효용(10,000)보다 높다. 그러므로 A는 새로운 계약을 체결할 것이다. 이때의 기대소득과 확실성등가를 구해보면 다음과 같다.
- 기 대 소 득: $E(I) = (0.5 \times 40,000,000) + (0.5 \times 1,600,000) = 2,080$만원
- 확 실 성 등 가: $\sqrt{10 \times CE} = 12,000$ ∴ $CE = 1,440$만원

따라서 A는 월 1,440만원의 고정급을 받는다면 새로운 계약을 체결할 때와 효용수준이 동일해진다. 새로운 계약을 체결할 때의 기대소득이 2,080만원이고, 확실성등가가 1,440만원이므로 기대소득에서 확실성등가를 뺀 위험프리미엄은 640만원이 된다.

ㄴ. |○|, ㄷ. |×| 음반판매실적이 10만장 이상일 확률이 25%일 때는 새로운 계약의 기대효용이 8,000, 35%일 때는 새로운 계약의 기대효용이 9,600으로 고정급을 받을 때의 효용(10,000)보다 낮다. 따라서 음반판매실적이 10만장 이상일 확률이 25%나 35%라면 A는 기존의 고정급 계약을 고수할 것이다.

정답 15. ④ 16. ②

MEMO

생산자이론

- 10 생산이론
- 11 비용이론

CHAPTER 10 생산이론

36 단기생산함수

생산의 단기와 장기

구 분	개 념	생산함수	현 상
단 기	• 고정요소가 존재하는 기간 • 기업의 진퇴가 불가능한 짧은 기간	$Q = f(L, \overline{K})$	수확체감의 법칙
장 기	• 모든 생산요소가 가변요소인 기간 • 기업의 진퇴가 자유로운 긴 기간	$Q = f(L, K)$	규모에 대한 수익

단기생산함수

Point • 단기생산함수 : $Q = f(L, \overline{K})$ … 수확체감의 법칙(≒ 한계효용이론)

1. 총생산, 한계생산, 평균생산

구 분	내 용
총생산 (TP_L)	• 일정 기간 동안 생산된 재화의 총량 • 한계생산을 적분한 값
한계생산 (MP_L)	• 노동 1단위를 추가로 투입할 때의 총생산의 변화분 • 총생산을 미분한 값 $\left(MP_L = \dfrac{\Delta Q}{\Delta L}\right)$ → 총생산곡선 접선의 기울기
평균생산 (AP_L)	• 노동 1단위당 총생산 • 총생산량을 노동투입량으로 나눈 값 $\left(AP_L = \dfrac{Q}{L}\right)$ → 총생산곡선과 원점을 이은 직선의 기울기

2. 총생산, 한계생산, 평균생산의 관계

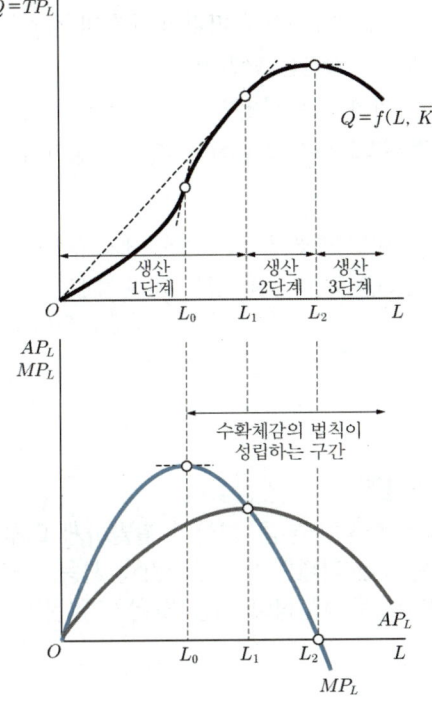

- $MP_L > 0 \leftrightarrow TP_L$ 증가
- $MP_L = 0 \leftrightarrow TP_L$ 극대
- $MP_L < 0 \leftrightarrow TP_L$ 감소

- $MP_L > AP_L \leftrightarrow AP_L$ 증가
- $MP_L = AP_L \leftrightarrow AP_L$ 극대
- $MP_L < AP_L \leftrightarrow AP_L$ 감소

3. 수확체감의 법칙(한계생산체감의 법칙)
- 가변요소의 투입량이 증가함에 따라 그 가변요소의 한계생산이 감소하는 것
- 수확체감의 법칙이 성립하는 구간에서 총생산과 평균생산은 증가할 수도 있고 감소할 수도 있음

4. 생산의 3단계

구 분	내 용
제1단계	• 원점 ~ AP_L 극대점 사이의 구간 • $MP_K < 0$인 비경제적인 영역 … 분석대상에서 제외
제2단계	• AP_L 극대점 ~ $MP_L = 0$인 점 사이의 구간 • $MP_L > 0$, $MP_K > 0$인 경제적인 영역 • 수확체감의 법칙이 성립함
제3단계	• $MP_L < 0$인 구간 • $MP_L < 0$인 비경제적인 영역 … 분석대상에서 제외

01 [2012 | 보험계리사]

다음 중 생산함수와 관련한 경제학적 기간에 대한 설명 중 옳은 것은?

① 고정투입요소가 몇 개 존재하는가에 따라서 중기와 장기를 구별한다.
② 고정투입요소가 존재하는 기간은 단기이다.
③ 생산함수의 측정 기간이 1년 이상이면 장기로 본다.
④ 가변투입요소와 고정투입요소가 공존하는 기간은 장기이다.

Tip. 생산이론에서 단기와 장기를 구분하는 기준은 고정요소의 존재 여부이다.

생산이론에서 단기와 장기는 이를 구분하는 특정한 기간이 정해진 것이 아니고, 고정요소의 존재 여부에 따라 달라진다. 즉, 단기는 한 가지 이상의 고정요소가 존재하는 기간을 말하고, 장기는 모든 생산요소가 가변요소인 기간을 말한다.

02 [2017 | 공인노무사]

최근 들어 우리나라에서 자동차 부품 생산이 활발하게 이루어지고 있다. 동일한 자동차 부품을 생산하는 5개 기업의 노동투입량과 자동차 부품 생산량 간의 관계가 다음과 같을 때, 평균노동생산성이 가장 낮은 기업은?

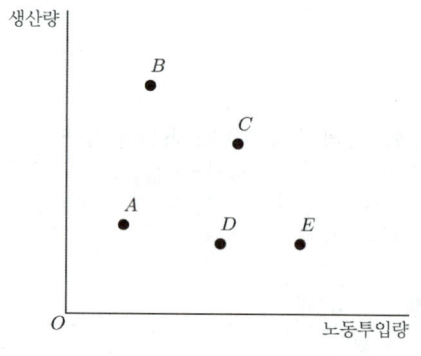

① A
② B
③ C
④ D
⑤ E

i) 노동의 평균생산성은 총생산량을 노동투입량으로 나눈 값 $\left(AP_L = \dfrac{Q}{L}\right)$ 이므로 총생산량이 가장 적고, 노동투입량이 가장 많은 기업 E의 노동의 평균생산성이 가장 낮다.

ii) 혹은, 위 그림에서 노동의 평균생산성은 각 점과 원점을 이은 직선의 기울기로 측정되는데, E점에서 원점을 이은 직선의 기울기가 가장 작으므로 기업 E의 노동의 평균생산성이 가장 낮다.

03 [2011 | 보험계리사]

처음 10명의 노동자가 인형을 생산할 때 평균생산량은 21개였다. 이때 1명의 노동자를 더 고용하자 평균생산량은 20개가 되었다. 이 경우 노동자의 한계생산량은 얼마인가?

① 1개 ② 5개
③ 10개 ④ 20개

해설

i) 최초 노동자가 10명일 때의 평균생산이 21개이므로 총생산은 210(= 21×10)이고, 1명의 노동자를 더 고용하여 노동자가 11명일 때의 평균생산이 20개이므로 총생산은 220(= 20×11)이다.

ii) 따라서 11번째 노동자의 한계생산은 10(= 220 − 210)개가 된다.

04 [2018 | 공인노무사]

A기업의 생산함수는 $Q = 12L^{0.5}K^{0.5}$이다. A기업의 노동과 자본의 투입량이 각각 $L = 4$, $K = 9$일 때, 노동의 한계생산(MP_L)과 평균생산(AP_L)은?

① $MP_L = 0$, $AP_L = 9$
② $MP_L = 9$, $AP_L = 9$
③ $MP_L = 9$, $AP_L = 18$
④ $MP_L = 12$, $AP_L = 18$
⑤ $MP_L = 18$, $AP_L = 9$

해설

i) 생산함수 $Q = 12L^{0.5}K^{0.5}$을 L에 대해 미분하면 다음과 같다.

- $MP_L = \dfrac{\Delta Q}{\Delta L} = 6L^{-0.5}K^{0.5} = 6\left(\dfrac{K}{L}\right)^{0.5} = 6\sqrt{\dfrac{K}{L}}$

위 식에 $L = 4$, $K = 9$를 대입하면 노동의 한계생산은 $MP_L = 9$이다.

ii) 생산함수 $Q = 12L^{0.5}K^{0.5}$을 L로 나누면 다음과 같다.

- $AP_L = \dfrac{Q}{L} = 12L^{-0.5}K^{0.5} = 12\left(\dfrac{K}{L}\right)^{0.5} = 12\sqrt{\dfrac{K}{L}}$

위 식에 $L = 4$, $K = 9$를 대입하면 노동의 평균생산은 $AP_L = 18$이다.

정답 01. ② 02. ⑤ 03. ③ 04. ③

37 장기생산함수 : 등량곡선

등량곡선 : 주관적 조건

Point
- 장기생산함수 : $Q = f(L, K)$
  - i) 등량곡선 ··· 한계기술대체율체감의 법칙(≒ 무차별곡선이론)
  - ii) 규모에 대한 수익 ··· $IRS \to CRS \to DRS$

구 분	내 용
개 념	동일한 양의 재화를 생산할 수 있는 노동(L)과 자본(K)의 조합점을 연결한 곡선
성 질	• 우하향한다. • 원점에서 멀수록 더욱 높은 생산량수준을 나타낸다. • 교차하지 않는다. • 원점에 대해 볼록한 형태를 갖는다. → 한계기술대체율체감의 법칙이 성립함을 의미함

▶ 무차별곡선은 서수적 개념이지만, 등량곡선은 개별적인 곡선이 구체적인 생산량수준을 나타내는 기수적 개념임
▶ 등량곡선의 성질은 무차별곡선의 성질과 동일함

한계기술대체율($MRTS_{LK}$)

구분	내 용
개 념	• 동일한 생산량수준을 유지하면서 노동 1단위를 추가로 투입하기 위해 감소시켜야 하는 자본의 수량 • 노동(L)과 자본(K)에 대한 생산자의 기술적 교환비율
측 정	(그래프: 등량곡선 Q, 점 $A(L_0, K_0)$에서 점 $B(L_1, K_1)$로 이동, ΔK, ΔL, $MRTS_{LK}$) • 한계기술대체율은 등량곡선의 (접선의) 기울기로 측정됨 • 한계기술대체율은 노동과 자본의 한계생산 비율로 나타낼 수도 있음 $$MRTS_{LK} = -\frac{\Delta K}{\Delta L} = \frac{MP_L}{MP_K}$$
한계기술 대체율 체감의 법칙	• 동일한 생산량수준을 유지하면서 자본을 노동으로 대체해 감에 따라 한계기술대체율($MRTS_{LK}$)이 점점 감소하는 것 → $MRTS_{LK}$ 체감은 자본을 노동으로 대체하기가 점점 어려워짐을 의미함 → $MRTS_{LK}$ 체감은 등량곡선이 원점에 대해 볼록하기 때문임 • 한계생산체감의 법칙과 한계기술대체율체감의 법칙은 아무런 관계가 없음

등비용선 : 객관적 조건

구 분	내 용
개 념	• 주어진 총비용으로 투입 가능한 노동(L)과 자본(K)의 조합점을 연결한 선 • 비용제약식 $$TC = wL + rK \rightarrow K = -\frac{w}{r}L + \frac{TC}{r}$$ (그래프: 세로축 K, 가로축 L, 절편 $\frac{TC}{r}$와 $\frac{TC}{w}$, 등비용선(기울기 $= -\frac{w}{r}$), 구입가능영역)
특 징	• 등비용선상의 모든 점에서는 총비용의 크기가 동일함 • 소비자이론에서의 예산선과 동일한 개념임
등비용선의 기울기	• $\frac{w}{r}$ (등비용선의 기울기의 절댓값)의 의미 → 노동(L)과 자본(K)의 상대가격비 → 시장에서 평가된 노동(L)과 자본(K)의 객관적 교환비율
등비용선의 이동	a) 총비용(TC)의 변화 b) 임금(w)의 변화 c) 자본임대료(r)의 변화

대표유형 01

[2008 | 지방직 7급] 상 중 하

등량곡선에 대한 설명 중 옳지 않은 것은? (단, 투입량의 증가에 따라 산출량의 증가를 가져오는 표준적인 두 종류의 생산요소를 가정한다.)

① 등량곡선이 원점에 대해 볼록한 이유는 한계기술대체율(marginal rate of technical substitution)이 체감하기 때문이다.
② 등량곡선이 원점으로 접근할수록 더 적은 산출량을 의미한다.
③ 기술진보가 이루어진다면 등량곡선은 원점으로부터 멀어진다.
④ 동일한 등량곡선상에서의 이동은 생산요소 결합비율의 변화를 의미한다.

해설

Tip. 기술진보가 이루어지면 등량곡선은 안쪽으로 이동하고, 생산가능곡선은 바깥쪽으로 이동한다.

① |○| 등량곡선이 원점에 대해 볼록한 것은 한계기술대체율이 체감하기 때문이다.
② |○| 등량곡선이 원점에서 가까울수록 더욱 낮은 생산량수준을 나타낸다.
③ |×| 기술진보가 이루어지면 전보다 적은 노동과 자본을 투입하더라도 동일한 양의 재화를 생산할 수 있으므로 등량곡선이 원점에 가까워진다.
④ |○| 등량곡선상에서의 이동은 동일한 양의 재화를 생산할 수 있는 노동과 자본의 결합비율이 변화한 것을 의미한다.

02

[2015 | 보험계리사] 상 중 하

등량곡선에 관한 설명으로 가장 옳지 않은 것은?

① 일반적으로 원점에 대해 볼록한 모양이다.
② 두 생산요소가 완전대체재인 경우 등량곡선은 직선이다.
③ 등량곡선은 주어진 생산량을 최소비용으로 생산하는 요소투입량의 조합을 나타낸다.
④ 등량곡선의 기울기는 두 생산요소의 한계생산물의 비율로 나타낼 수 있다.

해설

① |○| 일반적인 등량곡선은 원점에 대해 볼록하면서 우하향하는 형태이다.
② |○| 두 생산요소가 완전대체관계인 선형 생산함수의 등량곡선은 우하향하는 직선 형태이다.
③ |×| 등량곡선은 동일한 양의 재화를 생산할 수 있는 노동과 자본의 조합을 나타낸다. 주어진 생산량을 최소비용으로 생산하는 노동과 자본의 조합을 나타내는 것은 등량곡선과 등비용선이 접하는 생산자균형점이다. 따라서 등량곡선상의 점들 중 생산자균형점만이 주어진 생산량을 최소비용으로 생산하는 노동과 자본의 조합을 나타낸다.
④ |○| 등량곡선의 기울기인 한계기술대체율은 두 생산요소의 한계생산의 비율로 나타낼 수 있다.

- $MRTS_{LK} = -\dfrac{\Delta K}{\Delta L} = \dfrac{MP_L}{MP_K}$

정답 01. ③ 02. ③

03

2015 | 공인노무사 상 중 하

생산요소 노동(L)과 자본(K)만을 사용하고 생산물시장에서 독점기업의 등량곡선과 등비용선에 관한 설명으로 옳지 않은 것은? (단, MP_L은 노동의 한계생산, w는 노동의 가격, MP_K는 자본의 한계생산, r은 자본의 가격임)

① 등량곡선과 등비용선만으로 이윤극대화 생산량을 구할 수 있다.
② 등비용선 기울기의 절댓값은 두 생산요소가격의 비율이다.
③ 한계기술대체율이 체감하는 경우, $\left(\dfrac{MP_L}{w}\right) > \left(\dfrac{MP_K}{r}\right)$인 기업은 노동투입을 증가시키고 자본투입을 감소시켜야 생산비용을 감소시킬 수 있다.
④ 한계기술대체율은 등량곡선의 기울기를 의미한다.
⑤ 한계기술대체율은 두 생산요소의 한계생산물 비율이다.

해설

① |×| 등량곡선과 등비용선이 접하는 생산자균형점은 주어진 생산량을 최소비용으로 생산하는 비용극소화점이다. 기업의 이윤극대화 생산량은 한계수입과 한계비용이 같아지는 점에서 결정된다.

② |○| 등비용선 기울기의 절댓값 은 노동과 자본의 상대가격비율이자, 시장에서 평가된 노동과 자본의 객관적 교환비율이다.

③ |○| $\dfrac{MP_L}{w} > \dfrac{MP_K}{r}$이면 노동 1원어치의 한계생산이 자본 1원어치의 한계생산보다 크므로 노동투입량을 증가시키고 자본투입량을 감소시키면 비용을 줄일 수 있다.

④, ⑤ |○| 등량곡선의 기울기인 한계기술대체율은 두 생산요소의 한계생산의 비율이다.

- $MRTS_{LK} = -\dfrac{\Delta K}{\Delta L} = \dfrac{MP_L}{MP_K}$

ReCheck 불균형의 조정 … 한계생산균등의 법칙

상 태	불균형의 조정
$\dfrac{MP_L}{w} > \dfrac{MP_K}{r}$	노동투입량 증가, 자본투입량 감소 → 생산 증가(비용 감소)
$\dfrac{MP_L}{w} = \dfrac{MP_K}{r}$	생산량극대화(비용극소화)된 상태
$\dfrac{MP_L}{w} < \dfrac{MP_K}{r}$	노동투입량 감소, 자본투입량 증가 → 생산 증가(비용 감소)

정답 03. ①

38 장기생산함수 : 규모에 대한 수익

규모에 대한 수익(규모에 대한 보수, returns to scale)

1. **개념**
   - 모든 생산요소의 투입량을 동일한 비율로 증가시킬 때 생산량이 어떤 비율로 변화하는지를 나타내는 것
   - 모든 생산요소가 가변요소인 장기에 성립하는 개념임

2. **구분**

규모에 대한 수익체증(IRS)	규모에 대한 수익불변(CRS)	규모에 대한 수익체감(DRS)
• LAC 우하향 ($LAC > LMC$)	• LAC 수평선 ($LAC = LMC$)	• LAC 우상향 ($LAC < LMC$)
• 규모의 경제 → 자연독점	• 규모에 대한 수익불변	• 규모의 불경제(비경제)

   ▶ 규모에 대한 수익의 증감 여부와 관계없이 단기에 한계생산체감의 법칙은 항상 성립함

3. **k차 동차 생산함수와 규모에 대한 수익**
   - k차 동차 생산함수 : 노동(L)과 자본(K)의 투입량을 λ배 증가시킬 때 생산량(Q)이 λ^k배만큼 증가하는 생산함수

   $$f(\lambda L,\ \lambda K) = \lambda^k f(L,\ K) = \lambda^k Q$$

   - k차 동차 생산함수와 규모에 대한 수익
     - $k > 1$: 생산량이 λ배보다 크게 증가 ⋯ 규모에 대한 수익체증(IRS)
     - $k = 1$: 생산량이 λ배만큼 증가 ⋯ 규모에 대한 수익불변(CRS)
     - $k < 1$: 생산량이 λ배보다 작게 증가 ⋯ 규모에 대한 수익체감(DRS)

2012 | 보험계리사 | 상 중 하

다음 그림에서 Q_1, Q_2, Q_3가 1차 동차 생산함수의 등량곡선일 때, 옳은 것은? (단, Q_i, N_i, $K_i(i=1, 2, 3)$는 등량곡선에서 생산하는 생산량, 노동량, 그리고 자본량을 지칭하고, OE는 직선임)

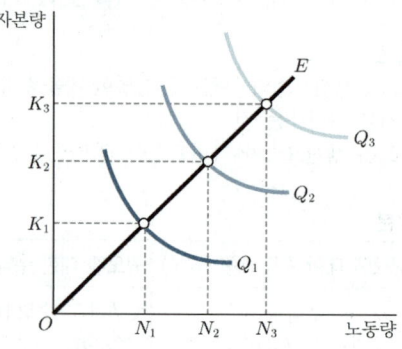

① N_2가 N_1의 2배이면, K_2가 K_1의 2배보다 크다.
② N_3가 N_1의 2배이면, Q_3는 Q_1의 2배이다.
③ 노동투입량이 N_3로 고정되었을 때, 자본투입량이 2배로 증가하면 생산량도 2배로 증가한다.
④ 자본투입량이 K_2로 고정되었을 때, 노동투입량이 2배로 증가하면 생산량도 2배로 증가한다.

① |×| 생산함수가 1차 동차 생산함수이면 규모에 대한 수익불변(CRS)이므로 N_2가 N_1의 2배라면 K_2도 K_1의 2배이고, Q_2도 Q_1의 2배이다.
② |○| 생산함수가 1차 동차 생산함수이면 규모에 대한 수익불변(CRS)이므로 N_3가 N_1의 2배라면 K_3도 K_1의 2배이고, Q_3도 Q_1의 2배이다.
③, ④ |×| 1차 동차 생산함수의 경우 노동과 자본의 한계생산이 모두 체감하므로 노동이나 자본의 투입량을 고정시킨 채 다른 생산요소의 투입량을 2배로 증가시키면 생산량은 2배보다 적게 증가한다.

02 다음 그림은 X재와 Y재의 등량곡선을 나타낸 것이다. X재와 Y재의 생산함수에 대한 특성을 바르게 짝지은 것은? (단, Q_A, Q_B, Q_C는 등량곡선을 의미한다.)

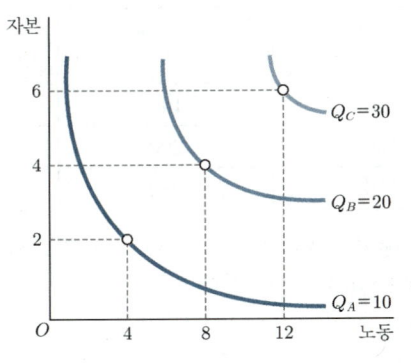
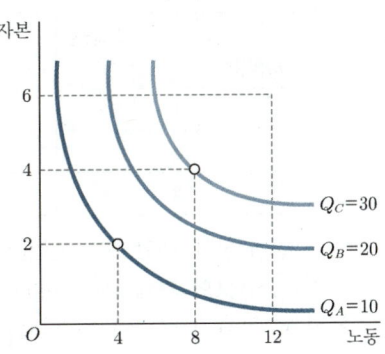

	X재 생산	Y재 생산
①	규모에 대한 수확불변	규모에 대한 수확체증
②	규모에 대한 수확불변	규모에 대한 수확체감
③	규모에 대한 수확체증	규모에 대한 수확체감
④	규모에 대한 수확체증	규모에 대한 수확불변
⑤	규모에 대한 수확체감	규모에 대한 수확체증

해설

i) X재 생산
  노동과 자본의 투입량이 각각 2배, 3배로 증가하면 생산량(Q)도 2배, 3배로 증가하므로 규모에 대한 수익불변(CRS)이다.

ii) Y재 생산
  노동과 자본의 투입량이 각각 2배로 증가하면 생산량(Q)이 3배로 증가하므로 규모에 대한 수익체증(IRS)이다.

정답 01. ② 02. ①

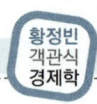

03 〔2018 | 서울시 7급〕 상 중 하

다음 표는 노동과 자본의 다양한 결합으로 얻을 수 있는 생산물의 양을 나타낸다. (예를 들면 노동 1단위와 자본 1단위를 결합하여 생산물 100단위를 얻을 수 있다.) 표에 나타난 생산함수에 대한 설명으로 가장 옳지 않은 것은?

자본량 \ 노동량	1	2	3
1	100	140	150
2	130	200	240
3	150	230	300

① 규모에 대한 수익불변(constant returns to scale)이 성립한다.
② 규모의 경제(economies of scale)가 성립한다.
③ 자본의 한계생산은 체감한다.
④ 노동의 한계생산은 체감한다.

해설

① |○|, ② |×| 노동과 자본의 투입량이 각각 1단위일 때는 생산량이 100이다. 이제, 노동과 자본의 투입량이 각각 2배, 3배로 증가하면 생산량도 2배(200), 3배(300)로 증가하므로 규모에 대한 수익불변(CRS)이다. 규모의 경제는 규모에 대한 수익체증(IRS)일 때 발생한다.
③ |○| 노동투입량이 1단위로 일정할 때 자본투입량이 1단위에서 2단위, 3단위로 증가하면 자본의 한계생산이 100에서 30(=130−100), 20(=150−130)으로 감소한다. 따라서 자본의 한계생산은 체감한다.
④ |○| 자본투입량이 1단위로 일정할 때 노동투입량이 1단위에서 2단위, 3단위로 증가하면 노동의 한계생산이 100에서 40(=140−100), 10(=150−140)으로 감소한다. 따라서 노동의 한계생산은 체감한다.

04 | 2012 | 감정평가사 | 상 중 하

기업 A의 노동과 자본의 투입량과 산출량 수준을 관찰한 결과 다음과 같은 표를 얻었다. 이 표에서 발견할 수 없는 현상은? (단, 생산에 투입되는 요소는 노동과 자본뿐이다.)

노동투입	자본투입	총생산
1	4	20
2	2	20
3	2	28
4	1	20
4	2	35
4	3	38
4	4	40

① 규모의 경제
② 규모수익 불변
③ 노동의 한계생산 체감
④ 자본의 한계생산 체감
⑤ 노동에 대한 자본의 한계기술대체율 체감

 해설

① |×|, ② |○| 규모에 대한 수익을 판단하려면 노동과 자본의 투입량을 동일한 비율로 증가시킬 때의 생산량(총생산)의 변화를 살펴보면 된다. 노동과 자본의 투입량이 각각 2단위일 때는 생산량이 20이다. 이제, 노동과 자본의 투입량이 각각 2배(4단위)로 증가하면 생산량도 2배(40)로 증가하므로 규모에 대한 수익불변(CRS)이다. 규모의 경제는 규모에 대한 수익체증(IRS)일 때 발생한다.

③ |○| 노동의 한계생산의 체감 여부를 판단하려면 자본투입량을 고정시키고 노동투입량을 증가시킬 때의 생산량의 변화를 살펴보면 된다. 자본투입량이 2단위로 일정할 때 노동투입량이 2단위에서 3단위, 4단위로 증가하면 노동의 한계생산이 $8(=28-20)$, $7(=35-28)$로 감소한다. 따라서 노동의 한계생산은 체감한다.

④ |○| 자본의 한계생산의 체감 여부를 판단하려면 노동투입량을 고정시키고 자본투입량을 증가시킬 때의 생산량의 변화를 살펴보면 된다. 노동투입량이 4단위로 일정할 때 자본투입량이 1단위에서 2단위, 3단위, 4단위로 증가하면 자본의 한계생산이 $15(=35-20)$, $3(=38-35)$, $2(=40-38)$로 감소한다. 따라서 자본의 한계생산은 체감한다.

⑤ |○| 한계기술대체율의 체감 여부를 판단하려면 생산량이 동일할 때의 노동과 자본의 투입량의 변화를 살펴보면 된다. 생산량이 20으로 일정할 때 노동과 자본의 투입량의 조합은 $(1, 4)$, $(2, 2)$, $(4, 1)$이다. 노동이 1단위에서 2단위로 증가할 때 감소하는 자본의 양이 2단위이고 $\left(-\dfrac{\Delta K}{\Delta L}=\dfrac{2}{1}\right)$, 노동이 2단위에서 4단위로 증가할 때 감소하는 자본의 양이 1단위이므로 $\left(-\dfrac{\Delta K}{\Delta L}=\dfrac{1}{2}\right)$ 한계기술대체율 $\left(MRTS_{LK}=-\dfrac{\Delta K}{\Delta L}\right)$은 체감한다.

정답 03. ② 04. ①

05 | 2018 | 감정평가사 | 상 중 하

두 생산요소 노동(L)과 자본(K)을 투입하는 생산함수 $Q=2L^2+2K^2$에서 규모 수익 특성과 노동의 한계생산으로 각각 옳은 것은?

① 규모 수익체증, $4L$
② 규모 수익체증, $4K$
③ 규모 수익체감, $4L$
④ 규모 수익체감, $4K$
⑤ 규모 수익불변, $4L$

i) 생산함수 $Q=2L^2+2K^2$에서 노동(L)과 자본(K)의 투입량을 λ배 증가시키면 생산량(Q)이 λ^2배만큼 증가하므로 이 생산함수는 2차 동차 생산함수이다. 따라서 규모에 대한 수익이 체증한다.
- $f(\lambda L, \lambda K)=2(\lambda L)^2+2(\lambda K)^2=\lambda^2(2L^2+2K^2)=\lambda^2 Q$

ii) 생산함수 $Q=2L^2+2K^2$을 L에 대해 미분하면 노동의 한계생산은 $MP_L=4L$이다. 따라서 노동의 한계생산은 체증함을 알 수 있다.

ReCheck k차 동차함수와 규모에 대한 수익

- k차 동차 생산함수 : 노동(L)과 자본(K)의 투입량을 λ배 증가시킬 때 생산량(Q)이 λ^k배만큼 증가하는 생산함수

$$f(\lambda L, \lambda K)=\lambda^k f(L, K)=\lambda^k Q$$

- k차 동차 생산함수와 규모에 대한 수익
  - $k>1$: 생산량이 λ배보다 크게 증가 … 규모에 대한 수익체증(IRS)
  - $k=1$: 생산량이 λ배만큼 증가 … 규모에 대한 수익불변(CRS)
  - $k<1$: 생산량이 λ배보다 작게 증가 … 규모에 대한 수익체감(DRS)

06 | 2014 | 공인노무사 | 상 중 하

다음의 생산함수 중 단기에 '수확체감'과 장기에 '규모에 대한 수익체증'의 특성을 갖는 것은? (단, Q는 생산량, L은 노동투입량, K는 자본투입량이다.)

① $Q=LK$
② $Q=L^{1.8}K^{1.8}$
③ $Q=\sqrt{LK}$
④ $Q=L^{0.2}K^{0.2}$
⑤ $Q=L^{0.8}K^{0.8}$

생산함수가 단기에 수확체감 현상이 나타나려면 노동의 한계생산(MP_L)이 체감해야 하고, 장기에 규모에 대한 수익체증의 특성을 보이려면 1보다 큰 동차 생산함수이어야 한다.

생산함수	노동의 한계생산(MP_L)	수확체감	동차함수	규모의 수익
$Q=LK$	$MP_L=K$	MP_L 불변	2차 동차	규모 수익체증
$Q=L^{1.8}K^{1.8}$	$MP_L=1.8L^{0.8}K^{1.8}$	MP_L 체증	3.6차 동차	규모 수익체증
$Q=\sqrt{LK}$	$MP_L=\frac{1}{2}\sqrt{\frac{K}{L}}$	MP_L 체감	1차 동차	규모 수익불변
$Q=L^{0.2}K^{0.2}$	$MP_L=0.2L^{-0.8}K^{0.2}$	MP_L 체감	0.4차 동차	규모 수익체감
$Q=L^{0.8}K^{0.8}$	$MP_L=0.8L^{-0.2}K^{0.8}$	MP_L 체감	1.6차 동차	규모 수익체증

따라서 주어진 보기 중 단기에 수확체감 현상이 나타나면서 장기에 규모에 대한 수익체증의 특성을 보이는 생산함수는 보기 ⑤뿐이다.

 제시된 생산함수는 모두 $Q=AL^\alpha K^\beta$ 형태의 콥-더글라스 생산함수이다. 이 경우, 단기에 수확체감 현상이 나타나려면 노동(L)의 지수값이 1보다 작아야 하고($\alpha<1$), 장기에 규모에 대한 수익체증의 특성을 보이려면 지수값의 합이 1보다 커야 한다($\alpha+\beta>1$). 이를 동시에 만족하는 생산함수는 보기 ⑤뿐이다.

07 생산함수가 $Y=2(L\times K)^{1/4}$일 때 발생하는 현상은? (단, Y는 생산량, L은 노동량, K는 자본량임)

① 노동의 한계생산 체증
② 자본의 한계생산 체감
③ 규모수익 불변
④ 규모수익 체증

i) 생산함수 $Y=2L^{\frac{1}{4}}K^{\frac{1}{4}}$에서 노동($L$)과 자본($K$)의 투입량을 λ배 증가시키면 생산량(Y)이 $\lambda^{\frac{1}{2}}$배만큼 증가하므로 이 생산함수는 0.5차 동차 생산함수이다. 따라서 규모에 대한 수익이 체감한다.

- $f(\lambda L,\ \lambda K)=2(\lambda L)^{\frac{1}{4}}(\lambda K)^{\frac{1}{4}}=\lambda^{\frac{1}{2}}(2L^{\frac{1}{4}}K^{\frac{1}{4}})=\lambda^{\frac{1}{2}}Y$

ii) 생산함수 $Y=2L^{\frac{1}{4}}K^{\frac{1}{4}}$을 L과 K에 대해 각각 미분하면 노동의 한계생산과 자본의 한계생산은 다음과 같다.

- $MP_L=\frac{\Delta Y}{\Delta L}=\frac{1}{2}L^{-\frac{3}{4}}K^{\frac{1}{4}}=\frac{1}{2}\left(\frac{K^{\frac{1}{4}}}{L^{\frac{3}{4}}}\right)$

- $MP_K = \dfrac{\Delta Y}{\Delta K} = \dfrac{1}{2} L^{\frac{1}{4}} K^{-\frac{3}{4}} = \dfrac{1}{2} \left(\dfrac{L^{\frac{1}{4}}}{K^{\frac{3}{4}}} \right)$

그러므로 노동의 한계생산 식에서 노동투입량(L)이 증가하면 노동의 한계생산(MP_L)이 체감하고, 자본의 한계생산 식에서 자본투입량(K)이 증가하면 자본의 한계생산(MP_K)이 체감함을 알 수 있다.

 제시된 생산함수는 $Q = AL^\alpha K^\beta$ 형태의 0.5차 동차 콥-더글라스 생산함수이므로 규모에 대한 수익이 체감한다. 그리고 노동(L)과 자본(K)의 지수값이 모두 1보다 작으므로 노동과 자본의 한계생산이 모두 체감한다.

08 [2006 | 감정평가사] 상 중 하

규모의 수익(returns to scale)에 대한 설명 중 옳지 않은 것은?

① 생산기술이 규모에 대한 수익불변의 성격을 갖는다면 장기평균비용곡선은 항상 수평선의 모양을 갖는다.
② 어떤 산업에서의 생산기술이 규모에 대한 수익체증의 성격을 가지는 경우에는 자연독점이 발생할 수 있다.
③ 생산함수가 $Q = 3LK$이면 규모에 대한 수익체증을 나타낸다(단, L은 노동, K는 자본이다).
④ 생산함수가 $Q = \min[3L, 2K]$이면 규모에 대한 수익불변이다.
⑤ 생산함수가 $Q = 5\sqrt{LK}$이면 규모에 대한 수익불변이다.

해설

① |×| 생산기술이 규모에 대한 수익불변(CRS)의 성격을 가지면 장기평균비용곡선(LAC)이 수평선의 형태이다. 그런데 여기서 주의해야 할 것은 생산기술이 규모에 대한 수익불변의 성격을 갖고 있다 해서 반드시 수평선의 장기평균비용곡선이 도출되는 것은 아니라는 점이다. 즉, 생산기술이 규모에 대한 수익불변의 성격을 갖는 것 외에도 모든 생산요소의 가격이 일정하게 유지된다는 (암묵적인) 가정이 더해져야만 수평선의 장기평균비용곡선이 도출된다. 생산량을 늘리기 위해 생산요소를 고용하는 과정에서 생산요소의 가격이 상승한다면 생산기술이 규모에 대한 수익불변의 성격을 갖고 있다 하더라도 단위당 생산비용이 상승하게 된다.
② |○| 생산기술이 규모에 대한 수익체증(IRS)의 성격을 가지면 자연독점이 발생할 가능성이 있다.
③ |○| 생산함수 $Q = 3LK$는 지수값의 합($\alpha + \beta = 2$)이 1보다 크므로 규모에 대한 수익체증(IRS)이다.
④ |○| 생산함수 $Q = \min[3L, 2K]$는 레온티에프 생산함수이다. 레온티에프 생산함수는 1차 동차 생산함수이므로 규모에 대한 수익불변(CRS)이다.
⑤ |○| 생산함수 $Q = 5L^{0.5}K^{0.5}$은 지수값의 합이 1인 1차 동차 콥-더글라스 생산함수이므로 규모에 대한 수익불변(CRS)이다.

09 | 2009 | 국회직 8급 | 상 중 하

장기에는 모든 생산요소가 가변요소이므로 생산요소 투입량을 증가시킬 수 있다. 생산요소 증가에 따른 생산량 변화를 「규모에 대한 수익(Returns to Scale)」으로 설명할 때, 다음 중 옳지 않은 것을 모두 고르면?

> ㄱ. 모든 생산요소가 2배 증가하면 생산량이 3배 증가하는 경우를 「규모에 대한 수익체증(IRS : Increasing Returns to Scale)」이라 한다.
> ㄴ. 모든 생산요소가 10배 증가하면 생산량이 10배 증가하는 경우를 「규모에 대한 수익체감(DRS : Decreasing Returns to Scale)」이라 한다.
> ㄷ. 어느 기업의 A공장 생산함수가 「규모에 대한 수익체증」을 나타내면, 이 기업이 생산량을 증가시키기 위해서는 동일한 공장 B를 세워 생산하는 것이 바람직하다(A, B 생산함수는 동일).
> ㄹ. 어느 기업이 생산량을 2배 증가시키려고 한다. 이 기업의 생산함수가 「규모에 대한 수익체증」을 나타내면, 이 기업은 생산요소를 2배 이상 투입해야 한다.
> ㅁ. 생산함수가 $Q = L^{\frac{1}{2}} K^{\frac{1}{2}}$ (L : 노동, K : 자본)이면, 생산함수는 「규모에 대한 수익불변(CRS : Constant Returns to Scale)」을 보인다.

① ㄴ, ㄹ
② ㄹ, ㅁ
③ ㄱ, ㄷ, ㄹ
④ ㄴ, ㄷ, ㄹ
⑤ ㄴ, ㄷ, ㅁ

해설

ㄱ. |○| 모든 생산요소가 2배 증가하면 생산량이 2배보다 크게 증가하는 경우를 규모에 대한 수익체증(IRS)이라 한다.
ㄴ. |×| 모든 생산요소가 10배 증가하면 생산량이 10배 증가하는 경우를 규모에 대한 수익불변(CRS)이라 한다.
ㄷ. |×| A공장의 생산함수가 규모에 대한 수익체증(IRS)을 나타내면 A공장에서 생산요소의 투입량을 늘릴수록 생산량이 체증적으로 증가하므로 A공장의 생산량이 증가할수록 단위당 생산비용이 하락한다. 따라서 이 기업이 생산량을 증가시키기 위해서는 동일한 공장 B를 세워 생산하는 것보다 A공장의 생산량을 증가시키는 것이 더 효율적이다.
ㄹ. |×| 생산함수가 규모에 대한 수익체증(IRS)을 나타내면 이 기업은 생산요소를 2배보다 적게 투입하더라도 생산량을 2배 증가시킬 수 있다.
ㅁ. |○| 생산함수 $Q = L^{\frac{1}{2}} K^{\frac{1}{2}}$은 지수값의 합이 1인 1차 동차 콥-더글라스 생산함수로, 규모에 대한 수익불변(CRS)을 보인다.

정답 08. ① 09. ④

39 콥-더글라스 생산함수

생산자균형(생산량극대화, 비용극소화)

1. 생산자균형 조건(비용극소화 조건) : 콥-더글라스 생산함수
- 생산자균형은 등량곡선과 등비용선이 접하는 점에서 달성되므로 생산자균형에서는 등량곡선의 기울기와 등비용선의 기울기가 동일함

$$MRTS_{LK} = \frac{w}{r}$$

한계기술대체율＝요소상대가격비
등량곡선의 기울기＝등비용선의 기울기
생산자의 기술적 교환비율＝시장에서의 객관적 교환비율

- $MRTS_{LK} = \frac{MP_L}{MP_K}$ 이므로 생산자균형(E점)에서는 한계생산균등의 법칙이 성립함

$$MRTS_{LK} = \frac{w}{r} \rightarrow \frac{MP_L}{w} = \frac{MP_K}{r}$$

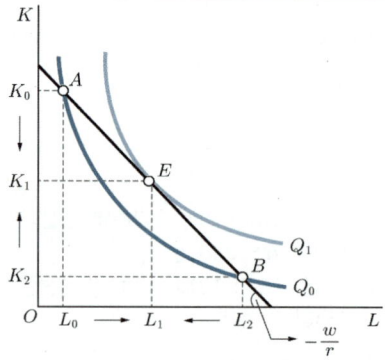

2. 불균형의 조정

생산점	상 태	불균형의 조정
A점	$MRTS_{LK} > \frac{w}{r} \rightarrow \frac{MP_L}{w} > \frac{MP_K}{r}$	노동투입량 증가, 자본투입량 감소 → E점으로 이동($Q_0 \rightarrow Q_1$)
E점	$MRTS_{LK} = \frac{w}{r} \rightarrow \frac{MP_L}{w} = \frac{MP_K}{r}$	생산량극대화(비용극소화)된 상태
B점	$MRTS_{LK} < \frac{w}{r} \rightarrow \frac{MP_L}{w} < \frac{MP_K}{r}$	노동투입량 감소, 자본투입량 증가 → E점으로 이동($Q_0 \rightarrow Q_1$)

콥-더글라스 생산함수

구분	내용
형태	$Q = AL^\alpha K^\beta$ (단, $\alpha > 0$, $\beta > 0$)
특징	1. **한계생산** : α와 β의 크기에 따라 달라짐 • $MP_L = \dfrac{\Delta Q}{\Delta L} = \alpha AL^{\alpha-1}K^\beta$, $MP_K = \dfrac{\Delta Q}{\Delta K} = \beta AL^\alpha K^{\beta-1}$ $\begin{cases} \alpha > 1 \to MP_L \text{ 체증}, \beta > 1 \to MP_K \text{ 체증} \\ \alpha = 1 \to MP_L \text{ 일정}, \beta = 1 \to MP_K \text{ 일정} \\ \alpha < 1 \to MP_L \text{ 체감}, \beta < 1 \to MP_K \text{ 체감} \end{cases}$ 📄 자본투입량이 증가하면 MP_L이 증가하고, 노동투입량이 증가하면 MP_K가 증가함 2. **한계기술대체율** : α와 β의 크기에 관계없이 항상 체감함 • $MRTS_{LK} = \dfrac{MP_L}{MP_K} = \dfrac{\alpha AL^{\alpha-1}K^\beta}{\beta AL^\alpha K^{\beta-1}} = \dfrac{\alpha}{\beta}\left(\dfrac{K}{L}\right)$ 3. **등량곡선** : 한계기술대체율이 체감하므로 원점에 대해 볼록한 형태로 도출됨 4. **생산자균형(비용극소화)** : $MRTS_{LK} = \dfrac{w}{r} \to \dfrac{MP_L}{w} = \dfrac{MP_K}{r}$ $\begin{cases} MRTS_{LK} > \dfrac{w}{r} \to \dfrac{MP_L}{w} > \dfrac{MP_K}{r} : \text{노동투입량 증가, 자본투입량 감소} \\ MRTS_{LK} < \dfrac{w}{r} \to \dfrac{MP_L}{w} < \dfrac{MP_K}{r} : \text{노동투입량 감소, 자본투입량 증가} \end{cases}$ 5. **($\alpha+\beta$)차 동차 생산함수** : 노동과 자본의 투입량을 λ배 증가시키면 생산량이 $\lambda^{\alpha+\beta}$배만큼 증가함 • $f(\lambda L, \lambda K) = A(\lambda L)^\alpha(\lambda K)^\beta = \lambda^{\alpha+\beta}AL^\alpha K^\beta = \lambda^{\alpha+\beta}Q$ $\begin{cases} \alpha+\beta > 1 \cdots \text{규모에 대한 수익체증}(IRS) \\ \alpha+\beta = 1 \cdots \text{규모에 대한 수익불변}(CRS) \\ \alpha+\beta < 1 \cdots \text{규모에 대한 수익체감}(DRS) \end{cases}$ 6. **대체탄력성** : $\sigma = 1 \cdots CES$ 생산함수 7. **확장경로** : (동차 생산함수이므로) 원점을 지나는 직선임 8. **동조 생산함수** : 한계기술대체율이 $\left(\dfrac{K}{L}\right)$에 의존하는 생산함수

▶ 동조함수는 동차함수를 단조변환한 함수로 동차함수를 포함하는 개념임(동조함수 ⊃ 동차함수)

1차 동차 콥-더글라스 생산함수

구 분	내 용
형 태	$Q = AL^\alpha K^{1-\alpha}$ (단, $0 < \alpha < 1$)
한계생산	$MP_L = \dfrac{\Delta Q}{\Delta L} = \alpha A \left(\dfrac{K}{L}\right)^{1-\alpha}$, $MP_K = \dfrac{\Delta Q}{\Delta K} = (1-\alpha) A \left(\dfrac{L}{K}\right)^\alpha$ • 노동투입량이 증가하면 MP_L이 감소하고, 자본투입량이 증가하면 MP_K가 감소함 → 수확체감의 법칙이 성립함
평균생산	$AP_L = \dfrac{Q}{L} = A \left(\dfrac{K}{L}\right)^{1-\alpha}$, $AP_K = \dfrac{Q}{K} = A \left(\dfrac{L}{K}\right)^\alpha$ • 노동투입량이 증가하면 AP_L이 감소하고, 자본투입량이 증가하면 AP_K가 감소함
한계기술대체율	$MRTS_{LK} = \dfrac{MP_L}{MP_K} = \dfrac{\alpha AL^{\alpha-1}K^{1-\alpha}}{(1-\alpha)AL^\alpha K^{-\alpha}} = \dfrac{\alpha}{1-\alpha}\left(\dfrac{K}{L}\right)$ • 노동투입량이 증가하고 자본투입량이 감소하면 $MRTS_{LK}$가 감소함 → 한계기술대체율체감의 법칙이 성립함 • 노동과 자본의 투입량이 모두 λ배 증가하더라도 $MRTS_{LK}$는 불변
생산의 노동탄력성과 노동소득분배율	α
생산의 자본탄력성과 자본소득분배율	$1-\alpha$
대체탄력성	$\sigma = 1$ 📖 콥-더글라스 생산함수는 1차 동차가 아니더라도 대체탄력성이 1임
오일러의 정리 (Euler's theorem)	$$MP_L L + MP_K K = Q$$ • 각 생산요소에게 그 생산요소의 한계생산만큼의 보수를 지급하면 총생산이 전부 분배됨 → 총생산이 전부 분배되므로 기업의 이윤은 0이 됨 → 생산함수가 1차 동차함수(CRS)일 경우에만 성립함 cf $Q = AL^{0.4}K^{0.5}$ ⋯ 0.9차 동차(DRS) : 기업의 이윤= $0.1Q$ 　$Q = AL^{0.8}K^{0.4}$ ⋯ 1.2차 동차(IRS) : 기업의 이윤= $-0.2Q$

01 [2018 | 공인회계사] 상 중 하

A국과 B국 모두에서 노동투입량(L)과 자본투입량(K)이 각각 300으로 동일하다고 하자. 두 나라의 생산함수는 다음과 같이 주어져 있다.

> A국의 생산함수 : $Y = L^{0.25} K^{0.75}$
>
> B국의 생산함수 : $Y = L^{0.75} K^{0.25}$

두 나라의 노동의 한계생산물(MPL_A와 MPL_B)과 노동소득분배율(l_A와 l_B)을 비교한 것으로 옳은 것은?

① $MPL_A > MPL_B,\ l_A < l_B$ ② $MPL_A > MPL_B,\ l_A > l_B$
③ $MPL_A < MPL_B,\ l_A < l_B$ ④ $MPL_A < MPL_B,\ l_A > l_B$
⑤ $MPL_A = MPL_B,\ l_A = l_B$

ⅰ) 두 나라의 생산함수를 각각 L에 대해 미분하면 노동의 한계생산은 다음과 같다.
- $MP_L^A = 0.25 L^{-0.75} K^{0.75} = 0.25 \left(\dfrac{K}{L}\right)^{0.75}$
- $MP_L^B = 0.75 L^{-0.25} K^{0.25} = 0.75 \left(\dfrac{K}{L}\right)^{0.25}$

두 나라의 노동투입량과 자본투입량이 300으로 동일하다. 따라서 $L=300$, $K=300$을 노동의 한계생산 식에 대입하면 $MP_L^A = 0.25 < MP_L^B = 0.75$가 된다.

ⅱ) 1차 동차 콥-더글라스 생산함수 $Y = L^\alpha K^{1-\alpha}$에서 노동소득분배율은 노동($L$)의 지수값인 α이고, 자본소득분배율은 자본(K)의 지수값인 $(1-\alpha)$이다. 그러므로 노동소득분배율은 $l_A = 0.25 < l_B = 0.75$가 된다.

02 [2017 | 보험계리사] 상 중 하

완전경쟁시장에서 이윤극대화를 추구하는 기업의 생산함수가 $Q = AK^\alpha L^\beta$일 때, 이에 관한 설명으로 옳지 않은 것은? (단, Q는 생산량, A, α, β는 상수, K는 자본, L은 노동을 나타내고 $\alpha + \beta = 1$이다.)

① 자본이 1% 증가할 때 생산량은 $\alpha\%$ 증가한다.
② 생산함수는 규모에 대한 수익불변을 나타낸다.
③ β는 노동분배율을 나타낸다.
④ $\beta = \dfrac{\text{노동의 평균생산}}{\text{노동의 한계생산}}$

정답 01. ③ 02. ④

해설

$\alpha+\beta=1$이므로 주어진 생산함수 $Q=AK^\alpha L^\beta$는 1차 동차 콥-더글라스 생산함수이다.

① |○| 1차 동차 콥-더글라스 생산함수 $Q=AK^\alpha L^\beta$에서 생산의 자본탄력성은 자본(K)의 지수값인 α이고, 생산의 노동탄력성은 노동(L)의 지수값인 β이다. 따라서 자본이 1% 증가할 때 생산량은 α% 증가하고, 노동이 1% 증가할 때 생산량은 β% 증가한다.

② |○| $\alpha+\beta=1$이므로 규모에 대한 수익불변(CRS)이다.

③ |○| 1차 동차 콥-더글라스 생산함수 $Q=AK^\alpha L^\beta$에서 자본소득분배율은 자본(K)의 지수값인 α이고, 노동소득분배율은 노동(L)의 지수값인 β이다.

④ |×| 생산함수 $Q=AK^\alpha L^\beta$에서 노동의 평균생산과 노동의 한계생산은 각각 다음과 같다.

- $AP_L = \dfrac{Q}{L} = AK^\alpha L^{\beta-1}$
- $MP_L = \dfrac{\Delta Q}{\Delta L} = \beta AK^\alpha L^{\beta-1}$

이제, 노동의 평균생산을 노동의 한계생산으로 나누면 $\dfrac{AP_L}{MP_L} = \dfrac{AK^\alpha L^{\beta-1}}{\beta AK^\alpha L^{\beta-1}} = \dfrac{1}{\beta}$의 관계가 성립함을 알 수 있다.

---

03 | 2011 | 감정평가사 | 상 중 하

생산함수가 $Q=5L^{0.4}K^{0.6}$일 때, 다음 설명 중 옳은 것은? (단, Q, L, K는 각각 생산량, 노동투입량, 자본투입량, $Q>0$, $L>0$, $K>0$)

① $L=K$일 경우 노동의 한계생산은 일정하다.
② 노동과 자본 간의 대체탄력성은 L, K 값의 크기에 따라 변한다.
③ 등량곡선은 우하향하는 직선 모양을 갖는다.
④ 규모에 대한 수익이 체감한다.
⑤ 한계기술대체율은 L, K 값의 크기와 관계없이 항상 일정하다.

해설

① |○| 생산함수 $Q=5L^{0.4}K^{0.6}$을 L에 대해 미분하면 노동의 한계생산은 다음과 같다.

- $MP_L = \dfrac{\Delta Q}{\Delta L} = 0.4 \times 5L^{-0.6}K^{0.6} = 2\left(\dfrac{K}{L}\right)^{0.6}$

따라서 $L=K$이면 노동의 한계생산은 2로 일정하다.

②, ③ |×| 생산함수가 콥-더글라스 생산함수이므로 대체탄력성은 L, K의 값에 관계없이 항상 1이고, 등량곡선은 원점에 대해 볼록한 형태이다.

④ |×| 생산함수가 1차 동차 콥-더글라스 생산함수이므로 규모에 대한 수익불변(CRS)이다.

⑤ |×| 한계기술대체율은 $MRTS_{LK} = \dfrac{MP_L}{MP_K} = \dfrac{0.4}{0.6}\dfrac{K}{L}$이므로 노동투입량이 증가하고 자본투입량이 감소하면 한계기술대체율이 체감한다.

🔍 혹은, 등량곡선이 원점에 대해 볼록한 형태이므로 등량곡선상에서 우하방으로 이동할수록 등량곡선의 기울기인 한계기술대체율이 체감한다.

04

[2015 공인노무사]

콥-더글라스(Cobb-Douglas) 생산함수 $Q = AK^\alpha L^{(1-\alpha)}$에 관한 설명으로 옳지 않은 것은? (단, K는 자본, L은 노동, Q는 생산량, $0 < \alpha < 1$, A는 상수, $A > 0$임)

① 규모에 대한 수익불변의 특성을 갖는다.
② 1차 동차성을 갖는다.
③ 자본의 평균생산은 체증한다.
④ 노동의 한계생산은 체감한다.
⑤ 생산요소 간 대체탄력성은 1로 일정하다.

해설

①, ② |○| 생산함수가 지수값의 합이 1인 1차 동차 콥-더글라스 생산함수이므로 규모에 대한 수익불변(CRS)이다.

③ |×| 생산함수 $Q = AK^\alpha L^{(1-\alpha)}$을 K로 나누면 자본의 평균생산은 다음과 같다.

- $AP_K = \dfrac{Q}{K} = AK^{(\alpha-1)}L^{(1-\alpha)} = A\left(\dfrac{L}{K}\right)^{1-\alpha}$

따라서 자본투입량(K)이 증가하면 자본의 평균생산(AP_K)이 체감한다.

④ |○| 생산함수 $Q = AK^\alpha L^{(1-\alpha)}$을 L에 대해 미분하면 노동의 한계생산은 다음과 같다.

- $MP_L = \dfrac{\Delta Q}{\Delta L} = (1-\alpha)AK^\alpha L^{-\alpha} = (1-\alpha)A\left(\dfrac{K}{L}\right)^\alpha$

따라서 노동투입량(L)이 증가하면 노동의 한계생산(MP_L)이 체감한다.

노동(L)의 지수값이 1보다 작으므로 노동의 한계생산이 체감한다.

⑤ |○| 생산함수가 콥-더글라스 생산함수이므로 생산요소 간 대체탄력성은 1로 일정하다.

05

[2012 공인회계사]

$Q(K, L) = \sqrt{3KL}$로 표시되는 어떤 재화의 생산함수를 가정하자(여기에서 Q는 생산량, K는 자본투입량, L은 노동투입량이다). 요소가격이 일정할 때 이 생산함수에 대한 설명으로 옳지 않은 것은?

① 수확체감의 법칙(law of diminishing returns)이 성립한다.
② 규모 수익체감(decreasing returns to scale) 현상이 발생한다.
③ 한계기술대체율체감의 법칙(law of diminishing $MRTS$)이 적용된다.
④ 이 생산함수의 단기한계비용(SMC)곡선은 우상향한다.
⑤ 확장경로(expansion path)는 방사선 형태의 직선으로 나타난다.

정답 03. ① 04. ③ 05. ②

① |○|, ② |×| 생산함수 $Q = \sqrt{3}K^{\frac{1}{2}}L^{\frac{1}{2}}$이 1차 동차 콥─더글라스 생산함수이므로 규모에 대한 수익불변(CRS)이고, 노동(L)과 자본(K)의 지수값이 1보다 작으므로 노동과 자본에 대한 수확체감의 법칙이 성립한다.

③ |○| 한계기술대체율은 $MRTS_{LK} = \dfrac{MP_L}{MP_K} = \dfrac{K}{L}$이므로 노동투입량이 증가하고 자본투입량이 감소하면 한계기술대체율이 체감한다. 즉, 한계기술대체율체감의 법칙이 성립한다.

④ |○| $MC = \dfrac{w}{MP_L}$의 관계에 의해 노동의 한계생산(MP_L)이 체감하면 한계비용(MC)은 체증하므로 단기한계비용곡선은 우상향한다.

⑤ |○| 동차 생산함수이므로 확장경로는 원점을 지나는 직선의 형태이다.

06 [2013 | 공인노무사] 상 중 하

노동(L)과 자본(K)을 생산요소로 투입하여 비용을 최소화하는 기업의 생산함수는 $Q = L^{0.5}K$이다(Q는 생산량임). 이에 관한 설명으로 옳지 않은 것은?

① 규모에 대한 수익이 체증한다.
② 노동투입량이 증가할수록 노동의 한계생산은 감소한다.
③ 노동투입량이 증가할수록 자본의 한계생산은 증가한다.
④ 노동과 자본의 단위당 가격이 동일할 때 자본투입량은 노동투입량의 2배이다.
⑤ 자본투입량이 증가할수록 자본의 한계생산은 증가한다.

① |○| 생산함수가 1.5차 동차 콥─더글라스 생산함수이므로 규모에 대한 수익체증(IRS)이다.
②, ③ |○|, ⑤ |×| 생산함수 $Q = L^{0.5}K$을 L과 K에 대해 각각 미분하면 노동의 한계생산과 자본의 한계생산은 다음과 같다.

- $MP_L = \dfrac{\Delta Q}{\Delta L} = 0.5L^{-0.5}K = \dfrac{K}{2L^{0.5}} = \dfrac{K}{2\sqrt{L}}$
- $MP_K = \dfrac{\Delta Q}{\Delta K} = L^{0.5} = \sqrt{L}$

그러므로 노동의 한계생산 식에서 노동투입량(L)이 증가하면 노동의 한계생산(MP_L)이 체감한다. 한편, 자본의 한계생산 식에서 노동투입량(L)이 증가하면 자본의 한계생산(MP_K)이 체증하나, 자본투입량(K)이 증가하면 자본의 한계생산(MP_K)은 변하지 않고 $\sqrt{L}$로 일정하다.

🔍 자본(K)의 지수값이 1이므로 자본의 한계생산은 일정하다.

④ |○| 생산자균형 조건 $MRTS_{LK} = \dfrac{MP_L}{MP_K} = \dfrac{w}{r}$에서 $w = r$이라면 $MP_L = MP_K$가 되므로, 이를 정리하면 다음과 같다.

- $MP_L = MP_K \rightarrow \dfrac{K}{2\sqrt{L}} = \sqrt{L}$ ∴ $K = 2L$

생산자균형에서 $K = 2L$이 성립하므로 노동과 자본의 가격이 동일하다면 자본을 노동의 2배만큼 투입하는 것이 최적이다.

07 재화 및 생산요소의 가격이 일정할 때 콥-더글라스 생산함수 $Q=L^{0.5}K^{0.5}$을 가진 기업의 특징이 아닌 것은? (단, L은 노동이고 K는 자본이며 단기에 고정 생산요소이다.)

① 단기평균총비용이 체증한다.
② 단기한계비용이 체증한다.
③ 단기평균가변비용이 체증한다.
④ 장기한계비용이 일정하다.
⑤ 장기평균비용이 일정하다.

생산함수 $Q=L^{0.5}K^{0.5}$에서 노동의 한계생산과 노동의 평균생산은 각각 다음과 같다.

- $MP_L = \dfrac{\Delta Q}{\Delta L} = 0.5L^{-0.5}K^{0.5} = 0.5\left(\dfrac{K}{L}\right)^{0.5}$
- $AP_L = \dfrac{Q}{L} = L^{-0.5}K^{0.5} = \left(\dfrac{K}{L}\right)^{0.5}$

따라서 고정요소인 자본투입량(K)이 일정할 때 노동투입량(L)이 증가하면 노동의 한계생산(MP_L)과 노동의 평균생산(AP_L)이 모두 체감함을 알 수 있다.

① |×| 평균비용은 $AC=AFC+AVC$이다. 최초에는 평균고정비용의 감소폭이 평균가변비용의 증가폭보다 크므로 단기평균비용이 체감하지만, 생산량이 일정 수준을 넘어서면 평균가변비용의 증가폭이 평균고정비용의 감소폭보다 크므로 단기평균비용이 체증한다. 따라서 단기평균비용(SAC)곡선은 U자 형태로 도출된다.

② |○| 한계비용과 한계생산은 $MC = \dfrac{w}{MP_L}$의 관계에 있으므로 노동의 한계생산이 체감하면 단기한계비용은 체증한다.

③ |○| 평균가변비용과 평균생산은 $AVC = \dfrac{w}{AP_L}$의 관계에 있으므로 노동의 평균생산이 체감하면 단기평균가변비용은 체증한다.

④, ⑤ |○| 생산함수 $Q=L^{0.5}K^{0.5}$이 1차 동차 콥-더글라스 생산함수이므로 규모에 대한 수익불변(CRS)이다. 생산함수가 규모에 대한 수익불변이면 장기평균비용(LAC)곡선과 장기한계비용(LMC)곡선이 모두 수평선의 형태로 도출되므로 장기평균비용과 장기한계비용은 모두 일정하다.

06. ⑤ 07. ①

08 제품의 가격이 10원이고, 노동 한 단위의 가격은 5원, 자본 한 단위의 가격은 15원이다. 기업 A의 노동의 한계생산이 3이고, 자본의 한계생산은 1일 때, 현재 생산수준에서 비용극소화를 위한 방법으로 옳은 것은? (단, 모든 시장은 완전경쟁시장이고, 노동과 자본의 한계생산은 체감한다.)

① 노동의 투입량은 늘리고, 자본의 투입량은 줄일 것이다.
② 노동의 투입량은 줄이고, 자본의 투입량은 늘릴 것이다.
③ 노동과 자본 모두 투입량을 늘릴 것이다.
④ 노동과 자본 모두 투입량을 줄일 것이다.
⑤ 노동과 자본의 투입량을 그대로 유지할 것이다.

i) 주어진 수치를 대입하면 $MRTS_{LK} = \dfrac{MP_L}{MP_K} = \dfrac{3}{1} = 3$이고, $\dfrac{w}{r} = \dfrac{5}{15} = \dfrac{1}{3}$이다.

ii) 현재 상태에서 $MRTS_{LK} > \dfrac{w}{r} \rightarrow \dfrac{MP_L}{w} > \dfrac{MP_K}{r}$ 이므로 비용극소화를 위해서는 노동투입량을 늘리고 자본투입량을 줄여야 한다.

ReCheck 불균형의 조정 … $C-D$ 생산함수

상태	불균형의 조정
$MRTS_{LK} > \dfrac{w}{r} \rightarrow \dfrac{MP_L}{w} > \dfrac{MP_K}{r}$	노동투입량 증가, 자본투입량 감소 → 생산 증가
$MRTS_{LK} = \dfrac{w}{r} \rightarrow \dfrac{MP_L}{w} = \dfrac{MP_K}{r}$	생산량극대화(비용극소화)된 상태
$MRTS_{LK} < \dfrac{w}{r} \rightarrow \dfrac{MP_L}{w} < \dfrac{MP_K}{r}$	노동투입량 감소, 자본투입량 증가 → 생산 증가

09 [2007 | 공인회계사] 상 중 하

부드럽고 원점에 대해 볼록한 등량곡선을 가정하자. 노동과 자본의 단위당 가격은 각각 200만원과 400만원이다. 주어진 생산량을 생산할 수 있는 등량곡선상의 어떤 한 점에서 노동과 자본의 한계생산은 각각 20과 30이라고 한다. 이 점에 대한 설명으로 옳은 것을 모두 고르면? (단, 가로축이 노동을 나타낸다.)

> 가. 비용극소화를 위해서는 자본의 고용량은 늘리고 노동의 고용량은 줄여야 한다.
> 나. 비용극소화를 위해서는 노동의 고용량은 늘리고 자본의 고용량은 줄여야 한다.
> 다. 등량곡선의 접선의 기울기는 등비용곡선의 기울기보다 덜 가파르다.
> 라. 노동의 단위가격당 한계생산은 자본의 그것보다 크다.

① 가, 다 ② 가, 라 ③ 나, 다
④ 나, 라 ⑤ 다, 라

가. |×|, 나. |○| 주어진 수치를 대입하면 $MRTS_{LK} = \frac{MP_L}{MP_K} = \frac{20}{30} = \frac{2}{3}$이고, $\frac{w}{r} = \frac{200}{400} = \frac{1}{2}$이다. 현재 상태에서 $MRTS_{LK} > \frac{w}{r} \rightarrow \frac{MP_L}{w} > \frac{MP_K}{r}$이므로 비용극소화를 위해서는 노동투입량을 늘리고 자본투입량을 줄여야 한다.

다. |×| $MRTS_{LK} > \frac{w}{r}$이므로 등량곡선의 접선의 기울기가 등비용선의 기울기보다 더 가파르다.

라. |○| $\frac{MP_L}{w} > \frac{MP_K}{r}$이므로 노동의 단위가격당 한계생산이 자본의 단위가격당 한계생산보다 더 크다.

10 [2016 | 국가직 7급] 상 중 하

어느 기업의 생산함수는 $Q = 2LK$이다. 단위당 임금과 단위당 자본비용이 각각 2원 및 3원으로 주어져 있다. 이 기업의 총 사업자금이 60원으로 주어졌을 때, 노동의 최적 투입량은? (단, Q는 생산량, L은 노동투입량, K는 자본투입량이며, 두 투입요소 모두 가변투입요소이다.)

① $L = 10$ ② $L = 15$
③ $L = 20$ ④ $L = 25$

Tip. 비용제약식은 $TC = wL + rK$이다.

ⅰ) 생산함수 $Q = 2LK$는 콥─더글라스 생산함수로, 한계기술대체율을 구해보면 다음과 같다.
- $MRTS_{LK} = \frac{\alpha}{\beta}\left(\frac{K}{L}\right) = \frac{K}{L}$

정답 08. ① 09. ④ 10. ②

ii) $TC = 60$, $w = 2$, $r = 3$이므로 비용제약식은 $60 = 2L + 3K$이다.

iii) 생산자의 비용극소화 조건은 $MRTS_{LK} = \dfrac{w}{r}$이므로 $K = \dfrac{2}{3}L$이 된다.

- $MRTS_{LK} = \dfrac{w}{r} \rightarrow \dfrac{K}{L} = \dfrac{2}{3} \therefore K = \dfrac{2}{3}L$

iv) 이제, $K = \dfrac{2}{3}L$을 비용제약식 $60 = 2L + 3K$에 대입하면 $L = 15$, $K = 10$으로 계산된다.

- $60 = 2L + 3K \rightarrow 60 = 2L + 2L \therefore L = 15$, $K = 10$

> **ReCheck** $C-D$ 생산함수의 특징 … $Q = AL^\alpha K^\beta$
>
> - 한계기술대체율 : $MRTS_{LK} = \dfrac{\alpha}{\beta}\left(\dfrac{K}{L}\right)$ … α와 β의 크기에 관계없이 항상 체감함
> - 생산자균형(비용극소화) : $MRTS_{LK} = \dfrac{w}{r} \rightarrow \dfrac{MP_L}{w} = \dfrac{MP_K}{r}$

11 | 2008 | 국회직 8급 | 상 중 하 |

총생산함수가 $Y = 5K^{0.3}L^{0.7}$이라고 한다. 〈보기〉 중 옳은 것을 모두 고른 것은? (Y : 총생산량, K : 자본량, L : 노동량)

---- 보기 ----
ㄱ. 이 생산함수는 규모에 대한 수익불변의 특성을 가지고 있다.
ㄴ. 자본증가율이 3%, 노동증가율이 4%, 총요소생산성 증가율이 1.3%이면 총생산량증가율은 5%일 것이다.
ㄷ. 자본에 대한 수확체감의 법칙이 성립하지 않는다.
ㄹ. 자본소득분배율은 30%이다.

① ㄱ, ㄷ
② ㄱ, ㄴ, ㄷ
③ ㄱ, ㄴ, ㄹ
④ ㄱ, ㄷ, ㄹ
⑤ ㄱ, ㄴ, ㄷ, ㄹ

ㄱ.|O|, ㄷ.|×| 생산함수 $Y = 5K^{0.3}L^{0.7}$이 1차 동차 콥-더글라스 생산함수이므로 규모에 대한 수익불변(CRS)이고, 노동(L)과 자본(K)의 지수값이 1보다 작으므로 노동과 자본에 대한 수확체감의 법칙이 성립한다.

ㄴ.|O| 총생산증가율은 $\dfrac{\Delta Y}{Y} = \dfrac{\Delta A}{A} + \beta\left(\dfrac{\Delta K}{K}\right) + \alpha\left(\dfrac{\Delta L}{L}\right)$이므로 주어진 수치를 대입하여 총생산증가율을 구해보면 다음과 같다.

- $\dfrac{\Delta Y}{Y} = \dfrac{\Delta A}{A} + \beta\left(\dfrac{\Delta K}{K}\right) + \alpha\left(\dfrac{\Delta L}{L}\right) = 1.3\% + (0.3 \times 3\%) + (0.7 \times 4\%) = 5\%$

ㄹ.|O| 1차 동차 콥-더글라스 생산함수 $Y = 5K^{0.3}L^{0.7}$에서 자본소득분배율은 자본(K)의 지수값인 0.3이고, 노동소득분배율은 노동(L)의 지수값인 0.7이다.

12 다음과 같은 모형에 근거할 때, 옳은 것은?

> 생산요소시장과 산출물시장 등 모든 시장은 완전경쟁적이다. 완전한 정보를 누구나 가지고 있으며 모든 시장에서 충격에 대해 균형은 신속하게 이루어진다. 이러한 일종의 고전학파 경제에서 총생산함수가 다음과 같이 주어져 있다.
> $$Y = AK^\alpha L^\beta$$
> (단, Y는 생산량, K는 자본량, L은 노동량, 그리고 A는 총요소생산성임. α와 β는 $\alpha + \beta = 1$을 만족하는 양수인 상수임.)

① 총생산함수에서는 규모에 대한 수익증가가 성립한다.
② α는 총생산에서 노동이 차지하는 비중을 의미한다.
③ 총요소생산성의 증가율은 자본생산성$\left(\dfrac{Y}{K}\right)$ 증가율과 노동생산성$\left(\dfrac{Y}{L}\right)$ 증가율의 합이다.
④ 총요소생산성이 증가하면 노동수요곡선이 우측으로 이동한다.

해설

① |×| $\alpha + \beta = 1$이므로 주어진 생산함수는 1차 동차 콥-더글라스 생산함수이다. 따라서 규모에 대한 수익불변(CRS)이다.
② |×| 1차 동차 콥-더글라스 생산함수 $Y = AK^\alpha L^\beta$에서 α는 자본소득분배율을 나타내고, β는 노동소득분배율을 나타낸다.
③ |×| 총요소생산성(A)은 경제의 기술수준을 반영하므로 총요소생산성의 증가율은 기술진보율에 의해 결정된다.
④ |○| 총요소생산성이 증가하면 노동의 한계생산이 커지므로 노동수요가 증가한다.

13 〔2013 | 감정평가사〕 [상] [중] [하]

A 기업의 생산함수는 $Q = \sqrt{KL}$, 자본(K)의 가격은 r, 노동(L)의 가격은 w이다. 생산량이 Q_0로 주어졌을 때, 비용이 극소화되도록 자본과 노동의 투입량을 결정하고자 한다. 이에 관한 설명으로 옳지 않은 것은? (단, $Q_0 > 0$이다.)

① 생산함수는 자본과 노동에 대해 1차 동차함수이다.

② 최적 상태에서 노동 1단위당 자본투입량은 $\dfrac{r}{w}$이다.

③ 최적 상태에서 요소 간의 대체탄력성은 1이다.

④ 최적 상태에서 노동과 자본의 투입량은 w, r, Q_0의 함수이다.

⑤ 최적 상태에서 총비용 중 노동비용이 차지하는 비중은 일정하다.

해설

①, ⑤ |O| 생산함수 $Q = K^{0.5}L^{0.5}$이 1차 동차 콥-더글라스 생산함수이므로 총비용 중 노동비용이 차지하는 비중과 자본비용이 차지하는 비중이 각각 0.5로 일정하다.

② |X| 생산함수 $Q = K^{0.5}L^{0.5}$의 한계기술대체율을 구해보면 $MRTS_{LK} = \dfrac{\alpha}{\beta}\left(\dfrac{K}{L}\right) = \dfrac{K}{L}$이다. 생산자의 비용극소화 조건은 $MRTS_{LK} = \dfrac{w}{r}$이므로 $\dfrac{K}{L} = \dfrac{w}{r}$가 된다. 즉, 생산자균형에서 노동 1단위당 자본투입량$\left(\dfrac{K}{L}\right)$은 $\dfrac{w}{r}$이다.

③ |O| 생산함수가 콥-더글라스 생산함수이므로 생산요소 간 대체탄력성은 1로 일정하다.

④ |O| 생산자균형에서 $\dfrac{K}{L} = \dfrac{w}{r}$가 성립하므로 임금($w$)과 자본임대료($r$)가 변하면 노동과 자본의 투입량이 달라진다. 그리고 기업의 생산량(Q_0)이 변하면 파생수요의 성격을 띠는 노동과 자본의 투입량(수요량)은 당연히 달라진다.

14

[2011 | 국회직 8급] 상 중 하

$Y = AK^{0.3}L^{0.7}$인 콥-더글라스(Cobb-Douglas) 생산함수에 대한 설명으로 옳은 것을 〈보기〉에서 모두 고르면? (Y = 생산량, K = 자본량, L = 노동량)

─┤ 보기 ├─

ㄱ. 자본가에게는 전체 소득의 30%, 노동자에게는 전체 소득의 70%가 분배된다.
ㄴ. 만약 이민으로 노동력만 10% 증가하였다면 총생산량과 자본의 임대가격은 상승하나 실질임금은 하락한다.
ㄷ. 만약 노동력과 자본 모두가 10%씩 증가하였다면 총생산량, 자본의 임대가격, 실질임금 모두 10%씩 증가한다.
ㄹ. A는 기술수준을 나타내는 매개변수로 A가 상승한다면 총생산량은 증가하나 자본의 임대가격과 실질임금은 변화하지 않는다.

① ㄱ, ㄷ, ㄹ
② ㄱ, ㄴ
③ ㄱ, ㄴ, ㄹ
④ ㄱ, ㄴ, ㄷ
⑤ ㄱ, ㄷ

해설

$\alpha + \beta = 1$이므로 주어진 생산함수 $Y = AK^{0.3}L^{0.7}$은 1차 동차 콥-더글라스 생산함수이다.

ㄱ. |O| 1차 동차 콥-더글라스 생산함수 $Y = AK^{0.3}L^{0.7}$에서 자본소득분배율은 자본(K)의 지수값인 0.3이고, 노동소득분배율은 노동(L)의 지수값인 0.7이다. 따라서 자본가에게는 전체 소득의 30%, 노동자에게는 전체 소득의 70%가 분배된다.

ㄴ. |O| 이민으로 노동력만 10% 증가하면 총생산량은 7%(= 10% × 0.7) 증가한다. 각 생산요소의 가격(실질임금, 자본임대료)은 각 생산요소의 한계생산에 의해 결정되므로 노동과 자본의 한계생산을 구해보면 다음과 같다.

- $MP_L = \dfrac{\Delta Y}{\Delta L} = 0.7AK^{0.3}L^{-0.3} = 0.7A\left(\dfrac{K}{L}\right)^{0.3}$
- $MP_K = \dfrac{\Delta Y}{\Delta K} = 0.3AK^{-0.7}L^{0.7} = 0.3A\left(\dfrac{L}{K}\right)^{0.7}$

노동(L)이 증가하면 노동의 한계생산(MP_L)이 감소하므로 실질임금은 하락한다. 반면, 자본의 한계생산(MP_K)은 증가하므로 자본임대료는 상승한다.

ㄷ. |×| 생산함수가 1차 동차 생산함수이므로 노동력과 자본이 모두 10% 증가하면 총생산량은 10% 증가한다. 그러나 노동(L)과 자본(K)이 동일한 비율로 증가하면 노동의 한계생산(MP_L)과 자본의 한계생산(MP_K)이 불변이므로 실질임금과 자본임대료도 불변이다.

ㄹ. |×| 기술수준을 나타내는 매개변수인 A가 상승하면 총생산량은 증가하고, 노동의 한계생산(MP_L)과 자본의 한계생산(MP_K)이 모두 증가한다. 따라서 실질임금과 자본임대료도 모두 상승한다.

15 [2010 | 공인회계사] 상 중 하

비용을 극소화하는 기업의 생산함수가 $Q = K^a L^b$이고, 자본(K)과 노동(L)의 요소 가격이 각각 $P_K = 50$, $P_L = 100$으로 주어졌다고 하자. 다음 설명 중 옳은 것은? (단, Q는 생산량, 요소평면에서 가로축은 L, 세로축은 K이며, $a > 0$, $b > 0$)

① 자본재의 가격이 상대적으로 싸므로 자본만 이용해서 생산한다.
② 자본과 노동은 항상 가격의 역비율인 2:1의 비율로 투입된다.
③ 확장경로는 원점을 통과하고 기울기가 $\dfrac{2a}{b}$인 직선이다.
④ $a = b = 1$인 경우 생산함수는 규모에 대한 수확불변이고, 비용함수는 선형이 된다.
⑤ 이 기업의 생산함수는 초기에는 규모에 대한 수확체증, 나중에는 수확체감의 현상을 보인다.

해설

ⅰ) 생산함수 $Q = K^a L^b$는 콥-더글라스 생산함수로, 한계기술대체율을 구해보면 다음과 같다.
  • $MRTS_{LK} = \dfrac{\alpha}{\beta}\left(\dfrac{K}{L}\right) = \dfrac{b}{a}\dfrac{K}{L}$

ⅱ) $P_K = 50$, $P_L = 100$이고, 생산자의 비용극소화 조건은 $MRTS_{LK} = \dfrac{P_L}{P_K}$이므로 $K = \dfrac{2a}{b}L$이 된다.
  • $MRTS_{LK} = \dfrac{P_L}{P_K} \rightarrow \dfrac{b}{a}\dfrac{K}{L} = \dfrac{100}{50} \rightarrow \dfrac{K}{L} = \dfrac{2a}{b} \therefore K = \dfrac{2a}{b}L$

①, ② |×| 생산자균형에서 $K = \dfrac{2a}{b}L$이 성립하므로 자본(K)과 노동(L)은 항상 $\dfrac{2a}{b}$:1의 비율로 투입된다.

③ |○| 생산자균형에서 $K = \dfrac{2a}{b}L$이 성립하므로 생산자균형점들을 연결한 곡선인 확장경로는 원점을 지나고 기울기가 $\dfrac{2a}{b}$인 직선이 된다.

④ |×| $a = b = 1$이면 생산함수가 2차 동차 생산함수이므로 규모에 대한 수익체증(IRS)이다. 따라서 총비용곡선은 기울기가 체감하는 우상향의 곡선이 된다.

⑤ |×| 규모에 대한 수익은 지수값의 합인 $a + b$ 값에 따라 달라진다. $a + b > 1$이면 항상 규모에 대한 수익체증(IRS)이고, $a + b = 1$이면 항상 규모에 대한 수익불변(CRS)이며, $a + b < 1$이면 항상 규모에 대한 수익체감(DRS)이다.

정답 15. ③

40 선형 생산함수 : 완전대체관계

선형 생산함수 : 완전대체관계

구 분	내 용
형 태	$Q = aL + bK$ (단, $a > 0$, $b > 0$)
특 징	1. **한계기술대체율** : $MRTS_{LK} = \dfrac{a}{b}$ 로 일정함 • $MRTS_{LK} = \dfrac{MP_L}{MP_K} = \dfrac{a}{b}$ 2. **등량곡선** : 기울기가 $-\dfrac{a}{b}$ 인 우하향의 직선 형태로 도출됨 3. **생산자균형(비용극소화)** : 구석해(corner solution)의 가능성 $\begin{array}{l} MRTS_{LK}\left(=\dfrac{a}{b}\right) > \dfrac{w}{r} : \text{노동만 투입(확장경로가 노동축과 일치)} \\ MRTS_{LK}\left(=\dfrac{a}{b}\right) < \dfrac{w}{r} : \text{자본만 투입(확장경로가 자본축과 일치)} \\ MRTS_{LK}\left(=\dfrac{a}{b}\right) = \dfrac{w}{r} : \text{노동과 자본 동시 투입(무수히 많은 생산자균형)} \end{array}$ 4. **1차 동차 생산함수** : 노동과 자본의 투입량을 λ배 증가시키면 생산량이 λ배 만큼 증가함 … 규모에 대한 수익불변(CRS) • $f(\lambda L, \lambda K) = a(\lambda L) + b(\lambda K) = \lambda(aL + bK) = \lambda Q$ 5. **대체탄력성** : $\sigma = \infty$ … CES 생산함수 6. **확장경로** : (동차 생산함수이므로) 원점을 지나는 직선임 7. **동조 생산함수**

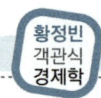

01   2011 | 공인노무사

A 기업의 생산함수는 $Q = L + 2K$ 이다(Q는 생산량, L은 노동, K는 자본, $Q > 0$, $L > 0$, $K > 0$). 생산량이 일정할 때 A 기업의 한계기술대체율(marginal rate of technical substitution)은?

① 노동과 자본의 투입량에 관계없이 일정하다
② 노동의 투입량이 증가하면 한계기술대체율은 증가한다.
③ 노동의 투입량이 증가하면 한계기술대체율은 감소한다.
④ 자본의 투입량이 증가하면 한계기술대체율은 증가한다.
⑤ 자본의 투입량이 증가하면 한계기술대체율은 감소한다.

Tip. 생산함수가 $Q = aL + bK$일 때 한계기술대체율은 $MRTS_{LK} = \dfrac{a}{b}$로 일정하다.

생산함수 $Q = L + 2K$는 선형 생산함수로, 노동과 자본이 완전대체관계이다. 생산함수를 정리하면 $K = -\dfrac{1}{2}L + \dfrac{1}{2}Q$이므로 등량곡선은 기울기가 $-\dfrac{1}{2}$인 우하향의 직선 형태이고, 등량곡선의 기울기인 한계기술대체율은 $MRTS_{LK} = \dfrac{1}{2}$로 노동과 자본의 투입량에 관계없이 일정하다.

02   2015 | 지방직 7급

A 기업의 생산함수는 $Y = \sqrt{K+L}$ 이다. 이 생산함수에 대한 설명으로 옳은 것은?

① 규모에 대한 수확불변을 나타낸다.
② 자본과 노동은 완전보완관계이다.
③ 이윤극대화를 위해 자본과 노동 중 하나만 사용해도 된다.
④ 등량곡선(iso-quant curve)은 원점에 대해 볼록하다.

① |×| 생산함수는 $Y = \sqrt{K+L}$ 에서 노동(L)과 자본(K)의 투입량을 λ배 증가시키면 생산량(Y)이 $\lambda^{0.5}$배만큼 증가하므로 이 생산함수는 0.5차 동차 생산함수이다. 따라서 규모에 대한 수익이 체감한다.
• $f(\lambda L, \lambda K) = \sqrt{\lambda K + \lambda L} = \sqrt{\lambda}\sqrt{K+L} = \lambda^{0.5}Y$

②, ④ |×| 생산함수 $Y = \sqrt{K+L}$ 의 양변을 제곱하여 정리하면 $K = -L + Y^2$이므로 등량곡선은 기울기가 -1인 우하향의 직선이고, 노동과 자본은 완전대체관계이다.

③ |○| 노동과 자본이 완전대체관계이면 한계기술대체율과 두 요소의 상대가격비를 비교하여 노동과 자본 중 하나만 투입해도 된다.

> **ReCheck 선형 생산함수**
> - $Q = aL + bK$ → $K = -\dfrac{a}{b}L + \dfrac{Q}{b}$: $MRTS_{LK} = \dfrac{a}{b}$ 로 일정 … 1차 동차(CRS)
> - $Q = \sqrt{L+K}$ → $K = -L + Q^2$: $MRTS_{LK} = 1$ 로 일정 … 0.5차 동차(DRS)
> - $Q = (L+K)^2$ → $K = -L + \sqrt{Q}$: $MRTS_{LK} = 1$ 로 일정 … 2차 동차(IRS)

03 | 2011 | 국회직 8급 | 상 중 하

등량선이 아래의 그림과 같이 우하향하는 직선의 형태($Q = \alpha L + \beta K$)를 취하는 경우, 한계기술대체율과 대체탄력성에 대한 설명으로 옳은 것을 〈보기〉에서 모두 고르면?

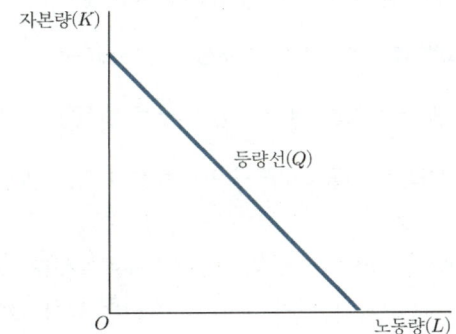

―보기―
ㄱ. 한계기술대체율이 0이다.
ㄴ. 한계기술대체율이 0보다 크며, 일정하다.
ㄷ. 한계기술대체율이 체감한다.
ㄹ. 생산요소 간 대체탄력성이 0이다.
ㅁ. 생산요소 간 대체탄력성이 ∞이다.

① ㄱ, ㄹ ② ㄴ, ㄹ
③ ㄴ, ㅁ ④ ㄷ, ㄹ
⑤ ㄷ, ㅁ

ㄱ. ㄷ. |×|, ㄴ. |○| 노동과 자본이 완전대체관계이면 등량곡선이 우하향의 직선 형태이고, 등량곡선의 기울기(절댓값)인 한계기술대체율이 0보다 크면서 일정하다.
ㄹ. |×|, ㅁ. |○| 노동과 자본이 완전대체관계이면 대체탄력성은 무한대(∞)이다.

정답 01. ① 02. ③ 03. ③

04 [2013 | 보험계리사]

기업 A의 생산함수가 $Q=2K+L$이고, 단위당 노동의 가격이 1이고 자본의 가격은 3이다. 10개를 생산하기 위한 최소비용은? (단, Q는 생산량, K는 자본, L은 노동이다.)

① 4
② 6
③ 8
④ 10

i) 생산함수 $Q=2K+L$은 선형 생산함수로, 노동과 자본이 완전대체관계이다. 등량곡선의 기울기인 한계기술대체율이 $MRTS_{LK}=\dfrac{1}{2}$이고, 등비용선의 기울기(절댓값)가 $\dfrac{w}{r}=\dfrac{1}{3}$이므로 $MRTS_{LK}=\dfrac{1}{2}>\dfrac{w}{r}=\dfrac{1}{3}$이다. 따라서 기업은 전부 노동만 투입하는 것이 최적이다.

ii) 생산량이 $Q=10$이 되려면 노동 10단위를 투입해야 하는데 노동의 가격이 1이므로 10단위의 재화를 생산할 때의 최소비용은 10이 된다.

ReCheck 선형 생산함수의 특징 … $Q=aL+bK$

- 한계기술대체율 : $MRTS_{LK}=\dfrac{a}{b}$로 일정함

- 등량곡선 : 기울기가 $-\dfrac{a}{b}$인 우하향의 직선 형태로 도출됨

- 생산자균형(비용극소화) : 구석해(corner solution)의 가능성

$$\begin{cases} MRTS_{LK}\left(=\dfrac{a}{b}\right)>\dfrac{w}{r} : \text{노동만 투입(확장경로가 노동축과 일치)} \\ MRTS_{LK}\left(=\dfrac{a}{b}\right)<\dfrac{w}{r} : \text{자본만 투입(확장경로가 자본축과 일치)} \\ MRTS_{LK}\left(=\dfrac{a}{b}\right)=\dfrac{w}{r} : \text{노동과 자본 동시 투입(무수히 많은 생산자균형)} \end{cases}$$

05 | 2015 | 공인회계사 | 상 중 하

노동과 자본을 사용하여 100단위의 제품을 생산해야 하는 기업이 비용최소화를 위해 현재 노동 10단위와 자본 20단위를 사용하고 있다. 노동의 단위당 임금과 자본의 단위당 임대료는 각각 20, 10으로 일정하다. 이 기업에게 노동과 자본은 완전대체 가능하다. 다음 설명 중 옳은 것은?

① 노동과 자본의 가격변화가 없을 때, 노동 8단위와 자본 24단위를 사용해도 동일한 생산비용으로 100단위를 생산할 수 있다.
② 자본의 단위당 가격이 상승하면 노동 12단위, 자본 16단위를 사용하는 것이 최적이 될 수 있다.
③ 노동의 단위당 가격이 상승하면 노동 7단위, 자본 25단위를 사용하는 것이 최적이 될 수 있다.
④ 현재 노동의 한계생산과 자본의 한계생산은 동일하다.
⑤ 주어진 정보로부터 노동의 한계생산과 자본의 한계생산의 비율을 알 수 없다.

해설

노동과 자본의 완전대체가 가능하므로 이 기업의 생산함수는 선형 생산함수($Q = aL + bK$)이다. 생산함수가 선형 생산함수이면 노동만 투입하거나 자본만 투입하는 구석해를 갖는 것이 일반적인데, 현재 이 기업이 노동 10단위와 자본 20단위를 동시에 투입하고 있으므로 이는 등량곡선과 등비용선이 겹치는 상황에 해당한다. 이 경우 등비용선상의 모든 점이 생산자균형이 되므로 노동과 자본을 어떤 비율로 투입하더라도 무방하다 $\left(MRTS_{LK} = \dfrac{w}{r}\right)$.

① |○| $w = 20$, $r = 10$이므로 노동(L) 10단위와 자본(K) 20단위를 투입할 때의 총비용은 $TC = (20 \times 10) + (10 \times 20) = 400$이고, 노동($L$) 8단위와 자본($K$) 24단위를 투입할 때의 총비용도 $TC = (20 \times 8) + (10 \times 24) = 400$이다. 따라서 노동 8단위와 자본 24단위를 투입해도 동일한 비용으로 100단위를 생산할 수 있다.

②, ③ |×| 현재 $MRTS_{LK} = \dfrac{w}{r}$인 상황에서 자본의 단위당 가격이 상승하면 $MRTS_{LK} > \dfrac{w}{r}$가 되어 노동만 투입하는 것이 최적이 된다. 반대로, 노동의 단위당 가격이 상승하면 $MRTS_{LK} < \dfrac{w}{r}$가 되어 자본만 투입하는 것이 최적이 된다.

④, ⑤ |×| $w = 20$, $r = 10$이므로 등비용선의 기울기가 $\dfrac{w}{r} = \dfrac{20}{10} = 2$이고, $MRTS_{LK} = \dfrac{w}{r}$이므로 등량곡선의 기울기인 한계기술대체율도 $MRTS_{LK} = \dfrac{MP_L}{MP_K} = 2$이다. 따라서 노동의 한계생산은 자본의 한계생산의 2배이다.

정답 04. ④ 05. ①

06

2009 | 공인회계사 상 중 하

두 가지 생산요소 x_1과 x_2를 사용하는 어느 기업의 생산함수가 $Q = \sqrt{x_1 + x_2}$ 이다. 생산요소시장과 생산물시장은 모두 완전경쟁적이다. 이윤을 극대화하는 이 기업은 현재 $x_1 = 40$, $x_2 = 60$을 사용하여 10단위를 생산하고 있다. 이와 관련된 다음 설명 중 옳은 것은? (단, Q는 생산량)

① 등량곡선은 원점에 대해 볼록한 곡선의 형태를 띤다.
② x_1을 10단위 덜 사용하는 대신 x_2를 10단위 더 사용하면 이 기업의 이윤은 감소한다.
③ 생산요소시장에서 x_1의 가격이 조금만 올라도 이 기업은 x_2만을 사용한다.
④ 생산요소 사이의 대체탄력성이 1이다.
⑤ 생산물가격이 오른 경우, x_1과 x_2의 투입비율(x_1/x_2)이 변화하면 이윤이 극대화되지 않는다.

해설

①, ④ |×| 생산함수 $Q = \sqrt{x_1 + x_2}$의 양변을 제곱하여 정리하면 $x_2 = -x_1 + Q^2$이므로 등량곡선은 기울기가 -1인 우하향의 직선이고, x_1과 x_2는 완전대체관계이다. 따라서 생산요소 간 대체탄력성은 무한대(∞)이다.

② |×| 현재 이 기업이 x_1과 x_2를 동시에 투입하고 있으므로 등량곡선과 등비용선이 겹치는 상황에 해당한다. 이 경우 등비용선상의 모든 점이 생산자균형이 된다 $\left(MRTS_{x_1 x_2} = \dfrac{P_{x_1}}{P_{x_2}} \right)$.
등량곡선의 기울기인 한계기술대체율이 $MRTS_{x_1 x_2} = 1$이므로 $P_{x_1} = P_{x_2}$가 된다. 따라서 x_1을 10단위 덜 투입하는 대신 x_2를 10단위 더 투입하더라도 총비용이 동일하고, 그에 따라 기업의 이윤도 변하지 않는다.

③ |○| 현재 $MRTS_{x_1 x_2} = \dfrac{P_{x_1}}{P_{x_2}}$인 상황에서 x_1의 가격이 상승하면 $MRTS_{x_1 x_2} < \dfrac{P_{x_1}}{P_{x_2}}$이 되므로 이 기업은 x_2만을 투입하는 것이 최적이다.

⑤ |×| 생산물가격이 오르더라도 요소가격은 $P_{x_1} = P_{x_2}$의 관계를 유지한다. 요소가격이 동일한 상태에서 요소투입비율 $\left(\dfrac{x_1}{x_2} \right)$의 변화는 동일한 등비용선상의 이동만을 가져오므로 여전히 이윤은 극대화된다.

정답 06. ③

41 레온티에프 생산함수 : 완전보완관계

레온티에프 생산함수 : 완전보완관계

구 분	내 용
형 태	$Q = \min[aL,\ bK]$ (단, $a > 0,\ b > 0$)
특 징	1. **한계기술대체율** : $MRTS_{LK} = \infty$ 또는 0 　$\begin{cases} K = \dfrac{a}{b}L \text{ 선 상방의 수직구간} : MRTS_{LK} = \infty \\ K = \dfrac{a}{b}L \text{ 선 하방의 수평구간} : MRTS_{LK} = 0 \end{cases}$ 2. **등량곡선** : $K = \dfrac{a}{b}L$ 상에서 꺾어진 L자 형태로 도출됨 3. **생산자균형(비용극소화)** : $Q = aL = bK$ 　• 두 생산요소의 최적 투입비율이 $\dfrac{K}{L} = \dfrac{a}{b}$ 로 일정함 4. **1차 동차 생산함수** : 노동과 자본의 투입량을 λ배 증가시키면 생산량이 λ배 만큼 증가함 ⋯ 규모에 대한 수익불변(CRS) 　• $f(\lambda L,\ \lambda K) = \min[a(\lambda L),\ b(\lambda K)] = \lambda \min[aL,\ bK] = \lambda Q$ 5. **대체탄력성** : $\sigma = 0$ ⋯ CES 생산함수 6. **확장경로** : (동차 생산함수이므로) 원점을 지나는 직선임 7. **동조 생산함수**

| 2013 | 공인회계사 | 상 중 하

숙련노동(L_1)과 비숙련노동(L_2)만을 생산요소로 사용하는 어떤 기업의 생산함수가 $q = \min\{3L_1,\ 2L_2\}$라고 할 때, 다음 설명 중 옳은 것은?

① 숙련노동의 한계생산은 항상 0보다 크다.
② 숙련노동과 비숙련노동은 대체성이 강한 생산요소이다.
③ 장기평균비용곡선은 수평선이다.
④ 생산기술은 '규모에 대한 수익체증'을 나타낸다.
⑤ 비숙련노동에 대한 임금이 상승하면 숙련노동에 대한 고용이 증가한다.

① |×| 생산함수 $q = \min\{3L_1,\ 2L_2\}$는 레온티에프 생산함수로, L_1과 L_2가 완전보완관계이고, 등량곡선은 L자 형태이다. 한계기술대체율($MRTS_{L_1L_2}$)은 $L_2 = \frac{3}{2}L_1$ 선을 기준으로 무한대(∞) 또는 0의 극단적인 값을 갖는데, $L_2 = \frac{3}{2}L_1$ 선 상방의 수직구간에서는 $MRTS_{L_1L_2} = \dfrac{MP_{L_1}}{MP_{L_2}} = \infty$이므로 $MP_{L_2} = 0$이고, $L_2 = \frac{3}{2}L_1$ 선 하방의 수평구간에서는 $MRTS_{L_1L_2} = \dfrac{MP_{L_1}}{MP_{L_2}} = 0$이므로 $MP_{L_1} = 0$이다. 따라서 노동의 한계생산(MP_L)이 항상 0보다 큰 것은 아니다.

② |×| 숙련노동(L_1)과 비숙련노동(L_2)은 완전보완관계이므로 생산요소 간 대체가 불가능하다.

③ |○|, ④ |×| 레온티에프 생산함수는 1차 동차 생산함수이므로 규모에 대한 수익불변(CRS)이다. 생산함수가 규모에 대한 수익불변이면 장기평균비용곡선(LAC)은 장기한계비용곡선(LMC)과 일치하는 수평선의 형태로 도출된다.

⑤ |×| 생산함수가 $q = \min\{3L_1,\ 2L_2\}$이므로 생산자균형에서는 $3L_1 = 2L_2$가 성립한다. 즉, L_1과 L_2를 항상 2 : 3의 비율로 투입해야 하므로 비숙련노동(L_2)에 대한 임금이 상승하면 숙련노동(L_1)과 비숙련노동(L_2)에 대한 고용이 모두 감소한다.

02 〔2018 | 감정평가사〕 상 중 하

기업 A의 생산함수는 $Q=\min\{L, K\}$이다. 이에 관한 설명으로 옳은 것을 모두 고른 것은? (단, Q는 산출량, w는 노동 L의 가격, r은 자본 K의 가격이다.)

> ㄱ. 생산요소 L과 K의 대체탄력성은 0이다.
> ㄴ. 생산함수는 1차 동차함수이다.
> ㄷ. 비용함수는 $C(w, r, Q) = Q^{w+r}$로 표시된다.

① ㄱ
② ㄴ
③ ㄱ, ㄴ
④ ㄴ, ㄷ
⑤ ㄱ, ㄴ, ㄷ

해설

ㄱ. |○| 생산함수 $Q=\min\{L, K\}$는 레온티에프 생산함수로, 노동과 자본이 완전보완관계이다. 따라서 생산요소 간 대체탄력성이 0이다.
ㄴ. |○| 레온티에프 생산함수는 노동(L)과 자본(K)의 투입량을 λ배 증가시키면 생산량(Q)이 λ배만큼 증가하므로 1차 동차 생산함수이다. 따라서 규모에 대한 수익불변(CRS)이다.
 • $f(\lambda L, \lambda K) = \min[\lambda L, \lambda K] = \lambda \min[L, K] = \lambda Q$
ㄷ. |×| 생산함수가 $Q=\min\{L, K\}$이므로 생산자균형에서는 $Q=L=K$가 성립한다. 이를 비용함수 $C=wL+rK$에 대입하여 정리하면 비용함수는 $C=(w+r)Q$가 된다.
 • $C=wL+rK \rightarrow C=wQ+rQ \therefore C=(w+r)Q$

01. ③ 02. ③

03 [2018 공인회계사]

한 기업이 X재 1단위를 생산하기 위해 노동 1단위, 자본 2단위, 중간재 3단위가 필요하다. 그리고 Y재 1단위를 생산하기 위해 노동 3단위, 자본 2단위, 중간재 1단위가 필요하다. X재가 Y재보다 시장에서 두 배의 가격으로 거래되고 있으며, 이 기업이 노동, 자본, 중간재를 각각 90단위씩 가지고 있을 때 수입을 극대화하는 각 재화의 생산량(X^*, Y^*)는?

① (22.5, 22.5) ② (30, 30) ③ (30, 0)
④ (0, 30) ⑤ (60, 0)

해설

i) 이 기업이 노동(L), 자본(K), 중간재(I)를 일정한 비율로 투입하여 X재와 Y재를 생산하므로 두 재화의 생산함수는 다음과 같이 나타낼 수 있다.
- $X = \min\left[L_X, \dfrac{K_X}{2}, \dfrac{I_X}{3}\right]$, $Y = \min\left[\dfrac{L_Y}{3}, \dfrac{K_Y}{2}, I_Y\right]$

ii) 생산함수가 모두 레온티에프 생산함수이므로 생산자균형에서는 다음의 관계가 성립한다.
- $X = L_X = \dfrac{K_X}{2} = \dfrac{I_X}{3}$ … ①
- $Y = \dfrac{L_Y}{3} = \dfrac{K_Y}{2} = I_Y$ … ②

iii) 이 기업이 노동, 자본, 중간재를 각각 90단위씩 가지고 있으므로 다음의 식이 성립한다.
- $L_X + L_Y = 90$ … ③
- $K_X + K_Y = 90$ … ④
- $I_X + I_Y = 90$ … ⑤

iv) 식 ①, ②를 식 ③, ④, ⑤에 각각 대입하여 얻은 식을 연립해서 풀면 모든 생산요소가 완전히 고용되었을 때의 생산자균형은 다음과 같다.
- $X = \min\left[L_X, \dfrac{K_X}{2}, \dfrac{I_X}{3}\right] = \min\left[22.5, \dfrac{45}{2}, \dfrac{67.5}{3}\right] = 22.5$
- $Y = \min\left[\dfrac{L_Y}{3}, \dfrac{K_Y}{2}, I_Y\right] = \min\left[\dfrac{67.5}{3}, \dfrac{45}{2}, 22.5\right] = 22.5$

v) 문제는 총수입이 극대화되는 생산량을 묻고 있으므로 현재 상태에서 총수입이 극대화되고 있는지를 살펴봐야 한다. X재 가격이 Y재 가격의 2배이므로 X재 생산량을 1단위 증가시킬 때 감소하는 Y재의 양이 2단위보다 적거나, Y재 생산량을 1단위 증가시킬 때 감소하는 X재의 양이 $\dfrac{1}{2}$단위보다 작아야 현재보다 총수입이 증가한다.

vi) 현재 상태에서 X재 생산량을 1단위 증가시키기 위해 $L_X = 1$, $K_X = 2$, $I_X = 3$만큼 생산요소를 더 투입하면 $L_Y = 1$, $K_Y = 2$, $I_Y = 3$만큼의 생산요소가 감소하므로 Y재 생산량이 3단위 감소한다. 따라서 총수입이 감소한다. 반대로, Y재 생산량을 1단위 증가시키기 위해 $L_Y = 3$, $K_Y = 2$, $I_Y = 1$만큼 생산요소를 더 투입하면 $L_X = 3$, $K_X = 2$, $I_X = 1$만큼의 생산요소가 감소하므로 X재 생산량이 3단위 감소한다. 따라서 이 경우에도 총수입이 감소한다.

vii) 결국, 현재 상태에서 생산량을 어떻게 조정하더라도 기업의 총수입이 감소한다. 따라서 X재와 Y재를 모두 22.5단위 생산할 때 총수입이 극대화됨을 알 수 있다.

정답 03. ①

대체탄력성과 확장경로 및 기술진보

 대체탄력성(σ)

1. 대체탄력성

구 분	내 용
개 념	생산량을 일정 수준으로 유지하면서 $MRTS_{LK}\left(\dfrac{w}{r}\right)$가 1% 변화할 때 $\dfrac{K}{L}$가 얼마나 변화하는지를 나타내는 지표
측 정	$\sigma = \dfrac{\left(\dfrac{K}{L}\right)\text{의 변화율}(\%)}{MRTS_{LK}\text{의 변화율}(\%)} = \dfrac{\left(\dfrac{K}{L}\right)\text{의 변화율}(\%)}{\left(\dfrac{w}{r}\right)\text{의 변화율}(\%)}$
특 징	• 요소상대가격이 변화할 때 상대적으로 비싸진 생산요소를 상대적으로 싸진 생산요소로 대체하기가 얼마나 용이한지를 나타내는 지표 → 대체탄력성이 클수록 생산요소 간 대체가능성이 큼 • 등량곡선의 곡률이 클수록(L자에 가까울수록) 대체탄력성이 작고, 등량곡선의 곡률이 작을수록(직선에 가까울수록) 대체탄력성이 큼
생산함수와 대체탄력성	• 콥-더글라스 생산함수 : $\sigma = 1$ • 선형 생산함수 : $\sigma = \infty$ ⎱ CES 생산함수 • 레온티에프 생산함수 : $\sigma = 0$ 📄 CES 생산함수 : 대체탄력성이 일정한 생산함수

2. 대체탄력성과 소득분배 ⋯ 임금이 상승하는 경우

대체탄력성	임금이 상승하는 경우 $\left(\dfrac{w}{r}\uparrow\right)$	노동소득의 상대적 분배율
$\sigma > 1$	임금 상승률<노동투입량 감소율	감 소
$\sigma = 1$	임금 상승률=노동투입량 감소율	불 변
$\sigma < 1$	임금 상승률>노동투입량 감소율	증 가

확장경로(expansion path)

구분	내용
개념	• 생산요소의 가격이 일정할 때 각 생산량수준에서의 생산자균형(비용극소화)점들을 연결한 곡선 • 소비자이론에서의 소득소비곡선(ICC)과 동일한 개념임
특징	• 총비용이 0이면 노동과 자본의 투입량이 모두 0이므로 확장경로는 반드시 원점을 지남(≒ 소득소비곡선) • 생산함수가 동조 생산함수이면 확장경로는 원점을 지나는 직선으로 도출됨
그림	*a*) 두 생산요소가 모두 정상요소일 때 *b*) 생산함수가 동조함수일 때 *c*) 노동이 열등요소일 때

기술진보

구분	그림	내용
단기생산함수 (총생산곡선)		• 기술진보가 이루어지면 동일한 노동량을 투입하더라도 생산량이 증가함 • 기술진보가 이루어지면 총생산곡선이 상방으로 이동함
장기생산함수 (등량곡선)		• 기술진보가 이루어지면 전보다 적은 생산요소를 투입하더라도 동일한 양의 재화를 생산할 수 있음 • 기술진보가 이루어지면 등량곡선이 안쪽으로 이동함
생산가능곡선 (PPC)		• 기술진보가 이루어지면 동일한 생산요소를 투입하여 생산 가능한 X재와 Y재의 양이 증가함 • 기술진보가 이루어지면 생산가능곡선이 바깥쪽으로 이동함

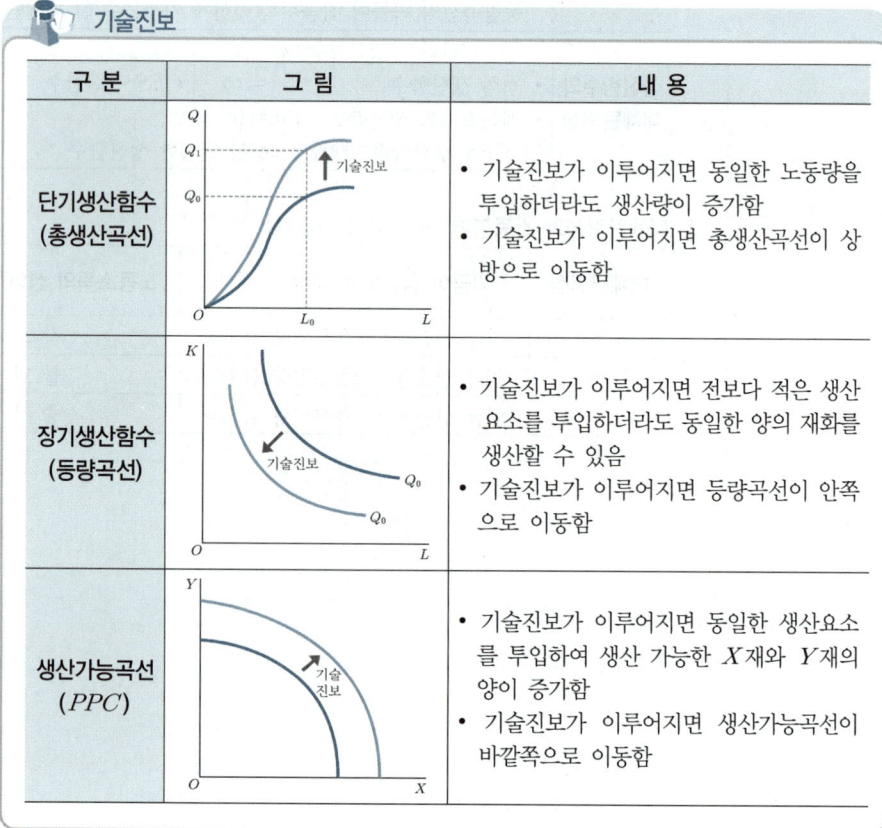

2015 | 보험계리사 상 중 하

생산요소 간 대체탄력성에 관한 설명 중 옳은 것을 바르게 묶어 놓은 것은?

> ㄱ. 레온티에프 생산함수의 경우 대체탄력성은 무한대가 된다.
> ㄴ. 콥-더글라스 생산함수의 경우 대체탄력성은 생산요소의 투입량의 크기에 따라 달라진다.
> ㄷ. 요소의 가격비율의 변화가 요소집약도에 미치는 영향의 정도를 나타낸다.
> ㄹ. 등량곡선의 곡률이 클수록 대체탄력성이 작다.

① ㄱ, ㄴ ② ㄱ, ㄴ, ㄷ
③ ㄴ, ㄷ, ㄹ ④ ㄷ, ㄹ

ㄱ. |×| 레온티에프 생산함수의 경우 생산요소 간 대체가 불가능하므로 대체탄력성이 0이다.
ㄴ. |×| 콥-더글라스 생산함수의 경우 생산요소의 투입량에 관계없이 대체탄력성이 1이다.
ㄷ. ㄹ. |○| 대체탄력성(σ)은 요소상대가격$\left(\dfrac{w}{r}\right)$의 변화가 요소집약도$\left(\dfrac{K}{L}\right)$에 미치는 영향의 정도를 나타내며, 등량곡선의 곡률이 클수록(L자에 가까울수록) 대체탄력성이 작다.

- $\sigma = \dfrac{(K/L)\text{의 변화율}(\%)}{MRTS_{LK}\text{의 변화율}(\%)} = \dfrac{(K/L)\text{의 변화율}(\%)}{(w/r)\text{의 변화율}(\%)}$

02

2011 | 감정평가사 상 중 하

생산함수가 $Q = 2L + 3K$일 때 노동과 자본 간의 대체탄력성(elasticity of substitution)은? (단, Q, L, K는 각각 생산량, 노동투입량, 자본투입량, $Q > 0$, $L > 0$, $K > 0$)

① 0 ② 1
③ $\dfrac{2}{3}$ ④ 1.5
⑤ 무한대(∞)

생산함수 $Q = 2L + 3K$는 선형 생산함수로, 생산요소 간 완전대체가 가능하므로 대체탄력성이 무한대(∞)이다.

정답 01. ④ 02. ⑤

03

연습문제 　상 중 하

생산요소 사이의 대체탄력성에 대한 서술로서 가장 옳지 않은 것은?

① 콥-더글라스 1차 동차 생산함수의 대체탄력성은 1이다.
② 등량곡선이 원점에 대해 볼록할수록 대체탄력성은 작다.
③ 레온티에프 생산함수의 대체탄력성은 무한대(∞)이다.
④ 한계기술대체율의 변화에 따른 생산요소 고용량의 상대적 변화를 나타낸다.
⑤ 생산요소의 한계생산물의 변화가 요소집약도에 미치는 영향의 정도를 나타낸다.

해설
① |O| 콥-더글라스 생산함수의 경우 몇 차 동차이냐에 관계없이 대체탄력성이 항상 1이다.
② |O| 등량곡선이 원점에 대해 볼록할수록(L자에 가까울수록) 대체탄력성이 작다.
③ |X| 레온티에프 생산함수의 경우 생산요소 간 대체가 불가능하므로 대체탄력성이 0이다.
④. ⑤ |O| 대체탄력성(σ)은 한계기술대체율$\left(MRTS_{LK}=\dfrac{MP_L}{MP_K}\right)$의 변화가 요소투입비율, 즉 요소집약도$\left(\dfrac{K}{L}\right)$에 미치는 영향의 정도를 나타낸다.

- $\sigma = \dfrac{(K/L)의\ 변화율(\%)}{MRTS_{LK}의\ 변화율(\%)} = \dfrac{(K/L)의\ 변화율(\%)}{(w/r)의\ 변화율(\%)}$

04

연습문제 　상 중 하

다음 생산함수 중에서 1차 동차 생산함수인 동시에 노동(L)과 자본(K)의 대체탄력성이 0인 생산함수는?

① $Q=100LK$
② $Q=3L+2K$
③ $Q=\min[2L,\ K]$
④ $Q=0.5LK$
⑤ $Q=5LK$

해설
각 생산함수를 표로 정리하면 다음과 같다.

생산함수	동차함수	대체탄력성
$Q=100LK$	2차 동차	1
$Q=3L+2K$	1차 동차	무한대(∞)
$Q=\min[2L,\ K]$	1차 동차	0
$Q=0.5LK$	2차 동차	1
$Q=5LK$	2차 동차	1

콥-더글라스 생산함수는 몇 차 동차이냐에 관계없이 대체탄력성이 1이고, 선형 생산함수는 1차 동차 생산함수이지만 대체탄력성이 무한대(∞)이다. 따라서 주어진 보기 중 1차 동차 생산함수이면서 대체탄력성이 0인 생산함수는 보기 ③의 레온티에프 생산함수뿐이다.

05 `2007 | 공인회계사`

어느 기업의 확장경로(expansion path)는 원점을 지나는 직선의 형태로 나타나는데, 생산량 Q를 100단위 증가시켜 600단위까지 늘려감에 따라 원점에서부터의 거리를 표시하면 아래 표와 같다. 생산량 증가에 따른 규모에 대한 수익(returns to scale)은?

Q	100	200	300	400	500	600
거리	6	11	15	17	22	29

① 불변이다가 체감한다.
② 체감하다가 불변이 된다.
③ 체증하다가 불변이 된다.
④ 체감하다가 체증한다.
⑤ 체증하다가 체감한다.

ⅰ) 주어진 표를 보면, 생산량을 100단위씩 증가시켜 400단위에 도달할 때까지는 등량곡선 사이의 폭이 $5(=11-6)$, $4(=15-11)$, $2(=17-15)$로 점점 좁아지다가 생산량이 400단위를 넘어서면 등량곡선 사이의 폭이 $5(=22-17)$, $7(=29-22)$로 점점 넓어지고 있음을 알 수 있다.
ⅱ) 원점에서 등량곡선까지의 거리는 생산요소 투입량(생산비용)을 나타내므로 최초에는 비용이 체감하다가 생산량이 400단위를 넘어서면 비용이 체증한다. 이는 비용과 생산의 관계에 의해 최초에는 규모에 대한 수익이 체증하다가 생산량이 일정 단위를 넘어서면 규모에 대한 수익이 체감함을 의미한다.

06 `2009 | 국가직 7급`

기술진보가 발생하는 경우에 나타나는 현상으로 옳은 것은?
① 생산가능곡선과 등량곡선 모두 원점으로부터 멀어진다.
② 생산가능곡선은 원점을 향하여 가까이 이동하고 등량곡선은 원점으로부터 멀어진다.
③ 생산가능곡선은 원점으로부터 멀어지고 등량곡선은 원점을 향하여 가까이 이동한다.
④ 생산가능곡선과 등량곡선 모두 원점을 향하여 가까이 이동한다.

ⅰ) 기술진보가 이루어지면 동일한 생산요소를 투입하여 생산 가능한 X재와 Y재의 양이 증가하므로 생산가능곡선이 원점으로부터 멀어진다.
ⅱ) 기술진보가 이루어지면 전보다 적은 생산요소를 투입하더라도 동일한 양의 재화를 생산할 수 있으므로 등량곡선이 원점을 향하여 가까이 이동한다.

정답 03. ③ 04. ③ 05. ⑤ 06. ③

CHAPTER 11 비용이론

43 회계적 비용과 경제적 비용

회계적 비용과 경제적 비용

Point
- 회계적 이윤＝총수입－명시적 비용(회계적 비용)
- 경제적 이윤＝총수입－경제적 비용(명시적 비용＋암묵적 비용)

1. 회계적 비용과 경제적 비용

구 분	내 용
회계적 비용	• 통상적으로 기업이 실제 지출한 명시적 비용만을 의미함 • 인건비, 물건비 등
경제적 비용	• 기회비용의 관점에서 측정한 기업의 모든 비용을 의미함 　📄 매몰비용은 기회비용이 0이므로 고려하지 않아야 함 　　경제적 비용　＝　명시적 비용　＋　암묵적 비용 　　(기회비용)　　　(회계적 비용) 　　　　　　　　　　　　　　　　　　　┌ 정 상 이 윤 　　　　　　　　　　　　　　　　　　　├ 잠재적 임금 　　　　　　　　　　　　　　　　　　　├ 잠재적 지대 　　　　　　　　　　　　　　　　　　　└ 잠재적 이자

▶ 매몰비용은 회계적 비용임에도 기회비용이 0이므로 경제적 비용은 회계적 비용보다 클 수도 있고 작을 수도 있음
▶ 정상이윤은 이윤이 아니라 비용에 포함됨

2. 회계적 이윤과 경제적 이윤
- 회계적 이윤＝총수입－명시적 비용(회계적 비용)
- 경제적 이윤＝총수입－경제적 비용(명시적 비용＋암묵적 비용)
- 경제적 이윤＝회계적 이윤－암묵적 비용

01 〔2015 | 서울시 7급〕 상 중 하

전직 프로골퍼인 어떤 농부가 있다. 이 농부는 골프 레슨으로 시간당 3만원을 벌 수 있다. 어느 날 이 농부가 15만원어치 씨앗을 사서 10시간 파종하였는데 그 결과 30만원의 수확을 올렸다면, 이 농부의 회계학적 이윤(또는 손실)과 경제적 이윤(또는 손실)은 각각 얼마인가?

① 회계학적 이윤 30만원, 경제적 이윤 30만원
② 회계학적 이윤 15만원, 경제적 손실 15만원
③ 회계학적 손실 15만원, 경제적 손실 15만원
④ 회계학적 손실 15만원, 경제적 이윤 15만원

ⅰ) 회계적 이윤=총수입−명시적 비용(회계적 비용)
30만원의 수확이 총수입이고, 씨앗을 구입한 15만원은 명시적 비용(회계적 비용)이므로 회계적 이윤은 15만원이다.
- 회계적 이윤=30−15=15만원

ⅱ) 경제적 이윤=총수입−경제적 비용(명시적 비용+암묵적 비용)
농부가 10시간 동안 파종하였을 때의 암묵적 비용(기회비용)은 골프 레슨으로 벌 수 있었던 30(=3×10)만원이다. 총수입이 30만원이고, 명시적 비용이 15만원, 암묵적 비용이 30만원이므로 경제적 이윤은 −15만원, 즉 15만원의 손실을 본다.
- 경제적 이윤=30−(15+30)=−15만원

02 〔2006 | 감정평가사〕 상 중 하

김철수라는 사람이 한 달에 200만원 받던 직장에서 250만원을 줄 터이니 계속 있어 달라는 사장으로부터의 부탁을 거절하고 빵 만드는 가게를 하나 차렸다. 한 달 수입이 1,400만원이고, 가게세가 한 달에 300만원, 밀가루와 설탕 등 원료비가 한 달에 400만원이라 하자. 그리고 종업원 2명을 쓰는데 인건비가 한 달에 한 사람에게 150만원이라고 하자. 이 경우 김철수의 경제적 이윤(economic profit)은 한 달에 얼마인가?

① 400만원 ② 300만원 ③ 250만원
④ 200만원 ⑤ 150만원

ⅰ) 경제적 비용=명시적 비용(회계적 비용)+암묵적 비용
명시적 비용이 1,000만원이고, 암묵적 비용이 250만원이므로 경제적 비용은 1,250만원이다.
- 명시적 비용=임대료(300)+원료비(400)+인건비(300)=1,000만원
- 암묵적 비용=빵 가게를 차림으로써 포기해야 하는 귀속임금(250)=250만원

ⅱ) 경제적 이윤=총수입−경제적 비용(명시적 비용+암묵적 비용)
총수입이 1,400만원이고, 경제적 비용이 1,250만원이므로 경제적 이윤은 150만원이다.
- 경제적 이윤=1,400−1,250=150만원

01. ② 02. ⑤

03 [2017 | 서울시 7급] 상 중 하

비용에 대한 설명으로 가장 옳은 것은?

① 조업을 중단하더라도 남아 있는 계약 기간 동안 지불해야 하는 임대료는 고정비용이지만 매몰비용은 아니다.
② 평균총비용곡선이 U자 모양일 때, 한계비용은 평균총비용의 최저점을 통과하지 않는다.
③ 한계수확체감 현상이 발생하고 있는 경우, 생산량이 증가함에 따라 한계비용은 감소한다.
④ 가변비용과 고정비용이 발생하고 있고 평균총비용곡선과 평균가변비용곡선이 모두 U자 모양일 때, 평균가변비용의 최저점은 평균총비용의 최저점보다 더 낮은 생산량 수준에서 발생한다.

① |×| 조업을 중단해도 남은 계약 기간 동안 계속 지불해야 하는 임대료는 회수가 불가능한 매몰비용이다.
② |×| 평균비용곡선이 U자 형태일 때 한계비용곡선은 평균비용곡선의 최저점을 통과한다.
③ |×| 한계비용과 한계생산은 $MC = \dfrac{w}{MP_L}$의 관계에 있으므로 수확체감 현상이 발생하여 생산량이 증가함에 따라 한계생산(MP_L)이 감소하면 한계비용(MC)은 증가한다.
④ |○| 평균비용곡선과 평균가변비용곡선이 모두 U자 형태일 때 평균가변비용곡선의 최저점은 평균비용곡선의 최저점보다 좌측, 즉 더 낮은 생산량 수준에서 나타난다.

04 2011 | 공인회계사

소프트웨어 제작 기업이 직면한 수요함수는 소프트웨어 개발비용의 크기에 따라 아래와 같이 주어진다. 소프트웨어 개발비용 이외의 비용은 0이라고 가정할 때 다음 설명 중 옳은 것은? (단, P는 가격, Q는 수량을 나타낸다.)

> 개발비용이 1,000일 때 : $Q = 100 - P$
> 개발비용이 2,700일 때 : $Q = 150 - P$

① 규제에 의해 소프트웨어 가격이 40으로 결정되면 위 기업은 소프트웨어 개발비용으로 2,700을 투자한다.
② 규제에 의해 소프트웨어 가격이 40으로 결정될 때 위 기업이 소프트웨어 개발비용으로 1,000을 투자하면 음(−)의 이윤을 얻는다.
③ 규제에 의해 소프트웨어 가격이 30으로 결정될 때 위 기업이 소프트웨어 개발비용으로 2,700을 투자하면 음(−)의 이윤을 얻는다.
④ 규제에 의해 소프트웨어 가격이 30으로 결정되면 위 기업은 소프트웨어 개발비용으로 2,700을 투자한다.
⑤ 규제에 의해 소프트웨어 가격이 30으로 결정될 때 위 기업이 소프트웨어 개발비용으로 1,000을 투자하면 음(−)의 이윤을 얻는다.

해설

소프트웨어 개발비용 이외의 비용이 0이므로 총수입($TR = PQ$)에서 개발비용(TC)을 뺀 것이 소프트웨어 제작 기업의 이윤(π)이 된다. 이제, 각 상황에 따른 기업의 이윤을 구해보면 다음과 같다.

i) 소프트웨어 가격이 40으로 규제될 때($P = 40$)
- 개발비용으로 1,000을 투자하면 수요함수가 $Q = 100 - P$이므로 판매량은 $Q = 60$이다. $P = 40$, $Q = 60$이면 총수입은 $TR = 2,400$이고, 개발비용은 $TC = 1,000$이므로 기업의 이윤은 $\pi = 1,400$이 된다.
- 개발비용으로 2,700을 투자하면 수요함수가 $Q = 150 - P$이므로 판매량은 $Q = 110$이다. $P = 40$, $Q = 110$이면 총수입은 $TR = 4,400$이고, 개발비용은 $TC = 2,700$이므로 기업의 이윤은 $\pi = 1,700$이 된다.
⇒ 따라서 소프트웨어 가격이 40으로 규제되면 기업은 개발비용으로 2,700을 투자한다.

ii) 소프트웨어 가격이 30으로 규제될 때($P = 30$)
- 개발비용으로 1,000을 투자하면 수요함수가 $Q = 100 - P$이므로 판매량은 $Q = 70$이다. $P = 30$, $Q = 70$이면 총수입은 $TR = 2,100$이고, 개발비용은 $TC = 1,000$이므로 기업의 이윤은 $\pi = 1,100$이 된다.
- 개발비용으로 2,700을 투자하면 수요함수가 $Q = 150 - P$이므로 판매량은 $Q = 120$이다. $P = 30$, $Q = 120$이면 총수입은 $TR = 3,600$이고, 개발비용은 $TC = 2,700$이므로 기업의 이윤은 $\pi = 900$이 된다.
⇒ 따라서 소프트웨어 가격이 30으로 규제되면 기업은 개발비용으로 1,000을 투자한다.

정답 03. ④ 04. ①

44 단기비용함수

단기비용함수

1. 총비용(TC)

구 분	개 념	비용곡선
총고정비용 (TFC)	생산량의 크기에 관계없이 지출되는 비용	수평선
총가변비용 (TVC)	생산량의 크기에 따라 변화하는 비용	체감적으로 증가하다가, 체증적으로 증가하는 형태
총비용 (TC)	$TC = r\overline{K} + wL = TFC + TVC$	TVC를 TFC만큼 상방으로 이동시킨 형태

2. 평균비용(AC)

구 분	개 념	비용곡선
평균고정비용 (AFC)	• $AFC = \dfrac{TFC}{Q}$ • TFC와 원점을 이은 직선의 기울기	직각쌍곡선
평균가변비용 (AVC)	• $AVC = \dfrac{TVC}{Q}$ • TVC와 원점을 이은 직선의 기울기	U자 형태
평균비용 (AC)	• $AC = \dfrac{TC}{Q} = \dfrac{TFC}{Q} + \dfrac{TVC}{Q}$ $\quad= AFC + AVC$ • TC와 원점을 이은 직선의 기울기	U자 형태

3. 한계비용(MC)
   • 생산량을 1단위 추가적으로 증가시킬 때의 총비용(혹은 총가변비용)의 변화분

$$MC = \frac{\Delta TC}{\Delta Q} = \frac{\Delta TFC}{\Delta Q} + \frac{\Delta TVC}{\Delta Q} = \frac{\Delta TVC}{\Delta Q}$$

   • MC는 TC곡선(혹은 TVC곡선) 접선의 기울기로 측정됨
   • MC곡선은 U자 형태임
   • MC곡선 하방의 면적은 TVC를 나타냄
     📄 MC를 적분하면 TC가 아니라 TVC가 됨

4. 단기비용곡선들의 관계

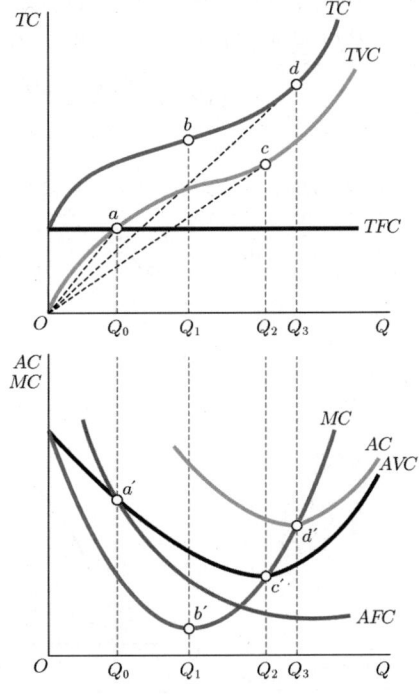

- TC와 TVC는 형태가 동일함
- AC, AVC, MC는 U자 형태임
- AFC는 직각쌍곡선의 형태임
- AVC는 항상 AC의 하방에 위치함
- 생산량이 증가할수록 AVC는 AC에 근접해 감
- AVC의 최저점은 AC의 최저점보다 좌측에 위치함
- MC는 AVC와 AC의 최저점을 통과함
- AC의 최저점에 대응하는 생산량이 최적생산량임

5. 비용과 생산의 관계
- 평균가변비용(AVC)과 평균생산(AP_L)의 관계 : AP_L 극대 ↔ AVC 극소
  - 📄 AP_L이 극대일 때 극소가 되는 것은 AC가 아니라 AVC임

$$AVC = \frac{TVC}{Q} = \frac{wL}{Q} = \frac{w}{\frac{Q}{L}} = \frac{w}{AP_L}$$

- 한계비용(MC)과 한계생산(MP_L)의 관계 : MP_L 극대 ↔ MC 극소

$$MC = \frac{\Delta TVC}{\Delta Q} = \frac{w \Delta L}{\Delta Q} = \frac{w}{\frac{\Delta Q}{\Delta L}} = \frac{w}{MP_L}$$

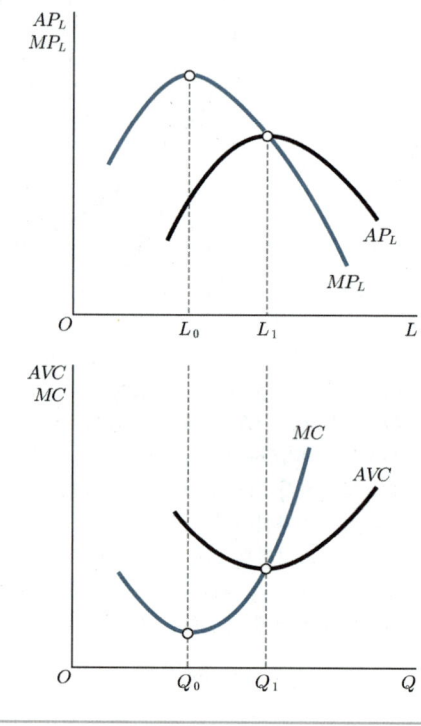

A기업의 단기 생산비용에 대한 정보는 다음 표와 같다. 괄호 안의 값의 크기를 옳게 비교한 것은? (단, Q는 생산량, TC는 총비용, MC는 한계비용, ATC는 평균총비용, AVC는 평균가변비용, AFC는 평균고정비용, FC는 고정비용)

Q	TC	MC	ATC	AVC	AFC	FC
3	60	—		(ㄱ)	10	30
4		(ㄴ)	18			30
5		(ㄷ)		11		30

① ㄱ<ㄴ<ㄷ
② ㄴ<ㄱ<ㄷ
③ ㄱ<ㄷ<ㄴ
④ ㄷ<ㄴ<ㄱ
⑤ ㄷ<ㄱ<ㄴ

ⅰ) 생산량이 $Q=3$일 때 총비용이 $TC=60$이므로 평균총비용은 $ATC=\dfrac{TC}{Q}=\dfrac{60}{3}=20$이다. 따라서 평균가변비용은 $AVC=ATC-AFC=20-10=10$이 된다.

ⅱ) 생산량이 $Q=4$일 때 평균총비용이 $ATC=18$이므로 총비용은 $TC=ATC\times Q=18\times 4=72$이다. 따라서 한계비용은 $MC=72-60=12$가 된다.

ⅲ) 생산량이 $Q=5$일 때 평균가변비용이 $AVC=11$이므로 총가변비용은 $TVC=AVC\times Q=11\times 5=55$이다. 총가변비용이 $TVC=55$이고, 총고정비용이 $TFC=30$이므로 총비용은 $TC=TVC+TFC=55+30=85$이다. 따라서 한계비용은 $MC=85-72=13$이 된다.

이를 바탕으로 표의 빈칸을 채워보면 다음과 같다.

Q	TC	MC	ATC	AVC	AFC	FC
3	60	—	20	(ㄱ) 10	10	30
4	72	(ㄴ) 12	18	10.5	7.5	30
5	85	(ㄷ) 13	17	11	6	30

따라서 'ㄱ<ㄴ<ㄷ'이 된다.

01. ①

02 | 2018 | 공인회계사 | 상 중 하

다음 표는 완전경쟁시장에서 생산 활동을 하고 있는 어떤 기업의 비용을 나타낸 것이다. 이 표를 이용하여 평균비용곡선과 평균가변비용곡선을 그렸더니 그림과 같이 U자 형태로 나타났다. 이 기업의 조업중단가격을 B라고 할 때, 사각형 $ABCD$의 면적은 얼마인가?

생산량	총비용	가변비용
1	30	16
2	36	22
3	44	30
4	56	42
5	72	58
6	92	78
7	116	102

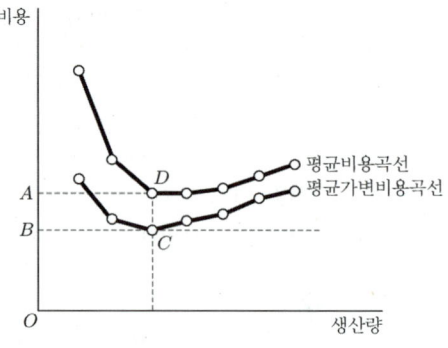

① 10　　　　② 12
③ 14　　　　④ 16
⑤ 30

ⅰ) 평균비용(AC)과 평균가변비용(AVC)의 차이에 해당하는 선분 CD의 길이는 평균고정비용($AFC = AC - AVC$)을 나타내고, 평균고정비용(AFC)에 생산량(Q)을 곱한 □$ABCD$의 면적은 총고정비용($TFC = AFC \times Q$)을 나타낸다.

ⅱ) 결국, 이 문제는 총고정비용(TFC)의 크기를 묻는 문제로, 총고정비용(TFC)은 총비용(TC)에서 총가변비용(TVC)을 뺀 값이므로 생산량에 관계없이 14이다($TFC = TC - TVC$).

03 [2014 | 국회직 8급] 상 중 하

다음 〈보기〉 중 경제학에서 사용하는 '한계(marginal)'와 관련된 설명으로 옳은 것은 모두 몇 개인가?

―| 보기 |―

ㄱ. 한계대체율은 동일한 효용수준을 유지하면서 한 재화 소비량을 한 단위 증가시키기 위하여 감소시켜야 하는 다른 재화의 수량을 의미한다.
ㄴ. 한계 개념은 수학의 도함수 개념을 응용한 것이다.
ㄷ. 한계요소비용은 평균요소비용곡선의 기울기로 측정된다.
ㄹ. 한계비용은 생산을 한 단위 더 할 때의 비용의 변화액이다.
ㅁ. 한계생산은 생산요소를 한 단위 더 투입할 때의 생산의 변화량이다.

① 1개 ② 2개 ③ 3개
④ 4개 ⑤ 5개

ㄱ. |○| 무차별곡선의 (접선의) 기울기인 한계대체율(MRS_{XY})은 동일한 효용수준을 유지하면서 X재 소비를 1단위 증가시키기 위해 감소시켜야 하는 Y재의 수량을 의미한다.
ㄴ. |○| 한계 개념은 수학의 도함수 개념을 응용한 것이다.
ㄷ. |×| 한계요소비용(MFC_L)은 총요소비용(TFC_L)곡선의 (접선의) 기울기로 측정된다.
ㄹ. |○| 한계비용(MC)은 생산을 한 단위 더 할 때의 총비용(TC)의 변화액이다.
ㅁ. |○| 한계생산(MP_L)은 생산요소를 한 단위 더 투입할 때의 총생산(Q)의 변화량이다.

04 [2016 | 국가직 7급] 상 중 하

U자 형태의 평균비용곡선과 한계비용곡선 간의 관계에 대한 설명으로 옳지 않은 것은?

① 한계비용이 평균비용보다 낮을 때에는 평균비용곡선이 음의 기울기를 갖게 된다.
② 평균비용곡선과 한계비용곡선이 서로 교차하는 점에서 평균비용은 최소가 된다.
③ 한계비용이 최소가 되는 점에서 평균비용곡선은 한계비용곡선을 아래에서 위로 교차하며 지나간다.
④ 평균비용이 최소가 되는 점보다 생산량을 증가시키는 경우에는 한계비용이 평균비용보다 높다.

① |○| 한계비용이 평균비용보다 작으면 평균비용이 감소한다. 따라서 평균비용곡선은 음(−)의 기울기를 갖게 된다.
② |○|, ③ |×| 한계비용곡선은 평균비용곡선의 최저점을 통과한다. 즉, 평균비용이 최소가 되는 점에서 한계비용곡선은 평균비용곡선을 아래에서 위로 교차하며 지나간다.
④ |○| 한계비용곡선은 평균비용곡선의 최저점을 아래에서 위로 통과하므로 평균비용이 최소가 되는 점보다 생산량을 증가시키면 한계비용이 평균비용보다 커진다. 한계비용이 평균비용보다 크면 평균비용은 증가한다.

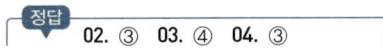

02. ③ 03. ④ 04. ③

05 기업 A의 총비용곡선에 관한 설명으로 옳지 않은 것은? (단, 생산요소는 한 종류이며, 요소가격은 변하지 않는다.)

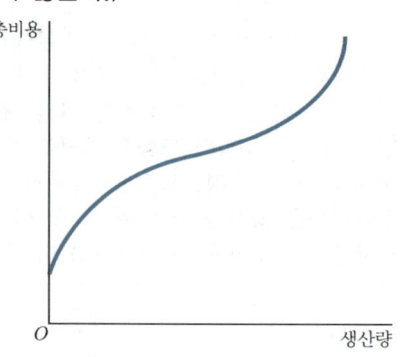

① 총평균비용곡선은 U자 모양을 가진다.
② 총평균비용이 하락할 때 한계비용이 총평균비용보다 크다.
③ 평균고정비용곡선은 직각쌍곡선의 모양을 가진다.
④ 생산량이 증가함에 따라 한계비용곡선은 평균가변비용곡선의 최저점을 아래에서 위로 통과한다.
⑤ 생산량이 증가함에 따라 총비용곡선의 기울기가 급해지는 것은 한계생산이 체감하기 때문이다.

해설

주어진 그림은 단기총비용곡선으로, 고정요소가 존재하는 단기에 총비용곡선은 총가변비용곡선을 총고정비용만큼 상방으로 이동시킨 형태이다.
①, ④ |○| 평균비용곡선, 평균가변비용곡선 및 한계비용곡선은 U자 형태이며, 한계비용곡선은 평균비용곡선과 평균가변비용곡선의 최저점을 아래에서 위로 통과한다.
② |×| 평균비용이 하락할 때 한계비용은 평균비용보다 작다.
③ |○| 평균고정비용곡선은 직각쌍곡선의 형태이다.
⑤ |○| 한계비용과 한계생산은 $MC = \dfrac{w}{MP_L}$의 관계에 있다. 따라서 생산량이 증가함에 따라 총비용곡선의 기울기인 한계비용이 체증하는 것은 한계생산이 체감하기 때문이다.

06 다음은 기업 A, B의 총비용곡선이다. 이에 대한 설명 중 옳은 것은?

⟨기업 A⟩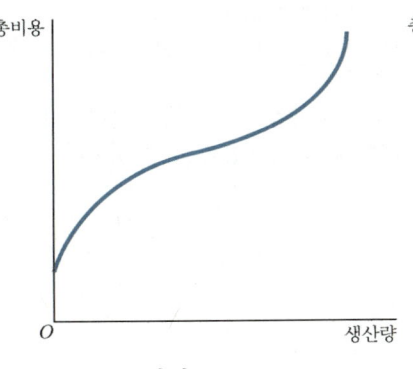

⟨기업 B⟩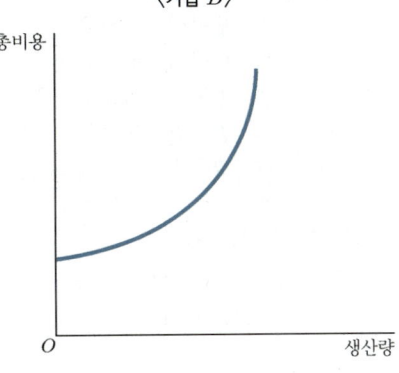

	기업 A	기업 B
①	한계비용곡선이 우상향	평균비용곡선이 U자형
②	평균비용곡선이 U자형	한계비용곡선이 우상향
③	평균비용곡선이 우상향	한계비용곡선이 U자형
④	한계비용곡선이 우상향	한계비용곡선이 우상향
⑤	평균비용곡선이 U자형	평균비용곡선이 우상향

Tip. 한계(marginal)는 한 점에서의 접선의 기울기이고, 평균(average)은 한 점과 원점을 이은 직선의 기울기이다.

한계비용은 총비용곡선의 접선의 기울기로, 평균비용은 총비용곡선상의 한 점과 원점을 이은 직선의 기울기로 각각 측정된다.

ⅰ) 기업 A
총비용곡선의 접선의 기울기인 한계비용이 체감하다가 체증하므로 한계비용곡선은 U자 형태로 도출된다. 그리고 총비용곡선상의 한 점과 원점을 이은 직선의 기울기인 평균비용도 체감하다가 체증하므로 평균비용곡선도 U자 형태로 도출된다.

ⅱ) 기업 B
총비용곡선의 접선의 기울기인 한계비용이 지속적으로 체증하므로 한계비용곡선은 우상향의 형태로 도출된다. 그러나 총비용곡선상의 한 점과 원점을 이은 직선의 기울기인 평균비용은 체감하다가 체증하므로 평균비용곡선은 U자 형태로 도출된다.

05. ② 06. ②

07

| 2017 | 공인노무사 | 상 중 하 |

여러 가지 비용곡선에 관한 설명으로 옳은 것을 모두 고른 것은?

> ㄱ. 평균비용곡선은 평균가변비용곡선의 위에 위치한다.
> ㄴ. 평균비용곡선이 상승할 때 한계비용곡선은 평균비용곡선 아래에 있다.
> ㄷ. 평균고정비용곡선은 우하향한다.
> ㄹ. 총가변비용곡선의 기울기와 총비용곡선의 기울기는 다르다.
> ㅁ. 평균비용은 평균고정비용에 평균가변비용을 더한 값이다.

① ㄱ, ㄴ, ㄷ
② ㄱ, ㄷ, ㅁ
③ ㄱ, ㄹ, ㅁ
④ ㄴ, ㄷ, ㄹ
⑤ ㄴ, ㄹ, ㅁ

해설

ㄱ. ㅁ. |O| 평균비용은 평균고정비용에 평균가변비용을 더한 값이므로($AC = AFC + AVC$) 평균비용곡선은 평균가변비용곡선의 상방에 위치한다.

ㄴ. |X| 평균비용이 상승할 때 한계비용은 평균비용보다 크므로 한계비용곡선은 평균비용곡선의 상방에 위치한다.

ㄷ. |O| 평균고정비용곡선은 우하향하는 직각쌍곡선의 형태이다.

ㄹ. |X| 총비용곡선은 총가변비용곡선을 총고정비용만큼 상방으로 이동시킨 것이므로 두 곡선의 형태는 동일하다. 따라서 두 곡선의 기울기도 동일하다.

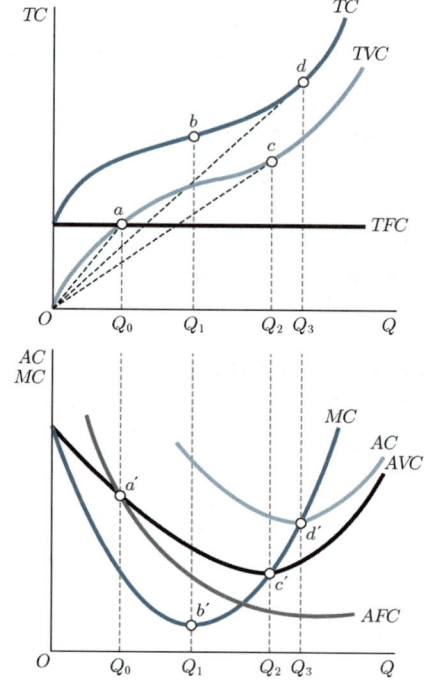

08 [2013 | 감정평가사]

평균총비용곡선이 U자형인 A기업의 단기 비용곡선에 관한 설명으로 옳은 것은? (단, 생산요소가격은 불변이며, 고정생산요소가 존재한다.)

① 한계비용이 평균총비용보다 클 때, 생산량이 증가함에 따라 평균총비용은 증가한다.
② 한계비용이 평균총비용보다 클 때, 생산량이 증가함에 따라 평균고정비용은 증가한다.
③ 평균총비용곡선과 평균가변비용곡선은 동일한 생산량 수준에서 최저점에 도달한다.
④ 어떤 생산량의 한계비용은 원점에서 그 생산량에 해당하는 가변비용곡선상의 점을 이은 직선의 기울기이다.
⑤ 어떤 생산량의 평균총비용은 그 생산량에 해당하는 총비용곡선상의 점에서 그은 접선의 기울기이다.

해설

Tip. '한계>평균'이면 평균은 증가하고, '한계<평균'이면 평균은 감소한다.

① |○| 한계비용이 평균비용보다 크면 생산량이 증가함에 따라 평균비용은 증가한다.
② |×| 평균고정비용곡선은 직각쌍곡선의 형태이다. 따라서 한계비용이나 평균비용의 크기와 관계없이 생산량이 증가함에 따라 평균고정비용은 꾸준히 감소한다.
③ |×| 평균가변비용곡선의 최저점이 평균비용곡선의 최저점보다 좌측, 즉 더 낮은 생산량 수준에서 나타난다.
④ |×| 한계비용은 그 생산량에 해당하는 총비용곡선(혹은 총가변비용곡선)의 접선의 기울기이다.
⑤ |×| 평균비용은 그 생산량에 해당하는 총비용곡선상의 한 점과 원점을 이은 직선의 기울기이고, 평균가변비용은 그 생산량에 해당하는 총가변비용곡선상의 한 점과 원점을 이은 직선의 기울기이다.

09 [2016 | 보험계리사]

단기에 있어서 어떤 기업의 유일한 가변요소가 노동이며 노동의 한계생산물은 처음에 증가하다가 궁극적으로 감소한다. 이 경우 기업의 단기 비용곡선들에 관한 다음 기술 중 틀린 것은?

① 평균가변비용곡선, 평균비용곡선, 한계비용곡선은 모두 U자의 모양을 갖는다.
② 한계비용곡선은 평균비용곡선의 최저점을 통과한다.
③ 한계비용곡선의 최저점은 평균비용곡선의 최저점보다 오른쪽에 위치한다.
④ 평균비용곡선과 평균가변비용곡선 간의 수직거리는 평균고정비용의 크기를 나타낸다.

해설

① |○| 평균가변비용곡선과 평균비용곡선 및 한계비용곡선은 모두 U자 형태이다.
② |○| 한계비용곡선은 평균가변비용곡선과 평균비용곡선의 최저점을 통과한다.
③ |×| 한계비용곡선의 최저점은 평균비용곡선의 최저점보다 좌측에 위치한다.
④ |○| 평균비용과 평균가변비용의 차이에 해당하는 평균비용곡선과 평균가변비용곡선 간의 수직거리는 평균고정비용($AFC = AC - AVC$)을 나타낸다.

정답 07. ② 08. ① 09. ③

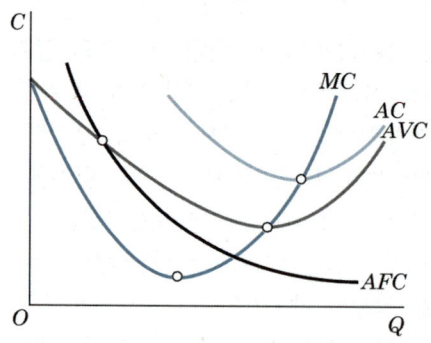

10 [2012 | 감정평가사] 상 중 하

고정비용이 존재하고 노동만이 가변요소인 기업의 단기비용에 관한 설명으로 옳지 않은 것은?

① 단기평균고정비용곡선은 언제나 우하향한다.
② 단기총평균비용은 단기평균가변비용과 단기평균고정비용의 합이다.
③ 노동의 한계생산이 체감하면 단기한계비용곡선은 우상향한다.
④ 노동의 한계생산이 불변이면 단기총평균비용곡선은 수평이다.
⑤ 단기한계비용이 단기총평균비용보다 큰 경우 단기총평균비용은 증가한다.

해설

① |○| 평균고정비용곡선은 직각쌍곡선의 형태이므로 항상 우하향한다.
② |○| 평균비용은 평균가변비용과 평균고정비용의 합이다($AC = AVC + AFC$).
③ |○| 한계비용과 한계생산은 $MC = \dfrac{w}{MP_L}$ 의 관계에 있다. 따라서 노동의 한계생산이 체감하면 한계비용이 체증하고, 그에 따라 한계비용곡선은 우상향한다.
④ |×| $MC = \dfrac{w}{MP_L}$ 의 관계에서 노동의 한계생산이 불변이면 한계비용이 일정하다. 한계비용이 일정하면 총가변비용곡선은 원점을 지나는 직선이 되므로, 총가변비용곡선을 총고정비용만큼 상방으로 이동시킨 총비용곡선은 세로축 절편이 총고정비용인 우상향의 직선이 된다. 따라서 총비용곡선상의 한 점과 원점을 이은 직선의 기울기로 측정되는 평균비용이 체감하고, 그에 따라 평균비용곡선은 우하향한다.
⑤ |○| 한계비용이 평균비용보다 크면 평균비용은 증가한다.

> **ReCheck 비용과 생산의 관계**
>
> - 평균가변비용(AVC)과 평균생산(AP_L)의 관계 : AP_L 극대 ↔ AVC 극소
>   → AP_L이 극대일 때 극소가 되는 것은 AC가 아니라 AVC임
>
> $$AVC = \frac{TVC}{Q} = \frac{wL}{Q} = \frac{w}{\frac{Q}{L}} = \frac{w}{AP_L}$$
>
> - 한계비용(MC)과 한계생산(MP_L)의 관계 : MP_L 극대 ↔ MC 극소
>
> $$MC = \frac{\Delta TVC}{\Delta Q} = \frac{w\Delta L}{\Delta Q} = \frac{w}{\frac{\Delta Q}{\Delta L}} = \frac{w}{MP_L}$$

11 | 2014 | 보험계리사 | 상 중 하 |

다음 직선은 한계비용(MC)과 생산량(Output) 간의 관계를 나타낸다. 한계생산 체감 현상이 발생하는 한계비용의 형태는?

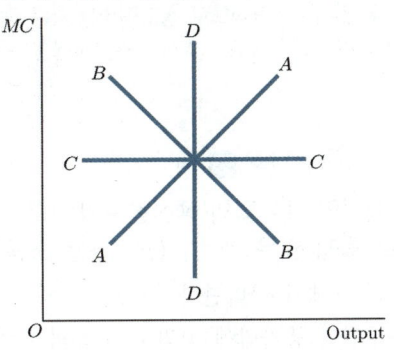

① AA
② BB
③ CC
④ DD

해설

한계비용과 한계생산은 $MC = \dfrac{w}{MP_L}$ 의 관계에 있으므로 한계생산이 체감하면 한계비용은 체증한다. 따라서 한계비용곡선은 우상향의 형태(선분 AA)로 도출된다.

정답 10. ④ 11. ①

12 [2007 | 공인회계사] 상 중 하

자본은 고정요소이고 노동은 가변요소라고 가정하자. 임금수준과 단기총생산함수는 알려져 있다. 이로부터 얻을 수 있는 정보가 아닌 것은?

① 노동의 한계생산 ② 노동의 평균생산
③ 단기한계비용   ④ 평균가변비용
⑤ 단기평균비용

해설

①, ② | O | 단기총생산함수(Q)가 주어지면 노동의 한계생산은 $MP_L = \frac{\Delta Q}{\Delta L}$로, 노동의 평균생산은 $AP_L = \frac{Q}{L}$로 구할 수 있다.

③, ④ | O | 한계비용과 한계생산은 $MC = \frac{w}{MP_L}$의 관계에 있고, 평균가변비용과 평균생산은 $AVC = \frac{w}{AP_L}$의 관계에 있으므로 단기총생산함수(Q)와 임금(w)이 주어지면 한계비용과 평균가변비용도 구할 수 있다.

⑤ | X | 평균비용은 $AC = \frac{TC}{Q} = \frac{TFC}{Q} + \frac{TVC}{Q} = AFC + AVC$이므로 평균비용을 구하기 위해서는 추가적으로 총고정비용(혹은 평균고정비용)이 주어져야 한다. 즉, 고정요소인 자본에 관한 정보 없이는 평균비용을 구할 수 없다.

13 [2013 | 국회직 8급] 상 중 하

소규모 기업인 A 기업의 생산함수가 $Y = L^2$으로 주어져 있다고 하자. 이에 대한 설명으로 옳지 않은 것은? (단, L은 노동, Y는 생산량을 나타냄)

① 규모의 경제가 나타난다.
② 노동투입이 증가함에 따라서 노동의 한계생산은 증가한다.
③ 생산요소시장이 완전경쟁적일 때, 평균비용은 우하향한다.
④ 생산요소시장이 완전경쟁적일 때, 한계비용은 우하향한다.
⑤ 한계비용이 평균비용을 통과하는 점에서 효율적 생산량이 존재한다.

해설

① | O | 생산함수 $Y = L^2$이 2차 동차 생산함수이므로 규모에 대한 수익이 체증하고(IRS), 규모의 경제가 나타난다.

🔍 생산함수가 동차 생산함수이면 규모의 경제는 규모에 대한 수익체증(IRS)을, 규모의 불경제는 규모에 대한 수익체감(DRS)을 의미하며, 그 역도 성립한다.

②, ④ |○| 노동의 한계생산은 $MP_L = \dfrac{\Delta Y}{\Delta L} = 2L$이므로 노동투입량이 증가하면 노동의 한계생산이 증가한다. 한계비용과 한계생산은 $MC = \dfrac{w}{MP_L}$의 관계에 있으므로 노동의 한계생산이 증가하면 한계비용이 감소하고, 그에 따라 한계비용곡선은 우하향한다.

③ |○| 노동의 평균생산은 $AP_L = \dfrac{Y}{L} = L$이므로 노동투입량이 증가하면 노동의 평균생산이 증가한다. 평균가변비용과 평균생산은 $AVC = \dfrac{w}{AP_L}$의 관계에 있으므로 노동의 평균생산이 증가하면 평균가변비용(=평균비용)이 감소하고, 그에 따라 평균가변비용곡선(=평균비용곡선)은 우하향한다.
　주어진 생산함수는 고정비용이 존재하지 않으므로 평균가변비용이 곧 평균비용이다.

⑤ |×| 규모의 경제가 존재하면 평균비용이 지속적으로 하락하므로 평균비용곡선이 우하향한다. 평균비용곡선이 우하향하면 한계비용곡선은 평균비용곡선의 하방에 위치하므로 한계비용곡선이 평균비용곡선을 통과하는 경우는 나타나지 않는다.

14 | 2015 | 공인노무사 | 상 중 하

완전경쟁기업의 단기총비용함수가 $C = 100 + Q^2$일 경우, 다음 설명 중 옳지 않은 것은? (단, C는 비용, Q는 생산량임)

① 이 기업의 고정비용은 100이다.
② 이 기업의 가변비용은 Q^2이다.
③ 이 기업의 평균가변비용은 Q이다.
④ 이 기업의 평균비용은 $100 + Q$이다.
⑤ 이 기업의 한계비용은 $2Q$이다.

①, ② |○| 단기비용함수 $TC = 100 + Q^2$에서 생산량(Q)에 관계없이 지출되는 고정비용은 $TFC = 100$이고, 생산량(Q)에 따라 변화하는 가변비용은 $TVC = Q^2$이다.

③ |○| 평균가변비용은 $AVC = \dfrac{TVC}{Q} = Q$이다.

④ |×| 평균비용은 $AC = \dfrac{TC}{Q} = \dfrac{100}{Q} + Q$이다.

⑤ |○| 한계비용은 $MC = \dfrac{\Delta TC}{\Delta Q} = \dfrac{\Delta TVC}{\Delta Q} = 2Q$이다.

15

[2015 | 감정평가사] 상 중 하

甲기업의 단기총비용함수가 $C=100+10Q$일 때, 甲기업의 비용에 관한 설명으로 옳지 않은 것은? (단, Q는 양(+)의 생산량이다.)

① 고정비용은 100이다.
② 모든 생산량 수준에서 한계비용은 10이다.
③ 생산량이 증가함에 따라 총비용은 증가한다.
④ 생산량이 증가함에 따라 평균비용은 감소한다.
⑤ 모든 생산량 수준에서 한계비용은 평균비용보다 크다.

① |○| 단기비용함수 $TC=100+10Q$에서 생산량(Q)에 관계없이 지출되는 고정비용은 $TFC=100$이고, 생산량(Q)에 따라 변화하는 가변비용은 $TVC=10Q$이다.

② |○| 한계비용은 $MC=\dfrac{\Delta TC}{\Delta Q}=\dfrac{\Delta TVC}{\Delta Q}=10$이므로 모든 생산량($Q$) 수준에서 일정하다.

③ |○| 총비용은 $TC=100+10Q$이므로 생산량(Q)이 증가함에 따라 증가한다.

④ |○| 평균비용은 $AC=\dfrac{TC}{Q}=\dfrac{100}{Q}+10$이므로 생산량($Q$)이 증가함에 따라 감소한다.

⑤ |×| 한계비용이 $MC=10$이고, 평균비용이 $AC=\dfrac{100}{Q}+10$이므로 모든 생산량(Q) 수준에서 평균비용은 한계비용보다 크다.

16

[2012 | 국회직 8급] 상 중 하

어떤 기업의 고정비용(fixed cost)은 50이고 평균가변비용(average variable cost)은 100이다. 〈보기〉에서 이 기업의 단기생산비용에 대한 설명으로 옳은 것을 모두 고른 것은?

> ㄱ. 총가변비용곡선은 원점을 통과하는 직선이다.
> ㄴ. 평균고정비용곡선은 기울기가 음(−)이다.
> ㄷ. 한계비용곡선은 기울기가 양(+)이다.
> ㄹ. 총비용곡선은 기울기가 양(+)이다.

① ㄱ, ㄷ   ② ㄱ, ㄹ   ③ ㄴ, ㄷ
④ ㄱ, ㄴ, ㄷ   ⑤ ㄱ, ㄴ, ㄹ

ㄱ. |○| 평균가변비용이 $AVC=100$이므로 총가변비용은 $TVC=AVC\times Q=100Q$이다. 따라서 총가변비용곡선은 원점을 지나는 직선이다.

ㄴ. |○| 총고정비용이 $TFC=50$이므로 평균고정비용은 $AFC=\dfrac{TFC}{Q}=\dfrac{50}{Q}$이다. 평균고정비용곡선이 우하향하는 직각쌍곡선이므로 기울기는 음(−)이다.

ㄷ. |×|, ㄹ. |○| 총비용이 $TC = TFC + TVC = 50 + 100Q$이므로 한계비용은 $MC = \dfrac{\Delta TC}{\Delta Q}$ $= \dfrac{\Delta TVC}{\Delta Q} = 100$이다. 따라서 한계비용곡선은 수평선이고, 총비용곡선의 기울기인 한계비용이 0보다 크면서 일정하므로 총비용곡선의 기울기는 양(+)이다.

17

[2015 | 공인회계사] [상] [중] [하]

평균비용곡선이 U자형인 어느 기업이 현재 100단위를 생산하고 있으며, 이때 한계비용은 50, 평균비용은 60이라고 한다. 다음 설명 중 옳은 것을 모두 고르면?

> 가. 이 기업의 한계수입이 판매량에 관계없이 50이면, 이 기업은 100단위를 판매하여 양(+)의 이윤을 얻을 수 있다.
> 나. 이 기업이 생산량을 감소시키면, 평균비용은 증가한다.
> 다. 평균비용곡선의 최저점에서 생산량은 100보다 크다.
> 라. 생산량이 100일 때 평균가변비용이 50이라면 총고정비용은 1,000이다.

① 가, 나　　② 나, 라　　③ 가, 다, 라
④ 나, 다, 라　　⑤ 가, 나, 다, 라

해설

평균비용곡선이 U자 형태이고, 생산량이 $Q = 100$일 때 한계비용은 $MC = 50$, 평균비용은 $AC = 60$이므로 한계비용이 평균비용보다 작다. 따라서 평균비용곡선이 우하향하는 구간에 해당한다.

가. |×| 한계수입이 판매량에 관계없이 $MR = 50$으로 일정하면 이 기업은 시장에서 결정된 가격을 그대로 받아들이는 가격수용자이다. 이러한 완전경쟁기업의 경우 한계수입이 곧 가격이므로 $P = MR = MC = 50$이고, 평균비용이 $AC = 60$이므로 가격이 평균비용보다 낮다($P < AC$). 따라서 재화 단위당 10의 손실이 발생한다.

나. |○| 생산량이 $Q = 100$일 때 평균비용곡선이 우하향하므로 생산량을 감소시키면 평균비용은 증가한다.

다. |○| 생산량이 $Q = 100$일 때 평균비용곡선이 우하향하므로 평균비용곡선 최저점에서의 생산량은 100단위보다 많다.

라. |○| 생산량이 $Q = 100$일 때 평균비용이 $AC = 60$이므로 평균가변비용이 $AVC = 50$이라면 평균고정비용은 $AFC = AC - AVC = 10$이다. 평균고정비용이 $AFC = 10$이고, 생산량이 $Q = 100$이면 총고정비용은 $TFC = AFC \times Q = 10 \times 100 = 1,000$이 된다.

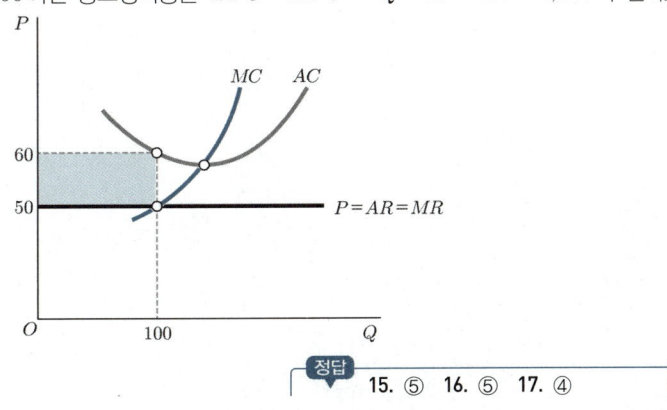

정답 15. ⑤　16. ⑤　17. ④

18 ｜2012 ｜ 국가직 7급 ｜ 상 중 하

생산자비용 및 생산자선택이론에 대한 설명으로 옳은 것은?
① 생산량 증가 시 한계비용이 평균비용보다 크면 평균비용은 하락한다.
② 공급곡선이 원점을 통과하여 우상향하는 직선인 경우 공급의 가격탄력성은 기울기에 관계없이 모두 1이다.
③ 한 재화의 생산량 증가에 따라 평균비용이 감소하는 것을 범위의 경제라 한다.
④ 총비용곡선이 직선인 경우에도 기업의 이윤극대화 산출량은 0이나 무한대가 될 수 없다.

① |×| 생산량 증가 시 한계비용이 평균비용보다 크면 평균비용은 상승한다.
② |○| 공급곡선이 원점을 지나는 직선이면 공급의 가격탄력성은 기울기에 관계없이 항상 1이다.
③ |×| 한 재화의 생산량이 증가함에 따라 (장기)평균비용이 감소하는 것은 규모의 경제이다. 범위의 경제는 한 기업이 여러 재화를 동시에 생산하는 것이 여러 기업이 각각 한 가지의 재화를 생산할 때보다 비용이 적게 드는 경우를 말한다.
④ |×| 총비용곡선이 우상향의 직선인 경우에도 모든 생산량 수준에서 총수입이 총비용보다 작다면 기업의 이윤극대화 생산량은 0이 된다. 반대로, 모든 생산량 수준에서 총수입이 총비용보다 크다면 기업의 이윤극대화 생산량은 무한대(∞)가 된다.

정답 18. ②

45 장기비용함수

장기비용함수

1. 규모에 대한 수익과 장기비용곡선

규모에 대한 수익체증(IRS)	규모에 대한 수익불변(CRS)	규모에 대한 수익체감(DRS)

• 규모의 경제
• LAC 우하향
  ($LAC > LMC$)
• LTC 체감적으로 증가
	• 규모에 대한 수익불변
	• LAC 수평선
	  ($LAC = LMC$)
	• LTC 원점을 지나는 직선
		• 규모의 불경제(비경제)
		• LAC 우상향
		  ($LAC < LMC$)
		• LTC 체증적으로 증가

a) LTC곡선	a) LTC곡선	a) LTC곡선
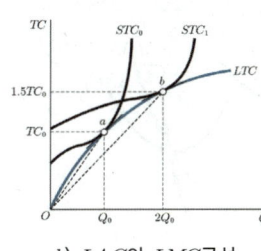	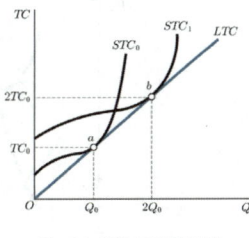	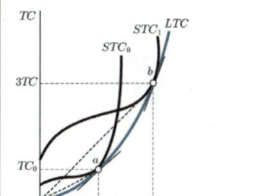
b) LAC와 LMC곡선	b) LAC와 LMC곡선	b) LAC와 LMC곡선
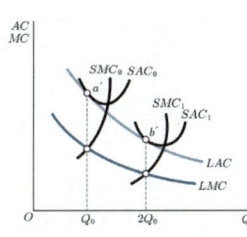	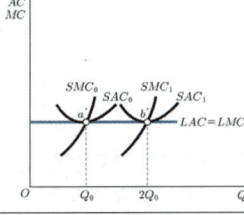	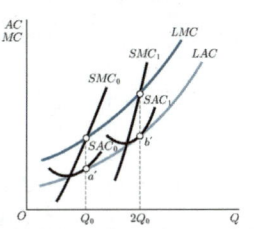

▶ 단기비용곡선은 수확체감의 법칙에 따라 도출되나, 장기비용곡선은 규모에 대한 수익에 따라 도출됨

2. 단기비용곡선들과 장기비용곡선들의 관계

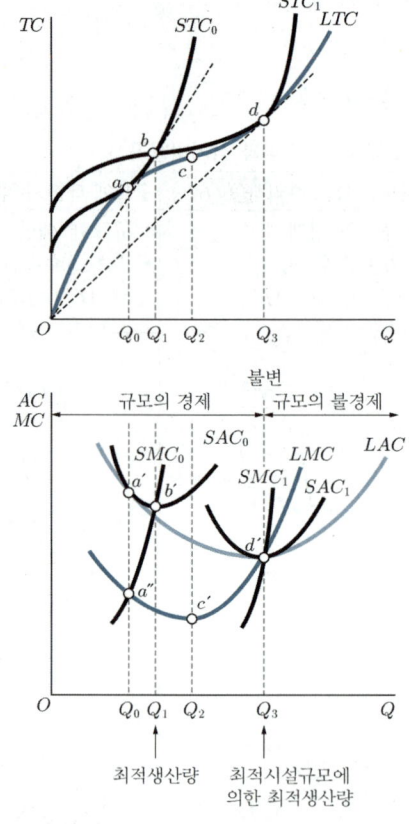

- LTC는 STC의 포락선으로, STC와 유사한 형태임
- LAC는 SAC의 포락선으로, SAC와 같은 U자 형태임
- LMC는 SMC의 포락선이 아님
- 장기에는 고정비용이 존재하지 않으므로 LTC는 원점을 통과함
- LAC의 최저점에서는 SAC의 최저점과 LAC가 접함
- LAC의 최저점 좌측에서는 SAC의 최저점 좌측이 LAC와 접하고, LAC의 최저점 우측에서는 SAC의 최저점 우측이 LAC와 접함
  → LAC는 SAC의 최저점을 연결한 곡선이 아님
- LMC는 LAC의 최저점을 통과함
- LTC와 STC가 접하는 점에서 LAC와 SAC는 접하고, LMC와 SMC는 교차함

3. 최적생산량과 최적시설규모

- 최적생산량 : SAC의 최저점에 대응하는 생산량
- 최적시설규모 : LAC의 최저점과 접하는 SAC에 대응하는 시설규모
  📄 최소효율규모 : 최적시설규모 중 가장 작은 시설규모(LAC가 L자 형태일 때)
- 최적시설규모에 의한 최적생산량 : LAC의 최저점에서는 SAC의 최저점과 LAC가 접하므로, 이를 최적시설규모에 의한 최적생산량이라고 함

01 [2011 | 보험계리사]

생산비용곡선과 관련된 다음의 서술 중 빈칸에 들어갈 용어를 옳게 고른 것은?

> 한계비용곡선과 장·단기평균비용곡선이 U자 형태를 취할 때 한계비용곡선이 우상향하는 것은 수확이 (가)하기 때문이고, 장기평균비용곡선이 우상향하는 것은 규모에 대한 보수가 (나)하기 때문이다.

	가	나		가	나
①	체감	감소	②	체감	증가
③	체증	감소	④	체증	증가

i) 한계비용과 한계생산은 $MC = \dfrac{w}{MP_L}$의 관계에 있으므로 한계생산이 체감하면 한계비용이 체증한다. 따라서 단기에 한계비용곡선이 우상향하는 것은 수확체감의 법칙 때문이다.

ii) 규모에 대한 수익이 체증하면 장기평균비용곡선이 우하향하고, 규모에 대한 수익이 체감하면 장기평균비용곡선이 우상향한다.

◉ 단기비용곡선은 수확체감의 법칙에 따라 도출되나, 장기비용곡선은 규모에 대한 수익에 따라 도출된다.

02 [2012 | 국회직 8급]

단기와 장기의 비용곡선 간 관계를 설명한 것이다. 다음 설명 중 옳지 않은 것은?
① 단기총비용곡선은 장기총비용곡선과 한 점에서만 접한다.
② 단기평균비용곡선의 최저점은 장기평균비용곡선의 최저점과 항상 일치하지는 않는다.
③ 단기와 장기의 총비용곡선이 서로 접하는 산출량 크기에서 단기와 장기의 한계비용곡선도 서로 접한다.
④ 단기와 장기의 총비용곡선이 서로 접하면 단기와 장기의 평균비용곡선도 서로 접한다.
⑤ 단기평균비용곡선은 장기평균비용곡선과 한 점에서만 접한다.

Tip. LTC와 STC가 접하는 점에서 LAC와 SAC는 접하고, LMC와 SMC는 교차한다.

① |○| 단기총비용(STC)곡선은 장기총비용(LTC)곡선과 한 점에서만 접한다.
② |○| 장기평균비용(LAC)곡선의 최저점에서만 단기평균비용곡선(SAC)의 최저점과 장기평균비용(LAC)곡선의 최저점이 접한다.
③ |×|, ④ |○| 단기총비용(STC)곡선과 장기총비용(LTC)곡선이 접하는 생산량 수준에서 단기평균비용곡선(SAC)과 장기평균비용(LAC)곡선이 접한다. 그러나 단기한계비용(SMC)곡선과 장기한계비용(SMC)은 교차할 뿐, 접하지는 않는다.
⑤ |○| 단기평균비용(SAC)곡선은 장기평균비용(LAC)곡선과 한 점에서만 접한다.

정답 01. ① 02. ③

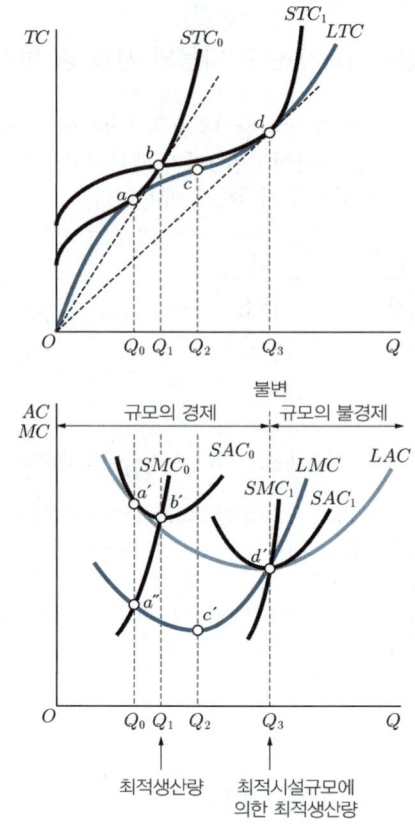

03 | 2017 | 공인회계사 | 상 중 하

어느 기업의 장기총비용곡선은 우상향하는 곡선이고, 장기평균비용곡선과 단기평균비용곡선은 U자형이다. 현재 생산량에서 장기평균비용이 60이고, 장기한계비용이 60이다. 그리고 생산량과 관계없이 생산요소가격은 일정하다. 이 기업에 대한 다음 설명 중 옳은 것을 모두 고르면?

> 가. 현재 생산량에서 장기평균비용곡선은 단기평균비용곡선의 최저점에서 접한다.
> 나. 생산량이 현재의 2배가 되면, 총비용은 현재의 2배보다 크다.
> 다. 생산량이 현재의 0.5배가 되면, 총비용은 현재의 0.5배보다 크다.
> 라. 모든 생산량에서 장기총비용은 단기총비용보다 작거나 같다.

① 가, 나
② 가, 라
③ 가, 나, 다
④ 나, 다, 라
⑤ 가, 나, 다, 라

해설

가. |○| 장기한계비용(LMC)곡선은 장기평균비용(LAC)곡선의 최저점을 통과한다. 그런데 현재의 생산량 수준에서 장기한계비용과 장기평균비용이 동일하므로($LMC = LAC = 60$) 현재 장기평균비용(LAC)곡선의 최저점에서 생산이 이루어지고 있음을 알 수 있다.

나. 다. |○| 현재 U자 형태의 장기평균비용(LAC)곡선의 최저점에서 생산이 이루어지고 있으므로 생산량이 현재의 2배가 되거나 현재의 0.5배가 되면 장기평균비용이 상승하여 총비용은 현재의 2배 혹은 현재의 0.5배보다 커진다.

라. |○| 단기와 달리 장기에는 시설규모를 최적 수준으로 조정하는 것이 가능해지므로 모든 생산량 수준에서 장기총비용은 단기총비용과 같거나 단기총비용보다 작다. 즉, 장기총비용(LTC)곡선은 단기총비용(STC)곡선을 아래로부터 감싸는 포락선이다.

04 [2010 | 감정평가사] [상][중][하]

A기업의 생산함수는 $Y = L - 100$이고, 노동 1단위당 임금은 1이다. 다음 설명 중 옳은 것은? (단, L은 노동, Y는 생산량, $Y > 0$이다.)

① 노동의 한계생산이 체감한다.
② 노동의 평균생산은 일정하다.
③ 생산량이 늘어남에 따라 평균비용은 처음에는 감소하나 생산량이 일정 수준을 넘어서면 점차 증가한다.
④ 생산량이 일정 수준을 넘어서면 한계비용이 평균비용보다 더 커진다.
⑤ 규모의 경제가 나타난다.

해설

① |×| 노동의 한계생산은 $MP_L = \dfrac{\Delta Y}{\Delta L} = 1$이므로 노동의 한계생산은 일정하다.

② |×| 노동의 평균생산은 $AP_L = \dfrac{Y}{L} = 1 - \dfrac{100}{L}$이므로 노동투입량($L$)이 증가하면 노동의 평균생산은 체증한다.

③. ④ |×| $w = 1$이므로 비용함수는 $TC = wL = L = Y + 100$이다. 비용함수 $TC = Y + 100$에서 평균비용과 한계비용은 각각 다음과 같다.

- $AC = \dfrac{TC}{Y} = 1 + \dfrac{100}{Y}$
- $MC = \dfrac{\Delta TC}{\Delta Y} = 1$

그러므로 생산량(Y)이 증가함에 따라 평균비용은 체감하고, 모든 생산량(Y) 수준에서 평균비용은 한계비용보다 크다.

🔍 평균가변비용과 평균생산은 $AVC = \dfrac{w}{AP_L}$의 관계에 있으므로 노동의 평균생산이 체증하면 평균가변비용은 체감한다. 평균가변비용이 체감하면 평균비용도 체감하므로 평균비용곡선이 우하향한다. 평균비용곡선이 우하향하면 한계비용곡선은 평균비용곡선의 하방에 위치한다.

⑤ |○| 평균비용곡선이 우하향하므로 규모의 경제가 나타난다.

정답 03. ⑤ 04. ⑤

05 [2012 | 감정평가사]

기업 A의 생산함수는 $Q=LK$이다. 노동과 자본의 가격이 각각 1원일 때, 다음 설명으로 옳지 않은 것은? (단, Q는 생산량, L은 노동, K는 자본이다.)

① 규모에 대한 수익이 체증한다.
② 노동의 한계생산은 체감한다.
③ 자본의 양이 단기적으로 1로 고정되어 있는 경우 100개를 생산하는 데 드는 총비용은 101원이다.
④ 자본의 양이 단기적으로 1로 고정되어 있는 경우 단기총평균비용은 생산량이 늘어나면 하락한다.
⑤ 자본이 양이 단기적으로 1로 고정되어 있는 경우 한계비용은 불변이다.

① |O| 생산함수 $Q=LK$는 지수값의 합이 2인 2차 동차 콥-더글라스 생산함수이므로 규모에 대한 수익체증(IRS)이다.

② |X| 노동의 한계생산은 $MP_L = \dfrac{\Delta Q}{\Delta L} = K$이므로 노동투입량($L$)이 증가하더라도 노동의 한계생산은 불변이다.

③ |O| 자본의 양이 $K=1$로 고정되어 있다면 생산함수는 $Q=LK=L$이고, $w=1$, $r=1$이므로 비용함수는 $TC=wL+rK=Q+1$이다. 비용함수 $TC=Q+1$에 $Q=100$을 대입하면 총비용은 $TC=100+1=101$원이 된다.

④, ⑤ |O| 자본의 양이 $K=1$로 고정되어 있을 때 비용함수가 $TC=Q+1$이므로 평균비용과 한계비용은 각각 다음과 같다.

- $AC = \dfrac{TC}{Q} = 1 + \dfrac{1}{Q}$
- $MC = \dfrac{\Delta TC}{\Delta Q} = 1$

그러므로 생산량(Q)이 증가하면 평균비용은 하락하나, 한계비용은 1로 불변이다.

06 | 2010 공인회계사 |

기업의 생산기술과 생산비용에 대한 다음 설명 중 옳은 것을 모두 고르면?

> 가. 규모에 대한 수확체증(increasing returns to scale)과 규모의 경제(economies of scale)는 동일한 개념이다.
> 나. 노동투입량이 동일하더라도 자본투입량의 크기에 따라 노동의 한계생산이 변화할 수 있다.
> 다. 노동의 한계생산과 노동의 평균생산의 차이를 알고 있으면, 노동투입량 증가에 따라 노동의 평균생산이 증감하는지 여부를 알 수 있다.
> 라. 원점으로부터 등량곡선의 거리가 2배가 된다는 것은 생산량도 2배가 됨을 의미한다.

① 가, 다
② 가, 라
③ 나, 다
④ 나, 라
⑤ 나, 다, 라

해설

가. |×| 규모에 대한 수익은 모든 생산요소 투입량을 동일한 비율로 증가시킬 때의 생산량의 변화를 나타내는 것으로, 규모에 대한 수익체증이 발생하면 모든 생산요소 투입량이 λ배 증가할 때 생산량은 λ배보다 더 크게 증가한다. 반면, 규모의 경제는 생산량과 비용의 관계를 나타내는 것으로, 생산량이 증가할 때 생산요소 투입량의 증가가 동일 비율이 아닌 경우까지 포함하여 장기평균비용이 하락하는 현상을 말한다. 따라서 규모의 경제가 규모에 대한 수익체증을 포함하는 보다 일반적인 개념이라 할 수 있다.

두 개념이 동일하지는 않지만 양자는 밀접한 관련이 있다. 예를 들어, 생산함수가 규모에 대한 수익체증을 보이면 이러한 특성이 궁극적으로 비용에 반영되어 규모의 경제로 나타나게 된다. 그러나 규모의 경제가 존재한다고 해서 이것이 곧 규모에 대한 수익체증을 의미하는 것은 아니다. 생산요소 투입량을 동일한 비율로 증가시키는 것이 반드시 최선은 아니기 때문이다. 단, 생산함수가 동차 생산함수이면 규모의 경제는 규모에 대한 수익체증을, 규모의 불경제는 규모에 대한 수익체감을 의미하며, 그 역도 성립한다.

나. |○| 일반적으로 자본투입량이 증가하여 1인당 자본량이 많아지면 노동의 한계생산이 증가한다. 예를 들어, 1차 동차 콥-더글라스 생산함수 $Q=AL^{\alpha}K^{1-\alpha}$에서 노동의 한계생산은 다음과 같다.

- $MP_L = \dfrac{\Delta Q}{\Delta L} = \alpha AL^{\alpha-1}K^{1-\alpha} = \alpha A\left(\dfrac{K}{L}\right)^{1-\alpha}$

자본투입량(K)이 일정할 때 노동투입량(L)이 증가하면 노동의 한계생산이 감소하지만, 반대로 노동투입량(L)이 일정할 때 자본투입량(K)이 증가하면 노동의 한계생산이 증가한다. 따라서 노동투입량이 동일하더라도 자본투입량의 크기에 따라 노동의 한계생산이 변화할 수 있다.

다. |○| 노동의 한계생산이 노동의 평균생산보다 크면 노동의 평균생산은 증가하고, 노동의 한계생산이 노동의 평균생산과 같으면 노동의 평균생산은 일정하며, 노동의 한계생산이 노동의 평균생산보다 작으면 노동의 평균생산은 감소한다. 따라서 노동의 한계생산과 노동의 평균생산의 차이를 알고 있으면 노동투입량이 증가할 때 노동의 평균생산의 증감 여부를 알 수 있다.

정답 05. ② 06. ③

라. |×| 원점으로부터 등량곡선까지의 거리는 생산요소의 투입량(생산비용)을 나타내므로 원점으로부터 등량곡선까지의 거리가 2배가 된다는 것은 노동과 자본의 투입량이 모두 2배가 된다는 의미이다. 이때 생산량은 규모에 대한 수익에 따라 2배보다 크게 증가할 수도 있고(IRS), 2배만큼 증가할 수도 있으며(CRS), 2배보다 적게 증가할 수도 있다(DRS). 따라서 원점으로부터 등량곡선까지의 거리가 2배가 된다는 것이 생산량도 2배가 됨을 의미하는 것은 아니다.

07

2005 | 공인회계사 상 중 하

다음 중 옳은 설명을 모두 고른 것은?

> 가. 장기평균비용곡선과 장기한계비용곡선은 각각 단기평균비용곡선과 단기한계비용곡선의 포락선(envelope curve)이다.
> 나. 규모에 대한 보수증가(increasing returns to scale)의 특성을 가지는 생산기술이 단기에는 수확체감의 현상을 보일 수 있다.
> 다. 한계비용이 생산량과 관계없이 일정하면 반드시 평균비용도 일정하다.

① 나　　　　　　　　② 나, 다
③ 가, 다　　　　　　 ④ 가, 나, 다
⑤ 옳은 설명이 없다.

해설

가. |×| 장기평균비용(LAC)곡선은 단기평균비용(SAC)곡선의 포락선이지만, 장기한계비용(LMC)곡선은 단기한계비용(SMC)곡선의 포락선이 아니다. 단지, 장기평균비용(LAC)곡선과 단기평균비용(SAC)곡선이 접하는 생산량 수준에서 교차할 뿐이다.

나. |○| 규모에 대한 수익(장기)과 수확체감의 법칙(단기)은 별개의 개념이다. 따라서 규모에 대한 수익체증의 특성을 갖는 생산기술이 단기에는 수확체감 현상을 보일 수 있다.

다. |×| 평균비용이 일정하면 한계비용도 일정하지만, 한계비용이 일정하다고 해서 평균비용이 일정한 것은 아니다. 예를 들어, 비용함수가 $TC=10+Q$로 10의 고정비용이 존재하면 한계비용은 $MC=\dfrac{\Delta TC}{\Delta Q}=1$로 일정하지만 평균비용은 $AC=\dfrac{TC}{Q}=\dfrac{10}{Q}+1$로 생산량($Q$)이 증가함에 따라 감소한다.

08 | 2009 | 공인회계사 | 상 중 하

비용곡선에 대한 다음 설명 중 옳은 것을 모두 고르면?

> 가. 한계비용이 평균비용보다 작은 구간에서 생산량을 감소시키면 평균비용이 감소한다.
> 나. 고정비용이 없는 경우에 한계비용이 일정하면 평균비용과 한계비용은 일치한다.
> 다. 노동이 유일한 가변요소인 단기에서 한계비용과 노동의 한계생산은 역의 관계가 있다.
> 라. 고정비용이 증가하면 한계비용도 증가한다.
> 마. 장기평균비용곡선이 우하향하는 구간에서는 규모의 경제(economies of scale)가 존재한다.

① 가, 라
② 다, 마
③ 가, 나, 다
④ 나, 다, 마
⑤ 나, 라, 마

 해설

가. |×| 한계비용이 평균비용보다 작은 구간에서는 평균비용이 감소하므로 생산량을 감소시키면 평균비용은 증가한다.
나. |○| 고정비용이 없다면 총비용곡선이 원점을 지나는데, 총비용곡선의 기울기인 한계비용이 일정하므로 총비용곡선은 원점을 지나는 직선이 된다. 총비용곡선이 원점을 지나는 직선이면 평균비용과 한계비용은 일치한다. 예를 들어, 비용함수가 $TC=Q$로 고정비용이 존재하지 않고 한계비용이 $MC=\dfrac{\Delta TC}{\Delta Q}=1$로 일정하면 평균비용도 $AC=\dfrac{TC}{Q}=1$로 일정하다.
다. |○| 한계비용과 노동의 한계생산은 $MC=\dfrac{w}{MP_L}$의 관계에 있다.
라. |×| 고정비용이 증가하더라도 가변비용인 한계비용은 변하지 않는다.
마. |○| 장기평균비용곡선이 우하향하는 구간에서는 규모의 경제가 존재한다.

09

2014 | 국회직 8급

다음은 규모에 대한 수익과 비용곡선에 관한 설명이다. 〈보기〉 중 옳지 않은 것은 모두 몇 개인가?

보기

ㄱ. 규모에 대한 수익불변의 경우 모든 생산요소가격이 일정하게 유지된다면 생산요소투입량이 3배로 증가할 때 총비용도 3배로 증가한다.
ㄴ. 생산기술이 규모에 대한 수익불변이면 규모의 불경제가 발생할 수 없다.
ㄷ. 장기한계비용곡선은 단기한계비용곡선의 포락선이다.
ㄹ. 규모에 대한 수익불변의 경우 모든 생산요소가격이 일정하게 유지된다면 생산량과 총비용이 정비례하므로 장기평균비용곡선이 수직선이다.
ㅁ. 생산량의 증가로 요소수요가 증가할 때 생산요소가격이 상승한다면 단위당 생산비용이 상승하게 되므로 장기평균비용곡선은 우상향의 형태가 된다.

---

① 1개 ② 2개
③ 3개 ④ 4개
⑤ 5개

해설

ㄱ. |○| 규모에 대한 수익불변(CRS)의 경우 모든 생산요소가격이 일정하게 유지된다면 생산요소 투입량이 3배로 증가할 때 생산량이 3배로 증가하고 총비용도 3배로 증가한다.

ㄴ. |×|, ㅁ. |○| 규모에 대한 수익불변의 경우 모든 생산요소가격이 일정하게 유지된다면 규모의 경제나 규모의 불경제는 발생하지 않는다. 그러나 규모에 대한 수익불변이더라도 생산량이 증가할 때 생산요소 수요가 증가하여 생산요소가격이 상승한다면 단위당 생산비용이 상승하게 되므로 장기평균비용곡선은 우상향의 형태가 된다. 따라서 생산기술이 규모에 대한 수익불변이더라도 규모의 불경제가 발생할 수 있다.

ㄷ. |×| 장기평균비용(LAC)곡선은 단기평균비용(SAC)곡선의 포락선이지만, 장기한계비용(LMC)곡선은 단기한계비용(SMC)곡선의 포락선이 아니다. 단지, 장기평균비용(LAC)곡선과 단기평균비용(SAC)곡선이 접하는 생산량 수준에서 교차할 뿐이다.

ㄹ. |×| 규모에 대한 수익불변의 경우 모든 생산요소가격이 일정하게 유지된다면 생산량과 총비용이 정비례하므로 장기총비용(LTC)곡선은 원점을 지나는 직선 형태이고, 장기평균비용(LAC)곡선은 수평선의 형태이다.

정답 09. ③

46 규모의 경제와 범위의 경제

범위의 경제(economies of scope)

구분	내용
개념	• 한 기업이 여러 재화를 동시에 생산하는 것이 여러 기업이 각각 한 가지의 재화를 생산할 때보다 비용이 적게 드는 경우를 말함 $$C(X,\ Y) < C(X) + C(Y)$$ • 범위의 경제가 발생하면 생산가능곡선(PPC)은 원점에 대해 오목한 형태가 됨
발생원인	• 생산요소의 동시 사용 • 생산물의 특성(주산물과 부산물)
규모의 경제와의 관계	• 범위의 경제는 규모와 경제와 아무런 관계가 없음

01 [2017 | 국가직 7급] 상 중 하

A기업의 장기총비용곡선은 $TC(Q) = 40Q - 10Q^2 + Q^3$이다. 규모의 경제와 규모의 비경제가 구분되는 생산 규모는?

① $Q = 5$
② $Q = \dfrac{20}{3}$
③ $Q = 10$
④ $Q = \dfrac{40}{3}$

장기평균비용곡선의 최저점 좌측에서는 규모의 경제가 발생하고, 장기평균비용곡선의 최저점 우측에서는 규모의 불경제(비경제)가 발생한다. 그러므로 장기평균비용이 최소가 되는 생산량 수준에서 규모의 경제와 규모의 불경제가 구분된다.

ⅰ) 장기총비용함수가 $TC = 40Q - 10Q^2 + Q^3$이므로 장기평균비용함수는 다음과 같다.
- $LAC = \dfrac{TC}{Q} = 40 - 10Q + Q^2$

ⅱ) 장기평균비용이 최소가 되는 생산량을 구하기 위해 장기평균비용함수를 Q에 대해 미분한 후 0으로 두면 $Q = 5$로 계산된다. 따라서 규모의 경제와 규모의 불경제가 구분되는 생산량 수준은 $Q = 5$이다.
- $\dfrac{\Delta LAC}{\Delta Q} = -10 + 2Q = 0 \therefore Q = 5$

정답 01. ①

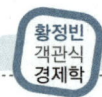

02 | 2017 | 지방직 7급 | 상 중 **하**

생산함수가 $Q(L, K) = \sqrt{LK}$이고 단기적으로 K가 1로 고정된 기업이 있다. 단위당 임금과 단위당 자본비용이 각각 1원 및 9원으로 주어져 있다. 단기적으로 이 기업에서 규모의 경제가 나타나는 생산량 Q의 범위는? (단, Q는 생산량, L은 노동투입량, K는 자본투입량이다.)

① $0 \leq Q \leq 3$
② $3 \leq Q \leq 4.5$
③ $4.5 \leq Q \leq 6$
④ $3 \leq Q \leq 6$

해설

ⅰ) 단기적으로 $K=1$로 고정되어 있다면 생산함수는 $Q=\sqrt{LK}=\sqrt{L}$이고, 이를 L에 대해 정리하면 $L=Q^2$이다.

ⅱ) $K=1$, $w=1$, $r=9$이므로 비용함수는 $TC=Q^2+9$이다.
- $TC=wL+rK=(1\times Q^2)+(9\times 1)=Q^2+9$

ⅲ) 규모의 경제가 발생하는 구간은 평균비용이 감소하는 구간을 의미하므로 평균비용함수를 구해보면 다음과 같다.
- $AC=\dfrac{TC}{Q}=Q+\dfrac{9}{Q}$

ⅳ) 이제, 평균비용이 최소가 되는 생산량을 구하기 위해 평균비용함수를 Q에 대해 미분한 후 0으로 두면 $Q=3$으로 계산된다. U자 형태의 평균비용곡선 최저점에서 $Q=3$이므로 규모의 경제가 발생하는 구간은 $0 \leq Q \leq 3$이다.
- $\dfrac{\Delta AC}{\Delta Q}=1-\dfrac{9}{Q^2}=0 \rightarrow Q^2=9 \therefore Q=3$

03 | 2012 | 지방직 7급 | 상 중 **하**

한 기업이 여러 상품을 동시에 생산함으로써 비용상의 이점이 생기는 경우를 잘 나타내는 경제개념은?

① 규모의 경제(economies of scale)
② 범위의 경제(economies of scope)
③ 규모의 비경제(diseconomies of scale)
④ 범위의 비경제(diseconomies of scope)

해설

범위의 경제란 한 기업이 여러 재화를 동시에 생산하는 것이 여러 기업이 각각 한 가지의 재화를 생산할 때보다 비용이 적게 드는 경우를 말한다.

$$C(X, Y) < C(X) + C(Y)$$

🔍 범위의 경제는 규모의 경제와 아무런 관계가 없다.

04 생산비용에 대한 설명으로 옳은 것만을 모두 고른 것은?

> ㄱ. 총비용함수가 $TC = 100 + \sqrt{Q}$인 경우 규모의 경제가 존재한다(단, Q는 생산량이다).
> ㄴ. 한 기업이 두 재화 X, Y를 생산할 경우의 비용이 $C(X, Y) = 10 + 2X + 3Y - XY$이고, 두 기업이 X, Y를 독립적으로 하나씩 생산할 경우의 비용이 각각 $C(X) = 5 + 2X$, $C(Y) = 5 + 3Y$인 경우 범위의 경제가 존재한다.
> ㄷ. 매몰비용과 관련된 기회비용은 0이다.

① ㄱ, ㄴ
② ㄱ, ㄷ
③ ㄴ, ㄷ
④ ㄱ, ㄴ, ㄷ

해설

ㄱ. |○| 총비용함수가 $TC = 100 + \sqrt{Q}$이므로 평균비용은 $AC = \dfrac{TC}{Q} = \dfrac{100}{Q} + \dfrac{1}{\sqrt{Q}}$이다.
생산량(Q)이 증가할수록 평균비용(AC)이 감소하므로 규모의 경제가 존재한다.

ㄴ. |○| 범위의 경제란 한 기업이 여러 재화를 동시에 생산하는 것이 여러 기업이 각각 한 가지의 재화를 생산할 때보다 비용이 적게 드는 경우를 말한다.

$$C(X, Y) < C(X) + C(Y)$$

한 기업이 두 재화를 모두 생산할 때의 비용은 $C(X, Y) = 10 + 2X + 3Y - XY$이고, 두 기업이 각 재화를 독립적으로 생산할 때의 비용은 $C(X) + C(Y) = (5 + 2X) + (5 + 3Y) = 10 + 2X + 3Y$이므로 한 기업이 두 재화를 모두 생산할 때 비용이 XY만큼 적게 든다. 따라서 범위의 경제가 존재한다.

ㄷ. |○| 매몰비용은 회수가 불가능한 비용이므로 기회비용이 0이다.

47 비용이론 : 계산 문제

대표유형 01 | 2013 | 보험계리사 | 상 중 하

A기업의 생산함수가 $Q = 3L^{\frac{2}{3}}K^{\frac{1}{3}}$이고, 자본의 단위가격이 20, 노동의 단위가격이 40이며, 생산요소 투입에 사용할 수 있는 총비용은 600이다. 이윤극대화를 추구하는 A기업의 최적 자본투입량과 생산량은 얼마인가? (단, $L > 0$, $K > 0$, 재고량은 없다.)

① 자본투입량 10단위, 생산량 20단위
② 자본투입량 10단위, 생산량 30단위
③ 자본투입량 20단위, 생산량 20단위
④ 자본투입량 20단위, 생산량 30단위

해설

ⅰ) 생산함수 $Q = 3L^{\frac{2}{3}}K^{\frac{1}{3}}$은 콥-더글라스 생산함수로, 한계기술대체율을 구해보면 다음과 같다.
- $MRTS_{LK} = \frac{\alpha}{\beta}\left(\frac{K}{L}\right) = \frac{2K}{L}$

ⅱ) $TC = 600$, $w = 40$, $r = 20$이므로 비용제약식은 $600 = 40L + 20K$이다.

ⅲ) 생산자의 비용극소화 조건은 $MRTS_{LK} = \frac{w}{r}$이므로 $K = L$이 된다.
- $MRTS_{LK} = \frac{w}{r} \rightarrow \frac{2K}{L} = \frac{40}{20} = 2$ ∴ $K = L$

ⅳ) $K = L$을 비용제약식 $600 = 40L + 20K$에 대입하면 $L = 10$, $K = 10$으로 계산된다.
- $600 = 40L + 20K \rightarrow 600 = 40L + 20L$ ∴ $L = 10$, $K = 10$

ⅴ) 이제, $L = 10$, $K = 10$을 생산함수 $Q = 3L^{\frac{2}{3}}K^{\frac{1}{3}}$에 대입하면 생산량은 $Q = 30$이 된다.
- $Q = 3L^{\frac{2}{3}}K^{\frac{1}{3}} = 3 \times 10^{\frac{2}{3}} \times 10^{\frac{1}{3}} = 30$

02 2014 | 감정평가사

이윤을 극대화하는 기업의 생산함수가 $Q=2L^{0.5}K^{0.5}$이고 단위당 노동(L)비용은 2, 자본(K)비용은 1이다. 이 기업의 총비용이 100이고 제품의 시장가격이 10인 경우 다음 설명 중 옳지 않은 것은? (단, 제품시장과 생산요소시장은 완전경쟁적이다.)

① 노동을 30단위 사용해야 한다.
② 한계기술대체율($MRTS_{LK}$)의 크기는 2이다.
③ 이윤이 극대화되는 산출량은 50단위가 넘는다.
④ 최대한 얻을 수 있는 이윤은 50을 넘는다.
⑤ 자본을 50단위 사용해야 한다.

i) 생산함수 $Q=2L^{0.5}K^{0.5}$은 콥-더글라스 생산함수로, 한계기술대체율을 구해보면 다음과 같다.
- $MRTS_{LK} = \dfrac{\alpha}{\beta}\left(\dfrac{K}{L}\right) = \dfrac{K}{L}$

ii) $TC=100$, $w=2$, $r=1$이므로 비용제약식은 $100=2L+K$이다.

iii) 생산자의 비용극소화 조건은 $MRTS_{LK}=\dfrac{w}{r}$이므로 $K=2L$이 된다.
- $MRTS_{LK}=\dfrac{w}{r} \rightarrow \dfrac{K}{L}=\dfrac{2}{1}=2$ ∴ $K=2L$

iv) $K=2L$을 비용제약식 $100=2L+K$에 대입하면 $L=25$, $K=50$으로 계산된다.
- $100=2L+K \rightarrow 100=2L+2L$ ∴ $L=25$, $K=50$

v) 이제, $L=25$, $K=50$을 생산함수 $Q=2L^{0.5}K^{0.5}$에 대입하면 생산량은 $Q=70.7$이 된다.
- $Q=2L^{0.5}K^{0.5}=2\times\sqrt{25}\times\sqrt{50}=50\sqrt{2}≒70.7$

① |×|, ③, ⑤ |○| 생산자균형에서 이 기업은 노동 25단위와 자본 50단위를 투입해야 하며, 이윤극대화 생산량은 70.7단위로 50단위가 넘는다.

② |○| $L=25$, $K=50$이므로 한계기술대체율은 $MRTS_{LK}=\dfrac{K}{L}=\dfrac{50}{25}=2$이다.

④ |○| 가격이 $P=10$, 판매량이 $Q=70.7$이므로 총수입은 $TR=P\times Q=10\times 70.7=707$이고, 총비용은 $TC=100$이므로 기업의 이윤은 $\pi=TR-TC=707-100=607$이 된다.

정답 01. ② 02. ①

03 | 2018 | 국회직 8급 | 상 중 하

어떤 기업의 생산함수는 $Q = \frac{1}{2,000}KL^{\frac{1}{2}}$ 이고 임금은 10, 자본임대료는 20이다. 이 기업이 자본 2,000단위를 사용한다고 가정했을 때, 이 기업의 단기비용함수는? (단, K는 자본투입량, L은 노동투입량이다.)

① $10Q^2 + 20,000$
② $10Q^2 + 40,000$
③ $20Q^2 + 10,000$
④ $20Q^2 + 20,000$
⑤ $20Q^2 + 40,000$

 해설

ⅰ) 단기에 $K = 2,000$으로 고정되어 있다면 생산함수는 $Q = \frac{1}{2,000}KL^{\frac{1}{2}} = L^{\frac{1}{2}}$ 이고, 이를 L에 대해 정리하면 $L = Q^2$ 이다.

ⅱ) $K = 2,000$, $w = 10$, $r = 20$이므로 단기비용함수는 $TC = 10Q^2 + 40,000$이다.
- $TC = wL + rK = (10 \times Q^2) + (20 \times 2,000) = 10Q^2 + 40,000$

04 | 2009 | 공인회계사 | 상 중 하

어느 기업의 생산량(Q)과 가변생산요소(x)는 단기에 $Q = 2\sqrt{x}$의 관계를 갖는다. 가변생산요소는 x만 존재한다. 이 기업의 단기비용은 가변비용과 고정비용으로 구성되어 있으며, 고정비용은 500이다. 생산요소인 x의 단위당 비용이 100일 때 이 기업의 단기비용함수는?

① $500 + 200/Q$
② $500 + 25Q^2$
③ $500 + 200\sqrt{Q}$
④ $500 + 50Q$
⑤ $500 + 50\sqrt{Q}$

 해설

ⅰ) 단기총비용은 총고정비용과 총가변비용의 합이다($TC = TFC + TVC$). 총고정비용은 $TFC = 500$이고, 가변생산요소 x의 가격이 $P_x = 100$이면 총가변비용은 $TVC = P_x x = 100x$이므로 비용함수는 $TC = 500 + 100x$가 된다.

ⅱ) 생산함수 $Q = 2\sqrt{x}$ 를 x에 대해 정리하면 $x = \frac{Q^2}{4}$ 이므로, 이를 비용함수 $TC = 500 + 100x$에 대입하면 단기비용함수는 $TC = 500 + 25Q^2$이 된다.

05 | 2008 공인회계사 | 상 중 하

어떤 기업의 생산함수는 $Q=L+2K$이다. 여기에서 Q는 생산량, L은 노동투입량, 그리고 K는 자본투입량을 나타낸다. 노동의 단위당 임금이 300, 자본의 단위당 임대료가 500인 경우 이 기업의 비용함수 $C(Q)$로 알맞은 것은?

① $250Q$
② $300Q$
③ $500Q$
④ $800Q$
⑤ $1,000Q$

 해설

i) 생산함수 $Q=L+2K$는 선형 생산함수로, 노동과 자본이 완전대체관계이다. 등량곡선의 기울기인 한계기술대체율이 $MRTS_{LK}=\frac{1}{2}$이고, 등비용선의 기울기(절댓값)가 $\frac{w}{r}=\frac{300}{500}=\frac{3}{5}$이므로 $MRTS_{LK}=\frac{1}{2}<\frac{w}{r}=\frac{3}{5}$이다. 따라서 기업은 전부 자본($K$)만 투입한다.

ii) 노동투입량(L)이 0이므로 생산함수는 $Q=L+2K=2K$이고, 이를 K에 대해 정리하면 $K=\frac{Q}{2}$이다.

iii) 이제, $L=0$, $K=\frac{Q}{2}$, $r=500$을 비용제약식 $TC=wL+rK$에 대입하면 비용함수는 $C=250Q$가 된다.

• $TC=wL+rK=rK=500\times\frac{Q}{2}=250Q$

06 | 2018 국가직 7급 | 상 중 하

기업 A의 생산함수는 $Q=\min\{2L,\ K\}$이다. 고정비용이 0원이고 노동과 자본의 단위당 가격이 각각 2원과 1원이라고 할 때, 기업 A가 100단위의 상품을 생산하기 위한 총비용은? (단, L은 노동투입량, K는 자본투입량이다.)

① 100원
② 200원
③ 250원
④ 500원

 해설

i) 생산함수 $Q=\min\{2L,\ K\}$가 레온티에프 생산함수이므로 생산자균형에서는 $Q=2L=K$가 성립한다. 따라서 $L=\frac{Q}{2}$, $K=Q$이다.

ii) $L=\frac{Q}{2}$, $K=Q$, $w=2$, $r=1$을 비용제약식 $TC=wL+rK$에 대입하면 비용함수는 $TC=2Q$가 된다.

• $TC=wL+rK=\left(2\times\frac{Q}{2}\right)+(1\times Q)=2Q$

iii) $Q=100$을 비용함수 $TC=2Q$에 대입하면 100단위의 재화를 생산하기 위한 총비용은 200으로 계산된다.

정답 03. ② 04. ② 05. ① 06. ②

07 [2015 | 공인회계사]

어느 기업의 생산함수는 $Q = L + 2K$ (Q는 생산량, L은 노동투입량, K는 자본투입량)이다. 노동의 단위당 임금이 1이고 자본의 단위당 임대료가 3인 경우 이 기업의 비용함수(C)는?

① $C = \dfrac{1}{2}Q$ ② $C = Q$ ③ $C = \dfrac{3}{2}Q$
④ $C = 2Q$ ⑤ $C = 3Q$

 i) 생산함수 $Q = L + 2K$는 선형 생산함수로, 노동과 자본이 완전대체관계이다. 등량곡선의 기울기인 한계기술대체율이 $MRTS_{LK} = \dfrac{1}{2}$ 이고, 등비용선의 기울기(절댓값)가 $\dfrac{w}{r} = \dfrac{1}{3}$ 이므로 $MRTS_{LK} = \dfrac{1}{2} > \dfrac{w}{r} = \dfrac{1}{3}$ 이다. 따라서 기업은 전부 노동(L)만 투입한다.
 ii) 자본투입량(K)이 0이므로 생산함수는 $Q = L + 2K = L$ 이다.
 iii) 이제 $L = Q$, $K = 0$, $w = 1$을 비용제약식 $TC = wL + rK$에 대입하면 비용함수는 $C = Q$ 가 된다.
  • $TC = wL + rK = wL = 1 \times Q = Q$

08 [2012 | 공인노무사]

비용을 최소화하는 기업 A의 생산함수는 $Q = \min\{2L, K\}$이다. 노동시장과 자본시장은 모두 완전경쟁시장이고 W는 임금률, R은 자본의 임대가격을 나타낸다. $W = 2$, $R = 5$일 때 기업 A의 한계비용(MC)곡선은? (단, Q는 생산량, L은 노동투입량, K는 자본투입량, Q, L, K는 모두 양(+)의 실수임)

① $MC = 3Q$ ② $MC = 7Q$ ③ $MC = 3$
④ $MC = 6$ ⑤ $MC = 7$

 i) 생산함수 $Q = \min\{2L, K\}$가 레온티에프 생산함수이므로 생산자균형에서는 $Q = 2L = K$ 가 성립한다. 따라서 $L = \dfrac{Q}{2}$, $K = Q$이다.
 ii) $L = \dfrac{Q}{2}$, $K = Q$, $w = 2$, $r = 5$를 비용제약식 $TC = wL + rK$에 대입하면 비용함수는 $TC = 6Q$가 된다.
  • $TC = wL + rK = \left(2 \times \dfrac{Q}{2}\right) + (5 \times Q) = 6Q$
 iii) 비용함수가 $TC = 6Q$이므로 한계비용함수는 $MC = \dfrac{\Delta TC}{\Delta Q} = 6$이다.

09 기업의 생산함수가 $Y = \min\left[\dfrac{L}{2},\ K\right]$ (Y는 생산량, L은 노동투입량, K는 자본투입량)이다. 노동의 단위당 임금이 100, 자본의 단위당 임대료가 50인 경우에 이 기업의 한계비용은?

① 50   ② 100   ③ 150
④ 200   ⑤ 250

ⅰ) 생산함수 $Y = \min\left[\dfrac{L}{2},\ K\right]$가 레온티에프 생산함수이므로 생산자균형에서는 $Y = \dfrac{L}{2} = K$가 성립한다. 따라서 $L = 2Y$, $K = Y$이다.

ⅱ) $L = 2Y$, $K = Y$, $w = 100$, $r = 50$을 비용제약식 $TC = wL + rK$에 대입하면 비용함수는 $TC = 250Y$가 된다.
- $TC = wL + rK = (100 \times 2Y) + (50 \times Y) = 250Y$

ⅲ) 비용함수가 $TC = 250Y$이므로 한계비용은 $MC = \dfrac{\Delta TC}{\Delta Y} = 250$이다.

10 두 생산요소 x_1, x_2로 구성된 기업 A의 생산함수가 $Q = \max\{2x_1,\ x_2\}$이다. 생산요소의 가격이 각각 w_1과 w_2일 때, 비용함수는?

① $(2w_1 + w_2)Q$ ② $\dfrac{(2w_1 + w_2)}{Q}$

③ $(w_1 + 2w_2)Q$ ④ $\min\left\{\dfrac{w_1}{2},\ w_2\right\}Q$

⑤ $\max\left\{\dfrac{w_1}{2},\ w_2\right\}Q$

생산함수가 $Q = \max\{2x_1,\ x_2\}$이므로 생산량은 $2x_1$과 x_2 중 큰 값에 의해 결정되고, 생산요소 가격이 w_1과 w_2이므로 비용제약식은 $TC = w_1 x_1 + w_2 x_2$이다.

ⅰ) $2x_1 > x_2$인 경우

생산함수가 $Q = 2x_1$이므로 생산요소 x_2의 투입량이 0이다. 따라서 $x_1 = \dfrac{Q}{2}$, $x_2 = 0$을 비용제약식 $TC = w_1 x_1 + w_2 x_2$에 대입하면 비용함수는 $TC = \dfrac{w_1}{2} Q$가 된다.

ⅱ) $2x_1 < x_2$인 경우

생산함수가 $Q = x_2$이므로 생산요소 x_1의 투입량이 0이다. 따라서 $x_1 = 0$, $x_2 = Q$를 비용제약식 $TC = w_1 x_1 + w_2 x_2$에 대입하면 비용함수는 $TC = w_2 Q$가 된다.

ⅲ) 비용극소화를 추구하는 기업은 두 가지 생산방식 중 비용이 적게 드는 방식을 선택할 것이다. 따라서 비용함수는 $TC = \min\left\{\dfrac{w_1}{2},\ w_2\right\}Q$가 된다.

07. ②   08. ④   09. ⑤   10. ④

11 [2015 | 공인회계사]

어느 기업이 10단위의 제품을 생산하고 있다. 이때 평균비용과 한계비용이 모두 200이라고 한다. 다음 중 이 기업의 비용함수는? (단, C는 총비용, Q는 생산량)

① $C = 500 + 200Q$ ② $C = 500 + 10Q^2$
③ $C = 1,000 + 200Q$ ④ $C = 1,000 + 10Q^2$
⑤ $C = 1,500 + 5Q^2$

해설

i) 비용함수가 $C = a + bQ$와 같이 고정비용이 존재하는 1차식의 형태라면 생산량(Q)이 증가함에 따라 평균비용($AC = \frac{a}{Q} + b$)이 체감하므로 평균비용은 한계비용보다 항상 크다. 따라서 보기 ①과 ③은 답이 될 수 없다.

ii) 따라서 비용함수가 $C = a + bQ^2$과 같이 2차식의 형태라면 한계비용은 $MC = 2bQ$이고, 평균비용은 $AC = \frac{a}{Q} + bQ$이다. $Q = 10$, $AC = MC = 200$을 각 식에 대입하면 $a = 1,000$, $b = 10$으로 계산된다.

- $MC = 2bQ \rightarrow 20b = 200$ ∴ $b = 10$
- $AC = \frac{a}{Q} + bQ \rightarrow \frac{a}{10} + 100 = 200 \rightarrow \frac{a}{10} = 100$ ∴ $a = 1,000$

iii) $a = 1,000$, $b = 10$이므로 비용함수는 $C = 1,000 + 10Q^2$이 된다.

각 보기에 주어진 비용함수를 이용하여 평균비용함수와 한계비용함수를 구한 다음 $Q = 10$을 대입하여 답을 찾아도 무방하다.

12 [2016 | 공인회계사]

완전경쟁시장에서 한 기업의 단기비용함수는 $C = 5q^2 - 2kq + k^2 + 16$이다. 장기에 자본량을 변경할 때에 조정비용은 없다. 이 기업의 장기비용함수는? (단, C는 비용, q는 생산량, k는 자본량이다.)

① $C = 4q^2 + 4$ ② $C = 4q^2 + 8$ ③ $C = 4q^2 + 16$
④ $C = 8q^2 + 8$ ⑤ $C = 8q^2 + 16$

해설

i) 자본량(k)이 고정되어 있는 단기와 달리 장기에는 기업이 자본량을 최적 수준으로 조정할 수 있다. 자본량 변경에 따른 조정비용이 없다면 기업은 총비용이 극소화되도록 자본량을 조정할 것이다. 총비용이 극소화되는 k값을 구하기 위해 단기비용함수를 k에 대해 미분한 후 0으로 두면 $k = q$가 된다.

- $\frac{\Delta C}{\Delta k} = -2q + 2k = 0$ ∴ $k = q$

ii) $k = q$일 때 총비용이 극소화되므로 $k = q$를 단기비용함수에 대입하면 장기비용함수는 다음과 같이 도출된다.

- $C = 5q^2 - 2q^2 + q^2 + 16$ ∴ $C = 4q^2 + 16$

정답 11. ④ 12. ③

5

시장이론

- 12 완전경쟁시장
- 13 독점시장
- 14 독점적 경쟁시장
- 15 과점시장
- 16 게임이론

CHAPTER 12 완전경쟁시장

48 기업의 이윤극대화 조건

기업의 이윤극대화 조건

구 분	내 용
이윤함수	• 이윤(π)은 총수입(TR)에서 총비용(TC)을 차감한 값으로 정의됨 • 이윤함수 $$\pi = TR(Q) - TC(Q)$$
이윤극대화 조건	1. **이윤극대화의 제1계 조건** … 이윤극대화의 필요조건 $$MR = MC$$ • $MR \ne MC$이면 생산량(Q) 조정을 통한 이윤 증가가 가능함 2. **이윤극대화의 제2계 조건** … 이윤극대화의 충분조건 $$MR\text{곡선의 기울기} < MC\text{곡선의 기울기}$$ • MC곡선이 우상향하는 구간에서 이윤극대화가 달성됨 　→ MC곡선이 MR곡선을 아래에서 위로 교차할 때

▶ 이윤극대화의 제1계 조건과 제2계 조건은 시장 형태에 관계없이 적용됨
▶ 총수입극대화 조건은 $\varepsilon = 1$ 또는 $MR = 0$임

2013 | 지방직 7급 상 중 하

기업의 이윤극대화에 대한 설명으로 옳은 것만을 모두 고른 것은?

> ㄱ. 한계수입(MR)이 한계비용(MC)과 같을 때 이윤극대화의 1차 조건이 달성된다.
> ㄴ. 한계비용(MC)곡선이 한계수입(MR)곡선을 아래에서 위로 교차하는 영역에서 이윤극대화의 2차 조건이 달성된다.
> ㄷ. 평균비용(AC)곡선과 평균수입(AR)곡선이 교차할 때의 생산수준에서 이윤극대화가 달성된다.

① ㄱ, ㄴ 　　② ㄱ, ㄷ
③ ㄴ, ㄷ 　　④ ㄱ, ㄴ, ㄷ

ㄱ. |○| 이윤극대화의 제1계 조건은 한계수입과 한계비용이 같을 때 달성된다($MR=MC$).
ㄴ. |○| 이윤극대화의 제2계 조건은 한계수입곡선의 기울기보다 한계비용곡선의 기울기가 클 때 달성된다(MR곡선의 기울기 < MC곡선의 기울기). 즉, 한계비용곡선이 한계수입곡선을 아래에서 위로 교차하는 구간에서 이윤극대화의 제2계 조건이 달성된다.
ㄷ. |×| 평균수입곡선과 평균비용곡선이 교차하는 것은 이윤극대화 달성과 아무런 관계가 없다.
　평균수입곡선과 평균비용곡선이 교차할 때($P=AR=AC$) 이윤은 0이 된다.

02

2011 | 국가직 7급 상 중 하

기업의 이윤극대화 조건을 가장 적절하게 표현한 것은? (단, MR은 한계수입, MC는 한계비용, TR은 총수입, TC는 총비용이다.)

① $MR=MC$, $TR>TC$　　② $MR=MC$, $TR<TC$
③ $MR>MC$, $TR>TC$　　④ $MR>MC$, $TR<TC$

ⅰ) 이윤극대화의 제1계 조건은 한계수입과 한계비용이 같아야 한다는 것이고($MR=MC$), 이윤극대화의 제2계 조건은 한계수입곡선의 기울기보다 한계비용곡선의 기울기가 커야 한다는 것이다(MR곡선의 기울기 < MC곡선의 기울기).
ⅱ) $MR=MC$인 점은 2개가 존재한다. 하나는 손실이 극대화되는 점($TR<TC$)이지만, 다른 하나는 이윤이 극대화되는 점($TR>TC$)으로 이윤극대화의 제2계 조건을 충족한다. 따라서 기업의 이윤극대화는 $MR=MC$이면서 $TR>TC$가 성립할 때 이루어진다.

01. ①　02. ①

> **ReCheck 기업의 이윤극대화 조건**
>
> - 이윤극대화의 제1계 조건 … 이윤극대화의 필요조건
>
> $$MR = MC$$
>
>   → $MR \neq MC$이면 생산량(Q) 조정을 통한 이윤 증가가 가능함
>
> - 이윤극대화의 제2계 조건 … 이윤극대화의 충분조건
>
> $$MR\text{곡선의 기울기} < MC\text{곡선의 기울기}$$
>
>   → MC곡선이 우상향하는 구간에서 이윤극대화가 달성됨

03 | 2009 | 국가직 7급 | 상 중 하

다음 표는 한국전자의 TV 생산량과 평균비용을 나타낸다. 현재 한국전자는 이윤극대화의 조건에 따라 TV를 201대 생산하여 전부 미국의 북미전자에 수출하고 있다. 만약 미국의 북미전자 회사에서 한국전자에 $300에 TV 1대를 추가로 사겠다는 제안을 할 경우 다음 설명 중 옳은 것은?

생산량	평균비용(AC)
200	$ 200
201	$ 201
202	$ 202

① 북미전자의 제안을 받아들여 추가적으로 생산하여 판매하는 것이 이윤을 증가시킨다.
② 한국전자는 추가적으로 생산하여 판매해도 이윤은 변화가 없어 제안을 받아들인다.
③ 북미전자의 제안을 받아들이는 것은 이윤을 감소시킨다.
④ 한국전자는 생산량을 증가시키면 총비용은 오히려 감소하게 된다.

해설

ⅰ) 총비용은 $TC = AC \times Q$이므로 TV를 201대 생산할 때의 총비용은 $40,401(= 201 \times 201)$달러이고, TV를 202대 생산할 때의 총비용은 $40,804(= 202 \times 202)$달러이다. 따라서 202대째 TV를 생산할 때의 한계비용은 403달러이다.

생산량(Q)	평균비용(AC)	총비용(TC)	한계비용(MC)
200	$ 200	$ 40,000	—
201	$ 201	$ 40,401	$ 401
202	$ 202	$ 40,804	$ 403

ⅱ) 202대째 TV에 대해 300달러의 가격을 제시하였으므로 202대째 TV를 판매할 때의 한계수입은 300달러이다.

ⅲ) 북미전자의 제안을 받아들일 경우 한계수입은 300달러인 반면, 한계비용은 403달러이므로 이윤이 103달러 감소한다. 따라서 한국전자는 북미전자의 제안을 받아들이지 않을 것이다.

04 〔2018 | 국가직 7급〕 상 중 하

어느 공항의 이윤함수는 $28x - x^2$이고, 공항 근처에 주택을 개발하고자 하는 업체의 이윤함수는 $20y - y^2 - xy$이다. 만일 한 기업이 공항과 주택개발업체를 모두 소유한다면, 이 기업이 이윤을 극대화하는 주택의 수(a)는? 한편, 공항과 주택개발업체를 서로 다른 기업이 소유한다면 공항은 주택개발업체에게 이착륙 소음으로 인한 보상금으로 xy를 지불해야 한다. 이때 주택개발업체가 이윤을 극대화하는 주택의 수(b)는? (단, x는 하루에 이착륙하는 비행기의 수이며, y는 주택개발업체가 건설할 주택의 수이다.)

	a	b
①	4	4
②	4	10
③	6	4
④	6	10

ⅰ) 한 기업이 공항과 주택개발업체를 모두 소유하는 경우
한 기업이 공항과 주택개발업체를 모두 소유하고 있다면 이 기업의 이윤함수는 공항과 주택개발업체의 이윤함수를 더한 $28x - x^2 + 20y - y^2 - xy$가 된다. 이제, 기업의 이윤이 극대화되는 주택의 수를 구하기 위해 기업의 이윤함수를 x와 y에 대해 각각 미분한 뒤 0으로 두면 다음과 같은 식을 얻을 수 있다.

- $\dfrac{\Delta \pi}{\Delta x} = 28 - 2x - y = 0$ … ①
- $\dfrac{\Delta \pi}{\Delta y} = 20 - 2y - x = 0$ … ②

식 ①과 ②를 연립해서 풀면 $x = 12$, $y = 4$로 계산된다. 따라서 기업의 이윤이 극대화되는 주택의 수(y)는 $a = 4$가 된다.

ⅱ) 공항과 주택개발업체를 서로 다른 기업이 소유하는 경우
공항과 주택개발업체를 서로 다른 기업이 소유하고 있다면 두 기업이 각각 이윤극대화를 추구한다. 이 중 주택개발업체를 소유하고 있는 기업의 이윤함수는 $20y - y^2 - xy$인데, 공항으로부터 이착륙 소음으로 인한 보상금 xy를 지급받으므로 최종적인 이 기업의 이윤함수는 $20y - y^2$이 된다. 이제, 기업의 이윤이 극대화되는 주택의 수를 구하기 위해 기업의 이윤함수를 y에 대해 미분한 뒤 0으로 두면 기업의 이윤이 극대화되는 주택의 수(y)는 $b = 10$이 된다.

- $\dfrac{\Delta \pi}{\Delta y} = 20 - 2y = 0 \rightarrow 2y = 20 \therefore y = 10$

03. ③ 04. ②

05 | 2015 | 국회직 8급 | 상 중 하

휴대폰을 생산하는 기업 A의 시장수요곡선은 $P=15,000-Q$이다. 기업 A는 휴대폰 액정화면을 생산하는 액정부문과 휴대폰을 조립하는 조립부문으로 이루어져 있다고 하자. 액정부문의 비용함수는 $C_L=2.5Q_L^2$이며, 조립부문의 비용함수는 $C_H=1,000Q_H$이다. 액정부문은 기업 A가 정하는 내부거래가격으로 액정화면을 조립부문에 공급하며, 자신의 이윤이 극대화되도록 액정화면 생산량(Q_L)을 결정한다. 기업 A의 액정화면 최적 내부거래가격은? (단, P는 휴대폰 가격, Q는 휴대폰 생산량, C_L은 액정화면 생산비용, C_H는 조립비용, Q_H는 휴대폰 조립량으로서, $Q=Q_L=Q_H$임)

① 2,000
② 4,000
③ 6,000
④ 8,000
⑤ 10,000

ⅰ) 기업 A(액정부문+조립부문)

액정부문의 비용함수가 $C_L=2.5Q_L^2$, 조립부문의 비용함수가 $C_H=1,000Q_H$이므로 기업 A의 총비용함수와 한계비용은 각각 다음과 같다.

- $TC=C_L+C_H=2.5Q_L^2+1,000Q_H=2.5Q^2+1,000Q$ ($\because Q=Q_L=Q_H$)
- $MC=\dfrac{\Delta TC}{\Delta Q}=5Q+1,000$

기업 A의 시장수요함수가 $P=15,000-Q$이므로 한계수입은 $MR=15,000-2Q$이고, 한계비용은 $MC=5Q+1,000$이므로 이윤극대화 조건 $MR=MC$에 의해 기업 A의 이윤극대화 생산량은 $Q=2,000$이 된다.

- $MR=MC \rightarrow 15,000-2Q=5Q+1,000 \rightarrow 7Q=14,000 \quad \therefore Q=2,000$

ⅱ) 액정부문

기업 A가 정하는 액정화면의 내부거래가격을 P_L이라 할 때, 액정부문의 이윤극대화는 $P_L=MC_L$인 점에서 달성된다. 액정부문의 한계비용이 $MC_L=5Q_L=5Q$이므로 액정화면의 최적 내부거래가격은 $P_L=10,000$으로 계산된다.

- $P_L=MC_L=5Q=5\times 2,000=10,000$

06 기업 A는 X재를 독점 생산하고 있다. X재 시장의 역수요함수가
$$p_X = 100 - X$$
이고, X재 한 단위 생산에는 Y재 한 단위만이 투입되며 다른 생산비용은 없다. 기업 B는 Y재를 기업 A에게 독점가격 p_Y로 공급하고 한계비용은 0이다. 각 기업이 이윤을 극대화할 때, p_Y의 값은?

① 10　　　　　② 25　　　　　③ 50
④ 75　　　　　⑤ 100

ⅰ) 기업 A(X재 생산)
　X재 수요함수가 $P_X = 100 - X$이므로 한계수입은 $MR_X = 100 - 2X$이고, X재 1단위를 생산하는 데 Y재 1단위만 투입되므로 한계비용은 $MC_X = P_Y$이다. 이를 이윤극대화 조건 $MR_X = MC_X$에 대입하면 기업 A의 이윤극대화 생산량은 $X = 50 - \frac{1}{2}P_Y$가 된다.
- $MR_X = MC_X \to 100 - 2X = P_Y \therefore X = 50 - \frac{1}{2}P_Y$

　수요곡선이 우하향의 직선이면 한계수입(MR)곡선은 수요곡선과 가격(P)축 절편은 같고 기울기는 수요곡선의 2배인 직선이 된다.

ⅱ) 기업 B(Y재 생산)
　X재 1단위를 생산하는 데 Y재 1단위만 투입되므로 $Y = X$가 성립한다. 따라서 Y재 수요함수는 $Y = 50 - \frac{1}{2}P_Y \to P_Y = 100 - 2Y$이다. Y재 수요함수가 $P_Y = 100 - 2Y$이므로 총수입과 한계수입은 각각 다음과 같다.
- $TR_Y = P_Y \times Y = (100 - 2Y) \times Y = 100Y - 2Y^2$
- $MR_Y = \frac{\Delta TR_Y}{\Delta Y} = 100 - 4Y$

　한계수입이 $MR_Y = 100 - 4Y$이고, 한계비용이 $MC_Y = 0$이므로 이윤극대화 조건 $MR_Y = MC_Y$에 의해 기업 B의 이윤극대화 생산량은 $Y = 25$가 된다. $Y = 25$를 Y재 수요함수에 대입하면 기업 B의 이윤극대화 가격은 $P_Y = 50$으로 계산된다.
- $MR_Y = MC_Y \to 100 - 4Y = 0 \therefore Y = 25$

　$Y = X = 25$를 X재 수요함수에 대입하면 기업 A의 이윤극대화 생산량과 가격은 $X = 25$, $P_X = 75$가 된다.

49 완전경쟁시장의 특징 및 기업의 이윤극대화

완전경쟁시장의 특징 및 기업의 이윤극대화

구 분	내 용

완전경쟁의 특징	• 다수의 수요자(소비자)와 공급자(생산자)
	  → 시장지배력, 가격설정력 ✕
	  → 가격수용자(price taker)
	• 재화의 동질성
	• 자유로운 진입과 퇴출 : 장기
	  → 장기에는 초과이윤이 0이 됨(정상이윤만 획득)
	• 완전한 정보
	  → 일물일가의 법칙이 성립함

수입의 분석	• 총 수 입 : $TR = \overline{P} \times Q$ • 평균수입 : $AR = \dfrac{TR}{Q} = \dfrac{P \times Q}{Q} = P$ • 한계수입 : $MR = \dfrac{\Delta TR}{\Delta Q} = \dfrac{P \times \Delta Q}{\Delta Q} = P$
기업의 이윤극대화	• 가격(P)과 평균수입(AR) 및 한계수입(MR)의 관계 $$P = AR = MR$$ • 완전경쟁기업의 이윤극대화 조건 $$P = MR = MC$$

▶ 시장 형태에 관계없이 평균수입(AR)은 항상 가격(P)과 일치함($P = AR$)
▶ $MR = MC$는 모든 시장에서 적용되지만, $P = MC$는 완전경쟁시장에서만 적용됨

[2014 | 공인회계사] 상 중 하

완전경쟁시장에 대한 다음 서술 중 괄호 안에 들어갈 말은?

> 완전경쟁시장의 대표적인 특징은 첫째, 판매자와 구매자 모두 (가)이고, 둘째, 판매자와 구매자 모두 제품에 대해 (나) 정보를 가지고 있으며, 셋째, 이 시장에서는 기업의 (다)이 자유롭다는 데 있다.

	(가)	(나)	(다)
①	가격수용적	불완전한	가격설정
②	가격수용적	완전한	진입·퇴출
③	가격수용적	비대칭적인	제품차별
④	가격설정적	불완전한	가격설정
⑤	가격설정적	완전한	진입·퇴출

(가) 완전경쟁시장에서 판매자와 구매자는 모두 가격수용자이며, 모든 재화는 완전히 동질적이다.
(나) 완전경쟁시장에서 판매자와 구매자는 거래와 관련하여 완전한 정보를 갖고 있다. 따라서 일물일가의 법칙이 성립한다.
(다) 완전경쟁시장에서는 기업의 진입과 퇴출이 자유롭다(장기).

02

[2012 | 공인회계사] 상 중 하

완전경쟁시장에서 어떤 기업의 한계비용함수가 다음 표로 표시된다. 시장가격이 5일 때 이 기업의 이윤을 극대화하는 생산량은?

생산량	1	2	3	4	5	6
한계비용	6	5	4	3	4	6

① 2   ② 3   ③ 4
④ 5   ⑤ 6

Tip. 이윤극대화의 제1계 조건은 $MR = MC$이고, 이윤극대화의 제2계 조건은 MR곡선의 기울기 $< MC$곡선의 기울기이다.

완전경쟁기업의 이윤극대화 조건(제1계 조건)은 $P = MR = MC$이므로 일반적인 문제의 경우 $P = MC$를 만족하는 생산량을 찾으면 되지만, 이 문제의 경우에는 제2계 조건도 같이 고려하여 MC곡선이 우상향하는 구간에서 이윤극대화 생산량을 찾아야 한다.

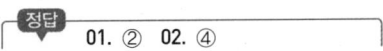

ⅰ) 생산량이 2단위일 때 $P = MC$가 성립하므로 제1계 조건을 충족하지만, 아래 그림에서 보는 것처럼 MC곡선이 우하향하므로(MR곡선의 기울기 > MC곡선의 기울기) 제2계 조건을 충족하지 못한다. 따라서 생산량이 2단위일 때는 손실이 극대화된다.

ⅱ) 생산량이 5단위와 6단위 사이일 때 $P = MC$가 성립하므로 제1계 조건을 충족하고, 아래 그림에서 보는 것처럼 MC곡선이 우상향하므로(MR곡선의 기울기 < MC곡선의 기울기) 제2계 조건도 충족한다. 따라서 생산량이 5단위와 6단위 사이일 때 이윤이 극대화된다.

ⅲ) 그런데 생산량이 6단위일 때는 $P = MR < MC$이므로 생산량이 5단위일 때보다 이윤이 감소한다. 따라서 기업의 이윤극대화 생산량은 $P = MR > MC$를 만족하는 5단위이다.

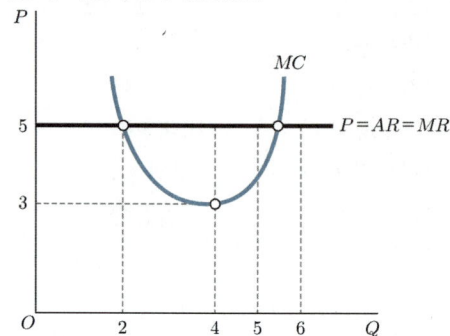

03

 2013 | 감정평가사 상 중 하

완전경쟁시장 A의 수요함수가 $Q_D = 30 - 3P$이다. 이 시장에 존재하는 모든 기업의 한계비용이 4로 동일할 때 시장의 균형가격(P^*)과 균형거래량(Q^*)은? (단, Q_D는 수요량, P는 가격이며, 모든 기업은 이윤극대화를 추구한다.)

① $P^* = 3$, $Q^* = 10$
② $P^* = 3$, $Q^* = 21$
③ $P^* = 4$, $Q^* = 18$
④ $P^* = 4$, $Q^* = 22$
⑤ $P^* = 6$, $Q^* = 12$

해설

ⅰ) 수요함수 $Q = 30 - 3P$를 P에 대해 정리하면 $P = 10 - \frac{1}{3}Q$이고, 한계비용은 $MC = 4$이다.

ⅱ) 완전경쟁시장에서는 항상 $P = MC$가 성립한다. $P = 10 - \frac{1}{3}Q$, $MC = 4$이므로 시장의 균형가격과 균형거래량은 각각 $P^* = 4$, $Q^* = 18$로 계산된다.

- $P = MC \rightarrow 10 - \frac{1}{3}Q = 4 \rightarrow \frac{1}{3}Q = 6 \therefore Q^* = 18$, $P^* = 4$

04

[2018 | 서울시 7급] 상 중 하

완전경쟁시장에서 조업하는 동질적인 기업들은 $Q^d = 50 - P$의 시장수요함수를 가지며, $Q^s = 5P - 10$인 시장공급함수를 가진다. 개별기업들의 평균비용곡선은 $AC(Q) = Q + \dfrac{2}{Q} + 2$일 때 이윤극대화를 위한 개별기업의 생산량은?

① 2　　　　　　　　　　② 3
③ 4　　　　　　　　　　④ 5

해설

Tip. 완전경쟁기업의 이윤극대화 조건은 $P = MC$이다.

ⅰ) 시장수요함수가 $Q^d = 50 - P$이고, 시장공급함수가 $Q^s = 5P - 10$이므로 시장의 균형가격과 균형거래량은 각각 $P = 10$, $Q = 40$으로 계산된다.
- $50 - P = 5P - 10 \rightarrow 6P = 60$ ∴ $P = 10$, $Q = 40$

ⅱ) 개별기업의 평균비용함수가 $AC = Q + \dfrac{2}{Q} + 2$이므로 총비용과 한계비용은 각각 다음과 같다.
- $TC = AC \times Q = Q^2 + 2 + 2Q$
- $MC = \dfrac{\Delta TC}{\Delta Q} = 2Q + 2$

ⅲ) $P = 10$, $MC = 2Q + 2$를 완전경쟁기업의 이윤극대화 조건 $P = MC$에 대입하면 개별기업의 이윤극대화 생산량은 $Q = 4$가 된다.
- $P = MC \rightarrow 10 = 2Q + 2 \rightarrow 2Q = 8$ ∴ $Q = 4$

05

[2018 | 보험계리사] 상 중 하

이윤극대화를 추구하는 K기업의 총수입(TR)은 $TR = 5Q$이고 총비용(TC)은 $TC = 10 + 3Q + 0.05Q^2$일 때 옳지 않은 것은? (단, Q는 생산량)

① 판매가격은 5　　　　　② 이윤극대화 생산량은 20
③ 최대이윤은 15　　　　 ④ 고정비용은 10

해설

① |○| 총수입은 $TR = P \times Q$이다. 따라서 총수입이 $TR = 5Q$이면 가격은 $P = 5$이다.
② |○| 이윤극대화 생산량은 $MR = MC$인 점에서 결정된다. 한계수입이 $MR = 5$이고, 한계비용이 $MC = 3 + 0.1Q$이므로 이윤극대화 생산량은 $Q = 20$이다.
- $MR = MC \rightarrow 5 = 3 + 0.1Q \rightarrow 0.1Q = 2$ ∴ $Q = 20$
   $P = AR = MR = 5$이므로 이 기업은 완전경쟁기업이다. 따라서 이윤극대화 조건은 $P = MC$로 나타낼 수도 있다.
③ |×| 이윤은 $\pi = TR - TC$이다. 따라서 이 식에 $Q = 20$을 대입하면 이윤은 $\pi = 10$이다.
- $\pi = TR - TC = 100 - 90 = 10$
④ |○| 고정비용은 생산량에 영향을 받지 않는 비용으로, 총비용 $TC = 10 + 3Q + 0.05Q^2$에서 고정비용은 상수인 $TFC = 10$이다.

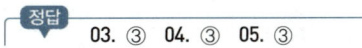

06 [2010 | 보험계리사]

완전경쟁시장에서 이윤을 극대화하고 있는 어떤 기업이 자사의 제품가격을 7원으로 설정하고 있다고 가정하자. 현재의 생산수준에서 이 기업의 평균총비용은 10원이다. 한편 이 기업의 한계비용이 한계수입과 교차하는 생산수준은 9단위이다. 현재 이 기업이 처하고 있는 상황에 대한 설명으로 옳은 것은?

① 이 기업은 27원 이상의 이윤을 얻고 있다.
② 이 기업은 정확히 27원의 이윤을 얻고 있다.
③ 이 기업은 27원 이상의 손실을 입고 있다.
④ 이 기업은 정확히 27원의 손실을 입고 있다.

해설

완전경쟁기업의 이윤극대화 조건인 $P = MR = MC$를 만족하는 이윤극대화 생산량은 9단위이다. 생산량이 9단위일 때 가격은 7원이고, 평균비용은 10원이므로 단위당 3원의 손실이 발생한다 ($P < AC$). 따라서 이 기업은 현재 27원의 손실을 입고 있다.

- $\pi = TR - TC = (P - AC) \times Q = (7-10) \times 9 = -27$

07 [2012 | 감정평가사]

기업 A의 비용함수는 $C = \sqrt{Q} + 50$이다. 이 기업이 100개를 생산할 경우, 이윤이 0이 되는 가격은? (단, C는 총비용, Q는 생산량이다.)

① 1   ② 0.6   ③ 0.5
④ 0.2   ⑤ 0.1

해설

ⅰ) $P = AC$일 때 기업의 (초과)이윤이 0이 된다. 비용함수가 $C = \sqrt{Q} + 50$이므로 평균비용은 다음과 같다.

- $AC = \dfrac{TC}{Q} = \dfrac{\sqrt{Q}}{Q} + \dfrac{50}{Q} = \dfrac{1}{\sqrt{Q}} + \dfrac{50}{Q}$

ⅱ) 평균비용 식에 $Q = 100$을 대입하면 기업의 이윤이 0이 되는 가격은 $P = AC = 0.6$이 된다.

- $AC = \dfrac{1}{\sqrt{Q}} + \dfrac{50}{Q} = \dfrac{1}{\sqrt{100}} + \dfrac{50}{100} = \dfrac{1}{10} + \dfrac{5}{10} = 0.6$

08 2017 | 지방직 7급 │상│중│하│

어느 재화의 시장에서 가격수용자인 기업의 비용함수는 $C(Q) = 5Q + \dfrac{Q^2}{80}$이며, 이 재화의 판매가격은 85원이다. 이 기업이 이윤극대화를 할 때, 생산량과 생산자잉여의 크기는? (단, Q는 생산량이며, 회수 가능한 고정비용은 없다고 가정한다.)

	생산량	생산자잉여
①	3,000	128,000
②	3,000	136,000
③	3,200	128,000
④	3,200	136,000

해설

ⅰ) 기업이 가격수용자로서 행동하는 완전경쟁시장을 가정하므로 $P = AR = MR = 85$이고, 비용함수가 $C = 5Q + \dfrac{Q^2}{80}$이므로 한계비용은 $MC = 5 + \dfrac{Q}{40}$이다. 이를 완전경쟁기업의 이윤극대화 조건 $P = MC$에 대입하면 이윤극대화 생산량은 $Q = 3,200$이 된다.

- $P = MC \rightarrow 85 = 5 + \dfrac{Q}{40} \rightarrow \dfrac{Q}{40} = 80$ ∴ $Q = 3,200$

ⅱ) 생산자잉여는 아래 그림에서 △의 면적에 해당하므로 $128,000 \left(= \dfrac{1}{2} \times 80 \times 3,200 \right)$으로 계산된다.

ⅲ) 한편, 생산자잉여는 다음과 같이 총수입에서 총가변비용을 차감하여 구할 수도 있다.

- $TR = P \times Q = 85 \times 3,200 = 272,000$
- $TVC = TC = 5Q + \dfrac{Q^2}{80} = (5 \times 3,200) + \dfrac{3,200^2}{80} = 144,000$ (∵ $TFC = 0$)
- 생산자잉여 $= TR - TVC = 272,000 - 144,000 = 128,000$

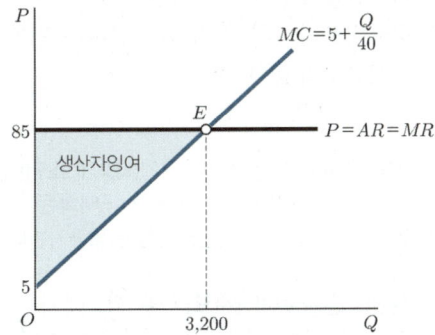

정답 06. ④ 07. ② 08. ③

09 2011 | 보험계리사

완전경쟁시장에서 이윤극대화를 추구하는 S기업의 고정비용이 종전보다 2배로 증가하였다면 이 S기업의 생산량의 변화는?

① 증가될 것이다.
② 감소될 것이다.
③ 전혀 영향이 없을 것이다.
④ 생산이 중단될 것이다.

ⅰ) 한계비용은 생산량을 1단위 추가적으로 증가시킬 때의 총비용(혹은 총가변비용)의 변화분으로 고정비용이 종전보다 2배로 증가하더라도 한계비용은 변하지 않는다.
- $MC = \dfrac{\Delta TC}{\Delta Q} = \dfrac{\Delta TVC}{\Delta Q}$

ⅱ) 완전경쟁기업의 이윤극대화 생산량은 $P = MC$인 점에서 결정된다. 따라서 한계비용이 변하지 않는다면 이윤극대화 생산량도 변하지 않는다.

10 2015 | 보험계리사

완전경쟁기업에 관한 설명 중 가장 옳지 않은 것은?

① 완전경쟁기업의 이윤극대화점은 기업의 한계비용곡선이 상승하는 부분에서 한계수입곡선과 교차하는 점이다.
② 완전경쟁기업의 단기공급곡선은 단기한계비용곡선 중 단기평균비용곡선을 상회하는 부분이다.
③ 생산요소의 공급이 비탄력적일수록 완전경쟁기업의 단기공급곡선은 기울기가 가파르게 된다.
④ 장기평균비용곡선의 최저점과 접하는 단기평균비용곡선에 상응하는 시설규모를 최적시설규모라고 한다.

① |○| MC곡선이 우상향하는 구간(제2계 조건)에서 $P = MR = MC$를 만족(제1계 조건)할 때 완전경쟁기업의 이윤이 극대화된다.
② |×| 완전경쟁기업의 단기공급곡선은 평균가변비용(AVC)곡선의 최저점을 상회하는 한계비용(MC)곡선이다.
③ |○| 생산량 증가로 파생수요인 생산요소에 대한 수요가 증가할 때 생산요소의 공급이 비탄력적일수록 생산요소가격이 큰 폭으로 상승한다. 생산요소가격이 상승하면 생산량이 증가할 때 단위당 생산비용이 상승하므로 단기공급곡선은 기울기가 가팔라진다.
④ |○| 장기평균비용(LAC)곡선의 최저점에서는 단기평균비용(SAC)곡선의 최저점과 장기평균비용(LAC)곡선이 접하는데, 장기평균비용(LAC)곡선의 최저점과 접하는 단기평균비용(SAC)곡선에 대응하는 시설규모를 최적시설규모라고 한다. 완전경쟁기업은 장기에 최적시설규모에서 최적생산량만큼 생산한다.

09. ③ 10. ②

50 손익분기점과 조업중단점

손익분기점과 조업중단점

구 분	내 용
손익분기점	• $P = AC$ ⋯ AC곡선의 최저점(초과이윤=손실=0) • 손익분기점에서도 정상이윤은 존재함
조업중단점 (생산중단점)	• $P = AVC$ ⋯ AVC곡선의 최저점(손실=총고정비용(TFC)) cf 고정비용이 전부 비매몰비용이면 $P = AC$인 점이 조업중단점이 됨
$AVC < P < AC$ 인 경우	• 단기에 손실이 발생하나 생산을 지속하면 가변비용을 모두 회수하고 고정비용도 일부 회수할 수 있으므로 생산을 하는 것이 유리함 • 장기에는 기업의 퇴출이 발생($P < AC$)하고, 기업의 수가 감소함

[2014 | 지방직 7급] 상 중 하

완전경쟁시장인 피자 시장에서 어떤 피자집이 현재 100개의 피자를 단위당 100원에 팔고 있고, 이때 평균비용과 한계비용은 각각 160원과 100원이다. 이 피자집은 이미 5,000원을 고정비용으로 지출한 상태이다. 이윤극대화를 추구하는 피자집의 행동으로 가장 옳은 것은?

① 손해를 보고 있지만 생산을 계속해야 한다.
② 손해를 보고 있으며 생산을 중단해야 한다.
③ 양(+)의 이윤을 얻고 있으며 생산을 계속해야 한다.
④ 양(+)의 이윤을 얻고 있지만 생산을 중단해야 한다.

ⅰ) 가격이 $P = 100$이고, 평균비용이 $AC = 160$이므로 단위당 60원의 손실이 발생한다($P < AC$). 생산량이 $Q = 100$이므로 이 피자집은 현재 6,000원의 손실을 보고 있다.

ⅱ) 총고정비용이 $TFC = 5,000$이고, 생산량이 $Q = 100$이므로 평균고정비용은 $AFC = \dfrac{TFC}{Q} = \dfrac{5,000}{100} = 50$이다. 평균비용이 $AC = 160$이고, 평균고정비용이 $AFC = 50$이므로 평균가변비용은 $AVC = 110$이다.

ⅲ) 가격이 $P = 100$이고, 평균가변비용이 $AVC = 110$이므로 이 피자집은 현재 가변비용조차 회수를 못하고 있다($P < AVC$). 따라서 생산을 중단해야 한다.

01. ②

02 〔2016 | 공인노무사〕 상 중 하

단기에 A 기업은 완전경쟁시장에서 손실을 보고 있지만 생산을 계속하고 있다. 시장수요의 증가로 시장가격이 상승하였는데도 단기에 A 기업은 여전히 손실을 보고 있다. 다음 설명 중 옳은 것은?

① A 기업의 한계비용곡선은 아래로 평행 이동한다.
② A 기업의 한계수입곡선은 여전히 평균비용곡선 아래에 있다.
③ A 기업의 평균비용은 시장가격보다 낮다.
④ A 기업의 총수입은 총가변비용보다 적다.
⑤ A 기업의 평균가변비용곡선의 최저점은 시장가격보다 높다.

해설

단기에 완전경쟁기업이 손실을 보면서도 생산을 지속하는 구간은 $AVC < P < AC$ 이므로 최초의 시장가격 P_0는 평균비용곡선의 최저점과 평균가변비용곡선의 최저점 사이에서 형성되어 있다.

① |×| 시장가격이 상승하더라도 한계비용곡선은 변하지 않는다.
② |○|, ③ |×| 시장수요가 증가하여 시장가격이 P_1으로 상승하면 완전경쟁기업이 직면하는 수요곡선(=한계수입곡선)이 상방으로 평행 이동한다($P = AR = MR$). 그럼에도 불구하고 계속 손실을 본다는 것은 한계수입곡선이 여전히 평균비용곡선보다 하방에 위치하고 있음을 의미한다. 따라서 시장가격은 여전히 평균비용보다 낮다.
④, ⑤ |×| 시장가격이 상승하였음에도 여전히 $AVC < P < AC$의 관계가 성립한다. 따라서 총수입($TR = P \times Q$)은 총가변비용($TVC = AVC \times Q$)보다 크고, 평균가변비용곡선의 최저점은 시장가격보다 낮다. 이 경우, 생산을 지속하면 가변비용을 모두 회수하고 고정비용도 일부 회수할 수 있으므로 단기에는 생산을 하는 것이 유리하다.

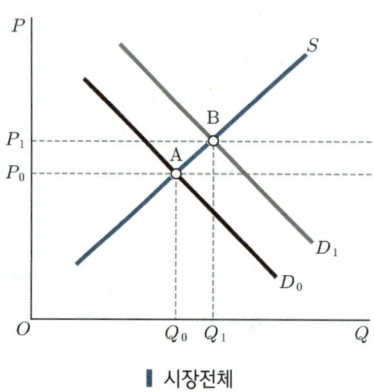

| 시장전체

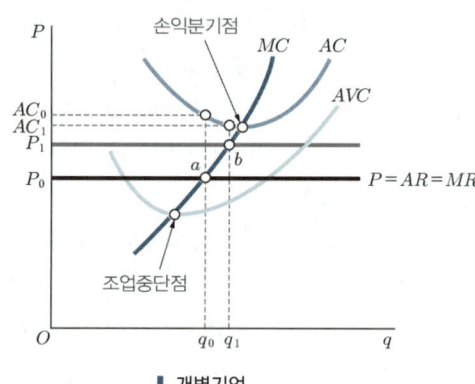

| 개별기업

03 완전경쟁시장에서 개별기업의 평균총비용곡선 및 평균가변비용곡선은 U자형이며, 현재 생산량은 50이다. 이 생산량 수준에서 한계비용은 300, 평균총비용은 400, 평균가변비용은 200일 때 옳은 것을 모두 고른 것은? (단, 시장가격은 300으로 주어져 있다.)

> ㄱ. 현재의 생산량 수준에서 평균총비용곡선 및 평균가변비용곡선은 우하향한다.
> ㄴ. 현재의 생산량 수준에서 평균총비용곡선은 우하향하고 평균가변비용곡선은 우상향한다.
> ㄷ. 개별기업은 현재 양의 이윤을 얻고 있다.
> ㄹ. 개별기업은 현재 음의 이윤을 얻고 있다.
> ㅁ. 개별기업은 단기에 조업을 중단하는 것이 낫다.

① ㄱ, ㄷ   ② ㄱ, ㅁ
③ ㄴ, ㄷ   ④ ㄴ, ㄹ
⑤ ㄴ, ㄹ, ㅁ

해설

$P = MC = 300$을 만족하는 현재의 생산량 수준($Q=50$)에서 평균비용은 $AC=400$이고, 평균가변비용은 $AVC=200$이므로 $AVC < P < AC$의 관계가 성립한다.

ㄱ. |×|, ㄴ. |○| 아래 그림에서 보는 것처럼 생산량이 $Q=50$일 때 평균비용곡선은 우하향하고($MC < AC$), 평균가변비용곡선은 우상향한다($MC > AVC$).
ㄷ. |×|, ㄹ. |○| $P < AC$이므로 개별기업은 현재 음(−)의 이윤(손실)을 얻고 있다.
ㅁ. |×| 손실이 발생하나 가격이 평균가변비용보다 높기 때문에 개별기업은 단기에 조업을 지속하는 것이 유리하다.

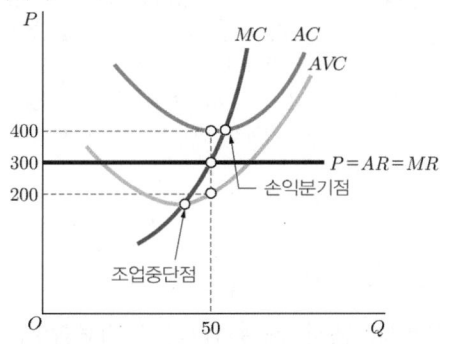

정답 02. ② 03. ④

04

[2010 | 공인회계사]

어떤 기업의 비용은 생산량 Q의 함수인데, 평균가변비용이 $2Q+3$, 고정비용이 5라고 한다. 이 기업이 완전경쟁시장 내의 한 기업이고, 단기에 시장가격이 7로 주어졌을 때, 다음 설명 중 옳지 않은 것을 모두 고르면?

> 가. 이 기업의 공급함수는 $4Q+8$이다.
> 나. 이 기업의 총비용함수는 $2Q^2+3Q+5$이다.
> 다. 이 기업의 이윤극대화(손실극소화) 산출량은 1이다.
> 라. 이 기업의 이윤극대화(손실극소화) 산출량 수준에서 순손실이 발생한다.
> 마. 이 기업은 생산을 중단하는 편이 낫다.

① 가, 나
② 가, 마
③ 나, 다
④ 다, 라
⑤ 라, 마

해설

가. |×|, 나. |○| 평균가변비용이 $AVC=2Q+3$이므로 총가변비용은 $TVC=2Q^2+3Q$이고, 총고정비용이 $TFC=5$이므로 총비용함수는 $TC=2Q^2+3Q+5$이다. 완전경쟁기업의 공급곡선은 AVC곡선의 최저점을 상회하는 MC곡선이므로 총비용함수를 Q에 대해 미분하면 공급함수(=한계비용함수)는 $P=MC=4Q+3$이 된다.

다. |○| 완전경쟁기업의 이윤극대화 생산량은 $P=MC$인 점에서 결정된다. 가격이 $P=7$이고, 한계비용이 $MC=4Q+3$이므로 이윤극대화 생산량은 $Q=1$이다.
  • $P=MC \rightarrow 7=4Q+3 \rightarrow 4Q=4 \therefore Q=1$

라. |○|, 마. |×| 이윤극대화 생산량($Q=1$) 수준에서 총수입이 $TR=P\times Q=7\times 1=7$이고, 총비용이 $TC=2Q^2+3Q+5=2+3+5=10$이므로 3만큼의 손실이 발생한다. 그러나 총수입($TR=7$)이 총가변비용($TVC=5$)보다 크기 때문에 단기에는 생산을 지속하는 것이 유리하다.

 생산을 지속하면 손실은 3이나, 생산을 중단하면 손실은 총고정비용(TFC)에 해당하는 5이므로 손실을 극소화하기 위해서는 생산을 하는 편이 낫다.

05

[2014 | 보험계리사]

완전경쟁시장에서 개별기업의 총비용함수는 $C=10+Q+4Q^2$으로 동일하게 주어져 있다. 다음 중 옳은 것은? (단, Q는 생산량, C는 총비용)

① 개별기업의 공급함수는 수평선이다.
② 이 기업은 가격에 상관없이 항상 양의 이윤을 얻을 수 있다.
③ 가격이 2라면 장기적으로 일부 기업은 시장에서 탈퇴한다.
④ 이 기업의 생산량이 10이라면 이때의 시장가격은 41이다.

① |×| 총비용함수가 $TC=10+Q+4Q^2$이므로 한계비용은 $MC=1+8Q$이다. 완전경쟁시장에서 개별기업의 공급곡선은 AVC곡선의 최저점을 상회하는 MC곡선이므로 개별기업의 공급곡선은 우상향의 직선이다.

② |×| 완전경쟁시장에서 개별기업은 단기에 가격(P)과 평균비용(AC)의 상대적 크기에 따라 초과이윤, 정상이윤, 손실이 모두 발생 가능하다.

③ |○| 완전경쟁시장에서 개별기업의 이윤극대화 생산량은 $P=MC$인 점에서 결정된다. $P=2$이고, $MC=1+8Q$이므로 이윤극대화 생산량은 $2=1+8Q$ ∴ $Q=\frac{1}{8}$이다.

$Q=\frac{1}{8}$일 때 평균비용은 $AC=\frac{10}{Q}+1+4Q=80+1+0.5=81.5 > P=2$이므로 손실이 발생하고 있다. 따라서 장기에 일부 기업은 시장에서 탈퇴할 것이다.

④ |×| $Q=10$일 때 $P=MC=1+8Q=81$이다.

06

| 2015 | 공인회계사 | 상 중 하 |

완전경쟁시장에서 생산 활동을 하고 있는 기업이 있다. 이 기업은 정수 단위로 제품을 생산하며 비용이 다음 표와 같다. 이 기업의 조업(생산)중단가격은?

생산량	0	1	2	3	4	5
총비용	100	110	130	160	200	250

① 10 ② 15 ③ 20
④ 25 ⑤ 30

주어진 자료를 표로 정리하면 다음과 같다. 단, 생산량이 $Q=0$일 때 총비용이 $TC=100$이므로 총고정비용은 $TFC=100$이다.

Q	0	1	2	3	4	5
TC	100	110	130	160	200	250
MC	−	10	20	30	40	50
TFC	100	100	100	100	100	100
TVC	0	10	30	60	100	150
AVC	0	10	15	20	25	30

조업중단점은 AVC곡선의 최저점이다. 따라서 조업중단가격은 위 표에서 AVC의 최소값인 $P=MC=AVC=10$이고, 이때의 생산량은 $Q=1$이다.

04. ② 05. ③ 06. ①

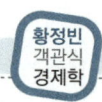

07 2013 | 국회직 8급 | 상 중 하

아래 표와 같이 완전경쟁기업의 비용구조가 주어졌다.

생산량	0	1	2	3	4	5	6	7	8	9	10
총비용	100	130	150	160	172	185	210	240	280	330	390

이 기업의 고정비용은 100이다. 이때 다음 두 가지 질문의 답으로 옳은 것은?
(Ⅰ) 현재 생산품의 시장가격은 30이다. 이윤극대화를 달성할 때의 기업의 이윤은?
(Ⅱ) 이 기업이 조업을 중단하게 되는 시장가격은?

	Ⅰ	Ⅱ			Ⅰ	Ⅱ
①	-40	17		②	-30	17
③	0	17		④	-40	13
⑤	-30	13				

주어진 자료를 표로 정리하면 다음과 같다.

Q	0	1	2	3	4	5	6	7	8	9	10
TC	100	130	150	160	172	185	210	240	280	330	390
MC	—	30	20	10	12	13	25	30	40	50	60
TFC	100	100	100	100	100	100	100	100	100	100	100
TVC	0	30	50	60	72	85	110	140	180	230	290
AVC	0	30	25	20	18	17	18.3	20	22.5	25.6	29

ⅰ) 완전경쟁기업의 이윤극대화 조건(제1계 조건)은 $P=MC$이다. 가격이 $P=30$이고, 생산량이 $Q=1$과 $Q=7$일 때 $MC=30$이므로 제1계 조건을 충족하지만, 생산량이 $Q=1$일 때는 MC곡선이 우하향하므로 제2계 조건(MR곡선의 기울기 < MC곡선의 기울기)을 충족하지 못한다. 따라서 이 기업의 이윤극대화 생산량은 $Q=7$이다. 생산량이 $Q=7$일 때 총수입이 $TR=P\times Q=30\times 7=210$이고, 총비용이 $TC=240$이므로 이윤은 $\pi=TR-TC=-30$이 된다.

ⅱ) 조업중단점은 AVC곡선의 최저점이다. 따라서 조업중단가격은 위 표에서 AVC의 최소값인 $P=AVC=17$이고, 이때의 생산량은 $Q=5$이다.

ReCheck 손익분기점과 조업중단점
- 손익분기점 : $P=AC$ … AC곡선의 최저점(초과이윤=손실=0)
- 조업중단점 : $P=AVC$ … AVC곡선의 최저점(손실=총고정비용(TFC))
- 손실이 발생하나 단기에 조업을 지속하는 것이 유리한 구간 : $AVC < P < AC$

08

[2015 | 국회직 8급] 상 중 하

완전경쟁기업의 총비용함수가 $TC(Q) = Q - \frac{1}{2}Q^2 + \frac{1}{3}Q^3 + 40$이다. 이 기업은 이윤이 어느 수준 미만이면 단기에 생산을 중단하겠는가?

① -50 ② -40 ③ 0
④ 40 ⑤ 50

해설

Tip. 조업중단점에서는 생산을 지속할 때와 생산을 중단할 때의 손실이 총고정비용(TFC)으로 동일하다.

ⅰ) 조업중단점은 AVC곡선의 최저점으로 $P = AVC$가 성립한다. 식의 양변에 Q를 곱하여 정리하면 다음과 같다.
- $P = AVC \rightarrow P \times Q = AVC \times Q \rightarrow TR = TVC$

ⅱ) 이윤함수 $\pi = TR - TC$에 $TR = TVC$를 대입하면 조업중단점에서의 이윤은 $\pi = -TFC$가 된다.
- $\pi = TR - TC = TVC - (TFC + TVC) = -TFC$

ⅲ) 총비용함수 $TC = Q - \frac{1}{2}Q^2 + \frac{1}{3}Q^3 + 40$에서 총고정비용($TFC$)은 상수인 40이므로 조업중단점에서의 이윤은 -40이다. 따라서 이윤이 -40 미만으로 떨어지면 이 기업은 생산을 중단할 것이다.

09

[2014 | 감정평가사] 상 중 하

완전경쟁시장에서 조업하고 있는 A기업의 생산함수는 $Q = L^{0.5}K^{0.5}$이고, 단기적으로 자본을 2단위 투입한다. 이 기업의 손익분기점에서 시장가격은 얼마인가? (단, 노동과 자본의 가격은 각각 1이다.)

① 1 ② 2 ③ 3
④ 4 ⑤ 5

해설

ⅰ) 손익분기점은 AC곡선의 최저점으로 $P = AC$가 성립한다. 그러므로 손익분기점에서의 시장가격을 구하기 위해서는 평균비용(AC)을 구해야 한다. 먼저, 총비용함수(TC)를 구해보자.

ⅱ) 생산함수 $Q = L^{0.5}K^{0.5}$에서 단기적으로 $K=2$로 고정되어 있다면 생산함수는 $Q = L^{0.5}K^{0.5} = \sqrt{2}\sqrt{L}$이고, 이를 L에 대해 정리하면 $Q^2 = 2L \rightarrow L = \frac{Q^2}{2}$이다.

ⅲ) $K=2$, $w=1$, $r=1$이므로 총비용함수는 $TC = \frac{Q^2}{2} + 2$이다.
- $TC = wL + rK = \left(1 \times \frac{Q^2}{2}\right) + (1 \times 2) = \frac{Q^2}{2} + 2$

정답 07. ② 08. ② 09. ②

iv) 총비용함수가 $TC = \dfrac{Q^2}{2} + 2$이므로 평균비용함수는 $AC = \dfrac{TC}{Q} = \dfrac{Q}{2} + \dfrac{2}{Q}$이다.

v) 이제, 평균비용이 최소가 되는 생산량을 구하기 위해 평균비용함수를 Q에 대해 미분한 뒤 0으로 두면 $Q = 2$로 계산된다. $Q = 2$를 평균비용함수에 대입하면 손익분기점에서의 시장가격은 $P = AC = 2$가 된다.

- $\dfrac{\Delta AC}{\Delta Q} = \dfrac{1}{2} - \dfrac{2}{Q^2} = 0 \rightarrow Q^2 = 4 \therefore Q = 2$

10

| 2011 | 국회직 8급 | 상 중 하 |

완전경쟁기업의 총비용이 $TC = Q^3 - 6Q^2 + 12Q + 32$와 같을 때 기업이 단기적으로 손실을 감수하면서도 생산을 계속하는 시장가격의 구간은?

① 2 ~ 6
② 2 ~ 8
③ 3 ~ 10
④ 3 ~ 8
⑤ 3 ~ 12

해설

i) 완전경쟁기업이 단기적으로 손실을 보면서도 조업을 지속하는 구간은 $AVC < P < AC$, 즉 조업중단점과 손익분기점 사이의 구간이다.

ii) 먼저, 조업중단점을 구해보자. 총비용이 $TC = Q^3 - 6Q^2 + 12Q + 32$이므로 총가변비용은 $TVC = Q^3 - 6Q^2 + 12Q$이고, 평균가변비용은 $AVC = \dfrac{TVC}{Q} = Q^2 - 6Q + 12$이다. 평균가변비용이 최소가 되는 생산량을 구하기 위해 평균가변비용함수를 Q에 대해 미분한 뒤 0으로 두면 $Q = 3$으로 계산된다. $Q = 3$을 평균가변비용함수에 대입하면 조업중단점에서의 시장가격은 $P = AVC = 3$이 된다.

- $\dfrac{\Delta AVC}{\Delta Q} = 2Q - 6 = 0 \therefore Q = 3$

 $AVC = Q^2 - 6Q + 12 = (Q - 3)^2 + 3$이므로 조업중단점에서의 생산량과 가격은 각각 $Q = 3$, $P = 3$이 된다.

iii) 다음으로, 손익분기점을 구해보자. 총비용이 $TC = Q^3 - 6Q^2 + 12Q + 32$이므로 평균비용은 $AC = \dfrac{TC}{Q} = Q^2 - 6Q + 12 + \dfrac{32}{Q}$이다. 평균비용이 최소가 되는 생산량을 구하기 위해 평균비용함수를 Q에 대해 미분한 뒤 0으로 두면 $Q = 4$로 계산된다. $Q = 4$를 평균비용함수에 대입하면 손익분기점에서의 시장가격은 $P = AC = 12$가 된다.

- $\dfrac{\Delta AC}{\Delta Q} = 2Q - 6 - \dfrac{32}{Q^2} = 0 \rightarrow Q^3 - 3Q^2 - 16 = 0$
  $\rightarrow (Q - 4)(Q^2 + Q + 4) = 0 \therefore Q = 4$

iv) 따라서 완전경쟁기업이 단기적으로 손실을 보면서도 조업을 지속하는 시장가격의 구간은 3 ~ 12 사이의 구간이다.

정답 10. ⑤

51 완전경쟁기업의 단기공급곡선

완전경쟁기업의 단기공급곡선

1. **단기공급곡선의 도출 과정**

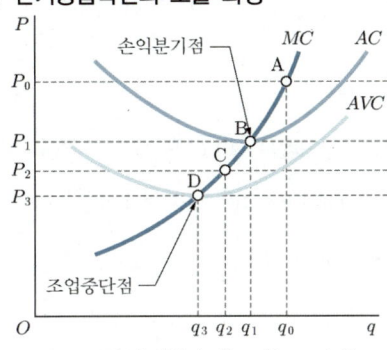 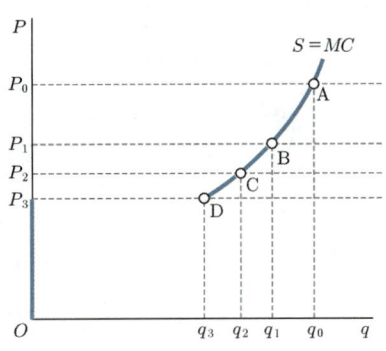

- $P = P_0$일 때(A점) : $P > AC$ ⋯ 초과이윤이 발생하므로 생산
- $P = P_1$일 때(B점) : $P = AC$ ⋯ 정상이윤을 획득하므로 생산(손익분기점)
- $P = P_2$일 때(C점) : $AVC < P < AC$ ⋯ 손실이 발생하나 생산하는 것이 유리
- $P = P_3$일 때(D점) : $P = AVC$ ⋯ 손실=TFC, 생산 여부 불분명(조업중단점)
- $P < P_3$일 때 : $P < AVC$ ⋯ 손실>TFC, 생산 중단

2. **완전경쟁기업의 단기공급곡선**
    - AVC곡선의 최저점을 상회하는 MC곡선(우상향)
    - 공급곡선은 완전경쟁시장에서만 존재함

01 | 2017 감정평가사

완전경쟁시장에서 개별기업의 단기총비용곡선이 $STC = a + \dfrac{q^2}{100}$일 때 단기공급곡선 q_s는? (단, a는 고정자본비용, q는 수량, p는 가격이다.)

① $q_s = 50p$
② $q_s = 60p$
③ $q_s = 200p$
④ $q_s = 300p$
⑤ $q_s = 400p$

해설

i) 완전경쟁시장에서 개별기업의 공급곡선은 AVC곡선의 최저점을 상회하는 MC곡선이다. 총비용함수 $TC = a + \dfrac{q^2}{100}$을 q에 대해 미분하면 한계비용은 $MC = \dfrac{q}{50}$이다.

ii) 완전경쟁기업의 이윤극대화 조건은 $P = MC$이므로 $P = \dfrac{q}{50}$이고, 이를 q에 대해 정리하면 공급함수는 $q = 50P$가 된다.

02 | 2013 감정평가사

두 생산요소 자본 K와 노동 L을 투입하는 A기업의 생산함수가 $Q = (\min[L, 3K])^{0.5}$으로 주어져 있다. 산출물의 가격은 p, 노동의 가격은 $w = 4$, 자본의 가격은 $r = 6$인 경우, 이윤을 극대화하는 A기업의 공급(Q_S)곡선은? (단, 생산물시장과 생산요소시장은 완전경쟁적이다.)

① $Q_S = p \times \min[w, 3r]$
② $Q_S = \dfrac{p}{12}$
③ $Q_S = p \times \max[w, 3r]$
④ $Q_S = 6p$
⑤ $Q_S = \dfrac{p}{6}$

해설

i) 생산함수의 양변을 제곱하면 $Q^2 = \min[L, 3K]$이므로 생산자균형에서는 $Q^2 = L = 3K$가 성립한다. 따라서 $L = Q^2$, $K = \dfrac{Q^2}{3}$이다.

ii) $L = Q^2$, $K = \dfrac{Q^2}{3}$, $w = 4$, $r = 6$을 비용제약식 $TC = wL + rK$에 대입하면 총비용함수는 $TC = 6Q^2$이 된다.
  - $TC = wL + rK = (4 \times Q^2) + \left(6 \times \dfrac{Q^2}{3}\right) = 6Q^2$

iii) 총비용함수 $TC = 6Q^2$을 Q에 대해 미분하면 한계비용은 $MC = 12Q$이다.

iv) 완전경쟁기업의 이윤극대화 조건은 $P = MC$이므로 $P = 12Q$이고, 이를 Q에 대해 정리하면 공급함수는 $Q = \dfrac{1}{12}P$가 된다.

03

[2015 | 국회직 8급] 상 중 하

완전경쟁시장에서 대표적 기업의 생산함수가 $f(L, K) = L^{1/2}K^{1/2}$이다. 노동 1단위당 임금은 4이고, 자본 1단위당 임대료는 2이다. 이 산업에 1만 개의 기업이 존재하고, 모든 기업의 생산함수는 대표적 기업과 동일하다. 단기에 모든 기업의 자본투입량(K)은 16으로 고정되어 있다. 이 경우 단기시장공급곡선으로 옳은 것은? (단, L은 노동투입량, P는 시장가격, Q는 시장공급량임)

① $P = 10,000Q$
② $P = 20,000Q$
③ $P = Q/10,000$
④ $P = Q/20,000$
⑤ 위의 어느 것도 옳지 않다.

Tip. 한계비용과 한계생산은 $MC = \dfrac{w}{MP_L}$의 관계에 있다.

ⅰ) 생산함수 $Q = L^{0.5}K^{0.5}$에서 단기적으로 $K = 16$으로 고정되어 있다면 생산함수는 $Q = L^{0.5}K^{0.5} = 4\sqrt{L}$이고, 이를 L에 대해 미분하면 한계생산은 $MP_L = 2L^{-0.5} = \dfrac{2}{\sqrt{L}}$이다.

ⅱ) 한계비용과 한계생산은 $MC = \dfrac{w}{MP_L}$의 관계에 있으므로 $MC = 2\sqrt{L}$이다.

- $MC = \dfrac{w}{MP_L} = \dfrac{4}{\dfrac{2}{\sqrt{L}}} = 2\sqrt{L}$

ⅲ) 위 식에 생산함수 $Q = 4\sqrt{L}$로부터 도출된 $\sqrt{L} = \dfrac{Q}{4}$를 대입하면 한계비용은 $MC = \dfrac{Q}{2}$이고, 완전경쟁시장에서 개별기업의 단기공급곡선은 AVC곡선의 최저점을 상회하는 MC곡선이므로 개별기업의 단기공급함수는 $P = \dfrac{Q}{2}$가 된다.

ⅳ) 시장의 단기공급곡선은 개별기업의 단기공급곡선을 수평합한 것이므로 시장의 단기공급함수를 구하기 위해서는 개별기업의 단기공급함수를 Q에 대해 정리한 후 더해야 한다. 개별기업의 단기공급함수가 $Q = 2P$이고, 시장에 10,000개의 기업이 존재하므로 시장의 단기공급함수는 $Q = 20,000P \rightarrow P = \dfrac{Q}{20,000}$가 된다.

🔍 동일한 단기공급함수를 가진 기업이 10,000개 존재하므로 시장의 단기공급함수는 개별기업의 단기공급함수 $P = \dfrac{Q}{2}$와 가격(P)축 절편값은 동일하고 기울기만 $\dfrac{1}{10,000}$배인 $P = \dfrac{Q}{20,000}$가 된다.

ReCheck 완전경쟁시장의 단기공급곡선

- 개별기업: AVC곡선의 최저점을 상회하는 MC곡선(우상향)
- 시장전체: 개별기업의 공급곡선의 수평합(우상향)

정답 01. ① 02. ② 03. ④

04 〔 2013 | 보험계리사 〕 상 중 하

생산함수가 $y = \sqrt{x}$ 이고, 상품 한 단위의 가격은 p이며 원재료 한 단위의 가격은 1이라고 할 때 다음 중 옳지 않은 것은? (단, y는 생산량, x는 원재료의 양, $y > 0$, $x > 0$이다.)

① 공급함수는 $y = \dfrac{p}{2}$이다.

② 이윤함수는 $py - y^2$이다.

③ 비용함수는 $C(y) = y^2$이다.

④ 탄력성은 $\dfrac{1}{2}$이다.

Tip. 공급곡선이 원점을 지나는 직선이면 공급곡선상의 모든 점에서 공급의 가격탄력성이 1로 일정하다.

ⅰ) 생산함수 $y = \sqrt{x}$의 양변을 제곱하여 x에 대해 정리하면 $x = y^2$이다.

ⅱ) 생산요소가 x만 존재하고, x의 단위당 가격이 $p_x = 1$이므로 비용함수는 $TC = p_x x = x$이다. 이 식에 $x = y^2$을 대입하면 비용함수는 $TC = y^2$이 된다.

ⅲ) 비용함수 $TC = y^2$을 y에 대해 미분하면 한계비용은 $MC = 2y$이다.

① |O| 완전경쟁기업의 단기공급곡선은 AVC곡선의 최저점을 상회하는 MC곡선이다. 완전경쟁기업의 이윤극대화 조건은 $p = MC$이므로 $p = 2y$이고, 이를 y에 대해 정리하면 공급함수는 $y = \dfrac{p}{2}$가 된다.

　시장 형태에 대한 별도의 언급이 없으므로 완전경쟁시장을 가정한다.

②, ③ |O| 총수입이 $TR = p \times y = py$이고, 총비용이 $TC = y^2$이므로 이윤함수는 $\pi = TR - TC = py - y^2$이다.

④ |X| 공급함수 $p = 2y$가 원점을 지나는 직선이므로 공급의 가격탄력성은 1로 일정하다.

정답 04. ④

52 완전경쟁시장의 단기균형

완전경쟁시장의 단기균형

구 분	내 용
수요곡선	・개별기업 : 시장의 균형가격수준에서 수평선($\varepsilon = \infty$) ・시장전체 : 개별소비자의 수요곡선의 수평합(우하향)
공급곡선	・개별기업 : AVC곡선의 최저점을 상회하는 MC곡선(우상향) ・시장전체 : 개별기업의 공급곡선의 수평합(우상향) 📄 생산요소가격이 상승하는 경우 산업의 공급곡선은 개별기업의 공급곡선을 수평으로 합한 것보다 더 가파른 형태(비탄력적)로 도출됨
단기균형	**1. 시장전체** ・시장수요곡선과 시장공급곡선이 교차하는 점(E점)에서 시장균형이 달성되고, 균형가격(P_0)과 균형거래량(Q_0)이 결정됨 **2. 개별기업** ・개별기업(가격수용자)이 직면하는 수요곡선은 시장의 균형가격 P_0에서 수평선임($P = AR = MR$) ・개별기업은 수요곡선(= MR곡선)과 MC곡선이 교차하는 점에서 생산량(q_0)을 결정함($P = MR = MC$) ・개별기업은 단기에 초과이윤, 정상이윤, 손실이 모두 발생 가능함 ・$P > AC_0$: 초과이윤 ・$P = AC_1$: 정상이윤 ・$P < AC_2$: 손　실 ▎시장전체　　▎개별기업

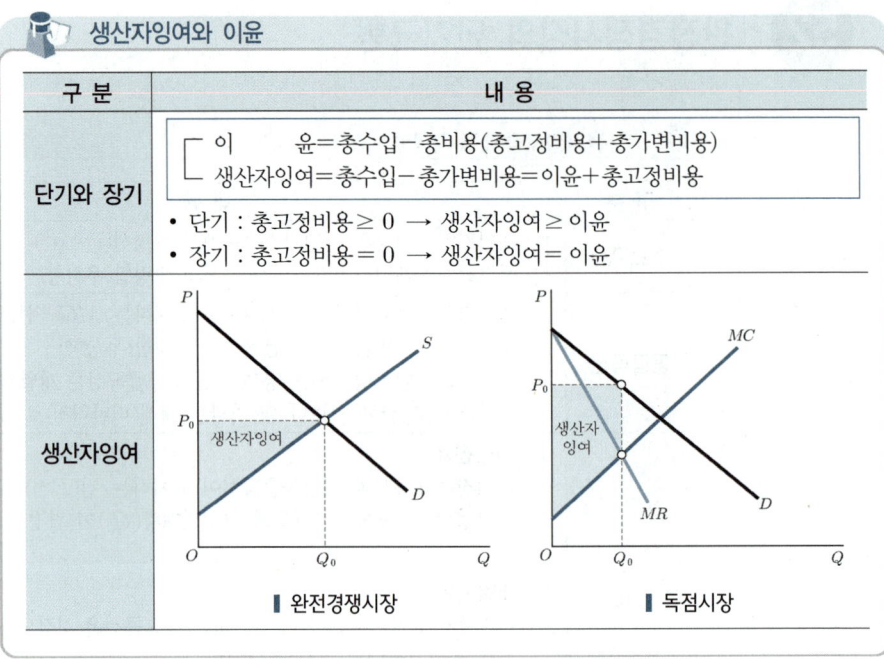

생산자잉여와 이윤

구분	내용
단기와 장기	이윤＝총수입－총비용(총고정비용＋총가변비용) 생산자잉여＝총수입－총가변비용＝이윤＋총고정비용 • 단기 : 총고정비용 ≥ 0 → 생산자잉여 ≥ 이윤 • 장기 : 총고정비용 ＝ 0 → 생산자잉여 ＝ 이윤
생산자잉여	완전경쟁시장 / 독점시장

[2013 | 국가직 7급] 상 중 하

01 완전경쟁시장에서 기업의 단기 이윤극대화에 대한 설명으로 옳지 않은 것은?

① 개별기업의 수요곡선은 수평이며 한계수입곡선이다.
② 이윤극대화를 위해서는 한계수입과 한계비용이 같아야 한다.
③ 고정비용이 전부 매몰비용일 경우 생산중단점은 평균비용곡선의 최저점이 된다.
④ 투입요소들의 가격이 불변일 경우 시장전체의 공급곡선은 개별기업의 공급곡선을 수평으로 더하여 구할 수 있다.

해설

① |O| 완전경쟁시장에서 개별기업은 시장에서 결정된 가격을 그대로 받아들이는 가격수용자이다. 그러므로 개별기업이 직면하는 수요곡선(＝한계수입곡선)은 시장의 균형가격수준에서 수평선이다($P = AR = MR$).
② |O| 이윤극대화를 위해서는 한계수입과 한계비용이 같아야 하고($MR = MC$), 한계수입곡선의 기울기보다 한계비용곡선의 기울기가 커야 한다(MR곡선의 기울기＜ MC곡선의 기울기).
③ |X| 고정비용이 전부 매몰비용이면 조업중단점(생산중단점)은 AVC곡선의 최저점이 된다.
　🔍 고정비용이 전부 비매몰비용이면 $P = AC$인 점이 조업중단점(＝손익분기점)이 되고, 고정비용의 일부만 매몰비용이면 $AVC＜P＜AC$인 한 점이 조업중단점이 된다.
④ |O| 생산요소가격이 일정할 때 시장전체의 단기공급곡선은 개별기업의 단기공급곡선을 수평으로 합하여 구할 수 있다.
　🔍 생산요소가격이 일정한 경우 산업의 단기공급곡선은 개별기업의 단기공급곡선을 수평으로 합하여 도출하나, 생산요소가격이 상승하는 경우에는 산업의 공급곡선이 개별기업의 공급곡선을 수평으로 합한 것보다 더 가파른 형태(비탄력적)로 도출된다.

02 아래 〈그림〉은 이윤극대화를 추구하는 어떤 기업의 단기에서의 한계수입(MR), 한계비용(MC) 및 평균비용(AC)을 표시한 그래프이다. 다음 중 각각의 생산량 수준인 점 a, b, c, d에 대한 설명으로 옳은 것을 〈보기〉에서 모두 고르면?

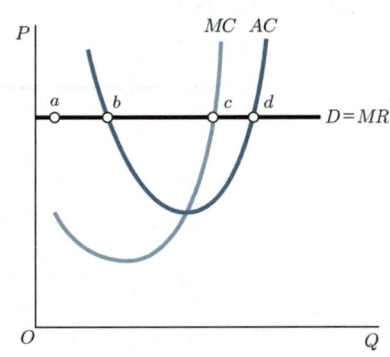

※ 재화의 판매가격이 일정하여 한계수입곡선은 수평으로 표시된다.

──┤ 보기 ├──
ㄱ. 해당 기업은 손익분기점인 점 c의 생산량을 선택할 것이다.
ㄴ. 점 c에서 이윤이 최대가 된다.
ㄷ. 점 d에서 초과이윤이 발생한다.
ㄹ. 점 a, b, c, d 중에서 점 b의 순수익이 가장 크다.
ㅁ. 점 a, b, c, d 중에서 점 a의 순수익이 가장 적다.

① ㄱ, ㄴ   ② ㄴ, ㄷ
③ ㄴ, ㅁ   ④ ㄱ, ㄴ, ㅁ
⑤ ㄴ, ㄹ, ㅁ

해설
위 그림은 개별기업이 가격수용자로서 행동하는 완전경쟁시장을 나타내고 있다($P = AR = MR$).
ㄱ. |×| 손익분기점은 AC곡선의 최저점이다.
ㄴ. |○| 완전경쟁기업의 이윤극대화 조건은 $P = MR = MC$이므로 점 c에서 이윤이 극대화된다.
ㄷ. |×| 점 b와 점 d에서는 $P = AC$이므로 초과이윤이 0이다.
ㄹ. |×|, ㅁ. |○| 점 a에서는 $P < AC$이므로 손실이 발생하고, 점 b와 점 d에서는 $P = AC$이므로 정상이윤만을 얻는다. 따라서 점 c의 순수익이 가장 크고, 점 a의 순수익이 가장 적다.

| 2011 | 국회직 8급 | 상 중 하

03 아래의 그림은 어느 기업의 평균수입과 평균비용을 나타낸 것이다. 이에 대한 설명으로 옳은 것은?

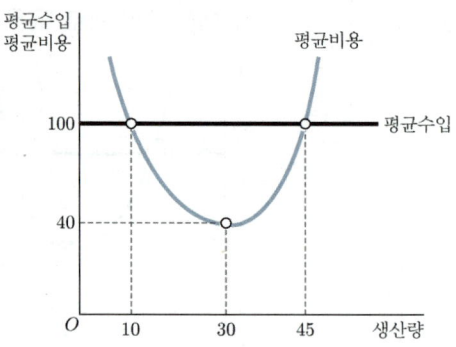

① 생산량이 증가함에 따라 가격은 떨어진다.
② 평균비용이 감소하는 구간에서는 생산량을 늘릴수록 이윤이 증가한다.
③ 최대 이윤은 1,800이다.
④ 생산량을 44에서 45로 늘리면 이윤은 증가한다.
⑤ 생산량이 30일 때 한계비용은 한계수입보다 크다.

해설

위 그림은 개별기업이 가격수용자로서 행동하는 완전경쟁시장을 나타내고 있다($P = AR = MR$). 한계비용(MC)곡선이 평균비용(AC)곡선의 최저점을 아래에서 위로 통과하므로 한계비용(MC)곡선은 아래 그림과 같이 그려진다.

① |×| 완전경쟁시장에서 개별기업은 시장에서 결정된 가격을 그대로 받아들이는 가격수용자이다. 그러므로 개별기업이 직면하는 수요곡선은 $P = AR = MR = 100$에서 수평선이다.
② |○| 평균비용이 감소하는 구간에서는 $MR > MC$이므로 생산량을 늘릴수록 이윤이 증가한다.
③ |×| 생산량이 30단위일 때(AC곡선의 최저점)의 이윤은 다음과 같다.
  • $\pi = TR - TC = (P - AC) \times Q = (100 - 40) \times 60 = 1,800$
  완전경쟁기업의 이윤극대화 생산량은 $P = MC$인 점에서 결정되므로 이윤극대화 생산량 Q^*는 30단위보다 많고 45단위보다 적다. 따라서 최대 이윤은 1,800보다 크다.
④ |×| 이윤극대화 생산량 Q^*가 45단위보다는 적기 때문에 생산량을 44단위에서 45단위로 늘리면 이윤이 감소한다.
⑤ |×| 한계비용곡선이 평균비용곡선의 최저점을 아래에서 위로 통과하므로 생산량이 30단위일 때 한계비용은 $MC = AC = 40$이다. 한계수입은 $MR = AR = 100$이므로 한계비용이 한계수입보다 작다.

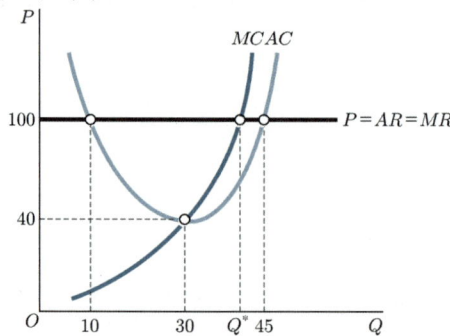

04 | 2018 | 국회직 8급 | 상 중 하

어떤 기업의 비용함수가 $C(Q) = 100 + 2Q^2$이다. 이 기업이 완전경쟁시장에서 제품을 판매하며 시장가격은 20일 때, 다음 설명 중 옳지 않은 것은? (단, Q는 생산량이다.)

① 이 기업이 직면하는 수요곡선은 수평선이다.
② 이 기업의 고정비용은 100이다.
③ 이윤극대화 또는 손실최소화를 위한 최적 산출량은 5이다.
④ 이 기업의 최적 산출량 수준에서 $P \geq AVC$를 만족한다(단, P는 시장가격이고, AVC는 평균가변비용이다).
⑤ 최적 산출량 수준에서 이 기업의 손실은 100이다.

해설

① |○| 완전경쟁시장에서 개별기업은 시장에서 결정된 가격을 그대로 받아들이는 가격수용자이다. 그러므로 개별기업이 직면하는 수요곡선은 시장가격인 $P = 20$에서 수평선이다.

② |○| 고정비용은 생산량에 영향을 받지 않는 비용으로, 총비용함수 $TC = 100 + 2Q^2$에서 고정비용은 상수인 $TFC = 100$이다.

③ |○| 완전경쟁기업의 이윤극대화 생산량은 $P = MC$인 점에서 결정된다. 가격이 $P = 20$이고, 한계비용은 $MC = \dfrac{\Delta TC}{\Delta Q} = 4Q$이므로 이윤극대화 생산량은 $Q = 5$이다.

④ |○| 총비용함수 $TC = 100 + 2Q^2$에서 총가변비용은 $TVC = 2Q^2$이므로 평균가변비용은 $AVC = \dfrac{TVC}{Q} = 2Q$이다. 생산량이 $Q = 5$일 때 평균가변비용이 $AVC = 2Q = 10$이고, 가격이 $P = 20$이므로 최적 생산량 수준에서 $P \geq AVC$를 만족한다.

⑤ |×| 생산량이 $Q = 5$일 때 총수입이 $TR = P \times Q = 20 \times 5 = 100$이고, 총비용이 $TC = 100 + (2 \times 5^2) = 150$이므로 이윤은 $\pi = TR - TC = -50$이 된다. 즉, 최적 생산량 수준에서 이 기업의 손실은 50이다.

정답 03. ② 04. ⑤

05

 2013 | 보험계리사

완전경쟁시장에서 이윤극대화를 추구하는 기업의 한계비용함수가 $MC(q) = 4 + \alpha q$이며($\alpha > 0$, q는 산출량) 시장가격은 16이다. 이 기업의 고정비용이 증가하고 α가 감소하는 경우, 이윤극대화를 추구하는 기업의 최적 산출량은 어떻게 바뀌는가? (단, 기업의 이윤은 항상 0보다 크다.)

① 산출량이 증가할지 감소할지 알 수 없다. ② 산출량은 감소한다.
③ 산출량은 변하지 않는다. ④ 산출량은 증가한다.

해설

i) 완전경쟁기업의 이윤극대화 생산량은 $P = MC$인 점에서 결정된다. 가격이 $P = 16$이고, 한계비용이 $MC = 4 + \alpha q$이므로 이윤극대화 생산량은 $q = \dfrac{12}{\alpha}$가 된다.

ii) $q = \dfrac{12}{\alpha}$에서 한계비용곡선의 기울기인 α가 감소하면 개별기업의 이윤극대화 생산량 q는 증가한다. 고정비용의 변화는 한계비용에 아무런 영향을 미치지 않으므로 고려할 필요가 없다.

06

 2010 | 감정평가사

완전경쟁시장에서 이윤극대화를 추구하는 A기업의 총비용함수는 $TC = Q^2 + 3Q + 10$이며, 재화의 가격이 13이다. 이때 A기업의 생산자잉여는? (단, TC는 총비용이고, Q는 생산량이다.)

① 15 ② 20 ③ 25
④ 30 ⑤ 35

해설

i) 완전경쟁기업의 이윤극대화 생산량은 $P = MC$인 점에서 결정된다. 가격이 $P = 13$이고, 한계비용은 $MC = \dfrac{\Delta TC}{\Delta Q} = 2Q + 3$이므로 이윤극대화 생산량은 $Q = 5$이다.
- $P = MC \rightarrow 13 = 2Q + 3 \rightarrow 2Q = 10 \therefore Q = 5$

ii) 생산자잉여는 아래 그림에서 Δ의 면적에 해당하므로 $25\left(= \dfrac{1}{2} \times 10 \times 5\right)$로 계산된다.

iii) 한편, 생산자잉여는 다음과 같이 총수입에서 총가변비용을 차감하여 구할 수도 있다.
- $TR = P \times Q = 13 \times 5 = 65$
- $TVC = Q^2 + 3Q = 5^2 + (3 \times 5) = 40$
- 생산자잉여 $= TR - TVC = 65 - 40 = 25$

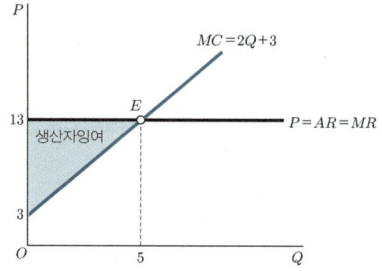

07 [2013 | 공인회계사] 상 중 하

노동과 자본을 생산요소로 사용하고 있는 어떤 완전경쟁기업의 생산함수는 $q = \sqrt{LK}$이다. 자본투입량이 일정 수준으로 고정되어 있을 때, 주어진 요소가격하에서 이 기업의 단기비용함수는 $C^S(q) = \dfrac{q^2}{4} + 16$이다. 이 기업의 단기의사결정에 관한 다음 설명 중 옳은 것은? (단, q는 생산량, L은 노동투입량, K는 자본투입량이다.)

① 생산물의 시장가격이 5인 경우, 이 기업은 0의 이윤을 얻는다.
② 생산량이 일정 수준 이하이면, 동일한 생산량에 대하여 이 기업의 단기평균가변비용은 단기한계비용보다 높다.
③ 이 기업의 단기공급곡선은 단기한계비용곡선과 동일하지 않다.
④ 생산물의 시장가격이 0을 초과하는 한, 이 기업은 생산을 중단하지 않는다.
⑤ 노동의 단위당 가격이 상승하더라도 생산물의 시장가격이 변하지 않으면, 이 기업의 단기생산량은 변하지 않는다.

해설

① |×| 완전경쟁기업의 이윤극대화 생산량은 $P = MC$인 점에서 결정된다. 가격이 $P = 5$이고, 한계비용이 $MC = \dfrac{\Delta TC}{\Delta q} = \dfrac{q}{2}$이므로 이윤극대화 생산량은 $q = 10$이다.

  • $P = MC \rightarrow 5 = \dfrac{q}{2}$ ∴ $q = 10$

  생산량이 $q = 10$일 때 평균비용은 $AC = \dfrac{TC}{q} = \dfrac{q}{4} + \dfrac{16}{q} = \dfrac{10}{4} + \dfrac{16}{10} = 4.1$이다. 가격이 $P = 5$일 때 $P > AC$이므로 이 기업은 양(+)의 이윤을 얻는다.

② |×| 총가변비용함수가 $TVC = \dfrac{q^2}{4}$이므로 평균가변비용은 $AVC = \dfrac{TVC}{q} = \dfrac{q}{4}$이다. 한계비용은 $MC = \dfrac{q}{2}$이므로 모든 생산량 수준에서 이 기업의 평균가변비용은 한계비용보다 낮다.

③ |×| 완전경쟁기업의 단기공급곡선은 AVC곡선의 최저점을 상회하는 MC곡선이다. MC곡선과 AVC곡선이 원점을 지나는 직선이고, MC곡선이 항상 AVC곡선의 상방에 위치하므로 MC곡선이 곧 이 기업의 단기공급곡선이 된다.

④ |○| 조업중단점은 AVC곡선의 최저점이다($P = AVC$). 그런데 가격이 0을 초과하면 항상 $P = MC > AVC$이므로 이 기업은 조업을 중단하지 않을 것이다.

⑤ |×| 노동의 단위당 가격(가변비용)이 상승하면 한계비용이 상승한다. 따라서 이 기업의 이윤극대화 생산량은 감소하게 된다.

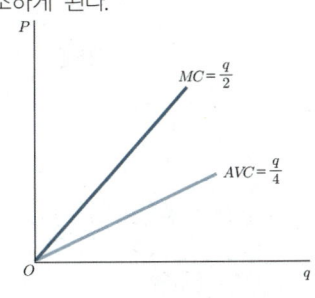

정답 05. ④ 06. ③ 07. ④

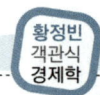

53 완전경쟁시장의 장기균형

완전경쟁시장의 장기균형

구 분	내 용
수요곡선	• 개별기업 : 시장의 균형가격수준에서 수평선($\varepsilon = \infty$) • 시장전체 : 개별소비자의 수요곡선의 수평합(우하향)

산업의
장기공급곡선
	• 장기에는 기업의 진입과 퇴출이 이루어져 기업의 수가 변하므로 개별기업의 공급곡선을 수평합하여 산업의 장기공급곡선을 도출할 수 없음
	• 산업의 장기공급곡선은 시장의 장기균형점들을 연결하여 도출함
	    — 비용불변산업 … 산업의 장기공급곡선이 수평선
	    — 비용증가산업 … 산업의 장기공급곡선이 우상향
	    — 비용감소산업 … 산업의 장기공급곡선이 우하향
	📄 산업의 장기공급곡선상의 모든 점에서는 기업의 수가 다름

장기균형	1. **장기조정 과정** • 장기에는 기업의 진입과 퇴출이 자유로우므로 초과이윤이 발생하면 신규기업의 시장진입이 이루어지고, 손실이 발생하면 기존기업의 시장퇴출이 이루어짐 • 결국, 장기균형은 $P = LAC$인 점에서 달성되고, 초과이윤은 0이 됨 2. **완전경쟁기업의 장기균형 조건** $$P = AR = MR = SMC = LMC = SAC = LAC$$ • 개별기업은 장기에 정상이윤만 획득(초과이윤= 0) • 개별기업은 장기에 LAC곡선 최저점에서 생산($P = LMC = LAC$) → 최적시설규모에서 최적생산량만큼 생산(초과설비= 0)

| 시장전체 | 개별기업 |

완전경쟁시장에 대한 평가

장 점	단 점
• 자원배분의 효율성 달성($P = MC$) • 최적시설규모에서 최적생산량 생산(장기) • 사회후생(소비자잉여+생산자잉여) 극대화 • 경제적 자유와 의사결정의 분권화	• 가정의 비현실성 • 소득분배의 불공평성 • 시장실패의 가능성

01 [2018 | 감정평가사]

완전경쟁시장의 장기균형에 관한 설명으로 옳은 것은?

① 균형가격은 개별기업의 한계수입보다 크다.
② 개별기업의 한계수입은 평균총비용보다 크다.
③ 개별기업의 한계비용은 평균총비용보다 작다.
④ 개별기업은 장기평균비용의 최저점에서 생산한다.
⑤ 개별기업은 0보다 큰 초과이윤을 얻는다.

해설

완전경쟁기업의 장기균형 조건은 $P = AR = MR = SMC = LMC = SAC = LAC$이며, 완전경쟁기업은 장기에 LAC곡선의 최저점에서 생산한다.
① |×| 장기균형에서 가격(P)은 개별기업의 한계수입(MR)과 같다.
② |×| 장기균형에서 개별기업의 한계수입(MR)은 평균비용(AC)과 같다.
③ |×| 장기균형에서 개별기업의 한계비용(MC)은 평균비용(AC)과 같다.
④ |○| 개별기업은 장기에 장기평균비용(LAC)곡선의 최저점에서 생산한다.
⑤ |×| 장기균형에서 $P = AC$이므로 개별기업의 초과이윤은 0이다.

02 [2010 | 감정평가사]

완전경쟁시장에 참여하는 모든 기업의 비용함수가 동일하며 평균비용곡선이 U자형이다. 다음 설명 중 옳지 않은 것은?

① 기업은 가격수용자로서 행동한다.
② 단기에 경제적 이윤이 발생할 수 있다.
③ 기업의 진입·퇴출이 자유로운 장기에는 경제적 이윤은 0이다.
④ 장기균형에서 가격은 한계비용과 같다.
⑤ 장기균형에서 한계비용은 평균비용보다 높다.

정답 01. ④ 02. ⑤

해설

① |O| 완전경쟁시장에서 개별기업은 시장에서 결정된 가격을 그대로 받아들이는 가격수용자이다. 그러므로 개별기업이 직면하는 수요곡선은 시장의 균형가격수준에서 수평선이다.
②, ③ |O| 완전경쟁시장에서 개별기업은 단기에 가격(P)과 평균비용(AC)의 상대적 크기에 따라 초과이윤, 정상이윤, 손실이 모두 발생 가능하다. 그러나 장기에는 기업의 진입과 퇴출이 자유롭기 때문에 개별기업은 정상이윤만을 얻는다(경제적 이윤=0).
④ |O|, ⑤ |×| 장기균형에서 $P = AR = MR = SMC = LMC = SAC = LAC$가 성립하므로 가격($P$)은 한계비용($MC$)과 같고, 한계비용($MC$)은 평균비용($AC$)과 같다.

03

[2015 | 보험계리사]

완전경쟁시장의 단기균형과 장기균형에 관한 설명으로 가장 옳지 않은 것은?
① 단기균형에서 개별기업은 초과이윤을 얻을 수 있지만 장기균형에서는 정상이윤만을 얻는다.
② 단기균형에서의 기업의 수와 장기균형에서의 기업의 수는 일반적으로 다르다.
③ 단기균형에서는 생산자잉여와 이윤이 일치하지만 장기균형에서는 그렇지 않다.
④ 완전경쟁시장은 단기에서뿐만 아니라 장기에서도 사회적 잉여가 극대화되는 시장형태이다.

해설

① |O| 완전경쟁시장의 단기균형에서 개별기업은 가격(P)과 평균비용(AC)의 상대적 크기에 따라 초과이윤, 정상이윤, 손실이 모두 발생 가능하다. 그러나 장기균형에서는 $P = AC$이므로 개별기업은 정상이윤만을 얻는다(초과이윤=0).
② |O| 완전경쟁시장에서 신규기업의 진입이나 기존기업의 퇴출이 불가능한 단기와 달리 장기에는 초과이윤이 발생하면 신규기업의 진입이 이루어지고, 손실이 발생하면 기존기업의 퇴출이 이루어진다. 그러므로 단기균형에서의 기업의 수와 장기균형에서의 기업의 수는 다른 것이 일반적이다.
③ |×| 생산자잉여는 총수입에서 총가변비용을 차감한 것이고, 이윤은 총수입에서 총비용을 차감한 것이다. 그러므로 총고정비용이 0보다 크거나 같은 단기에는 생산자잉여가 이윤보다 크거나 같지만, 총고정비용이 0인 장기에는 생산자잉여와 이윤이 같다.
④ |O| 완전경쟁시장에서는 단·장기에 관계없이 $P = MC$가 성립하므로 자원배분의 효율성이 달성되고, 사회적잉여가 극대화된다.

ReCheck 생산자잉여와 이윤

이   윤=총수입−총비용(총고정비용+총가변비용)
생산자잉여=총수입−총가변비용=이윤+총고정비용

• 단기 : 총고정비용 ≥ 0 → 생산자잉여 ≥ 이윤
• 장기 : 총고정비용 = 0 → 생산자잉여 = 이윤

04

[2013 | 서울시 7급] [상] [중] [하]

완전경쟁시장에서 어느 기업의 비용구조가 다음과 같다고 할 때, 시장가격이 4,000원일 경우 이 기업의 장단기 행태는?

생산량(단위)	0	1	2	3	4	5
총비용(원)	5,000	10,000	12,000	15,000	24,000	40,000

① 단기에 1단위 생산하고 장기에는 시장에서 퇴출한다.
② 단기에 2단위 생산하고 장기에는 시장에서 퇴출한다.
③ 단기에 3단위 생산하고 장기에는 시장에서 퇴출한다.
④ 단기에 4단위 생산하고 장기에는 시장에서 퇴출한다.
⑤ 단기에 공장을 닫고 장기에는 시장에서 퇴출한다.

해설

주어진 자료를 표로 정리하면 다음과 같다. 단, 생산량이 $Q=0$일 때 총비용이 $TC=5,000$이므로 총고정비용은 $TFC=5,000$이다.

Q	0	1	2	3	4	5
TC	5,000	10,000	12,000	15,000	24,000	40,000
MC	—	5,000	2,000	3,000	9,000	16,000
AC	0	10,000	6,000	5,000	6,000	8,000
TFC	5,000	5,000	5,000	5,000	5,000	5,000
TVC	0	5,000	7,000	10,000	19,000	35,000
AVC	0	5,000	3,500	3,333	4,750	7,000

ⅰ) 완전경쟁기업의 이윤극대화 조건(제1계 조건)은 $P=MC$이다. 가격이 $P=4,000$이고, 생산량이 $Q=1$과 $Q=2$ 사이, 또는 $Q=3$과 $Q=4$ 사이일 때 $MC=4,000$이므로 제1계 조건을 충족하지만, 생산량이 $Q=1$과 $Q=2$ 사이일 때는 MC곡선이 우하향하므로 제2계 조건(MR곡선의 기울기 < MC곡선의 기울기)을 충족하지 못한다. 따라서 이 기업의 이윤극대화 생산량은 $Q=3$과 $Q=4$ 사이에서 결정된다. 그런데 $Q=4$이면 $P=MR<MC$이므로 $Q=3$일 때보다 이윤이 감소한다. 그러므로 이 기업의 이윤극대화 생산량은 $Q=3$이다.

ⅱ) 가격이 $P=4,000$이고, 생산량이 $Q=3$일 때 평균비용은 $AC=5,000$이고, 평균가변비용은 $AVC=3,333$이므로 현재 이 기업은 $AVC<P<AC$인 구간에 있다. 따라서 단기에는 손실이 발생하나 조업을 지속하는 것이 유리하고, 장기에는 시장에서 퇴출할 것이다.

정답 03. ③ 04. ③

05 [2012 | 공인노무사] 상 중 하

완전경쟁시장에 관한 설명으로 옳지 않은 것은? (단, 모든 기업의 평균비용곡선은 U자형으로 동일하며, 생산요소시장도 완전경쟁임)

① 개별기업이 직면하는 수요곡선은 수평이다.
② 평균가변비용곡선의 최저점이 단기에 조업중단점이 된다.
③ 비용불변산업의 경우 장기균형가격은 시장수요의 크기에 영향을 받는다.
④ 자원배분의 효율성이 충족된다.
⑤ 비용체증산업의 경우 산업의 장기공급곡선은 우상향한다.

해설
① |O| 완전경쟁시장에서 개별기업은 시장에서 결정된 가격을 그대로 받아들이는 가격수용자이다. 그러므로 개별기업이 직면하는 수요곡선은 시장의 균형가격수준에서 수평선이다.
② |O| 평균가변비용(AVC)곡선의 최저점이 조업중단점이고, 평균비용(AC)곡선의 최저점이 손익분기점이다.
③ |×|, ⑤ |O| 비용불변산업의 경우 산업의 장기공급곡선이 수평선이므로 시장수요의 크기에 관계없이 장기균형가격은 항상 일정하다. 한편, 비용증가산업의 경우 산업의 장기공급곡선이 우상향하고, 비용감소산업의 경우 산업의 장기공급곡선이 우하향한다.
④ |O| 완전경쟁시장에서는 항상 $P=MC$가 성립하므로 자원배분의 효율성이 달성된다.

06 [2015 | 공인회계사] 상 중 하

완전경쟁시장에서 기업들의 비용구조는 동일하며 이들은 정수 단위로 제품을 생산한다. 개별기업의 장기총비용은 $C=10Q+Q^2$(C는 장기총비용, Q는 생산량)이다. 장기균형에서 생산이 이루어진다면, 개별기업의 생산량은?

① 1   ② 2   ③ 3
④ 4   ⑤ 5

해설
ⅰ) 완전경쟁기업의 장기균형은 LAC곡선의 최저점에서 달성되므로 개별기업의 장기균형생산량은 장기평균비용이 최소가 되는 생산량이다.
ⅱ) 장기총비용함수가 $LTC=10Q+Q^2$이므로 장기평균비용은 $LAC=\dfrac{LTC}{Q}=10+Q$이다.
ⅲ) 장기평균비용이 $LAC=10+Q$이므로 $Q=0$일 때 장기평균비용이 $LAC=10$으로 최소가 된다. 그런데 문제에서는 장기균형에서 생산이 이루어진다고 하였으므로 개별기업의 장기균형생산량은 $Q=1$이 된다.

07 다음 왼쪽 그래프는 완전경쟁시장에 놓여 있는 전형적 기업이며 오른쪽 그래프는 단기의 완전경쟁시장이다. 이 시장이 동일한 기업들로 이루어져 있다면 장기적으로 이 시장에는 몇 개의 기업이 조업하겠는가?

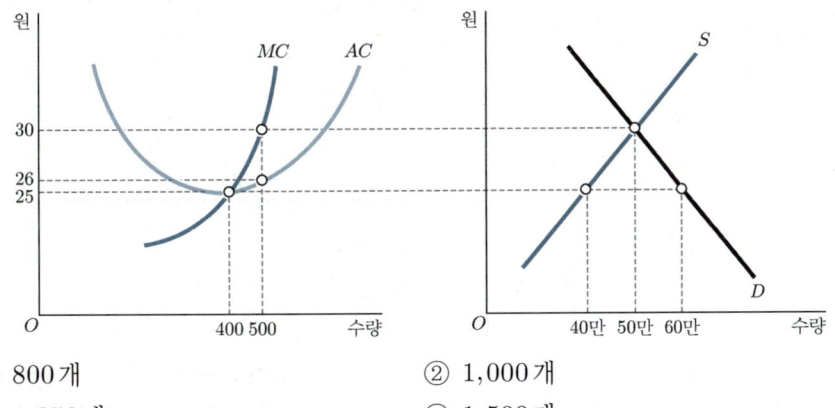

① 800개
② 1,000개
③ 1,250개
④ 1,500개

해설

i) 완전경쟁시장에서 개별기업은 시장에서 결정된 가격을 그대로 받아들이는 가격수용자이다. 그러므로 개별기업이 직면하는 수요곡선은 $P=AR=MR=30$에서 수평선이다.

ii) 완전경쟁기업의 이윤극대화 생산량은 $P=MC$인 점에서 결정되므로 개별기업의 생산량은 $q=500$이고, 생산량이 $q=500$일 때 $P=30>AC=26$이므로 단기에 초과이윤이 발생한다.

iii) 장기에는 기업의 진입과 퇴출이 자유로우므로 초과이윤이 발생하면 신규기업의 진입이 이루어지고, 그에 따라 공급곡선이 우측으로 이동한다. 신규기업의 진입은 초과이윤이 사라질 때까지 이루어지므로 공급곡선은 S_0에서 $P=LAC=25$를 만족하는 S_1까지 이동하게 된다. 결국, 장기균형은 $P=LAC=25$인 점에서 달성되고, 개별기업의 초과이윤은 0이 된다.

iv) 장기균형에서 시장생산량은 $Q=60$만이고, $P=MC=25$일 때 개별기업의 생산량은 $q=400$이므로 장기에 이 시장에는 $1,500\left(=\dfrac{600,000}{400}\right)$개의 기업이 조업한다.

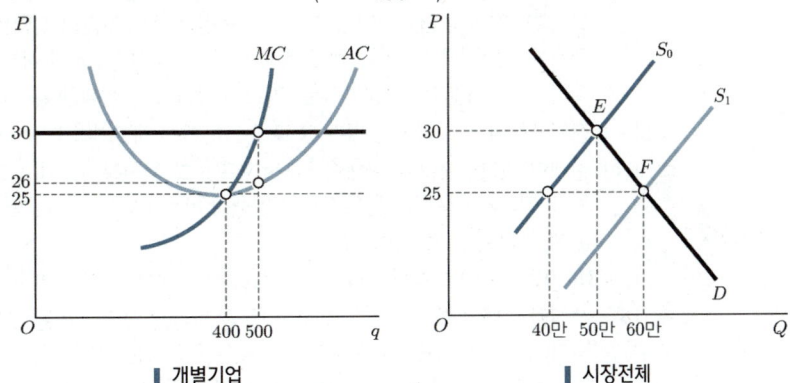

| 개별기업 | 시장전체 |

정답 05. ③ 06. ① 07. ④

08 아래의 그림은 완전경쟁시장에서 어떤 개별기업의 한계비용(marginal cost)과 평균비용(average cost)을 나타낸다. 현재 시장가격이 P_0라고 할 때 〈보기〉에서 옳은 것을 모두 고른 것은?

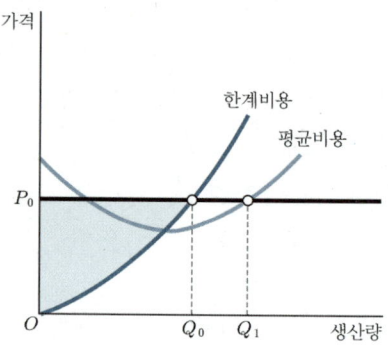

| 보기 |

ㄱ. 장기적으로 이 시장에서의 총공급량은 지금보다 증가한다.
ㄴ. 장기적으로 이 시장에서의 개별기업의 공급량은 지금보다 증가한다.
ㄷ. 이 시장의 현재 총수요량은 Q_1이다.
ㄹ. 이 기업의 이윤은 위의 색칠한 부분과 같다.

① ㄱ
② ㄱ, ㄷ
③ ㄱ, ㄹ
④ ㄴ, ㄹ
⑤ ㄱ, ㄷ, ㄹ

ㄱ. |○| 완전경쟁기업의 이윤극대화 생산량은 $P=MC$인 점에서 결정되므로 개별기업의 생산량은 q_0이고, 생산량이 q_0일 때 $P>AC$이므로 단기에 초과이윤이 발생한다. 장기에는 기업의 진입과 퇴출이 자유로우므로 초과이윤이 발생하면 신규기업의 진입이 이루어지고, 그에 따라 공급곡선이 우측으로 이동한다. 신규기업의 진입은 초과이윤이 사라질 때까지 이루어지므로 공급곡선은 S_0에서 $P=LAC$를 만족하는 S_1까지 이동하게 된다. 결국, 장기균형에서 시장가격은 P_2로 하락하고, 시장생산량은 Q_2로 증가한다.

ㄴ. |×| 장기균형에서 시장생산량은 Q_2로 증가하지만 개별기업의 생산량은 q_2로 감소한다.

ㄷ. |×| 현재의 시장수요량은 현재의 시장수요곡선과 시장공급곡선이 교차하는 E점에서 결정된다. 따라서 현재의 시장수요량(시장생산량)은 Q_0이고, 이는 현재의 개별기업의 생산량 q_0에 기업의 수를 곱한 값과 같다.

  참고로, 지문에 주어진 Q_1은 아래 그림에서 개별기업의 생산량 q_1을 의미한다.

ㄹ. |×| 색칠된 부분은 총수입에서 총가변비용을 차감한 것으로 이윤이 아니라 생산자잉여에 해당한다. 총고정비용이 0보다 크거나 같은 단기에는 생산자잉여가 이윤보다 크거나 같지만, 총고정비용이 0인 장기에는 생산자잉여와 이윤이 같다.

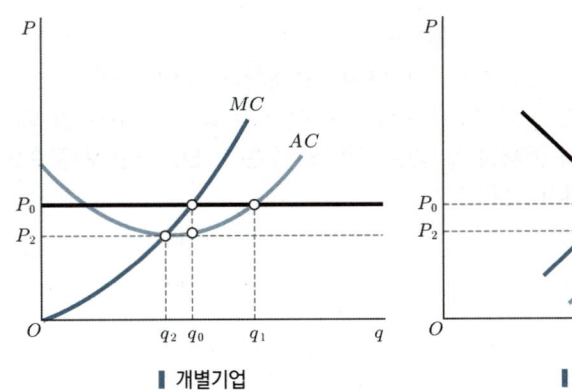

| 개별기업 | 시장전체 |

09 | 2018 | 감정평가사 | 상 중 하

완전경쟁시장의 시장수요함수는 $Q = 1,700 - 10P$이고, 이윤극대화를 추구하는 개별기업의 장기평균비용함수는 $LAC(q) = (q-20)^2 + 30$으로 모두 동일하다. 장기균형에서 기업의 수는? (단, Q는 시장거래량, q는 개별기업의 생산량, P는 가격이다.)

① 100 ② 90 ③ 80
④ 70 ⑤ 60

i) 완전경쟁기업의 장기균형은 LAC곡선의 최저점에서 달성되므로 장기균형가격은 개별기업의 장기평균비용 최소값과 같다($P = LAC$).

ii) 장기평균비용함수가 $LAC = (q-20)^2 + 30$으로 주어져 있으므로 장기평균비용이 최소가 되는 생산량(장기균형생산량)은 $q = 20$이고, 장기평균비용 최소값은 30이다. 따라서 장기균형가격도 $P = LAC = 30$이다.

iii) $P = 30$을 시장수요함수 $Q = 1,700 - 10P$에 대입하면 시장수요량은 $Q = 1,400$이고, 개별기업의 생산량은 $q = 20$이므로 장기균형에서 이 시장에는 $70 \left(= \dfrac{1,400}{20} \right)$개의 기업이 존재한다.

정답 08. ① 09. ④

10 | 2015 지방직 7급 | 상 중 하

A 시장에는 동질적인 기업들이 존재하고 시장수요함수는 $Q=1,000-P$ 이다. 개별기업의 장기평균비용함수가 $C=100+(q-10)^2$ 일 때, 완전경쟁시장의 장기균형에서 존재할 수 있는 기업의 수는? (단, Q 는 시장수요량, q 는 개별기업의 생산량을 나타낸다.)

① 10
② 90
③ 100
④ 900

ⅰ) 완전경쟁기업의 장기균형은 LAC 곡선의 최저점에서 달성되므로 장기균형가격은 개별기업의 장기평균비용 최소값과 같다($P=LAC$).
ⅱ) 장기평균비용함수가 $LAC=100+(q-10)^2$ 으로 주어져 있으므로 장기평균비용이 최소가 되는 생산량(장기균형생산량)은 $q=10$ 이고, 장기평균비용 최소값은 100 이다. 따라서 장기균형가격도 $P=LAC=100$ 이다.
ⅲ) $P=100$ 을 시장수요함수 $Q=1,000-P$ 에 대입하면 시장수요량은 $Q=900$ 이고, 개별기업의 생산량은 $q=10$ 이므로 장기균형에서 이 시장에는 $90\left(=\dfrac{900}{10}\right)$ 개의 기업이 존재한다.

11 | 2017 공인회계사 | 상 중 하

X 재 시장은 완전경쟁시장이고, 시장수요곡선은 $Q=1,000-P$ 이다. 모든 개별기업의 장기평균비용곡선(AC)은 $AC=40-10q+q^2$ 이다. 기업들의 진입과 퇴출에 의해서도 개별기업의 장기총비용곡선은 변하지 않는다. 다음 설명 중 옳지 않은 것은? (단, Q 는 X 재의 시장수요량, P 는 X 재의 가격, q 는 개별기업의 X 재 생산량이다.)

① 개별기업의 X 재 장기균형생산량은 5이다.
② X 재의 가격이 18인 경우, 장기적으로 기업의 진입이 발생한다.
③ X 재의 가격이 15인 경우, 장기적으로 개별기업은 양(+)의 경제적 이윤을 얻는다.
④ X 재의 가격이 12인 경우, 장기적으로 기업의 퇴출이 발생한다.
⑤ 장기균형에서는 총 197개의 기업이 생산 활동을 한다.

①, ⑤ |○| 완전경쟁기업의 장기균형은 LAC 곡선의 최저점에서 달성되므로 장기균형가격은 개별기업의 장기평균비용 최소값과 같다($P=LAC$). 먼저, 장기평균비용이 최소가 되는 생산량(장기균형생산량)을 구하기 위해 장기평균비용함수 $LAC=40-10q+q^2$ 을 q 에 대해 미분한 뒤 0으로 두면 $q=5$ 이고, $q=5$ 를 장기평균비용함수에 대입하면 개별기업의 장기평균비용 최소값은 15가 된다. 따라서 장기균형가격도 $P=LAC=15$ 이다.
- $\dfrac{\Delta LAC}{\Delta q}=-10+2q=0 \therefore q=5$
- $P=LAC=40-(10\times 5)+5^2=15$

이제, $P=15$를 시장수요함수 $Q=1,000-P$에 대입하면 시장수요량은 $Q=985$이고, 개별기업의 생산량은 $q=5$이므로 장기균형에서 이 시장에는 $197\left(=\frac{985}{5}\right)$개의 기업이 생산 활동을 한다.

②, ④ |○|, ③ |×| 시장가격이 장기균형가격보다 높은 18이라면 초과이윤이 발생하므로 장기에는 신규기업의 진입이 이루어지고, 시장가격이 장기균형가격보다 낮은 12라면 손실이 발생하므로 장기에는 기존기업의 퇴출이 이루어진다. 한편, 시장가격이 장기균형가격과 같은 15라면 개별기업의 초과이윤(경제적 이윤)은 0이 된다.

12 [2017 | 국회직 8급] 상 중 하

반도체 시장은 완전경쟁시장이며 개별기업의 장기평균비용곡선은 $AC(q_i)=40-q_i+\frac{1}{100}q_i^2$으로 동일하다고 가정하자(단, q_i는 개별기업의 생산량임). 반도체 시장수요는 $Q=25,000-1,000P$이다(단, Q는 시장수요량, P는 시장가격). 반도체 시장에서 장기균형가격과 장기균형하에서의 기업의 수는 얼마인가?

	장기균형가격	기업의 수
①	5	200
②	10	150
③	10	300
④	15	100
⑤	15	200

해설

i) 완전경쟁기업의 장기균형은 LAC곡선의 최저점에서 달성되므로 장기균형가격은 개별기업의 장기평균비용 최소값과 같다($P=LAC$).

ii) 먼저, 장기평균비용이 최소가 되는 생산량(장기균형생산량)을 구하기 위해 장기평균비용함수 $LAC=40-q+\frac{1}{100}q^2$을 q에 대해 미분한 뒤 0으로 두면 $q=50$이고, $q=50$을 장기평균비용함수에 대입하면 개별기업의 장기평균비용 최소값은 15가 된다. 따라서 장기균형가격도 $P=LAC=15$이다.

- $\frac{\Delta LAC}{\Delta q}=-1+\frac{1}{50}q=0\ \therefore q=50$
- $P=LAC=40-50+\left(\frac{1}{100}\times 50^2\right)=15$

iii) 이제, $P=15$를 시장수요함수 $Q=25,000-1,000P$에 대입하면 시장수요량은 $Q=10,000$이고, 개별기업의 생산량은 $q=50$이므로 장기균형에서 이 시장에는 $200\left(=\frac{10,000}{50}\right)$개의 기업이 존재한다.

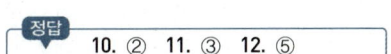

13

[2013 | 국회직 8급] 상 중 하

컴퓨터 시장은 완전경쟁시장이며 각 생산업체의 장기평균비용함수는 $AC(q_i) = 40 - 6q_i + \frac{1}{3}q_i^2$으로 동일하다고 가정하자. 컴퓨터에 대한 시장수요가 $Q^D = 2,200 - 100P$일 때, 다음 두 가지 질문의 답으로 옳은 것은? (단, q_i는 개별기업의 생산량, Q^D는 시장수요량을 나타냄)

(Ⅰ) 컴퓨터 시장에서 장기균형가격은 얼마인가?

(Ⅱ) 수요곡선이 변화하여 $Q^D = A - 100P$가 되었다고 하자. 새로운 장기균형의 컴퓨터 생산업체 수가 최초 장기균형의 컴퓨터 생산업체 수의 두 배가 되려면 A는 얼마가 되어야 하는가?

	Ⅰ	Ⅱ		Ⅰ	Ⅱ
①	13	2,800	②	16	2,800
③	13	3,100	④	16	3,100
⑤	13	3,400			

해설

ⅰ) 완전경쟁기업의 장기균형은 LAC곡선의 최저점에서 달성되므로 장기균형가격은 개별기업의 장기평균비용 최소값과 같다($P = LAC$).

ⅱ) 먼저, 장기평균비용이 최소가 되는 생산량(장기균형생산량)을 구하기 위해 장기평균비용함수 $LAC = 40 - 6q + \frac{1}{3}q^2$을 q에 대해 미분한 뒤 0으로 두면 $q = 9$이고, $q = 9$를 장기평균비용함수에 대입하면 개별기업의 장기평균비용 최소값은 13이 된다. 따라서 장기균형가격도 $P = LAC = 13$이다.

- $\frac{\Delta LAC}{\Delta q} = -6 + \frac{2}{3}q = 0$ ∴ $q = 9$
- $P = LAC = 40 - (6 \times 9) + \left(\frac{1}{3} \times 9^2\right) = 13$

ⅲ) 이제, $P = 13$을 시장수요함수 $Q = 2,200 - 100P$에 대입하면 시장수요량은 $Q = 900$이고, 개별기업의 생산량은 $q = 9$이므로 장기균형에서 이 시장에는 $100 \left(= \frac{900}{9}\right)$개의 기업이 존재한다.

ⅳ) 시장수요함수가 $Q = A - 100P$로 변화하였을 때 기업의 수가 최초의 장기균형에서의 기업의 수의 2배가 되었다면 새로운 장기균형에서의 기업의 수는 200개이다. 개별기업의 생산량이 $q = 9$로 변화가 없으므로 새로운 시장수요량은 $Q = 1,800$이 된다.

 비용조건에 대한 별도의 언급이 없으므로 비용불변산업을 가정한다.

ⅴ) $P = 13$, $Q = 1,800$을 새로운 시장수요함수에 대입하면 $A = 3,100$으로 계산된다.
- $Q = A - 100P \rightarrow 1,800 = A - (100 \times 13)$ ∴ $A = 3,100$

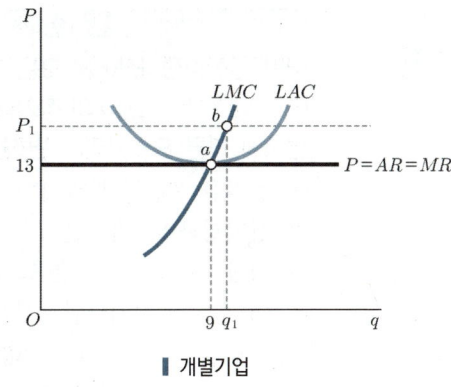

■ 산업   ■ 개별기업

14 [2018 | 국회직 8급] 상 중 하

완전경쟁시장에서 어떤 재화가 거래되고 있다. 이 시장에는 총 100개의 기업이 참여하고 있으며 각 기업의 장기비용함수는 $c(q) = 2q^2 + 10$으로 동일하다. 이 재화의 장기균형가격과 시장전체의 공급량은? (단, q는 개별기업의 생산량이다.)

	장기균형가격	시장전체의 공급량
①	$\sqrt{40}$	$25\sqrt{80}$
②	$\sqrt{40}$	$100\sqrt{80}$
③	$\sqrt{80}$	$\sqrt{80}/4$
④	$\sqrt{80}$	$25\sqrt{80}$
⑤	$\sqrt{80}$	$100\sqrt{80}$

해설

i) 완전경쟁기업의 장기균형은 LAC곡선의 최저점에서 달성되므로 장기균형가격은 개별기업의 장기평균비용 최소값과 같다($P = LAC$).

ii) 장기총비용함수가 $LTC = 2q^2 + 10$이므로 장기평균비용함수는 $LAC = \dfrac{LTC}{q} = 2q + \dfrac{10}{q}$ 이다. 장기평균비용이 최소가 되는 생산량(장기균형생산량)을 구하기 위해 장기평균비용함수 $LAC = 2q + \dfrac{10}{q}$ 을 q에 대해 미분한 뒤 0으로 두면 $q = \sqrt{5}$ 이고, $q = \sqrt{5}$ 를 장기평균비용함수에 대입하면 개별기업의 장기평균비용 최소값은 $\sqrt{80}$ 이 된다. 따라서 장기균형가격도 $P = LAC = \sqrt{80}$ 이다.

- $\dfrac{\Delta LAC}{\Delta q} = 2 - \dfrac{10}{q^2} = 0 \rightarrow 2q^2 = 10 \therefore q = \sqrt{5}$
- $P = LAC = 2\sqrt{5} + \dfrac{10}{\sqrt{5}} = 4\sqrt{5} = \sqrt{80}$

iii) 장기균형에서 이 시장에는 100개의 기업이 존재하므로 시장전체의 생산량(공급량)은 $Q = 100q$ 이다. 개별기업의 생산량이 $q = \sqrt{5}$ 이므로 시장전체의 생산량은 $Q = 25\sqrt{80}$ 으로 계산된다.

- $Q = 100q = 100\sqrt{5} = 25\sqrt{80}$

정답 13. ③ 14. ④

15

어떤 완전경쟁시장에서 모든 기업의 장기총비용함수는 $LTC_i(q_i) = q_i^3 - 10q_i^2 + 35q_i$ (단, LTC_i는 기업 i의 장기총비용, q_i는 기업 i의 생산량)로 동일하다고 하자. 생산량 변화에 따른 요소가격의 변화는 없다고 하자. 다음 설명 중 옳지 않은 것은?

① 동일한 생산량에 대하여 장기총비용은 단기총비용보다 항상 작거나 같다.
② 장기평균비용곡선은 U자형 그래프이다.
③ 시장수요곡선이 오른쪽으로 이동하면 장기균형에서의 시장가격은 상승한다.
④ 이 시장의 장기공급곡선은 수평선이다.
⑤ 시장수요함수가 $Q^D = 360 - P$(단, Q^D는 수요량, P는 시장가격)일 경우, 장기균형에서 시장참여기업의 수는 70개이다.

① |○| 단기와 달리 장기에는 시설규모를 최적 수준으로 조정하는 것이 가능해지므로 모든 생산량 수준에서 장기총비용은 단기총비용보다 작거나 같다. 즉, 장기총비용(LTC)곡선은 단기총비용(STC)곡선을 아래로부터 감싸는 포락선이다.

② |○| 장기총비용함수가 $LTC = q^3 - 10q^2 + 35q$이므로 장기평균비용함수는 $LAC = \dfrac{LTC}{q}$
$= q^2 - 10q + 35 = (q-5)^2 + 10$이다. 따라서 장기평균비용곡선은 생산량(장기균형생산량)이 $q = 5$일 때 최솟값(장기균형가격)이 $P = LAC = 10$인 U자형 그래프이다.

④ |○| 생산량 변화에 따른 요소가격의 변화가 없으므로 이 산업은 비용불변산업이다. 따라서 산업의 장기공급곡선은 수평선이다.

③ |×| 최초의 장기균형인 A점에서 초과이윤은 0이고, 장기균형가격은 $P = LAC = 10$이다. 이제, 시장수요곡선이 우측으로 이동하여 시장가격이 상승하면 $P > AC$가 되어 개별기업은 일시적으로 초과이윤을 얻게 된다(B점). 시장에 초과이윤이 발생하면 신규기업의 진입이 이루어지므로 시장공급곡선이 우측으로 이동한다. 비용불변산업에서는 생산요소가격이 불변이므로 개별기업의 비용곡선이 이동하지 않는다. 따라서 시장공급이 증가하면 시장가격은 최초 수준인 $P = LAC = 10$인 수준까지 하락하고, 시장생산량만 증가한다(C점). 그러므로 장기균형가격은 $P = LAC = 10$으로 불변이다.

⑤ |○| 장기균형가격 $P = LAC = 10$을 시장수요함수 $Q = 360 - P$에 대입하면 시장수요량은 $Q = 350$이고, 개별기업의 생산량은 $q = 5$이므로 장기균형에서 이 시장에는 70 $\left(= \dfrac{350}{5}\right)$개의 기업이 존재한다.

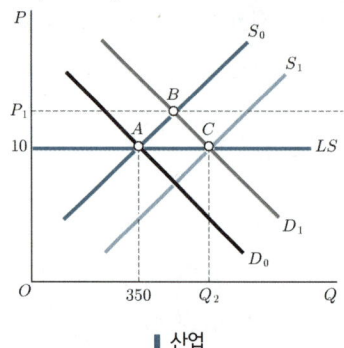

▮산업

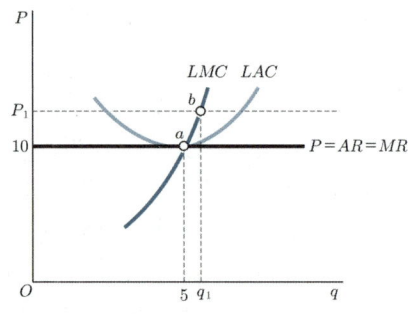

▮개별기업

15. ③

CHAPTER 13 독점시장

54 독점기업의 수요곡선과 한계수입곡선

독점시장의 특징 및 기업의 이윤극대화

구 분	내 용

독점의 특징	• 1개의 기업
	  → 시장지배력, 가격설정력 ○
	  → 가격설정자(price setter) : 가격차별 가능
	• 우하향의 수요곡선
	  → 독점기업이 직면하는 수요곡선=시장전체의 수요곡선
	  → 독점기업이라 하더라도 가격과 판매량을 동시에 원하는 수준으로 결정할 수는 없음(판매량을 증가시키려면 가격을 인하해야 함)
	• 경쟁압력의 부재
	  → 대체재의 부재, 완벽한 진입장벽

독점의 발생원인 (진입장벽)	• 규모의 경제 → 자연독점 발생 • 생산요소 및 원재료의 독점적 소유 • 정부의 인·허가, 특허권 부여 • 정부에 의한 독점력 행사
수입의 분석	• 총 수 입 : $TR = P \times Q$ • 평균수입 : $AR = \dfrac{TR}{Q} = \dfrac{P \times Q}{Q} = P$ • 한계수입 : $MR = \dfrac{\Delta TR}{\Delta Q} = P + \left(\dfrac{\Delta P}{\Delta Q} \times Q\right) < P$
기업의 이윤극대화	• 가격(P)과 평균수입(AR) 및 한계수입(MR)의 관계 $$P = AR > MR$$ • 독점기업의 이윤극대화 조건 $$P > MR = MC$$

독점기업의 수요곡선과 한계수입곡선

1. **총수입(TR)과 한계수입(MR)**
   - $\varepsilon > 1 : MR > 0 \leftrightarrow TR$ 증가
   - $\varepsilon = 1 : MR = 0 \leftrightarrow TR$ 극대
   - $\varepsilon < 1 : MR < 0 \leftrightarrow TR$ 감소

2. **수요곡선(D)과 한계수입(MR)곡선**
   : 수요곡선이 우하향의 직선이면 한계수입(MR)곡선은 수요곡선과 가격(P)축 절편은 같고 기울기는 수요곡선의 2배인 직선이 됨

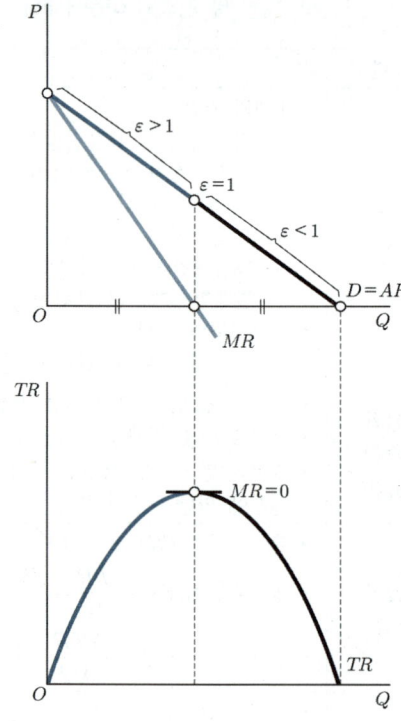

3. **가격(P)과 한계수입(MR)** … 아모로소－로빈슨(Amoroso－Robinson) 공식

$$MR = P\left(1 - \frac{1}{\varepsilon}\right) = AR\left(1 - \frac{1}{\varepsilon}\right)$$

   - $\varepsilon = 1 \; : MR = 0 \; \leftrightarrow TR$ 극대
   - $\varepsilon = \infty : MR = P \leftrightarrow$ 완전경쟁

01

[2008 | 공인회계사] 상 중 하

다음 중 독점의 원인으로 보기 어려운 것은?

① 규모의 경제
② 특허 기술의 보유
③ 밀접한 대체재의 존재
④ 특정 생산요소의 독점적 소유
⑤ 정부에 의한 신규사업자 진입 제한

해설

독점의 발생원인은 신규기업의 진입을 가로막는 완벽한 진입장벽(entry barrier)이다. 이러한 진입장벽의 사례로는 ① 규모의 경제, ② 정부의 인·허가, 특허권 부여, ④ 생산요소 및 원재료의 독점적 소유, ⑤ 정부에 의한 독점력 행사 등을 들 수 있다.

③ |×| 밀접한 대체재가 존재하면 독점력을 행사하는 것이 불가능하다. 따라서 독점의 발생원인으로 보기 어렵다.

밀접한 대체재를 생산하는 기업이 다수 존재하여 재화 간 대체 가능성이 높은 시장은 독점적 경쟁시장이다.

02

[2013 | 공인노무사] 상 중 하

기업 A가 직면하는 상품의 수요곡선이 우하향하는 직선일 때 옳은 것을 모두 고른 것은?

> ㄱ. 생산량이 증가할수록 총수입은 감소하다가 증가한다.
> ㄴ. 생산량이 증가할수록 평균수입은 감소한다.
> ㄷ. 생산량이 증가할수록 한계수입은 감소한다.

① ㄱ
② ㄱ, ㄴ
③ ㄱ, ㄷ
④ ㄴ, ㄷ
⑤ ㄷ

해설

ㄱ. |×| 수요곡선이 우하향의 직선이면 수요곡선의 중점보다 위쪽은 수요의 가격탄력성이 1보다 크므로 최초에는 생산량이 증가할수록 총수입이 증가한다. 총수입은 수요의 가격탄력성이 1인 수요곡선의 중점에서 극대가 되고, 수요곡선의 중점보다 아래쪽, 즉 수요의 가격탄력성이 1보다 작은 구간까지 생산량을 늘리면 총수입은 오히려 감소한다.

ㄴ. |○| 시장 형태에 관계없이 수요곡선은 곧 평균수입곡선을 의미한다. 따라서 수요곡선(=평균수입곡선)이 우하향의 직선이면 생산량이 증가할수록 평균수입은 감소한다.

ㄷ. |○| 수요곡선이 우하향의 직선이면 한계수입곡선은 수요곡선과 가격(P)축 절편은 같고 기울기는 수요곡선의 2배인 우하향의 직선이 된다. 따라서 생산량이 증가할수록 한계수입은 감소한다.

정답
01. ③ 02. ④

03 `2013 | 국가직 7급` 상 중 하

독점기업인 자동차 회사 A가 자동차 가격을 1% 올렸더니 수요량이 4% 감소하였다. 자동차의 가격이 $2{,}000$만원이라면 자동차 회사 A의 한계수입은?

① $1{,}000$만원 ② $1{,}500$만원
③ $2{,}000$만원 ④ $2{,}500$만원

Tip. 수요의 가격탄력성은 $\varepsilon = -\dfrac{\text{수요량의 변화율}(\%)}{\text{가격의 변화율}(\%)}$ 이다.

ⅰ) 가격이 1% 상승할 때 수요량이 4% 감소하였으므로 수요의 가격탄력성은 $\varepsilon=4$ 이다.
- $\varepsilon = -\dfrac{\text{수요량의 변화율}(\%)}{\text{가격의 변화율}(\%)} = -\dfrac{-4\%}{1\%} = 4$

ⅱ) $P=2{,}000$만원, $\varepsilon=4$를 아모로소-로빈슨 공식에 대입하면 한계수입은 $MR=1{,}500$만원으로 계산된다.
- $MR = P\left(1-\dfrac{1}{\varepsilon}\right) = 2{,}000\text{만원} \times \left(1-\dfrac{1}{4}\right) = 2{,}000\text{만원} \times \dfrac{3}{4} = 1{,}500\text{만원}$

ReCheck 아모로소-로빈슨(Amoroso-Robinson) 공식

$$MR = P\left(1-\dfrac{1}{\varepsilon}\right) = AR\left(1-\dfrac{1}{\varepsilon}\right)$$

- $\varepsilon=1$: $MR=0 \leftrightarrow TR$ 극대
- $\varepsilon=\infty$: $MR=P \leftrightarrow$ 완전경쟁

---

04 `2014 | 공인노무사` 상 중 하

어느 독점기업이 이윤을 극대화하기 위해 가격을 단위당 100으로 책정하였으며, 이 가격에서 수요의 가격탄력성은 2이다. 이때 독점기업의 한계비용은?

① 25 ② 50 ③ 100
④ 150 ⑤ 200

ⅰ) $P=100$, $\varepsilon=2$를 아모로소-로빈슨 공식에 대입하면 한계수입은 $MR=50$으로 계산된다.
- $MR = P\left(1-\dfrac{1}{\varepsilon}\right) = 100 \times \left(1-\dfrac{1}{2}\right) = 100 \times \dfrac{1}{2} = 50$

ⅱ) 독점기업의 이윤극대화는 $MR=MC$인 점에서 달성되므로 한계수입이 $MR=50$이면 한계비용도 $MC=50$이 된다.

05

[2013 | 감정평가사] 상 중 하

독점시장에 관한 설명으로 옳지 않은 것은? (단, 수요곡선은 우하향하고 생산량은 양(+)이다.)

① 독점기업은 시장지배력을 이용하여 가격을 인상하면서 판매량을 늘릴 수 있다.
② 수요의 가격탄력성이 1일 때 독점기업의 한계수입은 0이다.
③ 생산량이 증가함에 따라 평균비용곡선이 지속적으로 우하향하는 산업에서는 자연독점이 발생한다.
④ 독점기업의 한계수입곡선은 수요곡선보다 아래에 위치한다.
⑤ 독점기업의 이윤극대화 가격은 한계비용보다 높다.

해설

① |×| 시장지배력을 가진 독점기업이라 하더라도 가격과 판매량을 동시에 원하는 수준으로 결정할 수는 없다. 독점기업이 직면하는 수요곡선은 우하향하므로 가격을 인상하면 판매량이 반드시 감소한다.

② |○| 아모로소-로빈슨 공식 $MR = P\left(1 - \dfrac{1}{\varepsilon}\right)$ 에서 수요의 가격탄력성이 $\varepsilon = 1$이면 독점기업의 한계수입은 $MR = 0$이다.

③ |○| 생산량이 증가함에 따라 평균비용이 지속적으로 하락(규모의 경제)하는 산업에서 자연독점이 발생한다.

④ |○| 독점기업의 한계수입곡선은 수요곡선보다 하방에 위치하며, 수요곡선과 마찬가지로 우하향한다.

⑤ |○| 독점기업의 이윤극대화 조건은 $P > MR = MC$이다. 따라서 독점기업의 이윤극대화 가격은 항상 한계비용보다 높다.

정답 03. ② 04. ② 05. ①

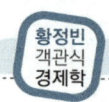

| 2017 | 감정평가사 | 상 중 하

06 독점기업의 이윤극대화에 관한 설명으로 옳지 않은 것은? (단, 수요곡선은 우하향하고 생산량은 양(+)이고, 가격차별은 없다.)

① 이윤극대화 가격은 한계비용보다 높다.
② 양(+)의 경제적 이윤을 획득할 수 없는 경우도 있다.
③ 현재 생산량에서 한계수입이 한계비용보다 높은 상태라면 이윤극대화를 위하여 가격을 인상하여야 한다.
④ 이윤극대화 가격은 독점 균형거래량에서의 평균수입과 같다.
⑤ 이윤극대화는 한계비용과 한계수입이 일치하는 생산수준에서 이루어진다.

해설

①, ⑤ |○| 독점기업의 이윤극대화 조건은 $P > MR = MC$이다. 따라서 독점기업의 이윤극대화는 한계비용과 한계수입이 일치하는 생산량 수준에서 달성되고, 이윤극대화 가격은 항상 한계비용보다 높다.
② |○| $P < AC$라면 독점기업은 단기에 손실을 볼 수도 있다.
③ |×| 현재의 생산량 수준에서 $MR > MC$라면 독점기업은 이윤극대화를 위해 생산량을 늘려야 한다. 그런데 독점기업이 직면하는 수요곡선은 우하향하므로 생산량을 늘리기 위해서는 가격을 인하해야 한다.
④ |○| 시장 형태에 관계없이 가격은 항상 평균수입과 같다($P = AR$).

정답
06. ③

독점시장의 단·장기균형

독점시장의 단·장기균형

구분	내용
단기균형	• $P > MR = MC$ • 단기에는 손실이 발생할 수도 있음(초과이윤, 정상이윤, 손실이 모두 가능) • $P > MC$: 과소 생산에 따른 사회적 후생손실 발생 • 수요의 가격탄력성이 1보다 큰 구간($\varepsilon > 1$)에서 생산 • 공급곡선이 존재하지 않음 (그래프: P_0, AC_0, Q_0, MC, AC, MR, D)
장기균형	• $P > MR = LMC$ • 장기에 일반적으로 초과이윤을 획득함(장기이윤 ≥ 단기이윤) • $P > MC$: 과소 생산에 따른 사회적 후생손실 발생 • 규모의 경제가 발생하는 구간(LAC곡선 최저점보다 좌측)에서 생산 • 초과설비 보유 : SAC곡선 최저점보다 좌측에서 생산 • 공급곡선이 존재하지 않음 (그래프: P_m, P_c, SMC_0, SAC_0, LMC, LAC, $Q_m Q_0 Q_c$, 초과설비, MR, D)

독점시장에 대한 평가

구 분	내 용

자원배분의 효율성	• 완전경쟁시장이 독점화되면 가격은 상승하고($P_m > P_c$), 생산량은 감소함 ($Q_m < Q_c$).
	• $P > MC$이므로 자원배분이 비효율적임
	→ $\Delta(F+G)$의 면적만큼 사회적 후생손실(자중손실, 후생삼각형) 발생
	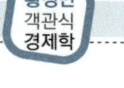
	<table><tr><td>구 분</td><td>완전경쟁시장</td><td>독점시장</td><td>변화분</td></tr><tr><td>소비자잉여</td><td>$A+B+F$</td><td>A</td><td>$-(B+F)$</td></tr><tr><td>생산자잉여</td><td>$C+G$</td><td>$B+C$</td><td>$B-G$</td></tr><tr><td>총잉여</td><td>$A+B+C+F+G$</td><td>$A+B+C$</td><td>$-(F+G)$</td></tr></table>
	• 독점도(dm)
	  ┌ 러너의 독점도 : $dm = \dfrac{P-MC}{P}$
	  └ 힉스의 독점도 : $dm = \dfrac{1}{\varepsilon}$
	→ 독점도의 값이 클수록 독점에 따른 비효율성(후생손실)이 커짐

소득분배	• 경제력 집중 : 정경유착 등의 문제가 발생할 가능성이 있음 • 소득분배의 불평등 심화 : 소수에게 부가 편중됨
기술혁신	• 긍정적 측면 : 대규모 $R\&D$ 투자가 가능함(J. Schumpeter) • 부정적 측면 : 경쟁압력이 없으므로 기술혁신을 위해 노력할 유인이 없음
기 타	• $X-$비효율성 : 최대한의 능력을 발휘하지 않음으로써 발생하는 비효율성 → 최소평균비용보다 높은 평균비용으로 생산하게 됨 • 지대추구행위 : 신규기업의 진입을 막는 로비 등은 자원의 낭비를 초래함 • 선택의 자유 제한 : 사회적 후생손실이 발생함

[2014 | 공인회계사] 상 중 하

다음은 어떤 독점기업의 생산량, 한계비용, 한계수입을 나타내는 표이다. 이 기업의 이윤을 극대화하는 생산량은? (단, 고정비용은 없다고 가정)

생산량	1	2	3	4	5
한계비용	200	100	150	200	250
한계수입	200	180	160	140	120

① 1   ② 2   ③ 3
④ 4   ⑤ 5

기업의 이윤극대화 조건(제1계 조건)은 $MR = MC$이므로 일반적인 문제의 경우 $MR = MC$를 만족하는 생산량을 찾으면 되지만, 이 문제의 경우에는 제2계 조건도 같이 고려하여 MC곡선이 우상향하는 구간에서 이윤극대화 생산량을 찾아야 한다.

ⅰ) 생산량이 1단위일 때 $MR = MC$가 성립하므로 제1계 조건을 충족하지만, MC곡선이 우하향하므로 제2계 조건을 충족하지 못한다. 따라서 1단위는 이윤극대화 생산량이 아니다.

ⅱ) 생산량이 3단위 이상이 되면 MC곡선이 우상향하므로 이 기업의 이윤극대화는 생산량이 3단위 이상일 때 달성된다.

ⅲ) 그런데 생산량이 3단위일 때는 $MR > MC$이므로 이윤이 증가하지만, 생산량이 4단위 이상이 되면 $MR < MC$이므로 이윤이 오히려 감소한다. 따라서 이 기업의 이윤극대화 생산량은 3단위가 된다.

02

[2017 | 공인노무사] 상 중 하

제품 A만 생산하는 독점기업의 생산비는 생산량에 관계없이 1단위당 60원이고, 제품 A에 대한 시장수요곡선은 $P = 100 - 2Q$이다. 이 독점기업의 이윤극대화 가격(P원)과 생산량(Q개)은?

① 40원, 30개   ② 50원, 25개
③ 60원, 20개   ④ 70원, 15개
⑤ 80원, 10개

ⅰ) 수요함수가 $P = 100 - 2Q$이므로 한계수입은 $MR = 100 - 4Q$이고, 한계비용은 $MC = 60$으로 일정하다.

ⅱ) 한계수입이 $MR = 100 - 4Q$이고, 한계비용이 $MC = 60$이므로 이윤극대화 조건 $MR = MC$에 의해 이윤극대화 생산량은 $Q = 10$이 된다. $Q = 10$을 수요함수에 대입하면 이윤극대화 가격은 $P = 80$으로 계산된다.

• $MR = MC \rightarrow 100 - 4Q = 60 \therefore Q = 10$

🔍 수요곡선이 우하향의 직선이고 한계비용이 일정한 경우 독점기업의 생산량은 완전경쟁 생산량의 $\frac{1}{2}$이다. $P = MC$에 의해 완전경쟁 생산량은 $Q_c = 20$이 되므로 독점기업의 생산량은 $Q_m = 10$이다.

정답 01. ③ 02. ⑤

03 [2018 | 감정평가사]

독점기업 A가 직면한 수요함수는 $Q = -0.5P + 15$, 총비용함수는 $TC = Q^2 + 6Q + 3$이다. 이윤을 극대화할 때, 생산량과 이윤은? (단, P는 가격, Q는 생산량, TC는 총비용이다.)

① 생산량 = 3, 이윤 = 45
② 생산량 = 3, 이윤 = 48
③ 생산량 = 4, 이윤 = 45
④ 생산량 = 4, 이윤 = 48
⑤ 생산량 = 7, 이윤 = 21

ⅰ) 수요함수가 $P = 30 - 2Q$이므로 한계수입은 $MR = 30 - 4Q$이고, 총비용함수 $TC = Q^2 + 6Q + 3$을 Q에 대해 미분하면 한계비용은 $MC = 2Q + 6$이다.
ⅱ) 한계수입이 $MR = 30 - 4Q$이고, 한계비용이 $MC = 2Q + 6$이므로 이윤극대화 조건 $MR = MC$에 의해 이윤극대화 생산량은 $Q = 4$가 된다. $Q = 4$를 수요함수에 대입하면 이윤극대화 가격은 $P = 22$로 계산된다.
- $MR = MC \rightarrow 30 - 4Q = 2Q + 6 \rightarrow 6Q = 24 \therefore Q = 4$
ⅲ) $Q = 4$, $P = 22$일 때 총수입은 $TR = 88$이고, 총비용은 $TC = 43$이므로 이윤은 $\pi = TR - TC = 88 - 43 = 45$가 된다.
- $TR = P \times Q = 22 \times 4 = 88$
- $TC = Q^2 + 6Q + 3 = 4^2 + (6 \times 4) + 3 = 43$

04 [2014 | 공인회계사]

어느 독점시장에서 수요곡선은 우하향하는 직선이다. 이 독점기업은 현재 가격을 10% 올리면, 이 기업의 총수입은 5% 증가할 것으로 예상된다. 다음 설명 중 옳은 것을 모두 고르면?

> 가. 현재 가격에서 수요는 가격에 대해 탄력적이다.
> 나. 이 기업이 이윤을 극대화하기 위해서는 가격을 인상하여야 한다.
> 다. 현재 이 기업이 이윤을 극대화하지 못하고 있다고 결론내릴 수 없다.
> 라. 이 기업이 현재 가격을 20% 올리면, 이 기업의 총수입은 10% 증가한다.

① 가
② 나
③ 다
④ 가, 다
⑤ 나, 라

가. |×| 기업의 총수입은 $TR = P \times Q$이므로, 이를 변화율로 나타내면 $\frac{\Delta TR}{TR} = \frac{\Delta P}{P} + \frac{\Delta Q}{Q}$ 이다. 가격의 변화율 $\left(\frac{\Delta P}{P}\right)$이 10%이고, 총수입의 변화율 $\left(\frac{\Delta TR}{TR}\right)$이 5%이므로 판매량의 변화율 $\left(\frac{\Delta Q}{Q}\right)$은 -5%가 된다. 가격이 10% 상승할 때 수요량(판매량)이 5% 감소하였으므로 수요의 가격탄력성은 0.5이다. 그러므로 현재 가격에서 수요는 가격에 대해 비탄력적이다.

- $\varepsilon = -\dfrac{\text{수요량의 변화율(\%)}}{\text{가격의 변화율(\%)}} = -\dfrac{-5\%}{10\%} = 0.5$

나. |○|, 다. |×| 독점기업의 이윤극대화는 수요의 가격탄력성이 1보다 큰 탄력적인 구간에서 달성되므로 현재 이 기업은 이윤을 극대화하지 못하고 있다. 수요가 비탄력적인 구간에서 이윤을 극대화하기 위해서는 수요가 탄력적이 되도록 가격을 인상해야 한다.

  🔍 수요곡선이 우하향의 직선일 때 수요곡선상에서 좌상방으로 이동할수록, 즉 가격이 상승할수록 수요의 가격탄력성이 커진다.

라. |×| 현재 가격에서는 수요의 가격탄력성이 0.5이지만 가격이 20% 상승하여 수요가 탄력적인 구간으로 이동하게 된다면 총수입이 어떻게 변화할지는 불분명하다.

05 | 2012 | 감정평가사 | 상 중 하

시장수요가 $Q = 100 - P$ 이고 독점기업의 비용함수가 $C = 20Q$ 인 독점시장의 균형에서 수요의 가격탄력성은? (단 Q 는 수요량, P 는 가격, C 는 총비용이고 수요의 가격탄력성은 절댓값으로 표현한다.)

① 0.0   ② 0.5
③ 1.0   ④ 1.5
⑤ 2.0

해설

ⅰ) 수요함수가 $P = 100 - Q$ 이므로 한계수입은 $MR = 100 - 2Q$ 이고, 총비용함수 $TC = 20Q$ 를 Q 에 대해 미분하면 한계비용은 $MC = 20$ 이다.

ⅱ) 한계수입이 $MR = 100 - 2Q$ 이고, 한계비용이 $MC = 20$ 이므로 이윤극대화 조건 $MR = MC$ 에 의해 이윤극대화 생산량은 $Q = 40$ 이 된다. $Q = 40$ 을 수요함수에 대입하면 이윤극대화 가격은 $P = 60$ 으로 계산된다.

- $MR = MC \to 100 - 2Q = 20 \to 2Q = 80 \therefore Q = 40$

ⅲ) 수요함수가 $Q = 100 - P$ 이고, 가격이 $P = 60$, 수요량이 $Q = 40$ 이므로 수요의 가격탄력성은 $\varepsilon = 1.5$ 이다.

- $\varepsilon = -\dfrac{\Delta Q}{\Delta P} \cdot \dfrac{P}{Q} = -(-1) \times \dfrac{60}{40} = 1.5$

 🔍 수요곡선이 우하향의 직선이면 수요곡선상의 한 점에서의 가격탄력성은 가격축을 이용하여 구할 수 있다. 수요함수의 가격축 절편값이 100이므로 $P = 60$ 일 때의 수요의 가격탄력성은 $\dfrac{60}{40} = 1.5$ 이다.

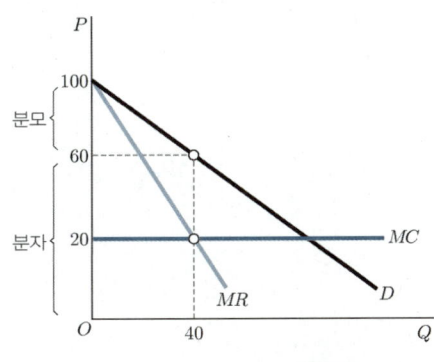

정답 03. ③   04. ②   05. ④

| 2010 | 감정평가사 | 상 중 하 |

06 독점기업이 50단위의 재화를 생산하여 10,000원의 총수입을 얻고 있다. 이 기업의 한계비용곡선이 우상향하고 50단위의 재화를 생산할 때 한계비용은 200원이다. 다음 설명 중 옳은 것은?

① 생산량을 감소시킴으로써 이윤을 증가시킬 수 있다.
② 생산량을 증가시킴으로써 이윤을 증가시킬 수 있다.
③ 가격을 인하시킴으로써 이윤을 증가시킬 수 있다.
④ 이윤극대화가 달성되는 산출량을 생산하고 있다.
⑤ 이윤극대화가 달성되는 가격을 설정하고 있다.

해설

ⅰ) 생산량이 $Q=50$일 때 총수입이 $TR = P \times Q = 10,000$이므로 현재 가격은 $P=200$이다. 생산량이 $Q=50$일 때 한계비용도 $MC=200$이므로 현재의 생산량 수준에서 $P=MC$가 성립한다(E점).

ⅱ) 독점기업의 한계수입곡선은 수요곡선의 하방에 위치하므로 아래 그림에서 보는 것처럼 현재의 생산량 수준에서 $MR < MC = P$이다. 그러므로 이 기업이 이윤을 극대화하기 위해서는 $MR = MC < P$가 성립하는 Q_1 수준까지 생산량을 감소시켜야 한다(F점).

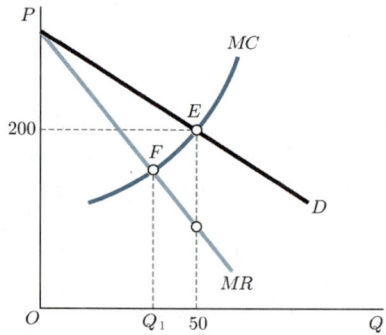

07 〈2011 | 보험계리사〉 [상] [중] [하]

이윤극대화를 추구하는 독점기업 M이 직면한 수요곡선은 $P=10,000-2Q^d$이고 비용곡선은 $TC=2,000Q$라고 한다(단 P는 가격, Q^d는 수요량, TC는 총비용, Q는 생산량임). 이 기업의 ㉠ 독점가격, ㉡ 독점공급량, 및 ㉢ 소비자잉여, ㉣ 독점으로 인한 사회적 손실이 알맞게 짝지어진 것은?

	㉠	㉡	㉢	㉣
①	2,000	6,000	8,000,000	8,000,000
②	6,000	2,000	4,000,000	4,000,000
③	2,000	6,000	4,000,000	4,000,000
④	6,000	2,000	8,000,000	8,000,000

해설

ⅰ) 수요함수가 $P=10,000-2Q$이므로 한계수입은 $MR=10,000-4Q$이고, 총비용함수 $TC=2,000Q$를 Q에 대해 미분하면 한계비용은 $MC=2,000$이다.

ⅱ) 한계수입이 $MR=10,000-4Q$이고, 한계비용이 $MC=2,000$이므로 이윤극대화 조건 $MR=MC$에 의해 이윤극대화 생산량은 $Q=2,000$이 된다. $Q=2,000$을 수요함수에 대입하면 이윤극대화 가격은 $P=6,000$으로 계산된다.

- $MR=MC \rightarrow 10,000-4Q=2,000 \rightarrow 4Q=8,000 \therefore Q=2,000$

 수요곡선이 우하향의 직선이고 한계비용이 일정한 경우 독점기업의 생산량은 완전경쟁 생산량의 $\frac{1}{2}$이다.
  $P=MC$에 의해 완전경쟁 생산량은 $Q_c=4,000$이 되므로 독점기업의 생산량은 $Q_m=2,000$이다.

ⅲ) 아래 그림에서 소비자잉여는 ΔA의 면적이므로 4,000,000이고, 독점에 따른 사회적 후생손실은 ΔB의 면적이므로 4,000,000이다.

- 소비자잉여 : ΔA의 면적 $=\frac{1}{2}\times 2,000\times 4,000=4,000,000$

- 후생손실 : ΔB의 면적 $=\frac{1}{2}\times 2,000\times 4,000=4,000,000$

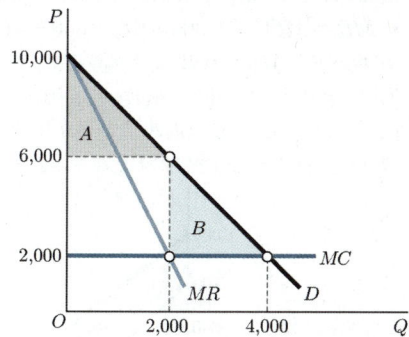

정답 06. ① 07. ②

08 | 2009 | 국회직 8급 | 상 중 하

다음은 독점기업의 수요함수와 총수입, 총비용함수이다. 다음 설명 중 옳지 않은 것은?

> 수 요 함 수 : $P = 1,000 - 3Q$
> 총 수 입 : $TR = Q(1,000 - 3Q)$
> 총비용함수 : $TC = Q(800 - 2Q)$
> (P : 가격, Q : 수요량, TR : 총수입, TC : 총비용)

① 한계비용곡선은 평균비용곡선의 최저점을 통과하면서 상승한다.
② 한계비용은 평균비용보다 크지 않다.
③ 이윤극대화 생산량은 100개이며, 이때 가격은 700이다.
④ 독점기업의 총수입이 최대가 되는 경우는 한계수입이 0일 때이다.
⑤ 이윤극대화 생산량 수준에서는 평균비용이 한계수입보다 크다.

해설

① |×|. ② |○| 총비용함수가 $TC = 800Q - 2Q^2$이므로 한계비용과 평균비용을 각각 구해보면 다음과 같다.
- $MC = \dfrac{\Delta TC}{\Delta Q} = 800 - 4Q$, $AC = \dfrac{TC}{Q} = 800 - 2Q$

한계비용곡선과 평균비용곡선이 모두 우하향의 직선이다. 한계비용곡선은 평균비용곡선과 가격축 절편값은 800으로 같고, 한계비용곡선의 기울기가 평균비용곡선의 기울기보다 더 크므로 한계비용곡선은 항상 평균비용곡선의 하방에 위치한다. 그러므로 모든 생산량 수준에서 한계비용은 평균비용보다 크지 않다.

'한계>평균'이면 평균은 증가(우상향)하고, '한계<평균'이면 평균은 감소(우하향)한다.

③ |○| 수요함수가 $P = 1,000 - 3Q$이므로 한계수입은 $MR = 1,000 - 6Q$이다. 한계수입이 $MR = 1,000 - 6Q$이고, 한계비용이 $MC = 800 - 4Q$이므로 이윤극대화 조건 $MR = MC$에 의해 이윤극대화 생산량은 $Q = 100$이 된다. $Q = 100$을 수요함수에 대입하면 이윤극대화 가격은 $P = 700$으로 계산된다.
- $MR = MC \to 1,000 - 6Q = 800 - 4Q \to 2Q = 200$ ∴ $Q = 100$

④ |○| 한계수입이 $MR = 0$일 때 독점기업의 총수입이 극대화된다.

⑤ |○| 독점기업의 이윤극대화 생산량 수준에서는 $P > MR = MC$가 성립하는데 평균비용이 한계비용보다 크므로($AC > MC$) 평균비용이 한계수입보다 크다($AC > MR$).

$Q = 100$을 평균비용함수와 한계수입함수에 각각 대입하면 $AC = 600 > MR = 400$이다.

09 [2015 | 국회직 8급]

어느 독점기업의 수요함수가 $P(Q) = 25 - \frac{1}{2}Q$이며, 총비용함수는 $TC(Q) = 5Q$이다. 이 독점기업의 이윤을 극대화하는 가격(P)과 마크업(mark-up)은 각각 얼마인가? (단, Q는 생산량, TC는 총비용을 나타내며 '마크업 = 가격/한계비용'으로 정의됨)

① (15, 3) ② (20, 3)
③ (15, 2) ④ (20, 2)
⑤ (10, 2)

i) 수요함수가 $P = 25 - \frac{1}{2}Q$이므로 한계수입은 $MR = 25 - Q$이고, 총비용함수 $TC = 5Q$를 Q에 대해 미분하면 한계비용은 $MC = 5$이다.

ii) 한계수입이 $MR = 25 - Q$이고, 한계비용이 $MC = 5$이므로 이윤극대화 조건 $MR = MC$에 의해 이윤극대화 생산량은 $Q = 20$이 된다. $Q = 20$을 수요함수에 대입하면 이윤극대화 가격은 $P = 15$로 계산된다.
- $MR = MC \rightarrow 25 - Q = 5 \therefore Q = 20$

iii) $P = 15$, $MC = 5$이므로 마크업(mark-up)은 $\frac{P}{MC} = \frac{15}{5} = 3$이다.

10 [2017 | 지방직 7급]

어느 재화에 대한 수요곡선은 $Q = 100 - P$이다. 이 재화를 생산하여 이윤을 극대화하는 독점기업의 비용함수가 $C(Q) = 20Q + 10$일 때, 이 기업의 러너지수(Lerner index) 값은?

① $\frac{1}{4}$ ② $\frac{1}{3}$
③ $\frac{2}{3}$ ④ $\frac{3}{4}$

i) 수요함수가 $P = 100 - Q$이므로 한계수입은 $MR = 100 - 2Q$이고, 총비용함수 $TC = 20Q + 10$을 Q에 대해 미분하면 한계비용은 $MC = 20$이다.

ii) 한계수입이 $MR = 100 - 2Q$이고, 한계비용이 $MC = 20$이므로 이윤극대화 조건 $MR = MC$에 의해 이윤극대화 생산량은 $Q = 40$이 된다. $Q = 40$을 수요함수에 대입하면 이윤극대화 가격은 $P = 60$으로 계산된다.
- $MR = MC \rightarrow 100 - 2Q = 20 \therefore Q = 40$

iii) $P = 60$, $MC = 20$이므로 러너의 독점도(러너지수)는 $dm = \frac{P - MC}{P} = \frac{60 - 20}{60} = \frac{2}{3}$이다.

정답 08. ① 09. ① 10. ③

> **ReCheck 독점도(dm)**
>
> ― 러너의 독점도 : $dm = \dfrac{P-MC}{P}$
> ― 힉스의 독점도 : $dm = \dfrac{1}{\varepsilon}$
>
> - 독점도의 값이 클수록 독점에 따른 비효율성(후생손실)이 커짐
> - 힉스의 독점도는 러너의 독점도에 아모로소-로빈슨 공식을 적용하여 얻어짐
>
> $$dm = \frac{P-MC}{P} = \frac{P-MR}{P} = \frac{P-P\left(1-\dfrac{1}{\varepsilon}\right)}{P} = \frac{1}{\varepsilon}$$

11 [2012 | 보험계리사]

이윤극대화를 추구하는 독점기업 M은 수요곡선이 $P = 100 - Q^D$이고 총비용함수가 $C = 40Q$이다. 이 M이 새로운 생산기술을 구매하여 도입하면 총비용함수가 $C = 20Q$로 변화된다. 이 독점기업은 새로운 생산기술을 구매하기 위하여 최대 얼마나 지불할 용의가 있는가? (단, P는 가격, Q^D는 수요량, C는 총비용, Q는 생산량이고 $Q > 0$임)

① 700 ② 800
③ 900 ④ 1,000

해설

i) 생산기술 구매 이전 : $TC = 40Q$
   수요함수가 $P = 100 - Q$이므로 한계수입은 $MR = 100 - 2Q$이고, 총비용함수 $TC = 40Q$를 Q에 대해 미분하면 한계비용은 $MC = 40$이다. 한계수입이 $MR = 100 - 2Q$이고, 한계비용이 $MC = 40$이므로 이윤극대화 조건 $MR = MC$에 의해 이윤극대화 생산량은 $Q = 30$이 된다. $Q = 30$을 수요함수에 대입하면 이윤극대화 가격은 $P = 70$으로 계산된다.
   - $MR = MC \rightarrow 100 - 2Q = 40$ ∴ $Q = 30$
   총수입이 $TR = P \times Q = 70 \times 30 = 2,100$이고, 총비용이 $TC = 40Q = 40 \times 30 = 1,200$이므로 이윤은 $\pi = TR - TC = 2,100 - 1,200 = 900$이 된다.

ii) 생산기술 구매 이후 : $TC = 20Q$
   이제, 새로운 생산기술을 구매하면 총비용함수가 $TC = 20Q$가 되므로 한계비용은 $MC = 20$이다. 한계수입이 $MR = 100 - 2Q$이고, 한계비용이 $MC = 20$이므로 이윤극대화 조건 $MR = MC$에 의해 이윤극대화 생산량은 $Q = 40$이 된다. $Q = 40$을 수요함수에 대입하면 이윤극대화 가격은 $P = 60$으로 계산된다.
   - $MR = MC \rightarrow 100 - 2Q = 20$ ∴ $Q = 40$
   총수입이 $TR = P \times Q = 60 \times 40 = 2,400$이고, 총비용이 $TC = 20Q = 20 \times 40 = 800$이므로 새로운 생산기술을 구매한 이후의 이윤은 $\pi = TR - TC = 2,400 - 800 = 1,600$이 된다.

⇒ 새로운 생산기술을 구매하면 이윤이 이전보다 700만큼 증가한다. 따라서 이 기업이 새로운 생산기술을 구매하기 위해 지불할 용의가 있는 최대금액은 700이다.

11. ①

56 완전경쟁과 독점의 비교

완전경쟁과 독점의 비교

구 분	완전경쟁	독 점
기업의 수	• 무수히 많음	• 1개의 기업
재화의 동질성	• 동질적 재화	• 동질적 재화
시장지배력	• 시장지배력, 가격설정력 × • 가격수용자(price taker)	• 시장지배력, 가격설정력 ○ • 가격설정자(price setter)
개별기업의 수요곡선	• 개별기업이 직면하는 수요곡선이 수평선	• 개별기업이 직면하는 수요곡선이 우하향
개별기업의 단기공급곡선	• AVC곡선의 최저점을 상회하는 MC곡선	• 공급곡선이 존재하지 않음
균형 조건	• $P = MR = MC$	• $P > MR = MC$
이 윤	┌ 단기 : 불분명 └ 장기 : 정상이윤만 획득	┌ 단기 : 불분명 └ 장기 : 초과이윤 획득
경제적 효과	• 효율적 자원배분($P = MC$) • $P_c < P_m$, $Q_c > Q_m$ • 초과설비 없음	• 비효율적 자원배분($P > MC$) • $P_m > P_c$, $Q_m < Q_c$ • 초과설비 보유

01

[2015 | 국회직 8급]

완전경쟁기업과 독점기업에 대한 설명으로 옳은 것을 〈보기〉에서 모두 고르면? (단, 기업의 한계비용곡선은 우상향한다고 가정함)

―― 보기 ――
ㄱ. 완전경쟁기업은 한계수입이 평균총비용보다 작은 경우 손실을 보게 된다.
ㄴ. 한계비용과 평균수입이 일치하는 생산량을 생산할 때 완전경쟁기업의 이윤은 극대화된다.
ㄷ. 한계비용과 한계수입이 일치하는 생산량을 생산할 때 독점기업의 이윤은 극대화된다.
ㄹ. 독점기업이 정상적인 이윤만을 얻도록 하기 위해서는 정부가 독점가격을 한계비용과 같도록 규제해야 한다.

① ㄴ
② ㄱ, ㄴ
③ ㄷ, ㄹ
④ ㄱ, ㄴ, ㄷ
⑤ ㄱ, ㄴ, ㄷ, ㄹ

해설

ㄱ. |○| 완전경쟁기업은 $P = AR = MR$ 의 관계가 성립한다. 따라서 한계수입이 평균비용보다 작으면 $P = MR < AC$ 이므로 손실이 발생한다.
ㄴ. |○| 완전경쟁기업은 $P = AR = MR$ 의 관계가 성립하고, 완전경쟁기업의 이윤극대화 조건은 $P = MR = MC$ 이다. 따라서 $P = AR = MR = MC$ 인 점에서 완전경쟁기업의 이윤이 극대화된다.
ㄷ. |○| $P > MR = MC$ 인 점에서 독점기업의 이윤이 극대화된다.
ㄹ. |×| 독점기업이 정상이윤만을 얻도록 하려면 정부가 독점가격을 평균비용과 같도록 규제해야 한다($P = AC$).

02

[2016 | 공인노무사]

A 기업은 완전경쟁시장에서, B 기업은 순수독점시장에서 생산 활동을 하고 있다. 두 기업의 총수입곡선에 관한 설명으로 옳은 것은?

① 두 기업 모두 총수입곡선이 처음에는 상승하다 나중에는 하락한다.
② 두 기업 모두 총수입곡선이 음(−)의 기울기를 갖는 직선이다.
③ A 기업의 총수입곡선은 수평선의 형태이나, B 기업의 총수입곡선은 양(+)의 기울기를 갖는다.
④ A 기업의 총수입곡선은 양(+)의 기울기를 갖는 직선이고, B 기업의 총수입곡선은 처음에는 상승하다 나중에는 하락한다.
⑤ A 기업의 총수입곡선은 처음에는 상승하다 나중에는 하락하고, B 기업의 총수입곡선은 수평선의 형태이다.

> **해설**
> ⅰ) 완전경쟁기업인 A기업이 직면하는 수요곡선은 시장의 균형가격수준에서 수평선이다. 가격 (P)이 일정하므로 판매량(Q)이 증가함에 따라 총수입($TR = \overline{P} \times Q$)도 비례적으로 증가한다. 따라서 총수입곡선은 원점을 지나는 우상향의 직선이 된다.
> ⅱ) 독점기업인 B기업이 직면하는 수요곡선은 우하향하므로 가격(P)이 판매량(Q)에 따라 달라진다. 이 경우, 총수입($TR = P \times Q$)은 최초에는 판매량이 증가함에 따라 증가하다가 판매량이 일정 수준을 넘어서면 오히려 감소한다. 따라서 총수입곡선은 우상향하다가 우하향하는 형태가 된다.

03 [2009 | 공인회계사] 상 중 하

시장구조에 관련된 다음 설명 중 옳은 것을 모두 고르면?

> 가. 완전경쟁기업의 공급곡선은 독점기업의 공급곡선보다 기울기가 완만하다.
> 나. 완전경쟁시장의 균형에서 시장가격은 시장에 참여한 모든 기업의 한계비용과 같다.
> 다. 독점기업이 이윤을 극대화하고 있다면, 이 독점가격에서 수요는 가격비탄력적이다.
> 라. 독점기업이 직면하는 수요가 가격탄력적일수록 독점가격은 완전경쟁가격에 가깝다.

① 가, 다 ② 가, 라
③ 나, 라 ④ 가, 나, 다
⑤ 나, 다, 라

> **해설**
> 가. |×| 독점기업은 공급곡선이 존재하지 않는다.
> 나. |○| 완전경쟁시장의 균형에서는 $P = MC$가 성립하고, 개별기업은 가격수용자로서 동일한 시장가격에 직면한다. 그러므로 완전경쟁시장의 균형에서 시장가격은 시장에 참여한 모든 기업의 한계비용과 같다.
> 다. |×| 독점기업의 이윤극대화는 수요의 가격탄력성이 1보다 큰 구간에서 달성된다. 따라서 독점기업이 이윤을 극대화하고 있다면, 이 독점가격에서 수요는 가격에 대해 탄력적이다.
> 라. |○| 아모로소-로빈슨 공식을 적용한 독점기업의 이윤극대화 조건은 다음과 같다.
> $$MR = P\left(1 - \frac{1}{\varepsilon}\right) = MC \rightarrow P = \frac{MC}{1 - \frac{1}{\varepsilon}}$$
> 위 식에서 수요가 가격에 대해 탄력적일수록 분모가 1에 가까워지므로 독점가격은 완전경쟁가격인 한계비용에 가까워진다.
> 수요가 가격에 대해 완전탄력적($\varepsilon = \infty$)이면 $P = MC$가 되므로 완전경쟁과 동일해진다.

> **정답** 01. ④ 02. ④ 03. ③

04 〔2016 | 감정평가사〕 상 중 하

이윤극대화를 추구하는 독점기업과 완전경쟁기업의 차이점에 관한 설명으로 옳지 않은 것은?

① 독점기업의 한계수입은 가격보다 낮은 반면, 완전경쟁기업의 한계수입은 시장가격과 같다.
② 독점기업의 한계수입곡선은 우상향하는 반면, 완전경쟁기업의 한계수입곡선은 우하향한다.
③ 독점기업이 직면하는 수요곡선은 우하향하는 반면, 완전경쟁기업이 직면하는 수요곡선은 수평이다.
④ 단기균형에서 독점기업은 가격이 한계비용보다 높은 점에서 생산하는 반면, 완전경쟁기업은 시장가격과 한계비용이 같은 점에서 생산한다.
⑤ 장기균형에서 독점기업은 경제적 이윤을 얻을 수 있는 반면, 완전경쟁기업은 경제적 이윤을 얻을 수 없다.

① |○| 독점기업은 $P = AR > MR$의 관계가 성립하므로 한계수입이 가격보다 낮지만, 완전경쟁기업은 $P = AR = MR$의 관계가 성립하므로 한계수입이 가격과 같다.
② |×|, ③ |○| 독점기업이 직면하는 수요곡선은 우하향하므로 수요곡선의 하방에 위치하는 한계수입곡선도 우하향하지만, 완전경쟁기업이 직면하는 수요곡선은 수평선이므로 수요곡선과 한계수입곡선이 일치한다.
④ |○| 독점기업의 이윤극대화 조건은 $P > MR = MC$이므로 단기균형에서 독점기업은 가격이 한계비용보다 높지만, 완전경쟁기업의 이윤극대화 조건은 $P = MR = MC$이므로 단기균형에서 완전경쟁기업은 가격과 한계비용이 같다.
⑤ |○| 장기균형에서 독점기업은 경제적 이윤을 얻을 수 있지만, 장기균형에서 완전경쟁기업은 정상이윤만을 얻는다(경제적 이윤=0).

05 〔2017 | 감정평가사〕 상 중 하

다음 중 옳은 것을 모두 고른 것은?

> ㄱ. 기펜재의 경우 수요법칙이 성립하지 않는다.
> ㄴ. 초과이윤이 0이면 정상이윤도 0이라는 것을 의미한다.
> ㄷ. 완전경쟁시장에서 기업의 단기공급곡선은 한계비용곡선에서 도출된다.
> ㄹ. 독점기업의 단기공급곡선은 평균비용곡선에서 도출된다.

① ㄱ, ㄴ ② ㄱ, ㄷ
③ ㄱ, ㄹ ④ ㄴ, ㄷ
⑤ ㄴ, ㄹ

해설

- ㄱ. |○| 기펜재는 (통상적인) 수요곡선이 우상향하므로 수요의 법칙이 성립하지 않는다.
- ㄴ. |×| 정상이윤은 이윤이 아니라 비용에 포함된다. 따라서 초과이윤이 0이라는 것은 정상이윤만 존재함을 의미한다.
- ㄷ. |○| 완전경쟁기업의 단기공급곡선은 AVC곡선의 최저점을 상회하는 MC곡선이다.
- ㄹ. |×| 독점기업은 공급곡선이 존재하지 않는다.

---

06 [2010 | 보험계리사] 상 중 하

어떤 독점기업이 생산하고 있는 X재의 수요곡선은 $Q=10-P$이고, 이 X재의 생산비용함수는 $C(Q)=2Q$라고 하자. 이 경우 다음 설명 중에서 옳지 않은 것은?

① 독점기업은 가격을 $P=6$으로 설정할 것이다.
② 완전경쟁 상태와 비교해서 독점으로 인한 소비자잉여의 감소는 16이 된다.
③ 완전경쟁 상태와 비교해서 독점으로 인한 경제적 순손실(deadweight loss)은 8이 된다.
④ 생산이 $Q=8$에서 이루어지면 효율적인 상황이 된다.

해설

① |○| 수요함수가 $P=10-Q$이므로 $MR=10-2Q$이고, 총비용함수 $TC=2Q$를 Q에 대해 미분하면 한계비용은 $MC=2$이다. 한계수입이 $MR=10-2Q$이고, 한계비용이 $MC=2$이므로 이윤극대화 조건 $MR=MC$에 의해 이윤극대화 생산량은 $Q=4$가 된다. $Q=4$를 수요함수에 대입하면 이윤극대화 가격은 $P=6$으로 계산된다.
- $MR=MC \rightarrow 10-2Q=2 \ \therefore Q=4$

④ |○| 완전경쟁시장의 균형에서는 $P=MC$가 성립한다. 수요함수가 $P=10-Q$이고, 한계비용이 $MC=2$이므로 시장의 균형가격과 균형거래량은 각각 $P=2$, $Q=8$로 계산된다. 그러므로 $Q=8$에서 생산이 이루어지면 자원배분의 효율성이 달성된다.
- $P=MC \rightarrow 10-Q=2 \ \therefore Q=8, \ P=2$

② |×|, ③ |○| 아래 그림에서 독점에 따른 소비자잉여의 감소분은 $\square(A+B)$의 면적이므로 $24\left[=(4\times4)+\left(\dfrac{1}{2}\times4\times4\right)\right]$이다. 소비자잉여의 감소분 중에서 $\square A$의 면적은 독점기업의 이윤으로 귀속되므로 독점에 따른 사회적 후생손실은 ΔB의 면적에 해당하는 $8\left(=\dfrac{1}{2}\times4\times4\right)$이다.

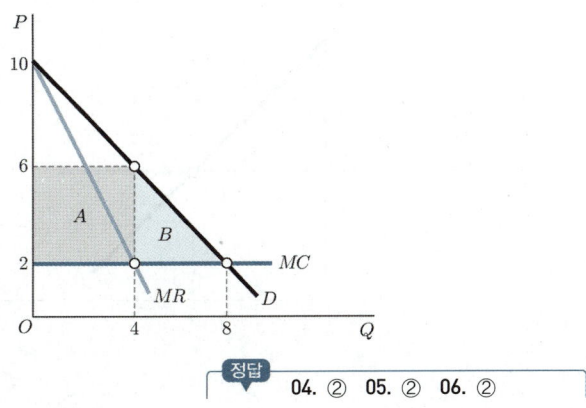

정답 04. ② 05. ② 06. ②

| 2018 | 공인회계사 | 상 중 하 |

07 세 기업만이 활동하는 완전경쟁시장의 수요곡선은 $y = 10 - p$이다. 각 기업의 한계비용은 5로 고정되어 있다. 만약 세 기업이 합병을 통해 독점기업이 되면 한계비용은 2로 낮아진다. 그리고 합병기업은 독점가격을 설정한다. 다음 설명 중 옳은 것은?

① 합병 전 소비자잉여는 25이다.
② 합병 후 소비자잉여는 8이다.
③ 합병 전 생산자잉여는 16이다.
④ 합병 후 생산자잉여는 12.5이다.
⑤ 사회적잉여를 극대화하는 정책당국은 합병을 허가하지 않는다.

i) 합병 이전 : 완전경쟁시장
완전경쟁시장의 균형에서는 $p = MC$가 성립한다. 수요함수가 $p = 10 - y$이고, 한계비용이 $MC = 5$이므로 시장의 균형가격과 균형거래량은 각각 $p = 5$, $y = 5$로 계산된다.
- $p = MC \rightarrow 10 - y = 5$ ∴ $y = 5$, $p = 5$

아래 그림 a)에서 소비자잉여는 ΔA의 면적이므로 $12.5\left(= \frac{1}{2} \times 5 \times 5\right)$이고, 생산자잉여는 공급곡선($MC$곡선)이 수평선이므로 0이다. 따라서 이 둘을 더한 사회적잉여는 12.5이다.

ii) 합병 이후 : 독점시장
합병을 통해 시장이 독점화되면 이윤극대화 생산량은 $MR = MC$인 점에서 결정된다. 수요함수가 $p = 10 - y$이므로 한계수입은 $MR = 10 - 2y$이고, 한계비용은 $MC = 2$이므로 이윤극대화 조건 $MR = MC$에 의해 이윤극대화 생산량은 $y = 4$가 된다. $y = 4$를 수요함수에 대입하면 이윤극대화 가격은 $p = 6$으로 계산된다.
- $MR = MC \rightarrow 10 - 2y = 2$ ∴ $y = 4$

아래 그림 b)에서 소비자잉여는 ΔB의 면적이므로 $8\left(= \frac{1}{2} \times 4 \times 4\right)$이고, 생산자잉여는 $\Box C$의 면적이므로 $16(= 4 \times 4)$이다. 따라서 이 둘을 더한 사회적잉여는 24이다.

⇒ 합병 이전보다 합병 이후의 사회적잉여가 더 크므로 사회적잉여를 극대화하는 정책당국은 합병을 허가할 것이다.

08 [2017 국회직 8급]

어떤 제약회사의 신약은 특허 기간 중에는 독점적으로 공급되지만, 특허 소멸 후 다른 제약회사들의 복제약과 함께 경쟁적으로 공급된다. 이 약의 시장수요는 $P = 20 - Q$로 주어지고, 총생산비용은 $TC(Q) = 4Q$라고 한다. 이 약의 특허 기간 중 생산량과 특허 소멸 후 생산량은 각각 얼마인가?

	특허 기간 중 생산량	특허 소멸 후 생산량
①	6	10
②	6	12
③	8	14
④	8	16
⑤	10	18

해설

i) 특허 기간 중 생산량 : 독점시장
특허 기간 중에는 독점기업으로서 행동하므로 이윤극대화 생산량은 $MR = MC$인 점에서 결정된다. 수요함수가 $P = 20 - Q$이므로 한계수입은 $MR = 20 - 2Q$이고, 총비용함수 $TC = 4Q$를 Q에 대해 미분하면 한계비용은 $MC = 4$이다. 한계수입이 $MR = 20 - 2Q$이고, 한계비용이 $MC = 4$이므로 이윤극대화 조건 $MR = MC$에 의해 이윤극대화 생산량은 $Q = 8$이 된다.
- $MR = MC \rightarrow 20 - 2Q = 4 \therefore Q = 8$

ii) 특허 소멸 후 생산량 : 완전경쟁시장
특허가 소멸되어 시장이 완전경쟁시장으로 변화하면 시장의 균형거래량은 $P = MC$인 점에서 결정된다. 수요함수가 $P = 20 - Q$이고, 한계비용이 $MC = 4$이므로 시장의 균형거래량은 $Q = 16$으로 계산된다.
- $P = MC \rightarrow 20 - Q = 4 \therefore Q = 16$

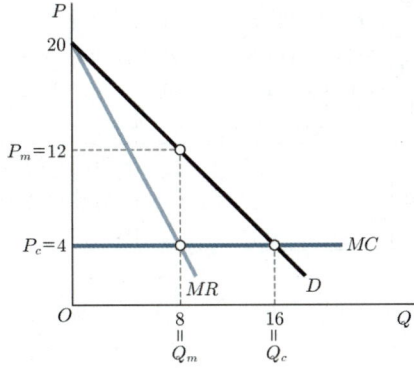

정답 07. ② 08. ④

57 가격차별

가격차별

1. **가격차별의 개념**
   동일한 재화나 서비스에 대해 생산비가 동일함에도 불구하고 서로 다른 가격을 설정하는 것

2. **가격차별의 성립조건** … 주로 제3급 가격차별의 경우
   - 판매자가 시장지배력(독점력)을 가지고 있어야 함
   - 서로 다른 집단 또는 시장으로 분리가 가능해야 함
   - 상이한 시장 간 재판매가 불가능해야 함
   - 상이한 시장 간 수요의 가격탄력성이 서로 달라야 함
   - 시장분리에 드는 비용이 시장분리에 따른 이윤증가분보다 작아야 함

3. **가격차별의 종류**

구 분	제1급 가격차별 (완전가격차별)	제2급 가격차별 (구간가격차별)	제3급 가격차별 (일반적인 가격차별)
개 념	각 단위의 재화에 대해 소비자가 지불할 용의가 있는 최대금액을 설정하는 것	재화소비량에 따라 집단을 나누고 집단별로 다른 가격을 설정하는 것	수요의 가격탄력성에 따라 시장을 분리하여 시장마다 다른 가격을 설정하는 것
특 징	• 가격을 모두 다르게 설정 • 수요곡선= MR 곡선 • 비현실적	• 재화소비량에 반비례하도록 가격 설정 • 선별(screening)의 기능	• 수요의 가격탄력성에 반비례하도록 가격 설정 • $MR_1 = MR_2 = MC$
생산량	$P = MC$: 생산이 효율적 (완전경쟁의 경우와 동일)	가격차별을 하기 이전보다 생산량 증가	가격차별을 하기 이전보다 생산량 증가
소비자 잉여	소비자잉여가 전부 독점기업에게 귀속(소비자잉여= 0)	소비자잉여의 일부가 독점 기업에게 귀속	수요가 탄력적인 소비자가 유리해짐(전체 소비자잉여는 감소)
사 례	—	• 전기·수도요금 등 사용량에 따른 가격할인	• 조조할인, 심야할인 • 일반인과 학생, 수출용과 내수용의 다른 가격 설정

01 | 2018 감정평가사 | 상 중 하

가격차별의 사례가 아닌 것은?

① 영화관 일반 요금은 1만원, 심야 요금은 8천원이다.
② 놀이공원 입장료는 성인 5만원, 청소년 3만원이다.
③ 동일한 롱패딩 가격은 겨울에 30만원, 여름에 20만원이다.
④ 동일한 승용차 가격은 서울에서 2,000만원, 제주에서 1,500만원이다.
⑤ 주간 근무자 수당은 1만원, 야간 근무자 수당은 1만 5천원이다.

해설
가격차별이란 동일한 재화나 서비스에 대해 생산비가 동일함에도 불구하고 서로 다른 가격을 설정하는 것을 말한다.
①, ②, ③, ④ |○| 수요의 가격탄력성에 따라 시장을 분리하여 동일한 재화나 서비스의 가격을 시장마다 다르게 설정하는 제3급 가격차별에 해당한다.
⑤ |×| 야간 근무자와 주간 근무자는 노동 강도가 다르다. 따라서 상대적으로 근무 환경이 열악한 야간 근무자에게 더 높은 수당을 지급하는 것은 가격차별이 아니고, 보상적 임금격차에 해당한다.

02 | 2014 보험계리사 | 상 중 하

독점기업의 한계비용(MC), 평균총비용(ATC), 한계수입(MR), 수요곡선(Demand)이 다음 그림과 같다. 독점기업이 완전가격차별을 수행할 때 소비자잉여는? (단, Price는 가격, Quantity는 생산량)

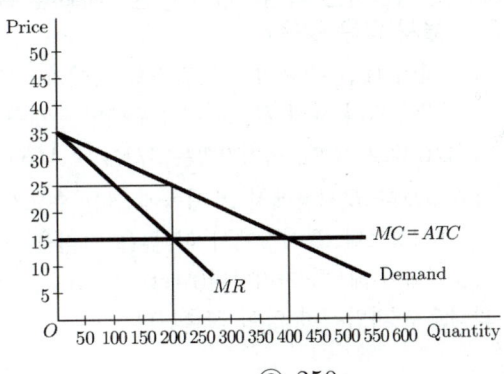

① 0
② 250
③ 500
④ 1,000

해설
완전가격차별(제1급 가격차별)을 하면 독점기업이 각 단위의 재화에 대해 소비자가 지불할 용의가 있는 최대금액을 받아내므로 소비자잉여는 0이 되고, 생산자잉여는 총잉여와 동일해진다.

정답 01. ⑤ 02. ①

03

[2010 | 감정평가사]

독점기업 A는 완전가격차별을 하고 있다. 이에 관한 설명으로 옳은 것을 모두 고른 것은?

> ㄱ. 총잉여(total surplus, net social benefit)는 가격차별을 하지 않을 때보다 적다.
> ㄴ. 총잉여가 A기업에게 귀속된다.
> ㄷ. 생산량은 가격차별을 하지 않을 때보다 많다.
> ㄹ. A기업의 생산량은 동일한 시장수요와 비용을 지닌 완전경쟁시장에 비해 더 적다.

① ㄱ, ㄴ ② ㄴ, ㄷ
③ ㄷ, ㄹ ④ ㄱ, ㄴ, ㄷ
⑤ ㄴ, ㄷ, ㄹ

해설

ㄱ, ㄹ. |×|, ㄷ. |○| 독점기업이 완전가격차별(제1급 가격차별)을 하면 $P = MC$인 점에서 생산량이 결정되므로 생산량이 완전경쟁의 경우와 동일해지고, 자원배분의 효율성이 달성된다. 따라서 가격차별을 하지 않을 때보다 생산량과 총잉여가 증가한다.

ㄴ. |○| 완전가격차별을 하면 총잉여가 완전경쟁의 경우와 동일해지나, 소비자잉여가 전부 독점기업에게 귀속되므로 소비자잉여는 0이 되고, 생산자잉여는 총잉여와 같아진다.

04

[2012 | 국가직 7급]

X재화를 공급하는 독점기업이 이윤극대화를 위해 실시하는 가격차별에 대한 설명으로 옳지 않은 것은?

① X재화에 대한 수요의 가격탄력성 차이가 집단 구분의 기준이 될 수 있다.
② 두 시장을 각각 A와 B, X재화 판매의 한계수입을 MR, X재화 생산의 한계비용을 MC라고 할 때, 독점기업은 $MR_A = MR_B = MC$ 원리에 기초하여 행동한다.
③ A시장보다 B시장에서 X재화에 대한 수요가 가격에 더 탄력적이라면 독점기업은 A시장보다 B시장에서 더 높은 가격을 설정한다.
④ 독점기업이 제1차 가격차별(first-degree price discrimination)을 하는 경우 사회적으로 바람직한 양이 산출된다.

해설

① |○| 가격차별을 하려면 서로 다른 집단 또는 시장으로 분리가 가능해야 하는데, 재화소비량, 수요의 가격탄력성이 그 구분이 기준이 될 수 있다.
② |○| A, B 두 시장에서 제3급 가격차별을 하는 독점기업의 이윤극대화 조건은 $MR_A = MR_B = MC$이다.
③ |×| 독점기업이 제3급 가격차별을 하면 수요가 탄력적인 시장(B시장)에서는 낮은 가격을, 수요가 비탄력적인 시장(A시장)에서는 높은 가격을 설정한다.
④ |○| 독점기업이 제1급 가격차별을 하면 $P = MC$인 점에서 생산량이 결정되므로 생산량이 완전경쟁의 경우와 동일해지고, 자원배분의 효율성이 달성된다.

05 [2014 | 공인노무사] [상] [중] [하]

독점기업의 가격차별에 관한 설명으로 옳은 것은?

① 1급 가격차별(완전가격차별)을 시행하더라도 자중손실(deadweight loss)이 발생한다.
② 1급 가격차별(완전가격차별)을 시행할 경우 소비자잉여는 0이 된다.
③ 3급 가격차별의 경우 수요의 가격탄력성이 상대적으로 작은 시장에서 더 낮은 가격이 설정된다.
④ 3급 가격차별의 경우 한 시장에서는 한계수입이 한계비용보다 높게 되고, 다른 시장에서는 한계수입이 한계비용보다 낮게 된다.
⑤ 3급 가격차별의 경우 한 시장에서는 가격을 한계비용보다 높게 설정하고, 다른 시장에서는 가격을 한계비용보다 낮게 설정한다.

해설
① |×|, ② |○| 독점기업이 제1급 가격차별을 실시하면 $P = MC$인 점에서 생산량이 결정되므로 생산량이 완전경쟁의 경우와 동일해지고, 후생손실(자중손실)이 발생하지 않는다. 그러나 소비자잉여가 전부 독점기업에게 귀속되므로 소비자잉여는 0이 된다.
③, ⑤ |×| 독점기업이 제3급 가격차별을 실시하면 수요의 가격탄력성이 작은 시장에서는 높은 가격을, 수요의 가격탄력성이 큰 시장에서는 낮은 가격을 설정한다. 이때 두 시장에서의 가격은 모두 한계비용보다 높은 수준에서 결정된다.
④ |×| 독점기업이 제3급 가격차별을 실시하면 두 시장에서의 한계수입이 모두 한계비용과 같아진다($MR_1 = MR_2 = MC$).

06 [2018 | 공인노무사] [상] [중] [하]

독점기업의 가격전략에 관한 설명으로 옳지 않은 것은?

① 독점기업이 시장에서 한계수입보다 높은 수준으로 가격을 책정하는 것은 가격차별 전략이다.
② 1급 가격차별의 경우 생산량은 완전경쟁시장과 같다.
③ 2급 가격차별은 소비자들의 구매수량과 같이 구매 특성에 따라서 다른 가격을 책정하는 경우 발생한다.
④ 3급 가격차별의 경우 재판매가 불가능해야 가격차별이 성립한다.
⑤ 영화관 조조할인은 3급 가격차별의 사례이다.

해설
① |×| 독점기업이 시장에서 한계수입보다 높은 수준으로 가격을 설정하는 것은 이윤극대화를 추구한 결과일 뿐, 가격차별과는 무관하다. 가격차별이란 동일한 재화나 서비스에 대해 생산비가 동일함에도 불구하고 서로 다른 가격을 설정하는 것을 말한다.
② |○| 독점기업이 제1급 가격차별을 하면 $P = MC$인 점에서 생산량이 결정되므로 생산량이 완전경쟁의 경우와 동일해지고, 자원배분의 효율성이 달성된다.
③ |○| 제2급 가격차별이란 재화소비량에 따라 집단을 나누고 집단별로 다른 가격을 설정하는 것을 말한다.

정답 03. ② 04. ③ 05. ② 06. ①

④ |○| 상이한 시장 간 재판매가 불가능해야 제3급 가격차별이 성립한다.
⑤ |○| 제3급 가격차별의 사례로는 영화관 조조할인과 심야할인, 택시요금 할증제, 수출용과 내수용의 가격 차이 등을 들 수 있다.

> **ReCheck 가격차별의 성립조건** … 주로 제3급 가격차별의 경우
> - 판매자가 시장지배력(독점력)을 가지고 있어야 함
> - 서로 다른 집단 또는 시장으로 분리가 가능해야 함
> - 상이한 시장 간 재판매가 불가능해야 함
> - 상이한 시장 간 수요의 가격탄력성이 서로 달라야 함
> - 시장분리에 드는 비용이 시장분리에 따른 이윤증가분보다 작아야 함

07

[2010 | 국회직 8급] 상 중 하

가격차별과 관련된 다음 설명 중 옳지 않은 것은?
① 제2급 가격차별은 정보의 비대칭성과 무관하다.
② 소비자를 수요의 가격탄력성 등 특성에 따라 집단별로 구분하지 못하면 가격차별을 할 수 없다.
③ A, B 두 시장에서 가격차별로 이윤극대화를 하려면 $MR_A = MR_B = MC$의 조건이 만족되어야 한다(MR_A : A 시장에서의 한계수입, MR_B : B 시장에서의 한계수입, MC : 한계비용).
④ 제1급 가격차별하에서 소비자잉여는 전혀 존재하지 않는다.
⑤ 가격차별이 반드시 나쁜 것은 아니고 경우에 따라서는 가격차별로 인해 사회후생이 증대될 수도 있다.

① |×| 제2급 가격차별이란 재화소비량에 따라 집단을 나누고 집단별로 다른 가격을 설정하는 것을 말하는데, 이를 다른 시각에서 보면 제2급 가격차별은 독점기업이 각 소비자의 유형을 구분할 수 없는 상황에서 몇 가지 가격을 제시하고 소비자가 스스로 자신의 유형을 드러내게끔 만드는 선별(screening) 행위라 할 수 있다. 그러므로 제2급 가격차별은 정보의 비대칭성하에서 기업이 이윤을 극대화하는 방안의 하나이다.
② |○| 가격차별을 하려면 수요의 가격탄력성 등에 따라 서로 다른 집단 또는 시장으로 분리가 가능해야 한다.
③ |○| A, B 두 시장에서 제3급 가격차별을 하는 독점기업의 이윤극대화 조건은 $MR_A = MR_B = MC$이다.
④ |○| 제1급 가격차별을 하면 소비자잉여가 전부 독점기업에게 귀속되므로 소비자잉여는 0이 된다.
⑤ |○| 일반적으로 가격차별을 하면 가격차별을 하지 않을 때보다 생산량이 증가하므로 자원배분의 효율성이 높아진다. 따라서 가격차별을 하면 사회후생이 증가할 수도 있다.
    제1급 가격차별을 하면 생산량이 완전경쟁의 경우와 동일해지고, 사회후생이 극대화된다.

07. ①

58 가격차별 : 계산 문제

가격차별 독점기업의 이윤극대화 조건

1. **가격차별 독점기업의 이윤극대화 조건** … 제3급 가격차별

$$MR_1 = MR_2 = MC$$

아모로소-로빈슨 공식을 적용하면,

$$P_1\left(1 - \frac{1}{\varepsilon_1}\right) = P_2\left(1 - \frac{1}{\varepsilon_2}\right) = MC$$

2. **그림을 통한 이해**

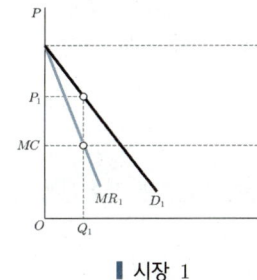

▌시장 1

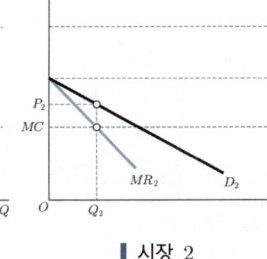

▌시장 2

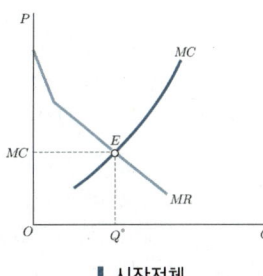

▌시장전체

- 제3급 가격차별을 하는 독점기업은 $MR_1 = MR_2 = MC$가 성립하는 점에서 각 시장에서의 판매량과 가격을 결정함
- 수요의 가격탄력성에 반비례하도록 각 시장에서의 가격을 설정함
  → 수요가 탄력적인 소비자는 유리해지나, 수요가 비탄력적인 소비자는 불리해짐

 01

[2014 | 감정평가사] 상 중 하

지리적으로 분리되어 시장 간 전매가 불가능한 두 시장 A, B에서 판매하고 있는 독점기업에 대한 수요곡선이 각각 $P_A = -Q_A + 20$이고, $P_B = -0.5Q_B + 10$ 이다. 한계비용이 5이고 이윤극대화를 추구하는 이 기업의 두 시장에서의 가격은 각각 얼마인가?

① $P_A = 8$, $P_B = 12$
② $P_A = 12.5$, $P_B = 7.5$
③ $P_A = 12$, $P_B = 8$
④ $P_A = 7.5$, $P_B = 12.5$
⑤ $P_A = 14$, $P_B = 6$

i) 가격차별 독점기업의 이윤극대화 조건 $MR_A = MR_B = MC$에서 한계비용은 $MC = 5$이다.

ii) A시장의 수요함수가 $P_A = -Q_A + 20$이므로 한계수입은 $MR_A = -2Q_A + 20$이고, B시장의 수요함수가 $P_B = -0.5Q_B + 10$이므로 한계수입은 $MR_B = -Q_B + 10$이다.

iii) 이윤극대화 조건 $MR_A = MR_B = MC$에 의해 각 시장에서의 생산량은 $Q_A = 7.5$, $Q_B = 5$ 가 된다.
- $MR_A = MC \rightarrow -2Q_A + 20 = 5$ ∴ $Q_A = 7.5$
- $MR_B = MC \rightarrow -Q_B + 10 = 5$ ∴ $Q_B = 5$

iv) 이제 $Q_A = 7.5$, $Q_B = 5$를 각 시장의 수요함수에 대입하면 각 시장에서의 가격은 $P_A = 12.5$, $P_B = 7.5$로 계산된다.

02

[2013 | 지방직 7급] 상 중 하

A사는 자동차 부품을 독점적으로 생산하여 대구와 광주에만 공급하고 있다. A사의 비용함수와 A사 부품에 대한 대구와 광주의 수요함수가 다음과 같을 때, A사가 대구와 광주에서 각각 결정할 최적 가격과 공급량은?

- A사의 비용함수 : $C = 15Q + 20$
- 대구의 수요함수 : $Q_{대구} = -P_{대구} + 55$
- 광주의 수요함수 : $Q_{광주} = -2P_{광주} + 70$
(단, C는 비용, Q는 생산량, P는 가격이다.)

① $(P_{대구},\ Q_{대구},\ P_{광주},\ Q_{광주}) = (35,\ 20,\ 25,\ 20)$
② $(P_{대구},\ Q_{대구},\ P_{광주},\ Q_{광주}) = (30,\ 20,\ 40,\ 20)$
③ $(P_{대구},\ Q_{대구},\ P_{광주},\ Q_{광주}) = (30,\ 40,\ 30,\ 40)$
④ $(P_{대구},\ Q_{대구},\ P_{광주},\ Q_{광주}) = (15,\ 40,\ 25,\ 40)$

Tip. 가격차별 독점기업의 이윤극대화 조건은 $MR_1 = MR_2 = MC$이다.

ⅰ) 가격차별 독점기업의 이윤극대화 조건은 $MR_{대구} = MR_{광주} = MC$이므로 먼저, 총비용함수 $TC = 15Q + 20$을 Q에 대해 미분하면 한계비용은 $MC = 15$이다.

ⅱ) 대구의 수요함수가 $P_{대구} = 55 - Q_{대구}$이므로 한계수입은 $MR_{대구} = 55 - 2Q_{대구}$이고, 광주의 수요함수가 $P_{광주} = 35 - \frac{1}{2}Q_{광주}$이므로 한계수입은 $MR_{광주} = 35 - Q_{광주}$이다.

ⅲ) 이윤극대화 조건 $MR_{대구} = MR_{광주} = MC$에 의해 각 지역에서의 생산량은 $Q_{대구} = 20$, $Q_{광주} = 20$이 된다.
- $MR_{대구} = MC \rightarrow 55 - 2Q_{대구} = 15 \therefore Q_{대구} = 20$
- $MR_{광주} = MC \rightarrow 35 - Q_{광주} = 15 \therefore Q_{광주} = 20$

ⅳ) 이제, $Q_{대구} = 20$, $Q_{광주} = 20$을 각 지역의 수요함수에 대입하면 각 지역에서의 가격은 $P_{대구} = 35$, $P_{광주} = 25$로 계산된다.

03 | 2018 | 서울시 7급 | 상 중 하

어떤 독점기업이 동일한 상품을 수요의 가격탄력성이 다른 두 시장에서 판매한다. 가격차별을 통해 이윤을 극대화하려는 이 기업이 상품의 가격을 A시장에서 1,500원으로 책정한다면 B시장에서 책정해야 하는 가격은? (단, A시장에서 수요의 가격탄력성은 3이고, B시장에서는 2이다.)

① 1,000원 ② 1,500원
③ 2,000원 ④ 2,500원

Tip. 아모로소–로빈슨 공식을 적용한 가격차별 독점기업의 이윤극대화 조건은 $P_1\left(1 - \frac{1}{\varepsilon_1}\right) = P_2\left(1 - \frac{1}{\varepsilon_2}\right) = MC$ 이다.

ⅰ) 아모로소–로빈슨 공식을 적용한 가격차별 독점기업의 이윤극대화 조건은 다음과 같다.
- $MR_A = MR_B = MC \rightarrow P_A\left(1 - \frac{1}{\varepsilon_A}\right) = P_B\left(1 - \frac{1}{\varepsilon_B}\right) = MC$

ⅱ) $P_A = 1,500$, $\varepsilon_A = 3$, $\varepsilon_B = 2$를 $P_A\left(1 - \frac{1}{\varepsilon_A}\right) = P_B\left(1 - \frac{1}{\varepsilon_B}\right)$에 대입하면 $P_B = 2,000$으로 계산된다.
- $1,500\left(1 - \frac{1}{3}\right) = P_B\left(1 - \frac{1}{2}\right) \rightarrow \frac{1}{2}P_B = 1,000 \therefore P_B = 2,000$

정답 01. ② 02. ① 03. ③

04 독점기업이 시장을 A, B로 구분하여 가격차별을 통해 이윤을 극대화하고 있다. 독점기업의 한계비용은 생산량과 관계없이 10으로 일정하고 현재 A, B 두 시장의 수요의 가격탄력성은 각각 2와 3이다. A, B 두 시장에서 독점기업이 설정하는 가격은?

① $A : 30$, $B : 20$
② $A : 20$, $B : 15$
③ $A : 15$, $B : 10$
④ $A : 20$, $B : 30$
⑤ $A : 25$, $B : 30$

ⅰ) 아모로소-로빈슨 공식을 적용한 가격차별 독점기업의 이윤극대화 조건은 다음과 같다.

- $MR_A = MR_B = MC \rightarrow P_A\left(1 - \dfrac{1}{\varepsilon_A}\right) = P_B\left(1 - \dfrac{1}{\varepsilon_B}\right) = MC$

ⅱ) $MC = 10$, $\varepsilon_A = 2$, $\varepsilon_B = 3$을 $P_A\left(1 - \dfrac{1}{\varepsilon_A}\right) = P_B\left(1 - \dfrac{1}{\varepsilon_B}\right) = MC$에 대입하면 $P_A = 20$, $P_B = 15$로 계산된다.

- $P_A\left(1 - \dfrac{1}{\varepsilon_A}\right) = MC \rightarrow P_A = \dfrac{MC}{1 - \dfrac{1}{\varepsilon_A}} = \dfrac{10}{1 - \dfrac{1}{2}} = 20$

- $P_B\left(1 - \dfrac{1}{\varepsilon_B}\right) = MC \rightarrow P_B = \dfrac{MC}{1 - \dfrac{1}{\varepsilon_B}} = \dfrac{10}{1 - \dfrac{1}{3}} = 15$

05 어느 독점기업이 3차 가격차별(third-degree price discrimination)을 할 수 있다고 하자. 첫 번째 집단의 수요의 역함수는 $P_1 = 500 - Q_1$이고, 두 번째 집단의 수요의 역함수는 $P_2 = 500 - 2Q_2$이다. 두 집단에 판매되는 제품은 동일하며, 어느 집단에 판매하는지는 생산비용에 영향을 미치지 않는다. 이와 관련된 다음 설명 중 옳지 않은 것은? (단, P_1과 P_2는 각각 첫 번째 집단과 두 번째 집단에 대한 가격, Q_1과 Q_2는 각각 첫 번째 집단과 두 번째 집단의 수요량)

① 이 독점기업은 두 집단으로부터 발생하는 한계수입이 일치하도록 각 집단에 대한 가격을 책정한다.
② $Q_1 = Q_2$인 점(단, $0 < Q_1 < 250$, $0 < Q_2 < 250$)에서 첫 번째 집단의 수요가 더 가격탄력적이다.
③ $P_1 = P_2$인 점(단, $0 < P_1 < 500$, $0 < P_2 < 500$)에서 두 집단의 수요의 가격탄력성은 동일하다.
④ 이 독점기업은 이윤극대화를 위해 $P_1 < P_2$가 되도록 가격을 책정한다.
⑤ 이 독점기업의 이윤은 가격차별화가 불가능해지더라도 변화가 없다.

해설

각 집단의 수요함수가 $Q_1 = 500 - P_1$, $Q_2 = 250 - \frac{1}{2}P_2$이므로 수요의 가격탄력성은 다음과 같다.

- $\varepsilon_1 = -\frac{\Delta Q_1}{\Delta P_1} \cdot \frac{P_1}{Q_1} = -(-1) \times \frac{P_1}{500 - P_1} = \frac{P_1}{500 - P_1}$

- $\varepsilon_2 = -\frac{\Delta Q_2}{\Delta P_2} \cdot \frac{P_2}{Q_2} = -\left(-\frac{1}{2}\right) \times \frac{P_2}{250 - \frac{1}{2}P_2} = \frac{P_2}{500 - P_2}$

① |○| 제3급 가격차별을 하는 독점기업의 이윤극대화 조건은 $MR_1 = MR_2 = MC$이다.

② |○| $Q_1 = Q_2$이면 $500 - P_1 = 250 - \frac{1}{2}P_2 \rightarrow P_1 = 250 + \frac{1}{2}P_2$이므로 $Q_1 = Q_2$인 점에서는 $\varepsilon_1 > \varepsilon_2$가 된다. 따라서 첫 번째 집단의 수요가 더 탄력적이다.

- $\varepsilon_1 = \frac{P_1}{500 - P_1} = \frac{\frac{500 + P_2}{2}}{\frac{500 - P_2}{2}} = \frac{500 + P_2}{500 - P_2} > \varepsilon_2 = \frac{P_2}{500 - P_2}$

③ |○| $P_1 = P_2$인 점에서는 $\varepsilon_1 = \varepsilon_2$가 되므로 두 집단의 수요의 가격탄력성이 동일하다.

- $\varepsilon_1 = \frac{P_1}{500 - P_1} = \frac{P_2}{500 - P_2} = \varepsilon_2$

④ |×| 아모로소-로빈슨 공식을 적용한 가격차별 독점기업의 이윤극대화 조건은 다음과 같다.

- $MR_1 = MR_2 = MC \rightarrow P_1\left(1 - \frac{1}{\varepsilon_1}\right) = P_2\left(1 - \frac{1}{\varepsilon_2}\right) = MC$

$P_1 = P_2$일 때 $\varepsilon_1 = \varepsilon_2$가 되므로 독점기업은 이윤극대화를 위해 $P_1 = P_2$가 되도록 가격을 설정한다.

⑤ |○| 제3급 가격차별을 하더라도 독점기업은 이윤극대화를 위해 $P_1 = P_2$가 되도록 가격을 설정하므로 가격차별을 하지 않을 때와 결과가 동일해진다. 따라서 가격차별이 불가능해지더라도 독점기업의 이윤에는 변화가 없다.

아래 그림에서 보는 것처럼 두 집단의 수요곡선의 가격축 절편이 동일하므로 동일한 가격수준에서 수요의 가격탄력성이 동일하다. 즉, $P_1 = P_2$일 때 $\varepsilon_1 = \varepsilon_2$가 되므로 독점기업은 이윤극대화를 위해 $P_1 = P_2$가 되도록 가격을 설정해야 한다. 따라서 가격차별이 불가능해지더라도 독점기업의 이윤에는 변화가 없다.

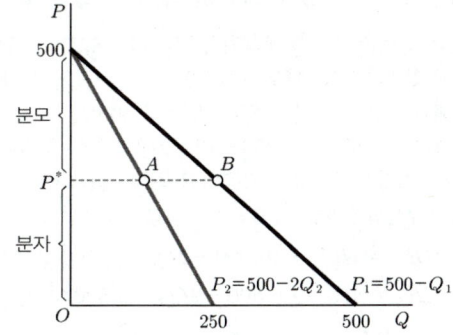

04. ② 05. ④

| 2010 | 공인회계사 | 상 중 하

06 우리나라 H기업이 해외의 A시장과 B시장에 자동차를 수출하고 있다. 이 기업의 비용함수는 $TC = Q^2$이고, 각 시장의 수요함수는 $P_A = 10,000 - Q_A$, $P_B = 6,500 - Q_B$이다. 각 시장에서의 이윤극대화 생산량은? (단, P_i, Q_i는 i시장의 가격과 수량, $i = A, B$, $Q = Q_A + Q_B$)

① $Q_A = 2,250$, $Q_B = 500$ ② $Q_A = 1,500$, $Q_B = 500$
③ $Q_A = 2,250$, $Q_B = 250$ ④ $Q_A = 1,700$, $Q_B = 500$
⑤ $Q_A = 2,500$, $Q_B = 0$

풀이 1)
i) 가격차별 독점기업의 이윤극대화 조건 $MR_A = MR_B = MC$이므로 먼저, 총비용함수 $TC = Q^2$을 Q에 대해 미분하면 한계비용은 $MC = 2Q = 2(Q_A + Q_B)$이다.

 독점기업의 총생산량(Q)은 A시장에서의 판매량(Q_A)과 B시장에서의 판매량(Q_B)을 합한 값이므로 $Q = Q_A + Q_B$임에 주의해야 한다.

ii) A시장의 수요함수가 $P_A = 10,000 - Q_A$이므로 한계수입은 $MR_A = 10,000 - 2Q_A$이고, B시장의 수요함수가 $P_B = 6,500 - Q_B$이므로 한계수입은 $MR_B = 6,500 - 2Q_B$이다.

iii) 이윤극대화 조건 $MR_A = MR_B = MC$에 의해 다음의 식이 성립한다.
- $MR_A = MC \to 10,000 - 2Q_A = 2(Q_A + Q_B) \to 2Q_A + Q_B = 5,000$ ⋯ ①
- $MR_B = MC \to 6,500 - 2Q_B = 2(Q_A + Q_B) \to 2Q_A + 4Q_B = 6,500$ ⋯ ②

iv) 이제, 식 ①과 ②를 연립해서 풀면 $Q_A = 2,250$, $Q_B = 500$으로 계산된다.

풀이 2)
가격차별 독점기업은 이윤극대화를 위해 기업전체의 한계수입과 한계비용이 일치하도록 총생산량을 결정한 다음, 이를 각 시장에서의 한계수입이 같아지도록 배분하여 판매한다.

i) 기업전체의 이윤극대화 조건 $MR = MC$에서 한계비용은 $MC = 2Q$이다.

ii) 기업전체의 한계수입곡선은 각 시장에서의 한계수입곡선을 수평합하여 구할 수 있다. 각 시장의 한계수입함수를 Q에 대해 정리하면 $Q_A = 5,000 - \frac{1}{2}MR_A$, $Q_B = 3,250 - \frac{1}{2}MR_B$이므로 기업전체의 한계수입함수는 $Q = 8,250 - MR \to MR = 8,250 - Q$이다.

iii) 이윤극대화 조건 $MR = MC$에 의해 기업의 총생산량은 $Q = 2,750$이 된다. $Q = 2,750$을 한계비용함수에 대입하면 $MC = 5,500$이다.
- $MR = MC \to 8,250 - Q = 2Q \therefore Q = 2,750$

iv) 이제, $MC = 5,500$을 가격차별 독점기업의 이윤극대화 조건 $MR_A = MR_B = MC$에 대입하면 $Q_A = 2,250$, $Q_B = 500$으로 계산된다.
- $MR_A = MC \to 10,000 - 2Q_A = 5,500 \therefore Q_A = 2,250$
- $MR_B = MC \to 6,500 - 2Q_B = 5,500 \therefore Q_B = 500$

| 시장 A | 시장 B | 시장전체 |

07 | 2016 | 공인회계사 | 상 중 하

한 기업이 2개의 시장을 독점하고 있으며, 2개의 시장은 분리되어 있다. 시장 1의 수요곡선은 $P_1 = 84 - 4x_1$, 시장 2의 수요곡선은 $P_2 = 20 - 5x_2$, 기업의 한계비용함수는 $MC = 2X + 4$이다. 이 기업이 이윤극대화를 할 때, 각 시장에 대한 공급량은? (단, P_1은 시장 1에서의 재화가격, P_2는 시장 2에서의 재화가격, x_1은 시장 1의 수요량, x_2는 시장 2의 수요량, MC는 한계비용, X는 총생산량이다.)

	시장 1	시장 2
①	8	2
②	8	0
③	4	4
④	4	2
⑤	4	0

해설

i) 가격차별 독점기업의 이윤극대화 조건 $MR_1 = MR_2 = MC$에서 한계비용은 $MC = 2X + 4 = 2(x_1 + x_2) + 4$이다.

ii) 시장 1의 수요함수가 $P_1 = 84 - 4x_1$이므로 한계수입은 $MR_1 = 84 - 8x_1$이고, 시장 2의 수요함수가 $P_2 = 20 - 5x_2$이므로 한계수입은 $MR_2 = 20 - 10x_2$이다.

iii) 이윤극대화 조건 $MR_1 = MR_2 = MC$에 의해 다음의 식이 성립한다.
- $MR_1 = MC \rightarrow 84 - 8x_1 = 2(x_1 + x_2) + 4$ ∴ $5x_1 + x_2 = 40$ ··· ①
- $MR_2 = MC \rightarrow 20 - 10x_2 = 2(x_1 + x_2) + 4$ ∴ $x_1 + 6x_2 = 8$ ··· ②

iv) 이제, 식 ①과 ②를 연립해서 풀면 $x_1 = 8$, $x_2 = 0$으로 계산된다.

정답 06. ① 07. ②

08 독점기업 甲은 두 시장 A, B에서 X재를 판매하고 있다. 생산에 있어서 甲의 한계비용은 0이다. 甲이 A, B에서 직면하는 수요함수는 각각 $Q_A = a_1 - b_1 P_A$, $Q_B = a_2 - b_2 P_B$이고, 甲이 각 시장에서 이윤극대화를 한 결과 두 시장의 가격이 같아지게 되는 (a_1, b_1, a_2, b_2)의 조건으로 옳은 것은? (단, a_1, b_1, a_2, b_2는 모두 양(+)의 상수이고, Q_A, Q_B는 각 시장에서 팔린 X재의 판매량이며, P_A, P_B는 각 시장에서 X재의 가격이다.)

① $a_1 a_2 = b_1 b_2$ ② $a_1 b_1 = a_2 b_2$
③ $a_1 b_2 = a_2 b_1$ ④ $a_1 + b_1 = a_2 + b_2$
⑤ $a_1 + b_2 = a_2 + b_1$

해설

ⅰ) 가격차별 독점기업의 이윤극대화 조건 $MR_A = MR_B = MC$에서 한계비용은 $MC = 0$이다.

ⅱ) A시장의 수요함수가 $P_A = \dfrac{a_1}{b_1} - \dfrac{1}{b_1} Q_A$이므로 한계수입은 $MR_A = \dfrac{a_1}{b_1} - \dfrac{2}{b_1} Q_A$이고, B시장의 수요함수가 $P_B = \dfrac{a_2}{b_2} - \dfrac{1}{b_2} Q_B$이므로 한계수입은 $MR_B = \dfrac{a_2}{b_2} - \dfrac{2}{b_2} Q_B$이다.

ⅲ) 이윤극대화 조건 $MR_1 = MR_2 = MC$에 의해 $Q_A = \dfrac{a_1}{2}$, $Q_B = \dfrac{a_2}{2}$가 된다.

- $MR_A = MC \rightarrow \dfrac{a_1}{b_1} - \dfrac{2}{b_1} Q_A = 0 \rightarrow \dfrac{2}{b_1} Q_A = \dfrac{a_1}{b_1} \therefore Q_A = \dfrac{a_1}{2}$
- $MR_B = MC \rightarrow \dfrac{a_2}{b_2} - \dfrac{2}{b_2} Q_B = 0 \rightarrow \dfrac{2}{b_2} Q_B = \dfrac{a_2}{b_2} \therefore Q_B = \dfrac{a_2}{2}$

ⅳ) $Q_A = \dfrac{a_1}{2}$, $Q_B = \dfrac{a_2}{2}$를 각 시장의 수요함수에 대입하면 $P_A = \dfrac{a_1}{2b_1}$, $P_B = \dfrac{a_2}{2b_2}$로 계산된다.

- $P_A = \dfrac{a_1}{b_1} - \dfrac{1}{b_1} Q_A = \dfrac{a_1}{b_1} - \left(\dfrac{1}{b_1} \times \dfrac{a_1}{2}\right) = \dfrac{a_1}{2b_1}$
- $P_B = \dfrac{a_2}{b_2} - \dfrac{1}{b_2} Q_B = \dfrac{a_2}{b_2} - \left(\dfrac{1}{b_2} \times \dfrac{a_2}{2}\right) = \dfrac{a_2}{2b_2}$

ⅴ) 따라서 두 시장의 가격이 같아지게 되는 조건은 $a_1 b_2 = a_2 b_1$이다.

- $P_A = P_B \rightarrow \dfrac{a_1}{2b_1} = \dfrac{a_2}{2b_2} \therefore a_1 b_2 = a_2 b_1$

09

어떤 독점기업의 비용함수와 국내 수요함수가 $TC = Q^2$, $D = 11,500 - P$ 이다. 이 기업이 외국에 수출할 것을 검토하고 있는데 이 기업은 외국시장에서도 독점적이고 외국의 수요함수는 $D^* = 5,000 - P^*$ 이다(여기에서 Q는 생산량, P는 가격, D는 수요량, 변수에 위 첨자*가 붙여진 것은 외국변수를 나타낸다). 이 독점기업의 이윤극대화 행위에 대한 설명 중 옳은 것은?

① 이 기업은 외국에 수출하지 않는다.
② 이 기업은 외국에 250단위 수출하고 국내시장에 3,000단위 판매한다.
③ 국내시장의 가격탄력성이 외국시장보다 크게 나타난다.
④ 외국시장에서의 수요가 작으므로 외국시장에서의 가격은 국내시장보다 작다.
⑤ 국내시장과 외국시장의 크기의 비율만큼 생산량을 나누어 판매한다.

i) 국내시장을 시장 1, 외국시장을 시장 2라 가정하자. 가격차별 독점기업의 이윤극대화 조건은 $MR_1 = MR_2 = MC$ 이므로 먼저, 총비용함수 $TC = Q^2$ 을 Q에 대해 미분하면 한계비용은 $MC = 2Q = 2(Q_1 + Q_2)$ 이다.

ii) 시장 1의 수요함수가 $P_1 = 11,500 - Q_1$ 이므로 한계수입은 $MR_1 = 11,500 - 2Q_1$ 이고, 시장 2의 수요함수가 $P_2 = 5,000 - Q_2$ 이므로 한계수입은 $MR_2 = 5,000 - 2Q_2$ 이다.

iii) 이윤극대화 조건 $MR_1 = MR_2 = MC$ 에 의해 다음의 식이 성립한다.
  • $MR_1 = MC \rightarrow 11,500 - 2Q_1 = 2(Q_1 + Q_2)$ ∴ $2Q_1 + Q_2 = 5,750$ … ①
  • $MR_2 = MC \rightarrow 5,000 - 2Q_2 = 2(Q_1 + Q_2)$ ∴ $2Q_1 + 4Q_2 = 5,000$ … ②

iv) 이제, 식 ①과 ②를 연립해서 풀면 $Q_1 = 3,000$, $Q_2 = -250$으로 계산된다. 그런데 판매량이 음(-)의 값을 가질 수는 없으므로 이 기업은 외국시장(시장 2)에서 판매하지 않는다.

v) 이 기업이 국내시장(시장 1)에서만 판매하므로 $MR = 11,500 - 2Q$, $MC = 2Q$를 이윤극대화 조건 $MR = MC$에 대입하면 $Q = 2,875$가 된다. 즉, 이 기업은 외국에 수출하지 않고, 국내시장에서만 2,875단위를 판매한다.
  • $MR = MC \rightarrow 11,500 - 2Q = 2Q$ ∴ $Q = 2,875$

10 | 2017 | 공인회사 | 상 중 하

X재를 생산하는 어느 독점기업의 한계생산비용은 생산량과 상관없이 4이고 고정비용은 없다. 이 기업은 X재를 A국과 B국에 수출하고 있는데, 두 국가 간에는 무역이 단절되어 있다. 각국에서의 X재 수요함수는 다음과 같다. 이 기업이 이윤을 극대화할 때, 다음 설명 중 옳지 않은 것은?

> - A국의 수요함수 : $Q_A = 50 - \frac{1}{2}P_A$
> - B국의 수요함수 : $Q_B = 40 - P_B$
>
> (단, P_A는 A국에서의 가격, P_B는 B국에서의 가격, Q_A는 A국에서의 수요량, Q_B는 B국에서의 수요량이다.)

① 이 기업은 B국보다 A국에 더 많이 수출한다.
② P_A가 P_B보다 크다.
③ 각국에 동일한 생산량을 수출하는 경우, A국에서의 한계수입이 B국에서의 한계수입보다 항상 더 크다.
④ 균형소비량에서 A국의 수요가 B국의 수요보다 가격에 더 탄력적이다.
⑤ 두 국가에 동일한 가격으로 제품을 수출하는 것보다 차별적인 가격으로 제품을 수출하는 것이 이윤을 증가시킨다.

ⅰ) 가격차별 독점기업의 이윤극대화 조건 $MR_A = MR_B = MC$에서 한계비용은 $MC = 4$이다.
ⅱ) A국의 수요함수가 $P_A = 100 - 2Q_A$이므로 한계수입은 $MR_A = 100 - 4Q_A$이고, B국의 수요함수가 $P_B = 40 - Q_B$이므로 한계수입은 $MR_B = 40 - 2Q_B$이다.
ⅲ) 이윤극대화 조건 $MR_A = MR_B = MC$에 의해 $Q_A = 24$, $Q_B = 18$이 된다.
- $MR_A = MC \rightarrow 100 - 4Q_A = 4$ ∴ $Q_A = 24$
- $MR_B = MC \rightarrow 40 - 2Q_B = 4$ ∴ $Q_B = 18$

ⅳ) 이제, $Q_A = 24$, $Q_B = 18$을 각국의 수요함수에 대입하면 $P_A = 52$, $P_B = 22$로 계산된다.
① |○| $Q_A = 24$, $Q_B = 18$이므로 B국보다 A국에 더 많이 수출한다.
② |○| $P_A = 52$, $P_B = 22$이므로 P_A가 P_B보다 더 높다.
③ |○| $Q_A = Q_B$이면 A국에서의 한계수입이 B국에서의 한계수입보다 항상 더 크다.
- $MR_A = 100 - 4Q_A > MR_B = 40 - 2Q_B = 80 - 4Q_A$

④ |×| 균형에서 각국의 수요의 가격탄력성을 구해보면 다음과 같다.
- $\varepsilon_A = -\frac{\Delta Q_A}{\Delta P_A} \cdot \frac{P_A}{Q_A} = -\left(-\frac{1}{2}\right) \times \frac{52}{24} = \frac{13}{12}$
- $\varepsilon_B = -\frac{\Delta Q_B}{\Delta P_B} \cdot \frac{P_B}{Q_B} = -(-1) \times \frac{22}{18} = \frac{11}{9}$

그러므로 균형에서 수요의 가격탄력성은 B국이 A국보다 더 크다.
⑤ |○| 각국의 수요의 가격탄력성이 다르므로 동일한 가격으로 재화를 수출하는 것보다 차별적인 가격으로 재화를 수출하는 것이 이윤을 증가시킨다.

정답 10. ④

59 이부가격제도

구 분	내 용
개 념	재화를 소비할 권리에 대해 먼저 가격을 부과하고, 재화소비량에 따라 다시 가격을 부과하는 것
가격 설정	┌ 사용요금(이용료) : $P = MC(P_1)$ └ 기본요금(가입비) : 소비자잉여($A+B+C$)
평 가	• 생산량이 완전경쟁시장의 경우와 동일해지므로 자원배분의 효율성이 달성됨 • 소비자잉여가 전부 독점기업의 이윤으로 귀속됨(=제1급 가격차별)
사 례	전기·전화요금, 놀이공원, 골프장, 콘도 등

대표유형 01

| 2015 | 서울시 7급 | 상 중 하 |

통신시장에 하나의 기업만 존재하는 독점시장을 가정하자. 이 독점기업의 총비용 (TC)함수는 $TC = 20 + 2Q$이고 시장의 수요는 $P = 10 - 0.5Q$이다. 만약, 이 기업이 이부가격(two part tariff) 설정을 통해 이윤을 극대화하고자 한다면, 고정요금(가입비)은 얼마로 설정해야 하는가?

① 16   ② 32
③ 64   ④ 128

해설

i) 이부가격제를 실시하면 $P = MC$인 점에서 사용요금(이용료)이 결정되고, 소비자잉여에 해당하는 만큼이 고정요금(가입비)이 된다.

ii) 총비용함수 $TC = 20 + 2Q$를 Q에 대해 미분하면 한계비용은 $MC = 2$이다. 따라서 사용요금은 $P = MC = 2$가 된다.

iii) 수요함수가 $P = 10 - 0.5Q$이고, 한계비용이 $MC = 2$이므로 생산량은 $Q = 16$이다.
• $P = MC \rightarrow 10 - 0.5Q = 2$ ∴ $Q = 16$

iv) 따라서 고정요금으로 받을 수 있는 소비자잉여의 크기는 64로 계산된다.
• 고정요금(가입비) : 소비자잉여 $= \frac{1}{2} \times 8 \times 16 = 64$

정답 01. ③

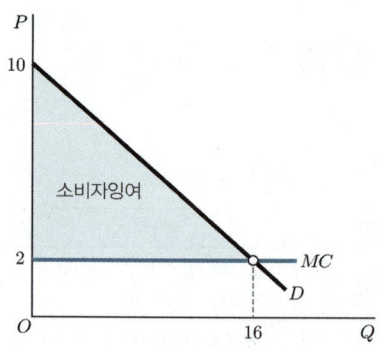

02 `2013 | 국회직 8급`

독점시장에 존재하는 어떤 회사의 한계비용이 500이며, 이 시장의 소비자는 모두 $P = 1,000 - Q_d$라는 수요함수를 갖고 있다. 이 회사가 두 단계 가격(two part tariff)을 설정하여 이윤을 극대화하기 위한 고정요금(가입비)은 얼마인가? (단, P는 가격, Q_d는 수요량을 나타낸다.)

① 500,000
② 250,000
③ 125,000
④ 100,000
⑤ 50,000

ⅰ) 이부가격제를 실시하면 $P = MC$인 점에서 사용요금(이용료)이 결정되고, 소비자잉여에 해당하는 만큼이 고정요금(가입비)이 된다.
ⅱ) 한계비용이 $MC = 500$이므로 사용요금은 $P = MC = 500$이 된다.
ⅲ) 수요함수가 $P = 1,000 - Q$이고, 한계비용이 $MC = 500$이므로 생산량은 $Q = 500$이다.
- $P = MC \rightarrow 1,000 - Q = 500$ ∴ $Q = 500$
ⅳ) 따라서 고정요금으로 받을 수 있는 소비자잉여의 크기는 125,000으로 계산된다.
- 고정요금(가입비) : 소비자잉여 $= \frac{1}{2} \times 500 \times 500 = 125,000$

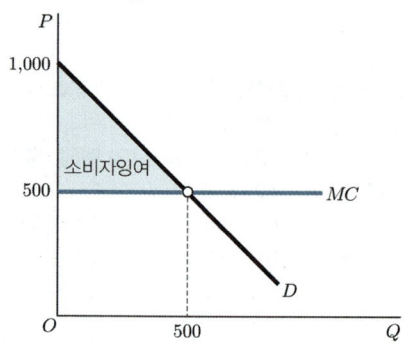

03

[2009 | 국가직 7급] 상 중 하

A국가의 한 마을에서 B기업이 독점적으로 운영하고 있는 골프장에 대하여 주민 10명으로 구성된 마을의 월별 수요함수는 $P = 21 - Q$이다. B기업의 입장에서 골프 라운드 1회당 발생하는 비용이 1달러라고 할 때, B기업은 이부가격제 전략하에 개별 이용객들에게 연회비와 골프 라운드 1회당 이용료를 책정하려고 한다. B기업 입장에서 이윤을 극대화시키는 1인당 연회비는? (단, 마을 주민 10명의 골프에 대한 선호도는 동일하고, P와 Q는 각각 골프장 1회 이용료 및 월별 골프 횟수를 나타낸다. 골프장 설립 비용은 국비지원을 받아 B기업 입장에서의 골프장 설립에 대한 고정비용은 없다고 가정한다.)

① 120달러 ② 240달러
③ 360달러 ④ 400달러

 해설

i) 선호도가 동일한 개별주민 10명으로 구성된 마을전체의 월별 수요함수가 $P = 21 - Q$이므로 개별주민의 월별 수요함수는 $P = 21 - 10Q$이다.

   🔍 동일한 개별수요함수를 가진 소비자가 n명 존재할 때의 개별수요함수는 시장수요함수와 가격(P)축 절편값은 동일하고 기울기만 n배가 된다.

ii) 이부가격제를 실시하면 $P = MC$인 점에서 사용요금(이용료)이 결정되고, 소비자잉여에 해당하는 만큼이 기본요금(연회비)이 된다. 한계비용이 $MC = 1$이므로 이용료는 $P = MC = 1$이다.

iii) 개별주민의 월별 수요함수가 $P = 21 - 10Q$이고, 한계비용이 $MC = 1$이므로 월별 생산량(개별주민의 월별 라운딩 횟수)은 $Q = 2$이다.
   - $P = MC \rightarrow 21 - 10Q = 1 \therefore Q = 2$

iv) 개별주민의 월별 소비자잉여의 크기가 ΔA의 면적에 해당하는 20달러이므로 1인당 연회비로 받을 수 있는 개별주민의 연간 소비자잉여의 크기는 $240(= 20 \times 12)$달러가 된다.
   - 기본요금(연회비) : 연간 소비자잉여 $= \left(\dfrac{1}{2} \times 20 \times 2\right) \times 12 = 240$

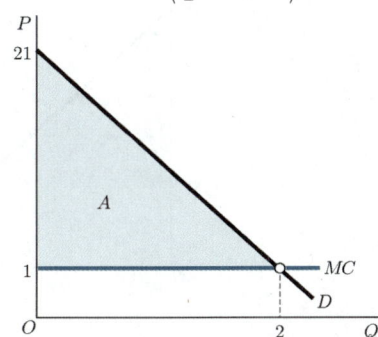

정답 02. ③ 03. ②

04 [2013 | 국회직 8급] 상 중 하

어떤 소비자가 이동통신회사의 요금 제도를 비교하여 어느 통신회사를 선택할지 고민하고 있다고 하자. A사는 통화시간에 관계없이 월 12만원을 받는다. B사는 월정액 없이 1분에 1,000원을 받는다. 소비자의 이동전화 통화수요는 $Q_d = 150 - \frac{P}{20}$라고 하자. 여기서 Q_d는 분으로 표시한 통화시간을 나타내고, P는 분당 전화요금을 나타낸다. 이 소비자가 A, B사로부터 얻게 되는 소비자잉여는 각각 (Ⅰ), (Ⅱ)라고 한다. (Ⅰ), (Ⅱ)를 옳게 고르면?

	Ⅰ	Ⅱ		Ⅰ	Ⅱ
①	100,000	225,000	②	105,000	100,000
③	105,000	120,000	④	225,000	120,000
⑤	225,000	100,000			

ⅰ) A사를 선택하는 경우
월 120,000원의 기본요금(가입비)을 지불하면 무제한 통화가 가능하므로, 이는 사용요금(이용료)이 $P = MC = 0$이 되는 것과 동일하다. $P = 0$을 수요함수 $P = 3,000 - 20Q$에 대입하면 $Q = 150$이다. 따라서 소비자의 최대지불용의금액에 해당하는 수요곡선 하방의 면적, 즉 $\triangle(A+B+C)$의 면적은 $225,000\left(=\frac{1}{2}\times 3,000\times 150\right)$원으로 계산되나, 소비자가 실제로 지불한 금액은 기본요금인 120,000원이므로 소비자잉여의 크기는 105,000원이 된다.

ⅱ) B사를 선택하는 경우
사용요금이 $P = MC = 1,000$이므로 $P = 1,000$을 수요함수에 대입하면 $Q = 100$이다. 따라서 소비자잉여의 크기는 $\triangle A$의 면적에 해당하는 $100,000\left(=\frac{1}{2}\times 2,000\times 100\right)$원이 된다.

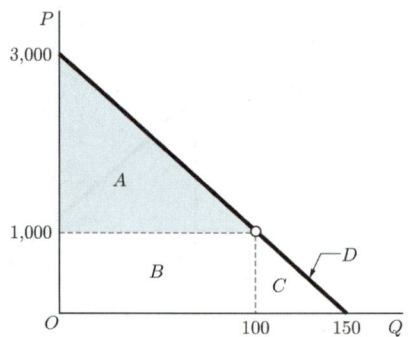

05 | 2012 | 공인회계사 | 상 중 하

통신서비스를 독점 판매하는 기업을 상정하자. 편의상 소비자는 1명이며 소비자의 통신서비스 수요함수는 $Q = 100 - 2P$ 이다(여기에서 P는 분당 요금이며 Q는 통화량(단위 : 분)을 나타낸다). 독점기업의 평균비용이 생산량과 무관하게 2라고 가정하자. 다음 설명 중 옳지 않은 것은?

① 분당 요금만 부과하는 독점기업은 이윤을 극대화하기 위하여 $P = 26$을 부과한다.
② 가입비와 분당 요금으로 구성되는 이부요금(two-part tariff)을 부과하는 독점기업의 이윤극대화 분당 요금은 2이다.
③ 이부요금을 부과할 때 독점기업의 이윤을 극대화하는 가입비는 2,304이다.
④ 이부요금을 부과하는 경우 독점기업은 분당 요금만을 부과할 때보다 더 많은 이윤을 획득할 수 있다.
⑤ 소비자잉여는 이부요금을 부과하는 경우보다 분당 요금만을 부과하는 경우에 더 작다.

Tip. 이부가격제를 실시하면 소비자잉여가 전부 독점기업의 이윤으로 귀속된다.

i) 분당 요금만 부과하는 경우
분당 요금만 부과하는 일반적인 독점기업의 이윤극대화 생산량은 $MR = MC$인 점에서 결정된다. 수요함수가 $P = 50 - \frac{1}{2}Q$이므로 한계수입은 $MR = 50 - Q$이고, 평균비용이 생산량에 관계없이 2로 일정하므로 한계비용은 $MC = AC = 2$이다. 한계수입이 $MR = 50 - Q$이고, 한계비용이 $MC = 2$이므로 이윤극대화 조건 $MR = MC$에 의해 이윤극대화 생산량은 $Q = 48$이 된다. $Q = 48$을 수요함수에 대입하면 이윤극대화 가격은 $P = 26$으로 계산된다.
• $MR = MC \rightarrow 50 - Q = 2 \quad \therefore Q = 48$
총수입이 $TR = P \times Q = 26 \times 48 = 1,248$이고, 총비용이 $TC = AC \times Q = 2 \times 48 = 96$이므로 이윤은 $\pi = TR - TC = 1,248 - 96 = 1,152$이다. 그리고 소비자잉여의 크기는 ΔA의 면적에 해당하는 $576 \left(= \frac{1}{2} \times 24 \times 48 \right)$이다.

ii) 이부가격제를 실시하는 경우
이부가격제를 실시하면 $P = MC$인 점에서 사용요금(분당 요금)이 결정되고, 소비자잉여에 해당하는 만큼이 기본요금(가입비)이 된다. 한계비용이 $MC = 2$이므로 분당 요금은 $P = MC = 2$이다. 수요함수가 $P = 50 - \frac{1}{2}Q$이고, 한계비용이 $MC = 2$이므로 이윤극대화 생산량은 $Q = 96$이 된다. 따라서 가입비는 $\Delta(A + B + C)$의 면적에 해당하는 $2,304 \left(= \frac{1}{2} \times 48 \times 96 \right)$이다.
• $P = MC \rightarrow 50 - \frac{1}{2}Q = 2 \quad \therefore Q = 96$
분당 요금이 평균비용과 일치하므로($P = AC = 2$) 분당 요금을 부과하여 얻는 수입이 총비용과 같다. 따라서 이윤은 가입비에 해당하는 2,304이다. 그리고 이부가격제를 실시하면 소비자잉여가 전부 독점기업의 이윤으로 귀속되므로 소비자잉여의 크기는 0이다.

정답 04. ② 05. ⑤

① |○| 분당 요금만 부과하는 독점기업의 이윤극대화 가격은 $P=26$이다.
② |○| 이부가격제를 실시하는 독점기업의 이윤극대화 분당 요금은 $P=MC=2$이다.
③ |○| 이부가격제를 실시하는 독점기업의 이윤을 극대화하는 가입비는 2,304이다.
④ |○| 분당요금만 부과할 때의 이윤이 1,152이고, 이부가격제를 실시할 때의 이윤이 2,304이 므로 독점기업은 이부가격제를 실시할 때 더 많은 이윤을 얻을 수 있다.
⑤ |×| 이부가격제를 실시하면 소비자잉여의 크기가 0이 된다. 따라서 소비자잉여는 분당 요금을 부과할 때보다 이부가격제를 실시할 때 더 작다.

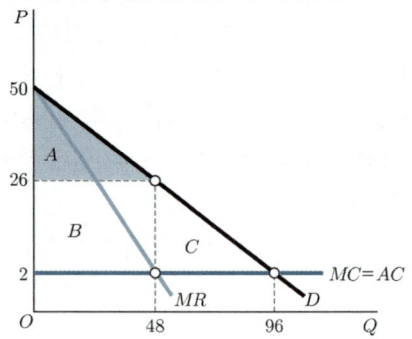

06 | 2017 | 공인회계사 | 상 중 하

독점 방송사가 공급하는 프로그램에 대한 수요함수는 $Q=100-5P$이다. 고정비용인 프로그램의 조달비용은 200이며 그 밖의 다른 비용은 발생하지 않는다고 가정한다. 독점 방송사는 아래의 두 가지 전략 중 하나를 선택할 수 있다. 다음의 설명 중 옳지 않은 것은? (단, Q는 시청자 수, P는 시청요금이다.)

〈전략 1〉
광고를 판매하지 않고 이윤극대화를 위한 독점 시청요금을 부과한다.

〈전략 2〉
시청요금을 부과하지 않고 광고주에게 광고를 판매하여 시청자 1인당 6의 이윤을 얻는다. 단, 광고 시청으로 인한 시청자의 비효용(disutility)은 없다고 가정한다.

① 독점 방송사가 〈전략 1〉을 선택하면 양(+)의 이윤을 얻는다.
② 독점 방송사가 〈전략 2〉를 선택하면 양(+)의 이윤을 얻는다.
③ 독점 방송사는 〈전략 1〉을 선택하면 〈전략 2〉에서보다 더 많은 이윤을 얻는다.
④ 독점 방송사가 〈전략 1〉을 선택하면 자중손실(deadweight loss)이 발생한다.
⑤ 〈전략 2〉에서의 시청자의 잉여가 〈전략 1〉에서보다 더 크다.

해설

ⅰ) 〈전략 1〉을 선택하는 경우

독점기업의 이윤극대화 생산량은 $MR=MC$인 점에서 결정된다. 수요함수가 $P=20-\frac{1}{5}Q$이므로 한계수입은 $MR=20-\frac{2}{5}Q$이고, 고정비용 200 외에 다른 비용이 발생하지 않으므로 총비용은 $TC=200$이고, 한계비용은 $MC=0$이다. 이윤극대화 조건 $MR=MC$에 의해 이윤극대화 생산량은 $Q=50$이 된다. $Q=50$을 수요함수에 대입하면 이윤극대화 가격은 $P=10$으로 계산된다.

- $MR=MC \rightarrow 20-\frac{2}{5}Q=0 \therefore Q=50$

총수입이 $TR=P \times Q=10 \times 50=500$이고, 총비용이 $TC=200$이므로 이윤은 $\pi=TR-TC=500-200=300$이 된다.

ⅱ) 〈전략 2〉를 선택하는 경우

요금을 부과하지 않고 광고를 판매하여 시청자 1인당 6의 이윤을 얻으므로 이윤극대화를 위해서는 요금을 $P=0$으로 설정하여 시청자 수를 최대한 늘려야 한다. $P=0$을 수요함수에 대입하면 $Q=100$이고, 1인당 6의 이윤을 얻으므로 총수입은 $TR=600$이다. 총수입이 $TR=600$이고, 총비용이 $TC=200$이므로 이윤은 $\pi=TR-TC=600-200=400$이 된다.

①, ② |○, ③ |× 〈전략 1〉을 선택할 때의 이윤이 300, 〈전략 2〉를 선택할 때의 이윤이 400이므로 독점 방송사는 〈전략 2〉를 선택할 때 더 많은 이윤을 얻는다.

④ |○ 〈전략 1〉을 선택하면 ΔC의 면적만큼 자중손실이 발생하나($P>MC$), 〈전략 2〉를 선택하면 자중손실이 발생하지 않는다($P=MC$).

⑤ |○ 〈전략 1〉에서의 소비자잉여의 크기는 ΔA의 면적에 해당하고, 〈전략 2〉에서의 소비자잉여의 크기는 $\Delta(A+B+C)$의 면적에 해당한다. 그러므로 〈전략 2〉에서의 소비자잉여가 더 크다.

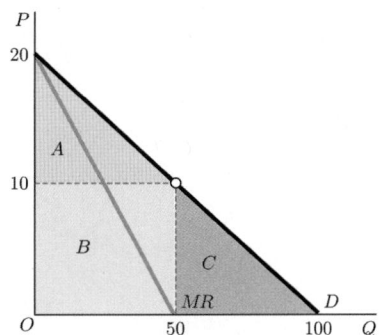

정답 06. ③

60 묶어팔기

묶어팔기와 끼워팔기

구 분		내 용
묶어팔기 (bundling)	개 념	두 가지 이상의 재화를 하나의 묶음으로 묶어서 판매하는 것(결합판매)
	특 징	• 두 소비자의 두 재화에 대한 수요 사이에 음(−)의 상관관계가 존재할 때 묶어팔기를 통해 기업의 총수입 및 이윤을 증가시킬 수 있음 • 묶어팔기를 하면 기업의 총수입 및 이윤은 증가하나, 소비자잉여의 증감 여부는 불분명함
	사 례	• 햄버거와 콜라를 세트메뉴로 판매하는 것 • 인터넷과 IPTV 서비스를 결합상품으로 판매하는 것
끼워팔기 (tie−in)	개 념	주된 재화를 구입하려면 반드시 부수적인 재화도 같이 구입하도록 하는 것
	특 징	• 묶어팔기도 끼워팔기의 한 사례로 볼 수 있음
	사 례	• 프린터를 구입하면 잉크 카트리지도 구입하도록 하는 것 • 프랜차이즈 가맹점에 가입하면 본사에서 재료를 구입하도록 하는 것

| 2011 | 공인회계사 | 상 중 하 |

두 소비자 1, 2에게 디지털카메라와 스마트폰을 판매하는 독점기업을 고려해보자. 개별소비자는 디지털카메라와 스마트폰을 각각 최대한 1대 구매한다. 두 소비자의 최대지불용의금액이 아래 표와 같을 때 다음 설명 중 옳은 것은? (단, 소비자별로 가격차별을 할 수 없으며 두 상품의 생산비용은 0이라고 가정한다.)

	디지털카메라	스마트폰
소비자 1	125	90
소비자 2	50	110

① 소비자잉여는 결합판매할 때보다 개별적으로 판매할 때 더 크다.
② 독점기업은 결합판매할 때보다 개별적으로 판매할 때 더 큰 이윤을 얻을 수 있다.
③ 디지털카메라와 스마트폰을 결합하여 판매하는 경우 이윤극대화를 위한 가격하에서 소비자잉여는 55이다.
④ 디지털카메라와 스마트폰을 개별적으로 판매하는 경우 독점기업이 얻을 수 있는 최대이윤은 215이다.
⑤ 디지털카메라와 스마트폰을 개별적으로 판매하는 경우 이윤을 극대화하는 가격하에서 소비자잉여는 0이다.

i) 개별판매를 하는 경우
디지털카메라의 가격을 50으로 설정하여 두 소비자 모두에게 판매하면 100의 이윤을 얻지만, 디지털카메라의 가격을 125로 설정하여 소비자 1에게만 판매하면 125의 이윤을 얻는다.
⇒ 독점기업은 디지털카메라의 가격을 125로 설정한다.
스마트폰의 가격을 90으로 설정하여 두 소비자 모두에게 판매하면 180의 이윤을 얻지만, 스마트폰의 가격을 110으로 설정하여 소비자 2에게만 판매하면 110의 이윤을 얻는다.
⇒ 독점기업은 스마트폰의 가격을 90으로 설정한다.
독점기업이 디지털카메라의 가격을 125, 스마트폰의 가격을 90으로 설정하면 기업의 이윤은 305(=125+180)이고, 이때의 소비자잉여는 20(=0+20)이다.
┌ 소비자 1 : 두 재화 모두 최대지불용의금액을 지불하고 구매하므로 소비자잉여는 0
└ 소비자 2 : 스마트폰만 최대지불용의금액보다 20만큼 낮게 구매하므로 소비자잉여는 20

ii) 결합판매를 하는 경우
디지털카메라와 스마트폰 묶음에 대한 소비자 1의 최대지불용의금액은 215(=125+90)이고, 소비자 2의 최대지불용의금액은 160(=50+110)이다. 그러므로 이 묶음의 가격을 215로 설정하여 소비자 1에게만 판매하면 215의 이윤을 얻지만, 이 묶음의 가격을 160으로 설정하여 두 소비자 모두에게 판매하면 320의 이윤을 얻는다.
⇒ 독점기업은 디지털카메라와 스마트폰 묶음의 가격을 160으로 설정한다.
독점기업이 디지털카메라와 스마트폰 묶음의 가격을 160으로 설정하면 기업의 이윤은 320이고, 이때의 소비자잉여는 55(=55+0)이다.
┌ 소비자 1 : 묶음을 최대지불용의금액보다 55만큼 낮게 구매하므로 소비자잉여는 55
└ 소비자 2 : 묶음을 최대지불용의금액을 지불하고 구매하므로 소비자잉여는 0
③ |○| 디지털카메라와 스마트폰을 결합판매할 때의 소비자잉여는 55이다.

01. ③

02 | 2013 | 감정평가사 [상] [중] [하]

다음에 대한 설명으로 옳지 않은 것은?

> 두 위인전 A와 B에 대한 독점 판매권을 갖고 있는 출판사가 있다. 각 위인전에 대한 소비자는 두 유형 H와 L로서 각각 50명이며, 지불용의가격은 다음과 같다.
>
> | 소비자 유형
위인전 | H | L |
> |---|---|---|
> | A | 800원 | 400원 |
> | B | 400원 | 600원 |
>
> 출판사의 한계비용은 0원이다. 출판사는 위인전 A와 B를 개별판매할지, A와 B를 함께 묶어 결합판매할지를 고려하고 있다.

① 개별판매만 하는 경우 판매수입을 극대화하기 위한 가격은 A = 800원, B = 600원이다.
② A = 400원, B = 400원으로 가격을 책정하여 개별판매할 경우 소비자잉여가 발생한다.
③ 결합판매만 하는 경우 두 권 묶음의 가격을 1,000원으로 책정할 때 판매수입이 극대화된다.
④ 두 권 묶음의 가격을 1,000원으로 책정할 때 소비자잉여는 H 유형에만 발생한다.
⑤ 결합판매의 최대 판매수입은 개별판매의 최대 판매수입보다 더 많다.

해설

분석의 편의를 위해 각 유형별로 소비자가 1명씩만 있는 것으로 가정하자.
ⅰ) 개별판매를 하는 경우
  A의 가격을 800원으로 설정하여 소비자 H에게만 판매하면 800원의 판매수입을 얻고, A의 가격을 400원으로 설정하여 두 소비자 모두에게 판매하면 마찬가지로 800원의 판매수입을 얻는다.
  ⇒ 독점 출판사는 A의 가격을 800원이나 400원으로 설정한다.
  B의 가격을 400원으로 설정하여 두 소비자 모두에게 판매하면 800원의 판매수입을 얻지만, B의 가격을 600원으로 설정하여 소비자 L에게만 판매하면 600원의 판매수입을 얻는다.
  ⇒ 독점 출판사는 B의 가격을 400원으로 설정한다.
  독점 출판사가 A의 가격을 800원이나 400원, B의 가격을 400원으로 설정하면 판매수입은 1,600(= 800 + 800)원이고, 만약 A의 가격을 400원, B의 가격을 400원으로 설정한다면 소비자잉여는 600(= 400 + 200)원이다.
  ┌ 소비자 H : A를 최대지불용의금액보다 400원 낮게 구매하므로 소비자잉여는 400원
  └ 소비자 L : B를 최대지불용의금액보다 200원 낮게 구매하므로 소비자잉여는 200원

ii) 결합판매를 하는 경우

A와 B 묶음에 대한 소비자 H의 최대지불용의금액은 $1,200(=800+400)$원이고, 소비자 L의 최대지불용의금액은 $1,000(=400+600)$원이다. 그러므로 이 묶음의 가격을 1,200원으로 설정하여 소비자 H에게만 판매하면 1,200원의 판매수입을 얻지만, 이 묶음의 가격을 1,000원으로 설정하여 두 소비자 모두에게 판매하면 2,000원의 판매수입을 얻는다.

⇒ 독점 출판사는 A와 B 묶음의 가격을 1,000원으로 설정한다.

독점 출판사가 A와 B 묶음의 가격을 1,000원으로 설정하면 판매수입은 2,000원이고, 이때의 소비자잉여는 $200(=200+0)$원이다.

- 소비자 H : 묶음을 최대지불용의금액보다 200원 낮게 구매하므로 소비자잉여는 200원
- 소비자 L : 묶음을 최대지불용의금액을 지불하고 구매하므로 소비자잉여는 0

① |×| A와 B를 개별판매하는 경우 독점 출판사는 판매수입을 극대화하기 위해 A의 가격을 800원이나 400원, B의 가격을 400원으로 설정한다.

03 | 2017 | 국회직 8급 | 상 중 하

의류 판매업자인 A씨는 아래와 같은 최대지불용의금액을 갖고 있는 두 명의 고객에게 수영복, 수영모자, 샌들을 판매한다. 판매전략으로 묶어팔기(Bundling)를 하는 경우, 수영복과 묶어 팔 때가 따로 팔 때보다 이득이 더 생기는 품목과 해당 상품을 수영복과 묶어 팔 때 얻을 수 있는 최대 수입은?

구 분	최대지불용의금액		
	수영복	수영모자	샌들
고객 (ㄱ)	400	250	150
고객 (ㄴ)	600	300	100

① 수영모자, 1,300
② 수영모자, 1,400
③ 샌들, 1,000
④ 샌들, 1,100
⑤ 샌들, 1,200

해설

Tip. 두 소비자의 두 재화에 대한 수요 사이에 음(-)의 상관관계가 존재할 때 묶어팔기를 통해 기업의 총수입 및 이윤을 증가시킬 수 있다.

ⅰ) 묶어팔기를 통해 기업의 총수입 및 이윤을 증가시키려면 두 소비자의 두 재화에 대한 수요 사이에 음(-)의 상관관계가 존재해야 한다. 즉, 주어진 표에서 수영복에 대한 최대지불용의가격은 고객 (ㄴ)이 고객 (ㄱ)보다 높으므로 묶어팔기를 통해 판매수입이 증가하려면 다른 재화에 대한 최대지불용의가격은 고객 (ㄱ)이 고객 (ㄴ)보다 높아야 한다. 따라서 수영복과 샌들을 묶어 팔 때 의류 판매업자는 더 큰 이득을 얻을 수 있다.

ⅱ) 수영복과 샌들을 개별판매하면 의류 판매업자는 수영복의 가격을 400, 샌들의 가격을 100으로 설정할 것이므로 판매수입은 $1000(=800+200)$이다.

ⅲ) 수영복과 샌들을 묶어 팔면 수영복과 샌들 묶음에 대한 고객 (ㄱ)의 최대지불용의가격은 550, 고객 (ㄴ)의 최대지불용의가격은 700이므로 의류 판매업자는 묶음의 가격을 550으로 설정할 것이다. 따라서 묶어팔기를 할 때의 판매수입은 1,100이 된다.

02. ① 03. ④

61 다공장독점

다공장독점

1. **다공장독점**
   - 독점기업이 2개 이상의 공장을 가동하여 재화를 생산하는 것
   - 과점시장에서의 카르텔(cartel)과 구조가 동일함

2. **다공장독점기업의 이윤극대화 조건**

$$MR = MC_1 = MC_2$$

3. **그림을 통한 이해**

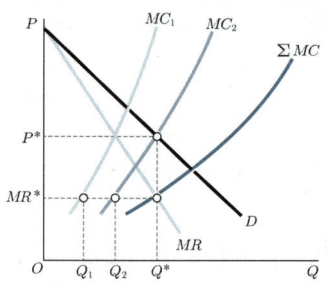

   - 다공장독점기업은 각 공장의 MC곡선을 수평합한 기업전체의 MC곡선과 MR곡선이 일치하는 점에서 기업전체의 생산량과 가격을 결정함
   - 각 공장의 MC가 같아지도록 각 공장에 생산량을 배분함

4. **불균형의 조정**
   - $MC_1 > MC_2$: 제1공장 생산량 감소, 제2공장 생산량 증가 → 이윤 증가(비용 감소)
   - $MC_1 < MC_2$: 제2공장 생산량 감소, 제1공장 생산량 증가 → 이윤 증가(비용 감소)

01

[2018 | 공인회계사] 상 중 하

한 기업이 Y재를 공장 1, 2에서 생산한다. 두 공장의 비용함수는
$$c_1(y_1) = 5y_1^2 + 50, \ c_2(y_2) = 10y_2^2 + 10$$
이다. 이 기업이 최소의 비용으로 Y재 60단위를 생산한다면 공장 1의 생산량은? (단, y_i는 공장 i의 Y재 생산량이다. $i = 1, 2$)

① 50　　　　　② 40　　　　　③ 30
④ 20　　　　　⑤ 10

Tip. 다공장독점기업의 이윤극대화 조건은 $MR = MC_1 = MC_2$이다.

ⅰ) 다공장독점기업의 이윤극대화 조건은 $MR = MC_1 = MC_2$이다. 공장 1의 한계비용이 $MC_1 = 10y_1$, 공장 2의 한계비용이 $MC_2 = 20y_2$이므로 다음의 식이 성립한다.
- $MC_1 = MC_2 \to 10y_1 = 20y_2 \ \therefore \ y_1 = 2y_2 \ \cdots$ ①

ⅱ) 기업전체의 Y재 생산량이 60단위이므로 $y_1 + y_2 = 60$이다.
- $y_1 + y_2 = 60 \ \cdots$ ②

ⅲ) 식 ①과 ②를 연립해서 풀면 $y_1 = 40$, $y_2 = 20$으로 계산된다.

02

[2014 | 서울시 7급] 상 중 하

어떤 경쟁적 기업이 두 개의 공장을 가지고 있다. 각 공장의 비용함수는 $C_1 = 2Q + Q^2$, $C_2 = 3Q^2$이다. 생산물의 가격이 12일 때 이윤극대화 총생산량은 얼마인가?

① 3　　　　　② 5　　　　　③ 7
④ 10　　　　　⑤ 12

Tip. 다공장경쟁기업의 이윤극대화 조건은 $P = MC_1 = MC_2$이다.

ⅰ) 두 개의 공장을 가동하여 재화를 생산하는 완전경쟁기업은 가격과 한계비용이 일치하면서, 각 공장의 한계비용이 동일할 때 이윤극대화가 달성된다. 그러므로 다공장경쟁기업의 이윤극대화 조건은 $P = MC_1 = MC_2$이다.

ⅱ) 각 공장의 총비용함수를 Q에 대해 미분하면 각 공장의 한계비용은 $MC_1 = 2 + 2Q_1$, $MC_2 = 6Q_2$이다.

ⅲ) 재화가격이 $P = 12$이므로 이윤극대화 조건 $P = MC_1 = MC_2$에 의해 각 공장의 생산량은 $Q_1 = 5$, $Q_2 = 2$로 계산된다.
- $P = MC_1 \to 12 = 2 + 2Q_1 \ \therefore \ Q_1 = 5$
- $P = MC_2 \to 12 = 6Q_2 \ \therefore \ Q_2 = 2$

ⅳ) $Q_1 = 5$, $Q_2 = 2$이므로 기업의 총생산량은 $Q = Q_1 + Q_2 = 7$이 된다.

정답 01. ② 02. ③

03

[2010 | 공인회계사]

A기업이 직면하는 수요함수는 $P = 10,000 - Q$이다. 이 기업의 제1공장 비용함수는 $TC_1 = Q_1^2$이었는데, 최근에 최신 생산시설을 갖춘 제2공장을 신설하였다. 제2공장에서의 비용함수는 $TC_2 = \frac{1}{2}Q_2^2$이다. 이 경우 각 공장에서의 이윤극대화 생산량은? (단, P는 가격, Q는 시장수요, Q_i는 i공장에서의 생산량, $i = 1, 2$)

① $Q_1 = 1,250$, $Q_2 = 2,500$
② $Q_1 = 1,500$, $Q_2 = 2,250$
③ $Q_1 = 1,000$, $Q_2 = 2,750$
④ $Q_1 = 750$, $Q_2 = 2,500$
⑤ $Q_1 = 0$, $Q_2 = \frac{10,000}{3}$

해설

풀이 1)
i) 다공장독점기업의 이윤극대화 조건은 $MR = MC_1 = MC_2$이다.
ii) 수요함수가 $P = 10,000 - Q$이므로 한계수입은 $MR = 10,000 - 2Q$이고, 각 공장의 총비용함수를 Q에 대해 미분하면 각 공장의 한계비용은 $MC_1 = 2Q_1$, $MC_2 = Q_2$이다.
iii) 기업전체의 생산량이 $Q = Q_1 + Q_2$이므로 이윤극대화 조건 $MR = MC_1 = MC_2$에 의해 다음의 식이 성립한다.
- $MR = MC_1 \rightarrow 10,000 - 2(Q_1 + Q_2) = 2Q_1$ ∴ $2Q_1 + Q_2 = 5,000$ … ①
- $MR = MC_2 \rightarrow 10,000 - 2(Q_1 + Q_2) = Q_2$ ∴ $2Q_1 + 3Q_2 = 10,000$ … ②

iv) 식 ①과 ②를 연립해서 풀면 $Q_1 = 1,250$, $Q_2 = 2,500$으로 계산된다.

풀이 2)
다공장독점기업은 이윤극대화를 위해 기업전체의 한계비용과 한계수입이 일치하도록 기업전체의 생산량과 가격을 결정한 다음, 각 공장의 한계비용이 같아지도록 각 공장에 생산량을 배분한다.
i) 기업전체의 이윤극대화 조건 $MR = MC$에서 한계수입은 $MR = 10,000 - 2Q$이다.
ii) 기업전체의 한계비용곡선은 각 공장에서의 한계비용곡선을 수평합하여 구할 수 있다. 각 공장의 한계비용함수를 Q에 대해 정리하면 $Q_1 = \frac{1}{2}MC_1$, $Q_2 = MC_2$이므로 기업전체의 한계비용함수는 $Q = \frac{3}{2}MC \rightarrow MC = \frac{2}{3}Q$이다.
iii) 이윤극대화 조건 $MR = MC$에 의해 기업전체의 생산량은 $Q = 3,750$이 된다. $Q = 3,750$을 한계수입함수에 대입하면 $MR = 2,500$이다.
- $MR = MC \rightarrow 10,000 - 2Q = \frac{2}{3}Q \rightarrow \frac{8}{3}Q = 10,000$ ∴ $Q = 3,750$

iv) 이제, $MR = 2,500$을 다공장독점기업의 이윤극대화 조건 $MR = MC_1 = MC_2$에 대입하면 $Q_1 = 1,250$, $Q_2 = 2,500$으로 계산된다.
- $MR = MC_1 \rightarrow 2,500 = 2Q_1$ ∴ $Q_1 = 1,250$
- $MR = MC_2 \rightarrow 2,500 = Q_2$ ∴ $Q_2 = 2,500$

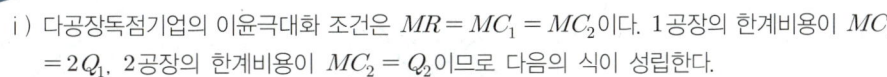

04

[2012 | 공인회계사] 상 중 하

한 기업이 두 개의 공장을 운영하여 하나의 시장에 공급하고 있다. 1공장과 2공장의 비용함수가 각각 $TC_1 = Q_1^2$, $TC_2 = 0.5Q_2^2$인 경우 이 기업의 비용함수에 대한 설명 중 옳은 것은? (여기에서 TC_i와 Q_i는 각각 i공장의 총비용과 생산량이고 $Q(=Q_1+Q_2)$는 기업의 생산량이다.)

① 1공장은 2공장에 비해 비효율적이므로 공장을 폐쇄한다.
② 100단위를 생산하는 데 필요한 비용은 4,500이다.
③ 1공장의 생산량은 2공장 생산량의 $\frac{1}{2}$ 수준에서 결정된다.
④ 일정 생산량 수준 이하에서는 2공장만 운영하다가 그 이상에서는 1공장도 가동한다.
⑤ 이 기업의 비용함수는 $0.3Q^2$이다.

해설

i) 다공장독점기업의 이윤극대화 조건은 $MR = MC_1 = MC_2$이다. 1공장의 한계비용이 $MC_1 = 2Q_1$, 2공장의 한계비용이 $MC_2 = Q_2$이므로 다음의 식이 성립한다.

- $MC_1 = MC_2 \rightarrow 2Q_1 = Q_2$ ∴ $Q_1 = \frac{1}{2}Q_2$ ⋯ ①

ii) 기업전체의 생산량은 $Q = Q_1 + Q_2$이다.
- $Q = Q_1 + Q_2$ ⋯ ②

iii) 식 ①과 ②를 연립해서 풀면 $Q_1 = \frac{1}{3}Q$, $Q_2 = \frac{2}{3}Q$로 계산된다.

①, ④ |×|, ③ |○| 이윤극대화 조건에 의해 $Q_1 = \frac{1}{2}Q_2$이 되므로 모든 생산량 수준에서 1공장의 생산량은 2공장 생산량의 $\frac{1}{2}$ 수준에서 결정된다.

②, ⑤ |×| 1공장과 2공장의 생산량이 각각 $Q_1 = \frac{1}{3}Q$, $Q_2 = \frac{2}{3}Q$이므로 이 기업의 비용함수는 $TC = TC_1 + TC_2 = \left(\frac{1}{3}Q\right)^2 + \frac{1}{2}\left(\frac{2}{3}Q\right)^2 = \frac{1}{9}Q^2 + \frac{2}{9}Q^2 = \frac{1}{3}Q^2$이다. 따라서 100단위의 재화를 생산하는 데 필요한 총비용은 $TC = \frac{1}{3} \times 100^2 = \frac{10,000}{3}$이 된다.

정답 03. ① 04. ③

62 독점의 규제

독점의 규제

1. 가격규제 … 일종의 최고가격제(가격상한제)
- 최고가격(가격상한)을 설정하여 그보다 높은 가격으로 판매하는 것을 금지하는 방식
- 생산량 증가, 가격 하락 → 자원배분의 효율성 개선
- 적자 발생, 재화의 품질 저하의 가능성

2. 조세규제

구 분	종량세	정액세(이윤세)
개 념	• 생산량 1단위당 일정액의 조세부과 • 기업은 가변비용의 증가로 인식	• 생산량에 관계없이 일정액의 조세부과 • 기업은 고정비용의 증가로 인식
비 용	• AC 증가 • MC 증가	• AC 증가 • MC 불변
가격과 생산량	• 가격 상승 • 생산량 감소	• 가격 불변 • 생산량 불변
특 징	• 자원배분의 비효율성 더욱 악화 • 조세수입을 재분배한다면 소득분배 측면에서는 긍정적 • 독점기업의 이윤 감소(조세전가 ○)	• 자원배분의 비효율성 불변 • 소득분배 측면에서는 어느 정도 긍정적 • 독점기업의 이윤 감소(조세전가 ×)
그 림	조세부과 시 이윤극대화 조건 $$MR = MC + T$$	조세부과 시 이윤극대화 조건 $$MR = MC$$

▶ 단위당 $t\%$의 종가세 부과 시(=매출액의 $t\%$의 조세부과 시) 이윤극대화 조건

$$(1-t)MR = MC$$

종량세 부과의 특수한 경우

구 분	내 용
수요곡선이 우하향의 직선이고 한계비용이 일정한 경우	• 가격 변화분 : $\Delta P = \frac{1}{2}T$ → 단위당 조세액(T)의 절반만큼 소비자에게 전가됨
수요의 가격탄력성이 1보다 크면서 일정하고 한계비용도 일정한 경우	• 세전 가격 : $P = \dfrac{MC}{1 - \dfrac{1}{\varepsilon}}$ • 세후 가격 : $P_T = \dfrac{MC + T}{1 - \dfrac{1}{\varepsilon}}$ • 가격 변화분 : $\Delta P = \left(\dfrac{1}{1 - \dfrac{1}{\varepsilon}} \right) T$ → 단위당 조세액(T)의 100% 이상 소비자에게 전가됨

▶ 독점기업이라 하더라도 항상 조세부담을 전부 소비자에게 전가할 수는 없음

[2018 | 보험계리사]

이윤극대화를 하는 A 기업에 조세를 부과할 때 이에 관한 설명으로 옳은 것을 모두 고르면? (단, A 기업이 당면한 수요곡선은 우하향하는 직선이며, 한계비용곡선은 우상향하는 직선)

> 가. 정액세(lump-sum tax)를 부과하면 한계비용이 상승하고 생산량이 감소
> 나. 정액세를 부과하면 평균가변비용이 상승하고 생산량이 감소
> 다. 물품세(excise tax)를 부과하면 한계비용이 상승하여 생산량이 감소하고 가격이 상승
> 라. 물품세를 부과하면 평균비용곡선이 상향 이동

① 가, 나
② 가, 다
③ 나, 다
④ 다, 라

가, 나. |×| 정액세(lump-sum tax)가 부과되면, 기업은 이를 고정비용의 증가로 인식한다. 따라서 정액세가 부과되더라도 한계비용과 평균가변비용은 변화가 없고, 그에 따라 기업의 생산량과 가격도 최초 수준에서 불변이다.

다, 라. |○| 물품세(excise tax)가 부과되면, 기업은 이를 가변비용의 증가로 인식한다. 따라서 물품세가 부과되면 한계비용과 평균비용이 모두 증가하고, 그에 따라 기업의 생산량은 감소하고 가격은 상승한다.

정답 01. ④

> **ReCheck** 독점의 규제 … 조세규제

구 분	가격 변화	생산량 변화	조세부과 시 이윤극대화 조건
종량세	상 승	감 소	$MR = MC + T$
정액세(이윤세)	불 변	불 변	$MR = MC$
종가세	상 승	감 소	$(1-t)MR = MC$

[2012 | 국회직 8급] 상 중 하

02

정부가 독점기업에 세금을 부과하여 독점이윤을 환수하려고 할 때 나타날 수 있는 현상에 대한 다음 설명 중 옳은 것은?

① 독점이윤에 대해 30%의 세금을 부과하면 생산량이 줄고 가격이 올라간다.
② 생산량 1단위당 100원씩 세금을 부과하면 생산량과 가격은 변하지 않는다.
③ 독점기업의 매출액에 10%의 세금을 부과하면 생산량과 가격은 변하지 않는다.
④ 독점이윤에 10%의 세금을 부과하면 독점기업은 세금부담을 모두 소비자에게 떠넘긴다.
⑤ 독점기업에 정해진 일정 금액을 세금(lump-sum tax)으로 부과해도 생산량과 가격은 변하지 않는다.

해설

①, ④ |×| 기업은 경제적 이윤에 대해 부과되는 이윤세를 고정비용의 증가로 인식한다. 따라서 이윤세가 부과되더라도 가변비용인 한계비용은 변화가 없고, 그에 따라 기업의 생산량과 가격도 최초 수준에서 불변이다. 조세부과 후 가격이 불변이므로 이윤세는 소비자에게 전혀 전가되지 않고 전부 생산자에게 귀착된다.
② |×| 생산량 1단위당 일정액(T원)의 종량세가 부과되면, 기업은 이를 가변비용의 증가로 인식하므로 한계비용이 증가한다. 따라서 기업의 생산량은 감소하고 가격은 상승한다.
③ |×| 매출액의 일정 비율(t%)에 해당하는 조세가 부과되면 기업의 매출액($TR = P \times Q$)이 t% 감소하므로, 이는 가격의 t%만큼 종가세가 부과되는 것과 동일하다. 따라서 종량세가 부과될 때와 같이 기업의 생산량은 감소하고 가격은 상승한다.
⑤ |○| 기업은 일정액의 정액세(lump-sum tax)를 고정비용의 증가로 인식한다. 따라서 정액세가 부과되더라도 가변비용인 한계비용은 변화가 없고, 그에 따라 기업의 생산량과 가격도 최초 수준에서 불변이다.

03 [2015 | 감정평가사] 상 중 하

독점기업 甲의 시장수요함수는 $P = 1,200 - Q_D$이고, 총비용함수는 $C = Q^2$이다. 정부가 甲기업에게 제품 한 단위당 200원의 세금을 부과할 때, 甲기업의 이윤극대화 생산량은? (단, P는 가격, Q는 생산량, Q_D는 수요량이다.)

① 200　　　　　② 250　　　　　③ 300
④ 350　　　　　⑤ 400

 Tip. 종량세 부과 시 이윤극대화 조건은 $MR = MC + T$이다.

ⅰ) 수요함수가 $P = 1,200 - Q$이므로 한계수입은 $MR = 1,200 - 2Q$이다.
ⅱ) 총비용함수 $TC = Q^2$을 Q에 대해 미분하면 한계비용은 $MC = 2Q$이다. 그런데 정부가 독점기업에게 단위당 200원의 조세(종량세)를 부과하면 한계비용이 200원 상승하므로 조세부과 후의 한계비용은 $MC + T = 2Q + 200$이 된다.
ⅲ) 종량세 부과 시 이윤극대화 조건 $MR = MC + T$에 의해 이윤극대화 생산량은 $Q_T = 250$으로 계산된다.
- $MR = MC + T \to 1,200 - 2Q = 2Q + 200 \to 4Q = 1,000 \therefore Q_T = 250$

04 [2018 | 서울시 7급] 상 중 하

독점기업이 당면하고 있는 시장수요곡선은 $P = 12 - \frac{1}{2}Q$이고, 한계비용은 항상 2로 일정하다. 이 시장에 정부가 개당 2의 종량세(quantity tax)를 부과할 때 추가적으로 발생하는 자중손실(deadweight loss)은?

① 11　　　　　② 12
③ 14　　　　　④ 15

ⅰ) 수요함수가 $P = 12 - \frac{1}{2}Q$이므로 한계수입은 $MR = 12 - Q$이고, 한계비용은 $MC = 2$이다.
ⅱ) 조세부과 전 독점기업의 이윤극대화 생산량은 $MR = MC$인 점에서 결정된다. 한계수입이 $MR = 12 - Q$이고, 한계비용이 $MC = 2$이므로 이윤극대화 생산량은 $Q = 10$이고, $Q = 10$을 수요함수에 대입하면 이윤극대화 가격은 $P = 7$로 계산된다.
- $MR = MC \to 12 - Q = 2 \therefore Q = 10$
조세부과 전 후생손실(자중손실)의 크기는 아래 그림에서 ΔB의 면적이므로 25이다.
- 조세부과 전 후생손실 : ΔB의 면적 $= \frac{1}{2} \times 5 \times 10 = 25$

🔍 수요곡선이 우하향의 직선이고 한계비용이 일정한 경우 독점기업의 생산량은 완전경쟁 생산량의 $\frac{1}{2}$이다. $P = MC$에 의해 완전경쟁 생산량은 $Q_c = 20$이 되므로 독점기업의 생산량은 $Q_m = 10$이다.

정답　02. ⑤　03. ②　04. ①

iii) 정부가 독점기업에게 단위당 2의 조세(종량세)를 부과하면 한계비용이 2만큼 상승하므로 조세부과 후의 한계비용은 $MC + T = 4$가 된다. 종량세 부과 시 이윤극대화 조건 $MR = MC + T$에 의해 이윤극대화 생산량은 $Q_T = 8$이 되고, $Q_T = 8$을 수요함수에 대입하면 이윤극대화 가격은 $P_T = 8$로 계산된다.

- $MR = MC + T \rightarrow 12 - Q = 4$ ∴ $Q_T = 8$

조세부과 후 후생손실(자중손실)의 크기는 아래 그림에서 $\Delta(A+B)$의 면적이므로 36이다.

- 조세부과 후 후생손실 : $\Delta(A+B)$의 면적 $= \frac{1}{2} \times 6 \times 12 = 36$

iv) 따라서 정부가 독점기업에게 단위당 2의 종량세를 부과하면 □A의 면적에 해당하는 11만큼 추가적인 후생손실이 발생한다.

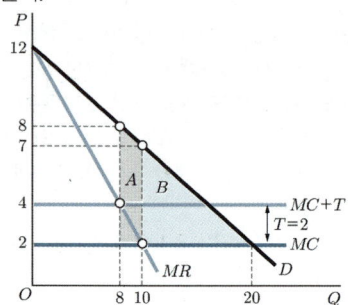

05 | 2005 | 세무사 | 상 중 하

이윤극대화를 추구하는 독점기업이 생산하는 재화 X에 대하여 수요곡선과 한계비용곡선이 다음과 같다고 하자. 재화 X에 단위당 30원의 종량세 형태의 물품세를 부과할 경우 소비자가격은 어느 정도 상승하는가?

> 수요곡선 : $P = 200 - 3Q$
> 한계비용곡선 : $MC = 30$
> (단, P는 X재의 가격, Q는 수량, MC는 한계비용을 의미한다.)

① 10원 ② 15원
③ 20원 ④ 30원
⑤ 50원

Tip. 수요곡선이 우하향의 직선이고 한계비용이 일정할 때 가격 변화분은 $\Delta P = \frac{1}{2}T$이다.

수요곡선이 우하향의 직선이고 한계비용이 일정한 경우 단위당 T원의 종량세가 부과되면 T원의 절반만큼이 소비자에게 전가된다. 따라서 소비자가격은 30원의 절반인 15원 상승한다.

06 〔 2010 | 공인회계사 〕 상 중 하

독점시장에서 거래되는 어떤 상품에 대한 시장수요함수(Q_D)와 독점기업의 단기총비용함수(TC)가 다음과 같은 식으로 표시된다고 하자. (단, Q_D는 수요량, Q_S는 생산량, P는 가격)

> 시장수요함수 : $Q_D = 220 - P$
> 단기총비용함수 : $TC = 100 Q_S + 50$

정부가 이 상품의 출고 시 한계비용의 10%에 해당하는 부가가치세를 부과할 경우 나타나는 현상으로 옳은 것은?

① 과세 후 독점기업의 이윤극대화 생산량은 10만큼 감소할 것이다.
② 이 상품으로부터 징수되는 부가가치세 총수입은 600이 될 것이다.
③ 생산자와 소비자는 세금을 단위당 5씩 동일하게 분담할 것이다.
④ 과세 후 소비자잉여는 25만큼 감소할 것이다.
⑤ 과세 후 독점기업의 이윤은 550만큼 감소할 것이다.

해설

i) 수요함수가 $P = 220 - Q$이므로 한계수입은 $MR = 220 - 2Q$이고, 총비용함수 $TC = 100Q + 50$을 Q에 대해 미분하면 한계비용은 $MC = 100$이다.

ii) 조세부과 전 독점기업의 이윤극대화 생산량은 $MR = MC$인 점에서 결정된다. 한계수입이 $MR = 220 - 2Q$이고, 한계비용이 $MC = 100$이므로 이윤극대화 생산량은 $Q = 60$이고, $Q = 60$을 수요함수에 대입하면 이윤극대화 가격은 $P = 160$으로 계산된다.

- $MR = MC \rightarrow 220 - 2Q = 100$ ∴ $Q = 60$

총수입이 $TR = P \times Q = 160 \times 60 = 9,600$이고, 총비용이 $TC = 100Q + 5 = (100 \times 60) + 5 = 6,050$이므로 조세부과 전 이윤은 $\pi = TR - TC = 9,600 - 6,050 = 3,550$이 된다.

iii) 한계비용이 $MC = 100$으로 일정하므로 한계비용의 10%에 해당하는 조세를 부과하는 것은 단위당 10의 종량세를 부과하는 것과 동일하다. 정부가 독점기업에게 단위당 10의 조세를 부과하면 한계비용이 10만큼 상승하므로 조세부과 후의 한계비용은 $MC + T = 110$이 된다. 종량세 부과 시 이윤극대화 조건 $MR = MC + T$에 의해 이윤극대화 생산량은 $Q_T = 55$가 되고, $Q_T = 55$를 수요함수에 대입하면 이윤극대화 가격은 $P_T = 165$로 계산된다.

- $MR = MC + T \rightarrow 220 - 2Q = 110$ ∴ $Q_T = 55$

총수입이 $TR_T = 165 \times 55 = 9,075$이고, 총비용이 $TC_T = (100 \times 55) + 50 = 5,550$이나 $550(= 10 \times 55)$의 조세를 납부해야 하므로 조세부과 후 이윤은 $\pi_T = 9,075 - 5,550 - 550 = 2,975$가 된다.

① |×| 조세부과 후 독점기업의 이윤극대화 생산량은 $Q = 60$에서 $Q_T = 55$로 5단위 감소한다.
② |×| 조세부과에 따른 정부의 조세수입은 $T \times Q_T = 10 \times 55 = 550$이다.
③ |○| 단위당 10의 조세부과 후 소비자가격이 $P = 160$에서 $P_T = 165$로 5만큼 상승하였으므로 단위당 조세액 중 5만큼은 소비자에게 전가되고, 나머지 5만큼은 독점기업이 부담한다.

 수요곡선이 우하향의 직선이고 한계비용이 일정한 경우 단위당 T원의 종량세가 부과되면 T원의 절반만큼이 소비자에게 전가된다.

정답 05. ② 06. ③

④ |×| 조세부과 전후의 소비자잉여의 크기는 다음과 같다.
- 조세부과 전 소비자잉여 : $\Delta(A+B+C)$의 면적 $= \frac{1}{2} \times 60 \times 60 = 1,800$
- 조세부과 후 소비자잉여 : ΔA의 면적 $= \frac{1}{2} \times 55 \times 55 = 1,512.5$

따라서 조세부과 후 소비자잉여는 □$(B+C)$의 면적에 해당하는 287.5만큼 감소한다.

⑤ |×| 조세부과 후 독점기업의 이윤은 $575(=3,550-2,975)$만큼 감소한다.

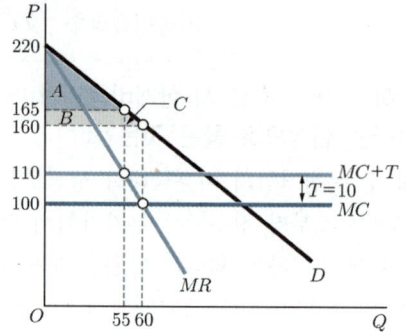

07

[2004 | 세무사] 상 중 하

어떤 독점기업이 직면하고 있는 수요곡선은 다음과 같이 주어져 있다.

$$X = P^{-2}$$ 〔단, X는 수량(개), P는 가격(원)〕

이 기업의 한계비용은 50원으로 일정하다. 이 독점기업의 제품에 단위당 10원의 세금이 부과된다면 재화의 가격은 얼마나 오르게 될까?

① 10원 ② 20원
③ 30원 ④ 40원
⑤ 50원

해설

Tip. 수요의 가격탄력성이 1보다 크면서 일정하고 한계비용도 일정할 때 가격 변화분은 $\Delta P = \left(\dfrac{1}{1 - \dfrac{1}{\varepsilon}} \right) T$이다.

수요의 가격탄력성이 1보다 크면서 일정하고 한계비용도 일정한 경우 단위당 T원의 종량세가 부과되면 T원의 100% 이상이 소비자에게 전가된다. 따라서 수요의 가격탄력성이 2로 일정하고 한계비용도 50원으로 일정할 때 단위당 10원의 종량세가 부과되면 가격은 10원의 2배인 20원 상승한다.

🔍 수요함수가 지수함수 형태($Q = AP^{-\alpha}$)로 주어질 때 수요의 가격탄력성이 지수값(α)으로 항상 일정하다.

- 세전 가격 : $P = \dfrac{MC}{1 - \dfrac{1}{\varepsilon}} = \dfrac{50}{1 - \dfrac{1}{2}} = 100$

- 세후 가격 : $P_T = \dfrac{MC + T}{1 - \dfrac{1}{\varepsilon}} = \dfrac{50 + 10}{1 - \dfrac{1}{2}} = 120$

- 가격 변화분 : $\Delta P = \dfrac{T}{1 - \dfrac{1}{\varepsilon}} = \dfrac{10}{1 - \dfrac{1}{2}} = 20$

08 [2011 | 세무사]

이윤극대화를 추구하는 어떤 독점기업의 비용함수는 $C = 16 + Q^2$이고, 수요함수는 $P = 20 - Q$이다(단, Q : 수요량, P : 가격). 정부가 재화 한 단위당 4원씩의 조세를 이 기업 또는 소비자에게 부과한다고 가정할 때, 옳은 것을 모두 고른 것은?

> ㄱ. 조세가 부과되기 전, 독점기업은 재화 한 단위당 15원의 가격에 5단위를 판매한다.
> ㄴ. 조세가 독점기업에 부과되는 경우, 이 기업은 재화 한 단위당 16원의 가격에 4단위를 판매하므로 조세의 $\dfrac{3}{4}$을 부담한다.
> ㄷ. 조세가 소비자에게 부과되는 경우, 소비자는 재화 한 단위당 12원의 가격에 4단위를 구매한다.
> ㄹ. 조세가 독점기업에 부과될 때, 소비자는 자신에게 부과되는 경우에 비해 부담을 덜 지게 된다.

① ㄱ, ㄴ
② ㄷ, ㄹ
③ ㄱ, ㄴ, ㄷ
④ ㄴ, ㄷ, ㄹ
⑤ ㄱ, ㄴ, ㄷ, ㄹ

해설

ⅰ) 수요함수가 $P = 20 - Q$이므로 한계수입은 $MR = 20 - 2Q$이고, 총비용함수 $TC = 16 + Q^2$을 Q에 대해 미분하면 한계비용은 $MC = 2Q$이다.

ⅱ) 조세부과 전 독점기업의 이윤극대화 생산량은 $MR = MC$인 점에서 결정된다. 한계수입이 $MR = 20 - 2Q$이고, 한계비용이 $MC = 2Q$이므로 이윤극대화 생산량은 $Q = 5$이고, $Q = 5$를 수요함수에 대입하면 이윤극대화 가격은 $P = 15$로 계산된다.
- $MR = MC \rightarrow 20 - 2Q = 2Q \therefore Q = 5$

ⅲ) 정부가 독점기업에게 단위당 4원의 조세(종량세)를 부과하면 한계비용이 4원만큼 상승하므로 조세부과 후의 한계비용은 $MC + T = 2Q + 4$가 된다. 종량세 부과 시 이윤극대화 조건 $MR = MC + T$에 의해 이윤극대화 생산량은 $Q_T = 4$가 되고, $Q_T = 4$를 수요함수에 대입하면 이윤극대화 가격은 $P_T = 16$으로 계산된다.
- $MR = MC + T \rightarrow 20 - 2Q = 2Q + 4 \therefore Q_T = 4$

정답 07. ② 08. ①

ㄱ. |O| 조세부과 전 독점기업의 이윤극대화 가격과 생산량은 각각 $P=15$, $Q=5$이다.

ㄴ. |O| 조세부과 후 독점기업의 이윤극대화 가격과 생산량은 각각 $P_T=16$, $Q_T=4$이다. 단위당 4원의 조세부과 후 소비자가격이 1원 상승하였으므로 단위당 조세액의 $\frac{1}{4}$은 소비자에게 전가되고, 나머지 $\frac{3}{4}$에 해당하는 3원은 독점기업이 부담한다.

ㄷ. ㄹ. |X| 조세를 생산자에게 부과하든, 소비자에게 부과하든 경제적 효과는 동일하다.

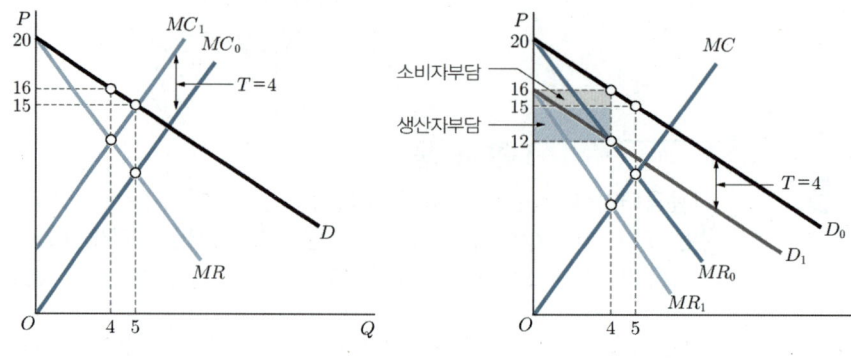

63 자연독점

자연독점

1. 개념 및 발생원인
- 규모의 경제라는 산업의 특수성이 다른 기업의 시장진입을 막아 자연스럽게 형성된 독점시장
- 전기, 전화, 수도, 철도산업과 같이 초기에는 막대한 설비투자비용(고정비용)이 발생하나, 추가적으로 드는 비용(가변비용)이 작아 생산량이 증가함에 따라 평균비용이 하락하는 경우 발생

2. 자연독점의 가격규제

구 분	한계비용가격설정(MC-pricing)	평균비용가격설정(AC-pricing)
가격 설정	• $P = MC$인 점에서 가격 설정 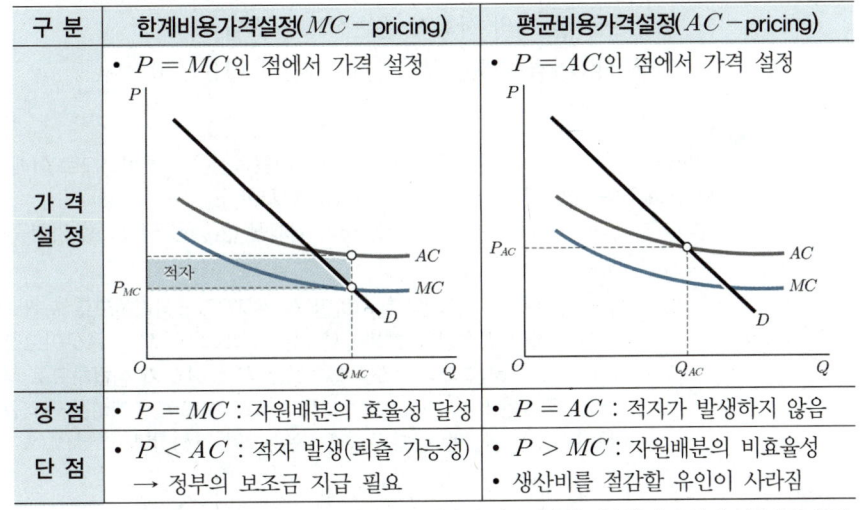	• $P = AC$인 점에서 가격 설정
장점	• $P = MC$: 자원배분의 효율성 달성	• $P = AC$: 적자가 발생하지 않음
단점	• $P < AC$: 적자 발생(퇴출 가능성) → 정부의 보조금 지급 필요	• $P > MC$: 자원배분의 비효율성 • 생산비를 절감할 유인이 사라짐

▶ 자연독점은 경쟁체제를 만들기 위해 기업을 분할하면 평균비용이 상승하여 오히려 비효율적이 됨

| 2016 | 공인회계사 | 상 중 하 |

대표유형 01

모든 생산량에서 평균비용이 감소하는 재화를 공급하는 자연독점기업이 있다. 정부는 이 재화의 가격에 대해서 한계비용 가격규제와 평균비용 가격규제를 고려하고 있다. 다음 설명 중 옳은 것은?

① 한계비용 가격규제를 실시할 때의 거래량은 평균비용 가격규제를 실시할 때의 거래량보다 적다.
② 한계비용 가격규제를 실시하면, 사회적 순손실이 발생하고 그 크기는 완전경쟁의 경우보다 크다.
③ 한계비용 가격규제를 실시하면, 독점의 이윤이 발생하고 이 이윤의 크기는 가격규제를 하지 않을 때보다 크다.
④ 평균비용 가격규제를 실시하면, 사회적 순손실이 발생하고 그 크기는 한계비용 가격규제를 할 때의 사회적 순손실보다 작다.
⑤ 평균비용 가격규제를 실시하면, 기업의 이윤은 0이다.

해설

규모의 경제가 발생하는 자연독점기업의 평균비용곡선은 우하향하므로 아래 그림에서 보는 것처럼 한계비용곡선이 평균비용곡선의 하방에 위치한다.

① |×| 한계비용 가격규제를 실시할 때의 거래량(Q_{MC})은 평균비용 가격규제를 실시할 때의 거래량(Q_{AC})보다 많다.
②, ③ |×| 한계비용 가격규제를 실시하면 $P = MC$가 성립하므로 자원배분의 효율성이 달성되고, 사회적 순손실이 발생하지 않는다. 그러나 $P < AC$이므로 적자가 발생한다.
④ |×|, ⑤ |○| 평균비용 가격규제를 실시하면 $P = AC$가 성립하므로 적자가 발생하지 않고 기업의 이윤은 0이 된다. 그러나 $P > MC$이므로 한계비용 가격규제를 실시할 때와는 다르게 과소 생산에 따른 사회적 순손실이 발생한다.

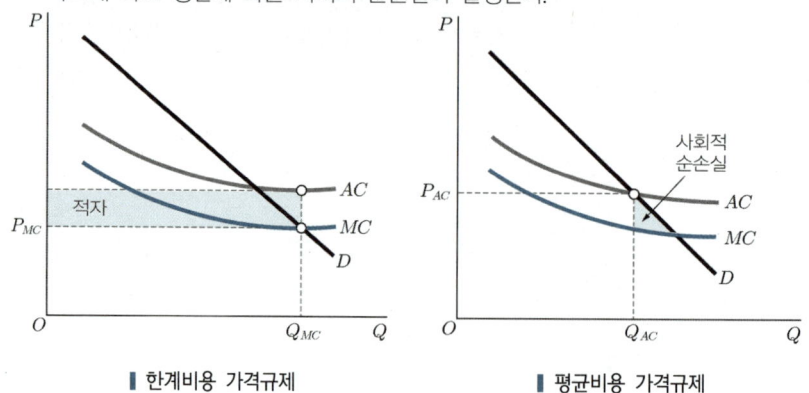

▮ 한계비용 가격규제   ▮ 평균비용 가격규제

02 甲국 정부는 독점기업 A로 하여금 이윤극대화보다는 완전경쟁시장에서와 같이 사회적으로 효율적인 수준에서 생산하도록 규제하려고 한다. 사회적으로 효율적인 생산량이 달성되는 조건은? (단, 수요곡선은 우하향, 기업의 한계비용곡선은 우상향한다.)

① 평균수입=한계비용　　② 평균수입=한계수입
③ 평균수입=평균생산　　④ 한계수입=한계비용
⑤ 한계수입=평균생산

해설 시장 형태와 관계없이 가격은 항상 평균수입과 일치하고($P = AR$), $P = MC$가 성립할 때 사회적으로 효율적인 생산이 이루어진다. 따라서 사회적으로 효율적인 생산량이 달성되는 조건은 $P = AR = MC$, 즉 '가격=평균수입=한계비용'이다.

03 아래 그림은 어떤 자연독점기업의 비용곡선과 수요곡선, 한계수입곡선을 나타낸 것이다. 정부의 개입이 없을 때 이 기업의 생산량과 제품가격을 나타내는 점은 어느 것인가? (단, ATC=평균총비용, MC=한계비용, D=수요곡선, MR=한계수입을 나타낸다.)

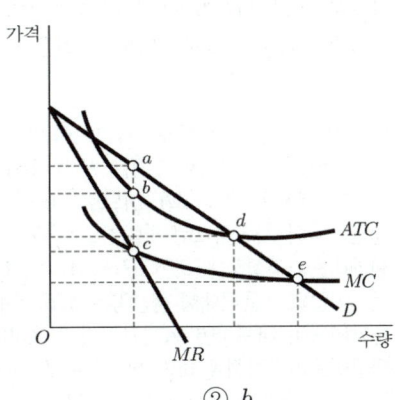

① a　　② b
③ c　　④ d
⑤ e

해설
ⅰ) 정부의 개입이 없다면 자연독점기업의 이윤극대화 생산량은 $MR = MC$인 점에서 결정된다. 위 그림에서 $MR = MC$를 만족하는 것은 c점이나, 이윤극대화 생산량과 가격을 나타내는 점은 수요곡선상의 a점이다.
ⅱ) 한편, 한계비용가격설정을 하면 $P = MC$를 만족하는 e점에서 생산량과 가격이 결정되고, 평균비용가격설정을 하면 $P = AC$를 만족하는 d점에서 생산량과 가격이 결정된다.

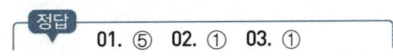

04 [2011 | 공인회계사] 상 중 하

아래 그림은 독점기업이 직면한 수요곡선(D), 한계수입곡선(MR), 한계비용곡선(MC) 및 평균비용곡선(AC)을 나타내고 있다. 이 그림에 대한 설명 중 옳지 않은 것은?

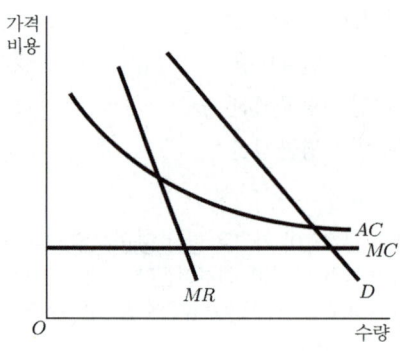

① 독점기업의 이윤을 극대화하기 위한 가격에서 자중손실이 발생한다.
② 독점기업의 생산에는 규모의 경제(economies of scale)가 작용한다.
③ 한계비용과 일치하는 가격을 책정하는 경우 독점기업에게 손실이 발생한다.
④ 이윤극대화 가격을 책정하는 독점기업은 기술혁신으로 한계비용이 하락하면 생산량을 증가시킨다.
⑤ 독점기업으로 하여금 평균비용과 일치하는 가격을 책정하도록 규제를 부과하면 균형생산량은 이윤극대화를 위한 가격을 책정할 때보다 작다.

위 그림은 규모의 경제가 발생하는 자연독점기업을 나타내고 있다.
① |○| 독점기업의 이윤극대화 조건은 $P > MR = MC$이다. 즉, 독점기업의 이윤극대화 생산량 수준에서는 $P > MC$이므로 자중손실이 발생한다.
② |○| 평균비용이 지속적으로 하락하므로 규모의 경제가 작용한다.
③ |○| 한계비용가격설정을 하면 $P < AC$이므로 손실(적자)이 발생한다.
④ |○| 독점기업의 이윤극대화 생산량은 $MR = MC$인 점에서 결정된다. 따라서 기술혁신으로 한계비용이 하락하면 독점기업의 이윤극대화 생산량은 증가한다.
⑤ |×| 평균비용가격설정을 하면 생산량은 $P = AC$인 점에서 결정된다. 따라서 이때의 생산량은 이윤극대화 생산량($MR = MC$)보다 많지만, 완전경쟁 생산량($P = MC$)보다는 적다.

05 [2009 | 지방직 7급]

어느 독점기업의 수요함수는 $Q = 130 - P$이고, 총비용함수는 $C = 10Q + Q^2$이다. 정부가 이 독점기업의 가격을 한계비용가격설정으로 규제하려고 한다. 한계비용규제가격과 독점가격은? (단, P는 가격, Q는 수요량이다.)

	한계비용규제가격	독점가격
①	90	100
②	80	90
③	70	90
④	70	100

해설

i) 정부가 한계비용가격설정을 하면 $P = MC$인 점에서 가격이 결정된다. 수요함수가 $P = 130 - Q$이고, 총비용함수 $TC = 10Q + Q^2$을 Q에 대해 미분하면 한계비용은 $MC = 10 + 2Q$이므로 $P = MC$에 의해 생산량은 $Q_{MC} = 40$이 된다. $Q_{MC} = 40$을 수요함수에 대입하면 한계비용규제가격은 $P_{MC} = 90$으로 계산된다.
 • $P = MC \rightarrow 130 - Q = 10 + 2Q$ ∴ $Q_{MC} = 40$

ii) 규제 이전 독점기업의 이윤극대화 생산량은 $MR = MC$인 점에서 결정된다. 수요함수가 $P = 130 - Q$이므로 한계수입은 $MR = 130 - 2Q$이고, 한계비용은 $MC = 10 + 2Q$이다. 이를 이윤극대화 조건 $MR = MC$에 대입하면 이윤극대화 생산량은 $Q = 30$이고, $Q = 30$을 수요함수에 대입하면 독점가격은 $P = 100$으로 계산된다.
 • $MR = MC \rightarrow 130 - 2Q = 10 + 2Q$ ∴ $Q = 30$

06 [2005 | 공인회계사]

자연독점에 대한 설명으로 가장 적절한 것은?
① 생산량이 증가할수록 자연독점기업의 평균비용은 증가한다.
② 자연독점기업이 부과할 가격을 한계비용과 일치하도록 규제한다면, 이 독점기업은 양(+)의 이윤을 얻고, 경제적 효율성을 달성한다.
③ 자연독점기업이 부과할 가격을 평균비용과 일치하도록 규제한다면, 이 독점기업의 이윤은 영이 되고, 자원배분의 비효율성이 초래된다.
④ 자연독점기업이란 생산에 필요한 자연자원을 독점하는 기업을 말한다.
⑤ 규제완화정책으로 자연독점시장에 여러 기업이 진입하여 서로 경쟁하도록 하면 개별기업의 평균비용은 하락하게 된다.

해설

한계비용가격설정을 하면 $P = MC$가 성립하므로 자원배분의 효율성이 달성되나, $P < AC$이므로 손실(적자)이 발생한다. 반면, 평균비용가격설정을 하면 $P = AC$가 성립하므로 적자가 발생하지 않고 기업의 이윤이 0이 되나, $P > MC$이므로 자원배분의 비효율성이 초래된다.

정답 04. ⑤ 05. ① 06. ③

CHAPTER 14 독점적 경쟁시장

64 독점적 경쟁시장

독점적 경쟁시장의 특징 및 단·장기균형

구 분	내 용

독점적 경쟁의 특징	• 다수의 수요자(소비자)와 공급자(생산자)
	  → 기업 간 상호의존성이 없음
	• 자유로운 진입과 퇴출 : 장기
	  → 장기에는 초과이윤이 0이 됨(정상이윤만 획득)
	• 제품차별화 : 재화의 이질성
	  → 제품차별화의 정도(독점력)가 클수록 수요곡선이 비탄력적이 됨
	  → 다소의 시장지배력 보유 : 우하향의 수요곡선(독점보다는 완만함)
	  → 밀접한 대체재의 존재 : 재화 간 높은 대체가능성
	• 비가격경쟁 : 광고, 판매서비스, 디자인 등
	  → 비가격경쟁은 과점이 가장 치열함

단기균형	• $P > MR = MC$ • 단기에는 손실이 발생할 수도 있음(초과이윤, 정상이윤, 손실이 모두 가능) • $P > MC$: 과소 생산에 따른 사회적 후생손실 발생 • 수요의 가격탄력성이 1보다 큰 구간($\varepsilon > 1$)에서 생산 • 공급곡선이 존재하지 않음 📄 독점적 경쟁의 단기균형의 특징은 독점의 경우와 거의 동일함 ![그래프: P_0, AC_0, Q_0에서의 단기균형을 보여주는 MC, AC, MR, D 곡선]

장기균형	• 독점적 경쟁기업의 장기균형 조건 $$P = AR = SAC = LAC > MR = SMC = LMC$$ • 개별기업은 장기에 정상이윤만 획득(초과이윤 = 0) • $P > MC$: 과소 생산에 따른 사회적 후생손실 발생 • 규모의 경제가 발생하는 구간(LAC곡선 최저점보다 좌측)에서 생산 • 초과설비 보유 : SAC곡선 최저점보다 좌측에서 생산 → 수요곡선이 탄력적이면 초과설비의 규모가 작아짐 • 공급곡선이 존재하지 않음 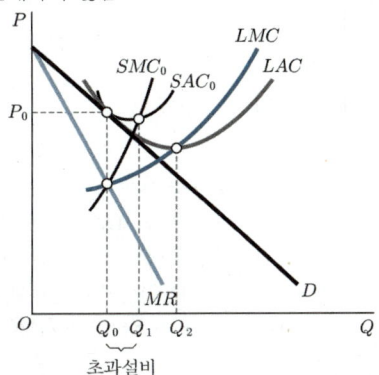

독점적 경쟁시장에 대한 평가

장 점	단 점
• 제품차별화 : 소비자의 다양한 기호 충족 • 진입장벽 → 자연독점화의 가능성 ×	• 자원배분의 비효율성($P > MC$) → 완전경쟁시장에 비해 $P\uparrow$, $Q\downarrow$ • 비가격경쟁, 초과설비 보유 → 자원낭비 • 기술혁신의 가능성 낮음

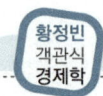

대표유형 01

[2014 | 공인회계사] 상 중 하

독점적 경쟁시장에 대한 다음 설명 중 옳은 것을 모두 고르면?

> 가. 단기균형에서 가격이 한계비용과 같다.
> 나. 단기균형에서 가격이 한계비용보다 높다.
> 다. 장기균형에서 초과이윤이 발생한다.
> 라. 장기균형에서 초과이윤이 발생하지 않는다.
> 마. 장기균형에서 가격이 평균비용보다 높다.

① 가, 다 ② 가, 라
③ 나, 라 ④ 나, 다, 마
⑤ 나, 라, 마

가. |×|, 나. |○| 독점적 경쟁기업의 한계수입곡선이 수요곡선의 하방에 위치하므로 단기균형에서는 $P > MR = MC$가 성립한다. 따라서 가격이 한계비용보다 높다.

다. 마. |×|, 라. |○| 독점적 경쟁시장에서 장기에는 기업의 진입과 퇴출이 자유롭기 때문에 개별기업은 정상이윤만을 얻는다($P = AC$). 즉, 장기균형에서는 $P = AR = SAC = LAC > MR = SMC = LMC$가 성립한다.

02

[2016 | 감정평가사] 상 중 하

독점적 경쟁시장의 특성에 해당하는 것을 모두 고른 것은? (단, 독점적 경쟁시장의 개별기업은 이윤극대화를 추구한다.)

> 가. 개별기업은 한계수입이 한계비용보다 높은 수준에서 산출량을 결정한다.
> 나. 개별기업은 한계수입이 가격보다 낮은 수준에서 산출량을 결정한다.
> 다. 개별기업이 직면하는 수요곡선은 우하향한다.
> 라. 개별기업의 장기적 이윤은 0이다.

① 가, 나 ② 가, 다
③ 다, 라 ④ 가, 나, 라
⑤ 나, 다, 라

가. |×| 독점적 경쟁기업의 이윤극대화 생산량은 $MR = MC$인 점에서 결정된다.

나. |○| 독점적 경쟁기업의 한계수입곡선은 수요곡선의 하방에 위치하므로 균형에서 가격이 한계수입보다 높다($P > MR = MC$).

다. |○| 독점적 경쟁기업은 제품차별화로 인해 다소의 시장지배력을 보유하므로 우하향의 수요곡선에 직면한다.

라. |○| 독점적 경쟁시장에서 장기에는 기업의 진입과 퇴출이 자유롭기 때문에 개별기업은 정상이윤만을 얻는다(초과이윤 = 0).

03

[2015 | 공인노무사] 상 중 하

독점적 경쟁의 특징으로 옳지 않은 것은?
① 완전경쟁과 마찬가지로 다수의 기업이 존재하며, 진입과 퇴출이 자유롭다.
② 독점적 경쟁기업은 차별화된 상품을 생산함으로써, 어느 정도 시장지배력을 갖는다.
③ 독점적 경쟁기업 간의 경쟁이 판매서비스, 광고 등의 형태로 일어날 때, 이를 비가격경쟁이라고 한다.
④ 독점적 경쟁기업은 독점기업과 마찬가지로 과잉설비를 갖지 않는다.
⑤ 독점적 경쟁기업의 상품은 독점기업의 상품과 달리 대체재가 존재한다.

① |O| 독점적 경쟁시장에는 다수의 기업이 존재하며, 장기적으로 기업의 진입과 퇴출이 자유롭다.
② |O| 독점적 경쟁기업은 차별화된 재화(재화의 이질성)를 생산함으로써 다소의 시장지배력을 보유한다.
③ |O| 독점적 경쟁기업 간의 경쟁이 판매서비스, 광고, 디자인 등의 형태로 나타날 때, 이를 비가격경쟁(non-price competition)이라고 한다.
　　비가격경쟁은 과점시장이 가장 치열하다.
④ |×| 독점적 경쟁기업은 장기에 SAC곡선 최저점보다 좌측에서 생산이 이루어지므로 독점기업과 마찬가지로 과잉설비(초과설비)를 보유한다.
⑤ |O| 독점적 경쟁시장에는 밀접한 대체재를 생산하는 기업이 다수 존재하므로 재화 간 대체가능성이 높다.

04

[2018 | 서울시 7급] 상 중 하

독점적 경쟁의 장기균형에 대한 설명으로 가장 옳지 않은 것은?
① 개별기업이 직면하는 수요곡선은 우하향한다.
② 한계수입곡선은 수평선으로 그 자체가 시장가격을 의미한다.
③ 광고 및 애프터서비스 등을 통해 차별화 전략을 추진한다.
④ 진입과 퇴출이 자유로우며 초과설비가 존재한다.

① |O|, ② |×| 독점적 경쟁기업이 직면하는 수요곡선은 우하향하므로 수요곡선의 하방에 위치하는 한계수입곡선도 우하향한다. 그러므로 장기균형에서 시장가격은 한계수입보다 높다.
③ |O| 독점적 경쟁시장에서 개별기업은 광고, 애프터서비스, 디자인 등의 비가격경쟁을 통해 차별화를 시도한다.
④ |O| 독점적 경쟁시장에서 장기에는 기업의 진입과 퇴출이 자유롭기 때문에 개별기업은 정상이윤만을 얻는다. 또한, 독점적 경쟁기업은 장기에 SAC곡선 최저점보다 좌측에서 생산이 이루어지므로 독점기업과 마찬가지로 초과설비를 보유한다.

정답 01. ③ 02. ⑤ 03. ④ 04. ②

05

[2011 | 국회직 8급]

〈보기〉에서 독점적 경쟁에 관한 설명으로 옳은 것을 모두 고르면?

| 보기 |

ㄱ. 독점적 경쟁기업은 장기에는 정상이윤만 얻는다.
ㄴ. 시장 진입과 퇴거가 자유롭다.
ㄷ. 수요곡선이 한계비용곡선에 접할 때 장기균형점에 도달한다.
ㄹ. 각 기업이 생산하는 재화의 이질성이 높을수록 초과설비 규모가 커진다.
ㅁ. 상품에 대한 수요는 순수독점기업일 때보다는 덜 탄력적이고 완전경쟁기업일 때보다는 더 탄력적이다.
ㅂ. 독점적 경쟁기업이 생산하는 재화는 서로 대체성이 높으므로 각 기업이 생산하는 재화 간의 교차탄력성은 0보다 크다.

① ㄴ, ㄹ
② ㄱ, ㄷ, ㅁ, ㅂ
③ ㄱ, ㄴ, ㄷ, ㄹ, ㅁ
④ ㄱ, ㄴ, ㄹ, ㅂ
⑤ ㄱ, ㄴ, ㄷ, ㄹ, ㅂ

ㄱ, ㄴ. |O| 독점적 경쟁시장에서 장기에는 기업의 진입과 퇴출이 자유롭기 때문에 개별기업은 정상이윤만을 얻는다.
ㄷ. |X| 독점적 경쟁시장의 장기균형은 수요곡선이 평균비용곡선과 접할 때 달성된다($P = AC$).
ㄹ. |O| 각 기업이 생산하는 재화의 이질성이 높을수록 수요가 비탄력적이 된다. 독점적 경쟁기업이 직면하는 수요곡선이 비탄력적이면 초과설비의 규모는 커진다.
ㅁ. |X| 독점적 경쟁기업의 재화에 대한 수요는 독점기업일 때보다는 더 탄력적이고, 완전경쟁기업일 때보다는 덜 탄력적이다.
ㅂ. |O| 독점적 경쟁시장에는 밀접한 대체재를 생산하는 기업이 다수 존재하므로 재화 간 대체가능성이 높다. 따라서 각 기업이 생산하는 재화 간 교차탄력성이 0보다 크다.

ReCheck 독점적 경쟁의 특징

- 다수의 수요자(소비자)와 공급자(생산자)
  → 기업 간 상호의존성이 없음
- 자유로운 진입과 퇴출 : 장기
  → 장기에는 초과이윤이 0이 됨(정상이윤만 획득)
- 제품차별화 : 재화의 이질성
  → 제품차별화의 정도(독점력)가 클수록 수요곡선이 비탄력적이 됨
  → 다소의 시장지배력 보유 : 우하향의 수요곡선(독점보다는 완만함)
  → 밀접한 대체재의 존재 : 재화 간 높은 대체가능성
- 비가격경쟁 : 광고, 판매서비스, 디자인 등
  → 비가격경쟁은 과점이 가장 치열함

06 ｜2014 ｜ 국가직 7급｜ 상 중 [하]

독점적 경쟁시장에 대한 설명으로 옳지 않은 것은?
① 진입장벽이 존재하지 않기 때문에 기업의 진입과 퇴출은 자유롭다.
② 개별기업은 차별화된 상품을 공급하며, 우하향하는 수요곡선에 직면한다.
③ 개별기업은 자신의 가격책정이 다른 기업의 가격결정에 영향을 미친다고 생각하면서 행동한다.
④ 개별기업은 단기에는 초과이윤을 얻을 수 있지만, 장기에는 정상이윤을 얻는다.

해설
① |○| 독점적 경쟁시장은 장기에 진입장벽이 존재하지 않기 때문에 기업의 진입과 퇴출이 자유롭다.
② |○| 독점적 경쟁기업은 제품차별화로 인해 다소의 시장지배력을 보유하므로 우하향의 수요곡선에 직면한다.
③ |×| 개별기업이 자신의 가격 혹은 생산량 결정이 다른 기업에게 영향을 미친다고 생각하면서 행동하는 것은 과점시장이다. 독점적 경쟁시장은 기업 간 상호의존성이 없다.
④ |○| 독점적 경쟁기업은 단기에 초과이윤, 정상이윤, 손실이 모두 발생 가능하다. 그러나 장기에는 기업의 진입과 퇴출이 자유롭기 때문에 개별기업은 정상이윤만을 얻는다.

07 ｜2018 ｜ 서울시 7급｜ 상 [중] 하

어떤 상품의 시장은 수많은 기업들이 비슷하지만 차별화된 제품을 생산하는 시장구조를 가지고 있으며 장기적으로 이 시장으로의 진입과 탈퇴가 자유롭다. 장기균형에서 이 시장에 대한 설명으로 가장 옳은 것은?
① 가격은 한계비용 및 평균비용보다 높다.
② 가격은 평균비용보다는 높지만 한계비용과는 동일하다.
③ 가격은 한계비용보다는 높지만 평균비용과는 동일하다.
④ 가격은 한계비용 및 평균비용보다 낮다.

해설
시장에 다수의 기업이 존재하고, 각 기업은 차별화된 재화를 생산하며, 장기적으로 기업의 진입과 퇴출이 자유로운 시장 형태는 독점적 경쟁시장이다. 독점적 경쟁시장의 장기균형에서는 $P = AR = SAC = LAC > MR = SMC = LMC$가 성립한다.
③ |○| 장기균형에서 가격(P)은 평균비용(AC)과 같고, 한계비용(MC)보다는 높다.

정답   05. ④   06. ③   07. ③

08

[2008 | 감정평가사]

독점적 경쟁시장에 참여하는 기업이 장기균형에서 Q^*개의 상품을 생산하고 있다고 하자. Q^*에 대한 설명으로 옳은 것은? (단, 생산요소시장은 완전경쟁적이다.)

① Q^*는 가격과 한계비용이 같은 생산량 수준보다 작다.
② Q^*는 한계수입과 한계비용이 같은 생산량 수준보다 크다.
③ Q^*는 한계비용과 평균총비용이 같은 생산량 수준보다 크다.
④ Q^*는 수요곡선과 평균총비용이 접하는 생산량 수준보다 작다.
⑤ Q^*는 평균총비용이 최소화되는 생산량 수준보다 크다.

해설

① |O|. ② |X| 독점적 경쟁시장의 장기균형에서는 $P = AR = SAC = LAC > MR = SMC = LMC$가 성립한다. 그러므로 $MR = MC$를 만족하는 장기균형생산량 Q^*는 $P = MC$를 만족하는 생산량 수준보다 작다.

③, ⑤ |X| 장기균형생산량 Q^*는 $LMC = LAC$를 만족하는 LAC곡선 최저점에서의 생산량 수준(Q_2)보다 작다.

④ |X| 장기균형생산량 Q^*는 $P = AR = LAC$를 만족하는 생산량 수준과 동일하다.

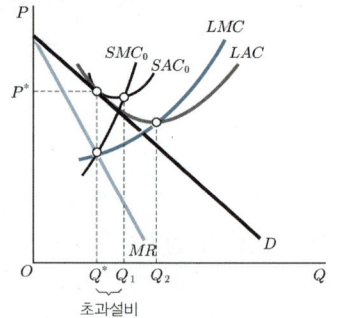

09

[2009 | 지방직 7급]

광고를 비판하는 사람들은 광고가 수요의 가격탄력성의 크기를 ___㉠___, 기업은 ___㉡___ 수 있게 한다고 주장한다. ㉠, ㉡에 들어갈 말로 옳은 것은?

	㉠	㉡
①	낮추고	광고예산을 줄일
②	높이고	보다 경쟁적이 될
③	높이고	광고예산을 늘릴
④	낮추고	한계비용 이상으로 높은 가격을 매길

해설

광고는 해당 재화에 대한 수요를 증가시켜 판매수입을 늘리는 역할을 한다. 광고를 통해 소비자들이 해당 재화를 더 선호하게 되면 수요가 비탄력적으로 변하고, 수요가 비탄력적이 되면 기업의 독점력이 높아지므로 기업은 한계비용보다 충분히 높은 가격을 설정할 수 있게 된다.

정답 08. ① 09. ④

65 완전경쟁과 독점 및 독점적 경쟁의 비교

완전경쟁과 독점 및 독점적 경쟁의 비교

구 분	완전경쟁	독 점	독점적 경쟁
기업의 수	• 무수히 많음	• 1개의 기업	• 다수의 기업
재화의 동질성	• 동질적 재화	• 동질적 재화	• 이질적 재화
개별기업의 수요곡선	• 개별기업이 직면하는 수요곡선이 수평선	• 개별기업이 직면하는 수요곡선이 우하향	• 개별기업이 직면하는 수요곡선이 우하향
개별기업의 단기공급곡선	• AVC곡선의 최저점을 상회하는 MC곡선	• 공급곡선이 존재하지 않음	• 공급곡선이 존재하지 않음
균형 조건	• $P = MR = MC$	• $P > MR = MC$	• $P > MR = MC$
이 윤	┌ 단기 : 불분명 └ 장기 : 정상이윤 획득	┌ 단기 : 불분명 └ 장기 : 초과이윤 획득	┌ 단기 : 불분명 └ 장기 : 정상이윤 획득
경제적 효과	• 효율적 자원배분 ($P = MC$) • LAC곡선 최저점에서 생산 • 초과설비 없음	• 비효율적 자원배분 ($P > MC$) • LAC곡선 최저점보다 좌측에서 생산 • 초과설비 보유	• 비효율적 자원배분 ($P > MC$) • LAC곡선 최저점보다 좌측에서 생산 • 초과설비 보유

01 [2012 | 공인회계사] 상 중 하

완전경쟁시장과 독점적 경쟁시장에 공통으로 해당하는 설명을 모두 고르면?

> 가. 가격이 한계비용과 같다.
> 나. 단기균형에서 기업의 초과이윤은 0이다.
> 다. 산업에의 진입 및 탈퇴가 자유롭다.
> 라. 장기균형에서 기업의 초과이윤은 0이다.

① 가, 나 ② 가, 다 ③ 나, 다
④ 나, 라 ⑤ 다, 라

가. |×| 완전경쟁시장에서는 $P = MR = MC$의 관계가 성립하므로 가격이 한계비용과 같지만, 독점적 경쟁시장에서는 $P > MR = MC$의 관계가 성립하므로 가격이 한계비용보다 높다.
나. |×| 완전경쟁시장과 독점적 경쟁시장 모두 단기에 개별기업은 가격과 평균비용의 상대적 크기에 따라 초과이윤, 정상이윤, 손실이 모두 발생 가능하다.
다. 라. |○| 완전경쟁시장과 독점적 경쟁시장 모두 장기에는 기업의 진입과 퇴출이 자유롭기 때문에 개별기업은 정상이윤만을 얻는다(초과이윤= 0).

01. ⑤

02 〔2018 | 국가직 7급〕 상 중 하

완전경쟁기업, 독점적 경쟁기업, 독점기업에 대한 설명으로 옳지 않은 것은?

① 단기균형하에서, 완전경쟁기업이 생산한 제품의 가격은 한계수입이나 한계비용과 동일한 반면, 독점적 경쟁기업과 독점기업이 생산한 제품의 가격은 한계수입이나 한계비용보다 크다.
② 완전경쟁기업이 직면하는 수요곡선은 수평선인 반면, 독점적 경쟁기업과 독점기업이 직면하는 수요곡선은 우하향한다.
③ 장기균형하에서, 완전경쟁기업과 독점적 경쟁기업이 존재하는 시장에는 진입장벽이 존재하지 않는 반면, 독점기업이 존재하는 시장에는 진입장벽이 존재한다.
④ 장기균형하에서, 완전경쟁기업의 이윤은 0인 반면, 독점적 경쟁기업과 독점기업의 이윤은 0보다 크다.

해설

① |O| 완전경쟁시장에서는 $P = MR = MC$의 관계가 성립하므로 가격이 한계수입이나 한계비용과 동일하지만, 독점시장이나 독점적 경쟁시장에서는 $P > MR = MC$의 관계가 성립하므로 가격이 한계수입이나 한계비용보다 높다.
② |O| 완전경쟁기업이 직면하는 수요곡선은 수평선이지만, 독점기업과 독점적 경쟁기업이 직면하는 수요곡선은 우하향한다.
③ |O|, ④ |X| 장기에 완전경쟁시장과 독점적 경쟁시장에는 진입장벽이 존재하지 않으므로 완전경쟁기업과 독점적 경쟁기업의 이윤은 0이 되지만, 독점시장에는 진입장벽이 존재하므로 독점기업의 이윤은 0보다 크다.

03 〔2017 | 보험계리사〕 상 중 하

시장이론에서 균형 상태에 관한 설명으로 옳지 않은 것은? (단, 수요곡선은 우하향, 한계비용곡선은 우상향한다.)

① 완전경쟁시장에서 상품가격은 한계비용과 일치하지만 독점적 경쟁시장에서 상품가격은 한계비용보다 크다.
② 기업은 완전경쟁시장에서 장기적으로 이윤을 얻을 수 없지만 독점적 경쟁시장에서는 장기적으로 이윤을 얻는다.
③ 독점적 경쟁시장의 기업과 독점시장의 기업은 모두 경제적 순손실(deadweight loss)을 유발한다.
④ 장기에 평균비용곡선이 U자형일 때 독점적 경쟁기업은 장기균형에서 평균비용을 최소화하지 않는다.

해설
① |○| 완전경쟁시장에서는 $P = MR = MC$의 관계가 성립하므로 가격이 한계비용과 일치하지만, 독점적 경쟁시장에서는 $P > MR = MC$의 관계가 성립하므로 가격이 한계비용보다 높다.
② |×| 완전경쟁시장과 독점적 경쟁시장 모두 장기에는 기업의 진입과 퇴출이 자유롭기 때문에 개별기업은 정상이윤만을 얻는다(초과이윤＝0).
③ |○| 독점적 경쟁기업과 독점기업 모두 $P > MC$이므로 과소 생산에 따른 경제적 순손실을 초래한다.
④ |○| 독점적 경쟁기업은 장기에 LAC곡선 최저점보다 좌측에서 생산이 이루어진다.

04 여러 형태의 시장 또는 기업에 관한 다음 설명 중 옳지 않은 것은?
① 독점기업이 직면한 수요곡선은 시장수요곡선 그 자체이다.
② 독점시장의 균형에서 가격과 한계수입의 차이가 클수록 독점도는 커진다.
③ 독점적 경쟁시장에서 제품의 차별화가 클수록 수요의 가격탄력성이 커진다.
④ 모든 기업의 이윤극대화 필요조건은 한계수입과 한계비용이 같아지는 것이다.
⑤ 독점기업은 수요의 가격탄력성이 서로 다른 두 소비자 집단이 있을 때 가격차별로 이윤극대화를 꾀할 수 있다.

해설
① |○| 독점기업이 직면하는 수요곡선은 시장전체의 수요곡선이므로 우하향한다.
② |○| 이윤극대화 조건 $MR = MC$를 이용하면 독점도는 다음과 같이 나타낼 수 있다.
- $dm = \dfrac{P - MC}{P} = \dfrac{P - MR}{P}$

따라서 가격과 한계수입의 차이($P - MR$)가 클수록 독점도는 커진다.
③ |×| 독점적 경쟁시장에서 제품차별화의 정도가 클수록 재화 간 대체가능성이 낮으므로 수요의 가격탄력성이 작아진다. 독점적 경쟁기업이 직면하는 수요곡선이 비탄력적이 되면 초과설비의 규모는 커진다.
④ |○| 이윤극대화의 제1계 조건(필요조건)은 한계수입과 한계비용이 같아야 한다는 것이고 ($MR = MC$), 이윤극대화의 제2계 조건(충분조건)은 한계수입곡선의 기울기보다 한계비용곡선의 기울기가 커야 한다는 것이다(MR곡선의 기울기＜ MC곡선의 기울기).
⑤ |○| 독점기업은 수요의 가격탄력성이 서로 다른 두 집단이 있을 때 제3급 가격차별을 통해 이윤극대화를 꾀할 수 있다.

정답 02. ④ 03. ② 04. ③

05 | 2015 | 공인회계사 | 상 중 하

시장구조와 균형에 관한 다음 설명 중 옳지 않은 것은? (단, 기업의 평균비용곡선은 U자형이라고 가정)

① 완전경쟁시장에서 기업은 가격수용적이다.
② 완전경쟁시장의 단기균형에서 가격은 평균비용과 같다.
③ 독점시장의 장기균형에서 가격은 한계비용보다 크다.
④ 독점적 경쟁시장의 장기균형에서 가격은 한계비용보다 크다.
⑤ 독점적 경쟁시장의 장기균형에서 초과이윤은 0이다.

해설

① |○| 완전경쟁시장에서 개별기업은 시장에서 결정된 가격을 그대로 받아들이는 가격수용자이다. 그러므로 개별기업이 직면하는 수요곡선은 시장의 균형가격수준에서 수평선이다.
② |×| 완전경쟁시장의 단기균형에서 개별기업은 가격과 평균비용의 상대적 크기에 따라 초과이윤, 정상이윤, 손실이 모두 발생 가능하다. 따라서 가격(P)은 평균비용(AC)과 같을 수도 있고, 다를 수도 있다.
③ |○| 독점시장의 장기균형에서 $P > MR = LMC$가 성립하므로 가격(P)은 한계비용(MC)보다 높다.
④ |○| 독점적 경쟁시장의 장기균형에서 $P = AR = SAC = LAC > MR = SMC = LMC$가 성립하므로 가격($P$)은 평균비용($AC$)과 같고, 한계비용($MC$)보다는 높다.
⑤ |○| 독점적 경쟁시장에서 장기에는 기업의 진입과 퇴출이 자유롭기 때문에 개별기업은 정상이윤만을 얻는다(초과이윤=0).

정답 05. ②

CHAPTER 15 과점시장

66 과점시장

과점시장의 특징

구 분	내 용
과점의 구분	• 순수과점 : 생산하는 재화가 동질적인 경우(예 휘발유, 철강 등) • 차별과점 : 생산하는 재화가 이질적인 경우(예 자동차, 냉장고 등)

과점의 특징	• 소수의 기업
	  → 기업 간 상호의존성이 큼
	  → 전략적 상황(strategic situation)에 직면 : 게임이론의 적용
	• 가장 치열한 비가격경쟁 → 가격의 경직성
	• 비경쟁행위 : 담합(collusion), 카르텔(cartel) 등
	• 상당한 정도의 진입장벽 … 과점의 발생원인
	• 기술혁신의 가능성 높음

대표유형 01

[2016 | 보험계리사] 상 중 하

수요곡선은 우하향하며, 다수의 기업이 존재하는 시장이다. 시장의 경쟁 상태에 따른 균형에 대한 설명 중 옳은 것을 모두 고른 것은? (단, 기업들의 생산기술은 서로 다르며, 모든 시장균형은 존재한다.)

ㄱ. 평균비용곡선이 U 형태라면, 독점적 경쟁시장의 장기균형가격은 완전경쟁시장의 장기균형가격보다 반드시 높다.
ㄴ. 수량경쟁을 하는 과점시장(Cournot 경쟁시장)의 균형가격은 완전경쟁시장의 장기균형가격보다 낮을 수 없다.
ㄷ. 가격경쟁을 하는 과점시장(Bertrand 경쟁시장)의 균형가격은 완전경쟁시장의 장기균형가격과 동일하다.

① ㄱ, ㄴ　　　　② ㄱ, ㄷ
③ ㄴ, ㄷ　　　　④ ㄱ, ㄴ, ㄷ

정답 01. ①

ㄱ. |O| 완전경쟁시장의 장기균형은 LAC곡선 최저점에서 달성되나, 독점적 경쟁시장의 장기균형은 LAC곡선 최저점보다 좌측에서 달성된다. 따라서 독점적 경쟁시장의 장기균형가격이 완전경쟁시장의 장기균형가격보다 높다.
ㄴ. |O| 꾸르노모형의 균형생산량은 완전경쟁일 때의 생산량보다 적으므로 꾸르노모형의 균형가격은 완전경쟁시장의 장기균형가격보다 높다.
ㄷ. |×| 기업들의 생산기술이 동일한 순수과점 베르뜨랑모형에서는 $P = MC$가 성립하므로 균형가격이 완전경쟁시장의 장기균형가격과 동일하나, 기업들의 생산기술이 상이한 차별과점 베르뜨랑모형에서는 균형가격이 완전경쟁시장의 장기균형가격보다 높다.

02

[2004 | 공인회계사] 상 중 하

과점에 관한 다음 설명 중 옳은 것은?
① 과점시장에 있는 기업들은 모두 동질의 상품만을 생산한다.
② 과점시장에 있는 기업들은 모두 가격수용자(price taker)들이다.
③ 모든 기업들의 한계비용이 증가하면(모든 기업들의 고정비용은 0이라 가정) 쿠르노균형에서 각 기업의 생산량은 감소할 수 있다.
④ 기업들의 한계비용이 다르더라도 쿠르노균형에서는 동일한 생산량을 생산한다.
⑤ 과점시장에 진입하려는 새로운 기업들은 항상 기존기업들의 아무런 진입저지를 받지 않고 자유롭게 진입한다.

① |×| 과점기업은 동질적인 재화를 생산하기도 하고(순수과점), 이질적인 재화를 생산하기도 한다(차별과점).
② |×| 과점기업은 가격설정력을 보유하므로 가격수용자가 아니다.
③ |O| 과점시장에 비용조건이 동일한 n개의 기업이 존재할 때 꾸르노모형에서의 생산량(Q)은 다음과 같다.

$$Q = \frac{n}{n+1} \times Q_c \quad \text{(단, } Q_c \text{는 완전경쟁 생산량)}$$

그러므로 꾸르노모형에서의 개별기업의 생산량은 $q = \frac{1}{n+1} \times Q_c$로 나타낼 수 있다.

시장에 존재하는 기업의 수(n)가 증가하면 개별기업의 생산량(q)은 감소하고, 한계비용이 증가하면 완전경쟁 생산량(Q_c)이 감소하므로 개별기업의 생산량(q)은 감소한다.
④ |×| 개별기업의 한계비용이 다르면 꾸르노균형에서의 생산량도 달라진다.
⑤ |×| 과점시장에 진입하려는 신규기업은 기존기업의 진입저지를 받는다. 즉, 과점시장에는 독점시장보다는 낮지만 상당한 정도의 진입장벽이 존재한다.

03 기업의 시장구조와 행동원리에 대한 설명으로 옳지 않은 것은?

① 두 기업이 특정 시장을 50 : 50으로 양분하고 있으면 허핀달지수(Herfindahl index)에 의한 독과점도는 5,000이다.
② 꾸르노(Cournot) 과점시장 모델에서 기업 수가 많아질수록 시장전체의 산출량은 증가한다.
③ 독점적 경쟁시장에서 이윤극대화를 추구하는 기업의 장기균형생산량은 평균비용이 최소가 되는 점이다.
④ 완전경쟁기업의 이윤극대화 산출량은 한계수입과 한계비용이 일치하는 점에서 결정된다.

① |○| 두 기업이 시장을 50 : 50으로 양분하고 있다면 허핀달지수는 $HHI = 50^2 + 50^2 = 5,000$이다.

> 허쉬만－허핀달지수(허핀달지수, Hirschman－Herfindahl index : HHI)
> • 기업을 매출액이나 자산규모순으로 배열하고 각 기업의 시장점유율을 %로 계산한 후 이들 점유율의 제곱을 모두 합산한 지수
> • 시장집중도를 측정하는 방법의 하나로, 그 값이 클수록 시장집중도가 높음을 의미하고, 그 값이 작을수록 경쟁이 치열하다는 것을 의미함

② |○| 과점시장에 비용조건이 동일한 n개의 기업이 존재할 때 꾸르노모형에서의 생산량은 $Q = \dfrac{n}{n+1} \times Q_c$이다. 따라서 기업의 수($n$)가 늘어날수록 시장전체의 생산량은 증가하여 점차 완전경쟁 생산량(Q_c) 수준에 근접하게 된다.
③ |×| 독점적 경쟁기업의 장기균형생산량은 LAC곡선 최저점보다 좌측에서 결정된다.
④ |○| 완전경쟁기업을 비롯한 모든 기업의 이윤극대화 생산량은 $MR = MC$인 점에서 결정된다.

04 불완전경쟁 시장구조에 관련된 설명으로 옳지 않은 것은?

① 독점적 경쟁시장은 장기적으로 기업의 진입과 퇴출이 자유롭다.
② 시장수요곡선이 우하향하는 독점시장에서 독점가격은 한계수입보다 크다.
③ 꾸르노(Cournot)모형에서 각 기업은 경쟁기업이 현 산출량을 그대로 유지할 것이라는 전제하에 행동한다.
④ 베르뜨랑(Bertrand)모형에서 각 기업은 경쟁기업이 현 가격을 그대로 유지할 것이라는 전제하에 행동한다.
⑤ 슈타켈버그(Stackelberg)모형에서 두 기업 중 하나 또는 둘 모두가 가격에 관해 추종자가 아닌 선도자의 역할을 한다.

02. ③　03. ③　04. ⑤

- ① |○| 독점적 경쟁시장에서 장기에는 기업의 진입과 퇴출이 자유롭기 때문에 개별기업은 정상이윤만을 얻는다.
- ② |○| 독점기업의 한계수입곡선은 수요곡선의 하방에 위치하므로 수요곡선상에서 결정되는 독점가격이 한계수입보다 높다($P > MR$).
- ③ |○| 꾸르노모형에서는 생산량의 추측된 변화가 0이라고 가정한다($CV_Q = 0$).
- ④ |○| 베르뜨랑모형에서는 가격의 추측된 변화가 0이라고 가정한다($CV_P = 0$).
- ⑤ |×| 슈타켈버그모형은 생산량 결정모형으로, 슈타켈버그모형에서는 두 기업 중 하나 혹은 둘 모두가 생산량에 관해 선도자의 역할을 한다. 한 기업이 선도자, 다른 기업이 추종자라면 안정적인 균형이 달성되나, 두 기업이 모두 선도자가 되려고 하면 균형이 달성되지 않는데, 이를 슈타켈버그 불균형(슈타켈버그 전쟁 상태)이라고 한다.

05 | 2014 | 서울시 7급 | 상 중 하

다음 중 불완전경쟁이 일어나는 생산물시장에 대한 설명으로 타당하지 않은 것은?

① 독점적 경쟁의 장기균형에서는 초과설비가 관측된다.
② 굴절수요곡선은 과점가격의 경직성을 설명한다.
③ 평균비용에 근거한 가격책정이 일반적이다.
④ 독점균형은 수요곡선의 가격탄력적인 곳에서 이루어진다.
⑤ 꾸르노(A. Cournot)모형과 베르뜨랑(J. Bertrand)모형은 모두 동질적인 상품의 판매를 전제로 한다.

- ① |○| 독점적 경쟁기업은 장기에 SAC곡선 최저점보다 좌측에서 생산이 이루어지므로 독점기업과 마찬가지로 초과설비를 보유한다.
- ② |○| 굴절수요곡선모형은 과점시장에서의 가격의 경직성을 설명하는 이론이다.
- ③ |×| 완전경쟁기업을 비롯한 모든 기업의 이윤극대화 조건은 $MR = MC$이다. 따라서 불완전경쟁기업도 한계수입과 한계비용이 일치하는 수준에서 생산량과 가격을 결정하는 것이 일반적이다.
- ④ |○| 독점기업의 이윤극대화는 수요의 가격탄력성이 1보다 큰 탄력적인 구간에서 달성된다.
- ⑤ |○| 꾸르노모형과 베르뜨랑모형은 모두 동질적 재화의 생산을 전제로 한다.

06 | 2012 | 국회직 8급 | 상 중 하

아래의 그림은 어떤 복점시장의 수요곡선과 각 기업이 직면하고 있는 한계비용곡선을 나타낸다. 〈보기〉에서 옳은 것을 모두 고른 것은?

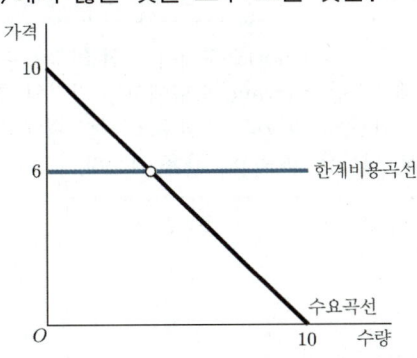

┤ 보기 ├

ㄱ. 이 시장의 총산출량은 2이다.
ㄴ. 이 시장의 총산출량은 4보다 작다.
ㄷ. 시장가격은 6이다.
ㄹ. 각 기업의 총수입은 16보다 크다.

① ㄱ   ② ㄴ   ③ ㄱ, ㄹ
④ ㄴ, ㄷ   ⑤ ㄴ, ㄹ

해설

복점시장(과점시장)에서의 생산량은 완전경쟁보다는 적고 독점보다는 많다. 따라서 시장구조가 완전경쟁일 때와 독점일 때의 생산량을 각각 구해보면 다음과 같다.

i) 완전경쟁시장의 균형에서는 $P = MC$가 성립한다. 수요함수가 $P = 10 - Q$이고, 한계비용이 $MC = 6$이므로 $P = MC$에 의해 생산량과 가격은 각각 $Q_c = 4$, $P_c = 6$으로 계산된다.
   • $P = MC \rightarrow 10 - Q = 6 \therefore Q_c = 4, P_c = 6$

ii) 독점일 때의 생산량은 $MR = MC$인 점에서 결정된다. 수요함수가 $P = 10 - Q$이므로 한계수입은 $MR = 10 - 2Q$이고, 한계비용은 $MC = 6$이므로 $MR = MC$에 의해 생산량은 $Q_m = 2$가 된다. $Q_m = 2$를 수요함수에 대입하면 가격은 $P_m = 8$로 계산된다.
   • $MR = MC \rightarrow 10 - 2Q = 6 \therefore Q_m = 2$

🔍 수요곡선이 우하향의 직선이고 한계비용이 일정한 경우 독점의 생산량은 완전경쟁 생산량의 $\frac{1}{2}$이다.
$P = MC$에 의해 완전경쟁 생산량은 $Q_c = 4$가 되므로 독점의 생산량은 $Q_m = 2$이다.

ㄱ. |×|, ㄴ. |○| 과점시장에서의 생산량은 완전경쟁보다는 적고 독점보다는 많으므로 2단위보다는 많고 4단위보다는 적다.

ㄷ. |×| 과점시장에서의 가격은 완전경쟁보다는 높고 독점보다는 낮으므로 6보다는 높고 8보다는 낮다.

ㄹ. |×| 생산량이 2 ~ 4 사이에서 결정되고, 생산량이 2단위일 때 가격이 8, 생산량이 4단위일 때 가격이 6이므로 두 기업의 총수입($TR = P \times Q$)은 16 ~ 24 사이가 된다. 따라서 개별기업의 총수입은 8 ~ 12 사이가 된다.

정답 05. ③ 06. ②

07

[2008 | 지방직 7급]

다음 중 과점시장 모델에서 추측된 변화(conjectural variation)에 대한 설명으로 옳지 않은 것을 모두 고르면?

> ㄱ. 꾸르노(Cournot)모형에서는 산출량의 추측된 변화가 0이라고 가정한다.
> ㄴ. 베르뜨랑(Bertrand)모형에서는 가격의 추측된 변화가 1이라고 가정한다.
> ㄷ. 스위지(Sweezy)의 굴절수요곡선모형에서는 가격인하를 시도할 때 가격의 추측된 변화는 양(+)의 값을 갖는다.

① ㄱ, ㄷ
② ㄷ
③ ㄴ, ㄷ
④ ㄴ

해설

기업 간 상호의존성이 큰 과점기업은 자신의 행동뿐 아니라 상대기업의 행동에도 영향을 받으므로 상대기업의 반응을 고려하여 의사결정을 하는데, 한 기업이 생산량이나 가격을 변화시킬 때 상대기업이 어떻게 반응할 것인지에 대한 예상을 추측된 변화(추측된 변이, conjectural variation : CV)라고 한다.

ㄱ. |○| 꾸르노모형에서 한 기업은 자신이 생산량을 변화시켜도 상대기업의 생산량은 불변이라는 가정하에 행동한다. 즉, 각 기업은 상대기업의 생산량을 주어진 것으로 보고 자신의 생산량을 결정하므로 생산량의 추측된 변화가 0이다($CV_Q = 0$).

ㄴ. |×| 베르뜨랑모형에서 한 기업은 자신이 가격을 선택해도 상대기업의 가격은 불변이라는 가정하에 행동한다. 즉, 각 기업은 상대기업의 가격을 주어진 것으로 보고 자신의 가격을 결정하므로 가격의 추측된 변화가 0이다($CV_P = 0$).

ㄷ. |○| 굴절수요곡선모형에서는 한 기업이 가격을 인상하면 상대기업은 가격을 그대로 유지하고, 한 기업이 가격을 인하하면 상대기업도 가격을 인하한다고 가정한다. 따라서 가격인상 시에는 가격의 추측된 변화가 0이나($CV_P = 0$), 가격인하 시에는 가격의 추측된 변화가 0보다 크다($CV_P > 0$).

07. ④

67 과점이론

과점이론

구 분		모 형
비협조모형 **(독자적 행동모형)**	생산량 결정모형	• 꾸르노모형 • 슈타켈버그모형
	가격 결정모형	• 베르뜨랑모형 • 굴절수요곡선모형
상호협조모형	완전담합	카르텔이론
	불완전담합	가격선도이론
기타 행동원리	• 비용할증가격설정 • 진입저지가격설정 • 경합시장이론	
전략적 행동이론	게임이론	

비협조모형(독자적 행동모형)

구 분		내 용

생산량 결정모형	꾸르노 모형	• 각 기업은 상대기업의 생산량을 주어진 것으로 보고 자신의 생산량을 결정함(동질적 재화)
		  → 두 기업 모두 추종자(follower)로서 행동
		  → 두 기업 모두 생산량의 추측된 변화가 0이라고 가정($CV_Q=0$)
		• 두 기업의 반응곡선이 교차하는 점에서 균형이 달성됨
		• 꾸르노모형의 생산량 … 두 기업의 비용조건이 동일할 때
		  ┌ 꾸르노모형의 생산량 : 완전경쟁 생산량의 $\frac{2}{3}\left(=\frac{1}{3}+\frac{1}{3}\right)$
		  └ 완전경쟁(1) > 꾸르노모형 $\left(\frac{2}{3}\right)$ > 독점 $\left(\frac{1}{2}\right)$
		📄 두 기업의 비용조건이 다르면 각 기업의 반응함수를 도출하여 생산량을 구해야 함

	슈타켈버그 모형	• 선도기업이 먼저 생산량을 결정하면, 추종기업이 이를 보고 자신의 생산량을 결정함(동질적 재화)
		  → 두 기업 중 하나 혹은 둘 모두가 선도자(leader)로서 행동
		  → 추종기업만 생산량의 추측된 변화가 0이라고 가정($CV_Q=0$)
		• 한 기업이 선도자, 다른 기업이 추종자일 때의 생산량
		  ┌ 슈타켈버그모형의 생산량 : 완전경쟁 생산량의 $\frac{3}{4}\left(=\frac{1}{2}+\frac{1}{4}\right)$
		  └ 선도자 : 완전경쟁의 $\frac{1}{2}$, 추종자 : 완전경쟁의 $\frac{1}{4}$
		• 두 기업이 모두 선도자가 되려고 하면 균형이 달성되지 않음
		  → 슈타켈버그 불균형(슈타켈버그 전쟁 상태)

가격 결정모형	베르뜨랑 모형	• 각 기업은 상대기업의 가격을 주어진 것으로 보고 자신의 가격을 결정함
		  → 두 기업 모두 추종자(follower)로서 행동
		  → 두 기업 모두 가격의 추측된 변화가 0이라고 가정($CV_P=0$)
		• 순수과점의 경우(동질적 재화)
		  → 균형에서 $P=MC$ 성립 : 자원배분이 효율적(완전경쟁과 동일)
		  → 베르뜨랑모형의 생산량=완전경쟁 생산량
		• 차별과점의 경우(이질적 재화)
		  → 두 기업의 반응곡선이 교차하는 점에서 균형이 달성됨

	굴절수요 곡선모형	• 한 기업이 가격을 인상하면 상대기업은 가격을 그대로 유지하고, 한 기업이 가격을 인하하면 상대기업도 가격을 인하함
		  → 가격인상 시에는 가격의 추측된 변화가 0이나($CV_P=0$), 가격인하 시에는 가격의 추측된 변화가 0보다 크다고 가정 ($CV_P>0$)
		  ┌ 가격인상 시 : 판매량 대폭 감소(탄력적인 수요곡선)
		  └ 가격인하 시 : 판매량 소폭 증가(비탄력적인 수요곡선)
		• 과점시장에서의 가격의 경직성을 설명함

상호협조모형

구 분	내 용
카르텔이론 (완전담합)	• 과점기업들이 완전담합을 통해 독점기업처럼 행동하는 것 • 카르텔의 이윤극대화 조건 … 다공장독점의 경우와 동일함 $$MR = MC_1 = MC_2$$ • 카르텔의 불안정성 → 카르텔 협정을 위반하면 더 많은 초과이윤이 발생할 가능성이 높기 때문에 카르텔은 본질적으로 붕괴될 위험을 지님(용의자의 딜레마)
가격선도이론 (불완전담합)	• 선도기업이 가격을 결정하면, 추종기업(군소기업)은 그 가격을 그대로 따르게 됨 → 선도기업이 되는 것은 시장점유율이 높은 기업(지배적 기업)이나 비용조건이 유리한 기업(효율적 기업)임 ┌ 선도기업 : 독점기업처럼 $MR = MC$인 점에서 생산량과 가격 결정 └ 추종기업 : 결정된 가격을 주어진 것으로 보고 자신의 생산량 결정

 기타 행동원리

구 분	내 용
비용할증 가격설정	• 한계수입과 한계비용을 정확히 계산하기 어려우므로 평균비용(AC)에 일정한 마진율(m)을 부가하여 가격 설정(풀코스트원리, 마크업가격설정) $$P = AC(1+m)$$ • 평균비용을 기준으로 가격 산정 → 가격의 경직성
진입저지 가격설정	• 과점기업이 신규기업의 진입을 막기 위해 현재의 초과이윤의 상당 부분을 포기하면서까지 가격을 충분히 낮게 설정
경합시장 이론	• 경합시장 : 진입장벽과 퇴출장벽이 존재하지 않는 시장 • 진입과 퇴출이 자유롭다면 소수의 기업만 존재하더라도 완전경쟁시장과 같이 자원배분의 효율성이 달성될 수 있음($P = AC = MC$)

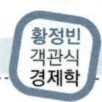

2018 | 공인회계사 상 중 하

두 기업 A, B만이 존재하는 복점시장의 수요가 $y=10-p$로 주어져 있다. 두 기업의 한계비용이 1일 때 다음 중 옳지 않은 것은?

① 두 기업이 완전경쟁적으로 행동한다면 시장공급량은 9이다.
② 두 기업이 꾸르노경쟁(Cournot competition)을 한다면 시장공급량은 6이다.
③ 기업 A가 선도자, 기업 B가 추종자로서 슈타켈베르그경쟁(Stackelberg competition)을 한다면 시장공급량은 6.25이다.
④ 두 기업이 카르텔을 형성하여 독점기업처럼 행동한다면 시장공급량은 4.5이다.
⑤ 두 기업이 베르뜨랑경쟁(Bertrand competition)을 한다면 시장공급량은 9이다.

① |○| 완전경쟁시장의 균형에서는 $P=MC$가 성립한다. 수요함수가 $p=10-y$이고, 한계비용이 $MC=1$이므로 시장공급량은 $y=9$이다.

② |○| 두 기업의 비용조건이 동일할 때 꾸르노모형의 균형생산량은 완전경쟁 생산량의 $\frac{2}{3}$이므로 시장공급량은 $y=6$이다.

③ |×| 슈타켈버그모형에서 선도자의 생산량은 완전경쟁 생산량의 $\frac{1}{2}$, 추종자의 생산량은 완전경쟁 생산량의 $\frac{1}{4}$이다. 즉, 슈타켈버그모형의 균형생산량은 완전경쟁 생산량의 $\frac{3}{4}$이므로 시장공급량은 $y=6.75$이다.

④ |○| 수요곡선이 우하향의 직선이고 한계비용이 일정한 경우 독점의 생산량은 완전경쟁 생산량의 $\frac{1}{2}$이므로 두 기업이 카르텔을 결성하여 독점기업처럼 행동한다면 시장공급량은 $y=4.5$이다.

⑤ |○| 베르뜨랑모형의 균형생산량은 완전경쟁 생산량과 동일하므로 시장공급량은 $y=9$이다.

2018 | 공인노무사 상 중 하

꾸르노(Cournot)경쟁을 하는 복점시장에서 역수요함수는 $P=18-q_1-q_2$이다. 두 기업의 비용구조는 동일하며 고정비용 없이 한 단위당 생산비용은 6일 때, 기업1의 균형가격과 균형생산량은? (단, P는 가격, q_1은 기업1의 생산량, q_2는 기업2의 생산량이다.)

① $P=10$, $q_1=2$
② $P=10$, $q_1=4$
③ $P=14$, $q_1=4$
④ $P=14$, $q_1=8$
⑤ $P=14$, $q_1=10$

풀이 1)

ⅰ) 복점시장에서 시장전체의 생산량은 두 기업의 생산량을 합한 것과 동일하므로($Q = q_1 + q_2$) 수요함수는 $P = 18 - Q$이다. 고정비용이 없고 평균비용(단위당 생산비용)이 6으로 일정하면 한계비용도 6으로 일정하다($MC = AC = 6$).

ⅱ) 수요함수가 $P = 18 - Q$이고, 한계비용이 $MC = 6$이므로 $P = MC$에 의해 완전경쟁일 때의 생산량은 $Q = 12$가 된다.
- $P = MC \to 18 - Q = 6 \quad \therefore Q = 12$

ⅲ) 두 기업의 비용조건이 동일할 때 꾸르노균형에서 개별기업의 생산량은 완전경쟁 생산량의 $\frac{1}{3}$이므로 각 기업의 생산량은 $q_1 = q_2 = 4$이고, 시장전체의 생산량은 $Q = 8$이다.

ⅳ) $Q = 8$을 수요함수에 대입하면 균형가격은 $P = 10$으로 계산된다.

풀이 2)

ⅰ) 수요함수가 $P = a - bQ$이고, 두 기업의 한계비용(MC)이 동일할 때 꾸르노균형에서 각 기업의 생산량은 다음과 같다.
- $q_1 = q_2 = \dfrac{a - MC}{3b}$

ⅱ) 수요함수가 $P = 18 - Q$이고, 한계비용이 $MC = 6$이므로 각 기업의 생산량은 $q_1 = q_2 = 4$이고, 시장전체의 생산량은 $Q = 8$이다.
- $q_1 = q_2 = \dfrac{a - m}{3b} = \dfrac{18 - 6}{3 \times 1} = \dfrac{12}{3} = 4$

ⅲ) $Q = 8$을 수요함수에 대입하면 균형가격은 $P = 10$으로 계산된다.

ReCheck 꾸르노모형의 생산량 … 두 기업의 비용조건(한계비용)이 동일할 때

- 꾸르노모형의 생산량 : 완전경쟁 생산량의 $\dfrac{2}{3}\left(= \dfrac{1}{3} + \dfrac{1}{3}\right)$
- 완전경쟁(1) > 꾸르노모형$\left(\dfrac{2}{3}\right)$ > 독점$\left(\dfrac{1}{2}\right)$

• 수요함수가 $P = a - bQ$이고, 두 기업의 한계비용이 $MC = m$으로 동일할 때

$$q_1 = q_2 = \dfrac{a - m}{3b}$$

정답 01. ③ 02. ②

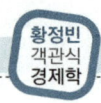

03 [2012 | 국회직 8급] 상 중 하

A, B 두 기업이 존재하는 어떤 과점시장의 시장수요곡선은 $P = a - b(q_A + q_B)$ 이다. 여기서 a, b는 상수이고 P는 가격, q_A는 A기업의 생산량, q_B는 B기업의 생산량이다. 이 시장이 꾸르노(cournot)모형에서 달성되는 균형 상태일 때 나타날 수 있는 현상에 대한 다음 설명 중 옳은 것은? (단, 각 기업의 생산비는 0이라고 가정한다.)

① 시장가격은 $\dfrac{2a}{3}$ 이다. ② 시장거래량은 $\dfrac{2}{3b}$ 이다.

③ 각 기업의 생산량은 $\dfrac{a}{3b}$ 이다. ④ A기업의 생산량은 $\dfrac{a}{3}$ 이다.

⑤ B기업의 생산량은 $\dfrac{b}{3}$ 이다.

ⅰ) 수요함수가 $P = a - bQ$이고, 한계비용이 $MC = 0$이므로 $P = MC$에 의해 완전경쟁일 때의 생산량은 $Q = \dfrac{a}{b}$ 가 된다.

- $P = MC \rightarrow a - bQ = 0$ ∴ $Q = \dfrac{a}{b}$

ⅱ) 두 기업의 비용조건이 동일할 때 꾸르노균형에서 개별기업의 생산량은 완전경쟁 생산량의 $\dfrac{1}{3}$ 이므로 각 기업의 생산량은 $q_A = q_B = \dfrac{a}{3b}$ 이고, 시장전체의 생산량은 $Q = \dfrac{2a}{3b}$ 이다.

ⅲ) $Q = \dfrac{2a}{3b}$ 를 수요함수에 대입하면 균형가격은 $P = \dfrac{a}{3}$ 로 계산된다.

🔍 수요함수가 $P = a - bQ$이고, 한계비용이 $MC = 0$이므로 각 기업의 생산량은 $q_A = q_B = \dfrac{a - m}{3b} = \dfrac{a}{3b}$ 이고, 시장전체의 생산량은 $Q = \dfrac{2a}{3b}$ 이다. $Q = \dfrac{2a}{3b}$ 를 수요함수에 대입하면 균형가격은 $P = \dfrac{a}{3}$ 로 계산된다.

04

2018 | 국회직 8급

꾸르노(Cournot) 복점기업 1과 2의 수요함수가 $P = 10 - (Q_1 + Q_2)$이고 생산비용은 0일 때, 다음 설명 중 옳지 않은 것은? (단, P는 시장가격, Q_1은 기업 1의 산출량, Q_2는 기업 2의 산출량이다.)

① 기업 1의 한계수입곡선은 $MR_1 = 10 - 2Q_1 - Q_2$이다.

② 기업 1의 반응함수는 $Q_1 = 5 - \dfrac{1}{2}Q_2$이다.

③ 기업 1의 꾸르노 균형산출량은 $Q_1 = \dfrac{10}{3}$이다.

④ 산업전체의 산출량은 $Q = \dfrac{20}{3}$이다.

⑤ 꾸르노 균형산출량에서 균형가격은 $P = \dfrac{20}{3}$이다.

해설

①, ② |○| 수요함수가 $P = 10 - (Q_1 + Q_2)$이므로 각 기업의 한계수입함수는 다음과 같다.
- $TR_1 = (10 - Q_1 - Q_2) \times Q_1 = 10Q_1 - Q_1^2 - Q_1Q_2 \rightarrow MR_1 = 10 - 2Q_1 - Q_2$
- $TR_2 = (10 - Q_1 - Q_2) \times Q_2 = 10Q_2 - Q_2^2 - Q_1Q_2 \rightarrow MR_2 = 10 - 2Q_2 - Q_1$

생산비용이 0이므로 한계비용이 $MC = 0$이고, 이윤극대화 조건 $MR = MC$에 의해 각 기업의 반응함수는 다음과 같이 도출된다.
- $MR_1 = MC_1 \rightarrow 10 - 2Q_1 - Q_2 = 0 \;\therefore\; Q_1 = 5 - \dfrac{1}{2}Q_2$
- $MR_2 = MC_2 \rightarrow 10 - 2Q_2 - Q_1 = 0 \;\therefore\; Q_2 = 5 - \dfrac{1}{2}Q_1$

③, ④ |○|, ⑤ |×| 두 기업의 반응함수를 연립해서 풀면 각 기업의 생산량은 $Q_1 = \dfrac{10}{3}$, $Q_2 = \dfrac{10}{3}$이고, 시장전체의 생산량은 $Q = \dfrac{20}{3}$이다. $Q = \dfrac{20}{3}$을 수요함수 $P = 10 - Q$에 대입하면 균형가격은 $P = \dfrac{10}{3}$으로 계산된다.

05 | 2017 공인회계사 | 상 중 하

동일한 상품을 생산하는 기업 1과 기업 2가 경쟁하는 복점시장을 가정하자. 시장수요함수는 $Q = 70 - P$이다. 두 기업은 모두 고정비용이 없으며, 한계비용은 10이다. 이윤을 극대화하는 두 기업에 대한 다음 설명 중 옳지 않은 것은? (단, P는 시장가격, $Q = q_1 + q_2$, 그리고 q_1은 기업 1의 생산량, q_2는 기업 2의 생산량이다.)

① 꾸르노모형(Cournot model)에서 기업 1의 반응함수는 $q_1 = 30 - 0.5q_2$이고, 기업 2의 반응함수는 $q_2 = 30 - 0.5q_1$이다.
② 꾸르노모형의 균형에서 각 기업의 생산량은 20이며, 각 기업의 이윤은 400이다.
③ 두 기업이 담합을 하는 경우, 꾸르노모형의 균형에서보다 각 기업의 이윤이 증가하며 소비자후생은 감소한다.
④ 기업 1이 선도자로 생산량을 결정하는 슈타켈버그모형(Stackelberg model)의 균형에서는 기업 1의 생산량이 기업 2의 생산량의 2배이다.
⑤ 기업 1이 선도자로 생산량을 결정하는 슈타켈버그모형의 균형에서는 꾸르노모형의 균형에서보다 전체 생산량이 감소하고 소비자후생이 감소한다.

해설

①, ② |○| 시장전체의 생산량이 $Q = q_1 + q_2$이므로 수요함수는 $P = 70 - (q_1 + q_2)$이다. 고정비용이 없고 한계비용이 10으로 일정하면 평균비용도 10으로 일정하다($MC = AC = 10$). 따라서 각 기업의 이윤함수는 다음과 같다.

- $\pi_1 = TR_1 - TC_1 = (70q_1 - q_1^2 - q_1q_2) - 10q_1 = 60q_1 - q_1^2 - q_1q_2$
- $\pi_2 = TR_2 - TC_2 = (70q_2 - q_2^2 - q_1q_2) - 10q_2 = 60q_2 - q_2^2 - q_1q_2$

각 기업의 이윤함수를 q에 대해 미분한 후 0으로 두면 각 기업의 반응함수는 다음과 같이 도출된다.

- $\dfrac{\Delta \pi_1}{\Delta q_1} = 60 - 2q_1 - q_2 = 0 \therefore q_1 = 30 - 0.5q_2$
- $\dfrac{\Delta \pi_2}{\Delta q_2} = 60 - 2q_2 - q_1 = 0 \therefore q_2 = 30 - 0.5q_1$

두 기업의 반응함수를 연립해서 풀면 각 기업의 생산량은 $q_1 = 20$, $q_2 = 20$으로 계산된다. $q_1 = 20$, $q_2 = 20$을 각 기업의 이윤함수에 대입하면 두 기업 모두 400의 이윤을 얻는다는 것을 알 수 있다.

③ |○| 두 기업이 담합을 하여 독점기업처럼 행동한다면 꾸르노균형에서보다 각 기업의 이윤이 증가하지만, 생산량은 더 적고 가격은 더 높으므로 소비자후생이 감소한다.

④ |○|, ⑤ |×| 수요함수가 $P = 70 - Q$이고, 한계비용이 $MC = 10$이므로 $P = MC$에 의해 완전경쟁일 때의 생산량은 $Q = 60$이 된다. 슈타켈버그모형에서 선도자(기업 1)의 생산량은 완전경쟁 생산량의 $\dfrac{1}{2}$, 추종자(기업 2)의 생산량은 완전경쟁 생산량의 $\dfrac{1}{4}$이므로 각 기업의 생산량은 $q_1 = 30$, $q_2 = 15$이고, 시장전체의 생산량은 $Q = 45$로 꾸르노모형의 균형생산량($Q = 40$)보다 많다. 한편, $Q = 45$를 수요함수에 대입하면 균형가격은 $P = 25$로 꾸르노모형의 균형가격($P = 30$)보다 낮다. 결국, 슈타켈버그균형에서는 꾸르노균형에서보다 생산량은 더 많고 가격은 더 낮으므로 소비자후생이 증가한다.

06

[2017 | 지방직 7급]

동일 제품을 생산하는 복점기업 A사와 B사가 직면한 시장수요곡선은 $P=50-5Q$이다. A사와 B사의 비용함수는 각각 $C_A(Q_A) = 20+10Q_A$ 및 $C_B(Q_B) = 10+15Q_B$이다. 두 기업이 비협조적으로 행동하면서 이윤을 극대화하는 쿠르노 모형을 가정할 때, 두 기업의 균형생산량은? (단, Q는 A기업 생산량(Q_A)과 B기업 생산량(Q_B)의 합이다.)

	Q_A	Q_B		Q_A	Q_B
①	2	2.5	②	2.5	2
③	3	2	④	3	4

해설

풀이 1)

두 기업의 비용조건이 동일할 때 쿠르노모형의 균형생산량은 완전경쟁 생산량의 $\frac{2}{3}$이다. 그러나 두 기업의 비용조건이 다를 때는 각 기업의 반응함수를 도출하여 균형생산량을 구해야 한다.

ⅰ) 시장전체의 생산량이 $Q = Q_A + Q_B$이므로 수요함수는 $P = 50 - 5(Q_A + Q_B)$이다. 따라서 각 기업의 한계수입은 다음과 같다.

- $TR_A = P \times Q_A = 50Q_A - 5Q_A^2 - 5Q_AQ_B \rightarrow MR_A = 50 - 10Q_A - 5Q_B$
- $TR_B = P \times Q_B = 50Q_B - 5Q_B^2 - 5Q_AQ_B \rightarrow MR_B = 50 - 10Q_B - 5Q_A$

ⅱ) A기업의 한계비용은 $MC_A = 10$이고, B기업의 한계비용은 $MC_B = 15$이므로 이윤극대화 조건 $MR = MC$에 의해 각 기업의 반응함수는 다음과 같이 도출된다.

- $MR_A = MC_A \rightarrow 50 - 10Q_A - 5Q_B = 10 \therefore Q_A = 4 - \frac{1}{2}Q_B$
- $MR_B = MC_B \rightarrow 50 - 10Q_B - 5Q_A = 15 \therefore Q_B = \frac{7}{2} - \frac{1}{2}Q_A$

ⅲ) 두 기업의 반응함수를 연립해서 풀면 각 기업의 생산량은 $Q_A = 3$, $Q_B = 2$로 계산된다.

풀이 2)

ⅰ) 수요함수가 $P = a - bQ$이고, 두 기업의 한계비용이 m_A와 m_B로 주어질 때 쿠르노균형에서 각 기업의 생산량은 다음과 같다.

- $Q_A = \dfrac{a - 2m_A + m_B}{3b}$, $Q_B = \dfrac{a - 2m_B + m_A}{3b}$

ⅱ) 수요함수가 $P = 50 - 5Q$이고, $MC_A = 10$, $MC_B = 15$이므로 각 기업의 생산량은 $Q_A = 3$, $Q_B = 2$로 계산된다.

- $Q_A = \dfrac{a - 2m_A + m_B}{3b} = \dfrac{50 - (2 \times 10) + 15}{3 \times 5} = \dfrac{45}{15} = 3$
- $Q_B = \dfrac{a - 2m_B + m_A}{3b} = \dfrac{50 - (2 \times 15) + 10}{3 \times 5} = \dfrac{30}{15} = 2$

정답 05. ⑤ 06. ③

> **ReCheck 꾸르노모형의 생산량 ··· 두 기업의 비용조건(한계비용)이 다를 때**
> 1. 각 기업의 반응함수를 도출하여 균형생산량을 구해야 함
>   → 각 기업의 이윤함수를 q에 대해 미분한 후 0으로 둠
>   → 각 기업의 한계수입을 구한 후 이윤극대화 조건($MR=MC$)에 대입함
> 2. 수요함수가 $P=a-bQ$이고, 두 기업의 한계비용이 m_1과 m_2로 주어질 때
>
> $$q_1 = \frac{a-2m_1+m_2}{3b}, \quad q_2 = \frac{a-2m_2+m_1}{3b}$$

07 |2011 | 지방직 7급| 상 중 하

맥주시장이 기업 1과 기업 2만 존재하는 과점 상태에 있다. 기업 1과 기업 2의 한계수입(MR)과 한계비용(MC)이 다음과 같을 때, 꾸르노(Cournot)균형에서 기업 1과 기업 2의 생산량은? (단, Q_1은 기업 1의 생산량, Q_2는 기업 2의 생산량이다.)

> 기업 1 : $MR_1 = 32 - 2Q_1 - Q_2$, $MC_1 = 6$
> 기업 2 : $MR_2 = 32 - Q_1 - 2Q_2$, $MC_2 = 4$

① (6, 15) ② (8, 10)
③ (9, 18) ④ (12, 6)

두 기업의 비용조건이 동일할 때 꾸르노모형의 균형생산량은 완전경쟁 생산량의 $\frac{2}{3}$이다. 그러나 두 기업의 비용조건이 다를 때는 각 기업의 반응함수를 도출하여 균형생산량을 구해야 한다.
ⅰ) 이윤극대화 조건 $MR=MC$에 의해 각 기업의 반응함수는 다음과 같이 도출된다.
- $MR_1 = MC_1 \to 32 - 2Q_1 - Q_2 = 6$ ∴ $Q_1 = 13 - \frac{1}{2}Q_2$
- $MR_2 = MC_2 \to 32 - Q_1 - 2Q_2 = 4$ ∴ $Q_2 = 14 - \frac{1}{2}Q_1$

ⅱ) 두 기업의 반응함수를 연립해서 풀면 각 기업의 생산량은 $Q_1 = 8$, $Q_2 = 10$으로 계산된다.

08

| 2011 | 공인회계사 | 상 중 하

수요함수가 $q = 10 - p$로 주어진 생산물시장에서 두 기업 1과 2가 꾸르노경쟁(Cournot competition)을 하고 있다. 기업 1의 비용함수는 $c_1(q_1) = 3q_1$이고 기업 2의 비용함수는 $c_2(q_2) = 2q_2$라 할 때, 다음 설명 중 옳은 것은? (단, p는 시장가격, q는 시장생산량, q_i는 기업 i의 생산량이다. $i = 1, 2$)

① 균형에서 시장생산량은 5이다.
② 균형에서 기업 1의 생산량은 기업 2의 생산량의 절반이다.
③ 만약 기업 1이 독점기업이면 시장생산량은 4이다.
④ 만약 두 기업이 완전경쟁기업으로 행동한다면 시장생산량은 6이다.
⑤ 만약 두 기업이 베르뜨랑경쟁(Bertrand competition)을 한다면 기업 1이 모든 시장수요를 차지할 것이다.

해설

① |O|, ② |×| 두 기업의 비용조건이 다를 때는 각 기업의 반응함수를 도출하여 균형생산량을 구해야 한다. 시장전체의 생산량이 $Q = q_1 + q_2$이므로 수요함수는 $P = 10 - (q_1 + q_2)$이다. 따라서 각 기업의 한계수입은 다음과 같다.

- $TR_1 = (10 - q_1 - q_2) \times q_1 = 10q_1 - q_1^2 - q_1q_2 \rightarrow MR_1 = 10 - 2q_1 - q_2$
- $TR_2 = (10 - q_1 - q_2) \times q_2 = 10q_2 - q_2^2 - q_1q_2 \rightarrow MR_2 = 10 - 2q_2 - q_1$

기업 1의 한계비용은 $MC_1 = 3$이고, 기업 2의 한계비용은 $MC_2 = 2$이므로 이윤극대화 조건 $MR = MC$에 의해 각 기업의 반응함수는 다음과 같이 도출된다.

- $MR_1 = MC_1 \rightarrow 10 - 2q_1 - q_2 = 3 \therefore q_1 = \frac{7}{2} - \frac{1}{2}q_2$
- $MR_2 = MC_2 \rightarrow 10 - 2q_2 - q_1 = 2 \therefore q_2 = 4 - \frac{1}{2}q_1$

두 기업의 반응함수를 연립해서 풀면 각 기업의 생산량은 $q_1 = 2$, $q_2 = 3$으로 계산된다. 따라서 시장전체의 생산량은 $Q = 5$이다.

수요함수가 $P = 10 - Q$이고, $MC_1 = 3$, $MC_2 = 2$이므로 각 기업의 생산량은 $q_1 = 2$, $q_2 = 3$이고, 시장전체의 생산량은 $Q = 5$이다.

- $q_1 = \frac{a - 2m_1 + m_2}{3b} = \frac{10 - (2 \times 3) + 2}{3 \times 1} = \frac{6}{3} = 2$
- $q_2 = \frac{a - 2m_2 + m_1}{3b} = \frac{10 - (2 \times 2) + 3}{3 \times 1} = \frac{9}{3} = 3$

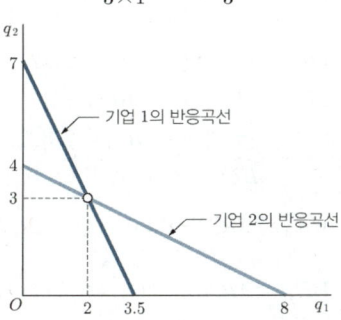

07. ② 08. ①

③ |×| 기업 1이 독점기업이라면 생산량은 $MR = MC$인 점에서 결정될 것이다. 수요함수가 $P = 10 - Q$이므로 한계수입은 $MR = 10 - 2Q$이고, 한계비용은 $MC = 3$이므로 이윤극대화 조건 $MR = MC$에 의해 시장생산량은 $Q = 3.5$가 된다.
  • $MR = MC \to 10 - 2Q = 3 \therefore Q = 3.5$

④ |×| 두 기업이 완전경쟁기업으로 행동한다면 한계비용이 낮은 기업 2만 생산을 할 것이므로 시장가격이 $P = MC_2 = 2$가 된다. $P = 2$를 수요함수 $P = 10 - Q$에 대입하면 시장생산량은 $Q = 8$이 된다.

⑤ |×| 두 기업이 베르뜨랑경쟁을 한다면 한계비용이 낮은 기업 2가 모든 시장수요를 차지하게 될 것이다.

09

[2018 | 국회직 8급] 상 중 하

어떤 국가의 통신시장은 2개의 기업(A와 B)이 복점의 형태로 수량경쟁을 하며 공급을 담당하고 있다. 기업 A의 한계비용은 $MC_A = 2$, 기업 B의 한계비용은 $MC_B = 4$이고, 시장수요곡선은 $P = 36 - 2Q$이다. 다음 설명 중 옳은 것을 〈보기〉에서 모두 고르면? (단, P는 시장가격, Q는 시장의 총공급량이다.)

─── 보기 ───
ㄱ. 균형 상태에서 기업 A의 생산량은 6이고 기업 B의 생산량은 4이다.
ㄴ. 균형가격은 14이다.
ㄷ. 균형 상태에서 이 시장의 사회후생은 243이다.
ㄹ. 균형 상태에서 이 시장의 소비자잉여는 100이다.
ㅁ. 균형 상태에서 이 시장의 생산자잉여는 122이다.

① ㄱ, ㄹ
② ㄴ, ㄷ
③ ㄱ, ㄹ, ㅁ
④ ㄴ, ㄷ, ㅁ
⑤ ㄴ, ㄹ, ㅁ

ㄱ. |×| 두 기업의 비용조건이 다를 때는 각 기업의 반응함수를 도출하여 균형생산량을 구해야 한다. 시장전체의 생산량이 $Q = Q_A + Q_B$이므로 수요함수는 $P = 36 - 2(Q_A + Q_B)$이다. 따라서 각 기업의 한계수입은 다음과 같다.
  • $TR_A = P \times Q_A = 36Q_A - 2Q_A^2 - 2Q_AQ_B \to MR_A = 36 - 4Q_A - 2Q_B$
  • $TR_B = P \times Q_B = 36Q_B - 2Q_B^2 - 2Q_AQ_B \to MR_B = 36 - 4Q_B - 2Q_A$

기업 A의 한계비용은 $MC_A = 2$이고, 기업 B의 한계비용은 $MC_B = 4$이므로 이윤극대화 조건 $MR = MC$에 의해 각 기업의 반응함수는 다음과 같이 도출된다.

  • $MR_A = MC_A \to 36 - 4Q_A - 2Q_B = 2 \therefore Q_A = \dfrac{17}{2} - \dfrac{1}{2}Q_B$

  • $MR_B = MC_B \to 36 - 4Q_B - 2Q_A = 4 \therefore Q_B = 8 - \dfrac{1}{2}Q_A$

두 기업의 반응함수를 연립해서 풀면 각 기업의 생산량은 $Q_A=6$, $Q_B=5$로 계산된다.
 수요함수가 $P=36-2Q$이고, $MC_A=2$, $MC_B=4$이므로 각 기업의 생산량은 $Q_A=6$, $Q_B=5$이다.

- $Q_A = \dfrac{a-2m_A+m_B}{3b} = \dfrac{36-(2\times2)+4}{3\times2} = \dfrac{36}{6} = 6$
- $Q_B = \dfrac{a-2m_B+m_A}{3b} = \dfrac{36-(2\times4)+2}{3\times2} = \dfrac{30}{6} = 5$

ㄴ. |○| 각 기업의 생산량이 $Q_A=6$, $Q_B=5$이므로 시장전체의 생산량은 $Q=11$이다. $Q=11$을 수요함수 $P=36-2Q$에 대입하면 균형가격은 $P=14$가 된다.

ㄹ. |×| 소비자잉여는 수요곡선과 가격 사이의 면적에 해당하므로 121이다.

- 소비자잉여 $= \dfrac{1}{2} \times (36-P) \times Q = \dfrac{1}{2} \times 22 \times 11 = 121$

ㅁ. |○| 각 기업의 생산자잉여는 가격과 각 기업의 한계비용 사이의 면적에 해당하므로 다음과 같다.

- 기업 A의 생산자잉여 $=(P-MC_A) \times Q_A = 12 \times 6 = 72$
- 기업 B의 생산자잉여 $=(P-MC_B) \times Q_B = 10 \times 5 = 50$

따라서 시장전체의 생산자잉여는 122이다.

ㄷ. |○| 소비자잉여가 121, 생산자잉여가 122이므로 시장전체의 총잉여(사회후생)는 243이다.

10 [2013 | 공인회계사] 상 중 하

기업 1과 기업 2가 동질적 생산물시장에서 각자 자신의 생산량 q_1과 q_2를 동시에 선택하는 꾸르노경쟁을 상정하자. 시장수요함수는 $q=12-p$이며 기업 1의 비용함수는 $c_1(q_1)=\alpha q_1$이고 기업 2의 비용은 0이다($0<\alpha<6$). 다음 설명 중 옳은 것은? (단, p는 시장가격이고 $q=q_1+q_2$는 시장생산량이다.)

① 균형에서 기업 2의 시장점유율은 기업 1의 시장점유율보다 높다.
② 기업 1의 한계비용이 상승하면, 균형에서 시장가격은 상승하고 기업 1과 기업 2의 생산량은 모두 감소한다.
③ 기업 1의 한계비용이 상승하면, 균형에서 기업 2의 이윤은 감소한다.
④ 만약 고비용 기업인 기업 1이 시장에서 철수한다면 향후 균형시장가격은 하락한다.
⑤ 두 기업이 생산량경쟁 대신 동시에 각자의 가격을 정하는 가격경쟁을 시행한다면, 균형시장가격은 기업 2의 한계비용인 0까지 하락한다.

 i) 두 기업의 비용조건이 다를 때는 각 기업의 반응함수를 도출하여 균형생산량을 구해야 한다. 시장전체의 생산량이 $Q=q_1+q_2$이므로 수요함수는 $P=12-(q_1+q_2)$이다. 따라서 각 기업의 한계수입은 다음과 같다.

- $TR_1 = (12-q_1-q_2) \times q_1 = 12q_1 - q_1^2 - q_1q_2 \rightarrow MR_1 = 12-2q_1-q_2$
- $TR_2 = (12-q_1-q_2) \times q_2 = 12q_2 - q_2^2 - q_1q_2 \rightarrow MR_2 = 12-2q_2-q_1$

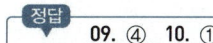
09. ④ 10. ①

ii) 기업 1의 한계비용은 $MC_1 = \alpha$이고, 기업 2의 한계비용은 $MC_2 = 0$이므로 이윤극대화 조건 $MR = MC$에 의해 각 기업의 반응함수는 다음과 같이 도출된다.

- $MR_1 = MC_1 \rightarrow 12 - 2q_1 - q_2 = \alpha \quad \therefore q_1 = \dfrac{12-\alpha}{2} - \dfrac{1}{2}q_2$
- $MR_2 = MC_2 \rightarrow 12 - 2q_2 - q_1 = 0 \quad \therefore q_2 = 6 - \dfrac{1}{2}q_1$

iii) 두 기업의 반응함수를 연립해서 풀면 각 기업의 생산량은 $q_1 = 4 - \dfrac{2}{3}\alpha$, $q_2 = 4 + \dfrac{1}{3}\alpha$이고, 시장전체의 생산량은 $Q = 8 - \dfrac{1}{3}\alpha$이다. $Q = 8 - \dfrac{1}{3}\alpha$를 수요함수에 대입하면 균형가격은 $P = 4 + \dfrac{1}{3}\alpha$로 계산된다.

🔍 수요함수가 $P = 12 - Q$이고, $MC_1 = \alpha$, $MC_2 = 0$이므로 각 기업의 생산량은 $q_1 = 4 - \dfrac{2}{3}\alpha$, $q_2 = 4 + \dfrac{1}{3}\alpha$이다.

- $q_1 = \dfrac{a - 2m_1 + m_2}{3b} = \dfrac{12 - (2 \times \alpha) + 0}{3 \times 1} = \dfrac{12 - 2\alpha}{3} = 4 - \dfrac{2}{3}\alpha$
- $q_2 = \dfrac{a - 2m_2 + m_1}{3b} = \dfrac{12 - (2 \times 0) + \alpha}{3 \times 1} = \dfrac{12 + \alpha}{3} = 4 + \dfrac{1}{3}\alpha$

① |○| $\alpha > 0$일 때 $q_1 = 4 - \dfrac{2}{3}\alpha < q_2 = 4 + \dfrac{1}{3}\alpha$이므로 기업 2의 생산량이 기업 1의 생산량보다 많다. 따라서 기업 2의 시장점유율이 기업 1의 시장점유율보다 높다.

② |×| 기업 1의 한계비용인 α가 커지면 기업 1의 생산량 $q_1 = 4 - \dfrac{2}{3}\alpha$는 감소하고, 기업 2의 생산량 $q_2 = 4 + \dfrac{1}{3}\alpha$는 증가하며, 균형가격 $P = 4 + \dfrac{1}{3}\alpha$는 상승한다.

③ |×| 기업 1의 한계비용인 α가 커지면 기업 2의 생산량이 증가하고, 균형가격이 상승하므로 기업 2의 총수입 및 이윤은 증가한다.

④ |×| $0 < \alpha < 6$이므로 꾸르노경쟁을 할 때의 균형가격은 $4 < P = 4 + \dfrac{1}{3}\alpha < 6$이다. 이제, 고비용 기업인 기업 1이 시장에서 철수하면 기업 2가 모든 시장수요를 차지하게 되므로 시장구조가 독점으로 바뀌고, 기업 2의 생산량은 $MR = MC$인 점에서 결정될 것이다. 수요함수가 $P = 12 - Q$이므로 한계수입은 $MR = 12 - 2Q$이고, 한계비용은 $MC = 0$이므로 이윤극대화 조건 $MR = MC$에 의해 생산량은 $Q = 6$이 된다. $Q = 6$을 수요함수에 대입하면 균형가격은 $P = 6$으로 계산된다.

- $MR = MC \rightarrow 12 - 2Q = 0 \quad \therefore Q = 6$

그러므로 기업 1이 시장에서 철수하여 시장구조가 독점으로 바뀌면 가격은 상승하고 생산량은 감소하게 될 것이다.

⑤ |×| 두 기업이 동시에 가격을 정하는 가격경쟁을 할 경우, 가격이 기업 1의 한계비용인 α보다 약간이라도 낮아지면 기업 1은 시장에서 철수할 것이다. 즉, 한계비용이 0인 기업 2가 α보다 약간 낮은 수준에서 가격을 설정하면 기업 2가 모든 시장수요를 차지하게 되므로 균형가격은 $0 < P < \alpha$ 사이에서 결정될 것이다.

11

`2017 | 국회직 8급` 상 중 하

두 기업이 슈타켈버그(Stackelberg)모형에 따라 행동할 때, 시장수요곡선이 $P = 50 - Q_1 - Q_2$, 개별기업의 한계비용이 0으로 동일하다고 가정하자(단, P는 시장가격, Q_1은 기업 1의 산출량, Q_2는 기업 2의 산출량). 기업 1은 선도자로, 기업 2는 추종자로 행동하는 경우 달성되는 슈타켈버그균형 상태에 있을 때, 〈보기〉의 설명 중에서 옳은 것을 모두 고르면?

─┤ 보기 ├─

ㄱ. 기업 1의 생산량은 기업 2의 생산량의 2배이다.
ㄴ. 시장가격은 12.5이다.
ㄷ. 시장거래량은 25보다 크다.
ㄹ. 기업 1의 이윤은 기업 2의 이윤의 1.5배이다.

① ㄱ, ㄷ
② ㄴ, ㄷ
③ ㄱ, ㄴ, ㄷ
④ ㄱ, ㄴ, ㄹ
⑤ ㄱ, ㄷ, ㄹ

해설

Tip. 슈타켈버그모형에서 선도자의 생산량은 완전경쟁 생산량의 $\frac{1}{2}$, 추종자의 생산량은 완전경쟁 생산량의 $\frac{1}{4}$이다.

ⅰ) 시장전체의 생산량이 $Q = Q_1 + Q_2$이므로 수요함수는 $P = 50 - Q$이고, 한계비용이 $MC = 0$이므로 $P = MC$에 의해 완전경쟁일 때의 생산량은 $Q = 50$이 된다.
  • $P = MC \to 50 - Q = 0 \therefore Q = 50$

ⅱ) 슈타켈버그모형에서 선도자(기업 1)의 생산량은 완전경쟁 생산량의 $\frac{1}{2}$, 추종자(기업 2)의 생산량은 완전경쟁 생산량의 $\frac{1}{4}$이므로 각 기업의 생산량은 $Q_1 = 25$, $Q_2 = 12.5$이고, 시장전체의 생산량은 $Q = 37.5$이다. $Q = 37.5$를 수요함수에 대입하면 균형가격은 $P = 12.5$로 계산된다.

ㄱ. |○| $Q_1 = 25$, $Q_2 = 12.5$이므로 기업 1의 생산량은 기업 2의 생산량의 2배이다.
ㄴ, ㄷ. |○| 시장가격은 $P = 12.5$이고, 시장거래량은 $Q = 37.5$로 25보다 크다.
ㄹ. |×| $\pi_1 = 312.5$, $\pi_2 = 156.25$이므로 기업 1의 이윤은 기업 2의 이윤의 2배이다.
  • $\pi_1 = TR_1 - TC_1 = (12.5 \times 25) - 0 = 312.5$
  • $\pi_2 = TR_2 - TC_2 = (12.5 \times 12.5) - 0 = 156.25$

정답 11. ③

12 | 2017 | 감정평가사 | 상 중 하

가격경쟁(price competition)을 하는 두 기업의 한계비용은 각각 0이다. 각 기업의 수요함수가 다음과 같을 때, 베르뜨랑(Bertrand) 균형가격 P_1, P_2는? (단, Q_1은 기업 1의 생산량, Q_2는 기업 2의 생산량, P_1은 기업 1의 상품가격, P_2는 기업 2의 상품가격이고, 기업 1과 기업 2는 차별화된 상품을 생산한다.)

$$Q_1 = 30 - P_1 + P_2$$
$$Q_2 = 30 - P_2 + P_1$$

① 20, 20
② 20, 30
③ 30, 20
④ 30, 30
⑤ 40, 40

[해설]

차별화된 재화를 생산하는 차별과점 베르뜨랑모형에서는 $P > MC$이므로 각 기업의 반응함수를 도출하여 균형가격을 구해야 한다. 단, 꾸르노모형과 달리 베르뜨랑모형은 가격 결정모형이므로 총수입 및 이윤을 생산량(Q)이 아닌 가격(P)으로 나타내야 한다.

ⅰ) 각 기업의 생산비용이 0이므로 각 기업의 이윤함수는 다음과 같다.
- $\pi_1 = TR_1 - TC_1 = TR_1 = P_1 \times (30 - P_1 + P_2) = 30P_1 - P_1^2 + P_1 P_2$
- $\pi_2 = TR_2 - TC_2 = TR_2 = P_2 \times (30 - P_2 + P_1) = 30P_2 - P_2^2 + P_1 P_2$

ⅱ) 각 기업의 이윤함수를 P에 대해 미분한 후 0으로 두면 각 기업의 반응함수는 다음과 같이 도출된다.
- $\dfrac{\Delta \pi_1}{\Delta P_1} = 30 - 2P_1 + P_2 = 0 \therefore P_1 = 15 + \dfrac{1}{2} P_2$
- $\dfrac{\Delta \pi_2}{\Delta P_2} = 30 - 2P_2 + P_1 = 0 \therefore P_2 = 15 + \dfrac{1}{2} P_1$

ⅲ) 두 기업의 반응함수를 연립해서 풀면 각 기업의 가격은 $P_1 = 30$, $P_2 = 30$으로 계산된다.

13 | 2014 | 보험계리사 | 상 중 하

차별화된 제품을 생산하여 베르뜨랑 가격경쟁을 하는 두 기업을 고려하자. 기업 1의 수요는 $D_1 = 1 - P_1 + 0.5P_2$이고 기업 2의 수요는 $D_2 = 1 - P_2 + 0.5P_1$으로 주어져 있다. 각 기업의 생산비용은 0이라고 가정하고 내쉬균형에서 각 기업의 가격(P_1, P_2)과 이윤(π_1, π_2)을 구하시오.

① $P_1 = \dfrac{2}{3}$, $P_2 = \dfrac{2}{3}$, $\pi_1 = \dfrac{4}{9}$, $\pi_2 = \dfrac{4}{9}$

② $P_1 = \dfrac{4}{9}$, $P_2 = \dfrac{4}{9}$, $\pi_1 = \dfrac{2}{3}$, $\pi_2 = \dfrac{2}{3}$

③ $P_1 = \dfrac{2}{3}$, $P_2 = \dfrac{4}{9}$, $\pi_1 = \dfrac{4}{9}$, $\pi_2 = \dfrac{2}{3}$

④ $P_1 = \dfrac{4}{9}$, $P_2 = \dfrac{2}{3}$, $\pi_1 = \dfrac{2}{3}$, $\pi_2 = \dfrac{4}{9}$

해설

동질적인 재화를 생산하는 순수과점 베르뜨랑모형에서는 $P = MC$가 성립하므로 완전경쟁과 동일하게 자원배분의 효율성이 달성된다. 그러나 차별화된 재화를 생산하는 차별과점 베르뜨랑모형에서는 $P > MC$이므로 각 기업의 반응함수를 도출하여 균형가격을 구해야 한다. 단, 꾸르노모형과 달리 베르뜨랑모형은 가격 결정모형이므로 총수입 및 이윤을 생산량(Q)이 아닌 가격(P)으로 나타내야 한다.

ⅰ) 각 기업의 생산비용이 0이므로 각 기업의 이윤함수는 다음과 같다.
- $\pi_1 = TR_1 - TC_1 = TR_1 = P_1 \times (1 - P_1 + 0.5P_2) = P_1 - P_1^2 + 0.5P_1P_2$
- $\pi_2 = TR_2 - TC_2 = TR_2 = P_2 \times (1 - P_2 + 0.5P_1) = P_2 - P_2^2 + 0.5P_1P_2$

ⅱ) 각 기업의 이윤함수를 P에 대해 미분한 후 0으로 두면 각 기업의 반응함수는 다음과 같이 도출된다.
- $\dfrac{\Delta \pi_1}{\Delta P_1} = 1 - 2P_1 + 0.5P_2 = 0$ ∴ $P_1 = \dfrac{1}{2} + \dfrac{1}{4}P_2$
- $\dfrac{\Delta \pi_2}{\Delta P_2} = 1 - 2P_2 + 0.5P_1 = 0$ ∴ $P_2 = \dfrac{1}{2} + \dfrac{1}{4}P_1$

ⅲ) 두 기업의 반응함수를 연립해서 풀면 각 기업의 가격은 $P_1 = \dfrac{2}{3}$, $P_2 = \dfrac{2}{3}$로 계산된다.

$P_1 = \dfrac{2}{3}$, $P_2 = \dfrac{2}{3}$를 각 기업의 이윤함수에 대입하면 두 기업 모두 $\dfrac{4}{9}$의 이윤을 얻는다는 것을 알 수 있다.

- $\pi_1 = P_1 - P_1^2 + 0.5P_1P_2 = \dfrac{2}{3} - \left(\dfrac{2}{3}\right)^2 + \left(\dfrac{1}{2} \times \dfrac{2}{3} \times \dfrac{2}{3}\right) = \dfrac{4}{9}$
- $\pi_2 = P_2 - P_2^2 + 0.5P_1P_2 = \dfrac{2}{3} - \left(\dfrac{2}{3}\right)^2 + \left(\dfrac{1}{2} \times \dfrac{2}{3} \times \dfrac{2}{3}\right) = \dfrac{4}{9}$

정답 12. ④ 13. ①

14 | 2016 | 공인회계사 | 상 중 하

한 마을에 빵가게와 떡가게가 서로 경쟁하고 있다. 빵(x)과 떡(y)의 가격이 각각 p_x와 p_y일 때, 빵과 떡의 수요 q_x, q_y는 다음과 같다.

$$q_x = 9 - 2p_x + p_y \qquad\qquad q_y = 9 - 2p_y + p_x$$

빵과 떡 한 단위 생산에 각각 3의 비용이 든다. 이윤을 극대화하는 두 가게가 동시에 가격을 결정할 때, 다음 설명 중 옳은 것은?

> 가. 두 가게의 최적 대응함수(best response function)는 상대방 선택에 대해 비선형(non-linear)이다.
> 나. 두 가게의 최적 대응함수를 그리면 45°선을 기준으로 대칭이다.
> 다. 내쉬균형에서 두 가게는 모두 가격을 6으로 설정한다.
> 라. 두 가게가 담합하면 더 큰 이윤을 얻을 수 있다.

① 가, 나 ② 가, 다
③ 나, 다 ④ 나, 라
⑤ 다, 라

해설

차별화된 재화를 생산하는 차별과점 베르뜨랑모형에서는 $P > MC$이므로 각 기업의 반응함수를 도출하여 균형가격을 구해야 한다. 단, 꾸르노모형과 달리 베르뜨랑모형은 가격 결정모형이므로 총수입 및 이윤을 생산량(Q)이 아닌 가격(P)으로 나타내야 한다.

i) 빵(X)과 떡(Y) 생산에 단위당 3의 비용이 소요되므로 각 가게의 이윤함수는 다음과 같다.
- $\pi_X = P_X Q_X - 3Q_X = P_X(9 - 2P_X + P_Y) - 3(9 - 2P_X + P_Y)$
  $= 15P_X - 2P_X^2 + P_X P_Y - 3P_Y - 27$
- $\pi_Y = P_Y Q_Y - 3Q_Y = P_Y(9 - 2P_Y + P_X) - 3(9 - 2P_Y + P_X)$
  $= 15P_Y - 2P_Y^2 + P_X P_Y - 3P_X - 27$

ii) 각 가게의 이윤함수를 P에 대해 미분한 후 0으로 두면 각 가게의 반응함수는 다음과 같이 도출된다.
- $\dfrac{\Delta \pi_X}{\Delta P_X} = 15 - 4P_X + P_Y = 0 \quad \therefore P_X = \dfrac{15}{4} + \dfrac{1}{4}P_Y$
- $\dfrac{\Delta \pi_Y}{\Delta P_Y} = 15 - 4P_Y + P_X = 0 \quad \therefore P_Y = \dfrac{15}{4} + \dfrac{1}{4}P_X$

가. |×| 두 가게의 반응함수(최적대응함수)는 상대방의 선택(가격)에 대해 선형이다.
나. |○| 두 가게의 반응함수를 그림으로 나타낸 두 가게의 반응곡선은 우상향의 직선이면서 45°선을 기준으로 대칭이다.

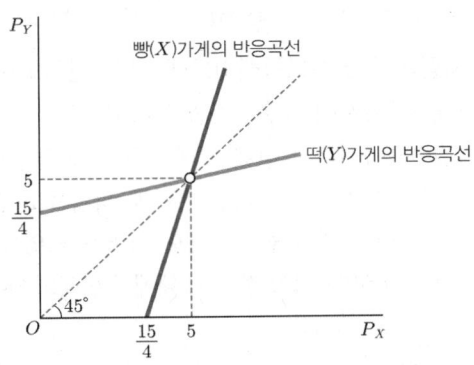

다. |×| 두 가게의 반응곡선이 교차하는 점에서 균형이 달성되므로 두 가게의 반응함수를 연립해서 풀면 각 가게의 가격은 $P_X=5$, $P_Y=5$로 계산된다.
- $P_X = \frac{15}{4} + \frac{1}{4}\left(\frac{15}{4} + \frac{1}{4}P_X\right) \rightarrow \frac{15}{16}P_X = \frac{75}{16}$ ∴ $P_X=5$, $P_Y=5$

라. |○| $P_X=5$, $P_Y=5$를 각 가게의 이윤함수에 대입하면 담합을 하기 전에는 두 가게 모두 8의 이윤을 얻는다는 것을 알 수 있다.
- $\pi_X = 15P_X - 2P_X^2 + P_XP_Y - 3P_Y - 27 = 75 - 50 + 25 - 15 - 27 = 8$
- $\pi_Y = 15P_Y - 2P_Y^2 + P_XP_Y - 3P_X - 27 = 75 - 50 + 25 - 15 - 27 = 8$

이제, 비용조건이 동일한 두 가게가 담합하여 독점기업처럼 하나의 가격(P)을 설정한다면 각 가게의 수요함수가 $Q_X=9-P$, $Q_Y=9-P$가 되므로 시장전체의 수요함수는 $Q=18-2P \rightarrow P=9-\frac{1}{2}Q$가 된다. 수요함수가 $P=9-\frac{1}{2}Q$이므로 한계수입은 $MR=9-Q$이고, 한계비용은 $MC=3$이므로 이윤극대화 조건 $MR=MC$에 의해 시장전체의 생산량은 $Q=6$이고, 각 가게의 생산량은 $Q_X=Q_Y=3$이 된다. $Q=6$을 수요함수에 대입하면 가격은 $P=6$이므로 두 가게의 이윤은 모두 9로 계산된다. 따라서 두 가게가 담합하면 더 큰 이윤을 얻을 수 있다.
- $\pi_X = PQ_X - 3Q_X = (6 \times 3) - (3 \times 3) = 9$
- $\pi_Y = PQ_Y - 3Q_Y = (6 \times 3) - (3 \times 3) = 9$

14. ④

2017 | 공인노무사

15 과점시장의 굴절수요곡선이론에 관한 설명으로 옳지 않은 것은?

① 한계수입곡선에는 불연속한 부분이 있다.
② 굴절수요곡선은 원점에 대해 볼록한 모양을 갖는다.
③ 한 기업이 가격을 내리면 나머지 기업들도 같이 내리려 한다.
④ 한 기업이 가격을 올리더라도 나머지 기업들은 따라서 올리려 하지 않는다.
⑤ 기업은 한계비용이 일정 범위 내에서 변해도 가격과 수량을 쉽게 바꾸려 하지 않는다.

해설

i) 굴절수요곡선모형은 과점시장에서의 가격의 경직성을 설명하는 이론이다. 만약 한 기업이 가격을 인상하면 나머지 기업들은 가격을 올리지 않고 그대로 유지할 것이므로 이 기업의 수요곡선은 A점 상방에서는 탄력적이다($CV_P = 0$). 반면, 이 기업이 가격을 인하하면 나머지 기업들도 따라서 가격을 내릴 것이므로 A점 하방에서는 수요곡선이 비탄력적이다($CV_P > 0$). 따라서 이 기업의 수요곡선은 A점에서 굴절하는 원점에 대해 오목한 형태가 되며, 이를 바탕으로 도출되는 한계수입곡선은 불연속적인 구간을 갖게 된다.

ii) 현재 한계수입곡선이 불연속적인 구간(구간 BC)을 지나고 있는 한계비용곡선이 원자재 가격 상승과 같은 외부 여건의 변화로 인해 상방으로 이동하더라도 구간 BC를 벗어나지 않는 한 가격과 생산량이 그대로 유지된다. 즉, 가격이 경직성을 띤다.

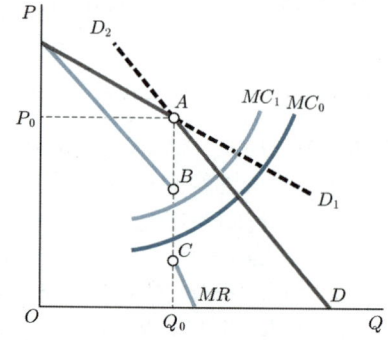

ReCheck 굴절수요곡선모형

- 한 기업이 가격을 인상하면 상대기업은 가격을 그대로 유지하고, 한 기업이 가격을 인하하면 상대기업도 가격을 인하함
  → 가격인상 시에는 가격의 추측된 변화가 0이나($CV_P = 0$), 가격인하 시에는 가격의 추측된 변화가 0보다 크다고 가정($CV_P > 0$)
  ┌ 가격인상 시 : 판매량 대폭 감소(탄력적인 수요곡선)
  └ 가격인하 시 : 판매량 소폭 증가(비탄력적인 수요곡선)
- 과점시장에서의 가격의 경직성을 설명함

16 [2012 | 국회직 8급]

카르텔에 대한 다음 설명 중 옳지 않은 것은?

① 일회적인 용의자의 딜레마 게임 상황과 같이 기본적으로 카르텔은 붕괴할 위험이 존재한다.
② 유한반복게임의 상황을 도입하더라도 여전히 카르텔의 불안정성은 제거되지 않는다.
③ 카르텔의 시장균형 조건은 한계수입과 각 기업의 한계비용의 합이 같다는 것이며 이 조건하에서 총산출량과 시장가격이 결정된다.
④ 카르텔의 시장균형 조건하에서 각 기업의 산출량은 시장점유율에 비례하여 할당되어야 한다.
⑤ 카르텔의 이윤극대화 조건은 독점시장에서의 다공장독점의 이윤극대화 조건과 동일하다.

해설 카르텔의 이윤극대화 조건은 $MR = MC_1 = MC_2$로 다공장독점기업의 이윤극대화 조건과 동일하다. 즉, 카르텔의 시장균형에서는 한계수입과 각 기업의 한계비용이 같아야 한다.

ReCheck 카르텔이론(완전담합)
- 과점기업들이 완전담합을 통해 독점기업처럼 행동하는 것
- 카르텔의 이윤극대화 조건 … 다공장독점의 경우와 동일함
$$MR = MC_1 = MC_2$$
- 카르텔의 불안정성
  → 카르텔 협정을 위반하면 더 많은 초과이윤이 발생할 가능성이 높기 때문에 카르텔은 본질적으로 붕괴될 위험을 지님(용의자의 딜레마)

17 [2015 | 국회직 8급]

두 기업 A와 B만이 존재하는 X재 시장에서 기업 A의 비용함수는 $TC^A(Q^A) = 20Q^A$이며, 기업 B의 비용함수는 $TC^B(Q^B) = 20Q^B$이다. 또한, X재 시장의 시장수요함수는 $P(Q) = 80 - Q$이다. 두 기업이 카르텔(cartel)을 형성하여 시장수요량을 반씩 나누어 갖기로 했다. 카르텔이 성공적으로 운영되었을 때 기업 A의 최적 생산량과 이윤은 각각 얼마인가? (단, TC^A는 기업 A의 총비용, TC^B는 기업 B의 총비용, Q^A는 기업 A의 X재 생산량, Q^B는 기업 B의 X재 생산량, P는 X재 가격, $Q = Q^A + Q^B$임)

① (15, 450) ② (30, 900)
③ (15, 900) ④ (30, 450)
⑤ (30, 50)

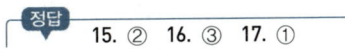
15. ② 16. ③ 17. ①

ⅰ) 두 기업이 카르텔을 결성하여 독점기업처럼 행동하면 시장전체의 생산량은 $MR=MC$인 점에서 결정된다. 수요함수가 $P=80-Q$이므로 한계수입은 $MR=80-2Q$이고, 두 기업의 한계비용이 $MC=20$으로 일정하므로 이를 수평합한 카르텔전체의 한계비용도 $MC=20$으로 일정하다.

ⅱ) 한계수입이 $MR=80-2Q$이고, 한계비용이 $MC=20$이므로 이윤극대화 조건 $MR=MC$에 의해 시장전체의 생산량은 $Q=30$이고, $Q=30$을 수요함수에 대입하면 균형가격은 $P=50$이 된다.
- $MR=MC \rightarrow 80-2Q=20 \quad \therefore Q=30$

ⅲ) 두 기업이 시장전체의 생산량을 절반씩 나눠가지므로 기업 A의 생산량은 $Q_A=15$이고, 기업 A의 이윤은 450으로 계산된다.
- $\pi_A = TR_A - TC_A = PQ_A - 20Q_A = (50 \times 15) - (20 \times 15) = 450$

18 [2017 | 서울시 7급] 상 중 하

X재의 생산자는 A와 B, 두 기업밖에 없다고 하자. X재의 시장수요함수는 $Q=32-0.5P$이고, 한계비용은 24로 일정하다. A와 B가 공모해서 독점기업처럼 이윤극대화를 하고 생산량을 똑같이 나누기로 한다면, 기업 A가 얻는 이윤은? (단, 고정비용은 0이다.)

① 20
② 64
③ 88
④ 100

ⅰ) 두 기업이 담합하여 독점기업처럼 행동하면 시장전체의 생산량은 $MR=MC$인 점에서 결정된다. 수요함수가 $P=64-2Q$이므로 한계수입은 $MR=64-4Q$이고, 한계비용은 $MC=24$로 일정하다.

ⅱ) 한계수입이 $MR=64-4Q$이고, 한계비용이 $MC=24$이므로 이윤극대화 조건 $MR=MC$에 의해 시장전체의 생산량은 $Q=10$이고, $Q=10$을 수요함수에 대입하면 균형가격은 $P=44$가 된다.
- $MR=MC \rightarrow 64-4Q=24 \quad \therefore Q=10$

ⅲ) 고정비용이 0이고 한계비용이 24로 일정하면 평균비용도 24로 일정하다($MC=AC=24$). 가격이 $P=44$이고, 평균비용이 $AC=24$이므로 단위당 이윤의 크기는 $P-AC=20$이고, 두 기업이 생산량을 똑같이 나누면 각 기업의 생산량은 5단위가 되므로 각 기업이 얻는 이윤은 100이다.
- $\pi = TR - TC = (P-AC) \times Q = (44-24) \times 5 = 100$

19 [2014 | 국회직 8급] 다음의 경제에서 재화의 가격은 얼마에 설정되는가?

> 어느 재화에 대한 시장수요함수가 $P=60-2Q$이다. 이 재화를 생산하는 지배적 기업이 하나 있고 나머지 군소기업들은 지배적 기업이 결정한 가격을 따른다. 지배적 기업을 제외한 군소기업들의 재화의 공급함수는 $P=2Q_F$이고 지배적 기업의 한계비용함수는 $MC=Q_D$이다.
> (Q_D : 지배적 기업의 생산량, Q_F : 나머지 군소기업들의 생산량, P : 가격, MC : 한계비용, Q : 시장산출량(Q_D+Q_F))

① 10   ② 20   ③ 24
④ 30   ⑤ 36

해설

가격선도이론에서 지배적 기업은 군소기업들이 판매하고자 하는 양을 모두 팔도록 허용한 후 나머지 시장수요인 잔여수요(residual demand)를 가지고 이윤극대화를 추구한다. 지배적 기업(선도기업)은 자신의 수요곡선이 파악되면 독점기업처럼 $MR=MC$인 점에서 생산량과 가격을 결정하며, 군소기업(추종기업)들은 가격수용자로서 지배적 기업이 결정한 가격을 주어진 것으로 보고 자신의 생산량을 결정한다.

ⅰ) 지배적 기업이 직면하는 잔여수요는 시장수요에서 군소기업들의 공급량을 빼 줌으로써 구할 수 있다. 시장수요함수와 군소기업들의 공급함수를 Q에 대해 정리하면 각각 $Q=30-\frac{1}{2}P$, $Q_F=\frac{1}{2}P$이므로 지배적 기업의 잔여수요함수는 $Q_D=\left(30-\frac{1}{2}P\right)-\frac{1}{2}P=30-P$이다.

ⅱ) 지배적 기업은 독점기업처럼 $MR=MC$인 점에서 생산량과 가격을 결정한다. 지배적 기업의 수요함수가 $Q_D=30-P \rightarrow P=30-Q_D$이므로 한계수입은 $MR=30-2Q_D$이고, 한계비용은 $MC=Q_D$이므로 이윤극대화 조건 $MR=MC$에 의해 생산량은 $Q_D=10$이 된다. $Q_D=10$을 지배적 기업의 수요함수에 대입하면 가격은 $P=20$으로 계산된다.
- $MR=MC \rightarrow 30-2Q_D=Q_D \therefore Q_D=10$

ⅲ) 군소기업들은 지배적 기업이 결정한 가격 $P=20$을 주어진 것으로 보고 자신의 생산량을 결정한다. 따라서 $P=20$을 군소기업들의 공급함수에 대입하면 생산량은 $Q_F=10$이 된다.

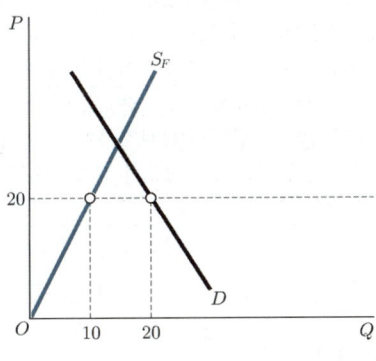

a) 시장전체

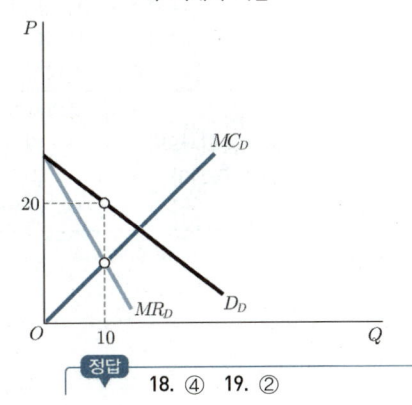

b) 지배적 기업

정답 18. ④ 19. ②

CHAPTER 16 게임이론

68 우월전략균형과 내쉬균형

게임이론

구 분	내 용
우월전략 균형	• 우월전략 : 상대방의 전략에 관계없이 자신의 보수를 가장 크게 만드는 전략 → 우월전략이 존재하면 상대방의 전략을 고려할 필요가 없음 • 우월전략균형 : 모든 경기자가 우월전략을 선택할 때 달성되는 균형 → 우월전략균형이 반드시 파레토 효율적인 것은 아님 → 우월전략균형이 존재하지 않을 수도 있음 → 우월전략균형은 내쉬균형에 포함됨(내쉬균형⊃우월전략균형)
내쉬균형	• 내쉬전략 : 상대방의 전략이 주어졌을 때 자신의 보수를 가장 크게 만드는 전략 • 내쉬균형 : 상대방의 전략을 주어진 것으로 보고 자신에게 가장 유리한 전략을 선택할 때 달성되는 균형 → 내쉬균형이 반드시 파레토 효율적인 것은 아님 → 복수의 내쉬균형이 존재할 수도 있음 → 순수전략 내쉬균형은 존재하지 않을 수도 있지만 혼합전략 내쉬균형은 반드시 존재함 → 내쉬균형에서 각 경기자는 더 이상 자신의 전략을 변화시킬 유인이 없으므로 내쉬균형은 안정적임(전략을 바꾸더라도 이득을 얻을 수 없음) 📄 혼합전략 내쉬균형 : 각 경기자가 둘 이상의 전략을 적절한 비율로 혼합하여 사용할 때 달성되는 균형(예 동전 맞추기 게임, 가위바위보 게임 등)
완전균형	• 순차게임 : 한 경기자가 먼저 전략을 선택하면, 다른 경기자가 이를 보고 자신의 전략을 선택하는 게임 📄 순차게임에서는 마지막 단계부터 거꾸로 거슬러 올라가는 역진적 귀납법(backward induction)을 이용하여 균형을 찾음 • 완전균형 : 내쉬조건과 신빙성조건을 모두 충족하는 균형(순차게임에서 사용) ┌ 내 쉬 조 건 : 전략을 바꾸더라도 이득을 볼 수 없다는 것 └ 신빙성조건 : 위협이나 약속이 신빙성이 있어야 한다는 것
용의자의 딜레마	• 두 용의자가 모두 자백하는 것이 우월전략균형이 됨 → 개인적 합리성이 집단적 합리성을 보장하지 못함(파레토 비효율적) • 게임이 무한반복된다면 두 용의자가 협조적 전략을 선택하게 되어 파레토 효율성을 달성할 수 있음(보복가능성)

2015 | 국회직 8급 [상] [중] [하]

어느 복점시장에서 두 기업 A, B가 경쟁하고 있다. 불황 기간 중에 각 기업은 생산량 감소와 생산량 유지 중 하나의 전략을 선택해야 한다. 각 기업이 자신의 이윤을 극대화하고자 할 때 다음 설명 중 옳은 것은? (단, 괄호 안의 첫 번째 숫자는 기업 A의 이윤을, 두 번째 숫자는 기업 B의 이윤을 나타냄)

기업 A의 전략 \ 기업 B의 전략	생산량 감소	생산량 유지
생산량 감소	(100, 100)	(50, 80)
생산량 유지	(80, 50)	(70, 70)

① 두 기업 모두 생산량을 유지하는 전략조합이 파레토 효율적(Pareto efficient)이다.
② 내쉬균형(Nash equilibrium)에서 두 기업은 동일한 전략을 선택한다.
③ 기업 B의 전략과 상관없이 기업 A는 생산량을 유지하는 것이 우월전략이다.
④ 우월전략균형은 1개가 존재한다.
⑤ 내쉬균형은 1개가 존재한다.

① |×| 두 기업이 모두 생산량을 유지하면 보수가 (70, 70)이고, 두 기업이 모두 생산량을 감소시키면 보수가 (100, 100)이므로 두 기업이 모두 생산량을 감소시킬 때 더 큰 보수를 얻을 수 있다. 따라서 두 기업이 모두 생산량을 유지하는 전략조합은 파레토 효율적이지 않다.
② |○|, ⑤ |×| 두 기업 모두 상대기업이 생산량을 감소시키면 자신도 생산량을 감소시키고, 상대기업이 생산량을 유지하면 자신도 생산량을 유지한다. 따라서 이 게임에는 (생산량 감소, 생산량 감소), (생산량 유지, 생산량 유지)의 2개의 내쉬균형이 존재한다.
③, ④ |×| 두 기업 모두 우월전략이 존재하지 않으므로 우월전략균형은 존재하지 않는다.

기업 A의 전략 \ 기업 B의 전략	생산량 감소	생산량 유지
생산량 감소	(100, 100)	(50, 80)
생산량 유지	(80, 50)	(70, 70)

정답 01. ②

02 | 2017 | 공인회계사 | 상 중 하

다음 보수행렬(payoff matrix)을 갖는 게임에 대한 설명으로 옳은 것은? (단, A와 B는 각 경기자의 전략이며, 괄호 안의 첫 번째 숫자는 경기자 1의 보수를, 두 번째 숫자는 경기자 2의 보수를 나타낸다.)

경기자 2

		A	B
경기자 1	A	(7, 7)	(4, 10)
	B	(10, 4)	(3, 3)

① 모든 경기자에게 우월전략(dominant strategy)이 존재한다.
② 내쉬균형이 존재하지 않는다.
③ 내쉬균형은 두 경기자가 모두 A전략을 선택하는 것이다.
④ 내쉬균형은 두 경기자가 모두 B전략을 선택하는 것이다.
⑤ 내쉬균형에서 두 경기자는 서로 다른 전략을 선택한다.

해설

ⅰ) 경기자 1이 전략 A를 선택하면 경기자 2는 전략 B를 선택하고, 경기자 1이 전략 B를 선택하면 경기자 2는 전략 A를 선택한다.
ⅱ) 경기자 2가 전략 A를 선택하면 경기자 1은 전략 B를 선택하고, 경기자 2가 전략 B를 선택하면 경기자 1은 전략 A를 선택한다.
ⅲ) 따라서 이 게임에는 (A, B), (B, A)의 2개의 내쉬균형이 존재하고, 내쉬균형에서 두 경기자는 서로 다른 전략을 선택한다. 그리고 두 경기자 모두에게 우월전략은 존재하지 않는다.

경기자 2

		A	B
경기자 1	A	(7, 7)	(4, 10)
	B	(10, 4)	(3, 3)

03 | 2018 | 보험계리사 | 상 중 하

두 운전자 A, B가 서로 마주보고 운전하다가 한쪽이 충돌을 회피하면 지는 치킨게임을 고려하자. 이 게임의 보수행렬이 아래와 같을 때 내쉬균형은 몇 개인가?
(단, 행렬에서 보수는 (A의 보수, B의 보수)로 표시)

구 분		B	
		회 피	직 진
A	회 피	(10, 10)	(5, 20)
	직 진	(20, 5)	(0, 0)

① 0 ② 1
③ 2 ④ 4

해설

ⅰ) 운전자 A가 회피를 선택하면 운전자 B는 직진을 선택하고, 운전자 A가 직진을 선택하면 운전자 B는 회피를 선택한다.
ⅱ) 운전자 B가 회피를 선택하면 운전자 A는 직진을 선택하고, 운전자 B가 직진을 선택하면 운전자 A는 회피를 선택한다.
ⅲ) 따라서 이 게임에는 (회피, 직진), (직진, 회피)의 2개의 내쉬균형이 존재한다.

구 분		B	
		회 피	직 진
A	회 피	(10, 10)	(5, 20)
	직 진	(20, 5)	(0, 0)

04 [2014 | 감정평가사] 〔상〕〔중〕〔하〕

민간항공기는 A국과 B국에서만 생산한다. 두 국가 항공사의 보수(이윤)행렬이 다음과 같다. 만일 두 나라 정부는 자국 항공사가 생산할 경우 각각 10억 달러의 생산보조금을 지급할 때 내쉬균형은 무엇인가?

		B국 항공사	
		생산함	생산하지 않음
A국 항공사	생산함	A국 −5억 달러 B국 −5억 달러	A국 100억 달러 B국 0 달러
	생산하지 않음	A국 0 달러 B국 100억 달러	A국 0 달러 B국 0 달러

① A국과 B국에서 생산함
② A국에서만 생산함
③ B국에서만 생산함
④ A국과 B국에서 생산하지 않음
⑤ ②, ④ 두 가지 경우

해설

양국 정부가 민간항공기를 자국 항공사가 생산할 경우 각각 10억 달러의 생산보조금을 지급한다면 보수행렬은 다음과 같이 바뀌게 된다.

		B국 항공사	
		생산함	생산하지 않음
A국 항공사	생산함	(5억 달러, 5억 달러)	(110억 달러, 0달러)
	생산하지 않음	(0달러, 110억 달러)	(0달러, 0달러)

ⅰ) A국 항공사가 생산 전략을 선택하면 B국 항공사는 생산 전략을 선택하고, A국 항공사가 생산하지 않는 전략을 선택해도 B국 항공사는 생산 전략을 선택한다. 따라서 B국 항공사의 우월전략은 민간항공기를 생산하는 것이다.

ⅱ) B국 항공사가 생산 전략을 선택하면 A국 항공사는 생산 전략을 선택하고, B국 항공사가 생산하지 않는 전략을 선택해도 A국 항공사는 생산 전략을 선택한다. 따라서 A국 항공사의 우월전략은 민간항공기를 생산하는 것이다.

ⅲ) 따라서 (생산함, 생산함)이 이 게임의 우월전략균형이자 내쉬균형이 된다.

05 [2018 | 서울시 7급] 상 중 하

〈보기〉의 경기자 갑은 A와 B, 경기자 을은 C와 D라는 전략을 가지고 있다. 각 전략조합에서 첫 번째 숫자는 경기자 갑, 두 번째 숫자는 경기자 을의 보수이다. 이 게임에 대한 설명 가운데 가장 옳은 것은?

― 보기 ―

갑＼을	C	D
A	(5, 15)	(10, 12)
B	(−2, 10)	(8, 5)

① 우월전략을 갖지 못한 경기자가 있지만, 내쉬균형은 1개 존재한다.
② 각 경기자 모두 우월전략을 가지므로 죄수의 딜레마 게임이다.
③ 다른 경기자의 선택을 미리 알 경우, 모르고 선택하는 경우와 다른 선택을 하는 경기자가 있다.
④ 내쉬균형은 파레토 효율적이다.

 해설

ⅰ) 갑이 A전략을 선택하면 을은 C전략을 선택하고, 갑이 B전략을 선택해도 을은 C전략을 선택한다. 따라서 을의 우월전략은 C이다.
ⅱ) 을이 C전략을 선택하면 갑은 A전략을 선택하고, 을이 D전략을 선택해도 갑은 A전략을 선택한다. 따라서 갑의 우월전략은 A이다.
ⅲ) 따라서 (A, C)가 이 게임의 우월전략균형이자 내쉬균형이 된다.

① |×| 갑과 을 모두 우월전략을 가지고 있으며, (A, C)의 1개의 내쉬균형이 존재한다.
② |×|, ④ |○| 용의자의 딜레마 게임에서는 두 경기자 모두의 보수를 증가시킬 수 있는 전략조합이 존재함에도 두 경기자 간 협조가 이루어지지 않아 두 경기자 모두의 보수를 감소시키는 전략조합이 선택된다. 즉, 용의자의 딜레마 게임에서의 우월전략균형은 파레토 비효율적이다. 그런데 이 게임의 우월전략균형인 (A, C)에서의 보수는 (5, 15)로 갑과 을의 보수가 모두 커지는 다른 전략조합이 존재하지 않는다. 따라서 이 게임의 우월전략균형(내쉬균형)은 파레토 효율적이며, 용의자의 딜레마 게임에 해당하지 않는다.
③ |×| 갑과 을 모두 우월전략을 가지고 있으므로 상대방의 전략을 고려할 필요가 없다. 따라서 상대방의 선택을 알든 모르든 자신의 선택은 달라지지 않는다.

갑＼을	C	D
A	(5, 15)	(10, 12)
B	(−2, 10)	(8, 5)

정답 04. ① 05. ④

06 | 2017 국회직 8급 | 상 중 하

다음 표와 같이 복점시장에서 기업 A와 기업 B가 서로 경쟁한다. 각 기업은 자신의 이윤을 극대화하기 위해서 생산량 $Q=2$ 또는 $Q=3$을 결정해야 한다. 다음 표에서 괄호 안에 앞의 숫자는 기업 A의 이윤을, 뒤의 숫자는 기업 B의 이윤을 나타낸다. 다음 〈보기〉 중 옳은 것을 모두 고르면?

		기업 B	
		$Q=2$	$Q=3$
기업 A	$Q=2$	(10, 12)	(8, 10)
	$Q=3$	(12, 8)	(6, 6)

─ 보기 ─

ㄱ. 기업 A의 우월전략은 $Q=3$이다.
ㄴ. 기업 B의 우월전략은 $Q=2$이다.
ㄷ. 내쉬균형은 기업 A는 $Q=3$을, 기업 B는 $Q=2$를 선택하는 것이다.
ㄹ. 기업 A와 기업 B 모두가 우월전략을 가지지 않기 때문에 내쉬균형은 존재하지 않는다.

① ㄱ, ㄷ
② ㄱ, ㄹ
③ ㄴ, ㄷ
④ ㄴ, ㄹ
⑤ ㄱ, ㄴ, ㄷ

 해설

ㄱ. |×| 기업 B가 $Q=2$를 선택하면 기업 A는 $Q=3$을 선택하고, 기업 B가 $Q=3$을 선택하면 기업 A는 $Q=2$를 선택한다. 따라서 기업 A는 우월전략이 존재하지 않는다.
ㄴ. |○| 기업 A가 $Q=2$를 선택하면 기업 B는 $Q=2$를 선택하고, 기업 A가 $Q=3$을 선택해도 기업 B는 $Q=2$를 선택한다. 즉, 기업 B는 기업 A의 전략에 관계없이 $Q=2$를 선택할 때 보수가 가장 커지므로 기업 B의 우월전략은 $Q=2$이다.
ㄷ. |○| 내쉬균형에서 기업 B는 우월전략인 $Q=2$를 선택하고, 기업 B가 $Q=2$를 선택하면 기업 A는 $Q=3$을 선택한다. 그러므로 이 게임의 내쉬균형은 기업 A는 $Q=3$을, 기업 B는 $Q=2$를 선택하는 것이다.
ㄹ. |×| 기업 B는 우월전략을 가지고 있지만, 기업 A는 우월전략을 가지고 있지 않으므로 우월전략균형은 존재하지 않는다. 그러나 내쉬균형은 존재한다($Q=3$, $Q=2$).

		기업 B	
		$Q=2$	$Q=3$
기업 A	$Q=2$	(10, 12)	(8, 10)
	$Q=3$	(12, 8)	(6, 6)

07 한 시장에 두 기업 A, B가 존재한다. 각 기업은 두 가지 생산전략 L, H 중 하나를 선택할 수 있다. 두 기업의 생산전략 선택에 따른 보수는 다음 표와 같다. (단, 표에서 각 셀 좌하단의 숫자는 기업 A의 보수를, 우상단의 숫자는 기업 B의 보수를 나타낸다.)

		B	
		L	H
A	L	1, 1	0, 0
	H	0, 0	0, 0

다음 설명 중 옳은 것을 모두 고른 것은?

> ㄱ. 기업 A의 생산전략 H는 우월전략이다.
> ㄴ. 기업 A와 B 모두 생산전략 L을 선택하는 것은 내쉬균형이다.
> ㄷ. 기업 A와 B 모두 생산전략 H를 선택하는 것은 내쉬균형이다.

① ㄱ
② ㄴ
③ ㄷ
④ ㄱ, ㄴ
⑤ ㄴ, ㄷ

해설

ⅰ) 기업 A가 전략 L을 선택하면 기업 B는 전략 L을 선택하고, 기업 A가 전략 H를 선택하면 기업 B는 전략 L을 선택할 때와 전략 H를 선택할 때의 보수가 같다.

ⅱ) 기업 B가 전략 L을 선택하면 기업 A는 전략 L을 선택하고, 기업 B가 전략 H를 선택하면 기업 A는 전략 L을 선택할 때와 전략 H를 선택할 때의 보수가 같다.

ⅲ) 따라서 이 게임에는 (L, L), (H, H)의 2개의 내쉬균형이 존재한다.

ㄱ. |×| 두 기업 모두 (강)우월전략은 존재하지 않는다.
  🔍 두 기업 모두 상대방의 전략에 관계없이 전략 L을 선택할 때 자신의 보수가 더 크거나 같으므로 전략 L은 두 기업의 약우월전략이다.

ㄴ, ㄷ. |○| 이 게임에는 (L, L), (H, H)의 2개의 내쉬균형이 존재한다.

		기업 B	
		L	H
기업 A	L	(1, 1)	(0, 0)
	H	(0, 0)	(0, 0)

정답 06. ③ 07. ⑤

08 다음 보수행렬(payoff matrix)을 갖는 용의자의 딜레마(prisoner's dilemma) 게임에 대한 설명으로 옳지 않은 것은? (단, C와 D는 각 경기자의 전략이며, 괄호 안의 첫 번째 숫자는 경기자 1의 보수를, 두 번째 숫자는 경기자 2의 보수를 나타낸다.)

		경기자 2	
		C	D
경기자 1	C	$(-5, -5)$	$(-1, -10)$
	D	$(-10, -1)$	$(-2, -2)$

① 모든 경기자에게 우월전략(dominant strategy)이 존재한다.
② 유일한 내쉬균형이 존재한다.
③ 합리성이 효율성(Pareto efficiency)을 보장하지 않는다.
④ 게임을 반복할 경우에도 균형은 달라지지 않는다.
⑤ 암묵적 담합의 불안정성을 설명할 수 있다.

해설

① |○| 두 경기자 모두 상대방의 전략에 관계없이 전략 C를 선택할 때 보수가 가장 커진다. 따라서 두 경기자의 우월전략은 모두 전략 C이다.
② |○| 두 경기자의 우월전략이 모두 전략 C이므로 (C, C)가 이 게임의 우월전략균형이자 유일한 내쉬균형이 된다.
③ |○| 우월전략균형인 (C, C)에서 보수는 $(-5, -5)$이나, 두 경기자가 모두 우월전략이 아닌 전략 D를 선택하면 보수가 $(-2, -2)$로 커진다. 이를 통해, 합리성이 효율성을 보장하는 것은 아님을 알 수 있다.
④ |×| 용의자의 딜레마 게임이 1회성에 그친다면 두 경기자 간 협조를 기대하기 어렵지만, 게임이 무한반복된다면 두 경기자가 협조적 전략을 선택하게 되어 균형이 (D, D)로 바뀔 수도 있다.
⑤ |○| 두 경기자가 담합하여 균형이 (D, D)로 바뀌면 두 경기자의 보수가 모두 -2로 커지나, 한 경기자가 담합을 깨고 전략 C를 선택하면 보수가 다시 -1로 커진다. 이는 담합이 불안정적일 수밖에 없음을 의미한다.

		경기자 2	
		C	D
경기자 1	C	$(-5, -5)$	$(-1, -10)$
	D	$(-10, -1)$	$(-2, -2)$

09 | 2017 | 감정평가사 | 상 중 하

복점(duopoly)시장에서 기업 A와 B는 각각 1, 2, 3의 생산량결정 전략을 갖고 있다. 성과보수행렬(payoff matrix)이 다음과 같을 때 내쉬균형은? (단, 게임은 일회성이며, 보수행렬 내 괄호 안 왼쪽은 A, 오른쪽은 B의 보수이다.)

		B		
		전략 1	전략 2	전략 3
A	전략 1	(7, 7)	(5, 8)	(4, 9)
	전략 2	(8, 5)	(6, 6)	(3, 4)
	전략 3	(9, 4)	(4, 3)	(0, 0)

① (7, 7), (6, 6), (0, 0)
② (7, 7), (5, 8), (9, 4)
③ (8, 5), (6, 6), (3, 4)
④ (9, 4), (5, 8), (0, 0)
⑤ (9, 4), (6, 6), (4, 9)

 해설

ⅰ) 기업 A가 전략 1을 선택하면 기업 B는 전략 3을, 기업 A가 전략 2를 선택하면 기업 B도 전략 2를, 기업 A가 전략 3을 선택하면 기업 B는 전략 1을 선택한다.
ⅱ) 기업 B가 전략 1을 선택하면 기업 A는 전략 3을, 기업 B가 전략 2를 선택하면 기업 A도 전략 2를, 기업 B가 전략 3을 선택하면 기업 A는 전략 1을 선택한다.
ⅲ) 따라서 이 게임에는 (전략 3, 전략 1), (전략 2, 전략 2), (전략 1, 전략 3)의 3개의 내쉬균형이 존재하며, 이때의 보수는 (9, 4), (6, 6), (4, 9)이다.

		B		
		전략 1	전략 2	전략 3
A	전략 1	(7, 7)	(5, 8)	(4, 9)
	전략 2	(8, 5)	(6, 6)	(3, 4)
	전략 3	(9, 4)	(4, 3)	(0, 0)

정답 08. ④ 09. ⑤

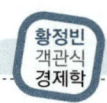

10 2009 | 공인회계사 상 중 하

두 경기자 갑, 을의 전략과 보수는 다음 표와 같다. 두 경기자가 독립적으로 전략을 선택하는 경우, 다음 설명 중 옳은 것은? (단, ( )의 왼쪽 값은 경기자 갑의 보수, 오른쪽 값은 경기자 을의 보수)

		경기자 을		
		전략 L	전략 C	전략 R
경기자 갑	전략 U	(1, 1)	(2, 0)	(1, 1)
	전략 M	(1, 2)	(3, 2)	(2, 3)
	전략 D	(0, 0)	(4, 3)	(2, 4)

① 경기자 갑에게 전략 M은 전략 U보다 우월하므로 내쉬(Nash)균형에서 경기자 갑은 전략 U를 선택하지 않는다.
② 순수전략(pure strategy) 내쉬균형은 3개가 있다.
③ 두 경기자의 보수의 합이 가장 큰 전략조합은 내쉬균형 중 하나이다.
④ 경기자 을에게 전략 C보다 우월한 전략은 없다.
⑤ 경기자 을이 전략 L을 선택하는 내쉬균형은 존재하지 않는다.

ⅰ) 갑이 전략 U를 선택하면 을은 전략 L을 선택할 때와 전략 R을 선택할 때의 보수가 같다. 갑이 전략 M을 선택하면 을은 전략 R을 선택하고, 갑이 전략 D을 선택하면 을은 전략 R을 선택한다.
ⅱ) 을이 전략 L을 선택하면 갑은 전략 U를 선택할 때와 전략 M을 선택할 때의 보수가 같다. 을이 전략 C를 선택하면 갑은 전략 D를 선택하고, 을이 전략 R을 선택하면 갑은 전략 M을 선택할 때와 전략 D를 선택할 때의 보수가 같다.
ⅲ) 따라서 이 게임에는 (U, L), (M, R), (D, R)의 3개의 내쉬균형이 존재한다.
① |×| 을이 전략 L을 선택하면 전략 U를 선택할 때와 전략 M을 선택할 때의 갑의 보수가 동일하므로 전략 M이 전략 U보다 우월하다고 할 수 없다. 또한, (U, L)은 내쉬균형 중 하나이다.
② |○| 이 게임에는 (U, L), (M, R), (D, R)의 3개의 내쉬균형이 존재한다.
③ |×| 두 경기자의 보수의 합이 가장 큰 전략조합 (D, C)는 내쉬균형이 아니다.
④ |×| 갑의 전략에 관계없이 전략 R을 선택할 때가 전략 C를 선택할 때보다 을의 보수가 커진다. 따라서 전략 R이 전략 C보다 우월하다.
⑤ |×| (U, L)은 내쉬균형 중 하나이다.

		경기자 을		
		전략 L	전략 C	전략 R
경기자 갑	전략 U	(1, 1)	(2, 0)	(1, 1)
	전략 M	(1, 2)	(3, 2)	(2, 3)
	전략 D	(0, 0)	(4, 3)	(2, 4)

11 [2015 | 국가직 7급] 상 중 하

두 명의 경기자 A와 B는 어떤 업무에 대해 '태만'(노력수준= 0)을 선택할 수도 있고, '열심'(노력수준= 1)을 선택할 수도 있다. 단, '열심'을 선택하는 경우 15원의 노력비용을 감당해야 한다. 다음 표는 사회적 총 노력수준에 따른 각 경기자의 편익을 나타낸 것이다. 두 경기자가 동시에 노력수준을 한 번 선택해야 하는 게임에서 순수전략 내쉬(Nash)균형은?

사회적 총 노력수준 (두 경기자의 노력수준의 합)	0	1	2
각 경기자의 편익	1원	11원	20원

① 경기자 A는 '열심'을, 경기자 B는 '태만'을 선택한다.
② 경기자 A는 '태만'을, 경기자 B는 '열심'을 선택한다.
③ 두 경기자 모두 '태만'을 선택한다.
④ 두 경기자 모두 '열심'을 선택한다.

해설

i) 두 경기자가 모두 태만을 선택하면 사회적 노력수준이 0이므로 각 경기자의 순편익(=편익-비용)은 모두 1원이다.
ii) 두 경기자 중 한 경기자가 태만을 선택하고, 다른 경기자가 열심을 선택하면 사회적 노력수준이 1이므로 각 경기자의 편익은 모두 11원이나, 열심을 선택한 경기자는 15원의 노력비용을 감당해야 한다. 따라서 태만을 선택한 경기자의 순편익은 11원, 열심을 선택한 경기자의 순편익은 -4원이다.
iii) 두 경기자가 모두 열심을 선택하면 사회적 노력수준이 2이므로 각 경기자의 편익은 모두 20원이나, 두 경기자 모두 15원의 노력비용을 감당해야 한다. 따라서 각 경기자의 순편익은 모두 5원이다.
iv) 위 내용을 종합하여 보수행렬로 나타내면 다음과 같다. 따라서 (태만, 태만)이 이 게임의 우월전략균형이자 내쉬균형이 된다.

		경기자 B	
		태만	열심
경기자 A	태만	(1, 1)	(11, -4)
	열심	(-4, 11)	(5, 5)

정답 10. ② 11. ③

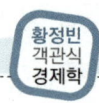

12 〔2011 | 보험계리사〕 상 중 하

게임이론에서 우월전략균형(dominant strategy equilibrium)과 내쉬균형(Nash equilibrium)에 관한 설명 중 옳지 않은 것은?

① 우월전략균형은 하나이지만 내쉬균형은 2개가 될 수도 있다.
② 게임의 보수를 모두 2배로 늘려도 우월전략균형과 내쉬균형은 변하지 않는다.
③ 우월전략균형은 파레토 최적을 보장하지만 내쉬균형은 파레토 최적을 보장하지 않는다.
④ 모든 우월전략균형은 내쉬균형이 되지만 내쉬균형이 우월전략균형이 되지는 않는다.

해설
내쉬균형은 파레토 최적을 보장하지 않는다. 우월전략균형은 내쉬균형에 포함되므로 우월전략균형도 마찬가지로 파레토 최적을 보장하지 않는다.

ReCheck 우월전략균형

- 우월전략 : 상대방의 전략에 관계없이 자신의 보수를 가장 크게 만드는 전략
  → 우월전략이 존재하면 상대방의 전략을 고려할 필요가 없음
- 우월전략균형 : 모든 경기자가 우월전략을 선택할 때 달성되는 균형
  → 우월전략균형이 반드시 파레토 효율적인 것은 아님
  → 우월전략균형이 존재하지 않을 수도 있음
  → 우월전략균형은 내쉬균형에 포함됨(내쉬균형⊃우월전략균형)

13 ⌈2008 | 국가직 7급⌉ 상 중 하

죄수의 딜레마(prisoner's dilemma)모형에 대한 설명으로 옳은 것은?
① 완전경쟁시장에서의 기업 간 관계를 잘 설명할 수 있다.
② 우월전략이 존재하지 않는다.
③ 죄수의 딜레마 상황이 무한반복되는 경우 참가자들 간의 협조가 더 어려워진다.
④ 과점기업들이 공동행위를 통한 독점이윤을 누리기 어려운 이유를 잘 설명할 수 있다.

① |×| 게임이론은 과점시장에서 상호 의존적인 기업 간 관계를 설명하는 데 유용하다.
② |×| 용의자의 딜레마(죄수의 딜레마) 게임에서는 두 용의자가 모두 자백하는 것이 우월전략 균형이 된다.
③ |×| 용의자의 딜레마 게임이 1회성에 그친다면 두 용의자 간 협조를 기대하기 어렵지만, 게임이 무한반복된다면 두 용의자가 협조할 가능성이 있다(보복가능성).
④ |○| 용의자의 딜레마 게임은 과점기업들이 카르텔을 결성하면 막대한 초과이윤을 얻을 수 있으나, 상대기업이 카르텔 협정을 위반하면 더 큰 손실이 발생하므로 처음부터 비협조적으로 행동하는 상황과 유사하다.

⌈ReCheck 용의자의 딜레마⌉
• 두 용의자가 모두 자백하는 것이 우월전략균형이 됨
  → 개인적 합리성이 집단적 합리성을 보장하지 못함(파레토 비효율적)
• 게임이 무한반복된다면 두 용의자가 협조적 전략을 선택하게 되어 파레토 효율성을 달성할 수 있음(보복가능성)

정답 12. ③ 13. ④

14 다음 중 옳은 것을 〈보기〉에서 모두 고르면?

| 보기 |

ㄱ. 완전경쟁시장에서 개별기업의 비용함수가 $C(Q)=Q^3-6Q^2+19Q$이고, 현재 시장에는 15개의 기업이 생산 중에 있다. 시장수요곡선은 $Q=70-P$라고 할 때 장기에 이 시장에는 4개 기업이 추가로 진입한다.
ㄴ. 수요곡선은 $P=-3Q+80$, 평균비용곡선은 $AC=-Q+60$인 자연독점기업이 이윤극대화를 추구할 때 얻을 수 있는 이윤의 크기는 50이다.
ㄷ. 꾸르노모형(Cournot model)에서 각 기업은 상대방의 가격을 고정된 것으로 보고 자신의 가격을 결정한다.
ㄹ. 혼합전략을 허용하면 비협조적 게임에 있어 내쉬균형(Nash equilibrium)이 항상 존재한다.

① ㄱ, ㄴ   ② ㄱ, ㄷ
③ ㄱ, ㄹ   ④ ㄴ, ㄹ
⑤ ㄷ, ㄹ

ㄱ. |×| 완전경쟁기업의 장기균형은 LAC곡선의 최저점에서 달성되므로 장기균형가격은 개별기업의 장기평균비용 최소값과 같다($P=LAC$). 장기평균비용함수가 $LAC=(q-3)^2+10$이므로 장기평균비용이 최소가 되는 생산량(장기균형생산량)은 $q=3$이고, 장기평균비용 최소값은 10이다. 따라서 장기균형가격도 $P=LAC=10$이다.
- $LAC=\dfrac{LTC}{q}=q^2-6q+19=(q-3)^2+10$

$P=10$을 시장수요함수 $Q=70-P$에 대입하면 시장수요량은 $Q=60$이고, 개별기업의 생산량은 $q=3$이므로 장기균형에서 이 시장에는 $20\left(=\dfrac{60}{3}\right)$개의 기업이 존재한다.

그런데 현재 시장에는 15개의 기업이 있으므로 장기에 이 시장에는 5개의 기업이 추가로 진입한다.

ㄴ. |○| 독점기업의 이윤극대화 생산량은 $MR=MC$인 점에서 결정된다. 수요함수가 $P=-3Q+80$이므로 한계수입은 $MR=-6Q+80$이다. 평균비용함수가 $AC=-Q+60$이면 총비용함수는 $TC=-Q^2+60Q$이고, 총비용함수를 Q에 대해 미분하면 한계비용은 $MC=-2Q+60$이다. 한계수입이 $MR=-6Q+80$, 한계비용이 $MC=-2Q+60$이므로 이윤극대화 조건 $MR=MC$에 의해 독점기업의 이윤극대화 생산량은 $Q=5$이고, $Q=5$를 수요함수에 대입하면 이윤극대화 가격은 $P=65$로 계산된다.
- $MR=MC \rightarrow -6Q+80=-2Q+60 \rightarrow 4Q=20 \therefore Q=5$

$Q=5$일 때 평균비용은 $AC=-Q+60=-5+60=55$이므로 이 기업이 얻는 이윤의 크기는 $\pi=TR-TC=(P-AC)\times Q=(65-55)\times 5=50$이 된다.

ㄷ. |×| 꾸르노모형은 생산량 결정모형으로, 꾸르노모형에서 각 기업은 상대기업의 생산량을 주어진 것으로 보고 자신의 생산량을 결정한다.

ㄹ. |○| 혼합전략이란 둘 이상의 전략을 적절한 비율로 혼합하여 사용하는 전략을 말하는데, 각 경기자가 순수전략만을 사용하는 순수전략 내쉬균형은 존재하지 않을 수도 있지만 혼합전략 내쉬균형은 반드시 존재한다.

15

2013 | 공인회계사 | 상 중 하

두 명이 일정 금액을 부담하여 공공재를 제공하는 문제를 상정하자. 개인 1과 개인 2가 동시에 각자의 부담금 x와 y를 정하면 총 $x+y$의 공공재가 제공되고, 개인 1과 개인 2는 각각 $\sqrt{x+y}-x$와 $\sqrt{x+y}-y$의 보수를 얻는다. 개인 1이 선택할 수 있는 x값은 0 또는 $\frac{1}{2}$뿐이며, 개인 2가 선택할 수 있는 y값도 0 또는 $\frac{1}{2}$뿐이다. 다음 설명 중 옳지 않은 것은?

① 각 개인에게 있어 $\frac{1}{2}$의 부담금을 선택하는 전략은 열등전략이 아니다.
② 내쉬균형에서는 두 개인 모두 0의 부담금을 선택한다.
③ 다수의 내쉬균형이 존재한다.
④ 두 개인의 보수의 합을 극대화하는 공공재의 양은 1이다.
⑤ 만약 개인 2가 선택할 수 있는 부담금이 $y=0$으로 국한되더라도 개인 1이 선택할 수 있는 부담금이 여전히 0 또는 $\frac{1}{2}$이면, 내쉬균형에서 제공되는 공공재의 양은 변하지 않는다.

해설

주어진 내용을 보수행렬로 나타내면 다음과 같다.

개인 2

개인 1	0	$\frac{1}{2}$
0	(0, 0)	$\left(\sqrt{\frac{1}{2}}, \sqrt{\frac{1}{2}}-\frac{1}{2}\right)$
$\frac{1}{2}$	$\left(\sqrt{\frac{1}{2}}-\frac{1}{2}, \sqrt{\frac{1}{2}}\right)$	$\left(\frac{1}{2}, \frac{1}{2}\right)$

i) 개인 1이 0을 선택하면 개인 2는 $\frac{1}{2}$을 선택$\left(\sqrt{\frac{1}{2}}-\frac{1}{2}=0.21>0\right)$하고, 개인 1이 $\frac{1}{2}$을 선택하면 개인 2는 0을 선택$\left(\sqrt{\frac{1}{2}}=0.71>\frac{1}{2}\right)$한다.

ii) 개인 2가 0을 선택하면 개인 1은 $\frac{1}{2}$을 선택하고, 개인 2가 $\frac{1}{2}$을 선택하면 개인 1은 0을 선택한다.

iii) 따라서 이 게임에는 $\left(0, \frac{1}{2}\right)$, $\left(\frac{1}{2}, 0\right)$의 2개의 내쉬균형이 존재한다.

① |○| 열등전략이란 상대방의 전략에 관계없이 자신의 보수를 가장 작게 만드는 전략을 말한다. 따라서 각 개인이 $\frac{1}{2}$의 부담금을 선택하는 전략은 열등전략이 아니다.

② |×|, ③ |○| 이 게임에는 $\left(0, \frac{1}{2}\right)$, $\left(\frac{1}{2}, 0\right)$의 2개의 내쉬균형이 존재하며, (0, 0)은 내쉬균형이 아니다.

정답 14. ④ 15. ②

④ |○| 내쉬균형에서 한 개인은 0을 선택하고, 다른 개인은 $\frac{1}{2}$을 선택하므로 $\frac{1}{2}$단위의 공공재가 공급되고, 두 개인의 보수의 합은 $\sqrt{\frac{1}{2}}+\sqrt{\frac{1}{2}}-\frac{1}{2}=0.71+0.71-0.5=0.92$이다. 그런데 두 개인이 모두 $\frac{1}{2}$을 선택한다면 1단위의 공공재가 공급되고, 두 개인의 보수의 합은 $\frac{1}{2}+\frac{1}{2}=1$이 된다. 따라서 두 개인의 보수의 합이 극대화되는 공공재의 양은 1단위이다.

⑤ |○| 개인 2가 선택할 수 있는 부담금이 $y=0$으로 제한되더라도 개인 1이 선택할 수 있는 부담금이 여전히 0 또는 $\frac{1}{2}$이라면 개인 1은 $\frac{1}{2}$을 선택할 것이다. 따라서 내쉬균형은 $\left(\frac{1}{2},\ 0\right)$이 되고, 균형에서 공급되는 공공재의 양은 $\frac{1}{2}$단위로 변하지 않는다.

16 | 2005 공인회계사

게임 상황에 있는 두 기업 A와 B가 선택할 수 있는 전략과 전략 선택에 따른 보수(pay-off)가 다음의 전략형 게임으로 표현된다고 하자. (단, 보수행렬에서 앞의 숫자는 기업 A의 보수, 뒤의 숫자는 기업 B의 보수를 나타낸다.)

		기업 B	
구 분		L	R
기업 A	U	2, 2	4, b
	D	a, 3	a, b

a와 b의 범위 중 전략조합 $(D,\ L)$이 유일한 내쉬(Nash)균형이 되도록 하는 것은?

① $2 < a < 4,\ b < 3$
② $a < 4,\ b < 3$
③ $a < 4,\ b < 2$
④ $a > 2,\ b < 3$
⑤ $a > 2,\ b < 2$

$(D,\ L)$이 내쉬균형이면서 동시에 이 게임의 유일한 균형이어야 하므로, 이를 나누어 살펴보도록 하자.

ⅰ) $(D,\ L)$이 내쉬균형이 되려면 기업 A가 전략 D를 선택할 때 기업 B는 전략 R이 아닌 전략 L을 선택해야 한다($b < 3$). 그리고 기업 B가 전략 L을 선택할 때 기업 A는 전략 U가 아닌 전략 D를 선택해야 한다($a > 2$). 따라서 $(D,\ L)$이 내쉬균형이 되기 위한 조건은 $a > 2$, $b < 3$이다.

ⅱ) 위 과정에서 $(D,\ R)$과 $(U,\ L)$은 내쉬균형이 아님을 확인하였다. 따라서 $(D,\ L)$이 이 게임의 유일한 내쉬균형이 되기 위해서는 마지막 남은 $(U,\ R)$이 내쉬균형이 아니어야 한다. $(U,\ R)$이 내쉬균형이 되지 않으려면 기업 A가 전략 U를 선택할 때 기업 B는 전략 R이 아닌 전략 L을 선택해야 한다($b < 2$). 또는 기업 B가 전략 R을 선택할 때 기업 A는 전략 U가 아닌 전략 D를 선택해야 한다($a > 4$). 따라서 $(U,\ R)$이 내쉬균형이 되지 않기 위한 조건은 $a > 4$ 또는 $b < 2$이다.

ⅲ) 이를 종합하면, $(D,\ L)$이 이 게임의 유일한 내쉬균형이 되기 위한 조건은 $a > 4$, $b < 3$ 또는 $a > 2$, $b < 2$가 된다.

17 2013 | 공인회계사 　상 중 하

아래의 전략형 게임을 고려하자. 경기자 i가 선택할 수 있는 행동은 A_i 또는 B_i이다($i = 1, 2$). 각 셀에서 앞의 숫자는 경기자 1, 뒤의 숫자는 경기자 2의 보수이다. 다음 조건 중 이 게임이 강우월전략균형을 가지며 균형보수가 파레토 열등한 게임이 되게 하는 것은?

	A_2	B_2
A_1	a, b	c, d
B_1	e, f	g, h

① $c < a < e < g$,　$f < b < d < h$
② $e < a < g < c$,　$f < h < d < b$
③ $e < a < c < g$,　$f < h < b < d$
④ $c < g < a < e$,　$f < h < b < d$
⑤ 위의 어느 것도 적합하지 않다.

해설

이 게임의 균형이 (강)우월전략균형이면서 동시에 균형보수가 파레토 열등(파레토 비효율적)해야 하므로, 이를 나누어 살펴보도록 하자.

ⅰ) 두 경기자가 모두 우월전략을 선택할 때 달성되는 균형이 우월전략균형이다. 따라서 각 경기자의 전략이 우월전략이 되기 위한 조건을 살펴보면, A_1이 경기자 1의 우월전략이 되기 위한 조건은 $a > e$, $c > g$이고, B_1이 경기자 1의 우월전략이 되기 위한 조건은 $a < e$, $c < g$이다. 다음으로, A_2가 경기자 2의 우월전략이 되기 위한 조건은 $b > d$, $f > h$이고, B_2가 경기자 2의 우월전략이 되기 위한 조건은 $b < d$, $f < h$이다. 보기 ②는 $b < d$, $f < h$를 만족하지 못하고, 보기 ③은 $a < e$, $c < g$를 만족하지 못하므로 주어진 보기 중 두 경기자가 모두 우월전략을 갖는 것은 보기 ①과 ④뿐이다.

ⅱ) 이제, 보기 ①과 ④ 중에서 균형보수가 파레토 열등한 경우를 찾아보자. 보기 ①에서 $a < e$, $c < g$이므로 경기자 1의 우월전략은 B_1이고, $b < d$, $f < h$이므로 경기자 2의 우월전략은 B_2이다. 따라서 우월전략균형은 (B_1, B_2)이고, 각 경기자의 보수는 (g, h)이다. 그런데 g는 경기자 1의 보수 중 가장 큰 값($c < a < e < g$)이고, h는 경기자 2의 보수 중 가장 큰 값($f < b < d < h$)이므로 우월전략균형 (B_1, B_2)는 파레토 효율적이다.

ⅲ) 보기 ④에서 $a < e$, $c < g$이므로 경기자 1의 우월전략은 B_1이고, $b < d$, $f < h$이므로 경기자 2의 우월전략은 B_2이다. 따라서 이 경우에도 우월전략균형은 (B_1, B_2)이고, 각 경기자의 보수는 (g, h)이다. 그런데 이때의 g와 h는 각 경기자의 보수 중 가장 큰 값이 아니므로 ($g < a$, $h < b$) 우월전략균형 (B_1, B_2)는 파레토 비효율적이다. 즉, 두 경기자가 A_1과 A_2를 선택하면 각 경기자의 보수는 (a, b)로 우월전략균형에서보다 더 커진다. 그러므로 보기 ④의 경우에 이 게임의 균형이 우월전략균형이면서 균형보수가 파레토 열등하다.

정답 16. ⑤　17. ④

18 | 2012 | 보험계리사 | 상 중 하

다음과 같이 전략과 보수가 정해져 있는 게임에 대해 옳은 설명만 고른 것은? (단, U, C, D는 경기자 1의 전략, L, M, R은 경기자 2의 전략이고, ( ) 안에 첫 번째 숫자는 경기자 1의 보수, 두 번째 숫자는 경기자 2의 보수임)

경기자 1 \ 경기자 2	L	M	R
U	(5, 1)	(4, 4)	(2, 3)
C	(3, 2)	(3, 3)	(1, 7)
D	(2, 2)	(5, 1)	(5, 0)

ㄱ. 위의 게임에서는 순수전략 내쉬균형이 존재하지 않는다.
ㄴ. 경기자 1의 입장에서는 U, C, D 중 열등전략이 존재한다.
ㄷ. 혼합전략 내쉬균형은 존재하지 않는다.
ㄹ. 경기자 2가 L을 낼 확률을 p라고 한다면 $p = \dfrac{3}{4}$으로 L을 내는 것이 혼합전략 내쉬균형 중 하나이다.

① ㄱ, ㄴ   ② ㄱ, ㄷ
③ ㄴ, ㄹ   ④ ㄱ, ㄴ, ㄷ

ⅰ) 경기자 1이 전략 U를 선택하면 경기자 2는 전략 M을, 경기자 1이 전략 C를 선택하면 경기자 2는 전략 R을, 경기자 1이 전략 D를 선택하면 경기자 2는 전략 L을 선택한다.
ⅱ) 경기자 2가 전략 L을 선택하면 경기자 1은 전략 U를, 경기자 2가 전략 M을 선택하면 경기자 1은 전략 D를, 경기자 2가 전략 R을 선택하면 경기자 1은 전략 D를 선택한다.
ⅲ) 따라서 이 게임에는 순수전략 내쉬균형이 존재하지 않는다.
ⅳ) 경기자 2가 어떤 전략을 선택해도 경기자 1은 전략 C를 선택하지 않을 것이므로 경기자 1에게 전략 C는 열등전략이다. 따라서 전략 C를 제거하자. 전략 C를 제거한 상태에서는 경기자 1이 어떤 전략을 선택해도 경기자 2는 전략 R을 선택하지 않을 것이므로 전략 R도 제거할 수 있다. 비록 각 경기자가 우월전략을 갖고 있지는 않지만, 이러한 방식으로 열등전략을 반복적으로 제거하면 주어진 보수행렬은 다음과 같이 단순한 형태로 나타낼 수 있다.

> 각 경기자가 우월전략을 갖고 있지 않으면 우월전략균형은 존재하지 않지만, 각 경기자가 열등전략을 갖고 있다면 이는 절대로 선택되지 않을 것이므로 제거해도 무방하다.

경기자 1 \ 경기자 2	L	M
U	(5, 1)	(4, 4)
D	(2, 2)	(5, 1)

ㄱ. |○| 이 게임에는 순수전략 내쉬균형이 존재하지 않는다.
ㄴ. |○| 경기자 1에게 전략 C는 열등전략이다.
ㄷ. |×| 순수전략 내쉬균형이 존재하지 않더라도 혼합전략 내쉬균형은 반드시 존재한다.
ㄹ. |×| 각 경기자의 최적인 혼합전략은 상대방이 어떤 순수전략을 선택하더라도 기대보수가 동일해지도록 각 경기자가 확률을 선택하는 것이 된다. 단순화된 보수행렬에서 경기자 1이 전략 U를 선택할 확률이 q, 전략 D를 선택할 확률이 $(1-q)$라고 하면 경기자 2가 각 전략을 선택할 때의 기대보수는 다음과 같다.

- 전략 L을 선택할 때 : $(q \times 1) + [(1-q) \times 2] = -q + 2$
- 전략 M을 선택할 때 : $(q \times 4) + [(1-q) \times 1] = 3q + 1$

따라서 경기자 2가 각 전략을 선택할 때의 기대보수가 동일해지는 확률은 $q = \frac{1}{4}$이다.

- $-q + 2 = 3q + 1 \rightarrow 4q = 1 \therefore q = \frac{1}{4}$

단순화된 보수행렬에서 경기자 2가 전략 L을 선택할 확률이 p, 전략 M을 선택할 확률이 $(1-p)$라고 하면 경기자 1이 각 전략을 선택할 때의 기대보수는 다음과 같다.

- 전략 U를 선택할 때 : $(p \times 5) + [(1-p) \times 4] = p + 4$
- 전략 D를 선택할 때 : $(p \times 2) + [(1-p) \times 5] = -3p + 5$

따라서 경기자 1이 각 전략을 선택할 때의 기대보수가 동일해지는 확률은 $p = \frac{1}{4}$이다.

- $p + 4 = -3p + 5 \rightarrow 4p = 1 \therefore p = \frac{1}{4}$

결국, 경기자 1이 $\frac{1}{4}$의 확률로 전략 U를 선택하고, 경기자 2가 $\frac{1}{4}$의 확률로 전략 L을 선택하는 것이 혼합전략 내쉬균형이 된다.

18. ①

19

 2014 | 감정평가사

이윤을 극대화하는 기업 A와 B의 생산량과 이윤행렬은 다음과 같다. A는 슈타켈버그(Stackelberg)모형의 선도자, B는 추종자로 행동할 때 A와 B의 생산량 (Q_A, Q_B)은? (단, 이윤행렬의 괄호 안의 수에서 왼쪽은 A의 이윤이고, 오른쪽은 B의 이윤이다.)

		기업 B의 생산량		
		15	20	30
기업 A의 생산량	15	(450, 450)	(375, 500)	(225, 450)
	20	(500, 375)	(400, 400)	(200, 300)
	30	(450, 225)	(300, 200)	(0, 0)

① (15, 15) ② (20, 15)
③ (20, 20) ④ (30, 15)
⑤ (30, 20)

해설

ⅰ) 슈타켈버그모형에서는 선도자(기업 A)가 독점기업처럼 자신의 이윤이 극대화되는 생산량을 결정하면, 추종자(기업 B)가 이를 주어진 것으로 보고 자신의 생산량을 결정한다. 그러므로 기업 A가 각각의 생산량을 선택할 때의 이윤을 살펴보면 다음과 같다.
- 기업 A가 15단위를 선택하면 기업 B는 20단위를 선택하므로 기업 A의 이윤은 375이다.
- 기업 A가 20단위를 선택하면 기업 B도 20단위를 선택하므로 기업 A의 이윤은 400이다.
- 기업 A가 30단위를 선택하면 기업 B는 15단위를 선택하므로 기업 A의 이윤은 450이다.

ⅱ) 기업 A가 30단위를 선택할 때 이윤이 450으로 가장 커지므로 기업 A는 30단위를 선택할 것이다. 선도자인 기업 A가 30단위를 선택하면 추종자인 기업 B는 15단위를 선택할 것이므로 균형은 (30, 15)가 된다.

20

[2013 | 국회직 8급] 상 중 하

7명의 사냥꾼이 동시에 사냥에 나섰다. 각 사냥꾼은 사슴을 쫓을 수도 있고, 토끼를 쫓을 수도 있다. 사슴을 쫓을 경우에는 7명의 사냥꾼 중 3명 이상이 동시에 사슴을 쫓을 때에만 사슴사냥에 성공하여 1마리의 사슴을 포획하게 되고, 사냥꾼들은 사슴을 동일하게 나누어 갖는다. 만약 3명 미만이 동시에 사슴을 쫓으면 사슴을 쫓던 사냥꾼은 아무것도 얻지 못하게 된다. 반면 토끼를 쫓을 때에는 혼자서 쫓더라도 언제나 성공하며 각자 1마리의 토끼를 포획하게 된다. 모든 사냥꾼들은 사슴 $\frac{1}{4}$마리를 토끼 1마리보다 선호하고, 사슴이 $\frac{1}{4}$마리보다 적으면 토끼 1마리를 선호한다. 이 게임에서 내쉬균형을 〈보기〉에서 모두 고르면? (단, 사냥터에서 사냥할 수 있는 사슴과 토끼는 각각 1마리, 7마리임)

───┤ 보기 ├───
ㄱ. 모든 사냥꾼이 토끼를 쫓는다.
ㄴ. 모든 사냥꾼이 사슴을 쫓는다.
ㄷ. 3명의 사냥꾼은 사슴을, 4명의 사냥꾼은 토끼를 쫓는다.
ㄹ. 4명의 사냥꾼은 사슴을, 3명의 사냥꾼은 토끼를 쫓는다.

① ㄱ ② ㄱ, ㄷ ③ ㄱ, ㄹ
④ ㄴ, ㄹ ⑤ ㄱ, ㄷ, ㄹ

해설

Tip. 내쉬균형에서 각 경기자는 더 이상 자신의 전략을 변화시킬 유인이 없다.

내쉬균형에서 각 경기자는 전략을 바꾸더라도 이득을 얻을 수 없으므로 더 이상 자신의 전략을 변화시킬 유인이 없다. 즉, 현재 상태에서 전략을 바꿔 이득을 얻을 수 있다면 자신의 전략을 변화시킬 유인이 있으므로 그 상태는 내쉬균형이 아니다.

ⅰ) 모든 사냥꾼이 토끼를 쫓는 경우
각 사냥꾼은 보수로 토끼 1마리를 얻게 된다. 만약 한 사냥꾼이 사슴을 쫓는 것으로 전략을 바꾸면 사슴 사냥에 실패하여 보수가 0이 되므로 현재 상태에서는 전략을 바꿀 유인이 없다. 따라서 모든 사냥꾼이 토끼를 쫓는 것은 내쉬균형이다.

ⅱ) 모든 사냥꾼이 사슴을 쫓는 경우
각 사냥꾼은 보수로 사슴 $\frac{1}{7}$마리를 얻게 된다. 만약 한 사냥꾼이 토끼를 쫓는 것으로 전략을 바꾸면 보수로 토끼 1마리를 얻게 되는데, 사슴이 $\frac{1}{4}$마리보다 적으면 토끼 1마리가 더 선호되므로 현재 상태에서는 전략을 바꿀 유인이 있다. 따라서 모든 사냥꾼이 사슴을 쫓는 것은 내쉬균형이 아니다.

ⅲ) 3명의 사냥꾼은 사슴을 쫓고, 4명의 사냥꾼은 토끼를 쫓는 경우
사슴을 쫓는 사냥꾼은 각 사냥꾼이 보수로 사슴 $\frac{1}{3}$마리를, 토끼를 쫓는 사냥꾼은 각 사냥꾼이 보수로 토끼 1마리를 얻게 된다. 만약 토끼를 쫓던 사냥꾼 중 한 명이 사슴을 쫓는 것으로 전략을 바꾸면 보수로 사슴 $\frac{1}{4}$마리를 얻게 되는데, 사슴 $\frac{1}{4}$마리가 토끼 1마리보다 더 선호되

정답
19. ④ 20. ③

므로 현재 상태에서는 전략을 바꿀 유인이 있다. 따라서 3명의 사냥꾼은 사슴을 쫓고, 4명의 사냥꾼은 토끼를 쫓는 것은 내쉬균형이 아니다.

iv) 4명의 사냥꾼은 사슴을 쫓고, 3명의 사냥꾼은 토끼를 쫓는 경우

사슴을 쫓는 사냥꾼은 각 사냥꾼이 보수로 사슴 $\frac{1}{4}$ 마리를, 토끼를 쫓는 사냥꾼은 각 사냥꾼이 보수로 토끼 1마리를 얻게 된다. 만약 사슴을 쫓던 사냥꾼 중 한 명이 토끼를 쫓는 것으로 전략을 바꾸면 보수가 사슴 $\frac{1}{4}$ 마리에서 토끼 1마리로 감소하므로 현재 상태에서는 전략을 바꿀 유인이 없다. 반대로, 토끼를 쫓던 사냥꾼 중 한 명이 사슴을 쫓는 것으로 전략을 바꾸면 보수가 토끼 1마리에서 사슴 $\frac{1}{5}$ 마리로 감소하므로 현재 상태에서는 전략을 바꿀 유인이 없다. 따라서 4명의 사냥꾼은 사슴을 쫓고, 3명의 사냥꾼은 토끼를 쫓는 것은 내쉬균형이다.

21

[2015 | 공인회계사] 상 중 하

세 명의 경기자 갑, 을, 병이 총 3만원의 상금이 걸려 있는 대회에 참가할지 여부를 동시에 결정하는 게임을 고려하자. 경기자당 참가비용은 1만원이다. 총 상금 3만원은 대회에 참가한 사람에게 균등하게 배분된다. 예를 들어 갑과 을만이 대회에 참가하면 갑과 을은 각자 1만 5천원의 상금을 받는 반면, 병은 상금을 받지 못한다. 경기자들은 자신이 받는 상금에서 대회 참가비용을 차감한 금액을 극대화하고자 한다. 다음 중 내쉬(Nash) 균형을 모두 고르면?

> 가. 세 경기자 모두 대회에 참가한다.
> 나. 두 경기자가 대회에 참가하고, 한 경기자는 참가하지 않는다.
> 다. 한 경기자만 대회에 참가하고, 다른 두 경기자는 참가하지 않는다.
> 라. 세 경기자 모두 대회에 참가하지 않는다.

① 가
② 가, 나
③ 가, 라
④ 가, 나, 다
⑤ 나, 다, 라

해설

내쉬균형에서 각 경기자는 전략을 바꾸더라도 이득을 얻을 수 없으므로 더 이상 자신의 전략을 변화시킬 유인이 없다. 즉, 현재 상태에서 전략을 바꿔 이득을 얻을 수 있다면 자신의 전략을 변화시킬 유인이 있으므로 그 상태는 내쉬균형이 아니다.

i) 세 경기자가 모두 대회에 참가하는 경우

총 상금 3만원이 대회 참가자에게 균등하게 배분되므로 각 경기자는 1만원을 받고, 참가비로 1만원을 지불해야 하므로 각 경기자의 이득은 0이다. 만약 한 참가자가 대회 불참으로 전략을 바꿔도 여전히 이득은 0이므로 현재 상태에서는 전략을 바꿀 유인이 없다. 따라서 세 경기자가 모두 대회에 참가하는 것은 내쉬균형이다.

ii) 두 경기자가 대회에 참가하고, 한 경기자는 참가하지 않는 경우
대회 참가자는 1만 5천원을 받고, 참가비로 1만원을 지불해야 하므로 대회에 참가한 경기자의 이득은 5천원이고, 대회에 불참한 경기자의 이득은 0이다. 만약 한 참가자가 대회 불참으로 전략을 바꾸면 이득이 5천원에서 0으로 감소하므로 현재 상태에서는 전략을 바꿀 유인이 없다. 반대로, 불참자가 대회 참가로 전략을 바꿔도 여전히 이득은 0이므로 현재 상태에서는 전략을 바꿀 유인이 없다. 따라서 두 경기자가 대회에 참가하고, 한 경기자는 참가하지 않는 것은 내쉬균형이다.

iii) 한 경기자만 대회에 참가하고, 두 경기자는 참가하지 않는 경우
대회 참가자는 3만원을 받고, 참가비로 1만원을 지불해야 하므로 대회에 참가한 경기자의 이득은 2만원이고, 대회에 불참한 경기자의 이득은 0이다. 만약 한 불참자가 대회 참가로 전략을 바꾸면 이득이 0에서 5천원으로 증가하므로 현재 상태에서는 전략을 바꿀 유인이 있다. 따라서 한 경기자만 대회에 참가하고, 두 경기자는 참가하지 않는 것은 내쉬균형이 아니다.

iv) 세 경기자가 모두 대회에 참가하지 않는 경우
세 경기자가 모두 대회에 불참하면 각 경기자의 이득은 0이다. 만약 한 불참자가 대회 참가로 전략을 바꾸면 이득이 0에서 2만원으로 증가하므로 현재 상태에서는 전략을 바꿀 유인이 있다. 따라서 세 경기자가 모두 대회에 참가하지 않는 것은 내쉬균형이 아니다.

22

[2014 | 공인회계사] 상 중 하

10개의 귤을 두 경기자가 나누어 갖는 게임을 고려하자. 경기자들은 자신이 원하는 귤의 수를 동시에 적어낸다. 적어낸 수의 합이 10을 초과하면 아무도 귤을 갖지 못하며, 10 이하이면 각자 적어낸 수만큼을 갖는다. 경기자들이 자신이 갖는 귤의 수를 극대화하고자 할 때, 내쉬(Nash)균형을 모두 고르면?

> 가. 두 경기자 모두 5를 적어낸다.
> 나. 한 경기자는 6, 다른 경기자는 7을 적어낸다.
> 다. 한 경기자는 10, 다른 경기자는 0을 적어낸다.
> 라. 한 경기자는 3, 다른 경기자는 6을 적어낸다.

① 가 ② 나
③ 가, 나 ④ 가, 다
⑤ 나, 라

해설

내쉬균형에서 각 경기자는 전략을 바꾸더라도 이득을 얻을 수 없으므로 더 이상 자신의 전략을 변화시킬 유인이 없다. 즉, 현재 상태에서 전략을 바꿔 이득을 얻을 수 있다면 자신의 전략을 변화시킬 유인이 있으므로 그 상태는 내쉬균형이 아니다.

가. 10이 두 경기자가 모두 5를 적어내면 각 경기자는 5개의 귤을 갖는다. 만약 한 경기자가 전략을 바꿔 5보다 작은 숫자를 적어내면 5개보다 적은 수의 귤을 갖게 되고, 반대로 5보다 큰 숫자를 적어내면 적어낸 수의 합이 10을 초과하여 0개의 귤을 갖게 된다. 즉, 현재 상태에서는 전략을 바꿀 유인이 없으므로 두 경기자가 모두 5를 적어내는 것은 내쉬균형이다.

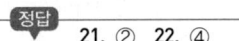

21. ② 22. ④

나. |×| 한 경기자가 6, 다른 경기자가 7을 적어내면 각 경기자는 0개의 귤을 갖는다. 만약 6을 적어낸 경기자가 전략을 바꿔 3을 적어내면 갖게 되는 귤이 0개에서 3개로 증가하고, 7을 적어낸 경기자가 전략을 바꿔 4를 적어내면 갖게 되는 귤이 0개에서 4개로 증가한다. 즉, 현재 상태에서는 전략을 바꿀 유인이 있으므로 한 경기자가 6, 다른 경기자가 7을 적어내는 것은 내쉬균형이 아니다.

다. |○| 한 경기자가 10, 다른 경기자가 0을 적어내면 10을 적어낸 경기자는 10개의 귤을, 0을 적어낸 경기자는 0개의 귤을 갖는다. 만약 10을 적어낸 경기자가 전략을 바꿔 10보다 작은 숫자를 적어내면 10개보다 적은 수의 귤을 갖게 되고, 반대로 10보다 큰 숫자를 적어내면 0개의 귤을 갖게 된다. 한편, 0을 적어낸 경기자가 전략을 바꿔 0보다 큰 숫자를 적어내도 여전히 0개의 귤을 갖게 된다. 즉, 현재 상태에서는 전략을 바꿀 유인이 없으므로 한 경기자가 10, 다른 경기자가 0을 적어내는 것은 내쉬균형이다.

라. |×| 한 경기자가 3, 다른 경기자가 6을 적어내면 3을 적어낸 경기자는 3개의 귤을, 6을 적어낸 경기자는 6개의 귤을 갖는다. 만약 3을 적어낸 경기자가 전략을 바꿔 4를 적어내면 갖게 되는 귤이 3개에서 4개로 증가하고, 6을 적어낸 경기자가 전략을 바꿔 7을 적어내면 갖게 되는 귤이 6개에서 7개로 증가한다. 즉, 현재 상태에서는 전략을 바꿀 유인이 있으므로 한 경기자가 3, 다른 경기자가 6을 적어내는 것은 내쉬균형이 아니다.

위 과정을 통해, 두 경기자가 적어낸 수의 합이 10이 되는 경우가 이 게임의 내쉬균형임을 알 수 있다.

23

| 2010 | 공인회계사 |

두 경기자가 8만원을 나누어 갖는 게임을 가정하자. 두 경기자는 각각 만원 단위로 자기가 원하는 금액을 동시에 발표한다. 만약 두 경기자가 발표한 금액의 합이 8만원 이하이면, 각자 발표한 금액을 받는다. 반면, 두 경기자가 발표한 금액의 합이 8만원을 초과하면 적은 금액을 발표한 사람이 자신이 발표한 금액을 받고, 많은 금액을 발표한 사람은 나머지 금액만을 받는다. 단, 두 경기자가 발표한 금액의 합이 8만원을 초과하면서 같은 금액을 발표하면 각자 4만원씩을 받는다. 다음 설명 중 옳지 않은 것은?

① 내쉬균형에서는 두 경기자가 발표한 금액의 합이 8만원 미만이 될 수 없다.
② 내쉬균형에서는 두 경기자가 발표한 금액의 합이 8만원을 초과할 수 없다.
③ 한 경기자가 6만원을 발표하는 것은 내쉬균형이 될 수 없다.
④ 두 경기자가 모두 4만원을 발표하는 것은 내쉬균형 중 하나이다.
⑤ 모든 내쉬균형에서는 두 경기자가 각각 4만원씩을 받는다.

해설

내쉬균형에서 각 경기자는 전략을 바꾸더라도 이득을 얻을 수 없으므로 더 이상 자신의 전략을 변화시킬 유인이 없다. 즉, 현재 상태에서 전략을 바꿔 이득을 얻을 수 있다면 자신의 전략을 변화시킬 유인이 있으므로 그 상태는 내쉬균형이 아니다.

i) 두 경기자의 발표금액의 합이 8만원 미만인 경우
두 경기자의 발표금액의 합이 8만원 미만이면 최소한 한 경기자는 전략을 바꿔 보수를 증가시킬 수 있다. 예컨대, 두 경기자의 발표금액이 (3, 2)라면 두 경기자가 모두 발표금액을 4만원으로 바꿔 (4, 4)가 되면 두 경기자 모두 보수가 증가하므로 전략을 바꿀 유인이 있다. 따라서 두 경기자의 발표금액의 합이 8만원 미만인 경우는 내쉬균형이 아니다.

ii) 두 경기자의 발표금액의 합이 8만원을 초과하고, 한 경기자의 발표금액이 6만원 이상인 경우
두 경기자의 발표금액의 합이 8만원을 초과하고, 한 경기자의 발표금액이 6만원 이상이면 최소한 한 경기자는 전략을 바꿔 보수를 증가시킬 수 있다. 예컨대, 두 경기자의 발표금액이 (7, 6)이라면 각 경기자의 보수는 (2, 6)이지만, 7만원을 발표한 경기자가 발표금액을 5만원으로 바꿔 (5, 6)이 되면 각 경기자의 보수는 (5, 3)이 되므로 전략을 바꿀 유인이 있다. 한편, 이 상태에서 6만원을 발표한 경기자가 발표금액을 4만원으로 바꿔 (5, 4)가 되면 각 경기자의 보수는 (4, 4)가 되므로 다시 전략을 바꿀 유인이 있다. 따라서 두 경기자의 발표금액의 합이 8만원을 초과하고, 한 경기자의 발표금액이 6만원 이상인 경우는 내쉬균형이 아니다.

iii) 두 경기자의 발표금액의 합이 8만원을 초과하고, 한 경기자의 발표금액이 5만원인 경우
두 경기자의 발표금액이 (5, 6)인 상태에서 6만원을 발표한 경기자가 발표금액을 4만원으로 바꿔 (5, 4)가 되면 각 경기자의 보수는 (4, 4)가 되고, 이 상태에서는 두 경기자가 발표금액을 바꿔도 더 이상 보수가 증가하지 않는다. 마찬가지로, 발표금액이 (4, 5), (5, 5)인 경우에도 각 경기자의 보수는 (4, 4)이고, 전략을 바꿔 보수를 증가시키는 것이 불가능하다. 따라서 (4, 5), (5, 4), (5, 5)는 내쉬균형이다.

iv) 두 경기자의 발표금액이 모두 4만원인 경우
두 경기자의 발표금액이 (4, 4)라면 각 경기자의 보수는 (4, 4)이고, 이 상태에서도 전략을 바꿔 보수를 증가시키는 것이 불가능하다. 따라서 (4, 4)는 내쉬균형이다.

⇒ 이 게임에는 (4, 4), (4, 5), (5, 4), (5, 5)의 4개의 내쉬균형이 존재한다.

24 | 2014 | 공인회계사 | 상 중 하

복점시장에서 경쟁하는 두 기업이 동시에 가격을 결정한다고 하자. 이 시장에서 수요의 역함수는 $P = 100 - \frac{1}{2}Q$ (P는 시장가격, Q는 두 기업 생산량의 합)이며, 두 기업의 가격이 동일하면 두 기업이 시장수요량을 반씩 나누어 갖는다. 두 기업 모두 고정비용은 없고, 한계비용은 10으로 일정하다. 기업들은 가격을 자연수로만 정할 수 있다. 다음 설명 중 가장 옳지 않은 것은?

① 두 기업이 모두 가격을 10으로 정하는 것은 내쉬(Nash)균형이다.
② 두 기업이 모두 가격을 11로 정하는 것은 내쉬균형이다.
③ 모든 내쉬균형에서 두 기업의 이윤은 0이다.
④ 한 기업은 가격을 10으로, 다른 기업은 가격을 11로 정하는 것은 내쉬균형이 아니다.
⑤ 모든 내쉬균형에서 시장전체 거래량은 180을 초과하지 않는다.

해설

① | ○ | 수요함수가 $P = 100 - \frac{1}{2}Q$이므로 두 기업이 모두 가격을 $P = 10$으로 설정하면 시장수요량은 $Q = 180$이고, 각 기업은 90단위의 재화를 생산한다. 고정비용이 없고 한계비용이 10으로 일정하면 평균비용도 10으로 일정($MC = AC = 10$)하므로 $P = AC$가 되어 두 기업 모두 이윤은 0이다.

23. ② 24. ③

- $P = 100 - \dfrac{1}{2}Q \rightarrow 10 = 100 - \dfrac{1}{2}Q \therefore Q = 180$

이 상태에서 한 기업이 가격을 10보다 높은 수준으로 설정하면 판매량이 0이 되므로 여전히 이윤은 0이고, 반대로 가격을 10보다 낮은 수준으로 설정하면 $P < AC$가 되어 이윤이 음(−)이 되므로 현재의 가격을 변화시킬 유인이 없다. 따라서 두 기업이 모두 가격을 10으로 설정하는 것은 내쉬균형이다.

② |○| 수요함수가 $P = 100 - \dfrac{1}{2}Q$이므로 두 기업이 모두 가격을 $P = 11$로 설정하면 시장수요량은 $Q = 178$이고, 각 기업은 89단위의 재화를 생산한다. 가격이 $P = 11$이고, 평균비용이 $AC = 10$이므로 단위당 이윤의 크기는 $P - AC = 1$이고, 생산량이 89단위이므로 두 기업 모두 이윤은 $\pi = (P - AC) \times Q = 1 \times 89 = 89$이다.

- $P = 100 - \dfrac{1}{2}Q \rightarrow 11 = 100 - \dfrac{1}{2}Q \therefore Q = 178$

이 상태에서 한 기업이 가격을 11보다 높은 수준으로 설정하면 판매량이 0이 되므로 이윤이 0이 되고, 반대로 가격을 11보다 낮은 자연수인 10으로 설정하면 $P = AC$가 되어 마찬가지로 이윤이 0이 되므로 현재의 가격을 변화시킬 유인이 없다. 따라서 두 기업이 모두 가격을 11로 설정하는 것은 내쉬균형이다.

③ |×| 두 기업이 모두 가격을 11로 설정하는 내쉬균형에서 두 기업의 이윤은 89이다.

④ |○| 가격을 10으로 설정한 기업은 이윤이 0이므로 현재의 가격을 11로 변화시켜 이윤을 89로 만들 유인이 있다. 따라서 한 기업은 가격을 10으로, 다른 기업은 가격을 11로 설정하는 것은 내쉬균형이 아니다.

⑤ |○| 한계비용이 10이므로 두 기업이 모두 가격을 10보다 낮은 수준으로 설정하지는 않을 것이다. 그러므로 모든 내쉬균형에서 시장거래량은 180단위를 초과하지 않는다.

25 [2018 | 공인회계사] 상 중 하

두 사람이 평균값 맞추기 게임을 한다. 1부터 10까지의 자연수 중 하나를 동시에 선택하면 그 평균과의 차이만큼을 10만원에서 뺀 값을 상금으로 제공한다. 다시 말해, 경기자 i가 a_i를 선택하면 i의 상금은 $\left(10 - \left|\dfrac{a_1+a_2}{2} - a_i\right|\right)$만원이 된다. 다음 설명 중 옳은 것은? (단, $i=1, 2$)

> 가. 우월전략이 존재한다.
> 나. 복수의 내쉬균형(Nash equilibrium)이 존재한다.
> 다. 내쉬균형에서 각 경기자의 상금은 서로 같다.
> 라. 경기자가 셋이 되면 내쉬균형에서 각 경기자의 상금은 동일하지 않다.

① 가, 나 ② 가, 다
③ 나, 다 ④ 나, 라
⑤ 다, 라

i) 경기자 i가 받는 상금이 $\left(10 - \left|\dfrac{a_1+a_2}{2} - a_i\right|\right)$만원이므로 $\left|\dfrac{a_1+a_2}{2} - a_i\right| = 0$일 때 상금이 10만원으로 가장 커지는데, $\left|\dfrac{a_1+a_2}{2} - a_i\right| = 0$이 되려면 두 경기자가 동일한 숫자를 선택해야 한다($a_1 = a_2$).

- $a_1 \neq a_2 \rightarrow \left|\dfrac{a_1+a_2}{2} - a_i\right| > 0 \cdots \left(10 - \left|\dfrac{a_1+a_2}{2} - a_i\right|\right) < 10$
- $a_1 = a_2 \rightarrow \left|\dfrac{a_1+a_2}{2} - a_i\right| = 0 \cdots \left(10 - \left|\dfrac{a_1+a_2}{2} - a_i\right|\right) = 10$

ii) 즉, $a_1 \neq a_2$이면 상금을 크게 만들기 위해 두 경기자가 숫자를 바꿀 유인이 있지만, $a_1 = a_2$이면 상금이 10만원으로 가장 커지므로 두 경기자가 숫자를 바꿀 유인이 없다. 따라서 이 게임에는 (1, 1), (2, 2) … (10, 10)의 10개의 내쉬균형이 존재한다.

가. |×| 각 경기자가 선택한 숫자에 따라서 상금이 10만원으로 가장 커지는 숫자가 달라지므로 우월전략이 존재하지 않는다.
나. |○| 이 게임에는 (1, 1), (2, 2) … (10, 10)의 10개의 내쉬균형이 존재한다.
다. |○| 내쉬균형에서 각 경기자의 상금은 10만원으로 동일하다.
라. |×| 경기자가 셋이 되면 경기자 i가 받는 상금은 $\left(10 - \left|\dfrac{a_1+a_2+a_3}{3} - a_i\right|\right)$만원이 된다. 이 경우에도 세 경기자가 동일한 숫자를 선택할 때($a_1 = a_2 = a_3$) 내쉬균형이 달성되므로 각 경기자의 상금은 10만원으로 동일하다.

정답 25. ③

26 [2017 | 서울시 7급] 상 중 하

아래의 그림은 기업 A와 B의 의사결정에 따른 이윤을 나타낸다. 두 기업은 모든 선택에 대한 이윤을 사전에 알고 있다. A사가 먼저 선택하고, B사가 A사의 결정을 확인하고 선택을 하게 된다. 두 회사 간의 신빙성 있는 약속이 없을 때 각 기업이 얻게 되는 이윤의 조합은? (단, 괄호 안은 A사가 얻는 이윤, B사가 얻는 이윤을 나타낸다.)

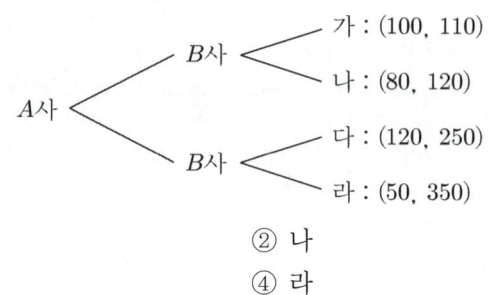

① 가
② 나
③ 다
④ 라

해설 순차게임에서는 마지막 단계부터 거꾸로 거슬러 올라가는 역진적 귀납법(backward induction)을 이용하여 균형을 찾는다.
 ⅰ) A사가 위쪽을 선택할 경우 B사는 '나'를 선택하고, A사가 아래쪽을 선택할 경우 B사는 '라'를 선택한다.
 ⅱ) A사가 위쪽을 선택하면 B사가 '나'를 선택하므로 A사의 이윤은 80이고, A사가 아래쪽을 선택하면 B사가 '라'를 선택하므로 A사의 이윤은 50이다. 따라서 A사는 위쪽을 선택한다.
 ⅲ) 결국, A사가 위쪽을 선택하고, B사는 '나'를 선택하는 것이 이 순차게임의 균형이 되고, 각 기업이 얻게 되는 이윤의 조합은 (80, 120)이 된다.

---

27 [2014 | 국회직 8급] 상 중 하

다음 게임에 대한 설명으로 옳지 않은 것은?

> 잠재적 진입기업 A는 기존기업 B가 독점하고 있는 시장으로 진입할지 여부를 고려하고 있다. A가 진입하지 않으면 A와 B의 보수는 각각 0과 2이다. A가 진입을 하면 B는 반격을 하거나 공생을 할 수 있다. B가 반격을 할 경우 A와 B의 보수는 각각 -1과 0이다. 반면 공생을 할 경우 두 기업이 시장을 나눠 가져 각각 1의 보수를 얻는다.

① 이 게임의 순수전략 내쉬균형은 하나이다.
② A가 진입하지 않으면 B는 어떤 전략을 선택하든 무차별하다.
③ 부분게임완전균형에서 A는 진입을 한다.
④ A가 진입하는 경우 B는 공생하는 것이 최선의 대응이다.
⑤ A가 진입하면 반격하겠다는 B의 전략은 신빙성이 없다.

1. 먼저, 주어진 상황을 정규형 게임(보수행렬)로 나타내면 다음과 같다.

		기업 B	
		반격	공생
기업 A	진입포기	(0, 2)	(0, 2)
	진입	(-1, 0)	(1, 1)

ⅰ) 기업 A가 진입포기를 선택하면 기업 B는 반격을 선택할 때와 공생을 선택할 때의 보수가 같고, 기업 A가 진입을 선택하면 기업 B는 공생을 선택한다.
ⅱ) 기업 B가 반격을 선택하면 기업 A는 진입포기를 선택하고, 기업 B가 공생을 선택하면 기업 A는 진입을 선택한다.
ⅲ) 따라서 이 게임에는 (진입포기, 반격), (진입, 공생)의 2개의 내쉬균형이 존재한다.

2. 이제, 주어진 상황을 전개형 게임(게임나무)으로 나타내면 다음과 같다.

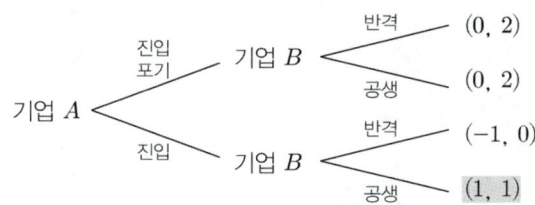

ⅰ) 순차게임에서는 마지막 단계부터 거꾸로 거슬러 올라가는 역진적 귀납법(backward induction)을 이용하여 균형을 찾는다.
ⅱ) 기업 A가 진입포기를 선택할 경우 기업 B는 반격을 선택하든 공생을 선택하든 무차별하고, 기업 A가 진입을 선택할 경우 기업 B는 공생을 선택한다.
ⅲ) 기업 A가 진입포기를 선택하면 기업 B가 어떤 전략을 선택하든 무차별하므로 기업 A의 보수는 0이고, 기업 A가 진입을 선택하면 기업 B가 공생을 선택하므로 기업 A의 보수는 1이다. 따라서 기업 A는 진입을 선택한다.
ⅳ) 결국, 기업 A가 진입을 선택하고, 기업 B는 공생을 선택하는 것이 이 순차게임의 완전균형이 되고, 각 기업이 얻게 되는 보수의 조합은 (1, 1)이 된다.

① |×| 이 게임에는 (진입포기, 반격), (진입, 공생)의 2개의 내쉬균형이 존재한다.
② |○| 기업 A가 진입포기를 선택하면 기업 B는 어떤 전략을 선택하든 무차별하다.
③, ④, ⑤ |○| 부분게임(sub-game)이란 전체 게임의 일부이면서 그 자체를 독립된 게임으로 볼 수 있는 것을 말하는데, 기업 A가 진입을 선택하였을 때 기업 B가 자신의 전략을 선택하는 것이 하나의 부분게임이다. 이 상황에서 기업 B가 반격을 선택하면 보수가 0이고, 공생을 선택하면 보수가 1이므로 기업 A가 진입하면 반격하겠다는 기업 B의 위협은 신빙성이 없다. 즉, 기업 A가 진입하면 기업 B는 공생을 선택하는 것이 최선의 대응이므로 이 게임에서 신빙성이 없는 위협이 포함되어 있지 않은 (진입, 공생)이 부분게임완전균형(sub-game perfect Nash equilibrium)이 된다.
　참고로, (진입포기, 반격)과 같이 신빙성이 없는 위협에 의한 균형은 부분게임불완전균형(sub-game imperfect Nash equilibrium)이라고 한다.

26. ② 27. ①

생산요소시장과 소득분배이론

- **17** 생산요소시장
- **18** 소득분배이론

생산요소시장

69 생산요소시장의 이윤극대화

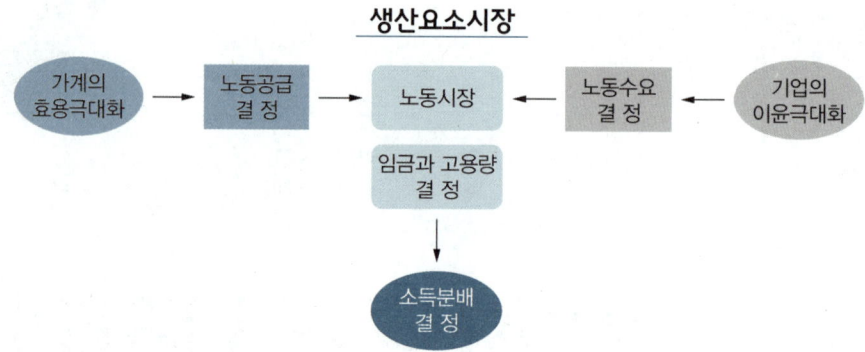

생산요소시장의 특징 및 유형

1. 생산요소시장의 특징
   - 생산요소시장에서는 생산물시장과 반대로 가계가 공급자, 기업이 수요자가 됨
     - 가계(노동공급자) : 효용극대화 원리
     - 기업(노동수요자) : 이윤극대화 원리
   - 생산요소에 대한 수요는 파생수요(derived demand)의 성격을 가짐
     → 생산요소에 대한 수요는 생산물에 대한 수요로부터 파생됨
     → 생산물시장에서 이윤극대화 원리에 의해 생산량이 결정되면 그에 따라 생산요소시장에서 생산요소에 대한 수요가 결정됨
     → 생산요소시장을 분석할 때는 생산요소시장의 형태뿐 아니라 생산물시장의 형태도 고려해야 함

2. 생산요소시장의 유형

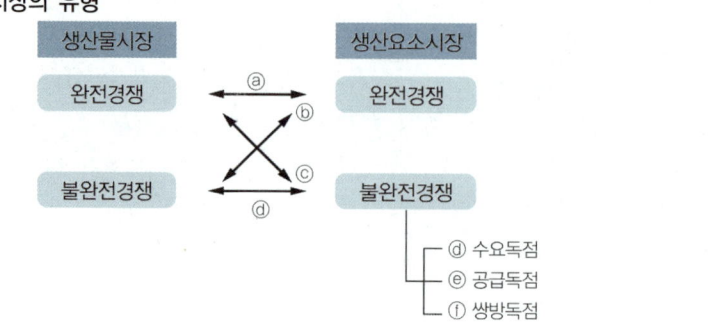

생산요소시장의 이윤극대화

1. 수입 측면

구 분	내 용
한계수입생산 (MRP_L)	• 노동 1단위를 추가로 투입할 때의 총수입의 변화분 $$MRP_L = MP_L \times MR$$ • 수확체감의 법칙에 의해 MRP_L 곡선은 우하향의 형태로 도출됨
한계생산물가치 (VMP_L)	• 노동 1단위를 추가로 투입할 때 변화하는 생산물의 시장가치 $$VMP_L = MP_L \times P$$ • 수확체감의 법칙에 의해 VMP_L 곡선도 우하향의 형태로 도출됨 • 생산물시장이 완전경쟁이면 $P = MR$ 이므로 $VMP_L = MRP_L$ 이 되나, 생산물시장이 불완전경쟁이면 $P > MR$ 이므로 $VMP_L > MRP_L$ 이 됨

2. 비용 측면

구 분	내 용
한계요소비용 (MFC_L)	• 노동 1단위를 추가로 투입할 때의 총요소비용(총비용)의 변화분 $$MFC_L = \frac{\Delta TC}{\Delta L} = \frac{\Delta Q}{\Delta L} \times \frac{\Delta TC}{\Delta Q} = MP_L \times MC$$ • 생산요소시장이 완전경쟁이면 MFC_L 곡선은 시장의 균형임금 수준에서 수평선이나($MFC_L = w$), 생산요소시장이 수요독점이면 MFC_L 곡선은 우상향의 형태로 도출됨($MFC_L > w$)
평균요소비용 (AFC_L)	• 노동 1단위당 총요소비용 $$AFC_L = \frac{TFC_L}{L} = \frac{w \times L}{L} = w$$ • AFC_L은 항상 임금(w)과 일치하므로 개별기업이 직면하는 노동공급곡선(S_L)이 AFC_L 곡선이 됨 • 생산요소시장이 완전경쟁이면 $w = AFC_L = MFC_L$이 성립함

3. 생산요소시장의 이윤극대화 조건(적정 고용조건)

• 노동 1단위를 추가로 고용할 때 얻는 수입(MRP_L)과 소요되는 비용(MFC_L)이 일치할 때 기업의 이윤이 극대화됨

$$MRP_L = MFC_L$$
$$\rightarrow MP_L \times MR = MP_L \times MC$$
$$\rightarrow MR = MC$$

• $MRP_L \neq MFC_L$이면 고용량(L) 조정을 통한 이윤 증가가 가능함
• 생산요소시장의 이윤극대화 조건과 생산물시장의 이윤극대화 조건은 동일함

완전경쟁 요소시장

1. 생산물시장이 완전경쟁인 경우($P = MR$)

구 분	내 용
노동수요곡선	― 개별기업 : 개별기업의 VMP_L곡선(우하향) ― 시장전체 : 개별기업의 VMP_L곡선의 수평합(우하향) 📖 생산물시장이 완전경쟁이면 $VMP_L = MRP_L$이 성립함
노동공급곡선	― 개별기업 : 시장의 균형임금수준에서 수평선($\varepsilon = \infty$) ― 시장전체 : 개별노동자의 노동공급곡선의 수평합(우상향) 📖 완전경쟁 요소시장에서 개별기업은 시장에서 결정된 균형임금을 주어진 것으로 받아들이는 가격수용자임
균 형	1. **시장전체** • 시장노동수요곡선과 시장노동공급곡선이 교차하는 점(E점)에서 시장균형이 달성되고, 균형임금(w_0)과 균형고용량(L_0)이 결정됨 2. **개별기업** • 개별기업(가격수용자)이 직면하는 노동공급곡선은 시장의 균형임금 w_0에서 수평선임($w = AFC_L = MFC_L$) • 개별기업은 노동공급곡선($= MFC_L$곡선)과 VMP_L곡선이 교차하는 점에서 고용량(l_0)을 결정함($w = MRP_L = VMP_L$) ▎시장전체　　　▎개별기업

2. 생산물시장이 불완전경쟁인 경우($P > MR$)

구 분	내 용
노동수요곡선	┌ 개별기업 : 개별기업의 MRP_L곡선(우하향) └ 시장전체 : 개별기업의 MRP_L곡선의 수평합(우하향) 📄 생산물시장이 불완전경쟁이면 $VMP_L > MRP_L$이 성립함
노동공급곡선	┌ 개별기업 : 시장의 균형임금수준에서 수평선($\varepsilon = \infty$) └ 시장전체 : 개별노동자의 노동공급곡선의 수평합(우상향) 📄 완전경쟁 요소시장에서 개별기업은 시장에서 결정된 균형임금을 주어진 것으로 받아들이는 가격수용자임
균 형	1. **시장전체** • 시장노동수요곡선과 시장노동공급곡선이 교차하는 점(F점)에서 시장균형이 달성되고, 균형임금(w_1)과 균형고용량(L_1)이 결정됨 • 생산물시장이 불완전경쟁이 되면 완전경쟁일 때보다 생산량이 감소하므로 고용량도 감소함(파생수요) 2. **개별기업** • 개별기업(가격수용자)이 직면하는 노동공급곡선은 시장의 균형임금 w_1에서 수평선임($w = AFC_L = MFC_L$) • 개별기업은 노동공급곡선($= MFC_L$곡선)과 MRP_L곡선이 교차하는 점에서 고용량(l_1)을 결정함($w = MRP_L < VMP_L$) • 생산물시장이 불완전경쟁(공급독점)이 되면 임금이 w_0에서 w_1으로 하락하므로 ($w_0 - w_1$)만큼의 공급독점적 착취가 발생함

01

[2017 | 공인노무사]

기업 A가 생산하는 재화에 투입하는 노동의 양을 L이라 하면, 노동의 한계생산은 $27-5L$이다. 이 재화의 가격이 20이고 임금이 40이라면, 이윤을 극대로 하는 기업 A의 노동수요량은?

① 1 　　　　② 2 　　　　③ 3
④ 4 　　　　⑤ 5

Tip. 생산물시장과 생산요소시장이 모두 완전경쟁일 때 기업의 이윤극대화 요소고용조건은 $VMP_L = MP_L \times P = w$이다.

ⅰ) 생산요소 1단위를 추가로 고용할 때 얻는 수입(MRP_L)과 소요되는 비용(MFC_L)이 일치할 때 기업의 이윤이 극대화되므로 기업의 이윤극대화 요소고용조건은 $MRP_L = MFC_L$이다.

ⅱ) 그런데 생산물시장이 완전경쟁이면 $VMP_L = MRP_L$이 성립하고, 생산요소시장이 완전경쟁이면 $w = AFC_L = MFC_L$이 성립하므로 생산물시장과 생산요소시장이 모두 완전경쟁일 때 기업의 이윤극대화 요소고용조건은 $VMP_L = MP_L \times P = w$로 나타낼 수 있다.

ⅲ) 노동의 한계생산이 $MP_L = 27 - 5L$, 재화가격이 $P = 20$, 임금이 $w = 40$이므로 이윤극대화 요소고용조건 $VMP_L = MP_L \times P = w$에 의해 노동수요량은 $L = 5$로 계산된다.

- $VMP_L = MP_L \times P = w \rightarrow (27 - 5L) \times 20 = 40 \rightarrow 5L = 25 \therefore L = 5$

02

[2013 | 공인회계사]

단기생산함수가 $f(L) = 100L - L^2$인 어떤 완전경쟁기업이 현재의 생산수준에서 노동(L) 35단위를 고용하고 있다. 노동시장은 완전경쟁적이며 노동 한 단위당 임금은 300이다. 현재 상황에서 이 기업이 이윤을 극대화하고 있다면 생산물 가격은 얼마인가?

① 1 　　　　② 5 　　　　③ 10
④ 15 　　　⑤ 20

ⅰ) 생산물시장과 생산요소시장이 모두 완전경쟁일 때 기업의 이윤극대화 요소고용조건은 $VMP_L = MP_L \times P = w$이다.

ⅱ) 생산함수 $f(L) = 100L - L^2$을 L에 대해 미분하면 노동의 한계생산은 $MP_L = 100 - 2L$이고, 현재의 생산수준에서 노동고용량이 $L = 35$, 단위당 임금이 $w = 300$이므로 이윤극대화 요소고용조건 $VMP_L = MP_L \times P = w$에 의해 재화가격은 $P = 10$으로 계산된다.

- $VMP_L = MP_L \times P = w \rightarrow [100 - (2 \times 35)] \times P = 300 \rightarrow 30P = 300 \therefore P = 10$

03

[2013 | 감정평가사] 상 중 하

A국의 총생산함수는 $Y = 20\sqrt{L}$, 노동공급함수는 $w = \sqrt{L}$이라고 할 때, 노동시장에서의 균형노동량(L^*)은? (단, Y는 총생산, w는 실질임금, L은 노동량이며, 상품시장과 노동시장은 완전경쟁시장이다.)

① $L^* = 5$
② $L^* = 10$
③ $L^* = 15$
④ $L^* = 20$
⑤ $L^* = 25$

ⅰ) 생산물시장과 생산요소시장이 모두 완전경쟁일 때 기업의 이윤극대화 요소고용조건은 $VMP_L = MP_L \times P = w$ 혹은 $MP_L = \dfrac{w}{P}$이다. 즉, 기업은 노동의 한계생산(MP_L)과 실질임금$\left(\dfrac{w}{P}\right)$이 같아지는 수준까지 노동을 고용한다.

ⅱ) 생산함수 $Y = 20\sqrt{L}$을 L에 대해 미분하면 노동의 한계생산은 $MP_L = 10L^{-\frac{1}{2}} = \dfrac{10}{\sqrt{L}}$이고, 실질임금이 $\dfrac{w}{P} = \sqrt{L}$이므로 이윤극대화 요소고용조건 $MP_L = \dfrac{w}{P}$에 의해 균형노동량은 $L = 10$으로 계산된다.

• $MP_L = \dfrac{w}{P} \rightarrow \dfrac{10}{\sqrt{L}} = \sqrt{L} \therefore L = 10$

🔍 노동공급함수 $w = \sqrt{L}$에서 w는 실질임금$\left(\dfrac{w}{P}\right)$임에 주의해야 한다.

ReCheck 이윤극대화 요소고용조건 ⋯ 생산물시장과 생산요소시장이 모두 완전경쟁일 때

$$VMP_L = MP_L \times P = w \rightarrow MP_L = \dfrac{w}{P}$$

• $VMP_L \neq w$ 혹은 $MP_L \neq \dfrac{w}{P}$이면 고용량(L) 조정을 통한 이윤 증가가 가능함

$\begin{cases} VMP_L > w \text{ 혹은 } MP_L > \dfrac{w}{P} : \text{고용량 증가} \\ VMP_L < w \text{ 혹은 } MP_L < \dfrac{w}{P} : \text{고용량 감소} \end{cases}$

정답 01. ⑤ 02. ③ 03. ②

04 다음 표는 A 제과점의 근로자 수와 케이크 생산량을 나타내며, 케이크 1개당 가격은 10,000원이고, 근로자는 1인당 80,000원을 지급받는다. 이에 관한 설명으로 옳지 않은 것은? (단, 케이크 시장과 노동시장은 완전경쟁시장이다.)

근로자 수	케이크 생산량
0	0
1	10
2	18
3	23
4	27

① 근로자 수가 1에서 2로 증가할 때 노동의 한계생산은 8이다.
② 근로자 수가 2에서 3으로 증가할 때 노동의 한계생산물가치는 50,000원이다.
③ 이윤이 극대화될 때 노동의 한계생산은 10이다.
④ 근로자 수가 2일 때 노동의 평균생산은 9이다.

주어진 자료를 표로 정리하면 다음과 같다.

근로자 수	0	1	2	3	4
케이크 생산량	0	10	18	23	27
한계생산(MP_L)	0	10	8	5	4
한계생산물가치(VMP_L)	0	100,000	80,000	50,000	40,000

ⅰ) 생산물시장과 생산요소시장이 모두 완전경쟁일 때 기업의 이윤극대화 요소고용조건은 $VMP_L = MP_L \times P = w$이다. 즉, 기업은 노동의 한계생산물가치($VMP_L$)와 명목임금($w$)이 같아지는 수준까지 노동을 고용한다.
ⅱ) 근로자 수가 2일 때 $VMP_L = w = 80,000$이 성립하므로 이 제과점의 이윤극대화 고용량은 2단위이다.
① |○| 근로자 수가 1에서 2로 증가할 때 노동의 한계생산은 $MP_L = 8$이다.
② |○| 근로자 수가 2에서 3으로 증가할 때 노동의 한계생산물가치는 $VMP_L = 50,000$이다.
③ |×| 이윤이 극대화될 때 노동의 한계생산은 $MP_L = 8$이다.
④ |○| 근로자 수가 2일 때 노동의 평균생산은 $AP_L = \dfrac{18}{2} = 9$이다.

05 [2012 | 지방직 7급]

A기업의 고용량에 따른 노동의 한계생산물이 다음 표와 같다. A기업 제품의 가격이 20만원이고 시장균형임금률이 월 300만원일 때, A기업의 이윤극대화 고용량은? (단, 다른 조건은 일정하다.)

고용량	1	2	3	4	5	6
한계생산물	10	15	30	25	10	5

① 2 ② 3
③ 4 ④ 5

Tip. 기업의 이윤극대화 고용량은 VMP_L곡선(혹은 MP_L곡선)이 우하향하는 구간에서 결정된다(수확체감의 법칙).

주어진 자료를 표로 정리하면 다음과 같다.

고용량	1	2	3	4	5	6
한계생산(MP_L)	10	15	30	25	10	5
한계생산물가치(VMP_L)	200	300	600	500	200	100

생산물시장과 생산요소시장이 모두 완전경쟁일 때 기업의 이윤극대화 요소고용조건은 $VMP_L = w$이므로 일반적인 문제의 경우 $VMP_L = w$가 성립하는 고용량을 찾으면 되지만, 이 문제의 경우에는 이윤극대화 고용량이 VMP_L곡선이 우하향하는 구간에서 결정된다(수확체감의 법칙)는 점도 같이 고려하여 이윤극대화 고용량을 찾아야 한다.

 i) 생산물시장과 생산요소시장이 모두 완전경쟁일 때 기업의 이윤극대화 요소고용조건은 $VMP_L = MP_L \times P = w$이다. 즉, 기업은 노동의 한계생산물가치($VMP_L$)와 명목임금($w$)이 같아지는 수준까지 노동을 고용한다.

 ii) 고용량이 2단위일 때 $VMP_L = w = 300$이 성립하나, VMP_L곡선이 우상향한다. 따라서 고용량이 2단위일 때는 손실이 극대화된다.

iii) 고용량이 4단위와 5단위 사이일 때 $VMP_L = w = 300$이 성립하고, VMP_L곡선이 우하향한다. 따라서 고용량이 4단위와 5단위 사이일 때 이윤이 극대화된다.

iv) 그런데 고용량이 5단위일 때는 $VMP_L < w$이므로 생산량이 4단위일 때보다 이윤이 감소한다. 따라서 이 기업의 이윤극대화 고용량은 $VMP_L > w$를 만족하는 4단위이다.

@ $MP_L = \dfrac{w}{P} = \dfrac{300}{20} = 15$를 이용할 수도 있다. MP_L곡선이 우하향하는 구간에서 $MP_L > \dfrac{w}{P}$이면 고용량을 늘리는 것이 유리하고 $MP_L < \dfrac{w}{P}$이면 고용량을 줄이는 것이 유리하므로 이 기업의 이윤극대화 고용량은 4단위이다.

06

 2010 | 감정평가사

생산요소시장과 생산물시장이 모두 완전경쟁적이다. 이에 관한 설명으로 옳지 않은 것은?

① 완전경쟁기업의 이윤극대화를 위한 조건은 '생산요소의 한계생산물가치＝한계요소비용'이다.
② 완전경쟁기업의 이윤극대화를 위한 조건은 '생산요소의 한계수입생산물＝생산요소의 가격'이다.
③ 생산물시장이 완전경쟁적일 경우가 독점적일 경우보다 기업의 생산요소 수요가 더 작다.
④ 생산요소의 한계생산곡선이 우측으로 이동하면 완전경쟁기업의 생산요소 수요가 증가된다.
⑤ 생산물에 대한 수요의 감소는 완전경쟁기업의 생산요소 수요를 감소시킨다.

①, ② |○| 생산물시장이 완전경쟁이면 $VMP_L = MRP_L$이 성립하고, 생산요소시장이 완전경쟁이면 $w = AFC_L = MFC_L$이 성립하므로 생산물시장과 생산요소시장이 모두 완전경쟁일 때 기업의 이윤극대화 요소고용조건은 $VMP_L = MRP_L = MFC_L = w$이다.
③ |×| 생산물시장이 완전경쟁이면 요소수요곡선은 VMP_L곡선이고, 생산물시장이 독점이면 요소수요곡선은 MRP_L곡선이다. 이때 MRP_L곡선이 VMP_L곡선보다 하방에 위치하므로 생산물시장이 완전경쟁일 때가 독점일 때보다 요소수요가 더 크다.
④ |○| 완전경쟁기업의 요소수요곡선은 VMP_L곡선이고, $VMP_L = MP_L \times P$이므로 요소의 한계생산(MP_L)이 증가하면 완전경쟁기업의 요소수요가 증가한다.
⑤ |○| 생산요소에 대한 수요는 생산물에 대한 수요로부터 파생되는 파생수요이므로 생산물에 대한 수요가 감소하면 생산요소에 대한 수요가 감소한다.

07

 2017 | 공인회계사

X재 시장은 완전경쟁시장으로, 이윤극대화를 하는 600개 기업이 존재한다. 노동만을 투입하여 X재를 생산하는 모든 개별기업의 노동수요곡선은 $l = 8 - \dfrac{w}{600}$로 동일하다. X재 생산을 위한 노동시장은 완전경쟁시장으로, 100명의 노동자가 있으며 노동공급은 완전비탄력적이다. 노동시장의 균형임금은 얼마인가? (단, l은 노동자 수이고, w는 노동자 1인당 임금이다.)

① 4,600 ② 4,700 ③ 4,800
④ 4,900 ⑤ 5,000

ⅰ) 개별기업의 노동수요함수가 $l = 8 - \dfrac{w}{600}$이고, 시장에 동일한 노동수요함수를 가진 기업이 600개 존재하므로 시장노동수요함수는 $L_d = \left(8 - \dfrac{w}{600}\right) \times 600 = 4,800 - w$이다.

ii) 시장에 100명의 노동자가 존재하고, 노동공급이 완전비탄력적이므로 시장노동공급함수는 $L_s = 100$이다.
iii) 완전경쟁 노동시장에서 균형임금과 균형고용량은 시장노동수요곡선과 시장노동공급곡선이 교차하는 점에서 결정된다. 그러므로 시장노동수요함수와 시장노동공급함수를 연립해서 풀면 균형임금은 $w = 4,700$으로 계산된다.
- $4,800 - w = 100 \therefore w = 4,700$

08 [2012 | 공인노무사] 상 중 하

노동만을 사용하여 생산물을 생산하는 기업 A의 생산함수가 $Q = L^{0.5}$일 때 이윤을 극대화하는 A에 관한 설명으로 옳지 않은 것은? (단, Q는 생산량, L은 노동투입량, P는 생산물가격, W는 명목임금률, $Q > 0$, $P > 0$, $W > 0$이고, 생산물시장과 노동시장이 모두 완전경쟁적임)

① 노동수요곡선은 우하향한다.
② $P = 2$, $W = 1$일 때 노동수요량은 1이다.
③ 노동투입량이 증가하면 노동의 평균생산물은 감소한다.
④ 한계비용곡선은 원점을 통과하는 직선이다.
⑤ 노동투입량이 증가하면 노동의 한계생산물은 증가한다.

해설

① |○|. ⑤ |×| 생산함수 $Q = L^{0.5}$을 L에 대해 미분하면 노동의 한계생산은 $MP_L = 0.5L^{-0.5} = \dfrac{1}{2\sqrt{L}}$이므로 노동투입량($L$)이 증가하면 노동의 한계생산($MP_L$)은 감소한다. 완전경쟁기업의 노동수요곡선은 VMP_L곡선이고, $VMP_L = MP_L \times P$이므로 노동투입량이 증가할 때 노동의 한계생산이 감소하면 노동수요곡선은 우하향한다.

② |○| 생산물시장과 생산요소시장이 모두 완전경쟁일 때 기업의 이윤극대화 요소고용조건은 $VMP_L = MP_L \times P = W$이다. $P = 2$, $W = 1$이므로 노동수요량은 $L = 1$로 계산된다.
- $VMP_L = MP_L \times P = W \rightarrow \dfrac{1}{2\sqrt{L}} \times 2 = 1 \rightarrow \sqrt{L} = 1 \therefore L = 1$

③ |○| 노동의 평균생산은 $AP_L = \dfrac{Q}{L} = \dfrac{L^{0.5}}{L} = \dfrac{1}{\sqrt{L}}$이므로 노동투입량($L$)이 증가하면 노동의 평균생산($AP_L$)은 감소한다.

④ |○| 생산함수가 $Q = L^{0.5}$이고, 한계비용과 한계생산은 $MC = \dfrac{W}{MP_L}$의 관계에 있으므로 한계비용은 $MC = 2WQ$이다.
- $MC = \dfrac{W}{MP_L} = \dfrac{W}{0.5L^{-0.5}} = 2WL^{0.5} = 2WQ$

$MC = 2WQ$에서 명목임금(W)이 일정하므로 한계비용곡선은 원점을 지나는 직선임을 알 수 있다.

정답 06. ③ 07. ② 08. ⑤

09 | 2015 | 감정평가사 | 상 중 하

甲기업의 생산함수는 $f(K, L) = K^{1/2}L^{1/4}$이고, 산출물의 가격은 4, K의 가격은 2, L의 가격은 1이다. 이윤을 극대화하는 甲기업의 K와 L은 각각 얼마인가? (단, K와 L은 각각 자본, 노동 투입량을 나타내고, 생산물시장과 생산요소시장은 완전경쟁시장이다.)

① $K=1$, $L=1$ ② $K=1$, $L=2$ ③ $K=2$, $L=2$
④ $K=2$, $L=4$ ⑤ $K=4$, $L=2$

풀이 1)
i) 생산함수가 $Q = K^{\frac{1}{2}}L^{\frac{1}{4}}$이므로 이윤함수는 다음과 같이 나타낼 수 있다.
- $\pi = TR - TC = (P \times Q) - (wL + rK) = 4K^{\frac{1}{2}}L^{\frac{1}{4}} - L - 2K$

ii) 기업의 이윤이 극대화되는 요소투입량을 구하기 위해 이윤함수를 L과 K에 대해 각각 미분한 후 0으로 두면 다음과 같다.
- $\dfrac{\Delta\pi}{\Delta L} = K^{\frac{1}{2}}L^{-\frac{3}{4}} - 1 = 0 \rightarrow K^{\frac{1}{2}}L^{-\frac{3}{4}} = 1$ … ①
- $\dfrac{\Delta\pi}{\Delta K} = 2K^{-\frac{1}{2}}L^{\frac{1}{4}} - 2 = 0 \rightarrow K^{-\frac{1}{2}}L^{\frac{1}{4}} = 1$ … ②

iii) 이제, 식 ①과 ②를 곱하면 $L^{-\frac{2}{4}} = 1$에서 $L = 1$이고, $L = 1$을 식 ①에 대입하면 $K = 1$이 된다.

풀이 2)
i) 생산물시장과 생산요소시장이 모두 완전경쟁일 때 기업이 노동과 자본을 동시에 고용하고 있다면 이윤극대화 요소고용조건 $MP_L \times P = w \rightarrow MP_L = \dfrac{w}{P}$, $MP_K \times P = r \rightarrow MP_K = \dfrac{r}{P}$ 이다. 즉, 이윤극대화 생산량 수준에서는 비용극소화 조건 $MRTS_{LK} = \dfrac{MP_L}{MP_K} = \dfrac{w}{r}$ 가 성립한다.

ii) 생산함수 $Q = K^{\frac{1}{2}}L^{\frac{1}{4}}$은 콥-더글라스 생산함수로, 한계기술대체율을 구해보면 다음과 같다.
- $MRTS_{LK} = \dfrac{\alpha}{\beta}\left(\dfrac{K}{L}\right) = \dfrac{\frac{1}{4}}{\frac{1}{2}} \times \dfrac{K}{L} = \dfrac{K}{2L}$

iii) 비용극소화 조건 $MRTS_{LK} = \dfrac{w}{r}$ 에 의해 $L = K$가 된다.
- $MRTS_{LK} = \dfrac{w}{r} \rightarrow \dfrac{K}{2L} = \dfrac{1}{2} \rightarrow 2L = 2K \therefore L = K$

iv) $L = K$이면 총수입은 $TR = 4K^{\frac{1}{2}}L^{\frac{1}{4}} = 4L^{\frac{3}{4}}$이고, 총비용은 $TC = L + 2K = 3L$이므로 이윤함수는 $\pi = TR - TC = 4L^{\frac{3}{4}} - 3L$이 된다.

v) 기업의 이윤이 극대화되는 노동투입량을 구하기 위해 이윤함수를 L에 대해 미분한 후 0으로 두면 $L = 1$, $K = 1$로 계산된다.
- $\dfrac{\Delta\pi}{\Delta L} = 3L^{-\frac{1}{4}} - 3 = 0 \rightarrow L^{-\frac{1}{4}} = 1 \therefore L = 1$

10 | 2016 | 공인회계사 | 상 중 하

한 기업이 임금률 w인 노동(L), 임대율 r인 자본(K)을 고용하여 재화 y를 다음과 같이 생산하고 있다.

$$y(L, K) = \sqrt{L} + \sqrt{K}$$

y의 가격이 p로 주어진 경우 이 기업의 이윤극대화 생산량은?

① $\dfrac{w+r}{2wr}p$ ② $\dfrac{2wr}{w+r}p$ ③ $\dfrac{w+r}{wr}p$

④ $\dfrac{wr}{w+r}p$ ⑤ $\dfrac{wr}{2(w+r)}p$

풀이 1)

ⅰ) 생산함수가 $y = \sqrt{L} + \sqrt{K}$이므로 이윤함수는 다음과 같이 나타낼 수 있다.
 • $\pi = TR - TC = (p \times y) - (wL + rK) = p(\sqrt{L} + \sqrt{K}) - (wL + rK)$

ⅱ) 기업의 이윤이 극대화되는 요소투입량을 구하기 위해 이윤함수를 L과 K에 대해 각각 미분한 후 0으로 두면 다음과 같다.
 • $\dfrac{\Delta \pi}{\Delta L} = \dfrac{1}{2}pL^{-\frac{1}{2}} - w = 0 \rightarrow \dfrac{p}{2\sqrt{L}} = w \quad \therefore \sqrt{L} = \dfrac{p}{2w}$
 • $\dfrac{\Delta \pi}{\Delta K} = \dfrac{1}{2}pK^{-\frac{1}{2}} - r = 0 \rightarrow \dfrac{p}{2\sqrt{K}} = r \quad \therefore \sqrt{K} = \dfrac{p}{2r}$

ⅲ) 이제, $\sqrt{L} = \dfrac{p}{2w}$와 $\sqrt{K} = \dfrac{p}{2r}$를 생산함수에 대입하면 이윤극대화 생산량은 $y = \dfrac{w+r}{2wr}p$로 계산된다.
 • $y = \sqrt{L} + \sqrt{K} \rightarrow y = \dfrac{p}{2w} + \dfrac{p}{2r} \quad \therefore y = \dfrac{w+r}{2wr}p$

풀이 2)

ⅰ) 생산물시장과 생산요소시장이 모두 완전경쟁일 때 기업이 노동과 자본을 동시에 고용하고 있다면 이윤극대화 요소고용조건은 $MP_L \times P = w \rightarrow MP_L = \dfrac{w}{P}$, $MP_K \times P = r \rightarrow MP_K = \dfrac{r}{P}$ 이다.

ⅱ) 노동과 자본의 한계생산이 각각 $MP_L = \dfrac{1}{2}L^{-\frac{1}{2}} = \dfrac{1}{2\sqrt{L}}$, $MP_K = \dfrac{1}{2}K^{-\frac{1}{2}} = \dfrac{1}{2\sqrt{K}}$ 이고, 재화가격이 p이므로 이를 이윤극대화 요소고용조건에 대입하면 다음과 같다.
 • $MP_L = \dfrac{w}{p} \rightarrow \dfrac{1}{2\sqrt{L}} = \dfrac{w}{p} \quad \therefore \sqrt{L} = \dfrac{p}{2w}$
 • $MP_K = \dfrac{r}{p} \rightarrow \dfrac{1}{2\sqrt{K}} = \dfrac{r}{p} \quad \therefore \sqrt{K} = \dfrac{p}{2r}$

ⅲ) 이제, $\sqrt{L} = \dfrac{p}{2w}$와 $\sqrt{K} = \dfrac{p}{2r}$를 생산함수에 대입하면 이윤극대화 생산량은 $y = \dfrac{w+r}{2wr}p$로 계산된다.
 • $y = \sqrt{L} + \sqrt{K} \rightarrow y = \dfrac{p}{2w} + \dfrac{p}{2r} \quad \therefore y = \dfrac{w+r}{2wr}p$

정답 09. ① 10. ①

70 노동수요곡선

구분	내용

노동수요곡선	**1. 생산물시장이 완전경쟁인 경우**($P = MR$)
	• 우하향의 VMP_L곡선이 개별기업의 (단기)노동수요곡선이 됨
	  → $P = MR$이므로 VMP_L과 MRP_L이 일치함
	• 시장전체 : 개별기업의 노동수요곡선의 수평합(ΣVMP_L)
	
	2. 생산물시장이 불완전경쟁인 경우($P > MR$)
	• 우하향의 MRP_L곡선이 개별기업의 (단기)노동수요곡선이 됨
	  → $P > MR$이므로 MRP_L이 VMP_L보다 하방에 위치함
	• 시장전체 : 개별기업의 노동수요곡선의 수평합(ΣMRP_L)
	
	【생산물시장이 완전경쟁인 경우】 $VMP_L = MRP_L$
	【생산물시장이 불완전경쟁인 경우】 $VMP_L = MP_L \times P$, $MRP_L = MP_L \times MR$

노동수요의 결정 요인	• 재화가격(P) 상승 • 한계생산(MP_L) 증가 ⎤ 노동수요 증가 → 노동수요곡선 우측 이동 재화가격(P)이 상승하거나 한계생산(MP_L)이 증가하면 VMP_L이 증가하므로 노동수요곡선이 우측으로 이동함 cf 임금(w) 하락 → 노동수요량 증가 → 노동수요곡선상에서 우하방 이동
노동수요의 임금탄력성 결정 요인	• 대체적인 생산요소의 수가 많을수록 탄력적(+) • 재화수요의 가격탄력성이 클수록 탄력적(+) • 총생산비에서 노동비용이 차지하는 비중이 클수록 탄력적(+) • 한계생산이 서서히 체감할수록 탄력적(+) • 대체탄력성이 클수록 탄력적(+) • 측정기간이 길어질수록 탄력적(+)

01 2013 | 공인노무사 상 중 하

상품시장과 생산요소시장이 완전경쟁시장이고, 기업은 이윤극대화를 추구할 때 단기 노동수요에 관한 설명으로 옳은 것을 모두 고른 것은?

> ㄱ. 노동의 한계생산물가치(VMP_L)와 한계수입생산물(MRP_L)은 일치한다.
> ㄴ. 상품의 가격이 상승하면 노동수요곡선이 좌측으로 이동한다.
> ㄷ. 기술진보로 노동의 한계생산물이 증가하면 노동수요곡선이 우측으로 이동한다.

① ㄱ   ② ㄱ, ㄴ   ③ ㄱ, ㄷ
④ ㄴ   ⑤ ㄴ, ㄷ

ㄱ. |○| 생산물시장이 완전경쟁이면 $P = MR$이므로 VMP_L과 MRP_L이 일치한다.
ㄴ. |×|, ㄷ. |○| 완전경쟁기업의 노동수요곡선은 VMP_L곡선이고, $VMP_L = MP_L \times P$이므로 재화가격(P)이 상승하거나, 기술진보로 노동의 한계생산(MP_L)이 증가하면 노동수요곡선이 우측으로 이동한다.

02 2015 | 국회직 8급 상 중 하

노동수요곡선에 대한 설명으로 옳은 것을 〈보기〉에서 모두 고르면?

 보기

> ㄱ. 노동의 한계생산물이 빠르게 체감할수록 노동수요는 임금탄력적이 된다.
> ㄴ. 생산물에 대한 수요가 증가하면 노동수요곡선이 우측으로 이동한다.
> ㄷ. 노동 1단위당 자본량이 증가하면 노동수요곡선이 좌측으로 이동한다.

① ㄱ   ② ㄴ   ③ ㄱ, ㄴ
④ ㄴ, ㄷ   ⑤ ㄱ, ㄴ, ㄷ

ㄱ. |×| 노동의 한계생산(MP_L)이 빠르게 체감할수록 노동수요곡선인 VMP_L곡선이 가팔라지므로 노동수요는 임금에 대해 비탄력적이 된다.
ㄴ. |○| 노동수요는 생산물에 대한 수요로부터 파생되는 파생수요이므로 생산물에 대한 수요가 증가하면 노동수요가 증가하여 노동수요곡선이 우측으로 이동한다.
ㄷ. |×| 노동 1단위당 자본량이 증가하면 노동의 한계생산(MP_L)이 증가하므로 노동수요곡선인 VMP_L곡선이 우측으로 이동한다.

ReCheck **노동수요의 결정 요인**

- 재화가격(P) 상승 ┐
- 한계생산(MP_L) 증가 ┘ 노동수요 증가 → 노동수요곡선 우측 이동
- cf 임금(w) 하락 → 노동수요량 증가 → 노동수요곡선상에서 우하방 이동

01. ③ 02. ②

03 〔2010 | 공인노무사〕 상 중 하

노동시장에 관한 설명으로 옳지 않은 것은? (단, 노동시장은 완전경쟁적임)
① 노동의 한계생산 증가는 노동공급곡선을 이동시킨다.
② 노동절약적 기술변화는 노동수요곡선을 이동시킨다.
③ 비노동소득의 증가는 노동공급곡선을 이동시킨다.
④ 산출물의 시장가격이 변화하면 노동수요곡선이 이동한다.
⑤ 숙련편향적 기술변화는 숙련노동자와 비숙련노동자의 임금격차를 확대시킨다.

해설
① |×|, ④ |○| 완전경쟁기업의 노동수요곡선은 VMP_L곡선이고, $VMP_L = MP_L \times P$이므로 노동의 한계생산(MP_L)이 증가하거나, 산출물의 가격(P)이 상승하면 노동수요곡선이 우측으로 이동한다.
② |○| 노동절약적 기술진보가 이루어지면 노동수요가 감소하므로 노동수요곡선이 좌측으로 이동한다.
③ |○| 비노동소득의 증가로 실질소득이 증가하면 소득효과에 의해 여가(정상재)소비가 증가하고 노동공급이 감소한다. 따라서 비노동소득이 증가하면 노동공급곡선이 좌측으로 이동한다.
⑤ |○| 숙련편향적 기술진보가 이루어지면 숙련노동에 대한 수요가 증가하므로 숙련노동자의 임금이 상승한다. 숙련노동자의 임금이 상승하면 숙련노동자와 비숙련노동자의 임금격차가 커진다.

04 〔2018 | 공인노무사〕 상 중 하

노동시장에 관한 설명으로 옳은 것을 모두 고른 것은?

> ㄱ. 완전경쟁 노동시장이 수요독점화되면 고용은 줄어든다.
> ㄴ. 단기노동수요곡선은 장기노동수요곡선보다 임금의 변화에 비탄력적이다.
> ㄷ. 채용비용이 존재할 때 숙련노동수요곡선은 미숙련노동수요곡선보다 임금의 변화에 더 탄력적이다.

① ㄱ　　　　　② ㄷ　　　　　③ ㄱ, ㄴ
④ ㄴ, ㄷ　　　⑤ ㄱ, ㄴ, ㄷ

해설
ㄱ. |○| 완전경쟁 노동시장이 수요독점화되면 완전경쟁일 때보다 임금이 하락하고, 고용량도 감소한다.
ㄴ. |○| 장기에는 노동과 자본 간 대체가 가능하나, 자본이 고정된 단기에는 노동과 자본 간 대체가 불가능하다. 따라서 단기노동수요곡선이 장기노동수요곡선보다 임금변화에 비탄력적이다.
ㄷ. |×| 숙련노동은 미숙련노동에 비해 자본 등의 다른 생산요소로 대체하기가 어렵고, 채용비용도 더 많이 든다. 따라서 채용비용이 존재할 때 숙련노동수요곡선이 미숙련노동수요곡선보다 임금변화에 비탄력적이다.

05 생산요소시장에 관한 설명으로 옳지 않은 것은? (단, MRP_L은 노동의 한계수입생산, w는 임금, VMP_L은 노동의 한계생산물가치이다.)

① 독점시장에서 노동에 대한 단기수요는 $w = MRP_L$인 점에서 결정된다.
② 완전경쟁시장에서 노동에 대한 단기수요는 $w = VMP_L$인 점에서 결정된다.
③ 다른 조건이 일정할 때, 임금이 하락하면 노동에 대한 수요는 단기보다 장기에서 더 크게 나타난다.
④ 불완전경쟁시장에서는 $MRP_L > VMP_L$이 성립된다.

해설 한계생산물가치는 $VMP_L = MP_L \times P$이고, 한계수입생산은 $MRP_L = MP_L \times MR$이다. 따라서 생산물시장이 완전경쟁이면 $P = MR$이므로 $VMP_L = MRP_L$의 관계가 성립하지만, 생산물시장이 불완전경쟁이면 $P > MR$이므로 $VMP_L > MRP_L$의 관계가 성립한다.

06 어떤 기업의 단기생산함수는 $Q = 120L - L^2$이다. Q는 산출량, L은 노동투입량을 나타낸다. 또한 이 기업이 노동을 구입하는 노동시장과 제품을 판매하는 상품시장은 모두 완전경쟁시장이며 제품의 판매가격은 $10이다. 시간당 임금을 세로축에, 그리고 노동량을 가로축에 표시해서 이 기업의 단기노동수요곡선을 그리는 경우 그 기울기는?

① -10 ② -20
③ -30 ④ -40

해설
ⅰ) 완전경쟁기업의 노동수요곡선은 VMP_L곡선이고, $VMP_L = MP_L \times P$이다.
ⅱ) 생산함수 $Q = 120L - L^2$을 L에 대해 미분하면 노동의 한계생산은 $MP_L = 120 - 2L$이고, 재화가격은 $P = 10$이므로 노동수요함수는 다음과 같다.
 • $VMP_L = MP_L \times P = w \rightarrow w = (120 - 2L) \times 10 = -20L + 1,200$
ⅲ) 노동수요함수가 $w = -20L + 1,200$이므로 노동수요곡선의 기울기는 -20이다.

정답 03. ① 04. ③ 05. ④ 06. ②

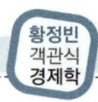

07 | 2016 | 공인노무사

노동수요의 임금탄력성에 관한 설명으로 옳지 않은 것은?
① 노동수요의 임금탄력성은 단기보다 장기에서 더 크다.
② 노동수요의 임금탄력성은 총생산비 중 노동비용이 차지하는 비중에 의해 영향을 받는다.
③ 노동을 대체할 수 있는 다른 생산요소로의 대체가능성이 클수록 동일한 임금상승에 대하여 고용감소는 적어진다.
④ 노동수요는 노동을 생산요소로 사용하는 최종생산물 수요의 가격탄력성에 영향을 받는다.
⑤ 노동수요의 임금탄력성은 노동수요량의 변화율을 임금변화율로 나눈 것이다.

해설
노동이 다른 생산요소로 쉽게 대체될 수 있다면 기업은 임금이 상승할 때 노동을 다른 생산요소로 대체할 것이므로 고용량이 큰 폭으로 감소한다.

ReCheck 노동수요의 임금탄력성 결정 요인
- 대체적인 생산요소의 수가 많을수록 탄력적(+)
- 재화수요의 가격탄력성이 클수록 탄력적(+)
- 총생산비에서 노동비용이 차지하는 비중이 클수록 탄력적(+)
- 한계생산이 서서히 체감할수록 탄력적(+)
- 대체탄력성이 클수록 탄력적(+)
- 측정기간이 길어질수록 탄력적(+)

08 [2013 | 국가직 7급]

완전경쟁시장에서 이윤극대화를 추구하는 한 기업이 생수를 생산하여 판매하고 있다. 갑작스런 식수원 오염사건이 발생하여 생수에 대한 수요가 급격히 증가함에 따라 발생할 수 있는 설명으로 옳은 것은?

① 노동의 한계생산이 증가한다.
② 노동의 한계생산물가치가 증가한다.
③ 생수의 한계효용이 증가한다.
④ 생수 산업의 근로자의 임금은 하락한다.

ⅰ) 생수의 수요가 증가하여 생수의 수요곡선이 우측으로 이동하면 생수의 가격이 상승하고 거래량도 증가한다.
ⅱ) 완전경쟁기업의 노동수요곡선은 VMP_L 곡선이고, $VMP_L = MP_L \times P$ 이므로 생수의 가격 (P)이 상승하면 노동수요곡선이 우측으로 이동한다.
① |×| 노동고용량이 증가하면 수확체감의 법칙에 따라 노동의 한계생산(MP_L)은 감소한다.
② |○| 생수의 가격(P)이 상승하면 노동의 한계생산물가치$(VMP_L = MP_L \times P)$는 증가한다.
③ |×| 생수의 소비량이 증가하면 한계효용체감의 법칙에 따라 생수의 한계효용(MU)은 감소한다.
④ |×| 노동수요곡선이 우측으로 이동하면 균형임금(w)은 상승한다.

09 [2018 | 서울시 7급]

완전경쟁적인 노동시장에서 노동의 한계생산(marginal product of labor)을 증가시키는 기술진보와 함께 보다 많은 노동자들이 노동시장에 참여하는 변화가 발생하였다. 노동시장에서 일어나게 되는 변화에 대한 설명으로 가장 옳은 것은? (단, 다른 외부조건들은 일정하다.)

① 균형노동고용량은 반드시 증가하지만 균형임금의 변화는 불명확하다.
② 균형임금은 반드시 상승하지만 균형노동고용량의 변화는 불명확하다.
③ 임금과 균형노동고용량 모두 반드시 증가한다.
④ 임금과 균형노동고용량의 변화는 모두 불명확하다.

ⅰ) 완전경쟁기업의 노동수요곡선은 VMP_L 곡선이고, $VMP_L = MP_L \times P$ 이므로 노동의 한계생산(MP_L)을 증가시키는 기술진보가 이루어지면 노동수요곡선이 우측으로 이동한다.
ⅱ) 보다 많은 노동자들이 노동시장에 참여하면 노동공급곡선이 우측으로 이동한다.
ⅲ) 노동수요곡선과 노동공급곡선이 모두 우측으로 이동하면 균형고용량은 반드시 증가하지만 균형임금은 노동수요곡선과 노동공급곡선의 이동폭에 따라 달라지므로 불명확하다.

07. ③ 08. ② 09. ①

10 | 2014 | 서울시 7급 | 상 중 하

그림은 X재 시장 및 X재 생산에 특화된 노동시장의 상황을 나타낸 것이다. 이에 대한 분석으로 옳은 것은?

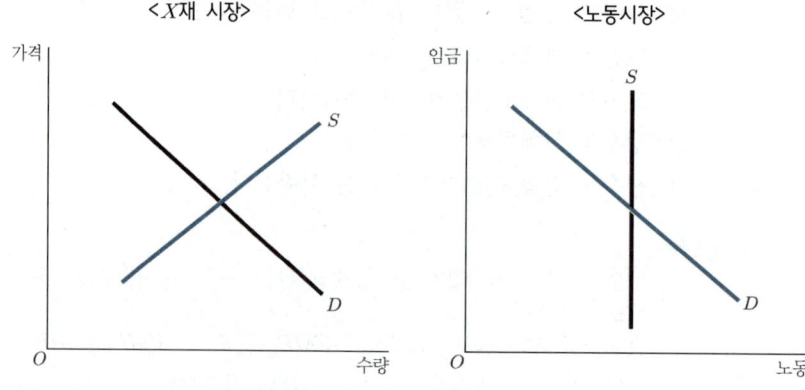

① X재에 대한 수요가 증가하면 고용량이 늘어난다.
② 노동공급이 증가하면 X재 가격이 상승한다.
③ X재에 대한 수요가 증가하면 임금이 증가한다.
④ X재 수요를 증가시키려면 노동수요를 증가시켜야 한다.
⑤ 노동공급이 감소하면 X재 수요곡선이 이동한다.

① |×|, ③ |○| X재 수요가 증가하면 X재 가격이 상승한다. X재 가격이 상승하면 노동시장에서 노동수요가 증가하므로 노동수요곡선이 우측으로 이동한다. 그런데 노동공급곡선이 수직선이므로 임금만 상승하고 고용량은 변하지 않는다.

② |×| 노동공급이 증가하면 노동시장에서 노동공급곡선이 우측으로 이동하므로 임금이 하락한다. 임금하락으로 X재 생산비용이 낮아지면 X재 공급이 증가하여 X재 공급곡선이 우측으로 이동한다. 따라서 X재 가격은 하락하고 거래량은 증가한다.

④ |×| 노동수요가 증가하면 노동시장에서 노동수요곡선이 우측으로 이동하므로 임금이 상승한다. 임금상승으로 X재 생산비용이 높아지면 X재 공급이 감소하여 X재 공급곡선이 좌측으로 이동한다.

⑤ |×| 노동공급이 감소하면 노동시장에서 노동공급곡선이 좌측으로 이동하므로 임금이 상승한다. 임금상승으로 X재 생산비용이 높아지면 X재 공급이 감소하여 X재 공급곡선이 좌측으로 이동한다.

11 A 산업 부문의 노동시장에서 균형임금의 상승이 예상되는 상황만을 모두 고르면? (단, 노동수요곡선은 우하향하는 직선이고 노동공급곡선은 우상향하는 직선이다.)

> ㄱ. A 산업 부문의 노동자에게 다른 산업 부문으로의 취업기회가 확대되고, 노동자의 생산성이 증대되었다.
> ㄴ. A 산업 부문의 노동자를 대체하는 생산기술이 도입되었고, A 산업 부문으로의 신규 취업 선호가 증대되었다.
> ㄷ. A 산업 부문에서 생산되는 재화의 가격이 하락하고, 노동자 실업보험의 보장성이 약화되었다.

① ㄱ
② ㄴ
③ ㄱ, ㄷ
④ ㄴ, ㄷ

해설

ㄱ. |O| A 산업 부문의 노동자에게 다른 산업 부문으로의 취업기회가 확대되면 A 산업 부문의 노동공급이 감소하고, 노동자의 생산성이 증대되면 노동수요($VMP_L = MP_L \times P$)가 증가한다. A 산업 부문의 노동공급이 감소하고 노동수요가 증가하면 균형임금은 상승한다.
ㄴ. |×| A 산업 부문의 노동자를 대체하는 생산기술이 도입되면 노동수요가 감소하고, A 산업 부문으로의 신규 취업 선호가 증대되면 노동공급이 증가한다. A 산업 부문의 노동수요가 감소하고 노동공급이 증가하면 균형임금은 하락한다.
ㄷ. |×| A 산업 부문에서 생산되는 재화의 가격이 하락하면 노동수요($VMP_L = MP_L \times P$)가 감소하고, 노동자 실업보험의 보장성이 약화되면 노동공급이 증가한다. A 산업 부문의 노동수요가 감소하고 노동공급이 증가하면 균형임금은 하락한다.

12 2012 | 보험계리사 상 중 하

다음과 같은 조건으로 판단할 때, 옳지 않은 것은?

> 단기총생산함수가 $Y = AK^\alpha L^\beta$이고, K는 고정생산요소이다. 노동시장과 상품시장은 완전경쟁시장이다. 노동시장에서 결정된 명목임금수준은 w이며, 상품시장의 가격수준은 p이다. 기업은 이윤을 극대화한다. (단, Y는 상품시장에서의 생산량, A는 총요소생산성, K는 자본, 그리고 L은 노동임. α와 β는 양수이며, $\alpha + \beta = 1$임)

① 개별기업들의 노동수요곡선은 우하향한다.
② 실질임금이 상승하면 노동 1단위당 상품시장에서의 생산량은 증가한다.
③ 다른 것이 일정할 때, 고용노동량이 증가하면 노동의 한계생산은 감소한다.
④ 개별기업은 노동의 한계생산물가치와 실질임금이 일치하도록 노동량을 고용한다.

①, ③ |O| $\alpha + \beta = 1$이므로 주어진 생산함수 $Y = AK^\alpha L^\beta$는 1차 동차 콥-더글라스 생산함수이다. 따라서 규모에 대한 수익불변(CRS)이고, 노동(L)과 자본(K)의 지수값이 모두 1보다 작으므로 노동과 자본의 한계생산이 모두 체감한다. 완전경쟁기업의 노동수요곡선은 VMP_L곡선이고, $VMP_L = MP_L \times P$이므로 노동의 한계생산(MP_L)이 체감하면 노동수요곡선은 우하향한다.

② |O| 완전경쟁 노동시장에서 기업의 이윤극대화 요소고용조건은 $VMP_L = MP_L \times P = w$ 혹은 $MP_L = \dfrac{w}{P}$이다. 따라서 실질임금$\left(\dfrac{w}{P}\right)$이 상승하면 노동의 한계생산($MP_L$)이 증가하고, 노동의 단위당 생산량도 증가한다.

④ |X| 완전경쟁 노동시장에서 기업의 이윤극대화 요소고용조건은 $VMP_L = MP_L \times P = w$이다. 즉, 기업은 노동의 한계생산물가치($VMP_L$)와 명목임금($w$)이 같아지는 수준까지 노동을 고용한다.

정답 12. ④

71. 노동공급곡선 : 여가-소득 선택모형

노동공급곡선 … 효용극대화 원리

구 분	내 용
노동공급량의 결정	• 예산제약식 $$M = w(T - H)$$ (M : 소득, H : 여가, T : 총가용시간, w : 시간당 임금) • 효용극대화 조건(E점) $$MRS_{HM} = \frac{MU_H}{MU_M} = w$$ • 노동자 개인의 효용극대화는 여가-소득 평면에서 무차별곡선과 예산선이 접하는 E점에서 달성되고, 그에 따라 노동시간과 여가시간이 결정됨 *(그래프: 소득(M), wT, M^*, E, I, O, H^*, T, 여가(H), 여가, 노동($L^* = T - H^*$))*
개별 노동공급곡선	• 임금상승 시 노동공급의 증감 여부는 대체효과와 소득효과의 상대적 크기에 의해 결정됨 대체효과 : $w \uparrow \rightarrow P_{여가} \uparrow \rightarrow$ 여가소비 $\downarrow$, 노동공급 $\uparrow$ 소득효과 : $w \uparrow \rightarrow$ 실질소득 $\uparrow$ $\begin{cases} 정상재 : 여가소비 \uparrow, 노동공급 \downarrow \\ 열등재 : 여가소비 \downarrow, 노동공급 \uparrow \end{cases}$ • 여가가 정상재이면 노동공급곡선은 우상향할 수도 있고, 좌상향(후방굴절)할 수도 있음 • 여가가 열등재이면 노동공급곡선은 반드시 우상향함(후방굴절 ✕) → 노동공급곡선이 후방굴절하는 형태이면 여가는 반드시 정상재임 *(그래프: w, S_L, O, L)* • 정상재(대<소) • 완전보완재 • 정상재(대=소) • 수직의 S_L곡선 • 열등재 • 정상재(대>소)

	📄 여가(H)와 소득(M)이 완전보완재 관계일 때 … $U=\min[H, M]$ → 대체효과= 0(소득효과만 발생) → 임금상승 시 반드시 노동공급이 감소함 : 노동공급곡선 좌상향 → 노동공급의 임금탄력성이 음($-$)의 값을 가짐 : 후방굴절 구간 → 레온티에프 효용함수에서 여가는 반드시 정상재임
시장 노동공급곡선	• 시장노동공급곡선은 개별노동공급곡선의 수평합으로 도출됨 • 개별노동공급곡선이 후방굴절하는 형태더라도 시장노동공급곡선은 통상적으로 우상향함 • 시장노동공급곡선은 개별노동공급곡선보다 더 완만한 형태로 도출됨

[2015 | 공인노무사] 상 중 하

소비재와 여가가 정상재라고 가정할 때, 「소득-여가 선택모형」을 이용하여 임금률 상승의 효과를 설명한 것으로 옳은 것은?

> ㄱ. 후방굴절형 노동공급곡선은 소득효과가 대체효과보다 작기 때문에 발생한다.
> ㄴ. 소득효과는 임금률변화에 따른 소득변화가 노동공급에 미치는 영향을 말한다.
> ㄷ. 임금률 상승 시 소득효과는 노동공급을 증가시킨다.
> ㄹ. 임금률 상승 시 대체효과는 여가의 기회비용 상승 때문에 발생한다.

① ㄱ, ㄴ　　　② ㄱ, ㄷ　　　③ ㄴ, ㄷ
④ ㄴ, ㄹ　　　⑤ ㄷ, ㄹ

Tip. 여가가 정상재이고, 소득효과가 대체효과보다 클 때 노동공급곡선이 후방굴절한다.

ㄱ. |×| 후방굴절형 노동공급곡선은 여가가 정상재일 때 소득효과가 대체효과보다 크기 때문에 발생한다.
ㄴ. |○| 소득효과는 임금률변화에 따른 (실질)소득변화가 노동공급에 미치는 영향을 말한다.
ㄷ. |×| 임금률이 상승하면 실질소득이 증가하므로 여가가 정상재일 때 소득효과에 의해 여가소비가 증가하고 노동공급이 감소한다.
ㄹ. |○| 임금률은 여가의 기회비용이다. 따라서 임금률이 상승하면 여가의 기회비용이 상승하므로 대체효과에 의해 여가소비가 감소하고 노동공급이 증가한다.

> • 대체효과 : $w\uparrow$ → $P_{여가}\uparrow$ → 　　　　여가소비↓, 노동공급↑
> • 소득효과 : $w\uparrow$ → 실질소득↑ → 정상재 : 여가소비↑, 노동공급↓

02 [2013 | 서울시 7급] 상 중 하

임금수준과 노동공급량에 대한 설명으로 가장 적절한 것은?

① 임금이 상승하면 시장의 노동공급량은 항상 감소한다.
② 임금수준은 상승하고 근로시간은 줄었다면, 노동공급곡선은 항상 음(−)의 기울기를 갖는다.
③ 임금의 상승은 재화와 여가 모두의 소비를 늘리는 대체효과를 갖는다.
④ 임금의 상승은 재화의 소비를 줄이고 여가의 소비를 늘리는 소득효과를 갖는다.
⑤ 임금이 상승할 때 개인의 노동공급량은 대체효과와 소득효과의 크기에 따라 증가 또는 감소한다.

해설

①, ② |×| 여가가 정상재일 때 개인의 노동공급곡선은 후방굴절하는 형태이다. 즉, 임금이 일정 수준보다 낮으면 임금상승 시 노동시간이 증가하므로 노동공급곡선이 우상향하나, 임금이 일정 수준을 넘어서면 임금상승 시 노동시간이 감소하므로 노동공급곡선이 좌상향(후방굴절)한다. 따라서 임금이 상승할 때 노동시간이 줄었다 하더라도 노동공급곡선이 항상 음(−)의 기울기를 갖는다고 말할 수는 없다. 한편, 개인들의 노동공급곡선을 수평으로 합한 시장 노동공급곡선은 일부 개인의 노동공급곡선이 후방굴절하는 형태더라도 통상적으로 우상향한다. 따라서 임금이 상승하면 시장의 노동공급량은 증가하는 것이 일반적이다.

③ |×| 임금은 여가의 기회비용이다. 따라서 임금이 상승하면 여가의 기회비용이 상승하므로 대체효과에 의해 여가소비가 감소하고 재화소비가 증가한다.

④ |×| 임금이 상승하면 실질소득이 증가하므로 여가와 재화가 정상재일 때 소득효과에 의해 여가소비와 재화소비가 모두 증가한다.

⑤ |○| 여가가 정상재일 때 임금이 상승하면 개인의 노동공급량은 대체효과와 소득효과의 상대적 크기에 따라 증가할 수도 있고, 감소할 수도 있다.

- 대체효과: $w\uparrow \rightarrow P_{여가}\uparrow \rightarrow$ 여가소비↓, 노동공급↑
- 소득효과: $w\uparrow \rightarrow$ 실질소득↑ $\rightarrow$ 정상재: 여가소비↑, 노동공급↓

03 [2014 | 감정평가사] 상 중 하

효용을 극대화하는 근로자 甲은 여가와 근로소득을 선택한다. 다음 중 관찰될 수 있는 경우를 모두 고른 것은? (단, 甲에게 여가는 정상재이다.)

ㄱ. 시간당 임금이 상승했는데, 甲의 노동공급이 감소했다.
ㄴ. 시간당 임금이 상승했는데, 甲의 노동공급이 증가했다.
ㄷ. 시간당 임금에 근로소득세를 부과했더니, 甲의 노동공급이 증가했다.
ㄹ. 甲에게 비근로소득이 생겨 노동공급이 증가했다.

① ㄱ, ㄴ
② ㄴ, ㄹ
③ ㄱ, ㄴ, ㄷ
④ ㄱ, ㄷ, ㄹ
⑤ ㄴ, ㄷ, ㄹ

정답 01. ④ 02. ⑤ 03. ③

ㄱ, ㄴ. |○| 여가가 정상재일 때 임금이 상승하면 대체효과에 의해서는 노동공급이 증가하고, 소득효과에 의해서는 노동공급이 감소하므로 개인의 노동공급은 대체효과와 소득효과의 상대적 크기에 따라 증가할 수도 있고, 감소할 수도 있다. 즉, 대체효과가 소득효과보다 크다면 노동공급이 증가하고, 소득효과가 대체효과보다 크다면 노동공급이 감소한다.

- 대체효과 : $w\uparrow$ → $P_{여가}\uparrow$ → 여가소비↓, 노동공급↑
- 소득효과 : $w\uparrow$ → 실질소득↑ → 정상재 : 여가소비↑, 노동공급↓

ㄷ. |○| 근로소득세가 부과되면 세후 실질임금이 하락하므로 여가가 정상재일 때 소득효과가 대체효과보다 크다면 노동공급이 증가한다.

- 대체효과 : t → 세후 $w\downarrow$ → $P_{여가}\downarrow$ → 여가소비↑, 노동공급↓
- 소득효과 : t → 세후 $w\downarrow$ → 실질소득↓ → 정상재 : 여가소비↓, 노동공급↑

ㄹ. |×| 비근로소득이 증가하면 실질소득이 증가하나, 임금률은 변화가 없다. 임금률이 불변이므로 대체효과는 발생하지 않고, 여가가 정상재일 때 실질소득이 증가하면 소득효과에 의해 여가소비가 증가하고 노동공급이 감소한다.

- 소득효과 : 비근로소득↑ → 실질소득↑ → 정상재 : 여가소비↑, 노동공급↓

04

| 2012 | 공인노무사 | 상 중 하 |

근로소득세율이 상승할 때 여가수요와 노동공급에 관한 설명으로 옳은 것을 모두 고른 것은?

ㄱ. 대체효과에 의해서는 노동공급이 감소한다.
ㄴ. 여가가 정상재인 경우에는 소득효과에 의해 노동공급은 증가한다.
ㄷ. 여가수요의 증감 여부는 대체효과와 소득효과의 상대적 크기에 달려 있다.

① ㄱ ② ㄱ, ㄴ, ㄷ ③ ㄱ, ㄷ
④ ㄴ, ㄷ ⑤ ㄷ

ㄱ, ㄴ. |○| 여가가 정상재일 때 근로소득세율이 상승하면 세후 실질임금이 하락하므로 대체효과에 의해서는 노동공급이 감소하고, 소득효과에 의해서는 노동공급이 증가한다.

- 대체효과 : $t\uparrow$ → 세후 $w\downarrow$ → $P_{여가}\downarrow$ → 여가소비↑, 노동공급↓
- 소득효과 : $t\uparrow$ → 세후 $w\downarrow$ → 실질소득↓ → 정상재 : 여가소비↓, 노동공급↑

ㄷ. |○| 여가가 정상재일 때 근로소득세율이 상승하면 대체효과에 의해서는 여가소비가 증가하고, 소득효과에 의해서는 여가소비가 감소하므로 여가소비의 증감 여부는 대체효과와 소득효과의 상대적 크기에 의해 결정된다.

05 [2008 | 공인노무사] 상 중 하

다음 중 노동공급의 탄력성에 관한 설명으로 옳지 않은 것은?

① 다른 요인이 일정불변일 때, 노동공급의 임금탄력성이 0이면 임금이 100% 상승하더라도 노동공급량은 변화하지 않는다.
② 다른 요인이 일정불변일 때, 노동공급의 임금탄력성은 음(-)의 값을 가질 수 있다.
③ 다른 요인이 일정불변일 때, 노동공급의 임금탄력성이 1이면 임금이 10% 상승할 경우 노동공급량도 똑같이 10% 증가한다.
④ 다른 요인이 일정불변이고 임금이 10% 상승할 때, 노동공급량이 5% 상승하면 노동공급의 임금탄력성은 2이다.
⑤ 노동공급곡선이 수평선이면 노동공급은 임금에 대해 완전탄력적이다.

해설
노동공급의 임금탄력성은 다음과 같다.

• 노동공급의 임금탄력성 = $\dfrac{\text{노동공급량의 변화율(\%)}}{\text{임금의 변화율(\%)}}$

따라서 임금이 10% 상승할 때 노동공급량이 5% 상승하면 노동공급의 임금탄력성은 $\dfrac{5\%}{10\%} = \dfrac{1}{2}$이다.

06 [2014 | 공인회계사] 상 중 하

진우는 편의점에서 아르바이트를 한다. 편의점의 시간당 임금이 올랐지만, 진우는 아르바이트 시간을 동일하게 유지하고 있다. 진우의 노동공급의 임금에 대한 탄력성(ε)은?

① $\varepsilon = 0$ ② $0 < \varepsilon < 1$
③ $\varepsilon = 1$ ④ $-1 < \varepsilon < 0$
⑤ $\varepsilon = -1$

해설
임금이 상승하더라도 노동공급량이 불변이므로 노동공급곡선은 수직선의 형태이다. 따라서 노동공급의 임금탄력성은 0이다.

정답 04. ② 05. ④ 06. ①

07 [2018 | 서울시 7급] 상 중 하

영수는 자신의 노동력(시간)을 투입하여 산삼을 채취하고 그 산삼을 팔아서 소득을 얻으며, 쌀과 산삼, 그리고 여가시간을 소비한다. 만일 쌀 가격은 일정한데 산삼 가격이 상승한다면, 영수가 보일 행동에 관한 설명으로 가장 옳은 것은? (단, 쌀과 산삼, 여가는 모두 정상재이며, 산삼 채취량은 노동시간에 비례한다고 가정한다.)

① 노동시간은 늘리고 쌀의 소비는 줄일 것이다.
② 노동시간은 늘리고 산삼의 소비는 줄일 것이다.
③ 노동시간은 늘릴지 줄일지 알 수 없고, 산삼의 소비는 줄일 것이다.
④ 노동시간은 늘릴지 줄일지 알 수 없고, 산삼의 소비도 늘릴지 줄일지 알 수 없다.

해설

ⅰ) 노동을 투입하여 산삼을 채취하므로 산삼 가격의 상승은 임금상승과 동일하다. 따라서 산삼 가격이 상승하면 여가의 상대가격이 상승하므로 대체효과에 의해서는 여가소비가 감소하고 노동시간이 증가한다. 한편, 산삼 가격이 상승하면 실질소득이 증가하므로 여가가 정상재일 때 소득효과에 의해서는 여가소비가 증가하고 노동시간이 감소한다. 산삼 가격이 상승하면 대체효과에 의해서는 노동시간이 증가하고, 소득효과에 의해서는 노동시간이 감소하므로 노동시간의 증감 여부는 불분명하다.

- 대체효과 : 산삼 가격↑ → $P_{여가}$↑   →   여가소비↓, 노동공급↑
- 소득효과 : 산삼 가격↑ → 실질소득↑ → 정상재 : 여가소비↑, 노동공급↓

ⅱ) 쌀과 산삼을 소비하는 상황에서 산삼 가격이 상승하면 산삼의 상대가격이 상승하므로 대체효과에 의해서는 쌀 소비가 증가하고 산삼 소비가 감소한다. 한편, 산삼 가격이 상승하면 실질소득이 증가하므로 쌀과 산삼이 정상재일 때 소득효과에 의해서는 쌀 소비와 산삼 소비가 모두 증가한다. 산삼 가격이 상승하면 대체효과에 의해서는 산삼 소비가 감소하고, 소득효과에 의해서는 산삼 소비가 증가하므로 산삼 소비의 증감 여부는 불분명하다.

- 대체효과 : 산삼 가격↑ → $P_{산삼}$↑   →   쌀 소비↑, 산삼 소비↓
- 소득효과 : 산삼 가격↑ → 실질소득↑ → 정상재 : 쌀 소비↑, 산삼 소비↑

08

2017 | 보험계리사

다음 표에 나타난 A 기업의 노동공급(근로시간), 시간당 임금 및 한계수입생산에 관한 설명으로 옳은 것은?

노동공급	시간당 임금	한계수입생산
5	6	-
6	8	50
7	10	36
8	12	26
9	14	14
10	16	2

① 노동공급이 6에서 7로 증가할 때 한계노동비용은 22이다.
② 이윤을 극대화할 때 노동공급은 9이다.
③ 노동공급이 6에서 7로 증가할 때 임금탄력성은 0.5이다.
④ 이윤을 극대화할 때 한계노동비용은 28이다.

해설

주어진 자료를 표로 정리하면 다음과 같다.

노동공급(L)	5	6	7	8	9	10
시간당 임금(w)	6	8	10	12	14	16
총노동비용(TFC_L)	30	48	70	96	126	160
한계노동비용(MFC_L)	-	18	22	26	30	34
한계수입생산(MRP_L)	-	50	36	26	14	2

ⅰ) 노동시장에서 기업의 이윤극대화 고용량은 노동 1단위를 추가로 고용할 때 얻는 수입(MRP_L)과 소요되는 비용(MFC_L)이 일치하는 점에서 결정된다.
ⅱ) 노동공급이 8단위일 때 $MRP_L = MFC_L = 26$이 성립하므로 이 기업의 이윤극대화 고용량은 8단위이다.
① |○| 노동공급이 6단위에서 7단위로 증가할 때 한계노동비용은 $MFC_L = 22$이다.
②, ④ |×| 이윤이 극대화될 때 노동공급은 8단위이고, 한계노동비용은 $MFC_L = 26$이다.
③ |×| 임금이 8에서 10으로 상승할 때 노동공급이 6단위에서 7단위로 증가하므로 노동공급의 임금탄력성은 $\frac{2}{3}$이다.

- 노동공급의 임금탄력성 $= \dfrac{\frac{\Delta L}{L}}{\frac{\Delta w}{w}} = \dfrac{\frac{1}{6}}{\frac{2}{8}} = \dfrac{8}{12} = \dfrac{2}{3}$

정답 07. ④ 08. ①

09

근로자 A씨는 여가(시간)와 소득이 완전보완재이고 효용함수는 $U=\min[Y, L]$이라고 하자(Y는 소득 L은 여가임). A씨는 비근로소득 없이 근로소득만 있고 여가는 정상재이다. A씨의 노동공급에 관한 설명으로 옳지 않은 것은?

① 시간당 임금이 상승하면 절댓값으로 여가시간과 노동공급시간의 변화폭이 다르다.
② 시간당 임금이 상승하면 노동공급이 감소한다.
③ 소득과 여가의 대체효과는 0이다.
④ 소득과 여가가 일치되는 점에서 효용이 극대화된다.

해설

ⅰ) 효용함수 $U=\min[Y, L]$이 소득과 여가가 완전보완재 관계인 레온티에프 효용함수이므로 무차별곡선은 L자 형태이고, 소비자균형에서는 $Y=L$이 성립한다. 그러므로 소득과 여가가 일치하는 점에서 소비자의 효용이 극대화된다.

ⅱ) 소득과 여가가 완전보완재 관계이면 대체효과가 0이므로 가격효과와 소득효과가 일치한다. 즉, 임금상승 시 대체효과는 발생하지 않고 실질소득이 증가함에 따라 여가소비가 증가하고 노동공급이 감소하는 소득효과만 발생하므로 아래 그림과 같이 임금이 상승하면 노동공급은 반드시 감소한다. 임금이 상승할 때 노동공급이 감소하므로 노동공급곡선은 좌상향(우하향)하고, 노동시간의 감소폭만큼 여가시간이 증가하므로 이를 절댓값으로 측정하면 그 변화폭이 동일하다.

- 소득효과 : $w\uparrow$ → 실질소득$\uparrow$ → 정상재 : 여가소비$\uparrow$, 노동공급$\downarrow$

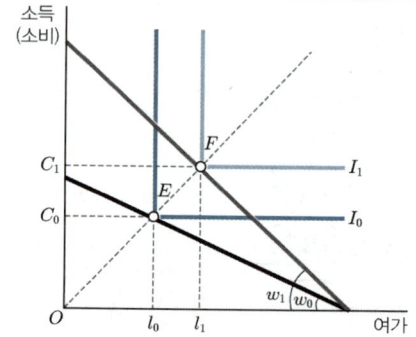

ReCheck 여가(H)와 소득(M)이 완전보완재 관계일 때

- 효용함수 : $U=\min[H, M]$
- 무차별곡선 : L자 형태
- 소비자균형 : $H=M$
- 대체효과=0(소득효과만 발생)
- 임금상승 시 반드시 노동공급이 감소함 : 노동공급곡선 좌상향(우하향)
- 노동공급의 임금탄력성이 음(−)의 값을 가짐 : 후방굴절 구간
- 레온티에프 효용함수에서 여가는 반드시 정상재임

10 [2009 | 공인노무사]

소비자 A에게 여가(l)와 소비(c)는 완전보완재이므로 효용함수는 $U = \min\{l, c\}$이다(U는 효용수준임). 비근로소득은 없고 근로소득만으로 소비할 때, 이 소비자의 노동공급에 관한 설명으로 옳은 것은?

① 노동공급곡선이 우하향한다.
② 노동공급곡선이 우상향한다.
③ 노동공급이 완전탄력적이다.
④ 노동공급이 완전비탄력적이다.
⑤ 노동공급이 항상 단위탄력적이다.

해설 저축 없이 근로소득을 전부 소비한다는 암묵적인 가정하에서 소득은 소비와 동일하다. 그러므로 소비자에게 여가와 소득(소비)은 완전보완재 관계이다. 여가와 소득이 완전보완재 관계이면 대체효과가 0이므로 가격효과와 소득효과가 일치한다. 즉, 임금상승 시 대체효과는 발생하지 않고 실질소득이 증가함에 따라 여가소비가 증가하고 노동공급이 감소하는 소득효과만 발생하므로 임금이 상승하면 노동공급은 반드시 감소한다. 임금이 상승할 때 노동공급이 감소하므로 노동공급곡선은 좌상향(우하향)하는 형태이다.

• 소득효과 : $w\uparrow$ → 실질소득↑ → 정상재 : 여가소비↑, 노동공급↓

11 [2011 | 국회직 8급]

아래의 그림은 가계의 노동소득과 여가 사이의 관계를 나타낸 것이다. 가로축(L)은 여가, 세로축(C)은 노동소득이며, 총가용시간(하루 24시간)에서 여가를 제외한 나머지 시간은 노동으로 사용한다. 아래 그림에서 가계의 노동소득과 여가 사이의 관계가 A에서 B로 변화할 경우 이에 관한 설명으로 옳지 않은 것은?

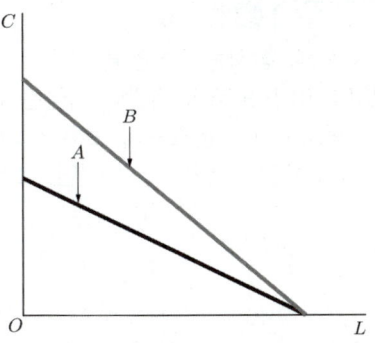

① A보다 B의 경우에 시장임금률이 더 높다.
② A에서 B로 변화할 경우 가계의 효용이 최소한 같거나 더 높아진다.
③ A보다 B의 경우에 가계의 노동소득이 더 높아진다.
④ A에서 B로 변화할 경우 여가와 노동소득이 동시에 증가할 수도 있다.
⑤ A에서 B로 변화할 경우 노동시간은 더 줄어들 수도 있다.

정답 09. ① 10. ① 11. ③

① |○| 임금률(w)은 예산선의 기울기이므로 A보다 B의 경우에 임금률이 더 높다($w_0 < w_1$).
② |○| 임금이 w_0에서 w_1으로 상승함에 따라 예산선이 바깥쪽으로 회전 이동하면 개인의 소비 가능영역이 넓어지므로 바뀐 예산선인 B상의 어떤 점에서 균형이 달성되더라도 효용은 임금상승 이전과 최소한 같거나 더 높아진다.
  ☞ 임금상승 전후의 균형이 모두 H점에서 달성된다면 임금상승에도 불구하고 효용은 불변이다 ($I_0 = I_1$).
③ |×|, ⑤ |○| 최초의 균형점을 E_0라고 할 때, 임금상승 이후의 새로운 균형점이 바뀐 예산선인 B상의 G점보다 우하방에 위치한다면 여가시간은 증가하나, 노동시간과 노동소득은 감소한다.
④ |○| 최초의 균형점을 E_0라고 할 때, 임금상승 이후의 새로운 균형점(E_1)이 바뀐 예산선인 B상의 FG구간에 위치한다면 여가시간과 노동소득이 모두 증가하나, 노동시간은 감소한다.

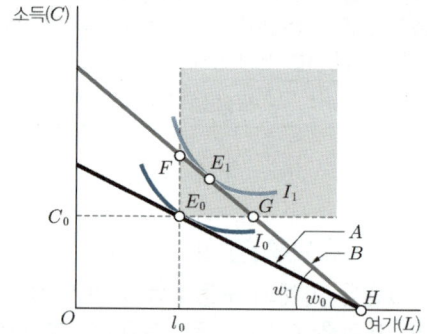

12 [2015 | 공인회계사]

하루 24시간 중 잠자는 8시간을 제외한 16시간을 여가(l)와 노동에 사용하는 노동자가 있다. 이 노동자의 시간당 임금은 10이고, 주어진 자본소득은 10이라고 가정한다. 노동소득과 자본소득이 모두 소비(c)에 사용될 때, 노동자의 효용 $u(l, c) = lc$를 극대화하는 소비량 c는? (단, 소비재의 가격은 1이라고 가정)

① 80 ② 85 ③ 90
④ 95 ⑤ 100

ⅰ) 효용함수가 $U = lc$이므로 한계대체율은 $MRS_{lc} = \dfrac{MU_l}{MU_c} = \dfrac{c}{l}$이다. 여가의 가격(시간당 임금)이 $P_l = w = 10$, 소비재의 가격이 $P_c = 1$이므로 효용극대화 조건 $MRS_{lc} = \dfrac{P_l}{P_c} = \dfrac{w}{P_c}$에 의해 다음의 식이 성립한다.

• $MRS_{lc} = \dfrac{w}{P_c} \rightarrow \dfrac{c}{l} = 10 \therefore c = 10l$ … ①

ⅱ) 총가용시간이 $T=16$, 시간당 임금이 $w=10$이므로 노동소득은 $10(16-l)$이고, 자본소득은 10이다. 소비자는 노동소득과 자본소득을 더한 총소득(M)을 전부 가격이 $P_c=1$인 소비재 구입에 지출하므로 예산제약식은 다음과 같이 나타낼 수 있다.
- $P_c c = M = 10(16-l)+10 \to c=10(16-l)+10 \therefore c=170-10l \cdots$ ②

ⅲ) 식 ①과 식 ②를 연립해서 풀면 효용극대화 여가시간은 $l=8.5$, 소비량은 $c=10l=85$로 계산된다.

13 | 2018 | 감정평가사 |

甲의 효용함수는 $U=\sqrt{LF}$이며 하루 24시간을 여가(L)와 노동($24-L$)에 배분한다. 甲은 노동을 통해서만 소득을 얻으며, 소득은 모두 식품(F)을 구매하는 데 사용한다. 시간당 임금은 10,000원, 식품의 가격은 2,500원이다. 甲이 예산제약하에서 효용을 극대화할 때, 여가시간과 구매하는 식품의 양은?

① $L=8$, $F=64$ ② $L=10$, $F=56$
③ $L=12$, $F=48$ ④ $L=14$, $F=40$
⑤ $L=16$, $F=32$

해설

ⅰ) 효용함수가 $U=\sqrt{LF}$이므로 한계대체율은 $MRS_{LF}=\dfrac{MU_L}{MU_F}=\dfrac{F}{L}$이다. 여가의 가격(시간당 임금)이 $P_L=w=10,000$, 식품의 가격이 $P_F=2,500$이므로 효용극대화 조건 $MRS_{LF}=\dfrac{P_L}{P_F}=\dfrac{w}{P_F}$에 의해 다음의 식이 성립한다.
- $MRS_{LF}=\dfrac{w}{P_F} \to \dfrac{F}{L}=\dfrac{10,000}{2,500}=4 \therefore F=4L \cdots$ ①

ⅱ) 총가용시간이 $T=24$, 시간당 임금이 $w=10,000$이므로 소득은 $M=10,000(24-L)$이고, 소비자는 소득을 전부 가격이 $P_F=2,500$인 식품 소비에 사용하므로 예산제약식은 다음과 같이 나타낼 수 있다.
- $P_F F = M = 10,000(24-L) \to 2,500F=10,000(24-L) \therefore F=96-4L \cdots$ ②

ⅲ) 식 ①과 식 ②를 연립해서 풀면 효용극대화 여가시간은 $L=12$, 식품 소비량은 $F=4L=48$로 계산된다.

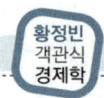

14 | 2016 | 공인회계사 | 상 중 하

베짱이는 잠자는 8시간을 제외한 하루 16시간을 노래 부르기와 진딧물 사냥으로 보낸다. 베짱이는 시간당 30마리의 진딧물을 사냥할 수 있다. 또한 매일 아침 개미가 베짱이에게 진딧물 60마리를 공짜로 제공한다. 베짱이는 노래 부르기와 진딧물 소비로 $u(s, b) = s^{2/3}b^{1/3}$의 효용을 얻는다(단, s는 노래 부르는 시간, b는 소비한 진딧물의 숫자를 의미한다). 효용을 극대화하는 베짱이의 노래 부르는 시간과 진딧물 소비량은?

	노래 부르는 시간(s)	진딧물 소비량(b)
①	8	300
②	8	240
③	12	180
④	12	120
⑤	16	60

i) 효용함수 $U = s^{2/3}b^{1/3}$이 콥-더글라스 효용함수이므로 한계대체율은 $MRS_{sb} = \frac{\alpha}{\beta}\left(\frac{b}{s}\right) = \frac{2b}{s}$ 이다. 베짱이가 시간당 30마리의 진딧물을 사냥할 수 있으므로 노래 부르는 시간(s)을 진딧물의 수로 나타내면 $P_s = 30$이고, b는 단순히 소비한 진딧물의 양을 의미하므로 $P_b = 1$이다. 이를 효용극대화 조건 $MRS_{sb} = \frac{P_s}{P_b}$에 대입하면 다음의 식이 성립한다.

- $MRS_{sb} = \frac{P_s}{P_b} \rightarrow \frac{2b}{s} = 30 \therefore b = 15s$ … ①

ii) 총가용시간이 16시간이고, 시간당 30마리의 진딧물을 사냥할 수 있으므로 사냥을 통해 얻을 수 있는 진딧물의 양은 $30(16-s)$이고, 개미로부터 60마리의 진딧물을 공짜로 받으므로 베짱이의 예산제약식은 다음과 같이 나타내 수 있다.

- $P_b b = M = 30(16-s) + 60 \rightarrow b = 30(16-s) + 60 \therefore b = 540 - 30s$ … ②

iii) 식 ①과 식 ②를 연립해서 풀면 베짱이의 효용을 극대화하는 노래 부르는 시간은 $s = 12$, 진딧물 소비량은 $b = 15s = 180$으로 계산된다.

15 2011 | 공인회계사

하루 24시간 중 잠자는 8시간을 제외한 나머지 16시간을 여가(l)와 노동(L)에 사용하는 노동자가 있다($L = 16 - l$). 이 노동자는 8시간 이하의 노동에 대해서는 시간당 임금 10을 받고, 8시간을 초과하는 노동에 대해서는 추가로 시간당 α의 임금을 더 받는다. 노동수입은 모두 식료품(c) 구입에 사용되며, 이때 노동자는 $u(l, c) = lc$의 효용을 얻는다. 이 노동자가 $L = 10$에서 효용을 극대화할 때 α는 얼마인가? (단, 식료품의 가격은 1이다.)

① 8 ② 8.5 ③ 9
④ 9.5 ⑤ 10

i) 효용함수가 $U = lc$이므로 한계대체율은 $MRS_{lc} = \dfrac{MU_l}{MU_c} = \dfrac{c}{l}$이다. 노동시간이 $L = 10$이고, 노동시간이 8시간을 초과하면 시간당 임금 10에 추가로 시간당 α의 임금을 더 받으므로 여가의 가격(시간당 임금)은 $P_l = w = 10 + \alpha$이고, 식료품의 가격은 $P_c = 1$이므로 효용극대화 조건 $MRS_{lc} = \dfrac{P_l}{P_c} = \dfrac{w}{P_c}$에 의해 다음의 식이 성립한다.

- $MRS_{lc} = \dfrac{w}{P_c} \rightarrow \dfrac{c}{l} = 10 + \alpha \quad \therefore c = 60 + 6\alpha \ (\because l = 6) \cdots$ ①

ii) 노동시간이 $L = 10$이고, 8시간 이하의 노동에 대해서는 시간당 임금이 $w = 10$, 8시간을 초과하는 노동(2시간)에 대해서는 시간당 임금이 $w = 10 + \alpha$이므로 소득은 $M = (10 \times 8) + [(10 + \alpha) \times 2]$이다. 소비자는 소득을 전부 가격이 $P_c = 1$인 식료품 소비에 사용하므로 예산제약식은 다음과 같이 나타낼 수 있다.

- $P_c \cdot c = M = (10 \times 8) + [(10 + \alpha) \times 2] \rightarrow c = 80 + (20 + 2\alpha) \quad \therefore c = 100 + 2\alpha \cdots$ ②

iii) 식 ①과 식 ②를 연립해서 풀면 $\alpha = 10$으로 계산된다.

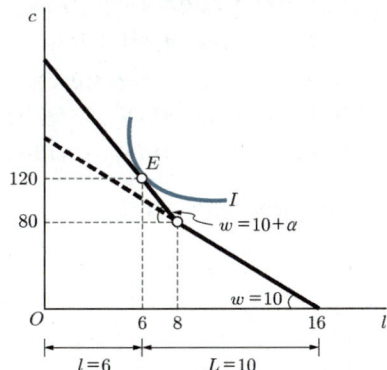

14. ③ 15. ⑤

16

[2018 | 공인노무사]

소득-여가 선택모형에서 A의 효용함수가 $U=Y+2L$이고, 총가용시간은 24시간이다. 시간당 임금이 변화할 때 A의 노동공급시간과 여가시간에 관한 설명으로 옳은 것을 모두 고른 것은? (단, U=효용, Y=소득, L=여가시간이다.)

> ㄱ. 시간당 임금의 상승은 언제나 노동공급시간을 증가시킨다.
> ㄴ. 시간당 임금이 1이면 노동공급시간은 3이다.
> ㄷ. 시간당 임금이 3이면 여가시간은 0이다.
> ㄹ. 시간당 임금이 3에서 4로 상승하면 임금상승에도 불구하고 노동공급시간은 더 이상 증가하지 않는다.

① ㄱ, ㄴ ② ㄴ, ㄷ
③ ㄷ, ㄹ ④ ㄱ, ㄴ, ㄷ
⑤ ㄴ, ㄷ, ㄹ

i) 효용함수 $U=Y+2L$은 선형 효용함수로, 소득(Y)과 여가(L)가 완전대체재 관계이다. 효용함수를 정리하면 $Y=-2L+U$이므로 무차별곡선은 기울기가 -2인 우하향의 직선 형태이고, 무차별곡선의 기울기인 한계대체율은 $MRS_{LY}=2$로 일정하다.

ii) 효용함수가 선형 효용함수의 형태로 주어질 때 한계대체율과 상대가격비 $\left(\dfrac{P_L}{P_Y}=w\right)$가 다르다면 구석해를 갖는다. 즉, 시간당 임금(w)이 2보다 작다면 $MRS_{LY}>w$이므로 총가용시간인 24시간을 전부 여가에 사용하고, 시간당 임금(w)이 2보다 크다면 $MRS_{LY}<w$이므로 총가용시간인 24시간을 전부 노동에 사용한다. 반면, 시간당 임금(w)이 2라면 $MRS_{LY}=w$이므로 A에게 여가와 노동은 무차별하다.

ㄱ. |×|, ㄹ. |○| 시간당 임금이 3이면 $MRS_{LY}<w$이므로 노동시간은 24시간이고, 시간당 임금이 4로 상승해도 여전히 $MRS_{LY}<w$이므로 노동시간은 24시간으로 더 이상 증가하지 않는다. 따라서 임금상승이 언제나 노동시간을 증가시키는 것은 아니다.

ㄴ. |×| 시간당 임금이 1이면 $MRS_{LY}>w$이므로 노동시간은 0, 여가시간은 24시간이다.

ㄷ. |○| 시간당 임금이 3이면 $MRS_{LY}<w$이므로 노동시간은 24시간, 여가시간은 0이다.

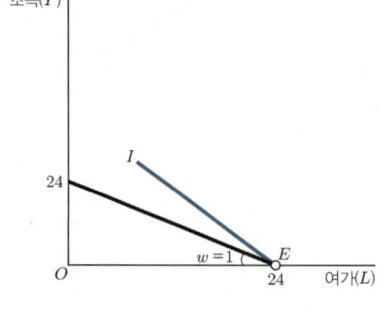

a) 시간당 임금이 1일 때

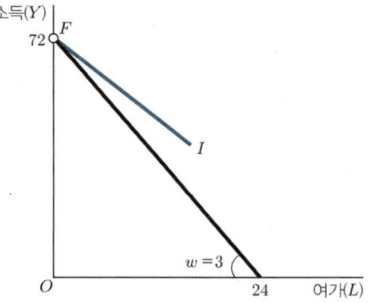

b) 시간당 임금이 3일 때

16. ③

72 불완전경쟁 요소시장 : 수요독점

불완전경쟁 요소시장 : 수요독점

구 분	내 용
수요독점의 발생원인	• 지리적인 여건 • 생산요소의 전문화 • 정부의 정책·제도적인 요인
노동공급곡선	• 개별기업이 직면하는 노동공급곡선=시장전체의 노동공급곡선(우상향) • MFC_L곡선은 노동공급곡선(= AFC_L곡선)보다 상방에 위치함 → AFC_L곡선이 우상향의 직선이면 MFC_L곡선은 AFC_L곡선과 임금 (w)축 절편은 같고 기울기는 AFC_L곡선의 2배인 직선이 됨 📖 시장 형태에 관계없이 노동공급곡선은 AFC_L곡선임
노동수요곡선	• 노동수요곡선이 존재하지 않음(생산요소시장이 완전경쟁일 때만 존재)
균 형	• MRP_L곡선과 MFC_L곡선이 교차하는 점에서 고용량(L_1)이 결정됨 • 고용량이 L_1으로 결정되면 수요독점기업은 노동공급곡선(= AFC_L곡선)상에서 w_1의 임금을 지급함($MRP_L = MFC_L > w = AFC_L$) • 생산요소시장이 수요독점이 되면 완전경쟁일 때보다 임금이 하락하고, 고용량도 감소하므로 수요독점적 착취가 발생함 • 과소 고용에 따른 사회적 후생손실이 발생함 *[그래프: 수요독점 균형 - MFC_L, S_L=AFC_L, MRP_L 곡선과 w_0, w_1, L_1, L_0 표시, 수요독점적 착취 구간]*

수요독점하의 최저임금제	• 수요독점하에서 최저임금제를 실시하면 고용량이 감소하지 않거나, 고용량이 증가할 수 있음
	• 최저임금제의 효과
	    ┌ 완전경쟁 노동시장 : 고용량 감소(실업 발생), 비효율, 암시장
	    └ 수요독점 노동시장 : 고용량 증가(실업 감소) 가능, 비효율 감소 가능
	
	$a)$ 고용량이 불변인 경우 $b)$ 고용량이 증가하는 경우
	[두 그래프: 최저임금제 효과 비교]

시장 형태에 따른 기업의 이윤극대화 조건

시장 형태	생산물시장 공급(기업)	생산요소시장 수요(기업)	생산요소시장 공급(가계)	임금과 고용량의 결정
완전경쟁 요소시장 Ⅰ	완전경쟁	완전경쟁	완전경쟁	$VMP_L = MRP_L = MFC_L = w$ (그래프: $S_L = AFC_L = MFC_L$ 수평선, $VMP_L = MRP_L$ 우하향, 교점에서 w_0, l_0)
완전경쟁 요소시장 Ⅱ	독점	완전경쟁	완전경쟁	$VMP_L > MRP_L = MFC_L = w$ (그래프: $S_L = AFC_L = MFC_L$ 수평선, VMP_L, MRP_L 우하향, w_1, l_1)
수요독점 요소시장 Ⅰ	완전경쟁	독 점	완전경쟁	$VMP_L = MRP_L = MFC_L > w$ (그래프: MFC_L, $S_L = AFC_L$ 우상향, $VMP_L = MRP_L$ 우하향, w_2, l_2)

수요독점 요소시장 Ⅱ	독점	독점	완전경쟁	$VMP_L > MRP_L = MFC_L > w$
공급독점 요소시장	독점	완전경쟁	독점	$MR_L = MC_L$
쌍방독점 요소시장	독점	독점	독점	균형이 유일하게 결정되지 않음

01 〔2018 | 공인노무사〕 상 중 하

수요독점 노동시장에서 기업이 이윤을 극대화하기 위한 조건은? (단, 상품시장은 독점이고 생산에서 자본은 고정되어 있다.)

① 한계비용과 임금이 일치
② 한계비용과 평균수입이 일치
③ 노동의 한계생산물가치(value of marginal product of labor)와 임금이 일치
④ 노동의 한계생산물가치와 한계노동비용(marginal labor cost)이 일치
⑤ 노동의 한계수입생산(marginal revenue product)과 한계노동비용이 일치

> 해설
> 생산요소시장에서는 노동 1단위를 추가로 고용할 때 얻는 한계수입생산(MRP_L)과 소요되는 한계요소비용(MFC_L)이 일치할 때 기업의 이윤이 극대화된다. 그런데 생산물시장이 (공급)독점이면 $VMP_L > MRP_L$이고, 생산요소시장이 수요독점이면 $MFC_L > w$이므로 다음의 관계가 성립한다.
>
> $$VMP_L > MRP_L = MFC_L > w$$

02 〔2009 | 공인노무사〕 상 중 하

완전경쟁적인 생산물시장에 참여하는 기업 A는 노동시장에서 수요독점이다. 이 기업의 이윤극대화 조건으로 옳은 것은?

① 노동의 한계생산물가치 = 노동의 한계수입생산물 = 노동의 한계비용 = 임금
② 노동의 한계생산물가치 = 노동의 한계수입생산물 = 노동의 한계비용 > 임금
③ 노동의 한계생산물가치 = 노동의 한계수입생산물 > 노동의 한계비용 = 임금
④ 노동의 한계생산물가치 > 노동의 한계수입생산물 = 노동의 한계비용 = 임금
⑤ 노동의 한계생산물가치 > 노동의 한계수입생산물 = 노동의 한계비용 > 임금

> 해설
> 생산요소시장에서는 노동 1단위를 추가로 고용할 때 얻는 한계수입생산(MRP_L)과 소요되는 한계요소비용(MFC_L)이 일치할 때 기업의 이윤이 극대화된다. 그런데 생산물시장이 완전경쟁이면 $VMP_L = MRP_L$이고, 생산요소시장이 수요독점이면 $MFC_L > w$이므로 다음의 관계가 성립한다.
>
> $$VMP_L = MRP_L = MFC_L > w$$

03 노동의 한계생산물이 체감하고 노동공급곡선은 우상향한다고 가정할 때, 노동시장에 관한 주장으로 옳은 것을 모두 고른 것은?

> ㄱ. 노동시장이 수요독점인 경우, 노동시장이 완전경쟁인 경우보다 고용량이 적다.
> ㄴ. 생산물시장은 독점이고 노동시장이 수요독점이면, 임금은 한계요소비용보다 낮다.
> ㄷ. 노동시장이 완전경쟁이면, 개별기업의 노동수요곡선은 우하향한다.

① ㄱ
② ㄴ
③ ㄱ, ㄷ
④ ㄴ, ㄷ
⑤ ㄱ, ㄴ, ㄷ

ㄱ. |○| 노동시장이 완전경쟁이면 균형고용량은 노동수요곡선(MRP_L곡선)과 노동공급곡선($S_L = AFC_L$)곡선이 교차하는 E점에서 L_0로 결정되고, 노동시장이 수요독점이면 균형고용량은 MRP_L곡선과 MFC_L곡선이 교차하는 F점에서 L_1으로 결정된다. 따라서 노동시장이 수요독점일 때가 완전경쟁일 때보다 고용량이 적다.

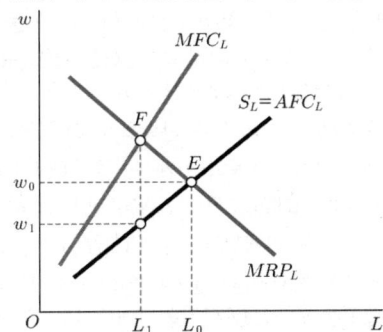

ㄴ. |○| 생산물시장이 (공급)독점이고, 노동시장이 수요독점이면 다음의 관계가 성립한다.

$$VMP_L > MRP_L = MFC_L > w$$

따라서 임금(w)은 한계요소비용(MFC_L)보다 낮으며, 둘의 차이만큼 수요독점적 착취가 발생한다.

ㄷ. |○| 개별기업의 노동수요곡선은 MRP_L곡선이고, $MRP_L = MP_L \times MR$이므로 노동의 한계생산(MP_L)이 체감하면 노동수요곡선은 우하향한다.

04

[2009 | 공인회계사]

어느 기업이 특정 기술을 가진 기술자들에 대한 수요를 독점하고 있다. 이 기술자들의 노동공급곡선은 우상향하며, 생산물시장은 완전경쟁적이다. 이 기술자들에 대한 이윤극대화 고용량은 L_0이다. 다음 설명 중 가장 옳지 않은 것은?

① 이 기술자들이 공급하는 노동의 한계요소비용곡선은 노동공급곡선보다 기울기가 가파르다.
② L_0에서 이 기술자들이 공급하는 노동의 한계요소비용과 한계생산가치는 일치한다.
③ 이 기술자들의 임금은 이들이 공급하는 노동의 한계생산가치보다 낮다.
④ 이 기술자들의 임금은 이들이 공급하는 노동의 한계요소비용보다 낮다.
⑤ 정부가 이 기술자들의 최저임금을 L_0에서의 한계생산가치보다 높게 설정하면 사회적으로 최적인 자원배분이 이루어질 수 있다.

생산물시장이 완전경쟁이고, 생산요소시장이 수요독점이면 다음의 관계가 성립한다.

$$VMP_L = MRP_L = MFC_L > w$$

① |○| 노동의 한계요소비용곡선(MFC_L)은 노동공급곡선($S_L = AFC_L$)보다 기울기가 가파르다.
　🔍 AFC_L곡선이 우상향의 직선이면 MFC_L곡선은 AFC_L곡선과 임금(w)축 절편은 같고 기울기는 AFC_L곡선의 2배인 직선이 된다.
② |○| $MRP_L = MFC_L$을 만족하는 이윤극대화 고용량(L_0)수준에서 노동의 한계요소비용(MFC_L)과 노동의 한계생산물가치(VMP_L)는 일치한다.
③. ④ |○| 이윤극대화 고용량(L_0)수준에서 기술자들의 임금은 w_0로 결정된다. 따라서 임금(w_0)은 노동의 한계생산가치(VMP_L)보다 낮고, 노동의 한계요소비용(MFC_L)보다도 낮다.
⑤ |×| 정부가 최저임금제를 실시하여 최적 자원배분을 달성하기 위해서는 최저임금을 노동공급곡선($S_L = AFC_L$)과 한계생산물가치(VMP_L)곡선이 교차하는 수준인 w_1으로 설정해야 한다. 만약 정부가 최저임금을 이윤극대화 고용량(L_0)수준에서의 한계생산물가치(VMP_L)보다 높은 w_2로 설정하면 고용량이 감소하므로 오히려 자원배분이 효율성이 악화된다.

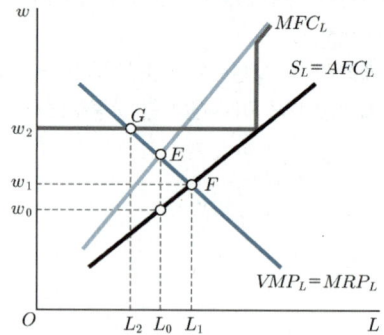

05

2014 | 서울시 7급

어느 마을의 노동공급이 $L = 2w - 40$과 같이 주어져 있다. 여기서 w는 임금률, L은 노동량이다. 이 마을의 기업은 A사 하나밖에 없는데, A사의 노동수요는 $L = 100 - w$이다. 이 마을 사람들은 다른 곳에서는 일자리를 구할 수 없다. 이때 A사는 임금률로 얼마를 책정하겠는가?

① 5 ② 10 ③ 20
④ 30 ⑤ 40

해설

Tip. 노동공급곡선이 우상향의 직선이면 한계요소비용(MFC_L)곡선은 노동공급곡선과 임금(w)축 절편은 같고 기울기는 노동공급곡선의 2배인 직선이 된다.

ⅰ) 노동공급함수가 $AFC_L = w = 20 + \frac{1}{2}L$이므로 총요소비용은 $TFC_L = AFC_L \times L = 20L + \frac{1}{2}L^2$이고, 총요소비용을 L에 대해 미분하면 한계요소비용은 $MFC_L = 20 + L$이다.

  ⓠ 노동공급곡선이 우상향의 직선이면 MFC_L곡선은 노동공급곡선과 임금(w)축 절편은 같고 기울기는 노동공급곡선의 2배인 직선이 되므로 노동공급함수가 $w = 20 + \frac{1}{2}L$이면 $MFC_L = 20 + L$이다.

ⅱ) 노동시장이 수요독점일 때는 노동수요곡선이 존재하지 않는다. 따라서 출제취지에 맞게 노동수요함수를 한계수입생산함수로 해석하면 한계수입생산은 $MRP_L = 100 - L$이다.

ⅲ) 한계수입생산이 $MRP_L = 100 - L$이고, 한계요소비용이 $MFC_L = 20 + L$이므로 이윤극대화 요소고용조건 $MRP_L = MFC_L$에 의해 이윤극대화 고용량은 $L = 40$이 된다. $L = 40$을 노동공급함수에 대입하면 임금은 $w = 40$으로 계산된다.

- $MRP_L = MFC_L \rightarrow 100 - L = 20 + L \therefore L = 40$

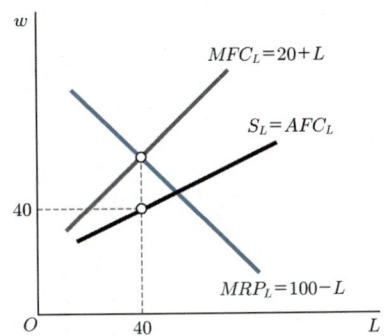

정답 04. ⑤ 05. ⑤

06 물류회사 甲은 A 지역 내에서 근로자에 대한 수요독점자이다. 다음과 같은 식이 주어졌을 때 이윤극대화를 추구하는 甲이 책정하는 임금은? (단, 노동공급은 완전경쟁적이며, w는 임금, L은 노동량이다.)

$$A\text{지역의 노동공급곡선}: w = 800 + 10L$$
$$\text{노동의 한계수입생산}: MRP_L = 2{,}000 - 10L$$

① 800 ② 1,000 ③ 1,200
④ 1,400 ⑤ 1,600

i) 노동공급함수가 $w = 800 + 10L$ 이므로 한계요소비용은 $MFC_L = 800 + 20L$ 이고, 한계수입생산은 $MRP_L = 2{,}000 - 10L$ 이다.

ii) 한계수입생산이 $MRP_L = 2{,}000 - 10L$ 이고, 한계요소비용이 $MFC_L = 800 + 20L$ 이므로 이윤극대화 요소고용조건 $MRP_L = MFC_L$ 에 의해 이윤극대화 고용량은 $L = 40$ 이 된다. $L = 40$ 을 노동공급함수에 대입하면 임금은 $w = 1{,}200$ 으로 계산된다.
- $MRP_L = MFC_L \rightarrow 2{,}000 - 10L = 800 + 20L \quad \therefore L = 40$

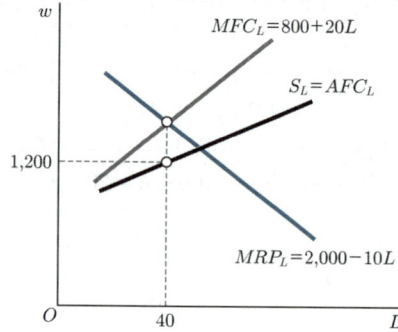

06. ③

73 불완전경쟁 요소시장 : 쌍방독점

불완전경쟁 요소시장 : 공급독점과 쌍방독점

구 분	내 용
공급독점	<ul><li>노동의 공급독점자(노동조합)의 입장에서 노동이라는 생산요소는 자신의 생산물에 해당하므로 노동시장의 공급독점은 생산물시장의 (공급)독점과 동일함</li><li>노동조합이 이윤극대화를 추구하면 $MR_L = MC_L$인 점(A점)에서, 총노동소득극대화를 추구하면 $MR_L = 0$인 점(B점)에서, 고용량극대화를 추구하면 $D_L = S_L$인 점(C점)에서 각각 고용량이 결정됨</li></ul>
쌍방독점	<ul><li>쌍방독점 노동시장에서 임금과 고용량은 수요독점자와 공급독점자의 협상력에 의해 결정됨</li><li>균형이 유일하게 결정되지 않음 → 임금은 공급독점일 때(w_s)보다는 낮고, 수요독점일 때(w_d)보다는 높은 수준으로 결정됨 → 임금은 완전경쟁일 때보다 높을 수도 있고, 낮을 수도 있음</li></ul>

01 | 2012 보험계리사

노동시장에서 쌍방독점이 존재할 때, 다음 중 옳지 않은 것은?
① 임금이 유일한 균형점에 의해 결정되지 않는다.
② 수요독점자는 한계요소비용곡선과 한계수입생산곡선이 일치하는 점에서 노동수요량을 결정하려고 한다.
③ 노동공급자는 노동수요곡선에서 도출된 한계수입곡선과 노동공급의 한계비용곡선이 일치하는 점에서 노동공급량을 결정하려고 한다.
④ 완전경쟁 노동시장에서 결정되는 임금보다 낮은 수준으로 임금이 결정되면, 고용은 완전경쟁 노동시장의 고용보다 증가한다.

해설
쌍방독점 노동시장에서 임금과 고용량은 수요독점자와 공급독점자의 협상력에 의해 결정된다. 이때 임금은 양 당사자의 협상력에 따라 생산요소시장이 완전경쟁일 때보다 더 높은 수준으로 결정될 수도 있고, 더 낮은 수준으로 결정될 수도 있다. 그러나 고용량은 항상 완전경쟁일 때보다 더 적은 수준으로 결정된다.

02 | 2013 국회직 8급

연기자를 고용하는 방송국이 하나만 존재하는 경우를 가정하자. 연기자 시장에서 발생하는 현상에 대한 설명 중 옳지 않은 것은?
① 연기자의 임금수준은 방송국이 여러 개일 때보다 낮다.
② 연기자의 임금은 한계요소비용보다 낮다.
③ 연기자의 임금은 한계수입생산보다 낮다.
④ 연기자가 노동조합을 결성하여 단체교섭을 하면 임금을 높일 수 있으나 고용 인원은 줄어들 수밖에 없다.
⑤ 방송국과 연기자 노동조합의 공동이익을 최대화하는 고용 인원은 한계비용과 한계수입생산이 일치하는 수준에서 결정된다.

해설
연기자를 고용하는 방송국이 하나만 존재하므로, 이는 수요독점에 해당한다.
① |○| 수요독점일 때의 임금은 완전경쟁일 때의 임금보다 낮다.
②, ③ |○| 노동시장이 수요독점이면 $MRP_L = MFC_L > w$의 관계가 성립하므로 임금(w)은 한계요소비용(MFC_L)보다 낮고, 한계수입생산(MRP_L)보다도 낮다.
④ |×| 연기자가 노동조합을 결성하여 단체교섭을 하면 노동시장이 쌍방독점화되고, 이때의 임금과 고용량은 수요독점자인 방송국과 공급독점자인 노동조합의 협상력에 의해 결정된다. 따라서 노동조합의 협상력이 높다면 고용량이 줄지 않으면서 임금을 높일 수도 있다.
⑤ |○| 쌍방독점 노동시장에서 사회후생을 극대화하는 고용량은 노동공급곡선인 한계비용(MC_L) 곡선과 노동수요곡선인 한계수입생산(MRP_L)곡선이 교차하는 점에서 결정된다.

정답 01. ④ 02. ④

CHAPTER 18 소득분배이론

74 경제적 지대와 준지대

이전수입과 경제적 지대

구 분	내 용
이전수입 (전용수입)	• 어떤 생산요소가 다른 용도로 이전되고 않고 현재의 용도에 사용되도록 하기 위해 지급해야 하는 최소한의 금액 • 요소공급에 따른 기회비용(opportunity cost) • 요소공급곡선 하방의 면적으로 측정
경제적 지대	• 요소공급자가 얻는 소득 중에서 이전수입(기회비용)을 초과하는 부분 • 요소공급자의 잉여(surplus) → 요소공급이 비탄력적이기 때문에 추가로 얻는 소득

생산요소공급의
탄력성과
경제적 지대
	• 요소공급이 비탄력적일수록 경제적 지대가 차지하는 비중이 커짐
	  ┌ 요소공급곡선이 수평선 : 요소소득이 전부 이전수입
	  ├ 요소공급곡선이 우상향 : 지대와 이전수입이 동시에 발생
	  └ 요소공급곡선이 수직선 : 요소소득이 전부 경제적 지대
	
	a) 요소공급이 완전탄력적 b) 일반적인 경우 c) 요소공급이 완전비탄력적

지대추구행위	• 경제적 지대를 얻거나 지키기 위해 로비활동 등을 하는 행위 • 자원의 낭비가 초래됨(사회적 후생손실)

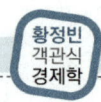

준지대

구 분	내 용
개 념	• 단기에 공장설비 등과 같이 공급이 고정된 생산요소에 대한 보수 준지대 = 총수입(TR) − 총가변비용(TVC) 　　　 = 총고정비용(TFC) + 초과이윤(혹은 − 손실)
그 림	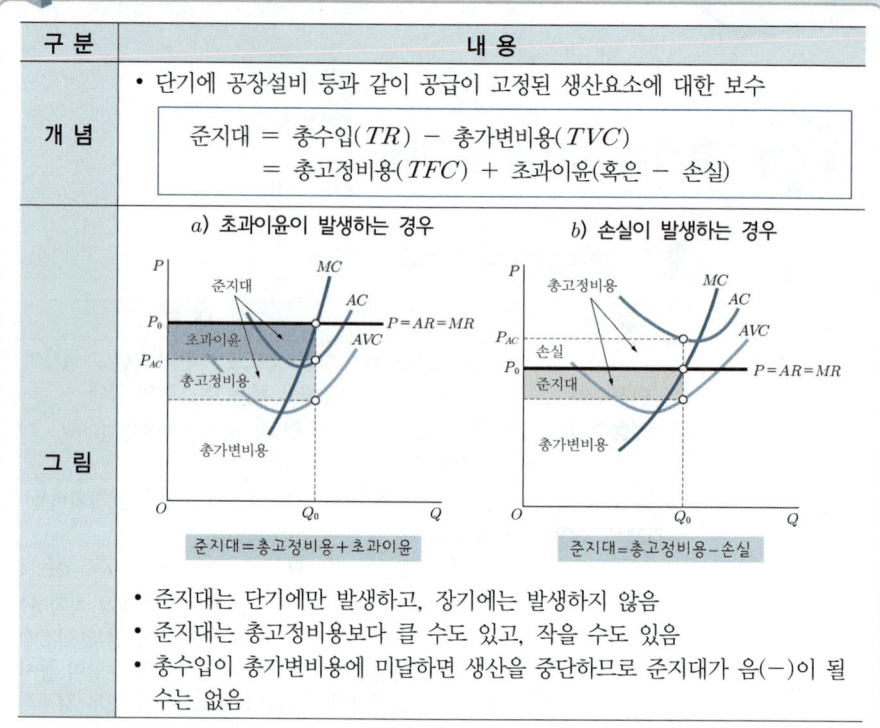 • 준지대는 단기에만 발생하고, 장기에는 발생하지 않음 • 준지대는 총고정비용보다 클 수도 있고, 작을 수도 있음 • 총수입이 총가변비용에 미달하면 생산을 중단하므로 준지대가 음(−)이 될 수는 없음

경제적 지대와 준지대

구 분	경제적 지대	준지대
개 념	요소공급자가 얻는 잉여	단기에 고정요소가 얻는 보수
측 정	생산요소의 총보수−이전수입	총수입−총가변비용
발 생	단기와 장기 모두 발생 가능	단기에만 발생
결정요인	생산요소공급이 비탄력적일수록 커짐	재화가격이 높을수록, 총가변비용이 작을수록 커짐

대표유형 01 | 2017 | 감정평가사 | 상 중 하

노동의 시장수요함수와 시장공급함수가 다음과 같을 때 균형에서 경제적 지대(economic rent)와 전용수입(transfer earnings)은? (단, L은 노동량, w는 임금이다.)

> (시장수요함수) $L_D = 24 - 2w$
> (시장공급함수) $L_S = -4 + 2w$

① 0, 70
② 25, 45
③ 35, 35
④ 45, 25
⑤ 70, 0

 해설

ⅰ) 노동수요함수와 노동공급함수를 연립해서 풀면 균형임금과 균형고용량은 각각 $w=7$, $L=10$으로 계산된다.
  • $24 - 2w = -4 + 2w \rightarrow 4w = 28$ ∴ $w = 7$, $L = 10$

ⅱ) 아래 그림에서 요소공급자의 잉여에 해당하는 경제적 지대는 ΔA의 면적이므로 25이고, 요소공급에 따른 기회비용을 의미하는 이전수입(전용수입)은 $\Box B$의 면적이므로 45이다.

  • 경제적 지대 : ΔA의 면적 $= \dfrac{1}{2} \times 5 \times 10 = 25$

  • 전 용 수 입 : $\Box B$의 면적 $= \dfrac{1}{2} \times (2+7) \times 10 = 45$

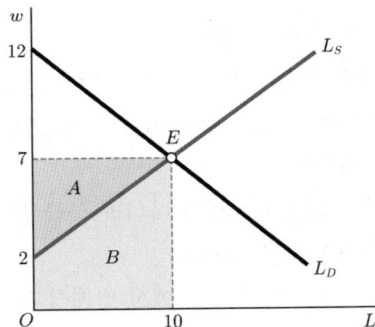

정답 01. ②

02 생산물시장에서 단기에 완전경쟁기업은 준지대를 얻을 수 있다. 다음의 조건하에서 준지대의 크기는 얼마인가?

> 이윤극대화 산출량은 100단위이며 이 산출량 수준에서 한계비용은 20, 평균비용은 15, 평균가변비용은 13이다.

① 200 ② 500 ③ 700
④ 1,300 ⑤ 2,000

해설

ⅰ) 준지대는 단기에 공장설비 등과 같이 공급이 고정된 생산요소에 대한 보수로 다음과 같이 정의된다.

> 준지대 = 총수입(TR) − 총가변비용(TVC)
> = 총고정비용(TFC) + 초과이윤(혹은 − 손실)

ⅱ) 완전경쟁기업의 이윤극대화 조건은 $P = MC$이므로 $P = MC = 20$이다.
ⅲ) $P = 20$, $Q = 100$, $AVC = 13$이므로 준지대의 크기는 700으로 계산된다.
- 준지대 = 총수입(TR) − 총가변비용(TVC)
  $= (P \times Q) - (AVC \times Q) = (20 \times 100) - (13 \times 100) = 700$

03 지대, 경제적 지대 및 준지대에 관한 설명 중 옳지 않은 것은?

① 리카르도(D. Ricardo)에 따르면, 쌀값이 비싸지면 그 쌀을 생산하는 토지의 지대도 높아진다.
② 경제적 지대는 토지뿐만 아니라 공급량이 제한된 노동, 기계설비 등 모든 종류의 시장에서 나타날 수 있다.
③ 생산요소가 받는 보수 중에서 경제적 지대가 차지하는 비중은, 수요가 일정할 때, 공급곡선이 탄력적일수록 작아진다.
④ 마샬(A. Marshall)의 준지대는 장기에 소멸되어 존재하지 않는다.
⑤ 준지대는 산출량의 크기와는 관계없이 총고정비용보다 크다.

해설

① │○│ 리카르도의 차액지대설에서 지대는 대상 토지의 생산성과 한계지의 생산성 간의 차이에 의해 결정된다. 이때 한계지란 생산성이 가장 낮은 토지로 지대가 발생하지 않으며, 한계지에서의 곡물생산비는 곡물가격과 같다. 그런데 인구증가로 곡물가격이 상승하면 이제까지 경작하지 않았던 열등지까지도 경작해야 하므로 곡물가격(=열등지에서의 곡물생산비)이 상승하고, 열등지와 우등지 간의 지대, 즉 차액지대도 증가한다.

② |O| 경제적 지대는 요소공급자가 얻는 소득 중에서 이전수입(기회비용)을 초과하는 부분으로 요소공급이 비탄력적이기 때문에 발생한다. 따라서 경제적 지대는 토지뿐 아니라 공급량이 제한된 노동, 기계설비 등 모든 종류의 시장에서 나타날 수 있다.
③ |O| 생산요소의 총보수에서 경제적 지대가 차지하는 비중은 요소공급이 탄력적일수록 작아진다.
④ |O|, ⑤ |×| 준지대는 단기에 공장설비 등과 같이 공급이 고정된 생산요소에 대한 보수로 다음과 같이 정의된다.

$$\text{준지대} = \text{총수입}(TR) - \text{총가변비용}(TVC)$$
$$= \text{총고정비용}(TFC) + \text{초과이윤(혹은 } - \text{손실)}$$

따라서 준지대는 고정요소가 존재하는 단기에만 발생하며, 손실이 발생하는 경우에는 준지대가 총고정비용보다 작다.

ReCheck 경제적 지대와 준지대

구 분	경제적 지대	준지대
개 념	요소공급자가 얻는 잉여	단기에 고정요소가 얻는 보수
측 정	생산요소의 총보수 - 이전수입	총수입 - 총가변비용
발 생	단기와 장기 모두 발생 가능	단기에만 발생
결정요인	생산요소공급이 비탄력적일수록 커짐	재화가격이 높을수록, 총가변비용이 작을수록 커짐

04 [2013 | 공인노무사] 상 중 하

보상적 임금격차에 관한 설명으로 옳지 않은 것은?
① 근무조건이 좋지 않은 곳으로 전출되면 임금이 상승한다.
② 물가가 높은 곳에서 근무하면 임금이 상승한다.
③ 비금전적 측면에서 매력적인 일자리는 임금이 상대적으로 낮다.
④ 성별 임금격차도 일종의 보상적 임금격차이다.
⑤ 더 비싼 훈련이 요구되는 직종의 임금이 상대적으로 높다.

해설
보상적 임금격차란 작업환경의 차이, 노동의 난이도의 차이, 임금의 불안정성의 존재 여부, 교육·훈련비용의 차이, 직업에 대한 사회적 평판의 차이 등에 의해 발생하는 임금격차를 말한다. 성별 임금격차나 인종별 임금격차는 보상적 임금격차가 아니라 일종의 차별이다.

정답 02. ③ 03. ⑤ 04. ④

05 임금격차와 관련된 다음 설명 중 옳은 것을 모두 고른 것은?

> ㄱ. 남성의 평균임금이 여성의 평균임금보다 높다면 성별 임금차별이 반드시 존재한다.
> ㄴ. 다른 조건이 일정하다면 근로조건이 나쁜 직장이 근로조건이 좋은 직장보다 임금이 높은 것을 보상적 임금격차라 한다.
> ㄷ. 학력 이외에 생산성 등 모든 조건이 동일한 사람들 간의 임금격차가 있을 때, 학력별 임금차별이 있다고 할 수 있다.

① ㄴ　　　　　　　　　　② ㄱ, ㄴ
③ ㄱ, ㄷ　　　　　　　　　④ ㄴ, ㄷ
⑤ ㄱ, ㄴ, ㄷ

해설

ㄱ. |×| 성별 임금차별이란 성별 이외에 생산성 등 모든 조건이 동일한 사람들이 동일한 직종에 종사함에도 불구하고 여성이 남성보다 낮은 임금을 받는 경우를 말한다. 그러므로 남성이 여성보다 생산성이나 숙련도가 높다면 남성의 평균임금이 여성의 평균임금보다 높다고 해서 성별 임금차별이 있다고 할 수 없다.
ㄴ. |○| 다른 조건이 일정할 때 상대적으로 근로조건이 나쁜 직장은 근로자가 그러한 불이익을 견딜 수 있을 만큼의 높은 임금을 지급해야 한다.
ㄷ. |○| 학력 이외에 생산성 등 모든 조건이 동일한 사람들이 동일한 직종에 종사함에도 불구하고 임금격차가 존재한다면 학력별 임금차별이 있다고 할 수 있다.

06 보상적 임금격차 개념과 관련하여 잘못된 설명은 어느 것인가?

① 오염 정도가 높은 지역에서 근무하는 직업일수록 보상적 임금은 양(+)의 값을 가질 것이다.
② 비슷한 교육수준에도 불구하고 대학교수들이 의사나 변호사에 비해 낮은 임금을 받는 것을 보상적 임금격차로 설명할 수 있다.
③ 물가가 비싼 지역에서 근무할 경우 보상적 임금은 양(+)의 값을 가질 것이다.
④ 비금전적 측면에서 매우 매력적인 직업일수록 다른 산업의 유사한 일에 비해 보상적 임금은 양(+)의 값을 가질 것이다.
⑤ 보상적 임금격차 개념에 기초할 때 높은 승진가능성이 있는 직업에서는 낮은 임금이 형성될 가능성이 높다.

해설

보상적 임금격차란 작업환경의 차이, 노동의 난이도의 차이, 임금의 불안정성의 존재 여부, 교육·훈련비용의 차이, 직업에 대한 사회적 평판의 차이 등에 의해 발생하는 임금격차를 말한다. 상대적으로 오염 정도가 높거나, 물가가 비싼 지역에서 근무할 경우 보상적 임금이 양(+)의 값을 갖지만, 비금전적 측면에서 매우 매력적인 직업의 경우에는 보상적 임금이 음(-)의 값을 갖는다.

05. ④　06. ④

75 계층별 소득분배이론

소득분배 상태의 측정방법

구 분		내 용
로렌츠 곡선	개 념	계층별 소득분포 자료에서 인구의 누적점유율과 소득의 누적점유율 간의 관계를 나타낸 곡선
	측 정	로렌츠곡선이 대각선에 가까워질수록 소득분배 균등
	특 징	• 소득분배 상태를 서수적으로 평가 • 로렌츠곡선이 서로 교차하는 경우에는 소득분배 상태를 비교할 수 없음
지니계수	개 념	• 지니계수 $= \dfrac{\alpha \text{의 면적}}{OTO' \text{의 면적}} = \dfrac{\alpha}{\alpha+\beta}$ (그림: 인구의 누적점유율(%)을 가로축, 소득의 누적점유율(%)을 세로축으로 하는 로렌츠곡선 영역 α, β 표시)
	측 정	$0 \leq G \leq 1$: 작을수록 소득분배 균등
	특 징	• 소득분배 상태를 기수적으로 평가 • 특정 소득계층의 소득분배 상태를 나타내지는 못함
십분위 분배율	개 념	십분위분배율 $= \dfrac{\text{최하위 40\% 계층의 소득점유율}}{\text{최상위 20\% 계층의 소득점유율}}$
	측 정	$0 \leq \text{십} \leq 2$: 클수록 소득분배 균등
	특 징	사회 구성원 전체의 소득분배 상태를 나타내지는 못함
소득5분위 배율	개 념	소득5분위배율 $= \dfrac{\text{최상위 20\% 계층의 소득점유율}}{\text{최하위 20\% 계층의 소득점유율}}$
	측 정	• $1 \leq \text{오} \leq \infty$: 작을수록 소득분배 균등 • 1일 때 완전균등, 1보다 클수록 불균등
	특 징	사회 구성원 전체의 소득분배 상태를 나타내지는 못함
앳킨슨지수	개 념	$A = 1 - \dfrac{Y_e}{\overline{Y}}$ (Y_e : 균등분배대등소득, $\overline{Y}$: 현재의 평균소득) 📖 균등분배대등소득 : 현재와 동일한 사회후생을 얻을 수 있는 완전히 균등한 소득분배 상태에서의 평균소득
	측 정	$0 \leq A \leq 1$: 작을수록 소득분배 균등
	특 징	• 가치판단이 내재된 균등분배대등소득이라는 개념을 이용함 → 사회후생함수에 따라 균등분배대등소득과 앳킨슨지수의 값이 달라짐 → 소득분배의 공평성을 중요시할수록 균등분배대등소득이 작아짐 • 소득분배가 불균등할수록 평균소득과 균등분배대등소득과의 차이가 커짐

소득분배 상태의 측정방법 정리

구분		내용	
로렌츠곡선	서수성	대각선에 가까워질수록 균등	
지니계수	기수성	$0 \leq G \leq 1$	작을수록 균등
앳킨슨지수	기수성	$0 \leq A \leq 1$	작을수록 균등
소득5분위배율	기수성	$1 \leq 오 \leq \infty$	작을수록 균등
십분위분배율	기수성	$0 \leq 십 \leq 2$	클수록 균등

대표유형 01 [2014 | 지방직 7급]

다음은 불평등지수에 대한 설명이다. ㉠ ~ ㉢에 들어갈 말로 알맞은 것은?

- 지니계수가 (㉠)수록, 소득불평등 정도가 크다.
- 십분위분배율이 (㉡)수록, 소득불평등 정도가 크다.
- 앳킨슨지수가 (㉢)수록, 소득불평등 정도가 크다.

	㉠	㉡	㉢
①	클	작을	작을
②	클	작을	클
③	작을	작을	작을
④	작을	클	클

ⅰ) 지니계수와 앳킨슨지수는 0과 1 사이의 값을 가지며, 그 값이 클수록 소득분배가 불평등하다.
ⅱ) 십분위분배율은 0과 2 사이의 값을 가지며, 그 값이 작을수록 소득분배가 불평등하다.

02 [2015 | 보험계리사]

소득분배의 불평등을 개선하는 수단이 아닌 것은?
① 국민연금의 확대 실시 　② 이자소득세율의 인하
③ 누진소득세의 강화 　④ 근로장려세제의 실시

이자소득세율이 인하되면 전체소득에서 이자소득 등 금융소득이 차지하는 비중이 높고, 그 크기도 큰 고소득층의 조세부담이 감소하므로 소득분배의 불평등이 오히려 악화될 수 있다. 한편, 근로장려세제($EITC$)란 일정 소득 이하의 근로소득자를 대상으로 근로소득 금액에 따라 산정된 보조금을 지급하는 제도를 말한다. 근로장려세제가 실시되면 저소득 근로자계층의 소득이 증가하므로 소득분배의 불평등이 개선된다.

03 2016 | 감정평가사

소득분배가 완전히 균등한 경우를 모두 고른 것은?

> ㄱ. 로렌츠곡선이 대각선이다.
> ㄴ. 지니계수가 0이다.
> ㄷ. 십분위분배율이 2이다.

① ㄱ
② ㄴ
③ ㄱ, ㄷ
④ ㄴ, ㄷ
⑤ ㄱ, ㄴ, ㄷ

해설
ㄱ. |○| 로렌츠곡선이 대각선에 가까워질수록 소득분배가 균등하며, 로렌츠곡선이 대각선이면 소득분배가 완전히 균등하다.
ㄴ. |○| 지니계수는 0과 1 사이의 값을 가지며, 그 값이 0이면 소득분배가 완전히 균등하다.
ㄷ. |○| 십분위분배율은 0과 2 사이의 값을 가지며, 그 값이 2이면 소득분배가 완전히 균등하다.

04 2016 | 공인노무사

지니계수(Gini coefficient)에 관한 설명으로 옳은 것은?

① 지니계수가 같으면 소득계층별 소득분포가 같음을 의미한다.
② 완전히 평등한 소득분배 상태를 나타내는 45도 대각선과 로렌츠곡선(Lorenz curve)이 일치한다면, 지니계수는 1이다.
③ 완전히 평등한 소득분배 상태를 나타내는 45도 대각선과 로렌츠곡선 사이의 면적이 클수록, 지니계수는 커진다.
④ 지니계수는 완전히 평등한 소득분배 상태를 나타내는 45도 대각선의 길이를 로렌츠곡선의 길이로 나눈 값이다.
⑤ 지니계수는 빈곤층을 구분하기 위한 기준이 되는 소득수준을 의미한다.

해설
①, ④ |×| 지니계수는 45° 대각선과 로렌츠곡선 사이의 면적을 45° 대각선 하방의 삼각형 면적으로 나눈 값인데, 로렌츠곡선의 형태가 다르더라도 45° 대각선과 로렌츠곡선 사이의 면적은 같을 수 있다. 따라서 지니계수가 같다고 하더라도 계층별 소득분배 상태가 반드시 같은 것은 아니다.
② |×|, ③ |○| 45° 대각선과 로렌츠곡선 사이의 면적이 클수록 지니계수는 커지고, 지니계수가 클수록 소득분배는 불평등하다. 반면, 45° 대각선과 로렌츠곡선이 일치한다면 지니계수는 0이 되고, 소득분배는 완전히 평등하다.
⑤ |×| 빈곤층을 구분하기 위한 기준이 되는 소득수준은 빈곤선(poverty line)이다.

정답 01. ② 02. ② 03. ⑤ 04. ③

05

[2018 | 공인노무사] 상 중 하

소득분배를 측정하는 방식에 관한 설명으로 옳지 않은 것은?
① 지니계수 값이 커질수록 더 불균등한 소득분배를 나타낸다.
② 십분위분배율 값이 커질수록 더 균등한 소득분배를 나타낸다.
③ 모든 구성원의 소득이 동일하다면 로렌츠곡선은 대각선이다.
④ 동일한 지니계수 값을 갖는 두 로렌츠곡선은 교차할 수 없다.
⑤ 전체 구성원의 소득 기준 하위 10% 계층이 전체 소득의 10%를 벌면 로렌츠곡선은 대각선이다.

해설
① |O| 지니계수는 0과 1 사이의 값을 가지며, 그 값이 클수록 소득분배가 불균등하다.
② |O| 십분위분배율은 0과 2 사이의 값을 가지며, 그 값이 클수록 소득분배가 균등하다.
③ |O| 모든 구성원의 소득이 동일하다면 인구누적점유율과 소득누적점유율이 정비례하므로 로렌츠곡선은 대각선이 된다.
④ |×| 지니계수는 대각선과 로렌츠곡선 사이의 면적을 대각선 하방의 삼각형 면적으로 나눈 값인데, 로렌츠곡선의 형태가 다르더라도 대각선과 로렌츠곡선 사이의 면적은 같을 수 있다. 따라서 동일한 지니계수 값을 갖는 두 로렌츠곡선이 교차할 수 있다.
⑤ |O| 하위 10% 소득계층의 소득점유율이 전체 소득에서 10%를 차지하면 인구누적점유율에 따른 소득누적점유율을 나타내는 로렌츠곡선은 대각선이 된다.

06

[2009 | 서울시 7급] 상 중 하

다음 중 소득분배에 대한 설명으로 적절하지 못한 것은?
① 로렌츠곡선을 이용하여 소득의 불균등도를 측정할 수 있다.
② 10분위분배율을 보고 고소득층과 저소득층의 소득격차를 파악할 수 있다.
③ 주간근무자가 야간근무자에 비해 임금을 적게 받는 것은 보상적 임금격차로 설명될 수 있다.
④ 지니계수가 0이라는 것은 모든 구성원의 소득이 동일함을 의미한다.
⑤ 어떤 기업에서 일하는 여성근로자와 남성근로자의 평균임금이 다르다면 차별이 있다고 말할 수 있다.

해설
십분위분배율은 최하위 40% 계층의 소득점유율을 최상위 20% 계층의 소득점유율로 나눈 값으로, 이를 통해 소득분배 상태의 불평등 정도를 파악할 수 있으나, 고소득층과 저소득층 간의 소득격차가 얼마나 되는지는 알 수 없다.

07 2012 | 세무사

한 나라의 소득분포가 제1오분위 8%, 제2오분위 10%, 제3오분위 20%, 제4오분위 26%, 제5오분위 36%로 주어졌을 때 십분위분배율은?

① 0.25 ② 0.30 ③ 0.50
④ 1.00 ⑤ 2.00

해설) 제1오분위와 제2오분위의 소득을 합한 최하위 40% 소득계층의 소득점유율이 18%이고, 제5오분위의 소득, 즉 최상위 20% 소득계층의 소득점유율이 36%이므로 십분위분배율은 0.5로 계산된다.

• 십분위분배율 = $\dfrac{\text{최하위 40\% 계층의 소득점유율}}{\text{최상위 20\% 계층의 소득점유율}} = \dfrac{18\%}{36\%} = 0.5$

08 2009 | 감정평가사

국민의 50%는 소득 100을 균등하게 가지고 있고, 나머지 50%는 소득이 없다면, 지니계수는?

① 0 ② 0.25 ③ 0.33
④ 0.5 ⑤ 1

해설) 국민의 50%가 소득 100을 균등하게 가지고 있고, 나머지 50%는 소득이 없다면 로렌츠곡선은 다음과 같이 그려진다. 아래 그림에서 지니계수 = $\dfrac{A}{A+B}$로 정의되고, ΔA와 ΔB의 면적이 같으므로 지니계수는 0.5이다.

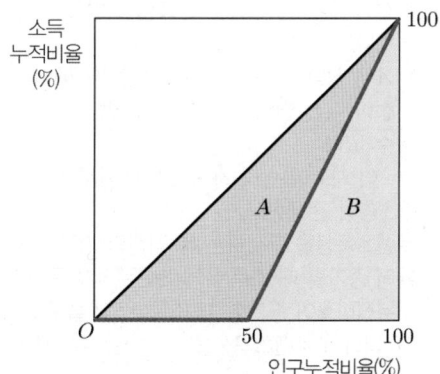

09 다음 로렌츠곡선에 관한 설명으로 옳지 않은 것은? (단, 전체 인구는 불변이라고 가정)

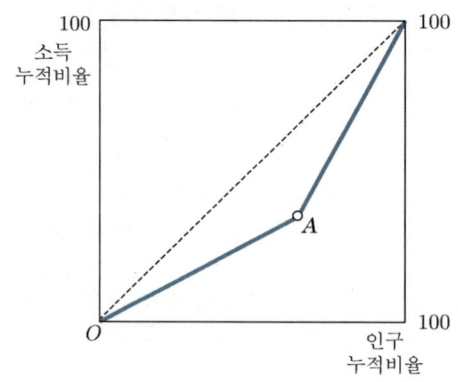

① 로렌츠곡선상의 A점이 원점을 지나는 대각선에서 멀어질수록 지니계수가 커진다.
② 이 사회에는 두 개의 소득계층이 존재한다.
③ 로렌츠곡선을 구성하는 두 개 직선의 기울기 차이가 커질수록 계층 간 소득격차가 작아진다.
④ 각 소득계층 내에서 개인의 소득수준은 모두 같다.
⑤ 저소득계층의 소득점유비중과 인구비중이 동시에 증가할 경우 지니계수는 커질 수 있다.

① |○| 로렌츠곡선이 원점을 지나는 대각선에서 멀어질수록 소득분배는 불평등하고, 소득분배가 불평등할수록 지니계수는 커진다.
②, ④ |○| A점을 기준으로 로렌츠곡선을 나누어 살펴보도록 하자.
- A점 하방 : 인구누적비율이 증가함에 따라 소득누적비율이 비례적으로 증가(로렌츠곡선이 직선 형태)하므로 A점 하방에 속한 사람들의 소득수준이 모두 동일함을 알 수 있다.
- A점 상방 : 인구누적비율이 증가함에 따라 소득누적비율이 비례적으로 증가(로렌츠곡선이 직선 형태)하므로 A점 상방에 속한 사람들의 소득수준 역시 모두 동일함을 알 수 있다.
⇒ 이 사회에는 각 소득계층 내에서 사람들의 소득수준이 모두 동일한 두 개의 소득계층이 존재한다.
③ |×| 로렌츠곡선을 구성하는 두 직선의 기울기 차이가 커진다는 것은 저소득층의 인구누적비율이 증가할 때 소득누적비율은 적게 증가하고(직선의 기울기가 완만함), 고소득층의 인구누적비율이 증가할 때 소득누적비율은 크게 증가함(직선의 기울기가 가파름)을 의미한다. 따라서 로렌츠곡선을 구성하는 두 직선의 기울기 차이가 커질수록 계층 간 소득격차는 커진다.
⑤ |○| 저소득층의 소득누적비율과 인구누적비율이 동시에 증가할 때 인구누적비율 증가분이 소득누적비율 증가분보다 크다면 로렌츠곡선이 원점을 지나는 대각선에서 멀어져 지니계수가 커진다. 즉, 저소득층의 소득누적비율과 인구누적비율이 동시에 증가할 때 지니계수는 커질 수 있다.

10

인구 수 1,000만명인 국가 A에서 국민의 절반은 개인소득이 100달러이고, 나머지 절반은 개인소득이 200달러이다. 이 국가의 10분위분배율은?

① 0.24   ② 0.50   ③ 1.00
④ 2.00   ⑤ 4.00

해설

십분위분배율 = $\dfrac{\text{최하위 40\% 계층의 소득점유율}}{\text{최상위 20\% 계층의 소득점유율}}$ 이다. 국민 하위 절반의 개인소득이 100달러이고, 나머지 상위 절반의 개인소득이 200달러이므로 최하위 40% 소득계층의 소득점유율과 최상위 20% 소득계층의 소득점유율이 동일하다. 따라서 십분위분배율은 1이 된다.

11

A, B 두 사회는 구성원 수도 같고, 전체소득도 같다고 한다. 원점에서 수평축의 중간점까지는 A의 로렌츠곡선이 B의 로렌츠곡선 아래에 있고, 중간점에서 마지막까지는 A의 로렌츠곡선이 B의 로렌츠곡선 위에 있다. 이에 관한 설명으로 옳은 것은?

① A의 지니계수가 B의 지니계수보다 크다.
② B의 지니계수가 A의 지니계수보다 크다.
③ 두 로렌츠곡선의 교차점에서는 A와 B의 소득점유율이 상이하다.
④ A의 로렌츠곡선상 한 점의 좌표가 $(20, 10)$이라면, 하위소득자 10%가 전체소득에서 20%를 점유하는 것을 나타낸다.
⑤ 상대적으로 A는 B보다 중간점 이하의 소득계층에서 소득편차가 크다.

해설

제시된 지문은 아래 그림처럼 A, B 두 사회의 로렌츠곡선이 수평축의 중간점인 E점에서 서로 교차하는 경우를 나타내고 있다.

①, ② |×| 두 로렌츠곡선이 교차하면 두 사회의 소득분배의 불평등 정도를 비교하는 것이 불가능하다.
③ |×| 두 로렌츠곡선의 교차점(E점)에서는 사회 A와 사회 B의 소득점유율이 동일하다.
④ |×| 로렌츠곡선상 한 점의 좌표가 $(20, 10)$이라는 것은 최하위 20% 소득계층의 소득점유율이 전체소득에서 10%를 차지함을 의미한다.
⑤ |○| 중간점인 E점 이하의 소득계층에서 사회 B의 로렌츠곡선이 사회 A의 로렌츠곡선보다 대각선에 가까우므로 상대적으로 사회 A가 사회 B보다 중간점 이하의 소득계층에서 소득편차가 크다.

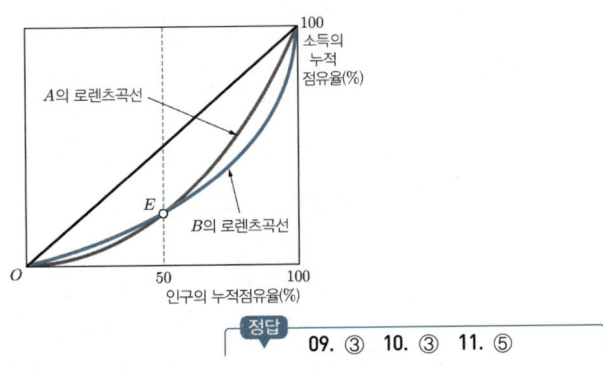

12 | 2015 | 국가직 9급 | 상 중 하

소득분배의 측정과 관련된 설명으로 옳은 것은?

① 지니계수의 값이 클수록 소득은 균등하다.
② 소득수준이 균등할수록 로렌츠곡선은 45도 대각선에 근접한다.
③ 십분위분배율은 10% 단위로 가구의 누적비율과 소득의 누적점유율 사이의 관계를 나타낸다.
④ 쿠즈네츠 U자 가설에 따르면 경제발전 초기단계에는 소득분배가 균등해지나, 성숙단계로 들어서면 불균등이 심해진다.

해설

① |×| 지니계수는 0과 1 사이의 값을 가지며, 그 값이 클수록 소득분배가 불균등하다.
② |○| 로렌츠곡선이 45° 대각선에 가까워질수록 소득분배가 균등하다.
③ |×| 십분위분배율 = $\dfrac{\text{최하위 40\% 계층의 소득점유율}}{\text{최상위 20\% 계층의 소득점유율}}$ 로, 0과 2 사이의 값을 가지며, 그 값이 클수록 소득분배가 균등하다.
④ |×| 쿠즈네츠의 U자 가설에 따르면, 경제발전 초기단계에는 소득분배가 불균등해지나, 성숙단계(경제발전 후기단계)로 들어서면 소득분배의 균등도가 다시 높아져 소득분배의 균등도와 경제발전단계 간의 관계가 U자 형태를 띠게 된다.

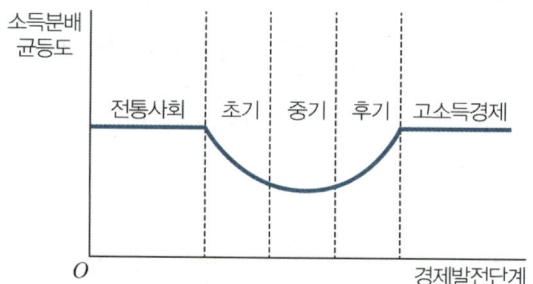

13 [2014 | 감정평가사] 상 중 하

A, B 두 나라에 각각 다섯 사람씩 살고 있다고 한다. A국과 B국에 사는 사람들의 소득은 각각 (1, 1, 2, 2, 4), (1, 2, 2, 2, 3)이라고 한다. 다음 설명 중 옳은 것은?

① 지니계수상으로 A국이 더 평등하며, 십분위분배율로 보면 B국이 더 평등하다.
② 지니계수상으로 B국이 더 평등하며, 십분위분배율로 보면 A국이 더 평등하다.
③ 지니계수상으로 B국이 더 평등하며, 십분위분배율은 현재의 정보로는 계산할 수 없다.
④ 지니계수상으로나 십분위분배율로나 A국이 더 평등하다.
⑤ 지니계수상으로나 십분위분배율로나 B국이 더 평등하다.

해설

ⅰ) 십분위분배율 = $\dfrac{\text{최하위 40\% 계층의 소득점유율}}{\text{최상위 20\% 계층의 소득점유율}}$ 이다. 십분위분배율은 0과 2 사이의 값을 가지며, 그 값이 클수록 소득분배가 평등하다.

- A국의 십분위분배율 = $\dfrac{1+1}{4} = \dfrac{1}{2}$
- B국의 십분위분배율 = $\dfrac{1+2}{3} = 1$

⇒ B국이 A국보다 십분위분배율이 크므로 B국의 소득분배가 더 평등하다.

ⅱ) 지니계수를 구하기 위해 두 나라의 로렌츠곡선을 그려보면 다음과 같다. 아래 그림에서 B국의 로렌츠곡선이 A국의 로렌츠곡선보다 대각선에 더 가까우므로 지니계수상으로도 B국의 소득분배가 더 평등하다.

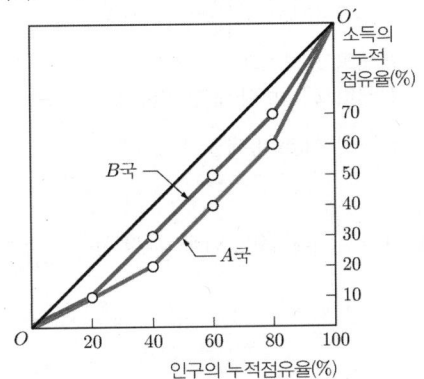

정답 12. ② 13. ⑤

14

| 2015 | 감정평가사 |

A국, B국, C국의 소득분위별 소득점유비중이 다음과 같다. 소득분배에 관한 설명으로 옳은 것은? (단, 1분위는 최하위 20%, 5분위는 최상위 20%의 가구를 의미한다.)

(단위 : %)

	A국	B국	C국
1분위	0	20	6
2분위	0	20	10
3분위	0	20	16
4분위	0	20	20
5분위	100	20	48

① A국은 B국보다 소득분배가 상대적으로 평등하다.
② B국은 C국보다 소득분대가 상대적으로 불평등하다.
③ C국의 십분위분배율은 1/8이다.
④ A국의 지니계수는 0이다.
⑤ B국의 지니계수는 A국의 지니계수보다 작다.

해설

십분위분배율 = $\dfrac{\text{최하위 40\% 계층의 소득점유율}}{\text{최상위 20\% 계층의 소득점유율}}$ 이다. 십분위분배율은 0과 2 사이의 값을 가지며, 그 값이 클수록 소득분배가 평등하다.

- A국의 십분위분배율 = $\dfrac{0}{100} = 0$
- B국의 십분위분배율 = $\dfrac{40}{20} = 2$
- C국의 십분위분배율 = $\dfrac{16}{48} = \dfrac{1}{3} = 0.33$

① |×| B국이 A국보다 십분위분배율이 크므로 B국의 소득분배가 상대적으로 평등하다.
② |×| B국이 C국보다 십분위분배율이 크므로 B국의 소득분배가 상대적으로 평등하다.
③ |×| C국의 십분위분배율은 $\dfrac{1}{3}$ 이다.
④ |×| A국의 지니계수는 아래 그림에서 $\dfrac{\alpha}{\alpha+\beta} = \dfrac{\frac{1}{2} \times 80 \times 100}{\frac{1}{2} \times 100 \times 100} = \dfrac{80}{100} = 0.8$ 로 계산된다.

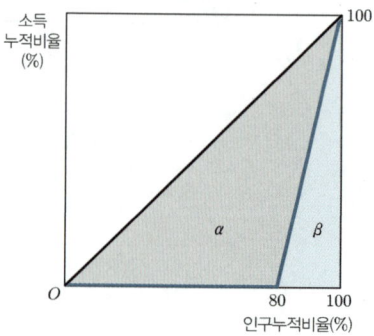

⑤ |O| 지니계수는 0과 1 사이의 값을 가지며, 소득분배가 평등할수록 그 값이 작다. B국은 소득분배가 완전히 평등하므로 B국의 지니계수가 A국의 지니계수보다 작다.

15 2018 | 세무사 | 상 중 하

갑과 을 두 사람이 존재하는 경제에서 이들의 후생이 소득수준과 동일할 경우, 갑의 소득은 400, 을의 소득은 100이다. 앳킨슨지수(Atkinson index)로 소득분배를 평가한 설명으로 옳은 것은?

① 롤즈의 사회후생함수인 경우 앳킨슨지수는 0이다.
② 롤즈의 사회후생함수인 경우 앳킨슨지수는 0.4이다.
③ 롤즈의 사회후생함수인 경우 앳킨슨지수는 1이다.
④ 공리주의 사회후생함수인 경우 앳킨슨지수는 1이다.
⑤ 공리주의 사회후생함수인 경우 앳킨슨지수는 0이다.

해설

ⅰ) 두 사람의 소득이 각각 $Y_갑=400$, $Y_을=100$이므로 사회전체의 평균소득은 $\overline{Y}=250$이다.
- 사회전체의 평균소득 : $\overline{Y}=\dfrac{400+100}{2}=250$

ⅱ) 균등분배대등소득(Y_e)은 현재와 동일한 사회후생을 얻을 수 있는 완전히 균등한 소득분배 상태에서의 평균소득이다. 사회후생함수에 따라 사회후생에 대한 평가가 달라지기 때문에 균등분배대등소득 역시 사회후생함수에 따라 달라진다.
- 롤즈의 사회후생함수 : $W=\min[Y_갑, Y_을]=\min[400, 100]=100$
  ⇒ 두 사람의 소득이 모두 100일 때 현재와 동일한 사회후생($W=100$)을 얻을 수 있으므로 균등분배대등소득은 $Y_e=100$이다.
- 공리주의 사회후생함수 : $W=Y_갑+Y_을=400+100=500$
  ⇒ 두 사람의 소득이 모두 250일 때 현재와 동일한 사회후생($W=500$)을 얻을 수 있으므로 균등분배대등소득은 $Y_e=250$이다.

ⅲ) 따라서 앳킨슨지수는 롤스의 사회후생함수일 경우 0.6, 공리주의 사회후생함수일 경우 0으로 계산된다.
- 롤즈의 사회후생함수 : $A=1-\dfrac{Y_e}{\overline{Y}}=1-\dfrac{100}{250}=0.6$
- 공리주의 사회후생함수 : $A=1-\dfrac{Y_e}{\overline{Y}}=1-\dfrac{250}{250}=0$

정답 14. ⑤ 15. ⑤

MEMO

일반균형이론과 후생경제학

- 19 일반균형이론
- 20 후생경제학

CHAPTER 19 일반균형이론

76 일반균형이론과 파레토 효율성

일반균형분석과 일반균형이론

1. **일반균형(general equilibrium)**

구 분	내 용
일반균형분석과 부분균형분석	• 일반균형분석 : 개별시장을 따로 분석하지 않고 다른 부문과의 상호의존관계를 고려하여 모든 시장과 연관시켜 분석하는 방법 • 부분균형분석 : 다른 조건이 모두 일정하다는 가정하에서 특정 부문만을 따로 떼어내어 분석하는 방법
일반균형	• 경제 내의 모든 생산물시장과 생산요소시장이 동시에 균형을 이루고 있는 상태
일반균형 상태	• 모든 소비자가 예산제약하에서 효용이 극대화되도록 재화수요량과 생산요소공급량을 결정함 • 모든 기업이 이윤이 극대화되도록 재화공급량과 생산요소수요량을 결정함 • 주어진 가격체계하에서 모든 생산물시장과 생산요소시장이 균형을 이루고 있음

2. **왈라스의 법칙(Walras's law)**

구 분	내 용
개 념	• 어떤 가격체계하에서도 경제전체의 초과수요의 가치는 항상 0임 • 개별시장에서는 수요와 공급이 일치한다는 보장이 없으나, 경제 전체적으로 보면 총수요의 가치와 총공급의 가치는 항상 일치함
설 명	• n개의 시장이 존재할 때 $(n-1)$개의 시장이 균형 상태에 있다면 나머지 1개의 시장은 자동으로 균형 상태에 놓임 • 특정 시장이 초과수요이면 나머지 시장에 반드시 초과공급인 시장이 존재함

파레토 개선과 파레토 효율성

파레토 개선	• 하나의 자원배분 상태에서 다른 자원배분 상태로 변화할 때 구성원 중 어느 누구의 후생도 감소하지 않으면서 최소한 1명 이상의 후생이 증가하는 경우 • 파레토 개선 시 어느 누구도 손해 보지 않음
파레토 효율성 (파레토 최적)	더 이상의 파레토 개선이 불가능한 자원배분 상태 • 소비(교환)의 파레토 효율성 → 한 개인의 효용 감소 없이는 다른 개인의 효용을 증가시킬 수 없는 상태 • 생산의 파레토 효율성 → 한 재화의 생산 감소 없이는 다른 재화의 생산을 증가시킬 수 없는 상태 • 종합적 파레토 효율성 → 생산점을 바꾸더라도 더 이상 소비자의 효용을 증가시킬 수 없는 상태

 파레토 효율성 조건

소비의 효율성 (교환의 효율성)	• 균형식 : $MRS_{XY}^A = MRS_{XY}^B = \dfrac{P_X}{P_Y}$ (두 재화의 상대가격비) • 소비계약곡선 → 교환에 있어서의 파레토 최적점들의 궤적(재화공간) → 두 소비자의 무차별곡선이 접하는 점들을 연결한 선 • 파레토 최적점은 한 점이 아니라 무수히 많이 존재함 • 공평성도 만족하는 것은 아님 • 효용가능곡선 → 소비계약곡선을 효용공간으로 옮긴 곡선 → 효용가능곡선상의 모든 점에서는 교환이 파레토 효율적으로 이루어짐 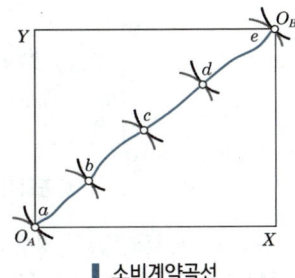 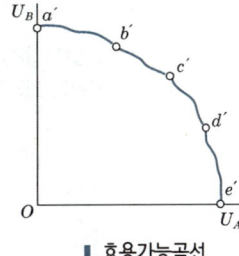 ┃ 소비계약곡선　　　　　　　┃ 효용가능곡선

생산의 효율성	• 균형식 : $MRTS_{LK}^X = MRTS_{LK}^Y = \dfrac{w}{r}$ (두 요소의 상대가격비)
	• 생산계약곡선
	  → 생산에 있어서의 파레토 최적점들의 궤적
	  → 두 등량곡선이 접하는 점들을 연결한 선
	• 파레토 최적점은 한 점이 아니라 무수히 많이 존재함
	• 공평성도 만족하는 것은 아님
	• 생산가능곡선
	  → 생산계약곡선을 재화공간으로 옮긴 곡선
	  → 생산가능곡선상의 모든 점에서는 생산이 파레토 효율적으로 이루어짐
	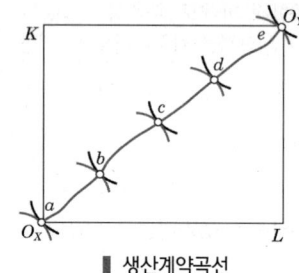 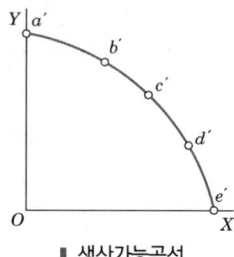
	▌생산계약곡선　　　　　　　　▌생산가능곡선

종합적 효율성 (재화의 최적구성)	• 균형식 : $MRS_{XY} = MRT_{XY} = \dfrac{P_X}{P_Y}$ (두 재화의 상대가격비) • 소비와 생산이 모두 파레토 효율적으로 이루어짐 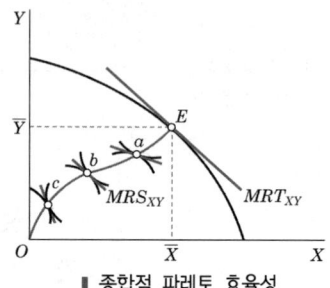 ▌종합적 파레토 효율성 📄 $MRS_{XY} > MRT_{XY}$인 경우 $$\dfrac{MU_X}{MU_Y} > \dfrac{MC_X}{MC_Y} \Rightarrow \dfrac{MU_X}{MC_X} > \dfrac{MU_Y}{MC_Y}$$: X재 생산량을 증가시키고, Y재 생산량을 감소시키면 파레토 개선이 이루어짐
파레토 효율성의 한계	• 파레토 효율성을 만족하는 점이 다수 존재함 • 소득분배의 공평성에 대한 기준을 제시하지 못함

| 2016 | 국회직 8급 | 상 중 하 |

A, B, C 3인으로 구성된 경제 상황에서 가능한 자원배분 상태와 각 상태에서의 3인의 효용이 〈보기〉와 같다. 다음 중 각 자원배분 상태를 비교했을 때 파레토 효율적이지 않은 자원배분 상태를 모두 고르면?

―| 보기 |―

자원배분 상태	A의 효용	B의 효용	C의 효용
가	3	10	7
나	6	12	6
다	13	10	3
라	5	12	8

① 가
② 나, 다
③ 가, 다, 라
④ 나, 다, 라
⑤ 가, 나, 다, 라

해설

파레토 개선은 하나의 자원배분 상태에서 다른 자원배분 상태로 변화할 때 구성원 중 어느 누구의 후생도 감소하지 않으면서 최소한 1명 이상의 후생이 증가하는 경우를 말하며, 파레토 효율적인 자원배분 상태란 더 이상의 파레토 개선이 불가능한 자원배분 상태를 말한다.

ⅰ) '가'에서 '라'로 자원배분 상태가 변화하면 A, B, C 세 사람 모두의 효용이 증가하는 파레토 개선이 이루어진다. 즉, '가'의 자원배분 상태는 비효율적이다.

ⅱ) 나머지 자원배분 상태의 경우 다른 자원배분 상태로 변화하면 반드시 한 사람 이상의 효용이 감소한다. 더 이상의 파레토 개선이 불가능하므로 '나, 다, 라'의 자원배분 상태는 파레토 효율적이다.

정답
01. ①

| 2007 | 국회직 8급 | 상 중 하

02 다른 조건이 동일할 때 A에게는 X재 1단위가 추가(감소)된 경우와 Y재 2단위가 추가(감소)될 때 동일한 효용의 증가(감소)가 나타나고, B에게는 Y재 1단위가 추가(감소)된 경우와 X재 3단위가 추가(감소)된 경우에 동일한 효용의 증가(감소)가 나타난다. 다음 중 옳은 설명은?

① 현 상태는 파레토 최적 상태이다.
② 현 상태에서 A, B의 X재, Y재에 대한 한계대체율은 같다.
③ A의 경우에 Y재의 한계효용은 X재의 한계효용보다 크다.
④ A와 B의 X재와 Y재로부터 각각 발생하는 한계효용의 비율은 같다.
⑤ A가 Y재 1단위를 B에게 양도하고 X재 1단위를 받으면 현 상태가 개선될 수 있다.

Tip. 한계대체율(MRS_{XY})이 클수록 상대적으로 X재를 더 선호한다. 따라서 $MRS_{XY}^A > MRS_{XY}^B$일 경우 A가 B에게 Y재를 주고, B로부터 X재를 받으면 파레토 개선이 가능하다.

①, ② |×| A와 B의 한계대체율을 구해보면 다음과 같다.

- $MRS_{XY}^A = -\dfrac{\Delta Y}{\Delta X} = \dfrac{2}{1} = 2$
- $MRS_{XY}^B = -\dfrac{\Delta Y}{\Delta X} = \dfrac{1}{3}$

$MRS_{XY}^A = 2 > MRS_{XY}^B = \dfrac{1}{3}$ 이므로 현 상태는 파레토 최적 상태가 아니다.

③, ④ |×| 한계대체율은 한계효용의 비율로 나타낼 수 있다.

- $MRS_{XY}^A = \left(\dfrac{MU_X^A}{MU_Y^A}\right) = 2 > MRS_{XY}^B = \left(\dfrac{MU_X^B}{MU_Y^B}\right) = \dfrac{1}{3}$

A와 B의 한계효용의 비율은 다르며, A의 경우 Y재의 한계효용이 X재의 한계효용보다 작다.

⑤ |○| A의 한계대체율이 B의 한계대체율보다 크므로 상대적으로 A는 X재를 선호하고, B는 Y재를 선호함을 알 수 있다. 따라서 두 사람 사이에 교환이 이루어진다면 두 사람 모두 효용이 증가할 수 있다. 즉, A가 Y재 1단위를 B에게 주는 대신 X재 1단위를 받으면 두 사람 모두의 효용이 증가하는 파레토 개선이 이루어진다.

ReCheck 한계대체율(MRS_{XY})

- X재 1단위를 추가로 소비하기 위해 포기해야 하는 Y재의 수량
- 무차별곡선의 (접선의) 기울기
- $MRS_{XY} = -\dfrac{\Delta Y}{\Delta X} = \dfrac{MU_X}{MU_Y}$ … Y재로 표시한 X재의 한계대체율

03 [2012 | 감정평가사] 상 중 하

두 재화 X재와 Y재를 갑은 각각 50단위씩, 을은 각각 30단위씩 갖고 있다. 이 상태에서 X재에 대한 Y재의 한계대체율이 갑은 3이고 을은 2이다. 갑과 을 사이에 자유로운 거래가 이루어진다면 X재에 대한 Y재의 교환비율은? (단 갑과 을은 효용을 극대화한다.)

① 0이다.
② 1 이상 2 미만이다.
③ 2 이상 3 이하이다.
④ 3보다 크고 4 이하이다.
⑤ 4보다 크다.

Tip. 두 사람의 한계대체율(MRS_{XY}) 사이에서 교환비율이 결정되면 두 사람 모두 이익을 얻게 된다.
한계대체율$\left(MRS_{XY} = -\dfrac{\Delta Y}{\Delta X}\right)$은 X재 1단위를 추가로 소비하기 위해 포기해야 하는 Y재의 수량으로 두 재화 간 주관적 교환비율을 나타낸다.

ⅰ) 갑의 한계대체율은 3, 을의 한계대체율은 2로 갑의 한계대체율이 을의 한계대체율보다 크다. 따라서 상대적으로 갑은 X재를 더 선호하고, 을은 Y재를 더 선호한다.
ⅱ) 현 상태는 파레토 최적 상태가 아니므로 두 사람 간 교환이 이루어지면 두 사람 모두 효용이 증가하고, 교환비율은 두 사람의 한계대체율 사이인 2 이상 3 이하에서 결정된다.

04 [2014 | 지방직 7급] 상 중 하

두 명의 소비자로 구성된 순수교환경제에서, 두 소비자가 계약곡선(contract curve) 상의 한 점에서 교환을 통해 계약곡선상의 다른 점으로 옮겨갈 경우 두 사람의 후생에 발생하는 변화는?

① 두 사람 모두 이득이다.
② 두 사람 모두 손해이다.
③ 한 사람은 이득이고 다른 사람은 손해이다.
④ 어느 누구의 후생도 변화가 없다.

(소비)계약곡선은 교환의 파레토 효율성을 충족하는 점들의 궤적이므로 최초의 배분점이 계약곡선상에 위치하고 있다면 더 이상의 파레토 개선이 불가능하다. 그러므로 계약곡선상의 한 점에서 교환을 통해 계약곡선상의 다른 점으로 옮겨가면 상대적으로 원점에서 멀어진 사람의 효용은 증가하나, 상대적으로 원점에 가까워진 사람의 효용은 감소한다.

정답 02. ⑤ 03. ③ 04. ③

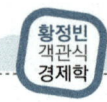

05 | 2008 | 공인회계사 | 상 중 하 |

〈그림 1〉은 X재와 Y재 생산과 관련한 에지워스상자이고, 〈그림 2〉는 생산가능곡선과 생산가능집합을 나타낸 것이다. 다음 설명 중 옳지 않은 것을 모두 고른 것은? (단, X재와 Y재는 모두 노동(L)과 자본(K)을 생산요소로 사용한다.)

〈그림 1〉 　　　　　〈그림 2〉

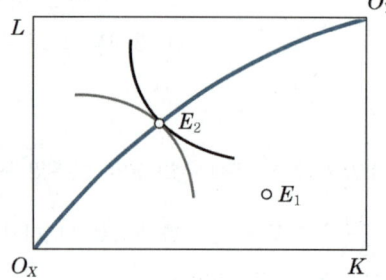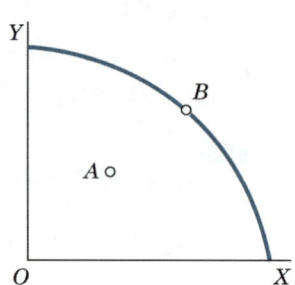

> 가. 점 E_2에서 X재와 Y재의 등량곡선의 기울기는 X재와 Y재의 가격비율과 같다.
> 나. 점 E_1은 점 A와 같이 생산가능곡선 아래의 점에 대응된다.
> 다. 점 B에서는 두 재화의 기술적 한계대체율($MRTS$)이 동일하다.
> 라. 〈그림 1〉에서 E_2와 같이 두 등량곡선이 접하는 점들을 이어놓은 선을 계약곡선 (contract curve)이라 한다.
> 마. 〈그림 1〉의 두 원점 O_X와 O_Y는 생산가능곡선상에 있지 않다.

① 가, 나　　　　② 가, 마
③ 나, 다　　　　④ 다, 라
⑤ 라, 마

해설

가. |×| 계약곡선상의 점 E_2에서는 생산의 파레토 효율성이 충족되지만 등량곡선의 기울기인 각 재화 생산요소의 한계기술대체율은 요소공간에서, 각 재화의 가격비는 재화공간에서 정의되는 개념이므로 둘 간의 비교는 불가능하다.

나. |○| 계약곡선상에 위치하고 있지 않은 점 E_1은 생산이 비효율적으로 이루어지는 점이다. 따라서 〈그림 2〉의 점 A와 같이 생산가능곡선 내부의 점에 대응된다.

다. |○| 생산가능곡선상의 점 B에서는 생산이 효율적으로 이루어지고 각 재화 생산요소의 한계기술대체율($MRTS_{XY}$)이 동일하다.

라. |○| 〈그림 1〉의 점 E_2와 같이 생산의 파레토 효율성을 충족하는 두 등량곡선이 접하는 점들을 이어놓은 곡선을 (생산)계약곡선이라고 한다.

마. |×| 〈그림 1〉의 원점 O_X는 〈그림 2〉의 생산가능곡선 Y축 절편의 점에, 〈그림 1〉의 원점 O_Y는 〈그림 2〉의 생산가능곡선 X축 절편의 점에 각각 대응되는 생산의 파레토 효율성을 충족하는 점들이다.

06

[2012 | 공인회계사]

아래 왼쪽 그림은 X재와 Y재의 생산에 대한 에지워스상자를 나타내고 있다. 그리고 오른쪽 그림은 에지워스상자 내의 $A \sim E$점을 재화평면상의 $F \sim J$점으로 $1:1$ 대응시킨 것이다. 다음 중 바르게 옮긴 것은?

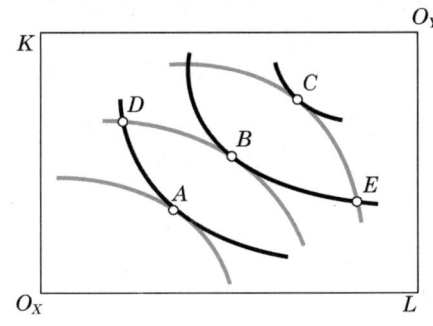
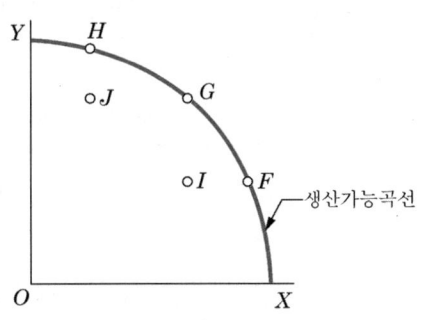

① $A \to F$
② $B \to G$
③ $C \to H$
④ $D \to I$
⑤ $E \to J$

해설

에지워스상자 내의 한 점은 생산가능곡선상이나 생산가능곡선 내부의 어느 한 점에 대응된다.
① $A \to H$, ② $B \to G$, ③ $C \to F$, ④ $D \to J$, ⑤ $E \to I$점에 각각 대응된다.
ⅰ) D점의 경우 X재 생산량은 A점(H점)과 같고, Y재 생산량은 B점(G점)과 같으므로 J점에 대응된다.
ⅱ) E점의 경우 X재 생산량은 B점(G점)과 같고, Y재 생산량은 C점(F점)과 같으므로 I점에 대응된다.

07

[2008 | 국회직 8급]

경제전체의 파레토 효율성을 만족시키는 상황에 관한 설명으로 옳지 않은 것은?
① 각 재화 생산요소들의 한계기술대체율과 각 재화의 가격비가 일치한다.
② 각 재화의 한계변환율과 한계대체율이 일치한다.
③ 소비자들의 각 재화의 한계대체율이 일치한다.
④ 각 재화 생산요소들의 한계기술대체율이 일치한다.
⑤ 각 재화의 가격비와 한계변환율이 일치한다.

해설
파레토 효율성 조건은 다음과 같다.

- 소비의 효율성 : $MRS_{XY}^A = MRS_{XY}^B = \dfrac{P_X}{P_Y}$ (두 재화의 상대가격비)

- 생산의 효율성 : $MRTS_{LK}^X = MRTS_{LK}^Y = \dfrac{w}{r}$ (두 요소의 상대가격비)

- 종합적 효율성 : $MRS_{XY} = MRT_{XY} = \dfrac{P_X}{P_Y}$ (두 재화의 상대가격비)

보기 ①에 제시된 각 재화 생산요소의 한계기술대체율은 요소공간에서, 각 재화의 가격비는 재화공간에서 정의되는 개념이므로 둘 간의 비교는 불가능하다.

08 |2014 | 감정평가사| 상 중 하

효율적인 자원배분에 관한 설명으로 옳지 않은 것은? (단, X, Y 두 재화 / A, B 2인 / L, K 2생산요소 경제를 가정한다.)

① 소비의 효율성 조건은 두 재화에 대한 A와 B의 한계대체율이 같을 때 만족한다.
② 생산의 효율성 조건은 두 생산요소에 대한 X와 Y의 한계기술대체율이 같을 때 만족한다.
③ 생산의 효율성 조건을 만족하는 점들을 이어서 연결한 선을 생산의 계약곡선이라 한다.
④ 생산의 효율성 조건을 만족하는 점들을 $X - Y$ 평면으로 옮겨 놓은 것을 생산가능곡선(production possibility curve)이라 한다.
⑤ 생산의 효율성 조건, 소비의 효율성 조건, 종합적 효율성 조건을 모두 만족하는 점들을 $X - Y$ 평면으로 옮겨 놓은 것을 효용가능곡선(utility possibility curve) 이라 한다.

해설
① |○| 소비의 효율성 조건은 다음과 같다.

- 소비의 효율성 : $MRS_{XY}^A = MRS_{XY}^B = \dfrac{P_X}{P_Y}$

② |○| 생산의 효율성 조건은 다음과 같다.

- 생산의 효율성 : $MRTS_{LK}^X = MRTS_{LK}^Y = \dfrac{w}{r}$

③, ④ |○| 생산의 효율성 조건을 충족하는 점들의 궤적이 생산계약곡선이며, 이를 재화공간($X - Y$ 평면)으로 옮긴 곡선이 생산가능곡선이다.
⑤ |×| 생산의 효율성 조건, 소비의 효율성 조건, 종합적 효율성 조건을 모두 충족하는 점들을 효용공간($U_A - U_B$ 평면)으로 옮긴 곡선은 효용가능경계(utility possibility frontier)이다. 효용가능곡선(utility possibility curve)은 소비의 효율성 조건을 충족하는 점들을 효용공간($U_A - U_B$ 평면)으로 옮긴 곡선을 말한다.

09 〔2014 | 공인노무사〕 상 중 하

파레토 효율성에 관한 설명으로 옳지 않은 것은?

① 어느 한 사람의 효용을 감소시키지 않고서는 다른 사람의 효용을 증가시킬 수 없는 상태는 파레토 효율적이다.
② 일정한 조건이 충족될 때 완전경쟁시장에서의 일반균형은 파레토 효율적이다.
③ 파레토 효율적인 자원배분이 평등한 소득분배를 보장해주는 것은 아니다.
④ 파레토 효율적인 자원배분하에서는 항상 사회후생이 극대화된다.
⑤ 파레토 효율적인 자원배분은 일반적으로 무수히 많이 존재한다.

해설
① |○| 어느 한 사람의 효용을 감소시키지 않고서는 다른 사람의 효용을 증가시킬 수 없는 상태는 파레토 효율적이다.
② |○| 후생경제학의 제1정리에 의하면, 모든 개인의 선호체계가 강단조성을 지니고 외부성·공공재 등의 시장실패 요인이 존재하지 않는다면 일반경쟁균형의 자원배분은 파레토 효율적이다.
③ |○| 파레토 효율적인 자원배분은 효율성만을 충족하므로 평등한 소득분배를 보장하지는 않는다.
④ |×| 사회후생의 극대화는 효율성과 공평성이 모두 충족되는 점, 즉 파레토 효율적인 자원배분을 나타내는 효용가능경계와 사회무차별곡선이 접하는 점에서 달성된다.
⑤ |○| 파레토 효율성을 충족하는 점들은 일반적으로 무수히 많이 존재한다.

10 〔2010 | 공인회계사〕 상 중 하

생산요소가 K와 L, 생산물이 X와 Y, 생산자이면서 동시에 소비자인 A와 B로 구성된 경제에서, 모든 해가 내부해(interior solution)인 일반균형 조건에 대한 다음 설명 중 옳지 않은 것은? (단, $MRTS$는 한계기술대체율, MRS는 한계대체율, MU는 한계효용, MC는 한계비용)

① 경제전체의 효율성은 생산과 교환의 효율성을 만족시키며, $MC_X MU_X = MC_Y MU_Y$가 성립된다.
② 효용가능곡선상의 모든 점에서 $(MU_X/MU_Y)^A = MRS^B_{XY}$를 만족한다.
③ 생산가능곡선상의 각 점은 생산요소 평면상 계약곡선의 어느 한 점에 1 : 1로 대응된다.
④ 생산가능곡선상의 모든 점에서 $MRTS^X_{KL} = MRTS^Y_{KL}$를 만족한다.
⑤ 독점이 발생하게 되면 파레토 효율성을 만족시키지 못하게 된다.

해설
경제전체의 효율성은 생산, 교환 및 종합적 효율성을 만족시킨다. 종합적 효율성 조건이 $MRS_{XY} = MRT_{XY}$이므로 $MC_X MU_Y = MC_Y MU_X$가 성립한다.

- 종합적 효율성 : $MRS_{XY} = MRT_{XY} \rightarrow \dfrac{MU_X}{MU_Y} = \dfrac{MC_X}{MC_Y} \therefore MC_X MU_Y = MC_Y MU_X$

정답 08. ⑤ 09. ④ 10. ①

11 | 2009 | 국회직 8급 | 상 중 하

다음은 2개의 상품(X, Y)을 2명의 소비자(A, B)에게 배분할 수 있는 모든 조합을 나타내는 에지워스상자(Edgeworth Box)이다. 점 I는 상품 X, Y가 소비자 A, B에 배분된 초기 배분점이고, 처음에 주어진 시장가격비율은 $\dfrac{P_{X_1}}{P_{Y_1}}$이다. 두 소비자가 자발적 교환을 통해 상호이득이 되는 배분 상태를 추구한다면, 다음 중 옳은 것은?

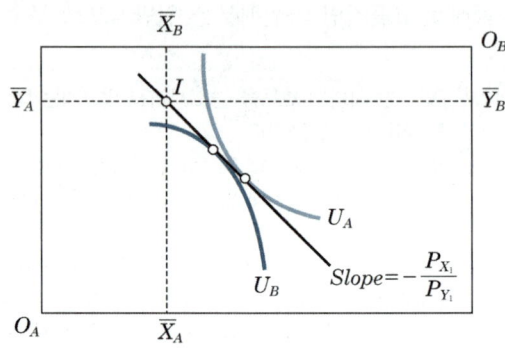

① 최초의 시장가격비율에서 소비자 B는 자신이 갖고 있는 X재보다 더 많은 X재를 소비하기를 원한다.
② 최초의 시장가격비율에서 X재는 과잉(Surplus) 현상이 나타나게 된다.
③ 결국 X재의 가격은 상승하고 Y재의 가격은 하락하게 된다.
④ 두 소비자 간에 교환이 이루어져도 효율적인 자원배분 상태에 도달하지 못한다.
⑤ 초기 배분점은 파레토 효율적이다.

해설

Tip. 두 소비자의 효용극대화 점이 일치하지 않는다면 시장에서 초과공급 상태에 놓인 재화의 가격은 하락하고, 초과수요 상태에 놓인 재화의 가격은 상승하는 가격조정이 균형이 이루어질 때까지 계속된다.

① |×| 초기 부존점이 I점이고 시장가격비율이 $\left(\dfrac{P_{X_1}}{P_{Y_1}}\right)$으로 주어져 있을 때 A는 a점, B는 b점에서 각 재화를 소비하고자 한다. A는 Y재를 Id만큼 포기하는 대신 X재를 da만큼 더 소비하기를 원하며, B는 X재를 Ic만큼 포기하는 대신 Y재를 cb만큼 더 소비하기를 원한다.

② |×|, ③ |○| 최초의 시장가격비율에서 수요량이 부존량보다 큰 X재는 초과수요($da > Ic$) 상태이고, 수요량이 부존량보다 적은 Y재는 초과공급($cb < Id$) 상태이다. 따라서 X재의 가격은 상승하고, Y재의 가격은 하락하는 가격조정이 이루어지게 된다.

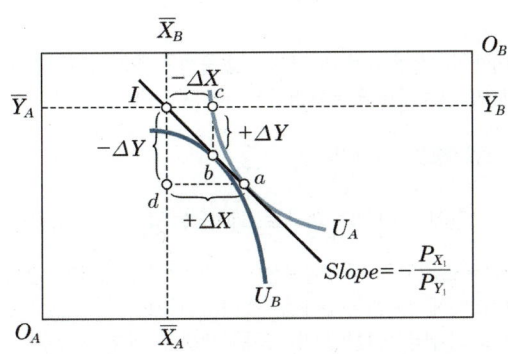

④ |×| A가 B에게 Y재를 주고 대신 X재를 받는 교환이 이루어지면 두 소비자 모두 효용이 증가하고, 균형은 결국 두 소비자의 무차별곡선이 접하는 E점에서 달성된다. 새로운 균형점인 E점에서는 A나 B가 다른 소비자의 효용 감소 없이는 자신의 효용을 증가시킬 수가 없다. 따라서 E점은 파레토 효율적인 자원배분 상태이다.

⑤ |×| 초기 부존점인 I점에서는 A나 B가 다른 소비자의 효용 감소 없이도 자신의 효용을 증가시킬 수가 있다. 따라서 I점은 파레토 효율적인 자원배분 상태가 아니다.

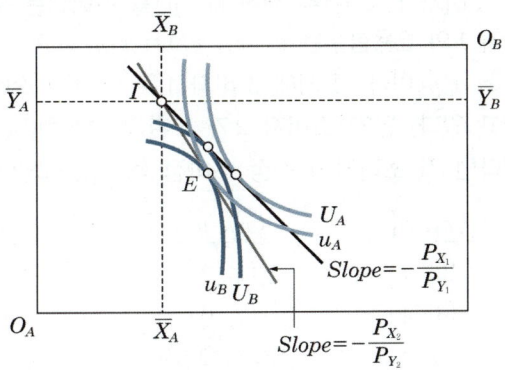

12 [2003 | 서울시 7급] 상 중 하

에지워스상자 내의 소비계약곡선에 대한 설명 중 틀린 것은?

① 두 소비자의 무차별곡선이 접하는 점의 궤적이다.
② 소비계약곡선상에서 두 소비자의 예산선의 기울기는 서로 다르다.
③ 소비계약곡선상에서 두 소비자의 한계대체율은 서로 같다.
④ 소비계약곡선상에서 모든 점들은 파레토 효율적이다.
⑤ 소비계약곡선상에서는 모든 재화에 대해 초과수요나 초과공급이 존재하지 않는다.

정답 11. ③ 12. ②

소비계약곡선은 소비의 파레토 효율성을 충족하는 점들의 궤적으로 소비계약곡선상에서는 두 소비자의 한계대체율(무차별곡선의 기울기)이 같고, 두 소비자의 예산선의 기울기 또한 같다.

ReCheck 소비계약곡선

- 교환에 있어서의 파레토 최적점들의 궤적(재화공간) : $MRS_{XY}^A = MRS_{XY}^B = \dfrac{P_X}{P_Y}$
- 두 소비자의 무차별곡선이 접하는 점들을 연결한 선
- 소비계약곡선상에서 두 소비자의 예산선의 기울기는 동일함
- 소비계약곡선상에서는 모든 재화에 대해 초과수요나 초과공급이 존재하지 않음

13 | 2011 | 공인회계사 | 상 중 하 |

두 소비자 1, 2가 두 재화 (x, y)를 소비하는 순수교환경제 모형을 고려하자. 소비자 1의 효용함수는 $u_1(x_1, y_1) = x_1 y_1$이고, 소비자 2의 효용함수는 $u_2(x_2, y_2) = x_2 + y_2$이다. 초기에 소비자 1은 $(4, 1)$, 소비자 2는 $(2, 3)$의 재화묶음을 가지고 있다. 만약 소비자 2가 교환의 협상력(bargaining power)을 모두 가지고 있다면 각 소비자의 최종 소비점 (x_1^*, y_1^*)와 (x_2^*, y_2^*)는?

	(x_1^*, y_1^*)	(x_2^*, y_2^*)		(x_1^*, y_1^*)	(x_2^*, y_2^*)
①	(2, 2)	(4, 2)	②	(2.5, 2.5)	(3.5, 1.5)
③	(4, 4)	(2, 0)	④	(4, 1)	(2, 3)
⑤	(2.5, 1.5)	(3.5, 2.5)			

Tip. 한 소비자가 교환의 협상력을 모두 가지고 있다면 교환 이후 다른 소비자의 효용은 불변이다.

ⅰ) 소비자 1의 효용함수 $U_1 = x_1 y_1$은 콥-더글라스 효용함수이므로 무차별곡선이 원점에 대해 볼록한 형태이고, 소비자 2의 효용함수 $U_2 = x_2 + y_2$는 선형 효용함수이므로 무차별곡선이 기울기가 -1인 우하향의 직선 형태이다. 초기에 소비자 1은 $(4, 1)$, 소비자 2는 $(2, 3)$의 재화묶음을 가지고 있으므로 초기 부존점은 아래 그림의 E점이다. E점에서의 각 소비자의 효용을 구해보면 다음과 같다.

- 소비자 1의 효용 : $U_1 = x_1 y_1 = 4 \times 1 = 4$
- 소비자 2의 효용 : $U_2 = x_2 + y_2 = 2 + 3 = 5$

ⅱ) 초기 부존점(E점)에서는 두 소비자의 무차별곡선이 접하지 않고 교차한다. 따라서 현 상태는 파레토 효율적이지 않다. 이 경우 파레토 개선이 이루어지는 영역은 두 소비자의 무차별곡선이 만들어내는 색칠된 영역이며, 계약곡선상(선분 FG선상)으로 이동하면 파레토 효율성이 달성된다. 이때 소비자 2가 교환의 협상력을 모두 가지고 있다면 소비자 2는 교환을 통해 자신의 효용이 극대화되는 점으로 이동하려고 할 것이다. 따라서 최종적으로 도달하는 균형(최종 소비점)은 F점이 된다.

iii) F점에서는 다음의 두 가지가 성립한다. 첫째, 소비자 2가 교환의 협상력을 모두 가지고 있으므로 소비자 1의 효용이 교환 이전과 동일하고, 둘째, 소비자 1과 소비자 2의 무차별곡선이 접하므로 두 소비자의 한계대체율이 일치한다. 이를 토대로 각각의 식을 써 보면 다음과 같다.

- 교환 이후 소비자 1의 효용 : $U_1^* = x_1^* y_1^* = 4$ ⋯ ①

- 소비(교환)의 파레토 효율성 : $MRS_{xy}^1 = MRS_{xy}^2 \rightarrow \dfrac{y_1^*}{x_1^*} = 1 \therefore x_1^* = y_1^*$ ⋯ ②

iv) 식 ①과 ②를 연립하면 $x_1^* = 2$, $y_1^* = 2$가 되고, 경제전체의 x재 부존량이 6단위, y재 부존량이 4단위이므로 $x_2^* = 4$, $y_2^* = 2$가 된다. 결국, 최종 소비점인 F점에서 소비자 1은 초기 부존점인 E점과 동일한 4의 효용을 얻지만, 교환의 협상력을 모두 가지고 있는 소비자 2는 초기 부존점인 E점보다 1만큼 증가한 6의 효용을 얻게 된다.

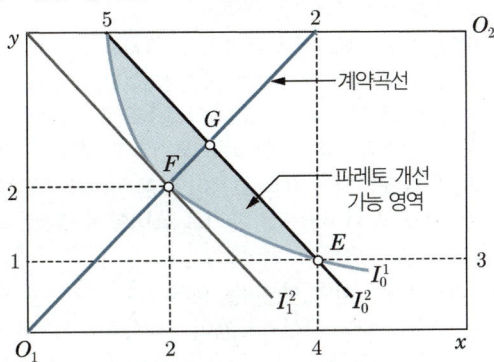

14 | 2012 공인회계사 |

X재는 가로축, Y재는 세로축으로 표시되는 에지워드상자(Edgeworth Box)모형에서 두 소비자 A, B의 효용함수가 각각 $U^A = X^A$, $U^B = X^B Y^B$로 주어져 있다(여기에서 X^A는 A의 X재 소비량, X^B와 Y^B는 각각 B의 X재 및 Y재 소비량이다). A와 B는 초기에 각각 10단위씩의 X재와 Y재를 가지고 있다. 다음 설명 중 옳은 것은?

① A와 B가 초기 부존자원을 소비하는 경우 파레토 효율적이다.
② A의 무차별곡선은 수평선이다.
③ A가 교환의 협상력(bargaining power)을 갖는 경우 A는 최대 20의 효용을 얻을 수 있다.
④ B가 교환의 협상력을 갖는 경우 B는 최대 200의 효용을 얻을 수 있다.
⑤ 파레토 효율적인 계약곡선은 에지워드상자의 대각선으로 나타난다.

정답 13. ① 14. ④

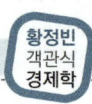

i) A의 효용함수가 $U^A = X^A$이므로 A의 효용은 X재 소비량에 의해서만 결정된다. 즉, A에게 있어서 Y재는 중립재이므로 A의 무차별곡선은 수직선의 형태이다. 한편, B의 효용함수 $U^B = X^B Y^B$는 콥-더글라스 효용함수이므로 무차별곡선이 원점에 대해 볼록한 형태이다. 초기에 두 소비자가 X재와 Y재를 각각 10단위씩 가지고 있으므로 초기 부존점은 아래 그림의 E점이다. E점에서의 각 소비자의 효용을 구해보면 다음과 같다.
- A의 효용 : $U^A = X^A = 10$
- B의 효용 : $U^B = X^B Y^B = 10 \times 10 = 100$

ii) 초기 부존점(E점)에서는 두 소비자의 무차별곡선이 접하지 않고 교차한다. 따라서 현 상태는 파레토 효율적이지 않다. 이 경우 파레토 개선이 이루어지는 영역은 두 소비자의 무차별곡선이 만들어내는 색칠된 영역이 된다.

iii) 만약 A가 교환의 협상력을 모두 가지고 있다면 A는 교환을 통해 B의 효용 $U^B = 100$이 유지되는 선에서 자신의 효용이 극대화되는 점, 즉 자신의 X재 소비량이 최대가 되는 점으로 이동하려고 할 것이다. 따라서 최종적으로 도달하는 균형(최종 소비점)은 F점이 된다. F점에서 A가 Y재 10단위를 모두 포기할 때 B가 Y재 10단위를 추가로 소비하는 대신 X재 5단위를 포기하면 B의 효용이 교환 이전과 동일해진다($U^B = X^B Y^B = 5 \times 20 = 100$). 반면, A는 X재 5단위를 추가로 소비할 수 있게 되므로 효용이 5만큼 증가한 15가 된다 ($U^A = X^A = 15$).

iv) 만약 B가 교환의 협상력을 모두 가지고 있다면 B는 교환을 통해 A의 효용 $U^A = 10$이 유지되는 선에서 자신의 효용이 극대화되는 점으로 이동하려고 할 것이다. 따라서 최종적으로 도달하는 균형(최종 소비점)은 G점이 된다. G점에서 A가 Y재 10단위를 모두 포기해도 A의 효용은 교환 이전과 동일하다($U^A = X^A = 10$). 반면, B는 Y재 10단위를 추가로 소비할 수 있게 되므로 효용이 100만큼 증가한 200이 된다($U^B = X^B Y^B = 10 \times 20 = 200$).

v) A의 무차별곡선이 수직선의 형태이고, B의 무차별곡선이 원점에 대해 볼록한 형태이므로 계약곡선은 F점과 G점을 지나는 X축이 된다. 이는 X축상의 한 점에서 소비가 이루어지는 경우에는 한 소비자의 효용 감소 없이는 다른 소비자의 효용을 증가시키는 것이 불가능함을 의미한다.

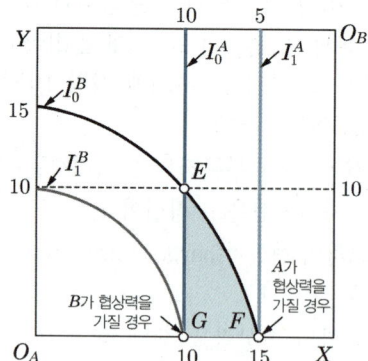

15

[2017 | 감정평가사]

동일한 콥−더글러스(Cobb−Douglas) 효용함수를 갖는 甲과 乙이 X재와 Y재를 소비한다. 다음 조건에 부합하는 설명으로 옳지 않은 것은?

- 초기에 甲은 X재 10단위와 Y재 10단위를 가지고 있으며, 乙은 X재 10단위와 Y재 20단위를 가지고 있다.
- 두 사람이 파레토(Pareto) 효율성이 달성되는 자원배분 상태에 도달하는 교환을 한다.

① 교환 후 甲은 X재보다 Y재를 더 많이 소비하게 된다.
② 교환 후 甲은 X재와 Y재를 3 : 5의 비율로 소비하게 된다.
③ 교환 후 乙은 X재를 10단위 이상 소비하게 된다.
④ 교환 후 두 소비자가 각각 Y재를 15단위씩 소비하는 경우는 발생하지 않는다.
⑤ 계약곡선(contract curve)은 직선의 형태를 갖는다.

해설

두 소비자의 한계대체율이 일치할 때 교환(소비)의 파레토 효율성이 달성된다. 콥−더글러스 효용함수 $U = X^\alpha Y^\beta$의 한계대체율은 $\frac{\alpha}{\beta}\left(\frac{Y}{X}\right)$이고, 두 소비자가 동일한 콥−더글러스 효용함수를 갖고 있으므로 두 소비자의 한계대체율이 일치하려면 두 소비자의 X재와 Y재의 소비량 비율 $\left(\frac{Y}{X}\right)$이 같아야 한다. 그 결과, 계약곡선은 아래 그림과 같이 대각선의 형태로 나타나고, 경제전체의 X재 부존량이 20단위, Y재 부존량이 30단위이므로 계약곡선 식은 $Y = \frac{3}{2}X$가 된다.

①, ⑤ |ㅇ|, ② |×| 계약곡선 식이 $Y = \frac{3}{2}X$이므로 교환 이후에는 두 소비자 모두 X재와 Y재를 2 : 3의 비율로 소비하게 된다. 즉, X재보다 Y재를 더 많이 소비하게 된다.

③ |ㅇ| 아래 그림에서 초기 부존점은 E점이고, 두 소비자 사이에 교환이 이루어지면 최종적인 균형은 계약곡선상의 F점과 G점 사이에서 이루어진다. 그러므로 교환 이후 甲의 X재 소비는 감소하고, 乙의 X재 소비는 증가한다.

④ |ㅇ| 두 소비자가 각각 Y재를 15단위씩 소비하는 H점은 선분 FG선상에 위치하고 있지 않다. 따라서 교환 이후 두 소비자가 각각 Y재를 15단위씩 소비하는 경우는 발생하지 않는다.

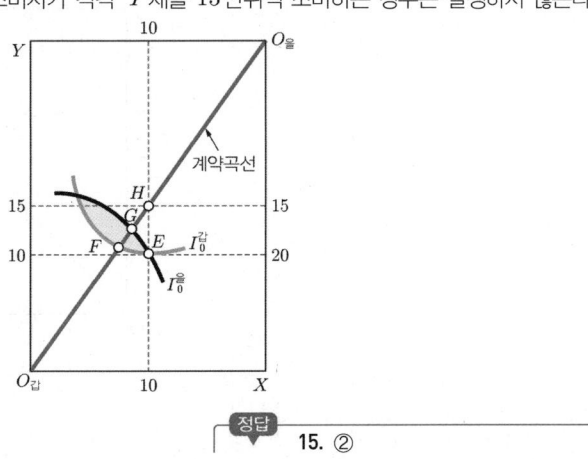

정답 15. ②

16

2016 | 공인회계사

두 소비자 1, 2가 두 재화 x, y를 소비하는 순수교환경제를 생각하자. 소비자 1의 효용함수는 $u_1(x_1, y_1) = x_1 + y_1$이고, 초기에 (1, 2)의 부존자원을 가지고 있다. 소비자 2의 효용함수는 $u_2(x_2, y_2) = \min\{x_2, y_2\}$이고, 초기에 (2, 1)의 부존자원을 가지고 있다. 경쟁균형(competitive equilibrium)에서 두 소비자의 x재에 대한 소비량으로 가능하지 않은 것은?

	소비자 1	소비자 2
①	$3-\sqrt{2}$	$\sqrt{2}$
②	$\sqrt{3}$	$3-\sqrt{3}$
③	2	1
④	1.5	1.5
⑤	1	2

Tip. 순수교환경제에서의 경쟁균형은 두 소비자의 무차별곡선이 접하는 점에서 이루어진다.

ⅰ) 소비자 1의 효용함수 $U_1 = x_1 + y_1$은 선형 효용함수이므로 무차별곡선이 기울기가 -1인 우하향의 직선 형태이고, 소비자 2의 효용함수 $U_2 = \min\{x_2, y_2\}$는 레온티에프 효용함수이므로 무차별곡선이 원점을 지나는 45°선상에서 꺾어지는 L자 형태이다. 초기에 소비자 1은 (1, 2), 소비자 2는 (2, 1)의 재화묶음을 가지고 있으므로 경제 전체의 x재 부존량이 3단위, y재 부존량이 3단위이고, 초기 부존점은 아래 그림의 E점이다.

ⅱ) 초기 부존점(E점)에서는 두 소비자의 무차별곡선이 접하지 않고 교차한다. 따라서 현 상태는 파레토 효율적이지 않다. 이 경우 파레토 개선이 이루어지는 영역은 두 소비자의 무차별곡선이 만들어내는 색칠된 영역이며, 계약곡선상(선분 FG선상)으로 이동하면 파레토 효율성이 달성된다. 즉, 순수교환경제에서의 경쟁균형은 두 소비자의 무차별곡선이 접하는 점, 구체적으로는 계약곡선상의 F점과 G점 사이에서 이루어진다.

ⅲ) F점과 G점 사이에서 소비자 1의 x재 소비량은 1.5단위 ~ 2단위이고, 소비자 2의 x재 소비량은 1단위 ~ 1.5단위이므로 경쟁균형에서 두 소비자의 x재 소비량으로 가능하지 않은 것은 ⑤번이다.

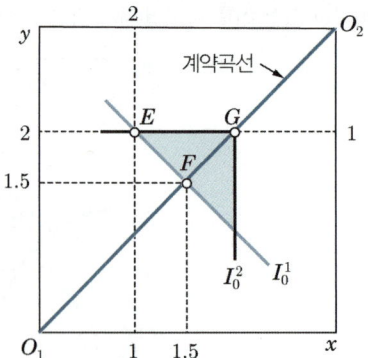

17 2018 | 감정평가사

두 재화 맥주(B)와 커피(C)를 소비하는 두 명의 소비자 1과 2가 존재하는 순수 교환경제를 가정한다. 소비자 1의 효용함수는 $U_1(B_1, C_1) = \min\{B_1, C_1\}$, 소비자 2의 효용함수는 $U_2(B_2, C_2) = B_2 + C_2$이다. 소비자 1의 초기 부존자원은 (10, 20), 소비자 2의 초기 부존자원은 (20, 10)이고, 커피의 가격은 1이다. 일반균형(general equilibrium)에서 맥주의 가격은? (단, 초기 부존자원에서 앞의 숫자는 맥주의 보유량, 뒤의 숫자는 커피의 보유량이다.)

① $\dfrac{1}{3}$ ② $\dfrac{1}{2}$ ③ 1
④ 2   ⑤ 3

해설

i) 소비자 1의 효용함수 $U_1 = \min\{B_1, C_1\}$은 레온티에프 효용함수이므로 무차별곡선이 원점을 지나는 45°선상에서 꺾어지는 L자 형태이고, 소비자 2의 효용함수 $U_2 = B_2 + C_2$는 선형 효용함수이므로 무차별곡선이 기울기가 -1인 우하향의 직선 형태이다. 초기에 소비자 1은 (10, 20), 소비자 2는 (20, 10)의 재화묶음을 가지고 있으므로 초기 부존점은 아래 그림의 E점이다.

ii) 초기 부존점(E점)에서는 두 소비자의 무차별곡선이 접하지 않고 교차한다. 따라서 현 상태는 파레토 효율적이지 않다. 이 경우 파레토 개선이 이루어지는 영역은 두 소비자의 무차별곡선이 만들어내는 색칠된 영역이며, 계약곡선상(선분 FG선상)으로 이동하면 파레토 효율성이 달성된다.

iii) 순수교환경제에서의 일반균형은 두 소비자의 무차별곡선이 접하는 점, 즉 계약곡선상의 한 점에서 이루어지는데, 일반균형에서는 가격비도 두 소비자의 무차별곡선과 접한다. 따라서 두 재화의 상대가격은 $\dfrac{P_B}{P_C} = 1$이 되고, 커피의 가격(P_C)이 1로 주어져 있으므로 맥주의 가격 (P_B)도 1이 된다.

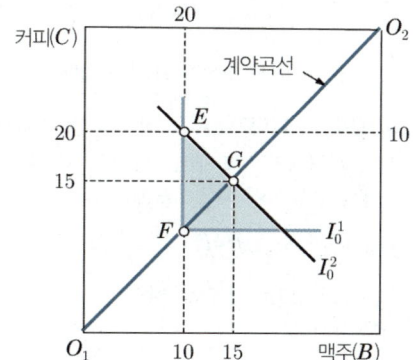

정답   16. ⑤   17. ③

18 | 2013 | 공인회계사 | 상 중 하

2인-2재화 순수교환경제를 상정하자. X, Y재에 대한 소비자 A의 효용함수는 $u_A(x_A, y_A) = x_A y_A^2$이고, 소비자 B의 효용함수는 $u_B(x_B, y_B) = x_B + y_B$이다. 여기서 x_i와 y_i는 각각 소비자 i의 X재와 Y재 소비량이다. 소비자 A는 X재 $\frac{1}{2}$단위, Y재 $\frac{1}{3}$단위를 초기 부존자원으로 가지고 있고 소비자 B의 초기 부존자원은 X재 $\frac{1}{2}$단위, Y재 $\frac{5}{3}$단위이다. 다음 설명 중 옳지 않은 것은?

① 초기 부존자원에서 소비자 A의 (Y재의 단위로 표시한 X재의) 한계대체율은 $\frac{1}{3}$이다.
② 초기 부존자원에서의 자원배분은 파레토 효율적이지 않다.
③ 파레토 효율적인 자원배분에서 소비자 A의 Y재 소비량은 X재 소비량의 2배이다.
④ 일반경쟁균형(general competitive equilibrium)에서 각 소비자는 주어진 상대가격하에서 자신의 효용을 극대화하고 있다.
⑤ 일반경쟁균형에서 Y재에 대한 X재의 상대가격 $\frac{P_X}{P_Y}$는 $\frac{1}{2}$이다.

먼저, 두 소비자의 한계대체율을 구해보면 다음과 같다.

- $MRS_{XY}^A = \dfrac{MU_X^A}{MU_Y^A} = \dfrac{Y^2}{2XY} = \dfrac{Y}{2X}$, $MRS_{XY}^B = 1$

① |○| 초기 부존점(E점)에서 소비자 A는 X재 $\frac{1}{2}$단위, Y재 $\frac{1}{3}$단위를 갖고 있으므로 소비자 A의 한계대체율은 $MRS_{XY}^A = \dfrac{Y}{2X} = \dfrac{1}{3}$이다.

② |○| 초기 부존점에서 소비자 A의 한계대체율은 $MRS_{XY}^A = \dfrac{1}{3}$, 소비자 B의 한계대체율은 $MRS_{XY}^B = 1$이므로 두 소비자의 한계대체율이 일치하지 않는다. 따라서 초기 부존점에서의 자원배분은 파레토 효율적이지 않다.

③ |○| 파레토 효율적인 자원배분에서 두 소비자의 한계대체율은 일치한다.

- $MRS_{XY}^A = MRS_{XY}^B \rightarrow \dfrac{Y}{2X} = 1 \therefore Y = 2X$

$Y = 2X$이므로 파레토 효율적인 자원배분에서 소비자 A의 Y재 소비량은 X재 소비량의 2배이다.

④ |○| 완전경쟁하의 일반균형인 일반경쟁균형에서 각 소비자는 주어진 상대가격하에서 자신의 효용을 극대화한다.

- $MRS_{XY}^A = MRS_{XY}^B = \dfrac{P_X}{P_Y}$

⑤ |×| 일반경쟁균형에서는 $MRS_{XY}^A = MRS_{XY}^B = \dfrac{P_X}{P_Y} = 1$이 성립한다. 따라서 Y재에 대한 X재의 상대가격은 $\dfrac{P_X}{P_Y} = 1$이다.

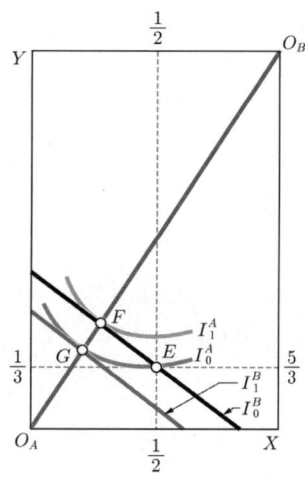

18. ⑤

19 | 2011 | 세무사 | 상 중 하

A와 B 두 사람과 커피(C)와 햄(H) 두 재화가 존재하는 교환경제를 상정한다. 수평축을 햄, 수직축을 커피로 하는 에지워드상자(Edgeworth box)에서 A의 원점을 좌측 하단의 꼭짓점, B의 원점을 우측 상단의 꼭짓점이라고 하자. A의 효용함수는 $U(H_A, C_A) = H_A + 4\sqrt{C_A}$이고, B의 효용함수는 $U(H_B, C_B) = H_B + 2\sqrt{C_B}$이다. 이때 계약곡선(contract curve)의 모양은? (단, 초기 부존자원이 A는 $H=8$, $C=10$이고, B는 $H=8$, $C=2$이다.)

① 수직선
② 수평선
③ 대각선
④ A의 원점에서 시작되는 기울기가 1/4인 직선
⑤ B의 원점에서 시작되는 기울기가 1/4인 직선

ⅰ) 먼저, 두 사람의 한계대체율을 구해보면 다음과 같다.

- $MRS_{HC}^A = \dfrac{MU_H^A}{MU_C^A} = \dfrac{1}{\frac{2}{\sqrt{C_A}}} = \dfrac{1}{2}\sqrt{C_A}$, $MRS_{HC}^B = \dfrac{MU_H^B}{MU_C^B} = \dfrac{1}{\frac{1}{\sqrt{C_B}}} = \sqrt{C_B}$

ⅱ) 계약곡선은 교환에 있어서의 파레토 최적점들의 궤적, 즉 두 사람의 무차별곡선이 접하는 점들의 궤적이므로 계약곡선상에서 두 사람의 한계대체율은 일치한다.

- $MRS_{HC}^A = MRS_{HC}^B \rightarrow \dfrac{1}{2}\sqrt{C_A} = \sqrt{C_B}$ ∴ $C_A = 4C_B$

ⅲ) $C_A = 4C_B$의 관계를 통해 두 사람의 무차별곡선은 A의 커피 소비량이 B의 커피 소비량의 4배가 되는 점에서 접하고, 이는 햄 소비량과 무관하게 결정됨을 알 수 있다. 따라서 계약곡선은 수평선의 형태로 도출된다.

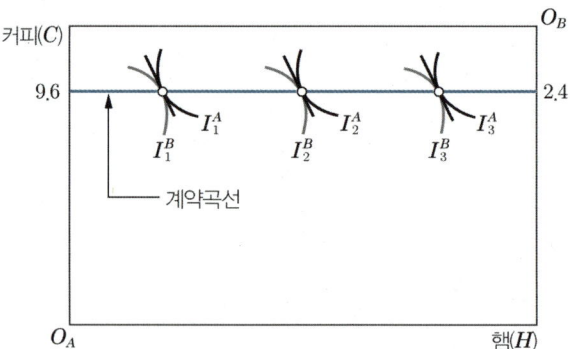

20 | 2018 | 공인회계사 | 상 중 하

두 소비자 1, 2가 두 재화 x, y를 소비하는 순수교환경제를 고려하자. 두 소비자의 효용함수가

$$u(x, y) = x + \sqrt{y}$$

로 같을 때, 다음 설명 중 옳은 것은? (단, 각 소비자는 두 재화 모두 양(+)의 유한한 초기 부존자원을 갖는다.)

> 가. 에지워드상자의 대각선이 계약곡선(contract curve)이 된다.
> 나. 각 소비자의 한계대체율은 x재 소비량과 무관하게 결정된다.
> 다. 주어진 초기 부존점에서 복수의 경쟁균형(competitive equilibrium)을 갖는다.
> 라. 만약 두 소비자의 y재 초기 부존량이 같다면 초기 부존점이 곧 경쟁균형 소비점이 된다.

① 가, 나 ② 가, 다
③ 나, 다 ④ 나, 라
⑤ 다, 라

해설

먼저, 두 소비자의 한계대체율을 구해보면 다음과 같다.

- $MRS_{xy}^1 = \dfrac{MU_x^1}{MU_y^1} = \dfrac{1}{\dfrac{1}{2\sqrt{y_1}}} = 2\sqrt{y_1}$, $MRS_{xy}^2 = \dfrac{MU_x^2}{MU_y^2} = \dfrac{1}{\dfrac{1}{2\sqrt{y_2}}} = 2\sqrt{y_2}$

가. |×| 계약곡선은 교환에 있어서의 파레토 최적점들의 궤적, 즉 두 소비자의 무차별곡선이 접하는 점들의 궤적이므로 계약곡선상에서 두 소비자의 한계대체율은 일치한다.
- $MRS_{xy}^1 = MRS_{xy}^2 \rightarrow 2\sqrt{y_1} = 2\sqrt{y_2}$ ∴ $y_1 = y_2$

따라서 계약곡선은 $y_1 = y_2$로 대각선이 아닌 수평선의 형태로 도출된다.

나. |○| 각 소비자의 한계대체율은 $MRS_{xy}^1 = 2\sqrt{y_1}$, $MRS_{xy}^2 = 2\sqrt{y_2}$로 x재 소비량과 관계없이 y재 소비량에 의해서만 결정된다.

다. |×| 주어진 초기 부존점에서 경쟁균형은 교환을 통해 $MRS_{xy}^1 = MRS_{xy}^2 = \dfrac{P_x}{P_y}$를 만족하는 계약곡선상의 한 점으로 나타난다.

라. |○| 경쟁균형에서 두 소비자의 y재 소비량이 동일하므로 두 소비자의 y재 초기 부존량이 같다면 초기 부존점이 곧 경쟁균형 소비점이 된다.

정답 19. ② 20. ④

CHAPTER 20 후생경제학

77 후생경제학의 정리

> **후생경제학의 제1정리와 제2정리**
>
> **Point**
> - 후생경제학의 제1정리 : 효율성(강단조성)
> - 후생경제학의 제2정리 : 효율성 + 공평성(강단조성 + 볼록성)

구 분	내 용
후생경제학의 제1정리 (효율성)	1. 개념 모든 개인의 선호체계가 강단조성을 지니고 외부성·공공재 등의 시장실패 요인이 존재하지 않는다면 일반경쟁균형의 자원배분은 파레토 효율적임 완전경쟁 (일반경쟁균형) →강단조성(외부성/공공재 시장실패 ×)→ 파레토 효율성 2. 특징 • 시장이 효율성을 충족함 → A. Smith의 '보이지 않는 손'을 현대적으로 증명함 • 정부의 비개입을 시사함 • 공평성은 보장되지 않음
후생경제학의 제2정리 (효율성 + 공평성)	1. 개념 모든 개인의 선호가 연속적이고, 강단조성 및 볼록성을 충족할 때 초기 부존자원을 적절히 재분배하면 임의의 파레토 효율적인 자원배분을 일반경쟁균형을 통해 달성할 수 있음 완전경쟁 (일반경쟁균형) ←강단조성+볼록성― 파레토 효율성 2. 특징 • 후생경제학의 제2정리는 후생경제학의 제1정리의 역임 • 효율성(상대가격체계에 교란 없음) + 공평성(재분배) 동시 충족 → 공평성 달성을 위해 효율성을 희생할 필요가 없음 • 재분배는 정액세와 정액보조금을 통해 상대가격체계에 교란이 발생하지 않도록 이루어져야 함 • 정부의 개입을 시사함

▶ 일반균형 : 경제 내의 모든 시장이 동시에 균형을 이루고 있는 상태
▶ 일반경쟁균형 : 시장구조가 완전경쟁일 때의 일반균형(일반균형 + 완전경쟁)

사회후생 극대화

 • 사회후생 극대화 : 효용가능경계(효율성)＋사회후생함수(공평성)

구 분	내 용
효용가능경계 (효율성)	1. **개념** 경제 내의 모든 자원을 가장 효율적으로 배분하였을 때 두 사람이 얻을 수 있는 효용수준의 조합 2. **특징** • 효용가능곡선의 포락선으로 도출됨 • 효용가능경계상의 모든 점에서는 소비, 생산 및 재화 구성의 파레토 효율성이 동시에 충족됨 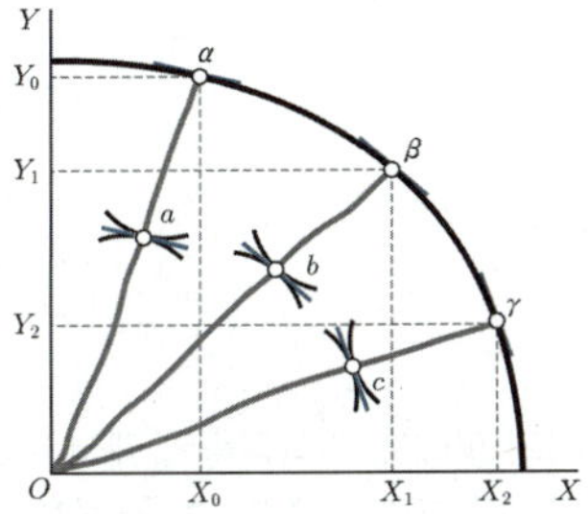 ┃ 생산점과 교환점 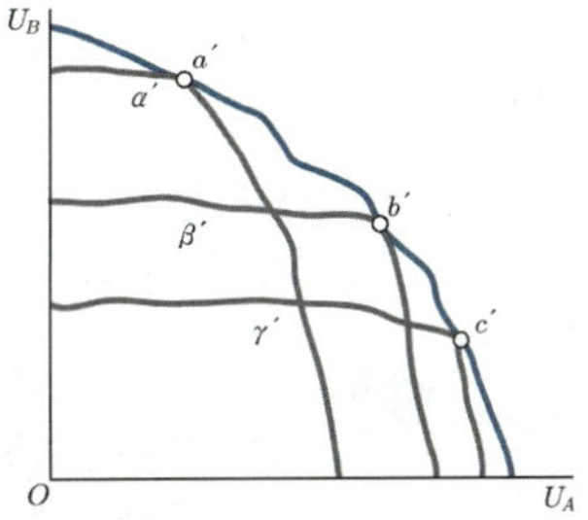　　　　┃ 효용가능경계
사회후생함수 (공평성)	1. **개념** 사회 구성원들의 선호를 집약하여 사회선호로 나타내주는 함수 2. **특징** • 사회 구성원들의 가치판단에 따라 그 형태가 달라짐 • 소득분배의 공평성에 관한 가치판단이 내포되어 있음
사회후생 극대화	효용가능경계와 사회무차별곡선(사회후생함수)이 접하는 점(E점)에서 사회후생이 극대화됨 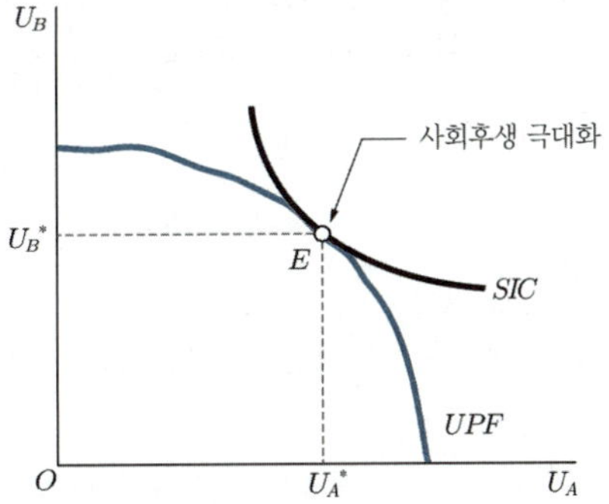

| 2013 | 국회직 8급 | 상 중 하

후생경제학에 대한 설명으로 옳은 것을 〈보기〉에서 모두 고르면?

―| 보기 |―
ㄱ. 생산가능곡선(production possibilities curve)상에 있는 어느 한 점에서도 모든 재화와 서비스의 한계기술대체율이 동일하다.
ㄴ. 모든 사람들의 한계대체율이 동일할 때 생산의 파레토 효율이 달성된다.
ㄷ. 주어진 상품조합을 두 사람 사이에서 배분할 때, 두 사람이 얻을 수 있는 최대 효용수준의 조합을 효용가능곡선(utility possibilities curve)이라고 한다.
ㄹ. 주어진 경제적 자원이 모두 고용되더라도 효용가능곡선(utility possibilities curve)상에 있지 않을 수도 있다.
ㅁ. 효용가능곡선(utility possibilities curve)상에 있는 점에서는 항상 사회후생이 극대화된다.

① ㄱ, ㄴ, ㄷ
② ㄱ, ㄷ, ㄹ
③ ㄱ, ㄷ, ㅁ
④ ㄴ, ㄹ, ㅁ
⑤ ㄷ, ㄹ, ㅁ

해설
ㄱ. |O| 생산에 있어서의 파레토 최적점들의 궤적이 생산계약곡선이며, 이를 재화공간으로 옮긴 곡선이 생산가능곡선이다. 생산가능곡선상의 모든 점에서는 각 재화 생산요소의 한계기술대체율이 동일하다.
ㄴ. |X| 모든 사람들의 한계대체율이 동일할 때 소비의 파레토 효율성이 달성된다.
ㄷ. |O| 소비(교환)에 있어서의 파레토 최적점들의 궤적이 소비계약곡선이며, 이를 효용공간으로 옮긴 곡선이 효용가능곡선이다. 효용가능곡선은 소비의 파레토 효율성이 달성된 점들의 조합이므로 주어진 상품조합을 두 사람 사이에 배분할 때 두 사람이 얻을 수 있는 최대 효용수준의 조합을 의미한다.
ㄹ. |O| 주어진 경제적 자원이 모두 고용되어 생산의 파레토 효율성이 달성되었다 하더라도 소비의 파레토 효율성이 달성되지 않는다면 효용가능곡선상에 위치하지 않을 수 있다.
ㅁ. |X| 효용가능곡선상에 있는 점에서는 소비의 파레토 효율성이 달성될 뿐이다. 사회후생의 극대화는 효율성과 공평성이 모두 충족되는 점, 즉 효용가능경계와 사회무차별곡선이 접하는 점에서 달성된다.

02

`2017 | 서울시 7급`

효용가능경계(utility possibilities frontier)에 대한 설명으로 옳은 것을 모두 고르면?

> ㄱ. 효용가능경계 위의 점들에서는 사람들의 한계대체율이 동일하며, 이 한계대체율과 한계생산변환율이 일치한다.
> ㄴ. 어느 경제에 주어진 경제적 자원이 모두 고용되면 이 경제는 효용가능경계 위에 있게 된다.
> ㄷ. 생산가능곡선상의 한 점에서 생산된 상품의 조합을 사람들 사이에 적절히 배분함으로써 얻을 수 있는 최대 효용수준의 조합을 효용가능경계라고 한다.

① ㄱ
② ㄷ
③ ㄱ, ㄴ
④ ㄱ, ㄷ

ㄱ. |O| 효용가능경계상의 모든 점에서는 소비, 생산 및 재화 구성의 파레토 효율성이 동시에 충족되므로 효용가능경계상에서 사람들의 한계대체율은 동일하며, 이 한계대체율과 한계변환율이 일치한다.

ㄴ. |×| 주어진 경제적 자원이 모두 고용되더라도 독점 등으로 인해 생산이 비효율적으로 이루어진다면 이 경제는 효용가능경계 내부에 위치할 수 있다.

ㄷ. |×| 생산가능곡선상의 한 점에서 생산된 상품조합을 두 사람 사이에 배분할 때 두 사람이 얻을 수 있는 최대 효용수준의 조합은 효용가능곡선이다. 효용가능경계는 경제 내의 모든 자원을 가장 효율적으로 배분하였을 때 두 사람이 얻을 수 있는 효용수준의 조합을 말한다.

ReCheck 효용가능곡선과 효용가능경계

- 효용가능곡선
  → 소비계약곡선(재화공간)을 효용공간으로 옮긴 곡선
  → 효용가능곡선상의 모든 점에서는 교환(소비)이 파레토 효율적으로 이루어짐
  → 주어진 상품조합을 두 사람 사이에 배분할 때 두 사람이 얻을 수 있는 최대 효용수준의 조합
- 효용가능경계
  → 효용가능곡선의 포락선
  → 효용가능경계상의 모든 점에서는 생산과 교환(소비)이 모두 파레토 효율적으로 이루어짐
  → 경제 내의 모든 자원을 가장 효율적으로 배분하였을 때 두 사람이 얻을 수 있는 효용수준의 조합

정답 01. ② 02. ①

[2012 | 국가직 7급] 상 중 하

03 효율적 자원배분 및 후생에 대한 설명으로 옳은 것은?

① 후생경제학 제1정리는 효율적 자원배분이 독점시장인 경우에도 달성될 수 있음을 보여준다.
② 후생경제학 제2정리는 소비와 생산에 있어 규모의 경제가 있으면 완전경쟁을 통해 효율적 자원배분을 달성할 수 있음을 보여준다.
③ 차선의 이론(theory of the second best)에 따르면 효율적 자원배분을 위해 필요한 조건을 모두 충족하지 못한 경우, 더 많은 조건을 충족하면 할수록 더 효율적인 자원배분이다.
④ 롤즈(J. Rawls)의 주장에 따르면 사회가 A, B 두 사람으로 구성되고 각각의 효용을 U_A, U_B라 할 때, 사회후생함수(SW)는 $SW = \min(U_A, U_B)$로 표현된다.

① |×| 후생경제학의 제1정리는 시장구조가 완전경쟁일 때 개별 경제주체들이 자신의 이익을 추구하는 과정에서 파레토 효율적인 자원배분이 달성될 수 있음을 보여준다.
② |×| 후생경제학의 제2정리는 일정 조건하에서 초기 부존자원을 적절히 재분배하면 임의의 파레토 효율적인 자원배분이 시장기구에 의해 달성될 수 있음을 보여준다. 규모의 경제가 발생하여 시장구조가 독점화되면 과소 생산으로 인해 파레토 효율적인 자원배분을 달성할 수 없다.
③ |×| 차선의 이론은 파레토 효율성을 달성하기 위한 모든 조건이 동시에 충족되지 않는 상황에서는 충족되는 효율성 조건의 수가 많아진다고 해서 그렇지 않은 경우보다 사회적으로 더 바람직한 상태가 되는 것은 아니라는 이론이다.
④ |○| 롤즈의 사회후생함수는 $SW = \min(U_A, U_B)$로 표현되며, 최소극대화 원칙에 따라 소득재분배를 매우 중요시한다(극단적 평등주의).

> **ReCheck 후생경제학의 제1정리와 제2정리**
>
> - 후생경제학의 제1정리 … 효율성
>
>   모든 개인의 선호체계가 강단조성을 지니고 외부성·공공재 등의 시장실패 요인이 존재하지 않는다면 일반경쟁균형의 자원배분은 파레토 효율적이다.
>
> - 후생경제학의 제2정리 … 효율성 + 공평성
>
>   모든 개인의 선호가 연속적이고, 강단조성 및 볼록성을 충족할 때 초기 부존자원을 적절히 재분배하면 임의의 파레토 효율적인 자원배분을 일반경쟁균형을 통해 달성할 수 있다.

04

[2009 | 공인회계사] [상] [중] [하]

완전경쟁시장의 일반균형에 대한 다음 설명 중 가장 옳지 않은 것은?
① 각 생산자의 이윤이 극대화되고 양의 값을 가진다.
② 예산집합에서 각 소비자의 효용이 극대화된다.
③ 일반균형배분은 파레토 효율적이지만 공평성을 보장하지는 않는다.
④ 한 소비자의 후생을 높이려면 반드시 다른 소비자의 후생이 낮아져야 한다.
⑤ 선호체계와 생산기술에 대한 몇 가지 가정이 성립할 때, 초기 부존자원을 적절히 재분배하여 임의의 파레토 효율적 배분을 일반균형이 되게 할 수 있다.

> 해설
> ① |×| 완전경쟁시장하의 일반균형(일반경쟁균형)에서 각 기업의 이윤은 극대화되나, 그 값이 반드시 양(+)의 값을 갖는 것은 아니다. 단기에 가격이 평균비용보다 높다면 양(+)의 이윤을 얻지만, 가격이 평균비용보다 낮다면 음(-)의 이윤, 즉 손실이 발생한다.
> ② |○| 일반경쟁균형이 달성되면 주어진 예산집합하에서 각 소비자의 효용이 극대화된다.
> ③ |○| 일반경쟁균형하에서의 자원배분은 파레토 효율적이나, 소득분배의 공평성까지 보장하지는 않는다.
> ④ |○| 일반경쟁균형하에서의 자원배분은 파레토 효율적이므로 더 이상의 파레토 개선이 불가능하다. 따라서 한 소비자의 후생을 높이려면 반드시 다른 소비자의 후생이 낮아져야 한다.
> ⑤ |○| 후생경제학의 제2정리에 의하면, 모든 개인의 선호가 연속적이고, 강단조성 및 볼록성을 충족할 때 초기 부존자원을 적절히 재분배하면 임의의 파레토 효율적인 자원배분을 일반경쟁균형이 되게 할 수 있다.

정답 03. ④ 04. ①

78 사회후생함수

Point
- 공평성만 고려 : 가치판단 개입
- 개인 간 효용 비교 가능 / 기수적 효용(개인의 효용을 측정할 수 있다고 가정)

구 분	내 용	
공리주의 사회후생함수	• $W = U_A + U_B$ • 최대 다수의 최대 행복(J. Bentham) • 소득재분배에 관심 없음 • 모든 사람에게 동일한 가중치 • 사회무차별곡선 : 우하향의 직선 • 완전대체재 효용함수와 동일함	기울기=−1, SIC (우하향 직선)
평등주의 사회후생함수	• $W = U_A \times U_B$ • 소득재분배에 관심 있음 • 고소득층 : 낮은 가중치 • 저소득층 : 높은 가중치 • 사회무차별곡선 : 원점에 대해 볼록	SIC (원점에 볼록)
롤스의 사회후생함수 (극단적 평등주의)	• $W = \min[U_A, U_B]$ • 최소극대화 원칙(maximin) • 후생극대화 조건 : $U_A = U_B$ • 소득재분배를 매우 중요시함 • 저소득층에게 100%의 가중치 • 사회무차별곡선 : L자 형태 • 완전보완재 효용함수와 동일함 (=레온티에프 생산함수)	SIC (L자, 45°)

▶ 평등주의적 경향이 강할수록 사회무차별곡선은 원점에 대해 더욱 볼록해짐

애로우(K. Arrow)의 불가능성 정리

Point
- 무관한 선택대안으로부터의 독립성(IIA)
  → 개인의 선호는 서수적으로 측정, 개인 간 기수적인 효용 비교는 배제

구 분	내 용
개 요	애로우는 개인들의 선호를 사회선호로 바꾸는 과정에서 사회후생함수가 갖춰야 할 다섯 가지 조건을 제시함
사회후생함수가 갖춰야 할 조건	• 완비성과 이행성(집합적 합리성) • 비제한성(보편성) • 파레토 원칙 • 무관한 선택대안으로부터의 독립성 • 비독재성
불가능성 정리	• 위 조건을 모두 충족하는 이상적인 사회후생함수는 존재하지 않음(증명) • 개인들의 의사를 집약하여 사회선호로 나타낼 수 있는 합리적이고도 민주적인 의사결정방법은 존재하지 않음

차선의 이론

Point
- "차선은 없다. 최선만 있다"

구 분	내 용
개 념	• 자원배분의 파레토 효율성을 달성하기 위한 모든 조건이 동시에 충족되지 않는 상황에서는 충족되는 효율성 조건의 수가 많아진다고 해서 그렇지 않은 경우보다 사회적으로 더 바람직한 상태가 되는 것은 아니라는 이론 • 립시(R. Lipsey)와 랭카스터(K. Lancaster) 주장
시사점	• 점진적인 제도 개혁이 사회후생을 증가시킨다는 보장이 없음 • 정부의 무분별한 시장개입을 경계함

 01 [2010 | 감정평가사] 상 중 하

롤즈(J. Rawls)의 사회후생함수를 옳게 표현한 것은? (단, 이 경제에는 甲, 乙만 존재하며, W는 사회전체의 후생, U는 甲의 효용, V는 乙의 효용이다.)

① $W = \min(U, V)$
② $W = \max(U, V)$
③ $W = U \times V$
④ $W = \dfrac{(U+V)}{2}$
⑤ $W = U + V$

해설
최소극대화 원칙에 근거한 롤스의 사회후생함수에서 사회후생은 사회 구성원들 중에서 효용수준이 가장 낮은 사람에 의해 결정되며, 소득재분배를 매우 중요시한다.

 02 [2012 | 감정평가사] 상 중 하

甲과 乙 두 사람이 사는 사회에서 甲의 소득을 X, 乙의 소득을 Y라 표시하고, 이들의 소득분포는 (X, Y)의 형태로 표시한다. 소득분포 상태를 평가하는 세 가지 원칙은 아래와 같다. 다음 설명으로 옳지 않은 것은?

> A : 사회에서 가장 가난한 사람의 소득이 높을수록 바람직하다.
> B : 모든 사회 구성원들의 소득의 총합이 클수록 바람직하다.
> C : 모든 사회 구성원들의 소득이 균등하게 분포될수록 바람직하다.

① 소득분포 $(3, 2)$와 $(5, 1)$을 비교할 때, 원칙 A에 따르면 $(3, 2)$가 더 바람직하다.
② 소득분포 $(3, 2)$와 $(4, 2)$를 비교할 때, 원칙 B에 따르면 $(4, 2)$가 더 바람직하다.
③ 소득분포 $(1, 1)$과 $(4, 1)$을 비교할 때, 원칙 C에 따르면 $(1, 1)$이 더 바람직하다.
④ 소득분포 $(3, 3)$과 $(2, 3)$을 비교할 때, 위 세 가지 원칙 모두 $(3, 3)$을 더 바람직하다고 판단한다.
⑤ 소득분포 $(2, 3)$과 $(7, 3)$을 비교할 때, 위 세 가지 원칙 중 $(7, 3)$이 명백히 더 바람직하다고 판단하는 원칙은 B뿐이다.

해설
A는 롤스, B는 공리주의, C는 평등주의 사회후생함수를 의미한다.
⑤ |×| 소득분포 $(2, 3)$과 $(7, 3)$을 비교할 때 위 세 가지 원칙 중 $(7, 3)$이 더 바람직하다고 판단하는 원칙은 A와 B이다.

03

[2017 | 서울시 7급]

형과 동생이 한집에 살고 있다. 형은 매일 5만원의 소득이 있으나 동생은 현재 소득이 없다. 형은 소득 5만원의 일부를 떼어 매일 동생의 용돈으로 나누어주고자 한다. 각 소비금액에 대한 형과 동생의 효용은 아래 표와 같다고 가정한다. 형이 소득의 분배에 있어서 단순 공리주의적 입장을 취한다고 할 때, 매일 동생에게 나누어주는 금액은?

소비금액	0만원	1만원	2만원	3만원	4만원	5만원
형의 효용	0	60	70	80	90	100
동생의 효용	0	10	20	30	50	70

① 1만원　　② 2만원
③ 3만원　　④ 4만원

해설
공리주의적 관점에서 사회후생은 각 개인들의 총효용의 합으로 정의된다. 따라서 총소득 5만원 중에서 형이 1만원을 갖고, 남은 4만원을 동생에게 나누어줄 때 사회후생이 극대화($W=110$)된다.

소비금액	0만원	1만원	2만원	3만원	4만원	5만원
형의 효용	0	60	70	80	90	100
동생의 효용	0	10	20	30	50	70

> **ReCheck 공리주의 사회후생함수**
> - 사회후생함수 : $W = U_A + U_B$
> - 최대 다수의 최대 행복 : 총효용의 합이 커질 때 사회후생도 커짐
> - 모든 사람에게 동일한 가중치
> - 사회무차별곡선 : 기울기가 −1인 우하향의 직선 형태

04

[2012 | 보험계리사]

다음 〈보기〉에서 소득분배에 대한 관점을 연결한 것 중 옳은 것은?

―― 보기 ――
ㄱ. 최대 다수의 최대 행복이라는 사상으로 대표되며, 가장 바람직한 소득분배 상태는 사회 구성원 전체의 효용의 합이 최대가 되는 것이다.
ㄴ. 재분배 과정에서 저소득계층에게 보다 높은 가중치를 부여한다.
ㄷ. 소득재분배 문제에서 정당한 권리의 원칙을 주장한다.
ㄹ. 저소득계층의 경제적 상태를 진전시키지 않고는 사회후생의 증가를 기대할 수 없다.

① ㄱ − 평등주의적 관점　　② ㄴ − 공리주의적 관점
③ ㄷ − 진보주의적 관점　　④ ㄹ − 롤즈(J. Rawls)의 관점

정답　01. ① 02. ⑤ 03. ④ 04. ④

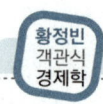

해설 ㄱ은 공리주의, ㄴ은 평등주의, ㄷ은 (노직의) 자유주의, ㄹ은 롤스의 관점을 나타내고 있다.

> **ReCheck 평등주의 사회후생함수**
> - 사회후생함수 : $W = U_A \times U_B$
> - 고소득층 : 낮은 가중치
> - 저소득층 : 높은 가중치
> - 사회무차별곡선 : 원점에 대해 볼록

05

다음은 A와 B 2인으로 구성된 경제에서 A와 B가 누릴 수 있는 가능한 효용집합을 표현한 것이며, 이는 음영으로 표시된 부분이다. U_A와 U_B가 각각 A와 B의 효용수준을 의미한다고 할 때 다음 설명 가운데 옳지 않은 것은? (그림에서 점 E_1과 점 E_2의 수직높이는 같다.)

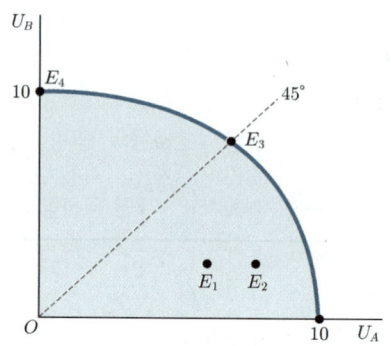

① 벤담의 관점에서 볼 때 점 E_1에서 점 E_2로 이행하는 것은 사회후생이 증가하는 것이다.
② 롤스의 관점에서 볼 때 점 E_1에서 점 E_2로 이행하는 것은 사회후생이 감소하는 것이다.
③ 벤담의 관점에서도, 그리고 롤스의 관점에서도 점 $E_1 \sim E_4$ 중 점 E_3가 가장 바람직한 결과라 할 수 있다.
④ 벤담의 관점에서 볼 때 점 E_1에서 점 E_4로의 이행은 바람직하다.
⑤ 롤스의 관점에서 볼 때 점 E_1에서 점 E_4로의 이행은 바람직하지 않다.

Tip. 사회무차별곡선이 원점에서 멀어지면 사회후생이 증가한다.

① | ○ | 벤담(공리주의)의 사회무차별곡선은 기울기가 -1인 우하향의 직선 형태이므로 점 E_1에서 점 E_2로 이동하면 사회무차별곡선이 원점에서 멀어져 사회후생이 증가한다.

② | × | 롤스의 사회무차별곡선은 45°선에서 꺾어진 L자 형태이므로 점 E_1에서 점 E_2로 이동하면 A의 효용은 증가하지만 동일한 사회무차별곡선상에 위치하여 사회후생에는 아무런 변화가 없다.

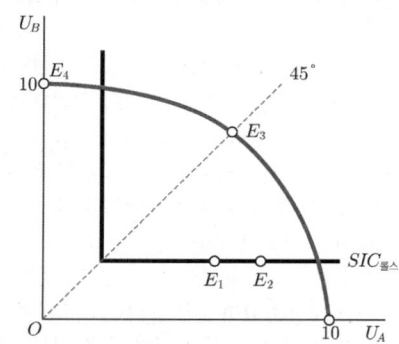

③ | ○ | 벤담의 관점에서도, 롤스의 관점에서도 점 E_3에서 사회후생이 가장 커지므로 점 E_3가 가장 바람직한 결과라 할 수 있다.

④ | ○ | 벤담의 관점에서 볼 때 점 E_1에서 점 E_4로 이동하면 사회무차별곡선이 원점에서 멀어져 사회후생이 증가하므로 바람직하다.

⑤ | ○ | 롤스의 관점에서 볼 때 점 E_1에서 점 E_4로 이동하여 A의 효용이 0이 되면 사회후생도 0이 되므로 바람직하지 않다.

06 [2009 | 공인회계사] 상 중 하

어느 경제에 A와 B 두 구성원이 있고 각각의 후생을 u_A와 u_B로 나타낼 때 효용가능경계(utility possibility frontier)가 $2u_A + u_B = 100$으로 주어져 있다. 단, $u_A \geq 0$, $u_B \geq 0$이다. 정부개입이 없을 때 시장의 균형배분에서 A의 후생은 0이고 B의 후생은 100이다. 어떤 소득재분배정책이 도입된다면 시장균형에서 A의 후생은 20으로 늘어나고 B의 후생은 50으로 줄어든다고 한다. 아래 설명 중 가장 옳지 않은 것은?

① 이 경제에서 정부개입이 없는 시장경제의 균형은 파레토 효율적이다.
② 이 소득재분배정책은 파레토 비효율성을 야기한다.
③ 사회후생이 효용의 합($u_A + u_B$)으로 정의될 때, 정부개입이 없어도 이 경제의 사회후생은 극대화된다.
④ 사회후생이 효용의 최솟값($\min\{u_A, u_B\}$)으로 정의될 때, 이 소득재분배정책은 사회후생을 극대화한다.
⑤ 사회후생이 효용의 곱($u_A \times u_B$)으로 정의될 때, 이 소득재분배정책의 도입은 사회후생을 개선시킨다.

정답 05. ② 06. ④

Tip. 효용가능경계와 사회무차별곡선이 접하는 점에서 사회후생이 극대화된다.

$u_B = 100 - 2u_A$로 주어진 효용가능경계는 아래 그림과 같은 우하향의 직선 형태이다.

① |○| 정부개입이 없는 최초 배분점인 E점은 효용가능경계상의 한 점으로서 B의 후생 감소 없이는 A의 후생을 증가시킬 수 없으므로 파레토 효율적이다.

② |○| 소득재분배정책이 도입되어 A의 후생이 20으로 증가하고, B의 후생이 50으로 감소하면 효용가능경계 내부의 F점으로 이동하므로 소득재분배정책은 파레토 비효율성을 야기한다.

③ |○| 사회후생이 효용의 합($u_A + u_B$)으로 정의되는 공리주의 사회후생함수의 경우 정부개입이 없어도 E점에서 이 경제의 사회후생은 $W=100$으로 극대화된다.

④ |×| 사회후생이 효용의 최솟값($\min\{u_A, u_B\}$)으로 정의되는 롤스의 사회후생함수의 경우 E점에서는 사회후생이 0이고, 소득재분배정책이 도입되어 F점으로 이동하면 사회후생이 20으로 증가하나 극대화되는 것은 아니다. 롤스의 사회후생함수에서 사회후생의 극대화는 사회무차별곡선과 효용가능경계가 접하는 G점에서 달성된다.

⑤ |○| 사회후생이 효용의 곱($u_A \times u_B$)으로 정의되는 평등주의 사회후생함수의 경우 E점에서는 사회후생이 0이나, F점으로 이동하면 사회후생이 $W=1,000$으로 증가하므로 소득재분배정책의 도입은 사회후생을 개선시킨다.

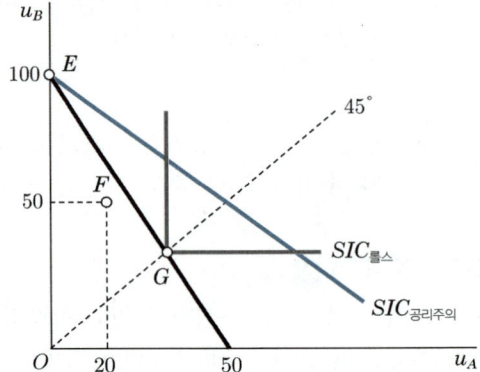

ReCheck 롤스의 사회후생함수

- $W = \min[U_A, U_B]$
- 원초적 상황
- 최소극대화 원칙(maximin)
- 후생극대화 조건 : $U_A = U_B$
- 저소득층에게 100%의 가중치
- 사회무차별곡선 : L자 형태

07 [2014 보험계리사] 상 중 하

소득재분배의 정치철학에 관한 내용 중 옳지 않은 것은?

① 소득분배에 관한 공리주의자(utilitarianism)들의 논리는 한계효용체감 현상의 가정에 기초한다.
② 롤스(Rawls)의 정의원칙에 의하면, '무지의 베일 뒤에 있는 공정한 제삼자가 만든 것과 같은' 공정한 정책을 선택해야 한다.
③ 노직(Nozick)이 주창한 자유주의에 의하면, 특정한 목표의 소득재분배를 위하여 정부가 사회 구성원들의 소득을 이전시키거나 변화시켜서는 안 된다.
④ 공리주의자들은 사회적 총효용을 극대화하기 위해 사회를 완전히 평등하게 만들어야 한다고 주장한다.

해설

① |○|, ④ |×| 공리주의자들에 의하면, 소득의 한계효용이 체감한다면 소득재분배는 사회후생(사회적 총효용)을 증가시킬 수 있다. 이들에 의하면, 소득의 한계효용이 체감하고, 모든 사회 구성원들의 효용함수가 동일하며, 공리주의 사회후생함수($W = U_A + U_B$)를 가정한다면 완전히 균등한 소득분배가 이루어질 때 사회후생이 극대화된다. 그러나 사회 구성원들의 효용함수가 서로 다르다면 사회 구성원들의 소득의 한계효용이 동일하도록 소득분배가 이루어질 때 사회후생이 극대화된다.

② |○| 롤스의 정의관은 원초적 상황(original position)이라는 가상적 상황으로부터 출발하고 있는데, 이 상태는 아직 아무런 사회질서도 세워져 있지 않고 모든 사람들이 무지의 장막에 가려 자신이 장래가 어떻게 될지 모르는 가상적인 상황을 말한다. 원초적 상황에 놓인 사람들은 자신이 가장 가난한 계층이 될 것을 두려워하며, 그러한 위험에 대비하기 위해 가장 가난한 계층을 지원하는 정책에 동의할 것이므로 롤스의 분배적 정의관에 의하면 소득재분배정책이 정당성을 갖는다.

③ |○| 노직의 자유주의에 의하면, 정당하게 취득·양도받은 물건은 개인의 소유이며, 개인의 완전한 소유권이 보장되고 분배가 전적으로 개인의 자유에 맡겨질 때 정의로운 분배가 이루어지므로 정부가 사회 구성원들의 소득을 강제로 재분배해서는 안 된다. 자유주의자들은 결과의 정의보다 절차(분배상태가 형성되는 과정)상의 정의를 더 중요시하며, 정당한 방법을 통해 획득한 소득은 정당하게 가질 권리가 인정되어야 한다고 주장한다.

08 [2010 세무사] 상 중 하

두 사람 A와 B로 구성되어 있고, 사적재인 X재 한 재화만 존재하는 경제에서 A와 B의 효용은 각각 $U_A = \sqrt{3X_A}$, $U_B = \sqrt{X_B}$로 표시된다(단, X_A, X_B는 각각 A와 B의 X재 소비량). 이 경제의 사회후생함수가 롤스(Rawls)의 사회후생함수이고, X재의 총 부존량이 1,200일 때 극대화된 사회후생의 값은?

① 30 ② 40 ③ 50
④ 60 ⑤ 70

정답 07. ④ 08. ①

Tip. 롤스의 사회후생함수 $W = \min[U_A, U_B]$에서 후생극대화 조건은 $U_A = U_B$이다.

ⅰ) A와 B의 효용함수가 각각 $U_A = \sqrt{3X_A}$, $U_B = \sqrt{X_B}$이므로, 이를 롤스의 사회후생함수에 대입하면 $W = \min[\sqrt{3X_A}, \sqrt{X_B}]$이다.

ⅱ) 롤스의 사회후생함수에서 후생극대화 조건은 $U_A = U_B$이고, X재의 총 부존량이 1,200단위 이므로 다음의 관계식이 성립한다.
- $U_A = U_B \rightarrow \sqrt{3X_A} = \sqrt{X_B}$ ∴ $3X_A = X_B$ … ①
- $X_A + X_B = 1,200$ … ②

ⅲ) 식 ①과 ②를 연립하면 $X_A = 300$, $X_B = 900$으로 계산되고, 이를 롤스의 사회후생함수 $W = \min[\sqrt{3X_A}, \sqrt{X_B}]$에 대입하면 사회후생의 극대값은 $W_{\max} = 30$이 된다.
- $W = \min[\sqrt{3X_A}, \sqrt{X_B}] \rightarrow W_{\max} = \min[\sqrt{900}, \sqrt{900}]$ ∴ $W_{\max} = 30$

09 | 2011 | 국회직 8급 | 상 중 하

돈 1만원을 갑, 을 두 명이 나눠가져야 한다. 갑의 몫을 x, 을의 몫을 y라 한다면 갑과 을의 효용함수는 각각 $u(x) = \sqrt{x}$, $u(y) = 2\sqrt{y}$이다. 이때 공리주의적 가치판단에 의한 최적 배분으로 옳은 것은?

① $x = \dfrac{1}{5}$만원, $y = \dfrac{4}{5}$만원 ② $x = \dfrac{4}{5}$만원, $y = \dfrac{1}{5}$만원

③ $x = 0$원, $y = 1$만원 ④ $x = y = \dfrac{1}{2}$만원

⑤ $x = 1$만원, $y = 0$원

ⅰ) 갑과 을의 효용함수가 각각 $U(x) = \sqrt{x}$, $U(y) = 2\sqrt{y}$이므로 갑과 을의 한계효용을 구해보면 다음과 같다.
- $MU_x = \dfrac{1}{2\sqrt{x}}$, $MU_y = \dfrac{1}{\sqrt{y}}$

ⅱ) 갑의 한계효용이 $MU_x = \dfrac{1}{2\sqrt{x}}$, 을의 한계효용이 $MU_y = \dfrac{1}{\sqrt{y}}$로 두 사람 모두 한계효용이 체감함을 알 수 있다. 공리주의 사회후생함수에서 두 사람의 한계효용이 모두 체감하는 경우 사회후생이 극대화되려면 $MU_x = MU_y$가 성립하도록 총소득(1만원)이 배분되어야 한다. 따라서 이를 식으로 나타내면 다음과 같다.
- $MU_x = MU_y \rightarrow \dfrac{1}{2\sqrt{x}} = \dfrac{1}{\sqrt{y}}$ ∴ $4x = y$ … ①
- $x + y = 1$ … ②

ⅲ) 식 ①과 ②를 연립하면 갑과 을의 몫은 각각 $x = \dfrac{1}{5}$만원, $y = \dfrac{4}{5}$만원으로 계산된다.

10

[2009 | 국회직 8급]

소득이 높을수록 소득의 한계효용이 증가한다고 가정할 때, 공리주의자의 관점에서 옳은 것은?

① 부자로부터 빈자로의 소득재분배는 사회후생을 증진시킨다.
② 빈자로부터 부자로의 소득재분배는 사회후생을 증진시킨다.
③ 방향에 상관없이 소득재분배는 사회후생을 증진시킨다.
④ 방향에 상관없이 소득재분배는 사회후생을 감소시킨다.
⑤ 공리주의자의 관점에서 위의 진술은 모두 틀리다.

Tip. 공리주의 사회후생함수 $W = U_A + U_B$에서 한계효용이 체증하는 경우에는 한계효용의 크기가 큰 사람에게 모든 소득을 배분할 때 사회후생이 극대화된다.

공리주의 사회후생함수 $W = U_A + U_B$에서 사회후생은 각 개인들의 효용의 합으로 정의되는데, 소득이 높을수록 소득의 한계효용이 체증하므로 소득이 높은 사람이 총소득을 전부 다 가질 때의 효용이 소득이 높은 사람과 낮은 사람이 총소득을 나누어 가질 때 두 사람의 효용을 합한 것보다 더 크다. 결국, 공리주의 사회후생함수에서 소득의 한계효용이 체증하는 경우에는 빈자로부터 부자로의 소득재분배, 즉 부자로의 소득이전이 사회후생을 증진시킨다.

11

[2012 | 공인회계사]

어떤 사회가 두 사람 A, B로 구성되어 있다. A의 효용함수는 $U_A = 2M_A$이고 B의 효용함수는 $U_B = 2M_B + M_A$이다(여기에서 M_A는 A의 소득, M_B는 B의 소득이다. 사회의 전체소득은 M으로 주어져 있고, $M = M_A + M_B$이다). 다음 설명 중 옳은 것은?

① 공리주의적 사회후생함수에서는 A가 모든 소득을 가져야 후생이 극대화된다.
② 롤스의 사회후생함수에서는 A와 B가 M을 반씩 나누어가져야 사회후생이 극대화된다.
③ A의 효용수준이 1단위 증가하면 B의 효용도 1단위 증가한다.
④ 롤스의 사회후생함수에서는 M_A가 한 단위 증가할 때 사회후생도 한 단위 증가한다.
⑤ 롤스의 사회후생함수에서는 사회후생이 극대화되는 수준에서 B의 효용수준이 A의 효용수준보다 높게 나타난다.

09. ① 10. ② 11. ①

① |○| 공리주의 사회후생함수 $W = U_A + U_B = 3M_A + 2M_B$에서 사회후생은 각 개인들의 총효용의 합으로 정의되는데, A의 소득(M_A)이 1단위 증가하면 사회후생이 3만큼 증가하고, B의 소득(M_B)이 1단위 증가하면 사회후생이 2만큼 증가하므로 A가 총소득을 전부 다 가질 때($M_A = M$) 사회후생이 $W = 3M$으로 극대화된다.

②, ⑤ |×| 롤스의 사회후생함수 $W = \min[U_A, U_B] = \min[2M_A, 2M_B + M_A]$에서 사회후생은 $U_A = U_B$인 점에서 극대화된다.
- $U_A = U_B \rightarrow 2M_A = 2M_B + M_A \therefore M_A = 2M_B$
따라서 A의 소득이 B의 소득의 2배가 되어야 사회후생이 극대화된다.

③ |×| A의 효용함수가 $U_A = 2M_A$이므로 A의 효용수준이 1단위 증가하려면 A의 소득이 $\frac{1}{2}$단위 증가해야 한다. 총소득이 $M = M_A + M_B$이므로 A의 소득이 $\frac{1}{2}$단위 증가하면 B의 소득이 $\frac{1}{2}$단위 감소한다. B의 효용함수가 $U_B = 2M_B + M_A$이므로 A의 효용수준이 1단위 증가할 때 B의 효용수준은 $\frac{1}{2}$단위 감소함을 알 수 있다.
- $U_B = 2M_B + M_A \rightarrow \Delta U_B = 2 \times \left(-\frac{1}{2}\right) + \frac{1}{2} = -\frac{1}{2}$

④ |×| 롤스의 사회후생함수 $W = \min[U_A, U_B] = \min[2M_A, 2M_B + M_A]$에서 M_A가 1단위 증가할 때 사회후생의 증감 여부는 현재 A와 B의 효용수준에 따라 달라진다. $U_A > U_B$인 상태에서 M_A가 1단위 증가하면 사회후생은 감소하나, $U_A < U_B$인 상태에서 M_A가 1단위 증가하면 사회후생은 증가한다.

---

12 [2013 | 국가직 7급] 상 중 하

단일세율 소득세에 대한 찬성의 근거로 옳지 않은 것은?

① 조세행정비용이 절감된다.
② 민간부문의 의사결정에 대한 교란을 줄일 수 있다.
③ 각종 공제제도를 이용한 합법적 조세회피 행위를 막을 수 있다.
④ 조세부담의 수직적 공평성을 증진시킨다.

소득수준이 높아질수록 더 높은 (한계)세율이 적용되는 누진소득세와 달리 단일세율 소득세는 소득수준에 관계없이 동일한 세율이 적용되는 소득세 제도를 말한다. 단일세율 소득세하에서는 모든 소득에 대해 동일한 세율이 적용되므로 수평적 공평성이 제고되고, 조세가 민간부문의 의사결정에 미치는 교란이 최소화된다. 또한, 세제가 간편하므로 조세행정비용이 절감되며, 누진소득세에 비해 허용되는 공제의 수가 현저히 적으므로 각종 공제제도를 이용한 조세회피 행위를 막을 수 있다. 그러나 단일세율 소득세하에서는 조세의 누진성이 약화되므로 수직적 공평성이나 소득재분배 기능은 낮아지게 된다.

13 조세에 대한 설명으로 옳은 것을 모두 고른 것은? [2012 국가직 7급]

> ㄱ. 과세부과에 따른 자중적 손실(deadweight loss)의 최소화를 기하는 것은 효율성 측면과 관련이 있다.
> ㄴ. 과세표준소득이 1천만원인 경우 10만원의 세금을 부과하고 과세표준소득이 2천만원인 경우 20만원의 세금을 부과한다면 이 과세표준구간 내에서 누진세를 적용하고 있는 것이다.
> ㄷ. 고가의 모피코트에 부과하는 세금은 세금부담능력이 더 큰 사람이 더 많은 세금을 내야 한다는 원칙을 잘 만족시킨다.
> ㄹ. 과세부담의 수평적 공평성의 원칙은 세금부담능력이 다르면 세금도 다르게 부과하는 것이다.

① ㄱ
② ㄱ, ㄹ
③ ㄴ, ㄷ
④ ㄷ, ㄹ

해설

ㄱ. |○| 바람직한 조세제도의 조건으로는 경제적 효율성, 조세부담의 공평성, 행정적 단순성, 세수의 신축성, 정치적 책임성 등을 들 수 있는데 조세부과에 따른 후생손실(자중손실)을 최소화하는 것은 이 중 경제적 효율성과 관련이 있다.
ㄴ. |×| 소득이 1,000만원일 때 납세액이 10만원, 소득이 2,000만원일 때 납세액이 20만원이면 조세부담이 소득에 비례하므로 비례세이다.
ㄷ. |×| 모피코트를 반드시 고소득층만 구입한다는 보장이 없으므로 모피코트에 대한 조세부과는 개인의 조세부담능력에 따른 과세라고 보기 어렵다.
ㄹ. |×| 조세부담능력이 큰 사람에게 더 많은 조세를 부과하는 것은 수직적 공평성에 해당한다. 수평적 공평성은 조세부담능력이 동일한 사람에게 동일한 조세를 부과하는 것을 말한다.

14 광수는 소득에 대해 다음의 누진세율을 적용받고 있다고 가정하자. 처음 1,000만원에 대해서는 면세이고, 다음 1,000만원에 대해서는 10%, 그 다음 1,000만원에 대해서는 15%, 그 다음 1,000만원에 대해서는 25%, 그 이상의 초과소득에 대해서는 50%의 소득세율이 누진적으로 부과된다. 광수의 소득이 7,500만원일 경우 광수의 평균세율은 얼마인가? [2013 서울시 7급]

① 20%
② 25%
③ 28%
④ 30%
⑤ 36.67%

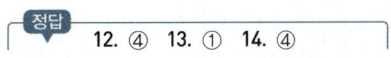
12. ④ 13. ① 14. ④

i) 각 소득구간에 대한 세율을 적용하여 광수가 납부해야 할 세금을 계산하면 다음과 같다.
- 납세액 $= 0 + (1,000 \times 10\%) + (1,000 \times 15\%) + (1,000 \times 25\%) + (3,500 \times 50\%)$
  $= 0 + 100 + 150 + 250 + 1,750 = 2,250$만원

ii) 광수의 소득(Y)이 7,500만원이고, 납세액(T)이 2,250만원이므로 평균세율$\left(\dfrac{T}{Y}\right)$은 30% $\left(= \dfrac{2,250}{7,500} \times 100\%\right)$이다.

15

[2015 | 지방직 7급] 상 중 하

A국의 소득세는 $T = \max[0, \ 0.15(Y-1,000)]$의 식에 따라 결정된다. 즉, 연소득 1,000만원까지는 전혀 세금을 부과하지 않고, 1,000만원을 넘는 부분에 대해서만 15%의 세율로 세금을 부과한다. 이 소득세 제도의 1,000만원 이상 소득구간에서 한계세율(ㄱ)과 평균세율(ㄴ)에 대한 설명으로 옳은 것은? (단, T는 세액, Y는 소득이다.)

	ㄱ	ㄴ
①	누진적	누진적
②	누진적	비례적
③	비례적	비례적
④	비례적	누진적

i) 한계세율$\left(\dfrac{\Delta T}{\Delta Y}\right)$은 소득이 1원 증가할 때의 납세액의 변화분율, 평균세율$\left(\dfrac{T}{Y}\right)$은 소득 1원당 납세액을 말한다.

ii) 1,000만원 이상 소득구간에서 세수함수가 $T = 0.15(Y-1,000) \rightarrow T = 0.15Y - 150$이므로 한계세율과 평균세율은 각각 다음과 같다.
- 한계세율 : $\dfrac{\Delta T}{\Delta Y} = 0.15$, 평균세율 : $\dfrac{T}{Y} = 0.15 - \dfrac{150}{Y}$

iii) 그러므로 1,000만원 이상 소득구간에서 한계세율은 0.15로 일정(비례적)하나, 평균세율은 소득이 증가할수록 상승(누진적)한다.

15. ④

시장실패와 정보경제학

- 21 시장실패
- 22 정보경제학

CHAPTER 21 시장실패

79 시장실패와 정부실패

시장실패와 정부실패

Point • 시장실패는 정부개입의 필요조건이지 충분조건은 아님

구 분		내 용
시장실패	개 념	• 시장기구에 의해 효율적인 자원배분이 이루어지지 못하거나 소득 분배의 공평성이 달성되지 못한 상태 • 정부의 시장개입의 이론적 근거가 됨

	발생원인	• 불완전경쟁 : $P > MC$
		• 규모의 경제 : $P > MC$
		• 위험과 불확실성
		  cf 완전한 조건부 상품시장 존재 : 자원배분의 효율성 달성
		    but 현실에서 존재하지 않음 → 시장실패
		• 정보의 비대칭성 : 역선택과 도덕적 해이
		• 외부성 : 시장기구에 의해 재화가 과소 또는 과다 생산됨
		• 공공재 : 무임승차로 인해 최적 생산이 이루어지지 못함
		• 공유자원 : 시장에 맡겨 놓으면 적정량보다 과다 소비됨

정부실패	개 념	• 시장실패를 교정하기 위한 정부개입이 오히려 민간부문의 의사결정을 왜곡시켜 자원배분의 비효율성을 악화시키는 상태 • 시장실패는 정부개입의 필요조건이지 충분조건은 아님 • 시장실패로 인해 정부가 반드시 개입해야 한다. (×) → 정부실패의 가능성
	발생원인	• 정보의 불완전성 : 제한된 정보 • 민간부문의 반응 변화 : 파생적 외부효과 • 시차의 가변성 : 정책시차로 인한 부작용의 가능성 • 정치적 과정에서의 제약 : 정치적 타협으로 인한 효율성 훼손 • 관료들의 행태 : 관료들의 예산극대화 또는 효용극대화 추구

01 [2011 | 감정평가사] 상 중 하

시장실패에 관한 설명으로 옳지 않은 것은?
① 시장실패는 시장기능을 통하여 자원이 효율적으로 배분되지 않는 경우를 포함한다.
② 정부개입이 사회후생을 증대시키는 데 도움을 줄 수 있다.
③ 시장실패는 외부효과가 존재하는 경우 발생할 수 있다.
④ 시장실패는 소유권이 명확하게 규정되지 않은 경우 발생할 수 있다.
⑤ 코즈(Coase) 정리에 의하면 시장실패는 시장에서 해결될 수 없다.

해설

시장실패는 시장기구에 의해 효율적인 자원배분이 이루어지지 못하거나 소득분배의 공평성이 달성되지 못한 상태로, 불완전경쟁, 규모의 경제, 외부성, 공공재 등이 시장실패의 발생원인이다. 이 때 정부개입이 사회후생을 증진시키는 데 도움을 줄 수 있으나, 정부실패가 발생할 수 있으므로 시장실패는 정부개입의 필요조건이지 충분조건은 아니다.
⑤ |×| 코즈 정리에 의하면, 협상비용이 무시할 수 있을 정도로 작고 명확한 소유권(재산권) 설정이 이루어지는 경우 당사자 간의 자발적 협상을 통해 자원배분의 효율성을 달성할 수 있다. 즉, 정부개입 없이 시장에서 외부성 문제가 해결될 수 있다.

02 [2014 | 공인회계사] 상 중 하

다음 중 시장실패의 요인을 모두 고르면?

| 가. 독과점의 존재 | 나. 공유자원의 존재 |
| 다. 외부경제의 존재 | 라. 비대칭 정보의 존재 |

① 가
② 나, 라
③ 가, 나, 라
④ 나, 다, 라
⑤ 가, 나, 다, 라

해설

가. 다. 라. |○| 불완전경쟁(독과점), 외부성, 정보의 비대칭성은 시장실패의 주요 요인들이다.
나. |○| 공유자원은 경합성과 비배제성을 특징으로 한다. 배제가 불가능하므로 자원에 대한 무분별한 소비가 이루어지고, 자원고갈의 위험이 있다. 따라서 이는 시장실패의 요인이 되며, 이러한 자원에 대해서는 정부의 개입이 필요하다.

정답 01. ⑤ 02. ⑤

03 [2015 | 국가직 9급]

시장실패를 일으키는 요인이 아닌 것은?
① 공공재
② 완전한 정보
③ 긍정적 외부효과
④ 독과점 시장구조

해설 시장실패의 발생원인 중 하나로 정보의 비대칭성을 들 수 있다. 시장에서 각 경제주체가 보유한 정보에 차이가 없고, 그 정보가 완전하다면 시장실패는 발생하지 않는다.

04 [2013 | 공인노무사]

정부실패(government failure)의 원인으로 옳지 않은 것은?
① 이익집단의 개입
② 정책당국의 제한된 정보
③ 정책당국의 인지시차 존재
④ 민간부문의 통제 불가능성
⑤ 정책 실행시차의 부재

해설 정부실패는 시장실패를 교정하기 위한 정부개입이 오히려 민간부문의 의사결정을 왜곡시켜 자원배분의 비효율성을 악화시키는 상태로, 정보의 불완전성, 민간부문의 반응 변화, 시차의 가변성, 정치적 과정에서의 제약, 관료들의 행태 등이 정부실패의 발생원인이다.
⑤ |×| 정책의 결정과 실행 사이에 시차가 존재하지 않는다면 상황에 대한 보다 신속하고 즉각적인 대처가 가능해지므로 정부정책이 더 효과적으로 작용할 가능성이 높다.

05 [2009 | 세무사]

정부실패의 발생원인으로 적합하지 않은 것은?
① 과다한 행정비용
② 관료의 지대추구 행위
③ 제한된 정보
④ 규모의 경제
⑤ 정책결과 예측의 어려움

해설 규모의 경제란 생산량이 증가함에 따라 평균비용이 점점 하락하는 현상을 말한다. 규모의 경제는 정부실패가 아니라 시장실패의 발생원인에 해당한다.

정답 03. ② 04. ⑤ 05. ④

80 외부성

외부성의 개념 및 구분

Point
- 의도하지 않고
- 시장 가격기구를 통하지 않아야 함(실질적 외부성)

구 분	내 용
개 념	어떤 경제주체의 생산 혹은 소비활동이 다른 경제주체에게 의도하지 않은 혜택이나 손해를 주면서도 이에 대한 보상이 이루어지지 않는 것
실질적 외부성 (기술적 외부성)	• 시장 가격기구를 통하지 않음 • 자원배분의 비효율성을 야기함 📖 통상적으로 외부성이라 하면 실질적(기술적) 외부성을 의미함
금전적 외부성	• 시장 가격기구를 통해 이익과 피해가 상쇄됨 • 자원배분의 비효율성을 야기하지 않음 • 사회 구성원 간의 소득분배에는 영향을 미침

외부성의 분류

Point
- 외부경제(긍정적 외부성) : 과소 생산(과소 소비) → 피구보조금
- 외부불경제(부정적 외부성) : 과잉 생산(과잉 소비) → 피 구 세

			시장실패	정부개입

생산
- Ⅰ. 외부경제 : $PMC > SMC\,(=PMC-EMC)$ → 과소 생산 / 피구보조금
  (예 양봉업자, 과수원)
- Ⅱ. 외부불경제 : $PMC < SMC\,(=PMC+EMC)$ → 과잉 생산 / 피구세
  (예 염색공장(상류), 맥주공장(하류))

소비
- Ⅲ. 외부경제 : $PMB < SMB\,(=PMB+EMB)$ → 과소 생산 / 피구보조금
  (예 교육, 꽃) (과소 소비)
- Ⅳ. 외부불경제 : $PMB > SMB\,(=PMB-EMB)$ → 과잉 생산 / 피구세
  (예 술, 담배) (과잉 소비)

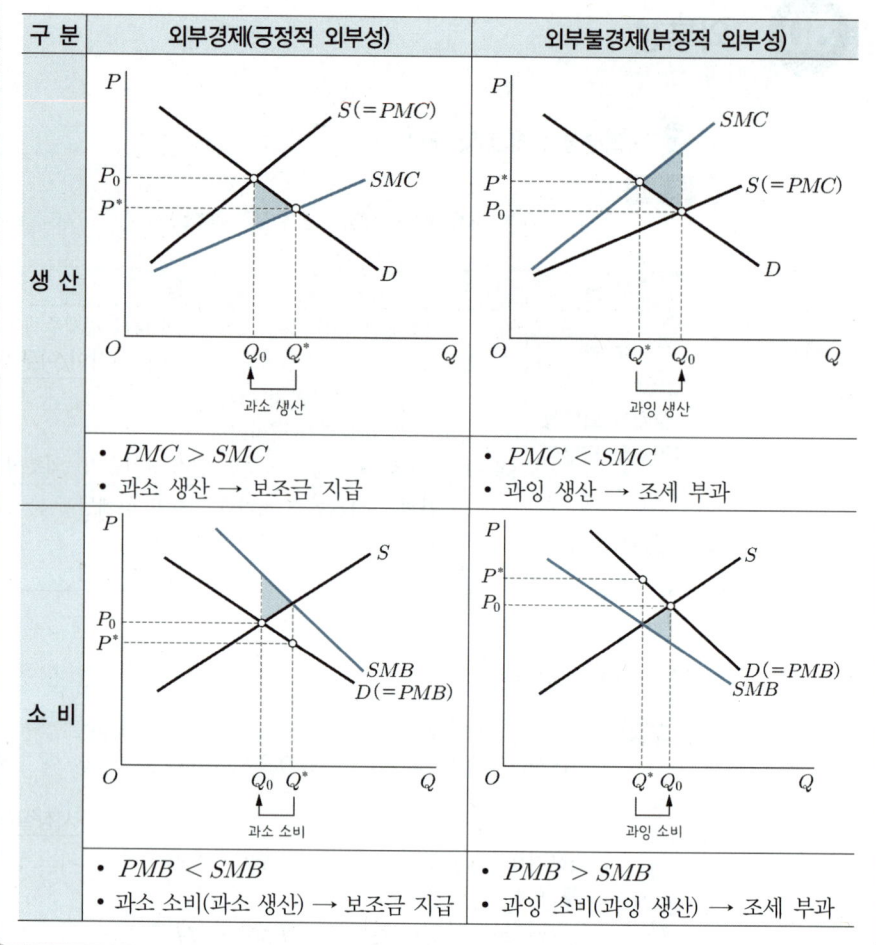

외부성의 해결 방안

사적 해결 방안 (시장 O, 정부 ×)	① 합병 : 외부성을 내부화함 ② 협상 : 코즈 정리
공적 해결 방안 (시장 O, 정부 O)	③ 오염배출권제도 ④ 피구세 / 피구보조금 → 단위당 피구세 : 사회적 최적 생산량 수준에서의 SMC와 PMC의 차이 또는 사회적 최적 생산량 수준에서의 EMC의 높이 → 피구세는 교정적 조세로 자원배분의 효율성을 개선함
직접규제 (시장 ×, 정부 O)	⑤ 직접규제 : 비용이 크게 소요됨

▶ 외부성의 내부화는 ① 합병부터 ④ 피구세 / 피구보조금까지임
▶ ①에서 ⑤로 갈수록 정부개입의 강도가 높아짐

01 [2011 | 공인노무사] 상 중 하

외부효과에 관한 설명으로 옳지 않은 것은?
① 외부효과는 한 경제주체의 행위가 제3자의 경제적 후생에 영향을 미치지만 그에 대한 보상이 이루어지지 않는 경우에 발생한다.
② 긍정적 외부효과가 있는 경우 시장균형생산량은 사회적 최적 생산량보다 크다.
③ 긍정적 외부효과가 있는 경우 내부화를 위해 정부가 보조금을 지급하기도 한다.
④ 부정적 외부효과의 경우 내부화를 위해 정부가 세금을 부과하기도 한다.
⑤ 거래비용이 없이 협상할 수 있다면 당사자들이 자발적으로 외부효과로 인한 비효율성을 줄일 수 있다.

해설
① |○| 외부성(외부효과)이란 어떤 경제주체의 생산 혹은 소비활동이 다른 경제주체에게 의도하지 않은 혜택이나 손해를 주면서도 이에 대한 보상이 이루어지지 않는 것을 말한다.
② |×| 긍정적 외부성이 존재할 경우 시장의 균형생산량은 사회적 최적 생산량보다 적다.
③ |○| 긍정적 외부성이 존재할 경우 정부는 외부성을 내부화하기 위해 보조금을 지급한다.
④ |○| 부정적 외부성이 존재할 경우 정부는 외부성을 내부화하기 위해 조세를 부과한다.
⑤ |○| 코즈 정리에 의하면, 거래비용이 무시할 수 있을 정도로 작고 명확한 소유권(재산권) 설정이 이루어지는 경우 당사자 간의 자발적 협상을 통해 외부성을 내부화할 수 있다.

02 [2018 | 서울시 7급] 상 중 하

외부효과(external effect)에 대한 설명으로 가장 옳지 않은 것은?
① 학교 주변에 고가도로가 건설되어 학교 수업이 방해를 받으면 외부불경제이다.
② 노숙자들에 대한 자원봉사로 노숙자들의 상황이 좋아졌다면 외부경제이다.
③ 노후 경유차로 인하여 미세먼지가 증가하였다면 외부불경제이다.
④ 내가 만든 정원이 다른 사람에게 즐거움을 주면 외부경제이다.

해설
외부성(외부효과)이란 어떤 경제주체의 생산 혹은 소비활동이 다른 경제주체에게 의도하지 않은 혜택이나 손해를 주면서도 이에 대한 보상이 이루어지지 않는 것을 말한다.
① |○| 학교 주변에 고가도로가 건설되어 학교 수업이 방해를 받는 것은 생산의 외부불경제이다.
② |×| 노숙자들에 대한 자원봉사로 노숙자들의 상황이 좋아지는 것은 의도한 효과가 발생한 것이므로 외부성이라고 볼 수 없다.
③ |○| 노후 경유차로 인하여 미세먼지가 증가하는 것은 소비의 외부불경제이다.
④ |○| 내가 만든 정원이 다른 사람에게 즐거움을 주는 것은 소비의 외부경제이다.

정답 01. ② 02. ②

| 2015 | 감정평가사 | 상 중 하

03 생산 측면에서 외부효과가 발생하는 경우에 관한 설명으로 옳지 않은 것은?

① 부정적 외부효과가 존재할 경우, 시장균형거래량에서 사회적 한계비용이 시장균형 가격보다 낮다.
② 긍정적 외부효과가 존재할 경우, 시장균형거래량은 사회적 최적 거래량보다 작다.
③ 부정적 외부효과가 존재할 경우, 경제적 순손실(자중손실)이 발생한다.
④ 긍정적 외부효과가 존재할 경우, 경제적 순손실(자중손실)이 발생한다.
⑤ 외부효과는 한 사람의 행위가 제3자의 경제적 후생에 영향을 미치고, 그에 대한 보상이 이루어지지 않을 때 발생한다.

해설

① |×| 생산 측면에서 부정적 외부성이 존재할 경우 사회적 한계비용이 사적 한계비용보다 높다 ($PMC < SMC$). 그러므로 사적 한계편익과 사적 한계비용이 일치($PMB = PMC$)하는 시장의 균형거래량(Q_0) 수준에서 $P = PMC < SMC$가 성립한다.

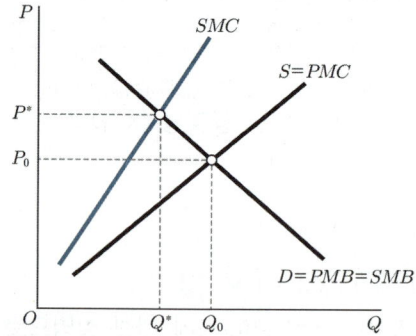

② |○| 생산 측면에서 긍정적 외부성이 존재할 경우 시장의 균형거래량은 사회적 최적 거래량보다 적다.
③, ④ |○| 생산 측면에서 외부성이 존재할 경우 사회적 한계비용과 사적 한계비용의 괴리로 인해 경제적 순손실(자중손실)이 발생한다.
⑤ |○| 외부성이란 어떤 경제주체의 생산 혹은 소비활동이 다른 경제주체에게 의도하지 않은 혜택이나 손해를 주면서도 이에 대한 보상이 이루어지지 않는 것을 말한다.

ReCheck 생산의 외부경제와 생산의 외부불경제

- 생산의 외부경제　　: $PMC > SMC$ → 과소 생산
- 생산의 외부불경제 : $PMC < SMC$ → 과잉 생산

04 X재의 생산 과정에서 양(+)의 외부효과가 발생할 때 균형산출량 수준에서 옳은 것은? (단, X재 시장은 완전경쟁시장이고, X재에 대한 수요의 법칙과 공급의 법칙이 성립하며, 정부의 개입은 없다고 가정한다. P는 X재의 가격, PMC는 X재의 사적 한계비용, SMC는 X재의 사회적 한계비용이다.)

① $P = SMC = PMC$
② $P = PMC > SMC$
③ $P = PMC < SMC$
④ $P = SMC < PMC$
⑤ $PMC < SMC < P$

해설
생산 과정에서 양(+)의 외부효과가 발생하는 생산의 외부경제의 경우 사회적 한계비용이 사적 한계비용보다 낮다($PMC > SMC$). 그러므로 사적 한계편익과 사적 한계비용이 일치($PMB = PMC$)하는 시장의 균형산출량(Q_0) 수준에서 $P = PMC > SMC$가 성립한다.

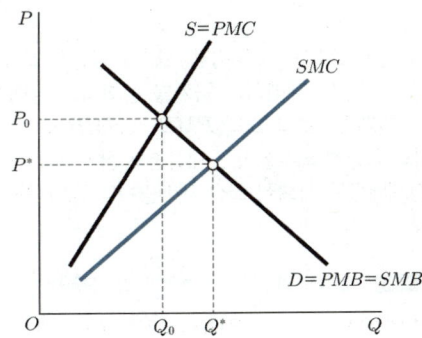

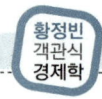

05 〔2017 | 감정평가사〕 상 중 하

다음 (   ) 안에 들어갈 내용으로 알맞은 것은?

> 관상용 나무 재배는 공기를 정화하는 긍정적 외부효과(externality)를 발생시킨다. 나무 재배 시 사회적 효용은 사적 효용보다(과) (ㄱ), 사회적 최적 재배량은 사적 균형재배량보다(과) (ㄴ).

① ㄱ : 크며   ㄴ : 많다
② ㄱ : 크며   ㄴ : 적다
③ ㄱ : 작으며   ㄴ : 많다
④ ㄱ : 작으며   ㄴ : 적다
⑤ ㄱ : 동일하고 ㄴ : 동일하다

주어진 지문은 소비의 외부경제(소비의 긍정적 외부성)를 나타내고 있다.
ⅰ) 관상용 나무를 재배하면 공기를 정화하는 긍정적 외부성이 발생하므로 사회적 한계효용이 사적 한계효용보다 크다($PMB < SMB$).
ⅱ) 소비의 긍정적 외부성이 존재하면 시장기구에 의해 과소 소비(과소 생산)가 이루어지므로 사적 균형재배량은 사회적 최적 재배량보다 적다. 즉, 사회적 최적 재배량은 사적 균형재배량보다 많다.

> **ReCheck** 소비의 외부경제와 소비의 외부불경제
> - 소비의 외부경제   : $PMB < SMB$ → 과소 소비(과소 생산)
> - 소비의 외부불경제 : $PMB > SMB$ → 과잉 소비(과잉 생산)

06 X재 생산으로부터 발생하는 환경오염으로 인한 외부성의 문제에 대한 설명으로 옳은 것을 모두 고르면?

> 가. X재 생산의 사회적 한계비용보다 기업의 사적 한계비용이 더 크다.
> 나. X재 시장이 완전경쟁이라면 X재 소비에서 얻는 사적 한계편익보다 X재 생산에 따른 사회적 한계비용이 더 크다.
> 다. X재 생산에서 발생하는 환경오염을 0으로 줄이는 것이 사회적으로 가장 효율적이다.
> 라. 코우즈(Coase) 정리에 따르면 거래비용이 없고 재산권이 설정되어 있으면 이해당사자들의 자유로운 협상을 통해 자원의 효율적 배분을 달성할 수 있다.

① 가, 나 ② 가, 다
③ 나, 다 ④ 나, 라
⑤ 다, 라

해설

가. |×| 생산 과정에서 부정적 외부성(생산의 외부불경제)이 발생하면 사회적 한계비용이 사적 한계비용보다 더 크다($PMC < SMC$).

나. |○| X재 시장이 완전경쟁일 때 시장의 균형생산량은 사적 한계편익과 사적 한계비용이 일치하는 점에서 결정되는데($PMB = PMC$), 생산의 부정적 외부성으로 인해 $PMC < SMC$이므로 $PMB = PMC < SMC$가 성립한다. 즉, X재 소비에서 얻는 사적 편익보다 X재 생산에 따른 사회적 한계비용이 더 크다.

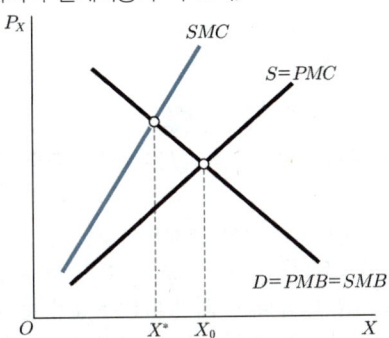

다. |×| 사회적으로 효율적인 오염감축 수준은 오염을 0으로 완전히 억제하는 것이 아니라 사회적 한계편익과 사회적 한계비용과 일치($SMB = SMC$)하는 효율적 수준, 즉 사회적 최적 수준까지 오염을 줄이는 것이다.

라. |○| 코즈 정리에 의하면, 거래비용이 무시할 수 있을 정도로 작고 명확한 재산권 설정이 이루어지는 경우 당사자 간의 자발적 협상을 통해 효율적인 자원배분을 달성할 수 있다.

07 〔2013 | 국회직 8급〕 상 중 하

어떤 도시의 택시 수는 1만대이다. 택시 1대가 하루 동안 운행하면 500원의 공해비용이 발생한다고 가정하자. 다음 설명 중 옳지 않은 것은?

① 지금 이 도시에서 사회적으로 바람직한 수준의 택시 운행 대수는 1만대 미만이다.
② 일부 택시의 운행을 강제로 제한하면 사회후생이 증가할 수 있다.
③ 택시 1대에 500원의 조세를 부과하면 사회후생이 증가한다.
④ 택시 운행의 사회적 비용이 사적 비용을 초과하고 있다.
⑤ 택시 수요곡선이 가격에 대해 비탄력적일수록 조세부과 후 운행 대수가 크게 감소한다.

해설

①, ④ |○| 택시 운행으로 인해 공해라는 부정적 외부성(생산의 외부불경제)이 발생하면 사회적 한계비용이 사적 한계비용보다 더 크다($PMC < SMC$). 시장기구에 의해 과잉 생산이 이루어지므로 사회적으로 바람직한 수준의 택시 운행 대수는 현재의 운행 대수인 1만대보다 적다.
② |○| 택시 운행 대수가 사회적으로 바람직한 수준을 초과하므로 일부 택시의 운행을 강제로 제한(직접규제)하면 사회후생을 높일 수 있다.
③ |○| 부정적 외부성이 존재할 때 정부가 단위당 일정액의 조세(피구세)를 부과하면 사회적 최적 수준을 달성할 수 있다.
⑤ |×| 단위당 일정액의 조세를 부과할 때 택시 수요가 가격에 대해 비탄력적일수록 조세부과 후 운행 대수가 적게 감소한다.

08 〔2012 | 감정평가사〕 상 중 하

외부성에 관한 설명으로 옳은 것을 모두 고른 것은?

ㄱ. 부(−)의 외부성이 존재하면 시장생산량은 사회적 최적 생산량보다 많다.
ㄴ. 외부성은 합병이나 보조금 혹은 조세 등을 통해 내부화시킬 수 있다.
ㄷ. 코즈(R. Coase)에 의하면 외부성이 존재하더라도 재산권이 확립되어 있으면 정부의 개입이 불필요할 수 있다.

① ㄱ
② ㄱ, ㄴ
③ ㄴ, ㄷ
④ ㄱ, ㄷ
⑤ ㄱ, ㄴ, ㄷ

해설
- ㄱ. |○| 생산 측면에서 부(−)의 외부성이 존재하는 생산의 외부불경제의 경우 시장의 균형생산량은 사회적 최적 생산량보다 많다.
- ㄴ. |○| 긍정적 외부성이 존재하면 보조금을 지급하고, 부정적 외부성이 존재하면 조세를 부과하여 외부성을 내부화할 수 있다. 또한, 두 기업을 합병하면 외부성 문제가 기업 내부의 문제로 바뀌므로 외부성을 내부화할 수 있다.
- ㄷ. |○| 코즈 정리에 의하면, 협상비용이 무시할 수 있을 정도로 작고 명확한 재산권 설정이 이루어지는 경우 당사자 간의 자발적 협상을 통해 자원배분의 효율성을 달성할 수 있다. 즉, 정부개입 없이 시장에서 외부성 문제가 해결될 수 있다.

09

2014 | 감정평가사

과수원주인인 甲과 양봉업자인 乙이 인근 지역에서 경제활동을 하고 있는데, 甲이 과실나무를 더 많이 심자 乙의 꿀 생산이 증가하고, 乙이 꿀벌의 수를 증가시키자 과수원 수확이 늘어나는 것을 확인할 수 있었다. 甲과 乙에게 발생하는 외부성에 관한 설명으로 옳은 것을 모두 고른 것은?

> ㄱ. 甲과 乙은 각각 서로에게 양의 외부성을 주게 된다.
> ㄴ. 거래비용이 존재하지 않을 때, 甲과 乙 간의 거래에 의해 사회적 최적 생산량을 합의해낼 수 있다.
> ㄷ. 甲과 乙 사이에 서로 양의 외부성을 주고받는 경우이므로, 시장실패에 대한 교정은 불필요하다.
> ㄹ. 甲이 양봉장을 인수함으로써 사회적 최적 생산량을 달성할 수 있다.

① ㄱ, ㄴ ② ㄴ, ㄷ ③ ㄷ, ㄹ
④ ㄱ, ㄴ, ㄹ ⑤ ㄱ, ㄷ, ㄹ

- ㄱ. |○| 주어진 지문은 甲과 乙이 서로에게 생산의 긍정적 외부성(생산의 외부경제)을 발생시키는 상황을 나타내고 있다.
- ㄴ. |○| 코즈 정리에 의하면, 거래비용이 무시할 수 있을 정도로 작고 명확한 소유권(재산권) 설정이 이루어지는 경우 당사자 간의 자발적 협상을 통해 사회적 최적 생산량을 달성할 수 있다.
- ㄷ. |×| 생산의 긍정적 외부성이 존재하면 시장기구에 의해 과소 생산이 이루어진다. 즉, 시장의 균형생산량이 사회적 최적 생산량보다 적은 시장실패가 발생하므로 시장실패에 대한 교정이 필요하다.
- ㄹ. |○| 甲이 양봉장을 인수하거나, 乙이 과수원을 인수하는 합병을 통해 외부성을 내부화하면 사회적 최적 생산량을 달성할 수 있다.

정답 07. ⑤ 08. ⑤ 09. ④

81 외부성의 해결 방안 : 코즈 정리

코즈 정리(Coase theorem)

Point
- 효율성만 고려함(형평성 고려 ×)
- 소유권(재산권)이 어느 경제주체에게 귀속되는지의 문제는 효율성과 무관함
- 사적 해결 방안(정부의 비개입)

구 분	내 용
개 념	협상비용이 무시할 수 있을 정도로 작고 명확한 소유권(재산권) 설정이 이루어지는 경우 소유권이 어느 경제주체에게 귀속되는지에 상관없이 당사자 간의 자발적 협상을 통해 자원배분의 효율성을 달성할 수 있음 📖 소유권(재산권) 부여와 관련된 소득효과가 없어야 함

특 징	• 소유권(재산권)을 어느 경제주체에게 부여할 것인가의 문제
	   → 자원배분의 효율성에는 영향을 미치지 않음
	   → 소득분배 측면에서의 차이는 발생함
	   → 당사자 중 가해자와 피해자를 명확하게 구분하지 않더라도 코즈 정리를 적용할 수 있음
	• 당사자 간의 자발적 협상에 의한 문제 해결이 효율적임을 주장함
	• 정부의 비개입을 강조함
	• 효율성만 고려하고, 형평성은 고려하지 않음

문제점	• 협상비용(거래비용)의 과다 • 외부성 측정의 어려움 • 당사자 구분의 모호성 • 정보의 비대칭성 • 당사자 간 협상능력의 차이

| 2013 | 국가직 7급 | 상 중 하

강 상류에 위치한 기업 A가 오염물질을 배출하고 있으며, 강 하류에서는 어민 B가 어업활동을 영위하고 있다. 그런데 기업 A는 자사의 오염배출이 어민 B에 미치는 영향을 고려하지 않고 있다. 사회적 최적 수준의 오염물질 배출량이 100톤이라고 가정할 때, 옳지 않은 것은?

① 현재 기업 A의 오염물질 배출량은 100톤보다 많다.
② 오염배출 문제는 기업 A와 어민 B의 협상을 통해서 해결 가능하며, 이러한 경우 보상을 위한 필요자금 없이도 가능하다.
③ 기업 A에게 적절한 피구세(Pigouvian tax)를 부과함으로써 사회적 최적 수준의 오염물질 배출량 달성이 가능하다.
④ 강 하류에 어민이 많을수록 협상을 통한 오염배출 문제의 해결은 현실적으로 어려워진다.

해설 제시된 사례는 생산의 부정적 외부성(생산의 외부불경제)이 발생하는 상황을 나타내고 있다.
① ③ |○| 생산의 부정적 외부성이 존재하면 과잉 생산이 이루어지므로 현재 기업 A의 오염배출량은 사회적 최적 수준인 100톤보다 많다. 이 경우 기업 A에게 사회적 최적 오염배출량 수준인 100톤에서의 SMC와 PMC의 차이만큼 피구세를 부과하면 오염배출량을 사회적 최적 수준까지 줄이는 것이 가능하다.
② |×| 코즈 정리에 의하면, 협상비용이 무시할 수 있을 정도로 작고 명확한 소유권(재산권) 설정이 이루어지는 경우 당사자 간의 자발적 협상을 통해 오염배출량을 사회적 최적 수준까지 줄일 수 있다. 이때 소유권이 기업 A에게 부여되면 기업 A가 오염배출량을 줄이는 대가로 어민 B가 기업 A에게 보상을 해야 하고, 소유권이 어민 B에게 부여되면 기업 A의 오염배출을 허용하는 대가로 기업 A가 어민 B에게 보상을 해야 한다. 이렇듯 협상을 통해 외부성 문제를 해결하기 위해서는 반드시 보상을 위한 자금이 필요하다.
④ |○| 이해당사자의 수가 많으면 협상비용이 높아지는 것은 물론, 협상 자체가 이루어지기 어렵기 때문에 협상을 통한 외부성 문제의 해결은 현실적으로 어려워진다.

02 | 2014 | 국가직 9급 | 상 중 하

외부효과와 코즈 정리에 대한 설명으로 옳지 않은 것은?
① 코즈 정리에 따르면 시장이 효율적인 결과에 도달하는지의 여부는 이해당사자들의 법적 권리가 누구에게 있는가에 따라 달라진다.
② 코즈 정리와 달리 현실에서는 민간주체들이 외부효과 문제를 항상 해결할 수 있는 것은 아니다.
③ 외부불경제(negative externality)를 정부개입을 통해 해결하려는 방식으로 피구세(교정적 조세)가 있다.
④ 외부불경제(negative externality)는 완전경쟁시장이나 불완전경쟁시장 모두에서 발생할 수 있다.

해설
① |×| 코즈 정리에 의하면, 협상비용이 무시할 수 있을 정도로 작고 명확한 소유권(재산권) 설정이 이루어지는 경우 소유권이 어느 경제주체에게 귀속되는지에 상관없이 당사자 간의 자발적 협상을 통해 자원배분의 효율성을 달성할 수 있다.
② |○| 협상비용의 과다, 외부성 측정의 어려움, 당사자 구분의 모호성, 정보의 비대칭성, 당사자 간 협상능력의 차이 등으로 인해 코즈 정리에 의한 외부성 문제의 해결은 현실적으로 쉽지 않다.
③ |○| 부정적 외부성이 발생하는 외부불경제의 경우 정부는 피구세를 부과하여 외부성 문제를 해결할 수 있다.
④ |○| 외부성은 시장 형태와 관계없이 발생할 수 있으며, 시장실패의 원인이 된다.

ReCheck 코즈 정리
- 소유권(재산권)이 어느 경제주체에게 귀속되는지의 문제는 효율성과 무관함
- 단, 소득분배 측면에서의 차이는 발생함

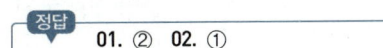
정답 01. ② 02. ①

03 [2017 | 세무사]

하천의 상류에는 하천 오염물질을 유출하는 기업 A가 조업하고 있으며, 하천의 하류에는 깨끗한 물을 사용해야 하는 기업 B가 조업하고 있다고 가정할 경우, 코즈 정리(Coase Theorem)와 관련하여 옳지 않은 것은?

① 하천의 재산권을 기업 A에게 부여하면 기업 B에게 부여하는 경우보다 하천의 오염도가 증가할 것이다.
② 코즈 정리가 성립하려면 재산권이 명확하게 규정되어 있어야 한다.
③ 코즈 정리가 성립하려면 협상으로부터 얻는 이득이 협상에 드는 비용보다 커야만 한다.
④ 코즈 정리에 따르더라도 분배문제는 해결되지 않는다.
⑤ 코즈 정리가 성립하려면 재산권 부여와 관련된 소득효과가 없어야 한다.

해설
ⅰ) 코즈 정리에 의하면, 협상비용이 무시할 수 있을 정도로 작고 명확한 소유권(재산권) 설정이 이루어지는 경우 소유권이 어느 경제주체에게 귀속되는지에 상관없이 당사자 간의 자발적 협상을 통해 외부성을 내부화할 수 있다. 이러한 자원배분의 결과는 기업 합병과 그 결과가 일치하나, 코즈 정리의 경우 어느 경제주체에게 소유권을 부여할 것인가와 관련된 분배문제가 발생한다는 점에서 기업 합병과는 차이가 있다.
ⅱ) 한편, 코즈 정리는 협상에 비용이 들지 않는다는 가정에 더해서 소유권(재산권) 부여와 관련된 분배상태의 변화가 자원배분에 영향을 미치지 않는다고 가정하고 있다. 다시 말해, 소유권 부여와 관련된 소득효과(income effect)가 없다고 가정하고 있는데, 이는 후생경제학의 제2정리에서 살펴봤듯 분배와 효율성 문제가 서로 분리될 수 있음을 시사하는 것이다.

04 [2014 | 국가직 7급]

A국에서는 항공기 제조업체가 제품 생산 과정에서 하천을 오염시켜 주민들에게 피해를 주고 있다. 이 경우 코즈 정리(Coase theorem)에 따라 하천문제 해결 방안에 대해 설명한 것으로 옳은 것은?

① 정부가 기업에 피구세를 부과한다.
② 거래비용에 관계없이 합리적인 문제 해결이 가능하다.
③ 주민들이 기업과의 협의를 통해 하천문제를 해결할 수 있다.
④ 기업이 하천에 대한 사유재산권을 가져야만 효율적인 결과를 얻을 수 있다.

해설
① |×| 외부성의 해결 방안 중 사적 해결 방안(시장)에 속하는 코즈 정리와 달리 피구세는 공적 해결 방안(시장＋정부)에 속한다.
② |×| 거래비용이 크다면 코즈 정리에 의한 외부성 문제의 해결은 어려워진다. 이에 더해, 외부성 측정의 어려움, 당사자 구분의 모호성, 정보의 비대칭성, 당사자 간 협상능력의 차이 등도 코즈 정리의 현실 적합성을 떨어뜨리는 요인들이다.
③ |○|, ④ |×| 코즈 정리에 의하면, 협상비용이 무시할 수 있을 정도로 작고 명확한 재산권 설정이 이루어지는 경우 재산권이 어느 경제주체에게 귀속되는지에 상관없이 당사자 간의 자발적 협상을 통해 자원배분의 효율성을 달성할 수 있다.

05

[2017 | 서울시 7급]

다음 중 코우즈 정리(Coase theorem)에 따른 예측으로 가장 옳지 않은 것은? (단, 만족수준 한 단위가 현금 1만원과 동일한 수준의 효용이다.)

> 김 씨와 이 씨가 한집에 살고 있다. 평상시 두 사람의 만족수준을 100이라고 하자. 김 씨는 집 안 전체에 음악을 틀고 있으면 만족수준이 200이 된다. 반면, 이 씨는 음악이 틀어져 있는 공간에서는 만족수준이 50에 그친다.

① 음악을 트는 것에 대한 권리가 누구에게 있든지 집 안 전체의 음악 재생 여부는 동일하다.
② 음악을 트는 것에 대한 권리가 이 씨에게 있는 경우 둘 사이에 자금의 이전이 발생한다.
③ 음악을 트는 것에 대한 권리가 김 씨에게 있는 경우 그는 음악을 틀 것이다.
④ 음악을 트는 것에 대한 권리가 이 씨에게 있는 경우 집 안은 고요할 것이다.

Tip. 음악을 틀 경우 두 사람의 효용의 합이 250, 음악을 틀지 않을 경우 두 사람의 효용의 합이 200이므로 어떤 방식으로든 음악이 틀어질 것이다.

집 안 전체에 음악을 틀 경우 김 씨의 효용이 100만원 증가하고, 이 씨의 효용은 50만원 감소하므로 협상 시 제시 가능한 보상금의 크기는 음악을 트는 것에 대한 권리가 누구에게 있는지에 따라 김 씨의 최소요구금액(최대지불용의금액)은 100만원, 이 씨의 최대지불용의금액(최소요구금액)은 50만원이 된다.

i) 음악을 트는 것에 대한 권리가 김 씨에게 있는 경우
권리자인 김 씨의 최소요구금액이 100만원, 이 씨의 최대지불용의금액이 50만원이므로 협상이 이루어지지 않는다. 이때 음악을 트는 것에 대한 권리가 김 씨에게 있으므로 그는 집 안 전체에 음악을 틀 것이다.

ii) 음악을 트는 것에 대한 권리가 이 씨에게 있는 경우
권리자인 이 씨의 최소요구금액이 50만원, 김 씨의 최대지불용의금액이 100만원이므로 협상이 이루어져 김 씨는 이 씨에게 보상금을 지급하고 집 안 전체에 음악을 틀 것이다. 이때 보상금의 범위는 50만원~100만원 사이가 된다.

iii) 결국, 음악을 트는 것에 대한 권리가 누구에게 있는지에 관계없이 집 안 전체에 음악이 틀어질 것이다.

> 📄 코즈 정리 … 협상에 의한 해결
> • 일정 조건하에서 효용수준이 높은 개인 A와 효용수준이 낮은 개인 B를 가정함
>   - A에게 재산권이 주어질 경우 : 자금의 이전 없이(협상 ×) A의 의사결정에 따라 효율성이 충족됨
>   - B에게 재산권이 주어질 경우 : A로부터 B에게로 자금의 이전(협상 ○)이 이루어지고 효율성이 충족됨
> • 효용수준이 높은 개인 A에 의해 결과가 결정됨

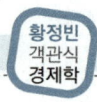

06 [2015 | 공인회계사] 상 중 하

흡연자인 희준과 비흡연자인 정진은 2인용 기숙사 방을 함께 사용한다. 희준이 방에서 흡연하는 행위로부터 얻는 순편익의 가치는 3만원이고, 정진이 담배연기 없는 방을 사용함으로써 얻는 순편익의 가치는 5만원이다. 두 사람은 방에서의 흡연 여부에 대해 협상을 할 수 있으며, 협상에 따른 거래비용은 없다고 가정하자. 코즈(R. Coase) 정리를 적용할 때 다음 설명 중 옳지 않은 것은?

① 법적으로 희준에게 방에서 흡연할 권리가 있는 경우, 희준이 방에서 흡연을 하는 결과가 나타난다.
② 법적으로 정진에게 담배연기 없는 방을 사용할 권리가 있는 경우, 희준이 방에서 흡연을 하지 않는 결과가 나타난다.
③ 효율적인 자원배분은 희준이 방에서 흡연을 하지 않는 것이다.
④ 희준이 정진에게 보상을 하고 방에서 흡연을 하는 거래는 나타나지 않는다.
⑤ 정진이 희준에게 4만원을 보상하고, 희준이 방에서 흡연을 하지 않는 거래가 발생할 수 있다.

해설

흡연 시 희준의 순편익이 3만원, 금연 시 정진의 순편익이 5만원이므로 협상 시 제시 가능한 보상금의 크기는 방에 대한 권리가 누구에게 있는지에 따라 희준의 최소요구금액(최대지불용의금액)은 3만원, 정진의 최대지불용의금액(최소요구금액)은 5만원이 된다.

ⅰ) 방에 대한 권리가 희준에게 있는 경우
   권리자인 희준의 최소요구금액이 3만원, 정진의 최대지불용의금액이 5만원이므로 협상이 이루어져 정진은 희준에게 보상금을 지급하고 희준은 방에서 흡연을 하지 않을 것이다. 이때 보상금의 범위는 3만원~5만원 사이가 된다.
ⅱ) 방에 대한 권리가 정진에게 있는 경우
   권리자인 정진의 최소요구금액이 5만원, 희준의 최대지불용의금액이 3만원이므로 협상이 이루어지지 않는다. 이때 방에 대한 권리가 정진에게 있으므로 희준은 방에서 흡연을 하지 못할 것이다.
ⅲ) 결국, 방에 대한 권리가 누구에게 있는지에 관계없이 희준이 방에서 흡연을 하는 결과는 나타나지 않고, 희준이 흡연을 할 때 얻는 순편익보다 정진이 담배연기 없는 방을 사용할 때의 순편익이 더 크므로 효율적인 자원배분은 희준이 방에서 흡연을 하지 않는 것이다.

07 [2018 | 세무사]

갑의 생산행위가 시장기구를 통하지 않고 을에게 피해를 입히게 되는데, 갑의 한계편익은 $200 - \frac{1}{2}Q$, 한계비용은 50, 갑의 행위로 인한 을의 한계피해비용은 10이다. 코즈(Coase) 정리에 따라 효율적인 생산 규모 산정이 가능하다고 할 때, 다음 설명으로 옳은 것은? (Q : 갑의 생산량)

① 갑이 재산권을 가지고 있을 경우, 을이 80을 갑에게 제공하면 자발적 협상이 타결될 수 있다.
② 갑이 재산권을 가지고 있을 경우, 자발적 협상이 타결되면 갑의 생산량은 증가한다.
③ 갑이 재산권을 가지고 있을 경우, 자발적 협상이 타결되면 갑의 최대후생은 22,600이다.
④ 을이 재산권을 가지고 있을 경우, 갑이 을에게 2,500을 제공하면 자발적 협상이 타결될 수 있다.
⑤ 을이 재산권을 가지고 있을 경우, 자발적 협상이 타결이 되지 않으면 갑의 생산량은 300이다.

해설

ⅰ) 갑의 균형생산량은 갑의 사적 한계편익과 사적 한계비용이 일치하는 수준에서 결정되므로 $PMB_갑 = 200 - \frac{1}{2}Q$와 $PMC_갑 = 50$을 연립하면 갑의 균형생산량은 300단위로 계산된다.

- 갑의 균형생산량 : $PMB_갑 = PMC_갑 \rightarrow 200 - \frac{1}{2}Q = 50 \rightarrow \frac{1}{2}Q = 150 \therefore Q = 300$

ⅱ) 소비 측면에서는 외부성이 존재하지 않으므로 $SMB_갑 = PMB_갑 = 200 - \frac{1}{2}Q$이고, 갑의 행위로 인한 을의 한계피해비용은 $EMC = 10$이므로 $SMC_갑 = PMC_갑 + EMC = 60$이다. 사회적 최적 생산량은 사회적 한계편익과 사회적 한계비용이 일치하는 수준에서 결정되므로 $SMB_갑 = 200 - \frac{1}{2}Q$와 $SMC_갑 = 60$을 연립하면 사회적 최적 생산량은 280단위로 계산된다.

- 사회적 최적 생산량 : $SMB_갑 = SMC_갑 \rightarrow 200 - \frac{1}{2}Q = 60 \rightarrow \frac{1}{2}Q = 140 \therefore Q = 280$

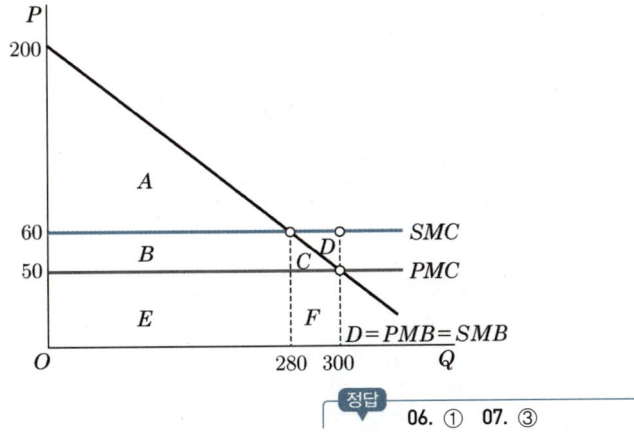

정답 06. ① 07. ③

ⅲ) 갑이 재산권을 가지고 있을 때 초기 상태에서 갑이 얻는 후생은 $(A+B+C)$의 면적이다. 이 경우 생산량을 300단위에서 사회적 최적 생산량인 280단위로 줄이는 대가로 갑이 요구하는 최소금액은 C의 면적이 되고, 을이 지불할 용의가 있는 최대금액은 $(C+D)$의 면적이 된다. 따라서 을이 최소한 C의 면적에 해당하는 100을 갑에게 제공해야 자발적 협상이 타결될 수 있으며, 협상이 타결되면 갑의 생산량은 280단위로 감소한다. 자발적 협상이 타결됐을 때 갑이 얻을 수 있는 최대후생은 $(A+B+C+D)$의 면적으로, 이를 계산하면 22,600이 된다.

- 갑의 최대후생 : 갑의 후생($A+B$의 면적)+을의 최대지불용의금액($C+D$의 면적)
$$= \left\{\frac{1}{2} \times (150+10) \times 280\right\} + (10 \times 20) = 22,600$$

ⅳ) 을이 재산권을 가지고 있을 때 초기 상태에서 을은 갑이 생산 활동을 하지 못하도록 할 것이다. 이 경우 사회적 최적 생산량인 280단위의 생산을 허용하는 대가로 을이 요구하는 최소금액은 B의 면적이 되고, 갑이 지불할 용의가 있는 최대금액은 $(A+B)$의 면적이 된다. 따라서 갑이 최소한 B의 면적에 해당하는 2,800을 을에게 제공해야 자발적 협상이 타결될 수 있으며, 협상이 타결되지 않는다면 갑의 생산량은 0이다.

외부성의 해결 방안 : 오염배출권제도

오염배출권제도

Point
- 공적 해결 방안(정부＋시장)
  → 직접규제 방식에 비해 효율적임(시장 유인을 활용한 비용 절감)

구분	내용
개념	정부가 오염물질 배출의 총량을 미리 정하고, 오염물질 배출의 총량만큼의 오염배출권을 발행한 다음 각 기업은 오염배출권을 가진 한도 내에서만 오염물질을 배출할 수 있도록 하는 제도
특징	• 각 기업은 오염배출권의 가격과 오염물질 저감비용(감축비용)을 비교하여 오염배출권 매매 여부를 결정함 　ⅰ) 오염배출권 가격 ＞ 오염물질 저감비용 : 오염배출권 매각 　ⅱ) 오염배출권 가격 ＜ 오염물질 저감비용 : 오염배출권 매입 　⇒ 이 과정에서 오염배출권의 가격이 결정됨 • 각 기업의 한계오염저감비용의 격차가 클수록 효과적임 • 사회전체의 총오염저감비용 극소화 조건 　→ 각 기업의 한계오염저감비용이 동일할 때 : $MC_A = MC_B = P_{오염배출권}$ • 시장 기능을 활용한다는 측면에서 직접규제 방식에 비해 효율적임 　→ 보다 적은 비용으로 오염물질 배출량을 정부가 원하는 수준까지 줄이는 것이 가능함(시장 유인을 활용한 비용 절감)

[2014 | 보험계리사] 상 중 하

01 오염배출권시장에 대한 설명으로 옳지 않은 것은?

① 정부가 시장을 통해 오염물질 배출을 규제하기 위한 정책이다.
② 오염물질을 배출하는 기업에 일정량의 오염물질 배출권을 할당하고 이를 시장에서 거래하도록 한다.
③ 오염물질에 대한 시장수요를 정부가 정확히 알 수 없는 경우에는 피구세(Pigouvian tax)가 더 효율적인 방법이다.
④ 정부가 오염물질 배출량을 설정하고 오염물질 가격은 시장에서 결정하게 하는 방식이다.

Tip. 시장수요를 정확히 알 수 없을 때는 오염배출권제도가 피구세보다 효율적이다.

부정적 외부성을 발생시키는 행위에서 비롯되는 외부효과 비용과 그 크기가 같을 때, 이를 이상적인 피구세라 할 수 있다. 따라서 교정적 조세인 피구세를 부과할 때는 사적 한계비용, 사회적 한계비용 및 시장수요 등을 모두 파악하여 오염배출량이 최적 수준이 되도록 부과액을 정해야 한다. 오염물질에 대한 시장수요를 정부가 정확히 알 수 없는 경우에 피구세를 부과하는 것은 효율적인 방법이 아니다.

정답
01. ③

02 ﹝2017 ｜ 세무사﹞ 상 중 하

배출권거래제도에 관한 설명으로 옳지 않은 것은?

① 기업들에게 허용되는 오염물질 배출의 총량을 미리 정해 놓는다.
② 공해를 줄이는 데 드는 한계비용이 상대적으로 낮은 기업은 배출권을 판매한다.
③ 배출권시장의 균형에서는 배출권을 줄이는 데 드는 각 기업의 한계비용이 같아진다.
④ 배출권의 총량이 정해지면 배출권을 각 기업에게 어떻게 할당하느냐와 관계없이 효율적 배분이 가능하다.
⑤ 환경오염 감축 효과가 불확실한 것이 단점이다.

① |O| 오염배출권제도는 정부가 오염물질 배출의 총량을 미리 정하고, 오염물질 배출의 총량만큼의 오염배출권을 발행한 다음 오염배출권을 가진 한도 내에서만 오염물질을 배출할 수 있도록 하는 제도이다.

② |O| 한계오염감축비용이 상대적으로 낮은 기업은 오염배출권을 매각하고 오염물질을 직접 감축한다.

③ |O| 오염배출권을 매각하는 기업은 스스로 오염물질을 줄여야 하므로 오염물질을 줄이는 데 드는 한계비용이 점차 증가하다가 마침내 그 한계비용이 오염배출권의 시장가격과 같아질 때에 비로소 오염배출권 매각으로부터 이득을 볼 여지가 사라진다. 반대로, 오염배출권을 매입하는 기업은 오염물질을 줄이는 데 드는 한계비용이 점차 감소하다가 그 한계비용이 오염배출권의 시장가격과 같아질 때에 오염배출권 매입으로부터 이득을 볼 여지가 사라진다. 결국, 오염배출권 거래를 통해서 오염배출권을 매각 혹은 매입하는 기업이 오염물질을 줄이는 데 드는 한계비용은 오염배출권의 시장가격과 같아지게 된다. 다시 말해, 오염배출권시장의 균형에서는 각 기업이 오염물질을 줄이는 데 드는 한계비용이 시장가격을 매개로 서로 같아지게 되는 것이다.

④ |O|, ⑤ |X| 오염배출권제도하에서는 오염배출권의 총량만 정해지면 그 배출권을 어느 기업에게 얼마나 배분하는가에 관계없이 오염배출권시장이 창출되어 시장기능에 의해 효율적인 자원배분이 이루어지므로 오염물질을 효과적으로 감축할 수 있다.

ReCheck 오염배출권제도

- 배출권시장에서 각 기업은 오염배출권의 가격과 오염물질 저감비용(감축비용)을 비교하여 오염배출권 매매 여부를 결정함
  - 오염배출권 가격 > 오염물질 저감비용 : 오염배출권 매각
  - 오염배출권 가격 < 오염물질 저감비용 : 오염배출권 매입
- 배출권시장의 균형 : 오염물질 저감에 따른 $MC_A = MC_B$

03 [2013 | 세무사]

온실가스 배출로 인하여 발생하는 지구온난화현상은 다양한 지구환경문제를 야기한다. 온실가스 배출 저감을 위하여 시행되는 배출권 거래제 정책에 관한 설명으로 옳지 않은 것은?

① 우리나라는 온실가스 배출권 거래 관련 법안이 이미 통과되어 향후 시행할 예정이다.
② 온실가스 배출권 거래제는 개별기업의 온실가스 저감에 따른 한계비용 격차가 작을수록 효과적이다.
③ 온실가스 배출권 거래제는 실제 거래에 따른 거래비용이 크지 않을 경우 일반적으로 직접규제 정책에 비하여 효율적이다.
④ 무상으로 배출권을 할당하는 경우 배출권 거래제에서는 과다 할당에 따라 불로소득(windfall profit)이 발생할 수 있다.
⑤ 온실가스 배출권 거래제는 규제 대상 기업의 온실가스 저감기술 개발을 유인할 수 있다.

Tip. 오염배출권제도는 각 기업의 한계오염저감비용의 격차가 클수록 효과적이다.

① |○| 우리나라의 경우 오염배출권제도가 2014년부터 이미 시행 중에 있고, 전 세계적으로 거래되는 탄소배출권이 이에 해당한다.
② |×| 오염배출권제도는 각 기업의 오염물질 저감에 따른 한계비용의 격차가 클수록 효과적이다. 오염배출권제도의 시행으로 한계오염저감비용이 상대적으로 낮은 기업은 오염배출권을 매각하고, 한계오염저감비용이 상대적으로 높은 기업은 오염배출권을 매입하여 오염물질을 배출하면 보다 적은 비용으로 오염물질 배출량을 정부가 원하는 수준까지 줄이는 것이 가능해진다.
③ |○| 직접규제의 경우 정부가 모든 과정을 일괄적으로 처리·통제하므로 비용이 크게 소요되는 단점이 있다. 반면, 오염배출권제도는 시장을 활용하므로 실제 거래에 따른 거래비용이 크지 않다는 전제하에서 일반적으로 직접규제에 비해 효율적이다.
④, ⑤ |○| 오염배출권제도하에서 무상으로 오염배출권을 할당하는 경우 과다 할당에 따른 불로소득이 발생할 수 있다. 그리고 오염배출권제도의 시행은 오염물질 배출량이 과다한 기업의 오염저감기술 개발을 유인할 수도 있다.

04 [2017 | 감정평가사]

온실가스 배출량(Q)을 저감하기 위한 한계저감비용은 $40-2Q$이고, 온실가스 배출로 유발되는 한계피해비용은 $3Q$이다. 최적의 온실가스 배출량과 한계저감비용은?

① 8, 24
② 9, 27
③ 10, 30
④ 11, 33
⑤ 12, 36

정답 02. ⑤ 03. ② 04. ①

해설
ⅰ) 최적 온실가스 배출량은 온실가스 배출에 따른 한계저감비용과 한계피해비용이 같아지는 점에서 결정된다.
ⅱ) 한계저감비용함수가 $40-2Q$이고, 한계피해비용함수가 $3Q$이므로 이를 연립해서 풀면 최적 온실가스 배출량은 $Q=8$이 되고, $Q=8$을 한계저감비용함수에 대입하면 한계저감비용은 24로 계산된다.
- $40-2Q=3Q \rightarrow 5Q=40 \therefore Q=8$

05 | 2010 세무사 | 상 중 하

두 기업 A와 B가 존재하는 경제에서 기업 A와 B의 총오염저감비용은 각각 $C_A=100+2Z_A^2$, $C_B=100+3Z_B^2$으로 표시된다(단, Z_A, Z_B는 각각 기업 A와 B의 오염물질 감축량). 이때 배출권거래제하에서 사회전체적으로 오염물질을 60만큼 감축해야 한다면 이 경제전체의 총오염저감비용을 최소화시키는 A와 B의 오염물질 감축량은?

① A는 24, B는 36
② A는 20, B는 40
③ A는 35, B는 25
④ A는 40, B는 20
⑤ A는 36, B는 24

해설
Tip. 총오염저감비용 극소화 조건은 $MC_A=MC_B$이다.

ⅰ) 경제전체의 총오염저감비용이 극소화되려면 개별기업들의 한계오염저감비용이 동일해야 한다. 예컨대, 두 기업 A, B가 존재하는 경제에서 기업 A와 B의 한계오염저감비용이 다르다면 다음과 같이 각 기업의 오염물질 감축량을 조정함으로써 오염물질 감축에 따른 총비용을 극소화할 수 있고, 균형에서는 $MC_A=MC_B$가 성립한다.
- $MC_A > MC_B \rightarrow$ 기업 A의 오염물질 감축량↓, 기업 B의 오염물질 감축량↑
- $MC_A < MC_B \rightarrow$ 기업 A의 오염물질 감축량↑, 기업 B의 오염물질 감축량↓
 ⇒ 총오염저감비용 극소화 조건 : $MC_A=MC_B$

ⅱ) 기업 A와 B의 한계오염저감비용이 각각 $MC_A=4Z_A$, $MC_B=6Z_B$이므로 총오염저감비용 극소화 조건 $MC_A=MC_B$에 의해 다음의 관계가 성립한다.
- 기업 A의 한계오염저감비용 : $C_A=100+2Z_A^2 \rightarrow MC_A=4Z_A$
- 기업 B의 한계오염저감비용 : $C_B=100+3Z_B^2 \rightarrow MC_B=6Z_B$
- 총오염저감비용 극소화 조건 : $MC_A=MC_B \rightarrow 4Z_A=6Z_B \therefore Z_A=1.5Z_B$

ⅲ) 사회전체적으로 오염물질을 60만큼 감축해야 하므로 $Z_A+Z_B=60$이 성립한다. 따라서 $Z_A=1.5Z_B$를 $Z_A+Z_B=60$에 대입하면 $Z_A=36$, $Z_B=24$로 계산된다.

06

[2011 | 국회직 8급] 상 중 하

어느 섬나라에는 기업 A, B, C만 존재한다. 아래의 표는 기업 A, B, C의 오염배출량과 오염저감비용을 나타낸 것이다. 정부가 각 기업에 오염배출권 30장씩을 무료로 배부하고, 오염배출권을 가진 한도 내에서만 오염을 배출할 수 있도록 하였다. 〈보기〉에서 옳은 것을 모두 고르면? (단, 오염배출권 1장당 오염을 1톤씩 배출한다.)

기 업	오염배출량(톤)	오염저감비용(만원/톤)
A	70	20
B	60	25
C	50	10

─┤ 보기 ├─

ㄱ. 오염배출권의 자유로운 거래가 허용된다면 오염배출권의 가격은 톤당 20만원으로 결정될 것이다.
ㄴ. 오염배출권제도가 실시되었을 때 균형 상태에서 기업 A는 30톤의 오염을 배출할 것이다.
ㄷ. 오염배출권제도하에서의 사회적인 총비용은 각 기업의 오염배출량을 30톤으로 직접규제할 때보다 450만원 절감될 것이다.
ㄹ. 오염배출권제도하에서 오염을 줄이는 데 드는 사회적인 총비용은 1,200만원이다.
ㅁ. 기업 B는 오염배출권제도보다 각 기업이 오염배출량을 30톤으로 줄이도록 하는 직접규제를 더 선호할 것이다.

① ㄱ, ㄴ
② ㄴ, ㄷ
③ ㄱ, ㄴ, ㄷ
④ ㄷ, ㄹ, ㅁ
⑤ ㄱ, ㄴ, ㅁ

오염배출권제도하에서 각 기업은 오염배출권의 가격이 오염저감비용보다 낮을 경우 오염배출권을 매입하고, 반대의 경우 오염배출권을 매각한다. 오염배출권의 톤당 가격(P_e)이 아래 표와 같이 책정되었을 경우를 가정해보자.

구 분	10만원 < P_e < 20만원	20만원 < P_e < 25만원	P_e = 20만원
기업 A	40장 매입	30장 매각	−
기업 B	30장 매입	30장 매입	30장 매입
기업 C	30장 매각	30장 매각	30장 매각

05. ⑤ 06. ③

ⅰ) 10만원 $< P_e <$ 20만원 : 오염배출권에 대한 초과수요 발생 → 오염배출권의 가격 상승

ⅱ) 20만원 $< P_e <$ 25만원 : 오염배출권에 대한 초과공급 발생 → 오염배출권의 가격 하락

ⅲ) 결국, 오염배출권의 균형가격은 $P_e^* =$ 20만원이 되고, 이때 기업 C는 자신에게 할당된 오염배출권 30장을 모두 매각하고, 기업 B는 이를 모두 매입한다. 그러므로 오염배출권시장에서 모든 거래가 종료되어 균형에 도달했을 때 기업 A는 30장, 기업 B는 60장, 기업 C는 0장의 오염배출권을 보유하게 된다.

ⅳ) 이제, 각 기업의 오염배출량을 30톤으로 직접규제할 때와 오염배출권제도를 실시할 때의 총비용을 계산하면 다음과 같다.
- 직접규제 : 기업 $A(40 \times 20)$ + 기업 $B(30 \times 25)$ + 기업 $C(20 \times 10) = 1,750$만원
- 오염배출권제도 : 기업 $A(40 \times 20)$ + 기업 $B(0)$ + 기업 $C(50 \times 10) = 1,300$만원

ㄱ, ㄴ. |○| 오염배출권의 균형가격은 $P_e^* =$ 20만원이다. 이때 기업 A는 최초 자신에게 할당된 30장의 오염배출권을 여전히 보유하므로 기업 A의 오염배출량은 30톤이다.

ㄷ. |○| 오염배출권제도하에서는 사회적 총비용이 각 기업의 오염배출량을 30톤으로 직접규제할 때보다 450만원 절감된다.

ㄹ. |×| 오염배출권제도하에서 오염을 줄이는 데 드는 사회적 총비용은 1,300만원이다.

ㅁ. |×| 기업 B의 오염저감비용은 톤당 25만원이므로 직접규제 시 드는 총비용은 750만원 $(= 25 \times 30)$이다. 반면, 오염배출권제도하에서 기업 B의 총비용은 오염저감에 따른 비용(0) + 오염배출권 매입에 따른 비용(600만원 $= 20 \times 30$)으로 총 600만원이다. 따라서 기업 B는 직접규제보다 오염배출권제도를 더 선호할 것이다.

83 외부성의 해결 방안 : 피구세, 피구보조금 및 통합 문제

외부성의 분류

Point
- 외부경제(긍정적 외부성) : 과소 생산(과소 소비) → 피구보조금
- 외부불경제(부정적 외부성) : 과잉 생산(과잉 소비) → 피 구 세

			시장실패	정부개입
생산	Ⅰ. 외부경제 : $PMC > SMC\ (=PMC-EMC)$ → (예 양봉업자, 과수원)		과소 생산	피구보조금
	Ⅱ. 외부불경제 : $PMC < SMC\ (=PMC+EMC)$ → (예 염색공장(상류), 맥주공장(하류))		과잉 생산	피구세
소비	Ⅲ. 외부경제 : $PMB < SMB\ (=PMB+EMB)$ → (예 교육, 꽃)		과소 생산 (과소 소비)	피구보조금
	Ⅳ. 외부불경제 : $PMB > SMB\ (=PMB-EMB)$ → (예 술, 담배)		과잉 생산 (과잉 소비)	피구세

외부불경제의 해결 방안 : 피구세와 감산보조금

구 분	피구세	감산보조금
개 념	생산량 증가에 따른 단위당 종량세	생산량 감축에 따른 단위당 종량보조금
단 기	• $MC \uparrow$, $AC \uparrow$ • 단기적 효과 측면에서 피구세와 감산보조금은 동일함	• $MC \uparrow$, $AC \downarrow$ • 평균비용이 감산보조금 지급 이전보다 낮아짐 $\left(AC = \dfrac{TC-S}{Q}\right)$
장 기	—	• 보조금 재원 마련 과정에서 조세징수로 인한 초과부담(비효율성)이 발생함 • 보조금을 받기 위한 새로운 기업의 진입이 오염을 악화시킬 가능성이 있음
그래프	(그래프: P-Q 평면, SMC, $S+T$, $S(=PMC)$, EMC, D, 점 F, E, 가격 P^*, P_0, 수량 Q^*, Q_0, 세액 T)	(그래프: P-Q 평면, SMC, $S+s$, $S(=PMC)$, D, 점 F, E, 가격 P^*, 수량 Q^*, Q_0, S — 보조금의 크기)

01

[2011 | 감정평가사] 상 중 하

외부효과에 관한 설명으로 옳은 것은?
① 생산의 외부불경제가 존재하는 경우 사회적 최적 생산량은 시장균형생산량보다 많다.
② 소비의 외부경제가 존재하는 경우 사회적 최적 소비량은 시장균형소비량보다 적다.
③ 외부효과의 내부화로는 외부효과의 비효율성을 해결할 수 없다.
④ 교정적 조세는 경제적 효율을 향상시키면서 정부의 조세수입도 증대시킨다.
⑤ 오염배출권 거래제에서는 정부가 오염배출권의 가격을 먼저 설정함으로써 사회적 총오염배출량이 결정된다.

①, ② |×| 생산의 외부불경제가 존재하는 경우 과잉 생산이 이루어지므로 사회적 최적 생산량은 시장의 균형생산량보다 적고, 소비의 외부경제가 존재하는 경우 과소 소비가 이루어지므로 사회적 최적 소비량은 시장의 균형소비량보다 많다.
③ |×| 외부성을 시장 내로 내부화하면 시장기구에 의해 외부성 문제를 해결할 수 있다.
④ |○| 외부성 문제를 해결하기 위해 교정적 조세(corrective taxation)인 피구세를 부과하면 자원배분의 효율성을 향상시키는 동시에 정부의 조세수입도 증대시킬 수 있다.
⑤ |×| 오염배출권제도하에서 정부가 오염물질 배출량을 설정하고 오염배출권을 발행하면 오염배출권의 가격은 오염배출권시장에서 오염배출권의 수요와 공급에 의해 결정된다.

02

[2018 | 세무사] 상 중 하

피구세(Pigouvian tax) 형태의 공해세 부과가 초래하는 영향에 관한 설명으로 옳은 것은?
① 공해세 부과는 해당 제품의 한계비용을 인하하는 영향을 초래한다.
② 공해세 부과 후 해당 제품의 가격은 하락하게 된다.
③ 공해세 부과는 해당 제품의 과소한 생산량을 늘리는 효과가 있다.
④ 공해세 부과에 따라 공해가 완전히 제거된다.
⑤ 공해세의 대표적인 예로 탄소세를 들 수 있다.

①, ② |×| 공해세(피구세)는 외부불경제가 존재할 때 외부성 문제를 해결하기 위해 부정적 외부성을 유발한 경제주체에게 부과하는 교정적 조세이다. 공해세가 부과되면 해당 재화의 사적 한계비용이 단위당 조세액만큼 높아지므로 재화가격이 상승한다.
③, ④ |×| 공해세 부과의 목적은 사회적 한계편익과 사회적 한계비용이 일치하는 효율적 수준, 즉 사회적 최적 수준까지 생산량(공해 발생량)을 줄이는 것이므로 공해세가 부과되더라도 공해가 완전히 제거되는 것은 아니다.
⑤ |○| 공해세 혹은 환경세는 오염행위 그 자체에 직접 부과되는지, 아니면 그러한 오염행위에 관련된 중간투입물이나 여타 다른 행위에 간접적으로 부과되는지에 따라 직접환경세와 간접환경세로 나눌 수 있다. 직접환경세는 피구세와 가장 유사한 조세로 배출량에 따라 부과되는 배출세가 대표적이다. 간접환경세로는 탄소세, 유황세, 오존세 등을 들 수 있는데, 흔히 말하는 환경세는 대개 간접환경세의 형태를 띠고 있다.

> **ReCheck 피구세(공해세)**
> - 종량세(물품세) → 사적 한계비용 상승, 가격 상승
> - 교정적 조세 → 자원배분의 효율성 달성

03 [2013 | 서울시 7급] 상 중 하

외부효과를 내부화하는 사례로 가장 거리가 먼 것은?
① 독감예방주사를 맞는 사람에게 보조금을 지급한다.
② 배출허가권의 거래를 허용한다.
③ 환경기준을 어기는 생산자에게 벌금을 부과하는 법안을 제정한다.
④ 초·중등 교육에서 국어 및 국사 교육에 국정 교과서 사용을 의무화한다.
⑤ 담배 소비에 건강세를 부과한다.

해설
Tip. 외부성의 내부화는 합병, 코즈 정리, 오염배출권제도, 피구세/피구보조금과 관련된다.

외부성의 해결 방안은 사적·공적 해결 방안과 직접규제로 나눌 수 있다. 이때 시장기구에 맡기거나, 시장기구를 활용하여 적정 수준의 생산 및 소비가 이루어지도록 하는 것이 바로 외부성의 내부화이다. 그런데 보기 ④의 사례는 특정 행위에 대한 정부의 직접규제로서 시장기구의 개입이 없다. 따라서 외부성을 내부화하는 사례로 보기 어렵다.

04 [2010 | 지방직 7급] 상 중 하

환경오염과 같은 외부성이 발생했을 경우 이에 대한 해결 방안에 대한 설명으로 옳지 않은 것은?
① 오염물질 방출량에 대한 직접적 규제는 많은 비용이 드는 등 문제점이 있다.
② 오염물질 방출업체에 대해 공해세를 부과하는 것은 외부성의 문제를 해결하는 방안이 될 수 있다.
③ 협상비용이 무시할 정도로 작은 경우에는 정부가 개입하지 않아도 협상이 하나의 해결 방안이 될 수 있다.
④ 시장에서 자유로이 거래될 수 있는 오염면허제도는 누구나 면허만 가지면 오염물질을 방출할 수 있으므로, 환경문제를 해결하는 방안이 될 수 없다.

해설
오염면허제도하에서 각 기업은 오염면허의 가격과 오염물질 저감비용(감축비용)을 비교하여 오염면허 매매 여부를 결정한다.
- 오염면허의 가격 > 오염물질 저감비용 : 오염면허 매각
- 오염면허의 가격 < 오염물질 저감비용 : 오염면허 매입

그러므로 시장에서 오염면허가 자유롭게 거래될 수 있다면 보다 적은 비용으로 오염물질 배출량을 정부가 원하는 수준까지 줄일 수 있고, 환경문제를 해결하는 하나의 방안이 될 수 있다.

정답 01. ④ 02. ⑤ 03. ④ 04. ④

05

[2013 | 국회직 8급] 상 중 하

다음 표는 양의 외부효과(positive externality effect)가 발생하는 시장의 사적 한계효용, 사적 한계비용, 그리고 사회적 한계효용을 제시해주고 있다. 사회적 최적 거래량을 (Ⅰ)이라 하고, 시장의 균형거래 수준이 사회적 최적 수준과 같아지도록 하기 위한 세금 혹은 보조금을 (Ⅱ)라고 하자. (Ⅰ)과 (Ⅱ)를 옳게 고르면?

(단위 : 개, 원)

거래량	사적 한계효용	사적 한계비용	사회적 한계효용
1	2,700	600	3,400
2	2,400	1,000	3,100
3	2,100	1,400	2,800
4	1,800	1,800	2,500
5	1,500	2,200	2,200
6	1,200	2,600	1,900

	Ⅰ	Ⅱ
①	5개	300원의 보조금이 필요
②	5개	700원의 보조금이 필요
③	4개	300원의 세금이 필요
④	4개	300원의 보조금이 필요
⑤	4개	700원의 세금이 필요

Tip. 단위당 피구보조금은 사회적 최적 생산량 수준에서의 SMB와 PMB의 차이 또는 사회적 최적 생산량 수준에서의 EMB의 크기이다.

ⅰ) 제시된 표를 보면, 사회적 한계효용(사회적 한계편익, SMB)이 사적 한계효용(사적 한계편익, PMB)보다 크므로 이는 소비의 외부경제에 해당한다. 이때 생산 측면에서는 외부성이 발생하지 않으므로 사회적 한계비용(SMC)과 사적 한계비용(PMC)은 동일하다.

ⅱ) 사회적 최적 거래량(생산량)은 사회적 한계편익과 사회적 한계비용이 일치할 때의 거래량(생산량)으로 5개이다. 생산량이 5개일 때 사적 한계편익은 1,500원, 사회적 한계편익은 2,200원이므로 둘 간의 차이인 외부한계편익(EMB)은 700원이 된다.

ⅲ) 결국, 시장의 균형생산량이 사회적 최적 수준과 같아지려면 사회적 최적 생산량 수준에서의 외부한계편익의 크기와 동일한 700원의 보조금이 지급되어야 한다.

06

2015 | 세무사 [상 **중** 하]

외부성의 내부화에 관한 설명으로 옳은 것은?

① 공해를 줄이는 기업에 대해 저감된 공해 단위당 일정 금액의 보조금을 지급하는 경우, 단기적으로는 배출 단위당 같은 금액의 환경세를 부과하는 경우와 공해저감 효과가 동일하다.
② 배출권거래시장이 형성되기 위해서는 허용된 배출량까지 공해를 저감하는 데 있어서 공해유발자들의 한계비용에 차이가 없어야 한다.
③ 코즈(R. Coase) 정리는 협상 당사자가 많아 협상비용이 과다한 경우라도 당사자 간의 자발적인 협상에 의해서 효율적 자원배분이 이루어질 수 있다는 것이다.
④ 여러 공해유발자들에 대하여 법으로 동일한 규모의 배출 한도를 설정하는 것은 행정적으로 가장 간단하면서도 효율적이다.
⑤ 피구세(Pigouvian tax)는 교란을 일으키지 않는 중립세이다.

해설

① |○| 생산의 부정적 외부성이 발생할 때, 이를 해결하기 위해 저감된 공해 단위당 일정 금액의 보조금(감산보조금)을 지급하거나, 배출 단위당 같은 금액의 환경세(피구세)를 부과하는 것은 단기적으로 공해저감효과가 동일하다.
　🔍 장기적으로 감산보조금은 기업의 수를 증가시켜 환경문제를 심화시킬 가능성이 있고, 보조금 재원 마련 과정에서 조세징수로 인한 비효율성이 초래될 수도 있다.
② |×| 공해유발자들의 한계오염저감비용에 차이가 없다면 배출권의 가격수준에 따라 모든 공해유발자들이 배출권을 매입 혹은 매각할 것이므로 배출권거래시장이 형성될 여지가 없다. 즉, 배출권거래시장이 형성되기 위해서는 공해유발자들의 한계오염저감비용이 서로 달라야 한다.
③ |×| 코즈 정리에 의하면, 협상비용이 무시할 수 있을 정도로 작고 명확한 소유권(재산권) 설정이 이루어지는 경우 외부성을 내부화할 수 있다. 그러나 협상비용이 과다한 경우에는 협상 자체가 이루어지기 어려우므로 협상에 의한 외부성의 내부화가 불가능하다.
④ |×| 정부가 법으로 동일한 규모의 배출 한도를 설정하는 직접규제는 행정적으로는 간단하지만, 오염저감비용에 관계없이 모든 기업에 대해 같은 규모의 배출 한도를 적용하므로 자원배분의 효율성 측면에서 볼 때 비효율적이다.
⑤ |×| 피구세는 외부성 문제를 해결하기 위해 부과하는 교정적 조세이나, 중립세는 아니다.

ReCheck 피구세와 감산보조금 … 단기

피구세	감산보조금
• 생산량 증가에 따른 단위당 종량세 • $MC \uparrow$, $AC \uparrow$	• 생산량 감축에 따른 단위당 종량보조금 • $MC \uparrow$, $AC \downarrow$ • 평균비용이 보조금 지급 이전보다 낮아짐

• 피구세와 감산보조금 둘 다 한계비용을 상승시켜 시장기구에 의해 사회적 최적 수준의 생산이 이루어지므로 단기적 효과 측면에서 양자가 동일함

정답 05. ② 06. ①

84 외부성 계산 문제 : 완전경쟁시장

완전경쟁시장 : 생산의 외부불경제 계산 문제

Point • 생산량 감축에 따른 단위당 종량보조금(감산보조금)도 피구세와 동일하게 계산함

- 시장의 생산량(Q_0) : $PMB = PMC$ → 후생손실(시장실패)
- 효율적 생산량(Q^*) : $SMB = SMC$ → 피 구 세(정부개입)

- 피구세 구하기 : 효율적 생산량(Q^*)을 구하여 EMC에 대입함
- 후생손실 삼각형 구하기
  i) 먼저, 시장생산량(Q_0)과 효율적 생산량(Q^*)을 찾아서 후생손실 삼각형의 높이를 구함
  ii) 후생손실 삼각형의 밑변은 시장생산량(Q_0)을 기준으로 PMC가 EMC만큼 올라간 길이이므로 시장생산량(Q_0)을 구하여 EMC에 대입하면 됨

01 | 2017 | 국회직 8급 | 상 중 하

살충제 시장의 수요곡선은 $P = 150 - \dfrac{5}{2}Q_d$이고, 공급곡선은 $P = \dfrac{5}{2}Q_s$이다. 사회적 한계비용(SMC)은 사적 한계비용(PMC)의 2배가 된다. 호수에 대한 소유권이 어느 누구에게도 없을 때, (ㄱ) 생산되는 살충제의 양과 (ㄴ) 사회적으로 바람직한 살충제 생산량은 각각 얼마인가?

	(ㄱ)	(ㄴ)		(ㄱ)	(ㄴ)
①	20	10	②	20	20
③	30	10	④	30	20
⑤	40	20			

해설
사회적 한계비용이 사적 한계비용보다 크므로, 이는 생산의 외부불경제에 해당한다.
 i) 호수에 대한 소유권이 누구에게도 없을 때의 살충제 생산량
    호수에 대한 소유권이 누구에게도 없을 때의 살충제 생산량은 $PMB = PMC$인 점에서 결정되므로 수요함수($D = PMB = SMB$)와 공급함수($S = PMC$)를 연립해서 풀면 살충제 생산량은 $Q = 30$으로 계산된다.
    • $PMB = PMC$ → $150 - \dfrac{5}{2}Q = \dfrac{5}{2}Q$ → $5Q = 150$ ∴ $Q = 30$

ⅱ) 사회적으로 바람직한 살충제 생산량
사회적 한계비용이 사적 한계비용의 2배이므로 사회적 한계비용은 $SMC = 5Q$이다. 사회적으로 바람직한 살충제 생산량은 $SMB = SMC$인 점에서 결정되므로 수요함수($D = PMB = SMB$)와 SMC를 연립해서 풀면 사회적 최적 살충제 생산량은 $Q = 20$으로 계산된다.

- $SMB = SMC \to 150 - \dfrac{5}{2}Q = 5Q \to \dfrac{15}{2}Q = 150 \therefore Q = 20$

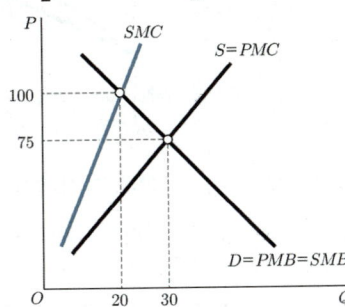

02 | 2016 | 국가직 7급 | 상 중 하

어느 물고기 양식장이 수질오염을 일으킨다고 알려져 있다. 이 양식장이 연간 x톤의 물고기를 양식할 때, 1톤을 더 양식하는 데 들어가는 한계비용은 $(1{,}000x + 7{,}000)$원이다. 동시에 1톤을 더 양식하는 데 따른 수질오염의 피해액, 즉 한계피해액은 $500x$원이다. 양식장의 물고기는 톤당 10,000원이라는 고정된 가격에 팔린다. 정부가 과다한 양식을 제한하기 위하여 피구세(Pigouvian tax)를 부과하기로 결정하였는데, 사회적으로 최적 수준의 톤당 세액은?

① 500원 ② 1,000원
③ 1,500원 ④ 2,000원

해설
ⅰ) 생산의 부정적 외부성이 존재할 때 부과되는 피구세의 크기는 사회적 최적 생산량 수준에서의 한계피해액(MD) 또는 사회적 최적 생산량 수준에서의 SMC와 PMC의 차이이다.
ⅱ) 주어진 지문은 생산의 외부불경제로 소비 측면에서는 외부성이 존재하지 않는다. 따라서 사회적 한계편익과 사회적 한계비용은 다음과 같이 구할 수 있다.
- 사회적 한계편익 : $SMB = PMB = 10{,}000$ ⋯ ①
- 사적 한계비용과 한계피해액 : $PMC = 1{,}000x + 7{,}000$, $MD = 500x$
- 사회적 한계비용 : $SMC = PMC + MD = 1{,}500x + 7{,}000$ ⋯ ②

ⅲ) 사회적 최적 생산량 수준에서는 $SMB = SMC$가 성립하므로 식 ①과 ②를 연립하면 사회적 최적 생산량은 $x = 2$로 계산된다.
- $SMB = SMC \to 10{,}000 = 1{,}500x + 7{,}000 \to 1{,}500x = 3{,}000 \therefore x = 2$

정답 01. ④ 02. ②

iv) $x=2$를 한계피해함수 $MD=500x$에 대입하면 피구세의 크기는 $T=1,000$임을 알 수 있다.

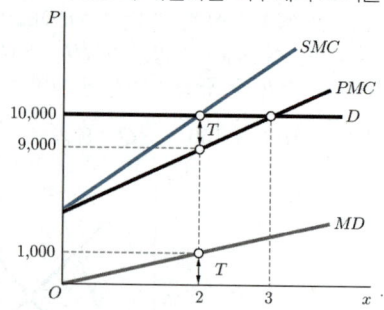

──── ReCheck 피구세 구하기 ··· 생산의 외부불경제 ────
step 1. 효율적 생산량(Q^*) 구하기 : $SMB=SMC(=PMC+EMC)$
step 2. 효율적 생산량(Q^*)을 외부한계비용함수(EMC)에 대입

03 |2016 | 국회직 8급| 상 중 하

페인트 산업은 생산 과정에서 다량의 오염물질을 발생시켜 인근 하천의 수질을 악화시킨다. 〈보기〉와 같은 조건에서 페인트 산업이 사회적으로 바람직한 수준의 페인트 생산을 하도록 하기 위해 페인트 한 통당 부과하는 피구세는 얼마인가?

──────┤ 보기 ├──────
- 페인트 산업은 완전경쟁시장이다.
- 페인트 산업의 한계비용은 $MC=10Q+10,000$이다.
- 페인트 산업의 한계피해액은 $SMD=10Q$이다.
- 주어진 가격에 대한 페인트 산업의 시장수요는 $Q=-0.1P+4,000$이다.

① 5,000　　　　② 7,000　　　　③ 10,000
④ 20,000　　　　⑤ 30,000

i) 생산의 부정적 외부성이 존재할 때 부과되는 피구세의 크기는 사회적 최적 생산량 수준에서의 사회적 한계피해액(SMD) 또는 사회적 최적 생산량 수준에서의 SMC와 PMC의 차이이다.
ii) 주어진 지문은 생산의 외부불경제로 소비 측면에서는 외부성이 존재하지 않는다. 따라서 사회적 한계편익과 사회적 한계비용은 다음과 같이 구할 수 있다.
 - 사회적 한계편익 : $SMB=PMB=-10Q+40,000$ ··· ①
 - 사적 한계비용과 사회적 한계피해액 : $PMC=10Q+10,000$, $SMD=10Q$
 - 사회적 한계비용 : $SMC=PMC+SMD=20Q+10,000$ ··· ②
iii) 사회적 최적 생산량 수준에서는 $SMB=SMC$가 성립하므로 식 ①과 ②를 연립하면 사회적 최적 생산량은 $Q=1,000$으로 계산된다.
 - $SMB=SMC \to -10Q+40,000=20Q+10,000 \to 30Q=30,000 \therefore Q=1,000$
iv) $Q=1,000$을 사회적 한계피해함수 $SMD=10Q$에 대입하면 단위당 피구세의 크기는 $T=10,000$임을 알 수 있다.

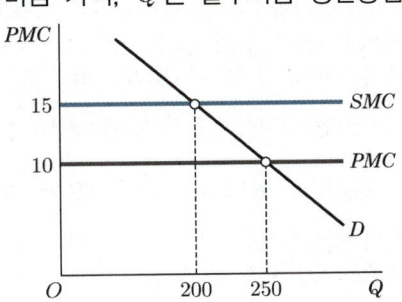

04 | 2015 | 국회직 8급 | 상 중 하

알루미늄 시장의 사적 한계비용곡선(PMC)과 사회적 한계비용곡선(SMC), 수요곡선(D)이 다음과 같다. 이 시장이 완전경쟁시장일 때, 다음 중 옳지 않은 것은? (단, P는 알루미늄 가격, Q는 알루미늄 생산량임)

① 사회적 최적 생산량은 200이다.
② 정부개입이 없는 경우 균형에서의 총외부비용은 1,250이다.
③ 정부개입이 없는 경우 균형생산량은 250이다.
④ 1단위당 5의 조세를 부과하면 생산량은 200이 된다.
⑤ 1단위당 5의 조세를 부과하면 생산자잉여는 감소한다.

해설

사회적 한계비용이 사적 한계비용보다 크므로, 이는 생산의 외부불경제에 해당한다.
① |O| 사회적 최적 생산량은 수요곡선($D = PMB = SMB$)과 사회적 한계비용곡선(SMC)이 교차하는 점에서 결정되므로 200단위이다.
②, ③ |O| 정부개입이 없을 때 균형생산량은 수요곡선($D = PMB = SMB$)과 사적 한계비용 곡선(PMC)이 교차하는 점에서 결정되므로 250단위이다. 균형생산량(Q_0)이 250단위이고, 외부한계비용(EMC)이 5로 일정하므로 총외부비용은 1,250으로 계산된다.
  • 외부한계비용 : $EMC = SMC - PMC = 15 - 10 = 5$
  • 총외부비용 : 균형 생산량(Q_0) × 외부한계비용(EMC) = $250 \times 5 = 1,250$
④ |O| 단위당 5의 조세를 부과하면 사적 한계비용곡선(PMC)이 상방으로 5만큼 이동하므로 생산량은 사회적 최적 생산량인 200단위가 된다.
⑤ |×| 공급곡선($S = MC$)이 수평선이면 조세부과와 관계없이 생산자잉여는 0으로 일정하다.

03. ③ 04. ⑤

05 [2015 | 세무사]

연탄 시장은 완전경쟁시장이며, 수요곡선이 $Q = 200 - P$, 단기공급곡선이 $Q = P - 100$이라고 한다. 연탄 제조 과정에서 발생하는 분진에 따른 사회적 한계피해액(MD)은 $MD = Q/2$이다. 연탄 생산량 감축에 따른 피구보조금(Pigouvian subsidy)을 지급한다고 할 때, 생산량 감축 단위당 보조금의 최적 수준은 얼마인가?

① 5
② 10
③ 15
④ 20
⑤ 25

해설

Tip. 생산량 감축에 따른 단위당 종량보조금(감산보조금)도 피구세와 동일하게 계산한다.

ⅰ) 생산의 부정적 외부성이 존재할 때 부과되는 피구세의 크기(혹은 지급되는 감산보조금의 크기)는 사회적 최적 생산량 수준에서의 사회적 한계피해액(MD) 또는 사회적 최적 생산량 수준에서의 SMC와 PMC의 차이이다.

ⅱ) 주어진 지문은 생산의 외부불경제로 소비 측면에서는 외부성이 존재하지 않는다. 따라서 사회적 한계편익과 사회적 한계비용은 다음과 같이 구할 수 있다.

- 사회적 한계편익 : $SMB = PMB = 200 - Q$ … ①
- 사적 한계비용과 사회적 한계피해액 : $PMC = 100 + Q$, $MD = \frac{1}{2}Q$
- 사회적 한계비용 : $SMC = PMC + MD = 100 + \frac{3}{2}Q$ … ②

ⅲ) 사회적 최적 생산량 수준에서는 $SMB = SMC$가 성립하므로 식 ①과 ②를 연립하면 사회적 최적 생산량은 $Q = 40$으로 계산된다.

- $SMB = SMC \rightarrow 200 - Q = 100 + \frac{3}{2}Q \rightarrow \frac{5}{2}Q = 100$ ∴ $Q = 40$

ⅳ) $Q = 40$을 사회적 한계피해함수 $MD = \frac{1}{2}Q$에 대입하면 단위당 감산보조금의 크기는 20임을 알 수 있다.

피구세와 감산보조금 둘 다 한계비용을 상승시켜 시장기구에 의해 사회적 최적 수준의 생산이 이루어지므로 단기적 효과 측면에서 양자가 동일하다.

06

2013 | 감정평가사

외부효과가 존재하는 A시장의 수요곡선은 $P = 100 - Q$이고, 사적 한계비용은 $PMC = 40 + 0.5Q$이다. 생산량 한 단위당 30의 추가적인 사회적 비용이 발생하는 경우에 관한 설명으로 옳은 것은? (단, P는 가격, Q는 수량이다.)

① 정부개입이 없는 경우 균형생산량은 20이다.
② 사회적 후생을 극대화하는 생산량은 40이다.
③ 보조금을 지급하여 사회적 후생을 높일 수 있다.
④ 생산량 수준을 40으로 규제함으로써 사회적 후생을 높일 수 있다.
⑤ 생산량 수준을 20으로 규제하든 단위당 30의 조세를 부과하든 사회적 후생의 크기는 동일하다.

해설

생산량 한 단위당 30의 추가적인 사회적 비용($EMC = 30$)이 발생하므로 사회적 한계비용이 사적 한계비용보다 크다. 따라서 이는 생산의 외부불경제에 해당한다.

① |×| 정부개입이 없을 때 균형생산량은 $PMB = PMC$인 점에서 결정되므로 수요함수($D = PMB = SMB$)와 PMC를 연립해서 풀면 균형생산량은 $Q = 40$으로 계산된다.
 • $PMB = PMC \rightarrow 100 - Q = 40 + 0.5Q \rightarrow 1.5Q = 60$ ∴ $Q = 40$

② |×| 사적 한계비용이 $PMC = 40 + 0.5Q$이고, 외부한계비용이 $EMC = 30$이므로 사회적 한계비용은 $SMC = PMC + EMC = 70 + 0.5Q$이다. 사회적 최적 생산량은 $SMB = SMC$인 점에서 결정되므로 수요함수($D = PMB = SMB$)와 SMC를 연립해서 풀면 사회적 최적 생산량은 $Q = 20$으로 계산된다.
 • $SMB = SMC \rightarrow 100 - Q = 70 + 0.5Q \rightarrow 1.5Q = 30$ ∴ $Q = 20$

③ |○| 균형생산량이 40단위이고, 사회적 최적 생산량이 20단위이므로 과잉 생산에 따른 후생손실이 발생하고 있다. 이 경우 조세를 부과하면 사회후생을 높일 수 있다.
 부정적 외부성 문제를 해결하기 위해 단위당 일정액의 조세(피구세)를 부과해도 되지만, 동액의 감산보조금을 지급하더라도 단기적 효과 측면에서 양자가 동일하다. 이러한 지적을 받아들여 확정답안에서는 보기 ③까지 정답으로 인정하였다.

④ |×| 사회적 최적 생산량이 20단위이므로 생산량을 20단위로 규제하면 사회후생을 높일 수 있다.

⑤ |○| 외부한계비용이 $EMC = 30$이므로 단위당 30의 조세(피구세)를 부과하거나, 생산량을 사회적 최적 수준인 20단위로 규제하면 사회적 최적 수준의 생산이 이루어진다. 따라서 사회후생의 크기도 동일해진다.

07

[2014 | 보험계리사]

어느 상품시장의 수요곡선은 $Q^D = 1{,}000 - 4P$이고, 공급곡선은 $Q^S = P$라고 하자. 이 상품을 생산하는 과정에서 오염물질이 발생하여 생산량 1kg당 100원의 외부비용이 발생한다. 이때 외부효과가 교정되어 최적일 때의 사회적 후생과 시장균형에서의 사회적 후생과의 차이는? (여기서, Q^D는 수요량, Q^S는 공급량, 그리고 P는 가격임. 수량의 단위는 kg, 가격의 단위는 원/kg임)

① 2,000원
② 4,000원
③ 6,000원
④ 8,000원

해설

생산량 1kg당 100원의 외부비용($EMC = 100$)이 발생하므로 사회적 한계비용이 사적 한계비용보다 크다. 따라서 이는 생산의 외부불경제에 해당한다.

i) 시장의 균형생산량은 $PMB = PMC$인 점에서 결정되므로 수요함수($D = PMB = SMB$)와 공급함수($S = PMC$)를 연립해서 풀면 균형생산량은 $Q = 200$으로 계산된다.

- $PMB = PMC \to 250 - \frac{1}{4}Q = Q \to \frac{5}{4}Q = 250 \therefore Q = 200$

ii) 사적 한계비용이 $PMC = Q$이고, 외부한계비용이 $EMC = 100$이므로 사회적 한계비용은 $SMC = PMC + EMC = 100 + Q$이다. 사회적 최적 생산량은 $SMB = SMC$인 점에서 결정되므로 수요함수($D = PMB = SMB$)와 SMC를 연립해서 풀면 사회적 최적 생산량은 $Q = 120$으로 계산된다.

- $SMB = SMC \to 250 - \frac{1}{4}Q = 100 + Q \to \frac{5}{4}Q = 150 \therefore Q = 120$

iii) 균형생산량이 200단위이고, 사회적 최적 생산량이 120단위이므로 과잉 생산에 따른 사회적 후생손실이 발생한다. 후생손실의 크기는 아래 그림에서 ΔA의 면적이므로 $\frac{1}{2} \times 80 \times 100 = 4{,}000$으로 계산된다.

ΔA의 높이는 균형생산량과 사회적 최적 생산량의 차이인 80이고, ΔA의 밑변은 외부한계비용(EMC)인 100이므로 후생손실의 크기(ΔA의 면적)는 $\frac{1}{2} \times 80 \times 100 = 4{,}000$이 된다.

iv) 이제, 외부성이 교정되어 생산량이 사회적 최적 생산량 수준인 120단위로 감소하면 과잉 생산에 따른 후생손실이 사라진다. 그러므로 외부성이 교정되어 생산량이 최적 수준일 때의 사회후생과 시장균형에서의 사회후생과의 차이는 4,000원이다.

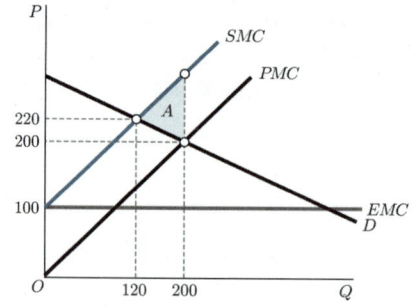

ReCheck 후생손실 구하기 … 생산의 외부불경제

step 1. 후생손실 삼각형의 높이 : 시장생산량(Q_0) − 효율적 생산량(Q^*)
step 2. 후생손실 삼각형의 밑변 : 시장생산량(Q_0)을 외부한계비용함수(EMC)에 대입

08 [2016 | 국가직 7급] 상 중 하

100개의 기업들이 완전경쟁시장에서 경쟁하고 있다. 개별기업의 총비용함수와 외부비용은 각각 $C = Q^2 + 4Q$와 $EC = Q^2 + Q$로 동일하다. 이 재화에 대한 시장수요곡선이 $Q_d = 1,000 - 100P$로 표현될 때, 사회적으로 최적인 생산량과 외부비용을 고려하지 않는 균형생산량 간의 차이는? (단, C는 각 기업의 총비용, Q는 각 기업의 생산량, EC는 각 기업의 생산에 따른 외부비용, Q_d는 시장수요량, P는 가격이다.)

① 50
② 100
③ 150
④ 200

 해설

i) 외부비용을 고려하지 않은 균형생산량

개별기업의 총비용함수 $TC = Q^2 + 4Q$를 Q에 대해 미분하면 한계비용은 $MC = 2Q + 4$이고, 완전경쟁시장에서 개별기업의 공급곡선은 한계비용(MC)곡선이므로 개별기업의 공급함수는 $P = 2Q + 4$가 된다. 이 시장에 100개의 기업이 존재하므로 시장공급함수는 $P = \frac{2}{100}Q + 4$이고, 이를 시장수요함수 $P = -\frac{1}{100}Q + 10$과 연립해서 풀면 시장의 균형생산량은 $Q = 200$으로 계산된다.

• $-\frac{1}{100}Q + 10 = \frac{2}{100}Q + 4 \rightarrow \frac{3}{100}Q = 6 \therefore Q = 200$

🔍 동일한 개별공급함수를 가진 기업이 100개이므로 시장공급함수는 개별공급함수 $P = 2Q + 4$와 가격(P)축 절편값은 동일하고 기울기만 $\frac{1}{100}$배인 $P = \frac{2}{100}Q + 4$가 된다.

ii) 사회적 최적 생산량

개별기업의 외부비용함수 $EC = Q^2 + Q$를 Q에 대해 미분하면 외부한계비용은 $EMC = 2Q + 1$이고, 개별기업의 사적 한계비용은 $PMC = 2Q + 4$이므로 개별기업의 사회적 한계비용은 $SMC = PMC + EMC = 4Q + 5$가 된다. 이 시장에 100개의 기업이 존재하므로 시장의 사회적 한계비용함수는 $SMC = \frac{4}{100}Q + 5$이고, 이를 시장수요함수 $P = -\frac{1}{100}Q + 10$과 연립해서 풀면 사회적 최적 생산량은 $Q = 100$으로 계산된다.

• $-\frac{1}{100}Q + 10 = \frac{4}{100}Q + 5 \rightarrow \frac{5}{100}Q = 5 \therefore Q = 100$

⇒ 균형생산량이 200단위이고, 사회적 최적 생산량이 100단위이므로 그 차이는 100단위이다.

09 [2011 | 세무사] 상 중 하

하천 상류의 화학공장 총수입은 $10Q_C$, 총비용은 $\frac{1}{4}Q_C^2$이고, 하천 하류의 양식업자 총수입은 $10Q_F$, 총비용은 $\frac{1}{4}Q_F^2 + \frac{1}{4}Q_CQ_F$이다(단, Q_C: 화학공장의 생산량, Q_F: 양식업자의 생산량). 화학물과 양식생산물의 가격은 10이고 두 기업의 합병이 불가능할 때, 파레토 최적을 위해서 화학공장에 부과해야 할 단위당 피구세(Pigouvian tax)는?

① $\frac{20}{3}$ ② $\frac{30}{3}$ ③ $\frac{5}{3}$
④ $\frac{15}{3}$ ⑤ $\frac{10}{3}$

ⅰ) 화학공장의 총비용함수는 $\frac{1}{4}Q_C^2$이고, 양식업자의 총비용함수는 $\frac{1}{4}Q_F^2 + \frac{1}{4}Q_CQ_F$이므로 총비용함수를 미분하여 각각의 사적 한계비용을 구해보면 다음과 같다.

- 화학공장의 사적 한계비용: $\frac{1}{4}Q_C^2 \rightarrow PMC_C = \frac{1}{2}Q_C$

- 양식업자의 사적 한계비용: $\frac{1}{4}Q_F^2 + \frac{1}{4}Q_CQ_F \rightarrow PMC_F = \frac{1}{2}Q_F + \frac{1}{4}Q_C$

⇒ 화학공장이 Q_C 단위의 화학물을 생산할 때 양식업자의 한계비용이 $\frac{1}{4}Q_C$만큼 상승하므로 화학공장의 화학물 생산으로 인해 발생하는 외부한계비용은 $EMC_C = \frac{1}{4}Q_C$임을 알 수 있다.

ⅱ) 따라서 화학공장의 사회적 한계비용은 $SMC_C = \frac{3}{4}Q_C$이다.

- $SMC_C = PMC_C + EMC_C = \frac{1}{2}Q_C + \frac{1}{4}Q_C = \frac{3}{4}Q_C$

ⅲ) 주어진 지문은 생산의 외부불경제로 소비 측면에서는 외부성이 존재하지 않고, 화학물의 가격이 10이므로 $PMB_C = SMB_C = 10$이다. 사회적 최적 생산량 수준에서는 $SMB = SMC$가 성립하므로 화학공장의 사회적 최적 생산량은 $Q_C = \frac{40}{3}$으로 계산된다.

- $SMB_C = SMC_C \rightarrow 10 = \frac{3}{4}Q_C \therefore Q_C = \frac{40}{3}$

ⅳ) 생산의 부정적 외부성이 존재할 때 부과되는 피구세의 크기는 사회적 최적 생산량 수준에서의 외부한계비용(EMC) 또는 사회적 최적 생산량 수준에서의 SMC와 PMC의 차이이다. 따라서 화학공장의 사회적 최적 생산량인 $Q_C = \frac{40}{3}$을 외부한계비용함수 $EMC_C = \frac{1}{4}Q_C$에 대입하면 화학공장에 부과해야 할 단위당 피구세의 크기는 $\frac{10}{3}$으로 계산된다.

10 | 2016 | 공인회계사 | 상 중 하

한 재화의 수요곡선은 $D=80-2P$, 공급곡선은 $S=2P-16$이다. 이 재화를 생산할 때에는 환경오염물질이 배출되어 외부효과가 발생한다. 그리고 이 환경오염물질을 처리하는 비용은 재화가격의 40%이다. 외부효과를 내부화한 경우의 재화가격은? (단, D는 수요량, S는 공급량, P는 가격이다.)

① 28   ② 30   ③ 32
④ 34   ⑤ 36

해설

사회적 한계비용이 사적 한계비용보다 크므로, 이는 생산의 외부불경제에 해당한다.

i) 공급함수($S=PMC$)가 $P=8+\frac{1}{2}Q$이므로 사적 한계비용은 $PMC=8+\frac{1}{2}Q$이고, 오염물질을 처리하는 비용이 재화가격의 40%에 해당하므로 사회적 한계비용은 $SMC=1.4P=\frac{14}{10}\times\left(8+\frac{1}{2}Q\right)=\frac{56}{5}+\frac{7}{10}Q$이다.

ii) 사회적 최적 생산량은 $SMB=SMC$인 점에서 결정되므로 수요함수($D=PMB=SMB$)와 SMC를 연립해서 풀면 사회적 최적 생산량은 $Q=24$로 계산된다.
- $SMB=SMC \rightarrow 40-\frac{1}{2}Q=\frac{56}{5}+\frac{7}{10}Q \rightarrow \frac{12}{10}Q=\frac{144}{5}$ ∴ $Q=24$

iii) 이제, $Q=24$를 수요함수(혹은 SMC)에 대입하면 외부성을 내부화했을 때의 재화가격, 즉 사회적 최적 생산량 수준에서의 재화가격은 $P=28$이 된다.

정답 09. ⑤ 10. ①

11 | 2018 | 공인회계사 | 상 중 하

강 상류에 제철소(S)가 있고 강 하류에는 어부(F)가 산다. S의 철강 생산은 F의 어획량에 영향을 주는 공해물질을 배출한다. 철강과 물고기는 각각 단위당 10과 2의 가격에 판매된다. S와 F의 비용함수는 아래와 같다.

$$C_S(s, x) = s^2 - 10x + x^2, \quad C_F(f, x) = \frac{1}{10}f^2 + \frac{1}{5}fx$$

공해물질 배출규제가 없는 경우 공해물질 배출량은? (단, s는 철강 생산량, f는 어획량, x는 공해물질 배출량을 나타낸다.)

① 5   ② 10   ③ 15
④ 20   ⑤ 25

i) 공해물질 배출규제가 없다면 제철소는 공해물질 배출에 따른 외부성을 고려하지 않고 자신의 이윤이 극대화되는 수준까지 철강을 생산할 것이다. 철강의 단위당 가격이 10이므로 제철소(S)의 이윤함수는 다음과 같다.
- $\pi_s = TR_s - TC_s = 10s - (s^2 - 10x + x^2)$

ii) 제철소의 이윤함수를 s에 대해 미분한 뒤 0으로 두면 제철소의 이윤이 극대화되는 철강 생산량은 $s = 5$가 된다.
- $\dfrac{\Delta \pi_s}{\Delta s} = 10 - 2s = 0 \ \therefore s = 5$

iii) 제철소의 이윤함수를 x에 대해 미분한 뒤 0으로 두면 제철소의 이윤이 극대화되는 공해물질 배출량은 $x = 5$가 된다. 그러므로 공해물질 배출규제가 없다면 제철소는 5단위의 철강을 생산하고, 5단위의 공해물질을 배출하면서 50의 이윤을 얻는다.
- $\dfrac{\Delta \pi_s}{\Delta x} = -10 + 2x = 0 \ \therefore x = 5$
- $\pi_s = 10s - (s^2 - 10x + x^2) = 50 - (25 - 50 + 25) = 50$

iv) 한편, 물고기의 단위당 가격이 2이고, $x = 5$이므로 어부(F)의 이윤함수는 다음과 같다.
- $\pi_f = TR_f - TC_f = 2f - \left(\dfrac{1}{10}f^2 + \dfrac{1}{5}fx\right) = 2f - \left(\dfrac{1}{10}f^2 + f\right)$

v) 어부의 이윤함수를 f에 대해 미분한 뒤 0으로 두면 어부의 이윤이 극대화되는 어획량은 $f = 5$가 된다. 그러므로 공해물질 배출규제가 없다면 어부는 5단위의 물고기를 잡으면서 2.5의 이윤을 얻는다.
- $\dfrac{\Delta \pi_f}{\Delta f} = 2 - \dfrac{1}{5}f - 1 = 0 \ \therefore f = 5$
- $\pi_f = 2f - \left(\dfrac{1}{10}f^2 + f\right) = 10 - (2.5 + 5) = 2.5$

12 [2009 | 공인회계사] 상 중 하

대학교육의 사적 한계편익(PMB)은 대학생 수(N)에 따라 $PMB(N) = 600 - 15N$으로 결정되고 대학생 수(N)가 한 단위 늘 때마다 추가적으로 150의 외부한계편익이 발생한다. 대학교육의 한계비용(MC)은 $MC(N) = 15N$으로 결정된다. 정부개입 없이 경쟁시장에서 결정되는 대학생 수, 그리고 사회적잉여가 극대화되는 최적 대학생 수와 이를 달성하기 위한 피구보조금(Pigouvian subsidy)을 순서대로 적은 것은?

① 20, 25, 150   ② 20, 30, 150   ③ 20, 25, 100
④ 20, 30, 100   ⑤ 30, 20, 100

해설

주어진 지문은 소비의 외부경제로 생산 측면에서는 외부성이 존재하지 않는다. 따라서 $S = PMC = SMC$이다.

i) 정부개입 없이 경쟁시장에서 결정되는 대학생 수

정부개입이 없을 때 균형 대학생 수는 $PMB = PMC$인 점에서 결정된다. 사적 한계편익이 $PMB = 600 - 15N$이고, 사적 한계비용이 $PMC = SMC = 15N$이므로 균형 대학생 수는 $N = 20$으로 계산된다.

- $PMB = PMC \rightarrow 600 - 15N = 15N \rightarrow 30N = 600 \therefore N = 20$

ii) 사회적잉여가 극대화되는 최적 대학생 수

사적 한계편익이 $PMB = 600 - 15N$이고, 외부한계편익이 $EMB = 150$이므로 사회적 한계편익은 $SMB = PMB + EMB = 750 - 15N$이다. 사회적 최적 대학생 수는 $SMB = SMC$인 점에서 결정되므로 사회적 최적 대학생 수는 $N = 25$로 계산된다.

- $SMB = SMC \rightarrow 750 - 15N = 15N \rightarrow 30N = 750 \therefore N = 25$

⇒ 현재 대학생 수는 사회적 최적 대학생 수에 비해 5명이 부족한 상태이다. 대학생 수(N)가 한 명 늘 때마다 추가적으로 150의 외부한계편익($EMB = 150$)이 발생하므로 사회적 최적 대학생 수를 달성하기 위한 단위당 피구보조금은 150이 된다. 혹은, 단위당 피구보조금은 사회적 최적 대학생 수 수준에서의 외부한계편익만큼이므로 150이 된다.

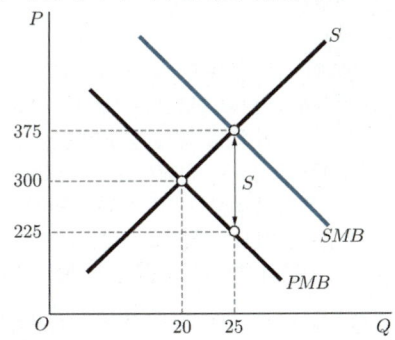

ReCheck 피구보조금 구하기 … 소비의 외부경제

step 1. 효율적 생산량(Q^*) 구하기 : $SMB(= PMB + EMB) = SMC$
step 2. 효율적 생산량(Q^*)을 외부한계편익함수(EMB)에 대입

정답 11. ① 12. ①

13

[2017 | 공인회계사]

다음 그래프는 독감백신의 공급곡선(S), 사적 한계편익곡선(PMB), 사회적 한계편익곡선(SMB)을 나타낸다. 이 시장에 대한 설명 중 옳은 것을 모두 고르면? (단, 공급곡선은 독감백신 공급의 한계비용곡선과 일치한다.)

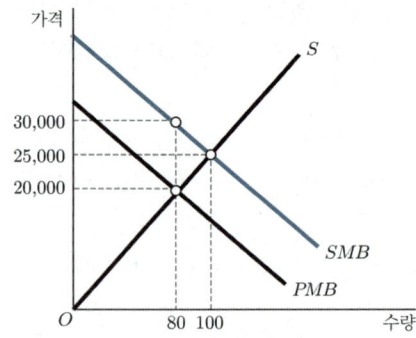

가. 정부의 개입이 없는 경우 독감백신 소비량은 80이다.
나. 독감백신의 사회적 최적 소비량은 100이다.
다. 정부의 개입이 없는 경우 자중손실(deadweight loss)은 100,000이다.
라. 독감백신의 사회적 최적 소비량을 달성하기 위해서, 보조금은 독감백신 공급자보다는 구매자에게 지급하는 것이 보다 효율적이다.
마. 단위당 5,000의 보조금을 독감백신 공급자에게 지급하는 경우 균형소비량은 80으로 변화가 없다.

① 가, 나
② 가, 나, 다
③ 가, 나, 다, 라
④ 가, 다, 라, 마
⑤ 나, 다, 라, 마

해설

사회적 한계편익이 사적 한계편익보다 크므로, 이는 소비의 외부경제에 해당한다. 생산 측면에서는 외부성이 존재하지 않으므로 $S = PMC = SMC$이다.

가. |○| 정부의 개입이 없을 때 균형소비량은 수요곡선($D = PMB$)과 공급곡선($S = PMC = SMC$)이 교차하는 점에서 결정되므로 균형소비량은 80단위이다.

나. |○| 사회적 최적 소비량은 사회적 한계편익곡선(SMB)과 공급곡선($S = PMC = SMC$)이 교차하는 점에서 결정되므로 사회적 최적 소비량은 100단위이다.

다. |○| 정부의 개입이 없다면 20단위의 과소 소비(과소 생산)가 이루어지는데, 그에 따른 사회적 후생손실은 아래 그림에서 색칠된 삼각형의 면적으로 $100,000 \left(= \frac{1}{2} \times 20 \times 10,000 \right)$이다.

라. |×| 보조금을 생산자에게 지급하든 소비자에게 지급하든 경제적 효과는 동일하다.

마. |×| 단위당 5,000의 보조금을 생산자에게 지급하면 공급곡선이 5,000만큼 하방으로 이동하므로 균형소비량은 80단위보다 많아진다.

14

[2011 | 공인회계사] 상 중 하

철수는 N명의 가입자를 갖고 있는 통신회사에 신규로 가입할 것을 고려하고 있다. 철수가 통신회사에 가입하여 얻을 수 있는 사적 편익은 $100+0.5N$이다. 통신회사는 철수를 신규로 가입시킬 때 발생하는 비용 200을 가입비로 철수에게 부과한다. 또한 N명의 기존 가입자들은 철수의 가입으로 인하여 각각 0.1만큼의 추가적 편익을 얻을 수 있으며 통신회사는 철수의 가입 이후에도 기존의 가입자에게 추가적으로 비용을 부담시키지 못한다. 위 상황에 대한 다음 설명 중 옳지 않은 것은? (단, 보조금의 지급을 위한 재원 마련에 따른 경제 왜곡효과는 없다고 가정한다.)

① 철수는 통신회사의 기존 가입자 수(N)가 200명 이상일 때 정부가 보조금을 지급하지 않아도 통신회사에 가입한다.
② 철수는 통신회사의 기존 가입자 수(N)가 150명일 때 정부가 보조금을 25 이상 지급해야 통신회사에 가입한다.
③ 통신회사의 기존 가입자 수(N)가 150명일 때 정부가 보조금을 지급하여 철수를 통신회사에 가입하도록 유도하는 것이 사회적으로 바람직하다.
④ 통신회사의 기존 가입자 수(N)가 170명일 때 기존 가입자들이 직접 철수에게 보조금을 지급할 수 있다면 정부가 보조금을 지급하지 않더라도 철수를 통신회사에 가입하도록 유도할 수 있다.
⑤ 철수가 통신회사에 가입하면 기존 가입자에게 양(+)의 네트워크 외부효과를 초래한다.

정답 13. ② 14. ③

ⅰ) 철수가 통신회사에 가입할 때의 사적 편익이 $100+0.5N$이고, 통신회사 가입비가 200이다. 따라서 철수가 통신회사에 가입할 때의 사적 순편익은 $-100+0.5N$이다.

ⅱ) 철수가 통신회사에 가입할 때의 사적 편익이 $100+0.5N$이고, 철수의 가입으로 인해 기존 가입자들이 얻는 추가적 편익이 $0.1N$이므로 철수가 통신회사에 가입할 때의 사회적 편익은 $100+0.6N$이다. 그런데 통신회사 가입비가 200이므로 사회적 순편익은 $-100+0.6N$이 된다.

① |○| 기존 가입자 수(N)가 200명이면 철수의 사적 순편익은 0이다. 따라서 기존 가입자 수가 200명 이상이면 정부가 보조금을 지급하지 않아도 철수는 통신회사에 가입한다.
  • $-100+0.5N = -100+(0.5\times 200) = 0$

② |○| 기존 가입자 수(N)가 150명이면 철수의 사적 순편익은 -25이다. 철수는 사적 순편익이 0 이상이어야 통신회사에 가입하므로 정부가 보조금을 25 이상 지급해야 철수가 통신회사에 가입한다.
  • $-100+0.5N = -100+(0.5\times 150) = -25$

③ |×| 기존 가입자 수(N)가 150명이면 사회적 순편익은 -10이다. 따라서 기존 가입자 수가 150명일 때 정부가 보조금을 지급하여 철수를 통신회사에 가입하도록 유도하는 것은 바람직하지 않다.
  • $-100+0.6N = -100+(0.6\times 150) = -10$

④ |○| 기존 가입자 수(N)가 170명이면 철수의 사적 순편익은 -15이므로 철수는 15 이상의 보조를 받아야 통신회사에 가입한다. 한편, 철수의 가입으로 인해 기존 가입자들이 얻는 추가적 편익은 $0.1N = 0.1\times 170 = 17$이므로 기존 가입자들은 철수에게 17 이하의 보조를 할 용의가 있다. 따라서 기존 가입자들이 직접 철수에게 보조금을 지급할 수 있다면 정부가 보조금을 지급하지 않더라도 15~17 사이의 보조금을 지급하여 철수를 통신회사에 가입하도록 유도할 수 있다.
  • $-100+0.5N = -100+(0.5\times 170) = -15$

⑤ |○| 철수가 통신회사에 가입하면 기존 가입자들에게 $0.1N$의 추가적인 편익이 발생한다. 즉, 기존 가입자들에게 양(+)의 네트워크 외부효과를 초래한다.

85 외부성의 해결 방안 : 독점기업

> **독점기업 : 생산의 외부불경제 계산 문제**
>
> **Point** • 시장생산량(Q_0)과 효율적 생산량(Q^*)을 비교하여 정부개입 여부를 판단함
>
> - 시장의 생산량(Q_0) : $MR = PMC$
> - 효율적 생산량(Q^*) : $SMB = SMC$
>   - $Q_0 = Q^*$: 정부개입(×)
>   - $Q_0 < Q^*$: 정부개입(○) … 보조금($MR = MC - S$)
>   - $Q_0 > Q^*$: 정부개입(○) … 조 세($MR = MC + T$)

[2012 | 국가직 7급]

X 재화의 시장수요곡선은 $Q = 120 - P$ 이고, 독점기업이 이 재화를 공급한다. 이 독점기업의 사적인 비용함수는 $C(Q) = 1.5Q^2$ 이고, 환경오염비용을 추가로 발생시키며 그 환경오염비용은 $EC(Q) = Q^2$ 이다. 이 경우 사회적 순편익을 극대화하는 최적 생산량은? (단, P는 시장가격, Q는 생산량이다.)

① 20 ② 30
③ 40 ④ 50

ⅰ) 비용함수 $C = 1.5Q^2$ 을 Q에 대해 미분하면 사적 한계비용은 $PMC = 3Q$ 이고, 외부비용함수 $EC = Q^2$ 을 Q에 대해 미분하면 외부한계비용은 $EMC = 2Q$ 이다. 따라서 사회적 한계비용은 $SMC = PMC + EMC = 5Q$ 가 된다.
ⅱ) 사회적 최적 생산량은 $SMB = SMC$ 인 점에서 결정되는데, 소비 측면에서는 외부성이 존재하지 않으므로 수요함수($D = PMB = SMB$)와 사회적 한계비용함수(SMC)를 연립해서 풀면 사회적 최적 생산량은 $Q = 20$ 으로 계산된다.
- $SMB = SMC \rightarrow 120 - Q = 5Q \rightarrow 6Q = 120 \therefore Q = 20$

01. ①

02 [2014 국회직 8급]

다음을 참조할 때 (ㄱ), (ㄴ)에 대한 답으로 옳은 것은?

> 어느 독점기업이 생산 과정에서 오염물질을 배출함으로써 외부불경제를 유발하고 있다. 독점기업의 수요함수는 $P=90-Q$이고, 독점기업의 한계비용은 $MC=Q$이며 생산 1단위당 외부비용은 6이다.
> (P : 가격, Q : 수요량, MC : 한계비용)

(ㄱ) 사회적으로 최적인 생산량 수준은 얼마인가?

(ㄴ) 사회적으로 최적인 생산량 수준을 달성하도록 하기 위해서는 정부가 독점기업에게 생산 1단위당 조세(또는 보조금)를 얼마 부과(또는 지불)해야 하는가?

	(ㄱ)	(ㄴ)		(ㄱ)	(ㄴ)
①	42	보조금 36	②	28	조 세 6
③	42	보조금 42	④	42	조 세 36
⑤	28	조 세 12			

해설

(ㄱ) 수요함수가 $P=90-Q$이므로 한계수입은 $MR=90-2Q$이고, 한계비용은 $MC=Q$이므로 이윤극대화 조건 $MR=MC$에 의해 독점기업의 이윤극대화 생산량은 $Q=30$이 된다. $Q=30$을 수요함수에 대입하면 이윤극대화 가격은 $P=60$으로 계산된다.

- $MR=MC \to 90-2Q=Q \to 3Q=90 \therefore Q=30$

주어진 지문은 생산의 외부불경제로 소비 측면에서는 외부성이 존재하지 않는다. 따라서 사회적 한계편익과 사회적 한계비용은 다음과 같이 구할 수 있다.

- 사회적 한계편익 : $SMB=PMB=90-Q$ ⋯ ①
- 사적 한계비용과 외부한계비용 : $PMC=Q$, $EMC=6$
- 사회적 한계비용 : $SMC=PMC+EMC=Q+6$ ⋯ ②

사회적 최적 생산량 수준에서는 $SMB=SMC$가 성립하므로 식 ①과 ②를 연립해서 풀면 사회적 최적 생산량은 $Q^*=42$로 계산된다.

- $SMB=SMC \to 90-Q=Q+6 \to 2Q=84 \therefore Q^*=42$

(ㄴ) 사회적 최적 생산량($Q^*=42$)이 독점기업의 이윤극대화 생산량($Q=30$)을 초과하므로 독점기업의 이윤극대화 생산량을 사회적 최적 수준과 같아지도록 하려면 단위당 일정액의 보조금을 지급해야 한다. 단위당 S의 보조금이 지급되면 한계비용곡선이 S만큼 하방으로 이동하므로 보조금지급 이후의 이윤극대화 조건은 다음과 같다.

- $MR=MC-S \to 90-2Q=Q-S \therefore S=3Q-90$

사회적 최적 생산량인 $Q^*=42$를 위 식에 대입하면 독점기업의 이윤극대화 생산량을 사회적 최적 수준과 같아지도록 하는 단위당 보조금의 크기는 $S=36$임을 알 수 있다.

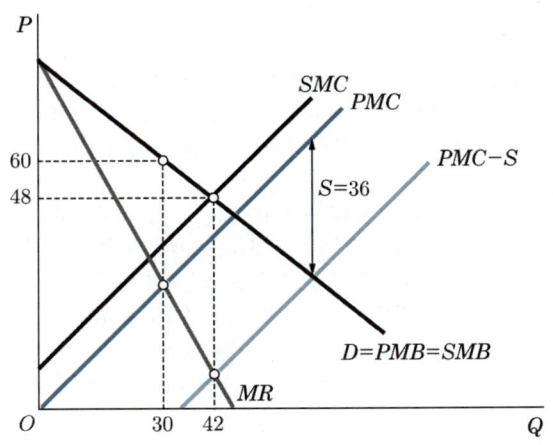

──── ReCheck 독점기업 … 생산의 외부불경제 ────
- 시장의 생산량(Q_0) : $MR = PMC$
- 효율적 생산량(Q^*) : $SMB = SMC$
  - $Q_0 < Q^*$: 보조금($MR = MC - S$)
  - $Q_0 > Q^*$: 조 세($MR = MC + T$)

03 |2014 | 국회직 8급| 상 중 하

다음의 시장 상황에 대한 설명으로 옳은 것은?

> 시장수요곡선이 $P = 100 - Q_d$인 시장에서 독점적으로 생산을 하는 기업이 있다. 이 기업은 고정비용이 100이고 한계비용이 40이다. 이 기업이 생산하는 재화는 단위당 30만큼의 사회적 비용을 발생시킨다.
> (P : 가격, Q_d : 수요량)

① 이 기업의 이윤극대화 생산량은 60이다.
② 이윤이 양(+)인 경우에 한해 이 기업의 생산량은 고정비용에 영향을 받지 않는다.
③ 사적 비용이 사회적 비용보다 크다.
④ 최적 생산량에서 수요의 가격탄력성은 1보다 작다.
⑤ 이 독점기업의 생산량은 사회적으로 최적이다.

02. ① 03. ⑤

① |×| 수요함수가 $P=100-Q$이므로 한계수입은 $MR=100-2Q$이고, 한계비용은 $MC=40$이므로 이윤극대화 조건 $MR=MC$에 의해 독점기업의 이윤극대화 생산량은 $Q=30$이 된다. $Q=30$을 수요함수에 대입하면 이윤극대화 가격은 $P=70$으로 계산된다.
- $MR=MC \rightarrow 100-2Q=40 \therefore Q=30$

② |×| 독점기업의 생산량은 $MR=MC$인 점에서 결정되므로 이윤이 양(+)인지 혹은 음(−)인지에 관계없이 고정비용에는 영향을 받지 않는다.

③ |×| 독점기업의 사적 한계비용이 $PMC=40$이고, 이 기업이 생산하는 재화가 단위당 30의 사회적 비용($EMC=30$)을 발생시키므로 사회적 한계비용은 $SMC=PMC+EMC=70$이다. 사회적 한계비용이 사적 한계비용보다 크므로, 이는 생산의 외부불경제에 해당한다.

④ |×| 사회적 최적 생산량은 $SMB=SMC$인 점에서 결정된다. 소비 측면에서는 외부성이 존재하지 않으므로 수요함수($D=PMB=SMB$)와 사회적 한계비용함수(SMC)를 연립해서 풀면 사회적 최적 생산량은 $Q^*=30$이 된다. $Q^*=30$을 수요함수에 대입하면 사회적 최적 가격은 $P^*=70$으로 계산된다.
- $SMB=SMC \rightarrow 100-Q=70 \therefore Q^*=30$

따라서 최적 생산량 수준에서의 수요의 가격탄력성은 $\frac{7}{3}$로 1보다 크다.
- $\varepsilon = -\frac{\Delta Q}{\Delta P} \cdot \frac{P}{Q} = -(-1) \times \frac{70}{30} = \frac{7}{3}$

수요함수 $Q=100-P$를 P에 대해 미분하면 $\frac{\Delta Q}{\Delta P}=-1$이 된다.

⑤ |○| 독점기업의 이윤극대화 생산량과 사회적 최적 생산량이 모두 30단위로 동일하므로 현재 이 독점기업의 생산량은 사회적으로 최적 수준이다. 이는 독점기업의 특성인 과소 생산과 외부불경제로 인한 과잉 생산이 정확히 상쇄되었기 때문이다.

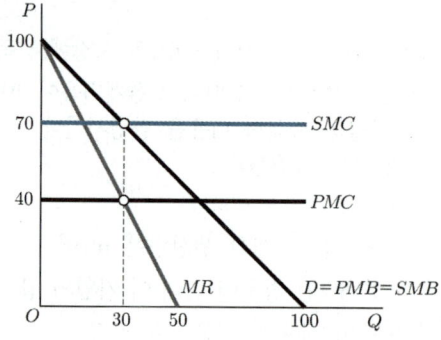

86 공공재의 특성

> **Point**
> - 비경합성+비배제성
> - 과소 생산 : 시장실패의 원인

공공재의 특성

구 분	내 용
비경합성	• 소비에 참여하는 사람의 수가 늘어나도 한 사람이 소비할 수 있는 양에는 변함이 없는 재화나 서비스의 특성 → 공동 소비가 가능함 • 추가적인 소비에 따른 한계비용이 0임($MC=0$) → 양(+)의 가격을 매기는 것이 바람직하지 않음 • 공공재 시장수요곡선은 공공재 개별수요곡선의 수직합 → 비경합성 때문임
비배제성	• 재화나 서비스에 대하여 대가를 치르지 않고 이를 소비하는 사람의 경우에도 이들을 소비에서 배제할 수 없는 재화나 서비스의 특성 → 양(+)의 가격을 매기는 것이 불가능함 • 무임승차(free rider) 문제가 발생함 → 과소 생산 : 시장실패 → 정부개입(보조금 지급, 직접 생산) • 공공재로 인한 시장실패의 직접적 원인은 비배제성에 있음 📄 어떤 재화의 소비가 비경합적이더라도 배제가 가능하다면 민간부문에 의해 최적 수준의 재화 공급이 가능함

▶ 순수공공재 : 국방, 치안, 일기예보, 법률, 공중파방송, 한산한 국도 등

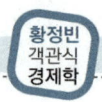

사용재와 공공재

구 분	사용재(private goods)	공공재(public goods)
재화의 성격	경합성, 배제성	비경합성, 비배제성
그 림	(그래프: 개별수요곡선 D_A, D_B의 수평합 D와 $S(=MC)$가 E에서 만남, P^*, Q_A, Q_B, Q^*)	(그래프: 개별수요곡선 $D_A(=MB_A)$, $D_B(=MB_B)$의 수직합 $D(=SMB)$와 $S(=MC)$가 E에서 만남, P^*, P_B, P_A, Q^*)
시장 수요곡선	• 개별수요곡선의 수평합 → Q에 대해 정리한 후 더함	• 개별수요곡선의 수직합 → P에 대해 정리한 후 더함
적정 공급조건	• $MB_X^A = MB_X^B = MC_X$ • $MRS_{XY}^A = MRS_{XY}^B = MRT_{XY}$	• $MB_G^A + MB_G^B = MC_G$: 린달(Lindahl) 조건 • $MRS_{GX}^A + MRS_{GX}^B = MRT_{GX}$: 사무엘슨(Samuelson) 조건
특 징	• $Q_A + Q_B = Q^*$: 상이한 양의 사용재를 소비하면서 • $P_A = P_B = P^*$: 동일한 가격을 지불함 • 사용재에 대한 선호가 높은 개인이 더 많은 양을 소비함	• $Q_A = Q_B = Q^*$: 동일한 양의 공공재를 소비하면서 • $P_A + P_B = P^*$: 상이한 가격을 지불함 • 공공재에 대한 선호가 높은 개인이 더 많은 비용을 부담함

`2010 | 국가직 7급` 상 중 하

01 공공재에 대한 설명으로 옳지 않은 것은?
① 무임승차자의 문제가 있다.
② 소비에 있어서 경합성 및 배제성의 원리가 작용한다.
③ 공공재라고 할지라도 민간이 생산, 공급할 수 있다.
④ 시장에 맡기면 사회적으로 적절한 수준보다 과소 공급될 우려가 있다.

해설
① |○| 공공재는 소비의 비배제성 때문에 무임승차 문제가 발생한다.
② |×| 공공재는 소비에 있어서 비경합성 및 비배제성의 원리가 작용한다.
③ |○| 대부분의 공공재는 정부나 지방자치단체 등에 의해 공급되나, 민간부문에 의해 공급될 수도 있다.
④ |○| 공공재는 소비의 비배제성 때문에 공급비용을 부담하지 않은 개인도 공급된 공공재의 이용이 가능하다(무임승차 문제). 따라서 공공재 공급을 시장에 맡기면 사회적 최적 수준보다 과소 공급되거나, 공급이 전혀 이루어지지 않을 수도 있다.

`2015 | 공인노무사` 상 중 하

02 공공재와 관련된 시장실패에 관한 설명으로 옳지 않은 것은?
① 순수공공재는 소비의 비배제성과 비경합성을 동시에 가지고 있다.
② 소비의 비배제성으로 인한 무임승차의 문제가 발생한다.
③ 긍정적 외부성이 존재하는 공공재의 생산을 민간에 맡길 때, 사회적 최적 수준에 비해 과소 생산된다.
④ 공공재의 경우에는 개인의 한계편익곡선을 수평으로 합하여 사회적 한계편익곡선을 도출한다.
⑤ 공공재의 최적 생산을 위해서는 경제주체들의 공공재 편익을 사실대로 파악하여야 한다.

해설
공공재는 소비의 비경합성으로 인해 공동 소비가 가능하므로 개인들의 한계편익곡선(개별수요곡선)을 수직으로 합하여 사회적 한계편익곡선(시장수요곡선)을 도출한다.

  01. ② 02. ④

03 | 2015 | 세무사 | 상 중 하

공공재에 관한 설명으로 옳지 않은 것은?
① 공공재는 높은 외부경제 효과가 발생하는 재화에 속한다.
② 비경합성이 강한 공공재일수록 공공재가 주는 사회적 편익의 크기는 더 커진다.
③ 비배제성이 강한 공공재일수록 공공재의 공급비용이 더 크다.
④ 공공재의 생산을 정부가 직접 담당하지 않고 민간에 위탁하는 경우도 있다.
⑤ 공공재의 무임승차 문제는 자원배분의 효율성을 저해한다.

①, ② |○| 비경합성이란 소비에 참여하는 사람의 수가 늘어나도 한 사람이 소비할 수 있는 양에는 변함이 없는 재화나 서비스의 특성을 말한다. 공공재는 비경합성 때문에 사회적 편익의 크기가 사적 편익의 크기보다 크므로 높은 외부경제 효과가 발생하는 재화에 속한다. 한편, 비경합성이 강한 공공재일수록 공동 소비의 가능성이 커지므로 공공재가 주는 사회적 편익의 크기는 더 커진다.
③ |×| 비배제성이란 재화나 서비스에 대하여 대가를 치르지 않고 이를 소비하는 사람의 경우에도 이들을 소비에서 배제할 수 없는 재화나 서비스의 특성을 말한다. 비배제성이 강한 공공재라 할지라도 그렇지 않은 공공재에 비해 공공재 공급비용이 더 크다는 보장은 없다. 공공재 공급비용은 공공재 생산에 따른 비용에 의해서 결정되므로 공공재 공급비용과 비배제성의 강도와는 무관하다.
④ |○| 정부가 생산하는 재화만이 공공재는 아니다. 위탁 또는 민간의 자발적 결정에 의해 민간부문이 공공재를 생산하는 경우도 있다.
⑤ |○| 공공재의 비배제성으로 인해 개인들이 공급된 공공재를 최대한 이용하되, 가능하면 공급비용은 부담하지 않으려 하는 무임승차 문제가 발생하면 과소 생산에 따른 자원배분의 비효율성이 초래된다.

04 | 2012 | 공인노무사 | 상 중 하

공공재 및 시장실패에 관한 설명으로 옳은 것을 모두 고른 것은?

> ㄱ. 정(+)의 외부효과가 있는 재화의 경우 시장에서 사회적 최적 수준에 비해 과소 생산된다.
> ㄴ. 공유지의 비극(tragedy of the commons)은 배제성은 없으나 경합성이 있는 재화에서 발생한다.
> ㄷ. 공공재의 경우 개인들의 한계편익을 합한 것이 한계비용보다 작다면 공공재 공급을 증가시키는 것이 바람직하다.

① ㄱ
② ㄱ, ㄴ
③ ㄱ, ㄴ, ㄷ
④ ㄱ, ㄷ
⑤ ㄴ, ㄷ

해설
- ㄱ. |○| 생산 측면에서 양(+)의 외부성이 존재하면 과소 생산이 이루어지므로 시장의 균형생산량은 사회적 최적 생산량보다 적다.
- ㄴ. |○| 공유지의 비극은 초원, 바다의 물고기, 혼잡한 무료도로 등 배제성은 없으나 경합성이 있는 재화에서 발생한다.
- ㄷ. |×| 공공재의 적정 공급량은 개인들의 한계편익의 합과 한계비용이 일치하는 점에서 결정된다($\sum MB = MC$). 만약 개인들의 한계편익의 합이 한계비용보다 작다면 공공재 공급을 감소시키는 것이 바람직하다.

05 | 2018 | 공인회계사 | 상 중 하

재화를 배제 가능성과 경합성 여부에 따라 다음과 같이 분류할 수 있다. 다음 설명 중 옳은 것을 모두 고르면?

구 분	배제 가능	배제 불가능
경합적	㉠	㉡
비경합적	㉢	㉣

- 가. 의복, 식품 등과 같은 사적 재화는 ㉠에 해당한다.
- 나. 혼잡한 유료도로는 ㉡에 해당한다.
- 다. 케이블TV와 같은 클럽재(club goods)는 ㉢에 해당한다.
- 라. 국방서비스와 같은 공공재는 ㉣에 해당한다.

① 가, 나 ② 가, 라
③ 나, 다 ④ 가, 다, 라
⑤ 나, 다, 라

해설
- 가. |○| 의복, 식품 등과 같은 사적재는 소비가 경합적이고, 배제가 가능하므로 ㉠에 해당한다.
- 나. |×| 혼잡한 유료도로는 소비가 경합적이고, 배제가 가능하므로 ㉠에 해당한다.
- 다. |○| 케이블TV와 같은 클럽재(club goods)는 소비가 비경합적이나, 배제가 가능하므로 ㉢에 해당한다.
- 라. |○| 국방서비스와 같은 공공재는 소비가 비경합적이고, 배제가 불가능하므로 ㉣에 해당한다.

ReCheck 비경합성과 비배제성
- 비경합성 : 소비에 참여하는 사람이 늘어도 한 사람이 소비할 수 있는 양에는 변함이 없음
  → 공동 소비
- 비배제성 : 대가를 치르지 않고 소비하는 사람의 경우에도 이들을 소비에서 배제할 수 없음
  → 무임승차 문제

정답
03. ③ 04. ② 05. ④

06 재화나 서비스는 소비의 경합성과 배제성 여부에 따라 다음 표와 같이 구분할 수 있다. 괄호에 들어갈 예로 가장 적절한 것은?

	배제성	비배제성
경합성	자동차	(가)
비경합성	(나)	국방서비스

	(가)	(나)
①	혼잡한 유료도로	혼잡한 무료도로
②	혼잡한 무료도로	혼잡한 유료도로
③	혼잡한 무료도로	혼잡하지 않은 유료도로
④	혼잡한 유료도로	혼잡하지 않은 무료도로
⑤	혼잡하지 않은 유료도로	혼잡한 무료도로

- 혼잡한 도로는 소비가 경합적이나, 혼잡하지 않은 도로는 소비가 비경합적이다.
- 무료도로는 배제가 불가능하나, 유료도로는 배제가 가능하다.
(가) 소비가 경합적이나, 배제가 불가능한 재화이므로 혼잡한 무료도로가 이에 해당한다.
(나) 소비가 비경합적이나, 배제가 가능한 재화이므로 혼잡하지 않은 유료도로가 이에 해당한다.

07 다음 표는 소비의 배제성과 경합성의 존재 유무에 따라 재화를 분류하고 있다. 다음 표에서 C에 해당하는 재화로 옳은 것은?

		경합성	
		있음	없음
배제성	있음	A	B
	없음	C	D

① 사적(私的) 재화 ② 유료도로
③ 국방서비스 ④ 유료케이블TV
⑤ 공해(公海)상의 물고기

① |×| 사적재는 소비가 경합적이고, 배제가 가능하므로 A에 해당한다.
② |×| 유료도로는 배제가 가능하다. 따라서 소비가 경합적인 혼잡한 유료도로라면 A에 해당하고, 소비가 비경합적인 한산한 유료도로라면 B에 해당한다.
③ |×| 국방서비스는 소비가 비경합적이고, 배제가 불가능하므로 D에 해당한다.
④ |×| 유료케이블TV는 소비가 비경합적이나, 배제가 가능하므로 B에 해당한다.
⑤ |○| 공해상의 물고기는 소비가 경합적이나, 배제가 불가능하므로 C에 해당한다.

08 | 2010 | 공인회계사 | 상 중 하

시장실패에 대한 다음 설명 중 옳지 않은 것은?
① 사회적 비용이 사적 비용을 초과하는 외부성이 발생하면, 시장의 균형생산량은 사회적으로 바람직한 수준보다 크다.
② 사회적 편익이 사적 편익을 초과하는 외부성이 발생하면, 시장의 균형생산량은 사회적으로 바람직한 수준보다 작다.
③ 코즈(R. Coase) 정리에 의하면 외부성이 존재하는 경우, 일정 조건하에서 이해관계 당사자 간의 협상을 통해 파레토 효율성을 달성할 수 있다.
④ 공공재는 비배제성과 비경합성으로 인하여 시장실패의 원인이 될 수 있다.
⑤ 공공재의 공급을 사기업이 수행하게 되면 과잉 공급이 이루어진다.

① |○| 사회적 비용이 사적 비용을 초과하는 생산의 부정적 외부성이 발생하면 과잉 생산이 이루어지므로 시장의 균형생산량은 사회적 최적 생산량보다 많다.
② |○| 사회적 편익이 사적 편익을 초과하는 소비의 긍정적 외부성이 발생하면 과소 소비(과소 생산)가 이루어지므로 시장의 균형생산량은 사회적 최적 생산량보다 적다.
③ |○| 코즈 정리에 의하면, 협상비용이 무시할 수 있을 정도로 작고 명확한 소유권(재산권) 설정이 이루어지는 경우 소유권이 어느 경제주체에게 귀속되는지에 상관없이 당사자 간의 자발적 협상을 통해 자원배분의 효율성을 달성할 수 있다.
④ |○| 공공재는 비배제성과 비경합성으로 인해 과소 생산에 따른 시장실패를 야기할 수 있다.
⑤ |×| 공공재는 비배제성 때문에 공급비용을 부담하지 않은 개인도 공급된 공공재의 이용이 가능하다(무임승차 문제). 따라서 공공재 공급을 사기업이 수행하게 되면 사회적 최적 수준보다 과소 공급되거나, 공급이 전혀 이루어지지 않을 수도 있다.

정답 06. ③ 07. ⑤ 08. ⑤

87 공공재의 적정 공급량

> **Point** 공공재의 적정 공급조건
> - 공공재의 시장수요곡선 : 개별수요곡선의 수직합
>   → P에 대해 정리한 후 더함(비경합성 때문)
> - 각 개인이 부담해야 할 가격 : 적정 공급량을 각 개인의 수요함수에 대입

- 공공재의 생산량과 가격
  → $Q_A = Q_B = Q^*$: 동일한 양의 공공재를 소비하면서
  → $P_A + P_B = P^*$: 서로 다른 가격을 지불함
- 공공재의 시장수요곡선은 개별수요곡선을 수직으로 합하여 도출함(P에 대해 정리)

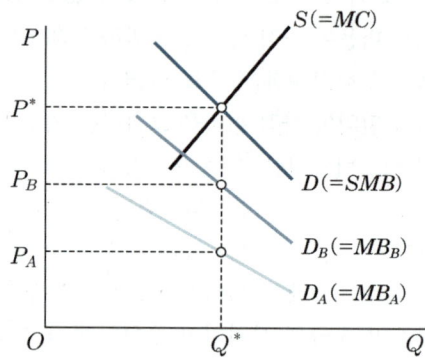

- 공공재의 적정 공급조건
  → $MB_G^A + MB_G^B = MC_G$: 린달(Lindahl) 조건
  ⋯ $\sum MB_G = MC_G$
  → $MRS_{GX}^A + MRS_{GX}^B = MRT_{GX}$: 사무엘슨(Samuelson) 조건
  ⋯ $\sum MRS_{GX} = MRT_{GX} \rightarrow \sum \left(\dfrac{MU_G}{MU_X}\right) = \dfrac{MC_G}{MC_X}\left(= -\dfrac{\Delta X}{\Delta G}\right)$
- 공공재에 대한 선호도가 높은 개인이 더 많은 비용을 부담함

01

[2013 | 지방직 7급] 상 중 하

공공재인 마을 공동우물(X)에 대한 혜민과 동수의 수요가 각각 $X = 50 - P$, $X = 30 - 2P$일 때, 사회적으로 바람직한 공동우물의 개수(㉠)와 동수가 우물에 대해 지불하고자 하는 가격(㉡)은? (단, P는 혜민과 동수가 X에 대해 지불하는 단위당 가격이고, 공동우물을 만들 때 필요한 한계비용(MC)은 41원이다.)

	㉠	㉡
①	16개	7원
②	18개	6원
③	20개	5원
④	22개	4원

Tip. 공공재의 시장수요곡선은 개별수요곡선의 수직합이다(P에 대해 정리).

ⅰ) 공공재의 시장수요곡선은 개별수요곡선의 수직합이므로 각 개인의 수요함수를 P에 대해 정리한 후 더하면 공공재의 시장수요함수는 $P = 65 - \frac{3}{2}X$이다.

- 개별수요함수 : $P_{혜민} = 50 - X$, $P_{동수} = 15 - \frac{1}{2}X$
- 시장수요함수 : $P = 65 - \frac{3}{2}X$

ⅱ) 공공재의 적정 공급량은 $P = MC$인 점에서 결정되므로 공공재의 시장수요함수 $P = 65 - \frac{3}{2}X$와 한계비용 $MC = 41$을 연립해서 풀면 공공재의 적정 공급량은 $X = 16$으로 계산된다.

- $P = MC \to 65 - \frac{3}{2}X = 41 \to \frac{3}{2}X = 24 \therefore X = 16$

ⅲ) 이제, $X = 16$을 각 개인의 수요함수에 대입하면 각 개인이 지불해야 할 가격은 혜민은 34원, 동수는 7원임을 알 수 있다.

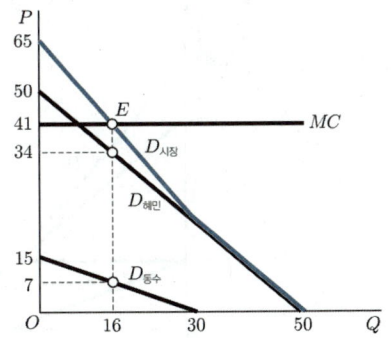

01. ①

02 2018 | 공인회계사

다음은 X재에 대한 갑과 을의 수요곡선과 X재 생산에 따른 한계비용을 나타낸다. X재가 공공재일 경우 파레토 효율적인 X재 생산량은 얼마인가? (단, X재는 갑과 을만 소비한다.)

- 갑의 수요곡선 : $Q = 3,000 - P$
- 을의 수요곡선 : $Q = 2,000 - 2P$
- 한계비용 : 1,000

(단, P, Q는 X재의 가격과 수량을 나타낸다.)

① 2,000
② 3,000
③ 4,000
④ 5,000
⑤ 6,000

해설

i) 공공재의 시장수요곡선은 개별수요곡선의 수직합이므로 갑과 을의 수요함수를 P에 대해 정리한 후 더하면 공공재의 시장수요함수는 $P = 4,000 - \frac{3}{2}Q$이다.

- 개별수요함수 : $P_{갑} = 3,000 - Q$, $P_{을} = 1,000 - \frac{1}{2}Q$
- 시장수요함수 : $P = 4,000 - \frac{3}{2}Q$

ii) 공공재의 적정 공급량은 $P = MC$인 점에서 결정되므로 공공재의 시장수요함수 $P = 4,000 - \frac{3}{2}Q$와 한계비용 $MC = 1,000$을 연립해서 풀면 공공재의 적정 공급량은 $Q = 2,000$으로 계산된다.

- $P = MC \rightarrow 4,000 - \frac{3}{2}Q = 1,000 \rightarrow \frac{3}{2}Q = 3,000$ ∴ $Q = 2,000$

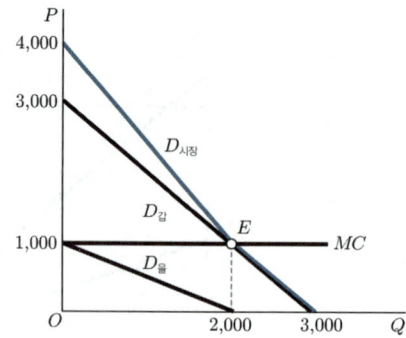

03 | 2014 | 세무사 | 상 중 하 |

국방에 대한 갑의 수요함수는 $Q = 45 - 3P$, 을과 병의 수요함수는 각각 $Q = 40 - 4P$이다. 국방의 한계비용이 25이면 사회적으로 적정한 국방 수준과 갑, 을, 병이 각각 부담해야 할 몫은? (단, Q : 국방 수준, P : 부담 몫)

① 국방 수준은 10, 갑은 23, 을과 병은 각각 15
② 국방 수준은 12, 갑은 11, 을과 병은 각각 7
③ 국방 수준은 12, 갑은 11, 을과 병은 각각 9
④ 국방 수준은 23, 갑은 21, 을과 병은 각각 20
⑤ 국방 수준은 23, 갑은 15, 을과 병은 각각 10

해설

i) 공공재의 시장수요곡선은 개별수요곡선의 수직합이므로 각 개인의 수요함수를 P에 대해 정리한 후 더하면 공공재의 시장수요함수는 $P = 35 - \frac{5}{6}Q$이다.

- 갑의 수요함수 : $P = 15 - \frac{1}{3}Q$, 을과 병의 수요함수 : $P = 10 - \frac{1}{4}Q$
- 시장수요함수 : $P = \left(15 - \frac{1}{3}Q\right) + \left(10 - \frac{1}{4}Q\right) + \left(10 - \frac{1}{4}Q\right)$ ∴ $P = 35 - \frac{5}{6}Q$

ii) 공공재의 적정 공급량은 $P = MC$인 점에서 결정되므로, 공공재의 시장수요함수 $P = 35 - \frac{5}{6}Q$와 한계비용 $MC = 25$를 연립해서 풀면 공공재의 적정 공급량은 $Q = 12$로 계산된다.

- $P = MC \rightarrow 35 - \frac{5}{6}Q = 25 \rightarrow \frac{5}{6}Q = 10$ ∴ $Q = 12$

iii) 이제, $Q = 12$를 각 개인의 수요함수에 대입하면 각 개인이 부담해야 할 가격은 갑은 11, 을과 병은 각각 7임을 알 수 있다.

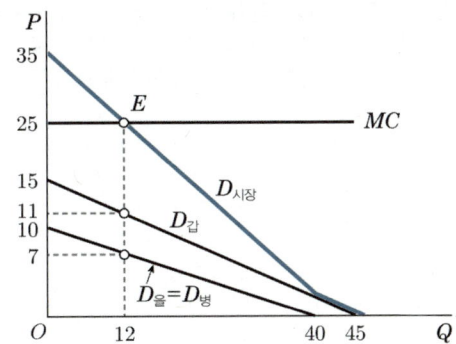

정답 02. ① 03. ②

04 ｜2018｜국회직 8급｜ 상 중 하

어떤 마을에 총 10개 가구가 살고 있다. 각 가구는 가로등에 대해 동일한 수요함수 $p_i = 10 - Q\,(i = 1, \cdots, 10)$를 가지며, 가로등 하나를 설치하는 데 소요되는 비용은 20이다. 사회적으로 효율적인 가로등 설치에 대한 설명으로 옳지 않은 것은?

① 어느 가구도 단독으로 가로등을 설치하려 하지 않을 것이다.
② 가로등에 대한 총수요는 $P = 100 - 10Q$이다.
③ 이 마을의 사회적으로 효율적인 가로등 수량은 9개이다.
④ 사회적으로 효율적인 가로등 수량을 확보하려면 각 가구는 가로등 1개당 2의 비용을 지불해야 한다.
⑤ 가구 수가 증가하는 경우, 사회적으로 효율적인 가로등 수량은 증가한다.

ⅰ) 소비가 비경합적이고, 배제가 불가능한 가로등은 공공재이다. 가로등에 대한 개별가구의 수요함수가 $P = 10 - Q$이고, 가구 수가 10이므로 가로등에 대한 마을전체의 수요함수는 $P = 10 \times (10 - Q) = 100 - 10Q$이다.
ⅱ) 공공재의 적정 공급량은 $P = MC$인 점에서 결정되므로, 가로등에 대한 마을전체의 수요함수 $P = 100 - 10Q$와 가로등 설치에 따른 한계비용 $MC = 20$을 연립해서 풀면 가로등의 적정 공급량은 $Q = 8$로 계산된다.
- $P = MC \rightarrow 100 - 10Q = 20 \rightarrow 10Q = 80 \therefore Q = 8$

① |○| 개별가구의 수요함수가 $P = 10 - Q$이고, 한계비용이 $MC = 20$이므로 개별가구가 단독으로 가로등을 설치한다면 $P = MC$에 의해 $Q = -10$이 된다. 즉, 어느 가구도 단독으로 가로등을 설치하려 하지는 않을 것이다.
② |○| 마을전체의 수요함수는 $P = 100 - 10Q$이다(수직합).
③ |×| 이 마을에서 가로등의 적정 공급량은 8개이다.
④ |○| 가로등의 적정 공급량인 $Q = 8$을 개별가구의 수요함수 $P = 10 - Q$에 대입하면 개별가구가 가로등 1개당 지불해야 하는 가격은 2로 계산된다.
⑤ |○| 가구 수가 증가하면 마을전체의 수요가 증가하므로 가로등의 적정 공급량은 증가한다.

05 갑, 을, 병, 정 4명의 주민이 살고 있는 마을에 공동으로 방범용 가로등을 설치하고자 한다. 가로등의 개당 설치비용은 100만원으로 일정하고, 가로등에 대한 주민들의 수요(D)는 아래 그림과 같다고 할 때 적정 공급량은 얼마인가?

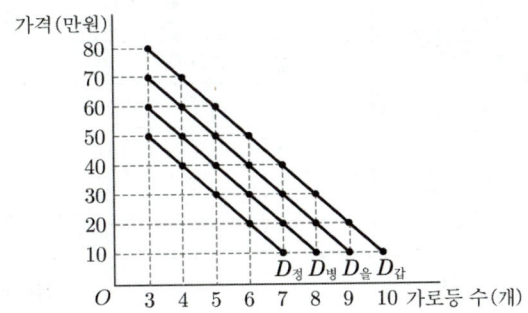

① 3개 ② 4개 ③ 5개
④ 6개 ⑤ 7개

i) 공공재의 적정 공급량은 $\sum MB = MC$인 점에서 결정되고, 공공재에 대한 시장수요곡선($\sum MB$)은 개별수요곡선($D = MB$)의 수직합이다.
  • 공공재의 적정 공급조건(린달 조건)
    : $\sum MB = MC$(공공재 소비에 따른 한계편익의 합=공공재 공급의 한계비용)

ii) 가로등의 개당 설치비용이 100만원으로 일정(MC = 100만원)하고, 7번째 가로등이 설치될 때 갑, 을, 병, 정의 한계편익의 합이 100만원($\sum MB$ = 40만원 + 30만원 + 20만원 + 10만원)이므로 $\sum MB = MC$를 만족하는 가로등의 적정 공급량은 7개이다.

> **ReCheck 공공재의 적정 공급조건 Ⅰ**
> • 린달(Lindahl) 조건 : $MB_G^A + MB_G^B = MC_G$
>   → $\sum MB_G = MC_G$

정답 04. ③ 05. ⑤

06

갑, 을, 병, 정 네 사람이 살고 있는 마을에 범죄 예방을 위한 CCTV를 설치하고자 한다. CCTV 1단위당 한계생산비용이 10이라면 이 마을의 적정 CCTV 공급량은 몇 단위인가?

단위가격	수요량			
	갑	을	병	정
1	11	11	20	10
2	9	10	13	9
3	8	9	9	8
4	7	8	8	7

① 11단위
② 10단위
③ 9단위
④ 8단위

Tip. 린달 조건에 의해 공공재의 적정 공급량은 $\sum MB = MC$인 점에서 결정된다.

i) 공공재의 적정 공급량은 $\sum MB = MC$인 점에서 결정되므로, 적정 CCTV 공급량은 CCTV 공급에 따른 한계비용과 갑, 을, 병, 정 네 사람의 한계편익의 합(사회적 한계편익)이 같아지는 점에서 결정된다. 이때 사회적 한계편익은 CCTV 수요에 따른 각 개인의 최대지불용의금액(사적 한계편익)을 더하여 계산한다.
- 공공재의 적정 공급조건(린달 조건)
  : $\sum MB = MC$(공공재 소비에 따른 한계편익의 합=공공재 공급의 한계비용)

ii) CCTV의 개당 생산비용이 10으로 일정($MC = 10$)하고, 9단위의 CCTV가 공급될 때 갑과 정의 최대지불용의금액은 2, 을과 병의 최대지불용의금액은 3으로 네 사람의 사적 한계편익을 더한 사회적 한계편익이 10($\sum MB = 2+3+3+2$)이 된다. 따라서 $\sum MB = MC$를 만족하는 적정 CCTV 공급량은 9단위이다.

07 | 2005 | 세무사 | 상 중 하

두 명의 소비자 A, B와 사용재 X, 공공재 Z가 존재하는 경제가 있다. 이 경제에서 공공재 1단위는 사용재 1단위를 투입하여 생산할 수 있다고 하자. 소비자 A와 B의 효용함수는 각각 다음과 같다고 하자.

$$U^A = X + 2Z - \frac{1}{2}Z^2$$
$$U^B = X + 2Z - \frac{1}{6}Z^2$$

공공재의 효율적인 공급수준은 얼마인가?

① 1 ② $\frac{9}{4}$ ③ $\frac{3}{2}$

④ 9 ⑤ 3

해설

i) 사무엘슨 조건에 의해 공공재의 적정 공급량은 $\Sigma MRS_{ZX} = MRT_{ZX}$인 점에서 결정되므로, 먼저 각 개인의 공공재와 사용재 간의 한계대체율과 그 합을 구해보면 다음과 같다.

- $MRS_{ZX}^A = \dfrac{MU_Z^A}{MU_X^A} = \dfrac{2-Z}{1} = 2 - Z$

- $MRS_{ZX}^B = \dfrac{MU_Z^B}{MU_X^B} = \dfrac{2 - \frac{1}{3}Z}{1} = 2 - \frac{1}{3}Z$

$\Rightarrow \Sigma MRS_{ZX} = (2-Z) + \left(2 - \frac{1}{3}Z\right) = 4 - \frac{4}{3}Z$

ii) 사용재 1단위를 투입하면 공공재 1단위를 생산할 수 있으므로 한계변환율은 $MRT_{ZX} = 1$이다.

- $MRT_{ZX} = -\dfrac{\Delta X}{\Delta Z} = -\left(\dfrac{-1}{1}\right) = 1$

iii) 따라서 공공재의 적정 공급량은 $\dfrac{9}{4}$ 단위로 계산된다.

- $\Sigma MRS_{ZX} = MRT_{ZX} \rightarrow 4 - \dfrac{4}{3}Z = 1 \therefore Z = \dfrac{9}{4}$

ReCheck 공공재의 적정 공급조건 Ⅱ

- 사무엘슨(Samuelson) 조건 : $MRS_{GX}^A + MRS_{GX}^B = MRT_{GX}$

$\rightarrow \Sigma MRS_{GX} = MRT_{GX}$

$\rightarrow \Sigma\left(\dfrac{MU_G}{MU_X}\right) = \dfrac{MC_G}{MC_X}\left(= -\dfrac{\Delta X}{\Delta G}\right)$

08 | 2016 | 공인회계사 | 상 중 하

2개의 재화(사적재, 공공재)와 2명의 개인(김 씨, 이 씨)으로 구성되는 한 경제는 다음과 같다. 김 씨와 이 씨의 효용의 합을 최대로 하는 공공재 생산량은?

> - 생산가능곡선 : $X+5W=100$
> - 각 개인의 효용함수 : $U=2YZ$
> - 김 씨와 이 씨는 생산된 사적재를 절반씩 소비한다.
>
> (단, X는 사적재 생산량, W는 공공재 생산량, U는 효용수준, Y는 사적재 소비량, Z는 공공재 소비량이다.)

① 5   ② 10
③ 15   ④ 20
⑤ 25

해설

i) 김 씨와 이 씨를 각각 개인 A와 B라고 할 때 각 개인의 효용함수가 $U=2YZ$로 주어져 있으므로 각 개인의 한계대체율과 그 합을 구해보면 다음과 같다. 이때 개인 A와 B가 생산된 사적재를 절반씩 소비하므로 $Y_A=Y_B=\frac{1}{2}X$이고, 공공재는 비경합성으로 인해 생산된 공공재의 양과 각 개인의 소비량이 동일하므로 $Z_A=Z_B=W$이다.

- $MRS_{ZY}^A = \dfrac{MU_Z^A}{MU_Y^A} = \dfrac{Y_A}{Z_A} = \dfrac{\frac{1}{2}X}{W} = \dfrac{X}{2W}$

- $MRS_{ZY}^B = \dfrac{MU_Z^B}{MU_Y^B} = \dfrac{Y_B}{Z_B} = \dfrac{\frac{1}{2}X}{W} = \dfrac{X}{2W}$

$\Rightarrow \sum MRS_{ZY} = \dfrac{X}{2W} + \dfrac{X}{2W} = \dfrac{X}{W}$

ii) 생산가능곡선 식이 $X+5W=100 \rightarrow X=-5W+100$이므로 생산가능곡선의 (접선의) 기울기인 한계변환율은 $MRT_{WX}=5$이다.

- $MRT_{WX} = -\dfrac{\Delta X}{\Delta W} = 5$

iii) 사무엘슨 조건에 의해 공공재의 적정 공급량은 $\sum MRS_{ZY}=MRT_{WX}$인 점에서 결정되므로 다음의 관계식이 성립한다.

- $\sum MRS_{ZY}=MRT_{WX} \rightarrow \dfrac{X}{W}=5 \therefore X=5W$

iv) $X=5W$를 생산가능곡선 식 $X+5W=100$에 대입하면 $X=50$, $W=10$으로 계산된다. 따라서 공공재의 적정 공급량은 10단위임을 알 수 있다.

09 어떤 한 경제에 A, B 두 명의 소비자와 X, Y 두 개의 재화가 존재한다. 이 중 X는 공공재(public goods)이고 Y는 사용재(private goods)이다. 현재의 소비량을 기준으로 A와 B의 한계대체율(marginal rate of substitution : MRS)과 한계전환율(marginal rate of transformation : MRT)이 다음과 같이 측정되었다. 공공재의 공급에 관한 평가로 옳은 것은?

$$MRS_{XY}^A = 1, \ MRS_{XY}^B = 3, \ MRT_{XY} = 5$$

① 공공재가 최적 수준보다 적게 공급되고 있다.
② 공공재가 최적 수준으로 공급되고 있다.
③ 공공재가 최적 수준보다 많이 공급되고 있다.
④ 공공재의 최적 수준 공급 여부를 알 수 없다.

해설

i) 사무엘슨 조건에 의하면, 공공재의 적정 공급조건은 다음과 같다.
  • 공공재의 적정 공급조건(사무엘슨 조건)
    : $MRS_{XY}^A + MRS_{XY}^B = MRT_{XY}$(공공재 소비에 따른 한계편익의 합=공공재 공급의 한계비용)
ii) 주어진 수치를 위 식에 대입하면 $\sum MRS_{XY} = 4 < MRT_{XY} = 5$이다. 공공재 소비에 따른 사회적 한계편익보다 공공재 공급에 따른 한계비용이 더 크므로 공공재가 최적 수준보다 과다 공급되고 있음을 알 수 있다.
iii) 따라서 $MRS_{XY}^A + MRS_{XY}^B = MRT_{XY}$가 성립하도록 X재(공공재) 생산을 줄이고, Y재(사용재) 생산을 늘리면 사회후생이 증가하게 된다.

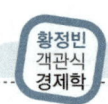

10 | 2009 | 공인회계사 | 상 중 하

민준과 서연에게 화단은 순수공공재이다. 화단으로부터 각자 10만원에 상응하는 만족을 얻을 수 있고 화단을 만드는 비용은 12만원이다. 두 사람은 화단을 만드는 데 찬성할 것인지 반대할 것인지를 독립적으로 동시에 결정한다. 한 사람이라도 찬성하면 화단이 만들어지고 그 비용은 찬성한 사람이 균등하게 부담한다. 즉, 한 사람만 찬성하면 혼자 12만원을 지불하고 두 사람 모두 동의한다면 각각 6만원씩 지불한다. 모두 반대하면 화단은 만들어지지 않는다. 다음 서술 중 옳은 것을 모두 고르면?

> 가. 사적 이익을 극대화하고자 한다면 두 사람 모두 화단을 만드는 것에 동의할 것이다.
> 나. 반대하는 것이 두 사람 모두에게 우월전략이다.
> 다. 내쉬균형에서는 언제나 화단이 만들어지지 않는다.
> 라. 모두 찬성하는 것이 파레토(Pareto) 효율적이나 무임승차의 문제로 인하여 실현되기 어렵다.

① 나, 라
② 다, 라
③ 가, 나, 다
④ 가, 나, 라
⑤ 나, 다, 라

화단 제작에 따른 두 사람의 순편익을 보수행렬로 나타내면 아래와 같다.

		서연 찬성	서연 반대
민준	찬성	(4, 4)	(−2, 10)
민준	반대	(10, −2)	(0, 0)

가. |×|, 나. 다. |○| 두 사람 모두 화단을 만드는 것에 반대하는 것이 우월전략이므로 (반대, 반대)가 우월전략균형이자 내쉬균형이 되어 화단은 만들어지지 않는다.

라. |○| 두 사람 모두 화단을 만드는 것에 찬성하는 것, 즉 (찬성, 찬성)이 파레토 효율적이나 화단 제작에 따른 비용은 부담하지 않고 화단으로부터 얻을 수 있는 편익만 누리려는 무임승차 문제로 인해 실현되기는 어렵다.

10. ⑤

공유지의 비극

공유지의 비극(Tragedy of the commons)

구 분	내 용
개 념	• 공유자원이 과다하게 사용되어 고갈되는 현상 • 소비의 부정적 외부성과 관련 있음
공유자원의 특징	• 소유권의 부재 • 경합성＋비배제성
사 례	• 마을 공동 소유 목초지의 황폐화 • 연근해 어장의 어족 자원 고갈
해결 방안	• 소유권의 확립 • 자원의 사용 한도 제한 • 조세부과

가치재(merit goods)와 비가치재(demerit goods)

가치재	비가치재

• 사회적 가치 ＞ 개인적 가치
• 긍정적 외부성이 발생하는 재화
   예) 교육·의료·공용주택서비스 등
• 경합성＋배제성 → 사용재(공공재 ✕)
• 과소 생산, 과소 소비 → 정부개입
• 생산 및 소비 장려 → 온정적 간섭주의
• 소비자주권 제약
	• 사회적 가치 ＜ 개인적 가치
	• 부정적 외부성이 발생하는 재화
	   예) 마약, 담배, 술 등
	• 경합성＋배제성 → 사용재
	• 과잉 생산, 과잉 소비 → 정부개입
	• 생산 및 소비 억제 → 죄악세(sin tax)
	• 소비자주권 제약

[2011 | 국가직 9급]

많은 사람들이 공동으로 사용하는 자원의 경우 적정한 수준 이상으로 그 자원이 이용되어 결과적으로 모두가 피해를 보는 비효율성이 발생하기 쉬운데 공해상에서의 어류 남획 문제가 그러한 예이다. 흔히 '공유자원의 비극(Tragedy of the commons)'으로 불리는 이러한 문제가 발생하는 근본적인 원인은?

① 공유자원은 배제성과 경합성을 갖지 않기 때문이다.
② 불확실성과 정보의 부족에 따라 발생하는 시장실패 때문이다.
③ 개별 경제주체의 의사결정이 현실에서 합리성 가정을 위배하기 때문이다.
④ 개인이 의사결정 시 그 결과로 발생하는 외부효과를 고려하지 않기 때문이다.

정답
01. ④

해설
공유자원은 경합성은 있지만 배제성은 없는 재화로 초원, 바다의 물고기, 혼잡한 무료도로 등이 공유자원의 대표적인 예이다. 공유자원의 경우 한 사람이 공유자원을 사용하면 다른 사람이 사용할 수 있는 양이 줄어드는 부정적 외부성이 발생하는데, 개인의 입장에서 볼 때 자신의 이익을 극대화하는 공유자원 사용은 합리적인 행위라 할 수 있다. 결국, 모든 사람들이 합리적으로 행동하여 자신의 이익이 극대화되도록 공유자원을 사용하면 공유자원이 과다하게 사용되어 고갈되는 '공유자원의 비극'이 발생한다. 이러한 공유자원의 비극이 발생하는 근본적 원인은 개인이 공유자원 사용과 관련된 의사결정을 할 때 그 결과로 발생하는 부정적 외부성을 고려하지 않기 때문이다.

02 [2017 | 세무사] 상 중 하

공유지의 비극(tragedy of the commons)에 관한 설명으로 옳지 않은 것은?

① 소유권이 분명하지 않은 상태에서 각 개인이 자원을 아껴 쓸 유인을 갖지 못해 발생하는 문제이다.
② 연근해의 어족 자원 고갈이 하나의 예이다.
③ 공유지 사용과 관련된 개인의 결정이 다른 사람에게 외부성을 일으키게 된다.
④ 여러 사람이 공동으로 사용하려는 목적으로 구입한 자원의 소유권은 결국 한 사람에게 귀착된다.
⑤ 공동으로 사용하는 자원은 관련자들의 비효율적 사용으로 빨리 고갈되는 경향이 있다.

해설
공유지의 비극이란 소유권이 명확하게 규정되어 있지 않은 공유자원이 관련자들의 과다 사용으로 인해 고갈되는 현상을 말하며, 대표적 사례로는 연근해 어장의 어족 자원 고갈이나 마을 공동 소유 목초지의 황폐화 등을 들 수 있다. 공유자원의 경우 한 사람이 공유자원을 사용하면 다른 사람이 사용할 수 있는 양이 줄어드는 부정적 외부성이 발생하므로 공유지의 비극은 소비의 부정적 외부성과 관련이 있다.

03 [2014 | 보험계리사] 상 중 하

'공유자원의 비극(Tragedy of the Commons)'에 대한 전형적인 해결책으로 옳지 않은 것은?

① 공유자원 사용에 대한 과세 ② 공유자원의 개방
③ 공유자원의 사적 소유화   ④ 공유자원 사용에 대한 규제

해설
공유자원의 비극을 해결하기 위한 방안으로는 소유권의 확립, 공유자원 사용에 대한 규제나 조세 부과 등을 들 수 있다.
② |×| 공유자원을 개방하면 공유자원이 더 과다하게 사용되고, 고갈될 것이므로 공유자원의 개방은 공유자원의 비극에 대한 해결책이 될 수 없다.

04

[2017 | 감정평가사] 상 중 하

어느 마을에 주민들이 염소를 방목할 수 있는 공동의 목초지가 있다. 염소를 방목하여 기를 때 얻는 총수입은 $R = 10(20X - X^2)$이고, 염소 한 마리에 소요되는 비용은 20이다. 만약 개별주민들이 아무런 제한 없이 각자 염소를 목초지에 방목하면 마을주민들은 총 X_1마리를, 마을주민들이 마을전체의 이윤을 극대화하고자 한다면 총 X_2마리를 방목할 것이다. X_1과 X_2는? (단, X는 염소의 마리 수이다.)

① 12, 9
② 12, 16
③ 16, 12
④ 18, 9
⑤ 18, 12

염소를 방목하여 얻을 수 있는 총수입은 $TR = 200X - 10X^2$이고, 염소 한 마리에 소요되는 비용이 20이므로 총비용은 $TC = 20X$이다.

ⅰ) 아무런 제한 없이 각자 염소를 방목할 경우
　아무런 제한 없이 각자 염소를 방목한다면 주민들은 목초지 사용에 따른 이윤이 0이 될 때까지 목초지를 사용할 것이다. 따라서 이윤함수를 0으로 두면 $X_1 = 18$로 계산된다.
　• $\pi = TR - TC = 0 \to (200X - 10X^2) - 20X = 0 \to 180 - 10X = 0 \therefore X_1 = 18$

ⅱ) 염소를 방목하여 마을전체의 이윤을 극대화할 경우
　염소를 방목하여 마을전체의 이윤을 극대화한다면 주민들은 목초지 사용에 따른 한계수입과 한계비용이 같아질 때까지 목초지를 사용할 것이다. 한계수입이 $MR = 200 - 20X$이고, 한계비용이 $MC = 20$이므로 $MR = MC$에 의해 $X_2 = 9$로 계산된다.
　• $MR = MC \to 200 - 20X = 20 \therefore X_2 = 9$

　앞서 구한 이윤함수를 미분한 뒤 0으로 두어도 동일한 값의 X_2를 얻을 수 있다.

$$\pi = TR - TC = (200X - 10X^2) - 20X \to \frac{\Delta \pi}{\Delta X} = 180 - 20X = 0 \therefore X_2 = 9$$

정답 02. ④ 03. ② 04. ④

05 [2016 | 국가직 7급]

어느 마을의 어부 누구나 물고기를 잡을 수 있는 호수가 있다. 이 호수에서 잡을 수 있는 물고기의 수(Q)와 어부의 수(N) 사이에는 $Q = 70N - \frac{1}{2}N^2$의 관계가 성립한다. 한 어부가 일정 기간 동안 물고기를 잡는 데는 2,000원의 비용이 발생하며, 물고기의 가격은 마리당 100원이라고 가정한다. 어부들이 아무런 제약 없이 경쟁하면서 각자의 이윤을 극대화할 경우 어부의 수(N_0)와 이 호수에서 잡을 수 있는 물고기의 수(Q_0)는? 그리고 마을전체적으로 효율적인 수준에서의 어부의 수(N_1)와 이 호수에서 잡을 수 있는 물고기의 수(Q_1)는?

① $(N_0,\ Q_0,\ N_1,\ Q_1) = (100,\ 2{,}000,\ 50,\ 2{,}250)$
② $(N_0,\ Q_0,\ N_1,\ Q_1) = (100,\ 2{,}000,\ 70,\ 2{,}450)$
③ $(N_0,\ Q_0,\ N_1,\ Q_1) = (120,\ 1{,}200,\ 50,\ 2{,}250)$
④ $(N_0,\ Q_0,\ N_1,\ Q_1) = (120,\ 1{,}200,\ 70,\ 2{,}450)$

물고기의 가격이 $P = 100$, 호수에서 잡을 수 있는 물고기의 양이 $Q = 70N - \frac{1}{2}N^2$이므로 물고기를 잡아 얻을 수 있는 총수입은 $TR = P \times Q = 7{,}000N - 50N^2$이고, 어부 1명이 물고기를 잡는 데 드는 비용이 2,000이므로 총비용은 $TC = 2{,}000N$이다.

ⅰ) 어부들이 아무런 제약 없이 각자의 이윤을 극대화할 경우

어부들이 아무런 제약 없이 각자의 이윤을 극대화한다면 개별어부들은 물고기를 잡을 때의 이윤이 0이 될 때까지 물고기를 잡을 것이다. 개별어부의 총수입이 $\frac{TR}{N} = 7{,}000 - 50N$, 총비용이 $\frac{TC}{N} = 2{,}000$이므로 개별어부의 이윤함수를 0으로 두면 $N_0 = 100$이 되고, $N_0 = 100$을 $Q = 70N - \frac{1}{2}N^2$에 대입하면 $Q_0 = 2{,}000$으로 계산된다.

- $\frac{\pi}{N} = \frac{1}{N}(TR - TC) = 0 \rightarrow (7{,}000 - 50N) - 2{,}000 = 0 \rightarrow 50N = 5{,}000 \therefore N_0 = 100$

ⅱ) 마을전체적으로 효율적인 수준

마을전체적으로 효율적인 수준에서의 어부의 수는 마을전체의 이윤이 극대화되는 점에서 결정되므로 마을전체의 이윤함수를 N에 대해 미분한 뒤 0으로 두면 $N_1 = 50$이 되고, $N_1 = 50$을 $Q = 70N - \frac{1}{2}N^2$에 대입하면 $Q_1 = 2{,}250$으로 계산된다.

- $\pi = TR - TC = (7{,}000N - 50N^2) - 2{,}000N \rightarrow \frac{\Delta\pi}{\Delta N} = 5{,}000 - 100N = 0 \therefore N_1 = 50$

06

`2018 | 공인회계사` 상 중 하

어떤 산에서 n명의 사냥꾼이 토끼 사냥을 하면 $10\sqrt{n}$ (kg)만큼의 토끼 고기를 얻을 수 있다. 토끼 고기는 kg당 2만원에 팔리고 있다. 또한 사냥꾼 한 명이 사냥을 하는 데 드는 비용은 2만원이다. 만약 이 산이 공유지라면 사회적으로 효율적인 사냥꾼 수보다 얼마나 더 많은 사냥꾼이 사냥을 하게 되는가? (단, 사냥꾼들은 모두 동일한 사냥 능력을 지녔다.)

① 35명　　　② 45명　　　③ 55명
④ 65명　　　⑤ 75명

토끼 고기의 가격이 $P = 20,000$, 토끼 사냥을 하여 얻을 수 있는 토끼 고기의 양이 $Q = 10\sqrt{n}$ 이므로 토끼 사냥을 하여 얻을 수 있는 총수입은 $TR = P \times Q = 200,000\sqrt{n}$ 이고, 사냥꾼 1명이 사냥을 하는 데 드는 비용이 20,000이므로 총비용은 $TC = 20,000n$이다.

ⅰ) 사회적으로 효율적인 사냥꾼 수

사회적으로 효율적인 사냥꾼 수는 사회전체의 이윤이 극대화되는 점에서 결정되므로 사회전체의 이윤함수를 n에 대해 미분한 뒤 0으로 두면 $n_1 = 25$로 계산된다.

- $\pi = TR - TC = 200,000\sqrt{n} - 20,000n \rightarrow \dfrac{\Delta \pi}{\Delta n} = \dfrac{100,000}{\sqrt{n}} - 20,000 = 0 \therefore n_1 = 25$

ⅱ) 산이 공유지일 때의 사냥꾼 수

산이 공유지라면 개별사냥꾼은 자신의 이윤이 0이 될 때까지 토끼 사냥을 할 것이다. 개별사냥꾼의 총수입이 $\dfrac{TR}{n} = \dfrac{200,000}{\sqrt{n}}$, 총비용이 $\dfrac{TC}{n} = 20,000$이므로 개별사냥꾼의 이윤함수를 0으로 두면 $n_2 = 100$으로 계산된다.

- $\dfrac{\pi}{n} = \dfrac{1}{n}(TR - TC) = 0 \rightarrow \dfrac{200,000}{\sqrt{n}} - 20,000 = 0 \rightarrow \sqrt{n} = 10 \therefore n_2 = 100$

⇒ 그러므로 산이 공유지라면 사냥꾼 수는 사회적으로 효율적인 수준보다 75명 더 많다.

07 | 2011 | 세무사 | 상 중 하

가치재(merit goods)와 비가치재(demerit goods)에 관한 설명으로 옳지 않은 것은?

① 정부의 가치재 공급은 소비자주권과 충돌할 수 있다.
② 정부가 보건소를 통해 어린이들에게 무료예방접종을 제공하는 것은 가치재의 사례에 해당한다.
③ 담배와 같이 사회적 비용을 유발하는 재화에 과세하는 것은 비가치재 소비를 억제하는 데 목적이 있다.
④ 정부가 국방서비스를 생산하고 공급하는 것은 그것이 가치재이기 때문이다.
⑤ 가치재 공급은 정부가 개인들의 의사결정이 적절하지 않다고 판단하는 경우에 이루어진다.

해설
정부가 국방서비스를 생산하고 공급하는 것은 그것이 공공재이기 때문이다. 국방서비스와 같은 공공재를 민간부문에서 공급할 경우 과소 생산으로 인한 시장실패가 발생한다.

ReCheck 가치재(merit goods)와 비가치재(demerit goods)

가치재	비가치재
• 사회적 가치 > 개인적 가치 • 긍정적 외부성이 발생하는 재화 　예 교육・의료・공용주택서비스 등 • 경합성+배제성 → 사용재(공공재 ✕) • 과소 생산, 과소 소비 → 정부개입 • 생산 및 소비 장려 → 온정적 간섭주의 • 소비자주권 제약	• 사회적 가치 < 개인적 가치 • 부정적 외부성이 발생하는 재화 　예 마약, 담배, 술 등 • 경합성+배제성 → 사용재 • 과잉 생산, 과잉 소비 → 정부개입 • 생산 및 소비 억제 → 죄악세(sin tax) • 소비자주권 제약

정답 07. ④

89 공공선택이론

만장일치제

구 분		내 용
만장일치제	개 념	모든 구성원들이 찬성해야만 의안이 통과되는 제도
	장 점	• 파레토 개선을 실현함 • 소수의 의견을 보호할 수 있음
	단 점	• 많은 의사결정비용이 소요됨 • 전략적 상황이 발생함 • 완비성을 위배함

다수결투표제

구 분		내 용
다수결투표제	개 념	과반수 이상의 투표자가 지지하는 대안이 선택되는 투표제도
	문제점	• 다수의 횡포가 발생할 수 있음 • 투표의 역설이 발생할 수 있음
투표의 역설 (투표의 순환)	개 념	다수결투표제하에서 모든 개인의 선호가 이행성을 충족하더라도 사회선호가 이행성을 충족하지 않는 현상
	문제점	• 투표 순서에 따라 그 결과가 달라짐 → 이행성을 위배함 • 의사진행자의 의사진행조작이 발생할 수 있음
중위투표자 정리	개 념	모든 투표자의 선호가 단봉형이면 다수결투표제하에서는 항상 중위투표자가 가장 선호하는 대안이 채택됨 📄 중위투표자 : 대안을 선호하는 순서대로 투표자를 나열하였을 때 가운데에 위치하는 투표자
	특 징	• 다수결투표를 통해 결정된 공공재 공급량이 사회적 최적 수준과 일치한다는 보장이 없음 • 비독재성을 위배함(중위투표자≒독재자)
투표거래	개 념	다수결투표제하에서 다수의 대안이 존재할 때, 투표자들이 자신이 가장 선호하는 대안이 선택되도록 다른 투표자와 협의하여 각각 상대방이 선호하는 대안에 찬성투표를 하는 행위
	특 징	• 사회후생은 증가할 수도 있고, 감소할 수도 있음 • 투표거래가 없을 때보다 공공재 공급량은 반드시 증가함

> **점수투표제**

구 분		내 용
점수투표제	개 념	투표자가 자신의 선호에 따라 각 대안에 대해 일정 범위 내에서 점수를 부여하고, 가장 많은 점수를 얻은 대안이 선택되는 투표제도
	장 점	• 개인의 선호의 강도를 반영함 • 투표의 역설이 발생하지 않음
	단 점	• 각 개인의 선호를 기수적으로 나타냄 → 독립성을 위배함 • 전략적 행동에 취약함

[2016 | 국회직 8급] 상 중 하

점수투표제란 투표자가 각 대안에 대해 자신의 선호 정도를 점수로 표시하여 투표하고 가장 많은 점수를 획득한 대안이 최종적으로 선택되는 방식을 의미한다. 〈보기〉의 표는 각 투표자가 10점을 후보 A, B, C에 대한 선호에 따라 나누어 배분하는 방식으로 표시하였다. 〈보기〉와 같은 상황에서 당선되는 후보는?

─── 보기 ───

- 투표자1~투표자5는 진실하게 자신의 선호를 표시하여 투표에 임한다.
- 투표자6은 다른 투표자들의 점수 배점에 대한 정보를 보유하고 있다.
- 투표자6은 자신에게 유리한 결과를 이끌고자 전략적 행동을 취하여 투표에 임한다.

	투표자1	투표자2	투표자3	투표자4	투표자5	투표자6
후보 A	3	3	3	1	7	2
후보 B	6	4	5	7	0	1
후보 C	1	3	2	2	3	7

① 후보 A
② 후보 B
③ 후보 C
④ 후보 A와 후보 C 모두 가능
⑤ 세 후보 모두 가능

Tip. 점수투표제하에서 전략적 행동이 나타날 경우 투표 결과가 불규칙하게 바뀔 수 있다.

분석의 편의를 위해 전략적 행동을 취하는 투표자6을 제외한 나머지 투표자들의 점수를 합산하여 만든 표를 이용하여 논의를 전개하기로 한다.

ⅰ) 점수투표제하에서는 가장 많은 점수를 얻은 대안이 선택되므로 각 투표자가 진실하게 자신의 선호를 표시하여 투표에 임하면 후보 B가 당선된다.

	투표자1 ~ 투표자5	투표자6	합 계
후보 A	17	2	19
후보 B	22	1	23
후보 C	11	7	18

ⅱ) 점수투표제하에서 전략적 행동이 나타날 경우 투표 결과가 불규칙하게 바뀔 가능성이 있다. 그럼 먼저, 전략적 행동을 취하는 투표자6이 가장 선호하는 후보 C에게 자신에게 부여된 10점을 전부 투표하는 경우를 가정하면 후보 A는 17점, 후보 B는 22점, 후보 C는 21점으로 여전히 후보 B가 당선된다.

	투표자1 ~ 투표자5	투표자6	합 계
후보 A	17	0	17
후보 B	22	0	22
후보 C	11	10	21

ⅲ) 따라서 투표자6이 가장 싫어하는 후보 B가 당선되는 것을 막기 위해 전략적으로 후보 A에게 자신에게 부여된 10점을 전부 투표하면 후보 A는 27점, 후보 B는 22점, 후보 C는 11점으로 후보 A가 당선된다.

	투표자1 ~ 투표자5	투표자6	합 계
후보 A	17	10	27
후보 B	22	0	22
후보 C	11	0	11

⇒ 이와 같이, 투표자6이 전략적 행동을 취하면 사회적으로 볼 때 바람직하지 않은 대안인 후보 A가 당선되는 결과가 초래된다.

정답
01. ①

CHAPTER 22 정보경제학

90 역선택과 도덕적 해이

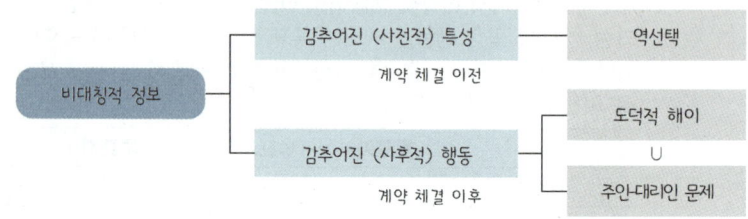

역선택(adverse selection)

Point
- 계약 체결 이전(사전적) 발생 … 감추어진 특성 때문
- 정보를 갖지 못한 측이 바람직하지 않은 상대방을 선택할 가능성이 높아지는 현상

구 분	내 용
개 념	정보의 비대칭성하에서 정보를 갖지 못한 측이 가장 바람직하지 않은 상대방 (정보를 갖고 있는 측)과 거래할 가능성이 높아지는 현상
사 례	중고차시장(레몬시장), 보험시장, 금융시장, 노동시장 등

해결 방안	• 신호발송 : 정보를 갖고 있는 측 예 품질보증서 발급, 자격증 취득 등
	• 선별 : 정보를 갖지 못한 측 예 자기선택장치(특약)
	• 정부정책
	   ⅰ) 강제가입 : 의료보험, 국민연금, 자동차 책임보험 등
	       → 역선택이 해소됨
	       → 도덕적 해이는 여전히 존재함
	   ⅱ) 정보흐름 활성화 : 재무제표 공시 의무화, 허위·과장광고 규제 등
	• 평판과 표준화
	• 신용할당(금융시장) : 금융시장에 초과수요가 존재함에도 이자율을 인상하지 않고 자금 심사, 신용도 고려 등을 통해 자금을 배분하는 방식
	• 효율성임금(노동시장) : 시장의 균형임금보다 높은 임금을 지급하는 것

▶ 역선택이 발생하면 시장이 축소되거나, 사라질 수도 있음

도덕적 해이(moral hazard)

Point
- 계약 체결 이후(사후적) 발생 … 감추어진 행동 때문
- 정보를 갖고 있는 측이 바람직하지 않은 행동을 하는 현상

구 분	내 용
개 념	정보의 비대칭성하에서 정보를 갖고 있는 측이 정보를 갖지 못한 측의 불리함을 이용하여 바람직하지 않은 행동을 하는 현상
사 례	보험시장, 금융시장, 노동시장, 생산물시장 등
해결 방안	• 보험시장 : 공동보험제도, 기초공제제도 등 • 금융시장 : 담보 설정, 감시 등 • 노동시장 : 효율성임금, 승진, 포상, 징계 등

▶ 역선택과 도덕적 해이의 동시 해결 방안 : 효율성임금

주인-대리인 문제(principal-agent problem)

구 분	내 용
개 념	거래가 이루어진 이후 대리인이 주인의 입장에서 볼 때 바람직하지 않은 행동을 하는 현상
특 징	넓은 의미의 도덕적 해이에 포함됨
사 례	주주-경영자, 국민-정치가, 의뢰인-변호사, 사장-종업원
해결 방안	스톡옵션, 승진, 포상, 징계, 성과급 지급 등 적절한 유인설계

---

01 [2012 | 공인회계사]

비대칭 정보하에서 발생하는 현상에 대한 설명 중 옳지 않은 것은?

① 역선택 현상이 발생할 수 있다.
② 정보를 가진 사람은 이를 이용하여 자기의 이득을 증가시킬 수 있고, 이는 정보가 없는 사람에게 피해를 줄 수 있다.
③ 시장에서 거래가 위축되는 현상이 발생할 수 있다.
④ 정보를 많이 갖고 있는 사람은 정보를 덜 갖고 있는 사람에 비하여 항상 피해의 규모가 작다.
⑤ 사고 운전자에 대한 보험료 할증은 도덕적 해이를 완화시킬 수 있다.

해설
정보의 비대칭성하에서 정보를 많이 갖고 있는 사람이 정보를 덜 갖고 있는 사람에 비해 항상 피해 규모가 작다는 보장은 없다.

정답 01. ④

02

[2018 | 국회직 8급] 상 중 하

정보의 비대칭성에 대한 설명으로 옳은 것은?

① 정보의 비대칭성이 존재하면 항상 역선택과 도덕적 해이의 문제가 발생한다.
② 통신사가 서로 다른 유형의 이용자들로 하여금 자신이 원하는 요금제도를 선택하도록 하는 것은 선별(screening)의 한 예이다.
③ 공동균형(pooling equilibrium)에서도 서로 다른 선호체계를 갖고 있는 경제주체들은 다른 선택을 할 수 있다.
④ 사고가 날 확률이 높은 사람일수록 이 사고에 대한 보험에 가입할 가능성이 큰 것은 도덕적 해이의 한 예이다.
⑤ 신호(signaling)는 정보를 보유하지 못한 측이 역선택 문제를 해결하기 위해 사용할 수 있는 수단 중 하나이다.

해설

① |×| 정보의 비대칭성이 존재하더라도 역선택과 도덕적 해이가 항상 발생하는 것은 아니다.
② |O|, ⑤ |×| 선별(screening)이란 정보의 비대칭성하에서 정보를 갖지 못한 측이 역선택을 해결하기 위해 불충분하지만 주어진 자료를 이용하여 상대방의 정보를 파악하려고 하는 것을 말한다. 통신사가 서로 다른 유형의 이용자들에게 동일한 요금제도를 제시하고 각 이용자가 자기선택을 통해 원하는 요금제도를 선택하도록 하는 것은 선별의 사례에 해당한다. 한편, 신호발송(signaling)이란 정보의 비대칭성하에서 정보를 갖고 있는 측이 역선택을 해결하기 위해 자신의 정보를 알리려고 하는 것을 말한다.
③ |×| 신호발송모형(signaling model)에서 서로 다른 유형의 경제주체가 상이한 신호를 보낼 때 달성되는 균형을 분리균형이라 하고, 서로 다른 유형의 경제주체가 동일한 신호를 보낼 때 달성되는 균형을 통합균형(합동균형, 공동균형)이라 한다. 그러므로 공동균형에서는 서로 다른 선호체계를 갖고 있는 경제주체가 동일한 선택을 한다.

> 📄 신호발송모형(signaling model) … 역선택
> - 분리균형(separating equilibrium)
>   → 상이한 상품이 서로 다른 경제주체들에 의해 선택되는 균형
>   → 정보의 비대칭성하에서 지속 가능한 균형(자기선택장치 설계를 통한 선별) but 비효율적이고, 존재하지 않을 수도 있음
> - 통합균형(pooling equilibrium, 합동균형, 공동균형)
>   → 단일의 상품이 서로 다른 경제주체들에 의해 선택되는 균형
>   → 정보의 비대칭성하에서 지속 불가능한 균형

④ |×| 사고가 날 확률이 높은 사람이 이 사고에 대한 보험에 가입할 가능성이 큰 것은 역선택의 사례에 해당한다.

03

[2016 | 서울시 7급] 상 중 하

다음 중 정보경제와 관련된 설명으로 가장 옳지 않은 것은?

① 선별(screening)이란 사적 정보를 가진 경제주체가 상대방의 정보를 더욱 얻어내기 위해 취하는 행동이다.
② 신호발생(signaling)이란 정보를 가진 경제주체가 자신에 관한 정보를 상대방에게 전달하려는 행동이다.
③ 탐색행위(search activities)란 상품의 가격에 대한 정보를 충분히 갖지 못한 수요자가 좀 더 낮은 가격을 부르는 곳을 찾으려고 하는 행위이다.
④ 역선택(adverse selection)이란 상대방의 감추어진 속성으로 인해 정보가 부족한 쪽에서 바람직하지 않은 선택을 하는 현상이다.

해설 선별이란 정보의 비대칭성하에서 정보를 갖지 못한 측이 역선택을 해결하기 위해 불충분하지만 주어진 자료를 이용하여 상대방의 정보를 파악하려고 하는 것을 말한다.

04

[2014 | 국가직 7급] 상 중 하

다음 사례를 역선택(adverse selection)과 도덕적 해이(moral hazard)의 개념에 따라 올바르게 구분한 것은?

> ㄱ. 자동차보험 가입 후 더욱 난폭하게 운전한다.
> ㄴ. 건강이 좋지 않은 사람이 민간의료보험에 더 많이 가입한다.
> ㄷ. 실업급여를 받게 되자 구직활동을 성실히 하지 않는다.
> ㄹ. 사망 확률이 낮은 건강한 사람이 주로 종신연금(life annuity)에 가입한다.

	역선택	도덕적 해이		역선택	도덕적 해이
①	ㄱ, ㄹ	ㄴ, ㄷ	②	ㄴ, ㄹ	ㄱ, ㄷ
③	ㄱ, ㄴ	ㄷ, ㄹ	④	ㄴ, ㄷ	ㄱ, ㄹ

해설
ⅰ) 역선택은 정보의 비대칭성하에서 정보를 갖지 못한 측이 가장 바람직하지 않은 상대방(정보를 갖고 있는 측)과 거래할 가능성이 높아지는 현상으로, 사전적(계약 체결 이전) 개념이다. 따라서 ㄴ과 ㄹ은 역선택에 해당한다.
ⅱ) 반면, 도덕적 해이는 정보의 비대칭성하에서 정보를 갖고 있는 측이 정보를 갖지 못한 측의 불리함을 이용하여 바람직하지 않은 행동을 하는 현상으로, 사후적(계약 체결 이후) 개념이다. 따라서 ㄱ과 ㄷ은 도덕적 해이에 해당한다.

ReCheck 역선택과 도덕적 해이
- 역 선 택 : 계약 체결 이전(사전적) 발생 … 감추어진 특성 때문
- 도덕적 해이 : 계약 체결 이후(사후적) 발생 … 감추어진 행동 때문

02. ② 03. ① 04. ②

05 [2013 | 국가직 7급] 상 중 하

역선택에 관한 설명으로 옳지 않은 것은?
① 역선택은 정보를 가지고 있는 자의 자기선택 과정에서 생기는 현상이다.
② 교육수준이 능력에 관한 신호를 보내는 역할을 하는 경우 역선택의 문제가 완화된다.
③ 정부에 의한 품질인증은 역선택의 문제를 완화시킨다.
④ 역선택 현상이 존재하는 상황에서 강제적인 보험프로그램의 도입은 후생을 악화시킨다.

① |O| 역선택은 정보를 갖고 있는 측의 자기선택(self-selection) 과정에서 생기는 현상이다. 중고차 시장에서 중고차 가격이 평균적인 차의 품질에 의해 결정될 때 저품질의 중고차를 가진 사람은 자발적으로 차를 시장에 내놓지만, 고품질의 중고차를 가진 사람은 스스로 차를 시장에서 회수하는 자기선택이 이루어진다. 그 결과, 저품질의 중고차만 시장에 매물로 나오면서 정보를 갖지 못한 측은 역선택 문제에 직면하게 되는 것이다.
② |O| 스펜스(M. Spence)의 신호발송모형에 의하면, 교육수준은 능력(생산성)에 관한 신호를 보내는 역할을 한다. 노동시장에서 기업이 노동자의 평균적인 능력에 입각해 동일한 임금을 지급하는 것이 아니라, 교육수준에 따라 상이한 임금을 지급한다면 노동자의 능력에 따른 임금이 지급되는 것이므로 역선택 문제를 완화하는 결과가 된다.
③ |O| 정부에 의한 품질인증, 표준화, 성능 표시 등은 역선택 문제를 완화할 수 있다.
④ |×| 역선택 현상이 존재하는 상황에서 가입이 강제되는 보험제도(예 의료보험, 국민연금 등)의 도입은 역선택 문제를 해소하여 사회후생을 개선시킬 수 있다.

일반적인 상황에서는 선택 가능성이 많을수록 좋다. 그런데 강제보험은 선택 가능성을 제한함에도 불구하고 외부성을 치유하여 사회후생을 개선시킬 수 있다.

06 [2014 | 서울시 7급] 상 중 하

다음 중 역선택 문제를 완화하기 위해 고안된 장치와 거리가 먼 것은?
① 중고차 판매 시 책임수리 제공
② 민간의료보험 가입 시 신체검사
③ 보험 가입 의무화
④ 사고에 따른 자동차 보험료 할증
⑤ 은행의 대출심사

역선택은 정보의 비대칭성하에서 정보를 갖지 못한 측이 가장 바람직하지 않은 상대방(정보를 갖고 있는 측)과 거래할 가능성이 높아지는 현상으로, 사전적(계약 체결 이전) 개념이다.
④ |×| 사고에 따른 자동차 보험료 할증은 사후적(계약 체결 이후) 개념으로 도덕적 해이의 해결 방안에 해당한다.

07 [2010 | 공인회계사] 상 중 하

기업들이 소비자들에게 제공하는 보증(warranty)에 대한 다음 설명 중 가장 옳은 것은?

① 보증은 소비자들이 기업들보다 제품의 질에 대해 많은 정보를 갖고 있을 때 신호 수단으로서 가장 효과적이다.
② 보증은 소비자들이 기업들보다 소비자들의 선호에 대해 많은 정보를 갖고 있을 때 신호 수단으로서 가장 효과적이다.
③ 보증은 기업들이 소비자들보다 소비자들의 선호에 대해 많은 정보를 갖고 있을 때 신호 수단으로서 가장 효과적이다.
④ 비대칭 정보의 문제가 존재하는 시장에서는 기업들이 보증을 제공하지 않으려 한다.
⑤ 생산자들은 품질이 더 좋은 상품일수록 예상 수리비용이 적기 때문에 보증을 해 줄 가능성이 더 높다.

해설 보증(warranty)은 재화의 품질에 대한 정보가 비대칭적인 상황에서 더 많은 정보를 가진 기업이 정보가 충분하지 않은 소비자에게 자신이 생산하는 재화의 품질이 높다는 것을 알리는 '신호발송'의 수단이 된다. 이때 품질이 좋은 재화를 생산하는 기업은 예상 수리비용이 적기 때문에 보증을 해 줄 가능성이 더 높다. 만약 소비자가 기업보다 재화의 품질에 대해 더 많은 정보를 갖고 있다면 신호발송 수단으로서의 보증은 불필요하다.

08 [2017 | 보험계리사] 상 중 하

다이아몬드 시장에서 차지하는 다이아몬드 품질의 등급별 비중과 판매자 및 구매자의 유보가격은 다음 표와 같이 알려져 있다. 구매자는 구입하려는 다이아몬드의 등급은 알 수 없다. 판매자는 다이아몬드의 등급을 정확히 알고, 거래로 인한 이익을 모두 갖는다. 시장에서 거래되는 다이아몬드의 등급으로 옳은 것은?

등 급	A급	B급	C급
시장에서 차지하는 등급별 비중	20%	40%	40%
구매자 유보가격	9	8	6
판매자 유보가격	6	4	3

① A, B, C ② B, C
③ C ④ 어떤 다이아몬드도 거래되지 않는다.

해설
i) 정보가 부족한 구매자가 임의의 다이아몬드에 대해 지불할 용의가 있는 가격은 7.4이다.
 • $(0.2 \times 9) + (0.4 \times 8) + (0.4 \times 6) = 1.8 + 3.2 + 2.4 = 7.4$
ii) 세 가지 등급의 다이아몬드를 갖고 있는 판매자의 유보가격, 즉 판매자가 최소한 받고자 하는 가격이 모두 7.4보다 낮다. 따라서 세 가지 등급의 다이아몬드가 모두 시장에서 거래된다.

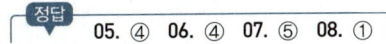

09 | 2017 | 공인회계사 | 상 중 하

레몬 문제(lemons problem)는 판매자가 구매자보다 제품에 더 많은 정보를 가지고 있어 나타나는 문제이다. 레몬 문제에 대한 설명으로 옳은 것을 모두 고르면?

> 가. 평균보다 높은 품질의 제품을 생산하는 판매자는 평균 품질에 해당하는 가격으로 판매하고 싶지 않다.
> 나. 품질보증은 소비자가 제품에 대한 정보가 충분하지 않더라도 평균 품질에 해당하는 가격 이상으로 구매를 가능하게 한다.
> 다. 경매에 의한 판매를 통해 레몬 문제를 해결할 수 있다.

① 가 ② 나 ③ 다
④ 가, 나 ⑤ 나, 다

해설
레몬 문제(lemons problem)란 정보의 비대칭성으로 인해 발생하는 역선택을 의미한다.
가. |○| 재화의 품질에 대한 정보가 비대칭적일 때 구매자는 평균 품질에 해당하는 가격으로 재화를 구매하고자 하나, 평균보다 높은 품질의 재화를 생산하는 판매자는 평균 품질에 해당하는 가격보다 높은 가격을 받고자 할 것이므로 평균 품질에 해당하는 가격으로는 재화를 판매하려 하지 않을 것이다.
나. |○| 품질보증(warranty)은 재화의 품질에 대한 정보가 비대칭적일 때 평균보다 높은 품질의 재화를 생산하는 판매자가 재화에 대한 정보가 충분하지 않은 구매자에게 자신이 생산하는 재화의 품질이 높다는 것을 알리는 '신호발송'의 수단이 된다. 따라서 판매자가 품질보증을 해 주면 구매자는 평균 품질에 해당하는 가격 이상으로 재화를 구매할 수도 있다.
다. |×| 경매에 의한 판매가 이루어지더라도 레몬 문제가 해결되는 것은 아니다. 즉, 구매자는 여전히 경매에 나온 재화에 대한 정보가 부족하므로 역선택 문제가 발생할 수 있다.

10 ⌐2009 | 지방직 7급⌐ 상 중 하

중고차 시장에 중고차 200대가 매물로 나와 있다. 그 중 100대는 성능이 좋은 차이고, 100대는 성능이 나쁜 차이다. 성능이 좋은 차를 매도하려는 사람은 600만원 이상에 판매하려 하고, 성능이 나쁜 차를 매도하려는 사람은 400만원 이상에 판매하려 한다. 이 중고차 시장에서 중고차를 구매하려는 잠재적 구매자는 무한하다. 구매자들은 성능이 좋은 차는 900만원 이하에 구매하려 하고, 성능이 나쁜 차는 500만원 이하에 구매하려 한다. 중고차의 성능에 관한 정보를 매도자는 알고 있지만 구매자는 알지 못한다. 이 시장에는 어떤 균형이 존재할까?

① 모든 중고차가 700만원에 거래되는 균형이 존재한다.
② 좋은 중고차만 900만원에 거래되는 균형이 존재한다.
③ 좋은 중고차는 900만원에 거래되고, 나쁜 중고차는 500만원에 거래되는 균형이 존재한다.
④ 어떤 균형도 존재하지 않는다.

해설
ⅰ) 좋은 중고차와 나쁜 중고차에 대한 구매자의 최대지불용의금액이 각각 900만원, 500만원이고, 전체 중고차 200대 중 좋은 중고차와 나쁜 중고차가 차지하는 비율이 모두 50%이므로 임의의 중고차에 대한 구매자의 최대지불용의금액은 700만원이다.
- (0.5×900만원)+(0.5×500만원)=700만원
ⅱ) 좋은 중고차를 판매하는 판매자의 최소요구금액이 600만원, 나쁜 중고차를 판매하는 판매자의 최소요구금액이 400만원으로 둘 다 구매자의 최대지불용의금액(700만원)보다 낮다.
ⅲ) 결국, 구매자가 700만원을 제안하면 모든 판매자가 중고차를 판매할 것이므로 모든 중고차가 700만원에 거래되는 균형이 존재한다.

정답 09. ④ 10. ①

11 ｜2014 ｜ 공인회계사 ｜ 상 중 하

중고차 시장에 두 가지 유형(고품질과 저품질)의 중고차가 있고, 전체 중고차 중 고품질 중고차가 차지하는 비율은 p이다. 고품질 중고차 소유자들은 최소 1,000만원을 받아야 판매할 의향이 있고, 저품질 중고차 소유자들은 최소 600만원을 받아야 판매할 의향이 있다. 소비자들은 고품질 중고차를 최대 1,400만원에, 저품질 중고차는 최대 800만원에 구매할 의사가 있다. 중고차 유형은 소유자들만 알고 있으며 소비자들은 위험중립적이다. 다음 설명 중 옳은 것은?

① $p=0.2$일 때, 모든 균형에서 저품질 중고차만 거래된다.
② $p=0.2$일 때, 모든 균형에서 고품질 중고차만 거래된다.
③ $p=0.5$일 때, 모든 균형에서 저품질 중고차만 거래된다.
④ $p=0.5$일 때, 모든 균형에서 고품질 중고차만 거래된다.
⑤ p에 관계없이, 모든 균형에서 항상 두 유형의 중고차가 거래된다.

제시된 상황을 표로 정리하면 다음과 같다.

	판매자의 최소요구금액	구매자의 최대지불용의금액
고품질 중고차	1,000만원	1,400만원
저품질 중고차	600만원	800만원

ⅰ) 이제, 전체 중고차 중 고품질 중고차가 차지하는 비율(p)이 0.2일 때와 0.5일 때의 구매자의 최대지불용의금액을 각각 계산하면 다음과 같다.
 • $p=0.2$일 때 : $(0.2×1,400$만원$)+(0.8×800$만원$)=920$만원
 • $p=0.5$일 때 : $(0.5×1,400$만원$)+(0.5×800$만원$)=1,100$만원

ⅱ) $p=0.2$일 때 구매자의 최대지불용의금액은 920만원이다. 따라서 최소요구금액이 1,000만원인 고품질 중고차 소유주는 차를 중고차시장에서 회수할 것이다. 그러나 최소요구금액이 600만원인 저품질 중고차 소유주는 차를 판매할 것이므로 $p=0.2$일 때는 균형에서 저품질 중고차만 거래된다.

ⅲ) $p=0.5$일 때 구매자의 최대지불용의금액은 고품질 중고차 소유주의 최소요구금액 1,000만원보다 높은 1,100만원이다. 따라서 이 경우 모든 중고차 소유주가 차를 판매할 것이므로 $p=0.5$일 때는 균형에서 두 유형의 중고차가 모두 거래된다.

12 [2015 공인회계사] 상 중 하

중고 노트북 컴퓨터 시장에 고품질과 저품질의 두 가지 유형이 있다. 전체 중고 노트북 중 고품질과 저품질의 비율은 8:2이고 판매자는 중고 노트북의 품질을 알고 있다. 판매자의 최소요구금액과 구매자의 최대지불용의금액은 다음 표와 같고, 구매자는 위험중립적이다. 이러한 사실은 판매자와 구매자에게 알려져 있다. 다음 설명 중 옳지 않은 것은?

유 형	판매자의 최소요구금액	구매자의 최대지불용의금액
고품질	50만원	60만원
저품질	20만원	10만원

① 구매자도 품질을 아는 경우, 고품질만 거래된다.
② 구매자가 품질을 모르는 경우, 두 유형이 모두 거래될 수 있다.
③ 구매자가 품질을 모르는 경우, 고품질에 대한 구매자의 최대지불용의금액이 60만원보다 크다면 두 유형이 모두 거래된다.
④ 구매자가 품질을 모르는 경우, 고품질에 대한 판매자의 최소요구금액이 50만원보다 크다면 저품질만 거래된다.
⑤ 구매자가 품질을 모르는 경우, 고품질의 비중이 80%보다 작다면 고품질은 시장에서 거래되지 않는다.

 해설

① |O| 구매자가 품질을 안다면 판매자의 최소요구금액보다 구매자의 최대지불용의금액이 큰 고품질 노트북만 거래된다.
② |O| 전체 노트북 중 고품질과 저품질의 비율이 8:2이므로 품질을 모르는 구매자가 임의의 노트북에 대해 지불할 용의가 있는 최대금액은 50만원이다.
  • (0.8×60만원)+(0.2×10만원)=50만원
  따라서 구매자가 50만원을 제안하면, 이 금액은 고품질과 저품질 노트북 판매자의 최소요구금액보다 크거나 같으므로 두 유형의 노트북이 모두 거래될 수 있다.
③ |O| 고품질 노트북에 대한 구매자의 최대지불용의금액이 60만원보다 커지면 구매자가 제안하는 금액도 최초의 50만원보다 커지고, 이 금액은 고품질과 저품질 노트북 판매자의 최소요구금액보다 크므로 두 유형의 노트북이 모두 거래된다.
④ |×| 구매자가 50만원을 제안할 때 고품질 노트북에 대한 판매자의 최소요구금액이 50만원보다 크다면 고품질 노트북은 거래되지 않는다. 고품질 노트북이 거래되지 않으면 고품질 노트북 판매자는 노트북을 시장에서 회수할 것이므로 시장에는 저품질 노트북만 남게 된다. 저품질 노트북만 남은 시장에서 저품질 노트북에 대한 구매자의 최대지불용의금액이 판매자의 최소요구금액보다 작으므로 결국 저품질 노트북도 거래되지 않는다.
⑤ |O| 고품질 노트북의 비중이 80%보다 작다면 구매자가 제안하는 금액도 최초의 50만원보다 작아지고, 이 금액은 고품질 노트북 판매자의 최소요구금액보다 작으므로 고품질 노트북은 거래되지 않는다.

13 ｜ 2011 ｜ 공인노무사 ｜ 상 중 하

도덕적 해이(moral hazard)에 관한 설명으로 옳지 않은 것은?
① 팀별 발표의 경우 팀의 구성원 중 일부는 발표 준비를 게을리 한다.
② 에어백을 설치한 후 자동차의 운전자는 설치 이전보다 부주의하게 운전한다.
③ 화재보험에 가입한 후 보험가입자는 가입 이전보다 화재방지 노력을 게을리 한다.
④ 은행이 대출이자율을 높이면 위험한 사업에 투자하는 기업들이 자금을 차입하려고 한다.
⑤ 성과급 제도가 없는 회사의 경우 일부 직원들이 태만하게 근무한다.

도덕적 해이는 정보의 비대칭성하에서 정보를 갖고 있는 측이 정보를 갖지 못한 측의 불리함을 이용하여 바람직하지 않은 행동을 하는 현상으로, 사후적(계약 체결 이후) 개념이다.
④ |×| 은행이 대출이자율을 높이자 위험한 사업에 투자하는 기업들이 자금을 차입하려고 하는 것은 역선택의 사례에 해당한다.

14 ｜ 2012 ｜ 지방직 7급 ｜ 상 중 하

도덕적 해이에 대한 설명으로 옳은 것을 모두 고른 것은?

> ㄱ. 불완전하게 감시를 받는 대리인이 자기의 이익을 좇아 행동하는 경향을 말한다.
> ㄴ. 고용의 경우 도덕적 해이를 줄이기 위하여 감시 감독을 강화하거나 보수 지급을 연기하기도 한다.
> ㄷ. 건물주가 화재보험에 가입한 후에는 화재예방설비를 적정 수준보다 부족하게 설치하는 경향을 보이는 것도 도덕적 해이에 속한다.

① ㄱ, ㄴ ② ㄱ, ㄷ
③ ㄴ, ㄷ ④ ㄱ, ㄴ, ㄷ

ㄱ. |○| 주인-대리인 문제의 사례이다. 주인-대리인 문제도 넓은 의미의 도덕적 해이에 포함된다.
ㄴ. |○| 감시·감독을 강화하거나, 보수 지급을 성과가 나온 이후로 연기하는 것은 도덕적 해이를 해결하는 방안이 될 수 있다.
ㄷ. |○| 화재보험에 가입한 후 보험가입자가 가입 이전보다 화재예방 노력을 게을리 하는 것은 도덕적 해이의 전형적인 사례이다.

15

[2017 | 국회직 8급]

고용주는 채용된 근로자가 얼마나 열심히 일을 하는지에 대해 완벽하게 관찰하는 것이 불가능하여 고용주와 근로자 간에 비대칭 정보가 존재한다고 하자. 이 상황에서 발생되는 문제와 그 해결방법에 대한 〈보기〉의 설명 중 옳은 것을 모두 고르면?

───┤ 보기 ├───
ㄱ. 이 상황에서 생산성이 낮은 근로자가 고용되는 역선택(adverse selection)이 발생한다.
ㄴ. 이 상황에서 근로자의 도덕적 해이(moral hazard)가 발생한다.
ㄷ. 고용주가 근로자에게 효율임금(efficiency wage)을 지급한다면 이 상황을 해결할 수 있다.
ㄹ. 고용주가 근로자의 보수 지급을 연기한다면 이 상황을 해결할 수 있다.
ㅁ. 근로자가 고용주에게 자신의 높은 교육수준을 통해 자신의 생산성이 높다는 것을 신호보내기(signaling)한다면 이 상황을 해결할 수 있다.

① ㄱ, ㄷ ② ㄱ, ㅁ
③ ㄴ, ㄹ ④ ㄱ, ㄷ, ㅁ
⑤ ㄴ, ㄷ, ㄹ

ㄱ.|×|, ㄴ.|○| 제시된 지문은 채용 이후 고용주와 근로자 간에 존재하는 정보의 비대칭성으로 인해 도덕적 해이가 발생하는 상황을 나타내고 있다.
ㄷ. ㄹ.|○| 고용주가 근로자에게 효율성임금을 지급하거나, 보수 지급을 성과가 나온 이후로 연기하는 것은 도덕적 해이를 해결하는 방안이 될 수 있다.
ㅁ.|×| 근로자가 고용주에게 자신의 높은 교육수준을 통해 자신의 생산성이 높다는 것을 알리는 신호발송은 도덕적 해이가 아니라 역선택의 해결 방안이다.

16

[2017 | 감정평가사]

정보의 비대칭성에 관한 설명으로 옳지 않은 것은?

① 사고가 발생할 가능성이 높은 사람일수록 보험에 가입할 가능성이 크다는 것은 역선택(adverse selection)에 해당한다.
② 화재보험 가입자가 화재예방 노력을 게을리 할 가능성이 크다는 것은 도덕적 해이(moral hazard)에 해당한다.
③ 통합균형(pooling equilibrium)에서는 서로 다른 선호체계를 갖고 있는 경제주체들이 동일한 전략을 선택한다.
④ 선별(screening)은 정보를 보유하지 못한 측이 역선택 문제를 해결하기 위해 사용할 수 있는 방법이다.
⑤ 항공사가 서로 다른 유형의 소비자에게 각각 다른 요금을 부과하는 행위는 신호발송(signaling)에 해당한다.

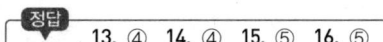

13. ④ 14. ④ 15. ⑤ 16. ⑤

해설
① |○| 제시된 사례는 사전적(계약 체결 이전) 개념으로 역선택에 해당한다.
② |○| 제시된 사례는 사후적(계약 체결 이후) 개념으로 도덕적 해이에 해당한다.
③ |○| 신호발송게임(signaling game)에서 서로 다른 유형의 경제주체가 상이한 전략을 선택할 때 달성되는 균형을 분리균형이라 하고, 서로 다른 유형의 경제주체가 동일한 전략을 선택할 때 달성되는 균형을 통합균형(합동균형, 공동균형)이라 한다.
④ |○| 선별은 정보의 비대칭성하에서 정보를 갖지 못한 측이 역선택 문제를 해결하기 위해 사용할 수 있는 방안이다.
⑤ |×| 항공사가 모든 소비자에게 동일한 요금구조를 제시하고 각 소비자가 자기선택을 통해 자신의 유형을 드러내도록 만드는 것은 선별에 해당한다. 이를 바탕으로 서로 다른 유형의 소비자에게 각기 다른 요금을 부과하는 행위는 선별 기능을 수행하는 요금제도를 통한 가격차별이다.

17 [2010 | 국회직 8급] 상 중 하

노동시장에서 교육의 신호이론(signaling theory)에 관한 다음 〈보기〉의 설명 중 옳은 것은?

─ 보기 ─
가. 교육은 한계생산성이 낮은 노동자의 생산성을 향상시킨다.
나. 교육은 그 사람의 사회적 위치에 대한 신호이다.
다. 천부적인 능력에 따라 한계생산성이 결정된다.
라. 높은 학력은 높은 한계생산성을 가진 사람이 보내는 신호이다.

① 가, 나
② 다, 라
③ 가, 라
④ 나, 다
⑤ 가, 다, 라

해설
가. |×| 스펜스(M. Spence)의 신호이론에 의하면, 교육은 한계생산성이 낮은 노동자의 생산성을 향상시키는 것이 아니라 노동자의 생산성에 관한 신호(signal)로서의 역할을 한다.
나. |×| 신호이론에 의하면, 교육은 노동자의 생산성에 관한 신호이다.
다, 라. |○| 교육이 노동자의 생산성을 향상시킨다고 보는 인적자본이론과 달리, 신호이론에서는 노동자의 생산성이 교육수준과 관계없이 타고난 능력에 의해서만 결정된다. 뛰어난 능력을 타고나 생산성이 높은 사람은 생산성이 낮은 사람에 비해 교육을 받을 때 드는 비용이 낮아 교육을 받게 되므로 높은 교육수준은 자신의 생산성이 높다고 알리는 신호가 된다.

18 [2010 | 지방직 7급] 상 중 하

주인 – 대리인 이론(principal-agent model)을 적용하기에 적절하지 않은 것은?

	주인	대리인
①	주주	회사 사장
②	회사 사장	직원
③	스포츠 구단주	프로스포츠 선수
④	병원장	환자

해설 병원장과 환자는 주인-대리인 관계가 아니다. 병원장과 의사, 병원장과 병원 직원 등이 주인-대리인 관계가 될 수 있다.

---

19 [2015 | 공인회계사] 상 중 하

다음 중 행태경제학(behavioral economics) 분야의 주장을 모두 고르면?

> 가. 처음에 설정된 가격이나 첫인상에 의해 의사결정이 영향을 받는다.
> 나. 기준점(reference point)과의 비교를 통해 의사결정을 내린다.
> 다. 이득의 한계효용이 체증한다.
> 라. 동일한 금액의 이득과 손실 중 손실을 더 크게 인식한다.

① 가, 나
② 나, 라
③ 가, 나, 다
④ 가, 나, 라
⑤ 가, 나, 다, 라

해설 행태경제학(행동경제학, behavioral economics)은 모든 경제주체가 이기적이고 합리적이라는 가정으로부터 출발하고 있는 전통적 경제이론이 현실을 설명하는 데 한계가 있음을 지적하면서 '제한된 합리성'을 근거로 전통적 경제이론에 심리적 요인을 추가로 도입하여 실제 현실에서 일어나는 선택들을 설명하려고 노력한다. 특히, 카네만(D. Kahneman)과 트버스키(A. Tversky)는 전망이론(prospect theory)에서 기대효용이론의 효용함수에 상응하는 '가치함수'를 이용하여 불확실한 상황에서의 선택 행위를 분석하려고 노력했는데, 그 주요 개념은 다음과 같다.

가. |○| 초기값 효과(default effect)란 처음에 설정된 가격이나 첫인상 등의 초기값(default)이 사람들의 선택에 큰 영향을 미치는 것을 말한다.
나. |○| 기준점 효과와 조정(anchoring and adjustment)이란 사람들이 불확실한 일에 대해 예측할 때 어떤 기준점(닻, reference point)을 가지고 있으며, 이 기준점이 실제로 적합한지와는 상관없이 이 지점을 기반으로 하여 판단하는 것을 말한다.

정답 17. ② 18. ④ 19. ④

다. |×| 민감도 체감성(diminishing sensitivity)이란 효용함수에서 한계효용이 체감하듯 이득이나 손실의 가치가 커짐에 따라 작은 변화에 대한 가치의 민감도가 감소하는 것을 말한다.

라. |○| 손실회피성(loss aversion)이란 사람들이 손실을 동일한 금액의 이득보다도 훨씬 더 강하게 평가하는 것을 말한다.

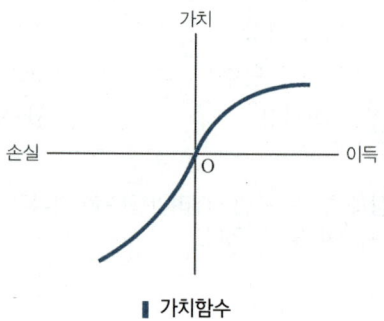

▮ 가치함수

MEMO

MEMO

수험서의 NO.1
서울고시각

편｜저｜자｜약｜력

황정빈

- 한국외국어대학교 경제학 박사

- (현) 우리경영아카데미 경제학, 재정학 강사
  윌비스 고시학원 경제학 강사
  윌비스 한림법학원 경제학 강사
  AIFA경영아카데미 재정학 강사
  우리취업아카데미 공기업 경제학 강사
  한국외국어대학교 출강

- 저서 : 황정빈 경제학 Check point (서울고시각)
  황정빈 멘토 경제학 미시편·거시편 (서울고시각)
  황정빈 유형별 객관식 경제학 미시편·거시편 (서울고시각)
  황정빈 공기업 경제학 : 통합전공 (서울고시각)
  황정빈 공기업 객관식 경제학 700제 (서울고시각)
  황정빈 공기업 경제학 FINAL (서울고시각)
  황정빈 공인노무사 객관식 경제학 (서울고시각)
  길라잡이 재정학 미시경제학 (서울고시각)
  황정빈 재정학 10년간 기출문제집 (서울고시각)
  황정빈 재정학 Check point (서울고시각)
  황정빈 유형별 객관식 재정학 (서울고시각)

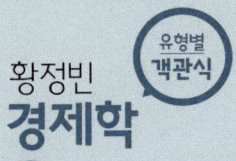

황정빈 **경제학** 유형별 객관식 미시

인쇄일 2021년 1월 5일
발행일 2021년 1월 10일

편저자 황정빈
발행인 김용관
발행처 서울고시각
주　소 서울시 영등포구 양평로 157 투웨니퍼스트밸리 10층 1008호
대표전화 02.706.2261
상담전화 02.706.2262~6 ｜ **FAX** 02.711.9921
인터넷서점·동영상강의 www.edu-market.co.kr
E-mail gosigak@gosigak.co.kr
표지디자인 이세정
편집디자인 플러스
편집·교정 김소정

ISBN 978-89-526-3324-8
정　가 32,000원

- 이 책에 실린 내용에 대한 저작권은 서울고시각에 있으므로 함부로 복사·복제할 수 없습니다.